‚Konversion' letztwilliger Verfügungen im klassischen römischen Recht

WIENER STUDIEN ZU GESCHICHTE, RECHT UND GESELLSCHAFT
VIENNESE STUDIES IN HISTORY, LAW, AND SOCIETY

Herausgegeben von Nikolaus Benke

BAND/Vol. 11

PETER LANG
Berlin - Bruxelles - Chennai - Lausanne - New York - Oxford

Lisa Isola

‚Konversion' letztwilliger Verfügungen im klassischen römischen Recht

Testamentsrecht im Spannungsfeld zwischen Formstrenge und Pragmatismus

PETER LANG
Berlin - Bruxelles - Chennai - Lausanne - New York - Oxford

Bibliografische Information der Deutschen Nationalbibliothek
Die Deutsche Nationalbibliothek verzeichnet diese Publikation in der Deutschen Nationalbibliografie; detaillierte bibliografische Daten sind im Internet über http://dnb.d-nb.de abrufbar.

Der Umschlag wurde unter Verwendung einer Graphik von Veronika Dirnhofer gestaltet.

Diese Publikation wird unterstützt von den Förderinstitutionen:
FWF (Finanzierung des Hertha-Firnberg-Projekts T 950)

FWF Österreichischer Wissenschaftsfonds

und
Junge Akademie der ÖAW (Finanzierung der Publikation im Rahmen der Karriereförderung)

ÖAW JUNGE AKADEMIE

ISSN 1432-7422
ISBN 978-3-631-93947-5 (Print)
ISBN 978-3-631-93958-1 (E-PDF)
ISBN 978-3-631-93959-8 (E-PUB)
DOI 10.3726/b23004

PETER LANG Open

Verlegt durch Peter Lang GmbH, Berlin (Germany)

info@peterlang.com – www.peterlang.com

Für Anna Magdalena Theresia

Inhalt

Vorwort

Die vorliegende Arbeit stellt die gekürzte und in einigen Punkten überarbeitete Fassung meiner Habilitationsschrift dar, welche 2024 mit einem Kardinal-Innitzer-Förderungspreis ausgezeichnet wurde.

Das Habilitationsvorhaben wurde 2015 am Institut für Römisches Recht an der Rechtswissenschaftlichen Fakultät der Johannes Kepler Universität Linz begonnen, wo traditionell erbrechtliche Forschungsschwerpunkte gepflegt wurden. Im Rahmen des ‚Forum Junge Rechtshistoriker' am Rechtshistorikertag in Saarbrücken 2016 konnten der Plan der Darstellung sowie allererste Ergebnisse zur Diskussion gestellt werden, was eine wesentliche Bestärkung darin war, einerseits das gewählte Thema weiter zu bearbeiten und sich andererseits der Fragestellung auf die dafür entwickelte Weise zu nähern. Für die Einladung danke ich Thorsten Keiser (Gießen) sehr herzlich.

Dank der vom österreichischen Fonds zur Förderung der wissenschaftlichen Forschung (FWF) gewährten Förderung[1] konnte im Sommersemester 2021 ein vorläufiger Abschluss dieses Projekts erfolgen. Als Habilitationsschrift an der Rechtswissenschaftlichen Fakultät der Universität Wien eingereicht wurde das Manuskript jedoch erst im Sommersemester 2023, nach Fertigstellung einer zwischenzeitlich verfassten zusätzlichen Monographie zum geltenden österreichischen Zivilrecht[2], um in diesem Verfahren die *venia*

---

1 *Isola*, Konversion letztwilliger Verfügungen im klassischen römischen Recht, FWF-Projekt T 950 (gefördert im Hertha-Firnberg-Exzellenzprogramm).

2 *Isola*, Die ‚dingliche Einigung' im System kausaler Tradition, FWF-Projekt V 915 (gefördert im Elise-Richter-Exzellenzprogramm).

docendi für Römisches Recht, Bürgerliches Recht und Historische Rechtsvergleichung erfolgreich beantragen zu können. Den Gutachern und der Gutachterin – Martin Avenarius (Köln), Iole Fargnoli (Mailand/Bern) sowie Fabian Klinck (Bochum) – danke ich für die zügige Erstellung der Gutachten, welche ebenso förderlich für das Verfahren wie inhaltlich wertvoll waren.

Meinem Mentor Franz-Stefan Meissel (Wien) danke ich für seine stete Unterstützung sowie seinen immer wertvollen Rat. Zugleich sei den Mitarbeiterinnen und Mitarbeitern des Instituts für Römisches Recht und Antike Rechtsgeschichte der Rechtswissenschaftlichen Fakultät der Universität Wien, wo das Forschungsprojekt zum Großteil entstand, für die positive Arbeitsatmosphäre gedankt, welche Motivation und Ansporn war; namentlich möchte ich Nikolaus Benke für die Aufnahme in die von ihm herausgegebene Reihe sowie Verena Halbwachs und Johanna Zitterer für ein äußerst zügiges Lektorat des Manuskripts besonders danken.

Persönliche Umstände wie auch mehrfache berufliche Standortwechsel haben verschiedentlich Verzögerungen verursacht. So erfolgte nach der Zeit als Universitätsassistentin (Postdoc) an der JKU Linz, während derer meine beiden Töchter zur Welt kamen, ein Wechsel an die Universität Wien für eine Stelle als Leiterin eines Drittmittelprojekts (Senior-Postdoc). Ein weiterer Wechsel führte mich noch vor Abschluss der Habilitation an die Karl Franzens Universität Graz, um eine befristete Universitätsprofessur für Römisches Recht und Antike Rechtsgeschichte wahrzunehmen. Nach einer längeren Erkrankung im Studienjahr 2023/24 erfolgte schließlich im Oktober 2024 die Rückkehr an die Universität Wien auf eine Tenure-Track-Professur für Romanistische Fundamente Europäischer Privatrechte.

An dieser Stelle ist auch für familiären Rückhalt Dank abzustatten: Rainer Isola (dem ich außerdem für ein Lektorat der vorliegenden Schrift in einer früheren Fassung zu danken habe), Andrea Embacher und Hermann Riepl danke ich für die umfassende Unterstützung bei der Kinderbetreuung insbesondere während der Ferien und Kongresszeiten; Ulrike und Georg Scheibelreiter für ihren unermüdlichen Einsatz, der unseren Alltag in dieser Form über weite Strecken überhaupt erst bewältigbar gemacht hat; Hilde Di Bora für die zahlreichen Hilfseinsätze und das oft spontane Einspringen. Meinen Töchtern Sophia und Anna Isola-Scheibelreiter habe ich dafür zu danken, dass sie mein Leben so unsagbar bereichern, vieles relativieren und mir immer wieder aufs Neue wertvolle Lektionen in

Sachen Zeitmanagement und Effizienz erteilen. Meinem Mann Philipp Scheibelreiter danke ich besonders dafür, mir stets ein aufmerksamer Gesprächspartner zu sein und seinem Verständnis für die Belastungen in der Habilitationsphase sowie nach dem Antritt neuer Stellen Taten in Form einer Entlastung hinsichtlich der gerade in dieser arbeitsreichen Lebensphase zugleich auch besonders intensiven familiären Verpflichtungen folgen zu lassen und mir auch in schweren Zeiten unerschütterlich zur Seite zu stehen.

Gedruckt wurde die Arbeit mit freundlicher Unterstützung der Österreichischen Akademie der Wissenschaften aus den Mitteln der Karriereförderung für Mitglieder der Jungen Akademie.

Wien, im März 2025 *Lisa Isola*

Abkürzungen

Außer den allgemein üblichen und den bei Max Kaser, Das römische Privatrecht, 1. Abschnitt, 2. Aufl. 1971, XIX–XXX angeführten.

AAP	Atti dell'Accademia Pontaniana
AC	Archaeologia Cambrensis
AE	L'Année épigraphique
AI	(*Kaser*) Das altrömische ius (1949)
Ann.Cam.	Annali della Facoltà Giuridica dell'Università di Camerino
ARC	Atti dell'Accademia Romanistica Costantiniana
AUPA	Annali del Seminario Giuridico dell'Università degli Studi di Palermo
ANRW	Aufstieg und Niedergang der Römischen Welt
BIDR	Bullettino dell'Istituto di Diritto Romano
B/K/K/S	*Behrends/Knütel/Kupisch/Seiler*, Corpus Iuris Civilis, Text und Übersetzung, Band 2 (1995) und Band 3 (1999)
Cl.Phil.	Classical Philology
CRRS	Corpus der römischen Rechtsquellen zur antiken Sklaverei
CW	The Classical World
DNP	Der Neue Pauly
Gl.	Glossa ordinaria
HAS	Handwörterbuch der antiken Sklaverei
HLL	Handbuch der lateinischen Literatur der Antike
HQL	Handbuch der Quellen und Literatur der neueren europäischen Privatrechtsgeschichte
IAH	IVRIS ANTIQVI HISTORIA. An international Journal on Ancient Law
IVRA	Rivista internazionale di diritto romano e antico
JhJ	Jherings Jahrbücher für die Dogmatik des bürgerlichen Rechts
JRS	The Journal of Roman Studies
K/K/L/R	*Knütel/Kupisch/Lohsse/Rüfner*, Corpus Iuris Civilis, Text und Übersetzung, Band 1 ^{4}(2013) und Band 6 (2024)
K/K/R/S	*Knütel/Kupisch/Rüfner/Seiler*, Corpus Iuris Civilis, Text und Übersetzung, Band 5 (2012)
K/K/S/B	*Knütel/Kupisch/Seiler/Behrends*, Corpus Iuris Civilis, Text und Übersetzung, Band 4 (2005)
LI	*Lisa Isola*
MBAH	Münstersche Beiträge zur Antiken Handelsgeschichte

OIR	Orbis Iuris Romani
O/S/S	*Otto/Schilling/Sintenis* (Hg.), Corpus Juris Civilis in's Deutsche übersetzt von einem Vereine Rechtsgelehrter, 7 Bde. (1830–1833)
PR I	(*Kaser*) Das Römische Privatrecht. Erster Abschnitt: Das altrömische, das vorklassische und das klassische Recht, 2. Aufl. (1971)
PR II	(*Kaser*) Das Römische Privatrecht. Zweiter Abschnitt: Die nachklassischen Entwicklungen, 2. Aufl. (1975)
QL	Quaderni Lupiensi di Storia e Diritto
RDR	Rivista di Diritto Romano
REHJ	Revista de estudios histórico-juridícos
RGD	Revue générale du droit, de la législation et de la jurisprudence en France et à l'étranger
RLT	Roman Legal Tradition
SDHI	Studia et Documenta Historiae et Iuris
TAPA	Transactions and Proceedings of the American Philological Association
TLR	Tulane Law Review
VLR	University of Vienna Law Review
ZPR	(*Kaser/Hackl*) Das römische Zivilprozessrecht, 2. Aufl. (1996)
ZRG RA	Zeitschrift der Savigny-Stiftung für Rechtsgeschichte. Romanistische Abteilung

I. Einleitung

1. Untersuchungsgegenstand und Forschungsstand

a. Konversion ...

„Eine neuere Gesamtdarstellung fehlt", bemerkte *Baldus* 2012[3] zum Phänomen der Konversion im römischen Recht. Schon *Giuffrè*, dessen 1965[4] publizierte Darstellung die bislang einzige monographische Behandlung des Themas gebildet hat, beklagte den Mangel an Vorarbeiten, auf die er hätte zurückgreifen können[5]. Zuvor war namentlich *Betti* an unterschiedlichen Stellen seiner Gesamtdarstellungen zum römischen Recht darauf zu sprechen gekommen[6] und hatte *Gandolfi* sich in einer methodologischen Einführung[7] sowie mehreren einschlägigen Artikeln[8] der Thematik gewidmet. Einige Anwendungsfälle

---

3 *Baldus*, Debitum, in: Facetten des römischen Erbrechts (2012) 25 Fn. 82.

4 *Giuffrè*, Conversione (1965) mit Rez. *Wesener* in ZRG RA 85 (1968) 502–508; *Gandolfi* in IVRA 17 (1966) 417–432; *Gaudemet* in RH 45 (1967) 507–511; *Macqueron* in Labeo 14 (1968) 309–317; *Cornioley* in TR 37 (1969) 77–97.

5 *Giuffrè*, Conversione (1965) 9–12. Die einzige umfassendere pandektistische Abhandlung zu diesem Thema bietet *Römer*, Konversion, AcP 36 (1853) 66–94. Siehe daneben die weitere bei *Giuffrè*, Conversione (1965) 8 Fn. 5 bzw. insbes. ibid. 13–14 Fn. 10–13 angeführte pandektistische Literatur.

6 *Betti*, DR I (1935) 339; *Betti*, Istituzioni I ²(1942) 187; *Betti*, s.v. Conversione, NNDI IV (1959) 810–811.

7 *Gandolfi*, Introduzione metodologica, Jus 15 (1964) 212.

8 Insbes. *Gandolfi*, Conversione e pandettistica, in: Atti Constantiana (1981) 653–707. Daneben hat *Gandolfi* sich auch eingehend mit der späteren Entwicklung beschäftigt:

hatte überdies *Reinholz* in seiner 1956 vorgelegten Dissertation beschrieben[9]. In diesem Zusammenhang ist zudem – wie in allen mit dem Testamentsrecht zusammenhängenden Fragen – immer noch die umfassende Darstellung von *Voci* besonders hervorzuheben, der im Rahmen seines Handbuches zum römischen Erbrecht auch wiederholt auf Fragen der Konversion eingeht[10].

Seit *Giuffrè* hat ein weiterer Romanist der Konversion eine Monographie gewidmet: *Krampe*[11] behandelte in seiner 1980 publizierten Habilitationsschrift auch die Konversion im römischen Recht. Seine Arbeit hat allerdings einen geltendrechtlichen Schwerpunkt, weswegen zum römischen Recht nur Grundzüge skizziert sind. An der Monographie *Giuffrès* übt er jedoch grundlegende Kritik, worauf im Verlauf der Arbeit noch näher einzugehen sein wird[12]. In den auf die Veröffentlichung *Krampes* folgenden Jahren bzw. Jahrzehnten wurden zwar einige weitere Arbeiten zur Konversion im geltenden Recht publiziert[13], eine einschlägige Studie zur Konversion im römischen Recht ließ jedoch weiterhin auf sich warten.

b. ... letztwilliger Verfügungen ...

60–70% aller Rechtsstreitigkeiten der Römer sollen das Erbrecht betroffen haben[14]. Selbst wenn diese Zahl etwas hoch gegriffen sein mag, nimmt

---

siehe nur *ders.*, Conversione I (1984) zum deutschen Recht und *ders.*, Conversione II (1990) zur europäischen Perspektive; sowie *ders.*, Concetto legislative di conversione, in: Studi Sanfilippo VI (1985) 317–349; *ders.*, La nozione pandettistica di conversione, in: Scritti Guarino VIII (1984) 4053–4081; *ders.*, Il concetto moderno di conversione, in: Studi Biscardi II (1982) 551–578.

9 *Reinholz*, Konversion (1956).

10 Insbes. *Voci*, DER II [2](1963) 584 im Teil „Successione secondo la volontà dell'ereditando": II. Le varie disposizioni mortis causa e il loro contenuto – Abschnitt 4. Disposizioni di conversione; hier vor allem die Kodizillarklausel (§ 71), von welcher in einem Ulpian-Text die Rede ist, der diesbezüglich bereits von *convertere* spricht: Ulp. 4 disp., D. 29, 1, 19 pr. Zu diesem Text siehe unten S. 359.

11 *Krampe*, Konversion (1980) 57–74. Vgl. auch *Krampe*, Inutilis acceptilatio, TR 53 (1985) 3.

12 Dazu unten bei Fn. 82.

13 Etwa *Wachendorf Eichenberger*, Konversion (2003); *Grüter*, Fehlgeschlagene gemeinschaftliche Testamente (1997); *Stumpf*, Auslegung (1991); *Kahl*, Grenzen der Umdeutung (1985). Relevant für Österreich vor allem *Binder*, Konversion (1982).

14 *Kelly*, Civil Judicature (1967) 71–91; *Frier*, Roman Jurists (1985) 37–38.

es nicht Wunder, dass die Erteilung von Rechtsauskünften zum Erbrecht zu den Hauptaufgaben der Juristen zählte[15]. Schon allein das quantitative Übergewicht des Erbrechts in den Quellensammlungen des römischen Rechts weist darauf hin, dass seine Bedeutung die der übrigen Rechtsgebiete bei weitem übertraf[16]: So behandeln in den Institutionen des Gaius ganze 279 Fragmente das Erbrecht, während z.B. das Vertragsrecht in nur 93 Fragmenten besprochen wird, was immerhin ein Verhältnis von drei zu eins ergibt[17]. Dementsprechend eröffnet auch *Longchamps de Bérier* seine Darstellung des römischen Erbrechts mit der Feststellung: „The law of succession was the most developed and complex branch of Roman law. It could even be said that it was the most Roman of its branches …“[18] und *Bourne* spricht von einer „obsession that the Roman had for inheritances“[19].

Aus dem Erbrecht als Rechtsgebiet sticht das Testamentsrecht seinerseits besonders hervor[20]. Wie literarische Texte nahelegen, bestand immerhin eine starke moralische Verpflichtung, ein Testament zu hinterlassen und so nicht nur seine Vermögensverhältnisse auch nach dem Tod zu regeln, sondern auch ein persönliches Urteil über Angehörige und Freunde zum Ausdruck zu bringen[21]. Das Testament eines Römers galt Plinius zufolge als

---

15 *Lehne-Gstreinthaler*, Iurisperiti et oratores (2019) 400.

16 Dazu, dass die Quantität allein nicht immer auch auf besondere Relevanz schließen lässt, im erbrechtlichen Kontext jedoch sehr wohl aussagekräftig ist, siehe nur *Ch. Paulus*, Unsterblichkeit (2018) 15 mwN. (= *ders.*, Idee der postmortalen Persönlichkeit [1992] 16–17).

17 Für diese Zahlen siehe *Jakab*, Testamente, Soldaten, in: Gnomon des Idios Logos (2024) 187; ebenso *dies.*, D. 36,1,48(46), in: DG Nishimura (2018) 67 sowie *dies.*, Inheritance, in: Oxford Handbook (2016) 498. Siehe *Ch. Paulus*, Rez. Müller-Eiselt, ZRG RA 102 (1985) 628 zu der Beobachtung, dass das „Erbrecht, besonders aber Testamente mit den jeweiligen Legatsverpflichtungen, die Funktion der Vermögensbegründung, -mehrung oder -umverteilung in der Gesellschaft innehatte“. Zur ökonomischen Bedeutung des Testaments etwa *Babusiaux*, Reliance, in: Law and Economic (2022) 194; *Verboven*, Economy of Friends (2002) 183–201.

18 *Longchamps de Bérier*, Law of succession (2011) 23.

19 *Bourne*, Rez. Watson, CW 65 (1972) 207.

20 *Babusiaux*, Erbrecht [2](2021) 299: „Ein Großteil der in den Digesten überlieferten Entscheidungen zum Erbrecht beschäftigt sich mit der Auslegung von Testamenten, um deren Inhalt und Wirksamkeit zu bestimmen.“ Siehe auch die englische Version dieses Lehrbuches (*Babusiaux*, Law of Inheritance [2024]), quasi als dessen 3. Auflage.

21 Siehe nur Sen. De ben. 4, 11, 4–6. Dazu etwa *d'Orta*, Sterilis beneficii conscientia (2005) 1–5; *Champlin*, Final Judgements (1991) 18–19 und öfter. Zum sozialen Aspekt

wahrer Spiegel seines Charakters[22] und Cato maior fürchtete nach Plutarch angeblich nichts mehr, als auch nur einen einzigen Tag ohne Testament zu leben[23]. Juvenal berichtet angesichts der Gefahren in den Straßen Roms vom Rat eines alten Freundes, niemals des Nachts ohne Testament das Haus zu verlassen[24]. Das Testament stellte wohl überhaupt den „wichtigsten Rechtsakt eines römischen Bürgers“[25] dar. Es wurde erwartet, dass nicht das gesamte Vermögen an die gesetzlichen Erben ging, sondern auch unter Freunden bzw. wichtigen Persönlichkeiten aus Politik und Gesellschaft zumindest so viel verteilt wurde, dass diesen damit Respekt und Anerkennung gezollt wurde[26]. Gleichzeitig mussten aber im Falle solcher Verfügungen auch die Interessen der Familien[27] der Erblasser ausreichend berücksichtigt werden,

---

rezent *Rinolfi*, Testamentorum autem genera (2020) 1–3 mwN., zu den moralischen Verpflichtungen *Verboven*, Economy of Friends (2002) 185–196. Relativierend zuletzt *Avenarius*, Ordo testamenti (2024) 129, der darauf hinweist, dass wir zu wenig Repräsentatives wissen.

22 Plin. Ep. 8, 18. Dazu, dass es sich für einen Römer hier um „die einzige Gelegenheit, die Wahrheit zu sagen“ handeln soll, siehe Lukian, Nigrin. 30. Es gilt aber auch als „Spiegel seines sozialen Standes“: *Jakab*, D. 36,1,48(46), in: DG Nishimura (2018) 73.

23 Plutarch, Cato maior 9,6. Das Zitat wird heute in beinahe jeder Abhandlung erwähnt, die sich mit römischem Testamentsrecht beschäftigt; *Schulz*, Prinzipien (1934) 106 Fn. 87 musste hingegen noch kritisch anmerken, dass *Woeß*, Erbanwärter (1911) 33–41, „sich in seinen Untersuchungen über die Testierhäufigkeit gerade diesen Beleg entgehen“ hatte lassen.

24 Juv. 3, 272–274.

25 *Bretone*, Geschichte ^{2}(1998) 20. Vgl. auch *Stagl*, Soldatentestament, in: Soldatenkaiser (2015) 122: „Das Testament ist das wichtigste und komplizierteste Rechtsgeschäft im Leben …“. Siehe idS. außerdem *Castro Sáenz*, Herencia (2002) 62; *Nisoli*, Testamentseröffnung (1949) 15. Diese Beurteilung findet sich auch in literarischen Quellen wie Cic. Phil. 2, 42, 109; Val. Max. 7, 7 praef.

26 Zur politischen Komponente des Erbrechts *Lehne-Gstreinthaler*, Iurisperiti et oratores (2019) 401: „In einem Testament werden Freund- und Feindschaften deutlich erkennbar, und die unterschiedliche politische Zugehörigkeit der Bedachten und nicht Bedachten führte häufig zu erbitterten Erbstreitigkeiten.“

27 Zumindest der agnatischen, auf welche es für die Intestaterbfolge nach *ius civile* – bis zur Schaffung der *SCta Tertullianum* und *Orfitianum* im 2. Jh. n. Chr. – ausschließlich ankam. Siehe nur *Meinhart*, Senatusconsulta (1967) 315. Im Honorarrecht hingegen ist das kognatische Verhältnis schon zu Beginn unseres Betrachtungszeitraumes mit einsetzender Klassik berücksichtigt, selbst gegen das zivile Intestaterbrecht und selbst gegen das Testament. Auch das *ius novum* betrachtet die Erbbeziehungen bei *capitis deminutio* nicht als beendet (Pomp. 10 Q. Muc., D. 38, 16, 11); siehe dazu *Wimmer*,

denen das Intestaterbrecht umfassend Rechnung tragen würde; dieses ist daher als Maßstab einer angemessenen Verteilung anzusehen, von welchem nicht beliebig abgewichen werden konnte.

Das römische Testamentsrecht ist dementsprechend eine äußerst komplexe Materie[28] und nicht zuletzt aus diesem Grunde bestand ein signifikantes Risiko, dass bei der Errichtung eines Testamentes Fehler unterliefen[29]. Der in der englischsprachigen Literatur sprichwörtlich gewordene römische ‚horror of intestacy'[30] – sei er nun überzeichnend oder nicht[31] – führte jedoch zu einem gesteigerten Bedürfnis, defekte Testamente zu retten, wenn irgend möglich. Die Verantwortung lag dabei in den Händen der Juristen[32].

Schulz sah die Großzügigkeit bei der Beurteilung testamentarischer Verfügungen als Konsequenz des Umstandes, dass die Römer die „Wichtigkeit solcher höchst individueller Probleme" völlig überschätzt hätten:

> Die römische Jurisprudenz hat die höchst individuellen Produktionen der römischen Testatoren und ihre oft krausen und wunderlichen Klauseln mit liebevollem Verständnis behandelt.[33]

Gesetzliche Erbfolge, in: HRPR (2023) § 54 Rn. 32. Zum *SC Tertullianum* eingehend *González Roldan*, DE (2014) 197–220 mwN.

28 Mit Blick auf die verschiedenen Rechtsschichten, die sich gerade hier überlagern, sprach *Schulz*, Classical Roman Law (1951) 205 von einem „labyrinthine law".

29 *Strobel*, Testamentsurkunden (2014) 45; *Babusiaux*, Erbrecht ²(2021) 24.

30 Geprägt von *Maine*, Ancient law (1918) 216; vgl. aus der neueren Lit. etwa *Rüfner*, Testamentary Formalities, in: Succession Law I (2011) 2. Siehe außerdem eingehend *Champlin*, Final Judgements (1991) 41–63; *ders.*, Testamenta hominum speculum esse morum, Cl.Phil. 84 (1989) 199, 209.

31 *Daube*, Preponderance of intestacy, TLR 39 (1965) 253–262 hatte gegen die allgemeine These des ‚horror of intestacy' vorgebracht, lediglich die wohlhabenden Bürger hätten testiert. Hingegen zeigte *Stern*, Testamentary phenomenon, Historia 49 (2000) 413–428 auf, dass auch unter den weniger Begüterten das Testament weit verbreitete Praxis war. Siehe dazu auch eingehend *ders.*, Pratique sociale (2022) 45–66. *Verboven*, Economy of Friends (2002) 183 sieht daher mit Recht die ältere Lehre heute wieder allgemein akzeptiert. Dazu auch *Babusiaux*, Reliance, in: Law and Economic (2022) 207–209. Krit. zuletzt jedoch erneut *Avenarius*, Ordo testamenti (2024) 129.

32 Dazu, dass die Juristen sich ihrer Verantwortung, das Testament als „Unsterblichkeitsmal" zu schützen – ausgedrückt im ‚*favor testamenti*' – bewusst waren, siehe *Ch. Paulus*, Unsterblichkeit (2018) 85 (= *ders.*, Idee der postmortalen Persönlichkeit [1992] 89).

33 *Schulz*, Prinzipien (1934) 106–107.

Auch *Esmarch* brachte anschaulich zum Ausdruck, mit welchen Problemen die römischen Juristen sich konfrontiert sahen, wenngleich auch seine Äußerung für die spezifische Tradition der historischen Rechtsschule steht und daher wissenschaftsgeschichtlich vor diesem Hintergrund verstanden sein will:

> Die ungeheure Menge der den Juristen in ihrer Eigenschaft als Consulenten, Respondenten, Richter täglich vor Augen kommenden Testamente, in welchen die Laune und die Thorheit des damaligen Volkes alle Zügel schießen ließen, lieferte eine Casuistik ohne Beispiel, und staunenswerth ist die Sicherheit, mit welcher durch dieses trübe chaotische Meer individueller Verkehrtheit und launenhaften Unverstandes die Meister ihr nie irrendes Steuer lenken.[34]

Avenarius relativierte diese Kritik zuletzt, indem er hervorhob, dass an Testamentstexten vielmehr nicht selten überaus lange ‚gefeilt' wurde[35] und die Juristen die wohlüberlegten Verfügungen ernst nahmen, weswegen das Problem der Auslegung testamentarischer Anordnungen derart intensiv diskutiert wurde[36].

Die juristischen Quellen spiegeln die Bedeutung des Testamentsrechts eindrucksvoll wider: Nach *Champlins*[37] Zählung behandeln gerade einmal 15 Texte Probleme des Intestaterbrechts, während 687 mal Testamente im Zentrum der rechtlichen Untersuchung stehen. Diese überragende Rolle erstaunt aus heutiger Sicht, ist aber durchaus römisches Charakteristikum[38].

Im Testamentsrecht entwickelten die Juristen häufig Prinzipien, welche sodann auf Rechtsgeschäfte unter Lebenden übertragen wurden[39]; auch in der

---

34 *Esmarch*, RRG (1856) 381.

35 Zur Komplexität des Redaktionsprozesses römischer Testamente speziell im griechischsprachigen Raum zuletzt *Colella*, Testamenti dei cittadini romani d'Egitto (2024) 35 mit einer Darstellung zur graphischen Gestaltung ibid. 49–53.

36 *Avenarius*, Ordo testamenti (2024) 210.

37 *Champlin*, Final Judgements (1991) 44.

38 Ganz anders etwa zur selben Zeit bei den Germanen, siehe Tac. Germ. 20: *heredes tamen successoresque cuique liberi et nullum testamentum.*

39 Siehe etwa *Dulckeit*, Rechtsgeschäft, in: FS Schulz I (1951) 148–190, insbes. 168–169, zur ‚Willenslehre', welche vom Testamentsrecht ausgehend auch auf das Gebiet der Formalverträge übergegriffen habe. Die Erkenntnis, dass erkannte Rechtsfiguren und Prinzipien vom ‚Ursprungsgebiet' ausgehend auch in anderen Bereichen des Rechts aufgespürt und weiterentwickelt wurden, bedeutet nicht, dass etwa der einseitige Wille des Testamentsrechts im Vertragsrecht schlicht ‚gedoppelt' worden sei; vor einem solchen (Miss-)Verständnis warnt zurecht *Schermaier*, Nichtrömisches, in: Contributions

Praxis der Urkundenschreiber war es „gerade das Testament ..., welches die erste Spezialistengruppe ins Leben gerufen hat"[40], wie *Amelotti* betonte. Die Beschränkung auf das Testamentsrecht für das gewählte Forschungsthema erklärt sich daher daraus, dass auch bei der Konversion von Geschäften unter Lebenden in der Regel Prinzipien (allenfalls angepasst) angewendet wurden, welche zunächst im Testamentsrecht entwickelt worden waren. Diesen Umstand hat bereits *Giuffrè* für die konkrete Fragestellung dargelegt[41]. Nicht ohne Grund führt auch *Kaser* in seinem Handbuch des Römischen Privatrechts als Beispiele einer Konversion mit nur einer einzigen Ausnahme – dem der unwirksamen *acceptilatio*, welche uns unten III.3. beschäftigen wird – ausschließlich Fälle aus dem Erb-, bzw. genauer: dem Testamentsrecht an[42]. Die Konversion von Rechtsgeschäften unter Lebenden findet dementsprechend in der folgenden Darstellung dort Erwähnung, wo sie an ein Phänomen der Konversion letztwilliger Verfügungen anknüpft, weswegen die vorgelegte Arbeit trotz der formalen Beschränkung durchaus beanspruchen kann, eine Gesamtdarstellung der Konversion im klassischen römischen Recht zu sein. Vergleichbar wollte etwa *Müller-Ehlen* die „allgemeinen schuldrechtlichen Fragen" der „Rechtsfolgen der Leistung auf vermeintlich eigene, tatsächlich aber fremde Schuld" sowie der „Bereicherungshaftung" erforschen und verfasste zu diesem Zweck schließlich eine Monographie über die *hereditatis petitio*[43].

Die Arbeit trägt darüber hinaus aber auch zum besseren Verständnis des römischen Erbrechts insgesamt bei, denn neben der gewählten Struktur, welche zahlreiche das klassische Testamentsrecht betreffende Fragestellungen in einem neuen Licht erscheinen lässt, ist die Möglichkeit einer ‚Rettung'

Wubbe (2009) 54. Siehe auch bspw. *Flume*, Rechtsakt und Rechtsverhältnis (1990) 121 zu dem Unterschied, dass es anders als bei Rechtsgeschäften *inter vivos* kein bedingtes Testament, nur bedingte Anordnungen in einem Testament gibt.

40 *Amelotti*, Notariat und Urkundenwesen, in: ANRW II.13 (1980) 393.

41 *Giuffrè*, Conversione (1965) 207–208, 239–240, 343, 392–395. Siehe schon den Hinweis im „Indice sommario" zu Rn. 48 über die Konversion von Rechtsgeschäften unter Lebenden: „Talvolta le fattispecie di conversione si risolvono, peraltro, nell'applicazione di escogitazioni già sperimentate su atti *mortis causa*". Vgl. außerdem einleitend ibid. 1–2 dazu, dass „per ovvie necessità di economia giuridica" (ibid. S. 2) gerade im Testamentsrecht die Bedeutung der Konversion besonders groß sei.

42 *Kaser*, RP I ^{2}(1971) 249.

43 *Müller-Ehlen*, Hereditatis petitio (1998) 2–3, 37, 44.

von ‚an sich' unwirksamen letztwilligen Verfügungen eine Frage, welche für alle in Testamenten oder auch etwa in Kodizillen gewählte Formulierungen und den rechtlichen Umgang mit ihnen Relevanz hat.

c. ... im klassischen römischen Recht.

Auf das klassische[44] Recht der Prinzipatszeit zu fokussieren, drängt sich gerade bei der Frage nach Konversionsmöglichkeiten letztwilliger Verfügungen besonders auf: Dass die Nachfolge von Todes wegen Ausdruck des privatautonomen Willens, der *voluntas* des Erblassers ist, steht nach *Avenarius* erst seit der von Julian etablierten ‚Willenstheorie' im Vordergrund, weswegen erst ab hochklassischer Zeit dieser Aspekt im Zentrum der juristischen Arbeit stehe:

> Um seinen Willen zu verwirklichen, bedient sich der Erblasser der Formen letztwilliger Verfügungen: der Erbeinsetzung, der Substitution, des Vermächtnisses usw. Nachdem das ältere Recht verschiedentlich Rechtsfolgen an bestimmte Formen äußeren Verhaltens geknüpft hatte und erst schrittweise dazu übergegangen war, bei Fehlen einer entsprechenden Absicht korrigierend einzugreifen, bewirkte die Vorstellung von einem kohärent gedachten Willen nun, dass das Testament *insgesamt* als einheitliches Rechtsgeschäft galt, welches seinen Geltungsgrund im Willen des Testators hatte.[45]

---

[44] Diese Begrifflichkeit knüpft nicht an das von *Behrends* in verschiedenen Schriften allgemein begründete und zuletzt bei *Avenarius*, Ordo testamenti (2024) speziell für das Erbrecht fortentwickelte Verständnis an, wonach ‚klassisches Rechtsdenken' lediglich diejenigen Vorstellungen bezeichnet, welche innerhalb der prokulianischen Schultradition fortentwickelt wurden, während das ‚vorklassische Rechtsdenken' nicht im Sinne einer Vorzeitigkeit zu verstehen, sondern als dasjenige Rechtsdenken anzusehen sei, welches zur selben Zeit innerhalb der sabinianischen Schule – wenngleich unter Rückgriff auf die ältere Lehre der *veteres* – tradiert wurde.

[45] *Avenarius*, Extra propositam, in: FS Meincke (2015) 23. Siehe auch ibid. 26 zum Erbrecht der Zwölftafeln: „Nach dieser Vorstellung verwirklicht das Recht nicht – wie es später die klassische Auffassung werden sollte – in erster Linie den Willen des Individuums, so dass es, sieht man auf den Erblasser, dessen freiem Gestaltungswillen zur Verwirklichung verholfen hätte, sieht man dagegen auf potentielle Erben, der Wahrung von deren Erwerbsinteresse. Das Recht dient vielmehr einem überindividuellen Interesse an der Verwirklichung, Wahrung und – was besonders das Erbrecht betrifft – Überleitung von Ordnung."

Die Wahrnehmung des Testaments als privatautonome Verwirklichung des rechtsgeschäftlichen Willens, welchen es nach Möglichkeit zu wahren gilt, ist eine der Voraussetzungen dafür, sich über Formalvorgaben hinwegsetzend für die ‚Wirksammachung' von Bestimmungen zu entscheiden, welche die entsprechenden Formalvorgaben des Rechts nicht erfüllen. Die vorklassische Jurisprudenz betrachtete, so *Avenarius* weiter, das Erbrecht vielmehr als primäre Grundlage der „ganzen Stellung des Menschen in der Gesellschaft, seiner Rechte und Verpflichtungen":

> Nicht die Person eines jeden stand im Vordergrund, wie es im klassischen Recht der Fall ist, das, am Grundsatz der Gleichberechtigung orientiert, allen Personen theoretisch gleiche rechtliche Möglichkeiten auf Erwerb und Rechtsschutz zuerkennt, sondern der *paterfamilias*, auf den jeweils im Wege der Erbfolge eine Vielheit an Rechten und Verantwortung übergegangen war.[46]

Auch ohne schematischer Unterscheidung zwischen zeitgleich von den verschiedenen Rechtsschulen vertretenem ‚klassischen' und ‚vorklassischen' Recht ist ein gesellschaftlicher Wandel, welcher in den Rechtsquellen Niederschlag findet, bemerkbar. Eine unterschiedliche Fokussierung mag es mit sich gebracht haben, dass das, was wir heute als ‚Konversion' bezeichnen würden, für die Juristen der klassischen Zeit erstrebenswerter erscheint als für die Vorklassiker, welche noch der altrömischen Vorstellung verhaftet gewesen sein mögen, dass die Form des Rechtsgeschäft über den Inhalt bestimme, sodass sie nicht bloß „die äußere Seite des Willens …, den sie transportiert und gesichert hätte", darstellt, „sondern selbst – und allein – der wahre Geltungsgrund des Rechtsgeschäfts" ist[47].

Kaser war zunächst[48] der seit *Gradenwitz*[49] vorherrschenden These gefolgt, wonach der einer Entscheidung in klassischen Texten hinzugefügte Vorbehalt ‚*nisi contraria voluntas testatoris*' (o.ä.) als interpoliert zu gelten habe. Er ging von dieser Annahme jedoch ab, nachdem *Voci*[50] einen differenzierenden Blick eingemahnt hatte (aber selbst immer noch zum Teil von Interpolationen

---

46 *Avenarius*, Extra propositam, in: FS Meincke (2015) 24–25.
47 *Avenarius*, Gesetzessprache, in: Klauselgestaltungen (2022) 15.
48 *Kaser*, Beweislast und Vermutung, ZRG RA 71 (1954) 238.
49 *Gradenwitz*, Interpolationen (1887) 170–221.
50 *Voci*, DER II ²(1963) 940.

ausgegangen war) und *Gandolfi*[51] schließlich die Echtheit der betreffenden Passagen verteidigt hatte. In seinem Handbuch vertritt *Kaser* für die Auslegung von Testamenten sodann:

> Darüber hinaus berücksichtigten bereits die Vorklassiker bisweilen den individuellen Willen des Erblassers. Die Klassiker haben diesem subjektiven Maßstab zunehmende Bedeutung beigemessen ... Die Tendenz, dem Erblasserwillen zu folgen, ... gibt gelegentlich dem römischen Individualismus selbst dann nach, wenn die Testamente verstiegene Anordnungen enthalten.[52]

Einerlei, ob tatsächlich Julian einen scharfen Wendepunkt in der Betrachtungsweise des Erbrechts brachte und man *Avenarius* in seinen oben skizzierten Thesen folgen möchte oder ob man etwa mit *Kaser* davon ausgehen möchte, dass es sich vielmehr um eine ‚Tendenz' der Klassik und damit einen eher schleichenden, aber doch allgemein vorherrschenden Wandel handelt: Es ist jedenfalls nicht von der Hand zu weisen, dass die klassische Zeit auch für das Thema der Konversion die bedeutsamsten Weiterentwicklungen des alten Rechts im Rahmen der juristischen Schriften und Kaiserkonstitutionen[53] zu belegen vermag. Dabei wird auch Änderungen der Rechtslage im Verlauf der Klassik selbst besondere Aufmerksamkeit zu widmen sein, wie etwa denjenigen in Reaktion auf das Kadukarrecht oder auch die Reformen der Severerkaiser[54]. In der Nachklassik verliert die Umdeutung sodann an Bedeutung, weil die scharfen Trennlinien zwischen den einzelnen Rechtsinstituten generell verwischt erscheinen. Schon die Beseitigung des Formularverfahrens im 3. Jh. n. Chr. brachte es mit sich, dass die Unterscheidung zwischen einzelnen Typen, welche mit unterschiedlichen Klagsformeln durchsetzbar

---

51 *Gandolfi*, Interpretazione (1966) 17–81.

52 *Kaser*, RP I ²(1971) 240.

53 Zur Entwicklung des Kaiserrechts zum „Träger der Rechtsfortbildung im Einzelfall" in der Hochklassik siehe *Müller-Eiselt*, Divus Pius (1982) 14. Dazu, dass das Kaiserrecht keine eigene Rechtsschicht bildet, sondern direkt in das *ius civile* und *ius praetorium* eingreift, siehe *Babusiaux*, Rechtsschichten, in: HRPR (2023) § 6 Rn. 6, 17, 97.

54 Auf die besondere Bedeutung beider Aspekte für das klassische Testamentsrecht hat insbes. *Babusiaux* an verschiedenen Orten hingewiesen: So etwa *Babusiaux*, Rez. Strobel, ZRG RA 133 (2016) 521–522 (Kadukarrecht) und 525 mit Fn. 31 (Reformen durch Severerkaiser); *dies.*, Erbrecht im Gnomon, ZRG RA 135 (2018) 116, 122–134 (Fiskalrecht); *dies.*, Rechtsschutz von Fideikommissen, ZRG RA 136 (2019) 211–213 (Severerzeit).

gewesen wären, nicht mehr dieselbe zentrale Bedeutung hatte, wie es zuvor der Fall gewesen war. Anfang des 4. Jh. wurden sodann bekanntlich die Formalvoraussetzungen des *ius civile* abgeschafft und neue, generelle Voraussetzungen für die Wirksamkeit eingeführt[55].

Aus diesem Grunde wird die Epoche der Klassik in den Vordergrund gerückt, was nicht bedeuten soll, dass die Augen vor Anlagen in der vorklassischen (die viele Phänomene erst erklärlich machen) oder späteren Entwicklungen in der nachklassischen Zeit (die insbesondere auf die Gestalt der uns überlieferten Texte Auswirkungen haben konnten) verschlossen werden. Unser Hauptaugenmerk liegt jedoch auf der ‚Feinarbeit'[56] der klassischen Zeit.

2. Begriffsbestimmungen

a. Konversion

In vielen außerjuristischen Bereichen ist der Begriff für unterschiedliche Vorgänge einer Veränderung gebraucht: So versteht der Mediziner unter ‚Konversion' etwa die Verlagerung von Beschwerden in einem Bereich zu Beschwerden in einem anderen Bereich oder auch die Entstehung körperlicher Symptome durch unbewusste seelische Konflikte[57]; der Mathematiker meint häufig den Wechsel von einem Stellenwertsystem zum anderen, also die Überführung ein und desselben Werts in eine andere

---

55 Zentral ist hierbei die Konstitution Const. A. ad populum, C. 6, 23, 15 (a. 339); sie wird allgemein Konstantin zugeschrieben, welcher 339 n. Chr. allerdings bereits verstorben war. Unklar ist daher, ob die Zuschreibung oder die Datierung falsch war: Siehe für Lit. dazu *Avenarius*, Gesetzessprache, in: Klauselgestaltungen (2022) 14 Fn. 3 mwN.

56 Zur Begrifflichkeit vgl. *Manthe*, Geschichte ^{6}(2019) 10, der seinen Schwerpunkt der Darstellung auf dem Recht der Republik damit begründet, dass hier „die Weichen gestellt" wurden, „während in der sogenannten klassischen Zeit (der Kaiserzeit) die Feinarbeit geleistet wurde".

57 Der Begriff wurde in diesem Sinne erstmals bei *Freud*, Abwehr-Neuropsychosen, in: GW I (1894) 63 verwendet: „Bei der Hysterie erfolgt die Unschädlichmachung der unerträglichen Vorstellungen dadurch, dass die Erregungssumme ins Körperliche umgesetzt wird, wofür ich den Namen Konversion vorschlagen möchte". Vgl. sodann *Freud/Breuer*, Hysterie (1895) 142: „ ... Bezeichnung ‚Konversion' für die Umsetzung psychischer Energie in körperliche Dauersymptome ... " Vgl. für einen historischen Überblick etwa *Kößler/Scheidt*, Konversionsstörungen (1997) 3–21.

Darstellungsform[58]; der Informatiker die Änderung eines Datenformats[59]; der Logiker denkt an den unmittelbaren Schluss durch Vertauschung von Subjekt und Prädikat in kategorialen Sätzen[60]; der Physiker mag bei der (inneren) Konversion einen spezifischen Fall der Radioaktivität vor Augen haben[61]; der Städteplaner hingegen in erster Linie die Umnutzung von Gebäuden oder Flächen[62]; der Ökonom bezeichnet so den Umtausch von Anleihen in andere[63] oder im Kontext von Marketing auch die Umwandlung eines Interessenten in einen Konsumenten[64]; für den Linguisten bedeutet Konversion die Umwandlung in eine andere Wortart ohne morphologische Veränderung des Wortes[65]; der Theologe denkt nicht nur an die ‚Wandlung'[66], sondern meint damit mitunter allgemein auch den Übertritt zu einer anderen Religionsgemeinschaft[67]. Diese Liste verschiedener, relativ genau umrissener Begriffsinhalte der ‚Konversion' in unterschiedlichen Bereichen ließe sich schier endlos fortsetzen.

Schon in einem Text Ulpians findet sich das Verb ‚*convertere*' in Hinblick auf einen Fall, welcher im Zusammenhang mit der juristischen ‚Konversion'[68]

---

58 *Huber/Albertini*, Grundbegriffe ²(2015) 21.

59 Siehe dazu nur *Deck/Härder/Reus*, Bestimmung optimaler Operationsfolgen zur Konversion, in: Informatik-Fachberichte V (1976) 236–250.

60 Siehe bereits die Darstellung in *William of Sherwood*, Introductiones in logicam III.28–63 (ed. mit Übersetzung von *Brands/Kann* [1995] 61–63).

61 *Bethge*, Kernphysik (1996) 246.

62 Dazu etwa *Prediger*, Konversion im Spiegel städtischen Flächenmanagements (2014) 19.

63 *Krumnow/Gramlich*, s.v. Konversion bis Konvertierung, Gabler Bank-Lexikon ¹²(1999) 816.

64 Vgl. etwa *Weller/Harmanus*, Content Design. Durch Gestaltung die Conversion beeinflussen (2018).

65 Der Begriff in dieser Verwendung geht auf *Sweet*, New English Grammar I (1892) 38 zurück. Siehe dazu auch *Vogel*, Wortarten und Wortartenwechsel. Zu Konversion und verwandten Erscheinungen (1996) 2, 258.

66 Siehe sogleich unten Fn. 71.

67 Übertragen auf einen Wandel einer ganzen Bevölkerungsgruppe etwa *Kirchberger*, Konversion zur Moderne. Die britische Indianermission in der atlantischen Welt des 18. Jahrhunderts (2008).

68 *Dorn*, § 140: Umdeutung, in: HKK I (2003) 776: „Umwandlung, Umschaffung, Umformung, Umgestaltung, Umverstehen oder Umdeutung". Im Englischen ist neben ‚conversion' auch etwa ‚re-interpretation' gebräuchlich: Siehe nur *Zimmermann*, Law of Obligations (1996) 683.

gesehen wird[69]. Bezeichnenderweise handelt es sich um eine Problemstellung im Zusammenhang mit einer letztwilligen Verfügung. Wie *Krampe* in seinen eingehenden Studien zu dieser Frage nachgewiesen hat, geht das Substantiv ‚*conversio*'/‚Konversion', als juristisch-technischer Begriff jedoch erst auf eine Inauguraldissertation aus dem 18. Jahrhundert zurück[70]. Deren Verfasser *Christian Ferdinand Harpprecht* schöpfte für seine Argumentation auch zu einem nicht unbeträchtlichen Teil aus der nachtridentinischen Theologie[71]. Vor dieser Arbeit ist das Rechtsphänomen offenbar nicht als solches erfasst worden, obwohl die Idee in Einzelentscheidungen ihren Ausdruck findet. Eine Bearbeitung in der Literatur kann daher naturgemäß vor dem 18. Jh. nicht nachgewiesen werden, wobei aber Erklärungsmuster zu den Einzelfällen auch aus der Zeit davor aufschlussreich sein können. Die Pandektenliteratur des 19. Jh. bemühte sich schließlich um die Zusammenführung in ein einheitliches Rechtsinstitut[72].

Selbst für das geltende Recht ist heute noch umstritten, was ‚Konversion' inhaltlich bedeutet; wie also das, was bei der Konversion geschieht, rechtlich zu qualifizieren ist. Das gilt gleichermaßen für Deutschland, Griechenland,

---

69 Nämlich in der Form ‚*convertisse*' bzw. ‚*conversum sit*', siehe Ulp. 4 disp., D. 29, 1, 19 pr. In einem zweiten Testament wird die Aufrechterhaltung eines zuvor schon bestehenden ersten Testaments angeordnet, allerdings in der Form, dass es nun in ein Kodizill umzudeuten ist. Siehe dazu unten S. 359.

70 *Krampe*, Konversion (1980) 28: *Christian Ferdinand Harpprecht*, De eo quod iustum est circa conversionem actuum negotiorumque iudiciorum iamiam peractorum, Tübingen 1747.

71 In § 18 spricht *Harpprecht* davon, dass das nichtige Geschäft „*in aliud negotium converti, traduci et transformari atque ita ad effectum quendam perduci queat*". Er meint also mit der Konversion (mit ‚*converti*'), dass ein Geschäft in ein anderes verwandelt (‚*transformari*') bzw. überführt (‚*traduci*') werde. Bzgl. der *conversio*, als Substantiv von *convertere*, bezieht *Harpprecht* sich unter anderem auf die Verwendung bei Cicero (§ 22); erwähnt aber außerdem die Konversion im physikalischen Sinne bzw. bezieht näher Stellung zur Konversion im theologischen Sinne (§ 23). Dort ist der Begriff insbesondere im Zusammenhang mit der Eucharistie im Sinne der Verwandlung (der *conversio*) von Brot und Wein in Leib und Blut Christi gemäß der Erklärung des Konzils von Trient zentral. In die juristische Terminologie führt *Harpprecht* die *conversio* erstmals ein. Für den Zusammenhang zwischen der *conversio* in der Theologie und der Entstehung des Rechtsbegriffs *conversio* siehe *Krampe*, Konversion (1980) 36.

72 Vgl. *Gandolfi*, La nozione pandettistica di conversione, in: Scritti Guarino VII (1984) 4053–4081 sowie die umfassende Studie von *dems.*, Conversione (1988). Siehe außerdem sogleich in den Nachweisen zu den Erklärungen zum geltenden Recht.

Italien oder die Niederlande, wo es jeweils eine ausdrückliche Normierung gibt[73], wie auch etwa für Österreich, die Schweiz oder Frankreich, wo das Rechtsinstitut zwar allgemein anerkannt, nicht jedoch ausdrücklich normiert ist[74]. *Krampe* spricht sich bei der Konversion im juristischen Sinne nach eingehender Analyse der Dogmengeschichte und einem detaillierten Rechtsvergleich für einen Fall der Auslegung aus[75]. Die herrschende Lehre neigt hingegen zu der Ansicht, dass es sich um ein eigenständiges, von der Auslegung zu unterscheidendes Rechtsinstitut handelt, wobei die Auslegung ein gültiges, die Konversion hingegen ein nichtiges Rechtsgeschäft voraussetze[76]; diese Ansicht übertrug *Giuffrè* auch auf das römische Recht, was einen

---

73 Ausdrücklich normiert ist die Konversion etwa in § 140 BGB, Art. 1424 Codice Civile, Art. 182 gr. Zivilgesetzbuch und Art. 42 des niederl. NBW. *Wieacker*, Konversion, in: FS Lange (1992) 1018 spricht im Zusammenhang mit § 140 BGB von „erhabener Leere" und einem „Konstrukt auf oberster Abstraktionsstufe, so nur möglich als letzte Frucht einer hochgezüchteten Zivilrechtswissenschaft", welche „eine Herausforderung an die juristische Semantik durch eine Aussage" darstelle, „die sich erst in der fortschreitenden Aufdeckung begriffs- und dogmengeschichtlicher Kontexte erschließt". Ibid. 1019 verweist *Wieacker* auch auf „die Motive des Instituts": „Die Konversion will das Scheitern gebilligter Geschäftsabsichten der Parteien vermeiden ..."; sowie ibid. 1022 zur inneren „Einheit von Primär- und Ersatzgeschäft zufolge der Identität der Geschäftsabsicht".

74 Vgl. *Krampe*, Konversion (1980) 19–27 und *Dorn*, § 140: Umdeutung, HKK I (2003) 779 Rn. 27: Die Naturrechtskodifikationen kannten eine § 140 BGB entsprechende Konversionsregel noch nicht. Grund dafür mag die frühere Entstehungszeit dieser Kodifikationen sein; im Fall des ABGB etwa (in Kraft seit 1812) änderten daran aber auch die großen Teilnovellen, die im Anschluss an die Einführung des BGB (1900) einige Neuerungen aufgrund von dessen Vorbild vornahmen (1914–1916), nichts.

75 *Krampe*, Konversion (1980) 286 und öfter. Vgl. ibid. 3–4 mwN., wo *Krampe* die dahingehende Meinung der älteren Literatur, wie sie insbes. von *Coing* vertreten, sowie von *Pawlowski* und *Brox* weiterentwickelt wurde, zusammenfasst. *Dernburg* etwa hatte in seinen Pandekten I [5](1896) § 124/2. die Auffassung vertreten, dass nur der Name ausgewechselt werde, es daher um die Erhaltung, nicht Umwandlung eines Rechtsgeschäfts gehe. Siehe zur Darstellung der verschiedenen Ansichten auch *Dorn*, § 140: Umdeutung, HKK I (2003) 778–779 (Rn. 26) und ibid. 782 (Rn. 30) mit Fn. 133 (Verweis auf *Pawlowski, Windscheid, Dernburg, Riezler, Coing, Krampe*, und *Hager*).

76 Nachweise bei *Krampe*, Konversion (1980) 4–6. *Regelsberger*, Pandekten I (1893) § 175/III. erklärte die Konversion damit, dass nicht nach dem Willen der Parteien, sondern in deren Sinne vorgegangen werde, vergleichbar der analogen Anwendung von Rechtsnormen. Die hL., welcher auch die Gesetzesmotive entsprechen, ist wesentlich von *Windscheid* geprägt (siehe dazu *Windscheid/Kipp*, Pandekten I [9][1906] § 82 Fn. 15). Vgl. zur Kodifikationsgeschichte *Dorn*, § 140: Umdeutung, HKK I (2003) 779–781

zentralen Kritikpunkt an seiner Arbeit darstellt. Wieder andere erblicken in der Konversion einen Unterfall der Teilnichtigkeit, da das gültige Geschäft als Minus im ungültigen enthalten sein müsse[77].

In den Quellen des römischen Rechts, welches eine allgemeine Rechtsgeschäftslehre noch nicht entwickelt hatte[78], kommt eine solche Unterscheidung wenig überraschend nicht zum Ausdruck[79]. Auch heute sind aber etwa die Grenzen zwischen Auslegung und Ergänzung von Verträgen oft nicht scharf zu ziehen: So tendiert der Rechtskreis des Common Law bspw. dazu, auch das, was in der kontinentaleuropäischen Doktrin als ‚ergänzende Interpretation' qualifiziert werden würde, als Teil der Vertragsauslegung zu betrachten (Doktrin der ‚implied terms'). Die Funktionen sind dabei äquivalent, die Konzepte fließend und bis zu einem gewissen Grad ist es wohl schlicht eine Geschmackfrage[80].

(Rn. 27–29) sowie ibid. 782 (Rn. 31) mit Fn. 137 (*Regelsberger, Medicus, Hefermel, Larenz/Wolf, Mayer-Maly/Busche* in MüKo).

77 Nachweise bei *Krampe*, Konversion (1980) 6–7. Siehe auch *Dorn*, § 140: Umdeutung, HKK I (2003) 778 (Rn. 26) mit Fn. 114 (Berufung auf *Thibaut* und *Puchta*) bzw. Fn. 115 (von der Teilnichtigkeit zwar unterschieden, aber dennoch Voraussetzung, dass das eine das andere enthalte: *Römer* und *Wächter*), 779 (Rn. 27); auch das sächsische BGB behandelte die Konversion als Unterfall der Teilnichtigkeit bei § 103 S. 2. In den Gesetzesmotiven zu den ersten Konversionsregeln im bayrischen und Dresdner Entwurf wurde hingegen ausdrücklich eine Abgrenzung von der Teilnichtigkeit vorgenommen. Vgl. auch *Dorn* aaO. 784 (Rn. 34; Berufung auf *Flume*) sowie unter Anführung von *Oertmann*, BGB I [3](1927) § 140, Fn. 1 und 2: Der angestrebte materiell-rechtliche bzw. ökonomische Erfolg werde in seinem Umfang nicht reduziert, „sondern lediglich ein anderer Weg auf dieses Ziel hin beschritten, wenngleich sich hieraus Abstriche hinsichtlich der rechtlichen Wirkungen ergeben können".

78 Siehe bereits *Fischer*, Konversion, in: FS Wach (1913) 205; zur daher auch fehlenden allgemeinen Irrtumslehre *Ernst*, Irrtum, in: Störungen der Willensbildung (2007) 1, 4 und 7; *Schermaier*, Irrtumsrecht, in: FS Wubbe (2009) 49, 54 und 64; allgemein *Kaser/Knütel/Lohsse* RP [22](2021) § 18 Rn. 20. AA. *Avenarius*, Ordo testamenti (2024) mit zahlreichen Nachw. aus dem Œuvre von Okko Behrends.

79 Siehe auch *Babusiaux*, Id quod actum est (2006) 2, 4 zur Ermittlung des Parteiwillens als Frage der Auslegung oder des Beweises bzw. als objektive oder subjektive Entscheidungsmaxime (*verba* und *voluntas*).

80 In diesem Sinne etwa *Vogenauer*, Introduction before Art 5:101, in: Commentaries (2018) Rn. 17 mwN. in Fn. 53. Vgl. auch *Schermaier*, Bona fides, in: Buona fede oggettiva III (2003) 387–389 zum Equity Law in England und den Generalklauseln des BGB als „Reaktion auf den prozessualen Formalismus des writ-Systems" auf der einen, und

Besonders erschwert wird die Untersuchung für das römische Recht freilich dadurch, dass es im Falle der Konversion nicht nur keine *sedes materiae* gibt, sondern sich in den römischen Rechtsquellen auch keine spezifische Terminologie feststellen lässt[81]. Schwierigkeiten der Textauswahl und Einordnung der möglichen Anwendungsfälle sind die Folge. Diese Probleme zeigen sich besonders in *Giuffrès* Monographie als bislang einziger verfügbarer Gesamtdarstellung. Zu beachten ist dabei ein Punkt, welchen *Krampe* im Hinblick auf *Giuffrès* Arbeit besonders kritisiert hat: *Giuffrè* stellt an den Beginn seiner Ausführungen eine Definition von ‚Konversion', die von geltendrechtlichen Vorstellungen geprägt ist[82]. Im Anschluss sucht er diese Definition anhand der Quellen des römischen Rechts jeweils zu bestätigen. Dies tut er über weite Strecken unter Zuhilfenahme von Interpolationsbehauptungen.

Vorliegend wird der Konversionsbegriff nicht als Voraussetzung begriffen, an welcher sich die Darstellung des römischen Rechts orientiert, sondern er dient nur dazu, einen schlagwortartigen Hinweis auf den Untersuchungsgegenstand zu geben, der aufgrund seiner Gängigkeit die Anschlussfähigkeit der Ergebnisse der vorliegenden Arbeit im juristischen Diskurs gewährleisten soll. Stets sind dabei die Überlegungen *Wengers* zum Problem der modernen Terminologie für römischrechtliche Vorgänge Leitbild:

> Eine besondere Schwierigkeit bringt die Verwendung moderner dogmatischer Terminologie in der Darstellung antikrechtlicher Vorgänge mit sich. … Und doch

---

der Korrektur des materiellen Rechts „eines hochausgebildeten und differenzierten Rechtssystems" auf der anderen Seite aufgrund der „Unzulänglichkeiten von Formstrenge und Begriffsgläubigkeit". Auch hier wird auf unterschiedlichen Wegen dasselbe Ziel verfolgt, ‚gerechte' Ergebnisse zu erzielen, trotz eventueller formaler Mängel; vergleichbar habe auch das römische Recht durch Maßnahmen des Gerichtsmagistrats „das enge Korsett eines formalistischen Prozeßrechts" überwunden. Zur juristischen Methodenlehre bzw. dem Methodenbewusstsein als „Umdeutungsbremse" (aber nicht „Umdeutungshindernis") im Hinblick auf Anpassung an geänderte politische Verhältnisse siehe im Anschluss an *Rüthers*, Auslegung [7](2012) 520 etwa *Zimmermann*, Methodenlehre, RabelsZ 83 (2019) 286 und *Rückert*, Abschiede vom Unrecht (2015) 308.

[81] Vgl. idS. auch *Giuffrè*, Conversione (1965) 24, 388.

[82] *Giuffrè* definiert, dass Konversion nur dann anzunehmen sei, wenn die ‚normalen' hermeneutischen Mittel bzw. die ‚gewöhnlichen' Verfahren der Heilung oder Anpassung eines Rechtsgeschäfts nicht ausreichend sind. Siehe *Giuffrè*, Conversione (1965) 32 und öfter.

> müssen wir, wollen wir eine moderne Darstellung der antiken Rechtsvorgänge versuchen, auch in moderner Sprache reden. ... Wenn wir ... uns der heutigen, der modernen Rechtsterminologie bedienen, so begegnen wir damit einmal dem vorgenannten sprachlichen Notstand, der ..., ungewollt zwar, ein historisches Phänomen zum Ausdruck bringt: ehe nämlich ein juristisch bedeutsamer Vorgang gedanklich als solcher erfaßt wird, ehe ein Begriff sich bildet und für ihn ein Terminus geprägt wird, ist der Vorgang da und hat er sich oft genug wiederholt. Wir sehen da als außenstehende, zeitlich fern stehende Beobachter mehr als der im Fluß der Erscheinungen selbst stehende.[83]

In dem vorliegend zu betrachtenden Fall wurde das Phänomen erst im 18. Jh. erfasst, lässt sich aber als Vorgang etwa in den Texten der Digesten wiederholt beobachten. So wies *Wesener* im Anschluss an *Fischer*[84] im gegebenen Zusammenhang darauf hin:

> Die römischen Juristen haben ... das Institut der Konversion von ungültigen Rechtsakten keineswegs generell ausgebildet. Sachliche Ansätze und das Streben nach weiterer Entwicklung des Konversionsgedankens sind aber deutlich erkennbar.[85]

Auch *Zimmermann* verweist darauf, dass den römischen Juristen das Problem der Konversion wohlbekannt gewesen sei, obwohl sie keinen eigenen Ausdruck dafür gehabt hätten[86] und vergleichbar führt *Flume* in seiner Darstellung des Allgemeinen Teils des Bürgerlichen Rechts aus:

> Bereits die Römer haben für bestimmte Einzelfälle die Konversion geübt, wenn ihnen dieser Begriff auch unbekannt war ...[87]

---

83 *Wenger*, Quellen (1953) 3–4. Man beachte auch die weiterführenden Bemerkungen ibid. 25: „Viele, ja die meisten Rechtsinstitute erleben in den positiven Rechten allmählich, zuweilen auch mit revolutionärer Plötzlichkeit sich vollziehende Wandlungen ihrer Rechtsinhalte, denen die konservative Sprache gar nicht oder doch nicht rasch genug zu folgen vermag.“ Im Falle der Konversion besteht freilich die zusätzliche Schwierigkeit, dass keine letztendliche Klarheit darüber besteht, was im aktuellen Diskurs von diesem Begriff umfasst ist, sei es im österreichischen, deutschen, italienischen oder sonst einem geltenden Recht.

84 *Fischer*, Konversion, in: FS Wach (1913) 205.

85 *Wesener*, Rez. Giuffrè, SZ 85 (1968) 502.

86 *Zimmermann*, Law of Obligations (1996) 684.

87 *Flume*, AT II ^{3}(1979) 590. An *Flume* anschließend idS. auch *Schanbacher*, Umgehungsstrategien, in: Klauselgestaltungen (2022) 192.

Es soll demnach der Versuch unternommen werden, diesen juristisch bedeutsamen Vorgang als historisches Phänomen zu erfassen und den Fluss nachzuzeichnen, dem die einschlägigen Erscheinungen während des Betrachtungszeitraumes unterlagen[88].

b. *Favor testamenti*

Als Grund für die Aufrechterhaltung möglichst aller Bestimmungen eines Testaments – oder der Erbeinsetzung und damit des Testaments an sich – wird häufig der ‚*favor testamenti*' ins Treffen geführt. Auch bzgl. des *favor testamenti* wurde aber beanstandet, dass es sich um einen unklassischen Begriff handelt. Sein Inhalt wurde in der Lehre auch durchaus verschiedentlich ausgefüllt. Unklar ist etwa, ob lediglich die Aufrechterhaltung der *heredis institutio* begünstigt ist[89] oder die sämtlicher im Testament vorgesehenen Verfügungen[90].

Kleiter wies dabei mit besonderem Nachdruck darauf hin, dass der *favor testamenti* immer nur die Folge einer an einem anderen Entscheidungskriterium orientierten Entscheidung bezeichne[91], welche in einer (teilweisen) Aufrechterhaltung eines Testaments besteht. Meist handle es sich dabei um eine Entscheidung, welche dem tatsächlichen oder hypothetischen erblasserischen Willen entspreche (*in favorem voluntatis testatoris*); das sei aber nicht immer der Fall, wie sich z.B. in der *regula Sabiniana* (*condicio impossibilis pro*

---

88 Vgl. auch die Vorbemerkungen bei *Avenarius*, Papinians Beitrag, in: Argumenta Papiniani (2013) 7, der trotz der noch „jungen Ausdrucksweise" rechtfertigt, dass er dennoch „nach Strukturen des Anwartschaftsrechts im römischen Recht" fragen könne, wenn vermieden werde, „das moderne Konzept in unzulässiger Weise auf die Antike zu projizieren".

89 *Wieling*, Testamentsauslegung (1972) 23–24; *Biondi*, Successione ²(1955) 7; *Suman*, Favor testamenti (1916) 2–3, 48, 65 (*Suman* ging dabei insbesondere vom Entwicklungskonzept *Bonfantes* aus, wonach die Familie als ‚Staat im Staat' durch ein Familienoberhaupt angeführt worden sei, welches den geeignetsten Nachfolger unter seinen Nachkommen selbst wählte; das habe bis zu einem gewissen Grade auch im klassischen *favor testamenti* noch nachgewirkt, wobei dieser aber seine Funktion gewandelt habe).

90 *Backhaus*, Casus perplexus (1981) 58–59; *Kaser*, RP I ²(1971) 240 Fn. 37; *Staffhorst*, Teilnichtigkeit (2006) 156–157. *Longchamps de Bérier*, Law of succession (2011) 231 geht davon aus, dass ursprünglich nur die Erbeinsetzung, späterhin auch die Einzelverfügungen vom *favor testamenti* umfasst gewesen seien.

91 *Kleiter*, Entscheidungskorrekturen (2010) 89.

non scripto habetur)[92] zeige: Im Sinne des *favor testamenti* konnte zwar das Testament aufrechterhalten werden, nicht aber die betreffende Klausel. Die Aufrechterhaltung des Testaments ohne die fragliche Klausel müsse – so *Kleiter* weiter – jedoch nicht im Sinne des Erblassers gelegen sein[93]. Dem ist zu entgegnen, dass nicht anzunehmen ist, dass ein Testament, welches solche unwirksamen Klauseln enthielt, auch dann aufrechterhalten wurde, wenn dies dem (tatsächlichen oder hypothetischen) Willen des Erblassers widersprochen hätte. So wies bereits *H.J. Wolff* darauf hin, dass auch die *regula Sabiniana* kein feststehender Rechtsgrundsatz mit einem eindeutig bestimmbaren Anwendungsbereich war, sondern lediglich in begründeten Einzelfällen herangezogen wurde, um den Willen des Erblassers auf den Kern zu reduzieren, welcher von der Rechtsordnung anerkannt war[94]. Der Wille ist demnach stets[95] das maßgebliche Kriterium, wie auch die Einzeluntersuchungen der vorliegenden Arbeit zeigen.

---

92 Diese ist wohl beschränkt auf die anfängliche objektive Unmöglichkeit: *Wolff*, Rez. Cosentini, IVRA 4 (1953) 399–400; *Wieling*, Falsa demonstratio, ZRG RA 87 (1970) 212–213. Vgl. auch *Bund*, Fiktion, in: FG von Lübtow (1970) 353–380. Siehe dazu unten VI.10.b. und e. *Voci* und *Grosso* für Interpolation von Pomp. 12 epist., D. 35, 1, 112, 1: *benigna interpretatio* iSv. Teilnichtigkeit. Vgl. zum Text *Cossa*, Regula Sabiniana (2013) 476–477 mit Fn. 490.

93 *Kleiter*, Entscheidungskorrekturen (2010) 90.

94 *H.J. Wolff*, Rez. Cosentini, IVRA 4 (1053) 399–400 (gegen *Cosentini*, Condicio [1952]). IdS. auch *Bund*, Nachweis stoischer Gedanken, in: FG von Lübtow (1980) 379–380; *Wieling*, Falsa demonstratio, ZRG RA 87 (1970) 213.

95 Zur Bedeutung des Sprachgebrauchs vgl. aber etwa Ulp. 5 ad Sab., D. 30, 4 pr.; Paul. 2 Vit., D. 33, 7, 18, 3; Cels. 19 dig., D. 33, 10, 7, 2; Paul. 2 ad Vit., D. 34, 2, 32; Pomp. 4 ad Quint. Muc., D. 34, 2, 33; dazu *Schanbacher*, Einfluß der stoischen Sprachtheorie, in: FS Knütel (2009) 1025–1035; *Harke*, Verba und voluntas, in: Facetten des römischen Erbrechts (2012) 56–71; *Avenarius*, Liber singularis regularum (2005) 463; *Flume*, Irrtum und Rechtsgeschäft, in: FS Schulz I (1951) 221. *Backhaus*, In maiore minus inest, ZRG RA 100 (1983) 146 führt (im Zusammenhang mit einem konkreten Fall, dem der im Verhältnis zur gewollten fälschlich zu großen zugeschriebenen Erbquote in Ulp. 5 ad Sab., D. 28, 5, 9, 3; zum Wortlaut siehe unten S. 121) aus, dass auch dann, wenn die Realisierung des Erblasserwillens bezweckt ist, die *scriptura* das alleinige Bezugsobjekt sei, welches „auf das mit dem Willen übereinstimmende Quantum zurückgestutzt wird"; ähnlich auch bei der Reduktion der übermäßig zugeschriebenen CC auf die gewollten C in Ulp. 5 ad Sab., D. 28, 5, 9, 4.

Das offenbart sich auch bei mehrdeutigen Bestimmungen, von denen eine Deutungsvariante zur Nichtigkeit, eine andere jedoch zur Gültigkeit führen konnte:

> Marcell. 11 dig., D. 34, 5, 24: *Cum in testamento ambigue aut etiam perperam scriptum est, benigne interpretari et secundum id, quod credibile est cogitatum, credendum est.*
>
> Wenn in einem Testament etwas mehrdeutig oder verkehrt formuliert ist, muss es wohlwollend ausgelegt und das angenommen werden, was sich der Erblasser vermutlich gedacht hat.[96]

Es geht hier um Hinweise auf Überlegungen oder Motive des Testators, die außerhalb des schriftlichen Dokuments liegen[97]. Es geht dementsprechend jedenfalls um seinen Willen.

Dazu gehört außerdem:

> Marcell. 29 dig., D. 50, 17, 192, 1: *In re dubia benigniorem interpretationem sequi non minus iustius est quam tutius.*
>
> Dass man in einer zweifelhaften Sache die billigere Auslegung befolgt, ist nicht weniger gerecht als vorsichtig.[98]

Darauf, dass auch dieses Fragment aus testamentsrechtlichem Zusammenhang stammt (obwohl man es ihm nicht unmittelbar ansieht), hat *Avenarius*[99] hingewiesen: Es handelt sich um eine verkürzte Version des Textes Marcell. 29 dig., D. 28, 4, 3 pr.[100]. Die Palingenesie macht den Zusammenhang offenbar: Im 29. Buch von Marcellus' Digesten geht es um die erbrechtlichen

---

96 Übersetzung: *K/K/R/S-Rüfner.*

97 Vgl. dazu die moderne Bestimmung des § 2084 BGB: „Lässt der Inhalt einer letztwilligen Verfügung verschiedene Auslegungen zu, so ist im Zweifel diejenige Auslegung vorzuziehen, bei welcher die Verfügung Erfolg haben kann." Zu dieser ‚Auslegung zugunsten der Wirksamkeit' und ihrer Entwicklung siehe *Avenarius*, Benignior interpretatio, RLT 6 (2010) 4. Ibid. 7 weist *Avenarius* darauf hin, dass *‚favor testamenti'* und *‚benignior interpretatio'* gleichzusetzen seien. Vgl. dazu auch *Kaser*, RP I ²(1971) 240 Fn. 37.

98 Die Übersetzung stammt hier wie auch sonst, wenn kein anderer Übersetzer angegeben ist, von der Verf.

99 *Avenarius*, Benignior interpretatio, RLT 6 (2010) 8.

100 Zu diesem Text siehe unten S. 593–594. Vgl. auch *Avenarius*, Dogmatik, in: Marc Aurel (2012) 216–242 und *Ankum*, Ulpius Marcellus, in: Melanges Wołodkiewicz I (2000) 17–32.

Bestimmungen der augusteischen Ehegesetzgebung. Durch Herauslösung aus dem ursprünglichen Zusammenhang verallgemeinern die Kompilatoren das Rechtsprinzip. Es greife dort ein, wo alle (anderen) Möglichkeiten einer Interpretation ausgeschöpft seien.

Im Ergebnis wird das Schlagwort ‚*favor testamenti*' eher beschreibend als regelnd gesehen werden müssen, wie es der paulinischen *regula*-Definition entspricht[101]. Sein Kern ist die Verwirklichung des Erblasserwillens. Nicht unbedeutend ist freilich dennoch, dass testamentarische Zuwendungen insofern nicht völlig ‚unentgeltlich' waren, als sie durchaus ‚verdient' sein sollten; der Empfänger durfte meist mit einigem ‚moralischen Recht' mit ihnen rechnen[102], wenn es auch kein Recht im Sinne gerichtlicher Durchsetzbarkeit gewesen sein mag. Wenn darauf hingewiesen wird, dass dieser Umstand dazu führe, Bemerkungen der Juristen, etwa die Fälle der Legate und der Schenkungen seien gleichgelagert[103], seien nicht ganz ernst zu nehmen[104], so ist dem immerhin entgegenzuhalten, dass auch Schenkungen im Rahmen einer von wechselseitigen ‚Freundschaftsdiensten' geprägten Gesellschaft in diesem Sinne nicht ‚unentgeltlich' sind, eine Verwandtschaft zwischen Legat und Geschenk also auch in dieser Hinsicht durchaus besteht und zudem ein Blick in die Urkunden zeigt, dass auch in Testamenten mitunter untechnisch

---

101 Paul. 16 ad Plaut., D. 50, 17, 1: *Regula est, quae rem quae est breviter enarrat. non ex regula ius sumatur, sed ex iure quod est regula fiat. per regulam igitur brevis rerum narratio traditur, et, ut ait Sabinus, quasi causae coniectio est, quae simul cum in aliquo vitiata est, perdit officium suum.* Dazu mit umfangreicher Bibliographie *Cossa*, Regula Sabiniana (2013) 442–444 Fn. 438.

102 Vgl. *Avenarius*, CRRS IV.3 (2017) 21 Fn. 155, der es einer vorklassisch-sabinianischen Anschauung zuschreibt, dass „Zuwendungen von Todes wegen richtigerweise nicht beliebig, sondern jeweils aus einem rechtfertigenden Grund [erfolgen], indem also dem Begünstigten etwas zugewendet wird, was ihm z.B. aufgrund eines besonderen Naheverhältnisses zum Testator oder erworbener Verdienste bzw. Wohltaten zugunsten desselben ‚geschuldet' wird". Vgl. auch etwa den Hinweis in Paul. 6 ad Sab., D. 17, 2, 10, wonach eine Erbschaft als ‚*quasi debitum*' zufällt.

103 Insbesondere Mod. 16 resp., D. 31, 36: *Legatum est donatio testamento relicta.* Deutlich tritt die Verwandtschaft auch etwa bei den ptolemäisch-griechischen Testamenten sowie den ‚Philosophen-Testamenten' hervor, welche „mit ihren δίδωμι-Verfügungen die Herkunft aus der Schenkung verraten" (*Rabel*, Elterliche Teilung, in: FS 49. Vers. Dt. Phil. [1907] 535).

104 Siehe die Nachweise bei *Avenarius*, Extra propositam, in: FS Meincke (2015) 23 Fn. 46 und insbes. S. 31.

von ‚Schenkungen' die Rede ist, wo letztwillige Zuwendungen gemeint sind[105]. Es bestand ein gesamtgesellschaftliches Interesse daran, dem Willen von Testatoren, ihnen angediehene ‚Wohltaten' letztwillig zu ‚vergüten', zur Wirksamkeit zu verhelfen[106]. *Ch. Paulus* spricht im Zusammenhang mit dem *favor testamenti* daher von der Verwirklichung von ‚Wirtschaftspolitik' und handfestem ‚Gruppenegoismus der Oberschicht' aufgrund der ‚Vermögensumverteilungsfunktion' der Testamente[107] und *Baldus* fasst die zentralen Leitmotive des Testamentsrechts in der Hierarchie 1. Erblasserwille; 2. legitime Interessen der überlebenden Beteiligten; und schließlich 3. damit zugleich verfolgte Gemeinwohlzwecke zusammen. Diese Zwecke seien eng verknüpft mit dem allgemein angestrebten „Nachruhm"[108].

c. Unwirksamkeit

Zuletzt empfielt es sich noch, vor Behandlung der einzelnen Konversionsfälle darüber zu reflektieren, welche Fälle der ‚Unwirksamkeit' sich charakterisieren lassen, die eine ‚Konversion' notwendig machen könnten.

Der Terminologie der ‚Unwirksamkeit' hat sich bereits *Hellmann* 1914 ausführlich gewidmet, nachdem *Mitteis* das Fehlen jeglicher Vorarbeiten für eine Erfassung der römischen Ungültigkeitslehre beklagt hatte[109]. „… über dreißig verbreitete und als technisch anzusehende Wendungen, um die Unwirksamkeit der Rechtsgeschäfte zu bezeichnen", gebe es, hatte *Mitteis* dabei festgehalten, „und der einzelne Ausdruck lässt es meist dahingestellt, ob es sich um absolute Ungiltigkeit (sic) handelt oder um relative, daher auch, ob um unheilbare oder um heilbare, ferner, ob um gänzliche oder teilweise u.s.w."[110]. Er unternahm dennoch den Versuch, gewisse Gesetzmäßigkeiten für einzelne Begriffe herauszuarbeiten, worauf schließlich *Hellmann* trotz

105 Siehe etwa das Testament eines Iulius (?) in AE 2016, 2035 und die dort verwendete Terminologie für Einzelzuwendungen (‚*do dono*').

106 Vom „Bewusstsein einer Gebotenheit" spricht in diesem Zusammenhang *Avenarius*, Extra propositam, in: FS Meincke (2015) 32.

107 *Ch. Paulus*, Rez. Müller-Eiselt, ZRG RA 102 (1985) 630.

108 *Baldus*, Collegium, in: Scritti Corbino I (2016) 158.

109 Siehe das Vorwort bei *Hellmann*, Unwirksamkeit (1914) unter Verweis auf *Mitteis*, RP I (1908) 238. Vgl. auch *Brutti*, s.v. Invalidità (storia), in: ED XXII (1972) 559–575 mit Lit.

110 *Mitteis*, RP I (1908) 237.

seiner umfassenden Kritik am *Mitteis*'schen Zugang seinerseits aufbauen konnte. *Hellmann* war dabei insbesondere der Auffassung, dass das Fehlen einer allgemeinen ‚Theorie der Rechtsgeschäfte' die römischen Juristen keineswegs – wie von *Mitteis* unterstellt – davon abgehalten habe, ihre Ideen logisch zu ordnen und eine mehr oder weniger feststehende Terminologie für unterschiedliche ‚Tatbestände' zu entwickeln[111]. Es sei aber eben stets vom ‚Tatbestand' und nicht von einem ‚Rechtsgeschäft' auszugehen[112].

Bei Papinian werden im ersten Text des Digestentitels *De iniusto rupto irrito facto testamento* (D. 28, 3) mehrere Fälle eines *‚non iure'* errichteten Testaments unterschieden und an ihn lehnt sich bspw. die Definition bei *Kaser* an: „Von *testamentum non iure factum* spricht man bei einem Formfehler; von *nullius momenti* bei Übergehung eines Sohnes; von *rumpi* bei Entkräftung durch ein neues Testament oder nachträglichem Erwerb eines *suus*; *in inritum* im Fall des Nichtantritts oder bei sonstigem nachträglichen Ungültigwerden; von *destitutum* oder *desertum* bei Ausschlagung oder bei Tod vor der Annahme"[113].

> Pap. 1 def., D. 28, 3, 1: *Testamentum aut non iure factum dicitur, ubi sollemnia iuris defuerunt: aut nullius esse momenti, cum filius qui fuit in patris potestate praeteritus est: aut rumpitur alio testamento, ex quo heres existere poterit, vel adgnatione sui heredis: aut in irritum constituitur non adita hereditate.*
>
> Man sagt, dass ein Testament nicht rechtmäßig errichtet wurde, wenn die rechtlich vorgeschriebenen Förmlichkeiten nicht eingehalten wurden; oder dass es wirkungslos ist, wenn ein Sohn, der in der Hausgewalt des Vaters stand, übergangen wurde. Oder es wird umgestoßen durch ein weiteres Testament, sofern dieses zur Berufung

---

111 *Hellmann*, Unwirksamkeit (1914) 1.

112 *Hellmann*, Unwirksamkeit (1914) 8. Siehe zum Thema auch *Talamanca*, Inesistenza, nullità ed inefficacia, BIDR 40/41 (1998/1999) 1–39; *di Paola*, Invalidità (1966); *Robleda*, La nulidad ^{2}(1964); *Tondo*, s.v. Invalidità ed inefficacia, in: NNDI VIII (1962) 994–1003 (mit einer Zusammenstellung der älteren Lit. ibid. 995–996 sowie zur Konversion ibid. 996–997).

113 *Kaser*, RP I ^{2}(1971) 690. *Kaser* hatte allerdings ibid. 246 ebenfalls festgehalten, dass die römischen Juristen „die Lehre von der Unwirksamkeit der Rechtsgeschäfte" „wenig durchgebildet haben", sowie ibid. 247, dass es „aussichtslos" erscheine, sie in ein System zu bringen. Für das Testament sieht er in Pap. 1 def., D. 28, 3, 1 jedoch „Ansätze zu einer Festigung des Sprachgebrauchs" (ibid. Fn. 7). Vgl. auch die Übersicht bei *Manfredini*, Volontà oltre la morte (1991) 60–62.

eines Erben führen kann, oder dadurch, dass nachträglich ein Hauserbe geboren wird. Oder es wird dann unwirksam, wenn die Erbschaft nicht angetreten wird.[114]

Hinzu kommen noch ‚Kategorien' aus anderen Texten, wie ‚*non datum*' oder ‚*inutiliter datum*'[115]. Zu bemerken ist in diesem Zusammenhang aber, dass bspw. die Übergehung eines *suus* nach der Diktion bei Gaius dazu führte, dass *inutiliter* testiert werde (Gai. 2, 123), während Papinian im vorliegenden Text von *nullius momenti* spricht. Es sind diese Begriffe also nicht ‚exklusiv' zu verstehen und es ist nicht stets von Technizität und sauberer Trennung der Begriffsinhalte auszugehen[116].

---

114 Übersetzung: *K/K/R/S-Rüfner.*

115 Dazu *Wimmer*, Prälegat (2004) 298–303. Siehe auch unten Fn. 123.

116 Zu den Tatbeständen, bei welchen es zu einer synonymen Verwendung von ‚*nullum*' mit ‚*non valet*' kommt, siehe *Hellmann*, Unwirksamkeit (1914) 66–68; ibid. 87 zu den Stellen, aus welchen auf Synonymität von ‚*pro non facto haberi*', ‚*non valet*', ‚*nullius momenti*', ‚*nullum*, ‚*nullas vires habere*' und ‚*effectum non habere*' bei bestimmten Tatbeständen geschlossen werden könne; zur Synonymität von ‚*non consistere*' mit ‚*nullum*', ‚*nullius momenti*', ‚*non valere*' und ‚*non esse*' ibid. 102; Synonymität von ‚*nihil agere*' mit ‚*nullum*' ibid. 113–114; diverse Synonyme von ‚*inutilis*' ibid. 130–134; zur Synonymität von ‚*irritus*' mit ‚*nullus*' und ‚*nullius momenti*' sowie mit ‚*non valet*', ‚*pro non facto haberi*' und ‚*nihil agere*' ibid. 148–150; für Synonyme von ‚*ratum non est*' ibid. 154–155; zu ‚*inanis*' als „rechtliche Leere" siehe ibid. 158–160; zum synonymen Gebrauch von ‚*frustra facere* (oder *fieri*)' mit ‚*nullum*', ‚*non consistere*', ‚*non valere*', ‚*inutile*' ibid. 166–167; zur Synonymität von ‚*non posse*' mit ‚*nullum esse*' ibid. 200–203; zu Fällen der Synonymität von ‚*non licere*' mit ‚*nullum*', ‚*nullius momenti esse*', ‚*non valere*', ‚*effectum non habere*', ‚*pro non facto haberi*', ‚*non constitere*' und ‚*non posse*' ibid. 224–225; zur Synonymität von ‚*prohiberi*' mit ‚*nullum*', ‚*nullius momenti esse*', ‚*non valere*', ‚*effectum non habere*', ‚*pro non facto haberi*', ‚*non esse*', ‚*non consistere*', ‚*nihil agi*', ‚*non posse*' und ‚*non licere*' ibid. 231–233; zur Synonymität von ‚*impedire*' mit ‚*nullum*', ‚*nullius momenti esse*', ‚*non valere*', ‚*effectum non habere*', ‚*pro non facto haberi*', ‚*non esse*', ‚*non consistere*', ‚*nihil agi*', ‚*non posse*', ‚*non licere*' und ‚*prohiberi*' ibid. 237–239; zum synonymen Gebrauch von ‚*non nocere*' mit ‚*non valere*', ‚*nullius momenti esse*' und ‚*non posse*' ibid. 246; zu den Stellen, welche eine Synonymität von ‚*non prodesse*' mit ‚*inutile esse*' und ‚*non posse*' aufzeigen, ibid. 249; zu Synonymen von ‚*non teneri*' ibid. 252–253 und zu ‚*non tenere*' ibid. 256; zu ‚*non fieri*' ibid. 267; zu Tatbeständen, bei welchem in den Quellen Synonymität von ‚*actio non datur* (oder *denegatur* bzw. *non competit*)' bzw. ‚*peti non posse*' mit ‚*non valet*', ‚*inutilis*', ‚*pro non facto haberi*', ‚*nullum*' und ‚*nullius momenti*' vorkommt, ibid. 274; zu ‚*compelli non posse*' ibid. 278; zu ‚*ius non habere*' ibid. 281; sowie zu ‚*non iure*' ibid. 286 und ‚*iniustum*' ibid. 289; schließlich von ‚*servari non oportet*' mit ‚*ratum non habetur*' und ‚*nullius momenti*' ibid. 290.

In den gaianischen Institutionen beginnt der Abschnitt über die Erbeinsetzung mit der Frage *,an valeat testamentum'* und der Erörterung, dass hierzu die *testamenti factio*[117] nötig sei, sowie – mit Ausnahme der Soldaten, für welche bekanntlich zahlreiche Ausnahmen von den allgemeinen Regeln bestanden[118] – dass der Testator *,secundum iuris civilis regulam'* testiert habe (Gai. 2, 114); diese Vorschriften werden sodann erläutert (Gai. 2, 115–117). Errichte etwa eine unter Tutel stehende Frau ihr Testament ohne Zustimmung ihres Tutors, so sei dies *inutiliter iure civili* (Gai. 2, 118). Damit verwendet Gaius hier denselben Begriff wie bei der Übergehung eines *suus*. Die Folgen sind dennoch sehr verschieden; es schließen sich unmittelbar die Maßnahmen des Prätors an: Selbst wenn das Testament *,non valeat'*, könne in die *bonorum possessio* eingewiesen werden, sofern das Testament mit sieben Zeugensiegeln gesiegelt und kein Erbe *ab intestato* vorhanden sei oder die *familia non venierit*; ebenso wenn die *verba nuncupationis* fehlten (Gai. 2, 119). Dann erhält jemand die *bonorum possessio secundum tabulas* aus einem Testament, welches eigentlich *,non valeat'*, der also nach *ius civile* gar nicht wirksam zum Erben eingesetzt wurde. Man mag hierin eine honorarrechtliche ,Wirksamkeit' des zivilrechtlich ,unwirksamen' Testaments und damit einer Art ,Konversion' erblicken. Der Fall der fehlenden Intestaterben zeigt, dass hierbei auch außerhalb des Testaments liegende Umstände berücksichtigt wurden. Aber – so Gaius weiter – sollten Intestaterben vorhanden sein, so könnten die im (aus einem der anderen Gründe unwirksamen) Testament Eingesetzten den auf Herausgabe klagenden Intestaterben eine *exceptio* entgegenhalten; lediglich den Fall des Testaments einer Frau, die ohne ihren Vormund testiert hat, lasse er dahingestellt.

---

117 Die begriffliche Unterscheidung zwischen *testamenti factio ,activa'* und *testamenti factio ,passiva'* ist unklassisch: *Kaser*, RP I ^{2}(1971) 682 mwN.

118 Siehe nur den Überblick bei *Rüfner*, Testamentum, in: HRPR (2023) § 18 Rn. 41 mwN. Ausweislich Ulp. 45 ad ed., D. 29, 1, 1 pr. soll schon Iulius Caesar Soldaten gestattet haben, formfrei zu testieren. Er – wie auch Titus, Domitian und Nerva – gestattete das noch ,befristet'. Seit Trajan wurde diese Erlaubnis sodann als eigenes Kapitel in die Dienstanweisungen aufgenommen; begründet wird sie explizit damit, dass Soldaten regelmäßig gegen die Vorgaben des Testamentsrechts verstießen, diese also offenbar aufgrund ihrer diesbezüglichen ,Unerfahrenheit' nicht kannten oder nicht verstünden. Als Hintergrund wird die immer größere Anzahl von Provinzialen in den römischen Legionen vermutet. Für Lit. zum Soldatentestament siehe unten III.2. Fn. 306.

Die von Papinian angesprochene, allgemein anerkannte Einschränkung, dass das Testament durch ein späteres umgestoßen werde, wenn dieses zur Berufung eines Erben führen könne, ist schon bei Gaius näher ausgeführt:

> Gai. 2, 144: *Posteriore quoque testamento, quod iure factum est, superius rumpitur. nec interest, an extiterit aliquis ex eo heres an non extiterit: hoc enim solum spectatur, an existere potuerit. ideoque si quis ex posteriore testamento, quod iure factum est, aut noluerit heres esse aut vivo testatore aut post mortem eius, antequam hereditatem adiret, decesserit aut per cretionem exclusus fuerit aut condicione, sub qua heres institutus est, defectus sit aut propter caelibatum ex lege Iulia summotus fuerit ab hereditate, quibus casibus pater familias intestatus moritur. nam et prius testamentum non valet ruptum a posteriore, et posterius aeque nullas vires habet, cum ex eo nemo heres extiterit.*
>
> Auch durch ein später errichtetes Testament wird ein früheres umgestoßen. Und es tut nichts zur Sache, ob gemäß dem späteren ein Erbe vorhanden ist oder nicht; man schaut nämlich allein darauf, ob er hätte vorhanden sein können. Wenn daher jemand gemäß dem späteren rechtmäßig errichteten Testament entweder die Erbschaft ausgeschlagen hat oder gestorben ist (sei es zu Lebzeiten des Erblassers oder nach seinem Tode, aber vor dem Erbschaftsantritt) oder infolge Fristablaufs für die förmliche Entscheidung zur Annahme ausgeschlossen worden ist oder durch den Nichteintritt der Bedingung, unter der er zum Erben eingesetzt ist, weggefallen ist oder nach dem Julischen Gesetz von der Erbschaft zurückgewiesen worden ist, weil er unverheiratet war – in all diesen Fällen stirbt der Hausvater ohne Testament. Denn das frühere Testament gilt nicht, weil es von dem späteren umgestoßen wurde, und das spätere hat ebenso keine Rechtswirkung, weil kein Erbe aus ihm vorhanden ist.[119]

Das ‚*rumpere*' des früheren Testaments durch ein späteres ist also eine endgültige Beseitigung des ersteren[120]. Auch wenn aus dem späteren Testament niemand die Erbschaft erlangt, ist das frühere entkräftet, sofern es nur zu irgendeinem Zeitpunkt möglich gewesen wäre, dass jemand aus dem späteren erwerben würde[121]. Es bewirkt weder die Ausschlagung des späteren

---

119 Text und Übersetzung: *Manthe*, Institutiones ^{2}(2010) *ad loc.*

120 Vgl. dazu *Marini*, Prius testamentum (2022) 19 (und öfter).

121 War das spätere Testament hingegen nichtig, so bleibt das frühere wirksam. Ulp. 46 ad ed., D. 28, 3, 11 bringt etwa das Beispiel, dass ein späterer Testamentskodex zwar äußerlich als Testament bezeichnet und gesiegelt wurde, jedoch in Wahrheit leer ist, also nicht beschrieben wurde; dazu rezent *Marini*, Prius testamentum (2022) 118–120 mwN. Bei Pap. 16 quaest., D. 34, 9, 12 kann ein späteres Testament, in welchem ein Erbunfähiger eingesetzt wurde, das frühere Testament nicht entkräften (hier wurde

Testamentserben noch dessen Vorversterben, sein Versäumen der Kretionsfrist, der Nichteintritt einer der Erbeinsetzung zugefügten (Suspensiv-)Bedingung[122] oder schließlich Kaduzität wegen Ehelosigkeit des Testamentserben ein Wiederaufleben der früheren testamentarischen Einsetzung anderer Personen und damit auch von Einzelverfügungen in diesem früheren Testament; auch Einzelverfügungen des zweiten Testaments können aber mangels Erben nicht wirksam werden. Es kommt zur Intestaterbfolge.

Voci hält in seiner Darstellung der Unwirksamkeit einzelner Verfügungen einleitend fest, dass eine solche „originaria o successiva, mediata o immediata" vorliegen könne[123]. Wie sich im Verlaufe der Arbeit zeigen wird, können sowohl Situationen, in welchen eine Unwirksamkeit ‚von Anfang an' drohen würde, als auch Konstellationen einer ‚nachträglichen Unwirksamkeit' Anlass einer ‚Konversion' letztwilliger Verfügungen sein.

3. Zielsetzung und Aufbau der Untersuchung

Es sollen die Vorgehensweisen der römischen Juristen in Fällen untersucht werden, wo trotz ‚an sich' gegebener Unwirksamkeit einer letztwilligen Disposition (in der primär angestrebten bzw. *prima facie* vorliegenden Form) für den Begünstigten eine Durchsetzbarkeit bejaht wurde, auch wenn sie ihrer Art nach ggf. einem anderen Typ zuzuordnen wäre als es der ursprünglich intendierten Form entsprechen würde oder sich gegen eine andere Person richtet als es dem Wortlaut nach vorausgesetzt wäre[124]. Dazu zählen auch Problemstellungen, die *Giuffrè* von vornherein ausgeklammert hat, da er

---

die Erbschaft den Erben des früheren Testaments jedoch wegen Indignität entrissen, während Legate wirksam blieben); zum Text *Marini* aaO. 111–117 mwN.

122 Siehe dazu auch unten S. 232 zu Pomp. 2 ad Q. Muc., D. 28, 3, 16. Zum Text im Zusammenhang mit der Bedingungslehre siehe *Effer-Uhe*, Condicio (2008) 67–70; *Flume*, Rechtsakt (1990) 121–122.

123 *Voci*, DER II ^{2}(1963) 990. Vgl. außerdem die Kategorien bei *Leist*, Bonorum possessio II (1848) 263–270 (Test. ab initio non jure factum), 270–274 (Test. jure factum, postea irritum factum) sowie 274–279 (Test. jure factum, postea ruptum) und schließlich 279–282 (Aufrechterhaltung des Test. in Folge des Abstinirens eines präterirten suus) zum Punkt „Die einzelnen Fälle der civilrechtlich ungültigen vom Prätor aufrechterhaltenen Testamente".

124 Im Gegensatz dazu kommt es bei der ‚Konvaleszenz' wegen des späteren Hinzutretens weiterer Umstände zur Wirksamkeit des intendierten Rechtsgeschäfts in der vorgesehenen Form. Darum geht es im Folgenden nicht.

gemäß seiner Definition, die sich mit der herrschenden Lehre zum geltenden Recht deckt, nur solche Fälle der Konversion zurechnete, die ‚eindeutig' keine Fälle der Auslegung darstellen und auch nicht Fragen der Teilnichtigkeit betreffen. Wie eingangs dargelegt, kann aber hier keine strenge Trennlinie gezogen werden.

Einer Untersuchung bedarf auch die Umsetzung der Konversion im Prozess: Gab es besondere Voraussetzungen für die Gewährung einer *actio* in einem solchen Fall und wie sah, wenn sie nicht in den Kognitionsprozess fiel[125], ihre Formel aus? Ging aus ihr die Umdeutung hervor[126]? Wies sie etwa eine fiktizische Formel auf oder konnte die Klage direkt aus dem ‚anderen' Geschäft gegeben werden, da eben dieses Geschäft als tatsächlich vorliegend betrachtet wurde?[127] Wer deutet überhaupt um?[128]

Die Testierpraxis spielt eine zentrale Rolle für das Verständnis[129]: Praxisurkunden, die Testamente im Wortlaut überliefern, können bei einigen

---

125 So aber bei den Klagen aus Fideikommiss, die für die Konversion eine maßgebliche Rolle spielen dürften.

126 Siehe auch *Mayer*, Legate und Fideicommisse (1854) 111: „Wenn indessen einem Erblasser gestattet ist, seinen letzten Willen zunächst für ein Testament, eventuell aber für ein Kodizill zu erklären, so wird die gleiche Befugnis dem nicht gewährt, welcher in dem Testamente bedacht ist. Dieser muss sich vielmehr gleich Anfangs erklären, ob er den letzten Willen als Testament oder vermöge der Kodizillarklausel geltend macht [Anm.: Fn. 14 mit Verweis auf eine Entscheidung des Theodosius aus dem Jahr 424 n. Chr. in C. 6, 36, 8, 1]; und er kann von seiner Erklärung nicht wieder zurückkommen [Anm.: Fn. 15 wieder Verweis auf C. 6, 36, 8, 1]. Nur gewissen Verwandten wird es zugestanden, einen letzten Willen zunächst als Testament geltend zu machen, diese Behauptung aber nachher wieder aufzugeben und ihn vermöge der Kodizillarklausel als Kodizill für sich in Anspruch zu nehmen [Anm.: Fn. 16 mit Verweis auf C. 6, 36, 8, 2]."

127 War es immer eine ‚prätorische' Klage?

128 Der Formelentwurf wurde von den Parteien beigebracht, namentlich dem Kläger, der bereits vorab mit dem Beklagten in Kontakt getreten ist und sich im Idealfall auch juristischen Beistand gesucht hatte. Der Prätor konnte noch beratend eingreifen und überhaupt Änderungen am Formelentwurf vornehmen, bevor er das Prozessprogramm erließ oder die Klage denegierte. So wird auch in den Konversionsfällen die Formel im Zusammenwirken der Parteien unter Mitwirkung des Prätors in geeignete Form gebracht worden sein. Nach Spuren dieses Vorganges soll bei der Untersuchung der einzelnen Rechtsbehelfe gesucht werden.

129 *Mitteis*, Reichsrecht und Volksrecht (1891) 175 wies bereits darauf hin, dass sich das römische Urkundenschreiberwesen im Unterschied zum griechischen dadurch auszeichnete, dass es weniger um Sicherung und Publizität, sondern vielmehr juristische

Phänomenen, welche in das Problemfeld der Konversion fallen, deren praktische Ausformungen und ‚Üblichkeit' belegen[130]; auch kann bei gleichförmiger Übung mit aller gebotenen Vorsicht darauf geschlossen werden, dass der Testator bei einer bestimmten Formulierung halbwegs ‚sicher' war, dass seine Verfügung in der von ihm gewollten Weise Bestand hatte[131]. Stets muss man sich dabei jedoch bewusst machen, dass selbst auf eine gut belegte Praxis rechtlich nicht durchgehend Verlass ist: So gibt es etwa die Testierpraxis, Götter zu bedenken, denen freilich keine *testamenti factio passiva* zukam (allenfalls einem Priester, äußerstenfalls einem Tempel)[132]. Auch wurden offenbar Miterben in der Praxis häufig – fälschlich – ‚*ex asse*'[133] eingesetzt, mitunter sogar mit dem Zusatz ‚*in omnium bonorum*'[134]. Hier waren demnach die Juristen berufen, eine – nach Möglichkeit geltungsverleihende – Lösung zu finden.

Wie juristisch mit der fehlerhaften Anordnung umgegangen wurde, zeigen uns daher wie stets in erster Linie die in den Digesten überlieferten Juristenschriften, welche eine Rechtsauskunft wiedergeben[135]. Diese beziehen sich

---

Korrektheit und Fehlerlosigkeit des Aktes besorgt war. Zu Formularsammlungen für die Abfassung eines Testamentes siehe nur *Avenarius*, Formularpraxis, in: FS Behrends (2009) 20.

130 Freilich stehen wir heute vor dem Problem, dass der üblicherweise in Wachs (oder Schellack) eingeritzte Testamentswortlaut die Zeiten meist nicht überdauert hat; nur wenige derartige Testamente können wir daher heute auswerten, siehe unten II. Auch Juristenschriften geben allerdings häufig den Wortlaut von Praxisurkunden zumindest in Ausschnitten wieder.

131 Vgl. allerdings *Avenarius*, Formularpraxis, in: FS Behrends (2009) 21 aE zum Problem der „Beharrungskräfte der Praxis" bei Klauseln, welche „in der Literatur bereits als Ursache von Auslegungsproblemen behandelt worden waren."

132 Dazu *Buchwitz*, Rez. Corbo, ZRG RA 133 (2016) 533–540, 537. Zur Diskussion um den *populus Romanus* als Begünstigten siehe *Amelotti*, Testamento I (1966) 121–122; zur *testamenti factio passiva* von Tempeln *Baldus*, Tempelrecht, Studi Senesi 126 (2014) 165–198; *ders.*, Collegium, in: Scritti Corbino I (2016) 166.

133 Siehe dazu etwa *Nowak*, Wills (2015) 346.

134 So durchgehend die bereits in nachklassische Zeit fallenden nordafrikanischen Testamente (unten II.1.c), in Ansätzen aber auch schon Antonius Silvanus (für den freilich als Soldat Sonderregeln galten, siehe unten II.1.a.a).

135 Eine Zusammenschau von Testierpraxis und rechtlicher Beurteilung in juristischen Texten hat für die Frage nach der Beachtlichkeit der Reihenfolge von Verfügungen eines Testaments auch *Avenarius*, Formularpraxis, in: FS Behrends (2009) 13–41 vorgenommen.

ihrerseits häufig auf im Wortlaut wiedergegebene Klauseln aus der Praxis: Dadurch ist eine nicht geringe Anzahl von Ausschnitten aus Testamenten überliefert, welche den Anforderungen des zivilen Testamentsrechts nicht genügen, weswegen eine juristische Diskussion darüber entstehen konnte, ob (und ggf. wie) sie zu retten wären. So wird es eine Herausforderung auch dieser Abhandlung – wie jeder Untersuchung, die sich dem römischen Testamentsrecht widmet – sein, für die in ihrem Rahmen notwendige Klärung der „vielschichtigen und komplexen Fragen des Erbrechts" das kasuistische Material genau zu analysieren, obwohl Vorarbeiten dazu überwiegend fehlen oder veraltet sind[136]. An manchen Stellen wird es daher notwendig sein, etwas weiter ‚auszuholen', um Voraussetzungen zu schaffen, auf welche konkrete Aussagen für das spezifische Problem der Konversion aufbauen können. Essentiell ist hierbei eine Zusammenschau der römischen Rechtsquellen mit den aus der Praxis überlieferten Urkunden.

In einigen Fällen gibt es auch Texte aus der nichtjuristischen Literatur, die etwa einen Prozessverlauf schildern[137] oder zur Sinnhaftigkeit gewisser Regelungen Stellung nehmen[138]: Der wirtschaftliche und soziale Kontext des römischen Erbrechts soll in die Betrachtung miteinbezogen werden, um so zu einem historisch breiteren Bild zu gelangen und die juristischen Zeugnisse einordnen zu können[139]. Sollten sich daraus überzeitliche und grenzüberschreitende Argumentationslinien ableiten lassen, so wäre das ein positiver Effekt; es wird aber jedenfalls nicht Ziel der Arbeit sein, unter Ausblendung der Rechtsentwicklung eine unmittelbare Übertragung von Lösungen der römischen Juristen auf das geltende Recht zu unternehmen.

---

136 Für ein derartiges Programm plädierte etwa *Babusiaux*, Rez. Strobel, ZRG RA 133 (2016) 523, die aaO. (sowie ibid. 532) auf den Mangel an Vorarbeiten ausdrücklich hinweist.

137 Wie beispielsweise bei der *Causa Curiana*; dazu unten IX.1.

138 Vgl. z.B. zur Kritik am *SC Pegasianum* im zeitgenössischen Diskurs *Manthe*, SC Pegasianum (1989) 20–23.

139 Siehe – gewissermaßen umgekehrt – das Anliegen von *Colella*, Testamenti dei cittadini romani d'Egitto (2024) 4, die bekannten Testamentsurkunden aus Ägypten insbesondere im Hinblick darauf auszuwerten, was sich daraus für die sozialen Strukturen ablesen lässt. Zur sozialen Bedeutung des Testaments für die Römer, welche insbesondere aus literarischen Quellen hervorgeht, auch rezent *Stern*, Pratique sociale (2022) 21–42.

Krampe hat versucht, aufgrund der historischen Entwicklung des Begriffes der ‚Konversion' und des Vergleichs zwischen den geltenden Rechtsordnungen, die eine große konzeptionelle Bandbreite aufweisen, auf eine Korrektur des modernen Verständnisses hinzuwirken. *Giuffrè* hat umgekehrt aus der Position des geltenden Rechts heraus einen Rückblick auf das römische Recht unternommen und einige ihm passend erscheinende Themenkreise assoziativ herausgegriffen. Vorliegend soll ein Ansatz verfolgt werden, welcher der Darstellung ein weniger enges begriffliches Korsett anlegt, um durch diese Offenheit einen möglichst genuinen Zugang zum antiken juristischen Geisteswesen zu finden. Zugleich soll der Aufbau eine umfassende Perspektive gewährleisten.

Für die Gliederung wird es sinnvoll sein, im Hauptteil der Struktur eines *testamentum per aes et libram* zu folgen, wie es im Zeitraum zwischen dem ersten und dem dritten Jh. n. Chr. üblicherweise schriftlich dokumentiert wurde. Dabei wird jede einigermaßen ‚standardmäßige' Klausel darauf hin untersucht, wo ihr Platz im Testament war, wie sie formuliert sein sollte, was sie bezweckte, welche Art von Fehler hierbei typischerweise unterliefen bzw. dokumentiert sind und was schließlich deren rechtliche Konsequenzen im Zusammenhang mit der Fragestellung einer möglichen Konversion waren[140]. *Stern* kritisierte am bisherigen Forschungsstand unter anderem die „omission rescue totale de l'examen des clauses testamentaires"[141]. Vorliegend werden diese Klauseln, ihre Ziele und ihr Ineinandergreifen vielmehr zur Leitschnur erhoben. Um ihre praktische Ausgestaltung und Verbreitung zu veranschaulichen, werden vor der juristischen Analyse die wichtigsten bekannten Urkunden in ihrer Gesamtheit und in ihrem Aufbau kurz vorgestellt. Vor

---

140 Eine zusammenfassende Darstellung zu Testamentsrecht und -praxis samt Zusammenstellung der einschlägigen Dokumente findet sich etwa bei *Nowak*, Wills (2015), auf deren im zweiten Teil zusammengestellte Urkunden für die vorliegende Untersuchung verwiesen werden kann. *Strobel*, Testamentsurkunden (2014) stellt seine Einzeluntersuchungen zu Testamentsurkunden ebenfalls allgemeinen Ausführungen über das römische Testamentsrecht nach; er baut seine Studien damit ähnlich auf wie *Migliardi Zingale*, Testamenti [3](1997), deren introduzione allerdings kürzer, der Teil zu den Dokumenten dafür umfangreicher ausfällt. Auch schon *Champlin*, Final Judgements (1991) und *Amelotti*, Testamento I (1966) haben ihren Darstellungen Appendices mit den wichtigsten Dokumenten nachgestellt. Zuletzt wählte auch *Colella*, Testamenti dei cittadini romani d'Egitto (2024) diese Vorgehensweise.

141 *Stern*, Pratique sociale (2022) 1.

einer Untersuchung der einzelnen typischen Testamentsklauseln werden sodann auch noch die formalen Voraussetzungen in den Blick genommen. Abschließend werden mögliche nachträgliche Verfügungen betrachtet, wie etwa Auswirkungen eines Widerrufs oder allfälliger Änderungen. Auch Intestatfideikommisse werden schließlich thematisiert und Fälle, in welchen ein Geschäft unter Lebenden – dabei insbesondere Schenkungen – möglicherweise in ein Geschäft von Todes wegen umgedeutet werden könnte oder auch umgekehrt: (unwirksame) letztwillige Verfügungen (auch) unter Lebenden Wirkungen entfalten, untersucht. Sodann wird darüber nachgedacht, welche Art von ‚Wirksamkeit' einer gerichtlich nicht durchsetzbaren letztwilligen Verfügung allenfalls noch zukommen konnte. Die Ergebnisse der einzelnen Kapitel werden sodann zusammengeführt und in einer Gesamtschau synthetisiert.

II. Römische Testamente in der Praxis

Klassische römische ‚Originaltestamente' auf Wachstäfelchen[142] sind äußerst rar. Zahlreicher sind jedoch immerhin Kopien (teilweise übersetzt in das Griechische) oder Entwürfe (ebenfalls häufig auf Griechisch) auf Papyri von höchstwahrscheinlich auf Wachstäfelchen förmlich errichteten Testamenten, welche ihrerseits nicht erhalten geblieben sind. Daneben gewähren auch Testamentseröffnungsprotokolle wertvolle Einblicke[143]. Diese Zeugnisse umfassend ausgewertet zu haben ist in erster Linie Verdienst *Amelottis*, dessen Werk über das römische Testamentsrecht aus Perspektive der Praxisurkunden von *Migliardi Zingale* fortgeführt wurde, woran die rezenten Arbeiten von

---

142 Zur zugrundeliegenden Mündlichkeit des Errichtungsaktes siehe unten III.2., zu den verschiedenen möglichen Beschreibmaterialien Ulp. 39 ed., D. 37, 11, 1 pr. sowie ders. 42 ed., D. 37, 11, 4. Dazu *Babusiaux*, Nachlassbesitz, in: HRPR (2023) § 57 Rn. 191. Zur Frage der Aufbewahrung siehe *Stern*, Pratique sociale (2022) 125–128 mwN.

143 Dazu, dass die griechischen Kopien, welche urkundlich überliefert sind, offensichtlich den Charakter von Übersetzungen aufweisen, siehe nur *Amelotti*, Testamento I (1966) 114. Die griechischen Klauseln, welche bei den klassischen Juristen im testamentsrechtlichen Zusammenhang wiedergegeben und diskutiert werden, sind allesamt fideikommissarische oder sonstige formfreie Verfügungen. Siehe *Colella*, Testamenti dei cittadini romani d'Egitto (2024) 7 zum aktuellen Überlieferungsstand ägyptischer Urkunden: Aus der Zeit vor der Konstitution des Alexander Severus, welche Griechisch als Testamentssprache für zulässig erklärt hat (zu datieren zwischen 224 und 235 n. Chr.), existieren 25 bekannte Urkunden, von welchen 16 auf Latein abgefasst sind, sowie ein Formular.

Strobel[144] und *Nowak*[145] und zuletzt auch *Colella*[146] anknüpfen. Aus klassischer Zeit gibt es keine literarischen Texte, welche den Wortlaut von Testamenten unmittelbar in ihrer Gesamtheit wiedergeben würden[147]. Inhaltliche Bezugnahmen und kürzere Zitate kommen hingegen vor[148]. Die relevanten Praxisdokumente aus klassischer Zeit vermitteln einen Eindruck davon, welche Klauseln in welcher Reihenfolge typisch[149] für römische Testamente sind, sodass im Folgenden kurz auf die wichtigsten Urkunden einzugehen ist.

1. Originale: Holztäfelchen

Obwohl römische Testamente – schon allein aufgrund der Verschlussvorschriften des *SC Neronianum* und der damit verbundenen Durchsetzbarkeit einer Einweisung in den Nachlassbesitz – in aller Regel in Wachstäfelchen eingeritzt wurden und von abertausenden römischen Bürgern errichtet worden sein dürften[150], ist nur eine einzige Testamentsurkunde dieser Art nahezu vollständig erhalten: Das berühmte Testament des Antonius Silvanus. Es wurde in den 1930er Jahren gemeinsam mit Fragmenten zweier weiterer Testamente, von welchen jeweils ein Täfelchen erhalten ist, in Ägypten gefunden. Daneben sind zwei weitere Testamente aus Ägypten sehr fragmentarisch erhalten. Diese Täfelchen wurden in der Vergangenheit häufig Gegenstand wissenschaftlicher Aufmerksamkeit[151].

---

144 *Strobel*, Testamentsurkunden (2014) fokussiert auf die wichtigsten Urkunden „vor und nach der Constitutio Antoniniana" (so der Titel).

145 *Nowak*, Wills (2015) 6: „The present study is… a continuation of Amelotti's work". Sie legt den Schwerpunkt ihrer Studien auf die Spätantike.

146 *Colella*, Testamenti dei cittadini romani d'Egitto (2024) behandelt Urkunden aus dem Zeitraum vom 1. Jh. n. Chr. bis Alexander Severus und betrachtet sie insbesondere auch unter einem sozialhistorischen Blickwinkel.

147 *Amelotti*, Testamento I (1966) 4.

148 Siehe dazu den Appendix I „Wills Attested in Literature" bei *Camplin*, Final Judgements (1991) 187–194.

149 So auch *Colella*, Testamenti dei cittadini romani d'Egitto (2024) 17. Zu berücksichtigen ist freilich „Das Gesetz der kleinen Zahlen" iSv. *Kahneman*, Schnelles Denken (2017) 139–148.

150 Vgl. *Tomlin*, A Roman Will, AC 150 (2001) 150.

151 Allen voran das Testament des Antonius Silvanus: Siehe aus der jüngeren Lit. etwa *Jakab*, Testamente, Soldaten, in: Gnomon des Idios Logos (2024) bei Fn. 41–68; *Nowak*, Wills (2015) 37–38, 59, 61, 122, 138 Fn. 124, 179 und 351–352; *Strobel*,

Hinzu trat aber bereits vor einiger Zeit (erstmals ‚wiederentdeckt' wohl schon in den 1840er Jahren, publiziert schließlich 2004) ein in der juristischen Literatur wenig beachtetes römisches Testamentstäfelchen aus Wales, welches ebenfalls in hochklassische Zeit zu datieren ist.

Weder unter den Wachstäfelchen aus Dakien noch den Vindolanda-*tablets* oder den Campanischen Urkunden aus Herkulaneum und Pompeii finden sich Testamente[152]. *Hartmann* schätzte 2015 die überlieferten Wachstafeln auf über 2.500 (aus 63 Funden)[153], was die geringe Anzahl an erhaltenen Testamenten umso erstaunlicher macht.

Zu den seltenen Stücken ist unlängst ein Konvolut nicht näher bekannten Umfanges getreten, welches unter ebenfalls nicht bekannten Umständen in Nordafrika gefunden wurde und auf verschlungenen Wegen nach Europa gelangt ist. Nach und nach wird es der Öffentlichkeit bekannt. Diese Testamente (sieben von ihnen sind aktuell bekannt[154], doch dürfte in dem fraglichen

---

Testamentsurkunden (2014) 65–109; *Liebs*, Testament des Antonius Silvanus, in: FS Fricke (2000) 113–128. *Babusiaux*, Erbrecht ^{2}(2021) 15 nimmt es zum Ausgangspunkt ihrer Darstellung des römischen Erbrechts.

152 Vgl. *Tomlin*, A Roman Will, AC 150 (2001) 155 Fn. 24.

153 *Hartmann*, Die hölzernen Schreibtafeln, in: Lesen und Schreiben (2015) 58. Siehe zur problematischen Überlieferungslage auch *Eck*, Repräsentativität, Chiron 37 (2007) 49–64.

154 In erster Linie durch Vorträge von *Rothenhöfer*: *Rothenhöfer*, Ein neues rechtshistorisches Dokument: Eine testamentarische Verfügung vom 12. April 340, Vortrag im Rahmen des Werkstattseminars am Leopold-Wenger-Institut vom 26.1.2016; *ders.*, Neue rechtshistorische Dokumente II. Der Testamentskodex des Pomponius Sperantius aus dem Jahr 332 n. Chr.; Vortrag im Rahmen des Werkstattseminars am Leopold-Wenger-Institut vom 23.6.2016; *ders.*, Neue Rechtshistorische Dokumente des 3.-4. Jahrhunderts, Quellenpapier IKANT-Institutsseminar vom 4.12.2018; *ders.*, Neue rechtshistorische Dokumente VII: si adversus testamentum meum fecerit, Vortrag im Rahmen des Werkstattseminars am Leopold-Wenger-Institut vom 29.10.2020. Außerdem durch Vorträge von *Masi Doria*: *Masi Doria*, Fundo Goretiano subscribens. Un nuovo testamento nordafricano, Vortrag im Rahmen des Werkstattseminars am Leopold-Wenger-Institut vom 29.1.2019; *dies.*, Osservazioni sul testamento di Pomponius Maximus, Vortrag im Rahmen einer ‚Internationalen Tagung zum Testamentsrecht' in Wien am 6.11.2020. Vermutlich stammt das Dokument aus demselben Konvolut, gehört aber mittlerweile einem anderen Eigentümer. Außer den knappen Beschreibungen in AE 2016, 908–914, 916–921 (Nr. 2031–2033, 2035–2036) siehe die Publikation samt eingehenderer Kommentierung je eines Täfelchens durch *Rothenhöfer/Blänsdorf*, Sana mente, Gephyra 13 (2016) 154 sowie *Masi Doria*, Pomponius Maximus, in: Klauselgestaltungen (2022) 151–175.

Konvolut noch mehr, bisher unbekanntes Material enthalten sein) sind zwar erst in das späte dritte oder frühe vierte Jahrhundert zu datieren, also erst in eine Zeit nach dem primären Betrachtungszeitraum der vorliegenden Darstellung, sie weisen aber so deutlich klassische römische Formen – und sogar typische Fehler, welche bereits aus der Klassik bekannt sind – auf, dass sie vorliegend insbesondere für die Nachzeichnung von Aufbau und Klauselgestaltung römischer Testamente dennoch herangezogen werden.

a. Ägypten

a.a. Testament des Antonius Silvanus (142 n. Chr.)[155]

Dieses einzige fast vollständig erhaltene lateinische Testament auf *tabulae ceratae* ist in der Literatur vielfach behandelt worden[156]; auch im gegebenen Zusammenhang wird immer wieder darauf Bezug genommen werden. Es exemplifiziert beinahe idealtypisch, welche Klauseln in welcher Reihenfolge und mit welchen Formulierungen tatsächlich in der Praxis vorkamen. Das Soldatentestament müsste sich zwar nicht sklavisch an die Regeln des *ius civile* halten[157]; dennoch sind die Formen erstaunlich sauber eingehalten: Nachdem der Testator in den Anfangsformeln seinen eigenen Namen und Status angibt, erfolgt die Einsetzung des Alleinerben ‚*ex asse*'; daneben finden sich eine förmliche Enterbung aller nicht Eingesetzten (*exheredatio ceterorum*); die sog. ‚*cretio*-Formeln', welche einen förmlichen Erbschaftsantritt vorschreiben, samt Bestimmung von Ersatzerben; schließlich die Einzelverfügungen

---

155 Text: FIRA III, 47; *Migliardi Zingale*, in: Revisione FIRA II (2012) 148–150; zuletzt *Colella*, Testamenti dei cittadini romani d'Egitto (2024) 199–207 (mit italienischer Übersetzung). Mit deutscher Übersetzung *Strobel*, Testamentsurkunden (2014) 71.

156 Siehe soeben oben Fn. 151.

157 Siehe dazu schon oben I.2.c. Fn. 118. Zur Vermutung, dass sich die generelle Formfreiheit für Soldaten erst in der Severerzeit allgemein durchgesetzt hat, siehe *Lovato*, Testamentum militis, in: Scritti Pani (2011) 257–266; *Babusiaux*, Nachlassbesitz, in: HRPR (2023) § 57 Rn. 212. Zum Übergewicht der Soldaten und Veteranen in den Testamentsurkunden aus Ägypten vor der Constitutio Antoniniana zuletzt *Colella*, Testamenti dei cittadini romani d'Egitto (2024) 62–64, 78, 93 mwN., die ibid. 147 vermutet, dass man sich auch für die Zeit nach dem Ausscheiden aus dem aktiven Dienststand absichern wollte.

in Form von Vindikationslegaten und einer fideikommissarischen Freilassung. Eine *dolus-malus*-Klausel, welche das Fernbleiben von Bösgläubigkeit anordnet, beschließt die inhaltlichen Anordnungen. Zudem ist die Manzipationsklausel, welche die an der zum Zwecke der Testamentserrichtung vollzogenen Manzipation Beteiligten anführt, mustergültig formuliert und auch die Verschnürung des Testaments genügte ohne weiteres den Vorschriften des *SC Neronianum*.

a.b. Testament des Safinnius Herminus (157 n. Chr.)[158]

Der Flottensoldat Safinnius Herminus hat sein Testament in Alexandria, im Jahre 157 n. Chr. verfasst. Drei Tafeln sind erhalten geblieben; vermutlich sind es die erste und die beiden letzten Tafeln des Testaments. Lesbar sind allerdings lediglich zwei von ihnen, und auch diese nur sehr bruchstückhaft. Die juristisch besonders interessanten Passagen – Erbeinsetzung, Legate und sonstige Einzelverfügungen – sind verloren; neben der Identifikationsklausel des Testators am Beginn des Testaments sind Anweisungen für die Beerdigung sowie eine *dolus-malus*-Klausel und die Datierung am Ende lesbar. Auffällig ist etwa das Fehlen der Manzipationsklausel[159]. Eine mögliche Klausel mit ‚*contentus sis*' eröffnet die wohl vorletzte Tafel, womit naheliegt, dass ein Universalfideikommiss unter Einzelvorbehalt statuiert wurde: Der testamentarisch eingesetzte Erbe fungiert offenbar lediglich als ‚*heres fiduciarius*', welchem auferlegt wird, die gesamte Erbschaft einem Begünstigten herauszugeben; zumindest die pegasianische Quart musste ihm aber zugewendet werden, was vorliegend in diesem Abschnitt des Testaments zu geschehen scheint. Belegt ist die Einsetzung derartiger ‚Treuhänder-Erben' insbesondere durch Soldaten – und hier scheinen sich besonders Flottensoldaten hervorgetan zu

---

[158] Text: BGU VII, 1695; zuletzt *Colella*, Testamenti dei cittadini romani d'Egitto (2024) 212–214. Mit italienischer Übersetzung *Migliardi Zingale*, Testamenti ³(1997) 45; mit englischer *Nowak*, Wills (2015) 355. Rezent insbes. auch *Garrido Domené/Pérez Zurita*, El testamento de Safinnius Herminus, in: Instruciones locales I (2022) 25–42 mwN.

[159] *Arangio-Ruiz*, Antonio Silvano, in: Studi Albertario I (1953) 206–207 hatte noch aus diesem Grunde angenommen, dass es sich um ein Kodizill gehandelt habe, doch hat *Amelotti*, Testamenti I (1966) 92–93 dem Diocl./Maxim., C. 2, 3, 19 (a. 290) entgegengehalten.

haben. Wir werden uns an späterer Stelle[160] noch eingehender mit diesem Phänomen beschäftigen.

a.c. *Testament des Numissius Gemellus (2. Jh. n. Chr.)*[161]

Die beiden erhalten gebliebenen Täfelchen des Testaments des Numissius Gemellus sind ebenfalls in sehr schlechtem Zustand. Lesbar sind auf der ersten Tafel aber immerhin mehrere Verfügungen im Zusammenhang mit der Erbeinsetzung: Der Text lässt eine typische Erbeinsetzungsklausel samt *exheredatio*- und *cretio*-Klausel erkennen. Es folgt eine Ersatzerbensbestellung unter erneuter *exheredatio inter ceteros* und Setzung einer Kretionsfrist. Es dürfte sodann ein Legat zugunsten der Substitutin für den Fall ausgesetzt sein, dass sie nicht Erbin wird[162]. Die zweite Tafel weist Spuren von Legaten bzgl. mehrerer Gründstücke bei Philadelphia und mehrerer Häuser auf[163]. Uns interessiert vor allem die hier verwirklichte typische Abfolge *heredis institutio* – *exheredatio* – *cretio*-Klausel – *substitutio* – erneute *exheredatio* – weitere *cretio*-Klausel vor Einzelverfügungen.

a.d. *Fragmente von drei weiteren Testamenten auf Wachstäfelchen (2. Jh. n. Chr.)*

Bei P. Mich. VII, 437[164] handelt es sich um eines der inneren Täfelchen eines Testaments. Es ist beidseitig beschrieben und belegt erneut das Zusammenspiel von Erbeinsetzung, Enterbung, förmlichem Erbschaftsantritt und Substitution: Das Testamentstäfelchen beinhaltet auf der Vorderseite eine *substitutio vulgaris* sowie eine *exheredatio ceterorum*, sodann eine *cretio continua* und den Anfang eines Legats zugunsten des Substituten für den Fall, dass er nicht Erbe wird. Die Rückseite ist schlechter lesbar, betrifft aber offenbar

160 Siehe unten S. 347.

161 Text: BGU VII, 1696; zuletzt *Colella*, Testamenti dei cittadini romani d'Egitto (2024) 290–294 (mit italienischer Übersetzung). Mit italienischer Übersetzung außerdem *Migliardi Zingale*, Testamenti ^{3}(1997) 70.

162 Das nimmt auch *Nowak*, Wills (2015) 354 an.

163 Vgl. *Amelotti*, Testamenti I (1966) 50–51. Dazu außerdem *Arangio-Ruiz*, Antonio Silvano, in: Studi Albertario I (1953) 205–206.

164 Mit italienischer Übersetzung *Migliardi Zingale*, Testamenti ^{3}(1997) 73.

Legate und einen Prokurator. *Amelotti*[165] und *Migliardi-Zingale*[166] vermuten einen militärischen Hintergrund des Testators, nachdem die *classis praetoria* und ein Prokurator erwähnt werden.

Das zweite Fragment (P. Mich. 446[167]) weist eine *rotatio testis ad testamentum signandum* auf[168]; wieder haben wir es mit einem Soldatentestament zu tun. Inhaltlich wissen wir von den Verfügungen nichts.

Das letzte hier kurz vorzustellende, ebenfalls nur sehr fragmentarisch erhaltene Testament (BL Add. MS. 33999 f8[169]) dürfte erneut von einem Soldaten stammen. Es ist auf Latein abgefasst und enthält Reste einer *scriptio inferior*. Einem Veteranen wird ein Legat zugewendet und eine bei einem Freund hinterlegte Summe erwähnt.

Damit sind alle bekannten ägyptischen Testamentstäfelchen vorgestellt. Wie eingangs erwähnt gibt es aber noch ein weiteres aus klassischer Zeit stammendes Testament vom anderen Ende des Imperiums, welches mehr Beachtung verdient als ihm bislang zuteilgeworden ist.

b. Britannien

Das betreffende Holztäfelchen wurde in der Nähe von Trawsfynydd, Merionethshire (5km nordwestlich des römischen Tomen-y-Mur) von Arbeitern auf der ‚Bodyfuddau farm' in Wales gefunden. Von den ursprünglich 2–3 lesbaren Seiten der lt. Fundbeschreibung angeblich 10 ‚Blätter' (‚*leaves*')[170] umfassenden Urkunde, welche im römischen Britannien um ca. 100 n. Chr.

165 *Amelotti*, Testamenti I (1966) 51.

166 *Migliardi Zingale*, Testamenti ^{3}(1997) 73.

167 Mit englischer Übersetzung *Nowak*, Wills (2015) 356.

168 Dazu *Arangio-Ruiz/Colombo*, Documenti testamentari, JJP 4 (1950) 117–123.

169 Mit italienischer Übersetzung *Colella*, Testamenti dei cittadini romani d'Egitto (2024) 300.

170 Darauf, dass ein solcher Umfang angesichts der sonst erhaltenen, dem römischen Formular folgenden Testamente, welche etwa zwei bis fünf *tabulae* umfassen, eher unwahrscheinlich ist, hat *Jakab*, D. 36,1,48(46), in: DG Nishimura (2018) 75 hingewiesen. Sie deutet ibid. 74 aE lediglich durch die Betonung von Tomlins Annahme eines einzigen, zusammenhängenden Testaments an, dass es möglicherweise nicht nur ein einziges Dokument gewesen ist, welches an jenem Tag von den Farmarbeitern aus dem Morast gezogen wurde.

abgefasst wurde[171], ist eine erhalten geblieben und erst 2004 publiziert worden[172]. Es handelt sich um Teile der Erbeinsetzung, doch sind weder der Name des Testators (oder der Testatorin) erhalten noch jener des Erben (oder der Erbin) bzw. der Erb(inn)en. Ob es sich auch hier um ein Soldatentestament handelt, bleibt damit offen; eine gewisse Verbindung zu der in Tomen-y-Mur stationierten Hilfstruppe ist immerhin wahrscheinlich. *Quum moriar* (mit der Bedeutung *cum moriar*[173]) könnte entweder auf eine *heredis institutio cum libertate* hinweisen (wie Ulp. 6 ad Sab., D. 28, 7, 2, 1: ‚*Primus et Secundus, si mei erunt cum moriar, liberi et heredes sunto*'; hier dann umgekehrt: ‚*… heredes et liberi sunto*', wie Gai. 2, 186 als ebenfalls möglich darstellt) oder Teil einer an die Einsetzung geknüpften Bedingung oder Auflage sein, wonach bspw. innerhalb einer gewissen Zeit nach dem Tod ein Grabmal errichtet werden muss oä. Vermutlich handelt es sich – trotz der insofern dann nicht korrekten Einsetzung ‚*ex asse*' – um mehr als nur einen Erben, nachdem relativ viel Platz auf die Einsetzung aufgewendet wird und auch in Z. 15 von mehreren Erben die Rede ist[174]. Es folgt eine *exheredatio inter ceteros*, an welche sich vermutlich eine ‚Kodizillarklausel' (im Sinne einer ‚Verstärkungsklausel': siehe unten X.) anschließt, in welcher der Erblasser den Erben aufträgt, seine Anordnungen zu erfüllen[175]. Darauf folgt eine *cretio*-Klausel, welche in eine direkte Anrede an eine Erbin, dass sie binnen 100 Tagen nach (möglicher) Kenntnis antreten muss, und eine allgemeine Bestimmung hinsichtlich der

---

171 *Tomlin*, A Roman Will, AC 150 (2001) 147: zwischen 75 und 125 n. Chr.

172 AE 2004, 852; *Tomlin*, A Roman Will, AC 150 (2001, publ. 2004) 148. Siehe auch *Tomlin/Hassall*, Roman Britain in 2003, Britannia 35 (2004) 347–348 (Wales, 27. Trawsfynydd). Bei *Tomlin* aaO. 144 sowie *Sewohl*, Wales im Rampenlicht, in: Antike Welt (2007) 94 und auf der Homepage des Museums: https://museum.wales/articles/2007-05-10/Britains-only-surviving-Roman-Will/ (publiziert am 10.05.2007; zuletzt abgerufen am 28.03.2025) finden sich fotographische Abbildungen. Siehe zu den einzelnen Klauseln eingehend *Isola*, Tabula cerata von Trawsfynydd, ZRG RA 139 (2022) 103–122.

173 Siehe dazu *Isola*, Tabula cerata von Trawsfynydd, ZRG RA 139 (2022) 105–110.

174 AA. *Tomlin*, A Roman Will, AC 150 (2001) 150 sowie *Avenarius*, Ordo testamenti (2024) 437 Fn. 73. Dazu, dass Testamentsschreiber regelmäßig nicht juristisch gebildet waren, siehe nur *Kunkel*, Juristen ^{2}(1967)148 mit Fn. 214.

175 AA. *Tomlin*, A Roman Will, AC 150 (2001) 151, der von einer an falscher Stelle eingefügten ‚Kodizillklausel' ausgeht, durch welche zukünftige Kodizille testamentarisch bestätigt werden sollten. IdS. auch *Avenarius*, Formularpraxis, in: FS Behrends (2009) 23.

cretio aller Miterben, welche vor Zeugen zu erfolgen hat, geteilt ist. Danach wird der zunächst angesprochenen Erbin eine Substitutin bestellt, bevor der Text abbricht.

c. Nordafrika

2016 der breiteren Fachöffentlichkeit bekannt wurde ein Konvolut von Holztäfelchen aus Nordafrika, welche vermutlich in das Ende des dritten bzw. Anfang des vierten nachchristlichen Jahrhunderts zu datieren sind[176]. Freilich liegt dieser Zeitraum bereits außerhalb der Klassik der römischen Jurisprudenz, doch haben sich gerade in Nordafrika die klassischen Formen gut erhalten, wofür der aktuelle Fund eindrucksvolles Zeugnis ablegt[177]. Allerdings ist als Besonderheit festzuhalten, dass die Holztäfelchen nicht überzogen sind, weder mit Schellack noch mit Wachs, sondern durchgehend mit Tinte beschrieben wurden, wie es ansonsten nur für die Außenseiten üblich war, obwohl Vertiefungen in den Innenseiten der gegenständlichen Täfelchen vorgesehen wären.

Diese nordafrikanischen Testamente zeigen einen weitgehend einheitlichen, stereotypen Aufbau, was die Vermutung einer gemeinsamen Vorlage nahelegt: Einige Testatoren haben beinahe wörtlich ident darauf hingewiesen, dass sie deshalb mit Tinte auf drei geglättete Tafeln schreiben würden, weil sie keinen Testamentskodex zur Hand hätten. Etwa beim Testament eines Iulius Donatillus[178] fällt auf, dass die Täfelchen geweißt sind (*tabulae albata*).

---

176 AE 2016, 2031–2036. Seit einigen Jahren auf Homepages von Auktionshäusern bei Versteigerungen der Dokumente angeführt, bislang aber nicht erschienen ist eine Veröffentlichung von Peter Rothenhöfer unter dem Titel „Neue römische Rechtsdokumente aus dem Byzacena-Archiv / New Roman Legal Documents from the Byzacena Archive". Kritisiert wird von verschiedenen Seiten eine unklare Provenienz der Stücke.

177 Ein Abgleich mit den bei *Nowak*, Wills (2015), in den Appendices zusammengestellten, bisher bekannten Testamentsurkunden zeigt, dass es sich bei diesen Testamenten um die einzigen in lateinischer Sprache abgefassten Testamentstäfelchen handelt, die aus dem dritten und vierten Jh. erhalten sind. Zudem handelt es sich bei den Testatoren offenbar nicht um Soldaten, was sie zu umso wertvolleren Zeugnissen macht. Dazu, dass *tabulae* generell bis in das 5. Jh. im Nordafrika der Vandalen nachgewiesen sind, siehe *Meyer*, Legitimacy and Law (2004) 122.

178 AE 2016, 2031 (294 oder 300 n. Chr.).

Vom Testament eines Pomponius Sperantius[179] kennen wir auch eine Außenseite (die Vorderseite der ersten Tafel), welche die Beschreibung aufweist, dass es sich vorliegend um ein Testament handelt. Die Testamente beginnen auf der Innenseite mit einer Datierungszeile, im Gegensatz etwa zum Testament des Antonius Silvanus, dessen Datierungszeile am Ende des Testaments vor dem Abschlussvermerk des Erblassers und den Namen der Zeugen steht. Es ist allerdings eine allgemeine Beobachtung, dass sich die Datierungszeilen zunächst üblicherweise am Ende fanden, späterhin allerdings an den Beginn der Urkunde ‚wanderten'[180]. Datiert wird selbst an diesem Ort und zu dieser Zeit noch nach dem Konsulat und dem römischen Kalender.

Es folgt stets der Name des Testators mit der Bekräftigung, dass er klaren Verstandes sei[181]. *Nowak* hat schon vor Bekanntwerden der neuen Urkunden aus Nordafrika beobachtet, dass im 3. Jh. n. Chr. die ‚Mode' aufkommt, auf die – vor allem geistige – Gesundheit des Testators hinzuweisen, um festzuhalten, dass er zu testieren in der Lage war. Diese Klausel komme aus der ägyptischen lokalen Praxis (ursprünglich vom griechischen Festland ausgehend), habe sich in den koptischen Testamenten zu ausführlichen Beschreibungen des Testators und seiner Tugenden entwickelt, sei im Westen aber in ihrer „shortest form" beibehalten worden: *Sana mente*[182]. Genau diese Klausel begegnet in den nordafrikanischen Testamenten sehr einheitlich[183].

Sodann wird der Schreiber des Testaments identifiziert, im Falle des Iulius Pompeianus mit dem zusätzlichen Hinweis, dass es sich um einen Freund des Testators handle. Iulius Pompeianus und Pomponius Sperantius erklären jeweils, dass ihnen der Text nochmals vorgelesen wurde. Diese beiden Testatoren schildern auch den weiteren Ablauf dahingehend, dass sie selbst das Testament gesiegelt und (den Zeugen) befohlen haben, dass es gesiegelt werde. In diesen Punkten scheint das Testament des Iulius Donatillus vergleichsweise verkürzt.

---

179 AE 2016, 2032 (332 n. Chr.).

180 *Nowak*, Wills (2015) 118–119.

181 Bei Iulius Donatillus (AE 2016, 2031), Pomponius Sperantius (AE 2016, 2032) und Iulius Pompeianus (AE 2016, 2033) ebenso wie bei Pomponius Maximus (AE 2016, 2036).

182 *Nowak*, Wills (2015) 124–125.

183 Dazu eingehend *Masi Doria*, Pomponius Maximus, in: Klauselgestaltungen (2022) 161–163.

Die Erbeinsetzung wird mit der Umschreibung des Todes des Testators eingeleitet: Wenn dieser ‚durch den Tod der Natur zurückgegeben werde', dann solle dieser oder jener Erbe sein. In vier Testamenten (Iulius Pompeianus; Pomponius Sperantius; Iulius Donatillus; Pomponius Maximus) fällt auf, dass die Erben nicht nur (in den Fällen von Iulius Pompeianus und Pomponius Sperantius fälschlich, da mehrere Personen als Erben eingesetzt werden; im Fall von Iulius Donatillus insofern korrekt) ‚*ex asse*' eingesetzt werden, sondern auch mit dem Zusatz ‚*in omnium bonorum*'[184]. Das erscheint als eine Art *heredis institutio ex re certa*, worauf wir später noch zurückkommen werden[185]. Pomponius Sperantius spezifiert dieses ‚Gesamtvermögen' genauer, indem er die darin enthaltenen Gegenstände (insbesondere Grundstücke), die im Rahmen einer Teilungsanordnung den einzelnen Erben zugewiesen werden, gesondert anführt. Vergleichbar tut dies auch Pomponius Maximus. Erst danach folgt bei Pomponius Sperantius eine *exheredatio* (*inter ceteros*).

Die letzten lesbaren Zeilen des Testaments des Iulius Pompeianus dürften eine Art Verstärkungsklausel (‚Kodizillarklausel': siehe unten X.) darstellen; danach folgten vermutlich die Einzelverfügungen, von welchen im Testament des Pomponius Sperantius sowie des Iulius Donatillus einige erhalten sind. Besonders umfangreich sind die Einzelverfügungen im Testament eines Iulius (?), welcher ca. um 330–350 n. Chr. einen Fiddin als Waagehalter herangezogen haben dürfte[186]; bei diesem Testament fehlt allerdings der Beginn, sodass nur darüber spekuliert werden kann, wer der oder die Erbe/n war/en, wie sie eingesetzt wurden (*ex asse/ex re certa*), ob Fristen für die *cretio* gesetzt wurden, Substituten bestellt wurden etc.[187]

---

184 Ähnlich auch das Testament des Antonius Silvanus, der als Soldat noch hinzufügt: „*Omnium bonorum meorum castrensium et domesticum M. Antonius Satrianus filius meus ex asse mihi heres esto*".

185 Siehe unten VI.3.a.

186 AE 2016, 2035 (vgl. insbes. ibid. S. 919). *Rothenhöfer*, Neue Rechtshistorische Dokumente des 3.-4. Jahrhunderts, IKANT-Institutsseminar vom 4.12.2018, ging hingegen in seinem Vortrag davon aus, dass es sich um einen Testator namens ‚Iulius Fiddin' handelt und gab „nach 293 n. Chr." als Datierung an.

187 Es fehlt zumindest eine ganze Tafel: Tafel I ist beidseitig beschrieben; Tafel II, deren Rückseite unbeschrieben ist, stellt die letzte Tafel mit der hinteren Außenseite dar; die vordere Außenseite fehlt. Hier fände sich wohl unter anderem der Name des Testators, ausweislich der Namen seiner Angehörigen ein Iulius, dessen voller Name uns aber unbekannt bleibt. Zwar weist nicht selten die Außenseite ausschließlich die

Soweit überliefert, bildet die Manzipationsklausel samt Ortsangabe und Unterschrift des Testators den Abschluss.

2. Kopie: Inschrift

Aus klassischer Zeit ist nur ein einziges Testament bekannt, welches in vollem Wortlaut inschriftlich verewigt wurde[188]: Das ‚sogenannte *testamentum Dasumii*' aus dem Jahre 108 n. Chr., wobei aufgrund eines später aufgefundenen Bruchstücks die Ableitung des Testatornamens von einer im Testament erwähnten Dasumia mittlerweile als äußerst unwahrscheinlich verworfen wird[189]. Da der mittlere Streifen dieses Testaments erhalten ist, belegt es von der Erbeinsetzung bis zur Manzipationsklausel inkl. eines nachträglichen Kodizills wie kein anderes Zeugnis den Aufbau eines Testaments durch eine Person, welche aufgrund des Umfanges ihres Vermögens alle Formen der letztwilligen Verfügungen ausschöpft. Sie hat die inschriftliche Verewigung

---

Beschreibung auf, während alle inhaltlichen Anordnungen in den nicht sichtbaren inneren Teilen verborgen sind, doch ist Text auch auf der Innenseite der vordersten Tafel zu erwarten. Ausgeschlossen ist freilich nicht, dass eine – oder sogar mehrere – weitere beidseitig beschriebene Tafel/n aus dem Inneren fehlt/fehlen. Nach den erhaltenen Teilen des Testamentes scheint etwa die Tochter Iulia Crescentia grob benachteiligt, wobei sie, wenn sie – wonach es aussieht – nicht Erbin ist (so muss sie etwa am Bau für Iulius Primus nicht mitwirken und dürfte auch nicht an der *crypta* beteiligt sein), immerhin nicht für Erbschaftsschulden einstehen muss. Auch der Sohn Iulius Sperantius, der allerdings auch Erbe sein dürfte, wird nur mit anderen gemeinsam bedacht. Grundstücke bekommen ausweislich des überlieferten Textes nur die Söhne Iulius Victor und Iulius Primus bzw. die Ehefrau Antonilla. Zu vermuten ist daher, dass Iulia Crescentia und mit höchster Wahrscheinlichkeit Sperantius im verloren gegangenen Teil noch Einzelzuwendungen erhalten haben. Bei Iulia Crescentia wäre naheliegend, dass die erste Zuwendung des Grundstückes mit Feigen- und Olivenbäumen sie betraf, da im direkten Anschluss alle an sie gerichteten übrigen Zuwendungen des erhaltenen Textes angeführt werden. Iulius Sperantius betreffend gibt es keine konkreten Anhaltspunkte.

188 *Champlin*, Final Judgments (1991) 37. Siehe aber ibid. 198–200 für eine Auswahl an Inschriften, welche ein Testament immerhin erwähnen. Zur inschriftlichen Lage (abgesehen vom *testamentum Dasumii* existieren lediglich indirekte Bezugnahmen) siehe auch *Amelotti*, Testamento I (1966) 6–8.

189 Siehe zur Diskussion *Isola*, Testament des Dasumius, in: Tabulae testamenti (*im Druck*) bei Fn. 19.

ihres letzten Willens selbst testamentarisch angeordnet, wenngleich ihr Name in der nur bruchstückhaft erhaltenen Testamentserrichtungsklausel fehlt.

Die Abweichungen zwischen dem von *Mommsen* rekonstruierten Text[190] und den jüngeren Rekonstruktionen von *Eck*[191] und *Champlin*[192] haben weitreichende Folgen für das inhaltliche Verständnis: *Mommsen* ging davon aus, dass nach der Testamentserrichtungsklausel zunächst mindestens sieben Erben wurden, anschließend sodann lediglich zwei Substituten. Aufgrund eines später gefundenen weiteren Fragments konnte *Eck* jedoch überzeugend argumentieren, dass lediglich vier Prinzipalerben eingesetzt wurden, für welche unterschiedlich viele Ersatzerben bestellt wurden (insgesamt vermutlich sieben). Auffällig ist, dass bis auf eine männliche Person, die den Namen des/der Testators/Testatorin annehmen muss (dh. *heredis institutio* unter *condicio nominis ferendi*), sämtliche Erben weiblich sind. Die Erbteile werden ordnungsgemäß nach *unciae* spezifiziert und auch abgestuft (also nicht etwa mehrere Erben fälschlich ‚*ex asse*' zu Kopfteilen eingesetzt, wie es aus anderen Praxisdokumenten geläufig ist). Ein Sklave wird als Zwangserbe und Alleinerbe letzter Ordnung eingesetzt[193].

Auf die Erbeinsetzungen folgt eine *cretio*-Klausel, danach die Substitutionen mit erneuter *cretio*-Klausel und die abschließende Einsetzung eines Sklaven ohne *cretio*-Klausel. Wer auch immer Erbe wird, dem wird aufgetragen, die nachfolgenden Einzelverfügungen zu erfüllen.

Sodann werden zahlreiche Geldlegate ausgesetzt, überwiegend an prominente Persönlichkeiten der Senatsaristokratie. Es folgt eine fideikommissarische Belastung damit, Bauwerke im Namen des Testators zu errichten; danach eine Begünstigung der Amme. Freilassungen erfolgen mehrfach zugunsten namentlich bezeichneter und hinsichtlich ihrer Tätigkeit beschriebener Sklaven samt deren Lebensgefährtinnen, wobei Rechnungslegung

---

190 CIL VI, 10229; dem entspricht die Ausgabe FIRA III^2 Nr. 48 (1969) noch im Wesentlichen.

191 *Eck*, Zum neuen Fragment (1978) 277.

192 *Champlin*, Miscellanea Testamentaria, ZPE 62 (1986) 254.

193 Mit Recht zurückhaltender als *Pavese*, Testamentum P. Dasumii, in: Revisione FIRA II (2012) 155–160 (der sich ebenso wie die Epigraphische Datenbank Clauss-Slaby EDCS16100457 an *Eck* orientiert) ist *Cranino Cecere*, Testamentum detto di Dasumius, in: Antike Skulpturen (1997) 154–156 (ihr folgt die Epigraphische Datenbank Heidelberg HD00721 sowie die Epigraphic Database Roma EDR078811).

zur Bedingung gemacht wird. Unter den Legaten an Freigelassene finden sich insbesondere Rentenlegate; ein Widerrufsvorbehalt hinsichtlich der Freilassungen wird eingefügt und Bestimmungen im Zusammenhang mit der zu entrichtenden Steuer (gemeint ist hier die Freilassungssteuer) werden getroffen. Verschiedene wertvolle Gegenstände werden vermacht, wobei insbesondere eine umfassende Begünstigung der Tante mütterlicherseits erfolgt. Der Text enthält weiters detaillierte Anordnungen hinsichtlich der Bestattung und des Grabmonuments. Besondere Bedeutung hat dabei ein Grundstück, welches aufgrund eines besonderen (wohl kaiserlichen) *beneficium* erworben wurde: Im Ergebnis dürfte eine doppelte Nutzung des Grundstücks erfolgen: *ad sepulturam* und *ad alimenta*[194]. Hinzu gesetzt wird ein ‚Veräußerungs- und Belastungsverbot', welches (umgedeutet) wohl als Familienfideikommiss Wirksamkeit erlangt haben dürfte, offenbar zugunsten der Freigelassenen des/r Testators/in mit Ausnahme eines von ihnen, der sich dem/r Erblasser/in gegenüber schlecht verhalten hatte: dem Hymnus. Für die Fertigstellung des Grabmonuments wird eine Frist gesetzt (möglicherweise ident mit der Frist für die Übergabe des Grundstücks an die Freigelassenen zum Zwecke ihrer Alimentierung[195]). Um die Bestattung soll sich ein im Testament mehrfach erwähnter Servianus (der Schwager Kaiser Hadrians, möglicherweise auch ident mit dem unter *condicio nominis ferendi* eingesetzten Erben) mit einer zweiten Person kümmern. Die Freigelassenen dürfen wohl im Grab des Testators/der Testatorin beigesetzt werden, ausgenommen erneut Hymnus. Den Erben wird durch Fideikommiss auferlegt, hinsichtlich der Steuer (nun ist die Erbschaftssteuer gemeint) irgendeine Form der Abrede zu treffen (durch *pactum, compromissum* etc.). Es erfolgt auch eine Bestätigung von Nachträgen (‚Kodizillklausel' bzw. ‚Bestätigungsklausel': siehe unten XVIII.), sofern sie eigenhändig verfasst sind. Hinsichtlich des Abschlusses

---

194 Vgl. Ulp. 5 de omn. tribun., D. 2, 15, 8, 1 und 15; Ulp. 17 ad Sab., D. 7, 1, 7, 2; Paul. 14 resp., D. 34, 1, 12; Scaev. 18 dig., D. 33, 2, 34; Scaev. 19 dig., D. 32, 38, 4–5; Mod. 10 resp., D. 34, 1, 4 pr. Zum Themenkomplex dieses Grundstücks ausführlich *Rudorff*, Testament des Dasumius, ZGR 12 (1845) 371–380. Zur Versorgung durch einen *fundus cum instrumento* vgl. *Kehoe*, Investment, Profit and Tenancy (1997) 97–136; *Bürge*, Rez. Ligios, TR 68 (2000) 575–576. Zum sozialgeschichtlichen Hintergrund des vermachten Wohnrechts von Freigelassenen an einem als Lebens- und Grabstätte dienenden Grundstück zuletzt *Babusiaux*, Libertis dari volo quae vivus/viva praestabam, in: Zbornik Petrak (2024) 214–219.

195 *Rudorff*, Testament des Dasumius, ZGR 12 (1845) 384.

der testamentarischen Verfügungen argumentierte *Champlin*[196] überzeugend, dass ein römisches *testamentum per aes et libram* typischerweise mit einer Bestätigung zukünftiger Kodizille endet, woran sich noch eine *dolus-malus*-Klausel, eine Manzipationsklausel sowie die Angabe von Ort und Datum anschließen. Da Bestätigungsklausel und Datum im sogenannten *testamentum Dasumii* erhalten sind, sei auch die *dolus-malus*-Klausel und die Manzipationsklausel zwischen diesen beiden Eckpunkten zu erwarten, was auch aufgrund des zur Verfügung stehenden Platzes möglich wäre. Auch *Eck*[197] hatte darauf hingewiesen, dass die Eingangsformel nach seiner Rekonstruktion derjenigen des Testaments des Antonius Silvanus entspricht, daher also dem typischen Aufbau eines testamentum *per aes et libram* folge. Dem ist die Beobachtung *Kunkels*[198] hinzuzufügen, dass der Schreiber dieses Testaments, Campanus, ein in den Digesten bezeugter Jurist[199] oder sogar Senator (Sex. Hermetidius Campanus, 93 n. Chr. *legatus pro pr.* von Judäa[200]) gewesen sein dürfte. Nach der Angabe von Ort und Datum des Testaments folgt noch eine Abschrift eines Kodizills, welches Legate enthält.

3. Musterformular, Entwürfe, Abschriften, Eröffnungsprotokolle: Papyri

Für eine Zusammenstellung der einschlägigen Papyri von der hellenistischen Periode bis zum Ende der römischen Herrschaft im 7. Jh. n. Chr. sei auf die rezente Arbeit von *Nowak*[201], sowie für die Zeit vom 1. bis zum frühen 3. Jh. n. Chr. auf die sorgfältigen Neueditionen von *Colella*[202] verwiesen. Vorliegend werden nur diejenigen Urkunden herausgegriffen, welche aus klassischer

196 *Champlin*, Miscellanea Testamentaria, ZPE 62 (1986) 254.

197 *Eck*, Testamentum Dasumii, ZPE 30 (1978) 287.

198 *Kunkel*, Juristen ²(1967) 147–150.

199 Namentlich erwähnt bei Valens 6 fideicomm., D. 38, 1, 47; Pomp. 3 fideicomm., D. 40, 5, 34, 1; in beiden Fällen also zum Fideikommissrecht.

200 CIL XVI app. Nr. 12 p. 146.

201 Gut die Hälfte des Buches umfasst die Wiedergabe und englische Übersetzung von Testamenten, welche entweder als Original oder als Kopie erhalten sind. Siehe *Nowak*, Wills (2015) 210–449. Vgl. auch die Zusammenstellungen von einschlägigen Urkunden bei *Strobel*, Testamentsurkunden (2014); *Migliardi Zingale*, Testamenti ³(1997); *Camplin*, Final Judgements (1991) 195–197; *Amelotti*, Testamento I (1966) 251–285.

202 *Colella*, Testamenti dei cittadini romani d'Egitto (2024).

Zeit stammen, klassisches römisches Recht widerspiegeln (also nicht in den Umkreis der provinzialen Rechtsverhältnisse einzuordnen sind) und auf deren Klauseln in unterschiedlichem Zusammenhang im Verlauf der Arbeit Bezug genommen wird.

Von besonderem Interesse ist dabei das in P. Hamb. I, 72 überlieferte Formular, welches sich zwar in einem ägyptischen Papyrus findet, aber „lateinisch abgefasst und für römische Bürger bestimmt ist“[203]. Daneben stechen drei Kopien von Testamenten hervor; eine auf Latein, zwei auf Griechisch.

a. Musterformular (2./3. Jh. n. Chr)[204]

Das Formular enthält mehrere anonymisierte Testamentsklauseln als Vorlage für die Errichtung eines klassischen *testamentum per aes et libram*. Anonymisiert vorformuliert werden: Die Einsetzung aller zum Todeszeitpunkt geborenen Kinder des Testators von der aktuellen Ehefrau; die Anwachsung an die Überlebenden bei Vorversterben solcher Kinder[205]; eine Bezugnahme auf die *lex Fufia Caninia* mit der Bitte an den Erben, diejenigen freizulassen, welche der Testator aufgrund der Anzahl an *servi fugitivi* nicht selbst wirksam direkt freilassen konnte[206]; nach zwei leeren Zeilen (wohl Platz für die Einzelzuwendungen sowie Freilassungen) folgt die testamentarische Bestätigung nachträglicher Kodizille auf Täfelchen oder Anordnungen auf Papyrus, Pergament oder sonstigen Beschreibstoffen sowie zu Lebzeiten gemachter Schenkungen, seien sie bereits erfolgt oder würden sie erst gemacht, und nachträglich angeordneter Freilassungsverbote; den Abschluss bilden eine *dolus-malus*-Klausel sowie die Manzipationsklausel.

Amelotti wies bereits darauf hin, dass damit hier einerseits ganz typische Klauseln vorformuliert sind (wie die *dolus-malus*-Klausel und die Manzipationsklausel), aber auch eher außergewöhnliche: Fideikommissarische Freilassungen begegnen in den erhaltenen individuellen Praxisdokumenten nicht eben stereotyp. Daraus folgert er, dass der Verfasser dieses Formulars eine möglichst reichhaltige Klauselsammlung bieten wollte[207].

---

203 *Amelotti*, Notariat und Urkundenwesen, in: ANRW II.13 (1980) 393.

204 Text: P. Hamb. I, 72. Mit italienischer Übersetzung *Migliardi Zingale*, Vita privata e vita pubblica (1992) 8; mit englischer *Nowak*, Wills (2015) 368.

205 Siehe nur *Wenger*, P. Hamb. 72, in: Studi Arangio-Ruiz 4 (1953) 419–422.

206 *Amelotti*, Testamento I (1966) 53.

207 *Amelotti*, Testamento I (1966) 116.

Das Ende dieses Formulars ist ziemlich exakt eingehalten etwa im folgenden Testament eines Tiberius Claudius (91 n. Chr., Kopie[208] auf Papyrus, unbekannter Fundort):

b. Testament des Tiberius Claudius (91 n. Chr.)[209]

Erhalten ist lediglich das Ende des Testaments, allerdings samt abschließender ‚Kodizillarklausel' im Sinne einer Bestätigung zukünftiger Kodizille (dazu unten XVIII).

Im Zusammenhang mit diesen beiden zuletzt angeführten Dokumenten (dem Musterformular P. Hamb. I, 72 sowie der Kopie des Testaments des Tiberius Claudius Ch.L.A. IX, 399) ist festzuhalten, dass ein Unterschied besteht zwischen der hier zwei Mal begegnenden Bestätigung zukünftiger formfreier Verfügungen am Ende des Testaments und der – davon zu unterscheidenden – im Musterformular in einer speziellen Ausprägung (offenbar nur im Hinblick auf die Freilassungen) getätigten Anweisung an den Erben, testamentarische Anordnungen jedenfalls zu befolgen (auch wenn sie im Hinblick auf die *lex Fufia Caninia* unwirksam sein sollten), welche sich typischerweise bei der Erbeinsetzung findet und häufig ganz allgemein alle testamentarischen Anordnungen schon vorab der *fides* des/der Erben anvertraut oder den Erben persönlich zur Erfüllung aller Anweisungen verpflichtet. Da das Hamburger Musterformular keine Einzelverfügungen enthält, scheinen diese Klauseln unmittelbar nebeneinander zu stehen; üblicherweise sind sie jedoch durch Legate, Freilassungen etc. voneinander getrennt und auch im Musterformular sind hier zwei Zeilen leer. Ein Testament, welches beide Arten von Klauseln enthält, ist etwa das der Sabinia Apollonarion (siehe sogleich II.3.c.) und das des Gaius Longinus Castor (anschließend II.3.d.). Erhalten sind beide in Form einer griechischen Kopie.

208 *Migliardi-Zingale*, Testamenti ^{3}(1997) 20–21.

209 Text: Ch.L.A. IX, 399; zuletzt *Colella*, Testamenti dei cittadini romani d'Egitto (2024) 157–161 (mit italienischer Übersetzung). Mit italienischer Übersetzung weiters *Migliardi Zingale*, Testamenti ^{3}(1997) 45; mit englischer *Nowak*, Wills (2015) 355.

c. Testament der Sabinia Apollonarion (ca. 176–180 n. Chr.)[210]

Interessant ist dieses Dokument unter anderem deshalb, weil es das Testament einer Frau bezeugt[211]. Sabinia Apollonarion hat ihre beiden Söhne zu gleichen Teilen als Erben eingesetzt. Lediglich die Testamentserrichtungsformel steht vor diesem *caput et fundamentum* des Testaments. Auch eine *exheredatio inter ceteros* hat sie wie die männlichen Testatoren eingefügt, wobei sie als Frau mangels Noterben niemanden explizit enterben müsste. Die *cretio*-Klausel stellt auf die Kenntnis der Erben vom Erbfall ab, setzt aber keine Frist. Ein schönes Beispiel einer Verstärkungsklausel ist im Text ebenso enthalten wie eine mustergültig ausgeführte Bestätigungsklausel (zur Unterscheidung dieser beiden in der Literatur mitunter vermengten Klauseltypen siehe unten S. 356 f. Nicht nur die Verpflichtung der Erben, alle Einzelverfügungen zu erfüllen – wodurch auch etwa unwirksame Vindikationslegate als schuldrechtliche Verpflichtung der Erben und damit Damnationslegate wirksam werden können –, sondern auch die Wendung, die Erfüllung sei der *fides* der Erben anvertraut – wodurch alle Bestimmungen auch in Fideikommisse umdeutbar sind – ist hier bereits für die Hochklassik belegt. Es folgen Einzelzuwendungen an die Erben. Was sie jeweils genau tun sollen, wobei *dolus malus* fernliegen soll, ist nicht mehr rekonstruierbar; es wird schließlich ihrer *pietas* anvertraut, für die Beerdigung zu sorgen. Eine allgemeine *dolus-malus*-Klausel schließt an die Vorabbestätigung zukünftiger Kodizille an, bevor die Manzipationsklausel die Kopie beschließt. Es folgen die Anerkenntniserklärungen der Siegelnden.

---

210 Text: PSI XIII, 1325; *Colella*, Testamenti dei cittadini romani d'Egitto (2024) 228–245 (mit italienischer Übersetzung). Mit italienischer Übersetzung weiters *Migliardi Zingale*, Testamenti ^{3}(1997) 47–48; mit englischer *Nowak*, Wills (2015) 361–362.

211 Siehe auch die weiteren, bei *Colella*, Testamenti dei cittadini romani d'Egitto (2024) in ihren Tabellen erfassten Testamente von Frauen aus Ägypten sowohl römischen als auch lokalen Typs ibid. 69–77 bzw. ibid. 80–91 zu Dokumenten, in welchen auf Testamente von Frauen Bezug genommen wird. Siehe ibid. 154 zu ihren Schlussfolgerungen: Sabinia Apollonarion ist die einzige römische Bürgerin; es könnte hier ein Zusammenhang mit dem Problem des verbreiteten Analphabetismus von Frauen bestehen. Ganz anders stellt sich die Situation in der lokalen Praxis dar (min. 18 von 45 Testamenten stammen von Frauen; eines gemeinschaftlich von zwei Ehegatten).

d. Testament des Gaius Longinus Castor (21. Februar 194 n. Chr.)[212]

Den Abschluss unseres Exkurses in die einschlägige Urkundenpraxis bildet ein Eröffnungsprotokoll, welches die griechische Übersetzung eines Testaments wiedergibt.

Nach der Testamentserrichtungsformel folgen neben der Freilassung und Einsetzung der beiden Sklavinnen (*heredis institutio cum libertate*) zu gleichen Teilen eine *exheredatio inter ceteros* (wie es formelhaft üblich war, selbst wenn gar keine zu enterbenden Personen vorhanden waren[213]) sowie je eine *cretio vulgaris* für jede der beiden.

Vor der Substitutenbestellung wird den Eingesetzten verboten, die Erbschaft zu verkaufen oder zu verpfänden; damit sollte die Erbschaft vermutlich für die Substituten gesichert werden, wenn zutrifft, dass es sich zugleich um ein Fideikommiss zulasten der Erbinnen handelt, die Betreffenden ihrerseits zu Erben einzusetzen; das wiederum würde nahelegen, dass es sich um die Söhne dieser Sklavinnen und auch des Testators handelt (die Tochter einer der beiden wird nicht als Substitutin eingesetzt, sondern anderweitig bedacht)[214].

Die Erbeinsetzungen inkl. Substitutionen werden abgeschlossen mit einer Klausel, durch welche der Erbe (wer auch immer das sein würde) zur Erfüllung aller testamentarischen Verfügungen verpflichtet wird und es auch seiner *fides* anvertraut wird, dass selbige erfüllt werden.

---

212 Text: BGU I, 326; *Migliardi Zingale*, in: Revisione FIRA II (2012) 173–176; zuletzt *Colella*, Testamenti dei cittadini romani d'Egitto (2024) 259–275 (mit italienischer Übersetzung), die ibid. (sowie schon ibid. 30) darauf hinweist, dass es sich bei P. Berol. 7047 um ein weiteres Exemplar desselben Testaments handelt, sodass es sich um den einzigen Fall handle, in welchem mehrere Exemplare desselben Testaments erhalten seien. Es wird sich aber vermutlich weniger um mehrere *exempla* im technischen Sinn, welche wohl allesamt auf Täfelchen zu erwarten wären, sondern eher um einen Vorentwurf zum im Eröffnungsprotokoll festgehaltenen Testamentstext handeln. Mit deutscher Übersetzung *Strobel*, Testamentsurkunden (2014) 114–115.

213 Siehe dazu nur *Woeß*, Erbanwärter (1911) 84.

214 So *Strobel*, Testamentsurkunden (2014) 125–132 und zustimmend insofern *Babusiaux*, Rez. Strobel, ZRG 133 (2016) 524–526. Siehe idS. bereits *Scialoja*, Testamento di C. Longino Castore, BIDR 7 (1894) 14–15 und *Arangio-Ruiz*, Successione testamentaria (1906) 230; *Amelotti*, Testamento I (1966) 125–126. Anders *Kreller*, Erbrechtliche Untersuchungen (1919) 281 und *Taubenschlag*, Law of Greco-Roman Egypt ^{2}(1955) 195, die von einer schlichten Vulgarsubstitution ausgehen.

Nach dieser ‚Verstärkungsklausel' folgen Einzelverfügungen zugunsten einer weiteren Sklavin, welche die Tochter einer der beiden eingesetzten Sklavinnen ist; diese wird freigelassen und mit Vindikationslegaten bedacht.

Es folgt eine Bestattungsklausel und sodann gleich zwei Mal die Bestätigung zukünftiger Kodizille (ein solches ist dem Testament bei der Eröffnung sodann auch beigefügt): Zwischen den beiden ‚Bestätigungsklauseln' finden sich die *dolus-malus-* sowie die Manzipationsklausel samt Datierung, sodass anzunehmen ist, dass die Wiederholung auf die Subskription des – möglicherweise diktierten – Testaments durch den Testator zurückzuführen ist[215].

Der Eröffnungsvermerk informiert uns darüber, dass das Testament gut fünf Jahre nach seiner Abfassung in der *statio vicesima hereditatum et manumissionum* auf dem Augustusforum in der arinoitischen Metropolis eröffnet wurde, sowie über die restlichen Zeugen, welche bei der Eröffnung strenggenommen nicht in ausreichender Anzahl anwesend waren[216].

Das Kodizill weist ebenfalls einen Eröffnungsvermerk auf. Die Einsetzung des testamentarischen *antestatus* zum Epitropos im Kodizill könnte dem einem Testament vergleichbaren Aufbau geschuldet sein, wobei der Ausdruck jedoch vieldeutig ist (etwa einem *tutor*, *curator* oder *procurator* entsprechend[217]). Anliegen ist daneben in erster Linie das Aussetzen des Vindikationslegats von Geld zugunsten eines Verwandten. Abschließend wurde wiederum der Tag (allerdings ohne Jahresangabe) der Errichtung vermerkt, sowie der Umstand, dass der Testator das Kodizill eigenhändig verfasst habe, samt Zeugenunterschriften und Siegelvermerken. Auch findet sich ein eigener Eröffnungsvermerk.

Ein Übersetzer bestätigt das Übereinstimmen der Abschrift mit dem Original[218].

---

215 IdS. *Migliardi Zingale*, Testamenti ^{3}(1997) 58; *Strobel*, Testamentsurkunden (2014) 139 mwN.; *Scialoja*, Testamento die C. Longino Castore, BIDR 7 (1894) 19; *Arangio-Ruiz*, Successione testamentaria (1906) 231. Anders *Appleton*, Le testament du Gaius Longinus Castor, RGD 29 (1905) 495.

216 Vgl. *Strobel*, Testamentsurkunden (2014) 140.

217 Siehe nur *Strobel*, Testamentsurkunden (2014) 141–146 mwN.

218 Dazu, was hier das ‚Original' ist – das Testament oder das Eröffnungsprotokoll – siehe *Strobel*, Testamentsurkunden (2014) 147–148.

III. Rechtliche Formalvorgaben

Nachdem nun also der typische Aufbau eines Testaments sowie die üblichen Ausgestaltungen der einzelnen Klauseln zur Zeit der Klassik anhand der Urkunden erörtert wurden, seien einige zentrale rechtliche Wirksamkeitsvoraussetzungen in aller gebotenen Kürze dargestellt, bevor wir uns den ‚Rechtsschichten'[219] zuwenden und darauf eingehen, wie einzelne Wirksamkeitserfordernisse der einen Rechtsschicht mitunter durch eine andere abgeschwächt oder überwunden wurden, sodass trotz Unwirksamkeit auf der einen Ebene doch eine Durchsetzbarkeit aufgrund der anderen gegeben sein konnte.

1. Unabdingbare Wirksamkeitsvoraussetzungen

In einem ersten Schritt musste stets die Fähigkeit des Erblassers, ein Testament zu errichten (gemeint ist hier die *testamenti factio ‚activa'*; auf die *testamenti factio ‚passiva'* des Erben wird an späterer Stelle zurückzukommen sein[220]), betrachtet werden, wie auch Gaius ausdrücklich festhält:

> Gai. 2 inst., D. 28, 1, 4: *Si quaeramus, an valeat testamentum, in primis animadvertere debemus, an is qui fecerit testamentum habuerit testamenti factionem, deinde, si habuerit, requiremus, an secundum regulas iuris civilis testatus sit,*

---

[219] Zur Begrifflichkeit siehe *Babusiaux*, Rechtsschichten, in: HRPR (2023) § 6 Rn. 1; *dies.*, Rechtsschichten, in: Teaching of Roman Law (2024) 36.

[220] Zur Begrifflichkeit siehe oben I.2.c. Fn. 117.

> Wenn wir prüfen, ob ein Testament wirksam ist, müssen wir zuerst darauf achten, ob der, der das Testament errichtete, testamentsfähig war; wenn er es war, müssen wir weiter untersuchen, ob er nach den Regeln des Zivilrechts testiert hat.[221]

Vor einer Untersuchung von zivilen Wirksamkeitsvoraussetzungen eines Testaments und einer möglichen ‚Rettung' bei Fehlern muss demnach zunächst der Personenkreis möglicher Testatoren eingegrenzt werden: Nur der römische Bürger – nach klassischem Recht auch die gewaltfreie römische Bürgerin[222], ab Hadrian selbst ohne *coemptio* (*testamenti faciendi causa*)[223] – war in der Lage, nach *ius civile* zu testieren[224]. Diese Regel ergibt sich schon aus der Zugehörigkeit zum Normenbestand des quiritischen Rechts, wird von den römischen Juristen aber überdies dem ‚öffentlichen' Recht zugerechnet: *Testamenti factio non privati, sed publici iuris est*[225]. Bei mangelnder *testamenti factio* half etwa auch eine ‚Kodizillarklausel' nicht[226]; das Testament war nichtig und konnte auch nicht so umgedeutet werden, dass das römische Recht Klagsschutz gewähren würde.

Der Erblasser musste sich zudem bewusst sein, dass er einen (potentiell gültigen) Manzipationsakt vornimmt; Zweifel am eigenen Status etwa verhinderten das Zustandekommen des Testaments[227]: … *nam qui incertus de*

---

221 Übersetzung: *K/K/R/S-Knütel.*

222 Vgl. *Monaco,* Mulieres (2000) 184.

223 Gai. 2, 112.

224 Dazu, dass nur bei Testierfähigkeit des Erblassers überhaupt von *tabulae testamenti* gesprochen werden kann, welche auch im prätorischen Recht Voraussetzung für die Gewährung der *bonorum possessio secundum tabulas* sind, siehe *Babusiaux,* Nachlassbesitz, in: HRPR (2023) § 57 Rn. 178. Vgl. allerdings unten VI.6. zur *fictio legis Corneliae.*

225 Pap. 14 quaest., D. 28, 1, 3. Zur Verortung des Testaments zwischen der öffentlichen und privaten Sphäre auch *Stern,* Pratique sociale (2022) 35–37 mwN.

226 *Mayer,* Legate und Fideicommisse (1854) 118.

227 *Müller-Eiselt,* Divus Pius constituit (1982) 28 behandelt dieses Kriterium als ‚Wirkform' (ibid. Fn. 16) und unterstreicht den Umstand, dass nur derjenige, der ernstlich und bewusst Rechtswirkungen erzeugen wolle „in der Vornahme des Formalakts das Recht" akzeptiere. Ältere Autoren sehen diese Voraussetzung als Ausdruck der *voluntas testantis*: So etwa *Biondi,* Successione [2](1955) 83; *Voci,* L'errore (1937) 31. Siehe die Rez. zu *Müller-Eiselt* von *Ch. Paulus* in ZRG RA 102 (1985) 629: Der Rezensent stimmt dem Autor im Zusammenhang mit dem Zweifelnden hinsichtlich der Annahme zu, dass die bewusste Erzeugung von Rechtswirkungen tatsächlich als Voraussetzung

statu suo est, certam legem testamento dicere non potest[228]. Diese Regel wurde später auch auf Kodizille und Fideikommisse erstreckt, obwohl ihre sachliche Rechtfertigung auf jene gerade nicht zutrifft: Auch wer nicht römischer Bürger ist, kann solche formlosen letztwilligen Verfügungen treffen. An diesem Beispiel zeigt sich, wie Maximen des älteren Rechts sich als Regeln verselbständigten und ihrerseits zur Begründung herangezogen wurden, ohne dass nach ihrer eigenen Begründung gefragt wurde[229].

Auch wenn die Form „Zwillingsschwester der Freiheit"[230] sein soll und Formvorschriften einerseits Übereilungsschutz bieten, andererseits – und im Testamentsrecht ganz besonders – der Beweissicherung dienen, insofern also gewährleisten, dass die privatautonome Rechtgestaltung und damit der Wille der Betroffenen gesichert werden[231], werden sie von den Rechtsunterworfenen sehr häufig nicht als ‚freiheitsgewährend' empfunden. „Freedom and formality are a paradoxical pair", formulierte es *Johnston*[232]. So werden die ‚Erleichterungen' der Form etwa für Soldaten als ‚Privilegien' bezeichnet[233].

---

zu betrachten sei; nicht aber im Zusammenhang mit dem Irrenden, der ja in voller Überzeugung handle.

228 Paul. 2 reg., D. 28, 1, 14. Vgl. auch Ulp. 12 ad ed., D. 28, 1, 15; Ulp. 10 ad Sab., D. 28, 3, 6, 8; Ulp. 1 fideic., D. 32, 1, 5; Frag. Vat. 20, 11.

229 Für ein vergleichbares Phänomen im Zusammenhang mit *venire contra factum proprium* siehe *Isola*, Venire (2017) 4 mit Verweis auf *Bruns/Pernice/Lenel*, Geschichte und Quellen (1915) 345, welche sich auf die *veteres* beziehen und konstatieren, dass die „sich bildende Wissenschaft" die „erklärliche Neigung" aufweise, „allgemeine Sätze aufzustellen, deren Anwendung auf den Einzelfall die praktische Tätigkeit erleichtert". Man habe diese zu Dogmen verfestigten Sätze deshalb nicht mehr begründet, weil „man ihren Ursprung und ihre Motive nicht mehr feststellen konnte".

230 *Jhering*, Geist II.2 (1858) 32.

231 *Zimmermann*, Quos Titius voluerit (1991) 10. Vgl. auch allgemein *Kaser/Knütel/Lohsse* RP [22](2021) § 79 Rn. 1. Siehe schon Q. Mucius bei Cicero Brut. 52, 196, wo die Strenge bei der Beurteilung etwa der Erbeinsetzungsformel damit begründet wird, dass dadurch der Erblasserwille geschützt werde: *quam captiosum esse populo, quod scriptum esset, neglegi et opinione quaeri voluntates et interpretatione disertorum scripta simplicium hominum pervertere?*

232 *Johnston*, Trusts (1988) 3.

233 Womit nicht mehr und nicht weniger ausgesagt ist, als dass eine Ausnahme von ansonsten bestehenden Normen vorliegt: Siehe *Stagl*, Soldatentestament, in: Soldatenkaiser (2015) 110–111. Es handelt sich um eine ‚Befreiung' von rechtlichen Vorgaben.

Die strengen Formalvorgaben haben im Hinblick auf das Testament auch noch eine weitere Dimension: Die (ursprüngliche) Qualität als ‚Gesetz'[234]. Die beiden altrömischen, öffentlichen Formen zeigen diesen Zusammenhang noch deutlich: Es handelte sich dabei vermutlich um eine Art aufschiebend bedingte, nachgeformte *adrogatio* bei Fehlen von *sui heredes*[235], die ihre Wirksamkeit durch Volksbeschluss in Form eines Gesetzes[236] erhielten. Auch in der privaten Form lebt dies fort[237]: *Kaser* führte im Zusammenhang mit der *nuncupatio* aus, dass damit beim Manzipationstestament „durch ein *legem dicere suae rei*, und damit durch die rituelle Willensanordnung des Testators (ein *iubere*), eine Bindung geschaffen wird, die einer gesetzlichen gleichgehalten werden kann"[238].

2. Bedeutung der Rechtsschichten

Schon innerhalb des *ius civile* war noch in früherer republikanischer Zeit eine Entwicklung zu beobachten, welche als ‚Uminterpretation' gedeutet wurde (freilich nicht einer individuellen letztwilligen Verfügung, sondern generell des Testaments als der letztwilligen Verfügung schlechthin): Neben

---

234 Dazu *Avenarius*, Gesetzessprache, in: Klauselgestaltungen (2022) 13–44 sowie *ders.*, Ordo testamenti (2024) 176–181, 437–438. Zur Verbindung zwischen *lex* und *testamentum* rezent auch *Stern*, Pratique sociale (2022) 35–42.

235 *Manthe*, s.v. Testament 2.IV, in: DNP XII.1 (2002) 182–187.

236 Zum *testamentum calatis comitiis* als Komitialgesetz für den Einzelfall siehe nur *Kaser*, RP I ²(1971) 30; *Avenarius*, Tabulae ceraeve, IVRA 60 (2012) 215–216.

237 Dazu auch *Arces*, Disporre mortis causa (2013) 176.

238 *Kaser*, Unmittelbare Vollstreckbarkeit und Bürgenregress, ZRG RA 100 (1983) 115. Ähnlich zur *actio ex testamento* auch *Kunkel*, Fides als schöpferisches Element, in: FS Koschaker 2 (1939) 4 Fn. 4: Im Zusammenhang mit seiner These, dass *in ius* konzipierte Klagen ohne *bona fides*-Klausel stets eine gesetzliche Grundlage hätten, weist er darauf hin, dass die *actio ex testamento* insofern einen Sonderfall darstelle, „als die unmittelbare Verpflichtungsgrundlage das Testament bildete, dem der *uti legassit*-Satz der XII Tafeln eine gesetzesgleiche Wirkung verlieh." Zur Bedeutung des bei Gai. 2, 104 bezeugten Nunkupationsteils ‚*itaque vos, Quirites, testimonium mihi perhibetote*', insbesondere im Verhältnis zur Formulierung bei der *adrogatio* nach Gell. 5, 19, 9, ‚*haec ita, uti dixi, ita vos, Quirites, rogo*', siehe *Facchetti*, Origine, Index 30 (2002) 232.

das *testamentum calatis comitiis*[239] und das *testamentum in procinctu*[240] trat die Manzipation an einen Treuhänder, woraus sich schließlich bekanntlich das Manzipationstestament entwickelt hat[241]. Dieses Manzipationstestament vereinigt in sich nach der wohl überwiegenden Lehre diese jüngere Form der *mancipatio familiae* und das altzivile Legatentestament, welche damit – wenn auch ursprünglich unterschiedliche Rechtseinrichtungen – eine gemeinsame Grundlage erhielten[242]. Hinzu trat zunächst die Möglichkeit, später die

---

239 Vermutlich stammt es noch aus der Königszeit: *Manthe*, Geschichte ^{6}(2019) 35–36. Zu den Grundsätzen des ‚Testaments vor der Volksversammlung' sowie einen Überblick über den Forschungsstand siehe *Rüfner*, Testamentum, in: HRPR (2023) § 18 Rn. 5–11; *Avenarius*, Ordo testamenti (2024) 84–89.

240 Vermutlich als Nottestament eingeführt: *Manthe*, Geschichte ^{6}(2019) 36. Diese Erkenntnis hat insbesondere *Siber*, Volksversammlungen, ZRG RA 57 (1937) 248–249 herausgearbeitet. Dennoch handelt es sich um kein Nottestament im Sinne von Formlosigkeit, sondern es dürfte lediglich das ansonsten regelmäßig bezeugende Kollektiv in Form der *comitia calata* durch das kampfbereite Heer ersetzt worden sein: vgl. *Rüfner*, Testamentum, in: HRPR (2023) § 18 Rn. 14; *Avenarius*, Ordo testamenti (2024) 90–91 (unter Betonung, dass es nicht zur Erleichterung des Testierens in einer konkreten Notlage gedacht sei). Rezent insbes auch *Rinolfi*, Testamentorum autem genera (2020) mit Lit.; eingehend zur Entstehung *Minieri*, Testamentum in procinctu, SDHI 64 (1998) 253–296 (zur zeitlichen Einordnung insbes. 254–256).

241 Zur These, dass hier überhaupt der Ausgang des individualistischen Alleineigentums unter Abkehr vom Familienprinzip bzw. des Familieneigentums liegt, siehe zuletzt *Harke*, Eigentum (2025); so etwa bereits vertreten bei *Kuhlenbeck*, RP (1913) 156. Dass generell das Erbrecht dem Eigentum folge, insbesondere aber Sondereigentum und Testament zusammengehörig seien, lehrte auch bspw. schon *Lasson*, Rechtsphilosophie (1882) 612–613. Dazu, dass das *testamentum per aes et libram* in „engem zeitlichen Zusammenhang mit der Zwölftafelgesetzgebung geschehen sein" muss, siehe *Schanbacher*, Entwicklung, in: Pocta Blahovi (2019) 462 mwN. in Fn. 14–15. Zur Entwicklung des *testamentum per aes et libram* und der Bedeutung der „Interpretation bestimmter Sätze …, die in die Zwölf Tafeln Eingang fanden, nachdem sie bereits Bestandteil des vorausgegangenen Rechts gewesen waren" zuletzt eingehend *Avenarius*, Ordo testamenti (2024) 93–110 mit Literatur.

242 Zur Vorstellung eines auf das Gesamtvermögen erweiterten Vindikationslegats siehe etwa *Kaser*, AI (1949) 153. Dafür, dass die Zwölftafelermächtigung lediglich das Vindikationslegat betraf, etwa *Schanbacher*, Entwicklung, in: Pocta Blahovi (2019) 468–469. Dazu, dass die den *familiae emptor* belastenden Vorgaben des veräußernden ‚Erblassers' hinsichtlich der Nachlassgegenstände als eine Art „Vor- oder Frühform" des Damnationslegats zu deuten sind, siehe *Rüfner*, Testamentum, in: HRPR (2023) § 18 Rn. 17 mwN. in Fn. 50. *Schanbacher* aaO. 470 Fn. 82 zu einer Datierung des Erbeinsetzungstestaments in das 4./3. Jh. v. Chr. Zu einer abweichenden Rekonstruktion

Notwendigkeit, im Rahmen dieses Testaments Erben zu bestimmen, welche die Treuhänderfunktion vom – weiterhin als Formalperson hinzugezogenen – *familiae emptor*[243] übernahmen, der damit zur ‚Randfigur'[244] wurde. Die Erben hatten nun die letztwilligen Verfügungen zu erfüllen, sofern sie nicht *ipso iure* den gewünschten Effekt erzielten. *Avenarius* führte dazu aus, dass das „auf Grundlage des Manzipationstestaments aufgekommene Erbeinsetzungstestament" bewirkt habe, „dass das bisherige Zwölftafellegat zu einer Art testamentarischer ‚Nebenbestimmung' uminterpretiert" worden sei[245]. Die *mancipatio* fungierte als „Transmissionsriemen" im Zuge dieser ‚Uminterpretation'[246].

Das *testamentum per aes et libram* blieb an sich während der gesamten Klassik die einzige anerkannte Testamentsform[247]. Theoretisch war daher eine Manzipation erforderlich, welche zumindest insofern auf mündlichen Erklärungen beruhte, als der Erwerber die bei Gaius überlieferten Formel-

---

siehe etwa *Coppola Bisazza*, Contra voluntatem defuncti ²(2019) 8–9 mwN. insbes. in Fn. 2.

243 Siehe zur Entwicklung des Libraltestaments und insbesondere der Funktion des *familiae emptor* nur *Terranova*, Testamentum (2011). Zur Frage, ob es sich beim *testamentum per aes et libram* um ein ‚Testament' handelt, siehe auch *dies.*, Natura testamentaria, AUPA 53 (2009) 299–335 mit detailliertem Überblick zum älteren Forschungsstand. Zusammenfassend *Rüfner*, Testamentum, in: HRPR (2023) § 18 Rn. 20. Vgl. außerdem *Albanese*, Mancipatio familiae, AUPA 47 (2002) 68–76.

244 *Schanbacher*, Entwicklung, in: Pocta Blahovi (2019) 471.

245 *Avenarius*, Extra propositam, in: FS Meincke (2015) 22.

246 Vgl. *Manthe*, Geschichte ⁶(2019) 10: „Das römische Recht ist geprägt von einem eigentümlichen Rechtsgeschäft, welches archaisches, vorgeschichtliches Ritual und höchste Stufe juristischer Konstruktion verbindet. Der Leser wird bald entdecken, daß die Geschichte des römischen Rechts die Geschichte der *mancipatio* ist; bis 200 n. Chr. gab es keine Epoche, in der die *mancipatio* keine Rolle spielte, kaum ein Lebenssachverhalt existierte, für den die *mancipatio* nicht nutzbar gemacht wurde. Jeder Römer kannte dieses Rechtsgeschäft und seine unglaubliche Fähigkeit, als Transmissionsriemen beliebiger Rechtsveränderungen zu funktionieren."

247 So die neuere Lehre: *Avenarius*, Extra propositam, in: FS Meincke (2015) 15–34, inbes. 21–22. Zur unterschiedlichen Perspektive, von welcher aus man den Rechtsstoff des Erbrechts betrachten und gliedern kann – Erwerbstatbestände oder Herrschaftsrechte –, und was sich daraus für die verschiedene Einordnung der Legate ergibt, siehe ibid. 22. Zum 2. Jh. v. Chr. als Zeitraum, im welchem das Manzipationstestament die beiden älteren Formen vollständig verdrängt hat, siehe nur *Manthe*, Testament 2.IV, in: DNP 12.1 (2002) 182–187.

worte zu sprechen hatte[248]. Dennoch kam es in der Klassik vermutlich (ab einem nicht näher bestimmbaren Zeitpunkt) nicht mehr zur tatsächlichen Vornahme einer *mancipatio*, sondern nur noch zur ihrer Beurkundung[249]. Dass

---

248 Von einer ‚mündlich-schriftlichen Mischform des *ius civile*' spricht *Babusiaux*, Nachlassbesitz, in: HRPR (2023) § 57 Rn. 175 im Anschluss an *Archi*, Oralità e scrittura, in: Studi De Francisci IV (1956) 285–318 und *Talamanca*, Oralità e scrittura, in: Mélanges Cannata (1999) 73–90. *Serangeli*, Revoca (1982) 92–94 betonte hingegen, dass es bei der prinzipiellen Mündlichkeit des Rechtsaktes und der bloßen Beweisfunktion der Urkunde blieb, auch wenn infolge der Bedürfnisse der Praxis und der daran knüpfenden allgemeinen Anschauung die Bedeutung der Schriftlichkeit eine größere zu sein scheint. Siehe dazu auch *Hackl*, Rez. Serangeli, ZRG RA 102 (1985) 670 und 672. Vgl. außerdem *Voci*, DER II ^{2}(1963) 70 sowie *Guarino*, Scrittura, in: Studi Paoli (1955) 377 (gegen *Arangio-Ruiz*) und *ders*., Forma, in: Studi De Francisci II (1956) 57 und 59 (gegen *Solazzi*) unter Betonung der Mündlichkeit sowie *Ch. Paulus*, Unsterblichkeit (2018) 81 (= *ders*., Idee der postmortalen Persönlichkeit [1992] 84–85) zur Publizität von Testamenten. *Schanbacher*, Entwicklung, in: Pocta Blahovi (2019) 465–466 hingegen geht davon aus, dass die „gajanische Formel ursprünglich zu sein" scheint und die Verwendung von *tabulae ceratae* bei der Testamentserrichtung schon für die Zwölftafelzeit vorauszusetzen sei. Für Schriftlichkeit auch beim zivilen Testament schon *Solazzi*, Testamenti, SDHI 17 (1951) 262 sowie *Arangio-Ruiz*, Forma scritta, in: Atti Verona 3 (1953) 81.

249 Siehe *Nowak*, Wills (2015) 21–22 mwN. zu der Beobachtung, dass die Manzipationsklausel zwar in Vorlagen enthalten war (wie P. Hamb. I, 72), welche gewissermaßen nur noch mit konkreten Namen versehen werden mussten, aufgrund von in Testamentsurkunden enthaltenen Bestimmungen wie dem Preis von 1.000 Sesterzen statt 1 (so etwa BGU VII, 1655) oder dem regelmäßig angeführten *antestatus* als ‚erstem Zeugen' (siehe dazu die Nachweise bei *Nowak* ibid. 23 Fn. 9–10) aber die Vermutung naheliegt, dass die Funktion des symbolischen Aktes in der Zeit vor der *Constitutio Antoniniana* und kurz danach bereits nicht mehr verstanden wurde. Sie stützt diese These (ibid. 23–25) mit den übrigen dokumentarisch belegten Manzipationen, welche etwa von Sklaven oder Peregrinen vorgenommen wurden, die gar nicht Partei eines derartigen zivilen Formalaktes sein konnten. Siehe zu dieser Frage auch *Nowak*, Mancipatio, JJP 41 (2011) 103–122. *Strobel*, Testamentsurkunden (2014) 25 geht davon aus, dass die Übung, mittels Manzipationsklausel eine in Wahrheit nicht vorgenommene Manzipation zu suggerieren, ca. mit dem 2. Jh. nach Chr. einsetzt; so auch schon *Amelotti*, Testamento I (1966) 77: „almeno a partire dal II secolo d. Cr.". *Jakab*, Inheritance, in: Oxford Handbook (2016) 501 hingegen meint, dass bereits im 2. Jh. vor Chr. das Edikt lediglich auf die von sieben Zeugen gesiegelte Urkunde abstellte. Zu den verschiedenen Thesen der Funktion des *antestatus* (aktive Rolle: Person, welche für das Zusammenrufen der Zeugen und/oder die Überwachung der korrekten Durchführung des Rituals zuständig war; passive Rolle: derjenige von fünf Zeugen, der als erster gefragt wurde; gar keine eigenständige Funktion), siehe *Terranova*, Sull'antestatus, IAH 2 (2010) 103–146. Zum „Absterben der *mancipatio*"

Augustus das Manzipationsritual selbst noch penibel eingehalten hat, gilt als wahrscheinlich; gleichwohl verzichtete er nicht auf eine auch schriftliche Niederlegung. Ebenso ist für seine Zeitgenossen zu vermuten, dass sie das bei Gaius geschilderte Ritual möglichst einhielten, sofern es sich bei ihnen um römische Bürger handelte. Nach und nach könnte aber noch im Verlauf der Klassik, insbesondere in den Provinzen, eine gewisse Verschleifung eingesetzt haben[250] und die *Constitutio Antoniniana* mag vollends dazu geführt haben, dass viele Neubürger den Sinn der Manzipationsklausel nicht mehr erfassten, geschweige denn tatsächlich eine Manzipation durchführten[251]. Sie reduzierte sich – zumindest in diesem Umfeld – zu einer bloßen ‚Stil-Klausel'[252].

Äußerungen Ulpians und Paulus' legen allerdings nahe, dass die Entscheidung für eine (bloß) mündliche Testamentserrichtung auch noch Anfang des 3. Jh. n. Chr. nicht vollkommen wirklichkeitsfremd war:

> Ulp. 2 ad Sab., D. 28, 1, 21 pr.: *Heredes palam ita, ut exaudiri possunt, nuncupandi sint: licebit ergo testanti vel nuncupare heredes vel scribere: sed si nuncupat, palam debet. quid est palam? non utique in publicum, sed ut exaudiri possit: exaudiri autem non ab omnibus, sed a testibus: et si plures fuerint testes adhibiti, sufficit sollemnem numerum exaudire.*
>
> Die Erben sind so öffentlich anzukündigen, dass man es hören kann. Obwohl es also dem Testierenden erlaubt ist, die Erben entweder mündlich zu benennen oder schriftlich einzusetzen, muss er, wenn er sie mündlich benennt, dies öffentlich tun. Was aber ist öffentlich? Nicht dass es in der allgemeinen Öffentlichkeit (bekannt ist), sondern dass es gehört werden kann. Gehört werden können muss es aber nicht von allen, sondern von den Zeugen. Und wenn mehrere Zeugen hinzugezogen worden sind, genügt es, wenn die für die Form vorgeschriebene Anzahl es hören kann.[253]

Ulpian führt aus, dass eine öffentliche *nuncupatio* notwendig war, wenn man sich für die mündliche Erbeinsetzung entschied; es handelte sich demnach

---

im Zusammenhang mit dem *testamentum per aes et libram* siehe *Sturm*, Absterben, in: FS Kaufmann (1993) 352–353.

250 Zur Annahme einer Abschwächung der ‚Formstrenge' schon in der frühen Kaiserzeit siehe nur *Puliatti*, De cuius hereditate agitur (2016) 101. Nach *Schulz*, Geschichte (1961) 371 soll schon in der Klassik die Form nur noch als „bloße Subtilität" empfunden worden sein.

251 *Amelotti*, Testamento I (1966) 166–167 (und öfter).

252 *Desanti*, Prassi, in: Diocleziano (2018) 539 mwN.

253 Übersetzung: *K/K/R/S-Knütel*.

um eine mögliche Form der Testamentserrichtung[254]. Er bezeichnet auch den rein mündlich bekannt gemachten Erben als *heres institutus*:

> Ulp. 1 ad Sab., D. 28, 5, 1, 1: *Institutum autem heredem eum quoque dicimus, qui scriptus non est, sed solummodo nuncupatus.*
>
> Als ‚eingesetzten Erben' bezeichnen wir auch den, der nicht schriftlich, sondern nur durch mündliche Erklärung benannt wurde.[255]

Ähnlich zeigt auch eine Entscheidung des Paulus, dass die mündliche Einsetzung zu seiner Zeit noch vorgekommen sein dürfte:

> Paul. 4 ad Vitell., D. 28, 5, 59: *Nemo dubitat recte ita heredem nuncupari posse ‚hic mihi heres esto', cum sit coram, qui ostenditur.*
>
> Niemand bezweifelt, dass man mündlich einen Erben auch mit den Worten: ‚Dieser soll mein Erbe sein' ordnungsgemäß einsetzen kann, wenn derjenige anwesend ist, auf den hingewiesen wird.[256]

Die dokumentarische Überlieferung legt allerdings die Annahme nahe, dass sich nach dem ersten Schritt der Verschriftlichung, wonach im Rahmen des Manzipationsaktes regelmäßig lediglich auf den – nicht unbedingt immer noch mündlich dargelegten – Inhalt von Testamentstafeln[257] verwiesen

---

254 Insbesondere von Analphabeten wird diese Möglichkeit in Anspruch genommen worden sein; vgl. *Rüfner*, Testamentum, in: HRPR (2023) § 18 Rn. 27 mwN. in Fn. 101–102. Siehe auch *Rüfner* ibid. Rn. 61 dazu, dass „in klassischer Zeit das (rein) mündliche Testament und das Testament, das durch Bezugnahme auf ein Schriftstück errichtet wurde, lediglich zwei Varianten des Testierens *per aes et libram* darstellen". Zu den Auswirkungen von Analphabetismus im Testamentsrecht vgl. *Fröschl*, Imperitia Litterarum, ZRG RA 104 (1987) 110–136 (zur Möglichkeit der mündlichen Errichtung insbes. 113 mwN.).

255 Übersetzung: *K/K/R/S-Rüfner*. Vgl. auch Ulp. 1 ad Sab., D. 28, 5, 1, 3 zum inhaltlichen ‚Minimum' für ein Testament: *Qui neque legaturus quid est neque quemquam exheredaturus, quinque verbis potest facere testamentum, ut dicat: ‚Lucius Titius mihi heres esto': haec autem scriptura pertinet ad eum qui non per scripturam testatur. qui poterit etiam tribus verbis testari, ut dicat: ‚Lucius heres esto': nam et ‚mihi' et ‚Titius' abundat.*

256 Übersetzung: *K/K/R/S-Rüfner*. Das ‚*hic*' war in diesem Fall bestimmt genug; siehe zum Bestimmtheitserfordernis bei der Erbeinsetzung allg. Ulp. 5 ad Sab., D. 28, 5, 9, 9; Mod. 8 pandect., D. 28, 5, 63, 1.

257 Zu den hierfür verwendeten *tabulae ceratae* – Holztafeln, welche mit Wachs oder Schellack überzogen waren – als Archaismus bzw. Anlehnung an die Gesetzesform

wurde (mit der Bekräftigung, dass diese den letzten Willen des Testierenden enthielten; also mit immer noch mündlicher *nuncupatio*, siehe Gai. 2, 104), in einem weiteren Schritt die Übung entwickelt haben dürfte, selbst die Vornahme der Manzipation in einer Klausel des (schriftlichen) Testaments nur noch zu suggerieren[258]. Die Mündlichkeit bestand neben der Schriftlichkeit zwar weiter fort, wie die beiden oben angeführten Stellen beweisen; allerdings dürfte faktisch das (auch) schriftliche Testament das (rein) mündliche weitgehend verdrängt haben[259].

Die schriftliche Form war also in klassischer Zeit für die Gültigkeit eines Testaments an sich nicht zwingend geworden[260], wenngleich Regelungen außerhalb des ‚privaten' Testamentsrechts – insbesondere ‚öffentliche' Fiskalvorschriften – sie mitunter aus anderen Gründen notwendig machten[261]. Weder die Vorschriften der sullanischen *lex Cornelia testamentaria nummaria* (bzw. *de falsis*) noch das 16 n. Chr. ergangene *SC Libonianum* oder auch die

---

siehe *Avenarius*, Tabulae ceraeve, IVRA 60 (2012) 201–233. Zu der Ansicht, dass solche Täfelchen bereits in der Zwölftafelzeit für die Testamentserrichtung verwendet worden seien, siehe *Schanbacher*, Entwicklung, in: Pocta Blahovi (2019) 465–466. Zum Gebrauch von Holztäfelchen als Beschreibmaterial vgl. allgemein den rezenten Überblick bei *Del Corso*, Il libro (2022) 49–64.

258 Obwohl es nicht römischer, sondern vielmehr hellenistischer Rechtsauffassung entspricht, einer Urkunde konstitutive Wirkung bzw. unwiderlegliche Beweiskraft beizumessen, kommt Gaius selbst bei der Behandlung des römischen Vertragsrechts in Gai. 3, 134 (im Rahmen des Litteralkontrakts) auf das Chirographum zu sprechen und gliedert dieses damit gewissermaßen in das römische Rechtssystem ein – wenn auch freilich als *ius proprium peregrinorum* im Gegensatz zu den *nomina transscriptitia* als *ius proprium Romanorum*. Dazu *Jakab*, Urkunden in Briefform, in: The Letter (2013) 222–223.

259 Damit sind nicht zwei Formen des Testaments – mündliches und schriftliches – gemeint, sondern lediglich die Ausdrucksform des einheitlich gedachten *testamentum per aes et libram*. Siehe nur *Nowak*, Wills (2015) 20 Fn. 3 im Anschluss insbes. an *Archi*, Oralità e scrittura, in: Studi De Francisci IV (1956) 287–318. Erst in der Spätantike geht *Nowak* ibid. 68 von zwei Testamentsformen aus – einer formfreien mündlichen und einer schriftlichen. Eines der seltenen belegten mündlichen Testamente während des Prinzipats ist das des 8 v. Chr. verstorbenen Dichters Horaz: siehe Suet. Horatius 26: *„herede Augusto palam nuncupato, cum urgente vi valetudinis non sufficeret ad obsignandas testamenti tabulas."*

260 A.A. *Babusiaux*, Nachlassbesitz, in: HRPR (2023) § 57 Rn. 195.

261 Hier überlagert das ‚öffentliche Recht' das ‚Privatrecht' und macht bestimmte zusätzliche Akte notwendig. Dazu unten VIII. im Zusammenhang mit der *cretio*; zur Öffentlichkeit insbes. S. 309.

Verschlussvorschriften des *SC Neronianum* von 61/62 n. Chr. für *tabulae*[262] machten die Schriftlichkeit als solche verbindlich. Lediglich die Authentizität und inhaltliche Unverfälschtheit einer möglichen (und üblichen) schriftlichen Fassung (auf Wachstäfelchen) wurden dadurch gesichert[263]. Entschied man sich für die Niederlegung auf ‚*tabulae*', so musste man sich an diese Vorschriften halten, wollte man die angestrebten Rechtsfolgen eines schriftlichen Testaments erreichen. Das betrifft insbesondere die das *ius civile* überlagernde und praktisch ‚spürbarere' honorarrechtliche Ebene: Nur mit solchen Urkunden konnte im Falle eines schriftlichen Testaments die Einweisung in den Nachlassbesitz beim Prätor ohne Weiteres[264] erfolgreich beantragt werden (PS 5, 25, 6)[265], selbst wenn das nichts daran änderte, dass ein mündliches Testament wirksam möglich, ja eine von der schriftlichen Formulierung

---

262 Zur Notwendigkeit der Verwendung von *tabulae* bzw. zum Einzug der Papyri in die Testamentspraxis siehe *Strobel*, Testamentsurkunden (2014) 25–26; *Nowak*, Wills (2015) 112. Vgl. zuletzt *Camodeca*, Senatus consulta, Ann.Cam. 11 (2022) 39–48, der ibid. 46 für eine Datierung des *SC Neronianum* zwischen April und Juni des Jahres 62 n. Chr. argumentiert. Siehe oben II.1.c. zur Verwendung von mit Tinte beschriebenen, nicht mit Wachs oder Schellack überzogenen Holztäfelchen (mit gebohrten Löchern, den Verschlussvorschriften des *SC Neronianum* entsprechend) für Testamente in Nordafrika in der ersten Hälfte des 4. Jh. n. Chr.

263 *Strobel*, Testamentsurkunden (2014) 22–24.

264 Siehe aber *Amelotti*, Testamento I (1966) 178 dazu, dass der Prätor in Ausnahmefällen auch dann in die *bonorum possessio* einweisen konnte, wenn diese Voraussetzungen nicht voll erfüllt waren. Zur *agnitio* als zwingender Voraussetzung der prätorischen Einweisung in den Nachlassbesitz siehe *Babusiaux*, Nachlassbesitz, in: HRPR (2023) § 57 Rn. 28–29. Siehe auch ibid. 31 und 34 zur Unterscheidung zwischen *bonorum possessio decretalis* als ursprüngliche, im Einzelfall *causa cognita* erteilter *bonorum possessio* und *bonorum possessio edictalis*, welche ohne Einzelfallprüfung erteilt wurde. Vgl. auch *Biondi*, DER (1954) 126 mwN. dazu, dass die *bonorum possessio* ursprünglich lediglich die Funktion hatte, die Parteirollen für die zivilen Klagen festzulegen, was späterhin zu den bekannten ‚Klassen' der Beantragungsbefugten führte. Zur *bonorum possessio edictalis* und *decretalis* ibid. 134–135.

265 Aus diesem Grunde waren die Urkundenschreiber sehr wohl an den Erfordernissen des ‚prätorischen' Erbrechts interessiert; a.A. *Strobel*, Testamentsurkunden (2014) 17 Fn. 19, der sich deshalb auf die Erfordernisse des *ius civile* konzentriert und „nur am Rande" auf das prätorische Erbrecht eingehen wollte, „da es ja gerade Anliegen und Aufgabe der Kautelarjuristen war, ein – insbesondere korrigierendes – Eingreifen des Prätors zu vermeiden".

abweichende *nuncupatio* jene sogar verdrängen konnte[266]. Hierin liegt auch der Grund dafür, dass die Zerstörung der *tabulae* nicht per se zur Unwirksamkeit des Testaments führte.

Exkurs a.: Die Absicherung letztwilliger Verfügungen auf tabulae *als Ursprung von Vorschriften auch für Geschäfte unter Lebenden*

Die Verschlussvorschriften des *SC Neronianum* betreffen ganz allgemein *tabulae* und damit jedes Geschäft, welches auf solchen festgehalten wurde, sei es unter Lebenden oder von Todes wegen. Den Anlass dazu finden wir aber – wie so oft – im Zusammenhang mit einem Testament: Die skandalöse Fälschung des Testaments des Domitius Balbus im Jahre 61 n. Chr. dürfte den Ausschlag gegeben haben (überliefert bei Tacitus, Ann. 14, 40)[267]. Balbus war ehemaliger Prätor und Senatsmitglied, der Fälscher seines Testaments ein Verwandter, Valerius Fabianus, der auch weitere Personen verwickelte, die als Zeugen fungierten (zwei von ihnen *equites*; zwei Senatoren; und andere ‚weniger illustre Männer'). Es erfolgte zwar eine Verurteilung fast aller Beteiligten aus *crimen falsi*, doch konnte das allein nicht vollauf befriedigen; es bedurfte neuer Vorschriften, um Derartiges zukünftig zu verhindern. Solche wurden per Senatsbeschluss eingeführt: Ab sofort mussten *tabulae*, die eben üblicherweise für Testamente, aber ganz allgemein auch für Rechtsgeschäfte unter Lebenden benutzt wurden, nicht nur mit einer Schnur umwickelt werden, die in eine rückseitige Vertiefung eingelegt und gesiegelt[268] wurde (so war es bisher üblich; es handelte sich vorwiegend um Diptychen, auf deren zweiter Tafel, *pagina* 4, ein *sulcus* eingelassen war), sondern auch durchbohrt werden (und zwar meist als Triptychen; das bisher mögliche Lockern des Bindfadens und Auseinanderschieben der Täfelchen wurde so verhindert:

---

266 *Dulckeit*, Plus nuncupatum, ZRG RA 70 (1953) 185–186. Näher dazu unten VI.1.b.: Abweichung der mündlichen *nuncupatio* von der schriftlichen Erbeinsetzung.

267 *Meyer*, Legitimacy and Law (2004) 166. Siehe auch *Jakab*, Senecas Misstrauen in Brief und Siegel, in: FS Winkel (2014) 420–422 sowie *Camodeca*, Senatus consulta, Ann. Cam. 11 (2022) 39–48.

268 Zu Notwendigkeit und Gestalt von Siegeln siehe etwa Ulp. 39 ad ed., D. 28, 1, 22, 2–7.

Suet. Nero 17; PS. 5, 25, 6[269]). Nur wenn *tabulae* diese Erfordernisse erfüllten, wurden sie als Beweisurkunden zugelassen[270].
Bereits die Bezeichnung der auf *tabulae* siegelnden Personen als *testes* bezog sich ursprünglich wohl ausschließlich auf Testamentszeugen und wurde erst später allgemein üblich auch für Zeugen bei Geschäften unter Lebenden verwendet[271]. Vergleichbar wurden die Vorschriften der *lex Cornelia* 44 n. Chr. (also über hundert Jahre nach ihrem ursprünglichen Erlass) auch auf andere Dokumente als Testamente erstreckt, somit also auch auf die Fälschung von Urkunden über Geschäfte unter Lebenden[272].

Die etablierte Schriftlichkeit[273] im Rahmen des ‚prätorischen' Testaments ergab somit – nach der seit *Amelotti* wohl mittlerweile allgemein anerkannten Lehre[274] – keine neue Testamentsform, sondern eine neue Form des

---

269 Siehe die anschaulichen Beschreibungen und Skizzen von *Meyer*, Legitimacy and Law (2004) 127–132, 147–148, 153 mit den fünf ‚Phasen' anhand der kampanischen *tabulae* (erhalten aufgrund des Vesuv-Ausbruchs 79 n. Chr.; aus den Jahren 15 v. Chr. bis 79 n. Chr.). Ibid. 165 zu der vor oder spätestens unter Sulla erlassenen *lex*, welche allgemein das Siegeln von Testamenten verbindlich machte. Skizzen und Abbildungen finden sich auch im Beitrag von *Camodeca*, Senatus consulta, Ann. Cam. 11 (2022) 39–48. Siehe außerdem *Weiß*, Peregrinische Manzipationsakte, ZRG RA 37 (1916) 175–176 zu den siebenbürgischen Urkunden, welche ebenfalls die Beachtung der vom *SC Neronianum* vorgeschriebenen Form in der Praxis bestätigen. Siehe dagegen *Guarino*, Testamento segreto, in: Pagine VI (1995) 298–313 (gegen *Weiß* insbes. 303 Fn. 37); dagegen wiederum *De Filippi*, Testamento segreto, Civitas et Lex 18/2 (2018) 36.

270 Wie *Jakab*, Senecas Misstrauen in Brief und Siegel, in: FS Winkel (2014) 423 anhand einer Überprüfung der Notariatspraxis in neronischer Zeit festgestellt hat, ist diese Form der Absicherung nicht neu ‚erfunden' worden, sondern begegnet schon in älteren Urkunden; diese Form wurde lediglich als sicherste schon bekannte Verschlussform ab sofort verbindlich gemacht. Zur Beachtung der Vorgaben in Ägypten zuletzt *Colella*, Testamenti dei cittadini romani d'Egitto (2024) 36–39.

271 *Meyer*, Legitimacy and Law (2004) 164 aE mit Fn. 126.

272 *Meyer*, Legitimacy and Law (2004) 166.

273 Siehe zur Rolle der *lex Iulia de vicesima hereditatium* von 6 n. Chr., welche Testamentseröffnungsvorschriften enthielt und – weil die Steuer auf diese Weise eingehoben wurde – auch impliziert, dass das Testament schriftlich niedergelegt werden soll oder muss: *Meyer*, Legitimacy and Law (2004) 165. Dazu auch unten VIII.

274 Diese von *Amelotti*, Testamento I ^{2}(1966) 77–78, 191–200 (ebenso, wenn auch etwas knapper, *ders.*, Nuovi documenti, in: Est. d'Ors I [1987] 154), gegen die zuvor herrschende Lehre – repräsentiert namentlich von *Voci*, DER II ^{2}(1963) 73 (ebenso in *ders.*, Testamento praetorio, Labeo 13 [1967] 319–347 vertreten) – gerichtete Vorstellung kann wohl als aktuell herrschende Meinung bezeichnet werden: Rezent gelangten

Erbschaftserwerbes, auf welchen es in der Praxis freilich am meisten angekommen sein dürfte: Der Prätor wies denjenigen in die *bonorum possessio* ein, der eine Testamentsurkunde vorlegte, die bestimmten, immer stärker normierten Kriterien entsprach, selbst wenn nach *ius civile* die Voraussetzungen für ein ziviles Testament nicht (voll) erfüllt waren[275]. Zu Recht kritisierte zuletzt *Babusiaux*[276] an der Diskussion um die Frage, ob es ein ‚prätorisches Testament' gab, welches sich vom ‚zivilen Testament' unterschied, dass davon lediglich eine ‚Begrifflichkeit' betroffen sei; die honorarrechtlich geforderten Förmlichkeiten müssten aber keineswegs eine das *ius civile* ‚überwindende' eigene Kategorie darstellen. Auch *Nowak*[277] wies darauf hin, dass es sich beim

auch *Strobel*, Testamentsurkunden (2014) 18 Fn. 23 sowie *Nowak*, Wills (2015) 34–41; *dies.*, Function of witnesses, in: Actes papyrologie (2012) 576 unabhängig voneinander (*Strobel* konnte aufgrund des späteren Erscheinungsdatums *Nowak* nicht berücksichtigen und auch für *Nowak* kam umgekehrt *Strobels* Darstellung zu spät, wie sie S. VIII in einem Postscriptum ausdrücklich erklärt), allerdings im Anschluss an *Amelotti*, dessen Darstellung für beide Autoren richtungsweisend war, zu dieser Lösung. *Babusiaux*, Erbrecht ²(2021) 171–172 bemüht sich offenbar um eine neutrale Position, wenn sie darauf hinweist, dass die *bonorum possessio secundum tabulas* „erkennbar an die Wirksamkeitserfordernisse des *ius civile* anknüpft", aber doch von der „prätorischen Form" spricht. ME sind die Argumente *Amelottis* absolut durchschlagend und zeigen erneut, wie unumgänglich eine Berücksichtigung der Praxis bei der Auswertung von Juristenschriften ist. Nach *Desanti*, Prassi, in: Diocleziano (2018) 553 kommt es allerdings unter Diokletian zu einer Assimilation zwischen ziviler *hereditas* und prätorischer *bonorum possessio*, sodass sie zu dem Schluss gelangt, dass „alcuni provvedimenti dioclezianei sembrerebbero addirittura unificare i due istituti". *Avenarius*, Gaio, in: Le Istituzioni (2020) 796, 802 schreibt den Entwicklungsschritt, in welchem es zur ‚Integration' des *ius civile* in die übrigen Rechtsquellen gekommen sei, sogar schon Julian zu. Anders *Babusiaux*, Nachlassbesitz, in: HRPR (2023) § 57 Rn. 15, die zwar davon ausgeht, dass in der späten Kaiserzeit und im Dominat die Grenzen zwischen *bonorum possessio* und *hereditas* verschwimmen, jedoch trotz fortschreitender Angleichung die Dualität bis in das justinianische Recht erhalten bleibt.

275 Dazu, dass die *bonorum possessio* ursprünglich Mittel zum Schutz des *heres* war, indem sie ihm den interdiktalen Schutz vermittelte und seine prozessuale Position in anderen Klagen zur Durchsetzung seines Erbrechts verbesserte, siehe *Babusiaux*, Nachlassbesitz, in: HRPR (2023) § 57 Rn. 5 und 20; dieselbe Beobachtung findet sich (ohne Bezugnahme auf *Babusiaux*) auch bei *Avenarius*, Ordo testamenti (2024) 330 Fn. 880. Vgl. auch *Babusiaux* ibid. Rn. 16 zur Erweiterung im Einzelfall aufgrund der *aequitas* des Prätors.

276 *Babusiaux*, Nachlassbesitz, in: HRPR (2023) § 57 Rn. 205.

277 *Nowak*, Titius heres esto, JJP 40 (2010) 167 Fn. 17.

‚prätorischen Testament' eigentlich nur um einen Weg handelte, einem Testament Wirkungen zuzubilligen, welches gewisse zivile Formalerfordernisse nicht (voll) erfüllt. Mit *Sánchez-Moreno Ellart* ist zu konstatieren: „The so-called *testamentum praetorium* was actually not a kind of testament in itself but merely an invalid testament according to the *ius civile* that was deemed valid by the praetor when some formalities required by the *ius civile* had not been correctly observed."[278] Es hatte also insbesondere auch die Aufgabe, nach *ius civile* unwirksame Testamente in durchsetzbare Kategorien einzukleiden und derart in wirksame Verfügungen ‚umzudeuten'.

Eine entsprechende prätorische Rechtsschutzverheißung bezeichnete schon Cicero als üblich:

> Cic. Verr. 1, 117: ‚*Si de hereditate ambigetur et tabulae testamenti obsignatae non minus multis signis quam e lege oportet ad me proferentur, secundum tabulas testamenti potissimum possessionem dabo.*'
>
> ‚Wenn um eine Erbschaft gestritten wird und man mir eine Testamentsurkunde vorlegt, die mit der gesetzlich vorgeschriebenen Zahl von Siegeln versiegelt ist, dann werde ich den Besitz vorzugsweise gemäß der Testamentsurkunde zuerkennen.'[279]

Bei der hier erwähnten *lex* handelt es sich um nichts weniger als die Zwölftafelgesetzgebung; die Anzahl der Siegel[280] auf einem Testament entsprach der Anzahl der für eine *mancipatio familiae* notwendigen Personen. Das hadrianische Edikt stellte dementsprechend auch darauf ab: *Si tabulae testamenti extabunt non minus quam septem testum signis signatae*; durch die Vorlage solcher *tabulae* war der Beweis für die Existenz eines Manzipationstestaments erbracht[281].

In weiterer Folge wies der Prätor selbst dann in den Nachlassbesitz ein, wenn eine derartige Urkunde zwar vorgelegt wurde, die *tabulae* aber *non iure factum sint*, etwa weil die *mancipatio familiae* nicht vorgenommen wurde oder die *nuncupatio* fehlte. Zunächst war die *bonorum possessio secundum tabulas* in

---

278 *Sánchez-Moreno Ellart*, Testament of Five or Seven Witnesses, in: Inheritance (2014) 233.

279 Übersetzung: *Fuhrmann*, Cicero Prozessreden I (1997) *ad loc.*

280 Zur besonderen *sollemnia iuris*, welche durch die *obsignatio* zum Ausdruck kommt, siehe *Stern*, Pratique sociale (2022) 112 mwN.

281 *Amelotti*, Testamento I (1966) 191.

solchen Fällen *sine re*, dh. die zivilen Erben konnten sich mit einer *hereditatis petitio* gegen die in den Nachlassbesitz Eingewiesenen durchsetzen. Antoninus Pius schließlich gewährte den Testamentserben aber auch in solchen Fällen eine *exceptio doli* gegen die Intestaterben nach *ius civile*, wodurch die *bonorum possessio* der in diesen *tabulae* Instituierten *cum re* wurde und sodann „zwischen einem Testament, das unter strikter Beobachtung aller Formen errichtet worden war", und einem, welches in diesem Sinne *non iure factum sit*, „im praktischen Erfolg überhaupt kein Unterschied mehr bestand"[282]. Der *bonorum possessor* konnte dieselben Ansprüche, welche ein *heres* klagsweise durchsetzen könnte, mittels *formulae ficticiae* ebenfalls durchsetzen[283]. Das angestrebte Ziel wurde also erreicht, gleichwohl die prätorisch erteilte *bonorum possessio* eine andere rechtliche Qualität aufweist als die Erbenstellung nach *ius civile*[284]. Die Klagsformeln mussten zu diesem Zweck angepasst werden, sodass hieraus der Umdeutungsvorgang insofern ersichtlich war.

Wie gesehen berichtet Gaius, dass der Prätor die Vornahme des Manzipationsaktes bzw. die Nunkupation bei der Einweisung in den Nachlassbesitz nicht mehr überprüfte. Schon die *missio Hadriana* stellte lediglich auf die äußerlich ‚korrekt' errichtete Urkunde und die Entrichtung der Erbschaftssteuer durch den darin als Erben Genannten ab[285]. Die Einweisung in den Nachlassbesitz auch ohne Überprüfung der Manzipation ist schon insofern folgerichtig, als es ja gerade nicht darum ging, den zivilen Erben zu bestimmen, sondern eben denjenigen, welchem nach den prätorischen Maßstäben der Nachlass zufallen sollte. Etwa in der ersten Intestat-Klasse *unde liberi*

---

282 *H.J. Wolff*, Rez. Amelotti, ZRG RA 84 (1967) 500. Dazu, dass sich hieran ein Bedeutungsverlust für *familiae emptor* und *libripens* anschloss, welche nur noch – wie die übrigen fünf Zeugen – die öffentliche Bekanntmachung der Urkunde bezeugen, siehe *Nowak*, Function of witnesses, in: Actes papyrologie (2012) 576.

283 Siehe nur *Domisch*, Besitzübergang (2015) 181 mwN. in Fn. 789. War der *bonorum possessor* zugleich *heres*, so bedurfte es der fiktizischen Formeln freilich im Grunde nicht, wenngleich aufgrund leichterer Beweisbarkeit dennoch auf sie zurückgegriffen worden sein mag; dieses Phänomen ist auch vom zivilen Eigentümer, welcher mit der *actio Publiciana* vorgehen kann, bekannt.

284 Die *hereditatis petitio* ist daher nicht sogleich möglich, wohl aber etwa das *interdictum quorum bonorum*. Siehe dazu für die konkrete Konstellation der Einsetzung eines fremden Sklaven *Buchwitz*, Servus alienus heres (2012) 57. Zum Interdikt mwN. *Isola*, Interdikte, in: HRPR (2023) § 66 Rn. 21; *Andres Santos*, Erbschaftsklage, in: HRPR (2023) § 64 Rn. 36; *Babusiaux*, Nachlassbesitz, in: HRPR (2023) § 57 Rn. 2.

285 *Wesener*, s.v. Vicesima hereditatium, RE VIII A 2 (1958) 2475.

wurden auch nicht unter der Hausgewalt stehende Kinder berufen, welche ebenfalls nicht zivile Erben waren. Auch sie sind ein Beispiel für das Herbeiführen von Rechtsfolgen in Konstellationen, in welchen solche nach *ius civile* streng genommen nicht eintreten würden: Der Prätor machte die Statusänderung in gewisser Hinsicht ‚wirkungslos', damit wiederum die Wirkung des Erbschaftserwerbs eintreten konnte[286].

Es ging bei der Besitzeinweisung auch darum, dass derjenige, welcher in den Erbschaftsbesitz eingewiesen wurde, die Erbschaft ersitzen konnte, was nicht nötig wäre, wenn der Betreffende ohnehin tatsächlich ziviler Erbe wäre[287]. ‚Äußerlich' wurde aber auf die zivile Form nicht vollständig verzichtet[288]: Alle am Manzipationsritual beteiligten Personen mussten aus der Urkunde ersichtlich sein, indem die fünf Zeugen[289], der *libripens* und der *familiae emptor* die ordnungsgemäß verschlossenen *tabulae*, welche das Testament des Erblassers enthielten, gesiegelt haben mussten und dadurch

---

286 Vgl. Paul. 41 ad ed., D. 37, 1, 6, 1: ... *Quamvis enim iure civili deficiant liberi, qui propter capitis deminutionem desierunt sui heredes esse, propter aequitatem tamen rescindit eorum capitis deminutionem praetor.*

287 Siehe für eine übersichtliche Darstellung der Entwicklung der Erbenposition *Manthe*, Geschichte [6](2019) 49–55. Demnach ist schon in der Klassik das Verständnis dafür verloren gegangen, dass nach altrömischem Recht nur die *sui heredes* Erben waren, während die Agnaten lediglich ermächtigt waren, einen herrenlosen Nachlass (nach einem Erblasser ohne *sui*) zu ergreifen und die Erbenstellung zu ersitzen. Die manzipationsweise Vermögensübertragung an einen Treuhänder, welcher den Nachlass (eines ohne *suus* Verstorbenen) sodann unter anlässlich der *mancipatio* mittels *nuncupatio* näher bezeichneten Personen verteilte (und je nach Legatsform dazu entweder persönlich verpflichtet war oder unmittelbar an die Bedachten gefallene Gegenstände wie jeder Nichteigentümer herausgeben musste), wurde sodann Ausgangspunkt der weiteren Entwicklung der testamentarischen Erbfolge. Zur Nutzung von Treuhandkonstruktionen für eine Erweiterung erbrechtlicher Verfügungsmöglichkeiten (Vergleichbares sollte sich in römischer Zeit im Fideikommissrecht wiederholen, figuriert als ‚Affatomie' aber auch etwa im fränkischen Recht und ist dem englischen Recht als ‚trust' bekannt) siehe *Rüfner*, Testamentum, in: HRPR (2023) § 18 Rn. 21.

288 Hier könnte insofern auch eine Parallele zur umstrittenen Putativtitelersitzung gezogen werden, welche zumindest die ‚äußere Gestalt' (wenn auch keine bestimmte ‚Form') eines Kausalgeschäfts erforderte, selbst wenn dieses nicht wirksam vorgenommen wurde.

289 Dazu, dass regelmäßig ein Zeuge als ‚erster' (*antestatus*) angeführt wurde, siehe etwa *Terranova*, Sull'antestatus, IAH 2 (2010) 103–146 mwN. in Fn. 1.

die Vornahme der Manzipation ihrerseits bereits bestätigt hatten[290]. Die Manzipation selbst hatte eine besondere Publizitätswirkung, die jedenfalls in ihren Anfängen der eines Urteils gleichgestellt war (man denke nur an die zu altrömischer Zeit unmittelbare *manus iniectio* bzw. die *legis actio per manus iniectionem pro iudicato* in diesen Fällen)[291]. Diese Funktion behielt sie im Falle des Testaments somit in gewandelter Form bei und seit Antoninus Pius war die durch die Manzipationszeugen gesiegelte Urkunde sogar unangreifbar[292].

Vielleicht lässt sich die Anerkennung solcher schriftlicher Testamente im Rahmen des prätorischen Rechts[293] für sich genommen bereits als eine Art ‚Umdeutung' betrachten[294]; um eine andere Form der Wirksamkeit handelte es sich insofern, als zunächst eine andere Rechtsschicht betroffen

---

290 *Strobel*, Testamentsurkunden (2014) 50 sieht aufgrund der schwierigen Beweisbarkeit, dass die protokollierte Manzipation nicht stattgefunden hat, keine Gefahr des erfolgreichen Angriffs auf das Testament.

291 Siehe nur *Kaser*, Unmittelbare Vollstreckbarkeit, ZRG RA 100 (1983) 80–135. Zur Frage der unmittelbaren Vollstreckbarkeit und daher auch Litiskreszenz bei Legaten siehe *Isola*, Actio ex testamento, ZRG RA 137 (2020) 94–100.

292 Die Manzipationszeugen mussten in Gegenwart des Testators und der übrigen Zeugen in einem ‚einheitlichen Akt' siegeln. Siehe nur Diocl./Maxim. AA. Matroniae, C. 6, 23, 12 pr. (6. Juli 293). Zur Problematik, dass Zeugen sich wegen der Angst vor Ansteckung nicht versammeln wollen, siehe Diocl./Maxim. AA. Marcellino, C. 6, 23, 8 (a. 290); hier wurde etwas ‚rechtlich erleichtert', wobei in der Literatur umstritten ist, was das genau war: Verzicht auf die *unitas loci* (sodass sich die Zeugen etwa in sicherer Entfernung von einem erkrankten Erblasser versammeln konnten) oder auch auf die *unitas actus* (sodass die Zeugen hintereinander siegeln konnten, ohne aufeinander zu treffen). Siehe dazu *Willems*, Testamentum tempore pestis conditum, ZRG RA 138 (2021) 616–634 mwN. Ergänzend zu den dort angeführten Argumenten könnte man an einen möglichen Zusammenhang mit der im Codex Iustinianus folgenden Konstitution vom selben Tag, Diocl./Maxim. AA. Patrocliae, C. 6, 23, 9 (a. 290), denken; ausgeführt wird dort, dass dann, wenn in der betreffenden Region keine Erleichterungen hinsichtlich der Vorschriften zur Testamentserrichtung gewährt worden sind, ein Testament unwirksam ist, wenn die Zeugen nicht in Gegenwart des Testators ihrer Aufgabe nachgekommen seien. Für einen Zusammenhang auch *Desanti*, Prassi, in: Diocleziano (2018) 543–544.

293 Um gültige Ziviltestamente handelt es sich erst, als durch ‚Kaiserrecht', beginnend mit der Konstitution Const. A. ad populum, C. 6, 23, 15 (a. 339), die Vorgaben des Manzipationsrituals und der förmlichen Nunkupation wegfielen.

294 IdS. – wenn auch mit anderer Begründung – schon *Satta*, Conversione (1903) 37–38.

war[295]: Die *bonorum possessio* ist etwas qualitativ anderes als die Erbenstellung nach *ius civile*[296]. Das Ziel des Erwerbes der Nachlassgegenstände durch die im Testament eingesetzten Erben wird nach erfolgreicher *usucapio* aber schließlich erreicht, sogar auf Ebene des *ius civile*, doch juristisch gesehen auf anderem Wege als vom Verfügenden gedacht, der ja unmittelbar (zivile) Erben bestimmen wollte. So sah auch *Nowak* die Funktion des prätorischen Erbrechts zunächst darin, dass der Prätor den letztwilligen Verfügungen des Testators zur Durchsetzung verhelfen konnte, obwohl Formalfehler des *testamentum per aes et libram* vorlagen[297]. Die Autorin geht weiters[298] davon aus, dass infolge der prätorischen Anerkennung von solchen ungültigen zivilen Testamenten deren Formerfordernisse durch *desuetudo* hinfällig wurden, was schließlich durch Kaiserrecht förmlich statuiert worden sei[299]. Vergleichbar spricht *Strobel* von einer faktischen Lösung des Testaments vom Libralakt durch den Prätor und einer Gewährung der *bonorum possessio secundum tabulas*, die nur vom Vorliegen der korrekt gesiegelten Urkunde abhängig war[300]. Die ‚Konversion' des unwirksamen zivilen Testaments in

---

295 Von einer „Umdeutung von *ius civile* in *ius novum*" spricht etwa *Babusiaux*, Erbrecht [2](2021) 318–325 im Zusammenhang mit der *heredis institutio ex re certa* und dem „Ausweichen auf das Fideikommissrecht" bei Mängeln des Testaments nach *ius civile* und *ius praetorium*: „Die nach *ius civile* greifbare Unwirksamkeit ... wird also durch einen Wechsel auf die Ebene des *ius novum*, das heißt durch Umdeutung ..., überwunden." (ibid. 318). Ist der Wechsel zwischen den „Ebenen" eine Form der Umdeutung, so ist auch die Wirksamkeit des nach *ius civile* nichtigen Rechtsgeschäfts im Rahmen des prätorischen Rechts eine Erscheinungsform von Konversion.

296 *Avenarius*, Formularpraxis, in: FS Behrends (2009) 15–16 spricht allerdings von einem „Verschleifen des Unterschieds zwischen *hereditas* und *bonorum possessio*", das in den Gaius-Institutionen durch die Widerspiegelung der „Anfänge des Übergangs zum reinen Urkundentestament" zum Ausdruck komme.

297 *Nowak*, Wills (2015) 40: „the tablets served as a guarantee given by the praetor to uphold the testator's will despite formal gaps in testamentum per aes et libram".

298 *Nowak*, Wills (2015) 46, 70.

299 Der Umstand, dass in den nachklassischen Texten eine Unterscheidung zwischen prätorischem und zivilem Testament ausdrücklich thematisiert wird (so ITh. 4, 4, 3 pr.–1; ITh. 4, 4, 7, 2 sowie INov. Theod. 16 und INov. Valent. 21, 2), mit der Anforderung, im ersten Fall sieben, im zweiten fünf Zeugen nachweisen zu können, ist nach *Nowak*, Wills (2015) 50 – im Anschluss an *Archi*, Testamentum, in: Scritti 2 (1981) 771–808 – Ergebnis einer nachklassischen Interpretation des klassischen Rechts, frühestens einsetzend mit dem 4. Jh. Siehe schließlich zum ‚Endergebnis' Inst. 2, 10, 3–4.

300 *Strobel*, Testamentsurkunden (2014) 51.

ein im Rahmen des prätorischen Rechts zu beachtendes Testament führte demnach zur Rechtsfortbildung. Hier zeigt sich wiederum: *ius honorarium viva vox est iuris civilis*[301].

Ähnlich wirkte sich die erwähnte kaiserliche Rechtssetzung aus, insbesondere im Zusammenhang mit dem Fideikommissrecht: Zwar scheinen die Juristen bei der Umdeutung ziviler Akte in Formen des Fideikommissrechts zurückhaltender als das auf Ebene des prätorischen Rechts der Fall ist, doch ist die Möglichkeit der Konversion für einen Fall einmal bejaht, bietet das Fideikommissrecht größtmögliche Freiheit.

Exkurs b.: Bonorum possessor *und bonitarischer Eigentümer*

Der Prätor kann niemanden zum quiritischen Eigentümer machen und er kann auch keinen Erben schaffen[302]. Wie er aber bei der unterlassenen Manzipation unter Lebenden gewisse Erwerber so stellt, als hätten sie wirksam erworben, und sie in bestimmten Fällen sogar gegen den zivilen Eigentümer schützt, so stellt er auch bestimmte Personen einem Erben gleich und schützt sie zuweilen sogar gegen den zivilen Erben. Der prätorisch geschützte *bonorum possessor* ist nicht in jedem Fall auch *heres*, sondern steht ggf. nur *heredis loco*. Er hat an den Nachlassgegenständen daher zunächst nicht unbedingt ziviles Eigentum, sondern hat sie ebenso *in bonis* wie der Käufer eine *res mancipi*, welche ihm bloß formlos tradiert wurde[303]. Das trifft zwar auch auf die Erbfolge ohne Testament zu, bei Vorliegen eines Testaments ist der Vergleich aber noch schlagender: Das angestrebte ‚Verfügungsgeschäft' ist *iure civili* unwirksam. Dennoch wird ihm eine Wirksamkeit verliehen, und zwar im Rahmen einer anderen ‚Rechtsschicht'. Beim Testament ohne wirksam vollzogenen Libralakt ist das Ergebnis also dasselbe wie bei formloser *traditio* einer Sache, welche der Manzipation bedürfte: Die *causa* ist im einen Fall etwa der Konsensualkontrakt *emptio venditio* (dann wird dem Erwerber die *exceptio rei venditae et traditae* gewährt) oder auch eine vollzogene Schenkung (hier gibt es eine *exceptio doli* zugunsten des Erwerbers), im anderen Fall ist es der im Testament zum Ausdruck gebrachte Erblasserwille, daher gibt es auch hier eine *exceptio doli* gegen einen nach *ius civile* Berechtigten. Die Situation ähnelt dem sogleich näher

301 Marc. 1 inst., D. 1, 1, 8.

302 Siehe nur Gai. 3, 32: *praetor heredes facere non potest.*

303 Gai. 3, 80: *Neque autem bonorum possessorum neque bonorum emptorum res pleno iure fiunt, sed in bonis efficiuntur; ex iure Quiritium autem ita demum adquiruntur, si usuceperunt.* Den Vergleich zieht auch etwa *Biondi*, DER (1954) 121, der ibid. darauf hinweist, dass das Eingreifen im Bereich des Erbrechts noch ‚radikaler' sei als in anderen Rechtsbereichen, da das *ius gentium* zwar etwa Geschäftsbeziehungen betreffen könne, nicht aber familiäre Rechtsbeziehungen oder das Erbrecht.

dargestellten Fall der unwirksamen *acceptilatio*, welche zur *exceptio pacti* (*vel doli*) berechtigt, dh. zwar nicht auf Ebene des *ius civile* wirksam ist, aber vom Prätor in seinem Machtbereich anerkannt wird.

Einfallstor für eine Konversion im Testamentsrecht war in vielen Fällen auch das Soldatentestament[304]. Das gesamte Sonderrecht für Soldaten im Erbrecht kann auch unter dem Gesichtspunkt des ‚Wirksammachens' von nach *ius civile* unwirksamen Testamenten[305] und damit als Konvolut von Konversionsregeln gesehen werden. So wird beispielsweise die *heredis institutio ex re certa* zunächst in diesem Bereich als wirksame Einsetzung auf eine entsprechende Erbquote anerkannt; diese Idee findet später aber auch in der Auslegung von Ziviltestamenten Anwendung. Die Einsetzung eines Peregrinen in einem Soldatentestament führt zwar nicht zu dessen Position als Erbe nach *ius civile*, aber im Gegensatz zum klassischen Ziviltestament doch zur Möglichkeit, die *bonorum possessio* erfolgreich zu beantragen, woraufhin auch die ihm in seiner ‚Funktion' als Testamentserbe auferlegten Legate auszufolgen waren[306]. In der Nachklassik werden die Vorschriften, welche die betreffenden

---

304 Vgl. *Biondi*, Successione ²(1955) 77: „Il testamentum militare è appunto il campo in cui sorgono precetti ed istituti, che, contrastanti con il regime del *ius civile*, danno un nuovo orientamento al sistema successorio, tanto che non pochi principi, che trionfano e diventano generali nell'evoluzione successiva, derivano appunto del testamentum militare. Insieme al testamento pretorio ed al codicillo, il *testamentum militis* appare storicamente come uno dei fattori di erosione dei principi tradizionali" (siehe auch ibid. 191, 199). Kritisch dazu *Amelotti*, Testamento I (1966) 101.

305 Es ist wohl geschaffen „für Mannschaftsdienstgrade, die in ihrem Dienst einen so bescheidenen Wohlstand erworben haben, dass es sich lohnt, darum zu streiten, aber nicht genug, dass sie durch ein professionelles Testament den Streit vermeiden könnten", *Stagl*, Soldatentestament, in: Soldatenkaiser (2015) 122.

306 Zum Sonderrecht für Soldaten im Erbrecht siehe aus der neueren Lit. insbes. *Lovato*, Testamentum militis, in: Scritti Pani (2011) 257–266; *Meyer-Hermann*, Testamentum militis (2012); *De Falco*, Testamentum militis, SHDI 80 (2014) 419–446; *Stagl*, Testamentum militare, REHJ 36 (2014) 129–157; *ders.*, Soldatentestament, in: Soldatenkaiser (2015) 109–126; *Ruggiero*, I privilegi dei militari, BIDR 113 (2019) 237–257. Zur *bonorum possessio ex testamento militis* vgl. *Babusiaux*, Nachlassbesitz, in: HRPR (2023) § 57 Rn. 210–213. Von den Privilegien erfasst waren nicht nur Soldaten ieS, sondern auch jeder, der sich der besonderen Gefahrenlage im Feindesland ähnlich einem Soldaten ausgesetzt hat: Ulp. 45 ad ed., D. 37, 13, 1 pr. Dazu, dass ein unwirksames Ziviltestament von Soldaten in ein wirksames Soldatentestament umgedeutet wird, siehe unten S. 89.

Personen von der *testamenti factio* ausschließen, auch für das Ziviltestament fallen gelassen[307].

Auch wenn *Amelotti* (gegen *Biondi*) Zweifel daran geäußert hat, dass das *testamentum militis* zum ‚Niedergang' der traditionellen Prinzipien des klassischen Testamentsrechts geführt habe, so ist die Entwicklung von Soldatentestament und Ziviltestament doch nicht völlig isoliert erfolgt; beide stehen nebeneinander und Argumentationsmuster wie auch Methodik gleichen sich schon allein aufgrund der personellen Identität ihrer Interpreten. Überzeugt eine Konstruktion im ‚freieren' Soldatentestament, so bedeutet das zwar nicht zwangsläufig ihr sofortiges Anerkenntnis auch für das Ziviltestament, zumal unmittelbare Analogien aufgrund der Qualifikation als *ius singulare* nicht erfolgten[308]; doch die Entwicklung zeigt, dass durchaus – zum Teil mittelbare – Übertragungen stattfanden und auch das Ziviltestament zunehmend ‚formfreier' wurde[309]. So sieht auch *Amelotti*

> il progressivo superamento delle differenze sostanziali fra testamento militare e testamento ordinario … e il quasi completo esaurirsi dei vantaggi pratici che il testamento militare offriva in passato.[310]

Das mag wiederum maßgeblich gewesen sein für das Verschwinden des Soldatentestaments in nachklassischer Zeit.

3. Vergleich zu Rechtsgeschäften unter Lebenden

Die beschriebene Konsequenz der Wirksamkeit auf Ebene des prätorischen Rechts in Fällen der Unwirksamkeit auf Ebene des *ius civile* lässt sich vergleichbar auch bei Geschäften unter Lebenden beobachten, die in der Vergangenheit bereits unter dem Blickwinkel der Konversion diskutiert wurden; so

---

307 Siehe nur *Amelotti*, Testamento I (1966) 106.

308 Vgl. insbes. *Stagl*, Testamentum militare, REHJ 36 (2014) 129–157.

309 *Amelotti*, Testamento I (1966) 104 weist allerdings darauf hin, dass der ‚innere' Formalismus des klassischen Rechts (die Struktur des Geschäfts betreffend) zwar zurückgedrängt wurde, der ‚äußere' Formalismus (hinsichtlich des Abschlusses des Geschäfts) jedoch typisch postklassisch sei.

310 *Amelotti*, Testamento I (1966) 106.

insbesondere bei der Konversion einer nichtigen *acceptilatio* in ein wirksames *pactum de non petendo*[311].

Der Wortlaut einer gültigen *acceptilatio* ist in Gai. 3, 169 überliefert. Der Schuldner fragt: ‚*Quod ego tibi promisi, habesne acceptum?*‘, der Gläubiger antwortet: ‚*Habeo.*‘ Wird diese Wortform nicht eingehalten, so ist die *acceptilatio* auf Ebene des *ius civile* nicht wirksam[312]. Sie kann aber dennoch als *pactum de non petendo* Berücksichtigung finden, wodurch der ausdrücklichen Erklärung, dass die Schuld nicht mehr bestehen soll, mittelbar die weitere, implizierte Erklärung unterstellt wird, dass wegen dieses Schuldgrundes nicht mehr geklagt werden soll. Damit ist zwar das Schuldverhältnis nicht vollständig beseitigt, das Ziel wird jedoch auf Ebene des prätorischen Rechts erreicht. Diese ‚Umdeutung‘ einer ungültigen *acceptilatio* in ein gültiges *pactum de non petendo*[313], welches dem Schuldner neben der *exceptio pacti* auch die *exceptio doli* verschaffen kann, bezeugen vor allem D. 2, 14, 27, 9; D. 46, 4, 19 pr.; D. 18, 5, 5 pr. sowie D. 46, 4, 8 pr. Diese Texte sind daher im Folgenden näher zu betrachten.

> Paul. 3 ad ed., D. 2, 14, 27, 9: *Si acceptilatio inutilis fuit, tacita pactione id actum videtur, ne peteretur.*
>
> Wenn die *acceptilatio* unwirksam war, scheint durch ein *pactum tacitum* vereinbart worden zu sein, dass nicht geklagt werde.[314]

Mit der Vornahme der *acceptilatio* bringen die Parteien demnach konkludent den gemeinsamen Willen zum Ausdruck, dass die Forderung nicht mehr eingeklagt werden soll.

---

311 Siehe dazu etwa *Platschek*, Pecunia constituta, in: The Letter (2013) 246; *Wacke*, Exceptio doli, in: FS Murga Gener (1994) 988–989; *Krampe*, Inutilis acceptilatio, TR 53 (1985) 3–25; unter anderem Blickwinkel auch *Isola*, Venire (2017) 56 mit Fn. 67–68.

312 Vgl. *Ankum*, Acceptilatio, in: Essays Watson (2001) 3–13 mwN. (insbes. ibid. 5 im Hinblick auf den Anwendungsbereich des *pactum de non petendo*) zur vorliegend nicht geteilten These *Watson*s, wonach die *acceptilatio* ein formfreier Akt gewesen sei. Entwickelt wurde diese These bei *Watson*, Form and Nature, RIDA 8 (1961) 391–416 (= *ders.*, Studies in Roman Private Law [1991] 194–218).

313 *Kaser*, RP I ^{2}(1971) 641.

314 Übersetzung: *B/K/K/S-Krampe*.

Nach dem folgenden Ulpiantext wird der Schuldner durch die *acceptilatio* über eine Realobligation zwar nicht befreit, sie verschafft ihm aber eine *exceptio* und zwar *doli* oder *pacti*:

> Ulp. 2 reg., D. 46, 4, 19 pr.: *Si accepto latum fuerit ei, qui non verbis, sed re obligatus est, non liberatur quidem, sed exceptione doli mali vel pacti conventi se tueri potest.*
>
> Wenn einem, der nicht verbal, aber real verpflichtet ist, der Erhalt des Versprochenen förmlich bestätigt wurde, wird er zwar nicht befreit, aber er kann sich mit der *exceptio doli mali* oder *pacti conventi* verteidigen.

Die *acceptilatio* ist als Konträrakt zur Stipulation nur für die Aufhebung von verbal begründeten Schuldverhältnissen möglich. Wird sie stattdessen für die Aufhebung von Verbindlichkeiten aus Realverträgen herangezogen, so hat sie auch hier ‚nur' die Wirkung eines *pactum de non petendo*.

Der Grund für die Unterstellung eines *pactum* liegt darin, dass die *acceptilatio* als Formalgeschäft in der spiegelbildlichen Form der *stipulatio* ebenso wie diese vom Konsens der Parteien getragen sein muss. Für die Stipulation ist das ebenfalls bei Ulpian überliefert:

> Ulp. 4 ad ed., D. 2, 14, 1, 3: … *nam et stipulatio, quae verbis fit, nisi habeat consensum, nulla est.*
>
> … weil auch die Stipulation, die durch Worte zustandekommt, nichtig ist, wenn sie keinen Konsens enthält.[315]

Voraussetzung für die *stipulatio* ist daher ein *consensus* und das bedeutet, dass auch die *acceptilatio* als Verbalkontrakt von beiden Parteien gewollt sein muss.

Nach D. 18, 5, 5 pr. vertrat schon Julian die Ansicht, dass sich der Wille beider Parteien, von einem Kaufvertrag abzustehen, darin zeigt, dass der eine dem anderen den Erhalt des Versprochenen förmlich bestätigt:

> Iul. 15 dig., D. 18, 5, 5 pr.: *Cum emptor venditori vel emptori venditor acceptum faciat, voluntas utriusque ostenditur id agentis, ut a negotio discedatur et perinde habeatur, ac si convenisset inter eos, ut neuter ab altero quicquam peteret, sed ut evidentius appareat, acceptilatio in hac causa non sua natura, sed potestate conventionis valet.*

---

315 Übersetzung: *B/K/K/S-Krampe*.

> Wenn der Käufer dem Verkäufer oder dem Käufer der Verkäufer den Erhalt des Versprochenen förmlich bestätigt, zeigt sich der beiderseitige Wille der Handelnden, dass vom Geschäft abgegangen und es ebenso gehalten werden soll, als wäre zwischen ihnen die Vereinbarung getroffen worden, dass keiner vom anderen irgendetwas fordern soll, damit es aber deutlicher erscheint, ist die *acceptilatio* in dieser Angelegenheit nicht aufgrund ihrer Natur, sondern Kraft der Vereinbarung wirksam.[316]

Hier wird mittels *acceptilatio* auf die Forderung aus einem Konsensualvertrag verzichtet. Die ungültige *acceptilatio* führt auch in diesem Fall zu wechselseitigen *exceptiones* aus *pacta de non petendo*, die aber den Kaufklagen aufgrund der *bona-fides*-Klausel inhärent sind und nicht eigens eingewendet werden müssen. Wie der Hinweis auf die *voluntas* zeigt, liegt der *dolus* hier im Verstoß gegen die in der *acceptilatio* zum Ausdruck gebrachte Vereinbarung eines Verzichts auf die Klage. Es müsste konsequenterweise also auch hier möglich sein, sich statt auf das *pactum* auf den *dolus* des Klägers zu berufen. Julian bringt schließlich diese Möglichkeit auf[317]; er selbst zieht jedoch offenbar die *exceptio pacti* (bzw. im *bonae fidei iudicium* die Berufung auf die Willensübereinkunft) vor.

Zu Sabinus Zeiten war nach D. 46, 4, 8 pr. die Konversion der *inutilis acceptilatio* in ein *pactum de non petendo* wohl überhaupt noch strittig – es heißt ‚*quaeritur*'[318]:

> Ulp. 48 ad Sab., D. 46, 4, 8 pr.: *An inutilis acceptilatio utile habeat pactum, quaeritur: et nisi in hoc quoque contra sensum est, habet pactum. dicet aliquis: potest ergo non esse consensus? cur non possit? fingamus eum, qui accepto ferebat, scientem prudentemque nullius esse momenti acceptilationem sic accepto tulisse: quis dubitat non esse pactum, cum consensum paciscendi non habuerit?*

> Ob eine unwirksame *acceptilatio* ein wirksames *pactum* enthält, wird gefragt: Und wenn nicht auch hierin gegenteilige Meinung besteht, enthält [die *acceptilatio*] ein *pactum*. Es wird ein anderer sagen: Es ist also möglich, dass kein Konsens besteht? Wie könnte er nicht? Stellen wir uns den vor, der akzeptoferiert hat, wissend und erkennend, dass der Akt der *acceptilatio* nichtig ist; so hat er die *acceptilatio* erklärt. Wer würde zweifeln, dass kein *pactum* vorliegt, weil es keinen Konsens gab, etwas zu vereinbaren?

---

316 Übersetzung: *B/K/K/S-Behrends*.

317 Siehe dazu *Isola*, Venire (2017) 55–56.

318 Vgl. *Pernice*, Labeo I (1873) 406.

Ulpian bejaht nach dem Vorstehenden also die Umdeutung der *acceptilatio* grundsätzlich, ausgenommen den Fall, dass nicht nur eine Abweichung der Erklärungen das wirksame Zustandekommen der *acceptilatio* verhindere, sondern auch[319] eine Abweichung im Willen bzgl. des Zustandekommens eines *pactum*, wofür als Beispiel die Mentalreservation dient.

Der Text ist allerdings insofern problematisch, als der Codex Florentinus an einer entscheidenden Stelle von den Vulgathandschriften abweicht; dort ist es nämlich umgekehrt: Das *pactum* ist nach der Vulgatfassung die Ausnahme, welche nur dann anzunehmen ist, wenn ein besonderes *consentire* vorliegt:

et nisi in hoc quoque consensum/-s est, non habet pactum.

Statt von *contra sensum* ist hier also von *consensum* die Rede und im zweiten Satzteil ist ein *non* eingefügt, welches sich in der Florentiner Handschrift nicht findet. Diese Beobachtung hat *Platschek* gemacht, der noch eine weitere Möglichkeit präsentierte, wie der Text an dieser Stelle ursprünglich gelautet haben könnte:

et si in hoc quoque consensus est, habet pactum.

Diese Rekonstruktion stützt sich darauf, dass die Florentiner Handschrift eine Korrektur aufweist: Vor *nisi* findet sich ein durchgestrichenes ‚*s*', welches nach *Platschek* „von einem *si* des ursprünglichen Textes stammen könnte"[320]. Nimmt man *si* anstelle von *nisi*, bestand Konsens über die Vornahme der *acceptilatio*. Es geht nun darum, ob Konsens auch hinsichtlich eines *pactum* bestand: *consensus in hoc quoque*; dann nämlich liege ein *pactum* vor.

Dass es sich wohl nicht um ein Glossem handelt, wie etwa von *Krampe*[321] angenommen wurde, sondern die im Text gestellte Frage mit *Platschek* im Sinne von: „Wie könnte es überhaupt denkbar sein, dass es in einem solchen Fall keinen Konsens gab?", zu verstehen ist, erscheint einleuchtend. Allerdings muss es sich selbst dann, wenn im Text hier tatsächlich *nisi* stand, wohl nicht zwingend um ein Glossem handeln:

---

[319] So ist mE das ‚auch' in diesem Text zu verstehen. Andere vermuten vielmehr, dass es sich auf einen anderen Fall bezieht, der zuvor erörtert wurde und in dem der Konsens ‚auch' fehlt: Vgl. *Krampe*, Inutilis acceptilatio, TR 53 (1985) 12.

[320] *Platschek*, Pecunia constituta, in: The Letter (2013) 246.

[321] *Krampe*, Inutilis acceptilatio, TR 53 (1985) 3–25.

et nisi in hoc quoque contra sensum est, habet pactum.

Dieser Satzteil ließe sich mE auch durch ein Verständnis erklären, wonach nicht nur die Form nicht eingehalten wurde, sondern darüber hinaus auch nicht Konsens bestand; in diesem Fall gibt es auch kein *pactum*. Die beiden Elemente der *stipulatio*, welche Ulp. 4 ad ed., D. 2, 14, 1, 3 erwähnt – die Form und der Konsens – sind bei der *acceptilatio* ebenfalls beide zu erfüllen. Fehlt die Form, so muss darüber hinaus das Element des Konsenses überprüft werden; wenn auch dieser nicht gegeben ist, so gibt es auch kein *pactum de non petendo*, andernfalls schon. Damit könnte die Lesart der Florentina beibehalten werden[322].

Hat der Gläubiger eine *acceptilatio* vorgenommen, obwohl er deren Unwirksamkeit kannte, schließt er zwar kein *pactum de non petendo* ab[323], handelt aber in Täuschungsabsicht. Warum die *excpetio doli* nicht erwähnt wird, obwohl Ulpian generell eine solche für zuständig erklären würde (wie wir oben in D. 46, 4, 19 pr. bereits gesehen haben), mag mit der Fragestellung innerhalb des Sabinus-Kommentars zusammenhängen.

Ein ähnliches Vorgehen ist auch bei *pacta dotalis* zugunsten Dritter zu beobachten: Auch hier wird die Vereinbarung eines *solutionis causa adiectus* samt einer (unwirksamen) Novation durch die Gewährung eines *pactum de non petendo* wirksam gemacht[324]. Ähnlich gelagert ist das Ergebnis weiters bei einer bedingten Novationsstipulation: Auch hier kann eine *exceptio* gewährt werden[325]. In diesen Fällen wird ebenso auf eine *voluntas* Bezug genommen wie bei den letztwilligen Verfügungen: Der übereinstimmende Wille der beiden Parteien soll entscheidend sein. Freilich kann auf den Bestand einer letztwilligen Verfügung im Gegensatz zum vertraglichen Rechtsgeschäft niemand berechtigterweise vertrauen[326].

---

322 In Ulp. 27 ad ed., D. 13, 5, 1, 5 entscheidet Ulpian (auch nach dem Text der Florentina) den spiegelbildlichen Fall bei der unwirksamen *stipulatio* in einer der Vulgatversion entsprechenden Weise. Ob Symmetrie der Fälle anzunehmen ist, ist umstritten. Vgl. zur Stützung der Florentiner Version die Basiliken-Überlieferung in B. 26, 6, 8 (ed. *Scheltema/van der Wal*, A.IV [1962] 1293).

323 *Platschek*, Pecunia constituta, in: The Letter (2013) 246.

324 *Giuffrè*, Conversione (1965) 284–289.

325 *Giuffrè*, Conversione (1965) 289–307.

326 Vgl. nur *Maschi*, Volontà, in: Scritti Ferrini I (1947) 324.

4. Notwendigkeit einer bestimmten Abfolge von Testamentsklauseln

Das *ius civile* ließ, wie schon *Biondi* dargelegt hat, infolge des Konzepts der *heredis institutio* keine freie Wahl bei der Gestaltung des Testaments[327]. *Avenarius* betonte zuletzt allerdings, dass aus einigen der uns erhalten gebliebenen Urkunden ablesbar ist, dass Testamentsschreiber diese wohl regelmäßig nicht aufgrund eigener juristischer Sachkenntnisse erstellten[328], sondern vielmehr mit Formularen arbeiteten: Inhaltlich richtige Klauseln wurden mitunter in fehlerhafter Reihenfolge niedergeschrieben, sodass der logische Zusammenhang durchbrochen wurde[329]. Veranschaulichen lasse sich das Problem etwa mit dem im walisischen Trawsfynydd gefundenen Testamentstäfelchen[330], welches zwischen der *exheredatio* der *ceteri* und der *cretio*-Klausel eine ‚Kodizillklausel' aufweise, welche den logischen Sachzusammenhang unterbreche[331] (vgl. das Testament des Antonius Silvanus, in welchem *exheredatio* und *cretio* aufeinander folgen). Wie dargelegt[332] dürfte es sich bei dieser Klausel aber um die für diese Stelle eines Testaments mehrfach belegte ‚Verstärkungsklausel' handeln. Die notwendige Abfolge für Testamentsklauseln ist in diesem Beispiel also wohl nicht durchbrochen. Die Verwendung von Formularen jedoch ist kaum bestreitbar: Viele geradezu typische Fehler, wie etwa die bereits erwähnte *ex asse*-Einsetzung von mehreren Miterben, lassen sich daraus erklären.

Selbst inhaltliche Anordnungen, welche vor der *heredis institutio* oder zwischen den einzelnen Erbeinsetzungen getroffen wurden, werden ausweislich der juristischen Quellen im Verlaufe der römischen Rechtsentwicklung zunehmend nachsichtiger behandelt; das legt auch hinsichtlich der Vorgaben für die Abfolge von Testamentsklauseln – ganz so, wie es sich auch bei den

---

327 *Biondi*, Successione ^{2}(1955) 188.

328 IdS. bereits *Kunkel*, Juristen ^{2}(1967) 148 mit Fn. 214: Ein P. Pomponius Philadespotus aus Venafrum etwa hat lt. Eigenangabe 25 Jahre hindurch ohne jegliche juristische Sachkunde Testamente verfasst (CIL X, 4914: *sine iuris consult(o)*). Siehe jedoch *Colella*, Testamenti dei cittadini romani d'Egitto (2024) 31–35 zu dem Befund, dass die griechischen νομικοί den lateinischen *testamentarii* nicht voll entsprachen, sondern über größere Rechtskenntnisse verfügten.

329 *Avenarius*, Formularpraxis, in: FS Behrends (2009) 22.

330 Siehe oben II.1.b.

331 *Avenarius*, Formularpraxis, in: FS Behrends (2009) 23.

332 Siehe oben S. 40.

Legatstypen und deren Wortformalismus zeigen wird –, eine Entwicklung von relativer Formstrenge hin zu größerer Formfreiheit nahe[333], wenngleich für die *heredis institutio* an sich wohl eine differenziertere Sicht notwendig ist[334].

Die Vorschrift, wonach die *heredis institutio* die erste inhaltliche Bestimmung jedes Testaments darstellen muss[335], ist im Zusammenhang mit den Ursprüngen des Manzipationstestaments zu sehen: Das Vermögen musste zunächst an einen *familiae emptor* übertragen werden, der früher einmal (aus klassischer Sicht *olim*[336]) gewissermaßen die Position des Erben innehatte, wenn auch nur hinsichtlich dessen Funktion als ‚Testamentsvollstrecker' bzgl. der Ausfolgung der Einzelzuwendungen an andere Personen gemäß den Anordnungen des Erblassers[337]. Erst nach der Übertragung war ein Testament möglich; das Vermögen wurde übertragen, damit sodann testiert werden konnte[338]. Selbst als der *familiae emptor* diese zentrale Position verlor und das Libraltestament insofern kein reines ‚Legatentestament' mehr war, blieb von seinen Ursprüngen in der Manzipation des Familienvermögens das Prinzip zurück, dass zuerst diese ‚Übertragung' an einen oder mehrere Erben zu geschehen hatte, bevor Einzelverfügungen getroffen werden konnten[339].

Nach prokulianischer Ansicht konnte dieser Grundsatz zumindest in den Fällen verlassen werden, in welchen die einer Erbeinsetzung vorangestellte Verfügung keine Disposition über das im Nachlass vorhandene Vermögen darstellte (solche bedurften auch nach dieser Ansicht eines Erben als

333 *Avenarius*, Formularpraxis, in: FS Behrends (2009) 25–27 (mit Fn. 55–56) ordnet die Aussagen Ulpians zum *ordo scripturae* in dessen Sabinus-Kommentar Sabinus selbst (und nicht Ulpian) zu, weswegen er hier (ausschließlich) an die vorklassischen *veteres* anknüpfendes sabinianisch geprägtes Gedankengut erkennen will, welches der auf die *ratio* der Bestimmung abstellenden prokulianischen Tradition widerspreche. Auch die Ausführungen des Gaius zur *heredis institutio* als *caput et fundamentum totius testamenti* in dessen Institutionen wiesen jenen als Schüler Julians aus und damit der wissenschaftsgeschichtlichen Tradition der Sabinianer zu.

334 Dazu unten VI.1.b.

335 Gai. 2, 229.

336 Siehe Gai. 2, 103 und 105. Vgl. dazu nur *Bolla*, Vermächtnisverfügungen, ZRG RA 68 (1951) 502–511.

337 Dazu *Terranova*, Testamentum (2011); *Arces*, Componente fiduciaria, Studi Urbinati 66 (2016) 133–155.

338 Gai. 2, 104: *quo tu iure testamentum facere possis secundum legem publicam.*

339 Vgl. *Avenarius*, Formularpraxis, in: FS Behrends (2009) 26.

Beschwerten[340]). Formuliert wurde diese Ausnahme, welche auf die *ratio* der Regelung abstellt, im Zusammenhang mit der Tutorenbestellung[341].

Für die Sabinianer hingegen ist die einzige – hier aber sogar notwendige – Ausnahme die der Freilassung eines Sklaven, der gleichzeitig zum Erben eingesetzt wird: Dieser muss zunächst frei sein, um sodann Erbe werden zu können[342]. Diese Vorstellung einer ‚Vorbedingung' wird später auf immer weitere Teile erstreckt, wofür auch etwa die Entwicklung zur ‚generellen Umdeutungsklausel' im Zusammenhang mit dem *testamentum fecit* charakteristisch ist.

Unschädlich für die Wirksamkeit war auch offensichtlich, wenn einige Erben ganz zu Beginn des Testaments, weitere jedoch erst an späterer Stelle eingesetzt wurden:

> Marcell. lib. sing. resp., D. 28, 5, 54: *Lucius Titius Seio et Sempronio ex semissibus heredibus institutis et ceteris exheredatis invicem heredem substituit, deinde legata et libertates dedit, postea ita subiecit: ‚Cornelius et Sallustius et Varro aequis partibus heredes sunto, quos invicem substituo': quaero, quantum vel priores duo ex semissibus instituti vel posteriores habere debeant. Marcellus respondit in obscuro esse, Cornelium et Sallustium et Varronem primo an secundo vel tertio gradu heredes instituere voluerit: sed secundum scripturam testamenti quae proponeretur, alterum assem datum eis videri.*
>
> Lucius Titius setzte Seius und Sempronius je zur Hälfte als Erben ein, enterbte alle übrigen und bestimmte die beiden Erben füreinander als Ersatzerben; dann ordnete er Vermächtnisse und Freilassungen an und fügte schließlich hinzu: ‚Cornelius und Sallustius und Varro sollen zu gleichen Teilen Erben sein'. Ich frage, wieviel die ersten beiden, die je für eine Hälfte eingesetzt wurden, und die später Genannten erhalten müssen. Marcellus hat entschieden, es sei unklar, ob der Erblasser Cornelius, Sallustius und Varro als Erben erster, zweiter oder dritter Stufe einsetzen wollte. Doch nach dem Text des Testaments, wie er vorgetragen werde, sei anzunehmen, sie seien zusammen auf ein weiteres Ganzes eingesetzt[343].

---

340 *Avenarius*, Formularpraxis, in: FS Behrends (2009) 30–31; *Avenarius*, Liber singularis regularum (2005) 195.

341 Gai. 2, 231.

342 Siehe Gai. 2, 186 und Ulp. 5 ad Sab., D. 28, 5, 9, 14; dazu unten S. 106.

343 Übersetzung: *K/K/R/S-Rüfner*. Zur Problematik, dass nach Ausschöpfen der Erbschaft weitere Erben ohne Quotenangabe eingesetzt werden, siehe Ulp. 7 ad Sab., D. 28, 5, 17, 4. Dazu auch unten VI.3.b.

Zülch sieht den Schwerpunkt der Problemstellung im vorliegenden Text zu Recht darin, dass die Betreffenden an unterschiedlichen Stellen des Testaments eingesetzt werden[344]. Diesbezüglich wies *Liebs* darauf hin, dass es Marcellus offenbar darum ging, den Willen des Erblassers festzustellen, „egal ob diese Details nun im Testament selbst zu finden sind oder außerhalb"[345]. Fraglich erschien, ob die an späterer Stelle Genannten Substituten sein sollten oder gleichrangig eingesetzt wurden. Dass sie an dieser Stelle überhaupt eingesetzt werden können, steht dabei offenbar außer Frage und Marcellus vermutet bei einer derartigen Formulierung sogar, dass sie gleichrangig mit den am Anfang des Testaments Genannten instituiert sind.

Während Gaius noch feststellt, dass beispielsweise Legate *vim ex institutione heredis accipiunt* und der Erbeinsetzung daher nachfolgen müssten[346], kennt etwa der Verfasser der Paulussentenzen die Möglichkeit, Legate zwischen den Erbeinsetzungen zu verfügen[347]. Auch im eben diskutierten Marcellus-Text gingen die Einzelverfügungen zwar einem Teil der Einsetzung nach, anderen jedoch voran, wobei dieser Umstand offenbar kein Problem hinsichtlich deren Gültigkeit zu verursachen scheint; Marcellus erwähnt mit keinem Wort, dass dies den Legaten und Freilassungen abträglich gewesen wäre, selbst wenn der Substitutionsfall eingetreten wäre. Auch konnte ausweislich Ulp. 6 ad Sab., D. 28, 6, 2, 5–6 die Einsetzung von (hier: Pupillar-)Substituten vor die primäre Erbeinsetzung treten; der Erbe wird in diesen Fällen aber immerhin vor dem Substituten erwähnt, was Ansatzpunkt dafür gewesen sein dürfte, seine Einsetzung gedanklich vor die Substitutenbestellung zu ziehen.

> Ulp. 6 ad Sab., D. 28, 6, 2, 4–6: 4. *Prius autem sibi quis debet heredem scribere, deinde filio substituere et non convertere ordinem scripturae: et hoc Iulianus putat prius sibi debere, deinde filio heredem scribere: ceterum si ante filio, deinde sibi testamentum faciat, non valere. quae sententia rescripto imperatoris nostri ad Virium Lupum Brittanniae praesidem comprobata est, et merito: constat enim unum esse testamentum, licet duae sint hereditates, usque adeo, ut quos quis sibi facit necessarios, eosdem etiam filio faciat et postumum suum filio impuberi possit quis substituere.* 5. *Sed si quis ita fuerit testatus: ‚si filius meus intra quartum decimum annum decesserit, Seius heres esto', deinde: ‚filius heres esto', valet substitutio, licet conversa scriptura filii testamentum fecerit.* 6. *Sed et si*

344 *Zülch*, Liber singularis (2001) 102.
345 *Liebs*, Rez. Zülch, ZRG RA 120 (2003) 252.
346 Gai. 2, 229; vgl. auch ps.-Ulp., reg. 24, 15.
347 PS. 3, 6, 2.

> *ita scripserit: ‚si filius mihi heres non erit, Seius heres esto: filius heres esto‘, secundo quidem gradu Seius scriptus est heres et, si filius heres non exstiterit, procul dubio Seius ei heres erit: sed et si exstiterit filius heres et intra pubertatem defunctus est, Seius admittendus recte videtur, ut non ordo scripturae, sed ordo successionis spectetur.*
>
> 4. Zuerst aber muss man für sich einen Erben einsetzen, danach einen Ersatzerben für den Sohn; und diese Reihenfolge der Niederschrift darf man nicht umdrehen. Und das ist auch die Meinung Julians: Zuerst müsse man für sich, danach für den Sohn einen Erben einsetzen. Errichtet der Erblasser dagegen zuerst für den Sohn, danach für sich ein Testament, so sei das nicht wirksam. Diese Auffassung ist durch ein Reskript unseres Kaisers an Virius Lupus, den Statthalter von Britannien, bestätigt worden, und mit Recht. Es steht nämlich fest, dass ein einziges Testament gegeben ist, auch wenn es sich um zwei Erbschaften handelt. Und das geht so weit, dass jemand, der für sich Zwangserben einsetzt, diese auch für seinen Sohn zu Zwangserben macht; und auch seinen Nachgeborenen kann er als Ersatzerben für seinen unmündigen Sohn einsetzen. 5. Hat aber jemand testiert: ‚Wenn mein Sohn vor dem vollendeten vierzehnten Lebensjahr stirbt, soll Seius Erbe sein‘, danach: ‚Mein Sohn soll Erbe sein‘, so ist die Ersatzerbeinsetzung [des Seius] wirksam, obwohl der Erblasser das Testament des Sohnes unter Verkehrung der [Reihenfolge der] Niederschrift errichtet hat. 6. Aber auch wenn der Erblasser schreibt: ‚Wenn mein Sohn nicht mein Erbe wird, soll Seius Erbe sein. Mein Sohn soll Erbe sein‘, so ist Seius sicherlich als Erbe zweiter Stufe eingesetzt, und falls der Sohn nicht Erbe wird, ist zweifellos Seius sein Erbe. Aber auch wenn der Sohn Erbe wird und vor Eintritt der Mündigkeit stirbt, wird mit Recht angenommen, dass Seius als Erbe zuzulassen ist; mithin wird nicht auf die Anordnung in der Niederschrift gesehen, sondern auf die Abfolge der Erbeneinsetzung.[348]

Wird für ein unmündiges Hauskind ein Pupillartestament errichtet, so ist das nicht vor Errichtung des väterlichen Testaments möglich. Hier wird ein ‚*convertere ordinem scripturae*‘ nicht zugelassen. Allerdings gibt es Ausnahmen von dieser strikten Regelung: Immerhin kann man hinsichtlich der Vorgabe, dass die *heredis institutio* als *caput et fundamentum* den ersten Platz im Testament einnehmen muss, bei der Substitution damit argumentieren, dass auch Substituten als Erben gelten[349]. Geht klar hervor, was der Erblasser wollte, so ließ man Abweichungen zu, etwa in der Art, dass dann, wenn der Primärerbe vor dem Substituten erwähnt, wenn auch erst nach ihm explizit eingesetzt wurde, die *heredis institutio* und auch die *substitutio* anerkannt wurden. Das

348 Übersetzung: *K/K/R/S-Kupisch.*
349 Mod. 2 pand., D. 28, 6, 1 pr.

ging jedoch nicht so weit, dass man sich mit der Formulierung einer Substitution allein begnügt hätte. Fehlte die Einsetzung eines (primären) Erben, so war das Testament und damit auch die Substitutenbestellung nichtig[350].

Für das Soldatentestament war ein ‚*ordo scripturae*' insofern von vornherein irrelevant, als noch nicht einmal die *heredis institutio* an sich zwingend war und auch jede Form der ‚Errichtung' des Testaments zulässig war, sofern sich nur durch eine gewisse ‚Feierlichkeit' ergab, dass es sich tatsächlich um ‚den letzten Willen' und kein ‚bloßes Gerede' handelte[351].

Bevor näher dargestellt wird, wann Klauseln vor der *heredis institutio* wirksam werden konnten bzw. wann es der Gültigkeit des Testaments als solchem nicht schadete, wenn Bestimmungen vor die *heredis institutio* traten, ist die Beachtlichkeit von in einem bloßen Entwurf enthaltenen Klauseln zu diskutieren.

---

350 Mod. 2 pand., D. 28, 6, 1, 3.
351 Flor. 10 inst., D. 29, 1, 24.

IV. Testamentsentwurf und unvollendetes Testament

Unter Antoninus Pius erging ein Dekret, wonach der bloße Testamentsentwurf keine Rechtswirkungen entfalten könne, auch nicht als Kodizill, selbst wenn aufgrund der verwendeten Fideikommissworte eine Gültigkeit der geplanten Verfügungen als (Intestat-)Fideikommisse an sich möglich wäre. Hier wird eine Umdeutung demnach ausdrücklich abgelehnt. Sowohl Ulpian als auch Paulus berichten von dieser Anordnung, wobei nur Ulpian Antoninus Pius erwähnt:

> Ulp. 2 fideic., D. 32, 11, 1: *Quotiens quis exemplum testamenti praeparat et prius decedat quam testetur, non valent quasi ex codicillis quae in exemplo scripta sunt, licet verba fideicommissi scriptura habeat: et ita divum Pium decrevisse Maecianus scribit.*
>
> Hat jemand einen Testamentsentwurf verfasst und stirbt er, bevor er das Testament errichtet hat, so gilt das, was im Entwurf geschrieben ist, nicht als Kodizill, obwohl das Geschriebene die üblichen Fideikommißworte enthält; und so habe der vergöttlichte Kaiser Antoninus Pius entschieden, schreibt Maecian.[352]
>
> Paul. 14 resp., D. 28, 1, 29 pr.: *Ex ea scriptura, quae ad testamentum faciendum parabatur, si nullo iure testamentum perfectum esset, nec ea, quae fideicommissorum verba habent peti posse.*

352 Übersetzung: *K/K/R/S-Kupisch.*

> Aufgrund eines Schriftstücks, das als Entwurf zur Testamentserrichtung aufgesetzt wurde, könne, wenn das Testament unter keinem rechtlichen Gesichtspunkt vollständig errichtet wurde, auch das nicht gefordert werden, was mit den für Fideikommisse üblichen Worten angeordnet wurde.[353]

Der Grund dafür, warum der Entwurf eines Testaments nicht in ein Kodizill umgedeutet und als solches wirksam wurde, liegt wohl in der Ausrichtung des Willens des Erblassers: Während beim formungültigen Testament, selbst wenn die korrekte Formulierung nicht eingehalten wurde, ein Rechtsfolgewillen unterstellt werden kann, gilt das bei einem Entwurf nicht.

Aufgrund des unverbindlichen Charakters eines Entwurfes tritt keine Rechtswirkung ein: Der Wille des Testators war darauf gerichtet, bloß ‚Überlegungen' zu Papier zu bringen, wie ein künftiges Testament aussehen könnte, ohne dass er dieses sogleich fixieren wollte. Anders liegt der Fall etwa, wenn der Testator ausdrücklich anordnet, das Schriftstück – welches nicht die Vorgaben eines *testamentum per aes et libram* erfüllte, aber den typischen Testamentswortlaut enthielt – solle ‚auf welche Weise auch immer' wirksam werden. Selbst wenn er bei einem Entwurf alle Formvorschriften für Erbeinsetzung, Legate etc. bereits beachtet hätte, hat er dabei keinen Willen, dass dies nun in irgendeiner Form ‚gelten' solle[354]. Dementsprechend erwachsen den ‚Begünstigten' auch keine Ansprüche daraus.

Der Fall ist vergleichbar dem, in welchem in einem Brief[355] bloße Absichten zum Ausdruck gebracht werden, wie ein künftiges Testament aussehen könnte:

> Paul. 3 sent., D. 29, 7, 17 (= PS. 3, 5a): *Litterae, quibus hereditas promittitur vel animi affectus exprimitur, vim codicillorum non optinent.*

353 Übersetzung: *K/K/R/S-Knütel.*

354 So auch *Longchamps de Bérier*, Volontà, RIDA 45 (1998) 792; *ders.*, Fedecommesso universale (1997) 74–75.

355 Vgl. auch Scaev. 31 dig., D. 39, 5, 35 pr. für den Fall eines Briefes, welcher neben einem Testament nicht den Charakter eines Kodizills annimmt, wenn er nur eine bloße ‚Mitteilung' (*notom tibi facio*) enthält. Dazu, dass hier keine Umdeutung erfolgt, siehe *Avenarius*, CRRS IV.3 (2017) 395; *Wacke*, Peculium non ademptum, IVRA 42 (1991) 83.

Ein Brief, in dem eine Erbschaft versprochen oder eine Absicht erklärt wird, hat nicht die Rechtswirkungen eines Kodizills.[356]

Nachdem neben dem Willen, jemanden zu begünstigen, auch der Wille vorhanden sein muss, den gesetzlichen oder bisher begünstigten testamentarischen Erben ‚*hic et nunc*' damit auch tatsächlich zu belasten bzw. ihm die Erbschaft tatsächlich mit sofortiger Wirksamkeit zu entziehen, haben solche Absichtserklärungen auf jenen keine Auswirkungen, sind also im Ergebnis nicht ‚wirksam'.

Unter den zahlreichen ‚Erleichterungen', welche man den Soldaten im Testamentsrecht zugestand, findet sich auch diejenige, dass man einem Soldaten selbst dann, wenn er ausdrücklich erklärt hat, ein Ziviltestament errichten zu wollen, nicht unterstellen dürfe, er habe auf seine Privilegien verzichtet. *Zimmermann* sieht hierin „the best-known example"[357] für die Konversion überhaupt. Einen derartigen Fall schildet Ulpian:

Ulp. 2 ad Sab., D. 29, 1, 3: *Si miles, qui destinaverat communi iure testari, ante defecerit quam testaretur? Pomponius dubitat. sed cur non in milite diversum probet? neque enim qui voluit iure communi testari, statim beneficio militari renuntiavit, nec credendus est quisquam genus testandi eligere ad impugnanda sua iudicia, sed magis utroque genere voluisse propter fortuitos casus: quemadmodum plerique pagani solent, cum testamenti faciunt perscripturam, adicere velle hoc etiam vice codicillorum valere. quicquam dixerit, si imperfectum sit testamentum, codicillos non esse, nam secundum nostram sententiam etiam divus Marcus rescripsit.*

In dem Fall, dass ein Soldat, der sich entschlossen hatte, ein Testament nach allgemeinem Recht zu errichten, gestorben ist, bevor er ein Testament errichten konnte, hat Pomponius Zweifel. Doch warum sollte er bei einem Soldaten nicht eine abweichende Regel befürworten? Denn wer die Absicht hatte, ein Testament nach allgemeinem Recht zu errichten, hat damit nicht gleich auf das Vorrecht des Soldaten verzichtet. Und von niemandem darf angenommen werden, er habe sich für eine Art der Testamentserrichtung entschieden, um seine letztwilligen Verfügungen wirkungslos zu machen; vielmehr ist anzunehmen, er habe im Hinblick auf die Wechselfälle des Lebens auf beide Arten seinen letzten Willen erklären wollen; so wie die meisten Zivilpersonen, wenn sie ein vollständiges Testament verfassen, hinzusetzen, das Testament solle nach ihrem Willen auch die Wirkungen eines Kodizills haben. Und niemand wird behaupten, dass wenn das Testament

356 Übersetzung: *K/K/R/S-Rüfner.*

357 *Zimmermann*, Law of Obligations (1996) 684 aE.

> unvollständig sein sollte, liege auch kein Kodizill vor, zumal im Einklang mit unserer Ansicht auch der vergöttlichte Kaiser Mark Aurel auf Anfrage entschieden hat.[358]

Offenbar hatte der Soldat sein Testament bereits gemacht – ansonsten würde sich die Frage gar nicht stellen, ob seine Ankündigung, ein Ziviltestament errichten zu wollen, seine bestehenden Verfügungen wirkungslos mache (*ad impugnanda sua iudicia*). Er kam aber nicht mehr dazu, alle notwendigen Schritte für die Errichtung eines Ziviltestaments zu setzen[359], etwa die Manzipation vorzunehmen. Möglich ist auch, dass ihm sonst Fehler bei der Errichtung des Testaments unterlaufen sind oder er im Anschluss an eine nach *ius civile* nicht formwirksame letztwillige Verfügung die Absicht erklärt, zukünftig nochmals – und dann nach *ius civile* gültig – zu testieren.

Interessant ist die Begründung Ulpians: Es sei anzunehmen, *utroque genere voluisse propter fortuitos casus*. Er habe im Hinblick auf die Wechselfälle des Lebens auf beide Arten seinen letzten Willen erklären wollen. Bei Zivilpersonen sei deshalb die ‚Kodizillarklausel' (im Sinne einer ‚generellen Umdeutungsklausel', siehe dazu unten V.2.) üblich. Dass diese zwingend notwendig dafür ist, dass eine derartige *voluntas* auch bei ihnen angenommen wird und insofern ein beträchtlicher Unterschied zwischen den beiden Fällen besteht, verschweigt der Jurist an dieser Stelle. Den entscheidenden Aspekt dafür, warum überhaupt ein solcher Unterschied besteht, zeigte schon *Fischer*[360] auf: Es bleibt bei der Konversion eines angestrebten, aber nichtigen Ziviltestaments in ein *testamentum militis* bei der testamentarischen Erbfolge, während im Fall der Umdeutung eines Ziviltestaments in ein Kodizill die Intestaterbfolge eintritt (wenn auch ggf. unter Belastung der Intestaterben mit einem Universalfideikommiss); um diese Kluft, welche beim Soldaten insofern nicht besteht, zu überbrücken, bedurfte es bei Zivilpersonen anders als beim Soldaten einer ausdrücklichen Anordnung, notfalls auch seine Intestaterben belasten zu wollen, wenn die Einsetzung der Testamentserben und ihre Beschwerung nicht erfolgreich gewesen sein sollte.

---

358 Übersetzung: *K/K/R/S-Schermaier*.

359 Für eine Argumentation im geltenden österreichischen Recht, wonach ein unwirksames fremdhändiges Testament in ein wirksames Nottestament umgedeutet werden könnte, vgl. *Tschugguel*, Nottestament, NZ 2009/36, 133–134.

360 *Fischer*, Konversion, in: FS Wach I (1913) 213.

Am Ende der Stelle weist Ulpian auf ein Reskript Mark Aurels[361] hin, wonach unvollständige Testamente als Kodizille Geltung haben sollen. Dem scheint zu widersprechen, was Ulpian selbst in Ulp. 2 fideic., D. 32, 11, 1 von einem Dekret des Antoninus Pius berichtet; das *exemplum testamenti* sei kein Kodizill, weil es eben Testament werden sollte, und es werde auch nicht als Kodizill behandelt, obwohl auf den ersten Blick die objektiven Voraussetzungen dafür gegeben zu sein scheinen. Es fehlt aber eben der Rechtsfolgewille des ‚Verfügenden'. Folge ist, dass nicht nur die Erbeinsetzung, sondern auch jede Einzelverfügung nicht wirksam wird. Eine Erklärung für diese Divergenz wird neben dem Rechtsfolgewillen auch im Vorliegen der ‚Kodizillarklausel' (‚generellen Umdeutungsklausel': siehe unten V.2.) zu suchen sein. Während sich das Reskript Mark Aurels auf den in D. 29, 1, 3 zuvor angesprochenen Fall bezieht, dass eine Kodizillarklausel vorliegt und daher die diese enthaltende Urkunde als Kodizill anzusehen ist, bezieht sich das Dekret des Antoninus Pius auf einen Fall, in welchem die unvollständige – weil als bloßer Entwurf konzipierte – ‚Urkunde' zwar Formulierungen enthält, welche Fideikommisse darstellen könnten, aber keine ‚Kodizillarklausel' mit Rechtsfolgewillen[362].

---

361 Dh. aus den 60er/70er Jahren des 2. Jh.

362 Anders *Müller-Eiselt*, Divus Pius constituit (1982) 177–178, der aber D. 29, 1, 3 und damit das Reskript Mark Aurels nicht berücksichtigt. Hier zeigt sich wieder das oben bereits beobachtete Phänomen, dass ein Fideikommiss im Testament eben an den Testamentserben in dieser Funktion gerichtet ist, während das Fideikommiss, welches infolge einer Umdeutung des unwirksamen Testaments in ein Kodizill entsteht, sich an den Intestaterben, wiederum in dieser Funktion (selbst wenn es im Einzelfall dieselbe Person sein sollte), richtet.

V. Anfangsformeln und sonstige mögliche Bestimmungen vor der *heredis institutio*

Es ist unumstritten, dass die *heredis institutio* das *caput et fundamentum* des klassischen römischen Testaments darstellt. Sie stand in der Regel an erster Stelle und musste auch an sich hier stehen, da das gesamte Testament aus ihr seine Kraft ableitete[363].

Nach *ius civile* konnte daher keine Verfügung vor der *heredis institutio* wirksam sein. Immerhin führte eine derartige Außerachtlassung der Vorschriften hinsichtlich des Aufbaus des Testaments aber nicht zu dessen Gesamtnichtigkeit, sondern es wurden die entsprechenden Passagen schlicht hinwegfingiert[364].

Aufgeweicht wurde diese ‚Strenge' zunächst durch bestimmte Ausnahmen, welche nach und nach von der Jurisprudenz und durch vereinzelte Legislativmaßnahmen eingeführt wurden. So waren etwa bei Gaius bereits die Möglichkeit, Freilassungen in bestimmten Konstellationen vor der *heredis institutio* zu verfügen, sowie andererseits mögliche Tutorenbestellungen anerkannt, da *nihil ex hereditate erogatur tutoris datione*[365]. Die materielle

---

363 Gai. 2, 229: *vim ex institutione heredis accipiunt*. Vgl. auch ps.-Ulp., reg. 24, 1; Inst. 2, 20, 34. Dazu *Avenarius*, Gesetzessprache, in: Klauselgestaltungen (2022) 22.

364 Siehe nur *Meyer-Hermann*, Testamentum militis (2012) 12, der diese Regel im Zusammenhang mit ihrer Durchbrechung bei Soldatentestamenten bespricht.

365 Gai. 2, 231.

Überlegung, durch die Bestellung eines Tutors werde von der Erbschaft nichts weggenommen, begünstigte die Überwindung der traditionellen formalistischen Begründung[366]. Seit Trajan ist auch die *exheredatio* vor der *institutio heredis* zulässig und Ulpian verkündete im Zusammenhang mit den Substitutionen das Prinzip *non ordo scripturae sed ordo successionis spectetur*[367]. Im justinianischen Recht darf sodann der Ort der *heredis institutio* ausdrücklich kein Grund mehr sein, den Erblasserwillen zu missachten[368].

Vor der *heredis institutio* Stehendes schadete jedoch bereits in der Klassik dann nicht, wenn es keine eigenständige Verfügung enthielt, sondern bloß die Errichtung der Urkunde betraf oder die betreffenden Verfügungen gewissermaßen Vorbedingungen für die *heredis institutio* schufen. Derartige Klauseln sind im Folgenden das Thema der Darstellung.

1. Testamentserrichtungsformel

Keine ‚inhaltliche' Bestimmung stellte etwa die Testamentserrichtungsformel dar[369]. Weder Prokulianer noch Sabinianer nahmen daran Anstoß, dass sie vor der *heredis institutio* stand; dieser Umstand wurde, soweit ersichtlich, nirgends besonders thematisiert. Sinnlos waren diese Klauseln indes nicht: Sie gaben – idR. objektiv stilisiert – an, wer der Testator war und dass er im Folgenden ein Testament zu errichten beabsichtigt (etwa nach dem Blankett *Lucius Titius testamentum fecit*), also insofern einen ‚Rechtsfolgewillen' hat. Mitunter bezeichneten sie einen Rang des Erblassers (z.B. *Antonius Silvanus eques alae I Thracum Mauretanae, stator praefecti, turma Valeri, testamentum fecit*) und stellten damit etwa klar, dass es sich um einen Soldaten handelte, was für die Anwendung der Sondervorschriften für Soldatentestamente maßgeblich ist. Oder sie wiesen etwa eine Beschreibung auf, in welchem physischen und/oder psychischen Gesundheitszustand der Testator sich bei der Testamentserrichtung befand, was für die Testierfähigkeit beachtlich sein konnte; eine Anfechtung mittels Querel bezog sich bekanntlich – zumindest

366 Zum ‚Verfall' des *ordo scripturae* bereits *Biondi*, Successione ^{2}(1955) 188–203. Zuletzt *Avenarius*, Ordo scripturae (2024) 203–204 und 370–374, der freilich rekonstruierte spezifische Denkweisen der Schultraditionen als Erklärungsmuster heranzieht.

367 Ulp. 6 ad Sab., D. 28, 6, 2, 6.

368 Iust. A. Menae, C. 6, 23, 24 (a. 528); Inst. 2, 20, 34.

369 *Strobel*, Testamentsurkunden (2014) 40.

rhetorisch – darauf, dass der Testator sein Testament *quasi non sane mentis* errichtet habe. Weiters wird mitunter angegeben, ob das Testament eigenhändig verfasst oder ein Schreiber herangezogen wurde, bzw. wer der Schreiber war (z.B. *Iulius Donatillus sana mente testamentum fecit adque id scrivendum Pomponio Felici dictavi*); das konnte etwa für die Frage einer möglichen ‚Selbstzuschreibung‘ von Interesse sein. Zu welcher Zeit und an welchem Ort der Erblasser sein Testament verfasst hat, wurde in älteren Testamenten typischerweise ganz am Ende der Urkunde vermerkt, während später diese Klausel ganz an den Anfang ‚wanderte‘[370]; immerhin verdrängte ein jüngeres Testament ältere Versionen, was ein Grund dafür gewesen sein mag, dass man dieser Information zunehmend größeren Wert beimaß. Dieser ‚Trend‘ beschränkt sich allerdings nicht auf Testamente, sondern zählt zu den allgemeinen Usancen im Urkundenwesen. Ob er von den Testamenten seinen Ausgang nahm – wie die Verschnürungsvorschriften –, kann nicht mehr mit Sicherheit rekonstruiert werden.

Bedeutsam für eine etwaige Umdeutung konnten solche ‚Anfangsformeln‘ insbesondere dann werden, wenn sich im Fall der als Testament nicht gültigen Urkunde die Frage nach dem Testatorwillen stellte: Ließ sich hier bereits die Absicht erkennen, nicht nur ein Testament, sondern allenfalls – sollte das Dokument als Testament nicht wirksam werden – ein Kodizill zu errichten, so war eine Umdeutung möglich, die im Zweifel ohne derartige Anordnung nicht erfolgen würde. Darin mag vielleicht die Hauptursache[371] dafür liegen, dass die in klassischer Zeit regelmäßig zwischen Erbeinsetzung und Einzelverfügungen eingefügte Klausel, welche dem Erben in einer Generalanweisung die Erfüllung der Einzelverfügungen auftrug und sie oft seiner *fides* anvertraute (‚Verstärkungsklausel‘: siehe unten X.), in der Nachklassik gemeinsam mit der Klausel, welche sich in den Urkunden der klassischen Zeit üblicherweise nach den Einzelverfügungen fand, wonach Anordnungen

370 Zu dieser Beobachtung etwa *Nowak*, Wills (2015) 118–119.

371 Nebenbestimmungen vor der *heredis institutio* führt *Avenarius*, Formularpraxis, in: FS Behrends (2009) 23–24 hingegen auf „formelgerechte<n> Umsetzung der noch unsystematisch diktierten Verfügungen des Erblassers aufgrund abgekürzter Aufzeichnung“ zurück, welche „durch die Arbeit mit vorformulierten ‚Textbausteinen‘ begünstigt worden“ seien. Das mag auf Einzelfälle zutreffen (welche Justinian schließlich zur Konstitution C. 6, 23, 24 veranlassen sollten), aber nicht auf die generelle Beobachtung, dass einige Klauseln typischerweise hierher ‚wanderten‘.

in zukünftigen Kodizillen so wirksam werden sollten, als wären sie im Testament selbst verfügt worden (‚Bestätigungsklausel': siehe unten XVIII.) an diese Stelle des Testaments ‚vorrückte' und mit einer Klausel verbunden wurde, wonach das Testament im Unwirksamkeitsfall als Kodizill wirksam werden sollte (‚generelle Umdeutungsklausel': siehe sogleich V.2.)[372]: Sie wurde zum *testamentum fecit* gezogen, weil es im Ungültigkeitsfall immerhin als *codicillum fecit* betrachtet werden sollte.

2. Generelle Umdeutungsklausel (‚Kodizillarklausel' I)

An sich wird es erst in der Nachklassik zur allgemeinen Übung, noch vor der Erbeinsetzung für den Fall der Unwirksamkeit des Testaments eine Umdeutung desselben in ein Kodizill zu verfügen. Ein besonderer Fall einer solchen ‚generellen Umdeutungsklausel' findet sich bereits bei Scaevola:

> Scaev. 3 resp., D. 31, 88, 17: ‚*Lucius Titius hoc meum testamentum scripsi sine ullo iuris perito, rationem animi mei potius secutus quam nimiam et miseram diligentiam: et si minus aliquid legitime minusve perite fecero, pro iure legitimo haberi debet hominis sani voluntas*': *deinde heredes instituit. quaesitum est intestati eius bonorum possessione petita, an portiones adscriptae ex causa fideicommissi peti possunt. respondi secundum ea quae proponerentur posse.*

> ‚Ich, Lucius Titius, habe dieses mein Testament ohne irgendeinen Rechtsgelehrten geschrieben, eher der Eingebung meines Herzens folgend als übertriebener und erbärmlicher Pedanterie. Und wenn ich manches nicht ganz fachmännisch gemacht habe, dann muss der gesunde Menschenverstand wie Recht und Gesetz gelten'. Erst dann setzte er Erben ein. Als die Erteilung des Nachlassbesitzes aufgrund gesetzlicher Erbfolge beantragt wurde, fragte man, ob die von ihm (unwirksam) zugewendeten Erbteile aufgrund eines Fideikommisses gefordert werden können. Ich habe entschieden, nach dem, was vorgetragen werde, könnten sie.[373]

Scaevolas Lucius Titius legt noch vor der Einsetzung von Erben offen, dass er nicht nur *testamentum scripsi* (und zwar offenbar selbst, ohne Hinzuziehung eines Schreibers), sondern dass er das *sine ullo iuris perito* getan habe, also

---

[372] Zur Terminologie der ‚Verstärkungsklausel', ‚Bestätigungsklausel', ‚generelle Umdeutungsklausel' siehe unten S. 356.

[373] Übersetzung: *K/K/R/S-Seiler.*

wohl ohne eigene Rechtskenntnisse und auch ohne Rechtsberatung[374]. Er sei in erster Linie der *ratio* seines Innersten gefolgt und habe dabei keine besondere *diligentia* walten lassen, die ihm übergroß und armselig erscheinen würde. Tatsächlich hat er das Testament nicht wirksam errichtet und die von den gesetzlichen Erben beantragte *bonorum possessio* wurde *ab intestato* erteilt. Scaevola entschied jedoch, dass aufgrund der Klausel ‚*pro iure legitimo haberi debet hominis sani voluntas*‘ die unwirksam eingesetzten testamentarischen Erben die ihnen zugedachten Erbteile ‚*ex causa fideicommissi*‘ herausverlangen konnten[375]; das bedeutet nichts anderes, als dass diese Formulierung als ‚generelle Umdeutungsklausel‘[376], das Testament als Kodizill und daher die Zuwendungen als (Intestat-)Fideikommisse gewertet wurden. *Liebs* meinte dazu: Scaevola „rettete ... was zu retten war, durch Umdeutung“[377]. *Fischer*[378] und *Gandolfi*[379] hingegen schieden aufgrund der Notwendigkeit einer ausdrücklichen Anordnung die Umwandlung eines Testaments in ein Intestatkodizill aus der Konversionslehre aus. Dagegen wandte sich bereits *Reinholz*[380]: Es sei vielmehr so, dass aus der „Konversion

---

[374] Ähnlich berichtet auch ein Schreiber von sich, ein Testament *sine iuris consult* (sic) zu verfassen (CIL X, 4919 = Dessau 7750: *P. Pomponio P.l. Philadespoto (l)ibr., qui testamenta scripsit anno XXV sine iuris consult*); dazu *Amelotti*, Notariat und Urkundenwesen, in: ANRW II.13 (1980) 390, der allerdings in den Raum stellt, dass das einerseits bedeuten könne, „ohne einen Juristen zu Hilfe genommen zu haben“, andererseits aber auch, „ohne Anlass zu Streit gegeben zu haben“. Vgl. dazu weiters *Champlin*, Final Judgements (1991) 70; *Avenarius*, Formularpraxis, in: FS Behrends (2009) 18–19; *Jakab*, Der letzte Wille eines Sonderlings?, in: Scritti Marrone (2019) 158–162.

[375] Wie *Jakab*, Der letzte Wille eines Sonderlings?, in: Scritti Marrone (2019) 157, 162 zutreffend hervorhebt, bezieht sich die Anfrage allein darauf, ob die gesetzliche Aufteilung nach Köpfen oder aber die vom Testator im ‚misslungenen Testament‘ zugewiesenen Portionen maßgeblich sein sollten.

[376] So etwa *Amelotti*, Testamenti I (1966) 115 Fn. 6 und *Voci*, DER II ²(1963) 586. Anders *d'Orta*, Sterilis beneficii conscientia (2005) 203, der davon ausgeht, dass nicht das ungültige Testament als Kodizill wirksam wurde, sondern Scaevola schlicht feststellt, dass die *portiones adscriptae ex causa fideicommissi* vom *bonorum possessor ab intestato* gefordert werden konnten. Es handle sich also um eine „clausola fedecommissaria“, nicht eine „clausola codicillare“.

[377] *Liebs*, Der ungeliebte Jurist, ZRG RA 123 (2006) 10.

[378] *Fischer*, Konversion, in: FS Wach (1913) 207 und 211.

[379] *Gandolfi*, Conversione II (1988) 12–14.

[380] *Reinholz*, Konversion (1956) 52–54.

kraft besonderer Anordnung“ die „Umdeutung ohne Bestimmung der Parteien“ hervorgegangen sei.

Auch Einzelzuwendungen wurden in einem derartigen Fall aus Fideikommiss klagbar, wobei aber die Intestaterben wohl ihren Anspruch auf das Freibleiben der Quart behielten. Meist wird den Intestaterben schon im Testament die eine Querel ausschließende Quart zugedacht gewesen sein; diesfalls kamen die Regeln des *SC Trebellianum* zur Anwendung. War jedoch die gesamte Erbschaft aus dem durch Umdeutung entstandenen Universalfideikommiss herauszugeben, so kam es zur Anwendung des *SC Pegasianum*. War das Testament aufgrund einer Querel hinfällig, so wurde allerdings auch die Kodizillarklausel nicht wirksam, denn auch sie ist dann von einem *quasi furiosus* erklärt worden[381].

Selbst Fideikommisse, die im Testament vorgesehen waren, müssen bei Unwirksamkeit des Testaments umgedeutet werden: diese sollten schließlich eigentlich den/die Testamentserben belasten und nicht Intestaterben. Das ist sogar dann der Fall, wenn Testamentserbe und Intestaterbe in einer Person zusammenfallen, denn dieser wurde in seiner Funktion als Testamentserbe fideikommissarisch belastet und ist daran prinzipiell nicht gebunden, wenn er in seiner Funktion als Intestaterbe die Erbschaft antritt. Darüber informiert uns etwa Paulus:

> Paul. 9 quaest., D. 31, 81: *Si quis testamento facto a filiis suis, quos heredes instituisset, fideicommissa reliquisset non ut a legitimis heredibus, sed ut a scriptis, et testamentum aliquo casu irritum factum sit, filii ab intestato venientes fideicommissa ex testamento praestare compelli non possunt.*
>
> Jemand hatte in seinem Testament Fideikommisse zu Lasten seiner Söhne, die er als Erben eingesetzt hatte, angeordnet und die Söhne nicht als gesetzliche, sondern als testamentarische Erben beschwert. Ist das Testament aus irgendeinem Grund unwirksam geworden, so können die Söhne, wenn sie aufgrund gesetzlicher Erbfolge zu der Erbschaft kommen, nicht gezwungen werden, die im Testament angeordneten Fideikommisse zu leisten.[382]

---

381 Anders *Voci*, DER II ²(1963) 586, der nur auf das Recht der pegasianischen Quart verweist. Siehe *Harke*, Pflicht und Freiheit (2023) 26 zur Bedeutung einer klaren „Trennung zwischen einem wirklich vorhandenen und einem nur unterstellten *furor* des Erblassers“.

382 Übersetzung: *K/K/R/S-Seiler.*

Nur bei Vorliegen einer ‚Kodizillarklausel' (im Sinne einer ‚generellen Umdeutungsklausel') kann das Fideikommiss dennoch durchgesetzt werden, denn damit wird zum Ausdruck gebracht, dass bei Unwirksamkeit des Testaments auch Intestaterben belastet sein sollen. Ohne eine solche Klausel war eine derartige Umdeutung nicht möglich[383], wie auch Ulpian ausdrücklich festhält:

> Ulp. 4 disp., D. 29, 7, 1: *Saepissime rescriptum et constitutum est eum, qui testamentum facere opinatus est nec voluit quasi codicillos id valere, videri nec codicillos fecisse: ideoque quod in illo testamento scriptum est, licet quasi in codicillis poterit valere, tamen non debetur.*
>
> Es ist vielfach auf Anfrage entschieden und durch kaiserliche Konstitution verordnet worden, dass von einem Erblasser, der vermeintlich ein Testament errichtet und nicht bestimmt hatte, die Urkunde solle [notfalls] als Kodizill wirksam sein, auch nicht angenommen wird, er habe ein Kodizill errichtet. Daher wird eine Zuwendung, die in einem solchen Testament angeordnet wurde, selbst dann nicht geschuldet, wenn sie als in einem Kodizill enthaltene Anordnung wirksam sein könnte.[384]

Der Erblasser glaubt[385], ein gültiges Testament zu errichten und unterlässt die Einfügung einer ‚Kodizillarklausel' (‚generellen Umdeutungsklausel'). Es kann also im Unwirksamkeitsfall nicht konvertiert werden und alle im vermeintlich wirksamen Testament verfügten Zuwendungen stehen den dadurch Begünstigten nicht zu. Dass eine solche Umdeutung im Zweifel ohne entsprechende Klausel nicht vorgenommen wurde[386], weil Testament und Kodizill als zwei völlig verschiedene Dinge betrachtet wurden[387], kann

---

383 Const. A. ad Bassum, C. 3, 36, 26 (a. 321) legt sodann für einen speziellen Fall fest, dass eine Umdeutung auch ohne Kodizillarklausel erfolgen kann: (nur) dann, wenn das nichtige Testament lediglich die Verteilung des Vermögens unter den Deszendenten ordnet.

384 Übersetzung: *K/K/R/S-Rüfner.*

385 Ebenso entscheidet Papinian im Fall, dass der Erblasser ein Testament errichten will: Pap. 6 resp., D. 28, 6, 41, 3 (*... ea scriptura, quam testamentum esse voluit, codicillos non faciet, nisi hoc expressum est*).

386 Vgl. z.B. Ulp. 4 disp., D. 29, 7, 1: ... *eum, qui testamentum facere opinatus est nec voluit quasi codicillos id valere...*

387 Wie auch Gaius am Beginn seiner Ausführungen zu den einzelnen Unterschieden zwischen beiden Rechtsinstituten allgemein feststellt: Siehe Gai. 2, 268. Vgl. dazu *Negri*, Clausola codicillare (1975) 21.

vielleicht auch im Zusammenhang mit den verschiedenen Rechtswegen gesehen werden: Klagen aus dem Testament wurden beim Prätor eingebracht und fielen in den Formularprozess (von Fideikommissen abgesehen); über Klagen aus einem Kodizill hingegen wurde generell im Kognitionsprozess vor den Konsuln bzw. dem *praetor fideicommissarius* verhandelt[388].

Tatsächlich besteht auch durchaus, wie *Negri*[389] zu Recht betont, ein wesentlicher struktureller Unterschied zwischen einer direkten testamentarischen Verfügung und der Anweisung an den (gesetzlichen oder testamentarischen) Erben, das Vermögen einem Dritten (ganz oder teilweise) zu restituieren. Mit diesem Argument wird insbesondere die Theorie zurückgewiesen, wonach eine ‚*voluntas alternativa*' (mit der Vorstellung eines in zwei Richtungen weisenden Willens) anzunehmen sei. Damit wendet er sich insbesondere auch gegen *Giuffrè*[390], der die ‚*clausula codicillare*' aus diesem Grund nicht als Konversionsfall gesehen und daher nicht näher behandelt hat; seiner Meinung nach handelte es sich vielmehr um zwei voneinander isolierbare Geschäfte, die beide effektiv gewollt seien: das eine subsidiär zum anderen. Der Wille, das Vermögen zuzuwenden, sei gleichzeitig auf eine *heredis institutio* und ein Universalfideikommiss gerichtet.

Wieling betonte demgegenüber den Zusammenhang zwischen der Zurückhaltung gegenüber der ‚Umdeutung' und der Notwendigkeit einer ‚Codizillarklausel', sollte eine solche doch erfolgen:

> Dass die Römer die Gefahr erkannt haben, die in der Vernachlässigung der Form liegt, zeigt sich in der Zurückhaltung, mit welcher sie dem Problem der Umdeutung gegenüberstehen. Sie sehen keineswegs in jedem formungültigen Testament eine fideikommissarische Verfügung, wie es immerhin denkbar gewesen wäre. Wollte

---

388 Gai. 2, 278: *Praeterea legata per formulam petimus; fideicommissa vero Romae quidem apud consulem vel apud eum praetorem, qui praecipue de fideicommissis ius dicit, persequimur, in provinciis vero apud praesidem provinciae*. Vgl. auch etwa ps.-Ulp., reg. 25, 12. Siehe dazu nur den Überblick bei *Kaser/Hackl*, ZPR ²(1996) 452, 463 sowie eingehend *Giodice-Sabbatelli*, Fedecommessi (1993) bzw. *dies.*, Fideicommissorum persecutio (2001). Dazu, dass der *praetor fideicommissarius* und damit die Besonderheiten des Verfahrens im Zusammenhang mit Fideikommissen wohl unter Gordian III. ihr Ende fanden, siehe *Longchamps de Bérier*, Fedecommesso universale (1997) 17, 84; *Röhle*, Praetor fideicommissarius, RIDA 15 (1968) 401–405.

389 *Negri*, Clausola codicillare (1975) 21. Ihm schließt sich auch *Longchamps de Bérier*, Fedecommesso universale (1997) 189 an.

390 *Giuffrè*, Conversione (1965) 101.

> der Testator ein Testament errichten, so gilt die Urkunde nicht als Codizill, d.h. die Verfügungen werden nicht in Fideikommisse umgedeutet … . Etwas anderes gilt nur, wenn der Testator dem Testament eine Codizillarklausel zugefügt hat.[391]

Wie wir sehen werden, kann das Ergebnis der ‚generellen Umdeutungsklausel' auch im Falle einer weiter unten zu besprechenden ‚Verstärkungsklausel' (siehe unten X.) erzielt werden, obwohl sie ein Kodizill nicht ausdrücklich erwähnt. Diese findet sich typischerweise nach den Erbeinsetzungen, welche daher zuerst ihren Platz in der vorliegenden Untersuchung finden.

3. Enterbung

Nach einem Reskript Trajans konnte die *nominatim exheredatio* eines Sohnes vor die *heredis institutio* treten, was auch Auswirkungen auf die Interpretation von unvollständigen Erbeinsetzungsformulierungen wie das bloße Schreiben eines Namens hatte: Solange die Erbeinsetzung stets an erster Stelle stand, konnte die bloße Nennung des Sohnes am Beginn der Urkunde nur als Erbeinsetzung interpretiert werden. Das war seit dem trajanischen Reskript nicht mehr möglich, denn nun konnte mit der Namensnennung auch eine Enterbung gemeint sein. Daran war insbesondere dann zu denken, wenn danach noch andere als Erben eingesetzt wurden, deren Nennung ein ‚*heres esto*' hinzugefügt wurde. *Müller-Eiselt*[392] hat hierzu überzeugend herausgearbeitet, dass die von Ulpian zitierte Kritik des Marcellus, es sei *hodie* nicht (mehr) möglich, ‚*Lucius*' oder ‚*Lucius esto*' (anders als ‚*Lucius heres*') als Erbeinsetzung zu deuten, sich wohl auf diese „einschneidende Rechtsänderung" bezog. Wollte man seither dennoch in einem derartigen Fall das Testament wirksam machen, so sei die „Annahme einer weiteren Fiktionsebene" nötig: Die Unterstellung, dass der Erblasser jedenfalls eine Erbeinsetzung gewollt habe. Das sei Marcellus zu weit gegangen. Um wirkliche Fiktionen würde es sich dabei allerdings nicht handeln: Es ist keineswegs eine bewusst wahrheitswidrige Annahme, sondern man versucht vielmehr, durch Vermutungen die Absicht des Erblassers zu rekonstruieren. Die hierfür nötigen Anhaltspunkte scheinen Marcellus aber bei der bloßen Namensnennung zu dürftig zu sein,

---

391 *Wieling*, Testamentsauslegung (1972) 256.

392 *Müller-Eiselt*, Divus Pius constituit (1982) 33. Zu Marcell./Ulp. 1 ad Sab., D. 28, 5, 1, 5 siehe unten S. 116.

um sich ein einigermaßen klares Bild zu verschaffen: Seit der trajanischen Reform – die zwar wohl eher testamentserhaltende Anliegen verfolgte, im Ergebnis aber, wie sich hier zeigt, mitunter auch das Gegenteil bewirken konnte – war die bloße Nennung des Sohnes an erster Stelle als Indiz für den Erblasserwillen nicht mehr stark genug. Anders die Nennung einer Frau an der Spitze des Testaments: Da vom Reskript Kaiser Trajans nur die *nominatim* zu enterbenden Söhne betroffen waren, war eine *exheredatio* von Frauen am Beginn des Testaments weiterhin nicht zulässig. So reskribierte auch Antoninus Pius folgerichtig: *‚illa uxor mea esto' institutionem valere, licet deesset ‚heres'* (Ulp. 1 ad Sab., D. 28, 5, 1, 6). Auch konnte der Erblasserwille deutlich festgestellt werden, wenn zwar der an erster Stelle namentlich erwähnte Sohn nicht *‚heres'* genannt, aber im Zusammenhang mit ihm eine Quote erwähnt wurde: *„divus autem Pius, cum quidam portiones inter heredes distribuisset ita: ‚ille ex parte tota, ille ex tota' nec adiecisset ‚heres esto', rescripsit valere institutionem: quod et Iulianus scripsit"* (Ulp. 1 ad Sab., D. 28, 5, 1, 5). Eine Teilenterbung war nämlich nicht möglich.

Aus der Praxis gibt es trotz der Behandlung in den Juristenschriften allerdings keinen Beleg für eine *exheredatio* vor der *heredis institutio*. Das dürfte auch damit zusammenhängen, dass keine einzige *nominatim*-Enterbung überliefert ist; warum das wiederum so ist, konnte bislang nicht aufgeklärt werden und wird uns unten[393] noch näher beschäftigen.

4. Einzelverfügungen

Legate vor der (ersten) Erbeinsetzung waren unstreitig nichtig. Für andere Einzelverfügungen gab es hingegen Ausnahmen, worauf auch Justinian zu verweisen scheint, wenn er bemerkt, dass es auch in der alten Zeit ‚tadelnswert' (*vituperandum*) erschien, ausschließlich auf die Reihenfolge der Urkunde zu achten:

> Inst. 2, 20, 34: *Ante heredis institutionem inutiliter antea legabatur, scilicet quia testamenta vim ex institutione heredum accipiunt et ob id veluti caput atque fundamentum intellegitur totius testamenti heredis institutio. pari ratione nec libertas ante heredis institutionem dari poterat. sed quia incivile esse putavimus ordinem quidem scripturae sequi (quod et ipsi antiquitati vituperandum fuerat visum), sperni autem testatoris*

---

393 VII.3.a.

voluntatem: per nostram constitutionem et hoc vitium emendavimus, ut liceat et ante heredis institutionem et inter medias heredum institutiones legatum relinquere et multo magis libertatem, cuius usus favorabilior est.

Früher war es unwirksam, ein Vermächtnis schon vor der Einsetzung des Erben anzuordnen. Denn Testamente beziehen ihre Geltung aus der Erbeinsetzung, weswegen auch die Erbeinsetzung gleichsam als Haupt und Grundstein des gesamten Testaments angesehen wird. Aus dem gleichen Grunde konnte auch eine Freilassung nicht vor der Erbeinsetzung angeordnet werden. Aber weil wir es für unbillig hielten, zwar auf die Reihenfolge in der Urkunde zu achten (was auch der alten Zeit schon tadelnswert erschien), den Willen des Erblassers jedoch zu missachten, haben wir durch unsere Konstitution auch diesen Mißstand beseitigt und gestattet, vor der Erbeinsetzung und mitten zwischen Erbeinsetzungen ein Vermächtnis anzuordnen und umso mehr auch die Freilassung, die besonders zu begünstigen ist.[394]

Justinian berichtet, dass er selbst in einer Konstitution erstmals (er ‚beseitige' einen ‚Missstand') die Aussetzung von Vermächtnissen auch vor oder zwischen Erbeinsetzungen gestattet habe (er bezieht sich dabei auf C. 6, 23, 24 aus dem Jahr 528). Umso mehr betreffe das Freilassungen, wobei hier – wir werden es gleich unten V.4.b. sehen – schon in der Klassik Ausnahmen bestanden. Eine weitere Fallgruppe sei jedoch zuvor noch betrachtet: die der Vormundbestellungen. Dabei ist die gaianische Vorlage des justinianischen Textes hinzuzuziehen.

a. Vormundbestellungen

Auch wenn nach Gaius alle testamentarischen Verfügungen von einem Erben abhängen und daher Vermächtnisse und Freilassungen vor der *heredis institutio* unwirksam seien, weist er doch auf eine Kontroverse hinsichtlich testamentarischer Vormundbestellungen hin.

Gai. 2, 229–231: (*rubrica de inutiliter relictis legatis rubrica*) 229. *Ante heredis institutionem* <in>*utiliter legatur, scilicet quia testamenta vim ex institutione heredis accipiunt; et ob id velut caput et fundamentum intellegitur totius testamenti heredis institutio.* 230. *Pari ratione nec libertas ante heredis institutionem dari potest.* 231. *Nostri praeceptores nec tutores eo loco dari posse existimant; sed Labeo et Proculus tutorem posse dari, quod nihil ex hereditate erogatur tutoris datione.*

---

394 Übersetzung: *K/K/L/R.*

(Überschrift Unwirksam hinterlassene Vermächtnisse Überschrift) 229. Ein vor der Erbeinsetzung geschriebenes Vermächtnis ist *un*wirksam, weil die Testamente ihre rechtliche Wirkung natürlich erst durch die Erbeinsetzung erlangen; und deswegen versteht man die Erbeinsetzung gleichsam als Hauptsache und Grundlage des gesamten Testamentes. 230. Aus dem gleichen Grund kann man auch eine Freiheitsverleihung nicht vor der Erbeinsetzung verfügen. 231. Unsere Lehrer sind der Ansicht, dass man an dieser Stelle auch keine Vormünder bestellen könne; doch meinen Labeo und Proculus, man könne einen Vormund bestellen, weil durch eine Vormundsbestellung nichts von der Erbschaft weggenommen werde.[395]

Die prokulianische Lehre vertrat demnach die Ansicht, dass durch Vormundbestellungen keine Verfügung über den Nachlass vorgenommen werde; nur den Nachlass betreffende Verfügungen brauchten aber einen Erben. Anders als die Sabinianer erachteten sie daher die Bestellung von *tutores* auch vor der Erbeinsetzung für wirksam[396]. *Voci* bemerkte hierzu, dass die Vormundbestellung keinen strukturellen Zusammenhang mit dem Testament aufweise; sie finde lediglich ihren Platz im Testament[397]. Hinzu mag die Vorstellung getreten sein, dass ein unmündiger Erbe von der Mitwirkung des ihm bestellten Vormundes abhängig war; er konnte noch nicht einmal die Erbschaft ohne Tutor antreten. Ebenso, wie einem zum Erben eingesetzten Sklave ‚zugleich' mit der Erbeinsetzung auch die Freiheit erteilt werden musste, mag diese Vorstellung auch bei eingesetzten Hauskindern dazu geführt haben, dass der Tutor ‚zugleich' mit der Erbeinsetzung bestellt wurde, wodurch diese in der *scriptura* vor jene treten konnten[398]. Wenn nicht wirksam durch das Testament ein Tutor bestellt wurde, kam als *tutor legitimus* der nächste Agnat zum Zuge[399]. Dieser hatte als Intestaterbe des Mündels ein natürliches Interesse an der Verwaltung von dessen Vermögen und war automatisch ‚kraft der XII-tab.' sein Vormund[400]. So konnte es zu einem Konflikt zwischen dem im Testament – allerdings vor der *heredis institutio* – bestellten Tutor und dem ‚gesetzlichen' Vormund kommen. Der Erblasser wollte mit seiner Anordnung

---

395 Text und Übersetzung: *Manthe*, Institutiones ^{2}(2010) *ad loc.*

396 Vgl. dazu *Leesen*, Gaius meets Cicero (2010) 141–151 (mit einer Darstellung der Erklärungen für die Kontroverse bei *Voigt*, *Biondi*, *Falchi* und *Stein* ibid. 143–146).

397 *Voci*, DER II ^{2}(1963) 382–181.

398 IdS. auch *Leesen*, Gaius meets Cicero (2010) 146, 149.

399 Gai. 1, 155.

400 Ulp. 35 ad ed., D. 26, 4, 5 pr. Dazu *Finazzi*, Adgnatis defertur tutela, in: Scritti Corbino III (2016) 63–86.

den ‚gesetzlichen' Vormund offenbar verdrängen; hinzu kam, dass nicht nur derjenige als ‚intestat' galt, welcher überhaupt nicht testiert hatte, sondern auch derjenige, welcher nicht (wirksam) testamentarisch Vormünder für seine Kinder bestellt hatte:

> Paul. 38 ad ed., D. 26, 4, 6: *Intestato parente mortuo adgnatis defertur tutela. intestatus autem videtur non tantum is qui testamentum non fecit, sed et is qui testamento liberis suis tutores non dedit: quantum enim ad tutelam pertinet, intestatus est. idem dicemus, si tutor testamento datus adhuc filio impubere manente decesserit: nam tutela eius ad adgnatum revertitur.*
>
> Stirbt ein Hausvater testamentslos, so sind die Verwandten im Mannesstamm zur Vormundschaft berufen. Als testamentslos wird aber nicht nur derjenige angesehen, der überhaupt kein Testament errichtet hat, sondern auch derjenige, der im Testament seinen Kindern keine Vormünder bestellt hat; denn was die Vormundschaft betrifft, ist er ohne Testament. Dasselbe müssen wir sagen, wenn ein testamentarisch bestellter Vormund stirbt, während der Sohn [des Erblassers] noch unmündig ist; denn die Vormundschaft über den Sohn kehrt zu einem Verwandten im Mannesstamm zurück.[401]

Ging man mit den Sabinianern also davon aus, dass eine Vormundbestellung vor der Erbeinsetzung nicht wirksam ist, so kam es zwar zu einer Streichung dieser Bestimmung (dh. die Wirksamkeit der übrigen Verfügungen des Testaments blieb unangetastet; sie wurden insofern also von einer unwirksamen Verfügung abgesondert, um wirksam werden zu können), aber der Erblasser galt dennoch als ‚intestat' verstorben. Die prokulianische Lösung kam also seinen Interessen entgegen.

b. Freilassungen

Auch wenn die Freilassungsanordnungen an anderer Stelle zu thematisieren sein werden, ist hier vorgezogen auf das Phänomen einzugehen, dass eine Freilassung mitunter noch vor die *heredis institutio* trat. Die *heredis institutio cum libertate* von (eigenen) Sklaven lässt es notwendig erscheinen, vor der Einsetzung die *manumissio* zu verfügen, denn nur ein Freier kann Erbe sein. Damit sich hier nicht die sprichwörtliche Katze in den Schwanz beißt, weil ja jede Einzelverfügung – damit auch die testamentarische Freilassung – einen

---

401 Übersetzung: *K/K/S/B-Ziegler.*

Erben braucht, von welchem wiederum das ganze Testament inkl. Freilassungen abhängt, ist von ‚Gleichzeitigkeit'[402] auszugehen. In der schriftlichen Urkunde musste jedoch natürlich eines vor dem anderen stehen und auch mündlich musste zuerst das eine, dann das andere ausgesprochen werden. Gaius weist darauf hin, dass dabei beide Abfolgen gleichermaßen möglich sind:

> Gai. 2, 186: *Sed noster servus simul et liber et heres esse iuberi debet, id est hoc modo: ‚Stichus servus meus liber heresque esto', vel: ‚heres liberque esto'.*
>
> Aber ein eigener Sklave muss zugleich frei und zum Erben erklärt werden, das heißt auf folgende Weise: ‚Mein Sklave Stichus soll frei und Erbe sein' oder: ‚soll Erbe und frei sein'.[403]

Das auch in Praxisurkunden[404] belegte Phänomen wurde von den Juristen mehrfach erörtert. In Ulpians Sabinuskommentar wird etwa darauf verwiesen, dass die Formulierung, wonach der Sklave frei und danach Erbe sein solle, unwirksam sei; durch Hinwegfingieren des Wortes ‚danach' könne diese unwirksame Anordnung aber in eine wirksame verwandelt werden:

> Ulp. 5 ad Sab., D. 28, 5, 9, 14: *Si quis ita scripserit: ‚Stichus liber esto et, posteaquam liber erit, heres esto', Labeo, Neratius et Aristo opinantur detracto verbo medio ‚postea' simul ei et libertatem et hereditatem competere: quae sententia mihi quoque vera videtur.*
>
> Hat jemand geschrieben: ‚Stichus soll frei und, wenn er frei wird, soll er danach sogleich, *posteaquam*, Erbe sein', so nehmen Labeo, Neraz und Aristo an, dass das Wort ‚danach', *‚postea'*, unbeachtet bleibt und ihm gleichzeitig Freiheit und Erbschaft zustehen. Diese Ansicht halte auch ich für richtig.[405]

---

402 *Backhaus*, Casus perplexus (1981) 43 geht im Anschluss an *Beseler* und *Wieacker* von der Voraussetzung einer „logischen Sekunde" aus. Dieses Modell braucht es jedoch dann, wenn eine Rechtswirkung zumindest kurz vor der anderen eintreten muss; in unserem Fall ist es hingegen gerade so, dass keine Rechtswirkung vor der anderen eintreten darf, weil die eine ohne die andere nicht eintreten kann. Nur die Fiktion der ‚Gleichzeitigkeit' wird diesem Ergebnis gerecht.

403 Text und Übersetzung: *Manthe*, Institutiones ^{2}(2010) *ad loc.*

404 Siehe nur das Testament des Gaius Longinus Castor (oben II.3.d) oder Iulius Diogenes (P. Select. 14); dazu auch *Amelotti*, Testamento I (1966) 118.

405 Übersetzung: *K/K/R/S-Rüfner.*

Hier ist die eingangs erwähnte Vorstellung einer ‚Gleichzeitigkeit' aufgegriffen, welche bei einer derartigen Verfügung erforderlich ist. Diese Gleichzeitigkeit ist zwar auch dann in Wahrheit nicht gegeben, wenn die Verfügungen über die Freiheitsgewährung und über die Erbeinsetzung ohne *postea* hintereinander stehen, doch ist die Fiktion für eine derartige Konstellation offenbar bereits allgemein anerkannt gewesen, als sich das Problem für diese Formulierung, welche ausdrücklich darauf abstellen will, dass der Sklave zuerst frei und dann Erbe werden solle, mit noch größerer Schärfe erneut stellte. Man musste also das auf Nachzeitigkeit abstellende Wort hinwegfingieren, um dann die ‚nebeneinander' stehenden Verfügungen – wenngleich ebenfalls wirklichkeitswidrig – als gleichzeitig annehmen zu können.

Auch im Falle einer Bedingungskonstruktion wurde durch Streichung die fiktive Gleichzeitigkeit erreicht:

> Marcian. 3 reg., D. 28, 5, 52 pr.: *Talem institutionem quidam valere non putabant: ‚Stichus liber esto et, si liber erit, heres esto'. sed divus Marcus rescripsit hanc institutionem valere perinde atque si non erat adiectum ‚si liber erit'.*
>
> Eine Erbeinsetzung in folgender Form ist nach Meinung mancher Juristen nicht wirksam: ‚Stichus soll frei sein und, wenn er frei ist, soll er Erbe sein'. Aber der vergöttlichte Kaiser Mark Aurel hat auf Anfrage entschieden, die Erbeinsetzung sei wirksam, so als wäre nicht hinzugefügt worden ‚wenn er frei ist'.[406]

Hinge die Erbeinsetzung von der Bedingung der Freiheit ab, so würde das ebenfalls dazu führen, dass zuerst die Freiheit und dann erst die Erbeinsetzung wirksam würde. Da aber beides gleichzeitg eintreten musste, wurde die Bedingung ‚*si liber erit*' wegfingiert, wie Mark Aurel reskribiert hatte[407]. Durch diese Fiktion wurde aus der unwirksamen Verfügung eine wirksame; insofern kann man auch das als Fall einer ‚Umdeutung' sehen.

Dass hierbei der *favor libertatis* das Leitmotiv gewesen sein soll[408], erscheint wenig wahrscheinlich, denn als Einzelverfügung ohne Zusammenhang mit

---

406 Übersetzung: K/*K/R/S-Rüfner.*

407 *Wieling*, Testamentsauslegung (1972) 142 schließt aus dem Umstand, dass dieser Fall überhaupt als problematisch angesehen wurde, man habe die Formvorschriften sehr ernst genommen. Zu Mark-Aurel-Zitaten bei Marcian siehe die Übersicht bei *Liebs*, Älius Marcian, ZRG RA 128 (2011) 78.

408 Das meint bspw. *Avenarius*, CRRS IV.3 (2017) 103, 116. Siehe im Übrigen *Ankum*, D. 40.5.24.10, Annaeus 1 (2004) 3 dazu, dass – trotz des Hinweises schon von *Schulz*,

der Erbeinsetzung konnte eine Freilassung nicht vor die Erbeinsetzung treten (siehe nur oben Gai. 2, 230). Es ist vielmehr der Umstand, dass der Sklave Zwangserbe des Testators wurde und als solcher auch einen verschuldeten Nachlass nicht ausschlagen konnte, der – aufgrund der Interessen des Testators und der Nachlassgläubiger, weniger der des Sklaven – zu einer Umdeutung der an sich ungültigen Verfügung führt[409]. Insofern mag es eher ein ‚*favor testamenti*' sein, der hier eine Rolle gespielt hat[410].

c. Fideikommisse

Während Legate vor der Erbeinsetzung als nicht geschrieben galten, waren die auf die *fides* abstellenden Fideikommisse nicht nur hinsichtlich ihrer Formulierung, sondern auch hinsichtlich ihrer Positionierung im Testament weitaus flexibler. Selbst vor der *heredis institutio* stehend wurden sie verbindlich:

> ps.-Ulp., reg. 25, 8: *Fideicommissum ante heredis institutionem, et post mortem heredis, et codicillis etiam non confirmatis testament dari potest, licet legari non possit.*
>
> Ein Fideikommiss kann sowohl vor der Erbeinsetzung als auch nach dem Tode des Erben als auch durch Kodizille, selbst wenn diese nicht durch Testament bekräftigt sind, gegeben werden, während ein Vermächtnis so nicht ausgesetzt werden könnte.[411]

Mehrere für Fideikommisse geltende Abweichungen von den nach *ius civile* für Vermächtnisse geltenden Vorschriften werden hier in einem Satz zusammengeführt: Legate kann man nicht wirksam in nicht testamentarisch bestätigten Kodizillen aussetzen. Man kann sie auch nicht für die Zeit nach dem

---

Prinzipien (1934) 150 – eine „Gründliche Geschichte des *favor libertatis*, die uns die Texte vollständig und übersichtlich geordnet vorlegt und kritisch behandelt" weiterhin fehlt. Siehe jedoch seither zum Thema vom selben Autor: *Ankum*, Favor libertatis, in: Symp. Wieling (2006) 1–17; *ders.*, Favor libertatis, in: Unfreie Arbeits- und Lebensverhältnisse (2005) 82–100; *ders.*, Favor libertatis, in: Liber Amicorum Miquel (2006) 45–78. Monographisch seither außerdem *Starace*, Lo statuliber (2006). Siehe schließlich auch die Übersicht bei *Wacke*, s.v. Favor libertatis, in: HAS I (2017) 923–927.

409 Zu den notwendigen fiktiven Verschiebungen der Zeitpunkte bei der Abhängigkeit der Freilassung und/oder Erbeinsetzung von Bedingungen siehe unten S. 462.

410 IdS. auch *Finkenauer*, Rechtssetzung Mark Aurels (2010) 25.

411 Text und Übersetzung: *Avenarius*, Liber singularis regularum (2005) *ad loc.*

Tod des Erben aussetzen, dh. niemanden dadurch begünstigen, dass der Erbe damit belastet wird, seinerseits in einer gewissen Weise letztwillig zu verfügen. Und man kann sie nicht vor der *heredis institutio* aussetzen. Alles das trifft auf Fideikommisse nicht zu, welche ‚befreit' von den zivilen Vorschriften sowohl hinsichtlich des ‚Wirksamkeitsbeginns' (ggf. erst nach dem Tod des Erben) als auch hinsichtlich des ‚Ortes', an welchem sie ausgesetzt werden (Stelle in der Testamentsurkunde oder von der Testamentsurkunde verschiedenes Schriftstück), jedenfalls beachtet werden müssen. Obwohl sie vor der *heredis institutio* stehen, müssen sie doch von den erst ‚nach' ihrer Verfügung eingesetzten Erben beachtet werden. Eigentlich müssten die Testamentserben bereits ‚eingesetzt' sein, damit sie wirksam belastet werden können; daher scheinen die vor der *heredis institutio* stehenden Fideikommisse die Intestaterben zu belasten. Insofern könnte man dies als eine Art ‚Umdeutung der Person des Belasteten' deuten, wenn nun dennoch die Testamentserben zur Erfüllung herangezogen werden.

VI. *Heredis institutio*

Die Erbeinsetzung ist als *caput et fundamentum totius testamenti* unbedingtes Wirksamkeitserfordernis jedes Testaments und damit Vorbedingung für die Wirksamkeit auch aller Einzelverfügungen[412], nachdem testamentarische Erbfolge und Intestaterbfolge im römischen Recht bekanntlich strikt alternativ waren. Aus diesem Grunde hielten sich auch die Testamentsschreiber stets an die überlieferte, stereotype Formulierung der *heredis institutio*, um an diesem Punkt nur ja kein Risiko einzugehen[413].

Eine Konversion der Erbeinsetzungsklauseln ist insofern von besonderer Bedeutung, als bei ihrer (endgültigen) Unwirksamkeit ein Wegfall auch der Einzelverfügungen (Freilassungen, Legate etc.) und die ‚Schande' des Intestat-Versterbens drohte. Das Fideikommissrecht bot freilich einen gewissen Ausweg durch die Hintertüre; dafür, dass dieser beschritten werden konnte, mussten allerdings weitere Voraussetzungen erfüllt sein, wie insbesondere eine Verstärkungs- bzw. generelle Umdeutungsklausel. Es wird an späterer Stelle noch darauf zurückzukommen sein.

Trotz der juristischen Diskussion, welche Formulierungen außer *heres esto* bzw. *heredes sunto* zulässig wären[414], sind aus der Praxis keine Abweichungen

---

412 *Sine heredis institutione nihil in testamento scriptum valet* (Mod. 2 pandect., D. 28, 6, 1, 3) und *testamenta ex institutione heredis vim accipiunt* (Gai. 2, 229).

413 *Amelotti*, Testamento I (1966) 116.

414 Siehe dazu insbesondere Gai. 2, 117.

von dieser feststehenden Klausel belegt[415]. Eine Konversion mit dem Zweck der Sanierung einer falschen Wortwahl war insofern offenbar zwar für die juristische Diskussion von Interesse, praktisch aber im Hinblick auf die Häufigkeit derartiger Vorkommnisse nicht besonders relevant. Selbst wenn es selten vorkam, so war es aber dann, wenn sich die Frage doch einmal stellte, freilich von zentraler Bedeutung für das betreffende Testament, den Testator und die potentiell Begünstigten.

Sehr wohl problematisch ist es außerdem, dass zu den für sich genommen meist korrekt verwendeten *verba* ‚*heres esto*‘ häufig eine breite Palette an anderen Fehlern, vor allem hinsichtlich der Formulierung einer ‚Quote‘ hinzutrat. Insbesondere die *heredis institutio ex re certa* ist hierbei ein Phänomen, welches in vielen Urkunden begegnet. Außerdem die Einsetzung mehrerer Miterben ‚*ex asse*‘.

1. Fehlende Erbeinsetzung und *plus nuncupatum, minus scriptum*

a. Völliges Fehlen der Erbeinsetzung

Bei völligem Fehlen einer Erbeinsetzung trotz der Ankündigung, es handle sich um ein ‚Testament‘, wäre immerhin denkbar, etwa eine Teilungsanordnung, welche dieselben Personen betrifft, die auch Intestaterben werden, in Intestatfideikommisse umzudeuten. So ging *Mitteis* im Fall von P. Oxy. VI, 907 (der Kopie des Testaments eines Aurelios Hermogenes, 276 n. Chr.) davon aus, dass eine Konversion in Intestatfideikommisse stattgefunden haben dürfte[416], was *Strobel* verwarf[417], *Babusiaux* hingegen wieder für plausibel oder zumindest möglich hielt[418]. Da die Urkunde selbst darüber keinen Aufschluss gibt, können dazu lediglich Mutmaßungen angestellt werden. Ausschlaggebend für eine derartige Entscheidung wäre insbesondere, ob

415 *Amelotti*, Testamento I (1966) 118–119. ME enthält auch die *tabula cerata* von Trawsfynydd keine abweichende Klausel; siehe oben II.1.b. sowie *Isola*, Tabula cerata von Trawsfynydd, ZRG RA 139 (2022) 97–122.

416 *Mitteis*, Neue Urkunden, ZRG RA 30 (1909) 402.

417 *Strobel*, Testamentsurkunden (2014) 211.

418 *Babusiaux*, Rez. Strobel, ZRG RA 133 (2016) 523 Fn. 27.

der Testator tatsächlich ausschließlich die Gültigkeit als Testament erreichen wollte oder ob auch eine mögliche Umdeutung in ein Kodizill, dh. in Intestatfideikommisse, vorgesehen wurde. Letzteres ist offenbar nicht ausdrücklich geschehen, wenngleich ‚verstärkend' den Testamentserben die Erfüllung aller Einzelverfügungen aufgegeben worden ist. Ein Textausfall hinsichtlich der Einsetzung ist dabei allerdings durchaus im Bereich des Möglichen, um nicht zu sagen: sogar wahrscheinlich[419]. Dass die *heredis institutio* gänzlich fehlt, ist damit gar nicht anzunehmen, wenngleich die Zuweisung der Erbteile möglicherweise nicht nach Quoten erfolgt ist, sondern durch den Verweis auf die an späterer Stelle folgenden ‚*vice praeceptionis*' verteilten Gegenstände, also nach der Art einer *heredis institutio ex re certa*, welche wir unten VI.3.a noch näher betrachten werden[420]. (Weitere) Fälle von gänzlich fehlenden Erbeinsetzungen in Testamenten sind (ansonsten) nicht dokumentiert oder in Juristenschriften diskutiert. Dass es etwa möglich war, Erben nur mündlich einzusetzen, ohne sie auch in der Urkunde zu nennen, wurde bereits oben III.2. dargelegt. Die Erbeinsetzung ‚fehlte' diesfalls jedoch ebensowenig wie in dem Fall, dass nur auf den Inhalt des Testamentskodex verwiesen wird, ohne die dort angeführten Erben auch mündlich zu verkünden.

b. Abweichungen zwischen *nuncupatio* und *scriptura*

Einen besonderen Problemkreis stellen die Fälle dar, in welchen eine mündliche *nuncupatio* nicht mit der schriftlichen Testamentsfassung übereinstimmt. Als Vorbedingung zu sehen ist hierbei die Übung, die in der *nuncupatio* mündlich getroffenen Verfügungen auch schriftlich niederzulegen. *Müller-Eiselt* spricht hierbei von einer Funktion der „Gedächtnisstütze" und datiert diesen Zeitpunkt in die „mittlere Republik"[421]. Nur so konnten sich Diskrepanzen zwischen mündlicher *nuncupatio* und schriftlicher Erbeinsetzung überhaupt ergeben. Der Vorrang der Ersteren vor Zweiterer ist schon deshalb naheliegend, weil die Schriftlichkeit lediglich der Beweissicherung diente,

---

419 Siehe außer *Strobel*, Testamentsurkunden (2014) 206 etwa auch die diese Überlegung widerspiegelnde Ergänzung in der Übersetzung bei *Evans Grubbs*, Women (2002) 249.

420 Zur Annahme einer *heredis institutio ex re certa* im Fall des Testaments des Aurelios Hermogenes siehe nur *Strobel*, Testamentsurkunden (2014) 206–215 mwN.

421 *Müller-Eiselt*, Divus Pius constituit (1982) 30. Zur Frage von Mündlichkeit und Schriftlichkeit siehe bereits oben III.2.

die Testamentserrichtung an sich nach *ius civile* aber zu jeder Zeit auf dem mündlichen Manzipationsakt beruhte (selbst wenn jener späterhin lediglich fingiert worden sein mag).

In einem von Iul./Paul. 5 ad leg. Iul. et Plaut., D. 29, 7, 20 geschilderten Fall etwa wird der Erbe ausschließlich mündlich verkündet, die Erbeinsetzung in die *tabulae testamenti* also überhaupt nicht aufgenommen, in welchen jedoch Einzelverfügungen enthalten sind:

> Paul. 5 ad leg. Iul. et Plaut., D. 29, 7, 20: *Si palam heres nuncupatus sit, legata autem in tabulis collata fuerint, Iulianus ait tabulas testamenti non intellegi, quibus heres scriptus non est, et magis codicilli quam testamentum existimandae sint: et hoc puto rectius dici.*
>
> Wenn öffentlich [vor Zeugen] in feierlicher Form ein Erbe ernannt wurde, die Vermächtnisse aber auf Wachstafeln zusammengefasst wurden, werden die Tafeln, wie Julian sagt, nicht als Testamentstafeln angesehen, weil sie keine Einsetzung eines Erben enthalten, so dass sie eher als Kodizill denn als Testament aufzufassen sind. Und ich meine, dass das sehr zu recht gesagt wird.[422]

Ein Testament ohne Erbeinsetzung ist gegenstandslos, eine mündliche Erbeinsetzung hingegen auch ohne weitere testamentarische Verfügungen nach *ius civile* gültig[423]. Fraglich ist nun, was mit in der Urkunde enthaltenen Legaten, welche nicht auch mündlich verkündet wurden, zu geschehen hat, wenn ein Erbe mündlich eingesetzt, seine Einsetzung aber nicht auch in der betreffenden Urkunde dokumentiert wurde, von welcher der Testator öffentlich erklärt hatte, dass sie sein Testament, seinen ‚letzten Willen', enthalte; eine abstrakte, auf die Urkunde bezogene *nuncupatio* neben der mündlichen Verkündung von konkreten Erben ist hierbei vorauszusetzen. Die betreffenden Legate können ausweislich des Textes mangels Erbeinsetzung in der Testamentsurkunde, in welche sie aufgenommen wurden und welche vom Erblasser als sein ‚Testament' bezeichnet wurde, nicht als testamentarische Verfügungen nach *ius civile* wirksam werden; die schriftlichen Anordnungen wurden zwar in der abstrakten *nuncupatio* bekräftigt und hätten insofern die Rechtskraft eines Manzipationstestamentes entfalten können, aber mangels *heredis institutio* im betreffenden Schriftstück kann das Dokument die intendierte Wirkung nicht entfalten. Es wird jedoch in ein Kodizill umgedeutet und die

---

422 Übersetzung: *K/K/R/S-Rüfner*.

423 Dazu *Dulckeit*, Plus nuncupatum minus scriptum, ZRG RA 70 (1953) 179–213.

Einzelanordnungen werden als Fideikommisse durchsetzbar. Die Erbfolge ist eine testamentarische, denn die mündliche Erbeinsetzung ist wirksam erfolgt. Insofern besteht hier nicht das Problem, welches bei einem nichtigen Testament, welches auch eine Erbeinsetzung enthält und aus anderen Gründen nicht wirksam werden kann, eine Umdeutung ohne Kodizillarklausel verhindert: dass nämlich die Intestaterbfolge eintritt und entweder andere Personen oder dieselben Personen aus anderem Grund an die Erbschaft gelangen und diese nicht oder nicht in dieser Eigenschaft diejenigen waren, welche nach der Vorstellung des Erblassers mit den Einzelverfügungen belastet sein sollten. In unserem Fall hingegen werden diejenigen, an welche der Erblasser als Belastete dachte, tatsächlich Erben; die Belastung besteht nur eben nicht in Form von Legaten etc., sondern in Form von Fideikommissen. Insofern waren Diskrepanzen zwischen mündlicher Einsetzung und schriftlicher Niederlegung auch dann nicht völlig „ohne Bedeutung, sofern die ordnungsgemäße mündliche Erbeinsetzung feststand“[424].

Fehlen in der Testamentsurkunde die vorgeschriebenen *verba* für die Erbeinsetzung nur teilweise – etwa in der Art, dass lediglich *Lucius heres* oder *Lucius esto* anstatt *Lucius heres esto* geschrieben wird[425], dh. dass die *sollemnis institutio heredis*, welche durch *verba directa* und *imperativa* zu geschehen hat[426], unvollständig ist –, so liegt der Form nach ebenfalls keine wirksame testamentarische Erbeinsetzung vor[427], was dazu führen würde, dass alle übrigen Anordnungen des Testaments nicht wirksam werden können (ohne

---

424 So aber *Müller-Eiselt*, Divus Pius constituit (1982) 30.

425 Zu diesem Problem vor dem Hintergrund einer möglichen *exheredatio* vor der *heredis institutio* siehe bereits oben V.3.

426 Vgl. *Nowak*, Wills (2015) 130–131 zu der Beobachtung, dass in den Praxisurkunden bis in das zweite Viertel des dritten Jh. ausschließlich die ‚kanonische‘ Form *mihi heres esto* verwendet wurde; erst danach sind auch die übrigen, nach Gaius als ebenfalls überwiegend als wirksam anerkannten Formen (insbes. *heredem esse iubeo*) in der Praxis nachweisbar. Dennoch stellt sie ibid. 131 fest: „The discussion visible in the jurisprudential sources must have been provoked by actual wills where the wrong form of *heredis institutio* had been employed.“ Ausführlich zum Ganzen nun *Avenarius*, Gesetzessprache, in: Klauselgestaltungen (2022) 13–44.

427 Erst ab Const. A. ad populum, C. 6, 23, 15 (a. 339) besteht dieser Wortformalismus nicht mehr: Ab dieser Zeit kam es nur noch darauf an, dass der Erblasserwille feststellbar ist. Zu der Annahme, dass „the text implies that the solemn formula of classical Roman law had not been observed for a long time“, siehe *Nowak*, Wills (2015) 134. Dem widersprechen immerhin die neuesten nordafrikanischen Funde. Siehe dazu oben II.1.c.

die eben dargestellte Umdeutungsmöglichkeit, weil eben die Erbeinsetzung mit dem Testament vollständig wegfiele). Hier waren die klassischen Juristen jedoch großzügig:

> Ulp. 1 ad Sab., D. 28, 5, 1, 5: *Si autem sic scribat: ‚Lucius heres', licet non adiecerit ‚esto', credimus plus nuncupatum, minus scriptum: et si ita: ‚Lucius esto', tantundem dicimus: ergo et si ita: ‚Lucius' solummodo. Marcellus non insuptiliter non putat hodie hoc procedere. divus autem Pius, cum quidam portiones inter heredes distribuisset ita: ‚ille ex parte tota, ille ex tota' nec adiecisset ‚heres esto', rescripsit valere institutionem: quod et Iulianus scripsit.*
>
> Wenn der Erblasser aber schreibt: ‚Lucius Erbe', ohne einzufügen: ‚sei', nehmen wir an, es sei [bei der förmlichen Testamentserrichtung] mündlich mehr erklärt worden, als geschrieben steht. Und wenn er schreibt: ‚Lucius sei', sagen wir dasselbe; also auch, wenn er nur schreibt ‚Lucius'. Marcellus bemerkt nicht unverständig, dies führe heute nicht mehr zum Ziel. Doch in dem Fall, dass ein Erblasser auf folgende Weise Anteile an die Erben verteilt hatte: ‚dieser auf den ganzen Erbteil', ‚jener auf den ganzen', ohne ‚sei Erbe' einzufügen, hat der vergöttlichte Kaiser Antoninus Pius auf Anfrage entschieden, die Erbeinsetzung sei wirksam; und das schreibt auch Julian.[428]

Ulpians Sabinuskommentar enthält zum Problemkreis der mangelnden Worte bei der Erbeinsetzung Hinweise auch auf die Lösungen des Marcellus, Antoninus Pius und Julian. *Müller-Eiselt* geht davon aus, dass Ulpian die „Herausbildung der Fiktion" bereits bei Sabinus vorgefunden habe[429].

Die Einsetzung des Lucius zum Erben ist jedenfalls dann wirksam, wenn der Erblasser im Zuge des Manzipationsrituals nicht nur auf den Inhalt der *tabulae* verweist, ohne diesen wiederzugeben, sondern Lucius auch mündlich vor den Zeugen als Erben bezeichnet hat[430]. Da es eine gültige mündliche Erbeinsetzung gibt und diese einen Anhaltspunkt im Wortlaut der Testamentsurkunde findet, nachdem der schriftlich bezeichnete Erbe – wenn auch dort nicht mit den *sollemnia verba* – zweifelsfrei als derjenige identifiziert werden kann, welcher mündlich korrekt eingesetzt wurde, sind auch die

---

428 Übersetzung: *K/K/R/S-Rüfner.*

429 *Müller-Eiselt*, Divus Pius constituit (1982) 31.

430 *Wieling*, Testamentsauslegung (1972) 126 hält die konkrete Erklärung im Rahmen der Manzipation hingegen für fingiert. Zur ‚offenen' mündlichen Einsetzung siehe etwa Ulp. 2 ad Sab, D. 28, 1, 21 pr.

Einzelvermächtnisse und sonstigen testamentarischen Anordnungen wirksam und müssen nicht erst umgedeutet werden.

Offenbar war es eine Gratwanderung und ein Anerkennungsprozess, der erst in spätklassischer Zeit ein einigermaßen festgefügtes Antlitz erhielt: Ausweislich § 7 des Fragments hielt Julian die Formulierung ‚*illum heredem esse*' noch für unwirksam. Ulpian ließ hingegen auch diese Einsetzung gelten, indem er den Befehl hineininterpretiert (*ipsa valebit subaudito*[431] *iubeo*[432]). Dieser Unterschied in der Interpretation bedeutet für das Testament ‚alles oder nichts'; allenfalls eine Kodizillarklausel konnte bei einer Rechtsansicht wie der Julians noch Wirksamkeit der Verfügungen auf anderer Ebene gewährleisten, ohne eine solche fiel die letztwillige Verfügung gewissermaßen spurlos weg.

Zuletzt hat *Avenarius*[433] die Vermutung aufgeworfen, dass es nicht unbedingt ein ‚Aufweichen' oder ein ‚Abschwächen' der Form ist, welches uns dabei in den Quellen entgegentritt: Vielmehr sei es bei Sabinus noch möglich, das ‚*esto*' zu ‚*Lucius heres*' hinzuzufingieren (bzw. die Vermutung zu postulieren, mündlich sei vollständig formuliert worden, lediglich in der Niederschrift fehle ein Teil), während das infolge der Zulassung mehrerer

431 *Subaudito* wird von *Rüfner* in *K/K/R/S*, CIC V (2012) *ad loc.* übersetzt mit „gedanklich ergänzt", von *Hunger* in *O/S/S*, CIC III (1831) *ad loc.* hingegen mit „darunter versteht". Darin liegt ein wertungsmäßiger Unterschied; wenn man so möchte, ist es eine Differenzierung wie ‚implied terms' gegenüber ‚ergänzender Vertragsauslegung'. Näher an der antiken Vorstellung liegen dürfte eher das ‚Hineinlegen' des Befehles in die Erklärung, denn die ‚Ergänzung' des Wortlauts als eine Art ‚Hinzufügen' sein.

432 Siehe *Avenarius*, Gesetzessprache, in: Klauselgestaltungen (2022) 29 zu der Vermutung, dass Julian ‚*iubeo*' noch nicht als tauglichen Begriff für die Erbeinsetzung betrachtet haben könnte. Für eine Auseinandersetzung mit der These *Voci*s, wonach die Anerkennung von ‚*heredem esse iubeo*' als mögliche Erbeinsetzungsformel in Verbindung mit der Einführung der klagsweisen Durchsetzbarkeit der Fideikommisse zu sehen sei, siehe *Avenarius* ibid. bei Fn. 81. *Avenarius* lehnt diese These zwar ab, betont aber ibid. bei Fn. 84–85, dass *iubeo* im Unterschied zu *esto* zwar nicht zur gesetzestypischen Sprache gehöre, aber der spezifischen Wirkung des Gesetzes in der Weise entspreche, dass dadurch ‚befehlsweise' angeordnet wird: Es steht nicht – wie üblich – im Konjunktiv und ggf. mit *ut* (weil etwas Befohlenes idR. erst verwirklicht werden muss), sondern es wird ein gegenwärtiger Zustand (Präsens Indikativ) befohlen.

433 *Avenarius*, Gesetzessprache, in: Klauselgestaltungen (2022) 28–29; idS. auch *ders.*, Ordo testamenti (2024) 373.

möglicher Formeln nicht mehr in Frage gekommen sei. Insofern könne sogar vielmehr von einer Verschärfung gesprochen werden. Dies liege daran, dass ‚*Lucius heres esto*' aufgrund der vom *testamentum calatis comitii* herrührenden und auf das Manzipationstestament übertragenen *sollemnitas* der *verba* die einzig anerkannte Formel der Vorklassik sei; diese für Gesetze typische Ausdrucksweise (auch die Holztafel als typische Publikationsform von Gesetzen deute in diese Richtung) komme infolge lokaler Rechtspraxis, welche keine Verknüpfung mit dem Gesetz gekannt habe, jedoch zunehmend außer Übung, wodurch nun materiell in den Vordergrund trat, dass ‚*lege modo, id est imperativa*' verfügt werden müsse. Hierfür standen nun aber mehrere Formulierungen im Raum, sodass nicht ohne weiteres davon ausgegangen werden konnte, dass der Testator eine mögliche gewählt hätte.

Nicht nur die Wortform konnte jedoch problematisch sein, sodass es zu einer ‚falschen Einsetzung' in der Urkunde kam. In Cels./Ulp. 5 ad Sab., D. 28, 5, 9, 2 wird im Zusammenhang mit Irrtumsfragen der Fall geschildert, ein Testator habe diktiert, jemand solle zur Hälfte als Erbe eingesetzt werden, während geschrieben wurde, er sei auf ein Viertel eingesetzt.

> Ulp. 5 ad Sab., D. 28, 5, 9, 2: *Sed si non in corpore erravit, sed in parte, puta si, cum dictasset ex semisse aliquem scribi, ex quadrante sit scriptus, Celsus libro duodecimo quaestionum, digestorum undecimo posse defendi ait ex semisse heredem fore, quasi plus nuncupatum sit, minus scriptum: quae sententia rescriptis adiuvatur generalibus. idemque est et si ipse testator minus scribat, cum plus vellet adscribere.*
>
> Aber wenn einer nicht über die Person, sondern über den Anteil geirrt hat, kann man davon ausgehen, dass, wenn er diktiert hat, jemanden auf die Hälfte einzusetzen, aber eine Einsetzung auf ein Viertel geschrieben wurde, wie Celsus im 12. Buch der Rechtsfragen und im 11. Buch seiner Digesten schreibt, man vertreten kann, dass er zur Hälfte Erbe werde, so als wäre mehr förmlich erklärt und weniger geschrieben worden: Diese Ansicht wird durch allgemeine Reskripte bekräftigt. Dasselbe hilft, wenn der Testator selbst weniger schreibt, während er mehr zuschreiben wollte.

Die Ausgangsfrage im *principium* des Fragments nimmt auf den Fall Bezug, dass der Erblasser einen anderen ins Testament geschrieben hat als den, den er einsetzen wollte (Irrtum über die Person). Sodann geht der Text in § 1 zum Problemkreis des Irrtums hinsichtlich einer vermachten Sache über (das angeführte Beispiel betrifft eine Schale, die vermacht werden sollte, während schriftlich ein Kleidungsstück vermacht werde). Sowohl im *principium* (der, den der Erblasser wollte, wurde nicht wirksam eingesetzt; der, der eingesetzt wurde, ist vom Erblasser nicht gewollt) als auch in § 1 (die eine Sache wird nicht formgültig vermacht, die andere ist nicht gewollt) ist die Verfügung gänzlich unwirksam. § 2 nun betrifft einen Fehler hinsichtlich der Erbquote: Der Erblasser möchte auf die Hälfte einsetzen, in die Testamentsurkunde, auf welche sich die *nuncupatio* bezieht, wird aber ein Viertel als Erbquote geschrieben. Nach Celsus ist der betreffende Erbe nun dennoch zur Hälfte eingesetzt. Seine Begründung hierfür lautet: *quasi plus nuncupatum sit, minus scriptum*. Fraglich ist dabei, ob Celsus hier bloß das Diktat der Urkunde meint[434], welche allenfalls vor dem Manzipationsritual aufgesetzt wurde (so ein solches überhaupt tatsächlich vollzogen wurde), dass also der Erblasser dem Schreiber etwas anderes diktiert, als jener dann tatsächlich niederschreibt, oder ob er die *nuncupatio* technisch versteht und davon ausgeht, dass die mündliche Erklärung bei Vornahme der Manzipation vom Schriftlichen abweicht[435]. Ist Ersteres der Fall, so handelt es sich um einen hochklassischen Beleg dafür, dass es generell auf die Urkunde als solche ankommt und sogar der Begriff *nuncupare* auf sie bezogen wird (dh. auf die Erklärung des Testators, was der Schreiber schreiben soll). Nach der zweitgenannten Deutungsvariante hingegen könnte der Text wie folgt zu verstehen sein: Der Erblasser hat den Erben mündlich auf mehr eingesetzt (nämlich auf die Hälfte), als es nach dem Schriftlichen scheint, denn in der Urkunde steht nur ein Viertel. Nicht nur mündlich, sondern auch schriftlich liegen – im

434 So verstehen etwa *Babusiaux*, Erbrecht ^{2}(2021) 301–302 sowie *Backhaus*, In maiore minus inest, ZRG RA 100 (1983) 149 und *Flume*, Irrtum und Rechtsgeschäft, in: FS Schulz I (1951) 213 (mit Interpolationsannahme) den Text.

435 Dagegen *Backhaus*, In maiore minus inest, ZRG RA 100 (1983) 150; in diesem Sinne jedoch die Übersetzung von *Rüfner* in *K/K/R/S*, CIC V (2012) *ad loc.*: „…weil gewissermaßen [bei der förmlichen Testamentserrichtung] mündlich mehr erklärt wurde, als geschrieben steht." *Dulckeit*, Plus nuncupatum minus scriptum, ZRG RA 70 (1953) 207, 210 geht zwar von einer tatsächlichen *nuncupatio* beim Manzipationsritual aus, meint aber, diese sei abstrakt gefasst und umfasse eben nur den gewollten Inhalt des Testaments. Er fasst ibid. 212–213 zusammen, dass „beim schriftlichen Manzipationstestament die ursprünglich konkrete Nunkupation in die abstrakte Nunkupation als formalen Geltungsgrund und den Inhalt der (selbst wieder formgebunden) Testamentsschrift aufgespalten worden war, so daß beide Seiten in Gegensatz zu einander gebracht und der Nunkupation ihre frühere konkrete Funktion wieder zugeschrieben werden konnte". Dieser Umweg erscheint unnötig kompliziert; *Dulckeit* geht überdies von Interpolationen ua in D. 28, 5, 1, 5 aus.

Gegensatz zum eingangs angeführten Fall – *verba directa* und *imperativa* vor. Der Fehler im Schriftlichen liegt ‚nur' in der Bezeichnung der Quote, wodurch ein Teil der Erbschaft nicht zugewiesen ist: Offenbar gibt es mehr als einen Erben, nämlich mindestens zwei. Ist einer der Erben mündlich auf die Hälfte eingesetzt worden, stattdessen in der Urkunde aber ein Viertel verzeichnet, so ergibt sich – wenn die übrigen Anteile korrekt verzeichnet wurden – ein offenes Viertel[436], welches den – oder einem der – eingesetzten Erben zugeteilt werden muss. Celsus geht hier den Weg, das schriftliche Viertel (als Minus) in der mündlichen Hälfte (als Plus) enthalten zu sehen, damit die Testamentsurkunde als von dem in der *nuncupatio* geäußerten Willen umfasst zu betrachten, weshalb zwar die mündliche Erbeinsetzung die Zuteilung der ‚offenen' Quote an nur einen Erben bestimmt, der Rest der Testamentsurkunde aber ohne weitere Anpassungen anerkannt werden kann, da sie ebenfalls von der *nuncupatio* umfasst ist[437].

Fraglich ist, ob die *nuncupatio* tatsächlich ‚öffentlich' und ‚mündlich' erfolgen muss oder ob hier eine Fiktion ausreicht; der Wortlaut scheint auf die Fiktion zu verweisen: *quasi*. Auch das *credimus* in D. 28, 5, 1, 5 deutet in diese Richtung. Wahrscheinlich ist allerdings wohl, dass die Lösung bei der konkreten *nuncupatio* zumindest ihren Ausgang nahm[438] und auch bei der abstrakten *nuncupatio* immerhin plausibel sein musste, dass (bei beispielhaft zwei angenommenen Erben) nicht etwa beim anderen Erben statt gewollter ¾ lediglich ½ geschrieben wurde, sondern der Wille des Erblassers tatsächlich darauf gerichtet war, denjenigen, welchem ausweislich der Urkunde ¼ zukommen sollte, auf die Hälfte einzusetzen. Ein dahingehender Wille könnte sich auch aus der Urkunde selbst ergeben, etwa aus Teilungsanordnungen, die das Wertverhältnis widerspiegeln. Nur in solchen Fällen kann

---

436 Vergleichbar wird in § 7 des Fragments auch ein zwar geschriebener, aber nicht gewollter *Secundus* gestrichen: *Primus* wächst der nun freie Teil des *Secundus* an.

437 Vgl. dazu auch Diocl./Maxim. AA. Rufinae, C. 6, 23, 7 (a. 290): *Errore scribentis testamentum iuris sollemnitas mutilari nequaquam potest, quando minus scriptum, plus nuncupatum videtur. et ideo recte testamento facto, quamquam desit, ‚heres esto', consequens est existente herede legata sive fideicommissa iuxta voluntatem testatoris oportere dari.* In diesem Fall also genügt für die zweifelsfreie Identifikation des mündlich eingesetzten Erben die Nennung seines Namens; die *tabulae* gelten als in den Willen aufgenommen und insofern wirksam.

438 So auch *Müller-Eiselt*, Divus Pius constituit (1982) 31.

unterstellt werden, die (abstrakte) mündliche *nuncupatio* habe mehr umfasst als die schriftliche Urkunde.

Weitgehend einhellige Meinung ist es im Schrifttum, dass es sich um eine ‚Fiktion' handelte. Dies allerdings wohl nicht im Sinne einer bewusst wahrheitswidrigen Annahme, denn dass in der *nuncupatio* der Erbe (mit seiner Quote) tatsächlich korrekt und konkret bezeichnet wurde, ist wohl nicht auszuschließen. Es dürfte aber nicht notwendig gewesen sein. Bei einer abstrakten *nuncupatio* ohne mündliche, konkrete Erbeinsetzung erscheint es immerhin dann ausreichend, dass man bei einer unvollständigen Formulierung in der Testamentsurkunde zumindest zweifelsfrei feststellen konnte, wer als Erbe eingesetzt sein sollte; diesfalls begnügte man sich damit, die fehlenden Worte in die abstrakte *nuncupatio* hineinzulegen. *Müller-Eiselt* geht in diesem Zusammenhang von einer „unwiderleglichen Vermutung" aus[439].

In § 3 des Fragments D. 28, 5, 9 wird denn auch unmittelbar an den oben zu § 2 geschilderten Fall anschließend die ‚umgekehrte' Situation diskutiert, wenn mehr geschrieben wurde (vom Schreiber oder vom Testator selbst), aber weniger gewollt war[440]:

> Ulp. 5 ad Sab., D. 28, 5, 9, 3: *Sed si maiorem adscripserit testamentarius vel (quod difficilius est probatione) ipse testator, ut pro quadrante semissem, Proculus putat ex quadrante fore heredem, quoniam inest quadrans in semisse: quam sententiam et Celsus probat.*
>
> Hat aber der Testamentsschreiber oder (was recht schwierig zu beweisen ist) der Erblasser selbst schriftlich einen größeren Erbanteil zugewiesen [als beabsichtigt], etwa statt eines Viertels die Hälfte, so meint Proculus, der Eingesetzte werde Erbe zu einem Viertel, weil das Viertel in der Hälfte enthalten ist; diese Auffassung billigt auch Celsus.[441]

---

439 *Müller-Eiselt*, Divus Pius constituit (1982) 31.

440 Ähnlich Paul. 3 ad Sab, D. 30, 15 pr. zur Höhe eines Teilungslegats; dazu *Backhaus*, In maiore minus inest, ZRG RA 100 (1983) 151. *Flume*, Irrtum und Rechtsgeschäft, in: FS Schulz I (1951) 211 betont, dass es sich vorliegend um kein Auslegungsproblem handle, sondern um ein Formproblem. Das ist jedoch eine anachronistische Zugangsweise, welche die bei *Flume* mehrfach ohne konkreten Anhaltspunkt allein aufgrund des Wortlautes (insbesondere beanstandet er den Begriff *error in corpore*) geäußerten und damit problematischen Interpolationsannahmen notwendig macht.

441 Übersetzung: *K/K/R/S-Rüfner.*

Prokulus (bestätigt durch Celsus) argumentiert ebenfalls damit, dass das Viertel in der Hälfte enthalten sei, damit das Testament mit der Erbeinsetzung in der vom Testator gewollten niedrigeren Höhe wirksam und gewissermaßen der über die gewollte Quote hinausgehende Teil ‚gestrichen' wird. Ob eine *nuncupatio* erfolgt ist, durch welche nicht nur generell auf den Inhalt der *tabulae* hingewiesen, sondern die konkrete Quote genannt wird, oder ob die gewünschte Quote anderweitig festgestellt werden kann, wissen wir nicht; da eine konkrete *nuncupatio* hier nicht erwähnt wird, erscheint die abstrakte wahrscheinlicher[442]. Dementsprechend wird vermutlich nicht wie zuvor ein offener Gegensatz zwischen *nuncupatio* (als in erster Linie maßgeblicher Erbeinsetzung) und *tabulae testamenti* diskutiert, als vielmehr eine Diskrepanz zwischen sonst bekannter *voluntas* und vorgewiesener *scriptura*[443].

Wenn *Wieling* im Zusammenhang mit den Texten zum ‚*plus nuncupatum*-Phänomen' konstatiert, diese Entscheidungen würden

> zeigen, dass die Juristen bei der Willensauslegung eher bereit waren, einen zu weiten Wortlaut einzuschränken und Verfügungen oder Teile davon zu streichen als Nichtgeschriebenes zu ergänzen, obwohl auch letzteres durchaus vorkommt[444],

so kann dem nicht in letzter Konsequenz gefolgt werden: Auch dort, wo eine Ergänzung der Willenserklärung vorgenommen zu werden scheint, legen die Juristen Wert darauf, i n n e r h a l b der Erklärung zu der von ihnen favorisierten Lösung zu gelangen, allenfalls etwas ‚hineinzulegen'. Nichtgeschriebenes ‚ergänzen' sie nur dort, wo die mündliche Erklärung umfassender als die *scriptura* ist; dementsprechend handelt es sich auch hier eigentlich nicht um eine Ergänzung[445]. Richtig ist aber, dass der Bedeutungsgehalt der Niederschrift erweitert wird.

---

442 Hingegen geht *Harke*, Verba und voluntas, in: Facetten des römischen Erbrechts (2012) 59 davon aus, dass der Erblasser versehentlich die falsche Quote „erklärt", daher stellt er sich wohl eine konkrete *nuncupatio* vor.

443 Darauf, dass hierdurch die Realisierung des Erblasserwillens bezweckt ist, jedoch allein die *scriptura* Bezugsobjekt sei, verweisen sowohl *Backhaus*, In maiore minus inest, ZRG RA 100 (1983) 146 als auch *Flume*, Irrtum und Rechtsgeschäft, in: FS Schulz I (1951) 211, 221–223 Fn. 3.

444 *Wieling*, Testamentsauslegung (1972) 127.

445 Siehe oben Fn. 431 zur Übersetzung von *subaudito*.

Eine weitere Facette des Grundsatzes *plus nuncupatum, minus scriptum* mag sein, dass nach Möglichkeit in der Schriftform auftretende Mängel als in der mündlichen Errichtung nicht unterlaufen angenommen wurden; ließ sich also ein Fehler auf die Schrift begrenzen, so führte das nicht zur Mangelhaftigkeit des Testaments[446].

2. Erben für abgegrenzte Vermögenskomplexe: *Nemo pro parte testatus pro parte intestatus decedere potest*

Warum im römischen Recht ein Nebeneinander von Intestaterbfolge und testamentarischer Erbfolge nicht möglich war, wurde vielfach diskutiert. Klar ist jedenfalls unabhängig von einer Begründung für dieses Phänomen, dass eine nur teilweise Erbeinsetzung als solche nichtig war. Ausgenommen davon war wiederum das Soldatentestament, woraus sich auch Wechselwirkungen mit den Ziviltestamenten ergaben.

> Ulp. 45 ad ed., D. 29, 1, 11, 2: *Si filius familias ignorans patrem suum decessisse de castrensi peculio in militia testatus sit, non pertinebunt ad heredem eius patris bona, sed sola castrensia:*
>
> Wenn ein Haussohn während seines Militärdienstes ein Testament für sein militärisches Sondergut errichtet hat, ohne zu wissen, dass sein Vater bereits verstorben war, gebührt dem Erben des Haussohnes nicht das Vermögen des Vaters, sondern nur das militärische Sondervermögen;[447]

Im Nachlass des Sohnes, welcher als Soldat im Dienst stand, traf das *peculium castrense* mit dem vom Vater ererbten Vermögen zusammen. Solange der Vater am Leben war, konnte der Sohn nur über das *peculium castrense* selbstständig verfügen und darüber auch testieren; nachdem er durch den Tod des Vaters gewaltfrei wurde, dehnte sich seine Verfügungsfreiheit infolge der Erbschaft und des Statuswechsels aus. Somit müsste sein zum ‚Alleinerben' eingesetzter *heres* den gesamten Nachlass erhalten; das aber war offenkundig nicht die Vorstellung des Soldaten, der dachte, nur über sein militärisches Sondergut zu verfügen. Es düften dementsprechend hinsichtlich des väterlichen

---

446 *Amelotti*, Testamento I (1966) 170, allerdings ohne Anführung von Quellen.

447 Übersetzung: *K/K/R/S-Schermaier.*

Vermögens die Intestaterben zum Zuge gekommen sein. Das palingenetisch anschließende Fragment spinnt diesen Gedanken weiter:

> Ulp. 45 ad ed., D. 29, 1, 13 pr.: *Idem est, etsi de testamento mutando cogitavit, non quia adimere volebat castrensia bona heredi scripto, sed quia de paternis testari volebat et alium heredem scribere.* 1. *Sed si iam veteranus decessit, universa bona etiam paterna ad heredem pertinere castrensium Marcellus libro decimo digestorum scribit: neque enim iam potuit de parte bonorum testari.*

> Ebenso verhält es sich, selbst wenn der Sohn über eine Änderung seines Testaments nachdachte, nicht weil er die Absicht hatte, dem Testamentserben das militärische Sondervermögen zu entziehen, sondern weil er auch über das vom Vater ererbte Vermögen verfügen und dafür einen Erben einsetzen wollte. 1. Starb er aber schon als Veteran, dann gebührt auch das gesamte väterliche Vermögen dem Erben des militärischen Sondervermögens, wie Marcellus im 10. Buch seiner Digesten schreibt. Er hatte nämlich nicht mehr die Möglichkeit, letztwillig nur über einen Teil seines Vermögens zu verfügen.[448]

Hier wusste der Sohn bereits, dass er das väterliche Vermögen geerbt hatte und wollte dafür einen anderen Erben einsetzen als für sein militärisches Sondervermögen; auch hier erwarb der auf das *peculium castrense* Eingesetzte das väterliche Vermögen nicht. Da es zu keiner Änderung des Testaments mehr kam, fiel das väterliche Vermögen auch hier an die Intestaterben (arg. ‚*idem*'). Damit war der als Alleinerbe eingesetzte nicht Alleinerbe, erhielt aber den ihm nach der Vorstellung des soldatischen Testators zugedachten Anteil.

Verstarb jener sodann ohne Änderung des Testaments als Veteran, so war die Rechtslage eine andere: Als Zivilperson konnte man nicht wirksam nur auf bestimmte Teile des Vermögens Erben einsetzen. Ulpian entschied daher im Anschluss an Marcellus, dass der *heres institutus* den gesamten Nachlass erhalten müsse, obwohl er nach der Vorstellung des Testators nur auf das *peculium castrense* eingesetzt worden war. Ob das im Wortlaut des Testaments seinen Niederschlag gefunden hatte und demnach das Ergebnis durch ‚Streichung' der ‚*res certa*', auf welche eingesetzt wurde – das als *peculium castrense* erworbene Vermögen –, erzielt wurde (nach dem Muster des sogleich in VI.3.a. zu besprechenden Vorgehens) oder ob lediglich ein sonst bekannter Testatorwunsch unberücksichtigt blieb, muss offen bleiben.

---

[448] Übersetzung: *K/K/R/S-Schermaier.*

3. Fehlerhafte Bestimmung der Quote

Bei der Bestimmung der Erbquote sind verschiedene Fehler denkbar, bei welchen eine Konversion zur Diskussion stehen kann. Der gravierendste, gleichzeitig aber naheliegenste Fehler ist dabei, den Erben keine abstrakte Quote, sondern eine ‚konkrete' in Form von bestimmten Gegenständen oder ‚Vermögensteilen' zuzuweisen. Des Weiteren kann es aber auch vorkommen, dass die Quote nicht in das Unzialsystem einpassbar ist oder dass die Quoten den Nachlass entweder nicht voll erfassen (also ein Teil ‚offen' bleibt) bzw. sie den Nachlass übersteigen. Ist die vorgenommene Quotenbestimmung dementsprechend in der vorliegenden Form ‚unwirksam', stellt sich die Frage, ob die Erbeinsetzung überhaupt gültig ist, und in weiterer Folge ggf. auch, ob die falsch zugemessene ‚Quote' auf andere Weise berücksichtigt werden kann.

a. *Heredis institutio ex re certa*

Dem durchschnittlichen Testator ist regelmäßig die Verteilung seiner Vermögensgegenstände (zumindest der wichtigsten, wie etwa von Grundstücken) an bestimmte Personen ein besonderes Anliegen. Außerdem mag er das Ziel verfolgen, durch die Zuweisung von bestimmten Vermögensbestandteilen möglichen Streitigkeiten unter den Erben vorzubeugen[449]. Er denkt überdies, wenn er auch zwischen Erben und sonstigen Bedachten wesensmäßig unterscheiden mag[450], bei der Erbeinsetzung mitunter nicht in rechnerischen Quoten und weist seinen Universalsukzessoren möglicherweise deshalb schon in der *heredis institutio* statt der notwendigen Quoten bestimmte Nachlassgegenstände zu. Ein solcher Fehler liegt nahe, wenn er auch in

---

449 *Rabel*, Elterliche Teilung, in: FS 49. Versammlung dt. Phil. (1907) 525: „Er weiß auch die Teilung besser den Bedürfnissen der Einzelnen anzupassen als der Richter und vermeidet scheinbare oder wirkliche Willkür des letzteren."

450 Darauf, dass den Römern der Unterschied zwischen Erben und Vermächtnisnehmern im Gegensatz zur heutigen untechnischen Terminologie sehr wohl deutlich bewusst war, weist *Neuner*, Heredis institutio ex re certa (1853) 28–33 hin: Der zur *familia* berufene *heres* ist auch für die *sacra* zuständig, was eine heute vielleicht nicht mehr voll erfassbare Bedeutung hatte. In späteren Abhandlungen zum Thema wird *Neuner* vorgeworfen, auf diesen Punkt zu schweres Gewicht gelegt und die Aspekte *‚favor testamenti'* und *‚voluntas testantium'* für die Beurteilung der *heredis institutio ex re certa* außer Acht gelassen zu haben (etwa bei *Suman*, Favor testamenti [1916] 47). ME ist diese Kritik an *Neuners* sorgfältigen Studien aber nicht berechtigt.

den Praxisurkunden erst ab Alexander Severus (in der Spätantike dann aber durchaus häufig) begegnet und in einem gewissen Zusammenhang mit hellenistischen Rechtsanschauungen stehen könnte[451]. Freilich gibt es wenige vollständig erhaltene Originaltestamente samt Erbeinsetzung aus der Zeit der Klassik und diejenigen, welche erhalten sind, müssen nicht unbedingt repräsentativ sein. Etwa Formulierungen wie ‚*ex facto proponebatur*' in Ulp. 4 disp., D. 28, 5, 35 pr. könnten aber auf Fälle aus der Praxis hindeuten[452]. Ob im bereits erwähnten P. Oxy. VI, 907 (Kopie des Testaments eines Aurelios Hermogenes, 276 n. Chr.) eine *heredis institutio ex re certa* vorliegt, ist umstritten[453]. In den graeco-ägyptischen Papyri begegnen ab der Mitte des dritten Jh. regelmäßig Einsetzungen auf bestimmte Sachen[454] und auch für Nordafrika ist die Formulierung in Praxisurkunden immerhin für die Wende vom 3. auf das 4. Jh. nun auch für lateinische Testamente auf Holztäfelchen belegt[455].

---

451 So die von *Woeß*, Erbanwärter (1911) 145–147, insbes. Fn. 24, geäußerte Annahme. Siehe dazu rezenter *Nowak*, Wills (2015) 137–145. Sie erkennt ibid. 141 darin auch die Entwicklung zur Vermengung von Universal- und Singularsukzession im Erbrecht. Vermutet wurde immer wieder, dass das Phänomen der *heredis institutio ex re certa* gräko-ägyptischen Ursprungs sei: So etwa bei *Cohen*, Heredis institutio ex re, TAPA 68 (1937) 343–356. *David*, Heredis institutio ex re certa (1930) 49–51 hingegen war zwar davon ausgegangen, dass hellenistische Vorstellungen auf die Beurteilung der *heredis institutio ex re certa* in spätklassischer Zeit eingewirkt hätten, verwies jedoch explizit darauf, dass das nicht zu bedeuten habe, dass schon der Ursprung griechischen Einflüssen zuzuschreiben sei. Kritisch zu *Cohen* bspw. *Amelotti*, Testamento I (1966) 228–229 mit Fn. 6 sowie *Strobel*, Testamentsurkunden (2014) 207 Fn. 714 und ibid. 213–214. Zur Rolle Diokletians bei der diesbezüglichen Rechtsentwicklung siehe *Desanti*, Prassi, in: Diocleziano (2018) 547–553, die ibid. 548–549 besonderes Augenmerk auf die Entwicklung der *divisio parentis inter liberos* legt und 550–551 den Zusammenhang mit der *querela inofficiosi testamenti* betont.

452 IdS. *Strobel*, Testamentsurkunden (2014) 206–215. Überlegungen dieser Art finden sich bereits bei *Amelotti*, Testamento I (1966) 228–229 und *Migliardi Zingale*, Testamenti ^{3}(1997) 105.

453 Siehe *Cohen*, Heredis institutio ex re, TAPA 68 (1937) 343–356; aber auch *Amelotti*, Testamento I (1966) 228–229; *Migliardi Zingale*, Testamenti ^{3}(1997) 105 sowie *Strobel*, Testamentsurkunden (2014) 206, 210, 214 und *Nowak*, Wills (2015) 139. Vergleichbar ist die Formulierung im jüngeren Papyrus P. NYU II, 39; siehe *Nowak*, Titius heres esto, JJP 40 (2010) 175–177.

454 *Nowak*, Titius heres esto, JJP 40 (2010) 174–175.

455 Siehe oben II.1.c.

Die jüngst etwa bei *Nowak*[456] geäußerte Vermutung, die römische Vorstellung der *hereditas* sei einzigartig und habe von den Neubürgern nach der *Constitutio Antoniniana* nicht verstanden werden können, ist die gängige Erklärung. Dagegen sollen auch keine grundlegenden Einwände erhoben werden, doch könnte immerhin für Ägypten ergänzend eine Verbindung mit einer konkreten Maßnahme hergestellt werden, welche nach 224 ergriffen worden sein dürfte: *Amelotti* fiel auf, dass die Urkunden nicht schon ab 212, sondern erst gut zwanzig Jahre später die Manzipationsklauseln regelmäßig nicht mehr enthielten; erst ab 235 sei die Tradition gänzlich abgerissen. Diese Wende führt er auf eine in anderem Zusammenhang noch zu besprechende Maßnahme des Alexander Severus zurück, welche durch Edikt, Mandat oder Reskript erfolgt sein mag, jedenfalls aber das Testieren in griechischer Sprache (allenfalls zunächst beschränkt auf Ägypten) erlaubte[457]. Zwar erfährt dadurch der traditionelle Formalismus kein völlig abruptes Ende, doch muss man wohl davon ausgehen, dass hier sein zunehmender Verfall einsetzt. Abgesehen von der Weglassung der Manzipationsklausel sowie der Verwendung von Papyrus statt Wachstäfelchen und – wie schon erwähnt – der Verwendung der griechischen Sprache, erkennt *Amelotti* keine prinzipielle Änderung der Klauselgestaltung[458]. Die ab diesem Zeitpunkt anschwellenden Belege für Erbeinsetzungen auf konkrete Gegenstände könnten allerdings bekräftigendes Indiz für die schon von *H.J. Wolff* geäußerte Hypothese sein, dass die Formalvorgaben nun generell gelockert, wenn nicht gar ‚aufgehoben' erscheinen[459], selbst wenn sie in Teilen noch weiter befolgt werden. Das könnte die Quotenzuteilung bei der Erbeinsetzung ebenfalls betroffen haben.

Die juristischen Quellen deuten jedenfalls darauf hin, dass es keineswegs unumstritten war, wie man mit dem Problem der *heredis institutio ex re certa*

---

456 *Nowak*, Wills (2015) 144.

457 *Amelotti*, Testamento I (1966) 193, 217–220, 224–225; *Rüfner*, Testamentum, in: HRPR (2023) § 18 Rn. 35 mwN. Zuletzt eingehend *Colella*, Testamenti dei cittadini romani d'Egitto (2024) 9–16 mwN.

458 *Amelotti*, Testamento I (1966) 226–233.

459 *H.J. Wolff*, Rez. Amelotti, ZRG RA 84 (1967) 502–503 geht davon aus, dass der Formzwang entweder tatsächlich aufgehoben wurde oder immerhin die peregrine Bevölkerung die Maßnahme des Alexander Severus dahingehend auffasste.

umgehen sollte. Sie zeigen ein uneinheitliches Bild und waren deshalb bis in die jüngste Zeit weitgehenden Interpolationsvermutungen ausgesetzt[460].

Eine strenge Ansicht qualifizierte die Erbeinsetzung auf bestimmte Sachen wohl als gänzlich ungültig. Dadurch wurde das Testament hinfällig und die Intestaterbfolge kam voll zum Zuge. So wird es zumindest in der Literatur angenommen[461]; dies ergibt sich jedoch lediglich aus einem Rückschluss daraus, dass eine zumindest teilweise Aufrechterhaltung offenbar auf Sabinus zurückgeht[462] (was nicht ganz unumstritten ist, dazu sogleich) und daher davor anderes gegolten haben dürfte. Unmittelbare Quellenbelege dafür liegen nicht vor. Dass diese Variante überdies auch noch nach Ausbildung der ‚Regel des Sabinus', auf welche sogleich einzugehen ist, parallel fortbestand, ist eine weitere Spekulation.

Auf Sabinus also wird eine Lösung zurückgeführt[463], die lange Zeit herrschend gewesen sein dürfte[464]: Das Testament wurde ganz im Sinne

---

460 Etwa bei *Ramírez Atilano*, Heredis institutio ex re certa (1999). Grundlegend immer noch *Neuner*, Heredis institutio ex re certa (1853), der ibid. 19 selbst darauf hinweist, dass vor seiner Darstellung keine umfassende Bearbeitung erfolgt sei. Nach ihm folgten immerhin *Schwing*, Heredis institutio ex re certa (1875); *Kuntze*, Ueber die Erbeinsetzung auf bestimmte Nachlassstücke (institutio ex re) (1875); *Mancaleoni*, Institutio ex re, Studi Sassaresi, Anno II – Sez. 1a – Fasc. 1 (1902); *David*, Heredis institutio ex re certa (1930). Siehe zum Thema auch die Behandlung im Rahmen der Gesamtdarstellung etwa bei *Voci*, DER II ^{2}(1963) 142–160.

461 Siehe für diese – von ihr ‚radikal' genannte – Lösung etwa *Spina*, Successione testamentaria (2012) 83–84, die ibid. Fn. 34 insbesondere auf die Basilikenüberlieferung (vor allem B. 35, 8, 19) verweist. Vgl. außerdem *Strobel*, Testamentsurkunden (2014) 208–210.

462 Anders *Neuner*, siehe sogleich Fn. 463.

463 Diesen Ursprung legen die Quellenzitate nahe. *Neuner*, Heredis institutio ex re certa (1953) 139 verneint diesen Hergang und nennt ihn einen „historischen Irrtum", da die *heredis institutio detracta re* bereits von Aquilius Gallus (116–44 v. Chr.; Sabinus hingegen erste Hälfte des ersten Jh. n. Chr.) anerkannt worden sei; skeptisch hinsichtlich der Rückführung auf Sabinus auch *Sumann*, Favor testamenti (1916) 43–44. Dagegen lässt sich jedoch vorbringen, dass nicht zwingend anzunehmen ist, dass die von Sabinus erkannte Parallele zwischen beiden Einsetzungsweisen schon den Zeitgenossen oder gar Aquilius Gallus bewusst war; eine Streichung im Falle der *heredis institutio detracta re* liegt jedenfalls näher als der bei einer *heredis institutio ex re certa*. Zweifellos ist die Lösung des Aquilius Gallus Grundlage der Überlegung des Sabinus, die aber doch darüber hinausgeht. Dass Sabinus die Idee des Aquilius Gallus erstmals auf die *institutio ex re certa* anwendet, meinte auch *Spina*, Successione testamentaria (2012) 84.

464 Iav. 1 epist., D. 28, 5, 11: *idque Proculo placet.*

des *favor testamenti* aufrecht erhalten, indem die Erbeinsetzung als gültig betrachtet wurde. Die Nennung der konkreten Sachen wurde von der Erbeinsetzung isoliert und – weil nur sie mit dem Prinzip der Universalsukzession im Widerspruch stand – gestrichen. Man fingierte schlicht, dass dieser Teil nicht geschrieben stand. *Giuffrè* sah darin – und generell in der *heredis institutio ex re certa* – einen Fall der Teilnichtigkeit und deshalb keinen Umdeutungsfall, obwohl die Literatur zur *heredis institutio ex re certa* regelmäßig immerhin beiläufig erwähnt, dass die Lösung in der Annahme einer Konversion liege; *Giuffrè* hingegen verzichtete infolge seiner Qualifikation als Teilnichtigkeit auf eine nähere Auseinandersetzung. *David*[465] sprach hingegen davon, dass eine konkrete Erbeinsetzung in eine abstrakte „umgewandelt" werde und *Neuner*[466] meinte, es handle sich um „eine Aufrechterhaltung von etwas streng genommen Ungültigem (*sic*)". Man kann also über eine nicht nur quantitative, sondern auch qualitative Abänderung der vom Erblasser vorgenommenen Erbeinsetzung immerhin streiten.

Ein einziger, wenn auch *ex re certa* Instituierter wurde nach dieser Lösung Alleinerbe; mehrere *heredes ex rebus certis* waren zu gleichen Teilen als Erben berufen, da eine Erbquote nicht genannt wurde. Hier kann eine Parallele zur Streichung unmöglicher Bedingungen gezogen werden, wie sie von den Sabinianern vertreten wurde[467]. *David*[468] wies darauf hin, dass es dabei auffällig ist, dass auch Proculus diese Ansicht im Zusammenhang mit der *heredis institutio ex re certa*[469] teilte, obwohl bei unmöglichen Bedingungen bekanntlich[470] ein Schulenstreit bestand. Diese Verschiedenbehandlung lässt sich möglicherweise daraus erklären, dass eine ‚unmögliche' Quotenzuteilung nicht schadete, weil diese keine ‚Voraussetzung' für die Erbenstellung selbst ist; es lässt sich daraus kein Wille des Erblassers erschließen, die Betreffenden ohne die Quote überhaupt nicht als Erben zu wollen, daher ergab sich die Quote mangels wirksamer gewillkürter Quotenzuteilung eben aus der Anzahl der zusammentreffenden Erben. Bei der unmöglichen Bedingung

465 *David*, Heredis institutio ex re certa (1930) 47.
466 *Neuner*, Heredis institutio ex re certa (1853) 47.
467 Siehe dazu unten VI.10.b. und e.
468 *David*, Heredis institutio ex re certa (1930) 47.
469 Iav. 7 epist., D. 28, 5, 11.
470 Gai. 3, 98.

hingegen wurde etwas als Voraussetzung für die Erbenstellung definiert, das nicht eintreten konnte. Ob hier der Betreffende auch ohne Eintreten dieser Voraussetzung nach dem Willen des Erblassers Erbe sein sollte oder diesfalls doch die Intestaterbfolge präferiert wurde, ließ sich weitaus schwieriger in einer Zweifelsregel entscheiden.

Waren allerdings einige Erben *coniunctim* eingesetzt, so wurde das Ergebnis im Falle der Einsetzung auf konkrete Gegenstände angepasst:

> Iav. 1 epist., D. 28, 5, 11: *‚Attius fundi Corneliani heres esto mihi, duo Titii illius insulae heredes sunto'. habebunt duo Titii semissem, Attius semissem idque Proculo placet: quid tibi videtur? respondit: vera est Proculi opinio.*
>
> ‚Attius soll auf das Cornelianische Grundstück mein Erbe sein. Die beiden Titii sollen Erben auf jenes Mietshaus sein.' Die beiden Titii erhalten die eine Hälfte [der Erbschaft], Attius die andere Hälfte [der Erbschaft]. Das meint auch Proculus. Wie siehst du das? Er hat geantwortet: Die Meinung des Proculus ist zutreffend.[471]

Es werden in diesem Fall drei Erben jeweils *ex re certa* eingesetzt: Einer auf eine Sache, zwei (verbunden) auf eine andere Sache. Die Nennung der Sachen wird gestrichen, der erste Erbe bekommt die Hälfte und die anderen beiden teilen sich die zweite Hälfte: Sie sind für ihren Anteil verbunden.

Als Grund dafür, dass auf das Wertverhältnis der zugeteilten *res certae* selbst keine Rücksicht genommen wird[472], nennt Paulus in seinem Sabinuskommentar den Umstand, dass sich die Erbteile aufgrund des unterschiedlichen Wertes der zugedachten Sachen ansonsten nur schwer bestimmen ließen:

> Paul. 1 ad Sab., D. 28, 5, 10: *Si alterius atque alterius fundi pro partibus quis heredes instituerit, perinde habebitur, quasi non adiectis partibus heredes scripti essent: nec enim facile ex diversitate pretium portiones inveniuntur: ergo expeditius est quod Sabinus scribit, perinde habendum, ac si nec fundum nec partes nominasset.*
>
> Hat jemand seine Erben auf bestimmte Anteile an zwei verschiedenen Landgütern eingesetzt, dann wird es so angesehen, als wären die Erben ohne Angabe der Anteile eingesetzt worden. Denn aufgrund des unterschiedlichen Werts

---

471 Übersetzung: *K/K/R/S-Rüfner*.

472 Vgl. Ulp. 5 ad Sab., D. 28, 5, 9, 13; Paul. 1 ad Sab., D. 28, 5, 10; Iav. 7 epist., D. 28, 5, 11.

> der Teile lassen sich nicht leicht Erbanteile ermitteln. Daher ist es einfacher, (dem zu folgen) was Sabinus schreibt: Es sei so anzusehen, als hätte der Erblasser weder ein Landgut noch Anteile genannt.[473]

Bei komplexeren Sachverhalten war es sicher schwierig, wenn nicht gar unmöglich, die Höhe der Quote festzustellen und diese in das Unzialsystem einzupassen. *David* schließt diese Variante daher aus[474]. Man könnte aus der Begründung bei Paulus aber auch umgekehrt schließen, dass er eine solche Lösung für Sachverhalte, in denen das Wertverhältnis auf der Hand lag und leicht in das Unzialsystem eingepasst werden konnte, sehr wohl in Betracht zog. Ein Ulpian-Text (Ulp. 5 ad Sab., D. 28, 5, 9, 13; dazu gleich unten S. 133) liefert dafür zusätzliche Argumente. Dennoch wird – soviel darf vorgreifend verraten werden – auch vorliegend diese Lösung als eher unwahrscheinlich qualifiziert.

Auch denkbar ist etwa, dass Paulus bloß eine Erklärung für die aktuelle Rechtslage bieten möchte: Trotz der erweiterten Berücksichtigung des Erblasserwillens in der Form, dass die gänzliche Nichtigkeit der Erbeinsetzung und damit des gesamten Testaments nicht (mehr) die einzig gangbare Alternative war, konnte man eben nicht so weit gehen, spezielle, von einem Kopfteil abweichende Erbquoten aus dieser Anordnung abzuleiten. Um dafür Verständnis zu wecken, weist Paulus auf die Schwierigkeit einer Quotenberechnung in vielen Fällen hin.

Auch die Einsetzung *detracta re* ist im Ergebnis nichts anderes als eine negativ formulierte Einsetzung *ex re certa*[475]: Zwei Vermögenskomplexe stehen nebeneinander, auf den einen wird eingesetzt, auf den anderen nicht. Bei einer solchen Formulierung ist der Testatorwille im Hinblick auf die Erbeinsetzung immerhin insofern leichter zu ermitteln, als hier eine ‚reguläre' Erbeinsetzung formuliert und nur im Anschluss daran ein Ausschluss von bestimmten Sachen verfügt wird, welche er herausgeben soll. Auf formaler Ebene ist eine Einsetzung auf eine Quote formuliert, nur mit dem ‚Zuviel', dass bestimmte Gegenstände weggenommen/ausgenommen

---

473 Übersetzung: *K/K/R/S-Rüfner*; Hervorhebungen *LI*.

474 *David*, Heredis institutio ex re certa (1930) 44 Fn. 5. *Strobel*, Testamentsurkunden (2014) 209 Fn. 722 kritisiert diese Deutung. Siehe sogleich Fn. 482.

475 Vgl. idS. schon *Suman*, Favor testamenti (1916) 43; *Neuner*, Heredis institutio ex re certa (1853) 41 (mit unterschiedlichen Ansichten hinsichtlich der zeitlichen Abfolge).

sein sollen[476]. Schon Aquilius Gallus[477] hielt eine solche Formulierung daher für eine gültige Erbeinsetzung, wobei aber der Ausschluss der erwähnten Sachen nicht in der Berufung auf die Erbschaft berücksichtigt werden konnte. Eine Umdeutung in ein Fideikommiss – zu wessen Gunsten auch immer – konnte auf dieser Stufe der Rechtsentwicklung (da Fideikommisse erst ab Augustus Rechtsschutz erlangten[478]) noch keine Klagbarkeit herbeiführen und wurde wohl schon deshalb nicht in Betracht gezogen[479]. Die Umdeutung in ein Legat kam mangels Einhaltung der formellen Voraussetzungen nicht in Frage, daher blieb es bei der bloßen Streichung.

Interessant ist in diesem Zusammenhang ein weiteres Paulusfragment, welches sich eigentlich mit der *exheredatio ex re* beschäftigt, jedoch auch eine Stellungnahme zur *heredis institutio ex re certa* enthält:

> Paul. 1 ad Vit., D. 28, 2, 19: *Cum quidam filiam ex asse heredem scripsisset filioque, quem in potestate habebat, decem legasset, adiecit ‚et in cetera parte exheres mihi erit', et quaereretur, an recte exheredatus videretur, Scaevola respondit non videri, et in disputando adiciebat ideo non valere, quoniam nec fundi exheres esse iussus recte exheredaretur, aliamque causam esse institutionis, quae b e n i g n e a c c i p e r e t u r: exheredationes autem non essent adiuvandae.*

Jemand hatte seine Tochter zur Alleinerbin bestimmt und seinem noch in seiner Hausgewalt sehenden Sohn zehn mit dem Zusatz vermacht: ‚und für den übrigen Teil soll er mir nicht Erbe sein'. Es wurde angefragt, ob der Sohn als wirksam enterbt anzusehen sei. Scaevola erteilte das Gutachten, er sei nicht so anzusehen. Und

476 Vgl. auch den Hinweis bei Pap. 7 resp., D. 31, 77, 30, wonach Testatoren regelmäßig ihr Vermögen – und damit zusammenhängend auch den Wert der zugewiesenen Erbquoten – schätzen.

477 Licin. Ruf. 2 reg., D. 28, 5, 74.

478 Zur Bedeutung des Fideikommisses schon vor deren Klagbarkeit siehe unten XIII., XXIII. Zur Entwicklung des Rechtsschutzes zusammenfassend *Hörtner*, Fideikommisse (2011) 9–12, 38–50; zu den strukturellen Wurzeln ibid. 21–23. *Longchamps de Bérier*, Fedecommesso universale (1997) 42 weist darauf hin, dass die juristische Anerkennung trotz der Schilderung in Inst. 2, 25 pr. kaum von einem Tag auf den anderen erfolgt sein kann und seiner Meinung nach schon in spätrepublikanischer Zeit gegeben gewesen sein müsste.

479 Fideikommisse dürften allerdings schon lange vorher bekannt gewesen sein; der Erblasser musste sich dabei zunächst auf die nicht erzwingbare Treue des Erben verlassen, siehe nur *Manthe*, SC Pegasianum (1989) 17–19. Zur interessanten – wenn auch nicht beweisbaren – These, dass der Teilungsrichter schon früher Fideikommisse berücksichtigte, siehe *Schwing*, Heredis institutio ex re certa (1875) 60–61, 67 Fn. 193.

in der Erörterung führte er dazu aus, die Enterbung sei deshalb unwirksam, weil ja auch, wer im Hinblick auf ein Landgut enterbt wird, nicht wirksam enterbt werde. Und die Lage sei anders bei einer Erbeinsetzung. Diese werde wohlwollend ausgelegt; Enterbungen hingegen dürfe man nicht begünstigen.[480]

Die an dieser Stelle maßgebliche Bemerkung stammt von Scaevola, der ausführt, dass die *exheredatio ex re* unwirksam sei, weil diese Lage anders sei als bei einer Erbeinsetzung, die wohlwollend zu behandeln sei; die *exheredatio ex re* müsse man nicht begünstigen. Dass eine Erbeinsetzung in Fällen der Einsetzung auf bestimmte Gegenstände überhaupt aufrechterhalten wird, ist demnach nur besonderem ‚Wohlwollen' zu verdanken und entspricht dem *favor testamenti*.

Auch Ulpian kommt in seinem Sabinuskommentar darauf zu sprechen und er nennt als Bedingung für diese Lösung, dass dem nicht der offenkundige Wille des Erblassers entgegensteht. Auf die *voluntas* des Testators weist er am Ende des Fragments explizit hin:

Ulp. 5 ad Sab., D. 28, 5, 9, 13: *Si duo sint heredes instituti, unus ex parte tertia fundi Corneliani, alter ex besse eiusdem fundi, Celsus expeditissimam Sabini sententiam sequitur, ut detracta fundi mentione quasi sine partibus heredes scripti hereditate potirentur, si modo voluntas patris familias manifestissime non refragatur.*

In dem Fall, dass zwei Erben eingesetzt wurden, einer auf ein Drittel des cornelianischen Landguts, der andere auf zwei Drittel desselben Guts, folgt Celsus der überaus einfachen Lösung des Sabinus, derzufolge die Erwähnung des Landguts außer Acht gelassen wird und die eingesetzten Erben die Erbschaft erhalten, als wären sie ohne Bestimmung von Erbanteilen zu Erben eingesetzt, sofern dem der Wille des (verstorbenen) Hausvaters nicht ganz offensichtlich entgegensteht.[481]

Die Folge eines offenkundig entgegenstehenden Willens des Erblassers könnte völlige Nichtigkeit sein (z.B. wenn der Erblasser offenbar eigentlich gar keine Erbeinsetzung vornehmen wollte, sondern tatsächlich nur Einzelverfügungen im Sinn hatte), sodass nur zwischen diesen beiden Varianten gewählt werden konnte: Entweder keine Anerkennung der testamentarischen Erbfolge (dh. gänzliche Nichtigkeit) oder Gewährung der testamentarischen Erbfolge unter

480 Übersetzung: *K/K/R/S-Knütel*; Hervorhebungen *LI*.
481 Übersetzung: *K/K/R/S-Rüfner*; Hervorhebungen *LI*.

Streichung der Sachen aus den Erbquoten, sodass die Testamentserben gleich große Quoten erhielten (dh. Teilnichtigkeit).

Aus dieser Aussage könnte man aber in Zusammenschau mit Paul. 1 ad Sab., D. 28, 5, 10 auch ableiten, dass es neben den in den Digesten ausdrücklich überlieferten Lösungen auch die Variante gegeben hat, die konkrete Einsetzung auf bestimmte Sachen in eine abstrakte nach rechnerischen Quoten umzuwandeln, sodass das Wertverhältnis der zugedachten Sachen in der Erbquote Niederschlag fand. Dies zumindest dann, wenn eine solche Lösung dem Erblasserwillen entsprach (Rückschluss aus Ulp. 5 ad Sab., D. 28, 5, 9, 13) und rechnerisch problemlos zu bewerkstelligen war (Rückschluss aus Paul. 1 ad Sab., D. 28, 5, 10). Dabei handelt es sich um eine Spekulation, die von einigen Stimmen in der Literatur (noch dazu ohne Bezugnahme auf die eben angeführten Passagen bei Paulus und Ulpian) als „denklogische Überlegung" dargestellt wird[482].

Derart eingesetzte Erben hätten aber auch bei dieser Konstruktion keinen konkreten Anspruch auf die *res certae*, sondern nur auf – deren Wert im Verhältnis zum Gesamtwert des Nachlasses entsprechende – Quoten. Es käme diesfalls nicht nur zu der Fiktion, dass die Nennung der konkreten Sache in der Erbeinsetzung schlicht nicht erfolgt ist, sondern es müsste überdies zusätzlich fingiert werden, dass eine Quotenzuteilung erfolgt ist. Die Zuteilung der bestimmten Gegenstände wäre dadurch nicht gesichert.

Es könnte auch (zunächst) eine Entscheidung zwischen nur zwei möglichen Szenarien gegeben haben: Wollte der Testator offenbar lediglich Einzellegate zugunsten der Personen aussetzen, die er versehentlich als Erben bezeichnet hat, ist keine Konversion in eine Quote gewollt (Ergebnis aus Ulp. 5 ad Sab., D. 28, 5, 9, 13); das Testament wäre daher nichtig, da es insofern gar keine *heredis institutio* enthält (eine Umdeutung in ein Kodizill käme sodann in Betracht, wenn eine ‚generelle Umdeutungsklausel' enthalten ist). Wollte der Testator die Personen hingegen zu Erben einsetzen und scheint ‚nur' die Anteile nicht korrekt bezeichnet zu haben, da er eben keine Quote, sondern lediglich Gegenstände nennt, so gilt die Nennung der Gegenstände als nicht geschrieben, was die oben beschriebene Konsequenz nach sich zog, dass die derart eingesetzten Erben zu gleichen Teilen zur Erbschaft berufen wurden

482 Etwa bei *Strobel*, Testamentsurkunden (2014) 208–210 (ibid. 209 Fn. 722 mit Hinweis auf *David*, der diese Variante „vorschnell" ablehne).

(Ergebnis aus Paul. 1 ad Sab., D. 28, 5, 10). Damit hinge die Streichung durchaus vom Erblasserwillen ab, der im Zweifel auf die Gültigkeit des Testaments abzielte[483].

Prozessual gesehen ist zu konstatieren, dass auch im Falle der Streichung die Klagen zur Anwendung kamen, die der Erblasser für die Betreffenden als Erben und damit Universalsukzessoren im Sinn hatte, doch richteten sie sich – anders als er vorgesehen hatte – nicht auf die genannte Sache, sondern auf eine Quote am Nachlass. Insofern war es selbst dann, wenn diese dem Wert der Sachen entsprach, nicht die Klage, die der Erblasser für sie als Mittel zum Sachzugriff vor Augen hatte.

Der oben wiedergegebene Javolen-Text D. 28, 5, 11 zeigt aber, dass doch bis zu einem gewissen Grad die Verfügung nicht immer völlig ausgeblendet wurde, selbst wenn sie nicht zum Sachzugriff führte: Waren drei Erben auf bestimmte Grundstücke eingesetzt, wobei zwei Erben gemeinsam auf das eine, der dritte Erbe alleine auf das andere Grundstück eingesetzt wird, so führt das dazu, dass die beiden *coniunctim* auf eine Sache eingesetzten Erben gemeinsam auf eine Hälfte, dh. je auf ein Viertel, eingesetzt sind, der andere hingegen alleine auf die andere Hälfte[484].

Auf Papinian[485] dürfte eine Neubewertung dieser Frage zurückgehen, wie sie auch im folgenden Ulpian-Fragment zum Ausdruck kommt:

> Ulp. 4 disp., D. 28, 5, 35 pr.–2: *Ex facto proponebatur: quidam duos heredes scripsisset, unum rerum provincialium, alterum rerum italicarum, et, cum merces in italiam devehere soleret, pecuniam misisset in provinciam ad merces comparandas, quae comparatae sunt vel vivo eo vel post mortem, nondum tamen in italiam devectae, quaerebatur, merces utrum ad eum pertineant, qui rerum italicarum heres scriptus erat an vero ad eum, qui provincialium. dicebam receptum esse rerum heredem institui posse nec esse inutilem institutionem, sed ita, ut officio iudicis familiae herciscundae cognoscentis contineatur*

483 Anders *Suman*, Favor testamenti (1916) 3, der die Ansicht vertrat, dass die Streichung gegen den Willen des Erblassers erfolge und rein dem *favor testamenti* entspreche, der insofern einen Gegensatz zur *voluntas testantium* darstelle.

484 Vgl. dazu *d'Orta*, Sterilis beneficii conscientia (2005) 156–158 (zur *heredis institutio ex re certa* auch ibid. 25–26).

485 Dazu eingehend *Babusiaux*, Papinians Quaestiones (2011) 152–159. Siehe auch Pap. 6 resp., D. 28, 5, 79. Vgl. *David*, Heredis institutio ex re certa (1930) 28–31 sowie *Strobel*, Testamentsurkunden (2014) 209. *Neuner*, Heredis institutio ex re certa (1853) 151–153 sieht Papinian nicht als Urheber dieser Rechtsauffassung, gesteht ihm aber immerhin die nähere Beleuchtung von Detailfragen zu.

nihil amplius eum, qui ex re institutus est, quam rem, ex qua heres scriptus est, consequi. ita igitur res accipietur. verbi gratia pone duos esse heredes institos, unum ex fundo Corneliano, alterum ex fundo Liviano, et fundorum alterum quidem facere dodrantem bonorum, alterum quadrantem: erunt quidem heredes ex aequis partibus, quasi sine partibus instituti, verumtamen officio iudicis tenebuntur, ut unicuique eorum fundus qui relictus est adiudicetur vel adtribuatur. 1. *Unde scio quaesitum, aeris alieni onus pro qua parte adgnosci debeat. et refert Papinianus, cuius sententiam ipse quoque probavi, pro hereditariis partibus eos adgnoscere aes alienum debere, hoc est pro semisse: fundos etenim vice praeceptionis accipiendos. quare si forte tantum sit aes alienum, ut nihil detracto eo superesse possit, consequenter dicemus institutiones istas ex re factas nullius esse momenti: et si forte Falcidia interveniens recisionem esset legatorum factura, sic officio iudicis recidit praeceptiones istas, ut non plus quisque eorum habeat quam esset habiturus, si legatum accepisset vel aliud vel etiam praeceptiones. quod si fuerit incertum, an Falcidia interventura sit, rectissime probatur officio iudicis cautiones esse interponendas.* 2. *Cum haec ita sint, haec etiam institutio, de qua quaeritur, non est repellenda, si alius rerum provincialium, alius rerum italicarum heres fuerit scriptus, officioque iudicis adtribuentur singulis res quae adscriptae sint, erunt tamen heredes ex aequis partibus, quia nulla pars adscripta est. quae res facit, ut, si forte in aliis facultatibus plus sit (in italicis forte quam in provincialibus), in aliis minus et aeris alieni ratio urguet, debeat dici imminutionem eandem fieri quam supra ostendimus: proinde et si aliis fuerint legata relicta, contributio admittenda erit.*

Aufgrund eines praktischen Falls wurde berichtet: Jemand hatte zwei Erben eingesetzt, einen für das Vermögen in der Provinz, den anderen für das Vermögen in Italien. Da er gewöhnlich Waren nach Italien einführte, hatte er Geld für den Einkauf von Waren in die Provinz geschickt. Die Waren wurden zu seinen Lebzeiten oder nach seinem Tod gekauft, jedoch noch nicht nach Italien verbracht. Es wurde gefragt, ob die Waren dem gebührten, der im Testament als Erbe des Vermögens in Italien, oder vielmehr dem, der für das Vermögen in der Provinz eingesetzt war. Ich (Ulpian) habe gutachtlich entschieden, es sei anerkannt, dass man einen Erben für bestimmte Gegenstände einsetzen könne, und also sei die Einsetzung nicht unwirksam; doch begründe sie nur für den zuständigen Erbteilungsrichter die Pflicht, dafür zu sorgen, dass derjenige, der für einen Gegenstand als Erbe eingesetzt sei, nicht mehr als den Gegenstand erlange, auf den er eingesetzt wurde. So wird man diese Anordnung also verstehen. Angenommen zum Beispiel, es seien zwei Erben eingesetzt worden, einer auf das cornelianische, der andere auf das livianische Landgut, und das eine Landgut mache drei Viertel des Vermögens aus, das andere ein Viertel. Beide erben zu gleichen Teilen, da sie ja ohne Angabe von Erbanteilen eingesetzt sind; doch gehört es zur Amtspflicht des Richters, jedem das Landgut, das ihm hinterlassen wurde, zuzuerkennen und zuzuweisen. 1. Daher wurde, wie ich weiß, die Frage gestellt, in welchem Umfang die Schulden der Erbschaft übernommen werden müssen. Und Papinian, dessen Urteil ich auch selbst zugestimmt habe, berichtet, dass die

> Erben die Schulden im Verhältnis der Erbanteile übernehmen müssen, also je zur Hälfte. Denn die Landgüter seien wie Vermächtnisse zur Vorwegnahme anzusehen. Daher werden wir, wenn der Umfang der Schulden so groß sein sollte, dass nach deren Abzug nichts übrig bleibt, folgerichtig entscheiden, dass die Einsetzungen auf bestimmte Gegenstände keinerlei Wirkungen zeitigen. Und falls bei Vermächtnissen die Lex Falcidia eingreifen und zu einer Kürzung führen würde, werden durch diese Lex Vorwegzuwendungen kraft der Amtspflicht des Richters gekürzt, sodass niemand mehr behält, als er hätte, wenn er ein Vermächtnis – sei es von anderer Art oder auch zur Vorwegnahme – erhalten hätte. Sofern aber unsicher war, ob die Lex Falcidia eingreifen würde, wird ganz zu recht befürwortet, dass kraft der Amtspflicht des Richters Sicherheiten (für die Erstattung etwa zu viel erhaltener Beträge) geleistet werden. 2. Da es sich so verhält, darf auch die Erbeinsetzung, auf welche sich die Anfrage bezieht, nicht [als unwirksam] verworfen werden – die Erbeinsetzung, durch die ein Erbe für das Vermögen in der Provinz und einer für das Vermögen in Italien bestimmt wurde. Und kraft der richterlichen Amtspflicht werden den einzelnen Erben die Gegenstände zugewiesen, die ihnen im Testament zugedacht sind; sie werden jedoch Erben zu gleichen Teilen, weil kein Erbteil festgelegt ist. Dies führt zu der Entscheidung, man müsse, falls in dem Vermögensteil weniger (etwa im italischen Vermögen mehr als im Vermögen in der Provinz) und die Schuldenlast drückend ist, eine Verminderung vornehmen, wie wir sie oben erläutert haben. Daher muss auch, wenn noch Vermächtnisse an andere Personen angeordnet sind, ein Abschlag vorgenommen werden.[486]

Im *principium* wird als Ausgangspunkt ein Fall aus der Praxis geschildert: Ein Erbe wurde auf Vermögen in der Provinz eingesetzt, ein anderer Erbe auf Vermögen in Italien. Gestritten wird offenbar in erster Linie darüber, wem Waren gebührten, welche in der Provinz eingekauft, aber für die Verwendung in Italien bestimmt worden waren. Auf die Frage der Waren und sonstigen den Erben zuzuweisenden Nachlassgegenstände geht Ulpian ab § 3 näher ein. Er beginnt seine Auskunft mit der für uns an dieser Stelle maßgeblichen Vorfrage, ob die Erbeinsetzung – obwohl *ex re certa* – überhaupt gültig ist. Dies bejaht der Jurist: Die Betroffenen werden ohne zugewiesene Quoten, daher zur Hälfte Erben, wobei eine Amtspflicht des Teilungsrichters besteht, nur die *res certa* zuzuweisen. Erbschaftsschulden hingegen sind je zur Hälfte zu tragen. Erschöpfen die Schulden den Nachlass, so hat die Nennung bestimmter Gegenstände keinerlei Wirkung: In diesem Fall ist die Erbeinsetzung zwar ebenfalls

---

486 Übersetzung: *K/K/R/S-Rüfner*; Hervorhebungen *LI.*

wirksam, jedoch der Anspruch auf *certa res* insofern nicht, als die Präzeptionslegate hinfällig sind. Ist der Nachlass überschuldet, so können die genannten Gegenstände – wie es generell für Vermächtnisse gilt – nicht zugeteilt werden[487]. *David* entnimmt dem Text hingegen, dass die Erbeinsetzung diesfalls nichtig ist[488]. Ein Missverständnis liegt mE auch im Zusammenhang mit der Erwähnung der *lex Falcidia* vor, die so zur Anwendung kommt, dass keiner mehr erhält, als wäre er durch Legat bedacht: *David* meinte, weil die *lex Falcidia* den Erben schützen solle, könne das nicht auf die vorliegende Situation passen[489]. Die *heredes ex rebus certis* sind aber Erben und werden eben wechselseitig voreinander (und sonst testamentarisch Bedachten) geschützt: Ein *heres ex re certa* darf – zulasten seiner Miterben, die ebenfalls *heredes ex rebus certis* sind und um die es hier geht (die also durch die *lex Falcidia* geschützt werden sollen) –, nicht mehr erhalten, als er hätte, wenn ihm außer der Erbquote auch ein (Prä-)Legat zugewendet worden wäre.

Ulpian hatte zwar einen konkreten Fall zu entscheiden, er bildete aber hilfsweise das folgende simple Beispiel: Zwei Erben sind je auf ein Landgut eingesetzt. Das eine macht 3/4 des Vermögens aus, das andere 1/4[490]. Dass das Beispiel im Hinblick auf die *lex Falcidia* so gewählt wurde, ist naheliegend: Der klassische antike Schulfall geht von einer Erbschaft in Höhe von 400 aus. Das war deshalb der ideale Betrag, weil der nach der falzidischen Kürzung verbleibende Betrag von 300 durch 12 teilbar war (römische Bruchrechnung ‚auf den Krücken des As und der Unzen'). Es wäre jedenfalls in dieser vereinfachten Variante unschwer möglich, das Wertverhältnis auch durch die Quote zu verwirklichen. Die Lösung im Anschluss an Papinian setzt jedoch auf anderer Ebene an: Die Erbquote bemaß sich weiterhin nach der sabinianischen Regelung, das heißt, beide erbten zu gleichen Teilen, da sie ohne Angabe von Quoten eingesetzt sind. Die Zuteilung der *res certa* wurde aber nicht mehr nur aus der Erbeinsetzung wegfingiert, sondern vielmehr aus der Erbeinsetzung herausgelöst und als *praeceptio* wirksam gemacht, indem sie im Erbteilungsverfahren Berücksichtigung fand: *vice*

---

487 *Voci*, DER II ^{2}(1963) 151.

488 *David*, Heredis institutio ex re certa (1930) 23.

489 *David*, Heredis institutio ex re certa (1930) 24.

490 Siehe dazu auch *Manthe*, SC Pegasianum (1989) 102 mit Fn. 6 und 8.

praeceptionis erhielten die Erben das jeweilige Grundstück. Konstruktiv handelt es sich dabei um eine Konversion der Zuteilung von Sachen in der Erbeinsetzung in – von der Erbeinsetzung getrennte – wechselseitige Fideikommisse (die Legatsform wurde immerhin nicht beachtet). Weil die beiden Miterben sind, waren diese Fideikommisse wie Prälegate zu behandeln und die *res certae* vom Teilungsrichter im *iudicium familiae erciscundae* entsprechend zuzuteilen.

Es kommt im Ergebnis also zur Umsetzung einer Teilungsanordnung: Teilungsanordnungen konnten ganz generell in einem Testament, einem Kodizill oder unabhängig davon in jeder beliebigen Form erfolgen, Intestaterben oder Testamentserben betreffen, als Legat oder Fideikommis oder bloße *divisio* ausgestaltet sein[491]. Die Teilungsanordnung sagt über das Berufensein zur Erbschaft für sich genommen auch nichts aus. Die zugewiesenen *res hereditariae* werden aber als Vermächtnisse aufgefasst; und zwar werden sie als (stillschweigende) wechselseitige Vorvermächtnisse behandelt. Dies gilt nicht nur dann, wenn sie als Legat oder Fideikommiss ausgestaltet sind, sondern auch bei den ‚simplen' Teilungsanordnungen.

Darin, dass in Ulp. 4 disp., D. 28, 5, 35 die Einsetzung zu gleichen Teilen insbesondere Auswirkungen auf die Haftung für Erbschaftsschulden zeitigt, erblickt *Strobel* einen „merkwürdigen Gegensatz von formell gleichen Erbteilen mit gleicher Haftung einerseits und wertmäßiger Ungleichbehandlung *vice praeceptionis* andererseits"[492] und befürchtet „Unbilligkeiten" bei der Erbenhaftung[493]. Es kann aber wohl vorsichtig vermutet werden, dass die pro-Kopf-Quotenregelung lediglich das Außenverhältnis betrifft: Denjenigen, welche mehr aus der Erbmasse empfingen, wird höchstwahrscheinlich auferlegt worden sein, denjenigen, welche weniger empfingen, mittels *stipulationes* zu versprechen, sie in entsprechender Höhe schadlos zu halten, sollten Erbschaftsgläubiger sie in Anspruch nehmen. Nur wenn diese Stipulationen geleistet wurden, dürfte der Teilungsrichter wertmäßig über die Erbquote hinausgehende Sachen zugeteilt haben, damit ein Ausgleich

---

491 Zur Entwicklung – insbesondere im nachklassischen Recht – siehe *Voci*, IV secolo, IVRA 29 (1978) 37–39.

492 *Strobel*, Testamentsurkunden (2014) 212.

493 *Strobel*, Testamentsurkunden (2014) 210.

im Innenverhältnis herbeigeführt wird, wie er auch etwa beim Teilungslegat üblich war (*stipulationes partis pro parte* bzw. *stipulatio quanto amplius*)[494].

Vergleichend hinzuweisen ist in diesem Zusammenhang auch auf folgendes Fragment:

> Pap. 6 resp.[495], D. 28, 5, 79 pr.: *Qui non militabat, bonorum maternorum, quae in Pannonia possidebat, libertum heredem instituit, paternorum, quae habebat in Syria, Titium. iure semisses ambos habere constitit, sed arbitrum dividendae hereditatis supremam voluntatem factis adiudicationibus et interpositis propter actiones cautionibus sequi salva Falcidia, scilicet ut, quod vice mutua praestarent, doli ratione quadranti retinendo compensetur.*

> Jemand, der kein Soldat war, setzte für das mütterliche Vermögen, das er in Pannonien besaß, einen Freigelassenen als Erben ein und für das väterliche Vermögen, das er in Syrien hatte, Titius. Es stand fest, dass sie von Rechts wegen je die Hälfte [der Erbschaft] erhalten hatten, dass aber der Erbteilungsrichter den letzten Willen durch Zuweisungen [der im Testament genannten Vermögensteile] und die Anordnung von Sicherheitsversprechen wegen der Klagen [der Erbschaftsgläubiger] verwirklichen musste; dabei bleibt die Lex Falcidia unberührt, aber natürlich nur mit der Folge, dass kraft der [Gegeneinrede der] Arglist das Viertel, das zurückbehalten werden darf, mit dem verrechnet wird, was sie einander [aufgrund der richterlichen Zuweisungen] leisten müssen.[496]

Auch hier gibt es wieder zwei Erben: einer wird auf das mütterliche, einer auf das väterliche Vermögen eingesetzt. Es ist, wie ausdrücklich festgehalten wird, kein Soldatentestament. Die derart Eingesetzten werden wiederum je zur Hälfte Erben, da die *res certae* aus der Erbeinsetzung wegfingiert werden. Der Erbteilungsrichter soll die *res certae* dem letzten Willen gemäß zuweisen;

---

494 Der Unterschied zum Regime der *stipulationes emptae et venditae hereditatis* beim Erbschaftskauf liegt darin, dass der Erbschaftskäufer die Last aller Vermächtnisse trägt, der Teilungslegatar jedoch nicht: dort trägt der Erbe diese Last. Vgl. *Manthe*, SC Pegasianum (1989) 61: „der Erbschaftsfideikommissar ist nur dann zum Eintritt in die Erbschaftsprozesse berechtigt und verpflichtet, wenn er *emptoris loco* stand, nicht wenn er *legatarii loco* stand". Beim Eintritt kam es zum Aktionentransfer: Der Prätor gewährte *actiones utiles* mit fiktizischer Fassung. Siehe dazu *Manthe* ibid. 38.

495 Möglicherweise stammt das Fragment nicht aus den Responsen, sondern vielmehr den Quaestionen Papinians; siehe *Voci*, DER II ²(1963) 153. Zu Datierung, Form der Darstellung, Überlieferung, Stil etc. der Responsen Papinians siehe rezent *J.G. Wolf*, Papinians Responsorum libri XIX, in: Scritti Corbino VII (2016) 527–556.

496 Übersetzung: *K/K/R/S-Rüfner*.

ebenso auch die *cautiones* wegen Erbschaftsschulden. An dieser Textpassage wurde kritisiert[497], dass ausweislich des Textes der *iudex* die Stipulationsleistung auferlegt, ansonsten derartiges aber durch den Prätor geschieht. Der Prätor tat dies etwa bei den Teilungslegaten und bei Erbschaftskäufen, für welche er zuständig war. Auch der *praetor fideicommissarius* tat das bei den in seine Zuständigkeit fallenden Fideikommissen (vor allem Universalfideikommissen bzw. Quotenfideikommissen); er ist aber auch für die Durchführung des gesamten Verfahrens zuständig (Kognition). Teilungsrichter ist derjenige, welcher aufgrund seines *officium* die Zuteilung durchführen und auch die *res certae* zuteilen muss. Daraus könnte die Zuständigkeit des *praetor* (*fideicommissarius*) für die Auferlegung der Sicherheitsleistungen in derartigen Fällen folgen, der insofern auch *iudex* ist, als er die Sachentscheidung trifft. Ein untechnischer Wortgebrauch für denjenigen, der hier eine Entscheidung in der Sache trifft, wäre insofern also naheliegend.

Die rechtliche Konstruktion, welche Gaius im Zusammenhang mit einem Soldatentestament schildert, lässt es zu, auch Rückschlüsse auf die Behandlung eines Ziviltestaments zu ziehen:

> Gai. 15 ad ed prov., D. 29, 1, 17 pr.–1: *Si certarum rerum heredes instituerit miles, veluti alium urbanorum praediorum, alium rusticorum, alium ceterarum rerum, valebit institutio perindeque habebitur, atque si sine partibus heredes eos instituisset resque omnes suas per praeceptionem cuique legando distribuisset.* 1. *Iulianus etiam ait, si quis alium castrensium rerum, alium ceterarum scripsisset, quasi duorum hominum duas hereditates intellegi, ut etiam in aes alienum, quod in castris contractum esset, solus is teneatur, qui castrensium rerum heres institutus esset, extra castra contracto aere alieno is solus obligetur, qui ceterarum rerum heres scriptus esset. cui scilicet conveniens videtur respondisse, ut ex quaqua causa debeatur militi, vel huic heredi vel illi ipso iure debeatur. quod si alterutra pars bonorum aeri alieno, quod ex ea causa pendebit, non sufficiat et propter hoc is qui ex parte heres institutus est non adierit, alterum qui adisset compellendum esse aut defendere totam hereditatem aut totam creditoribus solvere.*

Hat ein Soldat seine Erben auf bestimmte Gegenstände eingesetzt, zum Beispiel den einen für die städtischen Grundstücke, einen anderen für die Grundstücke auf dem Land und einen dritten für alle anderen Sachen, so ist die Erbeinsetzung wirksam, und es wird so angesehen, als hätte der Erblasser die Erben ohne Festsetzung von Anteilen eingesetzt und sein gesamtes Vermögen

---

497 Siehe nur *Voci*, DER II [2](1963) 156 aE. Zu weiteren Verdächtigungen ibid. 157–158.

> durch Vermächtnisse zur Vorwegnahme für alle Erben verteilt. 1. Auch Julian sagt, in dem Fall, dass ein Erblasser [im Soldatentestament] einen Erben für die Gegenstände des militärischen Sondervermögens und einen anderen für alles übrige eingesetzt hatte, werde angenommen, dass es sich gewissermaßen um zwei Nachlässe von zwei verschiedenen Personen handele, so dass auch für Schulden, die während des Militärdienstes begründet wurden, nur der hafte, der zum Erben der Gegenstände des militärischen Sondervermögens eingesetzt wurde, und für Schulden, die außerhalb des Dienstes begründet wurden, nur der hafte, der als Erbe von allem übrigen eingesetzt worden war. Damit steht es natürlich im Einklang, dass er gutachterlich entschied, alles, was dem Soldaten aus irgendeinem Grund geschuldet wird, werde ohne weiteres entweder dem einen oder dem anderen Erben geschuldet. Wenn aber der eine Teil der Erbschaft für die Schulden, die auf diesem Anteil lasten, nicht ausreicht und deshalb der Erbe, der auf diesen Teil eingesetzt ist, die Erbschaft nicht angetreten hat, müsse man den anderen Erben, der angetreten hatte, zwingen, entweder für die ganze Erbschaft einzustehen oder sie im Ganzen den Gläubigern zu überlassen.[498]

Ein Soldat hatte einen Erben für städtische Grundstücke, einen anderen Erben für ländliche Grundstücke und einen weiteren Erben für alle übrigen Sachen eingesetzt. Die Verfügung wird so behandelt, als wären alle ohne Anteile – und daher im Ergebnis zu gleichen Teilen – als Erben eingesetzt und das Vermögen wird so aufgeteilt, als wären entsprechende Präzeptionslegate vergeben worden. Dies entspricht der Lösung, welche wir bereits für Ziviltestamente kennengelernt haben. Zu vermuten ist freilich, dass diese Konstruktion im Zusammenhang mit Soldatentestamenten entwickelt wurde und auf die Rechtsfortbildung hinsichtlich der Ziviltestamente einwirkte. In § 1 wird jedoch weiter ausgeführt: Hat der Soldat einen Erben für sein militärisches Sondervermögen und einen Erben für alles Übrige einsetzt, so werde angenommen, dass es sich um zwei Nachlässe von zwei verschiedenen Personen handelt; dann würden auch Schulden derart aufgeteilt[499]. Eine

---

498 Übersetzung: *K/K/R/S-Schermaier.*

499 Das dürfte auch der Grund dafür sein, dass Antonius Silvanus sich bemüßigt fühlte, hinsichtlich seines *ex asse* eingesetzten Erben noch klarzustellen, dass er sowohl die *bona castrensia* als auch die *bona domestica* erhalten solle. Dazu, dass in diesem Fall keine (entgegen *Macqueron*, Le testament d'Antonius Silvanus, RHD 23 [1945] 147) *heredis institutio ex re certa* anzunehmen ist, siehe auch *Strobel*, Testamentsurkunden (2014) 86 Fn. 286, der ibid. 87–88 aber die Unterscheidung nicht auf rechtliche Überlegungen wie die in Gai. 15 ad ed. prov., D. 29, 1, 17 pr. zum Ausdruck kommende

solche Trennung von Vermögensmassen mit gesonderter Erbfolge ist bei Zivilpersonen nicht möglich. Ein Soldat konnte im Übrigen aber auch *pro parte testatus pro parte intestatus* versterben, sodass es auch möglich ist, dass der *heres ex re certa* neben einem Intestaterben als Miterbe berufen wird. Des Weiteren können mehrere auf bestimmte Sachen Eingesetzte direkt aus dem Erbrechtstitel ihre Anteile verlangen, da bei ihnen keine Auseinandersetzung im Teilungsverfahren nötig ist[500].

Im Erbteilungsverfahren zu regeln waren – abseits des Soldatentestaments – hingegen wohl auch die Fälle, in welchen es neben einem *heres ex re certa institutus* noch einen anderen, *ex asse* eingesetzten Erben gab, der von der Beschränkung des *heres ex re certa* auf die Sache offenbar profitieren sollte[501]: Zu dessen Gunsten wurde ein Universal- bzw. Quotenfideikommiss angenommen und der *heres ex re certa* hatte umgekehrt seinerseits einen Anspruch aus Singularfideikommiss und damit einen Einzelvorbehalt. Auch hier liegt eine Miterbensituation vor, weswegen diese wechselseitigen Fideikommisse wie Prälegate zu behandeln gewesen sein werden[502]: Der *arbiter familiae erciscundae* wies dem *heres ex re certa* das Alleineigentum an der Sache zu; alle anderen Nachlassgegenstände wurden dem korrekt eingesetzten Erben zugewiesen. Nur eine ‚*quasi*' *praeceptio* ist es deshalb, weil der Erbe nur die *res certa* erhalten soll; das Konzept passt hier daher nicht ganz: eine *praeceptio* soll den Anteil, wie er nach der Erbquotenregelung besteht, normalerweise zugunsten des Bedachten vergrößern.

Dass ein einziger Erbe, der allerdings auf *certa res* instituiert wird, den gesamten Nachlass erhält, liegt seit der Entwicklungsstufe nahe, auf der man dazu neigte, die Nennung der *certa res* hinwegzufingieren. Auch nach jüngeren Modellen ist diese Vorgehensweise zumindest dann anzunehmen, wenn diese Sachen den Hauptteil des Nachlasses ausmachen. Zwingend erscheint dies freilich nicht: Aus der Einsetzung auf bestimmte Sachen könnte – jedenfalls

---

(die Vermögensteile seien wie Nachlässe von verschiedenen Personen zu betrachten), sondern vielmehr auf Mustervorlagen zurückführt. Mitunter erfolgte eine testamentarische Erbeinsetzung auch nur auf eine der beiden Vermögensmassen, während die andere der Intestaterbfolge folgte. Vgl. etwa C. 6, 21, 1–2. (a. 212–213).

500 Siehe nur *Voci*, DE II² (1963) 158.

501 Vgl. CG. 3, 4, 1 (243 n. Chr.) zu dem Fall, dass neben dem *heres ex re certa* andere Erben ordnungsgemäß eingesetzt sind.

502 Vgl. *Voci*, DER II ²(1963) 149.

dann, wenn diese nur einen geringen Teil des Nachlasses ausmachen – auch der Wille des Erblassers erschlossen werden, dass ein derartig Instituierter tatsächlich nur diese Sache erhalten, das Übrige aber etwa den Intestaterben zukommen sollte. Nun könnte einerseits die stillschweigende Anordnung eines Universalfideikommisses zugunsten der Intestaterben angenommen worden sein, unter Aufrechterhaltung der testamentarischen Erbfolge des *heres ex re certa* (so könnte es Marcian 4 inst., D. 36, 1, 30 nahelegen, da dort der *heres ex re certa* des späteren Testaments zwar Erbe wurde, er den im früheren Testament eingesetzten Erben aber unter Einzelvorbehalt die Erbschaft aus Universalfideikommiss zu restituieren hatte – dazu sogleich S. 145 noch näher), oder andererseits das Testament als ungültig betrachtet worden sein, die Intestaterbfolge eingetreten und umgekehrt die *res certa* dem testamentarisch Eingesetzten aus (Singular-)Fideikommiss zugekommen sein. Voraussetzung für Letzteres wäre aber wohl eine ‚Kodizillarklausel' (‚generelle Umdeutungsklausel'), denn ohne eine solche ist es bei Bejahung der Intestaterbfolge unmöglich, die Anordnung im Testament als Fideikommiss zu berücksichtigen.

Wurde nur ein Erbe eingesetzt und war dieser *ex re certa* instituiert, so blieb es auch nach der papinianischen Neuerung hinsichtlich der Erbquote bei der sabinianischen Regelung. Hier gab es auch keinen Miterben, mit dem man sich in einem Teilungsverfahren hätte auseinandersetzen müssen. Das kommt etwa in den Texten Ulp. 1 ad Sab., D. 28, 5, 1, 4[503]; Pap. 6 resp., D. 28, 6, 41, 8[504]; Tryph. 18 disp., D. 49, 17, 19, 2[505] zum Ausdruck. Die papinianische Neuerung

503 *Si ex fundo fuisset aliquis solus institutus, valet institutio detracta fundi mentione.*

504 *... nam et qui certae rei heres instituitur coherede non dato, bonorum omnium hereditatem optinet.*

505 *... castrensis peculii heres scriptus universa bona habebit...*: angenommen wird wohl, dass der Sohn über alles verfügen wollte, worüber er seiner Meinung nach wirksam testieren konnte; das war zunächst das *peculium castrense*, worauf er seinen Erben einsetzt. Dass der Vater verstorben ist, wusste er nicht; durch den Erwerb des väterlichen Vermögens wurden jedoch die zum *peculium castrense* gehörenden Gegenstände zur ‚*res certa*'. Siehe zum Text *Fildhaut*, Tryphoninus (2004) 143–147 mwN. (ohne auf eine darin möglicherweise liegende *heredis institutio ex re certa* einzugehen; vielmehr mit Schwerpunkt auf der Regel ‚*nemo pro parte testatus, pro parte intestatus decedere potest*'). *Stepan*, Scaevola noster (2018) 7 vermutet, dass Tryphonin hier die Konstitution Caracallas aus C. 6, 21, 2 (a. 213) zitiert. Siehe zum Problemkreis auch schon oben S. 123 zu Ulp. 45 ad ed., D. 29, 1, 11, 2.

griff beim *heres ex re certa* als Alleinerbe daher nur, wenn jemand, der nicht Erbe wurde, von der Beschränkung profitieren sollte: Dann kam es zwar nicht zur Auseinandersetzung im Erbteilungsverfahren, aber dennoch liegt die Lösung in der Annahme wechselseitiger Fideikommisse. Auf der Seite dessen, an den die Erbschaft im Ergebnis gelangen sollte, ein Universalfideikommiss (dabei konnte es sich auch um die Intestaterben handeln, die im Ergebnis *heredis loco* standen), im Gegenzug ein Singularfideikommiss zugunsten des *heres ex re certa*[506]. Letzterer musste zwar die Erbschaft restituieren, die ihm zugedachte Sache konnte er dabei aber einbehalten (gegebenenfalls mit einem Ergänzungsanspruch auf die Quart).

Der Fall der Alleinerbschaft eines *heres ex re certa*, der jedoch die Erbschaft restituieren musste, begegnet in den Quellen etwa dort, wo zwei Testamente existierten, wobei das spätere, welches das frühere aufhob, lediglich eine *heredis institutio ex re certa* enthielt[507]: Die Situation wird gelöst über ein Universalfideikommiss zugunsten der Erben des ersten Testaments und ein Singularfideikommiss zugunsten des *heres ex re certa* des zweiten Testaments.

> Marcian. 4 inst., D. 36, 1, 30: *Si quis priore facto testamento posterius fecerit testamentum, etiamsi ex certis rebus in posteriores tabulas heredes instituit, superius tamen testamentum sublatum est, ut divi quoque Severus et Antoninus rescripserunt, cuius constitutionis verba rettuli, cum alia quoque praeterea in constitutione expressa sunt. ‚Imperatores Severus et Antoninus Cocceio Campano. testamentum secundo loco factum,*

---

506 Siehe *Neuner*, Heredis institutio ex re certa (1853) 64, der von ‚stillschweigenden Fideikommissen' spricht, welche in einer derartigen Formulierung lägen. Diese Lösung setzt *Neuner* mit zwei anderen Fällen gleich: Einerseits dem Fall, dass einem Erben, der korrekt auf eine Quote bzw. *ex asse* eingesetzt ist, auferlegt wird, er solle sich mit bestimmten Gegenständen zufriedengeben (typischerweise mit der Formulierung *contentus sis*) –, egal ob damit ausdrücklich eine Restitutionsbitte verbunden wird oder nicht (Bsp. mit Restitutionsbitte etwa in Gord. A. Mestriano, C. 6, 50, 11: *restituas hereditatem contentus sis certa re*; Bsp. ohne ausdrückliche Restitutionsanordnung in Pap. 19 quaest., D. 31, 69 pr.: *contentus sis certa re*) und andererseits dem Fall eines Fiduziarerben, der unter Einzelvorbehalt restituieren soll (z.B. Inst. 2, 23, 9: *restituas hereditatem accepta, deducta, praecepta, retenta certa re*). Ist der Erbe hingegen *detracta re* eingesetzt, so ist vielmehr er selbst als Universalfideikommissar anzusehen: Derjenige, zu dessen Gunsten die Sache aus dem Erbteil ausgenommen sein soll, ist dann als Singularfideikommissar zu behandeln. Vgl. zu diesem Gedanken *Neuner*, Heredis institutio ex re certa (1853) 166.

507 Siehe zur selben kaiserlichen Rechtsauskunft auch Inst. 2, 17, 3. Zu Abweichungen zwischen dem in Inst. 2, 17, 3 sowie Marcian. 4 inst., D. 36, 1, 30 wiedergegebenen Reskriptswortlaut vgl. *Haß*, Institutio und substitutio heredis (1995) 6–7.

licet in eo certarum rerum heres scriptus sit, iure valere, perinde ac si rerum mentio facta non esset, sed teneri heredem scriptum, ut contentus rebus sibi datis aut suppleta quarta ex lege Falcidia hereditatem restituat his, qui priore testamento scripti fuerant, propter inserta fideicommissaria verba, quibus ut valeret prius testamentum expressum est, dubitari non oportet'. et hoc ita intellegendum est, si non aliquid specialiter contrarium in secundo testamento fuerit scriptum.

Hat jemand nach Errichtung eines früheren Testaments noch ein späteres Testament errichtet, so ist, selbst wenn er im späteren Testament Erben nur für bestimmte Sachen eingesetzt hat, das frühere Testament dennoch aufgehoben, wie auch die vergöttlichten Kaiser Septimius Severus und Antoninus [Caracalla] durch Reskript entschieden haben. Den Wortlaut der Konstitution habe ich hier wiedergegeben, weil in der Konstitution auch noch andere Dinge bestimmt sind: ‚Die Kaiser Septimius Severus und Antoninus [Caracalla] an Cocceius Campanus. Das als zweites errichtete Testament wirkt, obwohl in ihm der Erbe für bestimmte Sachen eingesetzt ist, von Rechts wegen so, wie wenn dieser Sachen keine Erwähnung getan wäre; doch muss der eingesetzte Erbe, mag er mit den ihm gegebenen Sachen zufrieden sein oder bis zum Viertel der Lex Falcidia Ergänzung verlangen, die Erbschaft denen herausgeben, die im ersten Testament eingesetzt waren, und zwar wegen der [im zweiten Testament] eingefügten fideikommissarischen Worte, in denen zum Ausdruck kommt, dass das frühere Testament Wirkung behalten soll. Das alles darf nicht bezweifelt werden.' Und das muss man so verstehen, wenn nicht ausdrücklich etwas Gegenteiliges im zweiten Testament geschrieben worden ist.[508]

Zunächst wird ein wirksames Testament mit ordnungsgemäßer Erbeinsetzung errichtet. Sodann wird noch ein zweites Testament errichtet, in welchem ein Erbe *ex re certa* instituiert wird. Nach Marcian, der an ein Reskript der Kaiser Septimius Severus und Caracalla anschließt, wird das erste Testament zwar der Form nach beseitigt, inhaltlich jedoch insofern aufrecht erhalten, als es nun als Fideikommiss wirksam wird: Der *heres ex re certa* des zweiten Testaments wird zwar Alleinerbe, muss aber die Erbschaft an die im ersten Testament zunächst als Erben eingesetzten und nunmehr fideikommissarisch Begünstigten herausgeben, wobei er die ihm zugedachten *res certae* behalten darf und gegebenenfalls einen Ergänzungsanspruch auf die falzidische Quart hat[509]. Dabei handelt es sich ausweislich des Schlusssatzes um eine widerlegliche Zweifelsregel.

---

508 Übersetzung: *K/K/L/R-Lohsse*.

509 Vgl. *Haß*, Institutio und substitutio heredis (1995) 18. Wenn *Babusiaux*, Papinians Quaestiones (2011) 158 ausführt: „Das zweite Testament soll also als Fideikommiss

Mehrere Varianten zu Anordnungen, wonach sich jemand mit einer bestimmten Sache oder einer bestimmten Summe Geldes ‚zufrieden geben' solle, enthält der folgende Text:

> Pap. 19 quaest., D. 31, 69 pr.: *‚peto, Luci Titi, contentus sis centum aureis'. fideicommissum valere placuit idque rescriptum est. quid ergo si, cum heredem ex parte instituisset, ita locutus est: ‚peto pro parte tua contentus sis, Luci Titi, centum aureis'? petere poterunt coheredes partem hereditatis, retinente sive praecipiente quo contentum esse voluit defunctus. sine dubio facilius est hoc probare, quam probari potuit illud, cum ibi fideicommissum petatur ab his, cum quibus non est testator locutus. idem dicemus, si, cum ex asse scripsisset heredem, eius gratia, qui legitimus heres futurus esset, ita loquatur: ‚peto pro hereditate, quam tibi reliqui, quae ad fratrem meum iure legitimo rediret, contentus sis centum aureis'.*

‚Ich verlange von dir, Lucius Titius, dich mit hundert Aurei zufrieden zu geben'. Dass das Fideikomiss [zugunsten des Lucius Titius] wirksam ist, hat man anerkannt und ist durch Reskript entschieden worden. Was soll aber gelten, wenn jemand einen Erben zu einem Anteil eingesetzt und folgendes erklärt hat: ‚Ich verlange von dir, Lucius Titius, dich für deinen Anteil mit hundert zufrieden zu geben'? Dann können die Miterben seinen Anteil an der Erbschaft verlangen, während jener das einbehält oder vorwegnimmt, womit er nach dem Willen des Verstorbenen zufrieden sein sollte. Unzweifelhaft ist diese Entscheidung leichter zu billigen als jene

---

ausgelegt werden, um das erste, das durch die Errichtung des zweiten an sich aufgehoben ist, zu retten", ist damit gemeint, dass das zweite Testament als fideikommissarische Anordnung im Hinblick auf das erste Testament (dessen Anordnungen seinerseits in Fideikommisse umgewandelt werden) zu werten ist und nicht umgekehrt, dass das erste Testament wirksam bleibt, das zweite aber als Fideikommiss gilt. Auch *Neuner*, Heredis institutio ex re certa (1853) 74 geht davon aus, dass die Neuerung durch die Kaiser darin besteht, dass die *heredis institutio ex re certa* des zweiten Testaments eine stillschweigende Anordnung der Aufrechterhaltung des ersten Testaments beinhalte. Die Aufrechterhaltung ist aber im Sinne der Umdeutung in Fideikommisse zu verstehen, die Bestimmung damit eine Art ‚Kodizillarklausel', welche aber nicht das Testament betrifft, in welches sie aufgenommen wurde, sondern vielmehr ein anderes Testament, nämlich das frühere. Auch in anderen Fällen begegnet die Konstellation, dass in einem späteren Testament die Umdeutung eines früheren Testaments in ein Kodizill angeordnet wird: Vgl. etwa Ulp. 4 disp., D. 29, 1, 19 pr.–1, wo dafür auch der Begriff *convertisse* bzw. die Wendung *conversum sit* verwendet wird; zwar handelt es sich dort um einen Soldaten, dem das Privileg zukommt, zwei Testamente haben zu können, doch vertraut er es der *fides* seiner Erben des späteren Testaments an, die Anordnungen des früheren Testaments zu befolgen, weswegen eine Umdeutung der Erbeinsetzung und der Legate in Fideikommisse erfolgt. Siehe auch Ulp. 4 disp., D. 28, 3, 12, 1 (zum Text unten S. 361).

> Entscheidung [im vorangegangenen Fall] gebilligt werden konnte, da dort aus dem Fideikomiss [zugunsten des Lucius Titius] gegen Personen geklagt wird, an die der Erblasser seine Fideikommissbitte nicht gerichtet hat. Dasselbe werden wir sagen, wenn der Erblasser jemanden zum Alleinerben eingesetzt hat und dann zugunsten dessen, der gesetzlicher Erbe sein würde, wie folgt bestimmt: ‚Ich verlange von dir, dich statt der Erbschaft, die ich dir hinterlasse und die nach gesetzlichem Erbrecht an meinen Bruder fallen würde, mit hundert Aurei zufrieden zu geben'.[510]

Es handelt sich um drei verschiedene Varianten der Klauselgestaltung und die Frage, welche Rechtsfolgen diese hat. In der ersten Variante richtet ein Erblasser an jemanden in seinem Testament die folgende Bitte: *‚peto, Luci Titi, contentus sis centum aureis'*. Darin liege – obwohl er dem Wortlaut nach eigentlich Belasteter zu sein scheint – ein (Singular-)Fideikommiss in Höhe von hundert *aurei* zugunsten des Lucius Titius. Diese Entscheidung, welche bereits durch ein Reskript getroffen worden sei, falle jedoch ‚schwerer' als die entsprechende vom Reskript aber nicht getroffene bei folgender Formulierung (Variante zwei): *cum heredem ex parte instituisset, ita locutus est: ‚peto pro parte tua contentus sis, Luci Titi, centum aureis'*. Lucius Titius ist einer von mehreren Miterben. Er soll sich ‚für seinen Teil' mit hundert *aurei* zufrieden geben. Die übrigen Testamentserben können in diesem Fall den restlichen Erbteil des Lucius Titius verlangen; in der betreffenden Anordnung wird ein (Quoten-)Fideikommiss zu ihren Gunsten erblickt, obwohl sie nicht als Begünstigte erwähnt werden. Die hundert *aurei* erhält Lucius Titius auch hier als (Singular-)Fideikommiss, nämlich *‚retinente sive praecipiente'*; weil er Miterbe ist, erfolgt die Zuweisung im Erbteilungsverfahren. In der dritten Variante kommt es zur Weiterentwicklung dieses Gedankens: *cum ex asse scripsisset heredem, eius gratia, qui legitimus heres futurus esset, ita loquatur: ‚peto pro hereditate, quam tibi reliqui, quae ad fratrem meum iure legitimo rediret, contentus sis centum aureis'*. Lucius Titius ist hier Alleinerbe. Ihm wird aufgegeben, sich ‚für die Erbschaft' mit hundert *aurei* zufriedenzugeben. Zugunsten des Bruders, der gesetzlicher Erbe geworden wäre (aber nicht testamentarisch zum Erben eingesetzt wurde), wird hier ein (Universal-)Fideikommiss angenommen, obwohl seine Begünstigung nicht explizit angeordnet ist; Lucius Titius erhält die hundert *aurei* wiederum als (Singular-)Fideikommiss. Die beiden sind hier keine Miterben, dennoch ist das Ergebnis dasselbe wie in

---

510 Übersetzung: *K/K/R/S-Seiler.*

Variante 2: Das (Universal-)Fideikommiss ist dem Bruder und potentiellen Intestaterben des Erblassers auszufolgen, im Gegenzug kann Lucius Titius als Testamentserbe das (Singular-)Fideikommiss einbehalten.

In Variante 1 ist ein (bloßes Singular-)Fideikommiss unglücklich formuliert, da es sich nicht an den Belasteten richtet, sondern an den Begünstigten und noch dazu negativ formuliert ist. Von einer *heredis institutio* (*ex re certa* oder auch *ex quota*) ist überhaupt keine Rede. Es kann ebenso ein Intestatfideikommiss sein wie – wohl wahrscheinlicher – ein Fideikommiss in einem Testament, in welchem ein oder auch mehrere andere als Erbe/n eingesetzt wurde/n[511]. Auch am Ende des palingenetisch unmittelbar vorangehenden Fragments wird eine Formulierung lediglich dahingehend untersucht, ob sie einen tauglichen Wortlaut für ein Fideikommiss abgibt, nicht aber eine Verbindung zur Erbeinsetzung hergestellt (D. 31, 67, 10: ‚*non dubitare se, quodcumque uxor eius cepisset, liberis suis reddituram*' wird in ein Fideikommiss umgedeutet[512]).

Man wird hinsichtlich der Erbeinsetzung unterscheiden müssen, ob sie lautet:

a) „Lucius Titius soll auf 100 *aurei*/einen *fundus*/eine andere bestimmte Sache als Erbe eingesetzt sein." Das wäre eine *heredis institutio ex re certa* mit der Folge einer Erbquote nach der sabinianischen Regel und ggf. einer Zuwendung der genannten Sache infolge einer Umdeutung in Singular- bzw. Präfideikommiss. Dieser Fall wird in D. 31, 69 pr. nicht angesprochen.

Oder – und nur diese Fallgestaltung kommt bei Papinian in D. 31, 69 pr. Variante 2 und 3 vor:

b) „Lucius Titius soll (in Var. 2: zu einem Teil) Erbe sein. Bitte, Lucius Titius, gib Dich mit 100 *aurei*/einem bestimmten *fundus*/sonst einer bestimmten Sache zufrieden." Das ist eine korrekte Erbeinsetzung

---

511 *Babusiaux*, Papinians Quaestiones (2011) 154–158 allerdings führt – wohl zu dieser Variante – aus, dass ein Fideikommiss zugunsten der Miterben angenommen werde, und scheint davon auszugehen, dass alle drei Varianten unterschiedliche Formen der *heredis institutio ex re certa* betreffen.

512 Siehe zu diesem Text *Babusiaux*, Mentions emphatiques, in: Mélanges Coriat (2019) 60–62.

mit fideikommissarischer Bitte, den über die genannte *res* hinausgehenden Nachlass einem Begünstigten herauszugeben: In Var. 2 des Papinian-Fragments an testamentarische Miterben, in Var. 3 an den gesetzlichen Erben, der nicht auch Testamentserbe ist. Die hundert *aurei*/den *fundus*/die sonstige bestimmte Sache kann Lucius Titius *renitente sive praecipiente*, dh. als Singularfideikommiss bzw. *praeceptio* (in einer Miterbensituation wie Var. 2 bei der Herausgabe des Nachlasses) einbehalten. Darin liegt eine Anerkennung der Formulierung ‚*contentus esto illa re*' als Fideikommiss dieser Sache, so bspw. auch bei Ulp. 2 fideicomm., D. 32, 11, 4.

Die Ausgestaltungen a) und b) würden bei Papinian allerdings zum selben Ergebnis führen: Wer von der Beschränkung profitiert, ist Universalfideikommissar; wer sich mit einer Sache ‚zufriedengeben' soll, Singularfideikommissar. Für ihn ist es egal, ob der Erbe *ex re certa* oder *ex quota* bzw. *ex asse* eingesetzt und mit gesonderter Fideikommissbitte belastet ist. Vor seiner Neuerung dürfte es hingegen zu einer unterschiedlichen Behandlung der Fälle gekommen sein, da nur b) anerkannt war und es im Falle von a) wohl bei der bloßen Streichung der konkreten Sachen blieb.

Da in Variante 3 von Fragment D. 31, 69 pr. eine *heredis institutio ex asse* unter Belastung mit einem Universalfideikommiss samt Singularfideikommiss (Einzelvorbehalt) im Gegenzug angeordnet wird, kommt es zu den Folgen des *SC Pegasianum*, wenn der Einzelvorbehalt weniger an Wert repräsentiert, als es einem Viertel der Erbschaft entspricht (Behandlung als Teilungslegatar oder Antrittszwang, dann aber Verlust der Einzelzuwendung), bzw. *Trebellianum*, wenn nicht mehr als der *dodrans* restituiert werden muss (mit Aktionentransfer).

Justinian schließlich setzt den *heres ex re certa* einem Legatar gleich (C. 6, 24, 13, 529 n. Chr.)[513]; bis zu diesem Zeitpunkt hat er an den Erbschaftsklagen teilgenommen (und haftete für Nachlassschulden), danach wurde er davon ausgeschlossen.

[513] Zu diesem letzten Schritt in der Entwicklung nach einer Periode, in welcher in der Praxis offenbar hauptsächlich auf bestimmte Gegenstände eingesetzt wurde, siehe *Nowak*, Titius heres esto, JJP 40 (2010) 183.

Strittig schon seit der Glosse[514] ist, welche ‚Rechtsnatur' der Zuwendung der Einzelgegenstände nach dieser Lösung zukommen soll: Singulartitel oder Erbrechtstitel? Von der Beantwortung dieser Frage hängt die Erklärung der Quarteinrechnung ab[515] bzw. eine mögliche ‚Titeländerung' bei der Restitution, dh. auch die Frage, wie weit die Umdeutung greift. Während die ältere Literatur sich überwiegend für die erbrechtliche Qualität ausgesprochen hat[516], neigt die jüngere Literatur dazu, in der Verfügung, welche dem testamentarisch auf bestimmte Sachen eingesetzten Erben die Zurückbehaltung gestattet, eine Einzelverfügung zu erblicken[517]. Als Argument für die letztgenannte Lösung wurde unter anderem vorgebracht, dass auch ein Fiduziarerbe, der die Erbschaft herausgibt, aufhöre, das, „was er als Erbe hatte, als Erbe zu haben", selbst wenn ihm die Rückbehaltung einzelner Gegenstände gestattet war[518]. So meinte als früher Vertreter dieser Meinung etwa *Neuner*, dass auch der *heres ex re certa* das Rückempfangene – also diejenigen Gegenstände, welche ihm im Rahmen der Erbeinsetzung nicht wirksam zugedacht werden konnten – nicht als Erbe erhalte, sondern aus einem anderen Titel. Im Augenblick der Restitution kommt es daher nach dieser Ansicht, die mittlerweile wohl als herrschende bezeichnet werden darf, zu einer Rechtsgrundauswechslung vom Universaltitel auf den Singulartitel[519].

Manthe spaltet den Singulartitel ‚Wechselvermächtnis' in sich weiter auf, indem er zwischen dem unterscheidet, was die ‚fremde' Erbquote anbelangt, und dem, was auf der ‚eigenen' Quote lastet. Als ‚primäres' Vorausvermächtnis qualifiziert er den Vorbehalt eines Einzelgegenstandes, soweit es die eigene Erbportion anbelangt; im Hinblick auf den Teil, der die Restitutionsmasse und somit Erbportion desjenigen betrifft, an den herausgegeben werden muss, handle es sich um ein ‚sekundäres' Präfideikommiss[520]. Darunter seien solche Fideikommisse zu verstehen, die einem „Erbschaftsfideikommissar

514 Siehe die Nachweise bei *Neuner*, Heredis institutio ex re certa (1853) 315–325.

515 Zum Verhältnis von *res certa* und *quarta legis Falcidiae* siehe *Haß*, Institutio und substitutio heredis (1995) 12–14.

516 Siehe die Nachweise bei *Manthe*, SC Pegasianum (1989) 134 Fn. 5 sowie *Wimmer*, Prälegat (2004) 29 mit Fn. 148–151, 193–194 mit Fn. 1074–1075, 1080–1085.

517 *Manthe*, SC Pegasianum (1989) 134, 146 sowie *Wimmer*, Prälegat (2004) 30–31, 230, 312, beide an *Neuner*, Heredis institutio ex re certa (1853) anknüpfend.

518 So schon *Windscheid*, Pandekten III [9](1906) 659 Fn. 17.

519 *Wimmer*, Prälegat (2004) 30 mwN.

520 *Manthe*, SC Pegasianum (1989) 154.

als solchem auferlegt waren, also schon *ex iure defuncti* … von diesem auszufolgen waren“[521]. Es stelle sich also die Frage, ob der Einzelvorbehalt dem *heres ex re certa* als Erben auferlegt war (‚primäres‘ Vermächtnis) oder dem aus dem Universalfideikommiss Begünstigten als Fideikommissar (‚sekundäres‘ Vermächtnis).

Diese von *Manthe* angenommene Aufspaltung des Einzelvorbehalts wurde namentlich von *Wimmer*[522] zurückgewiesen, der zwar mit *Manthe* „den Einzelvorbehalt als ein Vermächtnis mit Wirksamkeit bei Restitution“ ansah, aber davon ausging, dass dieses „auf der eigenen Erbportion des Restituierenden zu eigenen Gunsten lastet und die Erbschaft so wie ein Prälegat beschwert (und nicht als ‚sekundäres Präfideikommiss‘ zurückempfangen wird)“. So käme man „dogmatisch ganz in die Nähe der sonstigen Restitutionsfälle beim Prälegat: Restituiert der Prälegatar/Fiduziarerbe die Erbschaft, so behält er das Prälegat *iure legati* (D. 35, 2, 86). Auch in einem solchen Fall besteht nur eine ‚vorübergehende‘ Selbstbelastung bis zur Restitution. Die Selbstbelastung nur für eine Zwischenphase reicht nicht hin, dass der Prälegatar die Singularzuwendung einbüßt, wenn ihm nach Restitution nur noch das *nudum nomen heredis* verbleibt (Scaev. 21 dig., D. 36, 1, 80, 13; Iul. 60 dig., D. 35, 2, 86)“. Zur Einbüßung des Singularvermächtnisses wegen Selbstbelastung hätte es möglicherweise aufgrund von Konfusion oder *concursus causarum* kommen können. Zur Beschwerung der Erbschaft wie ein Prälegat führt *Wimmer* weiter aus, dass sich der Einzelvorbehalt von der Fideikommissbelastung nicht trennen ließe:

> „Der *dies cedens* des Einzelvorbehaltes ist daher auch der *dies fideicommissi cedens* des Universal- (oder Quoten-)Fideikommisses; bei Restitution verbleibt der Einzelvorbehalt *iure legati*. Darin ist der Einzelvorbehalt als primär deferierendes Vermächtnis, dh. als Legat mit *dies cedens* bei Tod des Erblassers bzw. Testamentseröffnung, das die Verlassenschaft belastet (und nicht als ein erst im Wechsel gegen die Restitution vom Fideikommissar erlangtes Singularfideikommiss, das den Universalfideikommissar als Fideikommissar belastet), aufzufassen“.[523]

Schon *Voci* vertrat insofern eine Rechtsgrundauswechslung, als er davon ausging, in dem Zeitpunkt, in welchem der *arbiter familiae erciscundae* die *res certae* zuteilt,

---

[521] *Manthe*, SC Pegasianum (1989) 47.
[522] *Wimmer*, Prälegat (2004) 30.
[523] *Wimmer*, Prälegat (2004) 30 Fn. 158

liege „il punto di trapasso dalla disposizione a titolo universale a quella particolare“[524], weil aus der Natur seiner Aufgabe folge, dass seine Akte immer Quelle von „acquisti particolari“[525] seien. Auch die Gleichbehandlung mit Legaten im Fall der überschuldeten Erbschaft entspreche der „logica dell'acquisto a titolo particolare“[526]. Zugleich vertrat er allerdings in anderem Zusammenhang die Ansicht, dass „all'erede può essere imposto di restituiere l'eredità (o una quota di essa) *detracta, retenta certa re* (o *certa summa*): la cosa o la summa detratte restano presso l'erede a titolo ereditario“[527]. Er sieht den Unterschied wohl darin, dass im zweiten Fall ein Universalfideikommiss (im Gegenzug zum Singularfideikommiss) besteht, während im ersten Fall beide durch Singularfideikommiss belastet sind. Eine solche Unterscheidung dürfte aber nicht ausreichend dogmatisch begründbar sein: Entweder es kommt zur Rechtsgrundauswechslung oder eben nicht, wobei die These der Rechtsgrundauswechslung die besseren Argumente für sich hat: Die Zuwendung wird nicht infolge der *heredis institutio*, sondern erst durch die Herauslösung aus selbiger und unter Umdeutung in ein Einzelvermächtnis durchsetzbar.

Die in diesen Fällen geschilderte ‚Konversion' einer fehlerhaften Erbeinsetzung wurde ohne konkrete, dies ausdrücklich anordnende Erklärung des Erblassers bzw. eine diese Situation abstrakt regelnde Norm vorgenommen. Es handelt sich somit um einen Fall der ‚interpretativen' Konversion. Hier ist dieser die Interpretation generell vornehmende Jurist wohl Papinian, der eine solche Konversion etabliert; im konkreten Fall wird sie aber nicht durch den jeweiligen die Prozesspartei beratenden Juristen vorgenommen, sondern schlussendlich vom Erbteilungsrichter: Ihn trifft die Pflicht, dafür zu sorgen, dass derjenige, der auf einen konkreten Gegenstand als Erbe eingesetzt sei, (nur) den Gegenstand erlangt, auf welchen er eingesetzt wurde[528]. Diese Interpretation hatte sich, wie Ulpian es auch ausdrücklich anspricht[529], am Willen des Erblassers zu orientieren.

Der Status der Erbengemeinschaft wird durch das *iudicium erciscundae* aufgelöst, wobei hinsichtlich der Rechte der einzelnen Erben eine Umwandlung

524 *Voci*, DER II ²(1963) 149 aE.
525 *Voci*, DER II ²(1963) 150.
526 *Voci*, DER II ²(1963) 151.
527 *Voci*, DER II ²(1963) 764.
528 Vgl. zu Ulp. 4 disp., D. 28, 5, 35 pr. oben S. 135.
529 Ulp. 5 ad Sab., D. 28, 5, 9, 13 aE. Siehe oben S. 133.

der *pars quota* in eine *pars quanta* erfolgt[530]. Das Teilungsverfahren ist insofern generell ein ‚Transformationsprozess‘[531]. Die Unmöglichkeit, auf Ebene des *ius civile* das gewünschte Ergebnis zu erreichen (Erbe auf eine bestimmte Sache), wird dabei insofern überwunden, als das praktische Ergebnis trotz juristisch anderer Konstruktion (Erbe auf eine Quote und Zuweisung der Sache im Erbteilungsverfahren *vice praeceptionis*) erreicht wird[532].

b. Falsche Quotenbenennung/-berechnung bzw. fehlerhafter Quotenumfang

Nicht nur die Falschbezeichnung in dem Sinne, dass gar keine Quote in der *heredis institutio* zugewiesen wurde, sondern auch eine falsche Bestimmung der Quote kommt als Fehlerquelle in Betracht. Eine Sanierung derartiger Fehler war insbesondere deshalb notwendig, weil die *heredis institutio* nur wirksam war, wenn die Gesamtrechtsnachfolge in das Vermögen dadurch vollständig geregelt wurde[533]; zugleich konnte nicht mehr als ein Ganzes wirksam zugewiesen werden.

Wie die oben II.1.c. vorgestellten Täfelchen aus Nordafrika für die Wende vom 3. auf das 4. Jh. n. Chr. erneut belegen, aber schon aus anderen Urkunden bekannt war[534] und selbst für die hochklassische *tabula cerata* von Trawsfynydd aus dem früheren 2. Jh. n. Chr. immerhin zu vermuten ist (siehe II.1.b.), wurden in der Praxis häufig mehrere Personen als Miterben ‚*ex asse*‘ eingesetzt, manchmal sogar ‚*in omnium bonorum*‘, wie etwa von Iulius Pompeianus[535]. Pomponius Sperantius tut in seinem Testament dasselbe und nennt zusätzlich auch noch einzelne Gegenstände, auf welche er die Erben jeweils ‚einsetzen‘ möchte[536], wodurch er mit einer für sich genommen bereits fehlerhaften Quotenanordnung auch noch eine *heredis institutio ex re certa* verbindet. Pomponius Sperantius etwa hätte seine beiden Erben ‚*ex semisse*‘,

---

530 *D'Orta*, Sterilis beneficii conscientia (2005) 72.
531 *D'Orta*, Sterilis beneficii conscientia (2005) 73.
532 Vgl. *Longchamps de Bérier*, Fedecommesso universale (1997) 214.
533 Siehe nur *Rüfner*, Testamentum, in: HRPR (2023) § 18 Rn. 34 mwN. in Fn. 129; *ders.*, Testamentarische Erbfolge, in: HRPR (2023) § 53 Rn. 7, 14.
534 *Nowak*, Wills (2015) 346 aE.
535 AE 2016, 2033.
536 AE 2016, 2032.

Iulius Pompeianus seine drei ‚*ex triente*' einsetzen müssen, wenn sie korrekt zu gleichen Teilen eingesetzt hätten werden sollen, oder zumindest mit dem Zusatz ‚*ex aequis partibus*'[537], welcher bei Zuteilung gleich großer Quoten die Berechnung anhand der Unzen und des As häufig ersetzte. Das Problem liegt hier nun darin, dass streng genommen der ‚gesamte Nachlass' mehrfach verteilt wird.

Schon Sabinus war, wie auch Labeo und noch später Ulpian, in diesem Punkt allerdings liberal:

> Ulp. 7 ad Sab., D. 28, 5, 13: *Interdum haec adiectio ‚aeque heredes sunto' testatoris voluntatem exprimit, ut puta ‚primus et fratris mei filii aeque heredes sunto': nam haec adiectio declarat omnes ex virilibus partibus institutos, ut et Labeo scripsit, qua detracta semissem fratris filii, semissem primus haberet.* 1. *Pater familias distribuere hereditatem in tot partes potest quot voluerit: sed sollemnis assis distributio in duodecim uncias fit.* 2. *Denique si minus distribuit, potestate iuris in hoc revolvitur: ut puta si duos heredes ex quadrante scripserit: nam hereditas eius residua accedit, ut ex semissibus videantur scripti.* 3. *Sed si alter ex quadrante, alter ex semisse heredes scripti sunt, qui accedit quadrans pro partibus hereditariis eis adcrescit.* 4. *Sed si excesserit in divisione duodecim uncias, aeque pro rata decrescet: ut puta me ex duodecim unciis heredem, te ex sex scripsit: ego hereditatis habeo bessem, tu trientem.* 5. *Sed si duos ex asse heredes scripserit, alios ex duodecim unciis, an aeque distributio fiat, apud Labeonem libro quarto posteriorum quaeritur. et putat Labeo et illos ex semisse et hos, qui ex duodecim unciis scripti sunt, ex semisse heredes fore, cui sententiae adsentiendum puto.* 6. *Sed si duos ex asse heredes instituerit, tertium autem ex dimidia et sexta, eodem libro Labeo ait in viginti uncias assem dividendum, octo laturum ex dimidia et sexta scriptum, illos duos duodecim.* 7. *Apud eundem refertur: ‚Titius ex parte tertia', deinde asse expleto ‚idem ex parte sexta': in quattuordecim uncias hereditatem dividendam trebatius ait.*

Zuweilen bringt der Zusatz: ‚sie sollen gleichermaßen Erben sein' eine [besondere] Absicht des Erblassers zum Ausdruck, etwa bei der Formulierung: ‚Primus und die Söhne meines Bruders sollen gleichermaßen Erben sein'. Denn dieser Zusatz macht deutlich, dass alle nach Kopfteilen eingesetzt sind, wie auch Labeo geschrieben hat; ohne ihn erhielten die Söhne des Bruders eine Hälfte und Primus die andere. 1. Ein Hausvater kann die Erbschaft in beliebig viele Anteile aufspalten. Üblicherweise wird jedoch die Erbschaft als Ganzes, As, in zwölf Zwölftel, Unzen, aufgeteilt. 2. Wenn der Erblasser nun weniger [als ein As] verteilt, kehrt man kraft Rechtens zu dieser Aufteilung [des Ganzen in zwölf Zwölftel] zurück. So, wenn er zum Beispiel zwei Erben zu je drei Zwölfteln eingesetzt hat. Denn die verbleibende Erbschaft kommt für sie [zu ihrem Erbteil] hinzu, so dass man

537 Siehe *Nowak*, Wills (2015) 38.

> annimmt, sie seien je zur Hälfte eingesetzt. 3. Wurde aber der eine auf drei Zwölftel, der andere auf sechs Zwölftel eingesetzt, so wachsen ihnen die drei Zwölftel, die sie zusätzlich bekommen, im Verhältnis ihrer Erbanteile an. 4. Wenn aber der Erblasser bei der Aufteilung mehr als die zwölf Zwölftel verteilt hat, wird der Überschuss dementsprechend verhältnismäßig abgezogen. Zum Beispiel hat der Erblasser mich zu zwölf Zwölfteln und dich zu sechs Zwölfteln zu Erben eingesetzt. Dann bekomme ich acht Zwölftel von der Erbschaft und du vier Zwölftel. 5. Für den Fall aber, dass der Erblasser zwei Personen zu Erben auf das Ganze [zu zwölf Zwölfteln] und weitere Erben auf insgesamt zwölf Zwölftel eingesetzt hat, wird bei Labeo im 4. Buch der nachgelassenen Schriften gefragt, ob gleichfalls eine Aufteilung stattfindet. Und Labeo ist der Meinung, die beiden Erben des Ganzen seien [gemeinsam] Erben zu sechs Zwölfteln und diejenigen, die auf zwölf Zwölftel eingesetzt seien, zu den anderen sechs Zwölfteln. Diese Ansicht verdient nach meiner Meinung Zustimmung. 6. Hat aber der Erblasser zwei Personen [gemeinsam] zu Erben auf das Ganze eingesetzt und einen Dritten auf die Hälfte und ein Sechstel, so muss, wie Labeo in demselben Buch sagt, das Ganze in zwanzig Teile geteilt werden, von denen derjenige, der auf die Hälfte und ein Sechstel eingesetzt wurde, acht erhält und zwölf die beiden Erben des Ganzen. 7. Ebenfalls bei Labeo werden die folgenden Bestimmungen mitgeteilt: ‚Titius auf ein Drittel', dann, nach Ausschöpfung des Ganzen, ‚Titius auf noch ein Sechstel'. Trebatius sagt, das Ganze müsse in vierzehn Teile aufgeteilt werden.[538]

Das gesamte Fragment handelt von der Frage, wie die Quotenberechnung bei Miterben zu erfolgen hat.

Eingangs diskutiert wird die Klausel ‚*aeque heredes sunto*'. Diese bringe zum Ausdruck, dass der Erblasser sie als ‚*ex virilibus partibus institutos*' betrachten wollte. Im gebildeten Beispiel sollten daher ‚Primus und die Söhne des Bruders' alle je einen Kopfteil erhalten. Würde der Zusatz fehlen, so habe bereits Labeo die Ansicht vertreten, dass Primus auf die Hälfte eingesetzt sei, während die Söhne des Bruders sich die andere Hälfte untereinander aufteilen mussten[539].

---

538 Übersetzung: *K/K/R/S-Rüfner*; Hervorhebungen *LI*.

539 Ein weiteres Problem konnte auch etwa darin liegen, dass ein Testator in der Miterbenkonstellation manche Erben mit Zuteilung einer Quote, andere ohne Quote einsetzt; z.B. zwei Erben jeweils auf ein Viertel, einen dritten Erben ohne Quote: Der ohne Quote Eingesetzte erhält, ‚was noch zu As fehlt', also im gebildeten Beispiel die Hälfte. Siehe dazu Ulp. 7 ad Sab., D. 28, 5, 17 pr. Zu Konstellationen, in welchen einige Erben als verbunden, andere nicht verbunden ohne Quote eingesetzt zu sein scheinen, siehe Ulp. 7 ad Sab., D. 28, 5, 17, 2–5.

In § 1 wird sodann erklärt, wie die Aufteilung korrekt zu erfolgen hätte: Die Erbschaft könne zwar theoretisch in beliebig viele Teile aufgespalten werden, die Verteilung erfolge aber praktisch so, dass das Ganze – As – in Zwölftel – Unzen – aufgespalten und diese zugeteilt würden.

Der Rest des Fragments behandelt Fälle eines ‚Defekts': In §§ 2–3 wird weniger verteilt als zwölf Zwölftel, in §§ 4–7 mehr. In den Fällen des ‚Zu-wenig-Verteilens' liegt die Lösung in einer anteilsmäßigen Zuweisung nach der Art einer Anwachsung; das erfolge *‚potestate iuris'*. In den Fällen des ‚zu-viel-Verteilens' hingegen kam es zu anteilsmäßigen Abzügen, vergleichbar etwa einer Kürzung. Dazu werden diverse Beispiele gebildet, aus welchen ersichtlich wird, dass es dabei nicht immer bei einer Einteilung nach Zwölfteln bleiben kann: Je nach Notwendigkeit wurde die Erbschaft auch in Zwanzigstel (§ 6) oder Vierzehntel (§ 7) aufgespalten[540]. Das erfolgte allerdings nicht auf Grundlage einer expliziten Anordnung des Testators, sondern durch die Juristen, um die fehlerhafte Zuteilung zu sanieren.

Auch in diesen Fällen werden sich die Möglichkeiten einer Korrektur im Rahmen dessen bewegen müssen, was dem Testator als Wille unterstellt werden kann, bei gleichzeitiger Begrenzung durch den rechtlichen Rahmen. Ein Problem kann sich hier etwa stellen, wenn die Quote als überhaupt in keiner Weise ‚bestimmt' erscheint:

> Ulp. 7 ad Sab., D. 28, 5, 19: *Ex facto etiam agitatum Pomponius et Arrianus referunt, si quis vacua parte relicta ita instituerit: ‚si mihi Seius heres non erit', quem non instituerat, ‚Sempronius heres esto', an hic occupare possit vacantem portionem. et Pegasus quidem existimat ad eam partem admitti: Aristo contra putat, quia huic pars esset data, quae nulla esset: quam sententiam et Iavolenus probat et Pomponius et Arrianus, et hoc iure utimur.*

> Pomponius und Arrianus berichten, aufgrund eines praktischen Falles sei auch erörtert worden: Wenn ein Erblasser einen nicht verteilten Anteil übrigließ und einen Erben mit den Worten einsetzte: ‚Wenn Seius' – den er zum Erben eingesetzt hatte – ‚nicht mein Erbe wird, soll Sempronius Erbe sein', ob dann Sempronius sich den nicht verteilten Anteil aneignen dürfe. Und Pegasus nimmt allerdings an, dass er für diesen Anteil zum Zug kommt. Aristo ist der gegenteiligen Meinung, weil dem Sempronius ein Anteil zugewiesen sei, den es [sofern Seius nicht wegfällt]

---

540 Vgl. Paul. 1 ad Vitell., D. 28, 5, 18 zu einem Fall, in welchem es zu einer Aufspaltung in Vierundzwanzigstel kommt: Der Testator hatte bereits mehr als ein As verteilt und dann auch noch einen weiteren Erben ohne Angabe einer Quote eingesetzt. Siehe außerdem Pap. 6 resp., D. 28, 5, 79, 1–2 zu anderen Bruchteilsbestimmungen.

nicht gebe. Diese Ansicht billigen Javolen und auch Pomponius und Arrianus, und dies ist bei uns geltendes Recht.[541]

Ein Testator verteilte zwar Quoten, schöpfte dabei aber das As nicht aus, sodass ein Anteil ‚offen' blieb. Zugleich bestellte er einem Erben einen Substituten; die Frage lautete nun, ob der Substitut den offenen Anteil erhalte, weil zumindest ‚insofern' der Primärerbe nicht Erbe wurde. Hierzu überliefert Ulpian eine Kontroverse: Pegasus ließ den Substituten in einem solchen Fall tatsächlich neben dem Ersteingesetzten zur Erbschaft gelangen und sprach ihm die offene Quote zu. Diese Ansicht konnte sich allerdings nicht durchsetzen; Aristo ließ den Substituten nicht zu, was auch Javolen, Pomponius und Arrian für richtig hielten. Die Begründung lautete, dass es sich um einen Anteil handle, den es überhaupt nicht gebe: Es gibt keinen Erbteil des Substituten, wenn nicht der Ersteingesetzte wegfällt. Diese Ansicht dürfte das Dilemma parallel zu Ulp. 7 ad Sab., D. 28, 5, 13, 2–3 und damit über eine Art des Anwachsungsrecht gelöst haben: Die offene Quote wächst den Ersteingesetzten dort im Verhältnis ihrer jeweiligen Erbquote an. Das passt im Übrigen auch zu dem Ergebnis des Folgefragments:

Paul. 2 ad Sab., D. 28, 5, 20: *Quo loco scribatur heres sine parte, utrum primo an medio vel novissimo, nihil interest.* 1. *Si iam mortuo quadrans, alii dodrans datus sit et alius sine parte scriptus sit, Labeo eum, qui sine parte heres institutus sit, alterum assem habiturum et hanc mentem esse testantis: quod et Iulianus probat et verum est.* 2. *Quod si vivus et mortuus ex parte dimidia coniunctim heredes instituti sunt, ex altera alius, aequas partes eos habituros ait, quia mortui pars pro non scripto habetur.*

Es hat keine Bedeutung, wo im Testament ein Erbe, dem kein Anteil zugewiesen ist, eingesetzt wird, ob am Anfang, in der Mitte oder am Ende. 1. Wurden einem bereits Verstorbenen ein Viertel und einem anderen drei Viertel zugewendet und wurde ein weiterer Erbe ohne Bestimmung des Anteils eingesetzt, so schreibt Labeo, derjenige, der ohne Bestimmung des Anteils zum Erben eingesetzt wurde, werde ein weiteres Ganzes erhalten, und das sei die Absicht des Erblassers. Dies billigt Julian, und es ist richtig. 2. Wurden aber der noch Lebende und der Verstorbene gemeinsam zur Hälfte als Erben eingesetzt und zur anderen Hälfte ein anderer, so erhalten die beiden verbliebenen Erben, wie er sagt, gleiche Anteile, weil der Anteil des Verstorbenen als nicht geschrieben betrachtet wird.[542]

---

541 Übersetzung: *K/K/R/S-Rüfner.*
542 Übersetzung: *K/K/R/S-Rüfner.*

Es ist zwar in § 2 nicht explizit von Anwachsung die Rede, doch dürfte sich eine solche daraus ergeben, dass der Anteil des Verstorbenen *pro non scripto* zu halten ist. *Bund*[543] spricht in einem derartigen Fall hingegen davon, dass man den „Umweg" über eine Anwachsung nicht gehen müsse, weil ohnehin kein anderer als ein Miterbe als Erwerber in Frage käme; das „Motiv der Fiktionsentstehung" sei „in konstruktiver Ökonomie zu suchen", doch verweist *Lohsse* zu Recht darauf, dass eine solche die Anwachsung generell ersetzen hätte können, was aber offenbar nicht geschehen ist[544].

Man kann freilich die Frage stellen, ob eine Anwachsung überhaupt als Fall einer ‚Konversion' betrachtet werden kann: Kommt es zum Ausfall eines Miterben – oder auch etwa eines Mitvermächtnisnehmers beim Vindikationslegat[545] –, so ist nicht Teil- oder gänzliche Nichtigkeit die Folge, sondern eine anteilsmäßige Vergrößerung der Quoten der übrigen Miterben/-legatare. Die Vorstellung einer ‚Konversion' könnte hier dann tragend werden, wenn man die Quote des ausgefallenen Miterben/-legatars als in anteilmäßige Quoten(teile) der übrigen Miterben/-legatare umgedeutet sieht.

4. Unzutreffende Begründung bei der Erbeinsetzung

Umstritten ist, inwieweit eine ‚Begründung' für die Einsetzung einer Person als Erbe für deren Gültigkeit maßgeblich ist. Die Kasuistik kreist hier vor allem um einen Irrtum bzgl. des Umstandes, dass ein eigentlich Gewollter bereits verstorben sei, weswegen nicht er, sondern ein anderer als Erbe eingesetzt werde. Insbesondere Paulus setzt sich an verschiedenen Stellen seines Werkes mit derartigen Konstellationen auseinander und belegt eine erstaunliche ‚Freihändigkeit', mit welcher hier zugunsten des Erblasserwillens Lösungen konstruiert wurden.

---

543 *Bund*, Pro non scripto habetur, in: FG von Lübtow (1970) 372.

544 *Lohsse*, Ius adcrescendi (2008) 98–99 Fn. 294.

545 Vgl. etwa Ulp. 21 ad Sab., D. 30, 34, 11 dazu, dass das Vindikationsvermächtnis zu ‚eigenen Lasten', wenn einer der Mitvermächtnisnehmer auch zum Erben eingesetzt ist, unwirksam ist und daher das, was unwirksam zugewendet wurde, dem Mitvermächtnisnehmer ‚gehört', dh. dass er etwas erhält, das ihm eigentlich nicht zugedacht war, das eigentlich ‚unwirksam' ausgesetzt ist, zu seinen Gunsten aber ‚wirksam' wird.

Paul. 2 decr., D. 28, 5, 93: *Pactumeius Androsthenes Pactumeiam Magnam filiam Pactumeii Magni ex asse heredem instituerat, eique patrem eius substituerat. Pactumeio Magno occiso et rumore perlato, quasi filia quoque eius mortua, mutavit testamentum Noviumque Rufum heredem instituit hac praefatione: ‚quia heredes, quos volui habere mihi contingere non potui, Novius Rufus heres esto'. Pactumeia Magna supplicavit imperatores nostros et cognitione suscepta, licet modus institutioni contineretur, quia falsus non solet obesse, tamen ex voluntate testantis putavit imperator ei subveniendum. igitur pronuntiavit hereditatem ad Magnam pertinere, sed legata ex posteriore testamento eam praestare debere, proinde atque si in posterioribus tabulis ipsa fuisset heres scripta.*

Pactumeius Androsthenes hatte Pactumeia Magna, die Tochter des Pactumeius Magnus, als Alleinerbin und ihren Vater für sie als Ersatzerben eingesetzt. Nachdem Pactumeia Magnus umgebracht worden war und gerüchteweise berichtet wurde, auch seine Tochter lebe nicht mehr, änderte Androsthenes sein Testament, setzte Novius Rufus als Erben ein und schickte die folgende Vorrede voraus: ‚Da ich die Erben, die ich für mich haben wollte, nicht bekommen konnte, soll Novius Rufus mein Erbe sein'. Pactumeia Magna wandte sich mit einem Bittgesuch an unsere Kaiser. Nach einer Untersuchung des Sachverhalts beschloss der Kaiser, obgleich der Erbeinsetzung nur eine Erklärung beigegeben sei, die [im allgemeinen], auch wenn sie falsch sei, der Wirksamkeit nicht entgegenstehe, es müsse der Magna zur Verwirklichung des Erblasserwillens geholfen werden. Daher verkündete er das Urteil, die Erbschaft stehe Magna zu; doch müsse sie die Vermächtnisse aus dem späteren Testament leisten, so als wäre sie in dem späteren Testament als Erbin eingesetzt.[546]

Ein Testator (Pactumeius Androsthenes) hat in der Annahme, nicht nur der testamentarisch eingesetzte Substitut (Pactumeius Magnus), sondern auch dessen Tochter, die im selben Testament bestimmte Alleinerbin (Pactumeia Magna[547]), seien nicht mehr am Leben, ein neues Testament errichtet, um

---

546 Übersetzung: *K/K/R/S-Rüfner.*

547 Aufgrund der Namen der Parteien geht *Wieling*, Testamentsauslegung (1972) 189–190 davon aus, dass der Testator Pactumeius Adrosthenes ein Freigelassener des Substituten Pactumeius Magnus gewesen sein dürfte. *Ch. Paulus*, Unsterblichkeit (2018) 169 (= *ders.*, Idee der postmortalen Persönlichkeit [1992] 180) hingegen wirft die Vermutung auf, der Testator sei Freigelassener der Pactumeia gewesen; idS. auch *Daalder*, Rechtspraakverzamelingen (2018) 329. *Voci*, DER II ²(1963) 861 wiederum meinte, er sei Onkel der Pactumeia gewesen. Zu Recht abgelehnt hat *Haß*, Institutio und substitutio heredis (1995) 44 die Vermutung, dass es sich um den Großvater der Pactumeia gehandelt und die Querel eine Rolle für die Entscheidung gespielt habe. Zu den Personen Pactumeius Magnus und Novius Rufus siehe die Nachweise zur Übersetzung *K/K/R/S-Rüfner ad loc.* sowie *Stein*, s.v. Pactumeius Magnus Nr. 5, in:

nicht intestat zu versterben. In diesem späteren Testament hält er denn auch in einer ‚Vorrede' (*praefatio*) die Prämissen fest, von welchen er bei der Einsetzung des neuen Erben ausgegangen war: Er könne die Erben, die er für sich haben wollte, nicht bekommen. Das allerdings entsprach nicht der Wirklichkeit: Die Erbin des ersten Testaments war noch am Leben. Ermordet worden war nur ihr Vater, der als ihr Substitut bestimmt worden war (und ohnehin nicht zum Zuge gekommen wäre, da sie noch lebte). Dass hier eine Fehlvorstellung vorlag, war dank der Vorrede des zweiten Testaments und der offenkundig lebenden, im ersten Testament zur Alleinerbin eingesetzten Pactumeia Magna zweifelsfrei nachweisbar.

Nun war guter Rat teuer. Die falsche Annahme, welche ursächlich für die Erbeinsetzung war, schadete deren Gültigkeit prinzipiell nicht: *Novius Rufus heres esto* ist eine wirksame Erbeinsetzungsklausel, was vor der *heredis institutio* steht, insofern unbeachtlich[548]. Dennoch wandte sich Pactumeia Magna im Ergebnis erfolgreich an die Kaiser Septimius Severus und Caracalla[549]: Paulus berichtet von ihrer *supplicatio* an die Kaiser, welche *cognitione suscepta* zu einer Entscheidung gelangt seien (wohl in Form eines *decretum*[550]). Diese lautete dahingehend, dass Pactumeia Magna die Erbschaft erhalten und die Vermächtnisse ausfolgen solle, als sei sie (auch im zweiten Testament) als Erbin eingesetzt worden (*proinde atque si in posterioribus tabulis ipsa fuisset heres scripta*).

Während *Babusiaux* hier das Prinzip *falsa demonstratio non nocet* verwirklicht sieht[551], ist *Rizzi* im Gegenteil vielmehr der Ansicht, dass der Impe-

---

RE XVIII.1 (1942) 2155–2156. Siehe zu diesem Text rezent auch *Masi Doria*, À la cour du prince, IVRA 71 (2023) 123–140.

548 *Maschi*, Paulus, in: ANRW II.15 (1976) 705–706 geht davon aus, dass infolge des Motivirrtums die Erbeinsetzung – und damit das gesamte zweite Testament – nichtig sei. Dank der Fiktion, die Erbin des ersten Testaments sei mit den Legaten des zweiten Testaments belastet worden, seien die Einzelverfügungen gegen sie durchsetzbar. ME kommt im Text jedoch zum Ausdruck, dass die Fehlvorstellung die Wirksamkeit der Einsetzung nicht verhinderte (arg. ‚*licet modus institutioni contineretur, quia falsus non solet obesse*').

549 Vgl. dazu auch *Biondi*, Successione ^{2}(1955) 197, 515.

550 Siehe *Rizzi*, Imperator cognoscens decrevit (2012) 349–364 sowie *Guasco*, Atti introduttivi (2017) 16–19 (inbes. zur *supplicatio* als Einleitungsakt einer *cognitio extra ordinem*, nicht Anfrage eines *rescriptum*).

551 *Babusiaux*, Layers of Law, in: Messages (2019) 147; vgl. auch *dies.*, Erbrecht ^{2}(2021) 324 (wo sie von Motivirrtum und *falsa causa* spricht).

rator dieses Prinzip verletze[552]. Wir werden unten XII.14. noch näher auf Anwendungsfälle dieses Prinzips zu sprechen kommen, zum vorliegenden Fall sei aber schon vorab festgehalten, dass seine Anwendung generell dazu führte, dass eine falsche Begründung oder unrichtige, aber überflüssige Bezeichnung insofern nicht schadete, als sie unberücksichtigt blieb. Im Fall des Pactumeius Androsthenes haben wir es mit einem Fall eines ‚falschen Grundes' für die Erbeinsetzung des Novius Rufus zu tun[553]. Da – wie schon *Wieling*[554] überzeugend gegen *Costa*[555] und *Sanfilippo*[556] angemerkt hat – das erste Testament durch das zweite (endgültig) beseitigt[557] und der neuere *heres scriptus* Novius Rufus auch nicht ‚weggefallen' ist, bleibt es bei der Gültigkeit des zweiten Testaments. Die falsche Begründung hat damit der Wirksamkeit der Einsetzung nicht geschadet. Damit ist der Ansicht von *Babusiaux* gegen *Rizzi* zu folgen, dass das Prinzip *falsa demonstratio non nocet* nicht verletzt, sondern vielmehr angewendet wurde. Aufgrund des in der Vorrede zum Ausdruck kommenden Testatorwillens erhält Pactumeia Magna jedoch dennoch im Ergebnis den Nachlass. Novius Rufus – als ziviler Testamentserbe – muss der Pactumeia Magna, dem in der Vorrede zum Ausdruck kommenden Erblasserwillen gemäß, die Erbschaft herausgeben. Die Vermutung von *Haß*, dass die Einsetzung des Novius Rufus in eine Substitution umgedeutet worden sei, die Erwähnung der Pactumeia Magna in der *praefatio* aber dazu geführt habe, dass sie auch im zweiten Testament als Erbin eingesetzt war[558], geht wohl zu weit: Die *praefatio* wird vielmehr als ein (auf ihr Überleben bedingtes) Universalfideikommiss gedeutet[559].

---

552 *Rizzi*, Imperator cognoscens decrevit (2012) 353.

553 Siehe auch *Haß*, Institutio und substitutio heredis (1995) 45–49 dazu, dass hier kein ‚Motivirrtum' vorliegt, infolgedessen die Erbeinsetzung ‚unwirksam' sei, wie die ältere Lehre (welche er ibid. mwN. nachzeichnet) angenommen hatte.

554 *Wieling*, Testamentsauslegung (1972) 190 Fn. 37.

555 *Costa*, Papiniano III (1964) 84.

556 *Sanfilippo*, Hereditas, AUPA 17 (1937) 178.

557 *Babusiaux*, Layers of Law, in: Messages (2019) 146–147 weist darauf hin, dass die Vorrede zum zweiten Testament auch als Bedingung für die Aufhebung des ersten Testaments gedeutet hätte werden können, was der Kaiser jedoch abgelehnt habe.

558 *Haß*, Institutio und substitutio heredis (1995) 48.

559 IdS. auch *Babusiaux*, Erbrecht ²(2021) 324; aA. *Daalder*, Rechtspraakverzamelingen (2018) 336, die, wie schon *Wieling*, Testamentsauslegung (1972) 190 davon ausgeht, dass Pactumeia Magna wegen des hypothetischen Testatorwillens „an die Stelle des *heres scriptus*" (so *Wieling* aaO; Hervorhebungen bereits im Original) trete. Eine

Nicht angesprochen wird die Frage, was mit Legaten zu geschehen hat/hätte, die zwar im ersten, nicht aber im zweiten Testament ausgesetzt waren; sollte es solche gegeben haben, so ist davon auszugehen, dass sie vorliegend aufgehoben wurden, da der Erblasser sie – falls er sie noch gewollt hätte – auch in das zweite Testament aufgenommen hätte. Nicht unwahrscheinlich ist jedoch, dass der Erbe des zweiten Testaments, Novius Rufus, schon im ersten Testament bedacht war und durch das zweite Testament vom bloßen Legatar zum Erben ‚aufstieg'; sollte er tatsächlich völlig leer ausgehen? Möglicherweise wurde dieser ‚Verlust' dadurch ausgeglichen, dass ihm die einem *heres* neben einem Universalfideikommissar zustehende Quart zugewiesen wurde; der Text gibt dazu allerdings keine Auskunft.

Ch. Paulus geht davon aus, dass es sich bei dieser Entscheidung „wohl um eine nicht verallgemeinerungsfähige, allein dem konkreten Fall gerecht werdende Korrektur des rigiden Rechts"[560] gehandelt habe. Auch hätten möglicherweise politische Erwägungen eine Rolle gespielt. Daher dürfe man den Fall nicht mit dem folgenden parallelisieren, wo die Erbeinsetzung ebenfalls auf der Fehlvorstellung beruhte, der primär als Erbe Gewollte sei bereits verstorben:

Paul. lib. sing. de sept. iud., D. 5, 2, 28: *Cum mater militem filium falso audisset decessisse et testamento heredes alios instituisset, divus Hadrianus decrevit hereditatem ad filium pertinere ita, ut libertates et legata praestentur. hic illud adnotatum quod de libertatibus et legatis adicitur: nam cum inofficiosum testamentum arguitur, nihil ex eo testamento valet.*

Als eine Mutter die falsche Nachricht empfangen hatte, ihr Sohn, ein Soldat, sei umgekommen, und im Testament andere als Erben einsetzte, entschied der vergöttlichte Kaiser Hadrian, die Erbschaft stehe dem Sohn in der Weise zu, dass Freilassungen und Vermächtnisse geleistet werden müssen. Hieran ist hervorzuheben, was über die Freilassungen und Vermächtnisse hinzugefügt ist; denn wenn

---

Auflage wäre als solche nicht durchsetzbar; sie müsste ihrerseits in ein Fideikommiss umgedeutet werden. Siehe dazu unten VI.11. *Flume*, Irrtum und Rechtsgeschäft, in: FS Schulz I (1951) 231 sieht hier „wahrhaft *in factum* konzipierte Entscheidungen" (Hervorhebungen bereits im Original); ähnlich auch ibid. 232.

560 *Ch. Paulus*, Unsterblichkeit (2018) 169 (= *ders.*, Idee der postmortalen Persönlichkeit [1992] 179). AA. *Babusiaux*, Layers of Law, in: Messages (2019) 150: „despite the extraordinary circumstances of the case, it is plausible to consider that the legal argument, developed by the imperial court, could be used in other cases."

ein Testament als pflichtwidrig erwiesen wird, bleibt von diesem Testament[561] nichts wirksam.

Die Mutter setzte nur deshalb andere Personen als Erben ein, weil sie die falsche Nachricht empfangen hatte, ihr Sohn sei als Soldat umgekommen. Hadrian entschied, dass dem Sohn die Erbschaft zustehe, er aber die im Testament ausgesetzten Freilassungen und Vermächtnisse leisten müsse. Weder der Titel, aus welchem der Sohn an den Nachlass gelangt (Testament? Intestaterbrecht?), noch der Titel, aus welchem die Vermächtnisse und Freilassungen von ihm zu leisten sind (wurden sie so wirksam, wie sie ausgesetzt sind – als Vindikationslegate, Damnationslegate, testamentarische Freilassungen – oder ‚gelten' sie nun etwa als Fideikommisse?), wird explizit geklärt. *Maschi*[562] schließt zu Recht die Anwendung des *SC Orfitianum* für diesen Fall aus, denn jenes stammt aus späterer Zeit (ergangen unter Mark Aurel, 178 n. Chr.). Auch die zivile Intestaterbfolge schließt er überzeugend aufgrund des Umstandes, dass Mutter und Sohn nicht agnatisch verwandt sind, aus; in diesem Punkt folgte auch das prätorische Recht dem *ius civile*. Die weitere These greift jedoch stark über den Wortlaut hinaus: Wie im oben besprochenen Fall der Pactumeia Magna habe es ein früheres Testament gegeben, in welchem der Sohn eingesetzt gewesen sei; das spätere Testament habe das frühere zwar weitgehend verdrängt, aufgrund des Motivirrtums sei jedoch die *heredis institutio* des späteren Testaments nichtig, die des früheren Testaments aber gelte. Auch hier müsse demnach der Erbe des früheren Testaments als solcher die Einzelverfügungen des späteren Testaments erfüllen. Aus mehreren Gründen kann dieser These nicht gefolgt werden.

Zunächst ist völlig offen, ob es tatsächlich ein älteres Testament gab. Möglich ist dies freilich, doch erwähnt der Text es nicht und auch der Kaiser macht es jedenfalls nicht zur Grundlage seiner Entscheidung. Das macht die Bedeutung seiner Existenz unwahrscheinlich; das im Text erwähnte Testament hätte ein älteres allerdings vernichtet, wenn es ein solches gegeben haben würde.

---

561 Die zugrunde gelegte Übersetzung *B/K/K/S-Wieling* fügt an dieser Stelle ein „[eigentlich]" ein. Das führt jedoch zu einem anderen inhaltlichen Verständnis: Wie am Ende der Exegese zu diesem Text aufgezeigt werden soll, ist dieses Testament hier gerade nicht pflichtwidrig, daher handelt es sich um eine differenzierende Bemerkung.

562 *Maschi*, Paulus, in: ANRW II.15 (1976) 702–704.

Pactumeia Magna in D. 28, 5, 93 war nicht leibliches Kind des Testators[563]; ihr Vater war vielmehr als ihr Substitut bestellt. Dass vorrangig sie Erbin sein sollte, ergab sich aus einer ‚Vorrede' zum jüngeren Testament, welche in ein Universalfideikommiss zu ihren Gunsten umgedeutet werden konnte. Die Mutter im Fall von D. 5, 2, 28 hingegen scheint keine Vorrede hinzugefügt zu haben; sie hat aber offenbar nachweislich die ‚falsche Nachricht' erhalten, ihr Sohn sei verstorben, was sie angesichts der Tatsache, dass er als Soldat im Feld war, für nicht unwahrscheinlich gehalten haben muss[564]. Selbst wenn eine Mutter nicht ausdrücklich in ihr Testament schreibt, dass sie eigentlich primär ihr Kind als Erben haben wolle, so ist es wohl ein Leichtes, infolge der natürlichen Verbundenheit und in Zusammenschau mit einer zeitlichen Nähe zwischen Falschinformation und Testamentserrichtung oder auch durch Zeugenbefragung den Willen der Erblasserin zu ermitteln. Das erklärt allerdings noch nicht, wie der Sohn die Position eines Erben schließlich erlangen konnte. Dass der Sohn in diesem Fall wirklich ‚*heres*' im Sinne des *ius civile* wurde, ist aber auch mit keinem Wort gesagt. Er erlangt die ‚*hereditas*'. Das könnte schlicht bedeuten, dass er den Nachlass im praktischen Ergebnis erhält (s. auch u. S. 284); dabei muss er die Einzelverfügungen des Testaments erfüllen.

Für interpoliert erklärt wurde insbesondere der Teil mit dem Argument zum *testamentum inofficiosum*. Der Text steht in den Digesten im Titel ‚*De inofficioso testamento*'. Der palingenetische Zusammenhang kann jedoch nicht näher aufgeklärt werden; es sind aus dem gesamten *liber singularis de septemviralibus* – oder *centumviralibus* – des Paulus lediglich zwei weitere Fragmente erhalten[565]. Da die Mutter den Sohn nicht absichtlich ausschließt, ist ihr eine mögliche ‚objektive Pflichtwidrigkeit' zumindest subjektiv nicht vorzuwerfen[566]. Der Zusatz könnte vielmehr differenzierend zu verstehen

---

563 Zu möglichen familiären Verbindungen in diesem Fall siehe oben Fn. 547.

564 *Ch. Paulus*, Unsterblichkeit (2018) 169 (= *ders*., Idee der postmortalen Persönlichkeit [1992] 179–180) verweist überdies darauf, dass der Sohn daher *rei publicae causa* abwesend war, was seiner These nach überhaupt den Grund für die Entscheidung bildet.

565 Vgl. *Maschi*, Paulus, in: ANRW II.15 (1976) 702 Fn. 159–160 zur Palingenesie; ibid. 703 Fn. 162–163 mit Literatur zum Interpolationsverdacht. Zum betreffenden Werk des Paulus sowie den *septemviri* im Verhältnis zu den *centumviri* siehe nur *Arcaria*, Septemviralia iudicia, in: Studi Metro I (2009) 51–100 mwN.

566 Dass der vorliegende Fall nicht in den Anwendungsbereich der *querela* fällt, bemerkte auch *Voci*, DER II [2](1963) 701 und zog eine Parallele zu einer Konstitution von

sein: Die im Fragment enthaltene Feststellung „Wenn ein Testament als pflichtwidrig erwiesen wird, bleibt von diesem Testament nichts wirksam" wollten die Kompilatoren im Titel zum pflichtwidrigen Testament festhalten. Weil im konkreten Fall aber im Gegensatz dazu der Nachlass ohne Pflichtwidrigkeitsvorwurf dem Sohn zugesprochen wird, bleibt von diesem Testament doch etwas übrig: Die Verpflichtung, Einzelverfügungen zu beachten, mit welchen die nicht an den Nachlass gelangenden Testamentserben beschwert waren. Formal auf Ebene des *ius civile* bleibt wohl auch die testamentarische Erbeinsetzung gültig, doch muss der Testamentserbe den Nachlass dem Sohn herausgeben (allenfalls könnte ihm ein Quartanspruch bleiben)[567]. Der bei Cic. orat. 1, 38, 175 sowie Val. Max. 7, 7, 1 überlieferte Fall des Vaters, der seinen Sohn in dem Glauben, er sei bereits verstorben, übergeht, unterscheidet sich von dem der Mutter insofern, als man dort an die Übergehung anknüpfen konnte: Die *praeteritio* des *suus* führte zur Nichtigkeit des Testaments des Hausvaters nach *ius civile*[568]. Bei der ihren Sohn übergehenden Mutter wäre das hingegen nicht der Fall, da sie als Frau keinen *suus* haben konnte.

Septimius Severus und Caracalla, C. 3, 28, 3 (a. 197): Nicht pflichtwidrig und daher kein Fall der *querela* ist es auch, wenn die Mutter ihren jüngsten Sohn nur deshalb nicht zum Erben einsetzen konnte, weil sie bei dessen Geburt verstarb; dennoch stand auch dem jüngsten Sohn eine Quote an der Erbschaft zu. Anders *González Roldan*, DE (2014) 36–37, der vielmehr davon ausgeht, dass es sich sehr wohl um ein inoffiziöses Testament handeln würde, jedoch Hadrian mit seinem Dekret eine strenge Anwendung des bestehenden *ius civile* ablehnte und eine Neuerung aufgrund der *aequitas* eingeführt habe; diese sei von Septimius Severus und Caracalla übernommen worden: Auch hinsichtlich des Falles der Pactumeia Magna sei (anders als vorliegend vorgeschlagen wird) davon auszugehen, dass die Erbeinsetzung des ersten Testaments gültig sei und die Erbin des ersten Testaments die Einzelverfügungen des zweiten Testaments zu erfüllen habe (so ibid. 37 Fn. 31). Siehe zu D. 5, 2, 28 und den dazu vertretenen Thesen der älteren Lit. weiters *Arcaria*, Septemviralia iudicia, in: Studi Metro I (2009) 61–65 mwN. sowie diesem folgend auf die *aequitas* abstellend auch *Coppola Bisazza*, Contra voluntatem defuncti ²(2019) 25–26.

567 Anders bspw. *Wieling*, Testamentsauslegung (1972) 146, der davon ausgeht, dass „bei der Erbeinsetzung der hypothetische Wille der Mutter an die Stelle des wirklichen gesetzt wird"; so auch *Rizzi*, Imperator cognoscens decrevit (2012) 345–346.

568 Vgl. dazu näher unten VII.1. Zum Text *Coppola Bisazza*, Contra voluntatem defuncti ²(2019) 19–21 mwN.; *Wieling*, Testamentsauslegung (1972) 99–100.

In einem Text aus den pseudo-ulpianischen *opiniones* wird allerdings ausgeführt, dass eine Umstoßung des mütterlichen Testaments mittels Querel möglich sei, wenn die Mutter in dem Glauben, der Sohn sei umgekommen, andere als Erben eingesetzt hatte (Ulp. 6 opin., D. 5, 2, 27, 4). Zwar wurde diese abweichende Entscheidung bislang zumeist aus dem zwischenzeitlich ergangenen *SC Orfitianum*[569] erklärt, was an sich auch nicht ganz fern liegt; jedoch kann der nachklassische Bearbeiter[570] seine klassische Vorlage auch schlicht missverstanden haben[571], ja sich vielleicht sogar auf unseren Paulus-Text gestützt haben wollen, welcher hinsichtlich des Vergleiches am Ende schließlich tatsächlich missverständlich formuliert ist. Es handelt sich bei den Opinionen vermutlich um ein „für den Gebrauch in der Provinz bestimmtes Sammelwerk“[572], daher ist Vorsicht geboten, wenn aus diesem Text Rückschlüsse auf den klassischen römischen Rechtszustand gezogen werden sollen. Auf beide Texte wird unten S. 282–283 noch zurückzukommen sein.

Eine Parallelisierung von Paul. 2 decr., D. 28, 5, 93 und Paul. lib. sing. de sept. iud., D. 5, 2, 28 kann damit durchaus erfolgen: In beiden Fällen ist das (zweite) Testament gültig. In beiden Fällen erhält aber nicht der *heres scriptus* den Nachlass, da es dem offenkundigen Erblasserwillen entspricht, dass eine andere Person ihn haben soll. Das könnte der Prätor etwa mit einer Einweisung in den Nachlassbesitz verwirklicht haben[573]. Denkbar ist auch, dass man es als der *fides* entsprechend ansah, dass der Testamentserbe dem

569 *Wieling*, Testamentsauslegung (1972) 189.

570 Die neuere hL geht in Anschluss an *Liebs*, Opinionum libri VI, TR 41 (1973) 279–310 (insbes. 295), sowie *dens.*, Rez. Honoré, Gnomon 54 (1984) 441–450 (verbesserte Version online https://freidok.uni-freiburg.de/fedora/objects/freidok:6858/datastreams/FILE1/content) davon aus, dass die Opinionen in das frühere 4. Jh. (ca. 325–331) n. Chr. zu datieren sein dürften: Siehe idS. nun auch *Honoré*, Ulpian [2](2002) 217–222. Zum diesbezüglichen Forschungsstand vgl. *Isola*, Venire (2017) 109–110 Fn. 275.

571 Vgl. auch *Voci*, DER II [2](1963) 702 zum betreffenden Text: „si tratta di un cattivo riferimento postclassico a una notizia, che abbiamo sicura da alter fonti“, auch wenn er damit wohl eher die Vermutung justinianischer Interpolationen zum Ausdruck bringen wollte. Vor dem Hintergrund der neueren Literatur zu den Opinionen könnte dieser Vorwurf möglicherweise vielmehr deren nachklassischem Autor gemacht werden.

572 *Liebs*, Opinionum libri VI, TR 41 (1973) 307.

573 Einen Zusammenhang der beiden Texte mit der *bonorum possessio contra tabulas* stellt auch *Grosso*, Legati [2](1962) 379 her, wenngleich er nicht auf die möglichen Gründe einer Einweisung gegen das Testament eingeht. Siehe dazu näher unten S. 283.

Sohn den Nachlass herausgeben musste, sodass der *praetor fideicommissarius* ihn wie einen Universalfideikommissar behandelte.

5. Irrtum über den *status* des *heres scriptus*

Auch in dem Fall, dass ein Sklave in dem Glauben eingesetzt wurde, er sei ein Freier, geht der Testator von einer falschen Prämisse aus[574]. Fraglich ist erneut, ob dies der Gültigkeit der Einsetzung schadete. Zentrale Bedeutung für diesen Problemkreis haben zwei in den Digesten aufeinanderfolgende Fragmente, von welchen eines aus den *digesta* Julians, das andere von Pomponius stammt:

> Iul. 30 dig., D. 28, 5, 41: *Si pater familias Titium, quem ingenuum esse credebat, heredem scripserit eique, si heres non esset, Sempronium substituerit, deinde Titius, quia servus fuerat, iussu domini adierit hereditatem: potest dici Sempronium in partem hereditatis admitti. nam qui scit aliquem servum esse et eum heredem scribit et ita substituit: ‚si Stichus heres non erit, Sempronius heres esto', intellegitur tale quod dicere: ‚si Stichus neque ipse heres erit neque alium fecerit'. at qui eum, quem liberum putat esse, heredem scripserit, hoc sermone ‚si heres non erit' nihil aliud intellegitur significare, quam si hereditatem vel sibi non adquisierit vel mutata condicione alium heredem non fecerit, quae adiectio ad eos pertinet, qui patres familias heredes scripti postea in servitutem deducti fuerint. igitur in hoc casu semisses fient ita, ut alter semis inter eum, qui dominus instituti heredis fuerit, et substitutum aequis portionibus dividatur:*

> Pomp. 12 var. lect., D. 28, 5, 42: *Et hoc Tiberius Caesar constituit in persona Parthenii, qui tamquam ingenuus heres scriptus adierat hereditatem, cum esset Caesaris servus: nam divisa hereditas est inter Tiberium et eum qui Parthenio substitutus erat, ut refert Sextus Pomponius.*

Hat ein Hausvater den Titius, von dem er annahm, er sei Freier von Geburt, zum Erben eingesetzt und für ihn, falls er nicht Erbe werden sollte, den Sempronius als Ersatzerben bestimmt und hat dann Titius, da er Sklave war, auf Befehl seines

---

574 *Rüfner*, Testamentarische Erbfolge, in: HRPR (2023) § 53 Rn. 12 qualifiziert diese Fehlvorstellung als ‚Irrtum im Beweggrund', *Flume*, Irrtum und Rechtsgeschäft, in: FS Schulz I (1951) 228 behandelt sie als ‚Motivirrtum'. Zum Fall der Einsetzung eines untergeschobenen Kindes durch dessen vermeintlichen Vater siehe *Haß*, Institutio und substitutio heredis (1995) 69–79 mit dem überzeugenden Ergebnis ibid. 78, wonach Septimius Severus und Caracalla die Unwirksamkeit der Erbeinsetzung wegen der Verhinderung einer Begünstigung aus der Straftat statuiert haben, die Rechtsfolge sich aber zur Entreißung zugunsten des Fiskus wegen Erbunwürdigkeit gewandelt haben dürfte.

Eigentümers die Erbschaft angetreten, so kann man sagen, dass Sempronius zum Erwerb eines Anteiles an der Erbschaft zugelassen wird. Denn wenn der Erblasser weiß, dass jemand Sklave ist, er diesen zum Erben einsetzt und für ihn einen Ersatzerben in folgender Weise bestellt: ‚Wenn Stichus nicht Erbe wird, soll Sempronius Erbe sein', wird angenommen, er habe etwa zum Ausdruck gebracht: ‚Wenn Stichus weder selbst Erbe wird noch einen anderen zum Erben macht'. Hat der Erblasser hingegen jemanden, den er für einen Freien hält, als Erben eingesetzt, dann ist anzunehmen, dass er mit der Wendung ‚wenn er nicht Erbe wird' nichts anderes erklären will als ‚wenn er die Erbschaft nicht für sich erwirbt noch nach einem Statuswechsel einen anderen zum Erben macht'. Dieser Zusatz bezieht sich auf Personen, die als Hausväter zu Erben eingesetzt und danach in die Sklaverei geführt wurden. In diesem Fall entstehen also zwei Hälften, und das Ganze wird zwischen demjenigen, der Eigentümer des eingesetzten Erben war, und dem Ersatzerben gleichmäßig aufgeteilt.[575]

Und dies hat der Kaiser Tiberius im Hinblick auf Parthenius entschieden, der als vermeintlich Freigeborener zum Erben eingesetzt worden war und die Erbschaft antrat, obgleich er ein Sklave des Kaisers war. Denn die Erbschaft wurde zwischen Tiberius und demjenigen aufgeteilt, der als Ersatzerbe für Parthenius eingesetzt war, wie Sextus Pomponius berichtet.[576]

Eingesetzt wird ein Sklave, welchen der Erblasser für einen Freien hält. Ein Substitut wird ihm bestellt. Es stellt sich die Frage, ob der Eigentümer des Sklaven oder der Substitut den betreffenden Anteil erhalten sollte.

Bei Pomponius ist zu dieser Konstellation in Fragment 42 ein konkreter Fall überliefert, in welchem ein kaiserlicher Sklave (Parthenius) von einem Testator in dem Glauben, es handle sich um einen Freien, samt Substitut eingesetzt wurde. Parthenius trat die Erbschaft an. Tiberius (als Eigentümer des Parthenius) teilt daraufhin die Erbschaft mit dem Substituten. *Bund*

575 Die zugrunde gelegte Übersetzung *K/K/R/S-Rüfner* weicht insofern von der vorliegenden ab, als dort am Ende des ersten Satzes Sempronius zum Erwerb „des Erbanteils" zugelassen wird. Sempronius dürfte aber nicht die gesamte Portion des Stichus erhalten (der überdies als Alleinerbe, also nicht auf einen ‚Anteil' eingesetzt zu sein scheint), sondern nur ‚einen Teil der Erbschaft', nämlich die Hälfte, wie sich aus dem Schlussteil des Fragments und aus der folgenden Pomponius/Tiberius-Entscheidung in D. 28, 5, 42 ergibt. ‚...zur Hälfte als Erbe' übersetzen hinsichtlich der in die Institutionen übernommenen entsprechenden Passage ‚*in partem admittitur*' in Inst. 2, 15, 4 auch *B/K/K/S*.

576 Übersetzung: *K/K/R/S-Rüfner.*

meint, die Entscheidung sehe wie das Ergebnis eines Vergleiches aus[577]; ein Vergleich wäre das aber weniger im Sinne einer Einigung zur Bereinigung eines tatsächlich entstandenen Rechtsstreites als vielmehr eine Entscheidung des Kaisers, der hier persönlich betroffen war: Es gab kaum eine besondere Vereinbarung darüber mit dem Substituten.

Die Einsetzung eines Sklaven als Erben – sei es ein eigener, welcher testamentarisch freigelassen wird[578], sei es ein fremder, der für seinen *dominus* erwirbt – ist an sich nicht ungewöhnlich[579]. Zum Problem wird die Einsetzung hier nur, weil fraglich erscheint, ob die Einsetzung des Betreffenden vom Testator auch gewollt gewesen wäre, hätte er gewusst, dass es sich um einen Sklaven handelt, und dass daher – immerhin rechtlich[580] – nicht der Eingesetzte, sondern dessen Herr die Erbschaft erwarb. Der Kaiser findet keine Anhaltspunkte dafür, was der Testator bei Kenntnis der wahren Sachlage gewollt hätte; weder im Wortlaut selbst noch aufgrund äußerer Umstände. Mit dogmatischen Erwägungen hält der Kaiser sich anscheinend nicht auf. Es wirkt eher wie eine intuitiv, ja ‚salomonisch'[581] anmutende ‚Gerechtigkeits-

---

577 *Bund*, Erbrechtliche Geldquellen, in: FS Wieacker (1978) 56.

578 Ohne testamentarischer Freilassung kann der eigene Sklave nicht Erbe werden; noch nicht einmal, wenn der Erblasser selbst ihn nach der Testamentserrichtung noch zu Lebzeiten freilässt. Die Einsetzung sei dann nämlich nicht auf seine Person bezogen (*institutio in persona eius non constitit*), so Gai. 2, 187. Vgl. dazu *Quadrato*, La persona di Gaio, IVRA 37 (1986) 6–8.

579 Siehe Gai. 2, 185; ps.-Ulp., reg. 22, 7. Vgl. *Avenarius*, CRRS IV.3 (2017) 20; *Buchwitz*, Servus alienus heres (2012) 7. In den Digesten begegnen zahlreiche Entscheidungen zu derartigen Konstellationen. Siehe aber *Buchwitz* aaO. 233 zu dem Befund, dass die Einsetzung fremder Sklaven außer in den Juristenschriften kaum belegt ist, wobei ibid. 235 unter Berufung auf *Scheidel*, Servi alieni als Erben, ZRG RA 110 (1993) 648–651 darauf hingewiesen wird, dass *servi Caesaris*, welche nicht selten mit freien Frauen ‚verheiratet' gewesen sein dürften, wohl regelmäßig von diesen Frauen als Erben eingesetzt worden sind.

580 Faktisch konnten solche als Erben eingesetzte Sklaven ‚ererbte' Vermögenswerte wohl regelmäßig nutzen; siehe *Avenarius*, CRRS IV.3 (2017) 20. Dazu, dass Zuwendungen sowohl an den Sklaven als auch dessen Herrn im selben Testament regelmäßig vorkommen und gerade diese Konstellation es wahrscheinlich macht, dass ein begünstigter Sklave auch selbst Vorteile daraus zieht, siehe *Buchwitz*, Servus alienus heres (2012) 219.

581 So *Solazzi*, Heredis institutio cum cretione, SDHI 21 (1955) 314 sogar im Untertitel; dieselbe Begrifflichkeit begegnet auch bei *Biondi*, Successione ^{2}(1955) 251; *Schulz*, Irrtum im Beweggrund, in: GedSchr. Seckel (1927) 93; *Levy*, Rez. Ged.Schr. Seckel,

entscheidung'. Doch Tiberius war durchaus juristisch versiert[582] und muss seine Überlegungen nicht unbedingt offengelegt haben.

Wieling betont, dass der Kaiser einen „Kompromiß zwischen juristischer Überlegung und der Billigkeit" getroffen habe, weil „bei einer Willensentscheidung ... die Erbschaft ... ganz dem Substituten zugesprochen werden" hätte müssen; eine derartige Entscheidung wäre jedoch, „– da sie gegen den klaren Wortlaut verstieß – zu kühn"[583] gewesen. Der Sklave sei ja Erbe geworden, daher hätte Tiberius die Erbschaft auch ganz in Anspruch nehmen können. Der Schluss von Iul. 30 dig., D. 28, 5, 41 sei interpoliert[584]. Auch *Bund* hält die Entscheidung für „dogmatisch kaum begründbar"[585].

Dem ist zu entgegnen, dass der Wille wohl kaum so klar zu ermitteln sein dürfte, wie etwa *Wieling* voraussetzt. Dass beides möglich und der Wille des Testators maßgeblich sein soll, entschied etwa Severus Alexander, wenn auch im Zusammenhang mit einem Soldatentestament:

> Imp. Alexander A. Vitali militi, C. 6, 24, 3: *Cum proponas Alexandrum equitem testamento primo loco Iulianum ut libertum suum heredem instituisse eique substituisse his verbis: ,quod si ex aliqua causa primus hereditatem meam adire noluerit vel non potuerit, tunc in locum secundum heredem substituo Vitalem', post mortem autem testatoris Iulianum servum communem fuisse defuncti militis et Zoili fratris eius apparuerit, an tu ex substitutione admittereris, voluntatis est quaestio.* 1. *Nam si credens eum proprium et suum libertum heredem instituit nec per eum ad alium quemquam hereditatem pertinere voluit, extitit condicio substitutionis tibique delata hereditas est.* 2. *Quod si verba substitutionis subscriptae ad ius rettulit, ut si nec per semet ipsum alium fecisset heredem*

ZRG RA 48 (1928) 680; *Flume*, Irrtum und Rechtsgeschäft, in: FS Schulz I (1951) 230 sowie bei *Rüfner*, Testamentarische Erbfolge, in: HRPR (2023) § 53 Rn. 12.

582 Suet. Tiberius 33.

583 *Wieling*, Testamentsauslegung (1972) 139.

584 *Wieling*, Testamentsauslegung (1972) 139 Fn. 33.

585 *Bund*, Erbrechtliche Geldquellen, in: FS Wieacker (1978) 56. Für *Levy*, Rez. Ged. Schr. Seckel, ZRG RA 48 (1928) 681 handelt es sich um eine rationaler Erklärung spottende und die Grundfrage nicht fördernde Kabinettsjustiz. *Haß*, Institutio und substitutio heredis (1995) 62 meint, Tiberius habe „die Frage, ob am ausdrücklichen Wortlaut der Substitutionsbedingung festgehalten werden muss oder diese unter Berücksichtigung der Vorstellungen des Erblassers auszulegen ist, nicht entscheiden" wollen. Ähnlich schon *Flume*, Irrtum und Rechtsgeschäft, in: FS Schulz I (1951) 230. Für *Avenarius*, CRRS IV.3 (2017) 113–114 geht Julian bei seiner Lösung „von einer grundsätzlichen Aufwertung des rechtsgeschäftlichen Willens" aus, was allerdings noch nicht erklärt, wie die Teilung juristisch zu begründen wäre.

(potuit enim quamvis iubente domino nolle adire), ita demum substitutus vocaretur, si tamen paruit domino et adiit, substitutioni locus non est. PP. VI k. Mai. Maximo II et Aeliano conss. [a. 223]

Du hast folgenden Fall vorgelegt: Der Reiter Alexander hatte im ersten Grade Julian, den er für einen Freigelassenen hielt, als Erben eingesetzt und ihm mit folgenden Worten einen Ersatzerben bestellt: ‚Wenn der im ersten Grade berufene Erbe meine Erbschaft aus irgendeinem Grunde nicht antreten will oder kann, dann setze ich im zweiten Grade Vitalis als Ersatzerben ein.' Nach dem Tode des Erblassers stellte sich jedoch heraus, dass Julian ein gemeinschaftlicher Sklave des verstorbenen Soldaten und seines Bruders Zoilus war. Ob du aus der Ersatzerbschaft zum Nachlass berufen wirst, ist eine Frage des Willens [des Erblassers]. 1. Denn wenn er, als er ihn zum Erben eingesetzt hat, glaubte, ihn selbst als seinen Freigelassenen zum Erben einzusetzen, und auch nicht wollte, dass die Erbschaft durch ihn irgendeinem anderen erworben werde, dann ist der Ersatzerbfall eingetreten und dir die Erbschaft angefallen. 2. Wenn er aber die Worte der anschließend geschriebenen Ersatzerbeinsetzung darauf bezogen hat, dass der Ersatzerbe nur dann berufen werde, wenn der Erbe auch nicht durch sich einen anderen zum Erben macht (er konnte nämlich den Erbantritt trotz Anweisung seines Herrn verweigern), und wenn er dann doch dem Herrn gehorcht und die Erbschaft angetreten hat, dann ist der Ersatzerbfall nicht eingetreten.[586]

Alexander Severus behandelt vorliegend den Fall, dass ein dem Ritterstand angehörender Testator jemanden zum Erben eingesetzt hatte, welchen er für seinen Freigelassenen hielt, während es sich um einen Sklaven gehandelt hatte, welchen der Testator im Miteigentum mit seinem Bruder hatte[587]. Der Ersatzerbe – ein Soldat (arg. Alex. A. Vitali militi) – fragt an, ob ihm nun die Erbschaft zustünde[588]. Der Kaiser stellt auf den Testatorwillen ab: Hätte der Testator nicht gewollt, dass ein anderer durch den Eingesetzten erwirbt, so erwürbe der Substitut; hätte der Testator hingegen gewollt, dass der Ersatzerbe nur dann die Erbschaft erwerbe, wenn weder der Eingesetzte noch durch ihn ein anderer erwürbe, so sei der Ersatzerbfall nicht eingetreten.

---

586 Übersetzung: *Buchwitz*, Servus alienus heres (2012) 146.

587 Vgl. zu der Frage, wie es zu diesem Irrtum gekommen sein mag, *Haß*, Institutio und substitutio heredis (1995) 66–68.

588 Das wäre der Fall, wenn der Sklave im Alleineigentum des Erblassers gestanden wäre; weil er nicht auch freigelassen wurde, wäre die Erbeinsetzung unwirksam (siehe nur Ulp. 45 ad ed., D. 29, 1, 13, 3). Auch für solche Fälle gab es aber Ausnahmen, vgl. etwa Alex. A. Fortunato, C. 6, 21, 7 (a. 229) sowie Ant. A. Aufidio, C. 6, 27, 2 (a. 169).

Abgesehen davon, dass der Wille also, wie die Konstitution zeigt, sehr wohl in beide Richtungen gehen und für den konkreten Fall schlicht unklar sein konnte, passt das Argument *Wielings*, dass der Sklave schließlich Erbe geworden und damit der Wortlaut erfüllt sei, nicht zu den Ausführungen Julians schon am Beginn von D. 28, 5, 41, der damit ebenfalls interpoliert sein müsste: Setze jemand wissentlich einen Sklaven als Erben ein, so sei die übliche Substitutenbestellung ‚Wenn Stichus nicht Erbe wird, soll Sempronius Erbe sein' nämlich aufgrund des Erblasserwillens zu verstehen als ‚Wenn Stichus weder selbst Erbe wird noch einen anderen zum Erben macht, soll Sempronius Erbe sein'. Stichus macht also nach dieser Logik ‚einen anderen zum Erben', nämlich seinen Herrn[589]. Aus diesem Grund kommt es nicht zum Substitutionsfall, wenn zwar Stichus insofern nicht Erbe wird, aber seinen Herrn zum Erben machen kann; Sempronius wird diesfalls nicht Erbe.

Wird jemand als Freier eingesetzt, der tatsächlich zunächst Freier ist, später aber Sklave wird, so werde die übliche Substitutionsklausel ‚Wenn Stichus nicht Erbe wird, soll Sempronius Erbe sein' ebenfalls erweiternd interpretiert; ihr wird die Bedeutung ‚Wenn Stichus die Erbschaft weder für sich erwirbt noch nach einem Statuswechsel einen anderen zum Erben macht, soll Sempronius Erbe sein' beigelegt. Es wird also auch hier Sempronius nicht Erbe, wenn Stichus nach dem Statuswechsel ‚einen anderen zum Erben' machen kann.

Die Lösung zu dem Ausgangsfall, dass unwissentlich ein Sklave eingesetzt wird und nun der Substitut einen Teil der Erbschaft erhalten soll, steht – wie Julian meint – im Einklang mit diesen Entscheidungen. Das dürfte sich wie folgt erklären: Der Erblasser hätte nicht ‚Wenn Stichus weder selbst Erbe wird noch einen anderen zum Erben macht, soll Sempronius Erbe sein' geschrieben, weil er die Möglichkeit, dass Stichus ‚einen anderen zum Erben macht' schlicht nicht bedacht hat, weswegen man es ihm auch nicht einfach ‚unterstellen' kann. Allenfalls hätte er sich noch vorstellen können, dass Stichus ‚nach einem Statuswechsel einen anderen zum Erben macht'. Auch dieser Zusatz hilft aber in der Konstellation nicht weiter, in welcher

---

589 Vgl. zur Frage, wer als ‚Erbe' zu betrachten ist – Sklave oder Herr – *Buchwitz*, Servus alienus heres (2012) 11–12; *Manthe*, s.v. Erbrecht, in: HAS I (2017) 836–837. Zwar fällt die *hereditas* wohl dem Sklaven an, doch dürfte (in der Regel) der Herr die *bonorum possessio* beantragt haben, der die Vermögensmasse schlussendlich auch erwarb; siehe dazu *Buchwitz* ibid. 60.

der Testator nicht weiß, dass Stichus bereits Sklave ist. Was der Testator sicher nicht wollte, ist die Intestaterbfolge: Andernfalls hätte er dem Stichus keinen Substituten bestellt. Was sollte nun also geschehen, wenn nicht mehr feststellbar ist, wem der Testator eher den Nachlass zuwenden wollte: Dem Stichus, obwohl er Sklave ist und nur faktisch, nicht aber rechtlich profitieren konnte (vielmehr sein Herr die Erbschaft erwerben würde und der Sklave die Erbschaft allenfalls in sein *peculium* ‚erwarb‘[590]), oder Sempronius, den der Testator nur begünstigt wissen wollte, wenn der Sklave/vermeintlich Freie die Erbschaft nicht erhielt? Jedenfalls beiden eher als den Intestaterben. Die Lösung liegt in einer Umdeutung: Der Nachlass wird zugewiesen, als wären im Testament beide gemeinsam auf selber Stufe eingesetzt. Mit dieser Fiktion wird im Ergebnis aus der Einsetzung des Sklaven und der Bestellung des Substituten eine Einsetzung beider auf je die Hälfte des dem Sklaven ausweislich des Testamentswortlauts zugewendeten Erbteiles[591].

Dieses Ergebnis liegt im Übrigen auch auf einer Linie mit der Entscheidung bei zwei einander widersprechenden *exempla* eines Testaments: Mitunter wurde ein Testament in zwei Ausfertigungen niedergeschrieben; bspw. wenn sich der Testator auf eine Reise begab und dabei ein Exemplar mitführen, das andere jedoch in der Heimat zurücklassen wollte[592]. Problematisch war es naturgemäß, wenn diese *exempla* nicht übereinstimmten, etwa gar

---

590 Siehe Ulp. 29 ad ed., D. 15, 1, 7, 5. Vgl. *Buchwitz*, Servus alienus heres (2012) 225–229; siehe ibid. 231–232 sowie *ders.*, Servus servo heres, in: Fontes iuris (2013) 157 zur Annahme von ‚faktischem Eigenvermögen‘ der Sklaven an der Erbschaft über den Erwerb der Erbschaft in das *peculium*.

591 Zu einer ‚Teilung‘ mit dem Substituten kommt es auch etwa beim *servus communis* in Scaev. lib. sing. quaest. publ. tract., D. 28, 6, 48 pr., wenn jener die Erbschaft nur mit *iussum* eines Eigentümers antritt, der andere aber nicht anweist. Wenn der Sklave nicht Erbe werde, solle Maevius Erbe sein; Scaevola teilt die Erbschaft zwischen dem Eigentümer, welcher das *iussum* erteilt, und dem Substituten, obwohl es nicht zutrifft, dass der Sklave (gar) nicht Erbe werde. Siehe zu diesem Text und der damit vermutlich verbundenen Kontroverse zwischen Sabinianern und Prokulianern *Buchwitz*, Servus alienus heres (2012) 137–140, 172–174.

592 So in Flor. 10 inst., D. 28, 1, 24 sowie Inst. 2, 10, 13. Zum Phänomen mehrerer Ausfertigungen eines Testaments sowie der ständigen Aktualisierung rezent *Scotti*, Pluralità di tabulae, Diritto@Storia 14 (2016) https://www.dirittoestoria.it/14/tradizione/Scotti-Pluralita-tabulae-testamentarie-fonti-letterarie-giurisprudenza.htm sowie *Stern*, Pratique sociale (2022) 120–125 mwN.

unterschiedliche Personen als Erben genannt waren. Der Prätor behalf sich damit, beide in die *bonorum possessio secundum tabulas* einzuweisen:

> Ulp. 39 ad ed., D. 37, 11, 1, 6: *Sed et si in duobus codicibus simul signatis alios atque alios heredes scripserit et utrumque extet, ex utroque quasi ex uno competit bonorum possessio, quia pro unis tabulis habendum est et supremum utrumque accipiemus.*
>
> Doch auch wenn der Erblasser in zwei gleichzeitig versiegelten Wachstafelheften verschiedene Erben eingesetzt hat und beide Hefte vorhanden sind, steht der Nachlassbesitz aus jedem Heft wie aus einem einzigen zu, weil beide Hefte zusammen als eine Testamentsurkunde anzusehen sind und wir jedes von ihnen als letztwillig anerkennen.[593]

Wäre eine Testamentsurkunde jünger als die andere oder eine Ausfertigung lediglich die Abschrift, die andere das Original[594], so würde sich das jüngere Testament gegenüber dem älteren bzw. das Original gegenüber der Abschrift durchsetzen. So aber war auch nicht feststellbar, was dem Erblasserwillen entsprach, und der Prätor teilte den Nachlassbesitz zwischen den beiden potentiellen Testamentserben, von welchen er wohl annahm, dass jeder der beiden vom Testator eher als Rechtsnachfolger gewollt war als die Intestaterben.

6. *Fictio legis Corneliae*

Wird der Testator versklavt, so ist ein von ihm zuvor errichtetes Testament infolge der *capitis deminutio* unwirksam (‚*inritum*'[595]). Trotz der Ungültigkeit dieses Testaments konnten seine Bestimmungen jedoch durchsetzbar sein, wenn es sich um einen Fall der sog. *fictio legis Corneliae* handelte. Die *lex Cornelia*[596] bestimmte, dass bei einer Versklavung im Zuge der Gefangennahme durch Feinde[597] hinsichtlich eines zuvor errichteten Testaments „die vom zivilen Erbrecht vorgesehenen Folgen im Wege gesetzlich

593 Übersetzung: *K/K/L/R-Kupisch.*

594 Vgl. zu einem derartigen Fall Ulp. 39 ad ed., D. 37, 11, 1, 7.

595 PS. 3, 4a, 8; Inst. 2, 12, 5. Zur Entkräftung des Testaments infolge des Verlusts der *testamenti factio* wegen Verlust des Bürgerrechts oder der Freiheit des Testators vgl. auch Gai. 2, 145–147; ps.-Ulp., reg. 23, 4.

596 Vgl. zu dieser *lex Cornelia*: *Lohsse*, Beerbung des Kriegsgefangenen, in: Facetten des römischen Erbrechts (2012) 80–81 Fn. 4 mwN.

597 Vgl. Inst. 1, 3, 4 dazu, dass der Sklavenstatus infolge Kriegsgefangenschaft auf dem *ius gentium* beruhe.

begründeten Sonderrechts herbeigeführt"[598] werden, wenn der Testator in der Gefangenschaft verstarb. Julian weist explizit darauf hin, dass in einem solchen Fall ein ‚Hauserbe' eigentlich nicht Hauserbe und ein ‚Zwangserbe' eigentlich nicht Zwangserbe sei und ihn dennoch die einschlägigen Rechtsfolgen träfen:

> Iul. 42[599] dig., D. 28, 1, 12: *Lege Cornelia testamenta eorum, qui in hostium potestate decesserint, perinde confirmantur, ac si hi qui ea fecissent in hostium potestatem non pervenissent, et hereditas ex his eodem modo ad unumquemque pertinet. quare servus heres scriptus ab eo, qui in hostium potestate decesserit, liber et heres erit seu velit seu nolit, licet minus proprie necessarius heres dicatur: nam et filius eius, qui in hostium potestate decessit, invitus hereditati obligatur, quamvis suus heres dici non possit, qui in potestate morientis non fuit.*
>
> Nach der lex Cornelia werden die Testamente derer, die in Kriegsgefangenschaft gestorben sind, für ebenso wirksam erklärt, wie wenn die, die sie errichtet hatten, nicht den Feinden in die Hände gefallen wären, und dementsprechend steht die Erbschaft nach ihnen einem jeden (der testamentarisch Berufenen) zu. Deshalb wird ein Sklave, der von dem in der Kriegsgefangenschaft Verstorbenen zum Erben eingesetzt ist, frei und Erbe, ob er will oder nicht, obwohl er nicht eigentlich als Zwangserbe bezeichnet werden kann. Denn auch der Sohn eines in der Kriegsgefangenenschaft Verstorbenen erwirbt ohne seinen Willen verbindlich die Erbschaft, obwohl ‚Hauserbe' nicht genannt werden kann, wer nicht in der Hausgewalt des Verstorbenen stand.[600]

Der Kriegsgefangene konnte als Sklave streng genommen weder ein Vermögen haben, welches Gegenstand einer Erbschaft werden, noch ein gültiges Testament, in welchem ein Sklave freigelassen und zum Erben eingesetzt werden könnte[601]. Ebensowenig konnte er Hauserben haben, da keine Hausgewalt

598 *Avenarius*, CRRS IV.3 (2017) 96.

599 Möglicherweise entstammt das Fragment nicht dem 42., sondern dem 62. Buch der julianischen *digesta*, wie *Bartošek*, Captivus, BIDR 57/58 (1953) 168 Fn. 68 annimmt.

600 Übersetzung: *K/K/R/S-Knütel.*

601 *Mayer-Maly*, Obligamur necessitate, ZRG RA 83 (1966) 56 sieht die besondere Schwierigkeit des Falles vor allem in der „Frage, ob der *captivus* mit dem Eigentum am Sklaven nicht auch die Möglichkeit verloren habe, diesen so zur Erbschaft zu berufen, daß dieser nicht entrinnen kann".

bzw. überhaupt agnatische Verwandtschaft mehr bestand. Dennoch wurden die testamentarischen Verfügungen behandelt, als wären sie gültig[602].

Aufgrund des *ius postliminii* blieben die Rechte des in Gefangenschaft Befindlichen ‚in Schwebe' und konnten im Falle der Rückkehr ‚wiederaufleben'[603]. Es war daher auch etwa möglich, ihn oder einen Sklaven, der potentiell zu seinem Vermögen gehören würde, wirksam zum Erben einzusetzen[604]. Dank der *fictio legis Corneliae* lebte auch sein Testament nicht nur bei Rückkehr, sondern – immerhin fiktiv – auch beim Tod in der Gefangenschaft wieder auf[605]. Verstarb er also in der Gewalt der Feinde, so erfolgte die testamentarische Erbschaft nach denselben Regeln, welche ohne die Gefangennahme gelten würden[606]. Das ‚ungültige' Testament wird damit als ein ‚wirksames' behandelt.

---

602 Die lange Liste an Interpolationsbehauptungen samt ihren Erwiderungen soll an dieser Stelle nicht wiederholt werden. Siehe nur *Mayer-Maly*, Obligamur necessitate, ZRG RA 83 (1966) 57–58 mwN. sowie *Lohsse*, Beerbung des Kriegsgefangenen, in: Facetten des römischen Erbrechts (2012) 89 zur Ausräumung auch des letzten, noch bei *Mayer-Maly* aaO. aufrechterhaltenen Verdachts.

603 Zu den Konsequenzen eines nach Testamentserrichtung geborenen, aber vorverstorbenen *postumus* des Kriegsgefangenen siehe *Lohsse*, Beerbung des Kriegsgefangenen, in: Facetten des römischen Erbrechts (2012) 85–93; für die Pupillarsubstitution ibid. 93–100.

604 Siehe Gai. 1 de testament. ad ed. praet. urb., D. 25, 5, 32, 1.

605 *Lohsse*, Beerbung des Kriegsgefangenen, in: Facetten des römischen Erbrechts (2012) 86. AA. *Eckardt*, Iavoleni Epistulae (1978) 86–87, der davon ausgeht, dass aufgrund der *lex Cornelia* das Testament als stets wirksam bleibend fingiert wurde. *Lohsse* ibid. 84, 109 hat rezent die Auffassung vertreten, die Fiktion sei als solche vom Gesetz nicht vorgesehen und erst von den Juristen im Rahmen von Auslegung um die Mitte der 2. Hälfte des 2. Jh. n. Chr. entwickelt worden. Vom Ende des 2. Jh. ging schon *Bechmann*, Ius postliminii (1872) 88–94 aus. AA. *Bianchi*, Fictio iuris (1997) 360, der meinte, die Fiktion sei schon im Gesetz vorgesehen gewesen; wieder anders *H.J. Wolff*, Lex Cornelia, TR 17 (1941) 165–170, der von nachklassischen Entwicklungen (und daher auch Interpolationen) ausging. Zur Frage der Anrechenbarkeit der seit der Gefangennahme vergangenen Zeitspanne zugunsten eines ersitzenden Erben vgl. *Lohsse*, D. 41,3,15 pr., in: FS Knütel (2009) 667–701.

606 Vgl. Iul. 42 dig, D. 28, 1, 12. Zur Erweiterung der Fiktion im Sinne einer Rückwirkung auf den Zeitpunkt der Gefangennahme – der Testator verstarb nach Ansicht der Spätklassiker, wie etwa bei Paul. 9 quaest., D. 29, 1, 39 zum Ausdruck kommt, nicht mehr nur so, als wäre er im Augenblick seines Todes wieder zurückgekehrt, sondern so, als wäre er bereits im Zeitpunkt seiner Gefangennahme verstorben – siehe *Lohsse*, Beerbung des Kriegsgefangenen, in: Facetten des römischen Erbrechts (2012) 88. Ibid. 93 spricht *Lohsse* diesbezüglich von einer „Umdeutung der gesetzlichen

7. *Testamenti factio* und *capacitas* des Erben

a. Beurteilungszeitpunkt

War die *testamenti factio passiva* der eingesetzten Person nicht gegeben, so war die Erbeinsetzung ungültig, was die Ungültigkeit des gesamten Testaments nach sich zog. Fehlte hingegen die *capacitas*, so konnte der Eingesetzte nicht antreten, was – bei Fehlen von Möglichkeiten einer Anwachsung bzw. von geeigneten Substituten – ebenfalls zur Intestaterbfolge führte. Die römischen Juristen waren auch hier bei ihrer Beurteilung nach Möglichkeit ‚großzügig', wenn es dem Interesse des Erblassers entsprach, dass die eingesetzte Person Erbe wurde, also nicht gerade Handlungsweisen des präsumptiven Erben dem Erblasser gegenüber dahingehend interpretiert werden mussten, dass ein Ausschluss gerechtfertigt erscheint. Einige unüberwindbare rechtliche Schranken blieben freilich bestehen.

Drei Zeitpunkte konnten maßgeblich sein für die Beurteilung, ob ein Erbe mit *testamenti factio* (*passiva*) vorhanden ist und damit die testamentarische Erbfolge eintreten kann: Zum einen der Zeitpunkt der Testamentserrichtung; zum anderen der Zeitpunkt des Todes des Erblassers; schließlich außerdem der Zeitpunkt des Erbantrittes (sei es, dass die Einsetzung bedingt oder auch unbedingt erfolgt ist). Diese Einteilung wird bei Florentin entwickelt:

> Flor. 10 inst., D. 28, 5, 50, 1: *In extraneis heredibus illa observantur: ut sit cum eis testamenti factio, sive ipsi heredes instituantur sive hi qui in potestate eorum sunt, et id duobus temporibus inspicitur, testamenti facti, ut constiterit institutio, et mortis testatoris, ut effectum habeat. hoc amplius et cum adibit hereditatem esse debet cum eo testamenti factio, sive pure sive sub condicione heres institutus sit: nam ius heredis eo vel maxime tempore inspiciendum est, quo adquirit hereditatem. medio autem tempore inter factum testamentum et mortem testatoris vel condicionem institutionis exsistentem mutatio iuris heredi non nocet, quia, ut dixi, tria tempora inspicimus.*

Fiktion im Sinne der Vorverlegung des Todeszeitpunktes" bzw. ibid. 109 von einer „Umdeutung der Fiktion im Sinne des Todes bei Gefangenschaft". Zur Bedeutung des Zeitpunktes, auf welchen die Juristen bei der Anwendung der *lex Cornelia* abstellten, für die Frage, wem Erwerbsakte Gewaltunterworfener des Kriegsgefangenen nach dessen Gefangennahme zufielen – dem betreffenden Gewaltunterworfenen oder dem Nachlass –, siehe *Lohsse* ibid. 104.

> Bei Außenerben ist Folgendes zu beachten: Mit ihnen muss die *testamenti factio* bestehen, sei es, dass sie selbst, sei es, dass ihre Gewaltunterworfenen als Erben eingesetzt werden. Und dies ist zu zwei Zeitpunkten zu prüfen: Zum Zeitpunkt der Testamentserrichtung, damit die Erbeinsetzung gültig ist, und beim Tode des Erblassers, damit sie wirksam wird. Darüberhinaus muss die *testamenti factio* auch noch dann bestehen, wenn er die Erbschaft antritt, sei es, dass er unbedingt, sei es, dass er unter einer Bedingung zum Erben eingesetzt ist. Denn der Rechtsstatus des Erben muss vor allem zu dem Zeitpunkt berücksichtigt werden, in dem er die Erbschaft erwirbt. Eine in der Zwischenzeit, also zwischen der Testamentserrichtung und dem Tode des Erblassers oder dem Eintritt der Bedingung, erfolgte Veränderung seines Rechtsstatus schadet dem Erben aber nicht, denn wir stellen, wie gesagt, [nur] auf drei Zeitpunkte ab.[607]

Florentin arbeitet neben der Testamentserrichtung und dem Anfallszeitpunkt noch einen weiteren maßgeblichen Zeitpunkt heraus: Den des Erbschaftsantritts. Erst dann kommt es bei Außenerben tatsächlich zum Erwerb. Dieser letzte der drei genannten Zeitpunkte ist dementsprechend auch nur bei Außenerben maßgeblich; bei eingesetzten *sui* brauchte es keinen förmlichen Erbschaftsantritt. Selbst wenn es dazu in der Praxis regelmäßig gekommen sein dürfte (siehe dazu unten VIII.1.), sind die Rechtswirkungen des Erbschaftserwerbs bereits zuvor eingetreten.

Im Hinblick auf das Testament und seine Gültigkeit bedurfte es der Einsetzbarkeit; im Hinblick auf den Erwerb durch den Erben der Erwerbsfähigkeit. *Buchwitz* geht davon aus, dass bei Florentin beide Aspekte umfasst sind, wenn er von *testamenti factio* spricht[608]. Das betrifft einerseits nur die Perspektive des Erben (nicht aber des Testaments in seiner Gesamtheit und damit auch die etwa von Vermächtnisnehmern oder testamentarisch Freigelassenen oder auch des Erblassers und dessen Interesse daran, nicht testamentslos zu versterben) und andererseits nur den Zeitpunkt des Antritts: Wurden solche Personen zu Erben eingesetzt, die etwa nach der *lex Iulia et Papia* nicht erwerben konnten, so war das Testament an sich – wie auch die Einsetzung als solche – durchaus wirksam. Ob der Erbe zum Zeitpunkt der Testamentserrichtung verheiratet war und Kinder hatte, war

607 Übersetzung: *K/K/R/S-Rüfner.*

608 *Buchwitz*, Servus alienus heres (2012) 29. Gegen die Interpolationsverdächtigungen der älteren Lit. ibid. 30. Diese Debatte soll vorliegend nicht wiederholt werden.

dafür irrelevant; es ging nur um den Zeitpunkt des Antritts (bzw. wurde sogar eine hunderttägige Frist nach Antrittserklärung gewährt, um die *capacitas* herzustellen)[609]. Sollte die Erbschaft tatsächlich kaduk an den Fiskus fallen, weil der Eingesetzte die Voraussetzungen nie erfüllte, so musste auch der Fiskus Einzelverfügungen erfüllen. Anders hinsichtlich der *testamenti factio*: Unumgänglich ist die *testamenti factio* im Zeitpunkt der Erbeinsetzung, denn nur dann liegt eine *heredis institutio* überhaupt vor (*ut constiterit institutio*) und von ihr hängt die Gültigkeit der Testamentserrichtung selbst ab. Eine Konvaleszenz ist hier ausgeschlossen, da schon das *testamentum fecit* ohne *heredis institutio* nicht zutrifft und der Errichtungsakt vor den Zeugen kein *testamentum* zum Gegenstand hat. Auch beim Tod des Erblassers brauchte es die *testamenti factio* des Erben, denn andernfalls konnte die Einsetzung nicht wirksam werden (*ut effectum habeat*) und es war wiederum das Testament insgesamt hinfällig. Sollte der Erbe nach seiner Einsetzung die Einsetzungsfähigkeit verloren haben und erst nach dem Anfallsdatum wiedererlangen, so gab es auch hier keine nachträgliche Heilung.

Ein zwischenzeitlicher Verlust der *testamenti factio* war nach Florentin[610] aber irrelevant, sofern sie nur vor dem Zeitpunkt der Delation (Tod des Erblassers oder Eintritt der Bedingung für den Erwerb des Erben) wiedererlangt wurde: *medio autem tempore inter factum testamentum et mortem testatoris vel condicionem institutionis exsistentem mutatio iuris heredi non nocet.*[611] Das lag nicht nur im Interesse des Erben, sondern aller durch das Testament Begünstigten und auch des Erblassers.

Nachdem als Begründung beigegeben wird: *quia, ut dixi, tria tempora inspicimus*, erscheint auch möglich, dass selbst ein Verlust der *testamenti factio* zwischen Delation und Antritt nicht schadete. *Buchwitz* verneint diese

---

609 Das stellt auch *Buchwitz*, Servus alienus heres (2012) 33 in anderem Zusammenhang (bei einer Exegese von Ter. Cl. 16 ad leg. Iul. et Pap., D. 29, 2, 82) und 34 (bei der Zusammenfassung seiner Ergebnisse) fest; siehe für einen Überlick des Anwendungsbereiches und der Rechtsfolgen der *lex Iulia* auch ibid. 277–278.

610 Ebenso Ulp. 4 ad Sab., D. 28, 5, 6, 2. Vgl. außerdem Ulp. 6 reg., D. 28, 5, 51 pr. für den Fall einer *heredis institutio cum libertate* bei zwischenzeitlicher Veräußerung an jemanden, dem es an der *testamenti factio passiva* mit dem Testator gemangelt hätte.

611 Vgl. auch Ulp. 6 reg., D. 28, 5, 51 pr. zu einer zwischenzeitlichen Änderung: … *nec medium tempus … vitiavit institutionem*. Siehe zu diesem Text *Buchwitz*, Servus alienus heres (2012) 31–32.

Möglichkeit mit der Begründung, dass ein einmal erworbenes Anwartschaftsrecht endgültig verloren werde, nachdem der Unterschied darin liege, dass im Zeitraum zwischen Testamentserrichtung und Erbanfall noch keine sichere Berechtigung bestanden habe, weil „der Testator sein Testament jederzeit ändern konnte“[612]. Dem ist immerhin entgegenzuhalten, dass auch der Bedingungsfall ausdrücklich umfasst ist: Wenn bei bedingter Erbeinsetzung zwar im Todeszeitpunkt (womit die Möglichkeit der Änderung des Testaments durch den Erblasser ja wegfällt) keine *testamenti factio* gegeben war, beim späteren Eintritt der Bedingung aber sehr wohl, so hat auch dieser zwischenzeitliche Verlust offenbar nicht geschadet[613]. Vorausgesetzt ist aber, dass die Erbschaft nicht mittlerweile von Dritten – etwa gesetzlichen Erben, die bereits in den Nachlassbesitz eingewiesen worden waren – wirksam erworben worden ist.

Das Testament muss in diesen Fällen der mangelnden *testamenti factio* dementsprechend – anders als bei zeitweise fehlender *capacitas* – zumindest zwischenzeitig als unwirksam betrachtet werden: In dem Zeitraum, in welchem dem Erben die *testamenti factio* fehlt, ist die Gültigkeit des Testaments beseitigt. Auch hier zeigt sich aber wiederum die Tendenz, Testamenten nach Möglichkeit Wirksamkeit zu verleihen: Diese kann immerhin wieder aufleben, indem fingiert wird, dass die – numehr wieder bestehende – *testamenti factio* niemals weggefallen ist. Es ist dementsprechend rechtlich strenggenommen eigentlich kein ‚Wiederaufleben‘, sondern vielmehr ein – aus der *ex post*-Perspektive teilweise fiktives – ‚Stets-wirksam-bleiben‘.

b. Sonderbehandlung von Soldatentestamenten

Die ‚Privilegierung‘ des Soldatentestaments führt auch im Hinblick auf die *testamenti factio* bereits in klassischer Zeit zu Ausnahmen, welche für die spätere Rechtsentwicklung bedeutsam werden sollten: Insbesondere wurde der Kreis der einsetzungsfähigen Personen erweitert. Nach *Meyer-Hermann* ist dieser Umstand damit zu erklären, dass die aktive *libera testamenti factio* des Soldaten gewissermaßen die fehlende passive *testamenti factio* des

---

612 *Buchwitz*, Servus alienus heres (2012) 31–32.

613 IdS. auch *Buchwitz*, Servus alienus heres (2012) 29 Fn. 69 mit *Mühlenbruch* gegen *Vinnius* mwN.

Eingesetzten ‚ersetzte'[614]. Dabei betont der Autor aber auch den Umstand, dass die Möglichkeit der Einsetzung nicht auch die Schaffung eines *heres* nach *ius civile* bedeutete[615]; es musste zwar der Eingesetzte ‚wie ein *heres*' etwa Legate ausfolgen[616], doch sei er dennoch kein ‚wirklicher' *heres* im zivilrechtlichen Sinn der Zwölftafeln[617].

Vor allem betroffen sind von diesen ‚Erleichterungen' Peregrine und *latini Iuniani*, aber auch *caelibes* und *orbi* sowie *deportati*, während eigene, nicht freigelassene Sklaven selbst in Soldatentestamenten nicht wirksam eingesetzt werden können[618] und auch der *servus poenae*[619] sowie Frauen mit ‚zweifelhaftem Ruf'[620] ausgeschlossen bleiben.

c. Bedeutung der *lex Voconia* für Einsetzungs- und Erwerbsfähigkeit

Für Frauen der Oberschicht überdies zentral ist die Frage, ob sie im Hinblick auf die *lex Voconia* erbeinsetzungsfähig waren. Dieses ‚frauenfeindliche' Gesetz von 169 v. Chr. verbot bekanntlich zensierten römischen Bürgern mit einem Vermögen von mehr als 100.000 As (später Sesterzen), Frauen als Erbinnen einzusetzen; die gleichzeitig eingeführte Obergrenze für Legatare, wonach ihnen durch die Einzelverfügung nicht mehr als die Hälfte des Nachlasswertes zugewendet werden konnte, bewirkte in Zusammenschau mit dem Einsetzungsverbot, dass eine Frau aus einem den Regeln der *lex Voconia* unterliegenden Testament nicht mehr als die Hälfte erwerben konnte[621]. Bis Fideikommisse klagbar wurden – also bis Augustus – bedeutete das, dass keine gerichtliche Durchsetzbarkeit gegeben sein konnte, falls es zur Umgehung durch formlose Bitten gekommen sein sollte; ein Praxisbeleg hierzu ist der berühmte Fall des Quintus Fabius Gallus, der seinen Erben Publius Sextilius

614 *Meyer-Hermann*, Testamentum militis (2012) 10.
615 *Meyer-Hermann*, Testamentum militis (2012) 15 und 20.
616 *Meyer-Hermann*, Testamentum militis (2012) 9.
617 *Meyer-Hermann*, Testamentum militis (2012) 17.
618 Ulp. 45 ad ed., D. 29, 1, 3.
619 Ulp. 45 ad ed., D. 29, 1, 2.
620 Tryph. 18 disp., D. 29, 1, 41, 1; Pap. 33 quaest., D. 34, 9, 14.
621 Diese Regelung des *ius civile* wurde auch im Rahmen des ‚prätorischen Erbrechts' beachtet: siehe *Babusiaux*, Nachlassbesitz, in: HRPR (2023) § 57 Rn. 183. Zur *lex Voconia* siehe *Rüfner*, Erbfähigkeit, in: HRPR (2023) § 52 Rn. 17–18 mwN.

Rufus gebeten hatte, seiner Tochter Fadia die Erbschaft zu restituieren, da er sie aufgrund der *lex Voconia* nicht als Erbin einsetzen konnte (Cic. fin. 2, 17, 55). Die Klagbarkeit von Fideikommissen änderte diese Rechtslage jedoch: Nicht nur Gaius berichtet freimütig, das Verbot der *lex Voconia* könne durch Erbschaftsfideikommisse umgangen werden, sondern ein weiterer literarisch belegter Fall könnte zu der Vermutung Anlass geben, dass infolge der *lex Voconia* nichtige Erbinneneinsetzungen sogar in Erbschaftsfideikommisse umgedeutet worden sein könnten: Iulius Agricola, Schwiegervater des Tacitus (gest. 93 n. Chr.), hatte in seinem Testament seine Ehefrau, seine Tochter und Domitian zu Erben eingesetzt[622]. *Schanbacher*[623] hat hierzu herausgearbeitet, dass die Einsetzung der beiden Frauen eigentlich aufgrund der *lex Voconia* nichtig[624] und Akkreszenz zugunsten Domitians die Folge hätte sein müssen. Dieser sei aber offensichtlich zur Herausgabe der entsprechenden Anteile an die Frauen verpflichtet gewesen; dass von vornherein Fideikommisse ausgesetzt gewesen sein könnten[625], ist mit dem Text nicht vereinbar, der eben von Erbeinsetzungen spricht. Wie es dennoch zu dieser Verpflichtung gekommen sein könnte, wurde in der Vergangenheit durch verschiedene Theorien erklärt: So hat *Schanbacher* die These abgelehnt, wonach die *lex Papia* von 9 n. Chr. Ehefrau und Tochter vom Erbeinsetzungsverbot der *lex Voconia* ausgenommen habe, weswegen die Erbeinsetzung vorliegend gültig sei[626]. Die *lex Papia* betreffe – so *Schanbacher* – lediglich die *capacitas*, weswegen die Regelungsgegenstände der beiden *leges* verschiedene gewesen seien:

> Die Verleihung des Kinderrechts verschaffte nicht die Einsetzungsfähigkeit schlechthin entgegen der *lex Voconia*, sondern ‚freie Einsetzungsfähigkeit'; d. h. sie befreite die Einsetzungsfähigkeit, falls sie bestand, vom sich abzeichnenden Hindernis der Erwerbsunfähigkeit.[627]

---

622 Tac. Agr. 43, 4.

623 *Schanbacher*, Umgehungsstrategien, in: Klauselgestaltungen (2022) 204–206.

624 Laut Plin. paneg. 42, 1 war die *lex Voconia* 100 n. Chr. noch in Geltung. Dazu, dass immerhin die Legatsbeschränkung durch die *lex Falcidia* gefallen ist, siehe etwa *Günther*, Vicesima hereditatium, MBAH 24 (2005) 7.

625 Wie etwa *Weishaupt*, Lex Voconia (1999) 151 vermutet hatte.

626 So vertreten etwa bei *Astolfi*, Lex Iulia et Papia ^{4}(1996) 321–322; *Weishaupt*, Lex Voconia (1999) 97, 150–154; *Babusiaux*, Erbrecht im Gnomon, ZRG RA 135 (2018) 108, 153–154.

627 *Schanbacher*, Umgehungsstrategien, in: Klauselgestaltungen (2022) 205.

Dass nach Cassius Dio 56, 10, 2 Augustus außerdem ‚einigen Frauen' (τῶν τε γυναικῶν τισι) das Privileg gewährte, entgegen der *lex Voconia* testamentarisch zu erwerben, bedeute lediglich, dass er konkrete Personen vom Anwendungsbereich ausnahm, nicht aber einen abstrakten Personenkreis. Selbst für die Befreiung seiner Frau Livia von der Anwendung der *lex Voconia* befasste er den Senat (was ihre Einsetzungsfähigkeit anbelangt); ihre Erwerbsfähigkeit stellte er mit der Verleihung des *ius trium liberorum* sicher. Der Umstand, dass die Erbteile den von Iulius Agricola eingesetzten Frauen dennoch zustanden, erklärt sich nach der ansprechenden These von *Schanbacher* aus einer Umdeutung in Erbschaftsfideikommisse.

8. Sukzession des ausschlagenden Testamentserben als Intestaterbe

Wird eine Person als Erbe eingesetzt, die auch ohne das betreffende Testament Anspruch auf die Erbschaft hätte, so kann sie die testamentarische Erbfolge ausschlagen, stattdessen aber die Intestaterbfolge antreten. Das ist an sich möglich, darf vom Erben jedoch nicht gezielt eingesetzt werden, um den Nachlass ohne Beschwerung durch Vermächtnisse, Freilassungen etc. zu erlangen. Um das zu verhindern, gewährt der Prätor auf der Grundlage des Edikts *si quis omissa causa*[628], welchem der dreißig Fragmente umfassende Digestentitel D. 29, 4 zur Gänze gewidmet ist, zum Schutz der *voluntates defunctorum* Klagen zugunsten der testamentarisch Begünstigten, obwohl es zur testamentarischen Erbfolge gerade nicht kommt[629]. Diese Klagen gewährt er *causa cognita*[630].

Die Konstruktion über eine Umdeutung der den Testamentserben beschwerenden Verfügungen in den Intestaterben beschwerende belegt etwa folgendes Fragment:

> Maecian. 4 quaest. Fideic., D. 29, 4, 28, 1: *Institutus heres et rogatus restituere hereditatem si omissa causa testamenti legitimam hereditatem possideat, non dubie ut legata ceteraque fideicommissa, ita hereditatem quoque restituere compellendus est, libertates quoque tam directas quam fideicommissarias. sed si alienos servos rogatus sit manumittere,*

---

628 Zum Ediktswortlaut siehe *Lenel*, EP ^{3}(1927) 363–364; vgl. außerdem *Buchwitz*, Erbenhaftung, in: HRPR (2023) § 58 Rn. 14–19.

629 Ulp. 50 ad ed., D. 29, 4, 1 pr.

630 Ulp. 50 ad ed., D. 29, 4, 6, 3.

utique redimere eos debebit. eam autem decessionem patietur is cui restituta fuerit hereditas, quam is qui ei restituit passurus fuit.

Jemand war zum Erben eingesetzt und durch Fideikommiss gebeten worden, die Erbschaft [einem Dritten] herauszugeben. Hat er nach Ablehnung des testamentarischen Erwerbs die Erbschaft kraft Gesetzes im Besitz, so muss er zweifellos gezwungen werden, wie die Vermächtnisse und die weiteren Fideikommisse so auch die Erbschaft im Ganzen herauszugeben, ferner auch die Freilassungen zu gewähren, die mit unmittelbarer Wirkung angeordneten ebenso wie die fideikommissarischen. Aber auch wenn er gebeten wurde, fremde Sklaven freizulassen, muss er sie in jedem Fall freikaufen. Derjenige, dem die Erbschaft herauszugeben ist, muss aber denselben Abzug [wegen der Vermächtnisse und weiteren Fideikommisse] hinnehmen, den auch der hinnehmen musste, der ihm die Erbschaft herausgegeben hat.[631]

Obwohl der Intestaterbe, welcher auch testamentarisch zum Erben eingesetzt worden war, die Erbschaft *ab intestato* antrat, musste er dem Universalfideikommissar des mangels Antritts ‚unwirksamen' Testaments dennoch restituieren, außerdem die Vermächtnisse und die weiteren Fideikommisse sowie (testamentarische wie fideikommissarische) Freilassungen gewähren bzw. Sklaven freikaufen, soweit das im Testament angeordnet worden war. Die Klagen werden analog gewährt[632], und zwar auf Grundlage der Fiktion, der Betreffende sei Testamentserbe geworden[633], weswegen ihm auch die *lex Falcidia* zugute kommt[634]. Derartige Klagen werden allerdings vermächtnisweise begünstigten Substituten nicht gewährt, denn sie hätten die Erbschaft aus dem Testament beanspruchen können[635]; anderes gilt nur, wenn dem Substituten ein Vermächtnis unter der Bedingung ‚*si non heres erit*' zugewendet worden war[636]. Gewährt wurden diese Klagen sogar gegen Intestaterben, welche zwar nicht auch Testamentserben gewesen wären, mit jenen aber in betrügerischer Absicht zusammengewirkt hatten[637].

---

631 Übersetzung: *K/K/R/S-Kupisch*.

632 Ulp. 50 ad ed., D. 29, 4, 10 pr.

633 Gai. 2 de testam. ad ed. praet. urb., D. 29, 4, 18 pr.

634 Gai. 2 de testam. ad ed. praet. urb., D. 29, 4, 18, 1.

635 Antoninus Pius/Ulp. 50 ad ed., D. 29, 4, 10, 1.

636 Jul. 31 dig., D. 29, 4, 22, 2. Vgl. dazu auch *Ch. Paulus*, Unsterblichkeit (2018) 202–208 (= *ders.*, Idee der postmortalen Persönlichkeit [1992] 225–230).

637 Pap. 6 resp., D. 29, 4, 27, 2.

Dasselbe galt auch, wenn der *dominus* des testamentarisch eingesetzten Sklaven der Intestaterbe ist, selbst wenn er deshalb berufen wurde, weil der Sklave sich trotz des *iussum* seines Herren weigerte, die Erbschaft anzutreten:

> Ulp. 50 ad ed., D. 29, 4, 1, 3: *Quid ergo si servus eius cum iuberetur adire hereditatem, dicto audiens non fuit? sed compellendus est servus hoc facere ideoque dominus ab intestato veniens incidit in edictum.*
>
> Was also, wenn sein Sklave, dem er die Weisung erteilt hatte, die Erbschaft anzutreten, der Anordnung nicht gehorcht hat? Doch kann der Sklave dazu gezwungen werden, und deshalb fällt sein Eigentümer unter das Edikt, wenn er aufgrund gesetzlicher Erbfolge zu der Erbschaft kommt.[638]

Ulpian weist darauf hin, dass der *dominus* seinen Sklaven zum Antritt zwingen hätte können und müssen; tat er das nicht, so fiel er unter das Edikt.

Buchwitz kritisierte an der Übersetzung *O/S/S–Hunger*, dass nicht das bloße ‚Auftreten' des *dominus* als gesetzlicher Erbe, sondern der ‚Erbschaftserwerb kraft Gesetzes' gemeint sei[639] (die Übersetzung lautet: „will nun aber der Herr als gesetzlicher Erbe auftreten, so verfällt er dem Edikt"). Auch die neuere Übersetzung *K/K/R/S-Kupisch* überträgt das *‚ab intestato veniens'* jedoch *ad loc.* mit „wenn er als gesetzlicher Erbe auftritt". ‚Als gesetzlicher Erbe auftreten' kann der *dominus* aber richtigerweise ohnehin nur dann, wenn ihm „die Erbschaft als gesetzlichem Erben angefallen ist", wie *Buchwitz* die betreffende Passage übersetzt[640]; der Übersetzungsstreit ändert damit materiell nichts an der Auslegung. Dennoch ist die Übersetzung bei *Buchwitz* wohl präziser und passt auch zu der Übertragung einer insofern parallel formulierten Stelle bei *K/K/R/S-Seiler* besser, die uns oben S. 98 in anderem Zusammenhang bereits beschäftigt hat:

> Paul. 9 quaest., D. 31, 81: *Si quis testamento facto a filiis suis, quos heredes instituisset, fideicommissa reliquisset non ut a legitimis heredibus, sed ut a scriptis, et testamentum aliquo casu irritum factum sit, filii ab intestato venientes fideicommissa ex testamento praestare compelli non possunt.*
>
> Jemand hatte in seinem Testament Fideikommisse zu Lasten seiner Söhne, die er als Erben eingesetzt hatte, angeordnet und die Söhne nicht als gesetzliche, sondern als testamentarische Erben beschwert. Ist das Testament aus irgendeinem

638 Übersetzung: *K/K/R/S-Kupisch*.
639 *Buchwitz*, Servus alienus heres (2012) 46 Fn. 111.
640 *Buchwitz*, Servus alienus heres (2012) 46.

Grund unwirksam geworden, so können die Söhne, wenn sie aufgrund gesetzlicher Erbfolge zu der Erbschaft kommen, nicht gezwungen werden, die im Testament angeordneten Fideikommisse zu leisten.[641]

Auch die Söhne treten hier nicht nur ‚als gesetzliche Erben auf', sondern kommen ‚aufgrund gesetzlicher Erbfolge zu der Erbschaft'. Bei Paulus gelangen die Söhne aber deshalb aufgrund der Intestaterbfolge an den Nachlass, weil das Testament *irritum factum sit*; sie hätten demnach hier nicht die Wahl gehabt, *ex testamento* anzutreten und fallen daher nicht in den Anwendungsbereich des Edikts. Somit bleibt es dabei, dass sie hier als Intestaterben nicht beschwert sind und es erfolgt in einem solchen Fall auch keine ‚Umdeutung'.

9. Erbeinsetzung in einem Kodizill

Nicht zur Frage der Konversion eines Testaments in ein Kodizill und damit nicht zum Problemkreis der Kodizillarklauseln (im Sinne ‚genereller Umdeutungsklauseln' oder auch ‚Verstärkungsklauseln') zählt der Fall, in welchem von vornherein ein Kodizill gewollt ist und kein Testament, obwohl Bestimmungen getroffen werden, die nur in einem Testament getroffen werden können: nämlich insbesondere Erbeinsetzungen (unterschiedlicher Stufen)[642].

Scaev. 19 dig., D. 36, 1, 78[643]: *Scaevola respondit, si pater filium suum impuberem ex asse scripserit heredem eique codicillis substituerit, deinde filius impubes decesserit, licet substitutio inutilis sit, quia codicillis hereditas neque dari neque adimi potest, tamen benigna interpretatione placet, ut mater, quae ab intestato pupillo successit, substitutis fideicommisso obligetur: quod si invicem fuerunt substituti, et in fideicommisso substitutionem valere: unoque eorum mortuo qui supersunt totum accipiunt.*

Scaevola hat folgendes Gutachten erstattet: Ein Vater hatte seinen unmündigen Sohn zum Alleinerben eingesetzt und im Kodizill Ersatzerben eingesetzt. Dann

641 Übersetzung: *K/K/R/S-Seiler.*

642 *Reinholz*, Konversion (1957) 62.

643 *Giuffrè*, Conversione (1965) 127–128 verwirft diesen Text als von Interpolationen entstellt und behandelt ihn daher nicht weiter. Auch *David*, Heredis institutio ex re certa (1930) 44, 70–71 will ‚*quasi hereditas*' und den Satzteil ab ‚*sed ex fideicommisso* …' als unklassisch streichen. Die Echtheit verteidigt hingegen *Longchamps de Bérier*, Fedecommesso universale (1997) 181–182; siehe ibid. für Details zur Interpolationendebatte, welche vorliegend nicht nochmals wiederholt werden soll.

> starb der unmündige Sohn. Die Ersatzerbeinsetzung sei zwar unwirksam, weil eine Erbschaft in einem Kodizill weder zugewiesen noch entzogen werden kann. Aufgrund wohlwollender Auslegung sei aber anerkannt, dass die Mutter, die den Unmündigen im Wege der gesetzlichen Erbfolge beerbt hat, den Ersatzerben aus einem Fideikommiss verpflichtet wird. Und wenn diese füreinander wechselseitig als Ersatzerben eingesetzt gewesen seien, gelte diese Ersatzerbschaft auch für das Fideikommiss: Wenn einer von ihnen bereits verstorben ist, erhalten die Überlebenden das Ganze.[644]

Ein Vater hat seinen unmündigen Sohn formgerecht zum Alleinerben eingesetzt. Es wird auch ein Substitut für ihn bestimmt, allerdings nicht im Testament selbst, sondern gesondert in einem Kodizill. Da die Substitution eine Erbschaft ‚zweiter Stufe' ist – und die *substitutio pupillaris*[645] nichts anderes als eine auf den Tod des *pupillus* aufschiebend bedingte Erbeinsetzung –, hätte die Ersatzerbenbestimmung jedoch nur im Testament wirksam erfolgen können. Diese Anordnung kann somit nicht mit der vom Erblasser gewollten rechtlichen Qualität wirksam werden: *substitutio inutilis sit.* Scaevola erreicht das angestrebte Ergebnis aber dadurch, dass er im Rahmen einer *‚benigna interpretatio'* diese Anordnung als Fideikommiss wertet bzw. sie in ein solches ‚umdeutet'. Die Intestaterbin muss die Erbschaft an den im Kodizill unwirksam zum Substitut Bestellten herausgeben, welcher als Universalfideikommissar einen Anspruch geltend machen kann. Es wird damit zwar der Charakter als in einem Kodizill getroffene Anordnung gewahrt, jedoch die Qualität einer Pupillarsubstitution als ‚Erbeinsetzung' abgeändert.

Der Umstand, dass der Charakter einer Bestimmung, welche in einem Kodizill getroffen wird, beibehalten wird, dürfte die Entscheidung erklären, die andernfalls im Widerspruch dazu stehen würde, dass eine testamentarische Erbeinsetzung im Unwirksamkeitsfall nur bei Vorliegen einer Kodizillarklausel als Fideikommiss gewertet werden kann und eine solche hier offenbar keine Rolle spielt.

Die Abänderung der Qualität einer Pupillarsubstitution als ‚Erbeinsetzung' in ein Universalfideikommiss rechtfertigt es wiederum, hier mit *Palma*[646] und *Kaser* einen Umdeutungsfall zu erblicken; *Kaser*[647] allerdings zählt den

644 Übersetzung: *K/K/L/R-Lohsse.*
645 Siehe dazu unten IX.2.
646 *Palma*, Benignior Interpretatio (1997) 101.
647 *Kaser*, RP I ^{2}(1971) 694 mit Fn. 13.

Text zu den Kodizillarklauseln, was vorliegend abgelehnt[648] wird. *Kleiter*[649] lehnt *Kasers* Ansicht zwar ebenfalls ab, geht aber davon aus, dass hier zwei Umdeutungsmöglichkeiten kombiniert werden: Die Umdeutung eines Testaments in ein Kodizill einer- und die Umdeutung einer Erbeinsetzung in ein Fideikommiss andererseits. Die zweite ‚Umdeutungsform' setzt aber die erste ohnehin wesensmäßig voraus. *Kleiter* sieht die Besonderheit des Falles darin, dass die unwirksame testamentarische Erbeinsetzung „anders als sonst" ohne Kodizillarklausel in ein Universalfideikommiss umgedeutet wird und meint, diese Besonderheit nötige Scaevola, sich der *benignitas* als Korrekturhilfe zu bedienen. *Kleiter* beschreibt den Unterschied zwischen diesem und den anderen Umdeutungsfällen so:

> In den übrigen Umdeutungsfällen bedurfte es einer solchen Korrektur nicht, weil man das Testament bereits durch bloße Auslegung retten konnte. Hier aber musste erst die *benignitas* herangezogen werden, um das gewünschte Ergebnis im Wege der Korrektur herbeizuführen.[650]

Damit gibt er auch eine Deutung von ‚Konversion': Diese kann demnach in manchen Fällen eine Form der Auslegung sein, in anderen Fällen ist sie aber eine darüber hinausgehende Korrektur. Hier kommt es – im Gegensatz zur Frage, ob die Pupillarsubstitution auch Wirksamkeit als Vulgarsubstitution entfalten kann – auch zu einer anderen Klage: Statt der *hereditatis petitio* ist die *actio fideicommissi* einschlägig.

Etwas anders als bei Scaevola liegt der Fall bei dessen Zeitgenossen Julian:

> Iul. 37 dig., D. 29, 7, 2, 4: *Hereditas testamento inutiliter data non potest codicillis quasi hereditas confirmari, sed ex fideicommisso petitur salva ratione legis Falcidiae.*

> Die unwirksame Zuwendung der Erbschaft im Testament kann als solche nicht im Kodizill bestätigt werden. Aber die Erbschaft kann aufgrund eines [durch Umdeutung entstandenen] Fideikommisses – unter Berücksichtigung der Lex Falcidia – gefordert werden.[651]

---

648 So auch bei *Reinholz*, Konversion (1957) 62.
649 *Kleiter*, Entscheidungskorrekturen (2010) 94.
650 *Kleiter*, Entscheidungskorrekturen (2010) 95.
651 Übersetzung: *K/K/R/S-Rüfner.*

Hier wird in einem Testament eine Erbeinsetzung vorgenommen, allerdings *inutiliter*. Diese kann auch nicht dadurch geheilt werden, dass sie in einem Kodizill bestätigt wurde. Immerhin aber wird die Einsetzung dadurch in der Form wirksam, dass der Instituierte zwar nicht die intendierte Erbenstellung erlangt, jedoch die Erbschaft aus Fideikommiss erlangen kann, da die unwirksame Bestätigung des Testamentserben im Kodizill ihrerseits als wirksames Universalfideikommiss behandelt wird. Der Intestaterbe muss daher restituieren, kann dabei aber wohl die Quart einbehalten.

Ob die Umdeutung einer – als solcher nicht wirksamen – Erbeinsetzung in einem Kodizill in ein Universalfideikommiss stattfinden kann oder nicht, hängt maßgeblich von der Vorstellung des Erblassers ab und davon, was er mit seiner Verfügung bezwecken wollte.

Pap. 19 quaest., D. 29, 7, 13, 1: *Tractari solet de eo, qui, cum tabulas testamenti non fecisset, codicillis ita scripsit: ‚Titium heredem esse volo'. sed multum interest, utrum fideicommissariam hereditatem a legitimo per hanc scripturam, quam codicillorum instar habere voluit, reliquerit an vero testamentum facere se existimaverit: nam hoc casu nihil a legitimo peti poterit. voluntatis autem quaestio ex eo scripto plerumque declarabitur: nam si forte a Titio legata reliquit, substitutum adscripsit, heres si non exstitisset, sine dubio non codicillos, sed testamentum facere voluisse intellegetur.*

Viel behandelt wird der Fall des Erblassers, der kein Testament gemacht hatte und im Kodizill schrieb: ‚Ich will, dass Titius mein Erbe wird'. Es besteht aber ein großer Unterschied, ob er durch das Schriftstück, das er als Kodizill behandelt wissen wollte, ein Erbschaftsfideikommiss zu Lasten des gesetzlichen Erben hinterließ oder aber ein Testament zu errichten meinte. Denn in diesem Fall kann man von dem gesetzlichen Erben nichts verlangen. Die Frage nach der Absicht [des Erblassers] lässt sich aber meistens aus dem Schriftstück selbst beantworten. Denn wenn er etwa Vermächtnisse zu Lasten des Titius angeordnet und dazu für den Fall, dass dieser nicht Erbe wird, einen Ersatzerben eingesetzt hat, wird man ohne Zweifel annehmen, er habe kein Kodizill, sondern ein Testament errichten wollen.[652]

Obwohl es sich dem Wortlaut nach um eine Erbeinsetzung handelt, die in einem Kodizill nicht vorgenommen werden kann, erlangt der Begünstigte einen Anspruch auf den Nachlass (freilich ‚nur' in Form eines Universalfideikommisses), wenn der Wille des Erblassers darauf gerichtet war, ein Kodizill zu errichten und dementsprechend unterstellt werden kann, dass

[652] Übersetzung: *K/K/R/S-Rüfner*.

ihm nicht die zivile Erbenqualität des derart Instituierten vorschwebte, sondern er bewusst die Kodizillarform gewählt hatte, weil er den Nachlass vom Intestaterben erhalten sollte. Ein Interesse konnte er etwa deshalb an dieser Konstruktion haben, weil er dadurch unter Beibehaltung der Intestaterbfolge dieselbe modifizieren konnte, ohne der Gefahr ausgesetzt zu sein, dass ein Testament und damit sämtliche darin enthaltenen Bestimmungen unwirksam sein könnten[653].

Wollte der Erblasser jedoch ein Testament errichten, dh. wollte er, dass Titius wirklich Erbe wird und nicht bloß vom Intestaterben den Nachlass erhält, so ist die Verfügung unwirksam und es kann keine Konversion stattfinden. Der Grund liegt darin, dass dann der Intestaterbe nicht bewusst vom Erblasser belastet wurde, sondern der Intestaterbe vielmehr alternativ zum (unwirksam eingesetzten) Testamentserben zum Zuge kommt und jenen verdrängt. Dementsprechend ist es in diesem Fall eine Entweder-oder-Situation, ein Nebeneinander vom Erblasser nicht gewollt und damit nicht möglich.

Da also die Unterscheidung danach getroffen wird, ob der Intestaterbe nach dem Willen des Erblassers mit der Herausgabe an den Begünstigten belastet sein sollte[654], ist die Deutung abzulehnen, wonach die erste Variante des Textes sich darauf bezieht, dass der Erblasser irrig meinte, „eine Ergänzung zu einem tatsächlich nicht existierenden Testament vorzunehmen"[655]. Dann wäre nicht die Belastung des Intestaterben durch ein Intestatkodizill die Vorstellung des Testators gewesen. Das Unterscheidungskriterium ist vielmehr, dass der Wille in der einen Variante darauf gerichtet war, den Intestaterben zu belasten (eben durch ein Intestatkodizill), und in der anderen nicht (weil der Erblasser ein Testament errichten wollte und der Begünstigte Erbe hätte werden sollen). In der ersten Variante sind nur die *verba* das Problem, weil es nicht *verba fideicommissi* sind, sondern die einer *heredis institutio*, welche die ihr eigenen Rechtswirkungen nicht entfalten kann, wenn sie nicht in einem Testament verfügt wird. Darüber kann allerdings aufgrund des Erblasserwillens und

---

653 *Longchamps de Bérier*, Volontà, RIDA 45 (1998) 497. Vgl. zum Text auch *ders.*, Fedecommesso universale (1997) 76 sowie *Avenarius*, Gesetzessprache, in: Klauselgestaltungen (2022) 35 und *Harke*, Testamentsauslegung, in: Argumenta Papiniani (2013) 61.

654 *Longchamps de Bérier*, Volontà, RIDA 45 (1998) 493.

655 *Babusiaux*, Papinians Quaestiones (2011) 216; ebenso *Negri*, Clausola codicillare (1975) 16–17, 31–32 und *Voci*, DER II ^{2}(1963) 127.

wegen der grundsätzlichen Formfreiheit von Fideikommissen hinweggesehen werden, sodass im Ergebnis ein Universalfideikommiss anerkannt wird. In der zweiten Variante sollte der Intestaterbe hingegen nicht belastet sein, weil er gewissermaßen nicht ‚beteiligt' wäre; er ist es dementsprechend auch nicht und wird es auch nicht durch Umdeutung. Nur aufgrund der Bemerkung ‚*tabulas testamenti non fecisset*' allein kann nicht davon ausgegangen werden, dass der Erblasser zuvor bereits ein Testament errichtet hatte, welches er fälschlich für gültig hielt. Er hat hingegen wohl vielmehr überhaupt kein Testament errichtet – weder ein (zunächst) gültiges noch ein (von vornherein) ungültiges.

Um die diesbezügliche innere Einstellung des Testators festzustellen, empfiehlt Papinian, die übrigen Bestimmungen des Schriftstückes in die Betrachtung miteinzubeziehen: Werden zulasten des ‚Erben' Vermächtnisse ausgesetzt, so spreche das dafür, dass er nicht den Nachlass aus Fideikommiss erhalten, sondern als Erbe den Nachlass übernehmen und anderen Begünstigten etwas daraus ausfolgen sollte. Auch eine Substitutenbestellung spräche dafür, dass ein Testament angestrebt gewesen wäre, und nicht ein (Intestat-)Kodizill, sodass die Umdeutung nicht möglich ist. Sind derartige Bestimmungen hingegen nicht enthalten, so kann mangels gegenteiliger Anhaltspunkte davon ausgegangen werden, der Erblasser habe im Zweifel eine rechtswirksame Verfügung treffen wollen.

10. Befristete oder bedingte Erbeinsetzungen

Die Erbenposition konnte nicht nur nicht auf einen bestimmten Gegenstand, sie konnte auch nicht auf eine bestimmte Zeitspanne beschränkt werden[656]. Der bekannte Grundsatz *semel heres semper heres* geht in seiner Formulierung zwar erst auf die Zeit der Glossatoren zurück[657], doch weist bereits Gaius darauf hin, dass ein Zusatz nicht bewirken könne, dass jemand, der einmal Erbe geworden sei, aufhöre, Erbe zu sein[658]. Dementsprechend konnte die

[656] Für diese Parallele siehe auch *Suman*, Favor testamenti (1916) 66. Siehe *Stagl*, Soldatentestament, in: Soldatenkaiser (2015) 113 zu den Ausnahmen für Soldaten.

[657] Dazu *Tanaka*, Semel heres, in: Werkstatt (2016) 423; *Schmidlin*, Rechtsregeln (1970) 66; *Rüfner*, Erbfähigkeit, in: HRPR (2023) § 52 Rn. 6 mwN. in Fn. 3. Vgl. auch die Formulierung in Ulp. 11 ad ed., D. 4, 4, 7, 10 aE.

[658] D. 28, 5, 89: … *non potest adiectus efficere, ut qui semel heres exstitit desinat heres esse.*

Erbenposition nicht an Termine gebunden oder auflösend bedingt werden. Wollte der Testator, dass eine bestimmte Person erst ab einem gewissen Zeitpunkt oder lediglich bis zu einem (bestimmten oder unbestimmten) Zeitpunkt Erbe wurde, so konnte er das auf diese Weise auf Ebene des *ius civile* nicht erreichen und musste allenfalls auf das Fideikommissrecht ausweichen. Folge dessen hätte sein können, dass eine derartige Erbeinsetzung in ihrer Gesamtheit unwirksam war und das Testament damit ungültig; die römischen Juristen entschieden aber anders und behalfen sich nicht selten mit einer ‚Umdeutung' der betreffenden ‚Nebenbestimmung'. In Betracht kam insbesondere die Umdeutung in eine – ihrerseits zulässige[659] – Suspensivbedingung oder auch das gänzliche ‚Hinwegfingieren' der Nebenbestimmung, sodass eine bedingte in eine unbedingte Einsetzung konvertiert wurde.

a. Erbeinsetzung mit zeitlicher Beschränkung

Wurde die Erbeinsetzung an eine bestimmte Zeitspanne gebunden, sodass sie zu einem gewissen Zeitpunkt beginnen oder enden sollte, so kam es regelmäßig zur Streichung der betreffenden Nebenbestimmung, egal ob es sich um einen Anfangs- oder um einen Endtermin handelte. Davon zeugen mehrere Klassikertexte verhältnismäßig ‚abstrakt' ohne Schilderung eines konkreten Rechtsstreits:

> Pap. 1 defin., D. 28, 5, 34: *Hereditas ex die vel ad diem non recte datur, sed vitio temporis sublato manet institutio.*

---

659 Sogar beim Haussohn ist eine solche Bedingung unter Umständen zulässig: Siehe dazu *Meinhart*, Bedingte Erbeinsetzung des Haussohnes, in: Studien Kaser (1973) 111–136. Beim *filius suus* dürfte die Möglichkeit der bedingten Einsetzung allerdings auf Potestativbedingungen beschränkt gewesen sein: Siehe auch dazu *Meinhart* ibid. 115 (zu Ulp. 4 Sab., D. 28, 5, 4 pr.) und 118 (zu Pap. 13 quaest., D. 28, 7, 28 pr. sowie Pap. 12 resp., D. 35, 1, 83). Bei anderen Bedingungen scheint überwiegend die Notwendigkeit der *exheredatio* unter gegensätzlicher Bedingung vertreten worden zu sein: *Meinhart* ibid. 120–121. Siehe aber *Babusiaux*, Nachlassbesitz, in: HRPR (2023) § 57 Rn. 63 zur Annahme einer Streichung von nicht-Potestativbedingungen bei Haussöhnen (als unwirksam hinzugesetzt), sodass es zur Erteilung der *bonorum possessio secundum tabulas* wie bei unbedingter Erbeinsetzung kommt (so auch *Babusiaux* ibid. Rn. 186).

> Eine Erbschaft kann nicht wirksam von einem bestimmten Tag an oder bis zu einem bestimmten Tag zugewendet werden, doch bleibt die Erbeinsetzung abgesehen von der unzulässigen Zeitbestimmung bestehen.[660]

Die praktische Konsequenz davon ist einerseits, dass die Erbenposition bei einer Befristung, die als Endtermin formuliert war, nicht mit dem betreffenden Datum wegfiel, und andererseits, dass der Prätor ebenso einen ab einem bestimmten Zeitpunkt als Anfangstermin Eingesetzten schon vor dem betreffenden Tag (ebenso wie einen suspensiv bedingt Instituierten) in den Nachlassbesitz einwies, wenn der Erblasser früher verstarb. Es kamen also insbesondere nicht etwa zunächst die gesetzlichen Erben zum Zug und verloren diese ihre Position später wieder.

Der Eingewiesene konnte auch schon vor dem Termin über die Erbschaft verfügen:

> Pomp. 1 Sab., D. 28, 5, 23 pr.: *Si quis instituatur heres in diem certum vel incertum, is bonorum possessionem agnoscere potest et tamquam heres distrahere hereditatem.*

> Wird jemand von einem bestimmten oder unbestimmten Zeitpunkt an zum Erben eingesetzt, so kann er die Erteilung des Nachlassbesitzes beantragen und die Erbschaft sogar wie ein Erbe veräußern.[661]

Obwohl der Tag noch nicht gekommen war, ab welchem der Betreffende nach dem Testatorwillen hätte Erbe werden sollen (sei es ein bestimmtes Datum oder auch ein unbestimmter Tag, an welchem ein gewisses Ereignis eintreten würde), konnte der Testamentserbe den Nachlassbesitz (*secundum tabulas*) bereits mit dem Tod des Erblassers bzw. sofort nach der Testamentseröffnung erfolgreich beantragen und auch etwa sogleich die Erbschaft veräußern.

Der Unterschied zwischen dem Termin *a quo* und einer Suspensivbedingung lag wertungsmäßig wohl darin, dass im Falle der Suspensivbedingung diese zumindest theoretisch im Todeszeitpunkt bereits eingetreten sein konnte, der Eingesetzte also potentiell im Todeszeitpunkt des Erblassers selbst unter Beachtung der Nebenbestimmung tatsächlich sogleich Erbe sein könnte[662].

---

660 Übersetzung: *K/K/R/S-Rüfner.*

661 Übersetzung: *K/K/R/S-Rüfner.*

662 Dazu, dass dieser Unterschied es auch rechtfertigen könnte, dass zwar der *dies certus* gestrichen, der *dies incertus* aber als Bedingung wirksam wurde, bereits *Buckland,*

Ein *dies certus*, welcher nach dem Todeszeitpunkt lag, war hingegen unveränderbar und konnte an keinem anderen Tag liegen, als eben jenem, zu welchem er festgesetzt worden war[663]. Die Suspensivbedingung wurde als eingetreten fingiert, bis sie tatsächlich eintrat[664]; der Anfangstermin musste hingegen wie ein Endtermin hinwegfingiert werden.

b. Von vornherein unmögliche Suspensivbedingung

Zum Begriff der *condicio impossibilis* stellte *Albers* rezent fest, dass er im Testamentsrecht entwickelt und sodann auf Stipulationen übertragen worden ist[665]. Wieder ist das Testamentsrecht hier also Ausgangspunkt der allgemeinen Privatrechtsentwicklung und wiederum stellt sich ein gewisses Problem der Begrifflichkeit: Nach einer ‚*regula Sabiniana*' sind unmögliche Bedingungen bei letztwilligen Verfügungen hinwegzufingieren; jedoch kannten die (vor-)klassischen römischen Juristen eine solche einheitliche ‚Regel' wohl nicht. Die Quellen zeigen Entscheidungsmuster, welche später zusammengeführt und regelhaft verdichtet wurden; dies wohl durchaus schon zur Zeit der Kompilation oder früher[666]. Das betrifft aber nach *H.J. Wolf* nicht nur die ‚*regula Sabiniana*', sondern die gesamte Bedingungslehre: Die klassischen Juristen seien

> überhaupt nicht von einer dogmatischen Klassifizierung der Bedingung ausgegangen, sondern von einer Betrachtung des Zustandekommens und des Zwecks des jeweils zur Beurteilung stehenden Geschäfts als Ganzen, aus der heraus der Einfluss einer etwaigen Bedingung, so wie sie zum Ausdruck gebracht war, auf das Geschäft beurteilt wurde ... Unter welchen näheren Voraussetzungen es sich empfahl, die Verfügung unter Beiseiteschiebung der Bedingung gelten zu lassen, unter welchen

---

Slavery (1908) 481. Zur Umdeutung des *dies incertus* in eine Bedingung siehe Pap. 34 quaest., D. 35, 1, 75: *Dies incertus condicionem in testamento facit.*

663 *Suman*, Favor testamenti (1916) 68–69.

664 Das wird allerdings wohl nur dann der Fall gewesen sein, wenn die Erfüllung nicht ausschließlich in den Willen des Eingesetzten gestellt war (reine Potestativbedingung); deren Erfüllung wird der Prätor verlangt haben, bevor er in den Nachlassbesitz einwies.

665 *Albers*, Perpetuatio Obligationis (2019) 319–320. Zur *regula Sabiniana* ibid. 303–319. Siehe für eine umfassende Bibliographie zum Thema *Cossa*, Regula Sabiniana (2013) 9–12 Fn. 6.

666 Vgl. Inst. 2, 14, 10.

man die Verfügung wegen Nichtverwirklichung der Bedingung ausfallen lassen sollte, das ergab sich aus den Umständen des Einzelfalls.[667]

Die klassischen Juristen hielten einhellig eine Stipulation für unwirksam, welche unter einer unmöglichen Bedingung abgeschlossen wurde. Das ergab sich schon daraus, dass der Gläubiger die Bedingung in seiner Frage eben selbst gesetzt hatte; war diese Bedingung unmöglich, so konnte er nicht aus der Stipulation klagen. Auch bei Konsensualverträgen, anlässlich derer Bedingungen vereinbart wurden, die anfänglich objektiv unmöglich waren, wurde entsprechend entschieden.

Bei letztwilligen Verfügungen hingegen bestand im Hinblick auf deren Wirksamkeit, sollte eine hinzugesetzte Bedingung unmöglich sein, ein Schulenstreit, der uns bei den Abgrenzungsfragen unten VI.10.e. noch eingehender beschäftigen wird. Im Hinblick auf die Erbeinsetzung galt zumindest in der Spätklassik:

Ulp. 5 ad Sab., D. 28, 7, 1: *Sub impossibili condicione vel alio mendo factam institutionem placet non vitiari.*

Es ist anerkannt, dass eine Erbeinsetzung, die unter einer unmöglichen Bedingung oder einer anderen fehlerhaften Bestimmung vorgenommen wurde, dadurch nicht unwirksam wird.[668]

Die unmögliche Bedingung steht demnach der Wirksamkeit der Erbeinsetzung nicht entgegen, sie selbst jedoch ist nicht wirksam hinzugesetzt. Unter einer ‚anderen fehlerhaften Bestimmung' bzgl. einer Erbeinsetzung könnte man sich möglicherweise etwa eine *heredis institutio ex re certa* statt nach Quoten vorstellen (dazu bereits oben VI.3.a.). Die ‚unmöglichen Bedingungen' sind in den nun folgenden Kapiteln Gegenstand der Darstellung.

c. Unmögliche *condicio in faciendo*

War die Bedingung darauf gerichtet, den Begünstigten zu einer bestimmten Handlung zu veranlassen, so wurde es noch in der Hochklassik jedenfalls bei Damnationslegaten, möglicherweise aber auch ganz allgemein bei

---

667 *H.J. Wolf*, Rez. Cosentini, IVRA 4 (1953) 405.
668 Übersetzung: *K/K/R/S-Kupisch*.

letztwilligen Verfügungen, unterschiedlich beurteilt, was zu gelten habe, falls diese Handlung faktisch unmöglich war. Das berichtet uns Gaius:

> Gai. 3, 98: *Item si quis sub ea condicione stipuletur, quae existere non potest, velut ‚si digito caelum tetigerit', inutilis est stipulatio. sed legatum sub impossibili condicione relictum nostri praeceptores proinde deberi putant, ac si sine condicione relictum esset; diversae scholae auctores non minus legatum inutile existimant quam stipulationem. et sane vix idonea diversitatis ratio reddi potest.*
>
> Wenn sich ferner jemand etwas unter einer solchen Bedingung, die nicht eintreten kann – zum Beispiel: ‚Wenn er mit dem Finger den Himmel berührt hat' –, versprechen lässt, so ist die Stipulation unwirksam. Aber unsere Lehrer meinen, dass ein Vermächtnis, welches unter einer unmöglichen Bedingung hinterlassen ist, ebenso geschuldet werde, wie wenn es ohne Bedingung hinterlassen worden sei; die Gewährsleute der anderen Schule halten ein solches Vermächtnis für ebenso unwirksam wie eine Stipulation. Tatsächlich lässt sich kaum ein ausreichender Grund für die unterschiedliche Behandlung anführen.[669]

Die Prokulianer nahmen also wie bei der Stipulation so auch bei Vermächtnissen die Nichtigkeit der Verfügung an, welche an eine unmögliche Bedingung geknüpft wurde. Die Sabinianer vertraten die Lehre, die testamentarische Bestimmung sei in einem solchen Fall unter Streichung der unmöglichen Bedingung (diese sei *pro non scripta* zu halten bzw. *nullius momenti*) aufrecht zu erhalten; dies zumindest dann, wenn die Bedingung von Anfang an objektiv unmöglich verwirklicht werden konnte[670]. Nicht erfasst war eine anfänglich subjektive oder nachträglich eintretende objektive Unmöglichkeit. Dies ‚galt' unabhängig von einer Kenntnis des Testators; ja – so *Cosentini*[671] – angeblich sogar unabhängig von seinem Willen. Dieser Umstand wird unter anderem

---

669 Text und Übersetzung: *Manthe*, Institutiones ^{2}(2010) *ad loc.*

670 *MacCormack*, Impossible Conditions in Wills, RIDA 21 (1974) 277 warnte jedoch davor, die Bedingungen, welche den ‚Regeln der Natur' widersprächen, mit solchen Bedingungen gleichzusetzen, welche aus anderen Gründen von Vornherein unmöglich waren. Zu ‚unerlaubten' Bedingungen siehe hingegen Marci. 4 inst., D. 28, 7, 14: Auch hier wird der Grundsatz ‚*pro non scripto habetur*' angewendet. Anders wohl beim *filius suus*, dessen Einsetzung unter einer anderen als einer ihm subjektiv möglichen Potestativbedingung als Übergehung gewertet wurde: Pap. 16 quaest., D. 28, 7, 15. Vgl. dazu *Meinhart*, Bedingte Einsetzung des Haussohnes, in: Studien Kaser (1973) 116–117.

671 *Cosentini*, Condicio impossibilis (1952) 131, 194–195.

aus der Tatsache erschlossen, dass der Wille ausweislich der Quellen bei testamentarischen Freilassungen beachtlich sein sollte; man ging daher (quasi im ‚Umkehrschluss') davon aus, dass das bei anderen Formen von letztwilligen Verfügungen nicht der Fall sei. Bei einem solchen Umkehrschluss ist jedoch Vorsicht geboten: Nur weil der Wille des Testators im Zusammenhang mit testamentarischen Freilassungen als besonders wesentliches Kriterium hervorgehoben wird, bedeutet das für sich genommen noch nicht, dass er bei anderen Verfügungen (hinsichtlich derer unsere Quellen schweigen) unbeachtlich sein soll. Ist offenkundig, dass der Testator den betroffenen Begünstigten ohne eine solche Bestimmung lieber überhaupt nicht als bedingungslos bedenken wollte, so ist unwahrscheinlich, dass tatsächlich auch in diesem Fall die Streichung der Bedingung erfolgt ist. Freilich gelten im Hinblick auf die Freilassungen andere, sich aus dem *favor libertatis* ergebende Sonderregeln (dazu unten XIV.). Der generelle Vorrang des Erblasserwillens dürfte jedoch mit größter Wahrscheinlichkeit bewirkt haben, dass es sich lediglich um Zweifelsregeln gehandelt haben wird, welche nicht zwingend Anwendung finden mussten.

Das Beispiel der Bedingung bei Gaius, der Begünstigte müsste den Himmel berühren, um die Bedingung zu erfüllen und die Zuwendung zu erhalten, begegnet auch in anderen Texten immer wieder und darf nicht so verstanden werden, dass der Testator die Begünstigung überhaupt nicht wollte und bewusst absurde Bedingungen gestellt hat[672]. Wäre das der Fall, so hätte

---

672 AA. *Wieling*, Falsa demonstratio, ZRG RA 87 (1970) 213, 219, 229; *Cossa*, Regula Sabiniana (2013) 435 Fn. 427; *Albers*, Perpetuatio obligationis (2019) 317: Der Erblasser habe in diesen Fällen nicht die geringste Intention, dass das Vermächtnis sich realisiere. Hierin zeige sich daher, dass mitunter aufgrund von ‚*favor testamenti*' etwas aufrecht erhalten werde, was dem ‚*favor voluntatis*' widerspreche. ME ist diese Ansicht nicht haltbar: Sobald etwas erwiesenermaßen der *voluntas* des Testators widerspricht, ist eine Streichung oder anderweitige Aufrechterhaltung/Umdeutung auszuschließen. Auch die ‚Schuljurisprudenz' wird das kaum anders beurteilt haben. Allenfalls bewirkt die mit ‚*favor testamenti*' angesprochene interpretatorische Tendenz, dass man dem Erblasser dann, wenn sein Wille nicht eindeutig ermittelbar ist, im Zweifel unterstellte, er habe eher gewollt, dass sein Testament/eine testamentarische Verfügung wirksam werde, als dass sie ungültig sein soll. Ein Einwand gegen die vorliegend vertretene These mag sein, dass Maecian 2 fideicomm., D. 44, 7, 31 darauf verweist, dass Parteien, welche die Unmöglichkeit der von ihnen hinzugesetzten Bedingung kannten, ohne Zweifel davon ausgingen, dass ihr Vertrag (sei es eine *stipulatio, emptio venditio, locatio conductio* etc.) nichts bewirke; die palingenetische Einordnung in

zumindest einer der dazu überlieferten Texte den fehlenden ‚Rechtsfolgewillen' bzw. ‚Zuwendungswillen' thematisiert oder diese Klausel in einem derartigen Kontext behandelt. Das aber ist nicht der Fall: Es handelt sich höchstwahrscheinlich um eine in der Lehre für die Veranschaulichung einer faktischen Unmöglichkeit entwickelte Figur[673]: Auch das noch heute in den Lehrbüchern regelmäßig exemplarisch angeführte Versprechen, einen Hippocentaurus zu leisten[674], soll kein Beispiel für mangelnden Konsens wegen absichtlicher Wahl eines absurden Gegenstandes darstellen, sondern will gerade im Gegenteil vor Augen führen, dass selbst dann, wenn die Parteien dies ernstlich gewollt und für möglich gehalten hatten, ein Vertrag über etwas faktisch Absurdes – und damit wie ein solcher über etwas rechtlich Unmögliches – als ‚anfänglich objektiv unmöglich' nicht gültig zustande kommen kann. Im Falle der anfänglich objektiv unmöglichen Bedingung stellt sich nun die Frage, ob die Ungültigkeit nur die Nebenbestimmung erfasst oder die gesamte Verfügung unwirksam ist. Bei den Stipulationen war Letzteres der Fall. Bei letztwilligen Verfügungen war das hingegen strittig; ob bei

---

eine Arbeit zu den Fideikommissen legt den Zusammenhang dieser Diskussion mit unmöglichen Bedingungen für letztwillige Begünstigungen nahe. Dennoch geht es bei den Fällen zu den faktisch absurden Bedingungen um etwas anderes und will der Autor etwas anderes sagen. Nur, wenn wie im Fall von Paul. 5 ad Sab., D. 40, 7, 4, 1 auf den fehlenden Freilassungswillen Bezug genommen wird, steht die Anführung von *paene inpossibilem condicionem* in diesem Zusammenhang (die Freilassung wurde beispielsweise an das Verstreichen einer so langen Zeitspanne geknüpft, dass es ausgeschlossen war, dass der Sklave deren Ablauf erleben würde; diese Bedingung streiche man nicht. Julian erörtert: *nec animus dandae libertatis est*). Siehe zu diesem Text mit umfassenden Literaturnachweisen *Cossa*, Regula Sabiniana (2013) 593–602.

673 Vgl. auch Pomp. 2 ad Q. Muc., D. 28, 3, 16 (dazu unten S. 232); im Zusammenhang mit Stipulationen etwa Gai. 3, 98 und Ulp. 6 ad Sab., D. 45, 1, 7. Dazu, dass es sich um ein für die Ausbildungsliteratur typisches Beispiel handelt, siehe *Albers*, Perpetuatio obligationis (2019) 299–300 mit Fn. 12. Zur Unterscheidung zwischen den zwei *genera* von Bedingungen, den möglichen, ‚*quae per rerum naturam admitti potest*', und den unmöglichen, bei welchen dies nicht der Fall sei, vgl. PS. 3, 4b, 1. (Nur) hinsichtlich der möglichen Bedingung sei abzuwarten, ob sie eintrete; die unmögliche hingegen ‚*submovetur*'. Vgl. dazu *Cossa*, Regula Sabiniana (2013) 607–616 mwN.

674 So schon Gai. 3, 97a für das entsprechende stipulationsweise abgegebene Versprechen; in der modernen Doktrin begegnet diese Figur in den ‚allgemeinen Teilen' regelmäßig. Stellvertretend für zahllose Lehrbuchliteratur sei nur eines der Standardlehrbücher zum österreichischen bürgerlichen Recht genannt: *Welser/Kletečka*, BR I [15](2018) 187 Rn. 541.

allen solchen Verfügungen oder nur bei einer ganz bestimmten Gruppe, ist seinerseits unklar.

Gaius berichtet von der Kontroverse bei Damnationslegaten (das ergibt sich aus dem auf das *legatum* bezogene *deberi*); dass dieselben Lösungen von den Vertretern der beiden Rechtsschulen auch bei Vindikationslegaten, Freilassungen, Fideikommissen und sogar der *heredis institutio* vertreten wurden, könnte etwa der Digestentitel 35, 1 (*De condicionibus et demonstrationibus et causis et modis eorum, quae in testamento scribuntur*) nahelegen, welcher neben anderen Nebenbestimmungen ganz generell Bedingungen, die ‚in ein Testament geschrieben' wurden, zum Gegenstand hat. Dabei war die Art der betroffenen Verfügung zumindest für die Kompilatoren offenkundig irrelevant: Für die bedingte *heredis institutio* hatte dasselbe zu gelten wie für die bedingte Einzelverfügung. Ob das auch für die Klassiker bzw. Gaius gilt, lässt sich mangels Belegs nicht eindeutig entscheiden; lediglich mehr oder weniger plausible Rückschlüsse sind möglich.

Vorliegend wird die These vertreten, dass Gegenstand der Diskussion bei Gaius ausschließlich das Damnationslegat war und hierbei seine ‚prozessuale' Nähe zur Stipulation eine wesentliche Rolle für die angesprochene Sicht der Prokulianer gespielt hat[675]: Wie an anderem Orte ausgeführt[676], dürfte die *actio certi ex testamento* eine Ausprägung der *condictio* darstellen, wie auch die *actio incerti ex testamento* der *actio ex stipulatu* verwandt ist. (Auch) aus diesem Grunde dürfte die prokulianische Lehre sich hinsichtlich der Beurteilung von unmöglichen Bedingungen für eine einheitliche Behandlung der ‚materiellrechtlichen' Hintergründe dieser Klage aussprechen.

Der Umstand, dass bei Gaius an dieser Stelle nur die Damnationslegate Thema sind, bedeutet allerdings wiederum nicht zwingend, dass die Kontroverse keinen darüber hinausgehenden Gegenstand gehabt haben kann.

Wie bereits im Zusammenhang mit der *heredis institutio ex re certa* ausgeführt[677], wird eine Regel auf Sabinus zurückgeführt, wonach die mit der Erbeinsetzung nicht vereinbare Nennung konkreter Gegenstände (statt Quoten) hinwegfingiert wurde. Die Quoten wurden daher im Ergebnis durch die Anzahl der zusammentreffenden Erben bestimmt, welche so

---

675 Zu dieser Verwandtschaft auch *Cossa*, Regula Sabiniana (2013) 151 mit Fn. 207.
676 *Isola*, Actio ex testamento, ZRG RA 137 (2020) 120.
677 Siehe oben S. 128.

angesehen worden sind, als wären sie zu gleichen Teilen eingesetzt. Ebenso wie eine derartige ‚Streichung' der konkreten Gegenstände nach sabinianischer Auffassung möglich war, könnten auch andere mit der Wirksamkeit einer Erbeinsetzug unvereinbare Zusätze – wie insbesondere unmögliche Bedingungen – hinwegfingiert worden sein. Das lässt etwa Ulp. 5 ad Sab., D. 28, 7, 1 (dazu oben S. 196) vermuten, wenn auch bislang hier noch kein Zusammenhang hergestellt wurde; mE liegt ein solcher sachlich jedoch nahe. Möglicherweise wandte man in der sabinianischen Tradition dasselbe Recht auch auf Freilassungen und Vermächtnisse an, unabhängig vom Typ des Vermächtnisses und unabhängig von der zuständigen Klage. Dassselbe wie für die Unmöglichkeit galt zudem auch für die Unverständlichkeit: Die betreffende Passage galt als nicht geschrieben, der Rest aber blieb wirksam[678]. Auch hier wird nicht nach der Art der Verfügung unterschieden. Nicht immer muss dabei die prokulianische Lehre zu einem abweichenden Ergebnis gelangt sein; einige, im Folgenden noch näher zu betrachtende Texte überliefern im Gegenteil übereinstimmende Meinungen der führenden Vertreter beider Schulen. Die Einheitlichkeit, mit welcher die Sabinianer aber alle Typen von letztwilligen Verfügungen beurteilten, dürfte in dieser Allgemeinheit tatsächlich nicht mit der (älteren) prokulianischen Ansicht übereinstimmen. Auch scheint mitunter Uneinigkeit darüber bestanden zu haben, was dem ‚hypothetischen Erblasserwillen' eher entspricht.

Die sabinianische Ansicht der einheitlichen Behandlung der unterschiedlichen testamentarischen Verfügungen (und damit auch etwa die unterschiedliche Behandlung von Stipulation und Damnationslegat im Falle der unmöglichen Bedingung) setzte sich letztendlich durch[679] und findet sich sodann in den justinianischen Quellen. Dementsprechend ist auf die Frage, ob die Prokulianer die ‚Streichung' unmöglicher Bedingungen auch bei der *heredis institutio* abgelehnt haben, keine eindeutige Antwort zu finden; die Kompilatoren mögen hier im Sinne der angestrebten Widerspruchslosigkeit

---

678 Alfen. 5 dig., D. 34, 8, 2: *Quae in testamento scripta essent neque intellegerentur quid significarent, ea perinde sunt ac si scripta non essent: reliqua autem per se ipsa valent.*

679 Vgl. die allgemeine Feststellung bei Ulp. 9 ad Sab., D. 35, 1, 3: *Optinuit impossibiles condiciones testamento adscriptas pro nullis habendas.* Ob freilich Ulpian diese allgemeine Ansicht des Sabinus (sofern sie von jenem tatsächlich so allgemein formuliert worden war) vollumfänglich übernimmt, ist aus dem kurzen Extrakt nicht mit Sicherheit abzulesen.

planmäßig getilgt haben. Die justinianischen Institutionen informieren uns über den Ausgang des Streites, welcher in der Klassik eben ‚mindestens' die Damnationslegate betroffen hat:

> Inst. 2, 14, 10: *Impossibilis condicio in institutionibus et legatis nec non in fideicommissis et libertatibus pro non scripto habetur.*
>
> Eine unmögliche Bedingung bei Erbeinsetzungen, Vermächtnissen und auch bei Fideikommissen und Freilassungen wird als nicht geschrieben angesehen.[680]

Hier wird sowohl bei Erbeinsetzungen und Vermächtnissen wie auch Fideikommissen und Freilassungen die unmögliche Bedingung gestrichen[681]. Wie wir sehen werden, wurden in der Diskussion der Klassiker sehr wohl etwa Legate und Freilassungen zum Teil explizit verschieden behandelt (XIV.1.). Kasuistik hinsichtlich der Bedingungen bei Erbeinsetzungen und Legaten wird unten bei den ‚Abgrenzungsfragen' zwischen unmöglicher und ausgefallener Bedingung (VI.10.e.) noch näher zu beleuchten sein. Voranzustellen sind nun aber insbesondere Überlegungen zu den Auswirkungen eines Bedingungsausfalles hinsichtlich der Erbeinsetzung auf andere testamentarische Verfügungen, welche in speziellen Konstellationen durch eine ‚Konversion' gerettet wurden.

d. Bedingungsausfall bei einer zunächst möglichen Suspensivbedingung

Stand fest, dass eine zunächst mögliche Suspensivbedingung für die Erbeinsetzung nicht mehr eintreten konnte, so führte das an sich zum Wegfall des testamentarischen Erben. Das wiederum hatte prinzipiell zur Folge, dass bspw. Vermächtnisse nicht geschuldet und Freilassungen unwirksam waren. Neben den Fällen der ‚Kodizillarklausel' (bzw. ‚generellen Umdeutungsklausel', s.o. V.2.) wurden Einzelverfügungen aber auch unabhängig von einer solchen Klausel mitunter durch den Prätor ‚gerettet'; der Intestaterbe musste die Verfügungen erfüllen, wenn besondere Voraussetzungen

---

680 Übersetzung: *K/K/L/R*.

681 Vgl. auch PS. 3, 4b, 1: *Condicionum duo sunt genera: aut enim possibilis est, aut impossibilis: possibilis, quae per rerum naturam admitti potest, impossibilis, quae non potest: quarum ex eventu altera expectatur, altera impossibilis submovetur.*

gegeben waren. Zentral für das Verständnis ist der folgende Text aus den Disputationen Ulpians:

Ulp. 4 disp., D. 37, 11, 5: *Si sub condicione heres quis institutus sit et accepta bonorum possessione secundum tabulas condicio defecerit, interdum evenit, ut res possessori concedenda sit, ut puta si filius sit emancipatus sub condicione heres institutus: nam si defecerit condicio, attamen secundum tabulas bonorum possessionem eum accipere Iulianus scribit. sed et si is fuerit, qui ab intestato bonorum possessor futurus esset, tuendum esse scripsit, et hoc iure utimur.* 1. *Videndum, an legata ab eis debeantur. et filius quidem quasi contra tabulas bonorum possessione accepta rem habere videtur, ceteri vero quasi ab intestato: et ideo filius liberis parentibusque legata relicta solis praestare cogetur, ceteris non. plane ei, cui ab intestato fideicommissum relictum est, erit praestandum, quasi videatur hoc ipso fraudatus, quod ex testamento petita sit bonorum possessio.*

Ist jemand unter einer Bedingung als Erbe eingesetzt und ist die Bedingung, nachdem er den Nachlassbesitz ‚Dem Testament folgend' erlangt hat, ausgefallen, so kommt es zuweilen dazu, dass das Vermögen beim Nachlassbesitzer bleibt, wie zum Beispiel, wenn ein aus der Hausgewalt entlassener Sohn unter einer Bedingung als Erbe eingesetzt ist. Denn auch wenn die Bedingung ausgefallen ist, behalte er gleichwohl den Nachlassbesitz ‚Dem Testament folgend', schreibt Julian. Aber auch jemand, der [nicht zu den Kindern gehört, aber] zum Nachlassbesitz wegen Testamentslosigkeit berechtigt wäre, müsse [bei Ausfall der Bedingung, unter der er zum Erben eingesetzt war] geschützt werden, hat Julian geschrieben. Und daran halten wir uns in der Praxis. 1. Wir wollen überlegen, ob die geschützten Personen Vermächtnisse leisten müssen. Und von dem Sohn wird angenommen, er besitze das Vermögen so, als ob er den Nachlassbesitz ‚Entgegen dem Testament' erhalten hätte, von den übrigen aber, als ob sie ihn wegen Testamentslosigkeit erhalten hätten. Und deshalb wird der Sohn gezwungen werden, nur den Abkömmlingen und Vorfahren [des Erblassers] die ihnen zugewendeten Vermächtnisse zu leisten, anderen nicht. Allerdings wird [von dem Sohn] demjenigen, dem ein Fideikommiss für den Fall der Testamentslosigkeit hinterlassen wurde, das Fideikommiss geleistet werden müssen, weil der Fideikommissnehmer ersichtlich dadurch benachteiligt ist, dass der Nachlassbesitz aufgrund des Testaments beantragt wurde.[682]

Der Prätor hatte jemanden wie oben unter VI.10.b. beschrieben in den Nachlass eingewiesen, dessen testamentarische Erbenstellung von einer Bedingung abhing. Welche Bedingung das war – ob etwa auch hier eine *condicio in faciendo* ‚auferlegt' oder die Erbenstellung von einem sonstigen ungewissen Ereignis abhängig gemacht wurde –, ist unklar. Obwohl die Bedingung

682 Übersetzung: *K/K/L/R-Kupisch.*

‚ausfällt' (*deficit*), kann diese Person die *bonorum possessio* behalten; dies aber nur deshalb, weil sie auch ohne Testament eingewiesen worden wäre: es handelt sich nämlich um den emanzipierten Sohn. Sein Nachlassbesitz wird zunächst *secundum tabulas* aufgrund des Testaments erteilt; er behält ihn sodann aber deshalb, weil er Angehöriger der ersten Klasse des ‚prätorischen Erbrechts' ist. Er behält seine *bonorum possessio*, wie sie ihm *secundum tabulas* erteilt wurde. Das würde auch für den gradnächsten Agnaten gelten, der *ab intestato* erben würde; auch er kann in einer solchen Konstellation den Nachlassbesitz *secundum tabulas* behalten.

Sachverhalt und rechtliche Beurteilung gehen bis hierher auf Julian zurück. In § 1 entwickelt Ulpian diese Überlegungen weiter: Was hat im Hinblick auf Vermächtnisse zu gelten, welche in dem Testament ausgesetzt wurden, das infolge des Bedingungsausfalls sein *caput et fundamentum* verloren hatte? Ulpian differenziert: Der Sohn werde behandelt, als hätte er die *bonorum possessio contra tabulas*[683]. Dabei handelt es sich um eine Fiktion, denn in Wahrheit hat er den Nachlassbesitz *secundum tabulas* erhalten und behält ihn auch als solchen. Hingegen wird bei sonstigen Intestaterben fingiert, dass sie den Nachlass *ab intestato* erhalten hätten. Wie lässt sich das begründen und was folgt daraus?

Die *bonorum possessio contra tabulas* hätte der Sohn beantragen können, wenn er im Testament übergangen worden wäre. Er zählt zwar als Emanzipierter nicht mehr zu den *sui* und ist damit kein Noterbe nach *ius civile*, aber der Prätor hätte ihn in der ersten Klasse *unde liberi* zur Erbschaft berufen und schützt ihn auch im Falle der Übergehung. Wäre er im Testament übergangen worden, so wäre zwar das Testament nicht vollständig ungültig, aber der emanzipierte Haussohn hätte den/die eingesetzten Außenerben verdrängt bzw. wäre gleichberechtigter Erbe neben im Testament eingesetzten *liberi* geworden[684].

Sonstige Angehörige, die zur Klasse der zivilen Erben zählen, hätten den Nachlass hingegen nur erhalten können, wenn es überhaupt kein Testament gegeben hätte: Hier können die testamentarisch verfügten Einzelbegünstigungen nicht gerettet werden. Lediglich Intestatfideikommisse werden

---

683 Siehe auch Ulp. 39 ad ed., D. 37, 4, 3, 13. Vgl. dazu *Meinhart*, Bedingte Erbeinsetzung des Haussohnes, in: Studien Kaser (1973) 128.

684 Vgl. dazu *Lohsse*, D. 37,11,5, in: DG Nishimura (2018) 153–155 mwN.

geschuldet (besonders bedeutsam freilich im Falle einer im Testament enthaltenen ‚Kodizillarklausel' bzw. ‚generellen Umdeutungsklausel' iSv. oben V.2. oder auch einer ‚Verstärkungsklausel' iSv. unten X., gerichtet an *quisquis mihi heres erit*).

Lohsse hebt besonders die verfahrenstechnischen Aspekte von Ulpians Lösung hervor: In einem ersten Schritt setzte der Prätor eine Frist zur Beantragung der *bonorum possessio contra tabulas*; erst nach deren Ablauf rief er zu Anträgen auf Erteilung der *bonorum possessio secundum tabulas* auf[685]. Dementsprechend hätte der emanzipierte Sohn, der zwar wegen Übergehung die *bonorum possessio contra tabulas* beantragen hätte können, wenn zu diesem Zeitpunkt die Bedingung bereits ausgefallen gewesen wäre, aber eben keine Antragsberechtigung zur *bonorum possessio ab intestato* hätte, das Problem, dass im Falle eines erst späteren Bedingungsausfalles die Antragsfrist bereits verstrichen ist[686]. Dem wurde abgeholfen, indem formell die *bonorum possessio secundum tabulas* erhalten blieb, jedoch ‚materiell-rechtlich' eine „Behandlung dieses Nachlassbesitzes als solchem *contra tabulas*" erfolgte[687]. Dank dieser „materiell-rechtlichen Umdeutung der *bonorum possessio secundum tabulas*"[688] muss der Sohn einerseits keine Konkurrenz mit hausfremden Erben hinnehmen und andererseits nicht alle Vermächtnisse vollständig leisten. Wäre die *bonorum possessio* tatsächlich *contra tabulas* erteilt worden, so hätte der Prätor nach dem Edikt *de legatis praestandis contra tabulas bonorum petita* Vermächtnisse und Fideikommisse zugunsten der *exceptae personae* (also zugunsten in direkter Linie Verwandter und zugunsten der Schwiegertochter im Hinblick auf ein Vermächtnis ihrer Mitgift) berücksichtigt[689]; das tut er also auch nun im Falle der Umdeutung. Hingegen bestünde bei der *bonorum possessio ab intestato* keine Möglichkeit, testamentarische (Einzel-)Verfügungen aufrecht

---

685 Zur ‚Rangfolge' unter den prätorisch Berechtigten siehe auch *Babusiaux*, Nachlassbesitz, in: HRPR (2023) § 57 Rn. 19, 214; siehe ibid. Rn. 39 zum Ediktsaufbau (Regelung der *bonorum possessio contra tabulas* samt Nebenedikten vor Regelung der *bonorum possessio secundum tabulas*) sowie ibid. Rn. 177 zum „prozessualen Vorrang".

686 Vgl. hingegen *Babusiaux*, Nachlassbesitz, in: HRPR (2023) § 57 Rn. 216 dazu, dass derjenige, der zur Beantragung der *bonorum possessio contra tabulas* berechtigt gewesen wäre, nicht zur *bonorum possessio ab intestato* zugelassen wurde.

687 *Lohsse*, D. 37,11,5, in: DG Nishimura (2018) 159. Siehe ibid. 161–163 auch zu Einwänden der Textkritik und deren Entkräftung.

688 *Lohsse*, D. 37,11,5, in: DG Nishimura (2018) 161.

689 Siehe dazu *Babusiaux*, Nachlassbesitz, in: HRPR (2023) § 57 Rn. 70–89.

zu erhalten; nur Intestatfideikommisse sind auch im Rahmen der *bonorum possessio ab intestato* zu leisten, wobei es auch im Falle der Umdeutung bleibt.

e. Abgrenzungsfragen zwischen unmöglicher und ausgefallener Bedingung

Als ‚ausgefallen' (*defecetum*) ist eine Bedingung dann zu qualifizieren, wenn ihr Eintritt zunächst zwar möglich, zum maßgeblichen Zeitpunkt jedoch nicht erfolgt ist bzw. nicht mehr erfolgen kann. ‚Unmöglich' (ἀδύνατος bzw. *impossibilis*) ist hingegen eine Bedingung, welche schon zur Zeit der Testamentserrichtung nicht verwirklicht werden kann. Die ‚unmögliche' Bedingung kann jedenfalls nach der Ansicht mancher Juristen wie gesehen als ‚nicht geschrieben' qualifiziert werden, sodass die Erbeinsetzung oder sonstige Zuwendung in eine unbedingte umgewandelt wird (‚*regula Sabiniana*'); die ‚ausgefallene' Bedingung führt hingegen dazu, dass die Erbeinsetzung nicht wirksam wird bzw. die Einzelzuwendung nicht geschuldet ist. In Ausnahmefällen wird die ‚ausgefallene' Bedingung als eingetreten fingiert, sodass dasselbe Ergebnis wie bei der ‚Streichung' der ‚unmöglichen' Bedingung eintritt: Der Begünstigte erhält, was ihm zugedacht war. Nicht immer erscheint es ganz einfach, die beiden Fallgruppen voneinander abzugrenzen.

Konstruktionen mit dem Zweck der Gesetzesumgehung etwa sollten an sich nicht dazu führen, dass ‚an sich' unwirksame Verfügungen durch Umdeutung klagbar gemacht werden. In speziellen Konstellationen wird jedoch genau das angenommen: *Ch. Paulus* vermutete im Anschluss an eine Interpretation *Wielings*[690] hinter einer Entscheidung des Servius[691] zu Bedingungen, welche den Zweck erkennen lassen, gegen das Verbot der *lex Voconia* nahestehende Personen zu versorgen, ein solches Phänomen; die

---

690 *Ch. Paulus*, Unsterblichkeit (2018) 223–225 (= *ders.*, Idee der postmortalen Persönlichkeit [1992] 252–254); *Wieling*, Falsa demonstratio, ZRG RA 87 (1970) 215; idS. *Cossa*, Regula Sabiniana (2013) 218–219.

691 *Cossa*, Regula Sabiniana (2013) 175–199 widmet sich ausführlich der Frage, inwiefern der Text Servius, Alfen, Paulus oder späteren Bearbeitern zuzurechnen ist (mit umfassenden Literaturnachweisen). Ibid. 207 kommt *Cossa* zu dem Schluss, dass von der Authentizität des Fragments auszugehen sei.

Entscheidung könnte sich aber auch anders erklären lassen. Ausgangspunkt der These ist folgendes Fragment:

> Alf. 2 dig. a Paulo epit., D. 28, 5, 46: ‚*Si Maevia mater mea et Fulvia filia mea vivent, tum mihi Lucius Titius heres esto*'. *Servius respondit, si testator filiam numquam habuerit, mater autem supervixisset, tamen Titium heredem fore, quia id, quod impossibile in testamento scriptum esset, nullam vim haberet.*

> ‚Wenn meine Mutter Maevia und meine Tochter Fulvia leben, dann soll Lucius Titius mein Erbe sein'. Servius hat entschieden, dass dann, wenn der Erblasser niemals eine Tochter hatte, die Mutter ihn aber überlebt habe, Titius dennoch Erbe werde, weil das, was unsinnig in ein Testament aufgenommen werde, keine Wirkung habe.[692]

Es wurde wohl ein Strohmann zum Erben eingesetzt, dessen Erbenstellung davon abhängig ist, dass konkret bezeichnete (vermutlich: zu versorgende) Personen am Leben sind[693]. Eine der beiden mit *et* verbundenen Frauen war bei der Testamentseröffnung aber nicht am Leben und zwar nicht deshalb, weil sie vorverstorben wäre, sondern deshalb, weil sie nie geboren worden war[694]. *Albers* verwies auf die darin liegende Parallele zur *causa Curiana*, wo es ebenfalls nie zur Geburt desjenigen kam, von welchem dort ein

692 *K/K/R/S-Rüfner* übersetzt das Ende des Textes mit „… weil eine unmögliche Bedingung im Testament keine Wirkung habe", jedoch ist hier nicht die gesamte Bedingung unmöglich und gerade in diesem Text passt die Übertragung von ‚*impossibile*' mit ‚unsinnig', welche *Albers*, Perpetuatio obligationis (2019) 306 vorgeschlagen hat und die schon von *Arp*, Anfängliche Unmöglichkeit (1988) 80–84 überzeugend begründet worden ist, besonders gut. Insofern weicht die vorliegende Übersetzung von *K/K/R/S-Rüfner ad loc.* ab.

693 Diese Klausel qualifiziert etwa *Cossa*, Regula Sabiniana (2013) 173 – mit umfangreicher Lit. in Fn. 6 –, 210, 224 als Suspensivbedingung.

694 *Horak*, Rationes decidendi (1969) 124 meinte aus diesem Grunde – der Tatbestand sei schließlich geradezu grotesk –, dass zwar die Fallerzählung verdorben sein könnte, doch die Begründung nicht anzuzweifeln ist. Das Wort *impossibilis*, welches erst zur Zeit der Frühklassik als „lateinische Übersetzung des philosophisch-rhetorischen Ausdrucks δυνατός (ἀδύνατος)" aufgekommen sei, könne ursprünglich bei Servius auf Griechisch hier gestanden und später etwa von Paulus ersetzt worden sein. Zu diesem Ergebnis gelangt auch *Cossa*, Regula Sabiniana (2013) 204–205 (mit weiterer Lit. in Fn. 34). *Cossa* meint aber ibid., dass abgesehen davon von Authentizität des Fragments auszugehen sei. Zur Begriffsentwicklung siehe auch *Arp*, Anfängliche Unmöglichkeit (1988) 78–86 unter Auseinandersetzung mit der älteren Lit., sowie rezent *Albers*, Perpetuatio obligationis (2019) 297–298, 309, 313 mwN.

eingesetzter Pupillarsubstitut sodann erben hätte können. Dabei streicht *Albers* als Unterschied zwischen den beiden Fällen heraus, dass „die Nichtgeburt ... einmal als Tod, einmal als Leben behandelt“[695] wurde, dennoch aber beide Entscheidungen im Ergebnis dazu führten, dass die ‚Nichtgeburt‘ anderen Begünstigten, deren Berechtigung vom Leben (und allenfalls auch Versterben) des Betreffenden abhängig ist, nicht schade. Dabei findet er es „für das Alter der *regula Sabiniana* interessant“, dass bei der *causa Curiana* nicht mit der Unmöglichkeit der Bedingung argumentiert wird; dort wird allerdings vom Testator auch gar keine Bedingung formuliert, sodass aus der *causa Curiana* kaum ‚direkt‘ Rückschlüsse auf die Beurteilung von einer der Erbeinsetzung hinzugesetzten unmöglichen Bedingung gezogen werden können. Hinsichtlich des Lebenssachverhalts aber fällt die Parallele freilich ins Auge.

Warum der Testator im Fall von D. 28, 5, 46 die Tochter sogar namentlich erwähnt, obwohl er laut Servius niemals eine Tochter hatte, kann nur durch Spekulationen erschlossen werden: Glaubte er, eine bestimmte Frau sei seine Tochter, was sich später als Irrtum herausstellt? Glaubte er an die bevorstehende Geburt einer Tochter, deren Name schon feststand und wollte er für das noch ungeborene Kind Vorsorge treffen? Ging es darum, dass ihm ein derartiger Hergang zumindest als möglich erschien und wollte er Sicherheit, falls er nach ihrer Geburt nicht mehr in der Lage wäre, (rechtzeitig) zu testieren? *Wieling* dachte an die letztere Konstellation und meinte, es sei eine bewusste Entscheidung, eine mögliche *postuma* zu Versorgungszwecken in die Bedingung aufzunehmen, einen etwaigen *postumus* hingegen nicht, da jener ohnehin als Erbe eingesetzt werden konnte (möglicherweise sei das im fraglichen Testament sogar geschehen und Lucius Titius lediglich Substitut)[696]. Servius habe nach dem Willen des Testators entschieden, der darin

---

695 *Albers*, Perpetuatio obligationis (2019) 306.

696 *Wieling*, Falsa demonstratio, ZRG RA 87 (1970) 215. *D'Ors*, Familiam non habere (D. 28, 5, 46[45]), in: Studi Talamanca II (2001) 511–517 verweist auf die Vulgatfassung und liest statt ‚*filiam numquam habuerit*‘ vielmehr ‚*familiam*‘, weil auch männliche Abkömmlinge ausgeschlossen sein mussten. *Albers*, Perpetuatio obligationis (2019) 306 Fn. 28 entgegnet dem, dass ‚*familia*‘ eher selten die Bedeutung ‚Abkömmlinge‘ annehme. Vgl. zu dieser Frage auch *Miglietta*, Servius (2010) 228 Fn. 80 mwN. Warum die Mutter dieser Tochter (die Ehefrau des Testators?) im Gegensatz zur Mutter des Testators nicht in die Bedingung aufgenommen wurde, ist jedoch keine Frage, welche *Wieling* sich stellt, und sie ist wohl auch nicht beantwortbar. Zum

bestanden habe, dass das Vermögen über Lucius Titius der Mutter und der Tochter oder auch nur einer von beiden zukommen solle. Es handle sich auch nicht um einen Fall von Unmöglichkeit, sondern von Bedingungsausfall, da im Zeitpunkt der Testamentserrichtung noch nicht feststand, dass der Erblasser keine Tochter Fulvia haben werde[697].

Tatsächlich ist davon auszugehen, dass Servius nicht so entschieden hätte, wäre festgestanden, dass der Erblasser ihnen nur dann, wenn beide lebten, durch Lucius Titius etwas zuwenden hätte wollen, nicht aber nur einer. Das entspricht nach dem Vorgetragenen nicht der Wahrscheinlichkeit (auch, wenngleich nicht nur vor dem Hintergrund der *lex Voconia*) und hätte dementsprechend stärkerer Anhaltspunkte bedurft. Hilfreich wäre es natürlich gewesen, den gesamten Testamentswortlaut zu kennen, denn auch die übrigen Verfügungen – wer wurde in welchem Umfang und in welcher Form bedacht? – bieten Anhaltspunkte für das Verständnis einzelner Klauseln[698]. Der Umstand, dass betont wurde, die Tochter sei niemals geboren worden, deutet aber darauf hin, dass diese Mitteilung wesentlich ist; hätte es sie gegeben und wäre sie vorverstorben[699], so wäre unter Umständen anders entschieden oder immerhin anders begründet worden. Dieser Fall wird in Pomp. 3 ad Sab., D. 35, 1, 6, 1 (dazu unten S. 222–224) samt der entsprechenden Rechtsansicht des Servius thematisiert. Möglich ist freilich, dass es dort um den tatsächlich entschiedenen Fall geht, während es sich in Alf. 2 dig. a Paulo epit., D. 28, 5, 46 lediglich um einen zu Abgrenzungszwecken konstruierten Schulfall handelt[700].

Ch. Paulus meint, dass „die Umständlichkeit der Bedenkung … die Umgehungsabsicht des Testators hinsichtlich der *lex Voconia*“ impliziere. Er unterstellt weiters, „dass dem Erben fideikommissarisch aufgetragen war, die

---

Testamentserrichtungszeitpunkt muss sie wohl gelebt haben, denn anders wäre eine Geburt der Fulvia kaum denkbar (es sei denn, der Testator dachte an irgendeine Tochter von irgendeiner Frau; mit dem zusätzlichen Problem der Bestimmtheit).

697 Nach *Wieling*, Falsa demonstratio, ZRG RA 87 (1970) 216 handelt es sich im Gegensatz dazu im Fall von Pomp. 3 ad Sab., D. 35, 1, 6, 1 um einen Fall der ursprünglich unmöglichen Bedingung, weil die Tochter zum Zeitpunkt der Testamentserrichtung bereits verstorben war (auch wenn der Testator davon nicht gewusst habe).

698 Zur ‚Gesamtbetrachtung‘ von Testamenten siehe etwa Pap. 6 resp., D. 28, 5, 79, 1.

699 Diese Konstellation liegt jedoch nach *Voci*, DER II ²(1963) 613 der Entscheidung in Wahrheit zugrunde.

700 Davon geht *Cossa*, Regula Sabiniana (2013) 211–214, 224–235 aus.

Erbschaft an diese Frauen auszuhändigen“[701]. Das Motiv einer Umgehung der *lex Voconia* wurde schon von *Wieling* als wahrscheinlichste Variante herausgearbeitet[702]: Immerhin wurde ein Mann eingesetzt, der offenbar keine engere familiäre Verbindung zum Testator aufweist, denn bei beiden Frauen wurde die Qualifikation als ‚Mutter‘ und ‚Tochter‘ explizit erwähnt, während eine derartige Erwähnung einer Verwandtschaft beim männlichen Erben unterblieb. Ob ein (Universal-)Fideikommiss ausgesetzt war[703] oder die beiden Frauen etwa durch verschiedene Legate begünstigt wurden, wie ein Unterhaltslegat, ein *legatum penus*[704] oder auch ein *legatum partitionis*, welches ausweislich der Praxisurkunden gerade den Zweck der ‚Umgehung‘ häufig erfüllt haben dürfte[705], lässt sich freilich aus der knappen Sachverhaltsschilderung nicht beantworten. Zu bedenken ist immerhin, dass sich der von Servius behandelte Fall vor Einführung der Klagbarkeit von Fideikommissen ereignet hat[706].

---

701 *Ch. Paulus*, Unsterblichkeit (2018) 224 (= *ders.*, Idee der postmortalen Persönlichkeit [1992] 252).

702 *Wieling*, Falsa demonstratio, ZRG RA 87 (1970) 215. Ihm folgt auch *Albers*, Perpetuatio obligationis (2019) 307 Fn. 34.

703 Davon geht *Schanbacher*, Umgehungsstrategien, in: Klauselgestaltungen (2022) 202 aus.

704 Vgl. dazu *Ormanni*, Penus legata, in: Studi Betti IV (1962) 581–736, insbes. 582–583; seither monographisch *Sánchez Collado*, De penu legata (1999) unter Einbettung in eine überblicksartige Darstellung der Entwicklung des römischen Erbrechts; für eine Zusammenstellung der Quellen und Lehrmeinungen zur Konzeption des *legatum penus* siehe ibid. 133–175; zur historischen Bedeutung ibid. 177–201. Schon *Woeß*, Erbanwärter (1911) 64 verweist auf die bei Gell. 4, 1, 17 überlieferte Ableitung des Begriffes von dem, was im Inneren des Hofes (*penus*) für längere Zeit aufgespeichert war, und erkennt im *legatum penus* eine regelmäßige Testiersitte, welche etwa im älterem deutschen Recht überhaupt in einen Anspruch *ab intestato* gekleidet war (Mußteil). Es wird jedoch auch ein Zusammenhang mit den *penates* und dem Ahnenkult hergestellt. Für ein Nebeneinander von zwei Konzeptionen *Sánchez Collado*, De penu legata (1999) 241–242.

705 Zu dieser Vermutung aufgrund des Befundes, dass die Begünstigten aus einem *legatum partitionis* in spätrepublikanischer und augusteischer Zeit stets Frauen waren, siehe *Amelotti*, Testamento I (1966) 136. Zur Entwicklung des *legatum partitionis* auch *Metrò*, Legatum partitionis, Labeo 9 (1963) 291–330. Vgl. jedoch *Schanbacher*, Umgehungsstrategien, in: Klauselgestaltungen (2022) 193–197, der diesen Entstehungszusammenhang nicht für wahrscheinlich hält.

706 Siehe oben S. 182–183 zum berühmten Fall der Weigerung des Publius Sextilius Rufus, das ihm von Quintus Fabius Gallus testamentarisch auferlegte Universalfideikommiss zugunsten dessen Tochter Fadia zu erfüllen (Cic. fin. 2, 55).

Nach *MacCormack* wurde die unmögliche Bedingung – eine Tochter, welche der Testator nie hatte, kann folglich nicht versterben – *pro non scripta* gehalten[707]. Die Begründung *quia id, quod impossibile in testamento scriptum esset, nullam vim haberet* deutet tatsächlich in diese Richtung. Nach *Ch. Paulus* hat Servius jedoch vielmehr dem zum Ausdruck kommenden Testatormotiv der „Versorgung oder Kindesliebe bzw. Elternpietät" zum Erfolg verholfen, „indem er die zwei Voraussetzungen für die Erbeinsetzung des Lucius Titius, nämlich das Überleben sowohl der Mutter als auch der Tochter, voneinander isoliert und damit je für sich genügen lässt, anstatt sie zu kumulieren"[708]. Das würde im Ergebnis bedeuten, dass bei Vorversterben Einzelner im Hinblick auf die Versorgung noch Lebender (dieses Testatormotiv wäre entscheidend für diese Lösung) fingiert wurde, es sei statt des kumulativen *et* ein alternatives *vel* geschrieben worden. Zudem wäre die Konstellation als Fall beurteilt worden, in welchem die Bedingung ausgefallen ist, und zwar ausgefallen nicht aus einem ‚subjektiven' Grund, welchen der Begünstigte nicht selbst verursacht hat, sondern aus einem ‚objektiven' Grund.

Eine Umdeutung kann wie gesehen dann helfen, wenn es sich um eine von vornherein absolut objektiv unmögliche, weil faktisch absurde Bedingung handelt, denn dann kann die bedingte Einsetzung durch Streichung[709] in eine unbedingte umgewandelt werden, um die Nichtigkeit des Testaments zu verhindern. Das läge auch etwa im Interesse der in Alf. 2 dig. a Paulo epit., D. 28, 5, 46 erwähnten noch lebenden, zu versorgenden Mutter, wobei äußerst zweifelhaft erscheint, ob tatsächlich die diesbezügliche ‚Pietät' Grund der Entscheidung war. Dass die Unterstützung von Gesetzesumgehungen ihr Grund war, ist aber ebenfalls eher unwahrscheinlich[710].

---

707 *MacCormack*, Impossible Conditions in Wills, RIDA 21 (1974) 267.

708 *Ch. Paulus*, Unsterblichkeit (2018) 224 (= *ders.*, Idee der postmortalen Persönlichkeit [1992] 252).

709 In Alf. 2 dig. a Paulo epit., D. 28, 5, 46 muss zwar zumindest ein Teil der Bedingung gestrichen werden, nicht aber die gesamte: Siehe dazu *Cossa*, Regula Sabiniana (2013) 250; *Staffhorst*, Teilnichtigkeit (2006) 198.

710 Siehe nur Ter. Cl. 16 ad leg. Iul. et Pap., D. 29, 2, 82 dazu, dass Gesetzesumgehungsabsicht zur Nichtzulassung führt. Dazu, dass etwa die Einsetzung von Sklaven eines Erwerbsunfähigen dazu führen konnte, dass der Wert des Sklaven erhöht wurde und in weiterer Folge durch dessen Veräußerung zwischen Anfall und Antritt der

Ch. Paulus ortet einen Widerspruch zu der sich aus Afr. 2 quaest., D. 35, 1, 31 ergebenden Regel, wonach eine Bedingung nur dann als unerfüllt behandelt werde, „wenn der Eintritt der Bedingung aus objektiven Gründen vereitelt wird", was auch hier gelten müsste, weil dem Testator eine Tochter (sei es eine Fulvia oder auch eine anderen Namens) niemals geboren wurde. Obgleich in diesem Abschnitt die Erbeinsetzungen im Vordergrund stehen, soll dieser Fall aufgrund der Argumentation von *Ch. Paulus* schon hier vorgestellt werden. Afrikan entschied den insofern vergleichbaren Fall zu einem bedingten Legat wie folgt:

> Afr. 2 quaest., D. 35, 1, 31: *In testamento ita erat scriptum: ‚Stichus et Pamphila liberi sunto et si in matrimonium coierint, heres meus his centum dare damnas esto': Stichus ante apertas tabulas decessit. respondit partem Stichi defectam esse: sed et Pamphilam defectam condicione videri ideoque partem eius apud heredem remansuram. sed et si uterque viveret et Stichus nollet eam uxorem ducere, cum mulier parata esset nubere, illi quidem legatum deberetur, Stichi autem portio inutilis fiebat. nam cum uni ita legatum sit: ‚Titio, si Seiam uxorem duxerit, heres meus centum dato', si quidem Seia moriatur, defectus condicione intellegitur: at si ipse decedat, nihil ad heredem suum eum transmittere, quia morte eius condicio defecisse intellegitur: utroque autem vivente si quidem ipse nolit uxorem ducere, quia ipsius facto condicio deficit, nihil ex legato consequitur, muliere autem nolente nubere, cum ipse paratus esset, legatum ei debetur.*

> In einem Testament stand folgendes: ‚Stichus und Pamphila sollen frei sein, und wenn sie miteinander die Ehe eingegangen sind, soll mein Erbe verpflichtet sein, ihnen hundert zu zahlen.' Stichus starb vor der Eröffnung des Testaments. Er hat entschieden, der Anteil des Stichus [am Vermächtnis] sei weggefallen, aber auch für Pamphila sei die Bedingung ersichtlich ausgefallen, und daher werde ihr Anteil dem Erben verbleiben. Wenn aber beide noch lebten und Stichus sie nicht zur Frau nehmen wollte, während die Frau bereit war zu heiraten, würde zwar ihr das Vermächtnis geschuldet; zum Anteil des Stichus hingegen wurde das Vermächtnis unwirksam. Denn wenn einer Person auf folgende Weise ein Vermächtnis zugewendet ist: ‚Dem Titius, falls er Seia zur Frau genommen hat, soll mein Erbe hundert zahlen', muss man, falls Seia stirbt, annehmen, dass die Bedingung nicht erfüllt ist; und wenn er selbst stirbt, geht nichts auf seinen Erben über, weil mit seinem Tod die Bedingung als ausgefallen angesehen wird. Leben aber beide und will er die Frau nicht heiraten, so erhält er aus dem Vermächtnis nichts, weil er den Ausfall der Bedingung selbst herbeigeführt hat; will hingegen die Frau nicht heiraten, während er dazu bereit wäre, dann wird ihm das Vermächtnis geschuldet.[711]

Betreffende einen Gewinn erzielte, siehe *Buchwitz*, Servus alienus heres (2012) 276–285, 297–302.

711 Übersetzung: *K/K/L/R-Luig*.

Ein Erblasser lässt zwei seiner Sklaven testamentarisch (unbedingt) frei. Außerdem setzt er ihnen (gemeinsam) ein Damnationslegat unter einer Bedingung aus, welche beide zu einem bestimmten Verhalten veranlassen soll: sie sollen etwas ‚tun', nämlich einander heiraten[712]. Die Bedingung fällt wegen eines Grundes aus (*defectus condicione*), welcher in der ‚Sphäre' nur eines der beiden liegt: Einer der beiden Betroffenen stirbt oder ist zur Eheschließung mit dem anderen nicht bereit. Fraglich ist der Anspruch des anderen (in einer Konstellation auch der Anspruch der Erben des verstorbenen Legatars). Dabei werden unterschiedliche Fallkonstellationen voneinander abgegrenzt.

Der Ausgangsfall lautet:

1. Zwei testamentarisch Freigelassene sollen 100 bekommen, wenn sie einander heiraten. Einer der beiden verstirbt vor Testamentseröffnung, sodass eine Heirat unmöglich ist.

   Die Entscheidung lautet: Der Teil des Verstorbenen verfällt und auch die Überlebende erhält nichts. Es handelt sich hier nach einer Klassifikation von *Ch. Paulus* um einen ‚objektiven' Grund für den Bedingungsausfall.

Die dazu gebildete Variante lautet:

2. Zwei testamentarisch Freigelassene sollen 100 bekommen, wenn sie einander heiraten. Einer der beiden will den anderen nicht heiraten, während der andere zur Heirat bereit wäre.

   Die Entscheidung lautet: Der Unwillige erhält nichts, dem Heiratswilligen wird das Vermächtnis aber geschuldet. Das ist nach *Ch. Paulus* ein ‚subjektiver' Grund für den Bedingungsausfall, den aber derjenige, dessen Anspruch trotz des Ausfalles klagbar sein soll, nicht verursacht habe.

Dazu werden weitere Vergleichsfälle mit nur einem Begünstigten gebildet (wir bleiben hier bei der Differenzierung nach *Ch. Paulus*):

Zu Variante 1 bei Unmöglichkeit infolge Todes (‚objektiver' Grund für den Bedingungsausfall):

---

[712] Vgl. auch Alex. A Liciniae, C. 6, 46, 4 (a. 226). Zu Bedingungen, welche die Freiheit der Eheschließung beeinträchtigen würden, siehe weiters unten XIV.1.

3. Jemand soll 100 bekommen, wenn er eine bestimmte Person heiratet. Diese Person stirbt, sodass eine Heirat unmöglich ist.
   Die Entscheidung lautet: Die Bedingung ist ausgefallen und der Erbe schuldet das Vermächtnis nicht.

4. Jemand soll 100 bekommen, wenn er eine bestimmte Person heiratet. Der Begünstigte stirbt, sodass eine Heirat unmöglich ist.
   Die Entscheidung lautet: Die Bedingung ist ausgefallen und auch die Erben des Legatars haben keinen Anspruch.

Zu Variante 2 bei Unwilligkeit eines Teiles (‚subjektiver' Grund für den Bedingungsausfall):

5. Jemand soll 100 bekommen, wenn er eine bestimmte Person heiratet. Der Begünstigte will die betreffende Person nicht heiraten.
   Die Entscheidung lautet: Die Bedingung ist ausgefallen und der Erbe schuldet das Vermächtnis nicht (‚weil die Bedingung durch sein eigenes Tun ausfällt').

6. Jemand soll 100 bekommen, wenn er eine bestimmte Person heiratet. Diese Person will den Begünstigten nicht heiraten.
   Die Entscheidung lautet: Der Erbe schuldet das Vermächtnis.

Auffällig sind insbesodere die Entscheidungen 2 und 6: Obwohl die Bedingung streng genommen ‚ausfällt', wird das Vermächtnis geschuldet. Die Erfüllungsbereitschaft reicht in diesen Fällen für den Anspruch des Begünstigten gegen den Erben aus; hier wird aber nicht wie in den bisher besprochenen Fällen die Bedingung hinweg-, sondern vielmehr ihre Erfüllung hinzufingiert (siehe sogleich die Begründungen in Paul. 1 ad Sab., D. 28, 7, 3 und Iul. 29 dig., D. 28, 7, 11). Hinsichtlich der 6. Entscheidung zeigt sich im Vergleich zur 5. der entscheidungserhebliche Grund der Verschiedenbehandlung: Weil die Bedingung nicht durch sein eigenes Tun ausfällt, wird ihm das Vermächtnis geschuldet. In Entscheidung 2 bedarf es zusätzlich der Umwandlung einer einheitlichen in zwei getrennte Verfügungen: Die Klausel wird aufgespalten, sodass eine Zuwendung an den Mann und eine Zuwendung an die Frau angenommen wird, jeweils unter der Bedingung, den anderen zu heiraten. Stichus will nicht heiraten, daher fällt die Bedingung durch sein eigenes Tun aus und ihm wird nichts geschuldet (parallel zu Fall 5). Pamphila ist zur Heirat bereit, daher fällt die Bedingung nicht durch ihr eigenes Tun aus und ihr wird das Vermächtnis geschuldet (parallel zu Fall 6).

Vergleichbare Entscheidungen zur bedingten *heredis institutio* wurden bei anderen Juristen näher begründet: Es darf nicht am Betreffenden selbst liegen, dass nicht erfüllt werden kann[713]; dann gilt: ‚*pro impleta condicione habetur*' (bzw. ist das ein Fall von ‚*quasi expleta condicione*'[714]):

> Paul. 1 ad Sab., D. 28, 7, 3: *Si ita heres institutus sim, si decem dedero, et accipere nolit cui dare iussus sum, pro impleta condicione habetur.*

> Bin ich unter der Bedingung zum Erben eingesetzt, dass ich zehn zahlen werde, und will derjenige, an den zu zahlen ich angewiesen wurde, das Geld nicht annehmen, dann wird die Bedingung als erfüllt angesehen.[715]

Mit der Erfüllungsbereitschaft ist die in den bedingt Instituierten gesetzte Erwartung erfüllt. Kann tatsächlich nicht erfüllt werden, weil eine andere Person die notwendige Mitwirkung versagt (etwa durch Verweigerung einer Annahme der Zahlung), so ist zwar das vom Erblasser gewollte Ergebnis nicht erfüllt, das schadet nach der Entscheidung des Paulus dem Eingesetzten aber nicht: Nach der bei *Ch. Paulus* entwickelten Unterscheidung handelt es sich um einen ‚subjektiven' Grund für die Nichterfüllung, der aber nicht vom durch die bedingte Zuwendung Begünstigten gesetzt wird. Es wird also nicht die Bedingung hinweg-, sondern die Erfüllung hinzufingiert, die Bedingung also nicht ‚gestrichen', sondern ‚wie eine erfüllte' behandelt[716]. Das Legat fällt auch sogleich an, wie Ulpian in seinem Sabinuskommentar für derartige Bedingungen festhält (Ulp. 20 ad Sab., D. 36, 2, 5, 5; siehe dazu unten S. 419); sobald der Legatar zur Erfüllung bereit ist, hängt die Bedingung nur noch von einem ‚äußeren' Umstand ab, welcher nicht die typischen Bedingungswirkungen hervorruft (*condicio extrinsecus*; auch dazu näher unten XII.10.). Paulus spricht davon, dass derartige ‚Bedingungen'

[713] Marcell. 12 dig., D. 28, 7, 23.

[714] Iul. 29 dig., D. 28, 7, 11.

[715] Übersetzung: *K/K/R/S-Kupisch.*

[716] *Wieling*, Falsa demonstratio, ZRG RA 87 (1970) 230 verweist auf den Zweck derartiger Bedingungen: Der Testator „wollte dem Bedachten und dem [erg. *LI*: durch die Bedingung] Begünstigten etwas zuwenden, aber er kann den Begünstigten nicht zwingen, das Geschenk anzunehmen. Verweigert er die Annahme, so ist das seine Sache, es bleibt dann bei der Zuwendung an den Bedachten."

lediglich eine ‚Verzögerung' bewirkten, nicht aber den Anfall des Vermächtnisses und damit auch nicht eine mögliche Transmission verhinderten (Paul. 3 ad Sab., D. 36, 2, 6, 1; zum Text unten S. 418). Das passt auch zur folgenden Entscheidung Julians:

> Iul. 29 dig., D. 28, 7, 11: *Si quis testamento hoc modo scripserit: ‚filius meus si Titium adoptaverit, heres esto: si non adoptaverit, exheres esto' et filio parato adoptare Titius nolit se adrogandum dare, erit filius heres quasi expleta condicione.*
>
> Hat jemand in seinem Testament auf folgende Weise bestimmt: ‚Mein Sohn soll, wenn er Titius adoptiert, Erbe sein. Wenn er ihn nicht adoptiert, soll er enterbt sein' und will Titius sich nicht durch Arrogation adoptieren lassen, obwohl der Sohn dazu bereit ist, so wird der Sohn Erbe sein, so als wäre die Bedingung erfüllt.[717]

Die Erfüllung ist nicht möglich, weil derjenige, den der bedingt Instituierte adoptieren müsste, um die Bedingung zu erfüllen, seine Mitwirkung versagt und sich nicht adoptieren lässt; der Fall wird beurteilt, ‚als wäre die Bedingung erfüllt'. Im Vergleich zu Paul. 1 ad Sab., D. 28, 7, 3 kommt in diesem Fall eine explizite Enterbung für den Fall der Nichterfüllung hinzu, welche damit nicht schlagend wird; durch die Fiktion, die Bedingung für die Erbeinsetzung sei erfüllt, ist die Bedingung für die Enterbung ausgefallen.

Mit einem allgemeinen Hinweis schließt Marcellus seine einschlägige Entscheidung zum Fall einer ähnlich bedingten Erbeinsetzung:

> Marcell. 12 dig., D. 28, 7, 23: *‚Uter ex fratribus meis consobrinam nostram duxerit uxorem, ex dodrante, qui non duxit, ex quadrante heres esto'. aut nubit alteri aut non vult nubere. consobrinam qui ex his duxit uxorem, habebit dodrantem, erit alterius quadrans. si neuter eam duxerit uxorem, non quia ipsi ducere noluerunt, sed quia illa nubere noluerit, ambo in partes aequales admittuntur: plerumque enim haec condicio: ‚si uxorem duxerit', ‚si dederit', ‚si fecerit' ita accipi oportet, quod per eum non stet, quo minus ducat aut det aut faciat.*
>
> ‚Wer von meinen Brüdern unsere Cousine zur Frau nimmt, soll zu drei Vierteln, wer sie nicht zur Frau nimmt, soll zu einem Viertel Erbe sein'. Die Cousine heiratet einen anderen oder will gar nicht heiraten. Wer von den beiden Brüdern die Cousine zur Frau nimmt, wird drei Viertel bekommen, dem anderen wird ein Viertel gehören. Wenn keiner der Brüder die Cousine zur Frau nimmt – nicht, weil beide sie nicht ehelichen wollen, sondern weil die Cousine nicht heiraten will –, werden

717 Übersetzung: *K/K/R/S-Kupisch.*

> beide zu gleichen Teilen zur Erbschaft zugelassen. Gewöhnlich muss nämlich die Bedingung ‚wenn er sie ehelicht', ‚wenn er gibt', ‚wenn er tut' dahin aufgefasst werden, dass es nicht an ihm liegen darf, wenn er sie nicht zur Frau nimmt, nicht gibt oder nicht tut.[718]

Kann die Bedingung für die Erringung des größeren Anteils – eine Verheiratung mit der Cousine – nicht erfüllt werden, weil die Cousine nicht heiraten will (‚subjektiver' Grund, welcher nicht an einem Begünstigten liegt, also ‚von außen' kommt: *condicio extrinsecus*), so fällt die damit verbundene Quotenzuteilung weg und die beiden Eingesetzten werden schlicht zu gleichen Teilen Erben, was sich im Testamentswortlaut als Möglichkeit nicht findet, sondern sich erst infolge der Streichung der Bedingung ergibt. Hier scheint demnach nicht die Erfüllung hinzu-, sondern wiederum die Bedingung hinwegfingiert worden zu sein, obwohl nach den bisherigen Ergebnissen hier ein Fall der Erfüllungsfiktion zu erwarten wäre; des Rätsels Lösung gibt Papinian an anderem Orte. Dieselbe Klausel ist auch im Folgefragment Gegenstand der Erörterung; die Cousine kann hier deshalb von keinem der beiden Brüder geheiratet werden, weil sie – noch zu Lebzeiten des Erblassers – stirbt:

> Pap. 6 resp., D. 28, 7, 24: *‚Qui ex fratribus meis Titiam consobrinam uxorem duxerit, ex besse heres esto: qui non duxerit, ex triente heres esto'. vivo testatore consobrina defuncta ambo ad hereditatem venientes semisses habebunt, quia verum est eos heredes institutos, sed emolumento portionum eventu nuptiarum discretos.*

> ‚Wer von meinen (beiden) Brüdern die Cousine Titia zur Frau nimmt, soll zu zwei Dritteln Erbe sein. Wer sie nicht zur Frau nimmt, soll zu einem Drittel Erbe sein'. Ist die Cousine zu Lebzeiten des Erblassers gestorben, so werden beide Brüder, wenn sie zur Erbschaft berufen sind, zu gleichen Teilen (zur Erbschaft) zugelassen, weil es wahr ist, dass sie überhaupt zu Erben eingesetzt sind, für den Fall der Eheschließung allerdings unterschiedlich im Hinblick auf den Umfang der Erbanteile.[719]

Obwohl es sich im Gegensatz zum Beispiel bei Marcellus um keinen ‚subjektiven', sondern ‚objektiven' Grund für die Unmöglichkeit handelt, der hier noch vor dem Tod des Erblassers eingetreten ist, lautet die Entscheidung gleich: Beide Brüder sind zu gleichen Teilen zur Erbschaft berufen. Papinian fügt eine aufschlussreiche Begründung hinzu: Nach seiner Lösung handelt

---

718 Übersetzung: *K/K/R/S-Kupisch.*
719 Übersetzung: *K/K/R/S-Kupisch.*

es sich um eine unbedingte Erbeinsetzung, jedoch unter Hinzufügung einer bedingten Quotenzuteilung. Die Bedingung für die Quotenzuteilung fällt aus, weswegen dieselbe nicht wirksam wird; jedoch bleibt die Erbeinsetzung bestehen, welche nun allein zu betrachten ist: Weil sie nach dem Wegfall der Quotenzuteilung infolge Bedingungsausfalles ohne Zuweisung einer Quote besteht, ergibt sich die Quote aus der Anzahl der zusammentreffenden Erben, hier also zwei, sodass jeder die Hälfte erhält. Es wird also die Bedingung weder als eingetreten noch als nicht geschrieben fingiert, sondern fällt schlicht aus. Die Erbeinsetzung selbst ist unbedingt, sodass der Bedingungsausfall ihr nicht ‚schadet'; nur der Umfang der Quote ist betroffen.

Marcellus setzt hingegen abschließend hinzu, dass eine *condicio in faciendo* (sei es, dass tatsächlich ein *facere* vorausgesetzt wird; sei es, dass von *dare* die Rede ist oder ein sonstiges *praestare*) so zu verstehen sei, dass ein Unterbleiben nur nicht am Begünstigten liegen dürfe. *Albers* hält zu diesen Fällen fest: „Der Begünstigte soll zu einem bestimmten Verhalten veranlasst werden. Nicht die Begünstigung ist Belohnung für ein gewünschtes Verhalten, sondern ihr Entzug ist Bestrafung für dessen Unterlassen"[720]. Bestraft wird daher nicht, wer zu dem Verhalten bereit ist, von der Durchführung aber unverschuldet abgehalten wird. Gerade das ist aber bei den referierten Quotenfällen nicht der Fall: Die Bedingung fällt ohne Verschulden der Betroffenen aus. Sie kann aber nicht als eingetreten fingiert werden, da der Eintritt hinsichtlich des einen und der Eintritt hinsichtlich des anderen Erben einander wechselseitig ausschließen: Nur einer konnte die Cousine heiraten und nur einer konnte dadurch die größere Quote erringen. Beide können die größere Quote nicht erhalten, da ansonsten mehr als zwöf As verteilt wären; damit müsste man wiederum anteilig kürzen und wäre wieder beim selben Ergebnis wie beim Wegfall der Quotenzuteilung infolge Bedingungsausfalls. Von einer ‚Umdeutung' betroffen ist die Klausel insofern, als sie von einer einheitlichen Erbeinsetzung unter Quotenzuteilung in zwei isolierte Klauseln – eine Erbeinsetzung und eine Quotenzuteilung – ‚umgewandelt' wird und nur eine der beiden infolge des Bedingungsausfalles nichtig, die andere davon jedoch nicht betroffen ist.

Zu überlegen ist schließlich, in welchem Umfang eine Begünstigung der Pamphila in der oben erwähnten Variante 2 von D. 35, 1, 31 anzunehmen ist.

---

[720] *Albers*, Perpetuatio obligationis (2019) 309–310.

In Variante 1 wird von ‚Anteilen' der beiden gesprochen – verstirbt Stichus, so verfällt nicht nur sein ‚Anteil', sondern das gelte auch für den ‚Anteil' der Pamphila –, und es wird auch entschieden, dass das ‚Vermächtnis des Stichus' verfällt. Da es sich um ein Damnationslegat handelt, gibt es jedenfalls keine ‚Anwachsung'. Zweifach vermacht ist die Summe aber auch nicht, daher ist davon auszugehen, dass jeweils die Hälfte auf die beiden Begünstigten entfällt und Pamphila nur ihren Teil des Vermächtnisses erhält (damit 50 von 100).

Ch. Paulus meint, der Todeszeitpunkt in Variante 1 von D. 35, 1, 31 spiele keine Rolle für die Entscheidung; es komme ausschließlich darauf an, dass es zu der Heirat (aus ‚objektivem' Grunde) nicht kommt[721]. Tatsächlich kommt es für den Anspruch jedoch darauf an, dass die Heirat 1. zunächst an sich (objektiv) möglich wäre und 2. der Begünstigte auch bereit dazu wäre, dh. ein allfälliger Ausfall der Bedingung nicht an ihm, sondern (subjektiv) an einem anderen liegt. Der Todeszeitpunkt ist für den Ausgangsfall insofern höchstwahrscheinlich sehr wohl beachtlich, als gerade hier der Vergleich zu D. 28, 5, 46 nahelegt, dass dann, wenn die Ehe niemals möglich gewesen wäre, weil die beiden nie (gleichzeitig) frei und damit ehefähig gewesen wären, die Bedingung als von vornherein unmöglich und daher nach sabinianischer Ansicht nicht geschrieben beurteilt (dh. gestrichen) worden wäre; möglich ist, dass nach (älterer) prokulianischer Lehre anders entschieden worden wäre. Hat aber auch der vor Testamentseröffnung Verstorbene zumindest den Tod des Testators, der ihn testamentarisch unbedingt freigelassen hatte, erlebt, so wäre ein *iustum matrimonium* zunächst theoretisch möglich gewesen, diese Möglichkeit aber nachträglich infolge des Todes weggefallen; das gilt auch dann, wenn das Testament noch nicht eröffnet war, die Beteiligten also vom Testamentsinhalt möglicherweise keine Kenntnis hatten. Die Vergleichsfälle (Fall 3–6) thematisieren den Status nicht, daher wird dort von Freien auszugehen sein; durch sie soll aber ohnehin nur noch der Unterschied zwischen dem Grundfall und der Variante (objektiver oder subjektiver, aber ‚von außen' kommender Grund für den Bedingungsausfall) verdeutlicht werden, die

[721] *Ch. Paulus*, Unsterblichkeit (2018) 148–149 (= *ders.*, Idee der postmortalen Persönlichkeit [1992] 156–157).

hinsichtlich des Status der Betroffenen aber ihrerseits nicht voneinander abweichen[722].

Ch. Paulus fragt sich nun, ob zwischen den Fällen in D. 28, 5, 46 und unserem Ausgangsfall D. 35, 1, 31 ein „entscheidungserheblicher Unterschied besteht, oder ob sich Servius schlicht nicht an diese Regel hält". Abgesehen davon, dass – wenn man überhaupt von ‚Regelbildung' sprechen kann – Servius (*cos.* 51, gest. 43 v. Chr.)[723] seine Entscheidung rund 200 Jahre früher getroffen hat und dementsprechend eine von Afrikan (gest. vor 175 n. Chr.[724]) angewendete ‚Regel' noch nicht ausgebildet gewesen sein musste, stellt sich die Frage nach den Folgen des Eintrittes einer Bedingung (Nichteintritt des Todes hinsichtlich der Tochter) gar nicht, wenn die Bedingung von vornherein unmöglich war (weil sie nie geboren wurde): Hier greift vielmehr schon vorgelagert die ‚Regel', dass Unmögliches als nicht geschrieben anzusehen ist (*regula Sabiniana*) und nicht erst die ‚Regel', dass nur bei unverschuldeter Nichterfüllung aus subjektivem Grunde der Bedingungseintritt fingiert wird.

Ein Text, welcher die Festsetzung der Schadenssumme im Rahmen der *lex Aquilia* bei der Tötung eines Sklaven, den freizulassen die Bedingung einer Erbeinsetzung darstellt, diskutiert, könnte auch für unsere Fragestellung weiteren Aufschluss bieten:

> Ulp. 18 ed., D. 9, 2, 23, 2: *Idem Iulianus scribit, si institutus fuero sub condicione ‚si Stichum manumisero' et Stichus sit occisus post mortem testatoris, in aestimationem etiam hereditatis pretium me consecuturum: propter occisionem enim defecit condicio: quod si vivo testatore occisus sit, hereditatis aestimationem cessare, quia retrorsum quanti plurimi fuit inspicitur.*

---

722 *Ch. Paulus*, Unsterblichkeit (2018) 148–149 (= *ders.*, Idee der postmortalen Persönlichkeit [1992] 156) begründet die Unbeachtlichkeit des Todeszeitpunktes damit, dass im Vergleichsfall lediglich *si Seia moriatur* mitgeteilt wird. Jedoch sollen die Vergleichsfälle nur die Entscheidungsgründe für das Ergebnis der beiden Varianten hinsichtlich einer bewussten Entscheidung eines Teiles im Gegensatz zur höheren Gewalt des Todes verdeutlichen.

723 *Kunkel*, Juristen ²(1967) 25 (Nr. 40).

724 Gestorben ist Afrikan wohl vor der Abfassung der *noctes Atticae* durch Gellius, wo von ihm in der Vergangenheitsform berichtet wird; *Kunkel*, Juristen ²(1967) 172 (Nr. 41). Bekanntlich war er Schüler Julians (*cos.* 148 n. Chr.; geb. um 100), weswegen anzunehmen ist, dass er zwar jünger, aber doch Zeitgenosse war.

Wurde ich, schreibt Julian weiter, mit der Bedingung ‚wenn ich Stichus freilasse' zum Erben eingesetzt und wurde Stichus getötet, so werde ich über die Schätzung des Schadens auch den Wert der Erbschaft erlangen. Denn wegen der Tötung fällt die Bedingung aus. Wurde er aber zu Lebzeiten des Erblassers getötet, so findet keine Schätzung der Erbschaft statt, weil für die Bestimmung des Höchstwertes [nur] auf die zurückliegende Zeit gesehen wird.[725]

Kann Stichus nicht freigelassen werden, weil er – nach dem Tod des Erblassers, wie sich aus der Gegenüberstellung mit der Variante ergibt, aber bevor er freigelassen werden konnte – getötet wurde, so fällt die Bedingung nach dieser bei Ulpian überlieferten Entscheidung Julians aus (vgl. oben zu D. 35, 1, 31: ‚objektiver' Grund für den Bedingungsausfall). Der bedingt Eingesetzte kann daher bei der Schadensschätzung im Rahmen der *lex Aquilia* auch den Wert der Erbschaft veranschlagen, welche ihm dadurch entgeht. Wird der Sklave[726] hingegen noch zu Lebzeiten des Erblassers getötet, fließt der Wert der Erbschaft nicht in die Schätzung mit ein, da die Situation, in welcher eine Erfüllung der Bedingung möglich gewesen wäre, niemals eintritt. Es fällt also in der ersten Variante dieses Textes eine bereits gegebene Möglichkeit infolge des Todes des Sklaven weg, während sie sich in der zweiten Variante wegen der Tötung niemals ergibt. Dass die zweite Variante ein Fall der *regula Sabiniana* und damit der ‚Streichung' ist, wird etwa von *Cossa*[727] angenommen, was allerdings im Wortlaut keine explizite Stütze findet. In die Schätzwertbestimmung einbezogen darf die Summe ausweislich des Textes vielmehr deshalb nicht werden, weil nur auf das vom Zeitpunkt der Tötung aus gesehen ‚vergangene' Jahr abgestellt wird und insofern kein ‚zukünftiger' Schaden berücksichtigt wird. Zur Frage der ‚Unmöglichkeit' bzw. des ‚Bedingungsausfalles' werden wir für die zweite Variante gar nicht aufgeklärt. Es ist aber wohl eher anzunehmen, dass der bedingt Eingesetzte auch in der zweiten Variante die Erbschaft infolge Bedingungsausfalles nicht erhält, denn andernfalls dürfte die Frage, ob der ‚Wert der Erbschaft' im Rahmen der Schätzung miteinbezogen werden darf, sich von vornherein nicht stellen.

---

725 Übersetzung: *B/K/K/S-Apathy*.

726 Es dürfte sich um einen Sklaven des bedingt Eingesetzten handeln, keinen Sklaven des Erblassers: siehe idS. *Cossa*, Regula Sabiniana (2013) 504 mwN. in Fn. 536.

727 *Cossa*, Regula Sabiniana (2013) 508.

In beiden Varianten entsteht dem Betroffenen wohl der Schaden; einmal darf er ihn ansetzen und auf den Schädiger überwälzen, einmal darf er es nicht.

In diesem Kontext ist schließlich noch die folgende Stelle in die Betrachtung miteinzubeziehen:

> Pomp. 3 ad Sab., D. 35, 1, 6, 1: *Si servos certos quis manumisisset, heres esse iussus erat. quibusdam ex his ante mortuis Neratius respondit defici eum condicione nec aestimabat, parere posset condicioni nec ne. sed Servius respondit, cum ita esset scriptum ‚si filia et mater mea vivent' altera iam mortua, non defici condicione. idem est et apud Labeonem scriptum. Sabinus quoque et Cassius quasi impossibiles eas condiciones in testamento positas pro non scriptis esse, quae sententia admittenda est.*
>
> Jemand sollte Erbe werden, wenn er bestimmte Sklaven freigelassen hatte. Einige von diesen waren vorher verstorben. Neraz hat gutachtlich entschieden, die Bedingung sei ausgefallen, und er berücksichtigte nicht, ob der Begünstigte die Bedingung hätte erfüllen können oder nicht. Servius hingegen hat zu dem Fall, dass im Testament stand, ‚wenn meine Tochter und meine Mutter leben', und eine von beiden schon gestorben war, entschieden, die Bedingung sei nicht ausgefallen. Dasselbe steht bei Labeo. Auch Sabinus und Cassius sagen, diese Bedingungen in einem Testament seien gewissermaßen unmöglich und daher als nicht geschrieben anzusehen. Dieser Meinung ist zu folgen.[728]

Der Text geht wiederum von einem Sachverhalt aus, wonach jemand unter der Bedingung zum Erben eingesetzt wurde, dass er Sklaven freilässt. Einige der betreffenden Sklaven sind jedoch ‚vorher' gestorben. Worauf sich das *ante* bezieht, erscheint aufgrund des Textes unklar: Sind die Betreffenden schon vor der Testamentserrichtung gestorben? Nach der Testamentserrichtung, aber vor dem Tod des Testators? Nach dem Tod des Testators, aber bevor der potentielle Erbe davon Kenntnis erlangt und der Bedingung erstmals entsprechen und daraufhin die Erbschaft antreten hätte können? Nachdem er Kenntnis erlangt hat, aber immerhin bevor er die Erbschaft antreten hätte

728 Übersetzung: *K/K/L/R-Luig*.

können[729]? Iav. 4 ex post. Lab., D. 40, 7, 39, 4[730] könnte nahelegen, dass in derartigen Fällen die Testamentserrichtung der relevante Zeitpunkt war; Afr. 2 quaest., D. 35, 1, 31[731] spricht hingegen für die Maßgeblichkeit des Todes bzw. der Testamentseröffnung. Mitunter führten vom Testator zu Lebzeiten nach der Errichtung des Testaments noch vorgenommene Verfügungen (wie etwa Freilassungen oder Veräußerungen) zu einer Unmöglichkeit der Erfüllung einer Bedingung, wodurch es in manchen Konstellationen zu einer fiktiven Modifikation einer Verfügung kam, damit jene dennoch wirksam werden konnte[732]. Jedenfalls betraf das Problem vorliegend nur e i n e n Teil der freizulassenden Sklaven. Als Parallelfall hinzugezogen wird wiederum der Fall, in welchem die Erbenstellung eines Dritten davon abhing, dass Mutter und Tochter am Leben sind; hier betrifft die Entscheidung den Fall, dass eine der beiden Frauen verstorben ist[733], im Hinblick auf die Überlebende jedoch noch die Möglichkeit einer Erfüllung bestand.

Die parallel beurteilten Fälle unterscheiden sich zumindest darin, dass die Bedingung, Sklaven freizulassen, im Gegensatz zu der Bedingung, dass Mutter und Tochter am Leben sind, eine *condicio in faciendo* darstellt. In beiden von Pomp. 3 ad Sab., D. 35, 1, 6, 1 behandelten Fällen aber sollten die Genannten vom eingesetzten Erben profitieren: Die Sklaven sollten von ihm freigelassen werden, Mutter und Tochter wären wohl durch ein Erbschaftsfideikommiss oder *legatum partitionis* bzw. sonst in Form von Einzelzuwendungen begünstigt. Die Überlebenden können im einen wie

729 Überlegungen dazu auch bei *Cossa*, Regula Sabiniana (2013) 313–314. *Albers*, Perpetuatio obligationis (2019) 310 geht davon aus, dass die Sklaven vor dem Erbfall gestorben sind und präzisiert ibid. Fn. 46: „Pomponius geht gerade nicht davon aus, dass die Sklaven schon bei Testamentserrichtung tot sein müssen. Dies folgt daraus, dass es für den Standpunkt des Neraz nicht darauf ankommt, ob *parere possit condicioni nec ne*“. Siehe ibid. für Nachweise dafür (*Wolff, Wieling, Mac Cormack*) sowie für die Gegenansicht (*Cosentini, Voci*).

730 Siehe zum Text unten S. 516 f.

731 Siehe zum Text oben S. 212.

732 Vgl. etwa Ulp. 6 ad Sab., D. 28, 7, 2, 1 (unten S. 525); Lab. 2 post. a Iav. epit., D. 32, 29, 4 (unten S. 522); auch dazu unten XIV.1.

733 *MacCormack*, Impossible Conditions in Wills, RIDA 21 (1974) 266 geht davon aus, dass die Betreffende bereits im Zeitpunkt der Testamentserrichtung verstorben war; das aber geht aus dem Text nicht hervor.

im anderen Fall immer noch, wie vom Erblasser gewollt, vom Eingesetzten profitieren.

Neraz wird zum Freilassungsfall mit der Ansicht zitiert, dass die Bedingung ausgefallen (*defici eum condicione*) und die Erbeinsetzung damit nicht wirksam sei[734]. Das passt zur julianischen Entscheidung in Ulp. 18 ed., D. 9, 2, 23, 2, wo bei Versterben des – dort: einen – freizulassenden Sklaven die Bedingung ausfällt (‚objektiver' Grund für eine nachträglich eintretende Unmöglichkeit der Erfüllung).

Sowohl im Freilassungsfall als auch im Mutter-Tochter-Fall gab es die Betreffenden (dh. alle genannten Sklaven, wie auch Mutter und Tochter) zu irgendeinem Zeitpunkt; insofern unterscheidet sich dieser Text von Alf. 2 dig. a Paulo epit., D. 28, 5, 46, wo die Tochter, von deren Leben die Einsetzung des Lucius Titius ebenso abhängt wie vom Leben der Mutter, niemals geboren wurde. Erneut wird auf eine Meinung des Servius verwiesen; in Pomp. 3 ad Sab., D. 35, 1, 6, 1 lautet sie: Die Bedingung im Mutter-Tochter-Fall sei ‚nicht ausgefallen' (*non defici condicione*). In Alf. 2 dig. a Paulo epit., D. 28, 5, 46 lautete sie hingegen: *quod impossibile in testamento scriptum esset, nullam vim haberet.*

Darin, dass die Bedingung ‚nicht ausfällt', müsste man nach dem bisher Erarbeiteten die Fiktion des Bedingungseintritts sehen; jedoch verweist Pomponius im direkten Anschluss auf die Meinung von Sabinus und Cassius, wonach auch diese Fälle *‚quasi' impossibiles condiciones* seien; das würde aber wiederum bedeuten, dass man sie als solche – zumindest teilweise – streichen könne, was zu einer Art ‚geltungserhaltenden Reduktion' der Klausel führen würde. Das sei auch die Meinung des Gründers der prokulianischen Schule, Labeo[735], gewesen, fügt Pomponius hinzu. Möglicherweise betrifft das allerdings eher das Ergebnis als solches, welches jedoch ebenso durch Hinzufingieren des Bedingungseintritts wie durch Hinwegfingieren (eines Teiles)

---

734 *MacCormack*, Impossible Conditions in Wills, RIDA 21 (1974) 269 hält den Zeitpunkt der Testamentserrichtung in diesem Fall nicht für maßgeblich – Pomponius hätte ebenso entschieden, wenn die Sklaven vor wie wenn sie nach Errichtung des Testaments verstorben seien. Er geht aber davon aus, dass die Sklaven vor dem Testator verstorben sein dürften.

735 *Cossa*, Regula Sabiniana (2013) 362–365 stellt dies vor dem Hintergrund der Bezugnahmen auf Labeo für eine der prokulianischen Lehre entgegengesetzte Position in Frage.

der Bedingung herbeigeführt werden konnte; Ersteres wäre wahrscheinlicher, sollte der Schulenstreit mehr als nur Damnationslegate erfasst haben. Im Ergebnis läuft hier freilich beides auf dasselbe hinaus: Die Einsetzung ist wirksam, jedoch muss der noch mögliche Teil der Bedingung erfüllt sein. Der ‚Weg' zu dieser Entscheidung kann dabei unterschiedlich beschritten werden. Der Sabinianer Pomponius jedenfalls überträgt das Ergebnis der Entscheidung vom Mutter-Tochter-Fall auf den der freizulassenden Sklaven.

Cossa[736] verweist auf die Parallele zu dem bei Gaius[737] diskutierten Legatsfall und den dort referierten Schulenstreit: Ein Damnationslegat, welches unter einer unmöglichen Bedingung ausgesetzt wurde, wird wie bereits erwähnt nach sabinianischer Ansicht unter Streichung der Bedingung für gültig gehalten, während die Prokulianer für eine Gleichbehandlung mit den Stipulationen eintreten, welche im Falle einer unmöglichen Bedingung ungültig sind. Pomponius verweist hier jedoch auf eine Meinung von Sabinus und Cassius, welche mit der des Labeo übereinstimme. Allerdings fällt auch *Cossa* auf, dass in den diskutierten Fällen der bedingten Erbeinsetzung nur eine teilweise Unmöglichkeit vorliegt; wäre die Bedingung gänzlich unmöglich – etwa alle freizulassenden Sklaven bzw. Mutter und Tochter vorverstorben – so wäre die Entscheidung (zumindest bei Labeo) möglicherweise anders ausgefallen.

Von Ulpian ist eine vergleichbare Entscheidung aber auch bei der Bedingung, (nur) einen Sklaven freizulassen, überliefert:

> Ulp. 50 ad ed., D. 28, 7, 8, 7: *Mortuo autem vel manumisso Sticho vivo testatore qui ita heres institutus est, si iurasset se Stichum manumissurum, non videbitur defectus condicione heres, quamvis verum sit compellendum eum manumittere, si viveret. idem est et si ita heres institutus esset quis: ‚Titius heres esto ita, ut Stichum manumittat' aut ‚Titio centum ita lego, ut Stichum manumittat'. nam mortuo Sticho nemo dicet summovendum eum: non videtur enim defectus condicione, si parere condicioni non possit: implenda est enim voluntas, si potest.*

Ist der Sklave Stichus zu Lebzeiten des Erblassers gestorben oder freigelassen worden, so wird nicht angenommen, der Erbe, der unter der Bedingung eingesetzt ist, dass er schwört, Stichus freizulassen, sei mit der Bedingung ausgefallen, obwohl es richtig ist, dass er zur Freilassung zu zwingen wäre, wenn Stichus noch lebte.

---

736 *Cossa*, Regula Sabiniana (2013) 302.

737 Gai. 3, 98; dazu oben S. 197.

> Dasselbe gilt auch, wenn jemand folgendermaßen als Erbe eingesetzt wurde: ‚Titius soll Erbe sein, unter der Bedingung, dass er Stichus freilässt' oder: ‚Titius vermache ich hundert unter der Bedingung, dass er Stichus freilässt'. Denn wenn Stichus gestorben ist, wird niemand sagen, Titius sei auszuschließen. Es wird nämlich nicht angenommen, er sei mit einer Bedingung ausgefallen, wenn er sie gar nicht erfüllen kann. Denn der letzte Wille muss [nur dann] erfüllt werden, wenn man ihn erfüllen kann.[738]

Vorauszuschicken ist, dass die Bedingung, einen Eid zu leisten, in die Bedingung umzudeuten ist, das zu tun, was zu tun beeidet werden soll (siehe unten VI.10.g.). Der Sklave Stichus müsste also angesichts der Bedingung, dass der Begünstigte (der eingesetzte Erbe oder auch ein Vermächtnisnehmer) schwören solle, dass er Stichus freilassen werde, ebenso schlicht freigelassen werden wie in dem Fall, dass die Bedingung von vornherein lautet, dass Stichus freigelassen werden muss. Ulpian entschied, dass der Betreffende auch dann Erbe werde, wenn er deshalb nicht freilässt, weil es ihm unmöglich ist, weil Stichus bereits verstorben oder freigelassen ist. Der Spätklassiker argumentiert, dass man den letzten Willen nur erfüllen müsse, wenn man das könne; hier passt wiederum das oben bereits erwähnte, von *Albers* geprägte Bild der ‚auflagenähnlichen Potestativbedingung': Titius muss nicht für die Nichterfüllung ‚bestraft' werden, wenn es nicht an ihm liegt, dass er die *condicio in faciendo* nicht erfüllt. Ist Stichus zu dem Zeitpunkt, zu dem der Eingesetzte erstmals erfüllen könnte, bereits frei, so ist das Ziel des Erblassers zudem erfüllt; der Eingesetzte muss zu dessen Erreichung nichts mehr tun. Ist der Sklave bereits verstorben, so gibt es nichts mehr, wozu man den potentiellen Erben zwingen könnte[739].

Eine in der Sache ähnliche Rechtsansicht von Sabinus und Proculus überliefert – ohne eine Begründung anzugeben – Pomponius zu einem weiteren Fall:

> Pomp. 8 ad Sab., D. 35, 1, 14: ‚*Titius si statuas in municipio posuerit, heres esto*'. *si paratus est ponere, sed locus a municipibus ei non datur, Sabinus Proculus heredem eum fore et in legato idem iuris esse dicunt.*

---

738 Übersetzung: *K/K/R/S-Kupisch.*

739 Vgl. für eine parallele Entscheidung bei bedingter Legatszuwendung Pomp. 8 Sab., D. 30, 54, 2: *Sed et si servi mors impedisset manumissionem, cum tibi legatum esset, si eum manumisisses, nihilo minus debetur tibi legatum, quia per te non stetit, quo minus perveniat ad libertatem.*

> ‚Titius soll, sofern er in der Stadt Statuen aufgestellt haben wird, mein Erbe sein.' Wenn er bereit ist, die Statuen aufzustellen, die Gemeindebürger ihm aber keinen Platz überlassen, wird er nach Sabinus und Proculus Erbe und sie sagen, dasselbe gelte bei einem Vermächtnis.[740]

Auch hier wird Titius nur unter der Bedingung zum Erben eingesetzt, dass er etwas tut: nämlich Statuen aufstellen. Auch hier ist er bereit, die Bedingung zu erfüllen. Auch hier wird ihm das aufgrund ‚äußerer' Umstände verunmöglicht: Von der Gemeinde, in welcher die Statuen aufgestellt werden sollen, wird der Platz dafür nicht zur Verfügung gestellt (*locus … non datur*)[741]. Der Grund, aus welchem die Bedingung ausfällt, ist insofern nach dem zu D. 35, 1, 31 entwickelten Schema von *Ch. Paulus* ein ‚subjektiver', der aber nicht dem betroffenen Begünstigten zuzurechnen ist, also nach unserer Typisierung eine zur Potestativbedingung (Bereitschaft, Statuen aufzustellen) hinzutretende *condicio extrinsecus* (Einräumung des Platzes durch die Gemeinde). Tatsächlich vertreten Sabinus und Prokulus hier offenbar einhellig die Ansicht, dass Titius Erbe werde, auch wenn er die Bedingung nicht erfüllen kann, wenn er immerhin die Bereitschaft an den Tag legt, zu erfüllen. Auch für Vermächtnisse würde diese Regel gelten, wird abschließend noch hinzugesetzt[742]. Man könnte die Gemeinde mit demjenigen in D. 35, 1, 31 parallel sehen, der nicht heiraten wollte (Variante 6): Der Heiratswillige – oder hier: derjenige, der Willens ist, die Statuen aufzustellen – erhält das ihm Zugedachte auch ohne Erfüllung der Bedingung. Erneut aber nicht deshalb, weil seine bedingte Begünstigung in eine unbedingte umgewandelt wird, indem die Bedingung hinwegfingiert wurde, sondern deshalb, weil die Erfüllung der Bedingung hinzufingiert wurde. Das könnte auch der Grund dafür sein, warum Sabinus und Prokulus diesbezüglich einer Meinung waren.

Unmöglich ist auch die Errichtung eines Monuments innerhalb einer objektiv zu kurz bemessenen Bauzeit:

---

740 Übersetzung: *K/K/L/R-Luig*

741 Zwar ist hier eine Bedingung formuliert, jedoch liegt darin zugleich eine Zuwendung an das *municipium*; über deren Annahme oder Ablehnung entschied der Dekurionenrat, siehe *Johnston*, Munificience and Municipia, JRS 75 (1985) 112.

742 Vgl. *Ch. Paulus*, Unsterblichkeit (2018) 179–180 (= *ders.*, Idee der postmortalen Persönlichkeit [1992] 193–194) dazu, dass im Gegensatz zu einem Grabmal, welches auf einem Grundstück des Erblassers bzw. des Belasteten zu errichten war, die Statuen auf öffentlichem Grund aufgestellt werden sollten.

Ulp. 9 ad Sab., D. 28, 7, 6: *Si quis ita institutus sit, si monumentum post mortem testatoris in triduo proximo mortis eius fecisset: cum monumentum in triduo perfici non possit, dicendum erit condicionem evanescere quasi impossibilem.*

Jemand ist unter der Bedingung zum Erben eingesetzt, dass er nach dem Tod des Erblassers innerhalb von drei Tagen ein Grabmal errichtet hat. Da ein Grabmal nicht in drei Tagen vollständig errichtet werden kann, muss man sagen, dass die Bedingung als unmögliche entfällt.[743]

Ulpian streicht offenbar nicht nur die zu kurze Frist (*post mortem testatoris in triduo proximo mortis eius*), um den noch möglichen Teil aufrecht zu erhalten (*si monumentum … fecisset*), sondern gleich die gesamte Bedingung (*condicionem evanescere*), weil sie *quasi impossibilis* sei: Der Eingesetzte muss überhaupt kein Grabmal errichten, auch nicht innerhalb einer längeren, angemessenen Frist, sondern die bedingte Erbeinsetzung wird in eine unbedingte umgewandelt. Im Gegensatz etwa zu D. 35, 1, 14 wird nicht die Erfüllung hinzu-, sondern die Bedingung hinwegfingiert, da ihre Erfüllung von vornherein als faktisch absurd und damit anfänglich objektiv unmöglich gilt; es handelt sich nicht um einen erst nach der Testamentserrichtung eingetretenen oder einen ‚von außen' kommenden Hinderungsgrund, der den Leistungswilligen von der Erfüllung abhält. Da es sich um eine einzige, einheitliche Bedingung handelt, nicht um eine ‚zusammengesetzte', wie es bspw. bei der Bedingung der Fall ist, dass die Mutter noch lebt und dass die Tochter noch lebt, kann man auch keine ‚Trennung' vornehmen. Insofern erscheint die Lösung Ulpians, die gesamte Bedingung zu streichen, durchaus konsequent[744]. Nun sagt man einerseits Ulpian eine gewisse Nähe zum sabinianischen Rechtsdenken nach und dürfte sich andererseits schon in der Spätklassik die sabinianische Ansicht zur Frage der ‚Streichung' unmöglicher Bedingungen allgemein durchgesetzt haben; wie ein Prokulianer entschieden hätte, wissen wir mangels Belegs nicht.

---

743 Übersetzung: *K/K/R/S-Kupisch*.

744 *Albers*, Perpetuatio obligationis (2019) 319 hingegen kritisiert: „Es bleibt der Eindruck, dass Ulpian durch die Regel zu einer unsachgemäßen Entscheidung verleitet wird". *Wieling*, Falsa demonstratio, ZRG RA 87 (1970) 225 ging mit *Cosentini*, Condicio impossibilis (1952) 85–86 von einer Interpolation aus bzw. schlug ibid. 226 alternativ eine Umdeutung in eine Auflage vor.

Die Frage einer ‚Streichung' konnte auch für die Frage nach einer eventuellen Transmission entscheidend sein, wie die folgende Entscheidung zu einem bedingten Legat zeigt:

> Jul. 1 ad Urs. Fer., D. 30, 104, 1: *In testamento sic erat scriptum: ‚Lucio Titio, si is heredi meo tabellas, quibus ei pecuniam expromiseram, dederit, centum dato': Titius deinde antequam tabellas heredi redderet, decesserat: quaesitum est, an heredi eius legatum deberetur. Cassius respondit, si tabulae fuissent, non deberi, quia non redditis his dies legati non cessit. Iulianus notat: si testamenti faciendi tempore tabulae nullae fuerunt, una ratione dici potest legatum Titio deberi, quod ἀδύνατος condicio pro non scripta habetur.*

> Im Testament stand geschrieben: ‚Dem Lucius Titius, wenn dieser die Täfelchen, auf denen ich ihm Geld versprochen hatte, an meinen Erben herausgegeben hat, soll er hundert zahlen'. Titius war danach gestorben, noch ehe er die Täfelchen dem Erben herausgegeben hatte. Es wurde angefragt, ob seinem Erben das Vermächtnis geschuldet werde. Cassius Longinus gab die Rechtsauskunft, sofern die Tafeln existierten, werde nichts geschuldet, weil vor ihrer Herausgabe das Vermächtnis nicht angefallen sei. Julian merkt an: Wenn schon zur Zeit der Testamentserrichtung keine Tafeln existierten, kann aufgrund einer zusätzlichen Überlegung doch gesagt werden, das Vermächtnis werde dem Titius geschuldet, dass nämlich eine Bedingung, die adynatos, unmöglich, ist, als nicht geschrieben angesehen wird.[745]

Lucius Titius werden 100 mittels Damnationslegat zugewendet, allerdings unter der Bedingung, dass er dem Erben eine Urkunde herausgebe, durch deren Vorlage der Beweis erbracht werden konnte, dass der Testator sich verpflichtet hatte, dem Lucius Titius ‚Geld' (die genaue Summe wird nicht erwähnt, doch wird es nicht unplausibel sein, hier von der Vermächtnissumme auszugehen) zu zahlen[746]. Vermutlich sollte dadurch der Fälligkeitszeitpunkt

745 Übersetzung: *K/K/R/S-Knütel.*

746 Zwar hat eine dokumentierte Stipulation nicht die Rechtswirkungen einer griechischen συγγραφή, doch spielten Urkunden für den Beweis einer bestehenden Schuld eine nicht unwesentliche Rolle. Hier wird demnach die Rückstellung der Urkunde mit der Aufhebung der Verpflichtung gleichzusetzen sein, welche dem Begünstigten auferlegt wird; vgl. hierzu Iul. 33 dig., D. 30, 84, 7: *Si ita cui legatum esset: ‚si tabulas chirographi mei heredi meo reddiderit, heres meus ei decem dato', huiusmodi condicio hanc vim habet ‚si heredem meum debito liberaverit'. quare et, si tabulae exstabunt, non intellegetur condicioni satisfecisse creditor, nisi acceptum heredi fecerit, et, si tabulae in rerum natura non fuerint, existimabitur inplesse condicionem, si heredem liberaverit, nec ad rem pertinebit, iam tunc cum testamentum fiebat tabulae intercIderint an postea vel mortuo testatore.* Dazu *Ch. Paulus*, Unsterblichkeit (2918) 261–262 (= *ders.*, Idee der

vorverlegt werden[747]: Aus dem Legat wird die Summe sogleich nach Rückstellung der Urkunde bzw. dem Erlass der darin dokumentierten Schuld geschuldet; aus dem dokumentierten Schuldversprechen wäre das wohl erst zu einem späteren Zeitpunkt der Fall gewesen. Aus diesem Grunde lag kein unwirksames *legatum debiti* vor (dazu unten XII.9.). Fraglich ist, ob das Vermächtnis anfällt und mittels Transmission auf die Erben des Lucius Titius übergehen kann, falls jener selbst verstirbt, ohne bis dahin die Urkunde zurückgestellt bzw. die Schuld erlassen zu haben. Grundsätzlich fällt ein bedingtes Legat erst mit Bedingungseintritt an und kann auch erst dann transmittieren; dem entspricht auch die Entscheidung des Cassius Longinus für den Fall, dass die Täfelchen (und die Schuld) existierten. Für unseren Zusammenhang maßgeblich ist die *nota* des Julian: Sollten die Tafeln schon zur Zeit der Testamentserrichtung nicht (mehr) existiert haben, so war die Bedingung ihrer Herausgabe anfänglich objektiv unmöglich; damit könne sie gestrichen werden, sodass das Vermächtnis sofort anfällt und auch transmittiert. Jedenfalls ist das Problem nicht etwa, dass die Bedingung nicht erfüllt werden kann, weil bspw. die angebotene Urkunde nicht angenommen wird o.ä.; diesfalls wäre davon auszugehen, dass die Erfüllung der Bedingung hinzufingiert worden wäre. Hier jedoch kann die Bedingung nicht erfüllt werden, wenn die Urkunde, welche herausgegeben werden soll, nicht existiert: Die Herausgabe ist damit *impossibilis* und wird als Bedingung hinwegfingiert.

Ebenso die Herausgabe von Mitgiftgegenständen, welche herauszugeben unmöglich ist, weil sie noch zu Lebzeiten des Erblassers aufgebraucht worden waren:

---

postmortalen Persönlichkeit [1992] 301–302) unter Betonung des *honor institutionis* sowie mwN.

747 *Cossa*, Regula Sabiniana (2013) 480 geht von dem Hintergrund aus, dass die Urkunde „un credito (che l'ereditando aveva evidentemente contratto assumendolo da un terzo, tramite *expromissio*)" dokumentiere. *Albers*, Perpetuatio obligationis (2019) 317 wiederum betont einen anderen Zweck der Herausgabe: Eine Beweisbedrohung solle aus der Welt geschaffen werden; bestehe diese Bedrohung gar nicht, so wäre es illusorisch, sie zu beseitigen. *Ch. Paulus*, Unsterblichkeit (2918) 260 Fn. 597 (= *ders.*, Idee der postmortalen Persönlichkeit [1992] 300 Fn. 728) wiederum meint, ein Interesse an dem Vermächtnis bestehe deshalb, weil ursprünglich weniger als die 100 geschuldet waren.

Scaev. 3 resp., D. 33, 4, 12: *Qui dotem in pecunia numerata et aestimatis rebus acceperat, uxori ita legavit: ,Seiae uxori meae, si omnes res, quae tabulis dotalibus contineantur, heredi meo exhibuerit et tradiderit, summam dotis, quam mihi pro ea pater eius intulit, dari volo: hoc amplius denarios decem'. quaesitum est, cum res in dotem datae plures ipso usu finitae essent nec moriente marito fuerant, an quasi sub impossibili condicione legatum datum debeatur. respondi videri condicioni paritum, si quod ex rebus in dotem datis supererat, in potestatem heredis pervenit.*

Jemand, der eine Mitgift in Bargeld und in Sachen zum Schätzwert erhalten hatte, setzte seiner Frau das folgende Vermächtnis aus: ,Ich will, dass meiner Ehefrau Seia, wenn sie alle Mitgiftsachen, die in der Mitgifturkunde aufgeführt sind, meinem Erben vorlegt und übergibt, die Summe der Mitgift, die ihr Vater mir für sie hat zukommen lassen, ausgezahlt wird, darüber hinaus noch zehn Denare'. Da von den Gegenständen, die als Mitgift gegeben worden waren, mehrere aufgebraucht und beim Tod des Mannes nicht mehr vorhanden waren, wurde gefragt, ob das Vermächtnis, das gewissermaßen unter einer unmöglichen Bedingung zugewendet war, geschuldet werde. Ich [Scaevola] habe entschieden, die Bedingung sei als erfüllt anzusehen, wenn alles, was von den Mitgiftgegenständen übrig geblieben war, in die Verfügungsmacht des Erben gelangt sei.[748]

Erneut ist die Erfüllung einer ,auflagenähnlichen Potestativbedingung' für eine letztwillige Begünstigung – hier: ein Damnationslegat – schon zu Lebzeiten des Erblassers (nicht näher ausgeführt wird, ob vor oder nach Testamentserrichtung[749]) teilweise unmöglich; die herauszugebenden Dotalgegenstände waren teilweise aufgebraucht worden. Die Erfüllung des noch möglichen Teiles reicht daher aus, um der Bedingung nachzukommen. Wieder begegnet der Zusatz ,*quasi*' zur Begünstigung ,*sub impossibili condicione*', wie im Falle von Mutter und Tochter, wenn beide gelebt hatten, aber eine vorverstorben ist (D. 35, 1, 6, 1)[750].

---

748 Übersetzung: *K/K/R/S-Ziegler.*

749 *Cossa*, Regula Sabinana (2013) 519 geht davon aus, dass der Zeitraum nach Testamentserrichtung betroffen sei (mit Fn. 559).

750 *Cossa*, Regula Sabinana (2013) 518 betont den Unterschied hinsichtlich der Wortstellung zwischen der Formulierung ,*quasi sub impossibili condicione*' und ,*sub quasi impossibili condicione*', da im einen Fall auf die ,Natur' der Bedingung, im anderen Fall auf das Ereignis, auf welches die Bedingung sich beziehe, rekurriert werde. Das erscheint jedoch als überzogene Spitzfindigkeit.

Entscheidend ist die Formulierung der Bedingung vor allem auch insofern, als es wesentlich darauf ankommt, ob sie auf die Vergangenheit, die Gegenwart oder die Zukunft bezogen ist:

Pomp. 2 ad Q. Muc., D. 28, 3, 16: *Cum in secundo testamento heredem eum qui vivit instituimus sive pure sive sub condicione (si tamen condicio existere potuit, licet non exstiterit), superius testamentum erit ruptum. multum autem interest, qualis condicio posita fuerit: nam aut in praeteritum concepta ponitur aut in praesens aut in futurum: in praeteritum concepta ponitur veluti ‚si Titius consul fuit': quae condicio si vera est, id est si Titius consul fuit, ita est institutus heres, ut superius testamentum rumpatur: tum enim ex hoc heres esset. si vero Titius consul non fuit, superius testamentum non est ruptum. quod si ad praesens tempus condicio adscripta est herede instituto, veluti ‚si Titius consul est', eundem exitum habet, ut, si sit, possit heres esse et superius testamentum rumpatur, si non sit, nec possit heres esse nec superius testamentum rumpatur. in futurum autem collatae condiciones si possibiles sunt, existere potuerunt, licet non exstiterint, efficiunt, ut superius testamentum rumpatur, etiamsi non extiterint: si vero impossibiles sunt, veluti ‚Titius si digito caelum tetigerit, heres esto', placet perinde esse, quasi condicio adscripta non sit, quae est impossibilis.*

Haben wir in einem zweiten Testament eine lebende Person zum Erben eingesetzt, sei es unbedingt oder unter einer Bedingung (sofern die Bedingung eintreten konnte, mag sie tatsächlich auch nicht eingetreten sein), so wird das frühere Testament umgestoßen. Es ist aber von großer Bedeutung, von welcher Art die eingefügte Bedingung war. Denn es kann eine auf die Vergangenheit, die Gegenwart oder die Zukunft bezogene Bedingung eingefügt werden. Auf die Vergangenheit bezieht sich etwa die eingefügte Bedingung: ‚wenn Titius Konsul war [soll er Erbe sein]'. Wenn eine solche Bedingung wahr ist, das heißt wenn Titius Konsul war, dann ist Titius mit der Wirkung zum Erben eingesetzt, dass das frühere Testament umgestoßen wird. Dann aber würde er sofort Erbe. War aber Titius nicht Konsul, dann ist das frühere Testament nicht umgestoßen. Wird eine Bedingung im Hinblick auf die Gegenwart nach der Einsetzung des Erben hinzugefügt, etwa ‚wenn Titius Konsul ist', dann ergibt sich ebenfalls, dass er Erbe werden kann, wenn er Konsul ist, und dass dann das frühere Testament umgestoßen wird; wenn er es nicht ist, kann er nicht Erbe werden, und das frühere Testament wird auch nicht umgestoßen. Bedingungen, die sich auf die Zukunft beziehen, bewirken, sofern sie möglich sind und eintreten konnten – mögen sie auch nicht eingetreten sein –, dass das frühere Testament umgestoßen wird, selbst wenn sie tatsächlich nicht eingetreten sind. Sind sie aber unmöglich, wie etwa die Bedingung ‚wenn Titius den Himmel berührt haben wird, soll er Erbe sein', so ist anerkannt, dass die Lage ebenso ist, als wäre die Bedingung, die unmöglich ist, nicht hinzugefügt worden.[751]

751 Übersetzung: *K/K/R/S-Rüfner.*

Zu Beginn des Textes wird ausgeführt, dass dann, wenn jemand, der am Leben ist, in einem späteren Testament zum Erben eingesetzt wird, dies bewirkt, dass ein früheres Testament umgestoßen wird. Für den umgekehrten Fall wird zu ergänzen sein: Sollte die in diesem späteren Testament eingesetzte Person (schon bei der Errichtung dieses zweiten Testaments) nicht am Leben sein, so handelt es sich um eine unwirksame *heredis institutio*, wodurch das ganze spätere Testament nicht wirksam errichtet ist und daher das frühere Testament unberührt bleibt.

Den Schwerpunkt der Erörterung bildet die Frage nach den Auswirkungen von Bedingungen, welche der *heredis institutio* dieses späteren Testaments hinzugesetzt werden[752]. Sollte eine Bedingung nämlich bewirken, dass die spätere Einsetzung insgesamt nicht wirksam erfolgt ist, so bleibt wiederum das ältere Testament in Kraft. Zunächst wird darauf hingewiesen, dass es maßgeblich sei, dass die Bedingung zu irgendeinem Zeitpunkt eintreten konnte, selbst wenn sie es nicht ist; konnte die Bedingung niemals eintreten, so würde das im Umkehrschluss bedeuten, dass das frühere durch das spätere Testament nicht entkräftet sein soll. Gedacht ist hier aber offenkundig nicht an den Fall einer anfänglich objektiv unmöglichen – im Sinne der faktisch absurden (oder auch rechtlich unmöglichen) Bedingung, welche – wie der Schlusssatz zeigt – hinwegfingiert würde[753]. Pomponius[754] führt hierzu aus, dass es wesentlich darauf ankomme, ob die Bedingung auf die Vergangenheit, Gegenwart oder Zukunft bezogen ist.

---

[752] Den Schwerpunkt auf den Aspekt der Umstoßung legt hingegen *Marini*, Prius testamentum (2022) 13–18, die ibid. 15 kritisiert, dass die Literatur diese Stelle immer nur im Kontext der *condiciones* analysiert habe, obwohl Quintus Mucius im ersten Teil der Stelle ausschließlich auf die Umstoßung des älteren Testaments eingehe, egal ob die *heredis institutio* bedingt oder unbedingt sei; auch Pomponius stelle die Dialektik *superius/posterius testamentum* mit Blick auf das *rumpere* in den Vordergrund (so *Marini* ibid. 18).

[753] *Wieling*, Falsa demonstratio, ZRG RA 87 (1970) 213–214 sieht in diesem Text hingegen den Beleg, dass M. Scaevola noch keine Regel gekannt habe, „nach welcher eine unmögliche Bedingung *pro non scripta* gegolten hätte".

[754] Zur Frage, inwieweit hier Quintus Mucius zitiert wird und inwiefern Pomponius dessen Lehre weiterentwickelt oder abwandelt, siehe *Cossa*, Regula Sabiniana (2013) 455–462 mit umfassenden Literaturnachweisen; seither insbes *Stolfi*, Commento, in: Quintus Mucius Scaevola (2019) 184–186 mwN. in Fn. 7.

Für eine auf die Vergangenheit und auf die Gegenwart gerichtete Bedingung bildet er einen Fall in zwei Varianten: Es geht um die Frage, ob Titius Konsul ‚war' oder ‚ist'. Schon im Zeitpunkt des Todes steht hier fest, ob die Bedingung eingetreten oder ausgefallen ist[755].

In unserem Zusammenhang interessiert besonders die auf die Zukunft bezogene Bedingung, für welche abschließend ein anderer Fall gebildet wird, nämlich der einer faktisch absurden Bedingung, welchen wir schon aus Gai. 3, 98 kennen (siehe oben VI.10.c.): ‚wenn Titius den Himmel berührt haben wird'. Diese sei zu streichen und schade der *heredis institutio* des Titius nicht, sodass das zweite Testament wirksam, das erste Testament aber *ruptum* ist: Die Lage sei so, als wäre die Bedingung nicht hinzugefügt worden. Es kommt also zum Hinwegfingieren und damit im Ergebnis zu einer Umdeutung der bedingten Einsetzung in eine unbedingte.

War die Erfüllung im Zeitpunkt der Testamentserrichtung möglich, fällt die Möglichkeit einer Erfüllung aber nachträglich weg, so führt dies zur Intestaterbfolge, weil das spätere Testament das frühere umgestoßen hat, jedoch mit dem Bedingungsausfall der Erbe des späteren Testaments ebenfalls wegfällt und damit auch das gesamte zweite Testament. Das erste Testament war endgültig beseitigt und lebt auch nicht wieder auf. Kann die ausgefallene Bedingung allerdings als eingetreten fingiert werden, bspw. weil es bei einer *condicio in faciendo* nicht am Eingesetzten lag, dass nicht erfüllt wird (etwa einer *condicio extrinsecus*), so bleibt das zweite Testament wirksam.

Es ist insgesamt zu vermuten, dass auch in diesen Fällen auf den hypothetischen Erblasserwillen abgestellt worden ist, hinsichtlich dessen bei der gänzlichen anfänglich-objektiven Unmöglichkeit aber anscheinend von den beiden Rechtsschulen unterschiedliche Zweifelsregeln postuliert worden sind. Immerhin für die Fälle der teilweisen Unmöglichkeit scheint weitgehend einhellig angenommen worden zu sein, dass sie aus Sicht des Erblassers wohl

755 Ulp. 5 disp., D. 35, 1, 19 pr. weist allerdings auch in diesem Zusammenhang auf die Möglichkeit einer Umdeutung der auf die Gegenwart bezogenen Bedingung in eine auf die Zukunft gerichtete Bedingung hin: Lautet die Bedingung für ein Legat ‚Wenn meine Tochter mit Titius verheiratet ist', so steht ihr das Vermächtnis auch zu, wenn sie zwar im Zeitpunkt des Todes des Testators nicht mit Titius verheiratet ist, es aber später zu einer Eheschließung mit Titius kommt: Ulpian begründet diese Entscheidung mit dem ‚Willen des Testators', welcher das primäre Beurteilungskriterium darstelle.

keine ‚wirtschaftliche Gesamtunmöglichkeit' bedeutet hätte: Für ihn wäre die Aufrechterhaltung der Erbeinsetzung auch dann wünschenswert, wenn aufgrund der faktischen Situation nur noch ein Teil der Bedingung – Freilassung nur der noch lebenden Sklaven bzw. Begünstigung nur der Mutter oder nur der Tochter durch den Dritten – erfüllt werden kann.

Ist die Bedingung von vornherein gänzlich unmöglich, so kann argumentiert werden, dass die Streichung der Bedingung nicht sein Wunsch gewesen wäre, denn wäre ihm an der Erbeinsetzung des Betreffenden auch dann gelegen, wenn etwa eine Freilassung der Sklaven nicht möglich wäre, dann hätte er diese Anordnung vielleicht vielmehr in Form einer Fideikommissbitte o.ä. in sein Testament aufgenommen. Auch hinsichtlich der Frauen hätten die testamentarischen Zuwendungen als solche ausgereicht, wären sie das einzige Ziel des Testators gewesen; er hat sie jedoch in die *heredis institutio* aufgenommen, was einen bestimmten Grund gehabt haben dürfte. Ebenso ist aber wohl auch das Argument zulässig, dass er die Bedingung möglicherweise nicht in sein Testament aufgenommen hätte, hätte er die objektive Unmöglichkeit ihrer Erfüllung gekannt; der Erblasser unterlag insofern schon bei der Testamentserrichtung einer Fehlvorstellung von der Wirklichkeit.

Auch wenn wir in unseren Überlegungen zu den einzelnen Texten hinsichtlich deren Verhältnis zur *‚regula Sabiniana'* von den Deutungen *Wielings* abgewichen sind, stimmen wir doch im Ergebnis überein: Der Wille des Testators steht über den Zweifelsregeln und entscheidet auch bei einer unmöglichen Bedingung über die Geltung der Verfügung. Kann der Testatorwille festgestellt werden, wonach er eine Verfügung unbedingt jedenfalls nicht gewollt hätte, so ist diese Verfügung auch der Zweifelsregel zuwider nichtig und wird auch nicht umgedeutet[756].

f. (Unmögliche) negative Bedingung

Ulpian informiert uns darüber, dass bei einer unmöglichen, auf ein Unterlassen gerichteten Bedingung für die *heredis institutio* diese nach ‚allgemeiner Ansicht' in eine unbedingte Verfügung umgedeutet wurde:

---

[756] *Wieling*, Falsa demonstratio, ZRG RA 87 (1970) 229, 238–239, 240–241.

Ulp. 6 reg., D. 28, 5, 51, 1: *Si in non faciendo impossibilis condicio institutione heredis sit expressa, secundum omnium sententiam heres erit, perinde ac si pure institutus esset.*

Wenn bei der Erbeinsetzung eine auf Unterlassen gerichtete, unmögliche Bedingung erklärt ist, wird der Eingesetzte nach allgemeiner Meinung Erbe, so als wäre er unbedingt eingesetzt worden.[757]

Auch hier behalf man sich also damit, die Nebenbestimmung als ‚nicht geschrieben' zu betrachten[758]: Der Eingesetzte wird Erbe, als wäre er unbedingt eingesetzt worden, wenn die auf ein Unterlassen gerichtete Bedingung unmöglich ist. Die bedingte Erbeinsetzung wurde also in eine unbedingte umgedeutet. Eine besondere Konstellation der Umdeutung einer derartigen Bedingung enthält folgender Text:

Lab. 2 post. a Iav. epit., D. 28, 7, 20 pr.: *Mulier, quae viro suo ex dote promissam pecuniam debebat, virum heredem ita instituerat, si eam pecuniam, quam doti promisisset, neque petisset neque exegisset. puto, si vir denuntiasset ceteris heredibus per se non stare, quo minus acceptum faceret id quod ex dote sibi deberetur, statim eum heredem futurum. quod si solus heres institutus esset in tali condicione, nihilo minus puto statim eum heredem futurum, quia ἀδύνατος condicio pro non scripta accipienda est.*

Eine Ehefrau, die ihrem Mann einen als Mitgift versprochenen Geldbetrag schuldete, hatte den Mann unter der Bedingung eingesetzt, dass er das Geld, das sie als Mitgift versprochen hatte, weder einklagen noch eintreiben werde. Ich meine: Hatte der Mann den anderen Miterben angezeigt, es liege nicht an ihm, dass er nicht erlasse, was ihm aufgrund der Mitgift geschuldet werde, so wird er sofort Erbe. War er aber zum Alleinerben unter einer solchen Bedingung eingesetzt worden, so wird er meiner Meinung nach gleichwohl sofort Erbe, weil eine Bedingung, die ‚unsinnig' ist, für nicht geschrieben gehalten werden muss.[759]

Die Bedingung ist hier insofern auf ein Unterlassen gerichtet, als der Ehemann nur Erbe seiner Frau werden sollte, wenn er niemals wegen der von der

757 Übersetzung: *K/K/R/S-Rüfner.*

758 Vgl. *Suman*, Favor testamenti (1916) 70–71. Zur Bedeutung des Universalfideikommisses in diesem Kontext siehe *Longchamps de Bérier*, Fedecommesso universale (1997) 228.

759 Die Übersetzung *K/K/R/S-Kupisch* weicht insofern von der vorliegenden ab, als ἀδύνατος statt mit ‚unsinnig' vielmehr mit „adynatos, unmöglich" übertragen wird; aus sogleich näher ausgeführten Gründen wurde dieser Begriff vorliegend ersetzt.

Frau versprochenen *dos*[760] klagen oder diese eintreiben würde. Eine negative Suspensivbedingung – welche vorliegend schließlich dem Wortlaut nach erst dann erfüllt wäre, wenn der Mann verstarb, ohne je geklagt oder eingetrieben zu haben – wird umgedeutet in eine positive Suspensivbedingung[761]: Der Mann müsste die Schuld in einer Miterbenkonstellation mittels *acceptilatio* erlassen. Kann er diese Bedingung wiederum nicht erfüllen, wobei das nicht an ihm liegt[762] – der Konträrakt zu dem ihm gemachten Mitgiftversprechen kann anteilig wohl gar nicht wirksam erfolgen[763] –, dann genügt die förmliche Anzeige (*denuntiatio*), damit der Mann die Bedingung erfüllt und ihm seine Quote an der Erbschaft anfällt. Seine Erklärung als ‚Akt' ist damit ausreichend, obwohl nicht unmittelbar der ‚Effekt' der Aufhebung der Schuld bewirkt ist[764]. Er braucht aber einen tauglichen Erklärungsempfänger: Ist er als Alleinerbe instituiert, so gibt es niemanden, dem er anzeigen könnte, dass er die Schuld nicht förmlich erlassen könne, jedoch dazu bereit wäre und immerhin formlos zusage, dass er nicht klagen und nicht eintreiben werde[765]. Das erschiene auch sinnlos, denn die Schuld würde mit seinem Antritt ohnehin aufgrund von Konfusion von Berechtigtem und Belastetem erlöschen. Die Bedingung, dass er die *dos* weder einklagen noch eintreiben werde, kann hier daher nach Labeos Ansicht gänzlich hinwegfingiert werden. Die Schuld erlischt nach dem Erbschaftsantritt durch Konfusion und das von

---

760 Es handelt sich offenbar um eine *dos adventicia*, welche dem Mann nach dem Tod der Frau endgültig zufallen würde.

761 IdS. auch *Backhaus*, Casus perplexus (1981) 44. Eine Umdeutung in eine Resolutivbedingung kommt nicht in Betracht, denn eine solche kann einer *heredis institutio* nicht beigefügt werden: *semel heres semper heres*. Siehe oben VI.10.a.

762 Allerdings dürfte es auch nicht an mangelnder Mitwirkungsbereitschaft der Miterben liegen, widrigenfalls die Bedingung als eingetreten fingiert worden wäre.

763 IdS. auch *Backhaus*, Casus perplexus (1981) 47. Er meint, auf eine *acceptilatio* sei hier generell zu verzichten, da auch bei einer *denuntiatio* eine spätere Klage des Mannes wegen *venire contra factum proprium* mittels *exceptio doli* abgewehrt worden wäre, während eine *acceptilatio* gar nicht möglich sei, weil nur der die Erbquoten der Miterben betreffende Teil der Forderung erlöschen könne, nachdem sich hinsichtlich des auf die Erbquote des Mannes entfallenden Teiles dieselbe Problematik stelle wie bei dessen Alleinerbschaft.

764 Zu *actus* und *effectus* siehe auch unten S. 537.

765 Eine Anzeige an die *hereditas iacens* kann insofern nicht erfolgen und auch Ersatz- oder Intestaterben kommen hierfür ebenso wenig in Betracht wie für die Entgegennahme einer *cautio Muciana* (Gai. 18 ad ed. prov., D. 35, 1, 18).

der Erblasserin gewollte Ergebnis ist erzielt: Der Mann kann die *dos* nicht mehr einklagen oder eintreiben, da die Schuld nicht mehr besteht[766]. Der Hinzusetzung einer entsprechenden Bedingung hätte es dazu nicht bedurft[767].

Für die Ansicht des Labeo dürfte weniger die Streichung einer ‚unmöglichen' Bedingung nach dem bisher besprochenen Muster einer ‚*regula Sabiniana*' bei faktisch unmöglichen Bedingungen im Vordergrund gestanden sein[768] als vielmehr der Umstand, dass diese Bedingung rechtlich ‚überflüssig' ist und es ihrer insofern nicht bedarf; sie hat keinen eigenständigen Effekt, ist also ohne jegliche Wirkung und kann insofern ‚unmöglich' Rechtswirkungen erzeugen. Das veranschaulicht *Albers*, der ausführt, dass ἀδύνατος bzw. *impossibilis* zunächst ein solches Ansinnen bezeichnet habe, welches ‚unsinnig' sei[769]. Deshalb ist diese Bedingung *pro non scripta accipienda*.

Derselbe Fall ist auch Gegenstand einer Entscheidung Ulpians, welche vergleichsweise erweitert erscheint und zumindest anders formuliert ist:

> Ulp. 18 ad Sab., D. 35, 1, 7, 1: *Unde si uxor maritum suum, cui dotem promiserat, ita heredem scribserit ex parte: ‚si dotem, quam ei promisi, neque petierit neque exegerit', denuntiare eum posse coheredi paratum se accepto facere dotem vel cavere et ita adire posse hereditatem. sed si ex asse sit institutus maritus sub ea condicione, quoniam non est cui caveat, non impediri eum, quo minus adeat hereditatem: nam iure ipso videtur impleta condicio eo, quod non est, quem possit de dote convenire ipse adeundo hereditatem.*
>
> Wenn also eine Frau ihren Ehemann, dem sie eine Mitgift versprochen hatte, auf folgende Weise zu einem Anteil als Erben einsetzt ‚wenn er die Mtigift, die ich ihm versprochen habe, weder eingeklagt noch beigetrieben hat', dann könne er

766 Siehe *Cossa*, Regula Sabiniana (2013) 331–332 Fn. 260 mwN.

767 *Cossa*, Regula Sabiniana (2013) 352–353 sieht daher keinen Grund, warum die Frau derart testieren hätte sollen und geht von einem Schulfall aus.

768 AA. *Backhaus*, Casus perplexus (1981) 45, der (unter Berufung auf *Wieling* in Fn. 88) wegen der Anwendung der *regula Sabiniana* durch Labeo die Flexibilität der Juristen betont, „ihre ‚Schulzugehörigkeit' über Bord zu werfen, wenn es galt, auf möglichst einfachem und sauberem Weg zu einer sachgerechten Entscheidung zu gelangen".

769 *Albers*, Perpetuatio obligationis (2019) 311; er geht davon aus, dass der Fall von D. 28, 7, 20 pr. den Ausgangsfall für die Lehre von der ‚unmöglichen' Bedingung darstellt. Eine Parallele könnte man hier etwa zur ‚*condicio iuris*' bzw. ‚*condicio supervacua*' ziehen: Etwa dann, wenn ein Vermächtnis unter der Bedingung des Erbschaftsantritts geschuldet werden soll, wird diese Bedingung als überflüssig gestrichen (z.B.: *Titius heres esto. si Titius hereditam meam adierit, Maevio decem dato*). Vgl. Ulp. 4 ad Sab., D. 30, 3; Ulp. 5 disp., D. 35, 1, 19, 1; Pomp. 5 ad Q. Muc., D. 36, 2, 22, 1.

dem Miterben anzeigen, er sei bereit, für die Mitgift eine Quittung zu erteilen oder Sicherheit zu leisten, und so könne er die Erbschaft antreten. Wurde der Mann aber unter dieser Bedingung zum Alleinerben eingesetzt, so werde er, weil es niemanden gibt, dem er die Sicherheit leisten könnte, nicht gehindert, die Erbschaft anzutreten. Denn die Bedingung ist ersichtlich ohne weiteres erfüllt, weil es niemanden gibt, den er wegen der Mitgift belangen könnte, wenn er die Erbschaft selbst antritt.[770]

In der Miterbensituation nennt Ulpian neben der *denuntiatio* als weitere Möglichkeit die der Leistung einer entsprechenden *cautio* (Sicherheit wird dafür geleistet, dass die Mitgift nicht eingeklagt oder eingetrieben wird, nicht für eine zukünftige Quittierung). Das kann ebenso auf eine zwischenzeitliche Ausweitung des Anwendungsgebietes der ‚*cautio Muciana*' zurückzuführen sein[771], wie einen ergänzenden Hinweis Ulpians auf weitere, auch schon zuvor anerkannte Möglichkeiten darstellen. Die *cautio Muciana* ist jedenfalls generell Thema des Ulpian-Fragments, in welchem mögliche Anwendungsbeispiele derselben dargestellt sind. Die bloße *denuntiatio* wird für den Mann eine geringere Belastung darstellen als die *cautio* (dh. ein stipulationsförmiges Versprechen mit Bürgenbestellung), weswegen er sich bei freier Entscheidung eher für die Anzeigeoption entschieden haben wird; wahrscheinlicher wäre daher vielmehr die gegenteilige Entwicklung, dass zunächst nur eine *cautio*, später auch die bloße *denuntiatio* zur Bedingungserfüllung akzeptiert wurde. Ulpians Mitteilung erscheint somit eher als theoretische Vervollkommnung der Liste von Möglichkeiten in einem derartigen Fall bzw. vielleicht eher umgekehrt: von Fällen, in denen eine *cautio* denkbar wäre.

Hinsichtlich der Alleinerbensituation verweist Ulpian nun ausdrücklich auf die Überflüssigkeit der Bedingung. Diese stehe dem Antritt nicht entgegen. Sie erscheine schon *ipso iure* als erfüllt, daher bedarf es ihrer Beifügung nicht, um das gewünschte Ergebnis zu erzielen. Die Erbschaft fällt sofort an und kann auch jederzeit angetreten werden. Ulpian formuliert damit lediglich anders, was schon bei Labeo Hintergrund der Entscheidung gewesen sein dürfte[772].

770 Übersetzung: *K/K/L/R-Luig*.

771 Davon geht *Backhaus*, Casus perplexus (1981) 48 aus.

772 AA. *Backhaus*, Casus perplexus (1981) 49, der Ulpian vielmehr „dogmatische Ungenauigkeit" vorwirft; während Labeo sich wegen der Perplexität der Bedingung des juristischen Kunstgriffes der Fiktion der Subsumierbarkeit bediene, kümmere sich Ulpian „um die dogmatischen Schwierigkeiten des Falles wenig". Diese Einschätzung

Freilich kommt es zu all dem nur, sofern der Mann nicht die Erbschaft ausschlägt und stattdessen die *dos* von den Intestaterben verlangt[773]. Diese Möglichkeit hat der bedingt Eingesetzte in der folgenden Konstellation nicht: Besteht die Bedingung etwa darin, dass der potentielle Erbe Erbschaftssklaven nicht freilassen solle, so muss auch diese negative Bedingung in eine positive Bedingung umgedeutet werden[774]. Dass der derart bedingt Eingesetzte nicht veräußert, würde nämlich erst mit seinem – des Erben oder auch des Sklaven – Tod feststehen; dem *heres ex parte institutus* wird daher stattdessen Sicherheitsleistung den Miterben gegenüber abverlangt (möglicherweise ist auch das ein Fall der ‚*cautio Muciana*'[775]). Gestrichen wird die Bedingung jedoch wiederum gänzlich, wenn er *ex asse* Erbe werden soll:

> Ulp. 8 ad Sab., D. 28, 7, 4, 1: *Idem Iulianus scribit eum, qui ita heres institutus est, si servum hereditarium non alienaverit, caventem coheredi implere condicionem: ceterum si solus heres scriptus sit, sub impossibili condicione heredem institutum videri: quae sententia vera est.*
>
> Auch schreibt Julian, wer wie folgt zum Erben eingesetzt ist: ‚wenn er den Erbschaftssklaven nicht veräußert', der erfülle die Bedingung durch Sicherheitsleistung an die Miterben. Ist er dagegen zum Alleinerben bestimmt, so sei anzunehmen, dass er unter einer unmöglichen Bedingung zum Erben eingesetzt wurde. Diese Auffassung ist richtig.[776]

Das Ergebnis für die Alleinerbensituation, in welcher die Bedingung eine unmögliche und auch unsinnige ist – sich selbst kann der Betreffende keine Sicherheit leisten –, impliziert in weiterer Folge die nicht ausgesprochene Konsequenz im Rahmen der sabinianischen Lehre, dass die Bedingung gestrichen und die unwirksam bedingte *heredis institutio* damit als unbedingte wirksam wird[777].

---

ist mE nicht zu teilen, vielmehr verdeutlicht Ulpian die Hintergründe von Labeos Entscheidung.

773 Zu dieser ebenfalls denkbaren Konstellation *Cossa*, Regula Sabiniana (2013) 350.

774 Siehe dazu auch *Backhaus*, Casus perplexus (1981) 37.

775 Deren Anwendung auf Erbeinsetzungen ist jedoch unsicher; siehe *Kaser*, RP I ^{2}(1971) 254 („vielleicht") mit Fn. 20.

776 Übersetzung: *K/K/R/S-Kupisch*.

777 Diese Konsequenz vermutet für den betreffenden Fall auch mit guten Gründen und mwN. *Backhaus*, Casus perplexus (1981) 38–39.

Der Unterschied zwischen D. 28, 7, 20 pr. und D. 28, 7, 4, 1 besteht darin, dass im Ulpian-Julian-Sabinus-Fall das Recht, auf welches verzichtet werden soll, erst mit dem Erbschaftsantritt entsteht, sodass eine Erfüllung vor dem Antritt aus diesem Grunde unmöglich wäre. Bei Javolen-Labeo hingegen hat der Ehemann den Anspruch aus der *dos* unabhängig vom Erbschaftserwerb; im Gegenteil: mit dem Antritt der Erbschaft erlischt diese Schuld (in der Miterbenkonstellation: zumindest anteilig). Hier bestünde also auch die Wahl, unter Ausschlagung der Erbschaft das betreffende Recht auszuüben. Mit dem Antritt der Erbschaft ist das von der Testatorin ausweislich der hinzugefügten Bedingung gewünschte Ergebnis schon aufgrund allgemeiner rechtlicher Grundsätze (nämlich wegen Konfusion) erreicht; die Bedingung ist überflüssig und hat insofern keine Kraft. Anders beim Erbschaftssklaven: dieser kann (erst jetzt) vom Erben freigelassen werden. Die Bedingung wird bei der Einsetzung des Betreffenden *ex asse* gemäß der *‚regula Sabiniana‘* gestrichen, weil sie vor dem Erbschaftsantritt nicht erfüllt und hier auch niemandem Sicherheit dafür geleistet werden kann, dass sie nach dem Erbschaftsantritt erfüllt werden wird; sie ist unmöglich. Aus der bedingten Erbeinsetzung wird damit in der Alleinerbensituation eine unbedingte.

Dass Labeo diese Fälle parallel beurteilt und hier ebenfalls für eine Streichung einer die Erbeinsetzung betreffenden unmöglichen Bedingung entschieden hätte, ist zumindest zweifelhaft, auch wenn im gegebenen Zusammenhang immer wieder auch auf ihn Bezug genommen wird, wenn eine vermeintlich ‚sabinianische‘ Ansicht bekräftigt werden soll. Alle diese Fälle weisen immerhin Besonderheiten auf, welche sie vom ‚Normalfall‘ einer (gänzlich) unmöglichen Bedingung unterscheiden. Durchaus im Bereich des Möglichen liegt, dass hinsichtlich Erbeinsetzungen tatsächlich auch die prokulianische Lehre eine Streichung unmöglicher Bedingungen zugelassen haben könnte; wie oben (VI.10.c.) ausgeführt, dürfte immerhin Gaius sich bei seinem Bericht einer Kontroverse auf (Damnations-)Legate beschränkt haben, was auch mit der zuständigen Klage zusammenhängen kann. Wie unten (XIV.1.) noch näher zu betrachten sein wird, scheint Labeo allerdings auch bei Freilassungen eine vergleichsweise strenge Ansicht zu vertreten. Was die Damnationslegate anbelangt, so konnte man nun entweder der Streichung nach dem Vorbild der unmöglichen Bedingungen bei Erbeinsetzungen folgen und die letztwilligen Verfügungen so einem einheitlichen Regime unterwerfen (Sabinianer); oder aber auf die prozessualen Mechanismen blicken und die Parallele zur Stipulation betonen (Prokulianer). Der folgende Text scheint aber doch eher dafür zu sprechen, dass nach prokulianischer Ansicht auch die Erbeinsetzung unter unmöglicher Bedingung unwirksam ist: Unmöglich ist es nämlich, als *socii* einen Nachlass zu verwalten, welcher erst unter der Bedingung erworben werden soll, dass die Betroffenen diesen Nachlass als *socii* verwalten. Die Gültigkeit einer derartig bedingten *heredis institutio* wurde kontrovers beurteilt:

> Ulp. 8 ad Sab., D. 28, 7, 4 pr.: *Si qui ita sint instituti: ‚si socii una bonorum meorum permanserint usque ad annos sedecim, heredes sunto', inutilem esse institutionem secundum verborum significationem Marcellus ait: Iulianus autem, quoniam et ante aditam hereditatem iniri societas potest quasi rei futurae, valere institutionem, quod est verum.*
>
> Bestimmte Personen sind folgendermaßen zu Erben eingesetzt: ‚Wenn sie mein Vermögen sechzehn Jahre lang als Gesellschafter gemeinsam haben, sollen sie Erben sein'. Marcellus sagt dazu, die Erbeinsetzung sei der Bedeutung der Worte nach unwirksam. Julian aber, die Erbeinsetzung sei wirksam, weil eine Gesellschaft auch vor Antritt der Erbschaft eingegangen werden kann: als [Gesellschaft] über künftiges Vermögen. Das ist richtig.[778]

Marcellus wird von *Liebs*[779] der prokulianischen Tradition zugerechnet, was auch durch die vorliegende Entscheidung bestätigt sein könnte: Der Hochklassiker vertritt die Ansicht, dass die Erbeinsetzung infolge der ihr hinzugesetzten unmöglichen Bedingung unwirksam ist. Julian hingegen deutet die Bedingung, über sechzehn Jahre hindurch den Nachlass (‚*bonorum meorum*') als *socii* zu verwalten, in die Bedingung um, einen entsprechenden Gesellschaftervertrag abzuschließen. Es handle sich dabei um eine *societas quasi rei futurae*, durch deren Eingehen schon vor Erbschaftsantritt die Bedingung erfüllt werden könne. Überzeugend sieht *Meissel* in der Auferlegung von wechselseitigen *cautiones* eine Möglichkeit, „die Erfüllung der Bedingung so sicherzustellen, dass die *societas* tatsächlich über die 16 Jahre Bestand hat"[780]. Auch könnte der Prätor bei einem derartig abgefassten Gesellschaftervertrag

---

778 Übersetzung: *K/K/R/S-Kupisch*.

779 *Liebs*, Rechtsschulen, in: ANRW II.15 (1976) 217 Fn. 135. Er geht ibid. davon aus, dass er ein Schüler des Celsus war. AA. *Honoré*, Julian's circle, TR 32 (1964) 24–29, der vielmehr Julian als Lehrer des Marcellus vermutet.

780 *Meissel*, Societas (2004) 127. Er stellt sich dabei „eine Vorgehensweise in der Art *cautio Muciana*" vor. Eine Umwandlung der aufschiebenden Potestativbedingung in eine

eine etwaige *actio pro socio* denegiert haben[781]. Freilich konnte weder durch die eine noch durch die andere Strategie verhindert werden, dass die Gesellschafter sich einvernehmlich vorzeitig trennen[782]. Dennoch dürfte diese Lösung der *voluntas testatoris* eher entsprechen als die Ungültigkeit der Erbeinsetzung mit der Konsequenz, dass er intestat verstürbe, weswegen Julian gegen die Entscheidung des Marcellus, welche die Ungültigkeit *secundum verborum significationem* vertrat, opponierte.

Offenbar wurde auch versucht, die Unwirksamkeit von Einzelverfügungen dadurch zu verhindern, dass der Erblasser seinen Erben als Bedingung auferlegte, sich wechselseitig die Erfüllung der Einzelzuwendungen zu versprechen; das allerdings wurde als Umgehungsversuch abgelehnt:

> Pomp. 5 ad Sab., D. 28, 7, 7: *Si quis sub condicione heredes instituisset, si invicem cavissent se legata eo testamento relicta reddituros, placet remitti eis condicionem, quia ad fraudem legum respiceret, quae vetarent quosdam legata capere: quamquam et si cautum esset, in ipsa actione exceptione tuendus esset promissor.*
>
> Hatte jemand Erben unter der Bedingung eingesetzt, dass sie durch Stipulation einander Sicherheit dahin geleistet haben, sie würden die in dem Testament angeordneten Vermächtnisse erfüllen, so wird ihnen nach allgemeiner Ansicht die Bedingung erlassen, weil diese es auf die Umgehung der Gesetze [Anm.: nämlich der augusteischen Ehegesetze] abgesehen hat, die bestimmten Personen verbieten, Vermächtnisse zu erwerben. Und wenn gleichwohl Sicherheit geleistet wurde, müsste der Versprechende gegen eine Klage durch eine Einrede geschützt werden.[783]

Der Erblasser hatte offenbar Legate vergeben, welche infolge der augusteischen Ehegesetze nicht an die Begünstigten gelangen konnten. Da der Erblasser dies wusste, wollte er dadurch, dass er seine Testamentserben dazu zwang, sich wechselseitig die Erbringung der entsprechenden Leistungen zu versprechen (ohne diese Versprechen sollten sie nicht Erben werden; es

---

auflösende Bedingung, wie ibid. 128 vorgeschlagen, kommt allerdings aufgrund der oben VI.10.a. ausgeführten Grundsätze nicht in Betracht.

781 Siehe zu dieser Überlegung *Backhaus*, Casus perplexus (1981) 41 Fn. 56.

782 Die Kontroverse dürfte jedoch entgegen *Backhaus*, Casus perplexus (1981) 41 nicht die Frage der Zulässigkeit eines Gesellschaftsvertrages bezüglich einer *res futura* betreffen, sondern vielmehr die Frage, ob die Umdeutung der Bedingung, eine *societas* über eine bestimmte Zeit aufrechtzuerhalten, in die Bedingung, es lediglich zu vereinbaren, eine *societas* über eine bestimmte Zeit aufrechtzuerhalten, zulässig ist.

783 Übersetzung: *K/K/R/S-Kupisch*.

handelte sich um den Erbeinsetzungen hinzugefügte Bedingungen), seine unwirksamen letztwilligen Zuwendungen infolge dieser Versprechen durch seine Erben in erzwingbare Zuwendungen umwandeln. Diese Konstruktion wurde zur Gesetzesumgehung gewählt; diese Bedingung war damit unwirksam auferlegt, sie wird den Eingesetzten ‚erlassen' (*remitti eis condicionem*). Auch ohne die Erfüllung wurden sie Erben, wobei offen bleibt, ob die Erfüllung hinzu- oder die Bedingung hinwegfingiert wurde; die Formulierung macht es immerhin wahrscheinlicher, dass Ersteres der Fall war. Sollte dennoch dem Erblasserwillen entsprechend eine *cautio* geleistet worden sein, so wurde eine *exceptio* gewährt, wenn daraus geklagt wurde.

g. Bedingung der Eidesleistung

Nach *Harke* erfolgt bei der testamentarischen Bedingung, einen Eid zu leisten, eine „Umdeutung der Eides- in eine Verhaltensbedingung"[784]. Damit beschreibt er das Ergebnis, wonach zwar die Bedingung der Eidesleistung an sich nichtig, die Klausel aber dennoch nicht unbeachtlich ist. Ersteres belegt der folgende Text:

> Marcell. not. ad Iul. 27 dig., D. 35, 1, 20: *Non dubitamus, quin turpes condiciones remittendae sunt: quo in numero plerumque sunt etiam iurisiurandi.*
>
> Wir zweifeln nicht daran, dass sittenwidrige Bedingungen erlassen werden müssen. Dazu gehören meist auch Bedingungen, [die eine Zuwendung von] einer Eidesleistung [abhängig machen].[785]

Sittenwidrige Bedingungen werden erlassen (*turpes condiciones remittendae sunt*)[786]. Erneut dürfte es sich eher um die Fiktion des Bedingungseintritts denn um eine ‚Streichung' der Bedingung handeln. Die Erfüllungsfiktion dürfte im Gegensatz zur Streichung zwischen den Rechtsschulen nicht umstritten gewesen sein. Auch die Bedingung, einen Eid zu leisten, galt an sich als eine sittenwidrige Bedingung.

---

784 *Harke*, Eid (2013) 38.

785 Übersetzung: *K/K/L/R-Luig*.

786 Der Prätor erließ die Bedingung auf Antrag; siehe dazu *Calore*, Rimozione del giuramento (1988) 81–147.

Sollte allerdings der Eid geleistet werden, etwas Bestimmtes (Erlaubtes) zu tun, so wird diese Anordnung umgedeutet in eine Bedingung, dass der Betreffende tut, was er hätte schwören sollen:

> Ulp. 50 ad ed., D. 28, 7, 8, 6: *Quotiens heres iurare iubetur daturum se aliquid vel facturum: quod non improbum est, actiones hereditarias non alias habebit, quam si dederit vel fecerit id, quod erat iussus iurare.*
>
> Immer wenn einem Erben aufgegeben ist zu beeiden, dass er etwas, was nicht unehrenhaft ist, geben oder tun wird, erhält er die Erbschaftsklagen nur dann, wenn er das gegeben oder getan hat, was zu beeiden ihm aufgegeben wurde.[787]

Derjenige, welcher unter der Bedingung, einen Eid zu leisten, zum Erben eingesetzt wurde, erhält die Erbschaftsklagen nur, wenn er das bereits erfüllt hat, das zu erfüllen er schwören hätte sollen. Die Leistung des Eides hätte ihm hingegen nicht abverlangt werden können. Diese Umdeutung beruht auf dem Edikt ‚*De condicione iurisiurandi*'[788]. *Kaser* spricht hier alternierend von „Fiktion“ und „Konversion“ bzw. „Umdeutung“ sowie Ergebnis von „Juristenauslegung“ bzw. Gegenstand einer „abändernden Testamentsauslegung“[789]. Wiederum zeigt sich, dass hier nicht scharf unterschieden werden kann; je nach Definition der einzelnen Termini kann das Phänomen in diese oder jene Kategorie eingeordnet werden[790].

---

787 Übersetzung: *K/K/R/S-Kupisch*.

788 Für eine Rekonstruktion des Ediktswortlauts siehe *Lenel*, EP ^{3}(1927) 362. Zum Zweck vgl. Ulp. 50 ad ed., D. 28, 7, 8 pr. und dazu *Astolfi*, Condicio iurisiurandi, SDHI 23 (1957) 271. Zur abweichenden Rechtslage bei der bedingten Freilassung vgl. Ulp. 50 ad ed., D. 40, 4, 12 pr.; dazu *Avenarius*, CRRS IV.3 (2017) 302–303 mwN.

789 *Kaser*, Verbotsgesetze (1977) 101 Fn. 20.

790 Siehe für einen ähnlichen Gegenstand schon Cic. Verr. 2, 1, 123: P. Trebonius hat seinen Erben auferlegt, eidlich zu versprechen (*iurare*), seinem Bruder, den er letztwillig nicht bedenken konnte, weil er geächtet war (er befand sich auf der Proskriptionsliste), zumindest die Hälfte des jeweiligen Erbteiles herauszugeben. Diese Auflage hält *Lemercier*, Fideicommis, RHD 14 (1935) 437 für ein Fideikommiss; *Giodice-Sabbatelli*, Fedecommessi (1993) 59 weist diese Ansicht zurück (keine *rogatio*; keine Bezugnahme auf die *fides*). Verres erließ den Erben die Eidesleistung; doch nicht, weil die Auflage eines Eides beanstandet wurde, sondern wegen des Verstoßes gegen die *lex Cornelia de proscriptione* (82 v. Chr.). Selbst Cicero billigt dieses Vorgehen mit der erwähnten Begründung. Vergleichbar wurde eine Verpflichtung, entgegen einer *lex* etwas herauszugeben, in Cic. fin. 2, 17, 55 verneint: Zum Fall des Quintus Fabius Gallus (Absicht einer Umgehung der *lex Voconia*) siehe oben S. 182–183.

h. *Condicio nominis ferendi*

Testamentarische ‚Adoptionen' sind insbesondere aus literarischen Quellen bekannt: So etwa die Adoption des Oktavius durch Cäsar oder des Cornelius Scipio Narscia durch dessen eigenen Großvater mütterlicherseits, den Redner Licinius Crassus. Selbst Frauen haben testamentarisch ‚adoptiert'[791]. Selbstredend kann weder ein Verstorbener noch eine Frau irgendjemandes ‚*pater familias*' werden. Umso erstaunlicher ist es, dass die Juristen dieses Phänomen mit Schweigen übergehen[792]. Die Nähe zu der in den Digesten[793] sehr wohl mehrfach überlieferten *condicio nominis ferendi* ist jedoch offensichtlich: Ist jemand als Erbe eingesetzt und wird die Erbenstellung davon abhängig gemacht, dass der Betreffende den Namen des Erblassers annimmt, so ist das Ergebnis insofern ähnlich einer ‚Adoption' zum Todeszeitpunkt, als er die *sacra* als Erbe übernimmt und die *familia* durch die Verbindung über den Namen auch nach außen erkennbar fortsetzt. Dieser Umstand wird übersehen, wenn in der Lit. eine Differenzierung zwischen testamentarischer Adoption und der Namensänderungs-Klausel eingefordert wird, weil nicht die Folgen einer Adoption im Sinne des Eintritts in die *familia* samt Übernahme des Familienkults und damit zusammenhängender Rechte und Pflichten bewirkt werde: Diese Konsequenz folgt aber aus der Erbenposition. Der Name macht die Fortsetzung nur auch nach außen hin ‚sichtbar'. Die *condicio nominis ferendi* ist stets auf einen Testamentserben bezogen, nie auf einen ausschließlich per Einzelverfügung Begünstigten.

Mit der Zulässigkeit dieser Bedingungsform beschäftigt sich Gaius in seiner Schrift zu den Fideikommissen:

> Gai. 2 fideicom., D. 36, 1, 65, 10: *Si vero nominis ferendi condicio est, quam praetor exigit, recte quidem facturus videtur, si eam expleverit: nihil enim male est honesti hominis nomen adsumere, nec enim in famosis et turpibus nominibus hanc condicionem exigit praetor. sed tamen si recuset nomen ferre, remittenda est ei condicio, ut Iulianus ait, et permittendae utiles actiones, aut bonorum possessio secundum tabulas danda est, uti nanctus actiones transferat eas ex senatus consulto.*

---

791 Vgl. etwa Suet. Galba 4, 1.

792 Vgl. dazu *Amelotti*, Testamento I (1966) 152–153.

793 Vgl. auch das *testamentum Dasumii* (oben II.2.) Z. 4; dazu *Isola*, Testament des Dasumius, in: Tabulae testamenti (*im Druck*) bei Fn. 82–88.

> Handelt es sich hingegen um die Bedingung, einen bestimmten Namen zu führen, deren Erfüllung der Prätor verlangt, so nimmt man zwar an, dass er richtig handelt, wenn er sie erfüllt. Denn es ist nichts Schlechtes daran, den Namen einer ehrenwerten Person anzunehmen, und im Fall berüchtigter oder anstößiger Namen verlangt der Prätor die Erfüllung dieser Bedingung nicht. Gleichwohl aber ist ihm, wenn er die Führung des Namens ablehnt, die Erfüllung der Bedingung zu erlassen, wie Julian sagt, und die analogen Klagen sind zuzulassen oder es ist der Nachlassbesitz ‚Dem Testament folgend' zu gewähren, sodass er die Klagen erwirbt und sie nach dem Senatsbeschluss überträgt.[794]

Aus den Ausführungen Gaius' ist zu schließen, dass es sich prinzipiell um keine sittenwidrige Klausel handelt, wenn vom Testamentserben die Übernahme des Namens verlangt wird. Die Bedingung ist also nach *ius civile* gültig hinzugesetzt. Handelt es sich um einen besonders ‚verrufenen' oder ‚schändlichen' Namen, so verlangt der Prätor die Erfüllung der Bedingung[795] jedoch nicht. Auch hier ist mit einer Erfüllungsfiktion zu rechnen. Zumindest im Falle des auf dem Erben lastenden Universalfideikommisses weist der Prätor den unter einer solchen Bedingung Eingesetzten auch dann in den Nachlassbesitz *secundum tabulas* ein, wenn er die Annahme eines nicht verrufenen Namens ablehnt: Weil der Betreffende nach *ius civile* mangels Erfüllung der Bedingung nicht Erbe wird, können ihm in diesem Fall jedoch nur analoge Klagen gewährt werden, welche dann infolge des trebellianischen Aktionentransfers auf den Universalfideikommissar übergehen. Möglicherweise könnte aus dieser Entscheidung zu schließen sein, dass die Klagen im Falle der Erfüllungsfiktion stets analog gewährt wurden; weitere Quellen fehlen jedoch.

Dass auf den Rang des Erben Rücksicht zu nehmen ist, belegt auch das folgende Fragment zum Antrittszwang infolge des *SC Trebellianum*:

> Maec. 4 fideicomm., D. 36, 1, 7: … *nam si ita institutus esset ‚si Titio decem dedisset', non aliter cogeretur, quam si ei pecunia offeratur. sed et salutis ac dignitatis ratio habenda erit: quid enim si morbo adplicitus Alexandriae iussus fuit adire vel nomen vispellionis testatoris ferre?*

---

794 Übersetzung: *K/K/L/R-Lohsse*.

795 *Sciortino*, Adozione, AUPA 51 (2006) 10 (Seitenzählung nach dem online-Dokument) will darin keine Bedingung, sondern lediglich bloße Auflage erblicken; das erscheint angesichts der Diskussion um die Erzwingung jedoch nicht plausibel.

> ... Denn auch wenn er wie folgt eingesetzt war ‚wenn er an Titius zehn gezahlt hat', wird er nur dann gezwungen, wenn ihm das Geld angeboten wird. Aber auch der Gesundheit und der Würde ist Rechnung zu tragen. Was nämlich, wenn er von einer Krankheit gezeichnet angewiesen ist, die Erbschaft in Alexandria anzutreten oder den Namen eines Erblassers zu führen, der Leichenträger war?[796]

Der Erbe war mit einem Universalfideikommiss belastet worden. Er hatte darum kein Interesse an der Erbschaft und sollte zum Antritt gezwungen werden. Er ist aber unter einer Bedingung eingesetzt; diese besteht im ‚Grundfall' darin, dem Titius zehn zu geben. Hier muss ihm das Geld (vom Universalfideikommissar) angeboten werden, damit er zum Antritt gezwungen werden kann. Es sei aber auch auf Gesundheit und Rang des Testamentserben Rücksicht zu nehmen: Ist er krank, muss es ihm etwa erlassen werden, die Erbschaft an einem bestimmten Ort anzutreten, an welchen zu reisen für ihn zu beschwerlich wäre. Auch die Bedingung, den Namen des Testators zu tragen, muss ihm erlassen werden; bei jenem handelte es sich um einen Leichenträger. In Zusammenschau mit dem eben vorgestellten Gaius-Fragment ist aber wohl anzunehmen, dass diese Bedingung auch dann erlassen werden würde, wenn es sich nicht um den Namen eines Leichenträgers handeln würde.

i. Einsetzung eines eigenen Sklaven unter Beifügung von Bedingungen für Erbenstellung und/oder Freilassung

Die Einsetzung eigener Sklaven zu Erben unter gleichzeitiger Freilassung wurde bereits oben V.4.b. als Phänomen angesprochen, welches eine Art ‚Umdeutung' erforderlich machte: Die Freiheit ist von der Erbenstellung, die Erbenstellung zugleich aber auch von der Freilassung abhängig. Echte Gleichzeitigkeit zur Durchbrechung ist unmöglich, sie musste fingiert werden, um die Verfügung wirksam werden zu lassen. Besondere Fragestellungen ergaben sich dann, wenn entweder die Erbeinsetzung oder die Freilassung oder beides von Bedingungen abhängig gemacht wurde/n.

> Ulp. 5 ad Sab., D. 28, 5, 9, 16–20: 16. *Servus cum libertate institutus si sit alienatus, iuberi adire ab eo potest, cui alienatus est: sed si redemptus sit a testatore, institutio valet*

[796] Übersetzung: *K/K/L/R-Lohsse.*

et necessarius heres erit. 17. *Si servus ex die libertatem acceperit et hereditatem pure, mox sit alienatus vel manumissus, videamus, an institutio valeat. et quidem si alienatus non esset, potest defendi institutionem valere, ut die veniente libertatis, quae hereditatem moratur, competente libertate et heres necessarius existat.* 18. *Sed si in diem libertas, hereditas autem sub condicione data sit, si condicio post diem advenientem exstiterit, liber et heres erit.* 19. *Sed et si pure fuerit heres institutus libertate in diem data, si sit alienatus vel manumissus, dici debet heredem eum posse existere.* 20. *Sed et si non ipse servus sit alienatus, sed usus fructus in eo, aeque institutio valet, sed differtur in id tempus quo extinguitur usus fructus.*

Wurde ein Sklave, der mit gleichzeitiger Erteilung der Freiheit zum Erben eingesetzt ist, [vom Erblasser noch vor dem Erbfall] veräußert, so kann ihn der Erwerber anweisen, die Erbschaft anzutreten. Wurde er aber später vom Erblasser zurückgekauft, so ist die Einsetzung wirksam, und er wird Zwangserbe. 17. Einem Sklaven wurde [im Testament] die Freiheit zu einem bestimmten Zeitpunkt erteilt, und er wurde ohne Zeitbestimmung zum Erben eingesetzt. Ist er dann [noch vom Erblasser] veräußert oder freigelassen worden, so müssen wir prüfen, ob die Erbeinsetzung wirksam ist. Und man kann die Ansicht vertreten, dass die Erbeinsetzung sogar dann, wenn der Sklave nicht veräußert worden wäre, wirksam wäre, so dass der Sklave, wenn der Erbschaftserwerb aufgeschoben ist, auch Zwangserbe wird, weil ihm die Freiheit zusteht. 18. Wenn aber die Freiheit unter einer Zeitbestimmung und die Erbschaft unter einer Bedingung erteilt wurden, wird der Sklave frei und Erbe, wenn die Bedingung [der Erbeinsetzung] nach dem [für die Freilassung] bestimmten Zeitpunkt eintritt. 19. Aber auch wenn ein Sklave ohne Beschränkung zum Erben eingesetzt und ihm die Freiheit mit einer Zeitbestimmung erteilt wurde, muss man, wenn er veräußert oder freigelassen wurde, sagen, dass er Erbe werden kann. 20. Aber auch wenn der Sklave nicht veräußert, sondern nur mit einem Nießbrauch belastet wurde, ist seine Einsetzung zum Erben [mit gleichzeitiger Freilassung] gleichermaßen wirksam, doch wird sie bis zu dem Zeitpunkt aufgeschoben, in dem der Nießbrauch erlischt.[797]

Das Fragment, dessen letzte Paragraphen uns in diesem Zusammenhang interessieren, behandelt unterschiedliche Fehler bei der Erbeinsetzung. Zunächst werden verschiedene Irrtumskonstellationen, Falschbezeichnungen, versehentliche Auslassungen bzw. Einfügungen uä. dargestellt, ab § 16 geht es um den Sklaven als Zwangserben. Mit § 17 beginnen die Ausführungen bezüglich der damit in Zusammenhang stehenden Problematik der Bedingung bzw. Terminfestsetzung für die Freilassung, welche von der Erbeinsetzung abweicht.

797 Übersetzung: *K/K/R/S-Rüfner.*

Die bedingte Freilassung wird uns unten XIV.1. nochmals beschäftigen, in diesem Kapitel steht ihre Bedeutung für die Erbenstellung im Vordergrund.

In § 16 wird gewissermaßen ‚einleitend' das Problem aufgeworfen, dass ein eigener, unter Freilassung eingesetzter Sklave noch vom Erblasser selbst zu Lebzeiten veräußert wird. Auch die Erbeinsetzung fremder Sklaven war prinzipiell möglich (dazu bereits oben VI.5.). Allerdings fiel hier die testamentarische Freilassung durch die Veräußerung weg: Einen fremden Sklaven kann man nicht wirksam direkt[798], sondern allenfalls fideikommissarisch ‚freilassen'; eine Umdeutung kommt aber – abgesehen von der Frage einer allenfalls nötigen ‚Kodizillarklausel' (sei es in Form einer ‚generellen Umdeutungsklausel', wie oben V.2., oder einer ‚Verstärkungsklausel', wie unten X.) – wohl nicht in Betracht, da der Erblasser mit der Veräußerung gerade zum Ausdruck gebracht hat, dass er die Freilassung nicht mehr will; sie wird als konkludenter Widerruf der Freilassung – wenngleich nicht der Erbeinsetzung – gewertet[799], welcher mit der ‚rechtlichen Unmöglichkeit', fremde Sklaven freizulassen, zusammentrifft. Durch den Sklaven konnte nun der neue *dominus* den Nachlass erwerben, sofern der Sklave auf dessen *iussum* hin die Erbschaft antrat[800]. Ein ‚Zwangserbe' ist der Sklave in einer solchen Konstellation aber nicht (mehr): Der neue Eigentümer kann frei entscheiden, ob er das *iussum* zum Antritt erteilt oder nicht.

Sollte es – so die Weiterentwicklung des Falles in D. 28, 5, 9, 16 – dazu kommen, dass der Testator den Sklaven zurückerwirbt, dann lebt beides wieder auf: Die Freilassung ist wieder wirksam, als wäre sie niemals zwischenzeitlich weggefallen und der Sklave ist wieder *heres necessarius*, obwohl die Qualität seiner Erbenstellung zwischenzeitlich eine andere war (*heres voluntarius* mit Blick auf die Entscheidungsfreiheit des *dominus*). Hier zeigt sich die auch aus anderen Konstellationen bekannte Konsequenz[801], dass zwischenzeitliche Unwirksamkeit nicht schadet, sofern die zum Zeitpunkt

798 Vgl. Flor. 10 inst., D. 28, 5, 50 pr.

799 Dazu, dass einem als Zwangserben unter Freiheitserteilung eingesetzten Sklaven die Freiheit nicht durch ein späteres Kodizill entzogen werden kann, siehe Iul./Ulp. 4 ad Sab., D. 28, 5, 6, 4; vgl. *Kupisch*, Der Sklave als Zwangs-Erbe, TR 84 (2016) 379–400 zu den Übersetzungsproblemen.

800 Vgl. auch Iul. 30 dig., D. 28, 5, 38, 2.

801 Siehe oben S. 180.

der Testamentserrichtung bereits gegebenen Gültigkeitsvoraussetzungen auch zum Zeitpunkt des Erbfalles erneut gegeben sind.

Im Anschluss an diese Feststellung wird in § 17 ein konkreter Fall erörtert: Einem Sklaven wurde die Freiheit testamentarisch unter Hinzufügung eines Termins erteilt, er wurde aber ohne Nebenbestimmung auch zum Erben eingesetzt[802]. Dann wurde er veräußert oder freigelassen[803]. Fraglich ist nun, ob die Erbeinsetzung wirksam ist (*an institutio valeat*). Ulpian beginnt seine Erörterung mit einem Vergleich: Die Erbeinsetzung wäre immerhin auch dann wirksam, wenn es nicht zu einer zwischenzeitlichen Veräußerung des Sklaven durch den Erblasser gekommen wäre. Ein Termin für die Freiheitserlangung führt allerdings zu einer ‚Verzögerung der Erbschaft' bzw. ‚Hinausschiebung der Einsetzung' (Ulp. 5 ad Sab., D. 28, 5, 9, 17: … *die veniente libertatis, quae hereditatem moratur*; ähnlich auch Ulp. 3 ad Sab., D. 28, 5, 3, 1: … *differtur institutio in id tempus, quo libertas data est*).

Den Fall, dass sowohl Freiheit als auch Erbschaft nicht sofort, sondern unter Hinzufügung eines *dies* (bzgl. der Freiheit) bzw. einer *condicio* (bzgl. der Erbschaft) erteilt werden, beurteilt Ulpian in § 18. Hierbei sei maßgeblich, was früher eintrete: Trete zuerst der Termin für die Freilassung und erst danach die Bedingung für die Erbschaft ein, so werde der Sklave frei und Erbe. Ab welchem Zeitpunkt er ‚frei' ist, wird hierbei nicht erörtert: Seine testamentarische Freilassung hängt jedoch davon ab, dass das Testament, in welchem er freigelassen wird, wirksam wird, was wiederum davon

---

802 Vgl. für die Konstellation, dass der Freilassung kein Termin, sondern eine Bedingung hinzugefügt wird, Ulp. 3 ad Sab., D. 28, 5, 3, 1 sowie Iul. 30 dig., D. 28, 5, 38, 2; hier dürfte es parallel zur julianischen Entscheidung zum Legat, Iul. 30 dig., D. 28, 5, 38, 4, auch für die Wirksamkeit der Erbeinsetzung darauf ankommen, dass die Bedingung zum Zeitpunkt der Veräußerung bzw. Freilassung nicht ausgefallen ist. Vgl. auch *Avenarius*, CRRS IV.3 (2017) 110–111. Für den ‚umgekehrten' Fall, dass nicht die Erbeinsetzung, aber die Freiheitserteilung bedingt ist, siehe Pomp. 1 ad Sab., D. 28, 5, 21, 1: *Servo libertatem pure, hereditatem sub condicione dari posse verissimum puto, ut tamen utrumque ex condicione pendeat.* Die Freiheit hängt davon ab, dass er Erbe wird, und ist insofern auch ‚mittelbar' bedingt.

803 Aus der Interpolationenforschung siehe etwa *Yaron*, Alienation and Manumission, RIDA 2 (1955) 382 und *Bretone*, Gai. 2. 187–189, Labeo 4 (1958) 303–305; die Vermutungen hinsichtlich der Entstellung der Texte, welche neben der Veräußerung die Freilassung nennen, entbehren handfester Anhaltspunkte, weswegen vorliegend von Genuinität ausgegangen wird.

abhängt, dass sie dem testamentarischen Erben – also ihm selbst – anfällt[804]. Dementsprechend ist auch die Freiheit, obwohl der Termin, zu welchem sie versprochen wurde, bereits verstrichen ist, bis zum Eintritt der Bedingung für die Erbschaft weiter ‚aufgeschoben'.

Was bedeutet diese Entscheidung nun für den umgekehrten Fall? Wenn *Avenarius* hierzu ausführt, dass „ein früherer Bedingungseintritt bewirken würde, dass die zu diesem Zeitpunkt wirksam werdende Erbeinsetzung ins Leere geht, weil der Eingesetzte nicht frei ist"[805], darf das nicht so verstanden werden, dass damit Erbeinsetzung und Testament insgesamt hinfällig wurden[806]; vielmehr wird dann der Fall von § 17 eingetreten sein, in welchem die Erbschaft, obwohl die Bedingung bereits eingetreten ist, so lange weiter ‚aufgeschoben' ist, bis auch der Termin für die Freiheitserteilung gekommen ist. Hier also liegt ein Sonderfall vor, in welchem eine Erbschaft doch zumindest indirekt von einem Anfangstermin abhängig ist (entgegen der oben VI.10.a. dargestellten ‚Grundregel').

Ulpian stellt sodann in § 19 fest, dass die Erbeinsetzung auch dann wirksam sei, wenn es zur Veräußerung oder Freilassung komme: Der Sklave ist zwar nicht mehr *heres necessarius*, bleibt aber doch *heres*, allerdings ohne Freiheitserteilung. Nicht explizit erörtert wird, ob der Termin für den Freiheitserwerb hier in eine für den Erbschaftserwerb maßgebliche Nebenbestimmung umgedeutet wird, sodass der Sklave erst ab diesem Zeitpunkt auf *iussum* seines *dominus* hin antreten kann (parallel zu dem Fall, in welchem er nicht veräußert worden wäre), oder ob mit der Freiheitserteilung auch der Termin vollständig wegfällt, sodass der Antritt nun sofort möglich ist. Es deutet aber immerhin alles darauf hin, dass die Erbschaft/Einsetzung nur dann, wenn es bei der Zwangserbenkonstellation bleibt (oder nach einem Rückerwerb wieder kommt), aufgeschoben ist: Nachdem die Freiheitserlangung des eingesetzten Sklaven nur dann eine Voraussetzung für dessen Erbenstellung und das der Grund für die ‚Verzögerung' der Erbschaft ist, besteht ein entsprechendes Bedürfnis beim – nach der Veräußerung: fremden – Sklaven

---

804 Vgl. für die dahingehende Entscheidung bei der unbedingten Freilassung, jedoch bedingten Erbeinsetzung des Sklaven Pomp. 1 ad Sab., D. 28, 5, 21, 1; zum Text soeben Fn. 802.

805 *Avenarius*, CRRS IV.3 (2017) 105.

806 Wenngleich möglich ist, dass diese Ansicht vertreten worden ist: Siehe *Avenarius*, CRRS IV.3 (2017) 105 Fn. 600 mit Verweis auf Gai. 2, 153.

nicht. Zudem wurden Termine, welche einer Erbeinsetzung hinzugefügt wurden, auch dann ‚gestrichen', wenn sie nicht erst infolge einer Erweiterung als hinzugefügt gelten würden. Diese Lösung dürfte auch auf Bedingungskonstellationen zutreffen: Mit dem Wegfall der *manumissio* fällt auch eine ihr hinzugefügte Nebenbestimmung weg.

In § 20 handelt es sich nun um weiterführende Überlegungen für den Fall, dass keine Veräußerung bzw. Freilassung erfolgt ist, sondern ein Nießbrauch bestellt wurde. Wie wir aus anderen Konstellationen wissen, kann ein Sklave von seinem Eigentümer auch dann wirksam freigelassen werden, wenn ein Dritter einen *ususfructus* am betreffenden Sklaven hat; der Sklave wird ‚*servus sine domino*'[807]. Eine Erbschaft tritt ein Nießbrauchssklave für seinen Eigentümer an; hat er keinen Eigentümer mehr, so erwirbt er als Freigelassener grundsätzlich selbst, doch ist die ‚Freiheit' durch den Nießbrauch insofern überlagert, als ihm ein solcher Erwerb für sich selbst nicht möglich ist. Aus diesem Grunde ist die Erbschaft auch hier ‚hinausgeschoben', und zwar bis zum Ende des an ihm bestehenden *ususfructus*, also spätestens bis zum Tod des Usufructuar. Durch die Bestellung des Nießbrauchs wird dessen Ende zur Bedingung für die Erbschaft[808]. Ob der Sklave deren Eintritt erlebt, ist freilich unsicher.

Als unschlüssig wurde die folgende Erbeinsetzung offenbar von Trebaz angesehen:

> Pomp. 1 ad Sab., D. 28, 5, 21 pr.: *Trebatius ait sic non recte scribi: ‚quisquis mihi heres erit, Stichus liber et heres esto', liberum tamen futurum. Labeo et heredem eum futurum recte putat.*
>
> Trebatius sagt, die folgende Bestimmung sei nicht Rechtens: ‚Wer auch immer mein Erbe sein wird, Stichus soll frei und Erbe sein'. Dennoch werde Stichus die Freiheit erlangen. Labeo nimmt zu recht an, dass er auch Erbe wird.[809]

807 Zum *servus sine domino* zuletzt eingehend *Strobel*, Nießbrauchssklave (2024) 20–111; konkret zu Ulp. 5 ad Sab., D. 28, 5, 9, 20 siehe ibid. 21 sowie 254–255.

808 Vgl. *Espinosa Soedert*, Manumisión del servus fructuarius, IVRA 37 (1986) 73; *Impallomeni*, Manumissioni mortis causa (1963) 164–165 (unter Verteidigung der Echtheit des Fragments).

809 Übersetzung: *K/K/R/S-Rüfner*.

Avenarius meint, dass der Testator „die Festellung eines Miterben von einer (hier nicht mitgeteilten) Bedingung abhängig machen, unabhängig davon aber jedenfalls dem Sklaven Stichus die Freiheit und einen anderen Miterbenanteil zuwenden wollte“[810]. Außer der strittigen Klausel wird der Wortlaut des Testaments nicht mitgeteilt, sodass hierüber lediglich spekuliert werden kann. Die Formulierung ‚*quisquis mihi heres erit*‘ lässt jedenfalls an eine Konstellation denken, in welcher zunächst ein Erbe eingesetzt und diesem ein Substitut bestellt wird; Formulare dürften hier regelmäßig eine ‚Verstärkungsklausel‘ anfügen, wonach ‚wer auch immer Erbe‘ sein würde, die folgenden testamentarischen Bestimmungen erfüllen solle. Bis Caracalla war eine solche Klausel notwendig, damit auch Substituten mit Einzelverfügungen beschwert waren, späterhin wurde die Klausel beibehalten, hatte eine besondere Funktion aber ‚nur‘ noch beim unwirksamen Testament, da dadurch eine Belastung auch der Intestaterben und somit eine Umdeutung in Intestatfideikommisse erfolgen konnte. Im konkreten Fall jedoch wurde nach der Einsetzung eines ersten Erben, welchem ein Substitut bestellt wurde, danach bzw. daneben auch Stichus als (Mit-)Erbe eingesetzt. Sinngemäß hatte der Testator wohl verfügen wollen: ‚Wer auch immer‘ – dh. unabhängig davon, ob der Primärerbe oder der ihm bestellte Substitut – Erbe wird, in jedem Fall soll Stichus frei sein und (ebenfalls Mit-)Erbe werden. Eine Quotenzuteilung ist in dem knappen Ausschnitt nicht wiedergegeben, daher bleibt offen, ob sie ordnungsgemäß erfolgt ist. Die Einsetzung des (Mit-)Erben musste dabei nicht dadurch bedingt sein, dass auch der andere Eingesetzte Erbe wurde.

Trebaz kritisierte daran wohl, dass die Anordnungen so, wie sie schlussendlich formuliert sind, einander widersprechen: Streng genommen liegt dem Wortlaut nach eine Bedingungskonstruktion vor, und zwar mit dem Inhalt: ‚Wenn *quisquis* (Allein-)Erbe wird, dann soll Stichus frei und (Allein-) Erbe sein‘. Diese Anordnungen widersprechen einander offenkundig. Trebaz strich aber nicht eine ‚unmögliche Bedingung‘ für die Erbeinsetzung des Stichus (das ‚*quisquis mihi heres erit*‘), sondern deutete die Erbeinsetzung *cum libertate* in eine einfache Freilassungsanordnung um, was ebenfalls durch eine ‚Streichung‘ (von ‚*et heres*‘) erreicht werden konnte. Damit war die Erbeinsetzung des Stichus unwirksam.

---

810 *Avenarius*, CRRS IV.3 (2017) 106.

Labeo hingegen – und im Anschluss an Labeo auch Pomponius – vertrat die Ansicht, dass dem Sklaven nicht nur die Freiheit, sondern auch die Erbenstellung zukomme. Er weist dabei zwar nicht darauf hin, dass Stichus mit dem *quisquis* gemeinsam Erbe wird, doch ist das wohl die Konsequenz seiner Entscheidung, wenn unsere Rekonstruktion des Sachverhalts zutrifft: Gesagt ist nicht, dass nicht neben Stichus auch *quisquis* Erbe wird, woraus sich eine Miterbenkonstellation ergibt. Gelangt weder der Erst- noch Zweiteingesetzte (also weder Primärerbe noch Substitut) an die Erbschaft, so würde dem Stichus dessen Erbportion allerdings anwachsen. Für Labeo bedarf es hierzu keiner Anpassung der Klausel.

Anders verstand *Buckland*[811] die Entscheidung Labeos: Die Erbeinsetzung des Stichus werde ohne Bedingung wirksam. Die Bedingung, dass ‚*quisquis* Erbe wird', wäre nach dieser Interpretation gestrichen worden. Darin läge eine Umdeutung der bedingten Erbeinsetzung des Stichus in eine unbedingte. Zwar diskutiert Pomponius im anschließenden § 1 des Fragments[812] ebenso wie Julian im Folgefragment D. 28, 5, 22[813] tatsächlich Bedingungskonstruktionen und es ist auch durchaus plausibel, dass Trebaz die Formulierung als Bedingung auffasst; mE ist jedoch für den vorliegenden Fall plausibler, dass für Labeo in der Bestimmung keine Bedingung liegt. Damit ergibt sich auch kein Widerspruch zu der Annahme, dass die prokulianische Tradition unmögliche Bedingungen nicht hinwegfingierte, sondern mit ihr die gesamte Erbeinsetzung für unmöglich und damit unwirksam hielt.

Ohne Freilassung kann ein eigener Sklave ausnahmsweise dann wirksam zum Erben eingesetzt werden, wenn es sich um eine Miterbenkonstellation handelt, der Sklave vermacht und seine Erbenstellung vom Tod des Legatars abhängig gemacht wird:

---

811 *Buckland*, Slavery (1908) 512 Fn. 3. *Avenarius*, CRRS IV.3 (2017) 106 bezieht sich mit seiner Erklärung, wonach die Erbeinsetzung *cum libertate* nach Labeo wirksam ist, in Fn. 605 auf *Buckland*, geht aber offenbar doch von einer (angestrebten) Miterbenkonstellation aus.

812 Zum Text von Pomp. 1 ad Sab., D. 28, 5, 21, 1 siehe oben Fn. 802.

813 Iul. 30 dig., D. 28, 5, 22: *Et expleta quidem condicione liber heresque erit, quocumque loco libertas data fuerit: deficiente autem condicione perinde habetur, ac si libertas sine hereditate data fuerit.*

Iul. 30 dig., D. 28, 5, 38 pr.: *Qui filio impuberi exheredato Pamphilum legat, eundem post mortem filii ex parte heredem instituere eodem modo potest, quo is, qui servum Sempronio legatum, eundem post mortem Sempronii ex parte heredem instituit.*

Ein Erblasser kann, wenn er seinen unmündigen Sohn enterbt und ihm den Pamphilus vermacht, diesen für die Zeit nach dem Tod des Sohnes ebenso als Erben eines Anteils einsetzen wie ein Erblasser, der dem Sempronius einen Sklaven vermacht und diesen dann für die Zeit nach dem Tod des Sempronius als Erben eines Anteils einsetzt.[814]

Ein Erblasser hat seinen unmündigen Sohn nicht als Erben, sondern als Vermächtnisnehmer begünstigt. Dadurch wird ein ihm vermachter Sklave zu einem aus seiner Sicht ‚fremden Sklaven'; fremde Sklaven kann man auch ohne Freilassung als Erben einsetzen. Allerdings wird diese Einsetzung nur dann wirksam, wenn es neben dem Sklaven noch andere Erben gibt, welche die Erbschaft erwerben; nur so wird das Legat wirksam und nur aufgrund des Legats ist die Einsetzung des Sklaven ohne gleichzeitige Freilassung wirksam. Es muss die Konstruktion daher als aufschiebend bedingte Einsetzung eines fremden Sklaven gedeutet werden[815].

11. Einsetzung unter Auflage

Eine Auflage, *modus*[816], hatte üblicherweise die Durchführung einer Aufgabe zum Gegenstand, welche mit einer Konjunktion wie *ut* oder *in* bzw. *ad* eingeleitet oder aber mit einem Relativsatz wie bspw. *ex quorum reditu* ausgedrückt wurde. Typischerweise gibt es dabei keinen ‚Begünstigten', welchem hierdurch ein Anspruch entstehen würde[817]. Es kam allerdings auch vor, dass

---

814 Übersetzung: *K/K/R/S-Rüfner.*

815 *Avenarius*, CRRS IV.3 (2017) 109.

816 Technisch ist ‚*modus*' für ‚Auflage' in den Digesten insbesondere im Titel D. 35, 1 (*De condicionibus et demonstrationibus et causis et modis eorum, quae in testamento scribuntur*) verwendet und zur feststehenden ‚Kategorie' daher evtl. erst im justinianischen Recht entwickelt; *Pernice*, Labeo III.1 (1892) 12 sieht im Begriff *modus* frühestens in der Nachklassik ein „juristisches Kunstwort" für ein bestimmtes Rechtsinstitut. Ansonsten ist er in den Digesten in unterschiedlichen Bedeutungen gebraucht, sodass die Verschiedenheit des juristischen Gebrauchs zeige, so *Pernice* ibid. 13, dass keiner technisch sei. Zur Terminologie weiters *Di Salvo*, Impostazione terminologica, in: Atti Morali LXXX (1969) 147–198.

817 *Rüfner*, Testamentarische Erbfolge, in: HRPR (2023) § 53 Rn. 20.

eine Bestimmung, welche man inhaltlich dem Typ eines *modus* zuordnen würde, vom Testator ausdrücklich als *condicio* bezeichnet wurde[818]. Weil es hier keine vorgeschriebenen *verba* gab, musste insofern die Rechtswirkung nicht ‚abgeändert' werden; die Bestimmung wurde vielmehr so wirksam, wie sie gedacht war: als Auflage. Als solche war sie allerdings nicht erzwingbar, weswegen es häufig zu ‚Verstärkungen' kam.

a. Verstärkung einer Auflage

Die bloße Formulierung einer Auflage war hinsichtlich ihrer Durchsetzbarkeit aus Sicht des Testators kein geeignetes Mittel, die Erfüllung der gesetzten Aufgabe sicherzustellen[819]. Es gab keine Klage eines ‚Begünstigten' und die Nichterfüllung führte auch nicht zum Verlust der Erbenstellung, da diese – wie im Zusammenhang mit der auflösenden Bedingung bzw. dem Termin bereits gesehen – nicht an eine begrenzte Zeitspanne gebunden werden konnte: Der Betreffende wurde Erbe oder nicht; wenn er es wurde, blieb er es auch. Dementsprechend kommt es immer wieder vor, dass eine Sicherheitsleistung für die Erfüllung auferlegt, für ein Zuwiderhandeln Strafen und/oder sogar das Eingreifen öffentlicher Organe vorgesehen werden. Dazu führte *Amelotti* aus:

> Le fonti documentarie sia far rispettare il *modus* che a stabilirne un'utile conversione, oppure possa impegnarsi solennemente, accogliendo disposizioni a lei stessa destinate, ad eseguire fedelmente il modus che vi sia aggiunto.[820]

Belegt sind dazu Dekrete lokaler Autoritäten, wonach die Anordnungen einer Auflage zu befolgen sind[821]. Wir werden unten VII.3.b. auf einen Fall zu sprechen kommen, in welchem eine *exheredatio* für den Fall der Nichterfüllung einer Auflage vorgesehen war. Auf weitere Fälle der ‚Verstärkung' wird unten XVI. bei den Strafklauseln zu sprechen zu kommen sein. Darüber hinaus ist die Auflage insbesondere im Zusammenhang mit Einzelverfügungen zu thematisieren, denn dort gibt es – anders als bei einem mittels Auflage

---

818 Zu derartigen Fällen siehe *Amelotti*, Testamento I (1966) 137.

819 Vgl. *Johnston*, Trusts (1988) 238–249.

820 *Amelotti*, Testamento I (1966) 137–138.

821 Vgl. dazu auch *Messina Vitrano*, Convertibilità del modo, in: Studi Riccobono III (1936) 99–110.

belasteten (Allein-)Erben[822] – jemanden, der die Durchsetzung überwachen kann: den Erben. Wohl aus diesem Grunde wird ausweislich der Quellen ein *modus* überwiegend bei Legaten hinzugesetzt[823].

b. Auflage, einen Dritten zum Erben einzusetzen

Durchaus belegt ist aber die Auflage zulasten des Erben, seinerseits einen Dritten zum Erben einzusetzen. Diese wurde in ein Universalfideikommiss zu dessen Gunsten umgedeutet und wird uns unten XIII.4. bei den Familienfideikommissen noch näher beschäftigen. Aber auch im folgenden Kapitel zu den Testierverboten und -geboten begegnen vergleichbare Konstellationen.

12. Verbote (und Gebote)

Verbote wurden einerseits im Hinblick auf die Person des Erben, eines Vermächtnisnehmers oder eines Freigelassenen statuiert; etwa Testierverbote und Heiratsverbote sind mehrfach belegt, aber auch Betretungsverbote[824] oder Näherungsverbote[825]. Andererseits begegnen spezielle Verbote auch im Hinblick auf einzelne Nachlassgegenstände, insbesondere Veräußerungsverbote und Freilassungsverbote. Aufgrund des massiven Eingriffs in die Dispositionsfreiheit des Betroffenen waren derartige Verbote mitunter nicht oder zumindest nur eingeschränkt wirksam; in den meisten Fällen fehlte eine Durchsetzungsmöglichkeit. Es erfolgte jedoch in solchen Fällen, in welchen das Interesse des Erblassers jenes des Belasteten überwog, mitunter eine Umdeutung.

Eine Bestimmung, welche häufig umgedeutet wurde, ist dabei das Testierverbot. Wird in einem Testament dem Erben verboten, selbst zu testieren,

---

822 Miterben konnten die Erfüllung einer Auflage allerdings wechselseitig erzwingen: Vgl. Pomp. 8 ad Q. Muc., D. 33, 1, 7 (zu diesem Text eingehend *Ch. Paulus*, Unsterblichkeit [2018] 153–158 = *ders.*, Idee der postmortalen Persönlichkeit [1992] 162–167). Sie konnten hierbei die *actio familiae erciscundae* nutzen; vgl. *Grosso*, Legati ²(1962) 470.

823 Siehe zu diesem Befund *Babusiaux*, Layers of Law, in: Messages (2019) 147.

824 Bspw. Aurelia Eustorgis verbot ihrer Schwiegertochter, ihr Haus zu betreten und/oder sich in ihre Angelegenheiten einzumischen: P. Lips. I, 29.

825 So Sempronius Priscus, der einer Frau verbot, sich seinen Töchtern zu nähern: Ch.L.A X, 412.

so wurde diese Anordnung in ein Fideikommiss zugunsten des gesetzlichen Erben des mit dem – an sich nichtigen – Verbot belegten Testamentserben umgedeutet. Dieses Ergebnis kommt etwa im folgenden Paulusfragment zum Ausdruck:

> Paul. 2 decr., D. 36, 1, 76 pr.: *Qui filium et filiam habebat, testamentum fecit et ita de filia sua caverat: ἐντέλλομαί σοι μὴ διατίθεσθαι, πρὶν τέκνα σοι γενέσθαι. pronuntiavit imperator fideicommissum ex hac scriptura deberi, quasi per hoc, quod prohibuisset eam testari, petisset, ut fratrem suum heredem faceret: sic enim accipiendam eam scripturam, ac si hereditatem suam rogasset eam restituere.*

> Jemand, der einen Sohn und eine Tochter hatte, errichtete ein Testament und nahm mit Blick auf seine Tochter folgende Bestimmung auf: ‚Ich trage dir auf, kein Testament zu errichten, bevor du nicht Kinder bekommst'. Der Kaiser hat entschieden, aufgrund dieser Anordnung sei ein Fideikommiss geschuldet, weil der Erblasser damit, dass er ihr verboten hatte, ein Testament zu errichten, verlangt hatte, dass sie ihren Bruder zum Erben macht. Man müsse nämlich diese Anordnung so verstehen, als hätte er sie gebeten, ihre Erbschaft herauszugeben.[826]

Der Testator hatte zwei Kinder, einen Sohn und eine Tochter. Es ist davon auszugehen, dass beide als Erben eingesetzt wurden; weiter diskutiert wird im Text aber nur der Fall der Tochter: dieser nämlich befiehlt der Erblasser, testamentslos zu bleiben, bis sie Kinder hat (sollte sie niemals Kinder haben, so dürfte sie demnach niemals testieren). Damit brachte der Erblasser zum Ausdruck, dass er entweder seine zukünftigen Enkelkinder von der Tochter (wohl gemeinsam mit dem vermutlich ebenfalls eingesetzten Sohn und dessen Nachkommen) als ‚Nachfolger' in das Familienvermögen sehen oder – falls er niemals Enkelkinder von der Tochter haben sollte – das Vermögen bei seinem Sohn und dessen Familie konzentriert wissen wollte. Auf diese Weise sollte das Vermögen in der Familie gehalten und nicht zersplittert werden[827]. Das Testierverbot konnte als solches nicht wirksam statuiert werden – das würde der römischen Testierfreiheit widersprechen –, doch wurde diese unwirksame Klausel umgedeutet in ein Fideikommiss: Der Tochter sei damit im Ergebnis

826 Übersetzung: *K/K/L/R-Lohsse*.

827 So interpretiert auch *Häusler*, Letztwillige Verfügungen in griechischer Sprache, ZRG RA 133 (2016) 440 den Wunsch des Testators. Vgl. außerdem idS. *Ch. Paulus*, Unsterblichkeit (2018) 166 (= *ders.*, Idee der postmortalen Persönlichkeit [1992] 177).

quasi fideikommissarisch[828] aufgetragen, den vom Vater ererbten Nachlass[829] an ihren Bruder weiterzugeben (*ac si hereditatem suam rogasset eam restituere*), falls sie nicht eigene Kinder hat, welche andernfalls als ihre Erben auch den großväterlichen Nachlass erben sollten.

Strukturell ähnlich entschied Scaevola einen Fall, in welchem lediglich im Hinblick auf einige gesetzliche Erben ein Verbot ausgesprochen wurde; im Ergebnis wäre dies eine Art – ebenfalls unwirksames – ‚Testiergebot':

> Scaev. 3 resp., D. 31, 88, 16: *Matre et uxore heredibus institutis ita cavit: ‚a te, uxor carissima, peto, ne quid post mortem tuam fratribus tuis relinquas: habes filios sororum tuarum, quibus relinquas. scis unum fratrem tuum filium nostrum occidisse, dum ei rapinam facit: sed et alius mihi deteriora fecit'. quaero, cum uxor intestata decessit et legitima eius hereditas ad fratrem pertineat, an sororis filii fideicommissum ab eo petere possunt. respondi posse defendi fideicommissum deberi.*
>
> Jemand setzte seine Mutter und seine Ehefrau zu Erben ein und bestimmte folgendes: ‚Von dir, innig geliebte Frau, verlange ich, dass du nach deinem Tod deinen Brüdern nichts hinterlässt. Du hast die Kinder deiner Schwestern, die du bedenken magst. Du weißt, dass der eine deiner Brüder unseren Sohn getötet hat, als er ihn beraubte; aber auch der andere hat mir Schlimmes angetan'. Da die Frau ohne Testament gestorben ist und ihr Nachlass aufgrund der gesetzlichen Erbfolge ihrem Bruder zusteht, frage ich, ob die Kinder der Schwester [wegen Verletzung der testamentarischen Bestimmung] das Fideikommiss von ihm verlangen können. Ich [Scaevola] habe entschieden, es könne die Ansicht vertreten werden, dass das Fideikommiss geschuldet wird.[830]

Offenbar steht hinter der fraglichen testamentarischen Anordnung eine Familientragödie: Ein Schwager des Testators hatte den (einzigen) Sohn des letzteren beraubt und getötet (wenn er es nicht unmittelbar nachweislich und eigenhändig getan hatte, so scheint er aus Sicht des Testators zumindest irgendwie dafür verantwortlich gewesen zu sein); der andere Schwager hatte

---

828 Damit soll keine Kategorie von ‚Quasifideikommissen' behauptet werden; eine solche weist *Longchamps de Bérier*, Fedecommesso universale (1997) 71 zu Recht zurück.

829 Dass das Fideikommiss lediglich auf diesen beschränkt sein konnte, erkennt auch richtig *Johnston*, Trusts (1988) 178, dem allerdings ansonsten in seiner Auslegung nicht gefolgt werden kann; er erkennt nämlich nicht das entscheidende Abgrenzungskriterium zwischen den Fällen in Paul. 2 decr., D. 36, 1, 76 pr.; Scaev. 3 resp., D. 31, 88, 16; und Pap. 8 resp., D. 31, 77, 24. Siehe dazu sogleich unten S. 262.

830 Übersetzung: *K/K/R/S-Seiler.*

dem Testator ebenfalls etwas nicht näher erläutertes Furchtbares angetan. Der Testator verlangt daher testamentarisch von seiner Ehefrau – welche er gemeinsam mit seiner Mutter als Miterbin einsetzt –, dass sie ihren Brüdern nichts hinterlässt. Damit soll der Frau die Verpflichtung auferlegt werden, ein Testament zu errichten, in welchem die Brüder nicht bedacht, sondern die Töchter ihrer Schwestern eingesetzt werden; das ist als der Testierfreiheit widersprechend ebenso unwirksam wie ein Testierverbot. Die Frau errichtet kein Testament. Ein Bruder scheint sie überlebt zu haben und will nun die gesetzliche Erbfolge nach seiner verstorbenen Schwester antreten. Scaevola entschied, dass die Kinder der Schwester (auch hier wechselt der Jurist vom Plural in den Singular) vom Bruder der Erblasserin – also wohl ihrem Onkel – die Herausgabe des Nachlasses als Fideikommiss verlangen können.

Johnston hält die persönliche Komponente für die alleinige Ursache der Entscheidung und ging mit Scaevola hart ins Gericht: Dieser habe sich bei seiner Entscheidung zweifellos von außerrechtlichen Überlegungen leiten lassen; es handle sich um ein Extrem, um ein „unwelcome departure from clear principles and clear thinking“[831]. Diese Ansicht kann nicht geteilt werden. Vielmehr hat Scaevola im Einklang mit dem oben bereits herausgearbeiteten Prinzip entschieden, dass der Testatorwunsch Berücksichtigung zu finden hat, sofern sich aus einem Testierverbot – bzw. wie hier: einem Testiergebot – eine Begünstigung bestimmter Personen ablesen lässt. Im vorliegenden Fall sind dies die Kinder der Schwester(n). Zwar kann der Testator wohl nicht verhindern, dass der Teil des Nachlasses seiner Frau und (Mit-)Erbin, welcher nicht von ihm stammt, nach den Grundsätzen des Intestaterbrechts an deren gesetzliche Erben fällt, insofern der Bruder also nach der Schwester erbt; was seinen eigenen Nachlass anbelangt, so erfolgt jedoch eine Umdeutung in ein Fideikommiss, welches die Kinder der Schwester der Erbin (und nunmehrigen Erblasserin) erfolgreich gerichtlich geltend machen können.

Abgelehnt wurde eine Umdeutung hingegen im folgenden Fall:

> Pap. 8 resp., D. 31, 77, 24: ‚*Mando filiae meae pro salute sollicitus ipsius, ut, quoad liberos tollat, testamentum non faciat: ita enim poterit sine periculo vivere*‘. *fideicommissariam hereditatem sorori coheredi non videri relictam apparuit, quod non de pecunia sua testari, sed optentu consilii derogare iuri testamentum fieri prohibendo voluit.*

[831] *Johnston*, Trusts (1988) 176.

> ‚Besorgt um ihr Wohlergehen gebe ich meiner Tochter auf, kein Testament zu errichten, solange sie keine Kinder hat. Denn so wird sie gefahrlos leben können'. Es war offensichtlich, dass dies nicht als Erbschaftsfideikommiss zugunsten der Schwester und Miterbin anzusehen war, weil der Erblasser dadurch, dass er die Errichtung eines Testaments verbot, nicht über sein eigenes Vermögen verfügen, sondern unter dem Vorwand eines Ratschlages vom geltenden Recht abgehen wollte.[832]

Anders als in Paul. 2 decr., D. 36, 1, 76 pr. kommt in Pap. 8 resp., D. 31, 77, 24 nicht ein Wille zum Ausdruck, jemanden durch das der Erbin (unwirksam) auferlegte Testierverbot zu begünstigen – etwa die Schwester und Miterbin, welche im Ergebnis davon profitieren würde. Es wird für das ‚Verbot' vielmehr als Motiv genannt, dass die Erbin auf diese Weise ‚gefahrlos leben' können würde: Sollte sie sich dazu entschließen, nicht zu testieren, würde sie nicht von *captatores* bedrängt werden[833]. Darin kann bloß ein unverbindlicher Ratschlag erblickt werden, nicht aber eine fideikommissarische Begünstigung ihrer Miterbin. Errichtet die Erbin dementsprechend dennoch ein Testament – was hier der Fall gewesen sein dürfte, da andernfalls höchstwahrscheinlich ihre Schwester sich nicht auf ein ‚Fideikommiss' zu ihren Gunsten berufen hätte –, so ist die Erbeinsetzung nicht nur wirksam, sondern der eingesetzte Erbe auch nicht mit einer Herausgabeverpflichtung belastet.

Eine Umdeutung wurde also nur dann vorgenommen, wenn die Begünstigung dessen, der mit einer *actio fideicommissi* einen Vorteil einklagen wollte, die Ursache für die Verhängung des Testierverbotes oder die Auferlegung eines Testiergebots war. Testierverbot wie Testiergebot waren als solche ungültig; nur sofern hierin der Wunsch des Testators zum Ausdruck kam, eine bestimmte Person dadurch zu begünstigen, wurde in ein Fideikommiss umgedeutet.

---

832 Übersetzung: *K/K/R/S-Seiler.*

833 Vgl. zu den Überlegungen des Vaters *Ch. Paulus*, Unsterblichkeit (2018) 165–166 (= *ders.*, Idee der postmortalen Persönlichkeit [1992] 176–177), welcher auf die Möglichkeit hinweist, dass die Klausel auch ‚solange sie Kinder aufzieht' und nicht nur ‚wenn sie keine Kinder hat' bedeuten könne, was dazu führen würde, dass es das Motiv des Vaters war, eine Tochter vor eigenen Kindern zu schützen (Stichwort: *SC Macedonianum*). Zu Recht neigt jedoch schließlich auch *Ch. Paulus* aaO. der hier vertretenen Deutung zu.

13. Überlegungen zum Prozess

a. Umgedeutete Erbenstellung

Zunächst ist für den ‚Normalfall' festzustellen: Kläger bei der *hereditatis petitio* ist der zivile Erbe, der gegenüber einem Besitzer des Nachlasses oder einzelner Nachlassgegenstände bzw. von sonstigen nachlasszugehörigen Vermögenswerten sein Recht geltend macht[834]. Passivlegitimiert ist, wer – gutgläubig *pro herede* oder schlechtgläubig *pro possessore* – eine *res hereditaria* besitzt oder Aktivlegitimierter einer *actio* ist, die als Surrogat einer *res hereditaria* betrachtet werden kann[835]. Im Formularprozess dürfte es sich nach Vorbild der *rei vindicatio* um eine *formula petitoria* mit folgender Formel gehandelt haben:

> *Si paret hereditatem L. Titii de agitur Ai. Ai. esse ex iure Quiritium neque ea res Ao. Ao. restituetur, quanti es res erit, tantam pecuniam iudex Nm. Nm. Ao. Ao. condemnato, si non paret absolvito.*[836]
>
> Wenn es sich erweist, dass die Erbschaft des Lucius Titius, um die es hier geht, nach quiritischem Recht dem Kläger zusteht, und wenn diese dem Kläger nicht restituiert wird, dann soll der Richter den Beklagten gegenüber dem Kläger auf so viel verurteilen, wie viel die Sache wert sein wird, wenn es sich nicht erweist, soll er ihn freisprechen.

Wurde nur ein Teil der Erbschaft (dh. durch einen klagenden Miterben) verlangt, dann lautete die Formel entsprechend:

> *Si paret hereditatem q.d.a. pro parte illa ex iure Quiritium Ai. Ai. esse, nisi ea res arbitrio iudicis Ao. Ao. restituetur, q.e.r.e. rel.*[837]
>
> Wenn die Erbschaft, um die es geht, dem Kläger nach quiritischem Recht zum Teil zusteht, und dieser dem Kläger nicht nach der Einschätzung des Richters

---

834 Zur Formel *Lenel*, EP ³(1927) 176–179; *Müller-Ehlen*, Hereditatis petitio (1998) 19–36 mwN.

835 *Müller-Ehlen*, Hereditatis petitio (1998) 4–18.

836 *Müller-Ehlen*, Hereditatis petitio (1998) 20. Vgl. *Lenel*, EP ³(1927) 177; *Mantovani*, Formule ²(1999) 39 (Nr. 4).

837 *Lenel*, EP ³(1927) 179.

restituiert wird, dann soll der Richter den Beklagten gegenüber dem Kläger auf so viel verurteilen, wie viel die Sache wert sein wird usw.

Im Verfahren *per sponsionem* dürfte – ebenfalls parallel zur *rei vindicatio* – zwischen Kläger und beklagtem Erbschaftsbesitzer zunächst eine *sponsio praeiudicialis* abgeschlossen worden sein mit folgendem Inhalt:

Si hereditas q.d.a. ex iure Quiritium mea est, sestertios XXV nummos dare spondes?[838]

Versprichst Du mir, 25 Sesterzen zu geben, wenn die Erbschaft, um die es geht, nach quiritischem Recht mir zusteht?

Wurde dieses Verfahren vor den *iudex unus* gebracht, so handelte es sich um einen Formularprozess und die Sponsionssumme ist mittels *actio certae creditae pecuniae* einzuklagen. Da die *sponsio* nicht *poenalis*, sondern nur *praeiudicialis* ist, kann daraus aber nur eine Feststellung, nicht eine Kondemnation erfolgen[839]. Allerdings hatte der Beklagte eine Prozesskaution zu stellen: Die *cautio pro praede litis et vindiciarum* mit der Formel

Si ea res q.d.a. a centumviris (iudice) secundum me heredemve meum iudicata erit neque ea res boni viri arbitratu restituetur, quanti ea res erit, tantam pecuniam dari spondesne?

Wenn diese Sache, um die es geht, von den Hundertmännern in meinem Sinne oder im Sinne meines Erben entschieden wird und diese Sache nicht nach der Einschätzung eines *vir bonus* herausgegeben wird, versprichst du mir so viel zu geben, wie die Sache wert sein wird?

Die Klage aus der Präjudizialsponsion konnte auch vor das Zentumviralgericht gebracht werden (siehe Ciceros Bericht zur *Causa Curiana*); dann handelte es sich jedoch nicht um einen Formularprozess, sondern die Streiteinsetzung erfolgte mittels *legis actio sacramento.* Die Sponsionssumme erhöhte sich durch die Wettsumme im Sakramentsprozess von den regulären 25 auf 125 Sesterzen.

Unter Hinzufügung einer formularen Fiktion werden dieselben Klagen auch für und gegen den *bonorum possessor* gewährt[840], zu dessen

---

838 *Lenel*, EP ^{3}(1927) 177.

839 *Müller-Ehlen*, Hereditatis petitio (1998) 25; *Santos*, Hereditatis petitio, in: HRPR (2023) § 64 Rn. 9–10.

840 Siehe dazu *Babusiaux*, Nachlassbesitz, in: HRPR (2023) § 57 Rn. 9–10.

Gunsten – allerdings wohl erst seit den Severern – auch eine eigene *hereditatis petitio possessoria* existierte[841] (dazu auch sogleich unten VI.13.c.). Aus Gai. 2 fideicom., D. 36, 1, 65, 10 könnte zu schließen sein, dass in den Fällen, in welchen Bedingungen als erfüllt fingiert wurden und der Prätor in den Nachlassbesitz *secundum tabulas* einwies, die zivilen Klagen analog gewährt wurden.

Wurde die *bonorum possessio contra tabulas* erteilt, konnte es dazu kommen, dass daneben der nach *ius civile* wirksam eingesetzte Testamentserbe die Erbschaft antrat. Damit wurde er *heres* im Sinne des *ius civile*, obwohl er nicht zugleich auch *bonorum possessor* war. Die Klagen standen prinzipiell für und gegen ihn zu, wurden jedoch durch Einreden und prätorische Fiktion auf den *bonorum possessor* ‚umgeleitet', was ihn insofern dem Universalfideikommissar vergleichbar macht[842].

Im Falle der ‚Umdeutung' kommt es darauf an, auf welcher ‚Ebene' diese ansetzt: Handelt es sich etwa um ein bloßes ‚Hinwegfingieren' – wie etwa im Falle der *heredis institutio ex re certa* oder der Erbeinsetzung unter Beifügung einer unmöglichen Bedingung –, so blieb es wohl dabei, dass der Testamentserbe *heres* im Sinne des *ius civile* wurde und auch dem Testatorwillen entsprechend den Nachlass erhielt. Eine Anpassung der Klagen wird sich somit erübrigt haben. Setzte die Konversion hingegen dabei an, den Testatorwillen durch Gewährung des Nachlassbesitzes an Personen zu verwirklichen, welche nicht mit den Personen ident waren, welche in einem nach *ius civile* gültigen Testament eingesetzt worden sind – wie oben VI.4. und VI.5. in den Irrtumsfällen anzunehmen war –, so trat der Fall ein, dass die für und gegen den Testamentserben zustehenden Klagen mittels Fiktion auf die schlussendlich aus der Erbschaft Begünstigten umgeleitet werden mussten.

---

841 Sev./Ant. AA. Iusto, C. 8, 2, 1 (a. 197). Vgl. *Quadrato*, Hereditatis petitio possessoria (1972).

842 *Babusiaux*, Nachlassbesitz, in: HRPR (2023) § 57 Rn. 171–172.

b. Die Umsetzung einer Umdeutung im Rahmen der *actio familiae erciscundae*

Sind mehrere Personen zu Miterben eingesetzt, so steht es ihnen frei, einen gemeinsamen Antrag auf Erbteilung zu stellen. Kann ein solches Einvernehmen nicht herbeigeführt werden, so konnte der teilungswillige Erbe den/die anderen Miterben klagen. Sachenrechtlich geht es um die Zuweisung von Alleineigentum durch *adiudicatio*; schuldrechtlich um die Zahlung von Ausgleichssummen und eine ‚Abrechnung'. Die Formel besteht aus *demonstratio*, *intentio* und *condemnatio*:

> *Quod Lucii Titii heredes de familiae erciscundae deque eo, quod in ea hereditate ab eorum quo, postea quam heres factus sit, gestum admissumve sit, iudicem dari postulaverunt,*
> *quantum adiudicari oportet, iudex Titio adiudicato,*[843]
> *quidquid ob eam rem alterum alteri praestare oportet (ex fide bona?)*
> *eius iudex alterum alteri c.s.n.p.a.*[844]

> Weil die Erben des Lucius Titius wegen der Erbteilung oder wegen dem, was in dieser Erbschaftsangelegenheit von ihnen, nachdem sie zu Erben gemacht worden sind, getan oder gestattet wurde, beantragt haben, dass ein Urteilsgericht eingesetzt werde,
> soll der Richter dem Titius so viel zusprechen, wie zuzusprechen ist,
> und was auch immer der eine dem anderen aufgrund dieser Angelegenheit (aufgrund von Treu und Glauben?) zu leisten verpflichtet ist,
> darauf soll der Richter den einen gegenüber dem anderen verurteilen; wenn es sich nicht erweist (dass eine Leistungspflicht besteht), soll er freisprechen.

Umstritten ist – auch, aber nicht nur hinsichtlich der *actio familiae erciscundae* –, ob die *iudicia divisoria* zu den *bonae fidei iudicia* zählen: Die Grundsätze würden ihnen entsprechen, sie fehlen aber in der Aufzählung bei Gaius und sind wohl um einiges älter als die *bonae fidei iudicia* allgemein, weswegen sie schon vorher *intentio* und *condemnatio* aufgewiesen haben müssen. Neben der *actio directa* werden wiederholt *actiones utiles* erwähnt. Der Teilungsrichter hat die Befugnis, Eigentum zu verleihen.

Die *actio familiae erciscundae* ist auch die Klage des *per praeceptionem* Bedachten: Die Zuteilung erfolgt durch den Teilungsrichter im Erbteilungsverfahren. Der *arbiter* hat bei seiner Zuteilung den letzten Willen des Erblassers zu

---

843 *Lenel*, EP ³(1927) 207. Vgl. *Mantovani*, Formule ²(1999) 60–61 (Nr. 49).

844 *Lenel*, EP ³(1927) 208. Vgl. *Mantovani*, Formule ²(1999) 61.

befolgen, wie Papinian ausdrücklich festhält, Pap. 6 resp., D. 28, 5, 79 pr.: *arbitrum dividendae hereditatis supremam voluntatem factis adiudicationibus … sequi.*

Dementsprechend kommt es in den Umdeutungsfällen, sofern sie eine ‚interne', mittels Erbteilungsklage durchsetzbare Aufteilung betrifft, wohl nicht zu einer Anpassung der Klage: Der Erbteilungsrichter hatte das Ergebnis der Umdeutung zu verwirklichen, indem er die Zuteilung entsprechend vornimmt, wofür keine weiteren Schritte als derjenige der Einleitung des Erbteilungsverfahrens nötig waren.

c. Umdeutung und Nachlassbesitz

Die *bonorum possessio* verspricht der Prätor im Edikt; sie kann bei ihm ‚beantragt' werden, wenn die ediktalen Voraussetzungen vorliegen. Daraufhin weist er sie mittels *decretum* zu. Es stehen dem *bonorum possessor* gegen Dritte eine *hereditatis petitio utilis*, eine *hereditatis petitio possessoria* oder auch *actiones ficticiae* zu, deren Formeln sich wie folgt vorstellen lassen:

> *actio in rem: Si As. As. L. Titio heres esset, tum si eum fundum de quo agitur ex iure Quiritium eius esse oporteret, si ea res arbitrio iudicis Ao. Ao. non restituetur, quanti ea res erit et rel.*
>
> *actio in personam: Si As. As. L. Titio heres esset, tum si paret Nm. Nm. Ao. Ao. sestertium decem milia dare oportere, iudex Nm. Nm. Ao. Ao. et rel.*
>
> Dingliche Klage: Wenn der Kläger Erbe des Lucius Titius wäre, wenn ferner dieses Grundstück, um welches es geht, nach quiritischem Recht ihm gehören müsste, und wenn diese Sache nicht nach dem Ermessen des Richters dem Kläger herausgegeben worden ist, dann verurteile ihn auf so viel, wie die Sache wert sein wird usw.
>
> Persönliche Klage: Wenn der Kläger Erbe des Lucius Titius wäre, wenn es sich ferner erweist, dass der Beklagte verpflichtet ist, dem Kläger 10.000 Sesterzen zu geben, dann verurteile, Richter, den Beklagten dem Kläger usw.

Bei den *formulae in factum conceptae* bedurfte es keiner Fiktion der Erbenstellung des *bonorum possessor.*

Die ediktalen Voraussetzungen der *bonorum possessio* werden nicht in die Formeln aufgenommen und auch keine *praescriptio* eingeschoben; vielmehr kann bei Bestreiten durch die Gegenseite eine *exceptio bonorum possessione non datae* gewährt werden.

Daneben gab der Prätor das *interdictum quorum bonorum* auf Herausgabe des Nachlasses oder einzelner Nachlassgegenstände:

> *Quorum bonorum ex edicto meo illi possessio data est, quod de his bonis pro herede aut pro possessore possides possideresve, si nihil usucaptum esset, quodque dolo malo fecisti ut desineres possidere, id illi restituas.*[845]

> Du sollst jenem das herausgeben, was du von dem Nachlass, in welchen jener aufgrund meines Edikts eingewiesen worden ist, ‚als Erbe oder als Erbschaftsbesitzer' besitzt oder derart besitzen würdest, wenn es nicht ersessen worden wäre oder du bösgläubigerweise den Besitz aufgegeben hast.[846]

Dieses Interdikt wird zur erstmaligen Besitzerlangung gewährt, wenn der Eingewiesene die Herausgabe von jemandem verlangt, der den betreffenden Nachlass *pro herede* oder *pro possessore* besitzt[847]. Im Besonderen setzt ein mittels formunwirksam errichteten Testaments Eingesetzter sich damit sogar gegen zivile Erben durch, welche den Nachlass in Besitz genommen hatten: Die *bonorum possessio secundum tabulas* ist diesfalls *cum re*, also im Ergebnis ‚stärker' als das Erbrecht nach *ius civile*.

Welche Auswirkungen eine durch Konversion ‚geschaffene' Durchsetzbarkeit auf die prozessuale Situation hat, hängt davon ab, wie ‚stark' die dadurch geschaffene Rechtsposition ist und ob sich der davon Begünstigte auch gegen den zivilen Erben oder lediglich gegen außenstehende Dritte durchsetzen können sollte. In der Regel dürfte es zur Konversion nur dann gekommen sein, wenn diese unbedingt geboten erschien, um die im konkreten Konfliktfall schützenswerteren Interessen zu wahren und insbesondere dem Willen des Erblassers zu entsprechen. Aus diesem Grunde ist davon auszugehen, dass die daraufhin gewährte *bonorum possessio* in aller Regel *cum re* war. Da für und gegen den *bonorum possessor* ohnehin in jedem Fall Klagen mit ‚fiktizischer Formel' zu gewähren waren, unterscheidet sich die durch Umdeutung geschaffene Position nicht von einem Nachlassbesitz, der ohne Umdeutung erlangt wurde.

---

845 Ulp. 62 ed. D. 43, 2, 1 pr. Siehe *Mantovani*, Formule ^{2}(1999) Nr. 108; *Lenel*, EP ^{3}(1927) § 227; *Berger*, s.v. Interdictum, RE IX.2 (1916) 1666–1667; *Riccobono* sen. jun., s.v. Interdicta, NNDI VIII (1962) 794 (Nr. 1). Ausführlich zum *interdictum quorum bonorum* mit einer entwicklungsgeschichtlichen Darstellung *Ubbelohde*, Interdicte III (1891) 1–139.

846 *Isola*, Interdikte, in: HRPR (2023) § 66 Rn. 21.

847 Vgl. *Andrés Santos*, Erbschaftsklage, in: HRPR (2023) § 64 Rn. 36.

VII. *Praeteritio* und *exheredatio*

In klassischen römischen Testamenten schließt an die Einsetzung des oder der Erben üblicherweise die Enterbung aller nicht Eingesetzten an. Eine Enterbung ist insbesondere bei bestimmten Deszendenten bzw. Hauserben rechtlich notwendig, da eine Übergehung die Nichtigkeit des gesamten Testaments nach sich ziehen konnte. Die *praeteritio* hier mitzubehandeln, obwohl es in den Urkunden gerade keine diesbezüglichen ‚Klauseln' gibt, ist dementsprechend sinnvoll. Auch in den Digesten wird die Übergehung zusammen mit der Erbeinsetzung und Enterbung von Kindern diskutiert[848].

Um die nachträgliche Umstoßung des Testaments durch etwaige *postumi* – welche, da sie noch nicht geboren sind, auch nicht individuell bedacht sein konnten[849] – zu verhindern[850], bildete sich sogar die folgende, nach dem

---

848 D. 28, 2, *Index Florentinus*: *De liberis et postumis heredibus instituendis vel exheredandis vel praeteritis* (Anm: *vel praeteritis* folgt allerdings nur im Index).

849 Zur *lex Vellaea*, deren Wortlaut zwar unbekannt ist, welche aber den Zweck verfolgt zu haben scheint, zu verhindern, dass bestimmte, noch zu Lebzeiten des Erblassers Geborene dessen Testament umstoßen (iGz Formel des Aquilius Gallus, bei der es um nach dem Tod des Erblassers Geborene geht), siehe etwa *Robbe*, Postumi (1937) 86–87, 113–114: Sie erlaubte einerseits die Einsetzung von zwischen Testamentserrichtung und Tod des Testators geborenen *sui* sowie andererseits die Einsetzung entfernterer bereits geborener Abkömmlinge (welche an die Stelle eines aus der Gewalt des Erblassers ausgeschiedenen oder vorverstorbenen Sohnes nachrücken). Vgl. dazu auch *Babusiaux*, Erbrecht ^{2}(2021) 205–207; *Stepan*, Scaevola noster (2018) 161–164; *Rüfner*, Erbfähigkeit, in: HRPR (2023) § 52 Rn. 7.

850 Siehe *Stagl*, Soldatentestament, in: Soldatenkaiser (2015) 114–116 zu den Sonderfragen bei Soldaten.

Juristen Aquilius Gallus benannte ‚Formel' heraus, welche einen wohl nicht sehr häufigen Sonderfall zum Gegenstand hatte, nichtsdestotrotz aber offenbar so regelmäßig Anwendung fand, dass ihr Name allgemein geläufig wurde:

> Scaev. 6 quaest., D. 28, 2, 29 pr.: *Gallus sic posse institui postumos nepotes induxit: ‚si filius meus vivo me morietur, tunc si quis mihi ex eo nepos sive quae neptis post mortem meam in decem mensibus proximis, quibus filius meus moreretur, natus nata erit, heredes sunto'.*
>
> Aquilius Gallus hat es eingeführt, dass man nachgeborene Enkelkinder wie folgt zu Erben einsetzen kann: ‚Wenn mein Sohn zu meinen Lebzeiten sterben sollte und wenn jemand mir von ihm als Enkel oder jemand als Enkelin nach meinem Tod in den ersten zehn Monaten, seitdem mein Sohn gestorben ist, geboren wird, dann sollen sie Erben sein'.[851]

Die ‚Formel des Aquilius Gallus' hat folgende Konstellation vor Augen: Verstarb der eingesetzte Sohn noch zu Lebzeiten des Testators, wurde aber nach dem Tod des Sohnes sowie des Testators dem Sohn noch ein Kind geboren (also ein Enkel des Testators), so sollte dieser Enkel zum Erben eingesetzt sein[852]. Der mögliche zukünftige Enkel ist damit Substitut des Sohnes, um zu verhindern, dass er als übergangener *suus* seines Großvaters dessen Testament umstößt.

So vorausschauend gingen allerdings bei weitem nicht alle Testatoren vor. So gibt es eine ganze Reihe von Texten, welche sich mit den Rechtsfolgen einer *praeteritio* beschäftigten. Die zentralen Fallgruppen, soweit sie im Zusammenhang mit einer möglichen Umdeutung stehen, werden im Folgenden besprochen.

---

851 Übersetzung: *K/K/R/S-Knütel.*

852 Vgl. *Lamberti*, Postumi I (1996) 153–168; anschließend an *Lamberti* auch *Gokel*, Sprachliche Indizien (2014) 329 mit Fn. 1477. Vgl. außerdem *Stepan*, Scaevola noster (2018) 160–161.

1. Umdeutung testamentarischer Bestimmungen bei *praeteritio*

Wurde ein Haussohn im Testament übergangen, so war dieses Testament nach *ius civile* ungültig[853]. Die zivile Erbfolge richtete sich demnach nach den Regeln des Intestaterbrechts, in deren Rahmen die *sui* an erster Stelle berufen waren[854]. Der Prätor erteilte dem übergangenen Haussohn jedoch nicht erst die *bonorum possessio ab intestato*, sondern schon die *bonorum possessio contra tabulas*. Von einem nach *ius civile* ungültigen und auch den prätorischen Enterbungsregeln nicht gehorchenden, jedoch den prätorischen Vorschriften hinsichtlich der ‚äußeren' Formalia (Siegelung, Verschnürung etc.) entsprechenden Testament berücksichtigte der Gerichtsmagistrat dabei – wie bei der *praeteritio* von Enkeln, Töchtern oder emanzipierten Söhnen, welche zwar das Testament nicht unwirksam macht, die Betroffenen aber ebenfalls zur *bonorum possessio contra tabulas* berechtigt – einerseits Vermächtnisse und andere Anordnungen zugunsten bestimmter Personen (der sog. ‚*exceptae personae*'[855]) sowie andererseits vor allem auch Enterbungen anderer Personen[856]. Damit werden Bestimmungen eines ‚ungültigen' Testaments doch effektiv ‚wirksam'.

Hinsichtlich der *exceptae personae* beachtete der Prätor allerdings nur solche Vermächtnisse, welche ihnen wirklich im Hinblick auf ihre Person zugewendet worden waren:

---

853 Siehe nur Gai. 2, 123: *Item qui filium in potestate habet, curare debet, ut eum vel heredem instituat vel nominatim exheredet; alioquin si eum silentio praeterierit, inutiliter testabitur* … .

854 Andere Hauserben als Haussöhne wurden im Falle ihrer Übergehung neben den eingesetzten *sui* nach Köpfen, neben *extranei* zur Hälfte beteiligt. Sie wurden wie Testamentserben behandelt und trugen auch anteilig die Last von Legaten etc. Vgl. nur *Voci*, DER II ²(1963) 640–641.

855 Siehe zu den *exceptae personae* etwa Paul. 41 ed., D. 37, 5, 15, 4. Insbesondere aufrechterhalten bleibt das Vermächtnis wegen Rückgabe der Mitgift an die Ehefrau oder die Schwiegertochter und Vermächtnisse zugunsten in direkter Linie Verwandter (also Abkömmlingen und Vorfahren, unabhängig vom Verwandtschaftsgrad und etwaigen Adoptionen): Ulp. 40 ed., D. 37, 5, 1 pr.–2. Nicht begünstigt sind hingegen Vermächtnisse zugunsten Geschwister des Erblassers: Ulp. 40 ed., D. 37, 5, 3, 1. Wären *exceptae personae* aber ohnehin aufgrund von Fideikommissen zur Herausgabe an Dritte verpflichtet, so werden die Vermächtnisse nicht aufrechterhalten: Ulp. 40 ed., D. 37, 5, 3, 4.

856 Vgl. dazu *Lohsse*, Ulpian D. 37,11,5, in: DG Nishimura (2018) 154.

Ulp. 40 ad ed., D. 37, 5, 3, 2: *Hoc autem solum debetur, quod ipsis parentibus relictum est et liberis: ceterum si servo eorum fuerit adscriptum vel subiectae iuri eorum personae, non debetur: nec enim quaerimus, cui adquiratur, sed cui honor habitus sit.*

Das Vermächtnis wird jedoch nur dann geschuldet, wenn es den Vorfahren oder Abkömmlingen selbst ausgesetzt ist. War es dagegen einem ihrer Sklaven zugewendet oder einer Person in ihrer Hausgewalt, so wird es nicht geschuldet; wir fragen nämlich nicht danach, wem das Vermächtnis erworben wird, sondern wem damit [unmittelbar] Ehre erwiesen werden sollte.[857]

Auch wenn entgegen der testamentarischen *heredis institutio* die *bonorum possessio* einer anderen Person erteilt wird, werden die testamentarischen Anordnungen insofern berücksichtigt, als die Verfügungen zugunsten der Eltern und der Kinder des Erblassers nun diese andere Person belasten. Es kommt also auch zu einer ‚Umdeutung der Person des Belasteten'. Dies allerdings nur, wenn den *exceptae personae* selbst etwas unmittelbar zugewendet worden war, nicht aber, wenn sie lediglich ‚abgeleitet' erwerben würden, wie etwa durch Sklaven oder andere Gewaltunterworfene. Es gehe, so Ulpian, darum, wem der *honor* zukommen sollte[858].

Weil auch die Enterbungen trotz der Ungültigkeit des Testaments beachtlich blieben, wurden in solchen Fällen nur nicht enterbte *liberi* am Nachlass beteiligt: Wer testamentarisch enterbt wurde, konnte auch in einem solchen Fall keine Beteiligung am Nachlass erlangen, sondern blieb auf die Querel verwiesen[859]. Ungültig ist das Testament somit offenbar ‚nur' auf Ebene des *ius civile*, während auf Ebene des prätorischen Rechts der Testatorwille weiterhin Beachtung findet: Hat der Erblasser ausdrücklich erklärt, eine Person nicht als Nachfolger zu wollen, so respektierte der Prätor diesen Wunsch und wies den Betreffenden nicht in den Nachlassbesitz ein, selbst wenn dies der Rechtslage nach *ius civile* entsprechen würde. Den besonderen Interessenlagen bestimmter Personen konnte der Prätor im Rahmen der Erteilung der *bonorum possessio contra tabulas* Rechnung tragen, während er im Falle der

857 Übersetzung: *K/K/L/R-Kupisch*.

858 Vgl. zur Maßgeblichkeit der diesbezüglichen ‚Perspektive' des Erblassers auch bspw. Paul. 1 de iur. fisc., D. 34, 9, 5, 3; Afr. 2 quaest., D. 39, 6, 23.

859 Ulp. 40 ad ed., D. 37, 4, 8 pr.: *Non putavit praetor exheredatione notatos et remotos ad contra tabulas bonorum possessionem admittendos, sicuti nec iure civili testamenta parentium turbant: sane si velint inofficiosi querellam instituere, est in ipsorum arbitrio.*

bonorum possessio ab intestato nur allenfalls Intestatfideikommisse berücksichtigen könnte.

Schlug der übergangene Haussohn hingegen die Erbschaft aus und verzichtete darauf, die *bonorum possessio contra tabulas* zu beantragen, so wurde der Nachlassbesitz den Testamentserben *secundum tabulas* gewährt. Damit, dass in einem solchen Fall – wie auch im Fall des Vorversterbens eines übergangenen *postumus* – die Verfügungen des ‚an sich' nichtigen Testament generell ‚wirksam' wurden, beschäftigen sich zwei Fragmente aus dem 3. Titel des 28. Buchs der Digesten (*De iniusto rupto irrito facto testamento*), welche am besten in einer Gesamtschau bewertet werden können (abweichend von der Reihenfolge in den Digesten hier chronologisch nach ihrem Alter geordnet wiedergegeben):

> Pap. 5 resp., D. 28, 3, 17: *Filio praeterito qui fuit in patris potestate neque libertates competunt neque legata praestantur, si praeteritus fratribus partem hereditatis avocavit: quod si bonis se patris abstinuit, licet suptilitas iuris refragari videtur, attamen voluntas testatoris ex bono et aequo tuebitur.*

> Wurde ein Sohn übergangen, der sich in der Hausgewalt seines Vaters befand, dann steht weder den [im Testament freigelassenen] Sklaven die Freiheit zu noch werden Vermächtnisse erfüllt, sofern der übergangene Sohn den Brüdern seinen Anteil abgenommen hat. Hat er jedoch die Erbschaft seines Vaters ausgeschlagen, dann wird, obgleich die juristische Spitzfindigkeit dem erkennbar entgegensteht, der Wille des Erblassers geschützt, wie es recht und billig ist.[860]

> Ulp. 4 disp., D. 28, 3, 12 pr.: *Postumus praeteritus vivo testatore natus decessit: licet iuris scrupulositate nimiaque suptilitate testamentum ruptum videatur, attamen, si signatum fuerit testamentum, bonorum possessionem secundum tabulas accipere heres scriptus potest remque optinebit, ut et divus Hadrianus et imperator noster rescripserunt, idcircoque legatarii et fideicommissarii habebunt ea, quae sibi relicta sint, securi. idem et circa iniustum et irritum testamentum erit dicendum, si bonorum possessio data fuerit ei, qui rem ab intestato auferre possit.*

> Noch zu Lebzeiten des Erblassers kam ein Nachgeborener, der im Testament übergangen worden war, zur Welt und starb. Bei allzu genauer und übermäßig spitzfindiger Rechtsanwendung ist zwar anzunehmen, das Testament sei umgestoßen; gleichwohl kann der eingesetzte Erbe, wenn das Testament gesiegelt war, den Nachlassbesitz aufgrund des Testaments erhalten und wird das Vermögen

860 Übersetzung: *K/K/R/S-Rüfner.*

> bekommen, wie der vergöttlichte Kaiser Hadrian und auch unser Kaiser auf Anfrage entschieden haben. Daher ist auch den Vermächtnisnehmern und Fideikommissaren das ihnen Zugewendete sicher. Ebenso wird man auch im Hinblick auf ein nicht rechtmäßig errichtetes oder unwirksames Testament entscheiden müssen, wenn der Nachlassbesitz jemandem erteilt wurde, der das Vermögen auch aufgrund gesetzlicher Erbfolge an sich nehmen könnte.[861]

Papinian diskutiert den Fall der Übergehung eines Haussohnes; Freilassungen und Vermächtnisse seien ungültig, sofern der Übergangene seinen Anteil an der Erbschaft einfordert. Schlägt er jedoch aus, so werde der Wille des Erblassers ‚geschützt', Freilassungen und Vermächtnisse damit wirksam.

Ulpian hingegen hatte den Fall eines übergangenen *postumus* zu beurteilen, welcher noch vor dem Testator verstarb. Dem Testamentserben wurde daraufhin die *bonorum possessio* erteilt; er musste damit auch die Einzelverfügungen erfüllen.

Beide Juristen weisen ausdrücklich darauf hin, dass sie gegen überzogene juristische Spitzfindigkeit (*suptilitas*) entscheiden, denn, so Ulpian ausdrücklich: Strenggenommen sei das Testament *ruptum*[862].

Kleiter erklärt die Entscheidungen damit, dass der Grund für die Nichtberücksichtigung des Erblasserwillens nachträglich weggefallen sei und es „einen willkürlichen Formalismus darstellen" würde, „den nach seiner *ratio* nicht einschlägigen Nichtigkeitsgrund gegenüber den im Testament bedachten Legataren, Fideikommissaren und freizulassenden Sklaven dennoch aufrecht zu erhalten." Seiner Ansicht nach ist der Wille des Erblassers nach diesem Verständnis nicht das relevante Entscheidungskriterium für die Korrektur, sondern lediglich ein „zusätzlich verwirklichter Nebeneffekt einer am Zweck des Nichtigkeitsgrundes orientierten Einschränkung."[863] *Babusiaux* wies jedoch überzeugend darauf hin, dass sowohl Papinian als auch Ulpian „auf das Honorarrecht ausweichen", insofern also ein

---

861 Übersetzung: *K/K/R/S-Rüfner.*

862 Für einen Überblick zur Kontroverse (Sabinianer: das Testament ist trotz Vorversterbens ungültig; Prokulianer: das Testament ist in einem solchen Fall gültig; Hadrian, Caracalla und Ulpian: honorarrechtliche Wirksamkeit) siehe nur *Liebs*, Rechtsschulen, in: ANRW II.15 (1976) 253.

863 *Kleiter*, Entscheidungskorrekturen (2010) 99.

„Wechsel der Rechtsgrundlage“ erfolge und keine ‚teleologische Reduktion‘ des Nichtigkeitsgrundes[864].

Der Prätor weist also denjenigen in den Nachlassbesitz ein, der eine den honorarrechtlichen Vorschriften entsprechende Testamentsurkunde vorlegen kann, selbst wenn diese nach *ius civile* kein gültiges Testament enthält; es handelt sich dabei um einen Nachlassbesitz *secundum tabulas*. Zur Beantragung der *bonorum possessio contra tabulas* wurde vergeblich aufgerufen, da derjenige, der sie hätte beantragen können – der Übergangene –, den Nachlass nicht haben will (im Fall Papinians) oder nicht kann, weil er bereits verstorben ist (bei Ulpian). Das Recht zur Beantragung der *bonorum possessio contra tabulas* geht auch nicht auf die Intestaterben des *filius praeteritus* über, wenn jenem die Erbschaft nicht angefallen war, weil er vor dem Testator verstorben ist.

Im Lichte dieser Ergebnisse lässt sich auch ein spezieller Fall der bedingten Erbeinsetzung erklären: Die bedingte Erbeinsetzung eines Haussohnes galt nach *ius civile* ebenfalls als *praeteritio* (außer es handelt sich um eine Potestativbedingung bzw. den Fall der Enterbung unter entgegengesetzter Bedingung[865]). Auch sie führte demnach auf Ebene des *ius civile* zur Ungültigkeit des Testaments. Bei anderen Hauserben als gewaltunterworfenen Söhnen galt hingegen die bloße Beisetzung einer Bedingung noch nicht als *praeteritio*, sondern erst ein allfälliger Bedingungsausfall. Während schwebender Bedingung wurde solchen Hauserben – sowie, um ein Ergebnis bereits vorwegzunehmen: offenbar auch bedingt eingesetzten emanzipierten Söhnen – die *bonorum possessio contra tabulas* (für deren Beantragung die Frist zuerst gesetzt wurde) vom Prätor nicht erteilt. Beim darauffolgenden Aufruf zur Beantragung der *bonorum possessio secundum tabulas* konnten sie den entsprechenden Antrag aber, wie oben im Kapitel zu den befristeten oder bedingten Erbeinsetzungen beschrieben, erfolgreich stellen. *Lohsse*[866] hat unter Berufung auf Ulp. 41 ad ed., D. 37, 11, 2, 1 die Vermutung aufgeworfen, dass nach prätorischem Erbrecht auch einem bedingt eingesetzten Haussohn (oder einem *postumus*) die

---

864 *Babusiaux*, Rez. Kleiter, ZRG RA 129 (2012) 758.

865 *Voci*, DER II ^{2}(1963) 635, 638. Vgl. auch oben S. 193. Fn. 659.

866 *Lohsse*, Ulpian D. 37,11,5, in: DG Nishimura (2018) 158.

bonorum possessio secundum tabulas zu erteilen war[867]; nach *Leist*[868] hingegen könne die folgende Stelle nur auf einen emanzipierten Sohn bezogen sein:

> Ulp. 41 ad ed., D. 37, 11, 2, 1: *Si sub condicione heres institutus filius sit, Iulianus peraeque putavit secundum tabulas competere ei quasi scripto bonorum possessionem, qualisqualis condicio sit, etiam si haec ‚si navis ex Asia venerit': et quamvis defecerit condicio, praetor tamen filium, qui admiserit secundum tabulas, tueri debebit ac si contra tabulas acceperit: quae tuitio ei qui emancipatus est necessaria est.*
>
> In dem Fall, dass ein Sohn unter einer Bedingung zum Erben eingesetzt wurde, hat Julian die Meinung vertreten, dem Sohn stehe der Nachlassbesitz ‚Dem Testament folgend' ganz in derselben Weise als testamentarisch bestimmtem Erben zu, wie die Bedingung auch lauten mag, selbst etwa diese: ‚Wenn das Schiff aus Asia kommt'. Und selbst wenn die Bedingung ausgefallen ist, muss der Prätor den Sohn, der sich den Nachlassbesitz ‚Dem Testament folgend' hat erteilen lassen, dennoch schützen, so wie wenn er den Nachlassbesitz ‚Entgegen dem Testament' erhalten hätte. Dieser Schutz ist auch für einen aus der Hausgewalt entlassenen Sohn erforderlich.[869]

Ein ‚*filius*' wurde bedingt als Erbe eingesetzt. Offenbar hat er den Aufruf zur Beantragung der *bonorum possessio contra tabulas* nicht (erfolgreich) genützt, sondern wurde in den Nachlassbesitz *secundum tabulas* eingewiesen[870], wie es bei bedingt eingesetzten Erben allgemein gehandhabt wurde. Fiel nun die Bedingung aus, gleich welcher Art sie gewesen sein mag, so müsse dieser Sohn aber so geschützt werden, als wäre er *contra tabulas* eingewiesen worden;

---

867 IdS. auch *Babusiaux*, Nachlassbesitz, in: HRPR (2023) § 57 Rn. 63, 186 (siehe dazu bereits oben S. 193. Fn. 659).

868 *Leist*, Bonorum possessio II (1848) 165–166.

869 Übersetzung: *K/K/L/R-Kupisch*.

870 Zu beachten ist, dass der Prätor die Fristen jeweils nacheinander setzte: Lag ein Testament vor, welches dem prätorischen Recht entsprach, so erfolgte zunächst der Aufruf, zu Unrecht Übergangene mögen die *bonorum possessio contra tabulas* beantragen. Kam es daraufhin zu keinem (erfolgreichen) Antrag, setzte der Prätor den testamentarisch Eingesetzten eine Frist für die Beantragung der *bonorum possessio secundum tabulas*. Erst wenn auch dieser Aufruf nicht zur Einweisung in den Nachlass führte, wurde auch zur Beantragung der *bonorum possessio ab intestato* aufgerufen; innerhalb der letzten Kategorie sodann zuerst *unde liberi*; dann *unde legitimi*; schlussendlich *unde cognati* und wenn auch das erfolglos war, *unde vir et uxor*. Siehe dazu *Babusiaux*, Nachlassbesitz, in: HRPR (2023) § 57 Rn. 214. Hielt der Prätor hingegen ein ihm vorgelegtes Testament für nichtig oder lag ihm gar keine Urkunde vor, so rief er umgehend nach der Abfolge der Klassen zur Beantragung der *bonorum possessio ab intestato* auf; vgl. *Babusiaux* ibid. 215.

eines solchen Schutzes bedürfe ein *emancipatus*, meint Julian gestützt auf die *aequitas* (insofern argumentiert er vergleichbar Papinian und Ulpian in den beiden oben diskutierten Fragmenten hinsichtlich des ausschlagenden übergangenen Haussohnes bzw. eines vorverstorbenen *postumus*).

Die Wirksamkeit von Einzelverfügungen in einer solchen Konstellation wird in den Digesten einige Fragmente später behandelt. Wie wir bereits oben S. 203 bei der bedingten Erbeinsetzung im Fall von D. 37, 11, 5, 1 gesehen haben, muss ein *filius* – es geht ausweislich des *principium* des Fragments um einen *emancipatus* – hinsichtlich der Vermächtnisse so angesehen werden, als wäre er *contra tabulas* eingewiesen worden, wenn eine Bedingung ausfällt, welche der Erbeinsetzung beigesetzt war. Bestimmte Einzelverfügungen (zugunsten *exceptae personae*, siehe soeben S. 272) habe er daher zu erfüllen. Bedingt eingesetzten Erben, welche bei Bedingungsausfall dazu berechtigt wären, den Nachlassbesitz *ab intestato* zu beantragen, wird der Nachlassbesitz *secundum tabulas* ebenfalls belassen, jedoch werden diese hinsichtlich der Vermächtnisse so angesehen, als wären sie *ab intestato* eingewiesen worden: Sie müssen die Einzelverfügungen nicht erfüllen. Im einen Fall gibt es also zwar ein weiterhin vom Prätor zumindest in Teilen beachtetes Testament, welches allerdings hinsichtlich der Erbeinsetzung nicht mehr Grundlage der prätorischen Einweisung in den Nachlassbesitz sein kann und nur noch für Enterbungen und Vermächtnisse zugunsten bestimmter Personen maßgeblich ist; im anderen Fall ist das Testament gänzlich hinfällig (abgesehen von möglichen Intestatfideikommissen).

Lohsse wies im Zusammenhang mit Ulp. 41 ad ed., D. 37, 11, 2, 1 darauf hin, dass „zusammen mit der auffälligen Tendenz des prätorischen Erbrechts, den testamentarischen Anordnungen weitgehend zur Durchsetzung zu verhelfen", die Ungleichbehandlung zwischen gewaltunterworfenem Sohn und den sonstigen Hauserben „die Entscheidung motiviert haben" dürfte, „auch der gewaltunterworfene Sohn könne bei noch schwebender Bedingung die Erteilung der *bonorum possessio secundum tabulas* beantragen …"[871]. Es dürfte aber beim gewaltunterworfenen Haussohn nicht zu einer solchen Situation gekommen sein, weil er bereits den Nachlassbesitz *contra tabulas* erfolgreich beantragt; zu einem Aufruf der Beantragung der *bonorum possessio secundum tabulas* kommt es diesfalls gar nicht. Der *emancipatus* hingegen gilt auch nach

[871] *Lohsse*, Ulpian D. 37,11,5, in: DG Nishimura (2018) 158.

prätorischem Recht parallel zu Hauserben, die nicht Haussöhne sind, nur als ‚übergangen', wenn die Bedingung ausfällt. Da der Prätor die gewaltfreien und die gewaltunterworfenen Kinder im Rahmen seines Systems aber so weit wie möglich gleich behandelt, fingiert er beim emanzipierten Sohn in einem solchen Fall die Einweisung *contra tabulas*. Die Vermutung *Leists*, die Ausführungen bezögen sich nur auf den *emancipatus*[872], findet aber nicht nur in dieser Überlegung, sondern auch im Schlusssatz Bestätigung[873].

Abschließend ist im Zusammenhang mit der Umdeutung testamentarischer Bestimmungen bei *praeteritio* noch der Fall des Patrons zu nennen, der von einem *libertus* übergangen wurde:

> Pomp. 3 ad Sab., D. 35, 1, 4 pr.: *Si his legatum est, quibus patronus legata praestat, temperare debet praetor condicionem, ut et patrono et heredibus scriptis pro portione dentur condicionis explendae gratia.*
>
> Sind Vermächtnisse Personen zugewendet, denen sie auch der Freilasser [wenn er den Nachlassbesitz ‚Entgegen dem Testament' erhält] leisten muss, dann muss der Prätor eine [solchen Vermächtnissen beigefügte] Bedingung so ändern, dass die Leistung zur Erfüllung der Bedingung dem Freilasser und den im Testament eingesetzten Erben im Verhältnis ihrer Anteile erbracht wird.[874]

Ein Freigelassener hat ein Testament errichtet, in welchem er seinen Freilasser übergangen hat. Stattdessen hat er einen Dritten zum Erben eingesetzt. Außerdem hat er verfügt, dass zu den *exceptae personae* zählende nahe Angehörige – etwa seine Eltern oder Kinder – unter bestimmten Bedingungen etwas erhalten sollen. Sie müssen dem Erben etwas leisten, um im Gegenzug das Vermächtnis zu erhalten; bspw. eine bestimmte Geldsumme geben, um im Gegenzug einen Nachlassgegenstand zu bekommen. Der Freilasser wird in die *bonorum possessio contra tabulas* hinsichtlich des ihm gebührenden Anteils eingewiesen. Er ist daher durch die Vermächtnisse zugunsten der *exceptae personae* beschwert, umgekehrt aber auch in Höhe seines Anteils durch die Bedingung begünstigt. Um dieses Ziel zu erreichen, muss der Prätor die

---

872 *Leist*, Bonorum possessio II (1848) 165–166.

873 AA. *Meinhart*, Bedingte Erbeinsetzung des Haussohnes, in: Studien Kaser (1973) 129, die den Schlusssatz als Glossem wertet.

874 Übersetzung: *K/K/L/R-Luig*.

Bedingung ‚modifizieren' (*temperare debet praetor condicionem*). Es kommt insofern zu einer ‚Umdeutung der Person des Begünstigten'.

2. *Praeteritio* durch Frauen

Bei der Enterbung wurde zwischen Frauen und Männern nicht nur im Hinblick auf den oder die Enterbte/n unterschieden, sondern es bestanden überdies Unterschiede hinsichtlich des oder der Testierenden: Die Vorschriften des *ius civile* für die Gültigkeit des Testaments und die Voraussetzungen für die Einweisung in den Nachlassbesitz nach oder gegen die Testamentsurkunde nach prätorischem Recht differenzierten nach dem Geschlecht des oder der letztwillig Verfügenden. Bei Frauen bedurfte es mangels Fähigkeit, Hauserben zu haben, rechtlich generell keiner *exheredatio*; dementsprechend kam etwa ein Schweigen der Mutter[875] (später auch: des Großvaters mütterlicherseits) der ausdrücklichen Enterbung durch den Vater gleich[876]. Es gibt in diesen Fällen daher prinzipiell keine zur *bonorum possessio contra tabulas* führende *praeteritio*[877], sehr wohl aber die Möglichkeit einer Querel wegen pflichtwidrigen Testaments[878]. Ist diese erfolgreich, so kommt es in der Regel zur anschließenden Erteilung der *bonorum possessio ab intestato* und es sind dementsprechend auch Einzelverfügungen des betreffenden Testaments hinfällig.

Eine Reihe von Texten belegt jedoch Fälle einer Übergehung durch die Mutter, welche zwar nicht pflichtwidrig erschien, aber dennoch einen Anspruch zugunsten des Übergangenen entstehen ließ; dies allerdings – weswegen sich diese Fälle schlecht in das Bild der Querel einfügen – unter Aufrechterhaltung von Vermächtnissen sowie Freilassungen. Chronologisch beginnen die Belege mit einer Entscheidung Septimius Severus und Caracallas:

---

875 Siehe zu den *officia pietatis* einer Mutter im Testamentsrecht aber die Darstellung bei *Roggia*, Testamentary Officia and the Mother's Identity, IRIS 22 (2009) 27–34.

876 Zudem waren Soldaten bezüglich der Regelungen zur notwendigen ausrücklichen Enterbung ‚privilegiert': Bei ihnen galt bloßes Schweigen ebenfalls als wirksame Enterbung und nicht als *praeteritio*. Vgl. Gord. A. Valerio, C. 6, 21, 9 (a. 238); Pilipp. A. et C. Iustino mil., C. 6, 21, 10 (a. 246); Inst. 2, 13, 5.

877 So auch audrücklich Paul. 41 ad ed., D. 37, 4, 4, 2.

878 Es gibt sogar Vermutungen, dass hier überhaupt der Ursprung der Querel liegt: Siehe *Roggia*, Testamentary Officia and the Mother's Identity, IRIS 22 (2009) 30, anknüpfend an *Gans*, Dello svolgimento del diritto di successione nella storia romana (1851) 89.

Impp. Severus et Antoninus AA. Ianuario, C. 3, 28, 3: *Si mater filiis duobus institutis tertio post testamentum suscepto, cum mutare idem testamentum potuisset, hoc facere neglexisset, merito utpote non iustis rationibus neglectus de inofficioso querellam instituere poterat.* 1. *Sed cum eam in puerperio vita cessisse proponas, repentini casus iniquitas per coniecturam maternae pietatis emendanda est. quare filio tuo, cui nihil praeter maternum fatum imputari potest, perinde virilem portionem tribuendam esse censemus, ac si omnes filios heredes instituisset.* 2. *Sin autem heredes scripti extranei erant, tunc de inofficioso testamento actionem instituere non prohibetur. PP. VIII k. Iul. Laterano et Rufino cons.* [a. 197]

Wenn eine Mutter zwei Söhne als Erben eingesetzt, nach Testamentserrichtung einen dritten geboren und ihr Testament nicht geändert hat, obwohl sie es hätte ändern können, dann kann [der dritte Sohn] zu Recht die *querela inofficiosi testamenti* erheben, weil er ja nicht aus gerechten Gründen unberücksichtigt geblieben ist. 1. Weil du aber vorbringst, dass sie im Wochenbett gestorben sei, muss die durch das unvorhergesehene Unglück verursachte Ungerechtigkeit durch die Vermutung der mütterlichen *pietas* ausgeglichen werden. Deshalb meinen wir, dass deinem Sohn, welchem man nichts zurechnen kann außer das Schicksal der Mutter, ebenso ein Kopfteil zuzuteilen ist, als hätte sie alle ihre Söhne als Erben eingesetzt. 2. Wenn aber die eingesetzten Erben Außenstehende waren, dann wird er nicht davon abgehalten, die *querela inofficiosi testamenti* zu erheben.

Im Fall des *principium* wird die Entscheidung wiedergegeben, wie sie lauten würde, hätte die Mutter ihr Testament, in welchem sie ihre beiden zuvor geborenen Söhne zu Erben eingesetzt hatte, nach der Geburt eines dritten Kindes nicht geändert, obwohl sie es hätte ändern können. Gegen dieses Testament könnte das dritte Kind querelieren[879]. In § 1 hingegen ist der tatsächliche Fall geschildert: Die Mutter konnte ihr Testament nicht ändern, weil sie im Wochenbett verstorben ist. Es wird die Entscheidung für den Fall mitgeteilt, dass im ursprünglichen Testament – gleich dem Fall des *principium* – die Geschwister des Übergangenen eingesetzt waren. Das dritte Kind kann diesfalls zwar keine Querel erheben (bzw. der anfragende Vater nicht für seinen Sohn), es erhält jedoch neben seinen Geschwistern einen Kopfteil. In § 2 wird für den Fall, dass nicht Geschwister, sondern *extranei* als Testamentserben eingesetzt waren, die Entscheidung mitgeteilt, dass diesfalls eine Querel wiederum möglich sei.

---

879 Vgl. auch PS. 4, 5, 2.

Roggia erkennt in dieser Entscheidung eine Korrektur der *iniquitas casus*, welche auf der Idee der Konformität nicht nur der Entscheidungen der Mutter, sondern auch ihrer Intentionen mit ihrem *officium pietatis erga filios* beruhe; und zwar ganz besonders im Zusammenhang mit dem Testament als letztem Beweis ihrer moralischen Werte[880].

Hat sie auch im ursprünglichen Testament ihre bis zur Errichtung des betreffenden Testaments geborenen Kinder eingesetzt, so wollte sie einerseits alle ihre Kinder als ihre Erben haben, andererseits diese aber auch mit den übrigen Verfügungen des Testaments belasten. Folgerichtig erscheint es daher, dass sie auch ihr erst später hinzugekommenes Kind neben den Geschwistern als Universalsukzessor am Nachlass beteiligt und zugleich mit den Einzelverfügungen belastet hätte wissen wollen. Es wird daher neben den Geschwistern zu einem Kopfteil in den Nachlassbesitz eingewiesen, obwohl es im Testamentswortlaut nicht genannt ist und daher auch nicht Erbe nach *ius civile* werden konnte. In § 1 ist – anders als in § 2 im Fall des eingesetzten *extraneus* – von einer Querel nicht die Rede, lediglich von einer Anpassung *per coniecturam maternae pietatis*[881]. In Zusammenschau mit § 2 ist hier auch eher eine Gegenüberstellung zu vermuten und es würde die anteilige Einweisung des Übergangenen *contra tabulas* neben der sodann in einem zweiten Schritt erfolgenden Einweisung der eingesetzten Geschwister *secundum tabulas* viel besser passen[882]; das dürfte dem Willen der Erblasserin, der nichts vorzuwerfen ist, zudem am ehesten entsprechen. Hatte die Frau

---

880 *Roggia*, Testamentary Officia and the Mother's Identity, IRIS 22 (2009) 29–30.

881 Zu einem weiteren Fall der *coniectura pietatis* siehe Pap. 9 resp., D. 35, 1, 102: Der Erblasser hatte einen Sohn und einen Enkel (von einem anderen Sohn) als Erben eingesetzt. Seinen Enkel bittet er fideikommissarisch, dessen Erbportion dem Sohn (dh. aus Sicht des Enkels: dem Onkel) herauszugeben, falls er (der Enkel) vor Erreichen des 30. Lebensjahres sterben würde. Das geschieht zwar, doch hinterlässt der Enkel eigene Kinder; weil der Testator an diese Möglichkeit offenbar nicht gedacht hatte, wurde es den Kindern des Fideikommissbeschwerten als Erben nach ihrem Vater erlassen, die Erbschaft an ihren Großonkel herauszugeben. Die Bedingung für das Fideikommiss (‚wenn der Neffe vor Erreichen des 30. Lebensjahres stirbt') ist *coniectura pietatis* ausgefallen; dies infolge der Fiktion, die Einschränkung ‚außer der Neffe wird eigene Kinder haben' sei zwar diktiert, nicht aber geschrieben worden (*quod minus scriptum, quam dictum fuerat, inveniretur*). Siehe dazu *Harke*, Testamentsauslegung, in: Argumenta Papiniani (2013) 71.

882 *Coppola Bisazza*, Contra voluntatem defuncti ^{2}(2019) 58–59 unter Hinweis auf das *ius adcrescendi in partem*, welches bei Gai. 2, 124 Erwähnung findet.

hingegen einen Außenstehenden als Erben eingesetzt und jenen mit Vermächtnissen, Freilassungen etc. belastet und bringt dann ein Kind zur Welt, zu dessen Gunsten sie nicht mehr testamentarisch disponieren konnte, so wird vermutet, dass sie diesem Kind die gesamte Erbschaft zukommen lassen wollte, zugleich aber nicht vermutet, dass sie ihr Kind ebenso mit Einzelverfügungen beschwert hätte wie den *extraneus*. Das Testament musste daher beseitigt werden, was sich allerdings nur mittels Querel erreichen ließ. Über die gänzliche Aufhebung des Testaments mussten die Hundertmänner förmlich entscheiden; so weit reichten die Kompetenzen des Prätors nicht. Nach der Aufhebung des Testaments im Zentumviralverfahren konnte das Kind sodann vom Prätor die *bonorum possessio ab intestato* erhalten. Ob die Frau auch noch weitere Kinder hatte, welche sie zwar nicht als Erben eingesetzt, aber doch möglicherweise anderweitig testamentarisch bedacht hatte, wird nicht mitgeteilt und bleibt offen[883].

Besondere Behandlung erfuhr auch der Fall der irrtümlichen Übergehung, wenn die Mutter der falschen Annahme unterlag, ihr Kind sei nicht mehr am Leben. Im Zusammenhang damit steht ein bereits oben S. 163 in anderem Zusammenhang angesprochener Paulus-Text, welcher an ein pseudo-ulpianisches Fragment anzuschließen scheint:

> Ulp. 6 op., D. 5, 2, 27, 4: *De testamento matris, quae existimans perisse filium alium heredem instituit, de inofficioso queri potest.*

> Das Testament einer Mutter, die im Glauben, ihr Sohn sei umgekommen, einen anderen als Erben eingesetzt hat, kann wegen Pflichtwidrigkeit angegriffen werden.[884]

---

883 Dass auch in dieser Variante davon auszugehen ist, dass die Frau (schon bei Testamentserrichtung) weitere Söhne hatte, welche sie ebenfalls nicht eingesetzt hatte, sodass offenkundig sei, dass sie ihre Kinder nicht als Erben haben wollte, ist – anders als *Haß*, Institutio und substitutio heredis (1995) 29 meint – aus dem Text nicht abzulesen. Auch sein Interpolationsverdacht kann sich auf keine überzeugenden Argumente stützen. *Wieling*, Testamentsauslegung (1972) 203 kann ebenfalls nicht gefolgt werden, wenn er meint, die Mutter habe ihr Kind übergehen wollen, wenn sie einen *extraneus* eingesetzt habe. Hat sie noch kein Kind und kann sie ihr Testament nach der Geburt nicht mehr ändern, so kann eine bewusste Übergehung nicht unterstellt werden. Mögliche ältere Geschwister konnte sie auch durch Einzelverfügungen begünstigt haben.

884 Übersetzung: *B/K/K/S-Wieling*.

Paul. l. s. de septemvir. iud., D. 5, 2, 28: *Cum mater militem filium falso audisset decessisse et testamento heredes alios instituisset, divus Hadrianus decrevit hereditatem ad filium pertinere ita, ut libertates et legata praestentur. hic illud adnotatum quod de libertatibus et legatis adicitur: nam cum inofficiosum testamentum arguitur, nihil ex eo testamento valet.*

Als eine Mutter die falsche Nachricht empfangen hatte, ihr Sohn, ein Soldat, sei umgekommen, und im Testament andere als Erben einsetzte, entschied der vergöttlichte Hadrian, die Erbschaft stehe dem Sohn in der Weise zu, dass Freilassungen und Vermächtnisse geleistet werden müssen. Hieran ist hervorzuheben, was über die Freilassungen und Vermächtnisse hinzugefügt ist; denn wenn ein Testament als pflichtwidrig erwiesen wird, bleibt von diesem Testament[885] nichts wirksam.

Die bei Paulus überlieferte Entscheidung Hadrians scheint von den sonstigen Fällen der Querel, in welchen das Testament vollständig beseitigt wurde, abzuweichen: Im Fall der Mutter, die ihren Sohn übergangen hatte, weil sie dachte, er sei bereits verstorben, werden die Freilassungen und Vermächtnisse geschuldet. Der Grund für dieses Ergebnis dürfte gewesen sein, dass keine *pietas*-Verletzung vorliegt, weil die Übergehung – die aber bei der Mutter idR. nicht zur Erteilung der *bonorum possessio contra tabulas* führt, weil eine Frau keine *sui* hat – auf einem Irrtum beruht. *Sanguinetti* spricht daher mangels Verletzung des *officium pietatis* von einer Querel auf Grundlage der *aequitas*[886], *Negri* von ‚objektiver' Inoffiziosität[887]. *Di Lella* verneint demgegenüber die Querel und meint, es sei lediglich der Irrtum saniert worden[888].

Der durch die Kompilatoren hergestellte Zusammenhang mit dem pseudo-ulpianischen Opinionen-Text erweckt den Eindruck, dass es sich immerhin nach justinianischem Verständnis um eine Umstoßung handelte, diese jedoch

885 Die Übersetzung *B/K/K/S-Wieling* ergänzt an dieser Stelle „eigentlich", doch scheint es gerade darum zu gehen, auf den Unterschied zwischen diesem Fall (mE.: Fall der Einweisung des Übergangenen in die *bonorum possessio contra tabulas*) und dem Fall des infolge Querel umgestoßenen Testaments (Fall der *bonorum possessio ab intestato* infolge der Beseitigung des Testaments) hinzuweisen. Dass bei dem von der Mutter für tot gehaltenen Sohn nach der Ansicht des Paulus eine Querel möglich gewesen sein soll, ergibt sich ausschließlich aus dem durch die Kompilatoren hergestellten Zusammenhang mit dem vorhergehenden Fragment D. 5, 2, 27, 4 aus den nachklassischen pseudo-ulpianischen Opinionen.

886 *Sanguinetti*, Instituendi, SDHI 59 (1963) 267.

887 *Negri*, Clausola codicillare (1975) 289.

888 *Di Lella*, Querela (1972) 234–236.

hier ‚ausnahmsweise' nicht zu einer vollständigen Beseitigung des Testaments der Mutter führte. Aus Sicht des justinianischen Rechts, welches auch die *actio ad supplendam legitimam* kannte, wäre dieses Ergebnis zu akzeptieren, da auch dann, wenn nur einer von mehreren Miterben querelierte, vom Testament etwas übrig blieb[889]. Für die (wenn auch Spät-)Klassiker hingegen ist anderes zu vermuten: Als Hintergrund des referierten Ergebnisses viel besser passt die Erteilung der *bonorum possessio contra tabulas* zugunsten des Sohnes, der vom ‚ungültigen' Testament Einzelverfügungen nach dem vermuteten Erblasserwillen erfüllen musste. Bei der *bonorum possessio ab intestato* infolge erfolgreicher Querel wären auch die Einzelverfügungen beseitigt. Die Palingenesie deutet zwar darauf hin, dass es um Klagen vor dem Zentumviralgerichtshof geht: Paul. l. s. de septemvir. iud., D. 5, 2, 7 steht palingenetisch vor unserem Fragment und behandelt Fragen der Vorbereitung und Übertragung derartiger Klagen; ebenso geht es im palingenetisch nachfolgenden Fragment Paul. l. s. de septemvir. iud., D. 5, 2, 31 einleitend um die ‚Nachfolge' in diese Klage. Das schließt aber nicht aus, dass in einem aus dem dazwischenliegenden Teil der Erörterung entnommenen Fragment gerade in Abgrenzung zu den Rechtsfolgen der Querel darauf hingewiesen wird, dass die Konsequenzen vorliegend andere sind.

Auch im folgenden Fall, welchen wir vergleichend heranziehen wollen, geht es um das Testament einer Mutter:

> Paul. 2 quaest., D. 5, 2, 19: *Mater decedens extraneum ex dodrante heredem instituit, filiam unam ex quadrante, alteram praeteriit: haec de inofficioso egit et optinuit. quaero, scriptae filiae quomodo succurrendum sit. respondi: filia praeterita id vindicare debet, quod intestata matre habitura esset: itaque dici potest eam quae omissa est etiam, si totam hereditatem ab intestato petat et optineat, solam habituram universam successionem, quemadmodum si altera omisisset legitimam hereditatem. sed non est admittendum, ut adversus sororem audiatur agendo de inofficioso: praeterea dicendum est non esse similem omittenti eam, quae ex testamento adiit: et ideo ab extraneo semissem vindicandum et*

---

889 Für eine Interpolation der Fälle von Teilreszission (nur die Gesamtreszission sei klassisch) spricht sich *Ribas-Alba*, Desheredación injustificada (1998) 284–287 aus; generell für Teilreszission im klassischen Recht hingegen *Gagliardi*, Querela (2017) 19–27. Von einer Juristenkontroverse gingen etwa *di Lella*, Querela (1972) 227–229 und schon *Voci*, DER II ²(1963) 693 aus. *Wimmer*, Testamentsanfechtung, in: HRPR (2023) § 55 Rn. 26–40 unterscheidet zwischen „Quellengruppen, a) in denen die Querel von testamentssichernder Wirkung betroffen ist und b) Quellen, in welchen das nicht der Fall ist" (ibid. Rn. 26).

defendendum totum semissem esse auferendum, quasi semis totus ad hanc pertineat. secundum quod non in totum testamentum infirmatur, sed pro parte intestata efficitur, licet quasi furiosae iudicium ultimum eius damnetur. ceterum si quis putaverit filia optinente totum testamentum infirmari, dicendum est etiam institutam ab intestato posse adire hereditatem: nec enim quae ex testamento adiit, quod putat valere, repudiare legitimam hereditatem videtur, quam quidem nescit sibi deferri: cum et hi qui sciant ius suum, eligentes id quod putant sibi competere, non amittant. quod evenit in patrono, qui iudicium defuncti falsa opinione motus amplexus est: is enim non videtur bonorum possessionem contra tabulas repudiasse. ex quibus apparet non recte totam hereditatem praeteritam vindicare, cum rescisso testamento etiam institutae salvum ius sit adeundae hereditatis.

Eine sterbende Mutter hat einen Hausfremden zu drei Vierteln als Erben eingesetzt, eine Tochter zu einem Viertel, eine andere Tochter übergangen: Diese hat wegen Pflichtwidrigkeit geklagt und obsiegt. Ich frage, wie der eingesetzten Tochter zu helfen sei. Ich habe geantwortet: Die übergangene Tochter darf das verlangen, was sie gehabt hätte, wenn ihre Mutter ohne Testament gestorben wäre: Man kann also sagen, dass diejenige, die übergangen wurde, dann, wenn sie die gesamte Erbschaft *ab intestato* verlangt und obsiegt, die Gesamtnachfolge allein haben würde, so als ob die andere auf die gesetzliche Erbschaft verzichtet hätte. Es darf aber nicht gestattet werden, dass die Klage wegen Pflichtwidrigkeit gegen die Schwester wirkt. Außerdem ist zu sagen, dass diejenige, die aufgrund des Testaments antritt, einer Ausschlagenden nicht gleicht: und so kann vom Hausfremden die Hälfte gefordert werden und es ist zu verteidigen, dass ihm die ganze Hälfte wegzunehmen ist, so als würde die ganze Hälfte ihr gehören. Demgemäß wird das Testament nicht völlig unwirksam, sondern die Mutter wird nur zum Teil testamentslos, obwohl ihr letzter Wille wie der einer Geisteskranken verworfen wird. Wenn im Übrigen jemand glauben sollte, dass durch Obsiegen der Tochter das ganze Testament unwirksam wird, ist zu sagen, dass auch die Eingesetzte die Erbschaft *ab intestato* antreten kann: denn diejenige, welche aufgrund eines Testaments antritt, von welchem sie glaubt, dass es wirksam ist, ist nicht als eine anzusehen, die eine gesetzliche Erbschaft zurückweist, von der sie nicht weiß, dass sie ihr anfallen wird: Weil sogar diejenigen, die ihr Recht kennen, es dadurch, dass sie etwas wählen, von dem sie glauben, dass es ihnen zustehe, nicht verlieren. Das ist der Fall beim Freilasser, der den letzten Willen eines Verstorbenen aufgrund einer falschen Annahme befolgt hat: Von ihm kann man nämlich nicht annehmen, dass er die *bonorum possessio contra tabulas* abgelehnt habe. Aus alldem wird deutlich, dass die Übergangene nicht zu Recht die ganze Erbschaft verlangt, weil nach der Aufhebung des Testaments auch der Eingesetzten das Recht gewahrt wird, die Erbschaft anzutreten.[890]

---

[890] Übersetzung: *B/K/K/S-Wieling*.

Die Mutter hat eine Tochter pflichtwidrig übergangen, die andere immerhin auf die Hälfte ihres nach gesetzlichem Erbrecht zustehenden Anteils (bei den zwei Kindern wäre das die Hälfte gewesen) eingesetzt: Eine Tochter sollte nach dem Willen der Testatorin ein Viertel, ein *extraneus* die übrigen drei Viertel erhalten. Die Erbschaft wurde aufgrund dieses Testaments angetreten, offenbar ist auch die Einweisung in den Nachlassbesitz bereits erfolgt. Die übergangene Tochter klagt jedoch erfolgreich wegen Pflichtwidrigkeit: Das Testament wurde umgestoßen. Fraglich war nun, ob – oder: wie – die Eingesetzte, welche die Erbschaft ja aufgrund des nunmehr umgestoßenen Testaments und nicht als Intestaterbin bereits angetreten bzw. den Nachlassbesitz *secundum tabulas* erhalten hatte, nach der Umstoßung neben der Übergangenen ihren Anspruch auf den Nachlass sichern könne. Aufgrund der Schwierigkeit der Interpretation des Textes (vor allem im Hinblick auf die Antwort des Paulus auf die ihm gestellte Rechtsfrage[891]) ist das in der mittelalterlichen Literatur als *lex Mater* zu den *leges damnatae* gezählte und *crux iuris* titulierte Fragment[892] ebenso verrufen[893] wie gerade deshalb reizvoll.

Der Lösungsweg erscheint verschlungen. Paulus beginnt zunächst mit der noch per se unproblematischen Feststellung, dass die Übergangene nach der Umstoßung ihren Intestaterbteil verlangen könne. Das könne jedoch dazu führen, so Paulus weiter, dass sie Alleinerbin würde, wenn sie nämlich mit der Querel die gesamte Erbschaft *ab intestato* verlange[894] und vor Gericht obsiegt habe. Es sei jedoch nicht sachgerecht, dass die Pflichtwidrigkeit der einen Tochter gegenüber dazu führe, dass nunmehr die andere leer ausgehe;

---

891 Das betonen etwa *Tort-Martorell Llabres*, Le testament d'une femme, RIDA 43 (1996) 315 und *di Lella*, Querela (1972) 211 Fn. 59.

892 So bspw. *Boyé*, La loi mater, TR 5 (1924) 464 mit Fn. 2; *la Pira*, Successione (1930) 461 Fn. 1 (ibid. auch zu einer Gegenüberstellung mit den Basiliken).

893 Die zahlreichen Interpolationsannahmen müssen an dieser Stelle nicht allesamt wiederholt und einzeln widerlegt werden. Siehe dazu nur *di Lella*, Querela (1972) 212–213 Fn. 60; *Tort-Martorell Llabres*, Le testament d'une femme, RIDA 43 (1996) 315–342; *dies.*, Aportación de Papiniano, in: Liber Amicorum Miquel (2006) 983–1003. Erwähnenswert ist immerhin einerseits die Gegenüberstellung mit P. Heid. 1272: Der Papyrus enthält griechische Glossen zu lateinischem Text, darunter auch ein *folio* der paulinischen *quaestiones*. Diese dürften vorjustinianisch sein und könnten im Zuge der Kompilation in den Text geraten sein. Siehe dazu *Boyé*, La loi mater, TR 5 (1924) 464–488. Vgl. andererseits auch *Voci* DER II [2](1963) 698 zu der Vermutung, der gesamte Auszug stelle eine nachklassische Epitome des paulinischen Textes dar.

894 Zur Terminologie (*vindicare*) siehe *Marrone*, Querela (1962) 149–151.

deshalb sei der Schwester gegenüber die Querel nicht zulässig. Paulus gelangt zu der Auffassung, dass die Mutter nur teilweise testamentslos werde. Selbst wenn man meine, die Mutter werde vollständig testamentslos, sei zu sagen, dass auch die eingesetzte Tochter das Recht hätte, die Erbschaft *ab intestato* anzutreten.

Es treffen hier die beiden bei Sev./Anton. AA. Ianuario, C. 3, 28, 3 (a. 197) behandelten Varianten gewissermaßen in einem Fall zusammen und es liegt obendrein eine vorwerfbare Pflichtwidrigkeit hinsichtlich der Übergangenen vor: Es ist sowohl eine Schwester als auch ein *extraneus* eingesetzt. Oben haben wir vermutet, dass das nach der Testamentserrichtung geborene Kind, welches von der Mutter – ohne dass jener ein Pflichtwidrigkeitsvorwurf gemacht werden konnte – übergangen wurde, weil sie kein neues Testament mehr errichten konnte, neben eingesetzten Geschwistern mittels anteiliger Einweisung in den Nachlassbesitz an der Erbfolge unter Aufrechterhaltung des Testaments samt der darin enthaltenen Einzelverfügungen teilnimmt, beim *extraneus* hingegen das Testament infolge der hier zugelassenen Querel vollständig beseitigt wurde und das übergangene Kind den Nachlass unbelastet erhielt. Im Fall von Paul. 2 quaest., D. 5, 2, 19 hat die Mutter hingegen eine bereits existierende Tochter übergangen und sowohl eine andere Tochter als auch einen *extraneus* eingesetzt.

Die Übergangene hat in dem bei Paulus diskutierten Fall nach dem bereits erfolgten Antritt der Testamentserben mittels *querela inofficiosi testamenti* geklagt. Tatsächlich wird in dem Prozess festgestellt, dass das Testament pflichtwidrig und dementsprechend umzustoßen ist. Offenbar hat die Übergangene nicht nur den *extraneus*, sondern auch ihre Schwester geklagt, denn es wird explizit danach gefragt, wie der Eingesetzten (dh. der im Testament ausreichend bedachten Tochter) zu helfen sei[895]. Ihr kann die Übergangene nichts wegnehmen, gegen die Eingesetzte wird sie ‚nicht gehört' (*non est admittendum, ut adversus sororem audiatur agendo de inofficioso*). Von dem auf drei Viertel eingesetzten *extraneus* könne die übergangene Tochter hingegen die ihr kraft Intestaterbrechts zustehende Hälfte verlangen; und zwar ‚die

---

[895] *Marrone*, L'efficacia pregiudiziale, AUPA 24 (1955) 71 verdächtigt das Fragment gerade deshalb, weil nicht gesagt wird, gegen wen geklagt werde: „contro l'altra filia o contro l'estraneo? Oppure tutti e due?"; *Gagliardi*, Querela (2017) 168 meint, dass nur der *extraneus* geklagt wurde.

ganze Hälfte' – wenn auch nicht ,die ganze Erbschaft' – ,als würde sie ihr gehören' (*ab extraneo semissem vindicandum et defendendum totum semissem esse auferendum, quasi semis totus ad hanc pertineat*).

Was meint Paulus nun damit, dass die Mutter nur *pro parte* testamentslos versterbe? Klar dürfte nach dem Ausgeführten sein, dass die eingesetzte Tochter das testamentarisch zugewendete Viertel behält, da dieses auch in der Intestatquote (in Höhe der Hälfte) enthalten wäre und sie nicht auf die Erbschaft verzichtet hatte. Nicht ausdrücklich behandelt wird die Frage, was mit dem beim *extraneus* verbleibenden Viertel nach der erfolgreichen Klagsführung der Übergangenen auf die Hälfte geschieht: Paulus fragt zwar danach, wie der Eingesetzten zu helfen sei, behandelt bei der Beantwortung dieser Frage jedoch vielmehr die Ansprüche der Übergangenen[896]. Er geht insbesondere auch nicht auf die Frage ein, ob nach der Querel der Übergangenen und dem Wegfall des Testaments auch die Eingesetzte gegen den *extraneus* vorgehen oder dieser das nach der Klage der Übergangenen bei ihm verbleibende Viertel behalten kann.

Wären beide Schwestern übergangen worden, wären beide querelberechtigt gewesen. Jeder von ihnen wäre die Querel auf die halbe Erbschaft gewährt worden. Eine ,Anwachsung' kann dann stattfinden, wenn eine von mehreren Querelberechtigten auf die Erbschaft – daher auch auf die Querel – verzichtet[897]. Würden also beide klagen oder eine auf ihre Klage verzichten, dann wäre das gesamte Testament unwirksam und der *extraneus* könnte nichts behalten. In unserem Fall ist jedoch nur eine Schwester querelberechtigt, diese daher ,auf die gesamte Erbschaft', da sie nicht mit einem anderen Querelberechtigten zusammentrifft. Die Eingesetzte ist von der Querel ausgeschlossen, weil

---

896 Anders betont *Tort-Martorell Llabres*, Le testament d'une femme, RIDA 43 (1996) 321, dass das Resultat der Querel nicht wiedergegeben wird, weil es darum nicht gehe: Paulus stelle fest, dass die Eingesetzte am Nachlass der Mutter partizipiere, es gehe ihm nicht um das Ergebnis der Querel ihrer Schwester.

897 Vgl. dazu Pap./Ulp. 14 ad ed., D. 5, 2, 8, 8: *Quoniam autem quarta debitae portionis sufficit ad excludendam querellam, videndum erit an exheredatus partem faciat qui non queritur: ut puta sumus duo filii exheredati. et utique faciet, ut Papinianus respondit, et si dicam inofficiosum, non totam hereditatem debeo, sed dimidiam petere. proinde si sint ex duobus filiis nepotes, ex uno plures, tres puta, ex uno unus: unicum sescuncia, unum ex illis semuncia querella excludit.* Siehe zu diesem Text rezent *Wimmer*, Testamentsanfechtung, in: HRPR (2023) § 55 Rn. 28–29; *Coppola Bisazza*, Contra voluntatem defuncti ^{2}(2019) 73–74.

ihr testamentarisch sogar mehr zugewendet wurde als notwendig: Von der ihr nach Intestaterbrecht[898] zustehenden Hälfte hätte ihr nach der *lex Falcidia* nur ein Viertel unbelastet zugewendet werden müssen, also insgesamt ein Achtel, was auch auf die Querelpraxis eingewirkt hat. Dennoch schmälert das Vorhandensein anderer, nicht querelberechtigter potentieller Intestaterben die Querel der dazu Berechtigten indirekt, da sie nach der Umstoßung nicht mehr als das erhalten soll, was sie bei völlig testamentslosem Versterben der Mutter gehabt hätte. Nach Paulus ist die Mutter daher (insofern) ‚nur zum Teil testamentslos, obwohl ihr letzter Wille wie der einer Geisteskranken verworfen wird': Die eingesetzte Tochter kann das ihr Zugewendete im Ergebnis behalten. Der Jurist verweist aber darauf, dass selbst derjenige, welcher die Meinung vertrete, dass die Mutter vollständig testamentslos versterbe, der Eingesetzten *ab intestato* den Anteil am Nachlass zusprechen müsse.

Länger ausgeführt wird der Umstand, dass die Eingesetzte durch ihren Antritt aufgrund des Testaments nicht auf ihren Intestaterbteil verzichtet habe. Als Vergleichsfall wird der eines Freilassers herangezogen, der nicht auf den Nachlassbesitz *contra tabulas* verzichte, nur weil er – vermeintlich wirksamen – testamentarischen Anordnungen Folge leistete. Die Argumentation in diesem Fall setzt jedoch auf anderer Ebene an: Der Freilasser hat noch nicht angetreten. Er leistet zwar den letztwilligen Anordnungen seines Freigelassenen schon vor einem möglichen Antritt Folge; als der Prätor jedoch die Frist zur Beantragung der *bonorum possessio contra tabulas* setzt (erst danach hätte er die Frist zur Beantragung der *bonorum possessio secundum tabulas* gesetzt), meldet der Freilasser seine Ansprüche an: Weil er sich zunächst im Irrtum über die Gültigkeit des Testaments befunden hatte, habe er durch die dem Testament entsprechende Handlung nicht auf seinen Anspruch bzgl. der *bonorum possessio contra tabulas* verzichtet. Der Rechtsirrtum schadet ihm

---

898 Zum Intestaterbrecht der Kinder nach der Mutter siehe nur *Meinhart*, Senatusconsulta (1967). Gemäß dem *SC Orfitianum* (178 n. Chr.) sind Kinder nach ihrer Mutter *unde legitimi* zu berufen. Siehe den chronologisch vorangehenden Text Marcel. 3 dig., D. 5, 2, 5 (*Nam et his, qui non ex masculis descendunt, facultas est agendi, cum et de matris testamento agant et optinere adsidue soleant. …*) sowie den jüngeren Text Pilipp A./Philipp. C. Aphrodisiae, C. 3, 28, 15 ([a. 245] *Filiam praeteritam a matre ad successionem eius citra inofficiosi querellam adspirare non posse explorati iuris est*). Dazu *Tort-Martorell Llabres*, Le testament d'une femme, RIDA 43 (1996) 327.

nicht, denn es müsste ein bewusster Verzicht sein, der ihn von der *bonorum possessio contra tabulas* ausschließen würde.

Die übergangene Tochter hingegen konnte die *bonorum possessio contra tabulas* nicht beantragen, weil sie einerseits nicht zu den übergangenen *sui heredes* gehört, welche ihre Mutter als Frau nicht haben konnte[899], und andererseits auch keine Übergehung ohne Pflichtwidrigkeitsvorwurf vorlag, welcher in den oben referierten Fällen zu einer Einweisung in die *bonorum possessio contra tabulas* infolge des hypothetischen Erblasserwillens bei eingesetzten Geschwistern geführt haben dürfte. Die *bonorum possessio secundum tabulas* konnten nur die eingesetzte Tochter und der *extraneus* beantragen. Zur Frage der *bonorum possessio ab intestato* kommt es daher zunächst nicht. Erst nachdem die übergangene Tochter mit ihrer *querela inofficiosi testamenti* erfolgreich ist, kommt die Frage in den Blick, wer antragsberechtigt für die *bonorum possessio ab intestato* wäre. Weil die Eingesetzte bereits die *bonorum possessio secundum tabulas* beantragt und erhalten hat, könnte ihr zu unterstellen sein, dass sie damit auf die *bonorum possessio ab intestato* verzichtet habe. Weil das aber nicht der Fall sei – sie könne nicht auf etwas verzichten, von dem sie noch gar nicht weiß, dass es ihr zustehen könnte –, ist sie potentiell antragsberechtigt, trifft daher mit der übergangenen Schwester zusammen und ‚schmälert' damit deren Anteil auf die Hälfte. Mehr kann die Übergangene nicht fordern.

Tort-Martorell Llabres sieht durch die Entscheidung des Paulus die Konsequenzen der *querela inofficiosi testamenti* jenen der *bonorum possessio contra tabulas* angenähert. Das sei der Grund für eine partielle Aufhebung statt der vollständigen Vernichtung des Testaments[900]. Die Eingesetzte könne ihren Anteil auch nicht bis zur Höhe des Intestaterbteils auffüllen, indem sie gegen den *extraneus* vorgeht; sie müsse ihn vielmehr neben sich dulden, wie es auch im Falle der Gültigkeit des Testaments der Fall gewesen wäre. Die Entscheidung des Paulus wirke sich damit auch auf die Einzelverfügungen aus: Soweit sie das testamentarisch vorgesehene Viertel der eingesetzten Tochter betreffen, müssten solche konsequenterweise gültig sein und auch der dem *extraneus* zugewendete Erbteil könne nicht völlig lastenfrei bei ihm verbleiben: Seine

---

899 Siehe nur Paul. 41 ad ed., D. 37, 4, 4, 2: *Ad testamenta feminarum edictum contra tabulas bonorum possessionis non pertinet, quia suos heredes non habent.*

900 *Tort-Martorell Llabres*, Le testament d'une femme, RIDA 43 (1996) 328–329, 341–342.

Verpflichtungen würden jedoch auf ein Drittel reduziert, wie sich schließlich auch seine Begünstigung um zwei Drittel vermindert habe.

Davon sagt der Text jedoch nichts. Wurde das Testament als das einer *quasi furiosa* umgestoßen, so dürfte sich das ebenso auf alle Einzelverfügungen durchschlagen wie auf den *extraneus* als Miterben auch gegenüber der an der Querel nicht beteiligten, weil eingesetzten Schwester. Diese könnte sich demnach nach der erfolgreichen Umstoßung des Testaments durch die Übergangene in ihrer Eigenschaft als Intestaterbin mit der *hereditatis petitio* – bzw. nach erfolgreicher Beantragung der *bonorum possessio* (nun: *ab intestato*) eines weiteren Nachlassviertels auch mittels *interdictum quorum bonorum* – an den *extraneus* wenden und von ihm den entsprechenden Anteil fordern[901]. Eine erneute Querel ist weder nötig noch möglich, da einerseits das Testament ihr gegenüber nicht pflichtwidrig war und es andererseits bereits durch die Querel ihrer Schwester umgestoßen ist, die zudem keine Testamentserbin ist[902]. Auf Ebene des *ius civile* ist das Testament beseitigt, doch kann mit Blick auf das prätorische Recht behauptet werden, dass das Testament nicht völlig unwirksam werde, obwohl der letzte Wille der Mutter wie der einer Geisteskranken verworfen wird: Die eingesetzte Tochter wurde in das ihr testamentarisch zugewendete Viertel des Nachlass(besitz)es bereits *secundum tabulas* eingewiesen; dieses darf sie behalten. Zusätzlich kann sie aber *ab intestato* noch das beim *extraneus* verbliebene Viertel beanspruchen, ganz so, wie ihre übergangene Schwester die ihr zustehende Hälfte *ab intestato* erhält. Die teilweise ‚Wirksamkeit' des Testaments betrifft ausschließlich die eingesetzte Tochter und auch jene ausschließlich insofern, als sie Erbin wird und bleibt, nicht aber etwa den *extraneus* oder Einzelverfügungen, auch nicht solche, mit welchen die eingesetzte Tochter im Testament belastet worden wäre.

---

901 Anders *Wimmer*, Testamentsanfechtung, in: HRPR (2023) § 55 Rn. 31: Der *extraneus* profitiere von der testamentssichernden Wirkung der Einsetzung einer Tochter zu 1/4 in Höhe ihrer Intestatportion von 1/2. Der (zudem wohl nachklassische) Opinionen-Text Ulp. 5 op., D. 5, 2, 29, 2, auf welchen *Wimmer* sich ibid. Rn. 40 stützt, ist insofern keine taugliche Parallele, als es dort infolge der Erledigung durch Vergleich gerade nicht zur Umstoßung kommt. Ebensowenig der justinianische Text C. 3, 28, 35, 2 (a. 531), welchen *Wimmer* ibid. Fn. 152 zur weiteren Untermauerung anführt, der jedoch den Rechtszustand des 6. Jh. vor Augen hat.

902 Anders *Ribas-Alba*, D. 5.2.19, IVRA 39 (1988) 86–90.

3. *Exheredatio*

Sui heredes instituendi sunt vel exheredandi[903]. Wurden *sui heredes* nicht als Erben eingesetzt, so war ihre Enterbung mit den Worten *exheredes sunto* explizit im Testament anzuordnen. Einen solchen ausdrücklichen Erblasserwillen ‚umzustoßen' war der Prätor nicht in der Lage, selbst wenn die Enterbung nicht sachgerecht erschien; lediglich bei bloß stillschweigender Übergehung konnte er diesen Makel, wie gesehen, durch Erteilung der *bonorum possessio* (*contra tabulas*) sanieren.

In hochklassische Zeit fällt jedoch auch die Anerkennung der bereits angesprochenen Klage, durch welche bei einem ‚pflichtwidrigen' Testament dessen Umstoßung durch die *centumviri* erreicht werden konnte. Seit der späten Republik begann sich die *querela inofficiosi testamenti* nach und nach zu etablieren und schließlich einen einigermaßen klar umrissenen Anwendungsbereich anzunehmen[904]: Zumindest ein Viertel des hypothetischen Erbschaftsanteiles – diese Größe verfestigte sich im Laufe der Zeit infolge der Vorbildwirkung der *lex Falcidia* – musste den potentiellen Intestaterben als eine Art ‚querelausschließende Quart'[905] zugewendet werden, widrigenfalls das Testament als pflichtwidrig galt und angefochten werden konnte. Dieses Viertel konnte per Erbeinsetzung zugewiesen oder auch per Einzelzuwendung/en abgedeckt werden. Fiel das Testament infolge einer erfolgreichen Anfechtung weg, so erteilte der Prätor den Intestaterben die *bonorum possessio ab intestato*. Auch Enterbungen im erfolgreich angefochtenen Testament wurden – anders als bei den eben betrachteten Fällen der *bonorum possessio contra tabulas* infolge Übergehung – nicht berücksichtigt. Es blieb vom ganzen Testament eben nichts mehr übrig und konnte auch nicht durch ‚Umdeutung'

---

903 Zu den Ursprüngen dieses ‚Prinzips' siehe etwa *Sanguinetti*, Instituendi, SDHI 59 (1993) 259–278.

904 Siehe dazu aus der jüngeren Lit. insbes. *Gagliardi*, Querela (2017) mit Rez. *Koch* in ZRG RA 136 (2019) 491–500. Vgl. auch *Coppola Bisazza*, Contra voluntatem defuncti ²(2019) 33–39, 63–72; *Pérez Simeón*, La facultas agendi, IVRA 65 (2017) 239–276; *Buongiorno*, Ad legem Glitiam, ZRG RA 132 (2015) 287–313; *Fercia*, Querela, in: Garofalo, Res iudicata (2015) 287–313; *di Ottavio*, Querela I (2012); *Ribas-Alba*, Desheredación injustificada (1998); *di Lella*, Querela (1972); *Marrone*, Querela (1962). Angekündigt, im Zeitpunkt der Drucklegung aber noch nicht erschienen ist *Wimmer*, Quart und Querel (2025).

905 Begrifflichkeit bei *Wimmer*, Testamentsanfechtung, in: HRPR (2023) § 55 Rn. 23–24 und öfter.

gerettet werden. Sehr wohl Gegenstand der Umdeutungsproblematik ist jedoch die *exheredatio*-Klausel selbst.

a. *Inter ceteros/nominatim*

Nach *ius civile* musste ein Haussohn, wenn er wirksam enterbt werden sollte, namentlich[906] in der Enterbungsklausel erwähnt werden. Der Prätor verlangte honorarrechtlich sogar eine namentliche Enterbung aller männlichen Abkömmlinge, daher auch etwa von Enkelkindern oder Urenkeln, selbst wenn sie emanzipiert sein sollten[907].

Wie etwa *Strobel* konstatierte, findet sich in den ägyptischen Praxisurkunden hingegen ausschließlich die *exheredatio inter ceteros*; *Strobels* Erklärungsansätze hierfür sind die folgenden: a. In den uns überlieferten Fällen gibt es keine Personen, die *nominatim* enterbt werden mussten[908]; oder b. es wurde ein Musterformular verwendet, welches nicht differenzierte und damit ggf. auch gegen das *ius civile* verstieß[909]. Für b. könne es seinerseits unterschiedliche Erklärungen geben: 1. Dies beruht auf einem Versehen des Erstellers des Musterformulars (das wird von *Strobel* als eher unwahrscheinlich gewertet, da sonst im Wesentlichen alle Vorschriften des Römischen Rechts beachtet werden; zudem fanden die Musterformulare über einen langen Zeitraum hinweg Verwendung und auch die Größe Ägyptens spreche gegen diese These) oder 2. die Stellung der Frau sei in Ägypten stärker gewesen, was dazu geführt habe, dass die einheimischen Vorstellungen eine einheitliche Behandlung von Männern und Frauen bei der Enterbung bewirkten. ME würde sich hier aber die Frage stellen, wieso diesfalls nicht alle *nominatim* enterbt wurden,

---

906 Es müssen zwar nicht Familienname, Vorname und Beiname genannt werden (Ulp. 1 ad Sab., D. 28, 2, 1), aber entweder einer dieser Namensbestandteile oder sonst eine individualisierende Bezeichnung; wenn es nur einen Sohn gibt, genügt etwa selbst ‚mein Sohn' (Ulp. 6 reg., D. 28, 2, 2); hat der Erblasser zumindest mit einer Frau nur einen Sohn, genügt bspw. ‚der von Seia Geborene' (Ulp. 1 Sab., D. 28, 2, 3 pr.). Selbst ‚Schmähausdrücke' wurden als ausreichend individuell anerkannt, solange nur eindeutig ist, wer gemeint war; anders bei der Erbeinsetzung, wobei ein beschimpfender Zusatz zu einer sonst eindeutigen Bezeichnung nicht schadete: dazu *Rüfner*, Erbfähigkeit, in: HRPR (2023) § 52 Rn. 9 mit Fn. 18–19.

907 Dazu nur *Voci*, DER II ²(1963) 651 mit Fn. 26; Gai. 2, 135.

908 *Strobel*, Testamentsurkunden (2015) 40.

909 *Strobel*, Testamentsurkunden (2015) 41.

also auch die Frauen; das wäre aus dieser Sicht bedeutend sicherer. *Strobel* schlägt als weitere mögliche Erklärung vor, dass 3. die Praxis generell auf die Unterscheidung innerhalb der *sui heredes* keinen so großen Wert legte, wie die Juristenschriften Glauben machen wollen. In diesem Zusammenhang verweist *Strobel* auch auf die Meinung von *Woeß*, wonach die *exheredatio inter ceteros* die ursprüngliche Enterbungsform war und die *nominatim*-Enterbung der Haussöhne erst eine spätere Entwicklung darstellt[910].

Diese letzte Erklärung steht jedoch in diametralem Gegensatz zu dem Befund *Schanbachers*[911], der mit guten Gründen die Auffassung vertrat, die Enterbung habe zwar ursprünglich unterschiedslos für männliche und weibliche Abkömmlinge denselben Regeln zu gehorchen gehabt, diese hätten jedoch allesamt *nominatim* enterbt werden müssen. War ursprünglicher Zweck der Klausel, sicherzustellen, dass der Testator an die enterbten Personen gedacht und sie bewusst von der Erbschaft ausgeschlossen hat (also über alle potentiellen Erben ‚geurteilt' und sie entweder durch Erbeinsetzung geehrt oder durch Enterbung entehrt hat)[912], so ist diese Entwicklung von einer mit einem bestimmten Sinn ausgefüllten Äußerung im Hinblick auf konkrete Personen

---

910 *Strobel*, Testamentsurkunden (2015) 41 Fn. 101. Siehe idS. auch *Wieling*, Testamentsauslegung (1972) 99 sowie bereits *Schmidt*, Noterben (1862) 57. Vgl. den von *Schmidt* ibid. Fn. 166 als vertrauenswürdig qualifizierten Bericht Justinians in C. 6, 28, 4, 2 (a. 531): *Nam haec corrigentes et maiorum nostrorum sequimur vestigia, qui eandem observationem colere manifestissimi sunt. scimus etenim antea simili modo et filium et alios omnes inter ceteros exheredatos scribere esse concessum, cum etiam centumviri aliam differentiam introduxerunt.* Demzufolge seien zunächst auch *filii inter ceteros* wirksam enterbt worden und erst durch die *centumviri* sei anderes eingeführt worden. *Woeß*, Erbanwärter (1911) 152–177 hatte die Vermutung geäußert, dass die *exheredatio inter ceteros* „die Wurzel des formellen Noterbrechts, nicht erst eine spätere Bildung desselben war; dass sie als Einsetzungsförmlichkeit entstand und, wie ihr allgemeiner Brauch noch in späterer Zeit lehrt, ursprünglich allgemeines Testamentserfordernis war; endlich, dass sich im Akkreszenzrecht und in der Regel *nemo pro parte* eine Erinnerung an diesen ursprünglichen Zustand erhalten hat" (so die Zusammenfassung ibid. 168).

911 Vgl. *Schanbacher*, Rechtsrezeption, ZRG RA 138 (2020) 38. Neuerdings jedoch *Wimmer*, Testamentsanfechtung, in: HRPR (2023) § 55 Rn. 2 wieder für die *exheredatio inter ceteros* als „ursprüngliche Klauselfassung", zu welcher die *nominatim*-Enterbung hinzugebildet worden sei.

912 So bereits *Schmidt*, Noterben (1862) 71. Auch *Weishaupt*, Lex Voconia (1999) 63 verweist darauf, dass die namentliche Enterbung vor Vergessen schützen sollte.

hin zu einer bloßen Stil-Klausel selbst bei Fehlen zu enterbender Personen, welche damit naturgemäß nicht namentlich genannt werden, plausibel.

Auch *Nowak* fiel jedoch auf, dass die *nominatim*-Enterbung zwar in literarischen Quellen, nicht aber in den Papyri belegt ist[913]. Unter Verweis auf *Amelotti*[914] vermutet auch sie, wie *Strobel* mit seinem Erklärungsansatz a. als Möglichkeit erwogen hat, dass es in der Praxis schlicht nicht vorgekommen sei, dass tatsächlich *sui heredes* enterbt wurden; hierzu ist allerdings anzumerken, dass Töchter sehr wohl regelmäßig enterbt wurden, aber auch zu den *sui heredes* gehören würden[915]. Bei ihnen freilich genügte die *exheredatio inter ceteros*, dementsprechend wird diese Vermutung allenfalls auf Haussöhne beschränkt gelten können. Nicht zu vernachlässigen ist aber auch die Möglichkeit, Kinder (selbst Haussöhne) formell zu enterben und ihnen stattdessen die Erbschaft per Universalfideikommiss zukommen zu lassen; dies kann durchaus im Interesse der Kinder geschehen, nicht um sie zu ‚bestrafen'[916]. Die Erklärung, dass faktisch eine Enterbung von *sui* nicht vorkam und dies der Grund für fehlende Belege aus der Praxis ist, vermag daher nicht zu überzeugen.

Nowak vermutet jedoch weiters, dass die Klausel im lokalen Kontext nur die Funktion habe, das Testament als ‚vollständig' zu manifestieren. Ebenso würden schließlich möglichst alle Vermögensgegenstände aufgezählt werden. Diese Vermutung bekräftigt ein rezent aufgefundenes Testament aus Nordafrika, in welchem am Ende der Einzelverfügungen noch ausdrücklich hinzugesetzt wird (Z. 12–13): „... *quidquid mihi excidit de rebus meis quod non nominavi ad heredes meos pertineat* ...“[917]. Vergleichbar einer *exheredatio inter ceteros* nach Aufzählung von Erben als die Vollständigkeit des Testaments hinsichtlich der zu bedenkenden Personen manifestierende Abschlussklausel wäre damit auch hinsichtlich der Nachlassgegenstände festgehalten, dass sie alle verteilt sein sollten.

Nowak meint im Ergebnis, dass es sich bei den lokalen Klauseln – im Gegensatz zu den römischen – vielmehr um Vollständigkeitsklauseln und

913 *Nowak*, Wills (2015) 154.

914 *Amelotti*, Testamento I (1966) 123 geht vom „carattere di una clausola di stile“ aus.

915 Vgl. dazu auch *Champlin*, Final Judgements (1991) 114–120.

916 Siehe nur *Champlin*, Final Judgements (1991) 108–111.

917 AE 2016, 2035.

weniger um Enterbungsklauseln handle[918]. Ob hier wirklich ein Gegensatz zwischen den Testiersitten anzunehmen ist, erscheint jedoch fraglich; auch in einem römischen Testament mag eine solche Klausel ‚zur Sicherheit' hinzugesetzt worden sein, um zum Ausdruck zu bringen oder zu verstärken, dass man ausschließlich den/die Eingesetzten als Erben haben möchte und sich dabei im Klaren darüber ist, dass damit alle anderen von der Erbfolge ausgeschlossen sind.

Obwohl die aus dem athenischen Recht bekannte *apokeryxis* (die ‚Lossagung' eines Vaters von seinem Sohn, welche den Ausschluss aus dem Oikos und damit verbunden die Entziehung des Sohneserbrechts bedeutete) seit Diokletian[919] als solche verboten ist, findet sie sich doch immerhin in vereinzelten ägyptischen Dokumenten – die allerdings keine Testamente darstellen, sondern vielmehr auf solche verweisen – wie auch im syrisch-römischen Rechtsbuch im Zusammenhang mit einer *exheredatio*[920]. Überzeugend vermutete daher *Nowak*[921], dass der Begriff die Bedeutung ‚Enterbung' in sich aufgenommen haben dürfte.

Selbst die Hinzufügung einer Begründung für eine Enterbung, welche ihrerseits zuvor gar nicht beigesetzt worden war, wird als wirksame *exheredatio* gewertet:

> Mod. 8 resp., D. 28, 5, 62: *Qui volebat filiam exheredare, sic testamento comprehendit: ‚te autem, filia, ideo exheredavi, quoniam contentam te esse dote volui': quaero an efficaciter exheredata sit. Modestinus respondit nihil proponi, cur non esset voluntate testatoris exheredata.*

> Jemand, der seine Tochter enterben wollte, drückte sich im Testament folgendermaßen aus: ‚Dich aber, meine Tochter, habe ich enterbt, weil ich wollte, dass du dich mit deiner Mitgift begnügen sollst'. Ich frage, ob sie wirksam enterbt ist. Modestin hat entschieden, es werde nichts dafür vorgetragen, dass sie nicht nach dem Willen des Erblassers enterbt sein sollte.[922]

---

918 *Nowak*, Wills (2015) 155.

919 Diocl./Maxim. AA. Hermogeni, C. 8, 46, 6 (a. 288).

920 Vgl. zum Thema insbes. *Wurm*, Apokeryxis (1972) sowie die Nachweise bei *Nowak*, Wills (2015) 158 in Fn. 185, 187 und 189.

921 *Nowak*, Wills (2015) 158.

922 Übersetzung: *K/K/R/S-Rüfner.*

Obwohl eine *exheredatio* streng genommen fehlt und man damit eine *praeteritio* der Tochter annehmen (und der Prätor sie damit in den Nachlassbesitz *contra tabulas* einweisen) hätte können – was das Testament allerdings nicht nach *ius civile* unwirksam gemacht hätte, da das nur bei übergangenen Haussöhnen der Fall gewesen wäre – entschied Modestin zugunsten des durch die ‚Begründung' zum Ausdruck kommenden Erblasserwillens. Die Tochter hatte zur ‚Abschichtung' eine Mitgift erhalten und sollte deshalb an der Erbfolge nicht mehr teilnehmen.

Die *exheredatio inter ceteros* scheint als Klausel zu einem bloßen Formalismus erstarrt zu sein; hier kann eine Parallele auch zur Hinzufügung von ‚*ex asse*' bei der *heredis institutio* auch bei mehr als nur einem Erben gezogen werden: Alle Belege deuten darauf hin, dass die Phrase ab einem gewissen Zeitpunkt nur noch mechanisch beigefügt worden war[923], ohne dass besondere Gedanken darauf verwendet worden waren, wer oder was konkret damit gemeint sein könnte. Umso mehr muss es als *exheredatio* anerkannt worden sein, wenn explizit Gründe aufgeführt wurden, warum eine bestimmte Person nicht erben sollte, selbst wenn diese Begründung die ‚Blankettformel' im konkreten Fall ersetzt hatte, anstatt sie zu ergänzen.

Eine *nominatim-exheredatio* kam jedoch in folgendem Sinne durchaus vor: Wurden *sui* (wie es ausweislich der Praxisdokumente offenbar üblich war) unter Hinzusetzung einer *cretio*-Klausel (dazu kommen wir im folgenden Abschnitt noch näher) eingesetzt und wurde für den Fall der unterlassenen *cretio* eine *exheredatio*, allenfalls samt Substitutenbestellung, vorgesehen, so handelte es sich ebenfalls um eine bedingte ‚Enterbung'. So sieht es etwa Antonius Silvanus[924] vor, sollte sein Sohn (der allerdings nicht zu den ‚*sui*' im technischen Sinne zählen konnte, weil sein Vater Soldat war) nicht innerhalb der vorgesehenen Frist antreten: Für diesen Fall war seine Enterbung und die Einsetzung seines Onkels (als Substitut) statuiert. Ob es sich im Testament des Numissius Gemellus[925] um die Einsetzung von *sui* handelt, ist freilich ebenfalls unklar, doch liegt das aufgrund der Namen nahe und auch hier begegnet die *exheredatio* für den Fall der unterlassenen *cretio*. Ebenso im

923 Siehe für Beispiele einer *exheredatio inter ceteros* sogar in Fällen, in welchen ohnehin alle potentiellen Noterben eingesetzt worden waren, *Woeß*, Erbanwärter (1911) 164–165.

924 Siehe oben II.1.a.a.

925 Siehe oben II.1.a.c.

britannischen Testamenent[926]. Auch im sogenannten ‚*testamentum Dasumii*'[927] weist Z. 13 auf eine derartige Enterbungsklausel hin.

Dass die *sui* also in den überlieferten Praxisdokumenten eingesetzt und (nur) für den Fall der unterlassenen *cretio* enterbt wurden, liegt nicht fern; dass die *exheredatio inter ceteros* aus Sicht des Testators die Funktion einer ‚Vervollständigung' der Erbeinsetzungen übernahm, vergleichbar der die Einzelverfügungen abschließenden Klausel, wonach alle nicht verteilten Güter den Erben zufallen sollen, ist ebenfalls immerhin wahrscheinlich. Zu einer ‚Umdeutung' kam es, wenn eine Klausel zwar nicht die Formel der *exheredatio* aufwies (‚*exheres esto*'), ein dahingehender Erblasserwille aber eindeutig erkennbar war (wie im Fall der Begründung für eine eigentlich gar nicht erfolgte Enterbung: ‚*exheredavi, quoniam* …').

b. Abhängigkeit vom Verhalten einer anderen Person

Macht der Erblasser die *exheredatio* einer Person vom Verhalten einer anderen Person abhängig, so ist diese Bestimmung nichtig und wird gestrichen. Sie kann aber unter Umständen in eine Bedingung umgedeutet werden:

> Alf. 5 dig., D. 28, 5, 45: *Pater familias testamento duos heredes instituerat: eos monumentum facere iusserat in diebus certis: deinde ita scripserat: ‚qui eorum non ita fecerit, omnes exheredes sunto': alter heres hereditatem praetermiserat, reliquus heres consulebat, cum ipse monumentum exstruxisset, numquid minus heres esset ob eam rem, quod coheres eius hereditatem non adisset. respondit neminem ex alterius facto hereditati neque alligari neque exheredari posse, sed uti quisque condicionem implesset, quamvis nemo adisset praeterea, tamen eum heredem esse.*
>
> Ein Hausvater hatte im Testament zwei Erben eingesetzt, denen er befohlen hatte, innerhalb einer bestimmten Frist ein Grabmal zu errichten. Dann hatte er geschrieben: ‚Wenn einer von ihnen nicht so handelt, sollen alle enterbt sein'. Der eine Erbe hatte die Erbschaft abgelehnt; der andere suchte Rat, ob er, nachdem er das Grabmal errichtet habe, etwa deshalb nicht Erbe sei, weil sein Miterbe die Erbschaft nicht angetreten hatte. Er hat entschieden, niemand könne durch die Handlung eines anderen die Erbschaft verbindlich erwerben oder enterbt werden. Vielmehr sei

[926] Siehe oben II.1.b.
[927] Siehe oben II.2.

jeder Erbe, soweit er selbst die Bedingung erfüllt habe, auch wenn sonst niemand angetreten habe.[928]

Wie die Errichtung des Grabmals den Erben ‚aufgetragen' war, schildert Alfen nicht näher; es war jedenfalls befehlweise angeordnet (*monumentum facere iusserat*). Es dürfte sich dabei zunächst nicht im technischen Sinne um eine Bedingung (etwa: *si monumentum fecerint*), sondern vielmehr um eine Auflage gehandelt haben[929], da der Erblasser zur Sicherstellung explizit eine Enterbung für den Fall der Nichterfüllung verfügte; das wäre bei einer Bedingungskonstruktion nicht nötig gewesen. Da die Enterbung allerdings unter der Bedingung der Nichterfüllung der der Erbeinsetzung hinzugefügten Auflage steht, erhält diese wiederum im Ergebnis gewissermaßen reflexartig Bedingungswirkungen, sodass Alfen im abschließenden Teil im Hinblick darauf von einer *condicio* sprechen kann.

Der Testator schießt bei dieser Konstruktion aber wohl über sein Ziel hinaus: Die Enterbung wird nämlich nicht so formuliert, dass derjenige, welcher nicht auflagegemäß handelt, enterbt sein solle, sondern dass alle enterbt sein sollen, wenn einer nicht auflagegemäß handelt. Das dürfte auf eine Heranziehung der formularmäßigen Klausel der *exheredatio inter ceteros* zurückzuführen sein, welche immerhin insoweit angepasst wurde, als das den Sinn völlig verkehrende ‚*ceteri*' bzw. ‚*ceteri alii*' nicht mitübernommen wurde.

Wir könnten uns den betreffenden Teil des Testaments wohl in etwa wie folgt vorstellen: ‚*Seius et Sempronius ex asse* [Anm.: korrekt wäre freilich *ex semisse*, aber wir vermuten auch hier eine fehlende Anpassung der Vorlage] *mihi heredes sunto. iis heredibus meis monumentum facere iusso. qui eorum non ita fecerit, omnes exheredes sunto.*' Nun wollte jedoch einer – gehen wir im Anschluss an unseren eben gebildeten Beispielsfall von Seius aus – die Erbschaft nicht übernehmen, während der andere – in unserem Beispiel also Sempronius – das Grabmal errichtete. Es fragt sich, ob ihm die Enterbungsklausel schadete, welche darauf abstellt, dass einer der Genannten nicht tat, wie ihm geheißen wurde. Alfen gab die Auskunft, dass niemand ‚durch die Handlung eines anderen die Erbschaft verbindlich erwerben oder enterbt werden' könne. Weil Sempronius die Auflage/Bedingung erfüllt habe, werde

928 Übersetzung: *K/K/R/S-Rüfner*.

929 Anders *Ch. Paulus*, Unsterblichkeit (2018) 173 (= *ders*., Idee der postmortalen Persönlichkeit [1992] 183–184); *Watson*, Succession (1997) 112.

er Erbe. Durch die Erfüllung der Auflage/Bedingung durch Sempronius wurde aber nicht zugleich auch Seius Erbe. Diese Auskunft könnte darauf hinweisen, dass es sich um zwei Hauserben handelte, welche *ipso iure* mit Bedingungserfüllung die Erbschaft erwerben konnten[930]. Oder eine Verbindung der Erbeinsetzungen in der oben vorgeschlagenen Form – also ein regelmäßig falsch hinzugefügtes *ex asse* bei Miterben – hat das möglicherweise nahegelegt. Die für die Miterben einheitliche Einsetzungs- und Enterbungsklausel samt ‚Bedingung' wurde daher in zwei Klauseln umgedeutet, jeweils im Hinblick auf einen Erben: Seius hat die Auflage/Bedingung nicht erfüllt (bzw. trat die Bedingung für die Enterbung ein) und er wurde nicht Erbe; durch Sempronius wurde die Auflage/Bedingung erfüllt (damit fiel die Bedingung für die Enterbung aus), sodass er in die Erbenstellung gelangte.

---

930 AA. *Ch. Paulus*, Unsterblichkeit (2018) 173, der in Fn. 169 (= *ders.*, Idee der postmortalen Persönlichkeit [1992] 183 Fn. 181) auf die Terminologie verweist: *hereditatem permittere* und *adire* sei „so sehr auf den Erbschaftsantritt eines *heres extraneus* bezogen, dass Alfen schwerlich mit ihnen das *ius abstinendi* eines *heres suus* umschreiben wollte"; dass aber die Handlung des einen testamentarisch eingesetzten Erben zur Bedingungserfüllung und damit zumindest theoretisch auch zu einem Erbschaftserwerb des anderen *heres scriptus* führen könnte, macht einen möglichen Von-selbst-Erwerb sehr wahrscheinlich.

VIII. *Cretio*-Klausel und Erbschaftsantritt

Der förmliche Erbschaftsantritt (*cretio*) spielte neben dem *pro herede gerere*[931] eine zentrale Rolle bei der Übernahme des Nachlasses durch den oder die (Außen-)Erben. Auf beiderlei Weise konnte ein *heres voluntarius* seinen Willen, Erbe zu sein, zum Ausdruck bringen. Während die *sui heredes* (bzw. *heredes necessarii*[932]) die Erbschaft *ipso iure* erwarben und allenfalls nach einem bereits erfolgten Erwerb ausschlagen konnten[933], führte im Zweifel

931 Siehe zum Thema monographisch etwa *Calzada González*, Aditio (1995); *Coppola Bisazza*, Pro herede gestio I (1987) und II (1999); *Beduschi*, Hereditatis aditio (1976); *Dulckeit*, Erblasserwille und Erwerbswille (1934). Aus der Aufsatzliteratur vgl. nur *Avenarius*, L'adizione, AUPA 55 (2012) 9–40; *Coppola Bisazza*, Usucapio pro herede, RDR 9 (2011) https://www.ledonline.it/rivistadirittoromano/allegati/dirittoromano11Coppola.pdf; *Rüfner*, Antritt, ZRG RA 127 (2010) 286–295; *Paricio*, Tres modos, Labeo 45 (1999) 244–253; *Castro Sáenz*, Aceptación, IVRA 47 (1996) 43–91.

932 Zur Terminologie Gai. 2, 152.

933 Vgl. Ulp. 61 ad ed., D. 29, 2, 71, 9. *Vogel*, Bedingte Erbeinsetzung von sui heredes, ZRG RA 68 (1951) 496 geht davon aus, dass dem prätorischen *beneficium abstinendi* eine regelmäßige Testiersitte vorangegangen sein müsse, wonach *sui* unter der Potestativbedingung ‚*si velit*' eingesetzt wurden, um „dem *suus* als *heres necessarius* wie einem *heres voluntarius* zu ermöglichen, sich von der Erbschaft fernzuhalten". Allerdings ist mit *Meinhart*, Senatusconsulta (1967) 211 darauf zu verweisen, dass das *beneficium abstinendi* nicht bewirkt haben dürfte, dass der *suus* nicht *heres* wurde; nur von ‚nachteiligen Folgen' (v.a. bei Überschuldung) könne der Prätor ihn befreien, was die Autorin daraus erschließt, dass der Prätor schließlich auch keine Erben schaffen kann. Siehe zum ‚zivilen Pendant des prätorischen *ius abstinendi*', der bedingten

für einen Außenerben nicht nur die wortförmliche Antrittserklärung[934], sondern auch eine formlose Willenserklärung bzw. das bloße äußere Verhalten ‚wie ein Erbe'[935] tatsächlich zur Erbenstellung, wie es schließlich selbst beim ‚Nicht-Erben' durch *usucapio pro herede* nach der überschaubaren Zeit von nur einem Jahr der Fall war[936]. Es brauchte also ohne besondere Vorgaben seitens des Erblassers für die Gültigkeit des Erbschaftserwerbs an sich keines besonderen ‚Aktes' der *aditio*[937].

Sah der Erblasser in seinem Testament jedoch vor, dass eine förmliche *cretio* innerhalb einer bestimmten Zeit zu erfolgen hatte, widrigenfalls die

---

Einsetzung des *suus*, welche aber einen anderen Effekt (nämlich auch auf Ebene des *ius civile* und nicht nur auf der des *ius honorarium*) hatte, *Meinhart*, Bedingte Erbeinsetzung des Haussohnes, in: Studien Kaser (1973) 123, 133, 135 und dazu *Sturm*, Rez. Studien Kaser, ZRG RA 93 (1976) 475. Vgl. *Strobel*, Anfall, Antritt und Ausschlagung, in: HRPR (2023) § 56 Rn. 24–33.

934 Durch die Erklärung des Berufenen, dass er antrete (‚*cerno*'), tritt er zugleich an: *Avenarius*, Gesetzessprache, in: Klauselgestaltungen (2022) 36 sieht darin einen performativen Sprechakt. Siehe auch *ders.*, L'adizione, AUPA 55 (2012) 36–39. Vgl. zum performativen Sprechen insbes. *Manthe*, Agere, in: FS Mayer-Maly (2002) 431–444 sowie rezent *Novitskaya*, Ago and aio, VLR 6 (2022) 56–117.

935 Der berühmte Gaius-Kommentator von Autun erklärt in Frag. Aug. 2, 22, 44–45: 44. *Quid est pro herede gerere? Animum habere capiendae hereditatis. Ergo si aut rem teneat aut praesentibus amicis dicat velle se heredem esse, satisfacit aditioni hereditatis.* 45. *Nam duobus modis ab extraneis heredibus aditur hereditas, aut cretione aut pro herede gerendo. Cretione, ut verba dicatur, pro herede, ut ostendat se animum habere capiendae hereditatis* … Benützte Ausgabe: *Rodríguez Martín* (1998) *ad loc. Avenarius*, L'adizione, AUPA 55 (2012) 14–15 hebt im Anschluss an *Kunkel* hervor, dass ein Antritt ‚*nuda voluntate*' selbst ohne äußere Antrittshandlung erfolgt sein könnte. Auch *Calzada González*, Aditio (1995) 14, 60, 75, 141 betont, dass diese Form des Erbschaftsantritts durch bloße ‚Manifestation' des Antrittswillens klassisch sei.

936 Dazu, dass bei dieser Form der Ersitzung „nicht die *possessio* an einzelnen oder allen in der Erbschaft enthaltenen Sachen, sondern vielmehr ein *usus* bezüglich der Position des *heres* über ein Jahr hinweg Voraussetzung" war, siehe *Domisch*, Besitzübergang (2015) 70–71 mwN. in Fn. 266. IdS. auch *Manthe*, Geschichte [6](2019) 81. Für Zusammenhänge zwischen *pro herede gerere* und *usucapio pro herede* siehe überdies *Avenarius*, L'adizione, AUPA 55 (2012) 21; zum Zusammenhang zwischen der Ersitzung des Eigentums durch den *bonorum possessor* nach den Regeln der *usucapio pro herede* siehe *Babusiaux*, Nachlassbesitz, in: HRPR (2023) § 57 Rn. 7–10.

937 Zu der These, dass die *cretio* die jüngere Antrittsform war und es sich beim Erbschaftserwerb durch *pro herede gestio* um keine eigene ‚Rechtsfigur' gehandelt habe, sondern dass vielmehr von Fall zu Fall entwickelt worden sei, welches Verhalten als Antrittshandlung zu werten ist, siehe *Beduschi*, Hereditatis aditio (1976) 41–49.

exheredatio eintreten und ein Substitut zum Zuge kommen sollte[938], so war ein formloser Erwerb nicht möglich; Gaius empfahl eine solche Vorgabe für hausfremde Erben explizit[939]. Es ist jedoch auch für *sui* eine entsprechende Praxis belegt, die ebenfalls regelmäßig unter einer (Potestativ-)Bedingung – der einer förmlichen *cretio* – eingesetzt bzw. unter der Bedingung enterbt werden, dass sie diese Bedingung nicht erfüllen[940].

Die Überlieferungslage hinsichtlich der *cretio* ist insofern schwierig, als sie im justinianischen Recht abgeschafft wurde[941] und sich dementsprechend im *Corpus iuris* keine direkten Belege finden. Durch Gaius sind wir jedoch auch über die theoretische Seite der belegten Praxis einigermaßen unterrichtet. Die seit Alexander Severus bestehende Möglichkeit, auf Griechisch zu testieren, brachte es späterhin mit sich, dass – nachdem eine wörtliche Übersetzung von *cernere* nicht möglich erschien – stattdessen das dem lateinischen *adire* entsprechende Verb προσέρχεσθαι in der Spät- und Nachklassik gebräuchlich wurde; möglicherweise war es eine Reflexwirkung dessen, dass in der Nachklassik auch im Westen das Rechtsinstitut zunehmend obsolet wurde[942]. Für die Klassik wurde jedoch lange Zeit angenommen, dass die solemne *cretio* während ihres gesamten Verlaufes beibehalten worden ist[943]. Nach radikalem Widerspruch durch *Biondi*[944] – schon zu Beginn der Klassik sei dies nicht mehr üblich gewesen und die Wortformel einem formlosen Antritt gewichen – relativierte *Amelotti* mit einem (wie er selbst sagt: neuen) vermittelnden Ansatz[945]: Es sei tatsächlich schwer vorstellbar, dass auch von der einheimischen Bevölkerung in den Provinzen die lateinische Formel

---

938 Zur darin liegenden dogmatischen Schwierigkeit, ob bei der *institutio cum cretione* in der förmlichen Erbantrittserklärung eine Bedingung zu sehen ist und diese damit entweder zu der Perplexität führt, dass die Erbeinsetzung durch die *cretio* bedingt, die Möglichkeit der *cretio* aber vom Anfall der Erbschaft abhängig ist, oder bei einer Deutung als suspensiv befristete *exheredatio* eine Art „systemfremde Erbeinsetzung auf Zeit" angenommen werden müsste, siehe *Backhaus*, Casus perplexus (1981) 50.

939 Gai. 2, 164.

940 Es handelt sich dann um eine *exheredatio*, nicht um *praeteritio*.

941 Siehe dazu *Kaser*, RP II ^{2}(1975) 526 Fn. 16.

942 Siehe dazu *Amelotti*, Testamento I (1966) 130 mit Fn. 1–2.

943 Siehe nur die Nachweise bei *Voci*, DER I ^{2}(1967) 594.

944 *Biondi*, Degenerazione, in: Studi Solazzi (1948) 67 (= Scritti giuridici III [1965] 545); siehe zum Thema auch *ders.*, DER (1954) 239–244.

945 *Amelotti*, Testamento I (1966) 128–129.

rezitiert worden wäre, eine Degeneration bei gleichzeitiger Beibehaltung in der Praxis (als Ausdruck des typischen Konservatismus der Urkundenschreiber) wahrscheinlich. Gleichzeitig geht er aber davon aus, dass auch die Provinzialen von ihrer rechtlichen Notwendigkeit überzeugt gewesen seien und vermutet daher eine Beurkundung der Vornahme der *cretio* parallel zur Beurkundung von Manzipationen: Wie diese dürfte sie nicht mehr mit allen ihren Elementen tatsächlich vollzogen worden sein, wenngleich die Urkunde dies zu bestätigen scheint.

Einer der Gründe für die Testiersitte, die förmliche *cretio* explizit anzuordnen, dürfte in der Einführung der *lex Iulia de vicesima hereditatium* von 6 n. Chr.[946] liegen. Diese enthielt, auch wenn sie nur *heredes extranei* belastete[947], spezifische Testamentseröffnungsvorschriften[948] und impliziert, weil die Steuer in diesem Zusammenhang auch eingehoben wurde, dass jedes substanzielle Eigentum von Todes wegen mittels geschriebenen und gesiegelten Testaments übergeht. Daraus folgt die Notwendigkeit einer auch schriftlichen Errichtung aus steuerlichen Gründen trotz Mündlichkeit der Manzipation als Grundlage des Libraltestaments. Das Testament musste förmlich eröffnet und die Erbschaft in diesem Rahmen auch mittels *cretio* angetreten werden[949]. Zuständig war der Prätor, der auch über die Einweisung in den Nachlassbesitz entschied und detaillierte Vorschriften dazu in seinem Edikt proponierte; in den Provinzen übernahmen diese Funktion die lokalen

946 Für einen prägnanten Überblick (und insbesondere den Nachweis, inwiefern die beiden ‚Grundpfeiler' der kaiserlichen Macht – die Kontrolle über die Finanzen und das Heer – gerade bei der römischen Erbschaftssteuer zusammentreffen) siehe *Günther*, Vicesima hereditatium, MBAH 24 (2005) 1–30; sowie *ders.*, Vectigalia (2008) 23–94.

947 Vgl. nur *Ch. Paulus*, Unsterblichkeit (2018) 78–79 (= *ders.*, Idee der postmortalen Persönlichkeit [1992] 82).

948 Der Prätor (bzw. Provinzstatthalter) fordert die zusammengerufenen Zeugen dazu auf, ihre Siegel anzuerkennen; tun sie das, so werden die Siegel erbrochen, das Testament geöffnet und verlesen. Darüber wird Protokoll geführt und dabei auch der wesentliche Inhalt vermerkt. Vgl. dazu *Strobel*, Testamentsurkunden (2015) 61–64 sowie *ders.*, Anfall, Antritt und Ausschlagung, in: HRPR (2023) § 56 Rn. 86. Die Erbschaftssteuer dürfte – obwohl sie nicht nur eine ‚Erbschaft', sondern auch Einzelzuwendungen erfasste – beim Erben eingetrieben worden sein, der den entsprechenden Anteil von Legaten verhältnismäßig abzog. Siehe dazu *Wesener*, s.v. Vicesima hereditatium, RE VIII A 2 (1958) 2475.

949 *Meyer*, Legitimacy and Law (2004) 165.

Magistrate[950], wobei zu bedenken ist, dass vor der *Constitutio Antoniniana* der Personenkreis der Erbschaftssteuerpflichtigen in den Provinzen überschaubar gewesen sein dürfte (die Erbschaftssteuerpflicht traf bekanntlich nur Personen mit römischem Bürgerrecht), sich 212 aber sprunghaft erweitert hat. Die Eröffnung des Testaments erfolgte *inter horam secundam et decimam diei*, und zwar *in foro vel basilica*[951].

Die öffentliche Testamentseröffnung hatte außerdem wohl die zusätzliche Funktion, die Einhaltung der Vorgaben der augusteischen Ehegesetzgebung hinsichtlich der *orbi* und *caelibes* sicherzustellen[952]. So überliefert auch der pseudo-ulpianische *liber singularis regularum* eine Vorschrift, welche eine förmliche Testamentseröffnung und damit auch den förmlichen Antritt impliziert:

> ps.-Ulp., reg. 17, 1: *Quod quis sibi testamento relictum, ita ut iure civili capere possit, aliqua ex causa non ceperit, ,caducum' appellatur veluti cecidit ab eo: verbi gratia si caelibi vel Latino Iuniano legatum fuerit, nec intra dies centum vel caelebs legi paruerit, vel Latinus ius Quiritium consecutus sit; aut si ex parte heres scriptus vel legatarius ante apertas tabulas decesserit vel peregrinus factus sit.*

> Wenn jemand aus irgendeinem Grund nicht angenommen hat, was ihm durch Testament so hinterlassen ist, dass er es nach dem Zivilrecht hätte annehmen können, dann wird es ,verfallen' genannt, als ob es von ihm ,abgefallen' wäre, z.B. wenn einem Unverheirateten oder einem Latinus Iunianus ein Vermächtnis ausgesetzt wurde, falls nicht innerhalb von hundert Tagen der Unverheiratete die gesetzlichen Anforderungen erfüllt oder der Latiner das Quiritische Recht erworben hat, oder wenn der zu einem Teil eingesetzte Erbe oder Vermächtnisnehmer vor Testamentseröffnung gestorben oder Peregriner geworden ist.[953]

Dass eine förmliche Eröffnung (eines schriftlich niedergelegten Testaments) erfolgt, wird hier vorausgesetzt; mit der förmlichen Eröffnung war aber auch der förmliche Antritt verbunden. Mit diesen Vorschriften im Zusammenhang

---

950 Siehe dazu *Amelotti*, Testamento I (1966) 185; *González Roldan*, DE (2014) 285.

951 *Amelotti*, Testamento I (1966) 187. Es drohten Geldstrafen für den Fall, dass diese Vorgaben nicht eingehalten wurden. Zu den Varianten in der ägyptischen Praxis siehe *Amelotti* ibid. 187–190.

952 *Babusiaux*, Rez. Strobel, ZRG RA 133 (2016) 521. Zu den Vorgaben und Folgen der augusteischen Vorschriften siehe den Überblick bei *ders.*, Erbrecht [2](2021) 111–117.

953 Text und Übersetzung: *Avenarius*, Liber singularis regularum (2005) 346; Hervorhebungen *LI*.

zu sehen ist die Beurteilung des *dies cedens*[954]: War für die Erwerbsfähigkeit und daher auch den Erwerb zunächst noch der Todeszeitpunkt des Erblassers maßgeblich, so wurde späterhin (seit der *lex Papia Poppea* von ca. 9 n. Chr.) die Testamentseröffnung[955] zum entscheidenden Zeitpunkt, bevor Justinian wieder zum Todeszeitpunkt zurückkehrte.

Auffällig ist im Zusammenhang mit dem Erwerb der Erbschaft, dass offenbar eine Differenzierung zwischen Allein- und Miterben stattgefunden hat: Wie in der oben zitierten Passage aus dem pseudo-ulpianischen *liber singularis regularum*, so wird auch bspw. in einem Julian-Text hervorgehoben, dass eine Frage sich auf den Miterben bezieht:

> Iul. 31 dig., D. 35, 1, 21: *Multum interest, condicio facti an iuris esset: nam huiusmodi condiciones ‚si navis ex Asia venerit' ‚si Titius consul factus erit', quamvis impletae essent, impedient heredem circa adeundam hereditatem, quamdiu ignoraret eas impletas esse: quae vero ex iure venient, in his nihil amplius exigendum, quam ut impletae sint. veluti si quis se filium familias existimat, cum sit pater familias, poterit adquirere hereditatem: quare et ex parte heres scriptus, qui ignorat, an tabulae testamenti apertae sint, adire hereditatem poterit.*

Es macht einen großen Unterschied, ob es sich um eine Tatsachen- oder eine Rechtsbedingung handelt. Denn Bedingungen wie ‚wenn das Schiff aus Asien gekommen ist' oder ‚wenn Titius Konsul geworden ist' hindern den Erben, das Erbe anzutreten, selbst wenn sie schon erfüllt sind, solange er nicht weiß, dass sie erfüllt sind. Anders bei Bedingungen, die sich aus dem Recht ergeben, – bei diesen kann weiter nicht

---

954 Diese Begrifflichkeit (*dies cedens* ebenso wie *dies veniens*) ist in den Quellen nicht gebräuchlich, hat sich in der Sekundärliteratur aber etabliert. Darauf wies etwa *van Berkum*, Regula Catoniana (2022) 3 Fn. 11 hin.

955 Zu der Annahme, dass dies nur für Miterben, für den *heres ex asse* hingegen nicht galt, siehe *Strobel*, Anfall, Antritt und Ausschlagung, in: HRPR (2023) § 56 Rn. 43 unter Hinweis auf Paul. 44 ad ed., D. 22, 6, 1, 4, wonach ein Testamentserbe schon vor der Testamentseröffnung den Nachlassbesitz verlangen könne: *Idem dicemus, si ex asse heres institutus non putet se bonorum possessionem petere posse ante apertas tabulas: quod si nesciat esse tabulas, in facto errat.* Jedoch erfolgt, wie wir bereits gesehen haben, eine Einweisung auch etwa vor dem Eintritt einer Suspensivbedingung; auch in diesem Fall ist die *hereditas* nach *ius civile* noch nicht angefallen und dennoch wird vom Prätor die *bonorum possessio* erteilt. Somit kann aus dieser Regelung zur Erteilung der *bonorum possessio* wohl kein unmittelbarer Rückschluss auf den Anfall der *hereditas* gezogen werden. Ein Argument mag jedoch in der im Folgenden diskutierten Differenzierung von Allein- und Miterben hinsichtlich fiskaler Interessen liegen. Wie *Strobel* aaO. bereits *Voci*, DER I ²(1967) 456 Fn. 96 und *Kaser*, RP I ²(1971) 716 Fn. 6.

> gefordert werden, als dass sie erfüllt sind. Wenn zum Beispiel jemand glaubt, er sei Haussohn, obwohl er Hausvater ist, kann er die Erbschaft erwerben. Deshalb kann auch jemand, der im Testament zu einem Teil eingesetzt ist und nicht weiß, ob das Testament eröffnet wurde, die Erbschaft antreten.[956]

Es geht um ‚Voraussetzungen', welche eintreten müssen, damit es zu bestimmten Rechtswirkungen kommt. Damit sind einerseits ‚Bedingungen' im engeren Sinne gemeint, andererseits aber auch notwendige rechtliche Voraussetzungen wie der Status eines *pater familias* oder auch die bereits erfolgte Testamentseröffnung. Dass bei der Testamentseröffnung nur vom *ex parte heres scriptus* die Rede und daher der Alleinerbe offenbar nicht betroffen ist, wird von *Astolfi*[957] damit begründet, dass nur in diesen Fällen Kaduzität im Raum stand: Fällt ein Alleinerbe weg, so tritt Intestaterbfolge ein. Fällt hingegen ein Miterbe weg, so fällt sein Anteil – wenn keine Anwachsung stattfindet – kaduk an den Fiskus[958]. Besteht demnach die Funktion der Testamentseröffnung darin, die Ansprüche des Fiskus zu sichern[959], wird plausibel, weswegen pflichtbewusste Testatoren den förmlichen Antritt ihren Erben ausdrücklich vorschrieben: Obwohl nämlich ein förmlicher Erbschaftsantritt an sich nur bei *extranei* erforderlich wäre, findet sich diese Klausel in der Praxis sehr häufig auch bei testamentarisch eingesetzten *sui* und nicht selten auch ohne Angabe einer konkreten Frist (*cretio imperfecta*)[960]. Auch wenn die Überlegungen bezüglich eines Zusammenhanges von Anspruchssicherung zugunsten des Fiskus und *cretio*-Klausel in der Sache überzeugt, ist für den konkreten Fall bei Julian aber wohl viel eher die Frage zentral, ob die *pro herede gestio* des Miterben dazu führt, dass er die Erbschaft erwirbt, obwohl er nicht weiß, dass die Testamentseröffnung – dabei vermutlich außerdem ein förmlicher Antritt durch einen anderen Miterben – bereits erfolgt ist. Ist

---

956 Übersetzung: *K/K/L/R-Luig*.

957 *Astolfi*, La Lex Iulia et Papia ^{4}(1996) 225–226.

958 Siehe dazu auch *Weiß*, Erbrechtliche Stellung des römischen Staatsschatzes, ZRG RA 53 (1933) 256–274 (insbes. 265–266).

959 So *Babusiaux*, Rez. Strobel, ZRG RA 133 (2016) 522.

960 Siehe *Wesener*, s.v. Vicesima hereditatium, RE VIII A 2 (1958) 2475 zur ‚*missio Hadriana*': Ein „in einem formal einwandfreien Testament eingesetzter Erbe, der sich binnen Jahresfrist meldet", wurde „sofort nach Entrichtung der *v. h.* in den Nachlaßbesitz eingewiesen". Diese *missio Hadriana* ist also ein „Mittel zur Beschleunigung der Zahlung der Erbschaftssteuer", so *Wesener* ibid. 2476.

nicht auch ihm persönlich die *cretio* aufgetragen, so genügt es, dass ihm die Erbschaft durch die Testamentseröffnung bereits angefallen ist; durch sein Verhalten ‚wie ein Erbe' erwirbt er die Erbschaft, auch wenn er nicht weiß, dass ihm das infolge der bereits erfolgten Testamentseröffnung überhaupt rechtlich möglich ist.

In den nun folgenden Abschnitten geht es einerseits – bei der Darstellung der *cretio*-Klausel an sich – wie bisher um Formulierungen des Erblassers im Testament; es stehen aber auch Verhaltensweisen des Erben oder Dritter zur Diskussion, welche den Willen des Erblassers zu verwirklichen hatten. Ob sie diesen mit ihrem Verhalten auch tatsächlich umsetzten, musste ebenfalls durch Auslegung ermittelt und allenfalls ihre Äußerungen ‚umgedeutet' werden.

1. Ausgestaltung der *cretio*-Klausel

Mittels *cretio*-Klausel ordnete der Erblasser also an, sein Erbe möge die Erbschaft förmlich antreten. Diese Klausel konnte unterschiedlich ausgestaltet sein, etwa eine Frist nennen oder nicht; ggf. den Fristlauf erst mit Kenntnisnahme des Eingesetzten und dessen tatsächlicher Möglichkeit des Antritts beginnen lassen (*cretio ‚vulgaris'*[961]) oder nur die Anzahl von Tagen nennen, welche für die Entscheidung über den Antritt zur Verfügung stehen (*cretio ‚certorum dierum'*, wovon Gaius allerdings abrät[962]). Außerdem konnte der Erblasser die Zuziehung von Zeugen vorschreiben (*…testibus praesentibus*[963]); bei unterlassener *cretio* die Enterbung anordnen (*cretio perfecta*; typischerweise mit der feststehenden Floskel: *si non ita creveris, exheres esto*) und für diesen Fall den Nachlass einem Substituten zuweisen oder nicht (*cretio imperfecta*). Abgesehen vom eben angeführten Klauselbestandteil, wonach auch die Möglichkeit der Hinzuziehung von Zeugen berücksichtigt wird, sind alle diese Formen bei Gaius in seinen ‚Empfehlungen' berücksichtigt:

---

961 Gai. 2, 171; z.B. *cernitoque in centum dies proximus quibus sciet poteritque.*

962 Gai. 2, 173.

963 So etwa im Testament des Cluvius, von welchem Cicero in einem Brief von 45 v. Chr. berichtet (Cic. Att. 13, 46, 3 und 5; 13, 47). Siehe dazu *Ch. Paulus*, Unsterblichkeit (2018) 103 (= *ders.*, Idee der postmortalen Persönlichkeit [1992] 107); *Amelotti*, Testamento I (1966) 11–12. Auch bspw. die *tabula cerata* von Trawsfynydd (oben II.1.b.) sieht dies vor und ebenso Sabinia Appollonarion (oben II.3.c.).

Gai. 2, 164: *Extraneis heredibus solet cretio dari, id est finis deliberandi, ut intra certum tempus vel adeant hereditatem vel, si non adeant, temporis fine summoveantur: ideo autem cretio appellata est, quia cernere est quasi decernere et constituere.* 165. *Cum ergo ita scriptum sit: ‚heres Titius esto', adicere debemus: ‚cernitoque in centum diebus proxumis, quibus scies poterisque. Quod ni ita creveris, exheres esto'.* 166. *Et qui ita heres institutus est, si velit heres esse, debebit intra diem cretionis cernere, id est haec verba dicere: ‚quod me P. Mevius testamento suo heredem instituit, eam hereditatem adeo cernoque'. quodsi ita non creverit, finito tempore cretionis excluditur; nec quicquam proficit, si pro herede gerat, id est si rebus hereditariis tamquam heres utatur.*

164. Den hausfremden Erben gibt man gewöhnlich eine förmliche Entscheidung auf, das heißt eine Frist zur Überlegung, so dass sie innerhalb einer genau bestimmten Zeit entweder die Erbschaft antreten oder ‚wenn sie nicht antreten, nach dem Ablauf der Frist abgewiesen werden'. Und zwar heißt dies deshalb ‚förmliche Entscheidung' (*cretio*), weil ‚sich entscheiden' (*cernere*) so viel wie ‚entscheiden und beschließen' bedeutet. 165. Wenn man also folgendermaßen geschrieben hat: ‚Titius soll Erbe sein', muss man hinzufügen: ‚und du sollst dich innerhalb der nächsten 100 Tage, sobald du es weißt und kannst, förmlich entscheiden. Wenn du dich aber nicht derart förmlich entschieden hast, sollst du enterbt sein'. 166. Und wer auf diese Weise zum Erben eingesetzt worden ist, muss sich, wenn er Erbe sein will, innerhalb der zur förmlichen Entscheidung gesetzten Frist förmlich entscheiden, das heißt folgende Worte sagen: ‚Da mich Publius Mevius in seinem Testament zum Erben eingesetzt hat, trete ich diese Erbschaft an und entscheide mich förmlich'. Wenn er sich aber nicht derart förmlich entschieden hat, wird er mit Ablauf der zur förmlichen Entscheidung gesetzten Zeit ausgeschlossen; und es nützt ihm überhaupt nichts, wenn er sich wie ein Erbe verhält, das heißt, wenn er die Erbschaftssachen, als ob er Erbe wäre, in Gebrauch nimmt.[964]

Dem Unterrichtsstil des Werkes entsprechend erklärt Gaius, es sei ‚üblich', hausfremden Erben eine *cretio* vorzuschreiben, was bedeute, dass eine Frist zur Überlegung gesetzt werde, ob man antreten wolle oder nicht, was man innerhalb dieser Zeit förmlich erklären müsse. Nicht selten fehlt jedoch in den Urkunden eine Frist für den Antritt und damit nach *Strobel* das „Herzstück" der *cretio*[965]. *Babusiaux* hat in diesem Zusammenhang aufgezeigt, dass das öffentliche Recht mit der Testamentseröffnung den ursprünglich privaten Rechtsakt des Erbschaftsantritts überlagerte: Die Fristsetzung zum Zwecke des Schutzes von Legataren und Erbschaftsgläubigern sei aus Sicht

964 Text und Übersetzung: *Manthe*, Institutiones ^{2}(2010) *ad loc.*
965 *Strobel*, Testamentsurkunden (2014) 43.

des Erblassers nicht mehr im Vordergrund gestanden, sobald deren Interessen durch die Öffentlichkeit der Testamentseröffnung gewahrt wurden. Der Prätor war nicht nur für die Testamentseröffnung, sondern auch für die Erteilung der *bonorum possessio* zuständig und konnte hierbei bspw. auch Legatare vorläufig (mit) einweisen, sofern der Erbe den Erbschaftsantritt oder die Sicherheitsleistung für die Legatserfüllung verweigerte. Dementsprechend sei die Verwendung der *cretio imperfecta* ohne Fristsetzung keine „sinnlose Fortschreibung des Urkundenformulars", sondern „angemessene Reaktion" bzw. „logische Konsequenz"[966]. Dasselbe gelte für hinzutretende Klauselbestandteile, welche darauf abstellen, dass der Erbe sich bezeugen lassen kann, dass er Erbe des Testators ist: *Cretio* und Testamentseröffnung erscheinen hier gleichgesetzt. Es bedarf somit keiner Fristsetzung von Seiten des Erblassers mehr, um etwa die Interessen eines Legatars zu schützen, weil der Prätor im Rahmen der Einweisung in den Erbschaftsbesitz diesbezüglich ein effizientes Instrumentarium besaß. *Babusiaux* schließt: „die Konfrontation mit den Testamentsurkunden" zeige, „dass die in Gaius' Institutiones mitgeteilte *cretio perfecta* ein Relikt des *ius civile* aus einer Zeit ist, in der weder der Prätor noch die kaiserliche Rechtssetzung das Verfahren der Testamentseröffnung rationalisiert hatten, sondern der Erbe alle Zügel in der Hand hielt."[967]

Bereits Gaius weist allerdings auch darauf hin (Gai. 2, 167), dass der Prätor (auf Antrag von Gläubigern) eine Frist für den Antritt (für die *aditio*) setzte[968], wenn es an einer *cretio*-Klausel mangelte – sei es, dass der Testator keine *cretio* vorgeschrieben hatte, sei es, dass es mangels (gültigen) Testaments zur Intestaterbfolge kam. Nicht unplausibel wird daher die Annahme sein, dass er parallel dazu auch für die *cretio* eine Frist setzte, wenn der Erblasser dies nicht selbst getan hatte[969]; dass der Prätor zu lange Fristen für die *cretio*, welche der Testator vorgesehen hatte, kürzte, teilt Gaius explizit mit (Gai. 2, 170)[970].

---

966 *Babusiaux*, Rez. Strobel, ZRG RA 133 (2016) 522.

967 *Babusiaux*, Rez. Strobel, ZRG RA 133 (2016) 523.

968 Zum Verfahren (*interrogatio in iure*) siehe *Strobel*, Anfall, Antritt und Ausschlagung, in: HRPR (2023) § 56 Rn. 46; *Buchwitz*, Erbenhaftung, in: HRPR (2023) § 58 Rn. 57.

969 Die Möglichkeit, dass der Prätor eine Frist setzte, zieht – wenn auch ohne das sogleich folgende Argument – auch *Strobel*, Testamentsurkunden (2014) 122 in Betracht.

970 Zur Parallelität der Fristsetzung durch den Prätor *de iure deliberandi* im Hinblick auf die Entscheidung über die Erbschaftsannahme durch Außenerben und der

Wie die Praxisdokumente zeigen, war eine *cretio*-Klausel sowohl bei der Einsetzung von Außenerben als auch im Hinblick auf *sui* durchaus die Regel. Nur wenn die ausdrückliche Enterbung für den Fall der unterlassenen *cretio* angeordnet worden war, konnte die Erbschaft vom Eingesetzten nicht auch mittels *pro herede gestio* erworben werden; die bloße *cretio imperfecta* stand dem Erwerb prinzipiell nicht entgegen (Gai. 2, 166–167; Gai. 2, 177; ps.-Ulp., reg. 22, 28). Allerdings konnte sie dazu führen, dass ein derart eingesetzter Primärerbe die Erbschaft mit einem Substituten teilen musste:

> Gai. 2, 177: *Sed si cretio sine exheredatione sit data, id est in haec verba: ‚si non creveris, tum Publius Maevius heres esto', illud diversum invenitur, quod si prior omissa cretione pro herede gerat, substitutum in partem admittit, et fiunt ambo aequis partibus heredes; quod si neque cernat neque pro herede gerat, tum sane in universum summovetur, et substitutus in totam hereditatem succedit.*
>
> Aber wenn eine förmliche Entscheidung ohne ausdrückliche Enterbung aufgegeben ist – das heißt mit folgenden Worten: ‚Wenn er sich nicht förmlich entschieden hat, dann soll Publius Maevius Erbe sein' –, so findet sich folgender Unterschied: Wenn sich der erste ohne förmliche Entscheidung wie ein Erbe verhält, so lässt er den Ersatzerben anteilig zu, und beide werden zu gleichen Anteilen Erben. Wenn er sich aber weder förmlich zur Annahme entschieden hat noch sich wie ein Erbe verhält, dann wird er wirklich völlig abgewiesen, und der Ersatzerbe rückt in die ganze Erbschaft nach.[971]

Nach Gaius wird die Erbschaft zwischen *institutus* und *substitutus* geteilt, wenn durch den Ersteren kein förmlicher Antritt, aber ein Verhalten ‚wie ein Erbe' erfolgt[972]. Die Teilung sieht auf den ersten Blick aus wie eine bloße Billigkeitsentscheidung, um einen Ausgleich zwischen den widerstreitenden Interessen zu finden[973]. Tatsächlich ist das Ergebnis der Teilung aber wohl damit zu rechtfertigen, dass zwar der auf erster Stufe Eingesetzte nicht

---

Möglichkeit einer Ausschlagung durch den Hauserben siehe *Coppola Bisazza*, Pro herede gestio II (1999) 248–261. Vgl. außerdem *Babusiaux*, Nachlassbesitz, in: HRPR (2023) § 57 Rn. 26.

971 Text und Übersetzung: *Manthe*, Institutiones ^{2}(2010) *ad loc.*

972 Zur Kontroverse, ob dies sofort bei *pro herede gerere* durch den Erstberufenen der Fall ist oder erst dann, wenn bis zum Ende der Cretionsfrist die *cretio* nicht nachgeholt wurde, siehe Gai. 2, 178.

973 Eine „halbherzige Billigkeitsentscheidung" nennt das Ergebnis *Liebs*, Contrarius actus, in: Symp. Wieacker (1970) 127.

enterbt ist und damit die Erbschaft auch durch formloses *pro herede gerere* erwerben kann, zugleich aber der auf zweiter Stufe Eingesetzte unter der aufschiebenden Bedingung eingesetzt zu sein scheint, dass der Primärerbe nicht mittels förmlicher *cretio* antritt. Diese Bedingung ist eingetreten, sodass auch er Erbe wird[974]. Damit gibt es schlussendlich zwei Erben; diese müssen sich die Erbschaft nach Köpfen teilen und erhalten dementsprechend je die Hälfte des Nachlasses.

Mark Aurel hingegen scheint davon ausgegangen zu sein, dass dieses Ergebnis im Hinblick auf den als Erbe erster Stufe Eingesetzten eine Abänderung der Quote und im Hinblick auf den Erben zweiter Stufe eine Umwandlung der *substitutio* in eine *institutio* ersten Ranges impliziert. Diese Art der ‚Umdeutung' lehnte er offenbar ab und sieht den Erwerbswillen des Erstberufenen auch durch das *pro herede gerere* ausreichend manifestiert, um dem Willen des Erblassers – Erwerb des Erstberufenen durch Äußerung des Erwerbswillens – zu entsprechen, auch wenn der Erwerbswille nicht förmlich zum Ausdruck gebracht wird. Die Bedingung einer *cretio* wird damit umgedeutet in die Bedingung einer *aditio*.

> ps.-Ulp., reg. 22, 34: *Si sub imperfecta cretione heres institutus sit, id est non adiectis his verbis: ‚si non creveris, exheres esto', sed si ita: ‚si non creveris, tunc Mevius heres esto', cernendo quidem superior inferiorem excludit; non cerendo autem, sed pro herede gerendo in partem admittit substitutum: sed postea divus Marcus constituit, ut et pro herede gerendo ex asse fiat heres. Quodsi neque creverit, neque pro herede gesserit, ipse excluditur, et substitutus ex asse fit heres.*

> Wenn der Erbe mit einer unvollkommenen wortgebundenen Antrittsform eingesetzt ist, d.h. ohne Hinzufügung der Worte: ‚Wenn du nicht förmlich angetreten haben wirst, so sollst du enterbt sein', sondern so: ‚Wenn du nicht förmlich angetreten haben wirst, so soll Maevius Erbe sein', so schließt zwar der Erstberufene durch seinen Antritt den Zweitberufenen aus; tritt er jedoch nicht an, verhält sich aber wie ein Erbe, so wird der Ersatzerbe zu einem Teil zugelassen. Aber später hat der vergöttlichte Marcus bestimmt, dass er auch dann auf das Ganze Erbe wird, wenn er sich wie ein Erbe verhält. Wenn er aber weder förmlich angetreten, noch sich wie ein Erbe verhalten hat, so wird er selbst ausgeschlossen, und der Ersatzerbe wird Erbe auf das Ganze.[975]

---

974 So die überzeugende Deutung von *Avenarius*, L'adizione, AUPA 55 (2012) 29.

975 Text und Übersetzung: *Avenarius*, Liber singularis regularum (2004) *ad loc.*

Es erwarb also ab Mark Aurel *ex asse* nur der eine oder der andere und es kam nicht mehr zu einer Teilung. Er ‚rettet' dementsprechend entweder für den primär Eingesetzten dessen volle Erbportion oder ließ ihn leer ausgehen, da der Ersatzerbfall eintritt, wenn er nicht nur nicht förmlich antrat, sondern sich auch nicht wie ein Erbe verhielt, sodass er keinen Erwerbswillen – weder ausdrücklich noch konkludent – zum Ausdruck bringt.

2. Notwendige Mitwirkung Dritter beim Erbschaftsantritt

Der Erbantritt selbst konnte als Akt mitunter auch juristischer Interpretation und einer ‚Rettung' bedürfen. Probleme ergeben sich insbesondere dort, wo es der Mitwirkung anderer Personen bedurfte: Etwa des *paterfamilias* eines von einem Dritten zum Erben eingesetzten Haussohnes oder des *dominus* eines Sklaven.

Zum ersten Fall: Ein Haussohn wird eingesetzt, sein *pater familias* aber – dessen Mitwirkung notwendig wäre, da er seinem Gewaltunterworfenen ein *iussum* für den Antritt erteilen müsste – ist geisteskrank. Marcian behilft sich hier mit einer Fiktion:

> Marc. 4 inst., D. 29, 2, 52 pr.: *Cum heres institutus erat filius et habebat patrem furiosum, in cuius erat potestate, interponere se suam benivolentiam divus Pius rescripsit, ut, si filius familias adierit, perinde habeatur atque si pater familias adisset, permisitque ei et servos hereditatis manumittere.*
>
> In einem Fall, in dem ein Sohn zum Erben [eines Dritten] eingesetzt war und einen geisteskranken Vater hatte, in dessen Hausgewalt er stand, hat der vergöttlichte Kaiser Antoninus Pius den Bescheid erteilt, er lasse seine Gnade walten, so dass es, wenn der Sohn die Erbschaft antritt, so anzusehen ist, als habe ein Hausvater (dh. der *filius familias* als *pater familias*) die Erbschaft angetreten, und er erlaubte dem Sohn auch, Erbschaftssklaven freizulassen.[976]

Der geisteskranke *pater familias* hat zwar weiterhin die *potestas* über seine Gewaltunterworfenen, er kann mangels Geschäftsfähigkeit aber kein wirksames *iussum* erteilen. Der Antrittsakt des *filius familias* kann als solcher daher

976 Die zugrunde gelegte Übersetzung *K/K/R/S-Kupisch* weicht hinsichtlich der sogleich näher zu diskutierenden Passage ‚*perinde habeatur atque si pater familias adisset*' von der vorliegenden ab.

strenggenommen keinen wirksamen Erbschaftserwerb bewirken. Der *filius* selbst wird nun aber so angesehen, als habe er als *pater familias* angetreten: Entgegen der neueren Übersetzung (*K/K/R/S-Kupisch*) wird *Müller-Eiselts* Ausführungen zum Text zu folgen sein, wonach die Fiktion, der *pater familias* des Haussohnes habe angetreten (dh. die Übersetzung: „… so anzusehen ist, als habe der[977] Hausvater die Erbschaft angetreten …"), nicht zielführend wäre: Jener ist und bleibt *furiosus* und könnte auch für sich selbst nicht wirksam antreten. Gegenstand der Fiktion ist vielmehr der juristische Status des *filius familias*, durch welche ein (wirksames) *iussum* des *pater familias* überflüssig wird. Dennoch erwirbt der Sohn für seinen Vater, lediglich der Störfaktor im Erwerbsablauf wird beseitigt[978].

Auch wenn *Müller-Eiselt* mit dem Begriff der Fiktion mitunter etwas zu großzügig umgehen mag[979], trifft er an dieser Stelle damit den Punkt: Bewusst wahrheitswidrig wird der Fall so beurteilt, wie er zu beurteilen wäre, wäre der Sohn gewaltfrei. Die Erbschaft wird damit erworben. Weil der Sohn aber tatsächlich nicht gewaltfrei ist, tritt die Rechtsfolge bei seinem (geisteskranken) Vater ein.

Diese Fiktion ist allerdings nur beim freien Haussohn möglich, nicht aber bei einem unfreien Sklaven:

> Afr. 4 quaest., D. 29, 2, 27: *Qui servum suum heredem institutum adire iusserat, priusquam ille adiret, furiosus est factus. negavit recte servum aditurum, quoniam non nisi voluntate domini adquiri hereditas potest, furiosi autem voluntas nulla est.*
>
> Jemand hatte seinen zum Erben eingesetzten Sklaven angewiesen, die Erbschaft anzutreten, und ist dann, bevor dieser angetreten hatte, geisteskrank geworden. Hier wurde zu Recht verneint, dass der Sklave antreten könne, weil man eine Erbschaft nur mit Willen des Herrn erwerben kann, ein Geisteskranker jedoch keinen Willen hat.[980]

---

977 *Hunger* in *Otto/Schilling/Sintenis*, CIC III (1831) *ad loc.* übersetzt mit „ein Hausvater" (Hervorhebung *LI*) und versteht den Text daher wohl wie *Müller-Eiselt.*

978 *Müller-Eiselt*, Divus Pius constituit (1982) 43–46.

979 So bezeichnet er etwa auch eine Interpretation nach dem Erblasserwillen, der lediglich ‚stillschweigend' erklärt wurde, als Fiktion, obwohl gerade dort die Wirklichkeit ergründet und nicht durch bewusst wirklichkeitswidrige Annahme eine bestimmte, sich aufgrund der tatsächlichen Sachlage eigentlich gerade nicht ergebende Rechtsfolge herbeigeführt werden soll.

980 Übersetzung: *K/K/R/S-Kupisch.*

Dass ein Sklave für seinen Herrn überhaupt wirksam antreten konnte, hat *Buchwitz* gegen die ältere Lehre überzeugend herausgearbeitet[981]. Wird ein Sklave als Erbe berufen, können sich verschiedene Fragen im Hinblick auf den Erwerb durch seinen (aktuellen oder früheren) Eigentümer stellen. Maßgeblich ist hierbei, an wen der Erblasser bei der Einsetzung gedacht hatte und wem dadurch die ‚Ehre'[982] erwiesen werden sollte: Dem eingesetzten Sklaven selbst oder dessen Eigentümer? Im Zweifel war an den Sklaven selbst gedacht. Zwingend war das indes nicht; es handelt sich, wie wir nun bereits mehrfach im Zusammenhang mit testamentsrechtlichen Vorschriften beobachten konnten, um eine w i d e r l e g l i c h e Zweifelsregel, die bei einem entsprechend abweichenden Erblasserwillen nicht zur Anwendung kam.

Ist der *dominus* zum Zeitpunkt der Erklärung des *iussum* geistig gesund, kann der Antritt jedoch dennoch nicht wirksam erfolgen, wenn er zur Zeit der Erwerbshandlung des Sklaven geisteskrank geworden ist. Der Wille des Herrn, der durch den Sklaven beim Antritt konkretisiert werden sollte, kann nicht mehr rechtswirksam gebildet werden. Hier wird auch nicht fingiert, dass der Sklave freigelassen ist; eine solche Überwindung von Statusgrenzen ging offenbar zu weit.

---

981 *Buchwitz*, Servus alienus heres (2012) 272–273.

982 Dazu, dass es sich hierbei um das zentrale Differenzierungskriterium handelt, siehe nur *Buchwitz*, Servus alienus heres (2012) 18–21.

IX. Substitution

Die Mehrzahl der Erblasser traf auch Vorsorge für den Fall, dass diejenigen, welche primär als Erben gewollt waren, die Erbschaft nicht erlangten. Aufgrund der im Vergleich zu heute extrem hohen Mortalität (die durchschnittliche Lebenserwartung lag bei etwa 30 Jahren) war nicht nur das eigene Lebensende, sondern auch das der potentiellen Erben ein Szenario, mit welchem jederzeit gerechnet werden musste. Schon *Weiss* hat darauf hingewiesen, dass in den klassischen Quellen keine Begriffsbestimmung der Substitution enthalten ist; einen „einheitlichen Begriff der S. aufzustellen, ist wegen der Verschiedenheit der zugrunde liegenden Tatbestände unmöglich“[983]. Auch bei Vermächtnissen und Schenkungen auf den Todesfall begegnet das Phänomen, dass ersatzweise weitere Begünstigte hinzutreten; im Folgenden geht es aber in erster Linie um die Bestellung von – modern gesprochen – ‚Ersatzerben‘ und ‚Nacherben‘.

Die gängigste Fallgruppe, welche man gemeinhin als ‚*substitutio vulgaris*‘ bezeichnet, betrifft die Situation, dass ein Ersatzerbe für den Fall bestimmt wird, dass der primär Eingesetzte nicht an den Nachlass gelangt. Derartige ‚Vulgarsubstitutionen‘ sind in der Praxis sehr häufig anzutreffen[984]. Die Lehre differenziert mitunter zwischen dem Vorversterben des *heres institutus* bzw. dessen Unvermögen, Erbe zu werden (*casus impotentiae*) und dessen Ausschlagung der Erbschaft (*casus voluntatis*)[985]. Die derart ‚aufschiebend bedingte‘

983 *Weiss*, s.v. Substitutio, in: RE II.7 (1931) 505.

984 *Amelotti*, Testamento (^{2}1966) 124.

985 Vgl. dazu die Übersicht bei *Voci*, DER II ^{2}(1963) 161.

Einsetzung des Substituten schloss idR. unmittelbar an die Erbeinsetzung/en erster Stufe an und sollte insbesondere verhindern, dass der Testator im Ergebnis intestat verstarb, sowie dass die Einzelverfügungen des Testaments hinfällig wurden[986]. Bei Miterben wurden zumeist jedem einzelnen eigene Substituten bestellt und nicht erst nach einer Anwachsung innerhalb der ersten Stufe ersatzweise Erben zweiter Stufe vorgesehen[987]. Als Erben dritter Stufe – falls auch die Substituten nicht an den Nachlass gelangen sollten – wurden häufig Sklaven als ‚Zwangserben' eingesetzt, damit die Intestaterbfolge auch für diesen Fall ausgeschlossen war. So konnte zudem die Gruppe derer, welchen der *‚honor institutionis'* potentiell zukommen sollte, vergrößert bzw. Erbportionen innerhalb von ‚Familien' weitergegeben werden[988]. Eine Einschränkung auf den einen oder den anderen Fall (*casus impotentiae* oder *casus voluntarius*) war möglich, im Zweifel aber waren beide Fälle von der Substitution umfasst, selbst wenn (nur) einer der beiden ausdrücklich erwähnt wurde; es handelt sich dabei allerdings erneut um eine (widerlegliche) Zweifelsregel[989].

Im Gegensatz zur ‚Vulgarsubstitution', welche also Vorsorge für den Fall trifft, dass der eingesetzte Erbe niemals an den Nachlass gelangt (Ersatzerbe), setzt der Erblasser mittels Pupillarsubstitution einem an den Nachlass gelangenden Erben seinerseits einen Erben ein (Nacherbe)[990]. Wie der Name schon sagt, war Derartiges aufgrund des massiven Eingriffs in die Testierfreiheit

---

[986] Zunächst waren Substituten nur dann mit den Legaten und sonstigen Einzelverfügungen beschwert, wenn der Testator – wie in den Urkunden häufig anzutreffen – eine Klausel in sein Testament einfügt, wonach ‚wer auch immer Erbe sein wird' (*quisquis [mihi] heres erit*) belastet sein sollte oder eine explizite Wiederholung der Anordnungen auch im Hinblick auf die Substituten erfolgte. Widrigenfalls waren nur die Primärerben, nicht aber auch Substituten beschwert. Erst eine Konstitution der Kaiser Septimius Severus und Caracalla änderte diese Rechtslage dahingehend ab, dass im Zweifel – sofern nicht ein abweichender Erblasserwille evident war – auch Substituten als beschwert galten. Vgl. dazu nur *Voci*, DER II [2](1963) 162.

[987] Siehe etwa das ausgeklügelte System im sogenannten *‚testamentum Dasumii'* oben II.2.

[988] So wohl bei Gaius Longinus Castor; siehe oben II.3.d.

[989] Siehe *Weiss*, s.v. Substitutio, in: RE II.7 (1931) 506.

[990] Siehe dazu aus der reichen Literatur aus jüngerer Zeit nur *Finazzi*, La sostituzione pupillare (1997); *López Pedreira*, Pupillaris substitutio (2006); *Spina*, Unum testamentum, in: Principios generales (2014) 827–854 (mit weiterer, insbes. älterer Lit. ibid. 832 in Fn. 15).

der ersten Erben nur für den Fall von deren Versterben vor Erreichen der Mündigkeit sowie nur bei *sui heredes* möglich. Der testierende *pater familias* musste seinen *suus* dabei nicht zum Erben einsetzen; auch eine *exheredatio* des Kindes, für welches ein Substitut bestellt wurde, war möglich[991]. *Kaser* vermutete, dass regelmäßig der *tutor legitimus* – der das unmündige Hauskind als *proximus adgnatus* auch intestat beerben würde – als Pupillarsubstitut bestellt wurde[992]; derart konnte auch er mit Einzelverfügungen belastet werden.

Bevor auf Sonderfälle der Pupillarsubstitution näher eingegangen wird, sei darauf hingewiesen, dass die Pupillarsubstitution unabhängig von den Fällen, in welchen aufgrund der Unwirksamkeit der Verfügung eine Umdeutung zu diskutieren ist, auch im ‚Normalfall' eine Art ‚Umdeutung' beinhaltet: Wie *Schanbacher* herausgestellt hat, handelt es sich bei Pupilllegaten nämlich – aus Sicht des Pupillarsubstituten – in Wahrheit um Nachlassverbindlichkeiten, welche jedoch zu Legaten „umgewertet"[993] werden; sie „nehmen neben den Substitutionslegaten den Charakter von Legaten an"[994], damit eine *contributio* mit jenen erfolgen kann. Das sei möglich, weil zwar der Vater im Hinblick auf sein Vermögen aufgrund des XII-Tafelsatzes 5, 3 (*uti legassit suae rei, ita ius esto*[995]) Legate aussetzen kann, jedoch die Möglichkeit der Einsetzung eines Erben für den Sohn nicht unmittelbar aus dieser Bestimmung folgt, sondern erst aus späterer *interpretatio* bzw. – als Universalsukzession nach dem Sohn – genau genommen vielmehr ‚daneben' aus Gewohnheitsrecht (*moribus*) entstanden ist. Dementsprechend sind die Substitutionslegate auf das Vermögen des Vaters bezogen, während der Substitut Erbe des Sohnes wird; er muss aber als Vaterserbe fingiert werden, damit zu seinen Gunsten die *lex Falcidia* auch auf Substitutionslegate angewendet werden kann, denn nur Erben des Testators haben Anspruch auf die Quart. Erbe des Testators

---

991 Siehe Inst. 2, 16, 4; Gai. 2, 182; Mod. 2 pand., D. 28, 6, 1, 2; Ulp. 4 ad Sab., D. 28, 6, 10, 5; vgl. dazu *Weiss*, s.v. Substitutio, RE II.7 (1931) 507.

992 *Kaser*, AI (1949) 165.

993 *Schanbacher*, Falzidische Rechnung, ZRG RA 133 (2016) 415.

994 *Schanbacher*, Ratio legis Falcidiae (1995) 105.

995 Eingehend dazu *Arces*, Disporre mortis causa (2013) insbes. 73–78. *Arces* geht (gegen *Cannata*, Storia [1997] 85) ibid. 122–123 davon aus, dass das *legassit* des Zwölftafelsatzes sich nicht nur auf das Testament beziehe, sondern auf jeden geeigneten Akt *mortis causa*, wodurch die Vermögensverteilung nach dem Tod geregelt werde.

(dh. des Vaters) wird er aber eigentlich gerade nicht[996]. Daher ist die Fiktion und damit gewissermaßen eine Abänderung der Rechtsqualität von Nachlassverbindlichkeit zu Legat nötig, um die gewünschte Rechtsfolge zu erzielen; eine Konversion in diesem Sinne ist der Konstruktion also schon per se immanent.

Schlussendlich fallen in dieses Kapitel auch Figuren des Fideikommisses, wodurch zwar kein Substitut im Sinne des *ius civile* bestellt, aber dennoch – seit Augustus: erzwingbar – die Herausgabe der Erbschaft angeordnet wird, sodass die Regel *semel heres semper heres* durchbrochen erscheint.

1. *Causa Curiana*

Die schon zu ihrer Zeit großes Aufsehen erregende und in der Literatur vielbehandelte ‚*Causa Curiana*'[997] (93 v. Chr.) gilt als berühmtester Fall der antiken Testamentsauslegung[998] bzw. als Beginn der Geschichte der Testamentsauslegung[999] schlechthin.

Durch literarische Quellen, insbesondere Cicero, ist eine lebhafte Beschreibung des Prozesses und der daran beteiligten Personen auf uns gekommen. Es ist ein besonderer Fall der fehlgeschlagenen Pupillarsubstitution: Der

996 Siehe *la Pira*, Sostituzione pupillare, in: Studi Bonfante III (1930) 274 Fn. 3 mwN. dazu, dass die Konstruktion gleich mehreren Prinzipien des römischen Erbrechts zu widersprechen scheint – sowohl *semel heres semper heres* als auch dem Prinzip, dass niemand einem Dritten Erben bestimmen könne – und sich dieses Problem nur durch die Fiktion lösen lasse, der *pupillus* sei niemals Erbe des Vaters geworden. Auch *Perrin*, L'évolution de la substitution pupillaire à l'époque de Cicéron, RHD 27 (1949) 335 beginnt seine Ausführungen mit dem Satz: „La substitution pupillaire est l'une des institutions les plus mystérieuses de ce droit testamentaire romain qui garde encore pour nous tant de secrets."

997 Siehe nur *Halbwachs*, Causa Curiana: in: Fälle zur Rechtsgeschichte (2008) 14–28 mit Lit. ibid. 27–28 sowie die lebhafte Darstellung samt Rekonstruktion der faktischen Situation, an welche der Prozess anknüpfen musste, bei *Manthe*, Sieg der Rhetorik, in: Große Prozesse (1997) 74–84 (insbes. 77 zur vermutlichen Besitzlage und deren Konsequenzen). Siehe *Tellegen*, Causa Curiana, in: Quintilian (2003) 193–194 für eine Darstellung der modernen Interpretationen des Rechtsstreits mwN. Rezent zum Thema auch *Lehne-Gstreinthaler*, Iurisperiti et oratores (2019) 126–127 mwN. (insbes. in Fn. 758).

998 *Stagl*, Wortlaut als Grenze ^{2}(2005) 16.

999 *Wieling*, Testamentsauslegung (1972) 9.

pupillus, für welchen ein Substitut bestellt wurde, existierte zur Zeit der Testamentserrichtung gar nicht und wurde auch später nie geboren.

Zwei Ergebnisse wären nun denkbar gewesen: Es hätte zur Intestaterbfolge kommen können, da der Fall, für welchen der Testator Vorsorge treffen wollte, weder so noch so eintreten konnte – der Fall, dass gar kein Sohn geboren wird, ist vom Wortlaut der Verfügung schließlich in keiner Weise gedeckt. Oder aber, die Anordnung, welche in Form einer Pupillarsubstitution nicht wirksam werden konnte, entfaltet in Form einer Vulgarsubstitution Wirkungen, weil dies vom Erblasser vermutlich eher gewollt war als die Intestaterbfolge[1000]. Das Zentumviralgericht entschied im zweitgenannten Sinne[1001].

Die Gründe für den Formalismus im Testamentsrecht werden von Quintus Mucius Scaevola nachdrücklich vorgebracht[1002]: Den Wortlaut zu übergehen sei im Testamentsrecht besonders verfänglich, da es große Gefahren berge, wenn durch Mutmaßungen der Wille zu erschließen versucht und die Worte einfacher Menschen durch wortgewandte Leute verdreht würden. Deshalb sähen die alten Formeln die genaue Art und Weise vor, wie auch einem nicht geborenen Sohn ein Erbe eingesetzt werden könne; diese sei im vorliegenden Fall jedoch nicht eingehalten worden. Der Wortformalismus sei als Schutz des Testatorwillens unbedingt zu beachten.

Lucius Licinius Crassus setzt dem entgegen[1003], der Wille des Testators sei entscheidend, nicht der Wortlaut des Testaments. Der Testator aber habe im konkreten Fall offenkundig gewollt, dass der Substitut erbe, sofern der *pupillus* nicht die Mündigkeit erreiche, was auch dann der Fall sei, wenn der

---

1000 So das Argument von Crassus: Cic. Brut. 197–198.

1001 Für *Wieacker*, Causa Curiana, IJ 2 (1967) 161 ist die Entscheidung „not very convincing: not, at any rate, as a judgement in a point of law, even if it was a triumph of Crassus' advocatory art of persuasion.“ Vgl. auch *ders.*, Causa Curiana, in: Antologia giuridica I (1968) 109–134. Siehe dazu weiters *Ch. Paulus*, Unsterblichkeit (2018) 254 (= *ders.*, Idee der postmortalen Persönlichkeit [1992] 287), der Scaevolas Argumentation dahingehend charakterisiert, dass nach seinem Postulat das Normative das Faktische forme, während Crassus für die Normativität des Faktischen plädiere.

1002 Cic. Brut. 195–197.

1003 Cic. Brut. 197–198.

Sohn gar nicht geboren werde[1004]. Die Intestaterbfolge habe er ausschließen wollen[1005].

Cicero führt auch aus[1006], was der entscheidende Punkt für das Urteil gewesen sei: Die *voluntas*. Die Diskussion um die Frage, ob dieser Umstand dem Vormarsch der Rhetorik gegenüber der Jurisprudenz geschuldet war, soll an dieser Stelle nicht nochmals aufgerollt werden; viele Stimmen in der Literatur haben sich mit dieser Frage bereits beschäftigt, eine klare Antwort kann aber wohl nicht gegeben werden. Auch das Prinzip, eine testamentarisch nicht geregelte Erbfolge nach Möglichkeit zu verhindern (also der ‚*favor testamenti*'), bleibt hier gewahrt[1007].

Um die ‚unrömische' Frage zu umgehen, ob man hier eine Entscheidung im Rahmen der Auslegung des Testaments erblickt oder meint, es handle sich um etwas darüber Hinausgehendes[1008], genügt es für unsere Zwecke, schlicht festzustellen, dass eine primär gewollte letztwillige Verfügung in der Form, in der sie im Testament festgehalten wurde, nicht wirksam werden konnte, jedoch in anderer Form Rechtswirkungen entfaltete. Cicero legt ausdrücklich offen, was der ‚Konversion' zugrunde lag: Der Wille und

---

1004 Vgl. auch Marcus Antonius in Cic. orat. 1, 243.

1005 Dazu, dass der Erblasser vermutlich in seinem Testament auch einen Vormund bestellt hatte, welcher wohl nicht ident mit dem gradnächsten Agnat (möglicherweise aber mit dem Substitut) war, siehe *Manthe*, Sieg der Rhetorik, in: Große Prozesse (1997) 76. *Thomas*, Intention of the testator, in: Essays Sirks (2014) 730 betont, dass der Testator sich juristisch beraten haben lassen dürfte und dieser Ratgeber offenkundig inkompetent gewesen sei.

1006 Cic. Caec. 53.

1007 Zu einem möglichen weiteren Motiv – dem *honor institutionis* – siehe *Ch. Paulus*, Unsterblichkeit (2018) 255 (= *ders.*, Idee der postmortalen Persönlichkeit [1992] 288). Siehe auch ibid. 256 zu möglichen Gründen, welche die Abweichung des Trebaz in Iav. 8 ex post. Lab., D. 26, 2, 33 hinsichtlich einer Tutorenangelegenheit (der Ersatztutor ist nicht zugleich Nachtutor) erklärbar machen.

1008 Und etwa auch, inwiefern ‚ergänzende' Testamentsauslegung und ein hypothetischer Wille hier maßgeblich sind; dazu *Manthe*, Sieg der Rhetorik, in: Große Prozesse (1997) 82.

damit – so meinte etwa *Stroux*[1009] generell im Hinblick auf die *voluntas* als Auslegungskriterium – die *aequitas*[1010].

Rund 250 Jahre später wird bei Modestin in einer ähnlichen Fragestellung auf eine einschlägige Konstitution Mark Aurels und Lucius Verus' Bezug genommen: Es sei anzunehmen, dass eine Pupillarsubstitution auch eine Vulgarsubstitution beinhalte und umgekehrt.

> Mod. lib sing. de heur., D. 28, 6, 4 pr.: *Iam hoc iure utimur ex divi Marci et Veri constitutione, ut, cum pater impuberi filio in alterum casum substituisset, in utrumque casum substituisse intellegatur, sive filius heres non exstiterit sive exstiterit et impubes decesserit.*

> Aufgrund einer Konstitution der vergöttlichten Kaiser Mark Aurel und Lucius Verus ist bei uns sogar geltendes Recht, dass dann, wenn ein Vater, der für seinen unmündigen Sohn die Ersatzerbschaft in einem der beiden möglichen Fälle angeordnet hat, anzunehmen ist, er habe die Ersatzerbschaft für beide Fälle angeordnet, für den, dass der Sohn nicht Erbe wird, und für den, dass er Erbe wird und unmündig stirbt.[1011]

Mark Aurel und Lucius Verus haben demnach in einer Konstitution entschieden, dass einerseits eine Pupillarsubstitution auch in dem Fall als Substitutenbestellung zu gelten habe, in welchem das unmündige Hauskind nicht Erbe wird (wie im Falle der *causa Curiana*), sowie gleichzeitig auch, dass ein Vulgarsubstitut des unmündigen, als Testamentserbe eingesetzten Hauskindes auch als Pupillarsubstitut zur Erbschaft gelangen solle, falls das

---

[1009] *Stroux*, Summum ius summa iniuria (1926) 30. Vgl. die Rezensionen von *Levy* in ZRG RA 48 (1928) 668–678, sowie unter besonderer Betonung der Ergebnisse zur *Causa Curiana* und deren Illustrationswert *F. Z.* in JRS 18 (1928) 235.

[1010] Die Interpolationenkritik stellte wesentlich auf die ‚*animus*-These' und die ‚Betonung des Individualwillens' als ‚byzantinische Tendenz', welche generell dem Willen den Vorzug vor den Worten gegeben hat, ab.

[1011] *Voci*, DER II ^{2}(1963) 216 sieht zwei mögliche Deutungsvarianten für ‚*substitutio in alterum casum*' im *principium*: *alter* könne iSv. *secundus* gebraucht sein, womit ‚*substitutio in secundum casum*' gemeint wäre und damit eine andere Bezeichnung für ‚*substitutio pupillaris*'. Es könne aber auch als Äquivalent zu ‚*substitutio in alterutrum casum*' verstanden werden, also als Bezeichnung beider Substitutionsarten. Die letztere Deutung hat bereits Cuias vertreten und auch vorliegend wird dieser Variante (mit der neueren Übersetzung bei *K/K/R/S-Kupisch ad loc.*) – wie bei *Müller-Eiselt*, Divus Pius constituit (1982) 39 mit näheren Begründungen – der Vorzug gegeben.

Kind Erbe wird und vor Erreichen der Mündigkeit stirbt. Beides impliziert weitreichende ‚Umdeutungen' des testamentarisch Festgesetzten.

Es dürfte sich dabei um eine durch die Kaiserkonstitution bekräftigte Vermutung handeln, welche auf eine regelmäßig geübte Praxis zurückzuführen ist: Ein Hausvater wählte für seinen unmündigen Sohn regelmäßig eine beide Fälle der Substitution umfassende Klausel. Modestin spricht in diesem Zusammenhang von einer *heredis substitutio duplex*.

> Mod. 2 pand., D. 28, 6, 1, 1: *Heredis substitutio duplex est aut simplex, veluti: ‚Lucius Titius heres esto: si mihi Lucius Titius heres non erit, tunc Seius heres mihi esto': ‚si heres non erit, sive erit et intra pubertatem decesserit, tunc Gaius Seius heres mihi esto'.*

> Die Ersatzerbeinsetzung ist eine einfache, zum Beispiel: ‚Lucius Titius soll Erbe sein. Wenn Lucius Titius nicht mein Erbe wird, dann soll Seius mein Erbe sein', oder bei einem unmündigen Hauskind eine zweifache: ‚... Wenn er nicht Erbe sein wird oder wenn er Erbe sein und vor Eintritt der Mündigkeit sterben wird, dann soll Gaius Seius mein Erbe sein'.[1012]

Unterlässt der Hausvater die Einfügung einer *heredis substitutio duplex* im Falle seines unmündigen Sohnes und fügt er lediglich einen der beiden Klauselbestandteile ein[1013], so wurde wohl wegen der allgemeinen Üblichkeit der Verbindung dieser Anordnungen auch im Einzelfall angenommen, lediglich die *verba* seien fehlerhaft bzw. unvollständig, der Erblasser habe aber die *heredis substitutio duplex* gemeint. Tritt also der von der betreffenden Klausel gerade nicht umfasste Fall ein, so wurde die Substitutionsklausel konvertiert. Eine Umdeutung dürfte allerdings (nur) dann ausgeschlossen sein, wenn ein entgegenstehender Erblasserwille aufgrund konkreter Anhaltspunkte erschlossen werden kann (etwa für die beiden Substitutionsfälle verschiedene Substituten bestellt wurden); eine widerlegliche Zweifelsregel ist auch in diesem Fall zu vermuten.

[1012] Übersetzung: *K/K/R/S-Kupisch.*

[1013] Also nur entweder *‚si mihi Lucius Titius heres non erit, (tunc) Seius heres mihi esto'* oder *‚si Lucius Titius intra pubertatem decesserit, (tunc) Gaius Seius heres mihi esto'* statt *‚si mihi Lucius Titius heres non erit, sive erit et intra pubertatem decesserit, (tunc) Gaius Seius heres mihi esto'.*

2. Pupillarsubstitution als Vulgarsubstitution

Nicht immer jedoch dürfte die Pupillarsubstitution in einer Klausel des väterlichen Testaments bestimmt worden sein. Regelmäßig wurde wohl ein weiteres Testament mit einer eigenen Urkunde errichtet[1014], was sich etwa daraus ergibt, dass in den juristischen Quellen auch diskutiert wird, was zu gelten habe, wenn die beiden Testamente nicht gleichzeitig, sondern zu verschiedenen Anlässen hintereinander errichtet wurden[1015]. Zumindest eine gesonderte Siegelung erfolgte auch dann, wenn das Pupillartestament in das väterliche Testament eingeschlossen wurde[1016]. Beide Testamente stellten aber etwa insofern eine Einheit dar, als Bestimmungen des Pupillartestaments, welche mit dem väterlichen Testament in Widerspruch standen, jene verdrängten: Das Pupillartestament war zwingend nach dem väterlichen Testament errichtet worden und insofern die *novissima scriptura*[1017]. Völlig unabhängig voneinander waren die Testamente aber auch sonst nicht: Es schlug auch beispielsweise auf das Pupillartestament durch, wenn das väterliche Testament umgestoßen wurde[1018], und es war auch nicht möglich, als *pater familias* nur für das gewaltunterworfene Hauskind, nicht aber für sich selbst zu testieren[1019]. Ebenso war es nicht möglich, als Ersatzerbe nur die Erbschaft nach dem *pupillus*, nicht aber die väterliche Erbschaft anzutreten[1020]. So führt Ulpian[1021] aus, dass das Testament des *pater familias* und das für den Sohn jedenfalls nach prätorischem Recht als ein einziges Testament angesehen werden (was insbesondere hinsichtlich der Verschlussvorschriften näher erörtert wird).

Inhaltlich ist die Umdeutung einer Pupillarsubstitution in eine Vulgarsubstitution insofern bemerkenswert, als die beiden Substitutionsformen weitreichende Unterschiede aufweisen: So kann der Testator im Falle einer

---

1014 Vgl. auch *Babusiaux*, Nachlassbesitz, in: HRPR (2023) § 57 Rn. 190.
1015 Bspw. Pomp. 3 ad Sab., D. 28, 6, 16, 1.
1016 Gai. 2, 181.
1017 Pomp. 3 ad Sab., D. 28, 6, 16 pr.
1018 Ulp. 6 ad Sab., D. 28, 6, 2 pr.
1019 Ulp. 6 ad Sab., D. 28, 6, 2, 1.
1020 Ulp. 4 ad Sab., D. 28, 6, 10, 2–4; eine Ausnahme schildert Pap. 3 quaest., D. 28, 6, 12.
1021 Ulp. 16 ad Sab., D. 28, 6, 20 pr.; zum Text siehe unten S. 339.

Pupillarsubstitution, die auch aus diesem Grunde nur für unmündige *sui heredes* offenstand, anordnen, dass nicht nur die Vermögensgegenstände, die der *pupillus*/die *pupilla*[1022] vom Testator erbt, an den Substituten herauszugeben sind, sondern das gesamte Vermögen auch des/der Unmündigen. Das war selbst dann möglich, wenn der Vater den Sohn enterbt hatte[1023] oder wenn eine Einweisung in den Nachlassbesitz ‚entgegen dem Testament' des Vaters erfolgt ist[1024]. Vergleichbares ist bei der Vulgarsubstitution unmöglich. Nun könnte man behaupten, eine Vulgarsubstitution sei ein ‚Minus' im Verhältnis zur Pupillarsubstitution und insofern darin enthalten. Im oben geschilderten Fall der *causa Curiana* trat jedoch ein weiteres Problem hinzu: Der *pupillus*, dem ein (Pupillar-)Substitut bestellt wurde, wurde überhaupt nicht geboren und konnte folgerichtig auch nicht sterben; weder vor noch nach dem Testator[1025]. Insofern ist die Entscheidung der Kaiser für den Fall des immerhin zunächst existierenden *pupillus* vergleichsweise noch leichter zu argumentieren[1026].

3. Vulgarsubstitution als Pupillarsubstitution

Errichtet ein Testator kein Pupillartestament, bestellt er in seinem Testament jedoch einen (Vulgar-)Substituten für den Fall, dass der eingesetzte *pupillus* die Erbschaft nicht erlangt, so erscheint es als starker Eingriff in den Wortlaut, diese Konstruktion auch als Pupillarsubstitution zu werten: Der *pupillus* erlangte wie vom Testator gewünscht den Nachlass. Er verstarb sodann aber, bevor er die Mündigkeit erreichte und selbst testieren konnte. In der Zeitspanne zwischen Erbschaftsantritt und Tod konnte sich sein Vermögen durchaus verändert haben; jeder Erwerb, welcher zur Vergrößerung der

---

1022 Explizit weist etwa Ulpian in seinem Sabinuskommentar darauf hin, dass für männliche und weibliche unmündige Hauskinder ein Pupillartestament errichtet werden kann und hier auch die üblichen Altersgrenzen für das Erreichen der Mündigkeit zu beachten sind: Ulp. 6 ad Sab., D. 28, 6, 2 pr. Ist im Folgenden vom *pupillus* die Rede, so ist grundsätzlich aber auch die *pupilla* mit umfasst, sofern nicht explizit auf das Gegenteil hingewiesen wird.

1023 Vgl. Mod. 2 pand., D. 28, 6, 1, 2; Ulp. 4 ad Sab., D. 28, 6, 10, 5.

1024 Afr. 2 quaest., D. 28, 6, 34, 2.

1025 So argumentiert auch Scaevola: Cic. orat. 1, 180.

1026 Vorausgesetzt etwa auch in Ulp. 15 ad Sab., D. 30, 19, 1. Vgl. dazu *Lohsse*, Hoc-amplius-Klausel, in: Klauselgestaltungen (2022) 131.

Masse beigetragen hat, kam den Substituten zugute, nicht den Intestaterben, sofern diese nicht mit jenen ident waren. Da der *pupillus* durch die Einzelverfügungen des väterlichen Testaments bereits belastet war, geht diese Belastung auf seine Erben über, seien es Intestaterben oder auch Substituten. In einem solchen Fall gab es keine zusätzlichen Einzelverfügungen eines Pupillartestaments, welche zwar nicht den *pupillus*, wohl aber den Substituten beschweren könnten: Ein Pupillartestament existierte schließlich gerade nicht. Wie gesehen dürfte die Üblichkeit der *heredis substitutio duplex* ausschlaggebend dafür gewesen sein, auch im Falle der bloßen Vulgarsubstitution diese dennoch in eine Pupillarsubstitution umzudeuten: Zwar ist die Pupillarsubstitution prinzipiell ein ‚Plus' im Verhältnis zur Vulgarsubstitution, doch stritt die Vermutung dafür, dass es dem typischen Erblasserwillen entsprach, dass der Vulgarsubstitut auch als Pupillarsubstitut an den Nachlass gelangen konnte.

4. Substitutionstyp bei wechselseitiger *substitutio*

Wurden Miterben – häufig Geschwister – einander wechselseitig als Substituten bestellt, so konnte auch die Frage auftreten, ob sowohl Vulgar- als auch Pupillarsubstitution davon umfasst sind.

> Mod. lib. sing. de heuremat., D. 28, 6, 4, 1: *Quod ius ad tertium quoque genus substitutionis tractum esse videtur: nam si pater duos filios impuberes heredes instituat eosque invicem substituat, in utrumque casum reciprocam substitutionem factam videri divus Pius constituit.*
>
> Dieser Rechtssatz wurde ersichtlich auch auf eine dritte Art der Einsetzung von Ersatzerben erstreckt. Setzt nämlich ein Vater zwei unmündige Söhne als Erben und füreinander als Ersatzerben ein, so ist, wie der vergöttlichte Kaiser Antoninus Pius in einer Konstitution bestimmt hat, davon auszugehen, dass die wechselseitige Ersatzerbeneinsetzung für beide Fälle angeordnet wurde.[1027]

Der Text knüpft an die Darstellung des oben bereits diskutierten *principium* des Fragments an, wo ausgeführt ist, dass im Falle der Substitution für einen *pupillus* durch dessen Vater beide Fälle – der des Vorversterbens vor dem

[1027] Übersetzung: *K/K/R/S-Kupisch*.

Erbfall und der des Todes nach Antritt der Erbschaft, aber vor Erreichen der Mündigkeit – umfasst sein sollten[1028].

Müller-Eiselt[1029] kritisierte zu Recht, dass *Voci* den Zusammenhang von § 1 mit dem folgenden § 2 außer Acht lässt, wenn er meint, es sei irrelevant, welche Art von *substitutio* angeordnet wäre; dadurch wird ein spezifisches Charakteristikum der Problemstellung ausgeblendet:

Mod. lib. sing. de heuremat., D. 28, 6, 4, 2: *Sed si alter pubes, alter impubes hoc communi verbo ‚eosque invicem substituo' sibi fuerint substituti, in vulgarem tantummodo casum factam videri substitutionem Severus et Antoninus constituit: incongruens enim videbatur, ut in altero duplex esset substitutio, in altero sola vulgaris. hoc itaque casu singulis separatim pater substituere debebit, ut, si pubes heres non exstiterit, impubes ei substituatur, si autem impubes heres exstiterit et intra pubertatem decesserit, pubes frater in portionem coheredis substituatur: quo casu in utrumque eventum substitutus videbitur, ne, si vulgari modo impuberi quoque substituat, voluntatis quaestionem relinquat, utrum de una vulgari tantummodo substitutione in utriusque persona sensisse intellegatur: ita enim in altero utraque substitutio intellegitur, si voluntas parentis non refragetur. vel certe evitandae quaestionis gratia specialiter in utrumque casum impuberi substituat fratrem: ‚sive heres non erit sive erit et intra pubertatis annos decesserit'.*

In dem Fall aber, dass der eine Sohn mündig, der andere unmündig war und sie mit den üblichen Worten: ‚Ich setze sie füreinander als Ersatzerben ein' wechselseitig zu Ersatzerben bestimmt wurden, haben die Kaiser Septimius Severus und Antoninus [Caracalla] in einer Konstitution bestimmt, es sei anzunehmen, dass die Berufung als Ersatzerbe nur für den einfachen Fall der Ersatzerbeinsetzung angeordnet worden war. Es wurde nämlich als unstimmig angesehen, dass für den einen Sohn eine zweifache, für den anderen nur eine einfache Einsetzung als Ersatzerbe bestehen sollte. In einem solchen Fall muss deshalb der Vater die Ersatzerbschaft für jeden einzelnen getrennt anordnen, und zwar in der Weise, dass dann, wenn der mündige Sohn nicht Erbe wird, für ihn der unmündige als Ersatzerbe eingesetzt wird, dass aber dann, wenn der unmündige Sohn Erbe wird und vor dem Eintritt der Mündigkeit stirbt, der mündige Bruder als Ersatzerbe zu dem Anteil des [unmündigen] Miterben eingesetzt wird. Bei dieser Sachlage ist anzunehmen, der mündige Bruder sei für beide möglichen Fälle als Ersatzerbe eingesetzt; damit lässt der Vater – anders als wenn er eine einfache Ersatzerbeinsetzung auch für den Unmündigen anordnet – die Auslegungsfrage nicht unbeantwortet, ob davon auszugehen ist, dass er nur eine einfache Ersatzerbeinsetzung für jeden der beiden Söhne im Sinn gehabt hat. Infolgedessen werden für den einen Sohn

[1028] Siehe dazu oben S. 323.

[1029] *Müller-Eiselt*, Divus Pius constituit (1982) 37.

beide Formen der Ersatzerbeinsetzung angenommen, wenn der Wille des Vaters nicht entgegensteht. Und natürlich kann der Vater, um eine Auslegungsfrage zu vermeiden, den mündigen Bruder ausdrücklich für beide möglichen Fälle zum Ersatzerben des Unmündigen machen: ‚wenn er [der Unmündige] nicht Erbe sein wird oder wenn er Erbe sein wird und vor Eintritt der Mündigkeit stirbt'.[1030]

Das Besondere an dem referierten Fall ist, dass einer der beiden Miterben unmündiger *suus* ist, der andere bereits mündig. Nur für den Unmündigen käme eine *substitutio pupillaris* in Betracht; die Frage, ob eine solche von der *substitutio vulgaris* mit umfasst ist, stellt sich daher nur im Hinblick auf ihn. Derart kann angenommen werden, dass auch in § 1 vom Wortlaut her eine Vulgarsubstitution verfügt wurde und sich die Frage stellt, ob davon auch eine Pupillarsubstitution umfasst ist.

Septimius Severus und Caracalla hatten im Jahre 204 auf Anfrage einer Phronima denselben Fall zu entscheiden wie Modestin in § 2[1031]:

Impp. Severus et Antoninus AA. Phronimae, C. 6, 26, 2: *Hereditatem quidem intestati filii delatam tibi dubitari non oportet. substitutio enim testamento patris facta ad pubertatis tempora porrigi non potest, quia ipso et aliis non eiusdem condicionis heredibus institutis et invicem substitutis propter eorum personam, quibus in unum casum dumtaxat substitui potest, etiam in filio idem debere servari et ratio suadet et divus Marcus pater constituit. PP. VI. k. Aug. Cilone et Libone conss.* [a. 204]

Dass dir die Erbschaft deines testamentslos verstorbenen Sohnes angefallen ist, kann man nicht bezweifeln. Denn die Substitution, welche im Testament des Vaters verfügt wurde, kann nicht auf die Zeit nach Erreichen der Mündigkeit erstreckt werden, weil selbst wenn er und andere, welche nicht in demselben Zustand sind (dh. die nicht unmündige Hauserben sind), zu Erben eingesetzt und einander wechselseitig substituiert worden sind, muss bei denen, denen nur für einen Fall substituiert worden ist (dh. im Hinblick auf welche nur die Vulgar-, nicht auch die Pupillarsubstitution angeordnet wurde), das beachtet werden, was auch beim Sohn beachtet werden muss und so gebietet es einerseits die Vernunft und hat es andererseits der vergöttlichte Vater Kaiser Marcus angeordnet.

Es wird nach Ansicht der Kaiser (sowohl Mark Aurels, auf welchen seine Nachfolger Bezug nehmen, als auch Septimius Severus' und Caracallas) aus Gründen der ‚Gegenseitigkeit' dann nicht vermutet, dass eine Vulgarsubstitution

---

1030 Übersetzung: *K/K/R/S-Kupisch.*

1031 Von Identität der Fälle geht *Haß*, Institutio und substitutio heredis (1995) 110 aus.

auch eine Pupillarsubstitution umfasst, wenn bei mehreren wechselseitigen Substituten nicht für alle eine Pupillarsubstitution möglich wäre. Es erschiene ‚unstimmig' (*incongruens enim videbatur*), wenn die in einem Atemzug verfügte wechselseitige Substitution für den einen umfassender wirken würde als für die anderen. *Müller-Eiselt* legt hierbei den Akzent auf das Wort *invicem*; Gegenseitigkeit sei nur dann gewährleistet, wenn beide Erben die gleichen persönlichen Merkmale aufwiesen: „Gegenseitige Substitution bedeutet daher zunächst immer Vulgarsubstitution, da diese jedem Erben unterschiedslos zugänglich ist. Sie kann darüber hinaus Pupillarsubstitution bedeuten, wenn beide Erben die qualifizierten Merkmale Haussohn und *impubes* aufweisen."[1032]

Modestin entwickelt den von den Kaisern entschiedenen Ausgangsfall sodann insofern weiter, als er zumindest dann anders entscheidet, wenn die Substitutionen getrennt verfügt wurden; dann kann – selbst bei Wortgleichheit – die Substitutionsbestimmung für den unmündigen Sohn doch als auch die Pupillarsubstitution umfassend interpretiert werden, sofern dem nicht der Wille des Vaters entgegensteht (*si voluntas parentis non refragetur*); vermutet wurde allerdings offenbar, dass beides gewollt war. Besser sei es jedoch, so Modestin, ausdrücklich beide Arten der Substitution anzuordnen, um keinen Zweifel aufkommen zu lassen.

5. Errichtung eines Pupillartestaments durch Frauen

Mangels *sui heredes* konnten Frauen keine Pupillartestamente errichten. Das hielt sie aber offenbar nicht davon ab, genau dies zu tun. Die oben skizzierte Lösung wurde für diesen Fall in besonderer Weise angepasst:

1032 *Müller-Eiselt*, Divus Pius constituit (1982) 38. Wenn er ibid. 39 darauf hinweist, es gehe um den Willen des Erblassers, „seine gesetzlichen Erben zugunsten der Substituten für immer oder jedenfalls so weit wie möglich von dem Nachlass auszuschließen", so ist dem unter diesem Blickwinkel nicht zuzustimmen: Es geht weniger darum, die gesetzlichen Erben auszuschließen (meist sind diese ja ohnehin auch die Testamentserben: So in den hier diskutierten Fällen der Söhne, von welchen nur eben manche bereits mündig sind), sondern darum, dass das Testament mit allen seinen Einzelverfügungen wirksam bleibt: Träte die Intestaterbfolge ein, so wären die Freilassungen und Vermächtnisse von Unwirksamkeit bedroht.

Afr. 2 quaest., D. 28, 6, 33 pr.: *Si mater ita testetur, ut filium impuberem, cum erit annorum quattuordecim, heredem instituat eique pupillaribus tabulis, si sibi heres non erit, alium substituat, valet substitutio.*

Errichtet eine Mutter ihr Testament in der Weise, dass ihr unmündiger Sohn ab dem vollendeten vierzehnten Lebensjahr Erbe sein solle, und bestimmt sie in einem Mündeltestament für ihn, wenn er nicht Erbe würde, jemanden als Ersatzerben, so ist die Ersatzerbeinsetzung wirksam.[1033]

Eine Mutter hat ihren Sohn als Erben eingesetzt, allerdings unter der Bedingung, dass er bei ihrem Tod mündig sei. In einem ‚Pupillartestament' bestimmt sie einen Ersatzerben für den Fall, dass ihr Sohn vor Erreichen der Mündigkeit versterben sollte. Nach Africanus *valet substitutio.* Das ist wie gesagt nicht selbstverständlich, weil Frauen keine Pupillarsubstitution anordnen können; diese Möglichkeit war ausschließlich Hausvätern vorbehalten. Nun muss demnach die vorliegende Substitution als *substitutio vulgaris* Wirksamkeit erlangt haben, obwohl der äußeren Form nach eine *substitutio pupillaris* – und sogar eine eigenständige Testamentsurkunde für den Unmündigen – vorzuliegen scheint[1034]. Dementsprechend musste auch der Rechtsgehalt dahingehend abgeändert werden, dass keine Erbfolge nach dem Kind, sondern eine nur den Erben der Mutter betreffende Ersatzerbschaft angenommen wird, obwohl dies in einer von ihrem Testament verschiedenen Urkunde bestimmt wird. Eine von einer Frau angeordnete und damit eigentlich unwirksame Pupillarsubstitution wurde daher in eine wirksame Vulgarsubstitution umgedeutet[1035]. Hingegen dürften sonstige Bestimmungen in derartigen Pupillartestamenten, wie insbesondere Vermächtnisse zulasten des Ersatzerben, unwirksam geblieben sein: Mit diesen hat die Frau nicht einen eigenen Ersatzerben als solchen beschweren wollen, sondern den Erben ihres Kindes; weil sie einen solchen nicht wirksam einsetzen konnte, konnte

1033 Übersetzung: *K/K/R/S-Kupisch.*

1034 So auch *Babusiaux*, Gnomon, ZRG RA 135 (2018) 160–161. Anders *Finazzi*, La sostituzione pupillare (1997) 157 Fn. 41, der annimmt, *pupillaribus tabulis* verweise nur auf eine *substitutio* für den *pupillus*.

1035 Siehe auch die Testamentsurkunden aus Ägypten, in welchen von Frauen für den Fall des Versterbens ihrer zu Erben eingesetzten Kinder (die unter der Bedingung des Erreichens der Volljährigkeit eingesetzt werden) eine Ersatzerbschaft der Enkel vorgesehen wird: P. Köln II, 100; P. Oxy. III, 490; P. Oxy. III, 492. Dazu *H.J. Wolff*, Pupillarsubstitution, in: Studi Riccobono III (1936) 436–470.

sie ihn auch nicht wirksam beschweren[1036]. Eine Umdeutung wird nur dann in Frage gekommen sein, wenn die Testatorin eine ‚generelle Umdeutungsklausel' in die Urkunde aufgenommen hat. Diesfalls wäre es denkbar, dass auch die Person des Belasteten umgedeutet worden sein könnte.

6. Bestellung von Sklaven als Substituten

Sklaven wurden nicht nur als Erben erster Stufe eingesetzt, sondern auch als Substituten bestellt. Das betrifft eigene Sklaven ebenso wie fremde. Eigene Sklaven wurden aber wie erwähnt vor allem auch gerne zur ‚Absicherung' im letzten Rang eingesetzt, da sie als Zwangserben jedenfalls antreten mussten und damit sichergestellt war, dass der Erblasser nicht intestat verstarb.

Schwierigkeiten konnten sich etwa ergeben, wenn derselbe Sklave als Erbe des Vaters eingesetzt und von diesem für dessen Sohn auch als Pupillarsubstitut bestellt wurde: Zwischen dem ersten Erbfall und dem Tod des Sohnes konnte ein Eigentümerwechsel eingetreten sein. Zwei Digestenstellen behandeln unter anderem das Problem, was zu gelten habe, wenn die Substitutionsklausel in einer solchen Konstellation folgendermaßen lautete: *‚quisquis mihi heres erit, idem impuberi filio heres esto'*.

> Ulp. 4 ad Sab., D. 28, 6, 8, 1: *Haec verba: ‚quisquis mihi heres erit, idem impuberi filio heres esto' hunc habent sensum, ut non omnis qui patri heres exstitit, sed is qui ex testamento heres exstitit substitutus videatur: et ideo neque pater, qui per filium, neque dominus, qui per servum exstitit, ad substitutionem admittetur, neque heredis heres, quia non ex iudicio veniunt. partes quoque eaedem ad substitutos pertinent, quas in ipsius patris familias habuerunt hereditate.*

> Die Worte: ‚Wer immer mein Erbe sein wird, der soll auch Erbe für meinen unmündigen Sohn sein' haben den Sinn, dass nicht jeder, der Erbe des Vaters wurde, als Ersatzerbe angesehen wird, sondern nur derjenige, der aufgrund des Testaments Erbe geworden ist. Und deshalb darf weder ein Vater, der durch seinen Sohn, noch ein Eigentümer, der durch seinen Sklaven Erbe wurde, zur Ersatzerbschaft

---

1036 So *Babusiaux*, Gnomon, ZRG RA 135 (2018) 161 (im Hinblick auf § 33 des Gnomon des Idios Logos, BGU V, 1210, 93–95). Zur umstrittenen Stellung des Ersatzerben im Pupillartestament eines *pater familias* (als Erbe des Vaters oder des *pupillus*) siehe *Vážný*, Sostituzione pupillare, BIDR 47 (1940) 31–62, 41–51; *Schanbacher*, Ratio legis Falcidiae (1995) 62–80; *Nowak*, The Substitution of Heirs in Wills of Roman Egypt, Zeszyty Prawnicze 12–1 (2012) 173–179.

zugelassen werden und auch nicht der Erbe des Erben, weil sie nicht aufgrund des Erblasserwillens in die Erbenstellung gelangen. Den Ersatzerben stehen auch dieselben Anteile zu, die sie [als Erben] am Nachlass des Hausvaters hatten.[1037]

und

Mod. 1 diff., D. 28, 6, 3: *Cum filio impuberi pater ita substituerit: ‚quisquis mihi heres erit, idem filio impuberi heres esto', placuit ad hanc substitutionem scriptos tantummodo ad hereditatem admitti: itaque dominus, cui per servum hereditatis portio quaesita sit, ex substitutione impuberi heres effici non poterit, si servus ab eius exierit potestate.*

Ein Vater hatte einen Ersatzerben für seinen minderjährigen Sohn wie folgt eingesetzt: ‚Wer auch immer mein Erbe sein wird, der soll Erbe meines unmündigen Sohnes sein'. Es wurde entschieden, dass zu dieser Ersatzerbschaft nur die im Testament benannten Erben zugelassen werden. Deshalb kann ein Eigentümer, der über seinen Sklaven einen Anteil an der Erbschaft hat, nicht erreichen, aufgrund der Einsetzung zum Ersatzerben Erbe des Unmündigen zu werden, wenn der Sklave aus seiner Eigentümergewalt ausgeschieden ist.[1038]

Das ‚*quisquis mihi heres erit*' deutet darauf hin, dass schon zuvor Erben mehrerer Stufen eingesetzt worden sein dürften; auf welcher Stufe der Sklave eingesetzt war, lässt sich nicht feststellen, ist aber für das Ergebnis auch unerheblich. Durch den Sklaven erwarb dessen *dominus* (Ulpian erwähnt als Parallelfälle auch den Hausvater, der durch seine gewaltunterworfenen Kinder erwirbt, sowie den Erben eines Erben) die Erbschaft. Diesem wurde die ‚Erbenstellung' in diesem Sinne durch den Sklaven vermittelt, wie schon in den oben VI.5. behandelten Texten ersichtlich wurde. Die Klausel ‚Wenn Stichus nicht Erbe wird' (*si Stichus heres non erit*), wenn wiederum einem Sklaven substituiert wird, ist nach Iul. 30 dig., D. 28, 5, 41 im Sinne von ‚Wenn Stichus weder selbst Erbe wird noch einen anderen zum Erben macht' (*si Stichus neque ipse heres erit neque alium fecerit*) zu verstehen. Insofern könnte man also die Ansicht vertreten, dass derjenige Erbe des Vaters und damit auch Pupillarsubstitut nach dem Sohn ist, der durch den Sklaven ‚zum Erben des Vaters gemacht' wurde. Diese Deutung wird jedoch zurückgewiesen: Ulpian begründet dies mit den Worten ‚*quia non ex iudicio veniunt*'; nicht aufgrund der Entscheidung des Erblassers habe der *dominus* die Erbschaft erworben, sondern gewissermaßen ‚zufällig', weil er den eingesetzten

---

1037 Übersetzung: *K/K/R/S-Kupisch.*
1038 Übersetzung: *K/K/R/S-Kupisch.*

Sklaven zu dieser Zeit gerade in seinem Eigentum hatte. Zu Recht hat *Buchwitz*[1039] darauf hingewiesen, dass Modestin eine entscheidende Voraussetzung dafür erwähnt, demjenigen, der als Sklaveneigentümer die Erbschaft nach dem Vater erlangt hatte, die Erbschaft nach dem Sohn zu verweigern: ‚*si servus ab eius exierit potestate*'. Die Entscheidung fällt dementsprechend nur dann negativ aus, wenn der Eigentümer inzwischen gewechselt hatte: Der Eigentümer, dem die Erbschaft nach dem Vater nur dank des Sklaven zufiel, hat eben nicht aufgrund dieses Erwerbs ein Anrecht auf die Erbschaft nach dem Sohn, sondern nur in seiner Eigenschaft als Eigentümer des Sklaven. Ist er weiterhin dessen Eigentümer, so erhält er auch den Nachlass des *pupillus*. Hat er den Sklaven inzwischen veräußert, so erwirbt dessen neuer Eigentümer.

Hat der Eigentümer zwischenzeitlich gewechselt, so gelangt nicht der, der (durch den eingesetzten Sklaven) Rechtsnachfolger des Vaters wurde, auch an die Erbschaft nach dem Sohn, wie es dem Wortlaut nach angeordnet wäre; vielmehr tritt die Rechtsnachfolge nach dem Sohn jemand anderer an, nämlich der neue Eigentümer des Sklaven. Weil der Vater bei der Testamentserrichtung an den Sklaven gedacht hat, wird nach seinem Willen der Wortlaut insofern überwunden.

7. Pupillarsubstitution im Kodizill

Erbeinsetzungen in Kodizillen sind nicht möglich. Substitutionen sind ‚Erbeinsetzungen zweiter Stufe' und können daher ebenso wenig wirksam in einem Kodizill verfügt werden. Bei Scaevola wurde allerdings angefragt, ob eine Pupillarsubstitution in einer derartigen Konstellation nicht doch Rechtswirkungen entfalten könne – was der Jurist bejaht:

> Scaev. 19 dig., D. 36, 1, 78: *Scaevola respondit, si pater filium suum impuberem ex asse scripserit heredem eique codicillis substituerit, deinde filius impubes decesserit, licet substitutio inutilis sit, quia codicillis hereditas neque dari neque adimi potest, tamen benigna interpretatione placet, ut mater, quae ab intestato pupillo successit, substitutis fideicommisso obligetur: quod si invicem fuerunt substituti, et in fideicommisso substitutionem valere: unoque eorum mortuo qui supersunt totum accipiunt.*

> Scaevola hat folgendes Gutachten erstattet: Ein Vater hatte seinen unmündigen Sohn als Alleinerben eingesetzt und im Kodizill Ersatzerben für ihn eingesetzt.

[1039] *Buchwitz*, Servus alienus heres (2012) 14 mwN.

> Dann starb der unmündige Sohn. Die Ersatzerbeinsetzung sei zwar unwirksam, weil eine Erbschaft in einem Kodizill weder zugewiesen noch entzogen werden kann. Aufgrund wohlwollender Auslegung sei aber anerkannt, dass die Mutter, die den Unmündigen im Wege der gesetzlichen Erbfolge beerbt hat, den Ersatzerben aus einem Fideikommiss verpflichtet wird. Und wenn diese füreinander wechselseitig als Ersatzerben eingesetzt gewesen seien, gelte diese Ersatzerbeinsetzung auch für das Fideikommiss: Wenn einer von ihnen bereits verstorben ist, erhalten die Überlebenden das Ganze.[1040]

Scaevola hält fest, dass die *substitutio pupillaris* im Kodizill als solche nichtig sei. *Benigna interpretatione* könne diese ‚Erbeinsetzung' zweiter Stufe jedoch als Universalfideikommiss zulasten der Intestaterbin des *pupillus* wirksam werden. Der abschließende Satz zur *invicem-substitutio* nimmt auf die Situation Bezug, dass mehrere für den *pupillus* bestellte Substituten einander ihrerseits wechselseitig als Substituten bestellt wurden; hier muss das Fideikommiss an den oder die überlebenden Substituten herausgegeben werden.

Giuffrè[1041] ging zwar ohne konkrete Anhaltspunkte im Text von weitreichenden Interpolationen aus, erkennt aber doch an, dass die Konversion nicht erst durch die Kompilatoren oder postklassische Bearbeiter in die Stelle gebracht worden sei. Im Ergebnis der überlieferten Entscheidung sieht auch *Kaser*[1042] eine Umdeutung und zieht einen Vergleich zur ‚Kodizillarklausel'; dem entgegnete *Kleiter*, dass es in allen vergleichbaren Fällen stets entweder zu einer Umdeutung des unwirksamen Testaments in ein Kodizill oder zu einer Umdeutung der unwirksamen Erbeinsetzung in ein Fideikommiss komme, hier jedoch Scaevola beide Möglichkeiten kombiniere, „indem er die in einem unwirksamen Kodizill enthaltene Erbeinsetzung als Fideikommiss aufrecht erhält"[1043]. Weil hier ohne Kodizillarklausel im Testament die im Kodizill verfügte (Ersatz-)Erbeinsetzung in ein Universalfideikommiss umgedeutet werde, bedürfe es der *benignitas* als ‚Korrekturhilfe'[1044].

Ob das Testament eine ‚Kodizillarklausel' – dabei ist wohl an eine Klausel des Typs der ‚generellen Umdeutungsklausel' oder auch eine ‚Verstärkungsklausel' gedacht – enthielt oder nicht bleibt mE jedoch offen. Darauf kommt

---

1040 Übersetzung: *K/K/L/R-Lohsse*.
1041 *Giuffrè*, Conversione (1965) 127–128.
1042 *Kaser*, RP I ^{2}(1971) 694. Siehe auch *Palma*, Benignior Interpretatio (1997) 100–101.
1043 *Kleiter*, Entscheidungskorrekturen (2010) 94.
1044 IdS. auch *Babusiaux*, Erbrecht ^{2}(2021) 315.

es nicht an: Das väterliche Testament sollte schließlich nicht umgedeutet werden. Problematisch ist das Pupillartestament, welches kein solches ist. Es musste eine Verfügung, welche außerhalb des väterlichen Testaments in einem Kodizill nicht wirksam getroffen werden konnte, umgedeutet werden.

Den Umstand, dass in einem nach dem Testament errichteten Kodizill – sei es bestätigt oder nicht – kein Erbe eingesetzt (oder enterbt) werden kann, führt auch Gaius aus, der überdies aufzeigt, dass in diesem Rahmen lediglich eine fideikommissarische Bitte, die Erbschaft herauszugeben, an den Testamentserben gerichtet werden kann:

> Gai. 2, 273: *Item codicillis nemo heres institui potest neque exheredari, quamuis testamento confirmati sint; at is, qui testamento heres institutus est, potest codicillis rogari, ut eam hereditatem alii totam uel ex parte restituat, quamuis testamento codicilli confirmati non sint.*

> Ferner kann niemand in Nachträgen zum Testament zum Erben eingesetzt oder enterbt werden, selbst wenn sie durch das Testament bestätigt worden sind. Aber man kann denjenigen, der im Testament zum Erben eingesetzt worden ist, in Nachträgen bitten, diese Erbschaft einem anderen ganz oder zum Teil herauszugeben, selbst wenn die Nachträge nicht durch das Testament bestätigt worden sind.[1045]

Dem Testator war offenbar nicht bewusst, dass auch das Pupillartestament wie sein eigenes formgültig als Testament errichtet werden musste, wenn er sich nicht auf eine entsprechende Substitutionsklausel in seinem eigenen Testament beschränkte. Er wollte mit dem Kodizill ein Kodizill und kein Testament errichten, daher wird er dort schon deshalb keine Klausel aufgenommen haben, wonach das Kodizill im Unwirksamkeitsfall als Kodizill gelten solle (‚allgemeine Umdeutungsklausel'); ein Kodizill sollte es aus seiner Sicht schließlich von vornherein sein und selbst wenn eine solche Klausel doch vorliegen sollte, bewirkt sie nichts. Dass der Vater den von ihm angestrebten Erfolg mit einem Kodizill nicht erreichen kann, war ihm jedoch nicht bewusst. Die Verfügungen des Kodizills konnten – jedenfalls soweit sie Erbeinsetzungen gleich welcher Stufe betrafen – lediglich Fideikommisscharakter annehmen. Diesen gesteht ihnen Scaevola auch tatsächlich zu.

1045 Text und Übersetzung: *Manthe*, Institutiones ^{2}(2010) *ad loc.*

Obwohl die *verba* einer zivilen *substitutio pupillaris* verwendet wurden und eine solche dem Erblasser auch vor Augen stand, ist sein Wille deutlich, dass der oder die unwirksam als Pupillarsubstitut/en Bestellte/n den Nachlass so weit möglich erhielt/en, was durch Scaevolas *benigna interpretatio* auf anderem Wege erreicht wurde. Besonderes ‚Wohlwollen' war auch deshalb erforderlich, weil das Fideikommiss nicht den Testamentserben, sondern den Intestaterben des Testamentserben beschwerte.

Die Intestaterbin des Sohnes, dessen Mutter (infolge des *SC Tertullianum*), dürfte dabei immerhin einen Anspruch auf die Quart gehabt haben[1046], sodass der angestrebte Erfolg nicht zur Gänze, aber immerhin zum Großteil eintreten konnte. So legt es auch die Zusammenschau mit einem Papinian-Text nahe: In dessen Responsen ist der Fall eines Vaters überliefert, welcher die Bitte an seinen Sohn richtete, die Erbschaft nach seinem (des Sohnes) Tod einem Dritten herauszugeben. Weiters ist im selben Text die Variante besprochen, dass die Bitte sich auch auf die Zeit nach Erreichen der Mündigkeit bezog; Derartiges wäre auch durch eine Pupillarsubstitution nicht zu erreichen gewesen. Außerdem diskutiert wird der Fall der Unwirksamkeit des väterlichen Testaments sowie der Fall, dass der Sohn enterbt wurde.

Pap. 6 resp., D. 28, 6, 41, 3: *Quod si heredem filium pater rogaverit, si impubes diem suum obierit, Titio hereditatem suam restituere, legitimum heredem filii salva Falcidia cogendum patris hereditatem ut ab impubere fideicommisso post mortem eius dato restituere placuit, nec aliud servandum, cum substitutionis condicio puberem aetatem verbis precariis egreditur. quae ita locum habebunt, si patris testamentum iure valuit: alioquin si non valuit, ea scriptura, quam testamentum esse voluit, codicillos non faciet, nisi hoc expressum est. nec fideicommisso propriae facultates filii tenebuntur, et ideo, si pater filium exheredaverit et ei nihil reliquerit, nullum fideicommissum erit: alioquin, si legata vel fideicommissa filius acceperit, intra modum eorum fideicommissum hereditatis a filio datum citra Falcidiae rationem debebitur.*

In dem Fall, dass ein Vater seinen zum Erben eingesetzten Sohn gebeten hat, er solle, wenn er unmündig sterben sollte, die väterliche Erbschaft dem Titius herausgeben, wurde entschieden, der gesetzliche Erbe des Sohnes sei zu zwingen, die Erbschaft des Vaters unter Berücksichtigung der Lex Falcidia als ein Fideikommiss herauszugeben, das zu Lasten des Unmündigen für die Zeit nach dessen Tod [dem Titius] zugewendet wurde; eine andere Lösung komme auch dann nicht in Betracht, wenn sich die Bedingung der Ersatzerbeinsetzung unter Verwendung der für ein

[1046] Vgl. auch *Kumpf*, In einem Codizille errichtete Substitution (1831) 21.

> Fideikommiss üblichen Worte über die Zeit der Unmündigkeit hinaus erstrecke. So verhält es sich, wenn das Testament des Vaters rechtswirksam ist. Sonst, wenn es nicht wirksam ist, kann das Schriftstück, das nach seinem Willen ein Testament sein sollte, kein Kodizill sein, sofern dies nicht zum Ausdruck gekommen ist. Auch haftet das Eigenvermögen des Sohnes nicht für das Fideikommiss, und deshalb liegt kein Fideikommiss vor, wenn der Vater den Sohn enterbt und ihm nichts hinterlassen hat. Sollte der Sohn hingegen Vermächtnisse oder Fideikommisse erhalten haben, so wird, beschränkt auf deren Umfang, das dem Sohn auferlegte Erbschaftsfideikommiss ohne Berücksichtigung der Lex Falcidia geschuldet.[1047]

Die Lösung des ersten Problems (Einsetzung des Sohnes mit der Bitte, bei Versterben vor Erreichen der Mündigkeit dem Titius zu restituieren) setzt bei einer ‚Umdeutung der Person des Belasteten' an: Zwar ist die Bitte an den Sohn gerichtet, jedoch konnte auf diese Weise der angestrebte Zweck nicht erreicht werden. Dem Begünstigten wird jedoch – vergleichbar dem Fall von Scaev. 19 dig., D. 36, 1, 78 – ermöglicht, sich aus dem Fideikommiss an den gesetzlichen Erben des Sohnes zu wenden: Von ihm kann er den vom Sohn ererbten und in weiterer Folge an dessen gesetzlichen Erben gelangten väterlichen Nachlass herausverlangen. Einbehalten kann der gesetzliche Erbe des Sohnes allenfalls das, was ihm zur Abdeckung der falzidischen Quart fehlen würde, sofern das Sohnesvermögen weniger als ein Viertel der Gesamterbschaft nach dem Sohn, dh. abzüglich des väterlichen Vermögens, ausmacht.

Der zweite Fall sei genauso zu lösen: Sollte der Vater den Sohn ohne Beschränkung auf die Zeit der Unmündigkeit bitten, die väterliche Erbschaft nach seinem (des Sohnes) Tod dem Titius zuzuwenden, so gelte das als ein dem Sohn auferlegtes Fideikommiss, auf welches Titius sich auch gegenüber den Erben des Sohnes berufen könne (welchen auch hier das Recht auf den Quartabzug zukommt).

Der Fall wird in einem Exkurs dahingehend weiter abgewandelt, dass gefragt wird, wie die Lage sei, wenn das väterliche Testament nicht wirksam ist (*si patris testamentum … non valuit*): Enthalte es keine Kodizillarklausel, so habe Titius keinen Anspruch. *E contrario* wird man annehmen dürfen, dass bei Vorliegen der Kodizillarklausel wiederum ein Anspruch zugunsten des Titius gegen die gesetzlichen Erben des Sohnes entstünde.

1047 Übersetzung: *K/K/R/S-Kupisch*.

Jedenfalls, so Papinian weiter, hafte das Eigenvermögen des Sohnes nicht, weswegen dem Titius auch dann nichts geschuldet sei, wenn der Sohn aus dem väterlichen Nachlass nichts erhalten habe (er enterbt worden ist und ihm auch keine Einzelverfügungen zugewendet worden sind). Der Enterbte schulde jedoch aufgrund des Erbschaftsfideikommisses die Herausgabe dessen, was er aufgrund von Legaten und Fideikommissen erlangt hat, wobei hier die *Lex Falcidia* keine Anwendung finde und alles Erlangte herauszugeben sei.

8. Formfehler im väterlichen Testament bei Vorliegen eines Pupillartestaments (und umgekehrt)

Gibt es zwei gesonderte Testamente – ein väterliches Testament sowie ein Pupillartestament – so stellt sich die Frage, wie sich etwaige Formfehler des einen Testaments auf die Gültigkeit des anderen auswirken. Ulpian unterrichtet uns darüber, dass beide Testamente vom Prätor prinzipiell als Einheit betrachtet wurden. Das könnte bei unbefangener Betrachtung bedeuten, dass der Formfehler des einen Testaments zur Unwirksamkeit des ‚einheitlichen' und also auch des anderen Testaments führten. Das Gegenteil war jedoch der Fall: Die Formwirksamkeit des einen Testaments führte zur Wirksamkeit des anderen Testaments, selbst wenn für jenes die Formvorschriften nicht beachtet wurden. Besonders Mündlichkeit des einen Testaments neben Schriftlichkeit des anderen wird sowohl bei Ulpian als auch schon bei Julian diskutiert, wobei aber zumindest der Wille, ein Testament zu errichten, für beide Testamente gegeben sein musste (was diese Fälle von dem soeben oben IX.7. dargestellten, in welchem der Vater die Pupillarsubstitution in einem Kodizill vornehmen und dabei kein Testament errichten wollte, unterscheidet):

> Ulp. 16 ad Sab., D. 28, 6, 20: *Patris et filii testamentum pro uno habetur etiam in iure praetorio: nam, ut Marcellus libro digestorum nono scribit, sufficit tabulas esse patris signatas, etsi resignatae sint filii, et septem signa patris sufficiunt.* 1. *Si pater sibi per scripturam, filio per nuncupationem vel contra fecerit testamentum, valebit.*

Das Testament des Hausvaters und das für den Sohn werden auch nach prätorischem Recht als ein einziges Testament angesehen. Denn es genügt, wie Marcellus im 9. Buch seiner Digesten schreibt, dass das Testament des Vaters gesiegelt ist, selbst wenn das für den Sohn entsiegelt wurde; die sieben Siegel des väterlichen

> Testaments reichen nämlich aus. 1. Macht ein Vater für sich schriftlich, für seinen Sohn mündlich ein Testament oder umgekehrt, so ist das wirksam.[1048]

Ulpian verweist im *principium* zunächst auf Marcellus, der im 9. Buch seiner Digesten geschrieben habe, es genüge, wenn das Testament des Vaters gesiegelt sei, selbst wenn das für den Sohn entsiegelt worden war. Auch das offenbar zunächst gesiegelte, später aber entsiegelte Pupillartestament ist hier nicht nur auf Ebene des *ius civile* gültig, sondern wird auch vom Prätor als taugliche Grundlage für eine Einweisung in den Nachlassbesitz *secundum tabulas* betrachtet. Daraus scheint Ulpian in § 1 weiters abzuleiten, dass das Testament des Sohnes niemals gesiegelt werden musste, ja sogar rein mündlich errichtet werden und dennoch dem prätorischen Recht genügen sowie ohne weiteres zum Nachlassbesitz *secundum tabulas* berechtigen konnte, sofern nur die *tabulae testamenti* des Vaters den Vorschriften eines Siebensiegel-Testaments entsprachen.

Im Zusammenhang mit dieser Lösung ist wohl auch schon eine Entscheidung Julians zu sehen:

> Iul. 24 dig., D. 37, 11, 8, 4: *Quidam testamentum in tabulis sibi fecit, filio autem impuberi per nuncupationem substituit. respondi sententiam praetoris in danda bonorum possessione eam esse, ut separatim patris, separatim filii heredes aestimari debeant: nam quemadmodum scripto filii heredi separatim ab heredibus patris, ita nuncupato potest videri separatim a scriptis patris heredibus bonorum possessio dari.*

> Jemand hat für sich selbst ein Testament errichtet, für seinen unmündigen Sohn aber mündlich einen Ersatzerben eingesetzt. Ich habe gutachtlich entschieden, nach dem Sinn des prätorischen Edikts müssten die Erben des Vaters und die des Sohnes bei Erteilung des Nachlassbesitzes unabhängig voneinander bestimmt werden; denn so wie der Nachlassbesitz einem schriftlich eingesetzten Erben des Sohnes unabhängig von den Erben des Vaters erteilt wird, kann auch angenommen werden, dass er dem mündlich eingesetzten unabhängig von den schriftlich eingesetzten Erben des Vaters erteilt wird.[1049]

Julian geht von einem Fall aus, in welchem ein schriftliches Testament durch den Vater errichtet wurde und (gesondert davon) für dessen Sohn ausschließlich mündlich – *per nuncupationem* – ein Pupillarsubstitut bestellt wurde. In seinem Gutachten weist der Jurist darauf hin, dass die Erben des Sohnes – seien

---

1048 Übersetzung: *K/K/R/S-Kupisch.*

1049 Übersetzung: *K/K/L/R-Kupisch.*

sie schriftlich oder mündlich eingesetzt – von jenen des Vaters durch den Prätor gesondert betrachtet und auch gesondert in den Nachlassbesitz eingewiesen würden. Das scheint auf den ersten Blick der oben im Sabinuskommentar des Ulpian dargestellten Rechtslage zu widersprechen, wonach beide Testamente als Einheit zu betrachten sind; immerhin ist davon die Rede, dass die Erben jeweils *separatim* betrachtet werden. Dennoch zeigt der Umstand, dass offenbar nur die väterlichen Erben schriftlich in *tabulae* eingesetzt waren und dennoch auch die anderen in den Nachlassbesitz aufgrund von *tabulae* eingewiesen werden können, in welchen sie gar nicht angeführt wurden, da die Testamente auch hier als Einheit betrachtet wurden und die Formvorschriften nur ein Mal erfüllt sein mussten. Die aus Sicht des prätorischen Rechts fehlende Form wurde dabei wohl durch fiktive Erstreckung der erfüllten Form saniert.

9. Quotenregelungen im Falle der *substitutio reciproca*

Werden mehrere Personen zu Erben eingesetzt und auch wechselseitig zu Substituten bestellt, so stellt sich die Frage, ob die nicht explizit festgesetzte Substitutionsquote im Zweifel der regulären Erbquote entspricht oder ob die Substituten im Zweifel zu gleichen Teilen eingesetzt sein sollen. Kaiser Antoninus Pius entschied im erstgenannten Sinne, was auch in die justinianischen Institutionen übernommen werden sollte:

> Imp. Titus Aelius Antoninus A. Secundo, C. 6, 26, 1: *Cum heredes ex disparibus partibus instituti et invicem substituti sunt nec in substitutione facta est ullarum partium mentio, verum est non alias partes testatorem substitutioni tacite inseruisse, quam quae manifeste in institutione expressae sunt. D. Claro II et Severo conss.* [a. 146]
>
> Wenn Erben auf ungleiche Teile eingesetzt und einander wechselseitig zu Substituten bestellt und in der Substitution keine Anteile erwähnt werden, muss angenommen werden, dass der Testator stillschweigend in der Substitution keine anderen Anteile eingefügt hat als diejenigen, welche er ausdrücklich im Zusammenhang mit der Erbeinsetzung erwähnt hat.
>
> Inst. 2, 15, 2: *Et si ex disparibus partibus heredes scriptos invicem substituerit et nullam mentionem in substitutione habuerit partium, eas videtur partes in substitutione dedisse, quas in institutione expressit: et ita divus Pius rescripsit.*
>
> Und wenn der Erblasser die zu ungleichen Teilen eingesetzten Erben gegenseitig als Ersatzerben einsetzt und bei der Ersatzerbeinsetzung die Anteile nicht erwähnt, dann nimmt man an, dass er für die Ersatzerbeinsetzung dieselben Teile festgesetzt

hat, die er für die Erbeinsetzung bestimmt hat; und so hat der vergöttlichte Kaiser Antoninus Pius auf Anfrage entschieden.[1050]

Waren mehrere Miterben eingesetzt und alle einander wechselseitig als Substituten bestellt, so erhielten die Substituten die Erbteile nach dem ausgefallenen Primärerben im Zweifel nach demselben Verteilungsschlüssel wie ihre eigenen Primäranteile.

Auch bei Ulpian ist dasselbe Problem diskutiert, wobei er ein konkretes Beispiel beibringt:

> Ulp. 4 disp., D. 28, 6, 24: *Si plures sint instituti ex diversis partibus et omnes invicem substituti, plerumque credendum et ex isdem partibus substitutos, ex quibus instituti sint, ut, si forte unus ex uncia, secundus ex octo, tertius ex quadrante sit institutus, repudiante tertio in novem partes dividatur quadrans feratque octo partes qui ex besse institutus fuerat, unam partem qui ex uncia scriptus est: nisi forte alia mens fuerit testatoris: quod vix credendum est, nisi evidenter fuerit expressum.*
>
> Sind mehrere zu unterschiedlichen Anteilen als Erben eingesetzt, so ist gewöhnlich anzunehmen, sie seien zu den Anteilen als Ersatzerben eingesetzt, zu denen sie als Erben eingesetzt wurden. Wenn etwa einer zu einem Zwölftel, ein zweiter zu acht Zwölfteln und ein Dritter zu einem Viertel [von zwölf Teilen] eingesetzt ist und der Dritte seinen Erbanteil zurückweist, wird folglich das Viertel in neun Teile zerlegt, und acht Teile bekommt derjenige, der zu zwei Dritteln, und einen Teil derjenige, der zu einem Zwölftel als Erbe eingesetzt ist, es sei denn, der Erblasser war im Einzelfall anderen Sinnes, was schwerlich anzunehmen ist, wenn es nicht deutlich zum Ausdruck gebracht wurde.[1051]

Wie schon Cuias gegen Theophilos festgehalten hat, bedarf es mindestens dreier Erben, damit sich die Frage nach Quoten auch im Substitutionsfall stellt. Bei Ulpian lauten die Primärquoten 1/12 (Primus), 8/12 (Secundus) und 3/12 (Tertius: ‚ein Viertel von zwölf Teilen'). Tertius schlägt aus: Nun wird seine Quote den insgesamt 9/12 der anderen beiden zugeschlagen und zwar nach ihrer Primärquote im Verhältnis 1 (Primus) zu 8 (Secundus). Die Alternative wäre gewesen, jedem der beiden zu ihrer Quote jeweils die Hälfte des Anteils von Tertius zuzuschlagen.

[1050] Übersetzung: *K/K/L/R*.

[1051] Übersetzung: *K/K/R/S-Kupisch*.

Ein anderes – vielleicht anschaulicheres – Beispiel rechnet *Blume* vor: A ist auf 6/12 eingesetzt, B auf 4/12 und C auf 2/12. Die Erben sind einander wechselseitig als Substituten bestellt, ohne dass eine konkrete Substitutionsquote erwähnt wäre. A stirbt. Weil B von vornherein doppelt so viel erhalten sollte als C, erhält er auch aus der Erbportion des A doppelt so viel, dh. 4/12, während C 2/12 zusätzlich zu seinem eigenen Erbteil erhält. Oder angenommen B stirbt: A sollte dreimal so viel aus dem Nachlass erhalten als C, daher erhält er aus dem Nachlass des B ebenfalls dreimal so viel als C[1052].

Dabei handelt es sich aber lediglich um eine Zweifelsregel: Der Erblasser konnte Abweichendes anordnen, wobei sein dahingehender Wille nur in irgendeiner Form – allerdings deutlich! – zum Ausdruck kommen musste. *Müller-Eiselt* spricht hier von logisch-systematischer Testamentsauslegung[1053]. C. 6, 26, 1 verweist darauf, dass der Testator die Substitutionsquoten stillschweigend festgesetzt habe (*partes … substitutioni tacite inseruisse*). Diese Ausdrucksweise sei, so *Müller-Eiselt* weiter, „Bezeichnung des durch Auslegung im Wege logischer Schlussfolgerung zu gewinnenden verdeckten Bedeutungsinhalts einer Erklärung im Gegensatz zum ausdrücklich Erklärten“. Möglich ist der von ihm vermutete Einfluss Julians auf das Reskript des Antoninus Pius durchaus[1054]. Auffällig ist auch das bloße *videtur partes in substitutione dedisse* in der Institutionenstelle[1055] im Vergleich zum *tacite inserere* der klassischen Quelle[1056]. Wenn jedoch darauf hingewiesen wird, dass dabei zum Ausdruck komme, die Hochklassiker hätten stärker an die

---

1052 Siehe die Note zu C. 6, 26, 1: http://www.uwyo.edu/lawlib/blume-justinian/ajc-edition-2/books/book6/book6-26rev.pdf; zuletzt abgerufen am 28.3.2025. Für ein weiteres Beispiel (*Primus ex uncia, Secundus ex quadrante, Tertius ex besse heredes sunto eosque omnes incivem substituto*) siehe Cuias IX, 1117.

1053 *Müller-Eiselt*, Divus Pius constituit (1982) 36.

1054 Das 11. Buch der Digesten Julians wird von *Honoré* in das Jahr datiert, aus welchem das Pius-Reskript stammt. Gleichzeitig weist *Corbier* dieses Jahr auch der Amtsperiode Julians als *praefectus aerarii Saturni* zu, weswegen mit seiner Anwesenheit in Rom zu rechnen ist. Siehe *Müller-Eiselt*, Divus Pius constituit (1982) 36 Fn. 57 mwN.

1055 Für welche *Müller-Eiselt*, Divus Pius constituit (1982) 37 mit Fn. 60 überzeugend eine Herkunft aus dem Institutionen-Lehrbuch Marcians wahrscheinlich macht.

1056 Übernommen aus dem Codex Gregorianus oder einer vorgregorianischen Konstitutionensammlung: Ausfertigungsjahr und abgekürzte Titulatur weisen darauf hin. So auch *Müller-Eiselt*, Divus Pius constituit (1982) 36. Zum Codex Gregorianus und seiner Bedeutung für die Textgestalt der Konstitutionen im Codex Iustinianus siehe aus der jüngeren Lit. nur *Sperandio*, Codex Gregorianus (2005) sowie *Corcoran*, Gregorianus

verba testamenti anknüpft, während die Spät- und Nachklassiker auf den „aus den Fesseln der *verba* emanzipierten" Erblasserwillen abstellten[1057], so ist immerhin im Hinblick auf den vorliegenden Text die Frage zu stellen, ob es wirklich um einen Gegensatz zum ausdrücklich Erklärten geht. Will der Jurist nicht vielmehr sagen, dass im ausdrücklich Erklärten die Lösung enthalten ist? Das scheint viel eher der Fall zu sein, wenngleich bereits in der Einleitung darauf hingewiesen wurde, dass man generell ein und dieselbe Lösung auf in der rechtsgeschäftlichen Äußerung enthaltene ‚implied terms' oder auf einen außerhalb des Erklärten liegenden ‚hypothetischen Parteiwillen' stützen kann. Dem klassischen Denken dürfte Ersteres eher entsprechen.

10. Umkehr von *institutio* und *substitutio*

Im Interesse von Nachlassgläubigern kam es mitunter zu einer ‚Umkehr' der vom Testator vorgesehenen Stufen der Berufungen, wenn dieser einen eigenen Sklaven unter Freilassung zum Erben eingesetzt hatte. Diese Konsequenz ist in zwei paulinischen Fragmenten überliefert, einem aus dem Kommentar zur *lex Aelia Sentia* und einem aus dem Ediktskommentar:

> Paul. 1 ad leg. Ael. Sent., D. 28, 5, 56: *Si is qui solvendo non est primo loco Stichum, secundo eum cui ex fideicommissi causa libertatem debet liberum et heredem instituerit, Neratius secundo loco scriptum heredem fore ait, quia non videtur creditorum fraudandorum causa manumissus.*
>
> Wenn jemand, der nicht zahlungsfähig ist, an erster Stelle den Stichus freilässt und als Erben einsetzt und an zweiter Stelle einen Sklaven, dem er aufgrund eines Fideikommisses die Freilassung schuldet, wird, wie Neraz sagt, der an zweiter Stelle Eingesetzte Erbe, weil er [anders als Stichus] ersichtlich nicht zum Zweck der Gläubigerbenachteiligung freigelassen wurde.[1058]
>
> Paul. 57 ad ed., D. 28, 5, 58: *Si is qui solvendo non est servum cum libertate heredem instituerit et liberum substituerit, ante incipiendum erit a substituto: lex enim Aelia*

and Hermogenianus, in: Mélanges de l'École française de Rome – Antiquité 125-2 (2013) 285–304.

[1057] *Müller-Eiselt*, Divus Pius constituit (1982) 37.

[1058] Übersetzung: *K/K/R/S-Rüfner.*

Sentia ita demum ei, qui in fraudem creditorum heres institutus est conservat libertatem, si nemo alius ex eo testamento heres esse potest.

Wenn jemand, der nicht zahlungsfähig ist, einen Sklaven bei gleichzeitiger Freilassung als Erben eingesetzt und für ihn einen Freien als Ersatzerben bestimmt hat, muss man gleich mit dem Ersatzerben beginnen. Denn die lex Aelia Sentia erhält einem Sklaven, der zum Nachteil der Gläubiger als Erbe eingesetzt ist, nur dann seine Freiheit, wenn kein anderer aufgrund des Testaments Erbe werden kann.[1059]

Nach der *lex Aelia Sentia* von 4 n. Chr. kann ein Testator, um der Schande des Nachlasskonkurses zu entgehen, einen Sklaven zum Zwangserben einsetzen, was uns unten XIV.10. noch näher beschäftigen wird. Allerdings kann er nur einen einzigen einsetzen[1060] und es muss möglichst ‚masseschonend' geschehen: Gibt es etwa einen freien Substituten, so ist zunächst dieser zu berufen (Fragment 56), denn falls dieser tatsächlich antritt, verbleibt der als Erbe erster Stufe eingesetzte Sklave der Masse, welche er andernfalls um seinen eigenen Wert schmälert. Ist zwar kein Freier als Substitut eingesetzt, aber doch ein (eigener) Sklave, welchem aufgrund eines Fideikommisses (eines Dritten, der den Testator seinerseits in einem Testament bedacht und zugleich fideikommissbeschwert hatte) die Freiheit geschuldet wird, so ist es masseschonender, diesen als Zwangserben unter Freiheitserteilung einzusetzen; er ist daher wiederum zuerst zu berufen und muss – anders als der Freie in Fragment 58 – antreten.

Diese Umkehr der Berufungen erfolgt aufgrund gesetzlicher Vorgaben und hat in erster Linie mit Gläubigerinteressen, erst in zweiter mit dem Testatorwillen zu tun. Auch dem Testatorwillen entspricht sie aber immerhin insofern, als das Testament wirksam bleibt und nicht etwa wegen eines Verstoßes gegen die Vorgaben der *lex Aelia Sentia* ungültig wird, wodurch die Schande des Nachlasskonkurses im Ergebnis doch den Erblasser träfe.

11. ‚Indirekte' Substitution: Universalfideikommiss

Durch eine indirekte Substitution konnte jeder Erblasser – auch, wenn es sich nicht um einen Soldaten und auch nicht um einen Fall der Pupillarsubstitution

---

[1059] Übersetzung: *K/K/R/S-Rüfner.*

[1060] Jul. 64 dig., D. 28, 5, 43; Cels. 29 dig., D. 28, 5, 61.

handelte – verfügen, dass nach seinem eingesetzten Primärerben eine andere von ihm bestimmte Person den Nachlass erhält[1061]. Freilich ließ sich das nur auf Ebene des Fideikommissrechts erreichen, weswegen in derartigen Zusammenhängen häufig – wenn auch nicht quellenmäßig – von einer *substitutio fideicommissaria* gesprochen wird.

‚Indirekt' ist die Substitution deshalb, weil im ‚Normalfall' einer Substitution der Substitut unmittelbar nach dem Testator erbte, weil der primär Eingesetzte die Erbschaft niemals erhielt (er diese nicht antreten konnte oder wollte). Die ‚indirekte' Substitution hingegen führte dazu, dass – gleich einem eingesetzten unmündigen Hauserben bei der Pupillarsubstitution – der Eingesetzte erbte und nach ihm sodann der ‚Substitut' den Nachlass erhielt.

Während das Singularfideikommiss unten noch näher in seiner Funktion im Zusammenhang mit der Konversion von Einzelverfügungen darzustellen sein wird, geht es im Folgenden um das Universalfideikommiss[1062], welches zu einer ‚treuhänderähnlichen' Position des testamentarisch förmlich nach *ius civile* eingesetzten (Vor-)Erben führte[1063]. Ein Universalfideikommiss änderte nämlich nichts daran, dass auf Ebene des *ius civile* der eingesetzte Erbe *heres* blieb[1064]; *de facto* aber gelangte der gesamte Nachlass (oder die betreffende Quote) an den Fideikommissar: Dieser steht insofern *heredis loco*.

Wie für das Singularfideikommiss, so galt auch für das Universalfideikommiss prinzipiell Formfreiheit: Der ‚*heres fiduciarius*'[1065] ist zwar nach den Vorschriften des *ius civile* zu instituieren, er muss aber aufgrund einer ‚formlosen' Bitte den Nachlass einer oder mehreren bestimmten anderen Person/en herausgeben. Den Ausgang bilden hier vermutlich Fälle, in welchen eine direkte Begünstigung nicht möglich war, weil dem Betroffenen die *testamenti factio* fehlte[1066]; erst nach und nach wurde eine derartige Umgehung der Regeln des

---

1061 Vgl. dazu insbes. *Longchamps de Bérier*, Fedecommesso universale (1997) 221–223.

1062 Zur Terminologie in den Quellen siehe *Longchamps de Bérier*, Fedecommesso universale (1997) 59–68.

1063 Zu Treuhänderkonstruktionen im Testamentsrecht siehe bereits oben III.2. Fn. 287.

1064 Dazu *Longchamps de Bérier*, Fedecommesso universale (1997) 227.

1065 Zur Frage der Technizität dieses Begriffes siehe *Babusiax/Xandry*, Heres fiduciarius in Grabinschriften, in: FS Riedweg (2023) 197–199; *Babusiaux*, D. 36.1.48, in: Mélanges Witz (2018) 50–52; *Bertoldi*, Heres fiduciarius, in: Fiducia, trusts, affidamenti (2015) 174–191; *Migliardi Zingale*, Heres fiduciarius, Labeo 45 (1999) 440–446; *Kuryłowicz*, Heres fiduciarius, ZPR 60 (1985) 189–198.

1066 Siehe nur *Johnston*, Trusts (1988) 9, 21–29.

ius civile mittels Verbots- und Kadukarregeln verhindert. Nachdem es sich bei den Begünstigten von Universalfideikommissen häufig um Unmündige handelt, wurde diese Form der Erbeinsetzung in der Literatur – mit Blick auf den *heres fiduciarius* – auch als eine Art ‚Vormundbestellung' interpretiert[1067].

a. *Heres fiduciarius*

Erwähnenswert ist in diesem Zusammenhang ein Text, in welchem gegenteilig zum ‚Prinzip' des *favor testamenti* entschieden zu werden scheint und – obwohl vom Wortlaut her möglich – die testamentarische Erbfolge gerade nicht aufrecht erhalten wurde. Interessant ist diese Stelle auch – aber nicht nur – wegen der Einblicke in persönliche Beziehungen der Protagonisten, welche sie uns bietet[1068]. Juristisch zeigt sie deutlich, dass der Wille des Erblassers nicht nur eine Konversion von prima facie ungültigen Verfügungen zu rechtfertigen vermag, sondern unter Umständen ebenso eine Stärkung der Intestaterbfolge:

> Iav. 11 epist., D. 36, 1, 48: *Seius Saturninus archigubernus ex classe Britannica testamento fiduciarium reliquit heredem Valerium Maximum trierarchum, a quo petit, ut filio suo Seio Oceano, cum ad annos sedecim pervenisset, hereditatem restitueret. Seius Oceanus antequam impleret annos, defunctus est: nunc Mallius Seneca, qui se avunculum Seii Oceani dicit, proximitatis nomine haec bona petit, Maximus autem trierarchus sibi ea vindicat ideo, quia defunctus est is cui restituere iussus erat. quaero ergo utrum haec bona ad Valerium Maximum trierarchum heredem fiduciarium pertineant an ad Mallium Senecam, qui se pueri defuncti avunculum esse dicit. respondi: si Seius Oceanus, cui fideicommissa hereditas ex testamento Seii Saturnini, cum annos sedecim haberet, a Valerio Maximo fiduciario herede restitui debeat, priusquam praefinitum tempus aetatis impleret, decessit, fiduciaria hereditas ad eum pertinet, ad quem cetera bona Oceani pertinuerint, quoniam dies fideicommissi vivo Oceano cessit, scilicet si prorogando tempus solutionis tutelam magis heredi fiducario permississe, quam incertum diem fideicommissi constituisse videatur.*

Seius Saturninus, Flaggkapitän bei der britannischen Flotte, hinterließ als mit Fideikommiss belasteten Erben Valerius Maximus, Kapitän eines Dreiruderers, von dem er verlangte, die Erbschaft an seinen Sohn Seius Oceanus herauszugeben, wenn dieser das Alter von sechzehn Jahren erreicht haben würde. Seius Oceanus starb, bevor er dieses Alter erreichte. Nun fordert Mallius Seneca, der sich als Onkel mütterlicherseits des Seius Oceanus bezeichnet, diesen Nachlass aufgrund

---

1067 *Kübler*, Intestaterbrecht der Frauen, ZRG RA 41 (1920) 32.

1068 Umfassend beleuchtet bei *Jakab*, D. 36,1,48(46), in: DG Nishimura (2018) 70–73.

> seiner Verwandtschaft, während der Kapitän Maximus ihn für sich in Anspruch nimmt, weil derjenige, an den er die Erbschaft herausgeben sollte, verstorben ist. Ich frage deshalb, ob dieser Nachlass dem Kapitän Maximus, dem treuhänderischen Erben, oder Mallius Seneca zusteht, der sich als Onkel mütterlicherseits des Jungen bezeichnet. Ich habe gutachtlich entschieden: Ist Seius Oceanus, dem die fideikommissarische Erbschaft aus dem Testament des Seius Saturninus durch den treuhänderischen Erben Valerius Maximus herausgegeben werden sollte, wenn er das sechzehnte Lebensjahr erreicht haben würde, verstorben, bevor er das festgesetzte Lebensalter erreicht hatte, so steht die in Treuhand gegebene Erbschaft demjenigen zu, dem auch das übrige Vermögen des Oceanus zusteht. Denn das Fideikommiss ist zu Lebzeiten des Oceanus angefallen, wenn man annimmt, durch das Aufschieben des Erfüllungszeitpunktes sei dem treuhänderischen Erben eher eine [Art] Vormundschaft eingeräumt worden, nicht aber ein unbestimmter Termin für die Erfüllung des Fideikommisses vorgesehen worden.[1069]

Der testamentarisch Eingesetzte wird gebeten, den Nachlass an den Sohn des Testators herauszugeben. Allerdings soll erst restituiert werden, wenn der Sohn sechzehn Jahre alt ist. Der Testator stirbt. Vor Erreichen des festgesetzten Alters stirbt auch der Sohn des Testators[1070]. Es stellt sich die Frage, wem die Erbschaft nun zusteht: Dem Testamentserben des Vaters oder dem Intestaterben des Sohnes (dessen Onkel mütterlicherseits)? Javolen entscheidet zugunsten des Onkels.

Auf Ebene des *ius civile* war eine derart bedingte Erbeinsetzung nicht möglich und es galt *semel heres semper heres*, jedoch bot, wie schon mehrfach erwähnt, das Fideikommissrecht hier eine Ausweichmöglichkeit. Nach dem Wortlaut der Verfügung hätte man die Nebenbestimmung als Bedingung der Restitutionspflicht deuten können: Dass der Sohn sechzehn Jahre alt wird, ist ein ungewisses zukünftiges Ereignis. Tritt dieses nicht ein, so ist die Bedingung ausgefallen und es müsste nicht restituiert werden. Diese Ansicht vertrat auch der *heres fiduciarius*. Das palingenetische Umfeld zeigt, dass Javolen sich in diesem Abschnitt des 11. Buches seiner *epistulae* mit Bedingungen beschäftigt (immerhin in den beiden vorangehenden Texten geht es um ein bedingt vermachtes Grundstück)[1071]. Er entschied jedoch, die Bestimmung

---

1069 Übersetzung: *K/K/L/R-Lohsse*.

1070 Zu den Ähnlichkeiten und Unterschieden des Sachverhaltes mit der *Causa Curiana* siehe *Jakab*, D. 36,1,48(46), in: DG Nishimura (2018) 83–84.

1071 *Lenel*, Pal. I (1889) 295 (Nr. 128–129). Allerdings konstatiert *Jakab*, D. 36,1,48(46), in: DG Nishimura (2018) 79, dass die Fragmente nicht den Eindruck vermitteln, „dass

sei vielmehr als Befristung zu deuten und hier noch dazu durch den Tod das Fristende vorzuverlegen (*dies vivo Oceanus cessit*).

Diese Deutung wird vor dem Hintergrund verständlich, dass ein *heres fiduciarius* dem Erblasser typischerweise nicht so nahe stand, dass man unterstellen hätte können, er solle den Nachlass nach dem vermutlichen Erblasserwillen dauerhaft behalten: Wie die inschriftlichen Belege zeigen, gehörte der *heres fiduciarius* grundsätzlich nicht zur Familie des Testators und wurde häufig explizit von dessen Grabstätte ausgeschlossen, obwohl er sich um die Errichtung des Grabmals kümmerte. *Babusiaux* und *Xandry* haben dabei festgestellt, dass zwar die inschriftlichen Belege, aus welchen hervorgeht, dass ein *heres fiduciarius* das Grabmal errichtet, einen militärischen Hintergrund aufweisen; nicht jedoch diejenigen, in welchen ein *heres fiduciarius* von der Grabstätte ausgeschlossen wird[1072]. Dieser Unterschied könnte möglicherweise damit erklärt werden, wer die betreffende Inschrift veranlasst: Der *heres fiduciarius* selbst, der das Grabmal pflichtbewusst für seinen Kommilitonen errichtet und dessen militärische Position – die ihn immerhin mit ihm verbindet – hervorstreicht; oder die Angehörigen der Familie des Verstorbenen, denen es mit dieser Inschrift gerade um den Ausschluss des *heres fiduciarius* von der Grabstätte geht. Sie dürften den militärischen Rang daher in einer solchen Inschrift nicht unbedingt erwähnen, auch wenn es einen solchen gab. Auch in diesen Fällen ist ein militärischer Hintergrund zu vermuten, weil ein *heres fiduciarius* im technischen Sinn, der die gesamte Erbschaft ohne Quartabzug herauszugeben hat, rechtlich nur bei Soldaten existieren kann. Entgegen *Kurylowicz* ist mit *Babusiaux* durchaus davon auszugehen, dass es sich um einen juristischen Fachausdruck handelt[1073]; und sogar einen besonders engen für genau diese Position.

Der *avunculus* des Sohnes im Javolen-Text ist zwar mit dem verstorbenen Vater weder agnatisch noch kognatisch verwandt und der Erblasser hat seinen Nachlass dem *heres fiduciarius* und nicht dem *avunculus* anvertraut[1074].

---

die Reihenfolge und der Umfang des elften Buches nahe der Vollständigkeit wären".

1072 *Babusiax/Xandry*, Heres fiduciarius in Grabinschriften, in: FS Riedweg (2023) 196–201.

1073 Siehe die Nachw. oben Fn. 1065.

1074 Vgl. *Wimmer*, Prälegat (2004) 209 Fn. 1189 dazu, dass es in derartigen Fällen zu einer Umdeutung einer betagten Fideikommissanordnung in eine solche *praesenti die* kommen konnte, um die Rechtsfolge zu erreichen, dass die Früchte aus der Vorbehaltssache herauszugeben sind: Der Erbe soll bei Erreichen eines bestimmten Alters

Dennoch unterstellt Javolen, dass der Erblasser dem Testamentserben die Verlassenschaft nicht auf „unbestimmte Zeit", dh. jedenfalls nicht endgültig, zuwenden wollte. Als Erbe hatte der Erblasser stets seinen Sohn vor Augen, weswegen er immer vom Übergang des Nachlasses an diesen und damit in weiterer Folge auch an dessen Erben ausgegangen war. Dass nicht der *avunculus* als Erbe eingesetzt wurde, der den Nachlass zunächst verwalten und dem Sohn nach gegebener Zeit die Erbschaft herausgeben sollte, wird auch damit zu tun haben, dass ein *heres fiduciarius* regelmäßig von Soldaten innerhalb derselben militärischen Einheit ausgewählt wurde.

Zwei Szenarien sind für unseren Fall denkbar: Entweder, der *heres fiduciarius* hat die Erbschaft bereits angetreten und seine Verwaltertätigkeit aufgenommen und wird dann vom Intestaterben des Universalfideikommissars mit der *hereditatio petitio* geklagt (im Text steht immerhin: „*bona petit*"); auch denkbar ist aber vor dem Hintergrund, dass im Text hinsichtlich des *heres fiduciarius* ausgeführt wird: „*sibi ea vindicat ideo*", dass die beiden um den Nachlass streiten, den noch keiner von ihnen in Besitz hat. Die beiden könnten diesfalls konkurrierend die Einweisung in den Besitz des betreffenden Nachlasses beantragen.

In dieser zweiten Variante wäre hinsichtlich der juristischen Konstruktion und der Begründung für geschuldete Einzelzuwendungen am ehesten davon auszugehen, dass fingiert wurde, der *heres fiduciarius* habe die Erbschaft des Seius Saturninus erworben und dem Seius Oceanus restituiert und dem *avunculus* sei sie sodann weitervererbt worden; in Anlehnung etwa an Gedanken, die auch der Celsinischen Durchgangstheorie zugrunde liegen. Während der *heres fiduciarius* die Einweisung in den Besitz des Nachlasses des Seius Saturninus *secundum tabulas* beantragt, wird der *avunculus* – der mit seinem Neffen nur kognatisch, nicht aber agnatisch verwandt ist – *ab intestato unde cognati* in den Besitz des Nachlasses nach dem Seius Oceanus eingewiesen, zu welchem der Nachlass von dessen Vater Seius Saturninus bereits gehört; und zwar wegen der bereits eingetretenen Restitutionspflicht des Valerius Maximus, der in den Nachlass *secundum tabulas* eingewiesen worden wäre

---

die Erbschaft an Begünstigte herausgeben. Zweck dieser Fiduziarerbeinsetzung ist es, zu vermeiden, dass die gesetzlichen Tutoren der Minderjährigen das Vermögen verwalten können. Normalerweise kann ein Fiduziar bei einem *fideicommissum in diem certe relictum* die aus der Vorbehaltsache gezogenen Früchte behalten, doch ist dieses Ergebnis hier offenbar nicht erwünscht.

und den Nachlass mittels *mancipatio nummo uno* auf den Universalfideikommissar übertragen hätte müssen[1075]. So kommt der Nachlass des Vaters dem zu, dem auch der übrige Nachlass nach dem Sohn zusteht: *fiduciaria hereditas ad eum pertinet, ad quem cetera bona Oceani pertinuerint.*

Javolen hat hier nicht grundsätzlich gegen die testamentarische Erbfolge entschieden, sondern es geht ihm darum, dass der Testamentserbe zur Restitution verpflichtet ist, wenn er den Nachlass bereits hat, bzw. ohnehin wäre, schon bevor er ihn überhaupt erhielte, weil mit dem Tod desjenigen, für welchen er den Nachlass verwahren und verwalten hätte sollen, der Grund für seinen ‚Einsatz' wegfällt: Ihm wurde nur die *tutela* zugewiesen, nicht aber der Nachlass auf ggf. unbestimmte Zeit. Auch die Einzelverfügungen des Testaments sind damit als gültig anzusehen und der *avunculus* muss sie erfüllen.

Javolen behandelt die Frage wohl (auch) unter dem Gesichtspunkt des Aktionentransfers, obwohl dieser Teil im Zuge der Kompilation nicht mitexzerpiert wurde: Immerhin wurde das Fragment von den Kompilatoren aber in den Titel *Ad Senatus Consultum Trebellianum* eingeordnet[1076]. Dementsprechend können die im Testament durch Einzelverfügungen Begünstigten ihre Ansprüche gegen den Intestaterben des Universalfideikommissars durchsetzen, wofür ihnen zu diesem Zweck *actiones utiles* gewährt werden.

Zwar sind der Testator und der *heres fiduciarius* Soldaten, aber hier stehen nicht Erleichterungen im Zusammenhang mit einem Soldatentestament zur Debatte. Obwohl Soldaten auflösend bedingt und befristet Erben einsetzen konnten und bei ihnen ein *heres secundus* tatsächlich *heres* werden konnte[1077], liegt beim *heres fiduciarius* eine fideikommissrechtliche Konstruktion vor: Javolen spricht explizit von *dies fideicommissi vivo Oceano cessit.* Außerdem wird der Begriff der *hereditas fiduciaria* hier gleichbedeutend mit dem Begriff der *hereditas fideicommissaria* verwendet.

1075 Für eine *bonorum possessio unde cognati* auch *Jakab*, D. 36,1,48(46), in: DG Nishimura (2018) 82.

1076 Zur zeitlichen Einordnung der Entscheidung: Geboren ist Javolen vermutlich um 60 n. Chr; er gilt als Lehrer Julians. Das *SC Trebellianum* stammt vermutlich aus 55 oder 57 n. Chr., das *SC Pegasianum* aus der Regierungszeit Vespasians (ca. 69–79). Siehe nur *Kaser/Knütel/Lohsse*, RP [22](2021) § 89 Rn. 4–5 mwN.

1077 Zum Begriff des *heres secundus* siehe *Castagnino*, Testamentum militis, ZRG RA 140 (2023) 48–55.

Der *heres fiduciarius* dürfte zumeist deshalb eingesetzt worden sein, weil der Universalfideikommissar sich vor allem nicht um die Errichtung der Grabstätte kümmern konnte – insbes. aufgrund von Unmündigkeit, aber möglicherweise auch, weil sich der Testator als Soldat weit entfernt von Heimat und Familie aufhielt. Der Fiduziarerbe übernahm daher idR. die Verantwortung für die Bestattung und stets auch dafür, dass die nachgelassenen Vermögensgegenstände sicher in die Hände des Universalfideikommissars gelangten. Dass die gemeinsame Nennung des Fiduziarerben und des Universalfideikommissars auf Inschriften daraus folgt, dass zwar der Fiduziarerbe agiert, der finanzielle Aufwand aber aus dem Nachlass getätigt wird und damit ‚wirtschaftlich' im Ergebnis den Universalfideikommissar trifft, wurde von *Beutler*[1078] herausgearbeitet. Unabhängig davon mussten die Einzelverfügungen erfüllt werden; sei es schon durch den *heres fiduciarius*, was wohl den Idealvorstellungen des Testators entsprochen haben dürfte, oder andernfalls spätestens durch den Universalfideikommissar, den der Testator durch die Erbschaft primär versorgt wissen wollte.

Seit den Severern konnte überdies derjenige, welchem die Erbschaft in einem Soldatentestament durch ein Universalfideikommiss zugewendet war, selbst dann an den Nachlass gelangen, wenn der herausgabepflichtige Erbe weggefallen war oder nicht angetreten hatte. *Giuffrè*[1079] sah darin einen Fall der Konversion, wogegen sich jedoch *Cornioley*[1080] wandte: Für ihn lässt sich die Lösung mit dem für Soldaten geltenden Sonderrecht begründen. Auch die Anwendung von Sonderrecht, wodurch die Nichtigkeit des ‚ordentlichen Rechts' im Ergebnis überwunden wird, kann aber durchaus mit *Giuffrè* unter dem Blickwinkel der Konversion betrachtet werden; dies empfiehlt sich nicht zuletzt auch deshalb, weil so spätere Übertragungen erkennbar und erklärbar werden.

Die Digesten geben uns mit der Fallbeschreibung Javolens einen Hinweis auf die Position eines *heres fiduciarius*: Er hat lediglich die *tutela*. Begünstigt sein soll der Fideikommissar. Da es sich beim Verstorbenen um einen Soldaten handelt, steht dem *heres fiduciarius* noch nicht einmal die Quart zu

---

1078 *Beutler*, Stele aus Carnuntum, in: Corps du chef (2020) 369–386 (bei Fn. 61–63).
1079 *Giuffrè*, Conversione (1965) 171–172.
1080 *Cornioley*, Conversion, TR 37 (1969) 84.

(mangels Anwendbarkeit des *SC Pegasianum* auf Soldatentestamente[1081]). Den Inschriften haben wir es zu verdanken, dass sich dieser Eindruck verstärkt: Der *heres fiduciarius* errichtet das Grabmonument und verweist dabei auf die militärische Position des Verstorbenen. Zukünftig soll die Grabstätte aber der Familie des Erblassers vorbehalten sein, zu welcher der *heres fiduciarius* nicht gehört. Daher ist er von der Grabstätte ausgeschlossen, was die Familie des Verstorbenen betont.

Die Bestimmung, dass die Erbschaft bei Erreichen eines bestimmten Alters an das Kind herausgegeben werden musste, wurde trotz der Formulierung, die im Normalfall eine Bedingung (für den Anspruch des Begünstigten) darstellen würde, in solchen Fällen als Befristung (für die Verwaltertätigkeit des Beschwerten) gewertet, weil dem aus dem Zweck der Bestellung eines *heres fiduciarius* ablesbaren Willen des Erblassers, sein Kind zu schützen und ihm künftig sein Vermögen zuzuwenden, Rechnung getragen werden sollte. Dementsprechend verblieb das Vermögen auch nicht beim *heres fiduciarius*, wenn das Kind das entsprechende Alter nicht erreichte, sondern musste an dessen gesetzliche Erben herausgegeben werden.

b. Prozessuale Besonderheiten

Auf den Prozess um Fideikommisse wird unten XIII.8. noch näher einzugehen sein. Für die spezielle Konstellation der ‚fideikommissarischen Substitution' maßgeblich ist der Umstand, dass die *fideicommissaria hereditatis petitio* eine *actio in rem* auf Herausgabe der Erbschaft in ihrer Gesamtheit ist und sich wie die zivile *hereditatis petitio* gegen den *pro herede possessor* bzw. *pro possessore possessor* richtet, dh. denjenigen, welcher ‚als Erbe' oder ‚als *bonorum possessor*' zu besitzen behauptet[1082]. Dass die Formel etwa die Klausel *hereditatem ex senatus consulto Trebelliano restitutam esse* enthielt oder die Fiktion, der Universalfideikommissar sei ziviler Erbe (*si heres esset*)[1083], kann immerhin vermutet werden. Während die Klage auf Herausgabe durch den Erben vor dem *praetor fideicommissarius* einzubringen war und in die *cognitio*

1081 Vgl. Ulp. 3 fideic., D. 36, 1, 1, 18.
1082 *Longchamps de Bérier*, Fedecommesso universale (1997) 106.
1083 Für eine Fiktion etwa *Manthe*, Pegasianum (1989) 39.

extra ordinem fiel, waren Klagen gegen Dritte wohl beim *praetor urbanus* im Formularverfahren durchzusetzen[1084].

Der Universalfideikommissar steht *heredis loco* und hat *actiones utiles*[1085] gegen Erbschaftsschuldner. Damit wurden ihm – infolge ‚prätorischen Rechts' – dieselben Klagen gewährt, welche dem Erben auf Ebene des *ius civile* zustünden[1086]. Möglich ist auch, dass ‚*actiones fideicommissariae*' formuliert wurden, vergleichbar etwa den *actiones possessoriae*, dh. dass die Frage, ob die *hereditas* aus dem *SC Trebellianum* restituiert worden ist, überhaupt nur exzeptionsweise in die Formel aufgenommen wird. Bei den Singularklagen kam es vermutlich zu *actiones utiles* mit Personenumstellung. All dies ist jedoch alles andere als gesichert[1087].

Vor dem *SC Trebellianum* musste der Fideikommissar dem Erben durch *stipulationes emptae et venditae hereditatis* versprechen, ihn gegen die Erbschaftsgläubiger zu defendieren und umgekehrt der Erbe dem Fideikommissar, er werde gestatten ‚*eum hereditarias actiones procuratorio aut cognitorio nomine exequi*'[1088]. Auch nach der Rechtslage des *SC Pegasianum* ist dieses Vorgehen erneut notwendig, sofern die Quart gewährt und daher nicht das *Pegasianum*, sondern weiterhin das *Trebellianum* anzuwenden ist.

Für die Fälle der Umdeutung sind keine besonderen Abweichungen von den hier lediglich skizzierten Grundsätzen zu erwarten. Allerdings wird bereits im Vorfeld des Prozesses die Entscheidung fallen müssen, ob eine – und falls ja: welche – Umdeutungskonstellation behauptet wird, da Klagenkonsumption drohte.

1084 Davon war etwa *Bartošek*, Senatusconsultum Trebellianum (1945) 104–109 überzeugt; zweifelnd hingegen *Longchamps de Bérier*, Fedecommesso universale (1997) 113–114.

1085 Gai. 2, 253.

1086 *Longchamps de Bérier*, Fedecommesso universale (1997) 101.

1087 *Lenel*, EP ^{3}(1927) 183–185.

1088 Gai. 2, 252.

X. Verstärkungsklausel (‚Kodizillarklausel‘ II)

Zwischen der *heredis institutio* samt den damit in Verbindung stehenden Klauseln (wie Enterbungen, *cretio*-Klauseln, Substitutenbestellungen) und den Einzelverfügungen (Legate, Fideikommisse, Freilassungen etc.) finden sich in zahlreichen Testamenten Klauseln, welche die nachfolgenden Einzelverfügungen schon vorab ‚verstärken‘, indem entweder pauschal angeordnet wird, derjenige, welcher schlussendlich Erbe wird (*quisquis heres erit*[1089]), solle ‚verpflichtet‘ sein, die folgenden Verfügungen zu erfüllen (*damnas esto dare*); dadurch kann etwa ein sodann dem Wortlaut als Vindikationslegat ausgesetztes Vermächtnis auch abseits von den Anwendungsfällen des *SC Neronianum* als Damnationslegat klagbar werden. Nach den Ergebnissen von *Colella* ist das überhaupt die einzige Form, in welcher Damnationslegate in der ägyptischen Praxis in römischen Testamenten vorkommen[1090]. Mitunter wurde es auch seiner *fides* anvertraut, die testamentarischen Anordnungen zu beachten (*fideique eius committo*); diese können dadurch auch als Fideikommiss klagbar werden. Der Rechtsschutz des Fideikommisses beginnt zur Zeit des Augustus, weshalb eine Klausel, welche zu einer Umdeutung in ein Fideikommiss führt, für die Zeit davor im Hinblick auf die mangelnde Klagbarkeit scheinbar sinnlos ist. Nicht völlig sinnlos ist das Hinzusetzen

---

1089 Zur Bedeutung dieser Klausel für die Belastung auch von Substituten mit Einzelverfügungen siehe bereits oben S. 318 Fn. 986.

1090 *Colella*, Testamenti dei cittadini romani d’Egitto (2024) 18.

einer solchen Klausel aber vielleicht schon damals immerhin im Hinblick auf eine mögliche ‚faktische Anerkennung' gewesen: Auch das unwirksame Testament mit ungültigen Anordnungen mag im Falle des Publikwerdens seines Inhalts Druck erzeugt haben, die Einzelzuwendungen zu erfüllen, wie mehrere Zitate bei Plinius nahelegen[1091]; dies wohl umso mehr, wenn die Erfüllung dem Erben nochmals gesondert ‚auferlegt' wird.

Auch im Zusammenhang mit der *‚clausula codicillaris'* darf die erst viel später entwickelte Begrifflichkeit nicht überbewertet werden. Gemeint sind solche Klauseln, durch welche der Erblasser seinen Erben aufträgt, die testamentarischen Verfügungen generell – und damit auch im Falle ihrer Unwirksamkeit – zu erfüllen, was ggf. zu einer Verpflichtung in gewandelter Form führen konnte. Die römischen Juristen behandeln dieses Problem wiederholt und nehmen auch dazu Stellung, wie eine Klausel, welche solche Wirkungen erzeugt, formuliert sein kann bzw. muss.

Obwohl derartige ‚Kodizillarklauseln' daher prinzipiell nicht auf die Umdeutung des gesamten Testaments in ein Kodizill abzielen, sondern zunächst in erster Linie auf eine Verstärkung der Einzelverfügungen zulasten der Testamentserben, erscheint eine Behandlung an dieser Stelle sinnvoll, da sie eben auch zur Änderung der Wirkungen des gesamten Testaments führen können: Auch ein Intestaterbe muss die Verfügungen beachten, als wären sie in einem Intestatkodizill verfügt worden, wenn der *fides* dessen, ‚wer auch immer Erbe sein wird' die Erfüllung aller testamentarischen Anordnungen anvertraut wird.

Der für die vorliegende Abhandlung gewählte Aufbau lässt mit aller Schärfe eine Verwirrung in der Terminologie zu Tage treten, welche durch eine Verschmelzung verschiedener Klauseltypen in nachklassischen Urkunden verursacht wurde:

1. Es gibt eine typische Klausel vor Einzelbestimmungen, welche in der Literatur oft als ‚Kodizillarklausel' bezeichnet wird und die sich an den Erben richtet; diese ist in dem nun folgenden Kapitel als ‚Verstärkungsklausel' zu behandeln.

2. Es gibt aber auch eine Klausel nach den inhaltlichen Bestimmungen, welche abschließend festhält, dass etwa Bestimmungen in zukünftigen

[1091] Dazu *Ch. Paulus*, Unsterblichkeit (2018) 156 (= *ders.*, Idee der postmortalen Persönlichkeit [1992] 164).

Kodizillen wirken sollen, als wären sie im Testament verfügt (testamentarisch bestätigte Kodizille); jene wird erst unten XVIII. als ‚Bestätigungsklausel' näher dargestellt.

3. Generelle Anordnungen, wonach das Testament im Unwirksamkeitsfall die Wirkungen eines Kodizills annehmen soll, werden ebenfalls als Kodizillarklausel[1092] bezeichnet[1093]; sie finden sich erst ab dem 4. Jh.[1094] und stehen oft in Verbindung mit den beiden erstgenannten Klauseltypen (dem Typ, der sich an den Erben wendet und es seiner *fides* anvertraut, dass die Einzelanordnungen befolgt werden, sowie dem Typ, der zukünftige Kodizille testamentarisch bestätigt) am Beginn der Urkunde, dh. noch vor der Erbeinsetzung. Gerne wurde sie auch mit einer Beschreibung des Erblassers verbunden, etwa dass er bei der Errichtung seines Testaments bei klarem Verstand gewesen sei[1095]. Wir haben es bei dieser Ausprägung nicht mehr mit einer Einrichtung des klassischen Rechts zu tun. Sehr wohl begegnen aber am Anfang des Testaments mitunter schon in der Klassik Klauseln, wonach der letzte Wille jedenfalls in irgendeiner Form beachtet werden solle, falls die Vorschriften des Testamentsrechts nicht erfüllt seien; so etwa im bereits oben V.2. bei den ‚generellen Umdeutungsklauseln' behandelten Fall von Scaev. 3 resp., D. 31, 88, 17.

1092 *Negri*, Clausola codicillare (1975) 3–4 mwN. *Amelotti*, Testamento I (1966) 114 Fn. 5 spricht von der „clausola di eventuale conversione del testamento in codicillo (cosidetta clausola codicillare)".

1093 Bspw. bei *Avenarius*, Formularpraxis, in: FS Behrends (2009) 23.

1094 Insbesondere sind sie belegt in den sog. ‚ravennatischen Urkunden'.

1095 Vgl. etwa P. Ital. I, 4–5: *Caelius Aurelianus v(ir) v(enerabilis), episc(opus) sanctae ecclesiae catolicae Ravennatis, cogitans casus fragilitatis humanae, sana mente sano| que consilio hoc testamentum meum Agnello v(iro) h(onesto) for(ensi) scribendum dictavi propria manu suscribturus cum testibus conrogatis numero competenti. Quod si iure | civili vel praetorio aut cuiuslibet novellae legis interventum forsitan valere niquiverit, ab intestato vice codicellorum meorum valere volo. Quod cuique ||10 hoc testamento dedero, legavero, darivae iussero sive constituero, id ut detur, fiat, fidei heredes meae conmitto; quos quas liberos liberas esse iussero ac voluero, | liberi liberique sint. Te itaque, sanctam eclessiam catolicam Ravennatem, in cuius servitio crevi, heredem mihi ex axe esse iubeo ac volo.* Für eine deutsche Übersetzung siehe die ed. *Tjäder ad loc.* Zu weiteren Belegen in ähnlichem Wortlaut siehe die Texte im Appendix bei *Novak*, Wills (2015) 401–403 (zum konkreten Text mit englischer Übersetzung ibid. 403 aE).

Um die Situation weiter zu verkomplizieren, kam es mitunter dazu, dass auch Klauseln des Typs 1 an das Ende des Testaments gesetzt wurden[1096]. Da sie in solchen Fällen, in welchen sie als Abschluss der Einzelverfügungen eingefügt wurden, die zuvor getroffenen Anordnungen ‚generell zu wiederholen' scheinen, werden sie hier mitunter als *repetitio generalis* bezeichnet (*Voci*).

Verwirrung stiftet nicht nur die uneinheitliche Verwendung der Begriffe der ‚Kodizill-' oder ‚Kodizillarklausel', sondern auch die der ‚Bestätigungsklausel', welche in der Literatur ebenfalls für alle diese Klauseltypen herangezogen wird[1097].

Um diese Verwirrung aufzulösen, wird vorliegend der Klausel, welche sich an die Erben richtet, unabhängig davon, wo im Testament sie steht, die Bezeichnung ‚Verstärkungsklausel' zugewiesen, da sie eine Verstärkung der Verfügungen dem Erben gegenüber durch Hinzufügung alternativer Formen, in welche umgedeutet werden kann/soll, bezweckt.

Dem gegenüber bleibt die Bezeichnung ‚Bestätigungsklausel' der Klausel vorbehalten, welche die Bestätigung gegenüber dem Interpreten des erblasserischen Willens zum Gegenstand hat, dass Kodizille außerhalb des Testaments behandelt werden sollen, als wären sie Teil des Testaments.

Die ‚generelle Umdeutungsklausel' ist schließlich die Klausel, welche dem Interpreten gegenüber festhält, dass das gesamte Testament auch im Unwirksamkeitsfall für gültig zu halten ist – im Ergebnis bedeutet das zwar, dass das Testament in ein Kodizill umgedeutet wird, jedoch wird unter ‚Kodizillarklausel' ieS. lediglich die nachklassische, allgemeine Form verstanden, welche außerhalb des Betrachtungszeitraumes liegt[1098].

1096 Vgl. Scaev. 3 resp., D. 5, 2, 13; Scaev. 18 dig., D. 33, 2, 34.

1097 Vgl. etwa *Amelotti*, Testamento I (1966) 53: „clausola di conferma (di disposizioni compiute dal testatore fuori del testamento: precisamente di futuri codicilli, di donazioni tra vivi già fatte o da fare ...)"; 161: „clausola di conferma (degli eventuali codicilli)"; ebenso bei *Tellegen*, Pliny (1982) 35 für eine Bestätigung zukünftiger Kodizille. Hingegen ist bei *Strobel*, Testamentsurkunden (2014) der Begriff „allgemeine Bestätigungsklausel" im Sinne der vorliegend ‚Verstärkungsklausel' genannten Bestimmung verwendet.

1098 Vgl. auch *Kaser*, RP I ^{2}(1971) 694 dazu, dass die Kautelarpraxis erst ‚relativ spät' die Übung entwickelte, durch allgemeine Klauseln die Umdeutung in ein Kodizill vorzusehen.

Um darauf hinzuweisen, dass alle eben erwähnten Formen in der Literatur als ‚Kodizillarklausel' bezeichnet werden, ist den jeweiligen Kapiteln der vorliegenden Darstellung diese Bezeichnung in Klammern hinzugefügt.

Strobel erkennt in den vorliegend als ‚Verstärkungsklauseln' (von ihm als ‚allgemeine Bestätigungsklauseln'[1099]) bezeichneten Anordnungen „kluge vorsorgende Regelungen der Rechtspraxis, wohl hauptsächlich vermittelt durch Musterformulare", mit dem Ziel, dadurch „die Anordnungen unangreifbar zu machen" und spricht von einem „Fehlerkalkül". Für *Voci* handelt es sich bei der „clausola codicillare" um „l'esempio tipico di conversione di un negozio giuridico". Er versteht darunter zwar zunächst die nachklassische Kodizillarklausel, weist aber darauf hin, dass auch der Begriff der Konversion einem Ulpian-Text entstammt, der sich mit der ‚Kodizillarklausel' befasse. Auf diesen Text, auf welchen hinsichtlich der Terminologie bereits verwiesen wurde, ist nun auch inhaltlich näher einzugehen.

> Ulp. 4 disp., D. 29, 1, 19: *Quaerebatur, si miles, qui habebat iam factum testamentum, aliud fecisset et in eo comprehendisset se fidei heredis committere, ut priores tabulae valerent, quid iuris esset. dicebam: militi licet plura testamenta facere, sed sive simul fecerit sive separatim, utique valebunt, si hoc specialiter expresserit, nec superius per inferius rumpetur, cum et ex parte heredem instituere possit, hoc est ex parte testato, ex parte intestato decedere. quin immo et si codicillos ante fecerat, poterit eos per testamentum sequens cavendo in potestatem institutionis redigere et efficere directam institutionem, quae erat precaria. secundum haec in proposito referebam, si hoc animo fuerit miles, ut valeret prius factum testamentum, id quod cavit valere oportere ac per hoc effici, ut duo testamenta sint. sed in proposito cum fidei heredis committatur, ut valeat prius testamentum, apparet eum non ipso iure valere voluisse, sed magis per fideicommissum, id est in causam fideicommissi et codicillorum vim prioris testamenti convertisse.* 1. *Utrum autem totum testamentum in eam causam conversum sit, hoc est et heredis institutio, an vero legata tantum et fideicommissa et libertates, quaeritur. sed mihi videtur non solum cetera praeter institutionem heredis, sed et ipsam institutionem in causam fideicommissi vertisse, nisi aliud testatorem scripsisse probetur.*

[1099] *Strobel*, Testamentsurkunden (2014) 47. *Amelotti*, Testamento I (1966) 53 meint mit der „clausola di conferma" hingegen wie vorliegend die Bestätigung zukünftiger Kodizille, welche sich typischerweise nach den Einzelverfügungen findet; ebenso etwa bei *Tellegen*, Pliny (1988) 35 in dem Sinne verwendet wie die z.B. bei *Avenarius*, Formularpraxis, in: FS Behrends (2009) 23 „Kodizillklausel" genannte Bestimmung (testamentarisch bestätigte Kodizille). Siehe zu den verschiedenen erfassten Fällen der clausola codicillare auch Voci, DER II 2(1963) 584–587, der sie ibid. 584 als typisches Beispiel der Konversion eines Rechtsgeschäfts bezeichnet.

> Ein Soldat, der schon ein Testament errichtet hatte, errichtete ein weiteres und erklärte darin, er vertraue es der Gewissenhaftigkeit seines Erben an, dass er dem ersten Testament zur Wirksamkeit verhelfe. Man fragte, wie die Rechtslage sei. Ich sagte: Ein Soldat kann mehrere Testamente errichten; und diese werden – unabhängig davon, ob er sie gleichzeitig errichtet hat oder nacheinander – sämtlich [nebeneinander] wirksam sein, wenn er dies besonders zum Ausdruck gebracht hat. Und es wird nicht das frühere Testament durch das spätere umgestoßen, zumal der Soldat auch nur für einen Anteil [des Nachlasses] einen Erben einsetzen, das heißt teilweise mit und teilweise ohne Testament sterben könnte. Ja, selbst wenn der Erblasser zunächst ein Kodizill errichtet hatte, kann er diesem durch Anordnung in einem nachträglich errichteten Testament die Wirkung einer Erbeinsetzung verleihen und eine Erbeinsetzung, die bislang auf einer Fideikommissbitte beruhte, zu einer unmittelbaren machen. Auf dieser Grundlage führte ich im vorliegenden Fall aus, sofern der Soldat die Geltung des zuerst errichteten Testaments der Gewissenhaftigkeit des Erben anvertraut habe, zeigt sich, dass er es nicht ohne weiteres gelten lassen wollte, sondern nur aufgrund eines Fideikommisses; das bedeutet, dass er den rechtlichen Gehalt des früheren Testaments in die Form eines Fideikommisses und Kodizills gebracht hat. 1. Doch fragt sich, ob das gesamte Testament, also auch die Erbeinsetzung, in diese Form gebracht wird oder nur Vermächtnisse, Fideikommisse und Freilassungsanordnungen. Aus meiner Sicht hat der Testamentsverfasser indessen nicht nur die übrigen Bestimmungen mit Ausnahme der Erbeinsetzung, sondern auch die Einsetzung selbst in die Form eines Fideikommisses gebracht, sofern nicht bewiesen wird, dass er etwas anderes gemeint hat.[1100]

Die in diesem Text diskutierte Klausel ist keine ,Kodizillarklausel' ieS, sondern steht einerseits der vorliegend ,Verstärkungsklausel' genannten Bestimmung näher und ist andererseits in mehrfacher Hinsicht ein Sonderfall: Zum einen handelt es sich um ein Soldatentestament, welches damit dem Sonderrechtsregime unterliegt. Zum anderen richtet sich im ersten geschilderten Fall die Bitte, die Bestimmungen des ersten Testaments zu erfüllen, an den Erben eines zweiten Testaments. Diese Form der ,Verstärkungsklausel' betrifft also nicht die Anordnungen des Testaments, in welchem sie steht, sondern die eines anderen, früheren Testaments. Der Inhalt dieses früheren Testaments wurde in der Folge in Fideikommissform klagbar, was im Ergebnis der Situation entspricht, dass Verfügungen in einem Kodizill getroffen werden. Jedoch hat dieses in ein Kodizill umgedeutete Testament nicht die Wirkungen eines testamentarisch bestätigten Kodizills, denn dann

1100 Übersetzung: *K/K/R/S-Schermaier.*

nämlich wären seine Anordnungen so behandelt worden, als wären sie in dem betreffenden (dh. dem späteren) Testament verfügt worden: Legate wären als Legate und nicht als Fideikommisse wirksam; Freilassungen als unmittelbare und nicht als fideikommissarische und – was das Hauptproblem in diesem Fall darstellt – die Erbeinsetzung wäre unwirksam gewesen, da in einem Kodizill (selbst wenn es testamentarisch bestätigt ist) keine Erben eingesetzt werden können. Dieses Ergebnis aber wollte man gerade vermeiden, weswegen die Wirkung vielmehr nach der Art eines testamentarisch nicht bestätigten Kodizills bejaht wurde[1101]. Das wird damit begründet, dass dem Erben (des späteren Testaments) die Erfüllung der Verfügungen (des früheren Testaments) fideikommissarisch aufgegeben ist, unabhängig davon, in welcher Form sie auf den Testamentserben des früheren Testaments bezogen formuliert waren. Bei der *translatio* auf den neuen Belasteten wird ihre ‚Rechtsnatur‘ umgewandelt.

Ulpian entschied den Fall eines Ziviltestaments vergleichbar:

> Ulp. 4 disp., D. 28, 3, 12, 1: *Si paganus, qui habebat iam factum testamentum, aliud fecisset et in eo comprehendisset fidei heredis committere, ut priores tabulae valerent, omnimodo prius testamentum ruptum est: quo rupto potest quaeri, an vice codicillorum id valere deberet. et cum haec verba sint fideicommissi, et sine dubio universa, quae illic scripta sunt, in causa fideicommissi erunt, non solum legata et fideicommissa, sed et libertates et heredis institutio.*

> In dem Fall, dass ein Zivilist, der bereits ein Testament errichtet hatte, ein weiteres errichtete und in dieses die Bestimmung aufnahm, er vertraue es der Gewissenhaftigkeit seines Erben an, dass das erste Testament wirksam werde, ist das erste Testament in jeder Hinsicht umgestoßen. Obgleich es umgestoßen ist, kann man fragen, ob es nicht die Wirkungen eines Kodizills entfalten muss. Und da der Text die bei einem Fideikommiss üblichen Worte enthält, werden zweifellos alle Verfügungen, die in dem ersten Testament getroffen wurden, die Rechtsnatur eines Fideikommisses annehmen – nicht nur Vermächtnisse und Fideikommisse, sondern auch Freilassungen und die Erbeinsetzung.[1102]

[1101] *Voci*, DER II ^{2}(1963) 584. Er versteht darunter allerdings eine Klausel, welche die Gesamtumwandlung vorsah, daher wohl eher eine Klausel des Typs, welcher unten XVIII. als ‚Bestätigungsklausel‘ diskutiert wird und nicht der hier besprochenen ‚Verstärkungsklausel‘.

[1102] Übersetzung: *K/K/R/S-Rüfner.*

Ein Zivilist, der anders als ein Soldat nicht zwei Testamente nebeneinander haben konnte, schrieb in sein späteres, gültiges Testament, welches ein älteres ersetzte, dass die Bestimmungen des älteren Testaments vom Erben des jüngeren Testaments erfüllt werden sollten; dies vertraute er dessen *fides* an. Das ältere Testament war zwar nun *ruptum* und als Testament beseitigt, infolge der Klausel des jüngeren Testaments wurde es aber in ein Kodizill umgewandelt; allerdings in eines, welches ausschließlich Fideikommisscharakter aufwies: Da die Erfüllung dem Testamentserben des jüngeren Testaments in Fideikommissform aufgegeben war, lasten alle Anordnungen des älteren Testaments als Fideikommisse auf ihm. Das betrifft sogar die Erbeinsetzung des älteren Testaments, sodass der Testamentserbe des älteren Testaments zum Universalfideikommissar wurde und vom Testamentserben des jüngeren Testaments die Herausgabe der Erbschaft fordern konnte. Letzterer hatte aber immerhin den Anspruch auf die Quart[1103].

Voci entwickelt diesen Befund konsequent weiter; mangels Quellenbelegs handelt es sich dabei allerdings um mehr oder weniger freie Erfindungen: Sollten zwei Testamente existieren, von welchen das spätere sich als ungültig erweist, aber immerhin eine ‚Kodizillarklausel' aufweist (darunter stellt *Voci* sich in diesem Zusammenhang wohl eine ‚generelle Umdeutungsklausel' oder eine ‚Verstärkungsklausel' vor), so berührt es in keiner Weise die Wirkungen des früheren Testaments, kann aber als Kodizill danebentreten, und zwar je nachdem, ob im früheren Testament zukünftige Kodizille bestätigt wurden oder nicht, entweder als testamentarisch bestätigtes Kodizill oder als testamentarisch nicht bestätigtes Kodizill. Ist es testamentarisch bestätigt, so behielten die Legate und Freilassungen des zweiten Testaments ihre Wirksamkeit auch nach *ius civile*; ist es hingegen nicht testamentarisch bestätigt, so erfolge eine Umdeutung der Einzelverfügungen in Fideikommisse sowie der *heredis institutio* in ein Universalfideikommiss[1104]. Sofern von einem gewissen ‚System' ausgegangen werden kann, wäre diese Lösung naheliegend, quellenmäßig belegt ist sie jedoch nicht.

1103 So auch *Hörtner*, Fideikommisse (2011) 107, die allerdings davon ausgeht, dass die Begünstigten des ersten Testaments auch „zivilrechtliche Klagen gegen den Erben aus dem zweiten Testament" hätten, was infolge der Konversion in Fideikommisse nicht möglich gewesen sein dürfte.

1104 *Voci*, DER II ^{2}(1963) 586.

Unter dem Titel „Disposizioni di conversione" behandelt *Voci* einerseits die „clausola codicillare"[1105] und andererseits „Disposizioni minori"[1106]. Zu den zweiteren zählt er unterschiedliche Klauseltypen: Erstens die Einzelzuwendung als Vindikationslegat und als Damnationslegat; zweitens die Einzelzuwendung als Damnationslegat und als *legatum sinendi modi*; drittens die Verbindung der Form eines Legats und eines Fideikommisses; viertens eine Generalklausel am Ende des Testaments (*repetitio generalis*) und fünftens eine Generalklausel am Beginn des Testaments (*caput generale*). ME können zwar alle diese Klauseln zu einer Art ‚Konversion' führen, wie *Voci* als Gemeinsamkeit hervorhebt, doch gehören nicht alle diese Klauseln zum selben ‚Klauseltyp' und sind in unserem Aufbau nach dem Vorbild eines ‚Musterformulars' auch nicht gemeinsam zu erörtern. Die individuelle Wiederholung der einzelnen Verfügungen etwa ist unten bei den Legaten bzw. Freilassungsanordnungen zu diskutieren.

Voci führt bei seinem ersten Punkt der „Disposizioni minori" – dem Vermächtnis ein und derselben Sache als Vindikations- und Damnationslegat – als Beispiel nicht eine Verdoppelung der Form bei der jeweiligen Verfügung an, sondern die in der Praxis immer wieder begegnende Klausel ‚*quisquis mihi heres erit, do lego damnasque esto dare …*'. Diese Klausel ist mE eine Ausprägung des hier zu analysierenden Klauseltyps, wonach ‚jeder, der Erbe wird', im Ergebnis bspw. auch persönlich verpflichtet ist, *per vindicationem* vermachte Gegenstände herauszugeben. Die Einzelverfügungen werden generalisierend ‚verstärkt', indem angeordnet wird, sie sollen jedenfalls als Verpflichtung auf dem Erben lasten, selbst wenn die vermachten Sachen eigentlich primär direkt an den Begünstigten fallen sollten, wie es bei einem gültigen Vindikationslegat der Fall wäre. Daneben bediente man sich auch (zT zusätzlich zu dieser generellen Verstärkung) der Verbindung von Legatsformen bei der Einzelzuwendung selbst.

Tatsächlich wird die Erfüllung der Einzelzuwendungen mitunter auch generell der *fides* des Erben (und zwar ebenfalls häufig ‚wer auch immer Erbe wird' – dementsprechend auch einem etwaigen Intestaterben) anvertraut; das kommt dem, was man sich unter dem Begriff einer ‚Kodizillarklausel' vorstellt, inhaltlich schon näher und bedeutet im Hinblick auf die

---

1105 *Voci*, DER II ^{2}(1963) 584–587.

1106 *Voci*, DER II ^{2}(1963) 587–590.

Testamentserben gegebenenfalls eine Durchsetzbarkeit etwa von ungültigen Legaten aus (testamentarischem) Fideikommiss, im Hinblick auf Intestaterben unter Umständen aus Intestatfideikommiss. Dieser Klauseltyp gehört zu den verstärkenden Klauseln, wie sie an dieser Stelle des Testaments häufig eingefügt wurden und Grundlage einer Umdeutung werden konnten.

Ein Beispiel der Verbindung beider Klauseln – der Verstärkung durch eine generelle Verpflichtung des Erben in Damnationslegatsform und in Fideikommissform – findet sich etwa bei Maec. 2 fideic., D. 32, 95: ‚*quisquis mihi heres erit damnas esto dare fideique eius committo uti det quantas summas dictavero dedero*'. Auch dieser Typ zählt zu den ‚Verstärkungsklauseln'. Nicht selten weist ein Testament sowohl diese Klausel als auch eine entsprechende ‚clausola generale' am Ende des Testaments (als ‚*repetitio generalis*') auf. Musterformulare dürften in beiden Varianten – mit der entsprechenden Klausel am Beginn und/oder am Ende der Einzelverfügungen – kursiert sein.

Einen Schritt in der Entwicklung der ‚Verstärkungsklausel', welche zunächst zwischen Erbeinsetzung und Einzelverfügungen ihren Platz fand, später aber gemeinsam mit der zunächst am Ende der inhaltlichen Bestimmungen eines Testaments stehenden ‚Bestätigungsklausel' im Hinblick auf zukünftige Kodizille und einem neu hinzutretenden Typ einer ‚generellen Umdeutungsklausel' noch vor die Erbeinsetzung rückte, könnten zwei Scaevola-Texte dokumentieren, welche ‚Verstärkungsklauseln' am Ende des Testaments belegen[1107].

> Scaev. 3 resp., D. 5, 2, 13: *Titia filiam heredem instituit, filio legatum dedit: eodem testamento ita cavit: ‚ea omnia quae supra dari fieri iussi, ea dari fieri volo ab omni herede bonorumve possessore qui mihi erit etiam iure intestato: item quae dari iussero, ea uti dentur fiantque, fidei eius committo.' quaesitum est, si soror centumvirali iudicio optinuerit, an fideicommissa ex capite supra scripto debeantur. respondi: si hoc quaeratur, an iure eorum, quos quis sibi ab intestato heredes bonorumve possessores successuros credat, fidei committere possit, respondi posse. Paulus notat: probat autem nec fideicommissa ab intestato data deberi, quasi a demente.*

1107 Vgl. außerdem Paul. 14 resp., D. 28, 1, 29, 1 (zum Text siehe unten S. 576) sowie Ulp. 4 disp., D. 28, 3, 12, 1 (siehe zum Text soeben S. 361). *Negri*, Clausola codicillare (1975) 26, 51 meint freilich, diese beiden Texte könnten nicht für die Rekonstruktion der Kodizillarklausel in klassischer Zeit herangezogen werden, da ihre Formulierung auf Eigentümlichkeiten der Juristen des dritten Jahrhunderts zurückgehe.

Titia setzte eine Tochter als Erbin ein, dem Sohn wandte sie ein Vermächtnis zu. In demselben Testament bestimmte sie folgendes: ‚Alles, was ich oben zu geben und zu tun bestimmt habe, soll nach meinem Willen von jedem Erben oder Nachlassbesitzer, den ich nach gesetzlichem Erbrecht haben werde, gegeben und getan werden. Ebenso vertraue ich es dessen Gewissenhaftigkeit an, dass das, was ich zu geben bestimmt habe, gegeben und getan wird'. Es wurde gefragt: Werden, wenn die Schwester vor dem Hundertmännergerichtshof obsiegt, die Fideikommisse aus dem oben wiedergegebenen Testamentsabschnitt geschuldet? Ich habe geantwortet: Wenn danach gefragt wird, ob jemand rechtswirksam denen ein Fideikommiss auferlegen kann, die er als gesetzliche Erben oder Nachlassbesitzer für seine möglichen Nachfolger hält, so ist zu antworten: er kann. Paulus merkt an: Er ist aber der Ansicht, dass im Fall der Testamentslosigkeit (infolge pflichtwidrigen Testaments) auch die Fideikommisse, da gleichsam von einem Geistesgestörten angeordnet, nicht geschuldet werden.[1108]

Die Erblasserin ordnete am Ende des Testaments an, alle ‚oben' im Testament zunächst im Hinblick auf die Erfüllung durch den Testamentserben getroffenen Verfügungen sollten auch von jedem gesetzlichen Erben bzw. Nachlassbesitzer beachtet werden. Die Restitutionsbitte richtete sich also an die Intestaterben, welche im Unwirksamkeitsfall die im Testament getroffenen Anordnungen dennoch anerkennen und ihnen ebenso Folge leisten sollten, als wären sie als Fideikommisse in einem Kodizill verfügt worden[1109]. Das sei prinzipiell möglich; Paulus merkte aber an, dass das jedoch nicht gelte, wenn das Testament wegen Pflichtwidrigkeit wegfalle, da diesfalls auch die darin enthaltenen Fideikommisse von dem Vorwurf betroffen seien, eine Geisteskranke habe sie angeordnet[1110].

Vergleichbar wurde auch in einem weiteren bei Scaevola diskutierten Fall eine entsprechende Klausel am Ende des Testaments eingefügt:

Scaev. 18 dig., D. 33, 2, 34, 1: *Qui Semproniam ex parte decima et Maeviam ex parte decima, alumnum ex reliquis partibus instituerat heredes, curatorem alumno dedit, cum iure facere putaret: et curatoris fidei commisit, ne pateretur fundum venire, sed cum Sempronia et Maevia nutricibus suis frueretur reditu eius: et ima parte testamenti ita adiecit: ‚omnem voluntatem meam fidei heredum meorum committo'. quaesitum est, an tertias partes usus fructus fundi nutrices ex fideicommisso petere possint, quamvis curator*

[1108] Übersetzung: *B/K/K/S-Wieling*.
[1109] Wie im Fall von Scaev. 3 resp., D. 5, 2, 13.
[1110] Siehe zum Text nur *Coppola Bisazza*, Contra voluntatem defuncti ^{2}(2019) 51 mwN. in Fn. 84.

ei receptus sit, quem iure dare non poterit alumno. respondit secundum ea quae proponerentur utiliter fideicommisso voluntatem suam confirmasse: id igitur cuique dedisse, ut et nutrices una cum alumno reditu fundi uterentur.

Jemand, der Maevia zu einem Zehntel und Sempronia zu einem Zehntel, seinen Pflegesohn zu den übrigen Teilen als Erben eingesetzt hatte, bestellte für den Pflegesohn einen Pfleger, in der Meinung, dies sei rechtlich zulässig. Und dem Pfleger erlegte er durch Fideikommiss auf, einen Verkauf des Landguts nicht zuzulassen; vielmehr solle er zusammen mit Sempronia und Maevia, seinen Ammen, die Erträge des Landguts für sich verwenden. Im letzten Teil des Testaments fügte er hinzu: ‚Meinen gesamten letzten Willen vertraue ich der Gewissenhaftigkeit meiner Erben an'. Es wurde gefragt, ob die Ammen aufgrund des Fideikommisses je ein Drittel eines Nießbrauchs verlangen könnten, obwohl dem Pflegesohn ein Pfleger bestellt worden war, den der Erblasser von Rechts wegen nicht bestellen konnte. Scaevola hat gutachtlich entschieden, nach dem, was vorgetragen sei, habe der Erblasser durch das Fideikommiss seinen letzten Willen wirksam bestätigt. Also habe er jedem dasselbe zugewendet, so dass auch die Ammen zusammen mit dem Pflegesohn die Erträge des Landgutes für sich verwenden konnten.[1111]

Ein Vormund kann testamentarisch ausschließlich für *sui* bestellt werden[1112]. Wäre der Eingesetzte im vorliegenden Fall ein Haussohn des Erblassers gewesen, wäre die Konstruktion gültig gewesen, nicht aber im Falle der Vormundbestellung für den ‚Pflegesohn'. Somit konnte dem testamentarisch nicht wirksam bestellten ‚Vormund' auch ein Fideikommiss nicht wirksam auferlegt werden, wonach eine Veräußerung eines bestimmten Landguts nicht genehmigt werden dürfe, sollte der Pflegesohn es zu veräußern versuchen. Die Erträge dieses Landguts sollten nach dem Willen des Testators nämlich den Unterhalt sowohl des Pflegesohnes als auch dessen beiden Ammen sichern; diese drei waren auch als Erb(inn)en eingesetzt, der Pflegesohn zu 8/10, die Ammen zu je 1/10. Die Erträge aus dem Landgut sollten ihnen aber offenbar zu gleichen Teilen zukommen (dh. zu je 1/3). Im letzten Teil des Testaments ist eine Klausel eingefügt, wonach der *fides* der Erben die Erfüllung des gesamten letzten Willens anvertraut wurde. Erwähnt wird die *voluntas*, bezogen auf die *scriptura*, dh. alles, was im Testament zuvor schriftlich niedergelegt worden war, sei es wirksam oder unwirksam verfügt, solle von den Erben beachtet und umgesetzt werden. Infolge dieser an das Ende der

[1111] Übersetzung: *K/K/R/S-Ziegler.*
[1112] Vgl. nur *Lamberti*, Postumi I (1996) 129.

Einzelverfügungen gestellten ‚Verstärkungsklausel' konnten alle in anderer Form unwirksamen Bestimmungen Fideikommisscharakter annehmen und insofern ‚umgedeutet' werden. Das betrifft vor allem auch das den Pflegesohn betreffende ‚Veräußerungsverbot', welches damit als Fideikommiss der dadurch (mit-)begünstigten Ammen gültig wird.

Es ist *Giuffrè* nicht zu folgen, wenn er meint, die ‚Kodizillarklauseln' seien kein Fall der Konversion, weil sowohl Testament als auch Kodizill effektiv gewollt seien: Das eine subsidiär zum anderen[1113]. Gewollt war jedoch in solchen Fällen das Testament. War dieses unwirksam und trat Intestaterbfolge ein, so konnte insbesondere der testamentarisch eingesetzte Erbe nicht die Erbenstellung nach *ius civile* erlangen. Ob der Erblasser eher wollte, dass dieser auch ohne die Position eines Erben aus seinem Nachlass so viel erhalten sollte, wie es der Erbportion entsprochen hätte (gegebenenfalls abzüglich dessen, was der Intestaterbe für die Abdeckung der ihm zustehenden Quart einbehalten konnte), oder ob der Nachlass nach der Vorstellung des Erblassers so eng mit der zivilen Erbenstellung verknüpft war, dass im Unwirksamkeitsfall der Intestaterbe begünstigt sein sollte (sodass das Familieneigentum auch etwa mit den privaten *sacra* der Familie verbunden blieb), musste freilich mittels Auslegung festgestellt werden. Ebenso die Frage, ob auch der Intestaterbe mit den Einzelzuwendungen belastet sein sollte, bzw. auch der Universalfideikommissar, wenn die Erbschaft diesem restituiert wird. Der Übergang der Verpflichtungen aus den Einzelvermächtnissen im Restitutionsfall hängt davon ab, ob er in den Anwendungsbereich des *SC Trebellianum* fällt (dann erfolgt der Aktionentransfer) oder in den Anwendungsbereich des *SC Pegasianum* (dann gibt es lediglich eine Leistung der *stipulationes partis pro parte* bzw. *stipulatio quanto amplius*, weswegen die Last prinzipiell beim Intestaterben liegt, der sich aus der Stipulation schadlos halten kann – sofern der Universalfideikommissar solvent ist; anders nur beim erzwungenen Erbschaftsantritt, wobei der Intestaterbe dabei aber sein Quartrecht verliert).

Im Zweifel wurde die Trennung des Nachlasses vom zivilen Erben nicht vermutet. Ebenso nicht die Belastung des Intestaterben mit Verfügungen, welche im Hinblick auf eine andere Person – nämlich der des

---

1113 Gegen diese Ansicht auch *Negri*, Clausola codicillare (1975) 21. Vgl. außerdem *Reinholz*, Konversion (1956) 54.

Testamentserben – getroffen worden waren. Anderes galt nur, wenn es für eine dahingehende *voluntas* einen konkreten Anhaltspunkt im Testamentstext gab. Für diesen Anhaltspunkt war es offenbar ausreichend, was der Erblasser bei Scaevola in Scaev. 3 resp., D. 31, 88, 17 ganz allgemein ausspricht (‚*pro iure legitimo haberi debet hominis sani voluntas*'; zum gesamten Text siehe oben S. 96). ‚Sicherer' aus Sicht des Testierenden war freilich eine ‚Verstärkungsklausel' des vorliegend betrachteten Typs.

War das Testament unwirksam, so waren prinzipiell die darin getroffenen Anordnungen rechtlich unbeachtlich, was strenggenommen auch die ‚Kodizillarklausel' (sei es eine ‚generelle Umdeutungsklausel' oder auch eine ‚Verstärkungsklausel') selbst betreffen müsste. Die Klausel zeigte aber dem Interpreten der letztwilligen Verfügung, dass der Erblasser wollte, dass seine Zuwendungen in jeder denkmöglichen Art und Weise auf die Personen bezogen sein sollten, welche er in seinem Testament begünstigt hatte; dass es ihm also lieber wäre, dass sie in irgendeine andere Rechtsform gekleidet oder andere Personen (etwa Intestat- anstatt des Testamentserben) damit belastet werden, als dass sie gänzlich wegfielen. Hierfür kam im Fall der Unwirksamkeit des Testaments nur ein Fideikommiss in Frage, also im Falle der Gesamtunwirksamkeit nur die Umdeutung des Testaments in ein Kodizill. Dass der Erblasser an ein solches tatsächlich gedacht hatte, ist nicht erforderlich. Nach Iul. 39 dig., D. 29, 7, 3 pr. wurden die Intestaterben dann, wenn zwar kein gültiges Testament, aber ein wirksames Kodizill vorlag, so angesehen, als wären sie als Testamentserben eingesetzt und mit den Einzelverfügungen belastet worden[1114].

Nicht in jedem Unwirksamkeitsfall eines Testaments konnte die ‚Verstärkungsklausel' aber ihre Wirksamkeit entfalten: Grundsätzlich war zu fragen, ob ein Kodizill gültig gewesen wäre[1115], wären die Anordnungen des unwirksamen Testaments von Anfang an in einem (Intestat-)Kodizill getroffen worden. So konnte etwa im Fall der Unwirksamkeit des Testaments

---

1114 Iul. 39 dig., D. 29, 7, 3 pr.: *Si quis cum testamentum nullum habebat, codicillis fideicommissa hoc modo dedit: ‚quisquis mihi heres erit bonorumve possessor, eius fidei committo', fideicommissa praestari debent, quia pater familias, qui testamenti factionem habet et codicillos faceret, perinde haberi debet, ac si omnes heredes eius essent, ad quos legitima eius hereditas vel bonorum possessio perventura esset.* Vgl. auch Paul. lib. sing. de iure codicill., D. 29, 7, 8, 1.

1115 Auf diese Voraussetzung weist auch *Voci*, DER II ^{2}(1963) 584 hin.

infolge mangelnder Testierfähigkeit des Erblassers auch kein wirksames Kodizill angenommen werden (was auch gilt, wenn er später eine *capitis deminutio* erfährt). War lediglich die Form betroffen, so wird es in der Regel zur Konversion gekommen sein. Lag der Mangel im Inhalt, so war weiter zu differenzieren: Je nach Art des Fehlers konnte das gesamte Testament in ein Intestatkodizill umgewandelt werden oder nur gewisse Bestimmungen in Fideikommisse oder es kam infolge des Mangels überhaupt zum Entfall der Kodizillarklausel, sodass es bei der Nichtigkeit der letztwilligen Verfügung blieb.

Wenn es etwa infolge Zwangs zu einer Erbeinsetzung kam und nur diese vom Zwang betroffen war, so konnten die Vermächtnisse, aber auch etwa eine Substitution infolge der Konversion wirksam werden. Wurde hingegen nur aufgrund des Zwanges überhaupt testiert, so kann kein Teil des Testaments infolge der Kodizillarklausel aufrechterhalten werden.

Das zeigt sich auch im Fall des Widerrufs: Gilt dieser als Zurücknahme des gesamten Inhalts, nicht nur eines Teils oder der Form des Testaments, so kommt es ebenfalls nicht zu einer Umdeutung der darin getroffenen Anordnungen in ein Intestatkodizill. Wird das Testament hingegen nachträglich ungültig, etwa weil der eingesetzte Erbe wegfällt, so könnte der übrige Inhalt des Testaments als Intestatkodizill aufrechterhalten werden.

Eine breite Kasuistik zeigt, dass hier stets darauf abgestellt wurde, was der Testator bei Kenntnis des Mangels gewollt hätte. Hierfür bedurfte es Zweifelsregeln, welche aber durch gegenläufige Anhaltspunkte überwunden werden konnten.

Nur für den Fall einer erfolgreichen *querela inofficiosi testamenti* haben wir gesehen, dass der Wille des Testators keine Berücksichtigung fand, denn dort ist ihm ein Pflichtwidrigkeitsverstoß vorzuwerfen, der ihn sogar als ‚quasi-Geisteskranken' erscheinen ließ (siehe oben S. 364 zur Note des Paulus zu Scaevola, Scaev. 3 resp., D. 5, 2, 13[1116]). Diese Annahme führte dazu, dass auch die ‚Verstärkungsklausel' nicht wirksam werden konnte.

[1116] Zu den *officia pietatis* im Testamentsrecht siehe *Querzoli*, Testamenta e gli officia pietatis (2000). Dazu, dass die Querel nicht nur Aufhebung des Testaments, sondern auch die Herausgabe der Erbschaft (ohne gesonderte *hereditatis petitio*) bewirkt haben dürfte, siehe *Gagliardi*, Decemviri e Centumviri (2002) 258–260 sowie *ders.*, Querela (2017) 27–30. Zum „Scheinargument" eines mentalen Defizits siehe *Harke*, Pflicht

Während also bei erfolgreicher Querel der Obsiegende nicht mit den Einzelverfügungen belastet ist – und zwar auch nicht so, als wären sie in einem Intestatkodizill zu seinen Lasten verfügt –, konnte die ‚Verstärkungsklausel' im Falle der Übergehung eines *suus* Wirksamkeit entfalten[1117]: Die *bonorum possessio contra tabulas* führte nämlich dazu, dass die Intestaterbfolge „in das Testament hineingetragen" wird, daher wird „*ex testamento* geerbt"[1118]. Auch der Übergangene ist in der Folge durch Einzelverfügungen belastet und kann infolge der ‚Verstärkungsklausel' auch in anderer Form dazu ‚verpflichtet' sein, als die Verfügung auf den ersten Blick zu bewirken scheint.

Die testamentarisch Bedachten werden sich schon vor Beantragung einer Klage entschieden haben müssen, ob sie die Gültigkeit des Testaments behaupten wollen, um zu versuchen, die Ansprüche daraus geltend zu machen, oder ob die Unwirksamkeit des Testaments von vornherein anerkannt wird, man sich aber darauf beruft, dass die dort getroffenen Anordnungen aus dem Kodizill durchsetzbar seien: Durch die Wahl etwa der Testamentsklage verlor der Betreffende nämlich uU. die Möglichkeit, aus dem Kodizill vorzugehen[1119].

---

und Freiheit (2023) 24; zum Thema weiters nun auch *Wimmer*, Quart und Querel (angekündigt für 2025, im Zeitpunkt der Drucklegung aber noch nicht erschienen).

1117 Gegen ein wirksames Intestatkodizill gab es ab der Anwendbarkeit der *lex Falcidia* auf Intestatvermächtnisse hingegen nie eine Querel. Auch ein Noterbe, der im Testament auf seine Intestatportion eingesetzt und durch die *lex Falcidia* gegen übermäßige Beschwerung mit Vermächtnissen geschützt ist, hatte keine Querel. Lag nun kein gültiges Testament vor und war der Noterbe *ab intestato* berufen, so war er ebenfalls durch die *lex Falcidia* geschützt und hatte somit keine Querel.

1118 *Mayer*, Legate und Fideicommisse (1854) 129–130.

1119 Davon geht etwa *Reinholz*, Konversion (1956) 60 aus.

XI. Exkurs: Selbstzuschreibung

Keine für die Erbeinsetzung oder für Einzelzuwendungen relevante ‚Klausel' ist der Umgang mit dem Fall des Testamentsschreibers, der vom Erblasser im betreffenden Testament als Erbe oder Legatar eingesetzt wird. Dennoch kann es sowohl für die Frage der Gültigkeit einzelner Klauseln als auch des Testaments insgesamt maßgeblich sein, wie damit rechtlich umgegangen wurde; allenfalls auch, ob hier eine ‚Änderung' der erblasserischen Verfügung möglich bzw. notwendig war, um sie zu ‚retten'.

Da die *lex Cornelia* Selbstzuschreibungen verbietet, müsste das Testament bei der Einsetzung des Schreibers zum Erben aufgrund der Rechtswidrigkeit nichtig sein. Julian berichtet hingegen, dass es lediglich zu einer Streichung kam (wie auch im Fall der Legatszuschreibung die betreffende Einzelverfügung gestrichen wurde) und bei Vorhandensein von Substituten das Testament durch deren ‚Übernahme' Wirksamkeit erlangen konnte:

> Iul. 78 dig., D. 34, 8, 1: *Si quis hereditatem vel legatum sibi adscripserit, quaeritur, an hereditas vel legatum pro non scripto habeatur. et quid, si substitutum habeat huiusmodi institutio? respondit: pars hereditatis, de qua me consuluisti, ad substitutum pertinet: nam senatus cum poenas legis Corneliae constitueret adversus eum, qui sibi hereditatem vel legatum scripsisset, eodem modo improbasse videtur, quo improbatae sunt illae: ‚qua ex parte me Titius heredem scriptum in tabulis suis recitaverit, ex ea parte heres esto', ut perinde haberentur, ac si insertae testamento non fuissent.*

Wenn jemand [als vom Erblasser zugezogener Schreiber] sich selbst zum Erben einsetzt oder sich ein Vermächtnis aussetzt, ist die Frage, ob die Erbeinsetzung oder das Vermächtnis als nicht geschrieben angesehen wird. Und was soll gelten, wenn eine solche Erbeinsetzung von einer Ersatzerbeinsetzung begleitet ist? Ich

> [Julian] habe entschieden: Der Erbanteil, wegen dessen du anfragst, gebührt dem Ersatzerben. Denn als der Senat [duch das SC Libonianum] festsetzte, dass die Strafen nach der Lex Cornelia den treffen sollten, der sich selbst zum Erben einsetzt oder sich ein Vermächtnis zuwendet, hat er derartige Klauseln ersichtlich in derselben Weise verworfen, wie Erbeinsetzungen nach folgendem Muster verworfen wurden: ‚Zu dem Anteil, zu dem Titius mich in seinem Testament als eingesetzten Erben genannt haben wird, zu diesem Anteil soll Titius mein Erbe sein', so dass sie so behandelt werden, als wären sie nicht in das Testament eingefügt worden.[1120]

Die rechtswidrig vorgenommene Erbeinsetzung existiert damit juristisch nicht. Das übrige Testament wird jedoch aufrecht erhalten[1121]. Dies ist einigermaßen problemlos, wenn ein Substitut eingesetzt ist, welcher zum Zuge kommt. War das jedoch nicht der Fall, so konnte allenfalls eine ‚Verstärkungsklausel' dazu führen, dass die testamentarischen Dispositionen die Intestaterben in Fideikommissform belasteten.

1120 Dies wurde durch ein anderes *SC* bestimmt, vgl. Pap. 6 resp., D. 28, 5, 71. Übersetzung und Hinweis: *K/K/R/S-Rüfner.*

1121 Siehe dazu *Kocher*, Lex Cornelia (1965) 34–41. Vgl. auch *Babusiaux*, Rez. Strobel, ZRG RA 133 (2016) 519.

XII. Legate

Die römischen Juristen schenkten den Einzelzuwendungen größte Aufmerksamkeit. Durch sie konnte der Testator über seine einzelnen Vermögensgegenstände auch noch nach seinem Tod zugunsten verschiedener Personen, welche nicht zugleich seine ‚Universalrechtsnachfolger' werden, individuell verfügen. Zahllose Belege aus der Praxis verdeutlichen, in welchem Umfang von dieser Möglichkeit Gebrauch gemacht wurde. Nicht immer wurden dabei alle rechtlichen Vorgaben eingehalten, sodass sich durchaus häufig die Frage stellte, wie etwas, das an sich unwirksam hinterlassen wurde, doch noch an den oder die Begünstigte/n gelangen konnte.

In zahlreichen Fragmenten geht es um die Frage, was von diesem oder jenem Begriff als Legatsgegenstand umfasst sein solle[1122]. Dabei ist in erster Linie maßgeblich, was sich der Testator bei Verwendung des Begriffes vorgestellt hat bzw. – wenn kein spezieller individueller Wille feststellbar ist – in

---

1122 Vgl. nur die Titel in den Büchern 33 und 34 der Digesten; darunter D. 33, 6 (*De tritico vino vel oleo legato*); D. 33, 7 (*De instructo vel instrumento legato*); D. 33, 9 (*De penu legata*); D. 33, 10 (*De suppellectile legatis*); D. 34, 1 (*De alimentis vel cibariis legatis*); D. 34, 2 (*De auro argento mundo ornamentis unguentis veste vel vestimentis et statuis legatis*). Für eine Untersuchung einzelner ‚Figuren' von Legaten (namentlich des *legatum liberationis*, *legatum debiti*, *legatum dotis* und *pro dote*) siehe *Astolfi*, Sull'oggetto I (1964), unter Abkehr vom ‚pandektistischen' Zugriff, welcher noch die Darstellungen *Ferrini*s, *Biondi*s, *Grosso*s oder *Voci*s geprägt habe und zu einer „tendenza a costruiere figure logico-giuridiche rigorose e a collegarle poi tra loro in un ambito di unità sistematiche più ampie" (ibid. x–xi) geführt habe, und unter Hinwendung zum „criterio storico" (ibid. 1).

zweiter Linie, was ‚gemeinhin' darunter zu verstehen sei. Dabei handelt es sich also nicht um eine die Form, sondern eine den Inhalt betreffende Frage. Sowohl eine Verletzung der Formvorschriften für einen bestimmten Legatstyp als auch inhaltliche ‚Unerfüllbarkeit' sind Probleme, die sich bei Vermächtnissen stellen und eine Umdeutung notwendig machen können.

Im Folgenden sind solche Bestimmungen Thema der Darstellung, deren Erfüllung nach dem strengen Wortlaut nicht möglich erscheint, die jedoch auf andere Weise für den Begünstigten einen Anspruch eröffnen oder einen Anspruch auf etwas anderes, als es auf den ersten Blick den Anschein machen würde, bzw. auch solche Einzelverfügungen, welche gegen einen anderen Belasteten oder für einen anderen Begünstigten durchsetzbar sind.

Während in vorklassischer Zeit wohl erst allmählich eine Scheidung der Formen stattfand[1123], unterschied die klassische Dogmatik die verschiedenen Typen streng, bevor das nachklassische Recht sie wieder zunehmend vereinigte. Eine gewisse Durchlässigkeit erlaubten allerdings auch während der Zeit der größten dogmatischen Trennschärfe die Umdeutungsregelungen.

Zur Umdeutung von Einzelverfügungen ist aus der klassischen Jurisprudenz eine breite Kasuistik überliefert. Das Vermächtnisrecht mit seinen unterschiedlichen Typen, die ganz unterschiedlichen Voraussetzungen unterlagen und in der Praxis offenbar erhebliche Schwierigkeiten bereiteten, lässt sich in verschiedene thematische Schwerpunkte untergliedern; für jeden lässt sich während der Klassik eine gewisse Entwicklung feststellen, welche auf das Ende der justinianischen Formfreiheit hinstrebt.

Die Praxis zeigt daneben die Tendenz, Formen von Einzelverfügungen für ein und dieselbe Zuwendung zu kumulieren: Dies entweder in der bereits im Zusammenhang mit der ‚Kodizillarklausel' (als ‚Verstärkungsklausel') besprochenen Form, wonach die Erfüllung von Verfügungen, egal welcher Form, dem Erben gleich vorab als persönliche Verpflichtung auferlegt wurde (wodurch Legate jeder Form damit auch als Damnationslegate durchsetzbar wurden), oder indem es zusätzlich der *fides* des Erben anvertraut wurde, alle Anordnungen des Testaments zu erfüllen (sodass sie auch als Fideikommisse Wirksamkeit erlangen konnten). Daneben kam es

---

[1123] *Arces*, Disporre mortis causa (2013) 199.

auch häufig zur Wiederholung der einzelnen Verfügungen in unterschiedlichen Formen[1124].

1. Vindikationslegat

Mittels Vindikationslegats wendet der Erblasser einem Begünstigten die betreffende Sache ‚direkt' zu; er ist der Vormann, von welchem sich das Recht unmittelbar ableitet, es geht demnach nicht zuerst auf den Erben über. *Terranova* wies auf die gemeinsamen etymologischen Wurzeln des Verbs *lego* mit dem Substantiv *lex* hin[1125]. Wie bereits bei der Erbeinsetzungsformel gesehen, kann also auch hier insofern eine gewisse ‚Gesetzesähnlichkeit' zumindest dem Ursprung nach vermutet werden. Das Eigentum oder vindikationsweise zugewendete beschränkte dingliche Recht erwarb der Bedachte idR. mit dem *dies cedens*[1126] bzw. ab der Äußerung des Annahmewillens[1127]; er hatte sodann sofort die *rei vindicatio* oder sonst entsprechende dingliche Klage eines aus einem beschränkten dinglichen Recht Berechtigten. Für diese Rechtswirkung waren nicht nur bestimmte Worte als Formalvoraussetzung nötig (*do lego* oder zumindest *do* oder *lego*; daneben sind anerkannt: *capito*, *sumito* und *sibi habeto*[1128]), sondern es musste der Gegenstand in der Regel sowohl im Zeitpunkt der Testamentserrichtung als auch im Todeszeitpunkt im quiritischen Eigentum des Erblassers stehen.

1124 Siehe dazu nur *Amelotti*, Testamento I (1966) 76.

1125 *Terranova*, Testamentum (2011) 242 mit Fn. 512–513 mwN. Zur Bedeutung des *lego* innerhalb der vom *familiae emptor* gesprochenen Formel siehe ibid. 243 (‚*legem dicere*' mwN. in Fn. 514) und 244 (‚*legem do*' mwN. in Fn. 515 sowie ‚*legem facio*' mwN. in Fn. 516). Zu den historischen Bedeutungen des Verbs ‚*lego*' im juristischen Zusammenhang siehe *Nardi*, Significati del verbo lego, in: SDHI 60 (1997) 293–300.

1126 Der *dies cedens* von Legaten war zunächst prinzipiell der Zeitpunkt des Todes des Erblassers, seit der *lex Papia Poppea* von ca. 18 v. Chr. der Zeitpunkt der Testamentseröffnung, bei hinzugefügter aufschiebender Bedingung der Bedingungseintritt: siehe ps.-Ulp., reg. 24, 31.

1127 Vgl. die Übersicht der Lehrmeinungen bei *Leesen*, Gaius meets Cicero (2010) 103–112. Zur Kontroverse beim bedingten Vindikationslegat siehe unten S. 459.

1128 Vgl. dazu *Terranova*, Testamentum (2011) 231–232 mit Fn. 487 (zum Zusammenhang mit der *suprema contestatio* ibid. Fn. 488). In den griechischen Dokumenten findet sich entsprechend δίδωμι καταλείπω.

a. Fremde Sachen als Vermächtnisgegenstand[1129]

Während es nach *ius civile* aufgrund des derivativen Erwerbs vom Erblasser nicht möglich war, Gegenstände mittels Vindikationslegats zu vermachen, die nicht im quiritischen Eigentum des Erblassers standen, war ein Beschaffungslegat in Form eines Damnationslegats durchaus wirksam. Hier setzte die Bestimmung eines *SC Neronianum* (61 n. Chr.[1130]) an: Vermacht der Testator eine Sache, welche ihm niemals gehört hat (Gai. 2, 197: *eius numquam fuerit*), bzw. nicht im Zeitpunkt der Testamentserrichtung und im Todeszeitpunkt gehört hat (ps.-Ulp., reg. 24, 11a: *non fuit utroque tempore testatoris ex iure Quiritium*), mit den *verba* eines Vindikationslegats, so erlangt die Verfügung zwar nicht als Vindikations-, wohl aber als Damnationslegat Wirksamkeit (Gai. 2, 197: *utile sit legatum, atque si optimo iure relictum esset. optumum autem ius est per damnationem legati, quo genere etiam aliena res legari potest*; ps.-Ulp., reg. 24, 11a: *perinde sit, ac si optimo iure legatum esset: optimum autem ius legati per damnationem est*).

Der nachträgliche Erwerb von *per vindicationem* vermachten vertretbaren Sachen führt allerdings zur Wirksamkeit der Verfügung als Vindikationslegat; hier bedarf es also der Umdeutung nach dem *SC Neronianum* nicht. Plausibel erscheint es parallel dazu, dass auch der nachträgliche Erwerb einer nicht vertretbaren Sache nicht zur Umdeutung in einen anderen – etwa: schuldrechtlich wirkenden – Vermächtnistyp, sondern allenfalls[1131] zu einer prätorischen Anpassung der dinglichen Klage führte. Dementsprechend wären Fälle des nachträglichen Erwerbs von der hier referierten Umdeutungsregel nicht erfasst, gleichwohl eine Form der ‚Konversion' – ein Wirksammachen des streng genommen Unwirksamen – bei nicht vertretbaren

[1129] Dem Kapitel liegt ein Vortrag zugrunde, der anlässlich der SIHDA in Bologna am 13. September 2017 unter dem Titel „*… verborum vitio iure civili non valent*" gehalten und unter dem Titel „Zum Anwendungsbereich des *senatusconsultum Neronianum* im Falle des Vindikationslegats fremder Sachen" in TR 86 (2018) 345–364 publiziert wurde. Siehe ibid. für weiterführende, hier nicht nochmals angeführte Lit.

[1130] Zur Datierung siehe *Giuffrè*, Conversione (1965) 143 mwN. in Fn. 106. Es dürfte sich nicht um das selbe *SC Neronianum* handeln, welches die Verschlussvorschriften eingeführt hat: Siehe dazu *Strobel*, Testamentsurkunden (2014) 23 Fn. 37.

[1131] Zur Problematik einer möglichen Anwendbarkeit der *regula Catoniana* in derartigen Fällen siehe etwa *van Berkum*, Regula Catoniana (2022) 66–69.

Vermächtnisgegenständen nötig wurde, welche der Prätor durch Gewährung einer angepassten Klage umsetzte[1132].

Umgekehrt ist die nachträgliche Veräußerung einer *per vindicationem* vermachten Sache ebenso als Legatswiderruf zu werten wie die nachträgliche Veräußerung einer *per damnationem* vermachten Sache[1133], sodass auch hier das *SC Neronianum* nicht zur Anwendung kommt: Auch ein Damnationslegat könnte unter diesen Umständen nicht erfolgreich durchgesetzt werden, eine Umdeutung erscheint daher sinnlos.

War sich der Erblasser gar nicht bewusst, dass es sich um eine fremde Sache handelt, dürfte ebenfalls keine Konversion stattgefunden haben: Eine solche ist nur dann möglich, wenn die Voraussetzungen des Rechtsgeschäftes erfüllt sind, in welches umgedeutet werden soll[1134]. Ein Damnationslegat als Beschaffungslegat ist aber nur wirksam, wenn der Erblasser von der Fremdheit weiß und den Erben bewusst mit der Beschaffung belasten möchte[1135]. Glaubte der Testator, es handle sich um eine eigene Sache, so ist auch hier die Umdeutung zwecklos, weil das Damnationslegat als Beschaffungslegat ebenfalls unwirksam wäre. Allenfalls als Ersitzungstitel (*pro legato*) käme eine Form der ‚Wirkung' dieses Vermächtnisses noch in Betracht[1136].

Kern des Anwendungsgebietes ist dementsprechend das bewusste Vermächtnis einer fremden Sache, wobei versehentlich die *verba* eines Vindikationslegats anstatt die eines Damnationslegats (als Beschaffungsvermächtnis)

1132 Möglich erscheint allerdings eine diesbezügliche Rechtsänderung in der Severerzeit: Siehe unten XII.1.b. zum Vindikationslegat von Sachen aus dem bonitarischen Eigentum des Testators.

1133 Vgl. Gai. 2, 198. Es sei denn, ein mangelnder Widerrufswille kann nachgewiesen werden: Zur Veräußerung *ex necessitate* siehe Pomp. 9 Q. M., D. 34, 2, 34, 1–2. Ein *fideicommissum* betreffend vergleichbar auch Ulp. 2 fideic., D. 32, 11, 12. Dazu *Voci*, DER II ^{2}(1963) 531. Siehe zur Veräußerung der vermachten Sache nur *Ligios*, Alienazione I (2012).

1134 Er darf sich nur in der Form ‚vergriffen' haben; vgl. auch die Def. bei *Leesen*, Gaius meets Cicero (2010) 125 Fn. 252.

1135 Reskript von Antoninus Pius, belegt in Inst. 2, 20, 4 und Pap. 19 quaest., D. 31, 67, 8. Vgl. dazu *Ch. Paulus*, Unsterblichkeit (2018) 208–210 (= *ders.*, Idee der postmortalen Persönlichkeit [1992] 232–234) sowie *Harke*, Testamentsauslegung, in: Argumenta Papiniani (2013) 67.

1136 Zur *usucapio pro legato* siehe *Apathy*, Vermächtnis einer fremden Sache, in: Rechtsgeschichte und Privatrechtsdogmatik (1999) 655–668, insbes. 658–662; außerdem *Bauer*, Ersitzung (1988) 35–37, 90–99 mwN.

gewählt wurden: *minus peractis verbis legatum est*[1137]. Dass dieser Fehler unterlief, war insofern wohl geradezu naheliegend, als offenbar in der Praxis generell bevorzugt Vindikationslegate ausgesetzt wurden. Zumindest ist in den ägyptischen Urkunden aus der Zeit zwischen dem 1. Jh. n. Chr. und Alexander Severus kein einziges Damnationslegat, aber zahlreiche Vindikationslegate belegt; selbst für Geldlegate[1138]. Für den hier zu besprechenden Fall ist daher davon auszugehen, dass der Erbe vom Testator bewusst zugunsten des Legatars mit der Beschaffung des Gegenstandes belastet worden sein musste, auch wenn er dem Wortlaut nach ein Vindikationslegat ausgesetzt hat. Gewährt wird dem Vermächtnisnehmer sodann vermutlich eine persönliche Klage in Form einer (wiederum: prätorisch angepassten) *actio ex testamento*[1139]. Eine dinglich wirkende Klage – welche in der Literatur mitunter angenommen wurde[1140] – ist schon deshalb nicht wahrscheinlich, weil der Erblasser dem Legatar keine dingliche Rechtsposition verschaffen konnte, welche er selbst nicht hatte.

Maßgeblicher Beurteilungszeitpunkt ist hierbei der *dies cedens*: Zum Zeitpunkt der Testamentserrichtung ist noch nicht klar, ob das Vindikationslegat überhaupt umgedeutet werden muss[1141]; schließlich könnte die

---

1137 Vgl. auch den Fall von Scaev. 15 dig., D. 34, 2, 15, in welchem der Erblasser explizit von einem *ususfructus* spricht, wo er aber das Eigentum meint, welches die Betreffende ihrerseits infolge der Bestimmung, welche als Fideikommiss aufzufassen ist, testamentarisch bestimmten Personen zuwenden soll: Die falsche Wortwahl schadet nicht, das Legat umfasst das, was der Erblasser gemeint hat. Diesen Gedanken konsequent fortentwickelt dürfte auch in dem Fall, dass *praecapito* statt *capito* geschrieben wird, obwohl es sich bei dem Begünstigten nicht um einen Miterben handelt (dazu unten S. 393), nur eine versehentlich falsche Wortwahl, nicht aber eine Fehlvorstellung (etwa die, dass es sich tatsächlich um einen Miterben handelt) sanierbar gewesen sein.

1138 *Colella*, Testamenti dei cittadini romani d'Egitto (2024) 18 mwN.

1139 *Isola*, SC Neronianum, TR 86 (2018) 354–355 mwN. in Fn. 32. *Harke*, Actio utilis (2016) 98 geht davon aus, dass das Bestehen der zivilrechtlichen Schuld des Erben fingiert wurde.

1140 Vgl. nur *González Roldán*, Legato d'usufrutto, in: Scritti Corbino III (2016) 473, 480.

1141 Eine ähnliche ‚*ex-post*-Betrachtung' kommt etwa auch beim Soldatentestament in Ulp. 45 ad ed., D. 29, 1, 13 zum Ausdruck: Testiert jemand als Soldat und ‚denkt darüber nach' (*cogitavit*), sein Testament dahingehend zu ändern, dass er für sein zivil erworbenes, namentlich vom Vater ererbtes Vermögen einen anderen Erben einsetzen möchte als für die *bona castrensia*, verstirbt er aber als Veteran, so fällt nach § 1 des Fragments der gesamte Nachlass an den als Erben für die *bona castrensia* Eingesetzten, weil der Testator als Zivilperson nicht mehr über bloße Teile seines

Sache – insbesondere, wenn es sich um eine vertretbare handelt – nachträglich noch erworben werden. Dementsprechend wirkt die Umdeutung in ein Damnationslegat auch nicht auf den Zeitpunkt der Testamentserrichtung zurück, was sich unter anderem auf eine mögliche Anwachsung auswirkt: Fällt ein Kollegatar aus, so findet ausweislich Ulp. 17 ad Sab., Frag. Vat. 85 bis zum *dies cedens*[1142] eine Anwachsung nach den Regeln für Vindikationslegate statt (*exemplum vindicationis sequimur*), erst danach (*post constitutum*) scheidet die Anwachsung aus, da Damnationslegate nicht anwachsen (*quoniam damnatio partes facit*). Während *Zülch* davon ausging, dass im letzten Satz des genannten Ulpiantextes der (einmalige) Beleg einer Möglichkeit der Umdeutung in ein Fideikommiss zu erblicken sei[1143], dürfte es sich vielmehr um einen bloßen Verweis auf die Anwachsungsregeln bei Damnationslegaten

Vermögens testieren könne. Der Zeitpunkt der Testamentserrichtung ist damit nicht der (einzig) ausschlaggebende. Zum Text bereits oben S. 124. Vergleichbar stellt auch § 2 des Fragments auf die *testamenti factio passiva* nicht im Zeitpunkt der Testamentserrichtung, sondern des Todes des Testators ab.

1142 Für eine Umdeutung zum *dies cedens* und Anwachsung allenfalls noch bei auf den *dies cedens* zurückwirkenden Ausfallsgründen *Lohsse*, Ius adcrescendi (2008) 66 Fn. 192 und *Isola*, SC Neronianum, TR 86 (2018) 359–360. Hingegen *Harke*, Actio utilis (2016) 98 und *González Roldán*, Legato d'usufrutto, in: Scritti Corbino III (2016) 473 für die Möglichkeit einer Anwachsung bis zur Bestellung des Nießbrauchs durch den Erben in Erfüllung des (umgedeuteten Vindikations- in ein Damnations-)Legats. *Wimmer*, Prälegat (2004) 302 Fn. 1658 nimmt an, dass eine Delation als Vindikationsvermächtnis stattfinden könne (im Hinblick auf die *causa*) und sich die Fremdheit der Sache erst beim Verfügungsgeschäft auswirke (weil beim Vindikationslegat der fremden Sache lediglich das Verfügungsgeschäft unwirksam sei). Ein Anfall ‚als Vindikationslegat' (*causa*) trotz unwirksamer Verfügung (wegen der Fremdheit) dürfte jedoch lediglich in der Ersitzungskonstellation erfolgen, wenn der Erblasser die Fremdheit der Sache nicht kannte; anders bei der Umdeutung, wenn der Erblasser die Fremdheit gekannt, sich aber versehentlich der falschen *verba* bedient hat, um eine Verschaffungspflicht des Erben zu statuieren (dazu *Isola*, SC Neronianum, TR 86 [2018] 353–354, 362–363): Zu einem ‚Verfügungsgeschäft' mit dem Erben kommt es hier überhaupt erst infolge der Umdeutung (aufgrund der dadurch begründeten Verschaffungspflicht des Erben); es setzt also die Umdeutung bereits voraus.

1143 *Zülch*, Liber singularis (2001) 137 Fn. 433. Ibid. geht der Autor davon aus, dass der Erblasser ein Vindikationslegat gewollt habe; die Interpolationendebatte um Frag. Vat. 85 soll an dieser Stelle nicht nochmals aufgerollt werden (für Nachweise siehe *Zülch* aaO.).

auch für Fideikommisse (es gibt bei ihnen also ebenfalls keine Anwachsung) handeln[1144].

Fiskalische Motive als Hintergrund ortete *Bund*[1145]: Eine massive Finanzkrise nach dem britannischen und armenischen Krieg dürfte Nero nicht nur dazu bewogen haben, den Druck zu erhöhen, durch Legate und Erbschaften begünstigt zu werden, sondern auch, deren Gültigkeit so weit als möglich abzusichern. In diese Richtung weisen auch die *SCta Calvisana* sowie *Membranianum* aus derselben Zeit: Hierdurch wurde der Fiskus vor Umgehung der Kaduzitätsgesetze geschützt. Die Tendenz der Angleichung von Legaten und Fideikommissen sei generell fiskalisch motiviert. „... eindeutig als Assimilierungsvorgang in Richtung Fideikommissrecht zu qualifizieren" ist das *SC Neronianum* etwa nach der Einschätzung *Hörtners*[1146].

b. Dingliche Vermächtnisse von Provinzialgrund; Sachen *in bonis*; testamentarische Pfandrechtsbestellung

In der Praxis begegnet immer wieder das Vindikationslegat von Provinzialgrund. Quiritisches Eigentum daran – wie es für ein nach *ius civile* gültiges Vindikationslegat erforderlich wäre – konnte der Testator nicht haben, und so stellt sich die Frage nach der Wirksamkeit des Vermächtnisses. In der Lehre wurde diese nicht selten schlicht verneint[1147]. Unter Verweis auf die ständige Praxis, welche darauf beharrte, derartige Vindikationslegate auszusetzen, hat *Amelotti*[1148] jedoch vermutet, dass irgendeine Form der Wirksamkeit – ähnlich wie bei Sachen im bonitarischen Eigentum des Testators – gewährleistet war. Dabei konnte er sich insbesondere auf die Vorarbeiten *Grossos*[1149] stützen, der darauf hingewiesen hatte, dass nach

---

1144 *Isola*, SC Neronianum, TR 86 (2018) 362. So wohl auch *Honsell/Mayer-Maly/Selb*, RöR ⁴(1987) § 184 IV Fn. 15.

1145 *Bund*, Erbrechtliche Geldquellen, in: FS Wieacker (1978) 56–57.

1146 *Hörtner*, Fideikommisse (2011) 20.

1147 Siehe nur *Bozza*, Gai II 194–196, Annali Macerata 18 (1951) 13–24, der auf Verstärkungsklauseln und fungible Formeln verweist.

1148 *Amelotti*, Testamento I ²(1966) 134. Siehe idS. im Zusammenhang mit einer Studie zu P. Hamb. 70 aber auch bereits *Arangio-Ruiz*, Parerga 6, AAP 61 (1942) 271–287 (= Studi [1974] 187–200).

1149 *Grosso*, Legati ²(1962) 77–80 geht von dieser Möglichkeit zumindest seit der Severerzeit aus.

Ulpian auch ein *pignus* per Testament begründet werden konnte; auch dabei handelt es sich um eine ‚nur' prätorisch geschützte Rechtsposition, nicht aber ein dingliches Recht nach *ius civile*. Zu vermuten sei daher, dass der Prätor das Vindikationslegat prätorischer Rechte auch durch prätorische Rechtsmittel schützte.

Ein Indiz für diese Annahme könnte in Ulpians Ediktskommentar zu finden sein:

> Ulp. 51 ad ed., D. 30, 71, 5–6: 5. *Si fundus municipum vectigalis ipsis municipibus sit legatus, an legatum consistat petique possit, videamus. et Iulianus libro trigensimo octavo digestorum scribit, quamvis fundus vectigalis municipum sit, attamen quia aliquod ius in eo is qui legavit habet, valere legatum. 6. Sed et si non municipibus, sed alii fundum vectigalem legaverit, non videri proprietatem rei legatam, sed id ius quod in vectigalibus fundis habemus.*
>
> 5. Wenn ein zu Erbzins gepachtetes Gemeindegrundstück den Bürgern der Stadtgemeinde vermacht ist, müssen wir prüfen, ob das Vermächtnis wirksam ist und eingeklagt werden kann. Und Julian schreibt im 38. Buch seiner Digesten, obgleich das Erbpachtgrundstück den Bürgern der Stadtgemeinde gehört, sei dennoch das Vermächtnis wirksam, weil der Erbpächter, der das Grundstück vermacht hat, ein Recht daran habe. 6. Aber auch wenn er das Erbpachtgrundstück nicht den Bürgern der Stadtgemeinde vermacht hat, sondern einem andern, sei nicht anzunehmen, dass er das Eigentum an der Sache vermacht hat, sondern nur das Recht, das wir an Erbpachtgrundstücken haben.[1150]

Das Vindikationslegat wird also angesehen, als wäre nicht das (zivile) Eigentum, sondern das *ius in agro vectigali* vermacht worden. Die Herausgabe des Grundstücks kann daher durch den testamentarisch begünstigten Dritten (mittels dinglicher Klage[1151]) verlangt werden. Diese Klage kann sich freilich nicht auf mehr richten, als dem Erblasser selbst als Rechtsposition zugekommen war.

Auch hierbei handelt es sich um ein Wirksammachen von streng genommen unwirksamen Legaten: Nach *ius civile* ist die ‚Gültigkeit' eines derartigen Legats ausgeschlossen, obwohl die zivile Wortform gebraucht und die nötigen *verba* korrekt eingehalten wären. Auf Ebene des prätorischen Rechts wurden jedoch die zivilen Formen auch als gültige Form für prätorische Rechte

---

1150 Übersetzung: *K/K/R/S-Knütel*.
1151 IdS. auch *Wimmer*, Dinglich wirkendes Vermächtnis, HRPR (2023) § 60 Fn. 269.

anerkannt; die daraus gewährte Klage musste also ebenfalls eine prätorische sein. Naheliegend wird hierbei sein, anzunehmen, dass der Begünstigte dieselbe Klage erhielt, welche auch der Testator hatte: eine *actio Publiciana* bei Sachen *in bonis testatoris*[1152]; die *actio de fundo vectigali* bzw. *actio de praedio stipendiario vel tributario* bei Provinzialgrund. Das zu seinen Gunsten testamentarisch eingeräumte *pignus* war für den Vermächtnisnehmer mit der für dieses prätorische Recht vorgesehenen *actio pigneraticia in rem* einklagbar. Weitere Anpassungen der Klagen dürften hier kaum notwendig gewesen sein, sodass aus der Klage selbst die Umdeutung nicht hervorging.

c. Vindikationslegat zukünftiger Erträgnisse

Wie bereits ausgeführt, musste der Erblasser spätestens zum *dies cedens* Eigentum an der Sache haben, welche er *per vindicationem* vermacht hat, um dem Vermächtnisnehmer das Eigentum testamentarisch übertragen zu können. Vermacht er jedoch zukünftige (etwa bei einem Grundstück: jährliche) Erträgnisse aus einer bestimmten Sache, so kommt es für deren Erwerb durch den Begünstigten zu der Fiktion, es sei ein Nießbrauch an der Muttersache vermacht:

> Iav. 2 post. Lab., D. 33, 2, 41: *Cum ita legatum esset: ‚fructus annuos fundi Corneliani Publio Maevio do lego', perinde putat accipiendum esse Labeo, ac si usus fructus fundi similiter esset legatus, quia haec mens fuisse testatoris videatur.*
>
> Lautete das Vermächtnis so: ‚Die Jahresrenten des cornelianischen Landgutes gebe und vermache ich dem Publius Maevius', dann ist das nach Labeos Meinung ebenso zu verstehen, wie wenn ein Nießbrauch an dem Landgut in gleicher Weise vermacht worden wäre, weil das ersichtlich der Wille des Erblassers war.[1153]

1152 Siehe für die Möglichkeit eines Vindikationslegats von Sachen im bonitarischen Eigentum des Erblassers (unter Annahme einer *actio utilis in rem*) *Ankum/van Gessel-de Roo/Pool*, In bonis 2, ZRG RA 105 (1988) 356. AA. *Wimmer*, Dinglich wirkendes Vermächtnis, HRPR (2023) § 60 Rn. 10 (für die Notwendigkeit einer Umdeutung nach dem *SC Neronianum*). Die Möglichkeit einer Schulkontroverse deutet *Leesen*, Gaius meets Cicero (2010) 129 in ihrer Übersicht an. Für die Möglichkeit eines Wandels in der Severerzeit *Grosso*, Legati ²(1962) 77–80. Zu anderen Fällen einer *rei vindicatio utilis/utilis in rem actio* siehe *Müller-Ehlen*, Hereditatis petitio (1998) 87–88.

1153 Übersetzung: *K/K/R/S-Ziegler.*

Der Erblasser hat es verabsäumt, vermächtnisweise ein beschränktes dingliches Recht am *fundus* einzuräumen, dessen Erträgnisse dem Legatar zukommen sollten. Stattdessen hat er ein Vindikationslegat formuliert, welches lediglich die jährlichen Früchte zum Gegenstand hat. Weder im Testamentserrichtungszeitpunkt noch im Todeszeitpunkt des Erblassers konnten die vermachten Gegenstände im Eigentum des Testators stehen; gemeint waren nämlich lediglich zukünftige Erträgnisse. Es kommt dabei der Testatorwille zum Ausdruck, der Vermächtnisnehmer solle zwar nicht die Muttersache, aber deren Früchte erwerben. Da er die *verba* eines Vindikationslegats gebraucht, soll dem Vermächtnisnehmer nach seiner Vorstellung unmittelbar ein dingliches Recht an den Früchten (und zwar nur an diesen) zukommen. Diesem Anliegen des Erblassers entspricht nach Ansicht der Juristen am ehesten ein *ususfructus*. Somit soll das Legat hinsichtlich des Eigentums an den zukünftigen Früchten dieselbe Rechtsfolge haben, als wäre ein *ususfructus* an der dem Erblasser gehörenden Muttersache eingeräumt worden (obwohl das nicht der Fall ist: es handelt sich also um eine Fiktion). Dieselbe Meinung vertrat schon Labeo und auch Ulpian greift diese Lösung erneut auf:

> Ulp. 18 Sab., D. 7, 1, 20: *Si quis ita legaverit: ‚fructus annuos fundi Corneliani Gaio Maevio do lego', perinde accipi debet hic sermo ac si usus fructus fundi esset legatus.*
>
> Wenn jemand ein Vermächtnis wie folgt aussetzt: ‚Die jährlichen Früchte des cornelianischen Landgutes vermache ich dem Gaius Maevius', so ist diese Ausdrucksweise so zu verstehen, als sei der Nießbrauch[1154] an dem Landgut vermacht worden.

Die dingliche Rechtslage hinsichtlich der vermachten Früchte soll also sein, als wäre der *ususfructus* an der Muttersache vermacht. Der Erblasser hat keine Fehlvorstellung davon, wem das Landgut gehört und es mangelte ihm selbst auch nicht am dinglichen Recht; lediglich seine Wortwahl ist nicht passend,

---

1154 Die herangezogene Übersetzung *B/K/K/S-Horak* ergänzt hier „[also Früchte und Gebrauch]", doch tritt nach der hier vorgeschlagenen Deutung lediglich der Effekt des *ususfructus* ein, dass der Legatar unmittelbar das Eigentum an den Früchten erwirbt (welche er ‚vindizieren' kann); ein umfassender weiterer Gebrauch des Grundstücks durch den Legatar (welcher mit der Nießbrauchsklage geltend gemacht werden könnte) war vom Erblasser jedoch nicht gewollt und kann daher vermutlich auch nicht durchgesetzt werden.

wenn er den unmittelbaren Eigentumserwerb an den Erträgnissen durch den Vermächtnisnehmer verfügen will.

Dass bei Labeo keine Anwendung des *SC Neronianum* (61 n. Chr.) Hintergrund der Entscheidung sein kann, beweist das Alter (Labeo starb 42 v. Chr. und damit ca. ein Jahrhundert vor Erlass dieses *SC*). Dieselbe Idee könnte freilich auch bei ihm bereits Leitgedanke gewesen sein: Die für das Ziel des Erblassers nicht passenden *verba* müssen ‚korrigiert' werden, um zu einem Anspruch des Begünstigten gelangen zu können.

Das wäre auf zweierlei Weise denkbar: Denkbar wäre theoretisch eine (allenfalls: prätorisch angepasste) Klage hinsichtlich des nicht vermachten Grundstücks, da an diesem ein *ususfructus* fingiert wurde. Wahrscheinlicher ist aber wohl, dass dem Vermächtnisnehmer lediglich ein klagsweiser Zugriff auf die betreffenden Erträgnisse gewährt wurde; das wird eine etwa der *actio Publiciana* vergleichbare, der *rei vindicatio* nachgeformte dingliche Klage hinsichtlich der Früchte sein. Der Legatar würde damit dem Erblasserwillen entsprechend unmittelbar ‚prätorisches' Eigentum an den Erträgnissen erwerben: Der Prätor gewährleistet, dass das auf Ebene des *ius civile* streng genommen nicht wirksam Zugewendete an den Begünstigten gelangt. Beim Legat von zukünftigen Früchten genügt damit für das gewünschte praktische Ergebnis das dingliche Recht des Erblassers an der Muttersache, damit dem Legatar das Eigentum an den zukünftigen Früchten zukommen kann, als hätte er einen Nießbrauch an der Muttersache – was er tatsächlich nicht hat (Fiktion). Das Eigentum des Erben – oder allenfalls eines anderen Legatars wie auch jedes späteren Erwerbers – ist damit insofern ein (prätorisch) belastetes.

Wenn Javolen berichtet: *putat accipiendum esse Labeo, ac si usus fructus fundi similiter esset legatus* und Ulpian davon spricht: *accipi debet hic sermo ac si usus fructus fundi esset legatus*, so scheint die Entscheidung gleich zu lauten; dabei ist allerdings nicht sicher, welche Konsequenzen sie jeweils an diese Vorstellung knüpfen. Ulpian mag vor dem Hintergrund des zwischenzeitlich ergangenen *SC Neronianum* und eines möglicherweise gewandelten Rechtsverständnisses in der Severerzeit vielleicht tatsächlich eine (prätorisch angepasste) Klage hinsichtlich des Grundstücks ermöglicht haben. Bei Labeo hingegen kann das kaum angenommen werden; nur der die Früchte betreffende Effekt eines *ususfructus* soll herbeigeführt werden, indem dem Begünstigten eine auf deren Herausgabe gerichtete (prätorische, dingliche) Klage gewährt wird.

d. Vindikationslegat an Forderungen

Nicht möglich ist es, eine Forderung zum Gegenstand eines dinglich wirkendenden Vermächtnisses zu machen, da der Erblasser selbst bloß eine obligatorische Berechtigung, nicht aber ein dingliches Recht hat. Auch wenn das Legat auf eine Schuldurkunde bezogen ist, wird in der Literatur angenommen, dass es zu einer Umdeutung kommt, da belegt ist, dass dadurch (auch) die beurkundete Forderung als vermacht gilt; etwa Julian und Ulpian ziehen hier eine Parallele zum Kauf von Schuldscheinen:

> Ulp. 22 ad ed., D. 30, 44, 5: *Eum, qui chirographum legat, debitum legare, non solum tabulas argumento est venditio: nam cum chirographa veneunt, nomen venisse videtur.*
>
> Dass ein Erblasser, der einen Schuldschein vermacht, die Forderung vermacht und nicht nur die Urkunde, beweist der Vergleich mit dem Verkauf; denn wenn Schuldscheine verkauft werden, ist ersichtlich die Forderung verkauft.[1155]
>
> Iul. 34 dig., D. 32, 59: *Qui chirographum legat, non tantum de tabulis cogitat, sed etiam de actionibus, quarum probatio tabulis continetur: appellatione enim chirographi uti nos pro ipsis actionibus palam est, cum venditis chirographis intellegimus nomen venisse. quin etiam si nomen quis legaverit, id quod in actionibus est legatum intellegitur.*
>
> Wer einen Schuldschein vermacht, denkt nicht nur an die Urkundstäfelchen, sondern auch an die Klagerechte, deren Nachweis durch die Urkundstäfelchen geführt wird. Es ist nämlich bekannt, dass wir das Wort Schuldschein für die Klagerechte selbst verwenden, da wir den Verkauf von Schuldscheinen als Verkauf von Forderungen verstehen. Ja, sogar wenn jemand eine Forderung vermacht hat, nimmt man an, dass das vermacht wurde, was Gegenstand der Klagerechte ist.[1156]

Vermacht sind nicht nur die Täfelchen: *non solum tabulas …* (Ulpian); *non tantum de tabulis* (Julian). Das legt nahe, dass die Urkunde selbst tatsächlich Gegenstand des Vindikationslegats wird und unmittelbar in das Eigentum des Vermächtnisnehmers fällt, der damit den Beweis über das Bestehen der Forderung in der Hand hat. Infolge des mit diesem Vermächtnis verfolgten Zwecks ist aber hinzuzufingieren, dass ihm auch die Forderung vermacht ist. Zum – für sich genommen gültigen – Vindikationslegat tritt ein hinzufingiertes, dieses ergänzendes Vermächtnis hinsichtlich der Forderung, um

1155 Übersetzung: *K/K/R/S-Knütel.*
1156 Übersetzung: *K/K/R/S-Kupisch.*

den vom Erblasser verfolgten Zweck des Legats zu verwirklichen[1157]. Zahlt der Schuldner bei Vorlage an den Vermächtnisnehmer, so ist er von seiner Verbindlichkeit befreit und der Vermächtnisnehmer darf den Erlös behalten. Zahlt der Schuldner trotz Vorlage der Täfelchen nicht, so schuldet der Erbe die Klagsabtretung:

Iul. 1 Min., D. 30, 105: *Legatum ita erat: ‚quae Lucius Titius mihi debet, ea heres meus Cornelio dare damnas esto'. nihil amplius ex hoc legato quam actiones suas heres praestare debet.*

Ein Vermächtnis war wie folgt erteilt: ‚Was Lucius Titius mir schuldet, das soll mein Erbe dem Cornelius zu zahlen verpflichtet sein'. Der Erbe schuldet aus diesem Vermächtnis nichts weiter, als seine Klagen abzutreten.[1158]

Zwar ist in diesem Fall korrekt ein Damnationslegat ausgesetzt, doch wird der Zweck auch hier anders erreicht, als der Wortlaut es vermuten lässt: Nicht der Erbe muss die Forderung einziehen und dann dem Vermächtnisnehmer den entsprechenden Betrag herausgeben, sondern der Schuldner soll direkt an den Vermächtnisnehmer zahlen (welcher also auch das Insolvenzrisiko zu tragen hat). Die Verpflichtung des Erben besteht daher darin, dem Vermächtnisnehmer die Klage gegen den Schuldner abzutreten. Das dürfte auch der beim Vermächtnis des Chirographum hinzufingierte Teil des Legats sein.

Auch ohne die Erwähnung einer Urkunde werden allerdings mitunter die *verba* eines Vindikationslegats für das Vermächtnis einer Forderung gebraucht; Prokulus problematisiert diesen Umstand nicht und diskutiert in einem derartigen Fall lediglich den Umfang des Legats:

Proc. 5 epist., D. 31, 46: *Si scripsisset qui legabat: ‚quidquid mihi Lucium Titium dare facere oportet, Sempronio lego' nec adiecit ‚praesens in diemve', non dubitarem, quantum*

1157 Vgl. auch das Legat von Verzeichnissen über hypothekarisch gesichert vergebene Darlehen, das sog. *legatum kalendarii*; auch hier ist nicht nur das Verzeichnis selbst vermacht, sondern es gelten auch die darin verzeichneten Forderungen als vermacht. *Giliberti*, Legatum kalendarii (1984) 59 sieht darin das Legat einer „cosa collettiva" (zu welcher er nicht nur die Forderungen, sondern auch etwa den *servus kalendario praepositus* – gewissermaßen als *‚instrumentum'* des Kalendarium, ibid. 81 – zählt); krit. hinterfragt *Rainer*, Rez. Giliberti, ZRG RA 103 (1986) 543, ob es überhaupt so etwas wie ein *‚legatum kalendarii'* als eigenständige Rechtsfigur gegeben hat.

1158 Übersetzung: *K/K/R/S-Knütel.*

ad verborum significationem attineret, quin ea pecunia comprehensa non esset, cuius dies moriente eo, qui testamentum fecisset, nondum venisset. adiciendo autem haec verba ‚praesens in diemve' aperte mihi videtur ostendisse eam quoque pecuniam legare voluisse.

Hatte jemand, als er ein Vermächtnis aussetzte, geschrieben: ‚Alles, was Lucius Titius mir zu geben und zu tun verpflichtet ist, vermache ich Sempronius', ohne die Worte ‚sofort oder nach einer Frist' hinzuzusetzen, so bezweifle ich, was die Bedeutung der Worte betrifft, nicht, dass darunter keine Geldforderung zu verstehen ist, die beim Tod des Erblassers noch nicht fällig war. Hat er jedoch die Worte ‚sofort oder nach einer Frist' hinzugesetzt, so hat er nach meiner Meinung offen gezeigt, dass er auch dieses Geld vermachen wollte.[1159]

Für Pomponius kommt es darauf an, was der Testator gemeint hat: Nur die beim Tod bereits fälligen Forderungen oder auch erst später fällige. Im Zweifel sind nur die fälligen Forderungen Gegenstand des Legats, anderes gilt nur, wenn explizit hinzugefügt wird, dass auch erst nach einer Frist geschuldete Leistungen umfasst sein sollten.

Aufgrund des Gegenstands des Legats erscheint es offenkundig, dass der Testator sich hinsichtlich der *verba* vergriffen und eigentlich ein Damnationslegat aussetzen hatte wollen; hier könnte daher nach dem *SC Neronianum* umgedeutet worden sein[1160]. Ob das der Fall war – und zwar so selbstverständlich, dass es gar keine Erwähnung findet – oder ob es einen anderen Grund hat, warum Prokulus darauf nicht eingeht, kann nicht mit Sicherheit entschieden werden. Wiederum würde der Anspruch des Sempronius aus dem Legat im Falle der Umdeutung darin bestehen, dass der Erbe ihm die Forderungen gegen Lucius Titius abtreten muss.

e. Umgestaltung des Vermächtnisgegenstandes

Als Umdeutungsfall diskutiert wird auch die Umgestaltung einer *per vindicationem* vermachten Sache durch die Erblasserin selbst; es fragt sich, ob der Begünstigte einen Anspruch aus Fideikommiss haben soll:

1159 Übersetzung: *K/K/R/S-Seiler.*

1160 Davon geht etwa *Voci*, DER II ^{2}(1963) 226 (bei Fn. 20) aus. Zeitlich könnte es passen, muss aber nicht: Prokulus war um die Mitte des 1. Jh. n. Chr. tätig. Er dürfte 33 n. Chr. die Leitung der nach ihm benannten Rechtsschule übernommen haben und nach 66 n. Chr. gestorben sein (*Krampe*, Proculi Epistulae [1970] 4 mwN.). Das *SC Neronianum* ist auf das Jahr 61 n. Chr. zu datieren.

Marcellus lib. sing. resp., D. 34, 2, 6 pr.–1: *Seia ab herede Publio Maevio ita legavit: ‚Antoniae Tertullae lego auri pondo tot et unionem cum hyacinthis': postea unionem solvit neque ullum mortis tempore inter ornamenta sua unionem reliquit. quaero, an heres ex causa fideicommissi aestimationem rei, quae in hereditate non est, praestare debeat. Marcellus respondit non debere.* 1. *Item quaero, si probari possit Seiam uniones et hyacinthos quosdam in aliam speciem ornamenti, quod postea pretiosius fecit additis aliis gemmis et margaritis, convertisse, an hos uniones vel hyacinthos petere possit et heres compellatur ornamento posteriori eximere et praestare. Marcellus respondit petere non posse: nam quid fieri potest, ut legatum vel fideicommissum durare existimetur, cum id, quod testamento dabatur, in sua specie non permanserit, nam quodammodo extinctum sit? ut interim omittam, quod etiam dissolutione ac permutatione tali voluntas quoque videatur mutata.*

Seia ordnete zu Lasten ihres Erben Publius Maevius folgendes Vermächtnis an: ‚Der Antonia Tertulla gebe und vermache ich so und so viel Pfund Gold und die Solitärperle mit den dunklen Amethysten'. Später löste sie die Solitärperle heraus und hinterließ bei ihrem Tod unter ihrem Schmuck keine einzige Solitärperle. Ich frage, ob der Erbe aufgrund eines Fideikomisses den Schätzwert der Sache, die sich nicht in der Erbschaft befindet, leisten muss. Marcellus hat gutachtlich entschieden, das müsse er nicht. 1. Weiter frage ich: Wenn bewiesen werden kann, dass Seia Solitärperlen und Amethyste zu einem Schmuckstück von anderer Art verarbeitet hat, das sie später durch Hinzufügung von weiteren Edelsteinen und Perlen wertvoller gemacht hat – kann der Fideikommissar diese Solitärperlen oder Amethyste verlangen und wird der Erbe gezwungen, sie aus dem später angefertigten Schmuckstück herauszubrechen und zu leisten? Marcellus hat entschieden, dass er sie nicht verlangen kann. Denn wie kann es geschehen, dass man ein Vermächtnis oder ein Fideikommiss als fortbestehend betrachtet, wenn das, was durch das Testament zugewendet wurde, in seiner Form nicht fortbesteht, weil es auf irgendeine Weise zerstört wurde? Ganz zu schweigen davon, dass ein solches Herauslösen und Umgestalten auch auf eine Willensänderung schließen lässt.[1161]

Unter den der Antonia Tertulla *per vindicationem* zugewendeten Stücken befand sich eine Solitärperle, welche mit dunklen Amethysten eingefasst war. Die Erblasserin Seia nimmt später jedoch Veränderungen an diesem Schmuckstück vor, welche bei Marcellus diskutiert werden:

a. *Sie löst die Solitärperle heraus.*
Hierbei dürfte es sich um den tatsächlichen Sachverhalt handeln. Als Seia verstirbt, findet sich unter ihrem Schmuck keine Solitärperle und

---

1161 Übersetzung: *K/K/R/S-Rüfner.*

es fragt sich, ob der Erbe nun den Schätzwert leisten müsse. Marcellus verneint. Zum einen ist das Vindikationslegat unwirksam, wenn sich die betreffende Sache im Todeszeitpunkt nicht im Vermögen des Erblassers befindet. Zum anderen findet auch keine Umdeutung gemäß dem *SC Neronianum* statt, da es sich um keinen Fall handelt, in welchem die Erblasserin lediglich versehentlich die *verba* eines Vindikationslegats gebraucht, wo sie ein Damnationslegat als Beschaffungslegat meint.

b. Seia hat Solitärperlen und Amethyste zu einem Schmuckstück von anderer Art verarbeitet, welches sie durch Hinzufügung von weiteren Edelsteinen und Perlen wertvoller gemacht hat.
Hier könnte sich die Frage stellen, ob die Perle und die Amethyste herausgelöst werden müssen, da sie weiterhin im Eigentum der Seia standen. Marcellus verneint erneut. Er verweist darauf, dass das ursprünglich vermachte Schmuckstück nicht mehr existiere und das Herauslösen und Umgestalten überdies auf eine Willensänderung der Seia schließen lasse.

Zülch[1162] kann diese Entscheidung nur mithilfe von Interpolationen erklären. *Liebs*[1163] meinte hingegen zu Recht, dass es nicht für eine Interpolation sprechen muss, wenn in § 1 des Fragments abermals auf die Frage der Umdeutung des Vindikationslegats in ein Fideikommiss eingegangen wird, auch wenn die Entscheidung im *principium* bereits abschlägig ausgefallen ist. Auch wenn für die Frage der Sachidentität nach einer Verarbeitung nach prokulianischer Ansicht (Marcellus war wohl Schüler von Celsus d. J.) auf die äußere Gestalt abgestellt worden sein mag, so wäre aus dieser Position heraus nicht von vornherein die Umdeutung abzulehnen; *Liebs* weist darauf hin, dass es „für die Frage, ob das Legat nicht doch als Fideikommiss gedeutet werden kann, ... auf den Erblasserwillen" ankommt, daher „mag den hartnäckigen, für die Grundeinstellung des Marcellus zur Verarbeitung unempfänglichen Frager erst der Hinweis auf den Erblasserwillen überzeugt haben". Die „Geduld selbst mit Begriffsstutzigen" sei auch bei einem „juristischen Klassiker" nicht verdächtig. Im Zusammenhang mit dem Argument der *specificatio* ist überdies

1162 *Zülch*, Liber singularis (2001) 134–143.
1163 *Liebs*, Rez. Zülch, ZRG RA 120 (2003) 243–262.

darauf hinzuweisen, dass es hier um eine Verarbeitung durch den Eigentümer im eigenen Namen geht, daher allenfalls fraglich ist, ob die Testatorin selbst noch davon ausgegangen war, dass es sich um den vermachten Gegenstand handelt. Darauf kommt es an; im Ergebnis entscheidet wiederum der Erblasserwille.

2. *Legatum per praeceptionem* und Verwandtes

Während der Begriff ‚Prälegat' jede vermächtnisweise Begünstigung eines *heres institutus* bezeichnet, ist das *legatum per praeceptionem* eine Vermächtnisform, welche als Unterfall des Vindikationslegats gilt[1164].

D'Orta spricht etwa davon, dass „la *praeceptio* convertirsi in *lpp*. (Anm. *LI*: *legatum per praecetionem*)"[1165] bzw. „la *praeceptio* si converte in *llp*."[1166], meint damit aber einen zeitlichen Wandel. Nichtsdestotrotz beschäftigt er sich mit der verbreiteten These, wonach das Prälegat das Mittel der Wahl für die erblasserische Vermögensaufteilung darstelle – und weist sie zurück. Dabei weist er insbes. auf prozessuale Aspekte hin (daneben auch auf die historische Entwicklung)[1167]. *Bernstein* hingegen hatte im *legatum per praeceptionem* „ursprünglich eine Verfügung, durch welche der Testator gewisse Vermögensobjecte oder Vermögenscomplexe aus der Erbschaft ausschied …, durch welche er also bestimmte, dies gehört zur Erbschaft und dies nicht, also die Grenzen der Erbschaft festsetzte"[1168], gesehen. Ebenso stellte *Palazzolo* fest, dass der Begriff des *praelegare* unter anderem für das *legatum pro dote* und auch für das Legat des *peculium* zugunsten Freigelassener gebraucht wurde und daher das Prälegat offenbar zwei getrennte Problemkreise erfasste.

Das *legatum per praeceptionem* unterscheidet sich von einem ‚regulären' Vindikationslegat allerdings unter anderem hinsichtlich der (in erster Linie)

1164 Es erscheint als ursprünglich eigener, im Erbteilungsverfahren geltendzumachender Vermächtnistyp, im Laufe der Zeit jedoch zunehmend verschmolzen mit dem Vindikationslegat. Diese Deutung wurde von *Kretschmar*, Prälegat (1874) 125–145 erarbeitet und ist seither herrschend; siehe nur *Wimmer*, Dinglich wirkendes Vermächtnis, in: HRPR (2023) § 60 Rn. 56 mwN.; ibid. Rn. 61 jedoch für Fallgruppen, in welchen es Wirkungen eines Damnationslegats annahm.

1165 *D'Orta*, Sterilis beneficii conscientia (2005) XIII.

1166 *D'Orta*, Sterilis beneficii conscientia (2005) 32.

1167 *D'Orta*, Sterilis beneficii conscientia (2005) 33–34.

1168 *Bernstein*, Voraus, ZRG RA 15 (1894) 138.

zuständigen Klage: Während das Vindikationslegat zum direkten Erwerb des Eigentums (und damit der *rei vindicatio*) führte, wurde das Präzeptionslegat (primär) im Rahmen der Erbteilung berücksichtigt, indem der *arbiter* dem begünstigten Erben das Eigentum (erst) zuwies; insofern wurde das Vermächtnis mit der *actio familiae erciscundae* ‚durchgesetzt' (selbst wenn von der prokulianischen Lehre eine Durchsetzbarkeit ‚auch' mittels *rei vindicatio* bejaht wird). Insofern wurde es im Ergebnis materiell als Teilungsanordnung betrachtet[1169].

Fraglich war insbesondere, ob die Durchsetzung mittels *rei vindicatio* (auch) möglich war, sollte eine *actio familiae erciscundae* unmöglich sein, weil der mit den Worten eines *legatum per praeceptionem* Bedachte nicht Testamentserbe ist, oder er das zwar ursprünglich war, seine Erbenstellung aber nachträglich verloren hat[1170]. Es bedürfte dabei einer Umdeutung des als Teilungsanordnung gewerteten Vermächtnisses in ein ‚normales' Vermächtnis mit dinglicher Wirkung: Es musste – jedenfalls nach sabinianischer Ansicht – eine andere Klage gewährt werden, als bei einer Verfügung mit dem fraglichen Wortlaut an sich zuständig wäre.

Was den zunächst als Erbe in Betracht Kommenden anbelangt, der aber nicht Erbe wird oder seine Erbenstellung nachträglich verliert, wird unterstellt, dass der Erblasser dem Begünstigten die Sache zukommen lassen wollte, gleichgültig ob er sie als Erbe erhält (bei der Erbteilung) oder als Vermächtnisnehmer[1171]. Das pauschal zu unterstellen griffe aber wohl zu kurz: Durchaus möglich ist eine Begünstigung aus der Überlegung heraus, dass besonders honoriert werden soll, dass der Betreffende auch die Pflichten eines Erben übernahm. Dieser Gedanke freilich trifft auf denjenigen gerade nicht zu, der von vornherein nicht Erbe ist und damit vom Erblasser auch nie als ein solcher betrachtet wurde. Dennoch wurden beide Konstellationen

---

1169 *Lübtow*, Praelegat, ZRG RA 68 (1951) 513; *d'Orta*, Legatum per praeceptionem (2004) 61.

1170 Die Möglichkeit der Umdeutung des aufgrund des Verlusts der Erbenstellung unwirksamen *legatum per praeceptionem* in ein ‚gewöhnliches' Vermächtnis diskutiert etwa *Wimmer*, Prälegat (2004) 3. Dazu, dass in Gai. 2, 218 im Zusammenhang mit der Umdeutung aufgrund des *SC Neronianum* von *‚convalescere'* die Rede ist, siehe *Giuffrè*, Convalescere, in: Synt. Arangio-Ruiz II (1964) 623–638. Zur Kontroverse rezenter auch etwa *Leesen*, Gaius meets Cicero (2010) 125.

1171 Vgl. etwa *Lübtow*, Praelegat, ZRG RA 68 (1951) 514.

einheitlich beurteilt. Sie boten Anlass zu einem Schulenstreit: Während die prokulianische Lehre die Umdeutung in ein Vindikationslegat vertrat (das *prae* vor *capito* wurde gestrichen; es handelt sich hierbei nicht um eine Anwendung des *SC Neronianum*[1172]), lehnte die sabinianische Lehre eine solche mit der Begründung ab, dass das *SC Neronianum* lediglich *vitia verborum*, nicht aber ein *vitium personae* betreffe. Dem entgegneten Julian und Sextus (vermutlich Caecilius Africanus), dass lediglich solche *vitia personae* von der Umdeutung ausschlössen, welche dazu führten, dass der Betreffende auf keine Weise ein Legat aus dem Testament erwerben kann, etwa weil er *peregrinus* ist, dem keine *testamenti factio passiva* zukomme (Gai. 2, 218).

Für *Wimmer* ist der Grund für die Konversion unklar: „Erblasserwille oder gesetzliche Anordnung (*SC Neronianum*)“[1173]? Das bloße Streichen der zur Unwirksamkeit führenden Passagen (wie es von den Prokulianern vertreten wird) ist jedoch etwas anderes als die Umdeutung nach dem *SC Neronianum*[1174], die ja begrifflich darauf angelegt war, vom Wortlaut abzusehen und etwa eine Wendung ‚*rem Titio do lego*‘ rechtlich so zu beurteilen, als wäre ‚*heres meus rem Titio damnas esto dare*‘ im Testament gestanden (daher Position der Sabinianer: bloße Korrektur von *verba* des Legats, nicht aber bzgl. der Qualifikation einer Person). Argumentiert wird demgegenüber damit, dass Fehler eines Legats korrigiert würden, welche ebenso im Hinblick auf die Person des Legatars geschehen sein konnten (Entgegnung der Prokulianer). Das dürfte allerdings voraussetzen, dass sich der Erblasser über die Eigenschaft des Betroffenen im Klaren sein musste; auch das Vindikationslegat

---

1172 IdS. auch *Leesen*, Gaius meets Cicero (2010) 125 mit Diskussion in Fn. 255, ob es sich hierbei um Interpretation oder Konversion handle (ohne eine Entscheidung zu treffen).

1173 *Wimmer*, Prälegat (2004) 3 Fn. 4. Vgl. auch *Ciapessoni*, SC Neroniano, in: Studi Bonfante 3 (1930) 695.

1174 Siehe aber *Giuffrè*, Convalescere, in: Synt. Arangio-Ruiz II (1964) 626–627 Fn. 16, der zu Recht *Biondi*s Aussage „Proculo, anche prima del Neroniano, sostenne che la sillaba *prae* fosse superflua, superando così un *vitium verborum*. Il senatoconsulto dunque non ha convertito ... ma ha attribuito efficacia al legato per quell tipo per cui può valere, indipendentemente dalla formula, come dice esplicitamente Gaio (2.218)“, *Biondi*, Successione [2](1955) 282, kritisiert; ibid. 627 Fn. 17 führt *Giuffrè* dazu aus: „la sostituzione ... di *capito* a *praecipito* non si esaurisce in una metamorfosi verbale”. Es ist also ebenfalls eine Form der Umdeutung, wenn auch anders als die infolge des *SC Neronianum*.

einer fremden Sache wird nur in ein Damnationslegat umgedeutet, wenn der Erblasser von der Fremdheit wusste, denn andernfalls wäre das Legat auch dann nie wirksam geworden, wenn von vornherein die *damnas-esto*-Form benutzt worden wäre.

Es muss also auch in der vorliegenden Konstellation davon ausgegangen werden, dass der Erblasser eigentlich ein Vindikationslegat aussetzen wollte, jedoch die falschen *verba* benützt hat, dh. ‚*Titius rem praecapito*' schrieb statt des gemeinten ‚*Titius rem capito*', welches dem gängigeren ‚*Titius rem do lego*' entsprechen würde. Das kann auf einem Versehen beruhen – etwa weil er davon ausgegangen ist, dass man auch einen *extraneus* auf diese Weise bedenken kann – oder aber, er wollte dem Betreffenden die Sache jedenfalls zukommen lassen, dachte aber, er müsse die *verba* eines Präzeptionslegats verwenden, weil es sich um einen Erben handelt; nachdem der Betroffene aber doch nicht Erbe wurde bzw. die Erbenstellung verloren hat, wäre das nicht notwendig gewesen und ist insofern ‚überschießend'.

Problematisch ist jedenfalls wiederum der Wechsel zwischen den Verfahrenstypen: Die *rei vindicatio* des *extraneus* ist etwas anderes als die *actio familiae erciscundae* eines begünstigten Erben und überdies eine strengrechtliche Klage, während die *actio familiae erciscundae* vermutlich (mit einiger Sicherheit zumindest ab der Severerzeit) eine *actio mixta* war oder überhaupt zu den *bonae fidei iudicia* zählte[1175].

Maßgeblich für die Sabinianer war überdies die Vorstellung, dass durch die Privilegierung eines *extraneus* der *suus heres* geschädigt würde, jedoch die Erhaltung der *familia* oberstes Ziel sei[1176]. Der davon betroffene *heres* aber wäre auch ‚geschädigt', hätte der Erblasser seine Zuwendung an den *extraneus* in die korrekte Form gekleidet; der erblasserische Wille stand diesbezüglich für die Prokulianer im Vordergrund[1177]. Die prokulianische Lehre setzte sich letztendlich durch und wurde durch eine Konstitution Hadrians bestätigt[1178].

Eine weitere Dimension erhält die Thematik, wenn es sich bei der *per praeceptionem* vermachten Sache um eine fremde handelte[1179]. Wie gesehen konnte das Vindikationslegat, durch welches der Erblasser eine Sache

---

1175 So Inst. 4, 6, 28 und C. 3, 36, 9; anders Gai. 4, 62.
1176 *D'Orta*, Sterilis beneficii conscientia (2005) 76–77 mwN.
1177 *D'Orta*, Sterilis beneficii conscientia (2005) 79.
1178 Gai. 2, 221.
1179 Vgl. dazu *Wimmer*, Prälegat (2004) 3 Fn. 3.

zuwendete, von der er wusste, dass sie eine fremde ist, als Damnationslegat wirksam werden. Handelte es sich hingegen um ein Präzeptionsvermächtnis, so war ein solches in derselben Konstellation (wissentlich fremde Sache) nach sabinianischer Ansicht nichtig. Ausgenommen davon war lediglich der Fall einer als Treuhand übereigneten Sache: Eine solche kann der Fiduziant *per praeceptionem* vermachen, obwohl sie ihm nicht im engeren Sinn ‚gehörte‘[1180].

3. Damnationslegat

Für Damnationslegate war prinzipiell die Form ‚*damnas esto*‘ einzuhalten, allenfalls genügte aber auch ein bloßes ‚*damnare*‘. Notwendig für die Erzeugung der persönlichen Leistungspflicht des Erben aus einer *actio ex testamento* waren *verba imperativa*, widrigenfalls allenfalls ein Fideikommiss anzunehmen war. Die Regelung des *SC Neronianum* öffnete hierbei das Tor für die Umdeutung verschiedener Legatsformen; die Möglichkeit, jedes unwirksame Legat in ein Legat anderer Form umzudeuten (was schlussendlich zur einheitlichen Form des justinianischen Rechts führte), wurde jedoch vermutlich im Juristenrecht entwickelt. Da das Damnationslegat etwa bei Gai. 2, 197 oder ps.-Ulp., reg. 24, 11a als ‚beste‘ Form bezeichnet wurde (im Vergleich zum Vindikationslegat und im Hinblick auf dessen Unvermögen, einen Anspruch des Begünstigten auf Sachen zu begründen, welche dem Testator nicht gehört hatten), wird es selten in eine andere Vermächtnisform umgedeutet worden sein. Dazu kam es allenfalls dann, wenn das gesamte Testament unwirksam war, jedoch infolge einer ‚Verstärkungsklausel‘ die Einzelverfügungen zulasten der Intestaterben als Fideikommisse wirksam werden konnten, was dann auch Damnationslegate betraf.

Die *actio ex testamento* war jedenfalls unterschiedlich ausgestaltet, je nachdem ob aus dem Damnationslegat ein *certum* oder ein *incertum* geschuldet war. Die Abgrenzung von *certum* und *incertum* hat sich dabei weniger an der Bezeichnung (im Falle etwa eines Sklaven: einer namentlichen) einer konkreten Sache orientiert, wie sie in anderen Anwendungsfällen dieses Begriffspaares begegnet[1181], sondern vielmehr daran, dass die Verurteilungssumme aufgrund der Bezeichnung fest umrissen bzw. eine förmliche *solutio*

1180 *Noordraven*, Fiduzia (1999) 173.

1181 Siehe etwa Paul. 28 ed., D. 12, 1, 6; dazu *Rüfner*, Vertretbare Sachen? (2000) 26.

per aes et libram möglich war[1182], worauf unten XII.18. noch näher einzugehen sein wird.

4. Duldungslegat

Wie das *legatum per praeceptionem* als Unterfall des Vindikationslegats gesehen wird, so gilt das *legatum sinendi modi* als Unterfall des Damnationslegats. Anders als bei Vindikations- und Präzeptionslegat haben das Damnations- und Duldungslegat auch die Klage gemeinsam: die *actio ex testamento.* Im Fall des Duldungslegats ist es allerdings immer die auf ein *incertum* gerichtete Klage: Selbst wenn es sich auf vertretbare Sachen bezieht, ist der Inhalt der Verpflichtung des Erben – die Duldung, dass der Legatar die Sache nutzt – als *incertum* zu qualifizieren[1183].

Auch für das Duldungslegat ist zu konstatieren, dass es allenfalls in ein Fideikommiss umgedeutet wurde, sodass die persönliche Leistungspflicht des Erben mit einer anderen Klage durchzusetzen war. Dies auch hier insbesondere dann, wenn das unwirksame Testament dank einer ‚Verstärkungsklausel' oder auch ‚generellen Umdeutungsklausel' Kodizillcharakter annahm. Dabei wurde idR. nicht nur die Form, sondern auch die Person des Belasteten umgedeutet: Belastet war der Intestaterbe, nicht der Testamentserbe. Gegen ihn ging der Begünstigte mit einer *actio fideicommissi* statt der *actio ex testamento* vor.

5. *Legatum partitionis*

Ein spezieller Legatstyp, welcher von den römischen Juristen weniger von der Form als von seinem Inhalt her bestimmt wird, ist das ‚*legatum partitionis*'[1184]. Es ist darauf gerichtet, dem Begünstigten eine Quote an der Erbschaft zukommen zu lassen. 1963 monierte *Metrò*, dass noch keine Einzelstudie zu

1182 Vgl. dazu *Isola*, Actio ex testamento, ZRG RA 137 (2020) 87–88, 99.

1183 Vgl. zu diesem Legatstyp nur *Kaser*, Legatum sinendi modo, ZRG RA 67 (1950) 320–359; *García Garrido*, Legado sinendi modo, AHDE 29 (1959) 575–595; *Pezzana*, Legato sinendi modo (1958); *Pezzana*, Origine e struttura, in: Studi Volterra III (1971) 183–200.

1184 Zur Problematik der Terminologie siehe nur *Stiegler*, s.v. Partitio legata, RE Suppl. XI (1968) 1034–1035.

diesem eigenartigen Phänomen vorlag[1185], und skizzierte im Rahmen eines umfangreicheren Artikels eine Entwicklung, welche bei der Umgehung der Bestimmungen der *lex Voconia* ihren Ausgang nahm[1186]. Offensichtlich sind die Begünstigten bei Quotenlegaten fast durchwegs Frauen; infolge der *lex Voconia* konnten diese nicht als Erbinnen eingesetzt werden. Um dieses Verbot zu umgehen, wurden mitunter Erbquoten in Vermächtnisform zugewiesen[1187]. Auch ist auffällig, dass bei fehlender Benennung der Quote im Zweifel die Hälfte der Erbschaft geschuldet ist – auch das findet seine Entsprechung in den Legatsbeschränkungen der *lex Voconia*[1188]. Dennoch ist mit *Stiegler*[1189] zu konstatieren, dass die entstehungsgeschichtliche Anknüpfung in der Sache zwar plausibel, allerdings keineswegs bewiesen ist; auch die allgemeine Stellung der Frau mag Anlass gegeben haben, sie nicht als Erbin einzusetzen, gleichwohl aber mit einem Anteil der Erbschaft zu bedenken.

Teilungsanordnungen begegnen nicht nur als Teilungslegat, sondern auch als Quotenfideikommiss, uneigentliches Präfideikommiss oder auch Universalfideikommiss mit Einzelvorbehalt (*deducta re*). Das Universalfideikommiss mit Einzelvorbehalt war bereits oben im Zusammenhang mit dem Phänomen der *heredis institutio ex re certa* zu besprechen (VI.3.a.). *Manthe* wies darauf hin, dass der Quotenfideikommissar zwar ursprünglich nicht anders als der Partitionslegatar stand (nachdem das *SC Pegasianum* eine Gleichstellung herbeigeführt hatte), doch habe sich im Rahmen des Juristenrechts ein praktisch relevanter Unterschied ergeben: Der Quotenfideikommissar sei gleich dem

---

1185 *Metrò*, Legatum partitionis, Labeo 9 (1963) 292.

1186 Für den Ursprung des Teilungslegats bei der *lex Voconia* auch *Manthe*, Geschichte ^{5}(2016) 79.

1187 Siehe dazu *Amelotti*, Testamento I (1966) 136; *Grosso*, Legati ^{2}(1962) 272–274 (der ibid. 273 darauf hinweist, dass das Universalfideikommiss das *legatum partitionis* großteils absorbiert habe); außerdem bereits *Karlowa*, RRG II (1901) 942 mit Quellen in Fn. 2; sowie *Woeß*, Erbanwärter (1911) 63 Fn. 87 und 140 Fn. 7. Siehe auch *Stiegler*, Vindicare portionem, ZRG RA 84 (1967) 357 mit Fn. 3 sowie *ders.*, s.v. Partitio legata, RE Suppl. XI (1968) 1034 (der ibid. 1046 ebenfalls darauf hinweist, dass das *legatum partitionis* „schon in der Klassik durch das fortschrittlichere Universalfideikommiss in seiner praktischen Bedeutung zurückgedrängt wurde“). Dazu *Schanbacher*, Umgehungsstrategien, in: Klauselgestaltungen (2022) 197–202.

1188 Vgl. dazu *Stiegler*, s.v. Partitio legata, RE Suppl. XI (1968) 1036–1037, 1040.

1189 *Stiegler*, s.v. Partitio legata, RE Suppl. XI (1968) 1039–1041.

Universalfideikommissar (anteilsmäßig) mit den Vermächtnissen belastet, was beim Teilungslegatar nicht der Fall gewesen sei[1190].

Das *legatum partitionis* dürfte als eine Art Untertyp des Damnationslegats zu qualifizieren sein[1191], denn bereits Labeo sagt ausdrücklich, dass dem Erben die Pflicht zur Leistung auferlegt sei[1192]. Eine Kontroverse hinsichtlich des Geschuldeten belegt ein Fragment aus dem Sabinus-Kommentar des Pomponius:

> Pomp. 5 ad Sab., D. 30, 26, 2: *Cum bonorum parte legata dubium sit, utrum rerum partes an aestimatio debeatur, Sabinus quidem et Cassius aestimationem, Proculus et Nerva rerum partes esse legatas existimaverunt. sed oportet heredi succurri, ut ipse eligat, sive rerum partes sive aestimationem dare maluerit. in his tamen rebus partem dare heres conceditur, quae sine damno dividi possunt: sin autem vel naturaliter indivisae sint vel sine damno divisio earum fieri non potest, aestimatio ab herede omnimodo praestanda est.*
>
> Wenn ein Bruchteil des Vermögens vermacht wurde, ist zweifelhaft, was geschuldet wird, ob Miteigentumsanteile an den einzelnen Gegenständen oder der Schätzwert. Hierzu haben Sabinus und Cassius Longinus angenommen, es sei der Schätzwert, Proculus und Nerva, es seien die Anteile an den Gegenständen geschuldet. Dem Erben muss jedoch geholfen werden, so dass er die Wahl hat, ob er lieber die Anteile an den Gegenständen oder den Schätzwert leistet. Doch nur bei den Sachen, die ohne Schaden geteilt werden können, ist es erlaubt, dass der Erbe den Anteil leistet; sind die Sachen dagegen entweder nach ihrer natürlichen Beschaffenheit unteilbar oder kann die Teilung nicht ohne Schaden erfolgen, so muss vom Erben jedenfalls der Schätzwert geleistet werden.[1193]

1190 *Manthe*, SC Pegasianum (1989) 82–83.

1191 *Metrò*, Legatum partitionis, Labeo 9 (1963) 310, 324; *Karlowa*, RRG II (1901) 942. Der Bericht in der Theophilus-Paraphrase (Theoph. Par. 2, 23, 5), wonach es sich um einen eigenständigen Legatstyp gehandelt habe, wird überwiegend als nicht glaubwürdig eingestuft. *Karlowa* geht aaO. 942–943 davon aus, dass die Teilung mittels Auktion durchgeführt wurde „und der Erlös nach dem bestimmten Quotenverhältnis unter Erben und *legatarius partiarius* verteilt" worden sei; zur „vollständigen Realisierung des Legats" seien jedoch noch *stipulationes partis et pro parte* abgeschlossen worden, um „das aus der Erbenstellung sich ergebende *lucrum* und *damnum* nach dem vom Testator angeordneten Quotenverhältnis unter ihnen gemeinschaftlich" zu machen.

1192 Lab. 2 post. Iav. epit., D. 32, 29, 1; zum Text sogleich S. 398. Vgl. auch Ulp. 8 ad leg. Iul. et Pap., D. 31, 51 pr.

1193 Übersetzung: *K/K/R/S-Knütel*.

Während demnach Sabinus und Cassius generell davon ausgingen, dass dem Teilungslegatar der Schätzwert des Anteiles am Nachlass geschuldet wird, der ihm vermacht ist, meinten Prokulus und Nerva, dass Miteigentumsanteile an den Nachlassgegenständen geschuldet seien. Pomponius schlug vermittelnd vor, sowohl durch die Leistung des Miteigentumsanteiles als auch durch die Leistung des Schätzwertes könne sich der Erbe – dem diesbezüglich die Wahl zustehe – von seiner Verpflichtung befreien; den Anteil dürfe er aber nur leisten, wenn die Teilung ohne Nachteil erfolgen könne, widrigenfalls jedenfalls der Schätzwert zu leisten sei[1194].

Nicht möglich dürfte es gewesen sein, den Begünstigten in Form eines Vindikationslegats (dh. mit den Worten ‚*do lego*') Quoten der Erbschaft direkt zukommen zu lassen. Texte, welche Derartiges nahelegen, wurden in der Vergangenheit der Interpolationen verdächtigt, jedoch lässt sich das Phänomen möglicherweise auch damit erklären, dass trotz der *verba* eines Vindikationslegats die Rechtsfolgen von Damnationslegaten zur Anwendung gebracht wurden, somit also mit einer ‚Umdeutung'. Das betrifft etwa den folgenden Text, welcher als Schulfall gilt[1195]:

> Lab. 2 post. Iav. epit., D. 32, 29, 1: *Cum ita legatum esset, ut Titia uxor mea tantandem partem habeat quantulam unus heres, si non aequales partes essent heredum, Quintus Mucius et Gallus putabant maximam partem legatam esse, quia in maiore minor quoque inesset, Servius Ofilius minimam, quia cum heres dare damnatus esset, in potestate eius esset, quam partem daret. Labeo hoc probat idque verum est.*

> Ein Vermächtnis wurde [von mir] dahin ausgesetzt, dass meine Frau Titia einen ebenso großen Teil der Erbschaft bekommen sollte wie ein Erbe. Für den Fall, dass die Erbanteile ungleich waren, meinten Quintus Mucius und Aquilius Gallus, der größte [einem Erbanteil entsprechende] Teil sei vermacht worden, weil im Größeren auch das Kleinere enthalten sei. Servius und Ofilius meinten, der kleinste; denn da dem Erben die Verpflichtung zur Leistung auferlegt ist, sei es auch seiner Wahl überlassen, welchen Teil er leisten will. Labeo billigt das, und das ist richtig.[1196]

1194 Vgl. zu diesem und weiteren Texten zum Umfang des aus dem *legatum partitionis* Geschuldeten *González Roldan*, DER (2014) 104–107.

1195 Siehe nur *Ch. Paulus*, Unsterblichkeit (2018) 243 (= *ders.*, Idee der postmortalen Persönlichkeit [1992] 276).

1196 Übersetzung: *K/K/R/S-Kupisch*.

In Labeos nachgelassenen Schriften ist die Diskussion darüber überliefert, ob für das Quotenlegat (begünstigt ist die Ehefrau, möglicherweise auch hier vor dem Hintergrund der *lex Voconia*), welches einen ‚ebenso großen Erbanteil wie ein Erbe' zum Gegenstand hat, bei ungleichen Erbanteilen auf den größten oder auf den kleinsten Erbanteil abzustellen sei[1197]. Verdächtigt wurde das für die Zuweisung der Quote verwendete ‚*habeat*'; dieses stehe für ein Vindikationslegat[1198]. Daran wiederum wurde beanstandet, dass ein dinglich wirkendes Teilungslegat ein „Unding"[1199] sei. Tatsächlich bedarf es für die Durchführung der Teilung der persönlichen Mitwirkung des/der Erben. Zuständig für die Durchsetzung war die *actio incerti ex testamento*. Das in Paul. 9 ad Plaut., D. 30, 27 erwähnte ‚*vindicare portionem*' dürfte entweder nicht im technischen Sinne zu verstehen sein oder auf die Durchführung der Teilung im Rahmen einer *in iure cessio* verweisen[1200]. Der Anspruch des Begünstigten gegen den Erben ist dennoch ein persönlicher. Wandte demnach ein Erblasser dem Quotenlegatar den Erbteil ‚direkt' zu und sprach er nicht mit verpflichtenden Worten seinen Erben an – wie es bei ‚*Titia uxor mea tantandem partem habeat quantulam unus heres*' (Lab. 2 post. Iav. epit., D. 32, 29, 1) statt des üblichen ‚*heres meus cum Titio hereditatem partito*' (ps.-Ulp. reg., 24, 25) der Fall wäre –, so wird diese Klausel der Umdeutung bedürfen, um eine persönliche Verpflichtung des bzw. der in der Klausel nicht genannten Erben begründen zu können. Ob man sich hierbei etwa auf allgemeine ‚Verstärkungsklauseln' stützte oder ob das *SC Neronianum* bzw. diesem entsprechende Überlegungen dabei eine Rolle gespielt haben, ist nicht überliefert, aber wohl immerhin wahrscheinlich.

1197 Zur Rolle des Erblasserwillens in diesem Zusammenhang *Maschi*, Interpretazione dei legati (1938) 33. Zweifel meldet *Wieling*, Testamentsauslegung (1972) 23 (mit Fn. 28) an, der auf den Auslegungsgrundsatz verweist, wonach ein Erbe im Zweifel nur das Geringere leisten musste (*favor heredis*); er verweist hierbei auch darauf, dass im *quia*-Satz nur von einem Erben die Rede ist, während im Sachverhalt mehrere – mit unterschiedlichen Quoten – erwähnt werden. *Ch. Paulus*, Unsterblichkeit (2018) 243 (= *ders.*, Idee der postmortalen Persönlichkeit [1992] 276) verweist insbesondere darauf, „dass die Summe des testamentarisch Erlangten ein Statussymbol darstellte".

1198 *Maschi*, Interpretazione dei legati (1938) 33.

1199 *Stiegler*, s.v. Partitio legata, RE Suppl. XI (1968) 1036. Dazu, dass das Partitionslegat alle Wirkungen eines obligatorischen Legats erzeuge, siehe nur *Biondi*, Successione ²(1955) 441.

1200 *Stiegler*, Vindicare portionem, ZRG RA 84 (1967) 361–362.

6. *Ac si in testamento scripta essent*

Legate müssen in einem Testament ausgesetzt werden, um als solche wirksam werden zu können. Eine Ausnahme davon bildet das in einem testamentarisch bestätigten Kodizill ausgesetzte Legat – und zwar im Wege der Fiktion: Iul. 37 dig., D. 29, 7, 2, 2 schreibt ihnen Wirksamkeit zu, als wären sie im Testament selbst ausgesetzt worden. Diese bewusst wirklichkeitswidrige Annahme führt dazu, dass das Vermächtnis in der angestrebten Form wirksam werden kann, obwohl es strenggenommen nicht in der vorgeschriebenen Form verfügt wurde. Das Kodizill muss die Verschlussvorschriften des *SC Neronianum* nicht erfüllen und auch nicht vor Zeugen errichtet worden sein, ganz zu schweigen von einer *mancipatio* (*nummo uno*). Dennoch werden die vom Testamentsrecht zur Verfügung gestellten prozessualen Rechtsbehelfe gewährt: Sogar die zivile *rei vindicatio* im Falle des Vindikationslegats. Dieses Phänomen kann damit als eine Ausprägung dessen eingestuft werden, was als ‚Umdeutung' bezeichnet werden kann: Etwas an sich streng genommen nicht Gültiges wird – hier dank einer Fiktion – wirksam.

7. *Repetitio legatorum*

Die Vermächtnisworte wurden häufig kombiniert, um größtmögliche Sicherheit zu gewährleisten. Diese Form der ‚Wiederholung' des Legats wird dementsprechend als ‚geltungserhaltender Zusatz' interpretiert[1201].

So wurden die Worte eines Vindikationslegats mit jenen eines Damnationslegats verbunden, dh. eine Sache einerseits unmittelbar dem Begünstigten übertragen und andererseits der Erbe auch persönlich zur Herausgabe verpflichtet (in der Regel nicht zur Beschaffung, außer der Erblasser ist sich der Fremdheit der Sache bewusst, siehe dazu oben S. 377). Diese Vorgehensweise ist trotz des spärlichen lateinischen Urkundenbestandes für klassische Manzipationstestamente belegt: Bspw. im sog. ‚*testamentum Dasumii*'[1202] Z. 125 (*do lego damnasque esto dare*). Auch in den Digesten wird diese Praxis wiederholt erwähnt; so etwa bei Pap./Ulp. 20 Sab., D. 33, 7, 12, 43 (*do lego darique*

1201 *Zülch*, Liber singularis (2001) 147; *Voci*, DER II ^{2}(1963) 588–589; *Spina*, Successione testamentaria (2012) 533 Fn. 72. Siehe dazu auch *Strobel*, Testamentsurkunden (2014) 46.

1202 Dazu oben II.2. bzw. *Isola*, Testament des Dasumius, in: Tabulae testamenti (*im Druck*).

iubeo)[1203]. Nicht allerdings in den ägyptischen Urkunden[1204]. Ebenfalls belegt ist, dass mitunter zunächst im Testament ein Vindikationslegat ausgesetzt, dieses sodann in einem testamentarisch bestätigten Kodizill aber als Damnationslegat wiederholt wird[1205]. Der Begünstigte hat in solchen Fällen die Wahl, ob er die Sache von wem auch immer herausverlangen (also dinglich vorgehen) oder vom Erben persönlich Leistung verlangen will; hierin wird ein praktischer Vorläufer der unter Justinian allgemein geltenden Wahlfreiheit zu erblicken sein.

Auch die Verbindung von Damnationslegat und *legatum sinendi modo* kommt vor; so belegt etwa bei Lab. 2 post. a Iav. epit., D. 32, 30, 1: *hortorum fructus usque ad lustrum, quo conducti essent, Aufidio legaverat et heredem eam conductionem ei dare damnaverat sineretque uti eum et frui*. Freilich sind sowohl Damnationslegat als auch *legatum sinendi modo* mittels *actio* (*incerti*) *ex testamento* gegen den Erben durchzusetzen, sodass hier keine entsprechende Wahlmöglichkeit zwischen unterschiedlichen Klagen bestand. Die Praxis zeigt aber, dass Testatoren danach strebten, den Begünstigten unterschiedliche Wege zu eröffnen, das ihnen Zugewendete zu erlangen.

Nicht nur die Verbindung unterschiedlicher Legatstypen, sondern auch die Verbindung von Legaten und Fideikommissen kommt vor; sowohl von Vindikationslegaten[1206] als auch – insbesondere in der ägyptischen Testierpraxis häufig – von Damnationslegaten und Fideikommissen (dies aber in erster Linie in der ‚Verstärkungsklausel', nicht bei den Einzelverfügungen): Eine derartige Formulierung findet sich etwa im Testament des Gaius Longinus Castor[1207]. Hier entsteht die Möglichkeit des Begünstigten, statt mit der *rei vindicatio* gegen den passivlegitimierten Sachinhaber bzw. der *actio ex testamento* persönlich gegen den Erben im Formularverfahren vor dem *praetor urbanus* vielmehr mittels *actio fideicommissi* im Kognitionsverfahren vor dem *praetor fideicommissarius* vorzugehen.

1203 Dazu *Ferrini*, Teoria generale (1889) 24; vgl. auch Pap. 17 quaest., D. 31, 66, 5.

1204 *Colella*, Testamenti dei cittadini romani d'Egitto (2024) 18.

1205 Dazu *d'Orta*, Per praeceptionem (2004) 113.

1206 Vgl. bspw. Scaev. 20 dig., D. 34, 4, 30 pr. und 4: *do lego darique volo*; Scaev. 3 resp., D. 34, 3, 31, 4: *Gaio Seio optime merito … lego concedique volo …* .

1207 Dazu etwa *Amelotti*, Testamento I (1966) 132 mit Fn. 4; zum Testament des Gaius Longinus Castor oben II.3.d.

Allerdings sind nicht alle Fälle, welche in der Literatur als *repetitio* aufgefasst wurden, tatsächlich als solche zu qualifizieren. Etwa wurde vertreten, dass auch ‚*volo fideique ... committo, ut ... faciat*' eine *repetitio* sei und ein solches Vermächtnis als Damnationslegat wirksam wurde:

> Marcell. lib. sing. resp., D. 34, 2, 6, 2: *Lucius Titius testamento scripsit: ‚heredem meum volo fideique eius committo, ut in patriam meam faciat porticum publicam, in qua poni volo imagines argenteas, item marmoreas': quaero, an legatum valeat. Marcellus respondit valere et operis ceterorumque, quae ibi testator poni voluerit, legatum ad patriam pertinere intellegi: enim potuit aliquod civitati accedere ornamentum.*
>
> Lucius Titius hat in seinem Testament folgendes geschrieben: ‚Ich will und vertraue der Gewissenschaftigkeit meines Erben an, dass er in meiner Heimatstadt eine öffentliche Säulenhalle errichtet, in der – so will ich es – silberne und marmorne Bildnisse aufgestellt werden'. Ich frage, ob das Vermächtnis wirksam ist. Marcellus hat entschieden, es sei wirksam, und es werde in solchen Fällen angenommen, das Vermächtnis des Bauwerks und der übrigen Dinge, die der Erblasser dort aufstellen lassen wollte, stehe der Heimatstadt zu. Denn dadurch konnte die Stadtgemeinde ein Schmuckstück erlangen.[1208]

Lucius Titius ‚vermacht' (*legatum*) seiner Heimatstadt einen *porticus* samt silberner und marmorner *imagines*. Dies tut er, indem er seinen diesbezüglichen Wunsch äußert und eine Bitte an den Erben richtet (*volo fideique eius committo*), er solle das Bauwerk errichten und für die Aufstellung der Bildnisse sorgen.

Zülch war davon ausgegangen, dass der Text interpoliert sein müsse[1209]. *Liebs* hatte hingegen die These einer *repetitio* vertreten[1210]: Zusätzlich zu einem Legat sei für den Fall, dass das Legat ungültig ist, ein Fideikommiss formuliert worden (was im vorliegenden Fall aufgrund der Wirksamkeit des Legats überflüssig gewesen sei). Beides vermag nicht zu überzeugen. Viel naheliegender erscheint es, dass Marcellus den Begriff ‚*legatum*' – ‚Vermächtnis' – als ‚Überbegriff' verwendet, welcher Legate ieS. und Fideikommisse umfasst. Die Verfügung ist als Fideikommiss zugunsten der *civitas* zu werten[1211]. Vergleichbar ist auch im unten S. 420–422 diskutierten Text Mod. 9 resp.,

---

1208 Übersetzung: *K/K/R/S-Rüfner*.

1209 *Zülch*, Liber singularis (2001) 144–145.

1210 *Liebs*, Rez. Zülch, ZRG RA 120 (2002) 256.

1211 Zur *capacitas* von *civitates* siehe *Champlin*, Munificence and municipia, JRS 75 (1985) 106–110.

D. 33, 2, 16 keine Umdeutung eines Legats in ein Fideikommiss anzunehmen, sondern eine ähnlich ‚untechnische' bzw. als Überbegriff zu verstehende Ausdrucksweise.

Selbst wenn das Legat im Testament nicht wirksam ausgesetzt wurde, konnte das Vermächtnis etwa dann doch noch einklagbar sein, wenn es in einem Kodizill lediglich insofern ‚wiederholt' wurde, als bei einem neuerlichen Legat – hinzuzufügen sein wird: welches für sich die Formvorschriften erfüllte – die Klausel ‚*hoc amplius*' vorangestellt wurde. Dies berichtet uns Ulpian im Zuge eines Referats papinianischer Rechtsansichten:

> Ulp. 15 ad Sab., D. 30, 19 pr.–1: *Legata inutiliter data Papinianus putat libro quaestionum confirmari per repetitionem, id est per hanc scripturam postea forte in codicillis factam: ‚hoc amplius ei heres meus dato', et diversum esse in illa scriptura: ‚quas pecunias legavi, quibus dies adpositus non est, annua bima trima die heres meus dare damnas esto': non enim hoc egisse testatorem, ut confirmaret quae inutilia sunt, sed ut diem utilibus prorogaret.* 1. *Idem eodem loco et in substituto impuberis scribsit, ut, si fuerit ab impubere inutiliter legatum, substitutus hoc debeat, si ‚hoc amplius' legatum ab eo sit relictum aliquid nec ille patri heres exstiterit et decesserit.*

> Papinian nimmt im Buch der Rechtsfragen an, unwirksam erteilte Vermächtnisse könnten durch Wiederholung bestätigt werden, das heißt durch folgende nachträglich, etwa in einem Kodizill abgegebene schriftliche Erklärung: ‚darüber hinaus soll mein Erbe ihm geben', und anders sei es bei der Testamentsklausel ‚was die Gelder betrifft, die ich vermacht habe und zu denen ein Zahlungstermin nicht angegeben ist, soll mein Erbe verpflichtet sein, im ersten, zweiten und dritten Jahr zum Termin zu zahlen'; denn dies habe der Erblasser nicht in der Absicht getan zu bestätigen, was unwirksam ist, sondern um für wirksame Vermächtnisse die Zahlungsfrist zu verlängern. 1. An derselben Stelle schrieb Papinian auch im Hinblick auf den Ersatzerben für einen Unmündigen, wenn zu Lasten des Unmündigen ein Vermächtnis unwirksam angeordnet war, schulde der Ersatzerbe dieses, sofern mit der Klausel ‚darüber hinaus' etwas zu seinen Lasten hinterlassen ist und wenn der Unmündige gestorben ist, ohne Erbe seines Vaters geworden zu sein.[1212]

Vorausgesetzt ist damit nicht, dass ein zunächst unwirksam ausgesetztes Legat später im selben Testament oder in einem testamentarisch bestätigten Kodizill vollständig – und diesmal korrekt – wiederholt wird, sondern lediglich, dass zugunsten derselben Person nun korrekt erneut dem Erben etwas befohlen und dabei angemerkt wird, dieses zusätzliche Vermächtnis solle

[1212] Übersetzung: *K/K/R/S-Knütel.*

über das bereits Vermachte hinaus geschuldet werden. Da das neuerliche Vermächtnis in den Beispielen Papinians ein Damnationslegat darstellt, wird zu vermuten sein, dass das unwirksame Vermächtnis ein Vindikationslegat war[1213]. Warum dieses unwirksam ist, wird nicht näher ausgeführt. Dadurch, dass bei dem späteren Legat jedoch ausgeführt wird, der Erbe solle verpflichtet sein, ‚darüber hinaus' etwas zu geben, wird das unwirksame Vindikationslegat in die gültige Damnationslegatsklausel miteinbezogen und somit ebenfalls wirksam. Ausgeschlossen werden Fälle, in welchen das Vermächtnis lediglich näher spezifiziert erscheint, wie wenn ein späterer Zahlungstermin hinzugesetzt wird; dabei wird nicht das Vermächtnis dem Erben in Damnationslegatsform ‚befohlen', sondern nur die Einhaltung eines Termins, sodass das unwirksame Vermächtnis nicht in wirksamer Form wiederholt wird, sondern unwirksam bleibt.

In § 1 wird die zunächst entwickelte Lösung auf den Fall der Pupillarsubstitution übertragen: Zulasten des *pupillus* war ein Vermächtnis unwirksam ausgesetzt worden. Zugunsten derselben Person wurde jedoch zulasten des (Vulgar-)Substituten dann wirksam vermacht, wenn jenem ‚darüber hinaus' eine weitere Pflicht vermächtnisweise auferlegt wurde: Auch hier nimmt das Damnationslegat zulasten des Substituten das unwirksam zulasten des Unmündigen ausgesetzte (Vindikations-)Legat zugunsten desselben Vermächtnisnehmers in sich auf.

Dass hier vorausgesetzt werden muss, dass eine Pupillarsubstitution (auch) als Vulgarsubstitution ausgelegt wurde[1214], erscheint nicht zwingend: Auch denkbar wäre, dass der Substitut eben ausdrücklich sowohl als Vulgar- als auch als Pupillarsubstitut bestellt wurde. Anders als die bisherige Lehre es tut[1215], ist mE sogar viel eher davon auszugehen, dass die den Substituten belastende Verfügung nicht in das Pupillartestament, sondern in das

---

1213 Da hier keine ‚Bedingung' erwähnt wird, welche nun für das zweite Legat eingefügt wurde und durch die Erstreckung auf das zunächst unwirksam ausgesetzte Legat jenes ‚heilte', wird der zweite bei *Lohsse*, Hoc-amplius-Klausel, in: Klauselgestaltungen (2022) 137 für derartige Konstellationen denkbare Hintergrund in diesem Fall weniger wahrscheinlich sein.

1214 Davon gehen *Voci*, DER II ²(1963) 219 und *Lohsse*, Hoc-amplius-Klausel, in: Klauselgestaltungen (2022) 131 Fn. 3 aus. Siehe *Lohsse* aaO. 132–133 mit Fn. 4 zur Position der Glosse, Fn. 5 zur Emendation Haloanders sowie Fn. 6–7 zur Lit. des 18. und 19. Jh.

1215 Rezent *Lohsse*, Hoc-amplius-Klausel, in: Klauselgestaltungen (2022) 147.

väterliche Testament aufgenommen wurde. Da das Pupillartestament im Verhältnis zum väterlichen Testament stets als *novissima scriptura* gilt[1216], wäre für den Vulgarsubstitutionsfall fraglich, ob das den *pupillus* nicht wirksam belastende Legat, welches den Pupillarsubstituten als Erben des *pupillus* ebenfalls nicht belasten würde, dieselbe Person als Vulgarsubstituten sehr wohl trifft. Papinian sagt: Ja.

Vorstellen könnte man sich etwa folgende Klauseln im väterlichen Testament: ‚*Filius meus mihi heres esto. … Si filius meus non heres erit, Titius heres esto. … Seio fundum do lego. … Si Titius mihi heres erit, Seio hoc amplius decem dato*', während der Substitut im Pupillartestament lediglich als Erbe nach dem *pupillus* bestimmt ist. Wäre der Sohn Erbe geworden und vor Erreichen der Mündigkeit gestorben, so wäre das Legat zugunsten des Titius hinfällig, wenn das Vindikationslegat ungültig war. Stirbt der Sohn hingegen, bevor er Erbe des Vaters wird, schuldet Titius aus dem Damnationslegat sowohl das Grundstück als auch die zehn.

Damit wird die im Hinblick auf den *pupillus* und auch für den Fall einer Pupillarsubstitution unwirksame Klausel mit einer wirksamen Klausel des ‚väterlichen Testaments' zusammengezogen zulasten des Vulgarsubstituten insgesamt wirksam.

8. Mehrfachlegat desselben Gegenstandes

Während eine Wiederholung im Sinne der Verwendung verschiedener Vermächtnisworte für ein und denselben Gegenstand zugunsten ein und derselben Person in einer einzigen einheitlichen Klausel weder zur Unwirksamkeit der Zuwendung noch zu einem mehrfachen Anspruch führt, sondern im Falle der Unwirksamkeit der einen Form die Wirksamkeit in der anderen Form gewährleistet werden soll (neben dem Anliegen, dem Begünstigten freizustellen, mit welcher Klage er seine Begünstigung geltendmachen will), stellt sich die Frage, was bei einer mehrfachen Zuwendung derselben Sache an dieselbe Person zu gelten hat, wenn die Anordnungen nicht derart als Einheit zu betrachten sind.

Eine Verbindung des Problems der im vorigen Abschnitt besprochenen *repetitio legatorum* und dem hier diskutierten Mehrfachlegat desselben

---

1216 Siehe oben IX.2.

Gegenstandes weist der folgende Text auf: In Paul. 3 reg., D. 30, 33 gehen *coniunctim* eingesetzte Kollegatare mit unterschiedlichen Klagen vor (*alter vindicet, alter ex testamento agat*[1217]).

> Paul. 3 reg., D. 30, 33: *Si pluribus eadem res legata fuerit, si quidem coniunctim, etiamsi alter vindicet, alter ex testamento agat, non plus quam partem habebit is qui ex testamento aget: quod si separatim, si quidem evidentissime apparuerit ademptione a priore legatario facta ad secundum legatum testatorem convolasse, solum posteriorem ad legatum pervenire placet: sin autem hoc minime apparere potest, pro virili portione ad legatum omnes venire: scilicet nisi ipse testator ex scriptura manifestissimus est utrumque eorum solidum accipere voluisse: tunc enim uni pretium, alii ipsa res adsignatur electione rei vel pretii servanda ei, qui prior de legato sive fideicommisso litem contestatus est, ita tamen, ut non habeat licentiam altero electo ad alterum transire.*
>
> Wurde mehreren dieselbe Sache vermacht, dann wird, wenn beiden miteinander verbunden [vermacht wurde], auch wenn der eine vindiziert und der andere mit der Vermächtnisklage vorgeht, derjenige, der die Vermächtnisklage anstrengt, nicht mehr als seinen Anteil erhalten. Wenn aber getrennt [beiden vermacht wurde], wird anerkanntermaßen nur der zweite an das Vermächtnis kommen, sofern sich mit aller Deutlichkeit erweist, dass der Erblasser dem ersten Vermächtnisnehmer das Vermächtnis entzogen und sofort zum zweiten Vermächtnis übergegangen war. Ist dies aber keineswegs zu erkennen, so werden beide nach Kopfteilen am Vermächtnis beteiligt. Natürlich nur, wenn nicht nach dem Text des Testaments auf der Hand liegt, dass der Erblasser beiden das Ganze zuwenden wollte. Denn dann wird dem einen der Wert, dem anderen die Sache zugewiesen, wobei die Wahl, ob Sache oder Wert, demjenigen vorbehalten bleibt, der zuerst wegen des Vermächtnisses oder Fideikommisses Klage erhoben hat, mit der Maßgabe freilich, dass es ihm nicht gestattet ist, nach der Wahl des einen noch zum anderen überzugehen.[1218]

Einer von zwei mit derselben Sache *coniunctim*[1219] begünstigten Legataren klagt im Ausgangsfall der Stelle aus Vindikationslegat, der andere aus Damnationslegat. Obwohl also beide Begünstigten von der Klausel auch hinsichtlich

---

[1217] Vgl. dazu auch Iul. 33 dig., D. 30, 84, 13: *qua actione uti vellet.*

[1218] Übersetzung: *K/K/R/S-Knütel.*

[1219] Vgl. *Lösch*, Coniunctio (2014) 93 dazu, dass die Legate nur im Hinblick auf das Vindikationslegat *re et verbis conciuncti* sein können, nachdem beim nur persönlich wirkenden Damnationslegat eine *conciunctio re* nicht möglich ist; hier beschränkt sich die Wirkung auf eine *coniunctio verbis.*

der Legatsform einheitlich umfasst sind[1220], kann der eine sich für die dingliche, der andere für die persönliche Klage entscheiden. Ob das auf eine *repetitio legatorum* nach der Art ‚*do lego damnasque heres esto dare*' oder auf eine ‚Verstärkungsklausel' zurückzuführen ist, aufgrund derer ein Vindikationslegat auch zu einer persönlichen Verpflichtung des Erben *ex testamento* wurde, bleibt offen[1221]. Im Hinblick auf das Vindikationslegat kommt jedem der Legatare aufgrund des Zusammentreffens zweier Berechtigter jeweils die Hälfte als Miteigentumsanteil zu. Bei zwei mittels Damnationslegats Begünstigten könnte es zwar theoretisch dazu kommen, dass der Erbe zwei Mal leisten muss, weil jedem Legatar gegenüber die Verpflichtung auf das Ganze entstehen kann; nach Paulus ist das in einer solchen Konstellation jedoch nicht der Fall: Auch mit der persönlichen Klage kann ebenso wie mit der Vindikation nur die Hälfte verlangt werden. Diese Entscheidung deckt sich auch mit der Auskunft des Gaius für schuldrechtliche Vermächtnisse an einer Sache zugunsten mehrerer *coniunctim* eingesetzter Legatare (Gai. 2, 205).

Im nächsten Schritt geht Paulus zu dem Fall über, dass Legatare *separatim* mit derselben Sache bedacht werden. Diese Sache wird also zuerst dem Einen in einer eigenständigen Klausel und anschließend auch einem Anderen in einer eigenständigen Klausel zugewendet. Das könne einerseits als Widerruf des zuerst genannten Legats zugunsten des sogleich anschließend erwähnten Begünstigten gedeutet werden[1222]. Möglich sei andererseits aber auch, dass beiden Legataren jeweils die ganze Sache bzw. der ganze Sachwert geschuldet sein soll; das wäre ausweislich Gai. 2, 205 dann der Fall, wenn dieselbe Sache mehreren Begünstigten *separatim* (ausschließlich) mit schuldrechtlicher Wirkung vermacht wird. Nach Paulus müsse aber sowohl das eine

1220 So im Ergebnis auch *Lösch*, Coniunctio (2014) 91, die zunächst ibid. 90 eine Konversion nach dem *SC Neronianum* erwägt.

1221 Diese zweite Möglichkeit wurde in der Literatur, soweit ersichtlich, bislang nicht erwogen, stattdessen wurde in der Interpolationendebatte darauf verwiesen, dass eine Klagenkonkurrenz erst im justinianischen Recht relevant wurde und der Text demnach stark überarbeitet sein müsse. Siehe dazu die Nachweise bei *Lösch*, Coniunctio (2014) 94.

1222 Der Gebrauch von *convolare* dürfte darauf hindeuten, dass die Zuwendungen unmittelbar nebeneinanderstehen, es also nicht etwa um den Fall geht, dass das zweite Legat in einem späteren Kodizill ausgesetzt wird, was einen Widerrufswillen wohl von vornherein sehr viel wahrscheinlicher machen würde.

als auch das andere ‚Extrem' aufgrund des Testamentstextes klar erweisbar sein, widrigenfalls beiden Begünstigten jeweils die Hälfte geschuldet werde.

Ob in der zweiten Variante des Textes die Zuwendungen jeweils unter Verwendung der *verba* beider Legatstypen formuliert werden, geht aus dem Text zumindest nicht ausdrücklich hervor. Ist das mit der hL vorauszusetzen, so schlägt die Begrenztheit des Vindikationslegats, welches mittels zusätzlicher Verpflichtung des Erben zur Leistung nur abgesichert werden soll[1223], auch auf die Damnationslegatsform durch[1224]. Das wird in der Sache als Ergebnis zutreffen, allerdings ist es wohl kein ‚Zweifelsfall'; es gäbe bereits einen Anhaltspunkt im Testamentstext, dass auch für die schuldrechtliche Begünstigung ein Kopfteil gewollt ist. Wird dieselbe Sache nach der Art ‚*do lego damnasque heres esto dare*' sowohl *per vindicationem* als auch *per damnationem* den Betreffenden – wenngleich *separatim* – zugewendet, so dürfte kaum zweifelhaft sein, dass beide Formen denselben Umfang bezwecken. ME ist daher naheliegender, dass im Paulus-Fragment unterschiedliche Konstellationen durchgegangen werden, in welchen fraglich sein konnte, ob mehreren Personen, welchen im Hinblick auf ein und dieselbe Sache ein persönlicher Anspruch auf einen Legatsgegenstand zukommen könnte, eine Klage auf das Ganze oder einen Anteil oder überhaupt nicht möglich sein soll. Paulus betont die Bedeutung des Testatorwillens und beurteilt diesen für das schuldrechtlich wirkende Legat zugunsten mehrerer *separatim* begünstigter Personen im Zweifelfall möglicherweise anders als Gaius: Gaius geht in einem solchen Fall im Zweifel für jeden von einem Anspruch auf das Ganze aus. Paulus könnte stattdessen im Zweifel – dh., selbst wenn keine explizite *repetitio* eines Vindikationslegats auch als Damnationslegat vorlag – vielmehr von einem auch bei *separatim* eingesetzten Damnationslegataren nur als Kopfteil zustehenden Anspruch ausgehen. Das könnte in der Spätklassik durch die zunehmende Verbreitung von Klauseln wie der ‚Verstärkungsklausel', ‚generellen Umdeutungsklausel' und der stereotypen

[1223] *Voci*, DER II²(1963) 589 geht etwa davon aus, dass das zusätzliche Damnationslegat das primär gewollte Vindikationslegat lediglich absichern sollte. Für eine *repetitio legatorum* in diesem Fall auch *Lösch*, Coniunctio (2014) 93–94 sowie *Arndts*, Glück's Pandecten, Teil 46 (1868) 495–499.

[1224] Wie wir sogleich unten S. 410 im Zusammenhang mit Paul. 11 ad Plaut., D. 30, 85 sehen werden, entsteht hier auch eine Art Wechselwirkung, welche wiederum auf das Vindikationslegat rückwirkt.

Vervielfachung von Vermächtnistypen bei den betreffenden Verfügungen begründet worden sein und sollte schließlich allgemeiner Standpunkt des justinianischen Rechts werden[1225].

Schlussendlich fragt Paulus, ob einer von mehreren hinsichtlich desselben Legatsgegenstandes schuldrechtlich Begünstigten (am Ende des Fragments bespricht er den Fall der Klage aus einem Legat oder Fideikommiss; hier könnte eine Kürzung vorliegen, wenngleich die verbreitete Annahme von Interpolationen im Sinne von Textänderungen nicht zu teilen sein wird), welchen nach dem erkennbaren Erblasserwillen tatsächlich jeweils das Ganze zukommen sollte, primär die Sache verlangen könne, während der andere auf den Sachwert verwiesen wird. Das bestimmt sich ausweislich des Textes gewissermaßen nach dem Grundsatz ‚wer zuerst kommt, mahlt zuerst' – hier allerdings nicht im Hinblick auf die Begründung (es kommt also nicht etwa auf die Reihenfolge an, in welcher die Namen im Testament aufscheinen), sondern im Hinblick auf die Geltendmachung: Wer zuerst klagt, der kann primär Naturalrestitution verlangen. Zu bedenken ist dabei zwar das Prinzip der Geldkondemnation, doch spielt die Naturalrestitution dennoch eine nicht zu unterschätzende Rolle[1226]: Im Falle der Herausgabeverweigerung ist der Kläger zur Schätzung berechtigt, wenn der Beklagte keine *iusta causa* für seine Weigerung vorbringen kann[1227]. Wer später klagt, dem wird der Beklagte als

---

1225 Das justinianische Recht unterscheidet hinsichtlich der Rechtsfolgen hier nicht mehr zwischen der verbundenen oder getrennten Einsetzung: Es wird prinzipiell geteilt (Inst. 2, 20, 8). Das folgt allerdings auch schon daraus, dass die Vermächtnisse eine einheitliche Rechtsnatur erhalten (Iust. A. senat., C. 6, 51, 1, 11 [a. 534]).

1226 Das übersieht *Lösch*, Coniunctio (2014) 94–95 bei ihrem Interpolationsverdacht hinsichtlich des letzten Satzes, in welchem sie unter anderem *Arndts* (Glück's Pandecten, Teil 46 [1868] 500–501 Fn. 11) und *Cuias* (VII, 1014) folgt (daneben auch *Albertario*, *Ferrini*, *Masi*, *Ciapessoni* ua.; siehe die Nachweise bei *Lösch* ibid. 94 Fn. 282). Schon Gaius betont in Gai. 2, 205, dass der Erbe dem einen die Sache, dem anderen den Wert leisten müsse, wenn dieselbe Sache mehreren mit schuldrechtlicher Wirkung getrennt vermacht wurde. Siehe zur Bedeutung der Naturalrestitution im römischen Prozess etwa *Winkel*, Roman Law, in: Specific Performance (2010) 9–20; im spezifischen Zusammenhang mit der Testamentsklage *Isola*, Actio ex testamento, ZRG RA 137 (2020) 118–119.

1227 Litiskreszenz ist hier auch bei der *actio ex testamento* nicht anzunehmen, da es sich nicht um ein nach Maß, Zahl oder Gewicht bestimmtes Damnationslegat eines *certum* handelt, sondern um einen individuell bestimmten Gegenstand. Würde es sich um ein nach Maß, Zahl oder Gewicht bestimmtes Damnationslegat eines *certum*

iusta causa für die Unmöglichkeit einer Herausgabe entgegenhalten können, dass er die Sache dem ersten Kläger bereits herausgeben musste. Die Höhe der Verurteilungssumme wird sodann vom *iudex* bestimmt. Der erste Kläger könnte aber auch von vornherein wählen, den vom *iudex* festzusetzenden Sachwert zu verlangen, woraufhin der Beklagte vielmehr dem zweiten Kläger primär die Sache herausgeben muss und nur bei Weigerung eine Geldkondemnation (allenfalls auf den vom Kläger beschworenen Betrag) droht. So wird auch der Schlusssatz verständlich, wonach die Wahl, ob die Sache oder der Wert verlangt wird, dem zuerst Klagenden zukommt.

Von diesem Hintergrund ist auch im folgenden Fall auszugehen, der aber eine weitere Komponente aufweist, die zentral für das Verständnis der das Vindikationslegat betreffenden Konstruktion ist:

> Paul. 11 ad Plaut., D. 30, 85: *Duobus coniunctim fundus erat legatus: alter ex his partis aestimationem per actionem personalem abstulit. alter si fundum totum vindicare velit, exceptione doli pro parte dimidia repellitur, quia defunctus semel ad eos legatum pervenire voluit.*
>
> Ein Landgut war zwei Personen gemeinsam vermacht worden. Der eine erlangte den Schätzwert seines Anteils mit der persönlichen Klage. Wenn der andere dann das Landgut insgesamt vindizieren will, wird er im Hinblick auf eine Hälfte mit der Einrede der Arglist abgewehrt, weil der Erblasser ihnen das Vermächtnis nur einmal zukommen lassen wollte.[1228]

Der erste Kläger hat sich hier für die *actio ex testamento* entschieden. Dass ein Fall der *repetitio legatorum* vorliegt (oder immerhin einer ‚Verstärkungsklausel', welche ein Vindikationslegat auch persönlich gegen den Erben einklagbar macht), kann daraus erschlossen werden, dass der zweite Kläger die *rei vindicatio* erhebt, obwohl die Kollegatare *coniunctim* eingesetzt sind; daher muss die Form der Begünstigung für beide einheitlich erfolgt sein, wenngleich daraus unterschiedliche Klagen zustehen können.

Der erste Kläger hat infolge der persönlichen Klage die *aestimatio* seines Anteiles erlangt, also den vom *iudex* (aufgrund eigenen Ermessens oder

---

handeln, so würde sich die Frage so wohl kaum stellen: Nur beim individuell bezeichneten Gegenstand besteht ein Interesse des Klägers, genau diesen Gegenstand zu erhalten und nur hier ist die Weigerung des Beklagten, genau diesen Gegenstand herauszugeben, relevant. Siehe dazu nur unten XII.18.a.

1228 Übersetzung: *K/K/R/S-Knütel.*

nach Maßgabe eines klägerischen Schätzeides) festgelegten Betrag. Der Vindizierende wird sodann ‚im Hinblick auf eine Hälfte mittels *exceptio doli* abgewehrt'; mehr als die Hälfte sollte er nach dem Erblasserwillen ebenso wenig erhalten wie sein bereits erfolgreich klagender Kollegatar. Der Erbe sollte nach der Vorstellung des Erblassers nur insgesamt ein Mal die Sache herausgeben bzw. den Sachwert leisten müssen. Durch die persönliche Klage des ersten Klägers fiel dieser als Kollegatar im Vindikationslegat weg; nach den allgemeinen Regeln führt das zu einer Anwachsung seines Anteils an den zweiten Legatar, sodass jenem das Alleineigentum zukommen würde. Dass das tatsächlich Hintergrund der Entscheidung ist, zeigt der Umstand, dass der zweite Kläger nicht etwa eine Miteigentümergemeinschaft mit dem Erben auflösen muss, um nach Real- oder Zivilteilung seinen Anteil vindizieren zu können; er klagt auch nicht mit einer *vindicatio pro parte*; er hat vielmehr die *rei vindicatio* auf das Ganze, in deren Formel allerdings eine *exceptio doli* eingeschaltet wird, da er nach dem Willen des Erblassers nicht mehr als die Hälfte erhalten sollte. *Dolus* kann dem Kläger aber wohl nur solange vorgeworfen werden, wie er dem Erben nicht anbietet, den über seinen Anteil hinausgehenden Wert des Vermächtnisgegenstandes abzulösen. Tut er das, so kann er die Herausgabe verlangen.

9. *Legatum debiti*

Hinterlässt ein Schuldner seinem Gläubiger das als Legat, was er ihm ohnehin aus anderem Grunde schuldet, so bezweckt er damit wohl einerseits, auf diese Weise den Nachlass zugunsten der Erben schuldenfrei zu stellen, sowie allenfalls andererseits auch, sein Andenken von nicht beglichenen Schulden zu ‚reinigen'. Vermacht er in einer solchen Konstellation *per damnationem* (oder auch in Form eines Fideikommisses), so ist dieses Vermächtnis ungültig[1229]; es verdoppelt also weder die Klagemöglichkeiten des Gläubigers noch hat es etwa novierende Wirkung. Einerseits argumentieren die Juristen damit, der Gläubiger habe kein Interesse daran, dass ihm aus einem anderen Grunde

---

1229 In den Quellen wird dies sowohl für Legate als auch für Fideikommisse wiederholt ausgesprochen: Siehe etwa Scaev. 16 dig., D. 34, 3, 28, 13 (gefragt wird, ob das Fideikommiss besteht – *constiterit*; entschieden wird, dass es unwirksam ist – *nullum esse*). Vgl. auch Ulp. 36 ad Sab., D. 23, 3, 29; Ulp. 5 disp., D. 30, 75, 1; Paul. 10 quaest., D. 31, 82, 2; Pap. 19 quaest., D. 31, 67 pr.

als bisher geschuldet werde[1230], andererseits liegt dieses Ergebnis aber auch insofern in seinem Interesse, als er andernfalls der Gefahr ausgesetzt wäre, dass seine Forderung aufgrund der *lex Falcidia* gekürzt werden könnte[1231]. Auch fehlt einem derartigen Vermächtnis der Charakter der ‚Freigiebigkeit'[1232]. Anderes gilt, wenn sonst ein Vorteil für den Gläubiger mit einem solchen Legat verbunden ist, welcher dann seinerseits aber sehr wohl auch der falzidischen Kürzung unterliegen kann[1233].

In verschiedenen Konstellationen kommt es hier aber zu einer ‚Umdeutung der Person des Begünstigten': Einem anderen wird mitunter die Klage gewährt, obwohl er vom Erblasser im Testament überhaupt nicht als Begünstigter erwähnt wird. Dazu kann es etwa im Miterbenfall kommen, wenn nicht allen die Schuldtilgung befohlen wurde, sondern nur einem einzigen oder einem Teil der Miterben. Ein weiterer Anwendungsfall einer solchen Umdeutung ist das Vermächtnis einer Mitgift, wenn der Vater nur den Ehemann bzw. Verlobten begünstigt: Aus diesem Vermächtnis ist auch[1234] – oder sogar: allein – die Ehefrau berechtigt. Beide Fälle werden von Gaius gemeinsam diskutiert:

> Gai. 2 de leg. ad praet. urb., D. 30, 69, 2: *Si testator quosdam ex heredibus iusserit aes alienum solvere, non creditores habebunt adversus eos actionem, sed coheredes, quorum*

1230 Weder ein ‚Außerstreitstellen' durch die Aufnahme in das Testament und dadurch bessere Beweisbarkeit noch der besondere Effekt der Litiskreszenz, wodurch ein bestreitender Erbe zur Leistung des *duplum* verurteilt werden würde, reichten für die Annahme eines derartigen Interesses aus. Vgl. dazu *Di Salvo*, Legatum debiti, in: Studi Labruna III (2007) 1537.

1231 Siehe Pomp. 10 Sab., D. 45, 1, 18. Vgl. dazu *Voci*, DER II ²(1963) 323–325; *Bernasconi*, Il legato di debito, SDHI 42 (1976) 23–98, *Di Salvo*, Legatum debiti, in: Studi Labruna III (2007) 1531–1542; *Carrasco Carcía*, Legatum debiti, RIDA 58 (2011) 41–97; *Papa*, Legatum debiti (2014); *Astolfi*, Legatum debiti, Index 45 (2017) 336.

1232 Zu diesem Aspekt siehe *Papa*, Legatum debiti (2014) 21 mit Fn. 11. *Di Salvo*, Legatum debiti, in: Studi Labruna III (2007) 1537 Fn. 3 meint, „il legato era avvertito come un *honor* e lasciare al creditore esattamente quanto dovutogli avuto un qualche sapore di beffa".

1233 Paul. lib. sing. ad leg. Falc., D. 35, 2, 1, 10; Iul. 36 dig., D. 34, 3, 11 (unter besonderer Betonung der Maßgeblichkeit der Gläubigerinteressen); zur Diskussion um den Gegenstand einer erst später fälligen Schuld siehe Paul. 10 quaest., D. 31, 82 pr.

1234 Mitberechtigung der Ehefrau: Iul. 2 Urs. Fer., D. 23, 3, 48, 1 und Pap. 17 quaest., D. 35, 1, 71, 3. Vgl. *Stagl*, Favor dotis (2009) 209–213; zum Papinian-Text insbes. *Babusiaux*, Papinians Quaestiones (2011) 162–168.

interest hoc fieri. nec solum hoc casu alius habet actionem, quam cui testator dari iussit, sed alio quoque, veluti si filiae nomine genero aut sponso dotem dari iusserit: non enim gener aut sponsus, sed filia habet actionem, cuius maxime interest indotatam non esse.

Wenn ein Erblasser einigen seiner Erben auferlegt hat, die Schulden zu bezahlen, haben die Gläubiger gegen sie keine Klagen, doch die Miterben, in deren Interesse es liegt, dass dies geschieht. Nicht allein in diesem Fall hat ein anderer die Klage als derjenige, an den nach der Anordnung des Erblassers geleistet werden soll, sondern auch in anderen Fällen, zum Beispiel wenn er angeordnet hat, dass namens seiner Tochter seinem Schwiegersohn oder ihrem Verlobten eine Mitgift bestellt wird; denn nicht der Schwiegersohn oder der Verlobte hat die Klage, sondern die Tochter, die das größte Interesse daran hat, nicht ohne Mitgift zu sein.[1235]

Zunächst führt der Hochklassiker aus, das *legatum debiti*[1236] verschaffe zwar den Gläubigern keine Klagen – sie haben ja ohnehin die Klagen aus den bestehenden Schuldverhältnissen und damit kein Interesse –, aber die nicht belasteten Miterben könnten gegen die belasteten klagen. Es handelt sich damit im Ergebnis wohl um eine Art Prälegat zu ihren Gunsten, welches vermutlich im Rahmen des Erbteilungsverfahrens geltend zu machen war. Auch beim Legat der Mitgift habe ein anderer die Klage als derjenige, an welchen nach der Anordnung des Erblassers geleistet werden sollte: Nicht der im Testament begünstigte Schwiegersohn oder Verlobte kann gegen die Erben klagen, sondern die Tochter. Ob sie Miterbin ist oder die Mitgift ihr statt eines Erbteiles zugewendet wurde, lässt sich freilich nicht sagen. Hier geht dem Legat allerdings wohl noch kein Schuldverhältnis voran, sodass die Verpflichtung zur Leistung erst durch das Testament entsteht.

Wird das Legat des Geschuldeten nicht dem Gläubiger ausgesetzt, sondern einem Dritten, der fideikommissarisch gebeten wird, es dem Gläubiger auszukehren (dh. im Ergebnis ein *fideicommissum debiti*), so kann diese Konstruktion aber infolge einer ‚Umdeutung der Person des Begünstigten' wirksam werden:

Ulp. 23 ad Sab., D. 30, 49, 4–7: 4. *Si Titio decem quae ego debeo legavero et rogavero eadem creditori praestare, fideicommissum quidem in creditoris persona non valet, quia nihil eius interest, heres vero potest cum legatario agere, quia ipsius interest creditori solvi,*

[1235] Übersetzung: *K/K/R/S-Knütel.*

[1236] Zu dieser nicht quellenmäßigen Terminologie siehe *Di Salvo*, Legatum debiti, in: Studi Labruna III (2007) 1531 mwN. in Fn. 1; *Papa*, Legatum debiti (2014) 17–18.

ne eum conveniat: ergo propter hoc valebit legatum. 5. Sed si testator decem mihi sub fideiiussore debuit, fideicommissi petitio non solum heredi, sed et fideiussori competit: interest enim eius solvi mihi, quam ipsum conventum mandati actionem intendere: nec interest, solvendo sit nec ne. 6. Iulianus libro trigesimo nono digestorum scribit, si fideiussor creditori legasset quod ei deberet, an legatum valeret. et ait creditoris quidem nihil interesse, verum debitorem habere ex testamento actionem: interest enim ipsius liberari, quippe conveniri a fideiussoris herede non poterit. 7. Quod si idem fideiussor Titio leget et fidei eius commiserit, ut creditori solvat, et debitor et fideiussoris heres agere cum Titio ex causa fideicommissi poterunt, quia utriusque interest legatarium solvere.

4. Wenn ich die zehn, die ich schulde, dem Titius vermache und ihn bitte, sie an meinen Gläubiger zu zahlen, besteht zwar zugunsten des Gläubigers kein wirksames Fideikommiss, weil er kein Interesse daran hat [aus einem Fideikommiss statt aus der bisherigen Forderung zu klagen]. Aber der Erbe kann gegen den Vermächtnisnehmer klagen, weil er ein Interesse daran hat, dass an den Gläubiger gezahlt wird, damit dieser ihn nicht belangt. Deswegen wird das Vermächtnis also wirksam werden. 5. Wenn der Erblasser mir aber die zehn unter Bürgensicherung schuldete, steht die Klage aus dem Fideikommiss nicht nur dem Erben zu, sondern auch dem Bürgen; denn er hat ein Interesse daran, dass an mich gezahlt wird, statt dass er nach seiner Inanspruchnahme [durch den Gläubiger] die Klage aus Auftrag [gegen den Erben] anstrengt; und es kommt nicht darauf an, ob er zahlungsfähig ist oder nicht. 6. Julian fragt im 39. Buch seiner Digesten, ob das Vermächtnis wirksam ist, wenn ein Bürge dem Gläubiger das vermacht hat, was er ihm schuldet. Und er sagt, der Gläubiger habe insoweit zwar kein Interesse, aber der Schuldner habe die Klage aus Vermächtnis; denn es liegt in seinem Interesse, frei zu werden, und vom Erben des Bürgen kann er dann ja nicht [im Rückgriff] belangt werden. 7. Wenn derselbe Bürge aber dem Titius ein Vermächtnis aussetzt und ihm als Fideikommiss auferlegt, an den Gläubiger zu zahlen, können sowohl der Gläubiger als auch der Erbe des Bürgen gegen Titius aus dem Fideikommiss klagen, weil es im Interesse beider liegt, dass der Vermächtnisnehmer zahlt.[1237]

Titius ist Legatar. Er soll aber die aufgrund des Legats erlangten 10 aufgrund eines wiederum ihm auferlegten Fideikommisses an den Gläubiger des Erblassers herausgeben. Die Klage aus dem Fideikommiss steht ausweislich des Textes nicht dem Gläubiger zu, dessen Forderung getilgt werden soll – dieser hat kein ‚Interesse', statt aus dem ursprünglichen Geschäft aus dem Fideikommiss zu klagen – sondern demjenigen, der hier das Interesse hat, dass der testamentarisch Beschwerte die Tilgung übernimmt: der Erbe. Er kann gegen den Legatar, der als ‚Abwicklungsstelle' fungieren soll, klagsweise

1237 Übersetzung: *K/K/R/S-Knütel.*

vorgehen, solange er von der Schuld nicht befreit ist. Diese Lösung wird in § 5 weiterentwickelt für den Fall der durch einen Bürgen besicherten Schuld: Hier solle nicht nur der Erbe, sondern auch der Bürge einen Anspruch haben, denn er habe ein Interesse daran, nicht leisten zu müssen und auf den Regress gegen den Erben des Schuldners verwiesen zu sein (dies wohl schon allein aufgrund des Insolvenzrisikos). Im Fall des § 6 hingegen wendet nicht der Hauptschuldner, sondern der Bürge dem Gläubiger vermächtnisweise zu, was geschuldet wird. Hier ist – wie sich aus der Gegenüberstellung in § 7 ergibt – kein Dritter zwischengeschaltet: Der Gläubiger, der ohnehin aus der *fideiussio* gegen den Erben des Bürgen klagen kann, hat kein Interesse und damit keine Klagsmöglichkeit, was allerdings nicht explizit thematisiert wird. Entschieden wird, dass der Hauptschuldner die *actio fideicommissi* habe, denn er habe das Interesse, frei zu werden: Er kann damit – was der Text ebenfalls nicht ausdrücklich sagt – gegen die Erben des Bürgen vorgehen, denn ohne den zwischengeschalteten Dritten sind sie die Vermächtnisbeschwerten. In § 7 wird der Fall wiederum unter Zwischenschaltung eines Dritten gebildet: Der Erbe des Bürgen muss dem Dritten aufgrund eines Legats die geschuldete Summe auszahlen. Der Dritte soll aufgrund eines Fideikommisses diese Summe dem Gläubiger herausgeben. Sowohl der Gläubiger als auch der Erbe des Bürgen haben hier ausweislich des Textes eine Klage gegen den Dritten, denn beide haben ein Interesse: der Gläubiger, dass ihm von einer vom Schuldner verschiedenen Person geleistet wird, welche ihm gegenüber nicht schon ursprünglich verpflichtet ist; der Schuldner wiederum, dass er befreit wird.

Papa weist auf die aus dieser Entscheidung folgenden ‚doppelten' Möglichkeit des Erben in prozessualer Sicht hin: Dieser könne entweder sofort mit der *petitio fideicommissi* gegen den Legatar vorgehen, um die Befreiung von der Schuld zu erwirken, oder aber er könne sich dafür entscheiden, zunächst abzuwarten und sich allenfalls dann an den Legatar zu wenden, wenn er selbst vom Gläubiger in Anspruch genommen wird[1238]. Auch in der Bürgenkonstellation bestünden diese beiden Möglichkeiten[1239].

Die Nichtigkeit des *legatum debiti* ist jedoch auf die Fälle des Damnationslegats und des Fideikommisses beschränkt; ein Vindikationslegat des

1238 *Papa*, Legatum debiti (2014) 89.
1239 *Papa*, Legatum debiti (2014) 90–91 mit Fn. 46.

Geschuldeten hingegen ist wirksam, weil der Gläubiger dadurch unmittelbar befriedigt wird und die Schuld erlischt. Für die Stipulationsschuld bspw. wird argumentiert, dass der sofortige Erwerb des Eigentums schon allein deshalb vorteilhaft ist, weil der Gläubiger dadurch keine Zeit mit der Klage aus der Stipulation verliere. Ulpian sieht darin sogar eine Bereicherung um mögliche Prozesskosten[1240]. Insofern wird das *legatum debiti* mitunter auch als Mittel der Schuldtilgung qualifiziert[1241]. Das kann aber nicht unbeschränkt gelten: Weil es sich um ein *commodum* im Verhältnis zu der schon zuvor bestehenden Schuld handelt, wird das Legat nicht nach der *lex Falcidia* gekürzt[1242] und kann auch nicht etwa mit Fideikommissen beschwert werden[1243].

Das Ergebnis der Wirksamkeit eines Vindikationslegats des Geschuldeten kann auf zwei Wegen argumentiert werden: Einerseits mit dem objektiven Kriterium einer wirtschaftlichen *utilitas* und andererseits mit subjektiven, am Willen des Erblassers orientierten Kriterien mittels Auslegung des Testamentes[1244].

10. Legat einer nicht klagbaren Forderung oder von Dritten zu wählenden Gegenständen

Das Legat einer Forderung (*legatum nominis*), welche der Erblasser gegen einen Dritten hat, ist als Damnationslegat möglich. Probleme konnten sich aber etwa dann ergeben, wenn die Forderung nicht einklagbar war; dazu ist von Papinian eine Lösung überliefert, die sich mit einer Umdeutung behilft: Ist die Schuld bspw. deshalb nicht einklagbar, weil der Schuldner unmündig ist, so wurde „im Sinne des Testatorwillens umgedeutet“[1245], indem eine stillschweigende Bedingung vorausgesetzt wurde.

> Pap. 18 quaest., D. 36, 2, 25, 1: ‚*Heres meus Titio dato quod mihi Seius debet*‘. *si Seius pupillus sine tutoris auctoritate nummos accepit nec locupletior factus est et creditor ad praesens debitum verba rettulit, quia nihil Seius debet, nullius momenti legatum erit: quod si verbo debiti naturalem obligationem et futuram solutionem cogitavit, interim*

[1240] Ulp. 1 fideicom., D. 32, 3, 2.
[1241] *Astolfi*, Legatum debiti, Index 45 (2017) 336.
[1242] Ulp. 19 ad Sab., D. 30, 28, 1.
[1243] Ulp. 1 fideicom., D. 32, 3, 2.
[1244] *Astolfi*, Legatum debiti, Index 45 (2017) 337.
[1245] *Mokrejs*, Condicio iuris, RIDA 57 (2010) 325, 329.

> *nihil Titius petet, quasi tacite condicio inserta sit, non secus ac si ita dixisset: ‚Titio dato, quod pupillus solverit' vel si legasset ‚quod ex Arethusa natum erit' vel ‚fructus, qui in illo fundo nascentur'. contrarium non est, quod, si medio tempore legatarius moriatur et postea partus edatur, fructus perveniant, pecuniam pupillus exsolvat, heres legatarii petitionem habet: namque dies legati, cui condicio non adscribitur, quamvis extrinsecus exspectanda sit, cedit.*
>
> ‚Mein Erbe soll an Titius leisten, was Seius mir schuldet.' Wenn Seius Geld als Mündel ohne Zustimmung seines Vormunds in Empfang genommen hat und nicht bereichert worden ist, und wenn der Erblasser seine Worte auf eine gegenwärtige Schuld bezogen hat, ist das Vermächtnis wirkungslos, weil Seius nichts schuldet. Wenn der Erblasser aber bei dem Ausdruck ‚Schuld' an eine natürliche Verbindlichkeit und deren zukünftige Erfüllung gedacht hat, kann Titius [nur] in der Zwischenzeit nichts fordern, weil dem Vermächtnis stillschweigend eine Bedingung beigefügt ist – ganz so, wie wenn der Erblasser folgendes gesagt hätte: ‚Er soll an Titius leisten, was das Mündel gezahlt haben wird' oder wenn das Vermächtnis gelautet hätte ‚wer von Arethusa zur Welt gebracht worden sein wird' oder ‚die Früchte, die auf jenem Grundstück gewachsen sein werden'. Dem steht nicht entgegen, dass der Erbe des Vermächtnisnehmers klagen kann, wenn der Vermächtnisinhaber in der Zwischenzeit verstirbt und danach ein Kind geboren wird, Früchte entstehen oder das Mündel das Geld zahlt. Denn ein Vermächtnis, dem keine Bedingung beigefügt ist, fällt ungeachtet dessen an, dass der Eintritt einer von außen kommenden Bedingung abzuwarten ist.[1246]

Voraussetzung für die Wirksamkeit des Legats wäre, dass der Unmündige, der ohne *auctoritas tutoris* und ohne Bereicherung ein Darlehen empfangen hat, ‚freiwillig' zahlt; einklagbar ist die Forderung gegen ihn nicht. Daher ist davon auszugehen, dass ein Legat ungültig ist, welches eine solche ‚Forderung' (*debitum*) zuwendet (*nullius momenti legatum erit*). Die Voraussetzung der Zahlung wird aber – vorausgesetzt, es kann dem Testator unterstellt werden, er habe eigentlich die Naturalobligation und das, was daraus zukünftig gezahlt werden sollte, vermachen wollen (*quod si verbo debiti naturalem obligationem et futuram solutionem cogitavit*) – so behandelt, als wäre sie stillschweigend als Bedingung beigesetzt (*quasi tacite condicio inserta sit*). Es wird demnach die Verwendung falscher Worte saniert: Der Gegenstand des Legats wird umgedeutet, indem nicht eine Forderung, sondern eine Naturalobligation unter der Voraussetzung ihrer Erfüllung sein Gegenstand ist. Anders als bspw. in den

1246 Übersetzung: *K/K/L/R-Lohsse*.

Fällen des *SC Neronianum*, welches ebenfalls eine falsche Wortwahl saniert, wird hier nicht die Legatsform, sondern der Inhalt des Legats abgeändert.

Festgehalten wird trotz der vorgenommenen Umdeutung des unbedingten Legats in ein bedingtes, dass davon der *dies cedens* nicht betroffen sein soll: Starb daher der Bedachte vor Eintritt der Bedingung, so konnte abweichend von den sonst für bedingte Legate geltenden Regeln eine Transmission stattfinden, weil die Bedingung ‚von außen' komme (*condicio extrinsecus*; siehe dazu auch schon oben VI.10.e.) und nicht aus dem Testament selbst. So führt Papinian ausdrücklich aus:

> Pap. 18 quaest., D. 35, 1, 99: *Condiciones extrinsecus, non ex testamento venientes, id est quae tacite inesse videantur, non faciunt legata condicionalia.*
>
> Bedingungen, die von außen, nicht aus dem Testament kommen, das heißt, die stillschweigend als im Testament enthalten betrachtet werden, machen die Vermächtnisse nicht zu bedingten.[1247]

Es ist also gewissermaßen eine Bedingung ohne Bedingungswirkung. Als ‚Verzögerung' (*mora*) bezeichnet Paulus daher derartige ‚Bedingungen', welche eigentlich keine seien:

> Paul. 3 ad Sab., D. 36, 2, 6, 1: *At si extrinsecus suspendatur legatum, non ex ipso testamento: licet ante decedat legatarius, ad heredem transmississe legatum dicimus: veluti si rem dotalem maritus legaverit extero et uxori aliquam pro dotali re pecuniam, deinde deliberante uxore de electione dotis decesserit legatarius atque legatum elegerit mulier, ad heredem transire legatum dictum est. idque et Iulianus respondit: magis enim mora quam condicio legato iniecta videtur.*
>
> Ist das Vermächtnis jedoch aus äußeren Gründen in der Schwebe, nicht aufgrund des Testaments selbst, so sagen wir, dass das Vermächtnis auf den Erben übergeht, mag auch der Vermächtnisnehmer vorher [vor dem Ende des Schwebezustands] verstorben sein. Beispielsweise hat ein Ehemann einem Außenstehenden eine zur Mitgift gehörende Sache und seiner Ehefrau einen Geldbetrag anstelle der Mitgiftsache vermacht; für den Fall, dass der [außenstehende] Vermächtnisinhaber verstorben war, während die Frau noch nachdachte, ob sie die [zur] Mitgift [gehörende Sache] wählen sollte, und die Frau sich dann für die Wahl des Vermächtnisses entschieden hatte, ist gesagt worden, das Vermächtnis gehe auf den Erben [des außenstehenden Vermächtnisnehmers] über. Und so hat auch Julian gutachtlich entschieden. Es ist

---

[1247] Übersetzung: *K/K/L/R-Luig.*

nämlich anzunehmen, dass dem Vermächtnis eher ein zeitlicher Aufschub als eine Bedingung beigefügt wurde.[1248]

Die Wahlmöglichkeit der Frau, welchen Gegenstand sie gegen das zur Verfügung gestellte Geld herausgeben möchte, gilt demnach ebenso als *condicio extrinsecus*, die nicht zu einer Verzögerung des Anfalls und damit der Transmissionsmöglichkeit führt.

Ulpian macht die Besonderheit dieser Fälle daran fest, dass die Erfüllung in der Macht Dritter oder des Erben liegt:

> Ulp. 20 ad Sab., D. 36, 2, 5, 5: *Item si qua condicio sit, quae per legatarium non stat quo minus impleatur, sed aut per heredem aut per eius personam, in cuius persona iussus est parere condicioni, dies legati cedit, quoniam pro impleta habetur: ut puta si iussus sim heredi decem dare et ille accipere nolit. sed et si ita mihi legatum sit, si Seiam uxorem duxero, nec ea velit nubere, dicendum erit diem legati cedere, quod per me non stat, quo minus paream condicioni, sed per alium stat, quo minus impleatur condicio.*
>
> Ebenso fällt das Vermächtnis sofort an, wenn es sich um eine Bedingung handelt, deren Nichteintritt nicht am Vermächtnisinhaber, sondern am Erben oder an derjenigen Person liegt, der gegenüber ihm die Erfüllung der Bedingung auferlegt ist; denn die Bedingung wird dann als erfüllt angesehen. Nimm zum Beispiel an, mir sei auferlegt, an den Erben zehn zu zahlen, und der Erbe wolle die Zahlung nicht annehmen. Aber auch wenn mir mit der Bestimmung vermacht ist ‚wenn ich Seia zur Frau nehme' und sie mich nicht heiraten will, wird man sagen müssen, dass das Vermächtnis anfällt, weil es nicht an mir liegt, dass ich der Bedingung nicht Folge leiste, sondern an einem anderen liegt, dass die Bedingung nicht erfüllt wird.[1249]

Weil die Erfüllung der Bedingung in der Macht des Belasteten liegt oder der eines Dritten, von dessen Verhalten die Erfüllung neben der Bereitschaft durch den Begünstigten abhängt, fällt das Legat nach den für unbedingte Vermächtnisse geltenden Regeln an[1250].

1248 Übersetzung: *K/K/L/R-Lohsse*.

1249 Übersetzung: *K/K/L/R-Lohsse*.

1250 Vgl. *Babusiaux*, Erbrecht ²(2021) 256–257; *Kaser*, Condicio, in: Symb. Taubenschlag I (1956) 421–438 (= mit einigen Ergänzungen: *Kaser*, Condicio, in: Ausgewählte Schriften II [1976] 225–242); *Légier*, Tacita condicio, RH 44 (1966) 5–32.

Überzeugend führt *Mokrejs* diese Konsequenz – wie auch die Umdeutung selbst – auf den Testatorwillen zurück[1251]: Eine Verschiebung des *dies cedens* wäre nicht vorausgesehen und auch nicht gewollt.

11. Abänderung des Verwendungszwecks von vermachtem Geld

Mitunter wurde bei vermachtem Geld ein bestimmter Verwendungszweck festgelegt, was etwa in Form eines *modus* oder einer *condicio* geschehen konnte. Vor allem im Zusammenhang mit der Begünstigung von Stadtgemeinden wurde diskutiert, ob der vom Erblasser bestimmte Verwendungszweck nachträglich abgeändert werden könne. Ulpian unterrichtet uns darüber, dass das prinzipiell nicht möglich sei[1252], und auch Sueton berichtet, dass der Senat Derartiges nicht zu genehmigen pflegte[1253].

Eine dem entgegenstehende Praxis ist allerdings urkundlich belegt. So sollte etwa der Freigelassene und Erbe des Iunius Iunianus[1254] auf Anordnung des Erblassers mit dem ihm zu diesem Zweck hinterlassenen Geld ein bestimmtes Grabmal errichten. Stattdessen hat er – mit größerem Aufwand – auf Anordnung des Senats am Forum eine Statue des Testators und dessen Sohnes errichtet[1255]. Auch bei Modestin ist ein Fall überliefert, in welchem eine vergleichbare Abänderung des Verwendungszwecks erfolgte:

> Mod. 9 resp., D. 33, 2, 16: *Legatum civitati relictum est, ut ex reditibus quotannis in ea civitate memoriae conservandae defuncti gratia spectaculum celebretur, quod illic celebrari non licet: quaero, quid de legato existimes. respondit, cum testator spectaculum edi voluerit in civitate, sed tale, quod ibi celebrari non licet, iniquum esse hanc quantitatem, quam in spectaculum defunctus destinaverit, lucro heredum cedere: igitur adhibitis heredibus*

1251 *Mokrejs*, Condicio iuris, RIDA 57 (2010) 329.

1252 Ulp. 10 disp., D. 50, 8, 1: *Quod ad certam speciem civitatis relinquitur, in alios usus convertere non licet.*

1253 Suet. Tiberius 17: *Iterum censete, ut Trebianis legatam in opus novi theatri pecuniam ad munitionem viae transferre concederetur, optinere non potuit, quin rata voluntas legatoris esset.*

1254 CIL II, 1359.

1255 Siehe dazu *Amelotti*, Testamento I (1966) 28; *d'Ors*, Epigrafía jurídica de la España romana (1953) 406–407; zum *legatum sub modo* in D. 50, 10, 7 pr. siehe *Malavé Osuna*, Régimen jurídico financiero (2007) 86–97.

et primoribus civitatis dispiciendum est, in quam rem converti debeat fideicommissum, ut memoria testatoris alio et licito genere celebretur.

Einer Stadtgemeinde wurde ein Vermächtnis mit der Bestimmung hinterlassen, aus den Erträgen jährlich in dieser Stadt ein Schauspiel aufzuführen, um das Andenken an den Verstorbenen zu bewahren. Das Schauspiel darf dort nicht aufgeführt werden. Ich frage, was du zu diesem Vermächtnis meinst. Modestin hat gutachtlich entschieden: Da der Erblasser in der Stadt ein Schauspiel veranstalten lassen wollte, wenn auch eines, das dort nicht aufgeführt werden darf, wäre es ungerecht, wenn der Geldbetrag, den der Verstorbene für das Schauspiel bestimmt hat, den Erben als Gewinn zufiele. Deshalb ist unter Zuziehung der Erben und der Honoratioren der Stadt zu überlegen, wofür das Fideikommiss verwendet werden darf, um das Andenken des Erblassers in anderer und erlaubter Weise zu ehren.[1256]

Das ‚*legatum*' zugunsten der *civitas* wurde ausdrücklich zu dem Zweck hinterlassen, jährlich zur Wahrung der *memoria* des Verstorbenen aus den Erträgnissen des Zugewendeten in dieser Stadt ein Schauspiel aufzuführen. Wenn dort kein solches Schauspiel aufgeführt werden darf, sollen die dafür vorgesehenen Mittel nicht an die Erben fallen und stehen der *civitas* Modestin zufolge dennoch zu[1257]. Das Vermächtnis – es wird nun von einem ‚*fideicommissum*' gesprochen – solle vielmehr dafür verwendet werden, das Andenken des Erblassers auf andere Weise zu ehren[1258].

Wahrscheinlich wurde der *civitas* ein Grundstück (oder etwas ähnlich Ertragreiches) zugewendet. Ob zu Eigentum oder zur Nutzung ist offen, letzteres jedoch wahrscheinlicher: Sollte der Gemeinde infolge der testamentarischen Zuwendung die Nutzung und Fruchtziehung offenstehen, so wird klar, dass aus den (zivilen) Früchten die Schauspiele finanziert werden sollten; in dem Fall, dass die Schauspiele nicht abgehalten werden konnten, konnte sich so die Frage stellen, ob diesfalls die Früchte der Gemeinde oder den Erben – welchen das Eigentum an der Sache zukam – zustehen sollten. Die Entscheidung Modestins lautet, die Gemeinde solle auch in dieser Konstellation das Nutzungs- und Fruchtziehungsrecht haben, müsse aber die Früchte zur Beförderung des Andenkens an den Erblasser aufwenden,

---

1256 Übersetzung: *K/K/R/S-Ziegler.*

1257 *Ch. Paulus*, Unsterblichkeit (2018) 183 (= *ders.*, Idee der postmortalen Persönlichkeit [1992] 196) vermutet, dass es sich bei dem Verbot um eine *lex imperfecta* gehandelt habe.

1258 Vgl. dazu auch *Di Salvo*, Legato modale (1973) 166–168 Fn. 231.

obgleich das nicht in der Weise möglich ist, wie der Erblasser sich das konkret vorgestellt hatte.

Vermutlich handelte es sich um eine Zuwendung in Fideikommissform, da Modestin in seiner Auskunft von einem *fideicommissum* spricht. Das am Anfang des Fragments erwähnte *legatum* könnte auf eine ‚untechnische' Verwendung des Begriffes, möglicherweise durch die anfragende Partei, zurückzuführen sein. Handelt es sich um ein Fideikommiss, so ist der *praetor fideicommissarius* zuständig und im Rahmen seiner Kognition flexibler, als es der *praetor urbanus* bei einem Legat wäre. Auch das mag für die Entscheidung ausschlaggebend gewesen sein, denn das bei Ulp. 10 disp., D. 50, 8, 1 gebrauchte ‚*relinquere*' spricht dort gegen ein Fideikommiss[1259] und auch im Fall von Suet. Tiberius 17 dürfte es sich um ein *legatum* im technischen Sinne gehandelt haben[1260]. Zudem ist eine Besonderheit des Falles, dass nicht das Geld, sondern die Nutzungen und Früchte einer Sache für einen bestimmten Zweck vermacht sein dürften.

12. Probleme der Bestimmtheit

a. Begünstigter

Gaius diskutiert das Problem der unbestimmten Person insbesondere bei Vermächtnissen, obwohl es sich auch bei der Erbeinsetzung oder bei Freilassungen stellen kann (im Hinblick darauf wird es in den Quellen immerhin im Zusammenhang mit hausfremden nachgeborenen Kindern[1261] bzw. dem Erfordernis der *nominatim*-Freilassung von Sklaven[1262] erwähnt). In der zentralen Stelle zur Bestimmtheit des Begünstigten führt Gaius zu den Vermächtnissen in kasuistischer Form aus, was als zu unbestimmt und was hingegen ausreichend bestimmt gilt.

1259 Siehe unten XIII.2.

1260 Zu einem ähnlichen Fall in Valens 2 fideic., D. 50, 8, 6 (eine Zweckänderung von einer einem *municipium* zugewendeten Summe Geldes bedarf der Genehmigung durch den *princeps*) siehe *Ch. Paulus*, Unsterblichkeit (2018) 181–182 (= *ders.*, Idee der postmortalen Persönlichkeit [1992] 195–196).

1261 Gai. 2, 242.

1262 Gai. 2, 239.

Gai. 2, 238: *Incertae personae legatum inutiliter relinquitur. incerta autem videtur persona, quam per incertam opinionem animo suo testator subicit, velut cum ita legatum sit: ‚qui primus ad funus meum venerit, ei heres meus X milia dato'. idem iuris est, si generaliter omnibus legaverit: ‚quicumque ad funus meum venerit'. in eadem causa est, quod ita relinquitur: ‚quicumque filio meo in matrimonium filiam suam conlocaverit, ei heres meus X milia dato'. illud quoque in eadem causa est quod ita relinquitur: ‚qui post testamentum consules designati erunt', aeque incertis personis legari videtur. et denique aliae multae huiusmodi species sunt. sub certa vero demonstratione incertae personae recte legatur, velut: ‚ex cognatis meis, qui nunc sunt qui primus ad funus meum venerit, ei X milia heres meus dato'.*[1263]

Wenn man einer nicht genau bestimmten Person vermacht, ist es unwirksam. Und zwar nimmt man an, dass eine Person nicht genau bestimmt ist, die der Erblasser nur mit einer unbestimmten Vorstellung im Sinn hat, zum Beispiel, wenn derart vermacht worden ist: ‚Wer als erster zu meiner Beerdigung kommt, dem soll mein Erbe 10<000> zahlen.' Dasselbe gilt, wenn er ganz allgemein an alle vermacht hat: ‚Jeder, der zu meiner Beerdigung kommt.' Rechtlich ebenso beurteilt wird, was derart hinterlassen wird: ‚Wer immer seine Tochter meinem Sohn zur Ehe gibt, dem soll mein Erbe 10.000 zahlen.' Auch Folgendes (wird rechtlich ebenso beurteilt), was derart hinterlassen wird: ‚Diejenigen, die nach Errichtung des Testaments zu Konsuln bestimmt werden', wird, wie man annimmt, nicht genau bestimmten Personen vermacht. Und überhaupt gibt es viele Fälle dieser Art. Aber man vermacht einer nicht genau bestimmten Person dann wirksam, wenn man sie auf genau bestimmte Art und Weise bezeichnet, zum Beispiel: ‚demjenigen meiner jetzt vorhandenen Blutsverwandten, der als erster zu meiner Beerdiung kommt, soll mein Erbe 10.000 zahlen.'[1264]

Demnach ist es nicht ausreichend bestimmt, wenn derjenige, welcher als erster zur Beerdigung des Testators kommen würde, vom Erben 10.000 als Damnationslegat erhalten solle (oder wenn alle, die zur Beerdigung kommen würden, eine Zahlung erhalten sollten); sehr wohl ausreichend war es jedoch, wenn der erste der zur Zeit der Testamentserrichtung vorhandenen Blutsverwandten des Erblassers begünstigt sein sollte[1265]. Grund für die Unwirksamkeit soll in den betreffenden Fällen sein, dass eine Person derart nicht konkret genug in den Willen des Erblassers aufgenommen werden kann[1266]; das gilt

---

1263 Vgl. ps.-Ulp., reg. 24, 18.

1264 Text und Übersetzung: *Manthe*, Institutiones ^{2}(2010) *ad loc.*

1265 Vgl. dazu *Willems*, Justinian (2017) 304–315. Siehe auch *Voci*, V secolo, SDHI 48 (1982) 25–26.

1266 Gai. 2, 114.

auch in solchen Fällen, in welchen die betreffenden Destinatäre zweifelsfrei bestimmbar wären, wie etwa die Besucher der Trauerfeier, derjenige, welcher zum Konsul gewählt wird oder welcher seine Tochter dem Sohn des Testators zur Frau geben wird. Der juristische Kerngehalt des Problems ist bislang nicht befriedigend geklärt[1267] und kann auch im Folgenden nicht umfassend erörtert werden. Eine ‚Umdeutung' kommt allenfalls insofern in Frage, als das Fideikommissrecht hier großzügiger zu sein scheint; die Gleichstellung von Legaten und Fideikommissen hinsichtlich der Bestimmbarkeit ist erst unter Hadrian erfolgt[1268], sodass für die Zeit davor anzunehmen ist, dass das Verbot auf Fideikommisse nicht anwendbar war und offenbar auch danach das Fideikommissrecht in bestimmten Konstellationen – wie der des Familienfideikommisses – weiterhin Ausnahmen kannte, welche im formellen Legatsrecht nicht vorgesehen waren[1269]. War demnach das Legat zugunsten einer nach Legatsrecht nicht ausreichend bestimmten Person als solches ungültig und enthielt das Testament eine ‚Verstärkungsklausel', welche die Erfüllung auch der *fides* des Erben auferlegte, so war eine Umdeutung in ein Fideikommiss immerhin denkbar. Quellenbelege gibt es dazu allerdings keine, was an der Überlieferung liegen mag.

b. Inhalt und Umfang

War der Inhalt des Vermächtnisses nicht zweifelsfrei festzustellen, so stand ebenfalls die Nichtigkeit wegen Unbestimmtheit im Raum. In manchen Fällen wurde die Zuwendung dennoch ‚gerettet', indem der Richter den Inhalt auf die eine oder andere Weise bestimmte – zu einem Wandel der Rechtsform kam es dabei jedoch nicht:

> Ulp. 2 fideicomm., D. 33, 1, 14: *Si cui annuum fuerit relictum sine adiectione summae, nihil videri huic adscriptum Mela ait: sed est verior Nervae sententia, quod*

[1267] Siehe zwar *Corbo*, Incertae personae (2012), insbes. 21–106, dazu aber mit Recht kritisch *Buchwitz*, Rez. Corbo, ZRG RA 133 (2016) 535 (die Fragen „harren weiter einer erneuten Untersuchung"). Siehe auch die Rez. *Ribas Alba* in SCDR 26 (2013) 369–383. Zur Einsetzung von *incertae personae* – insbesondere von *corpora* – *Rüfner*, Erbfähigkeit, in: HRPR (2023) § 52 Rn. 9–10.

[1268] Gai. 2, 287.

[1269] Siehe *Babusiaux*, Iunia Libertas, in: Klauselgestaltungen (2022) 62.

> *testator praestare solitus fuerat, id videri relictum: si minus, ex dignitate personae statui oportebit.*
>
> Wenn jemandem eine jährliche Rente ohne Angabe eines Betrages hinterlassen wurde, sei ihm nichts vermacht, sagt Mela. Aber richtiger ist die Meinung des Nerva, es sei das als vermacht anzusehen, was der Erblasser zu leisten pflegte. Wenn er nichts leistete, muss die Bestimmung nach dem Rang der Person getroffen werden.[1270]

Zwar ist nicht ausdrücklich erwähnt, mit welchen *verba* die Rente zugewendet worden ist, doch behandelt Ulpian den Fall in seinem Kommentar zum Fideikommissrecht. Der Erblasser hatte verabsäumt, die Höhe der Rente anzugeben. Mela war daher der Auffassung, dass nichts vermacht sei; möglicherweise hatte sich dessen Entscheidung jedoch auf ein Legat bezogen. Dass Fideikommisse überhaupt klagbar sind, ist eine Neuerung, welche in Melas letzte Lebensjahre fallen dürfte und daher zum Zeitpunkt dieser Rechtsauskunft noch nicht vollzogen gewesen sein muss[1271]. Nerva jedoch sei der Meinung gewesen, dass geschuldet werde, was der Erblasser dem Begünstigten zu seinen Lebzeiten üblicherweise leistete[1272], da das einen plausiblen Anhaltspunkt für den Willen bzgl. der letztwilligen Begünstigung darstellte. Ulpian geht noch einen Schritt weiter: Habe der Begünstigte bisher keine Rente vom Erblasser bezogen, so sei geschuldet, was der *dignitas* des Begünstigten angemessen erscheine. Diese Höhe dürfte der *praetor fideicommissarius* im Rahmen seiner Kognition festgesetzt haben, sofern sich keine anderen Anhaltspunkte ergaben, wie etwa solche, welche Valens in einem vergleichbaren Fall erwähnt:

> Valens 1 fideicomm., D. 34, 1, 22 pr.: *Cum alimenta per fideicommissum relicta sunt non adiecta quantitate, ante omnia inspiciendum est, quae defunctus solitus fuerat ei praestare, deinde quid ceteris eiusdem ordinis reliquerit: si neutrum apparuerit, tum ex facultatibus defuncti et caritate eius, cui fideicommissum datum erit, modus statui debebit.*

[1270] Übersetzung: *K/K/R/S-Ziegler.*

[1271] *Kunkel*, Juristen ^{2}(1967) 116 geht davon aus, dass er ein Zeitgenosse Labeos (gest. zwischen 10 und 21 n. Chr.) war.

[1272] Zur Fideikommissbitte, Freigelassenen das zu gewähren, was der Testator ihnen zu seinen Lebzeiten gewährt hatte, siehe *Babusiaux*, Libertis dari volo quae vivus/viva praestabam, in: Zbornik Petrak (2024) 210–213.

> Ist durch Fideikommiss Unterhalt ohne Angabe des Umfangs hinterlassen, dann ist vor allem darauf zu schauen, was der Verstorbene dem Begünstigten gewöhnlich leistete, sodann darauf, was er anderen gleichen Ranges hinterlassen hat. Wenn sich aus beidem nichts ergibt, muss der Umfang nach dem Vermögen des Verstorbenen und seiner Zuneigung für den, dem das Fideikommiss gegeben ist, bestimmt werden.[1273]

Auch bei Valens geht es um ein Fideikommiss. Hier sollte jemandem durch den Erben Unterhalt geleistet werden, wobei nicht gesagt wird, in welcher Höhe. Erneut wird darauf verwiesen, was der Erblasser gewöhnlich geleistet habe. Alternativ wird jedoch nicht generell-abstrakt darauf abgestellt, was der *dignitas* des Begünstigten entspreche, sondern individuell-konkret darauf, was der Erblasser anderen desselben Ranges (*ordo*) hinterlassen habe. Wenn auch das nicht zu einem eindeutigen Betrag führe, so sei subsidiär auf die Vermögensverhältnisse des Erblassers und dessen Zuneigung (*caritas*) für den Begünstigten zu blicken.

Aus Valens Monographie zu den Fideikommissen ist ein weiterer derartiger Fall überliefert, zu welchem uns auch der Wortlaut des betreffenden Testaments mitgeteilt wird:

> Valens 1 fideicomm., D. 32, 12: ‚*Stichus liber esto: et ut eum heres artificium doceat, unde se tueri possit, peto*'. *Pegasus inutile fideicommissum esse ait, quia genus artificii adiectum non esset: sed praetor aut arbiter ex voluntate defuncti et aetate et condicione et natura ingenioque eius, cui relictum erit, statuet, quod potissimum artificium heres docere eum sumptibus suis debeat.*
>
> ‚Stichus soll frei sein; und ich verlange von meinem Erben, ihn ein Handwerk lernen zu lassen, das ihn ernähren kann'. Pegasus sagt, das Fideikommiss sei unwirksam, weil nicht hinzugefügt worden sei, welches Handwerk. Der Prätor [für Fideikommisse] oder ein [von ihm bestellter] Schätzungsrichter hat jedoch unter Berücksichtigung des Willens des Verstorbenen sowie des Alters, der Verhältnisse, des Wesens und der Fähigkeiten desjenigen, dem das Fideikommiss hinterlassen worden ist, zu bestimmen, welches Handwerk ihn der Erbe auf seine Kosten am besten erlernen lassen muss.[1274]

Stichus wird testamentarisch freigelassen. Zugleich soll der Erbe ihm eine Ausbildung finanzieren, wobei aber nicht hinzugefügt wird, welche. Mit *peto*

1273 Übersetzung: *K/K/R/S-Rüfner.*
1274 Übersetzung: *K/K/R/S-Kupisch.*

ist ein typischer Ausdruck des Fideikommissrechts für die Verpflichtung des Erben gebraucht. Während ein Legat wohl wegen Unbestimmtheit unwirksam gewesen wäre und Pegasus das auch für Fideikommisse vertreten hatte, ist Valens der Ansicht, dass der *praetor fideicommissarius* im Rahmen seiner Kognition den Willen des Erblassers möglichst verwirklichen und ein passendes Handwerk bestimmen solle (selbst oder durch einen geeigneten *arbiter*).

Alle diese Entscheidungen betrafen Fideikommisse. Zwar wurden diese den Legaten unter Hadrian wie gesagt hinsichtlich der Bestimmtheit prinzipiell gleichgestellt, doch dürfte die Gleichbehandlung nicht durchgehend erfolgt sein. Ist die Höhe zumindest hinsichtlich der Anzahl der zu leistenden Münzen bestimmt, wenn auch nicht hinzugefügt wird, welche gemeint sind, so zogen laut Papinian immerhin schon die ‚Alten' für deren Bestimmung die übrigen Vermächtnisse heran[1275] und Ulpian will außerdem auf die Gewohnheiten des Testators bzw. die Ortsüblichkeit abstellen[1276].

13. Sonderprobleme von Legaten unter einer Bedingung oder Auflage

Die Konsequenzen unmöglicher Bedingungen auch für Legate wurden oben VI.10. bei denjenigen, welche einer Erbeinsetzung hinzugefügt wurden, zum Teil bereits mitbesprochen. Im Folgenden geht es um einige Sonderkonstellationen.

a. Zuwendung unter Hinzusetzung eines Heiratsverbots oder -gebots

Ein besonderer Typ der nichtigen Bedingung liegt vor, wenn jene vorsieht, dass der/die Begünstigte nach dem Gutdünken eines Dritten heiraten bzw. überhaupt nicht heiraten soll. Eine derartige Bedingung wird unter Aufrechterhaltung des Legats (mitunter: teilweise) gestrichen. Das Vermächtnis

1275 Pap. 6 resp., D. 28, 5, 79, 1: *quod veteres nummis Titio legatis nummorum specie non demonstrata ceterorum legatorum contemplatione receperunt.*

1276 Ulp. 2 ad Sab., D. 28, 1, 21, 1: *placeret coniectionem fieri eius quod reliquit vel ex vicinis scripturis vel ex consuetudine patris familias vel regionis.* Dazu *Harke*, Error (2005) 39–40 Fn. 64.

wird also manchmal von einem bedingten in ein unbedingtes umgewandelt, manchmal immerhin die Bedingung modifiziert.

Mehrere Gutachten klassischer Juristen sind zu diesem Themenkreis überliefert. Das folgende findet sich im Digestentitel zu Bedingungen (und anderen Nebenbestimmungen) in Testamenten:

> Pap. 18 quaest., D. 35, 1, 72, 4: ‚*Si arbitratu Titii Seia nubserit, heres meus ei fundum dato*‘. *vivo Titio etiam sine arbitrio Titii eam nubentem legatum accipere respondendum est eamque legis sententiam videri, ne quod omnino nuptiis impedimentum inferatur. sed si Titius vivo testatore decedat, licet condicio deficit, quia tamen suspensa quoque pro nihilo foret, mulieri succurretur.*
>
> ‚Wenn Seia [einen] nach dem Ermessen des Titius [geeigneten Mann] heiratet, soll mein Erbe ihr das Landgut geben‘. Man muss als Gutachter entscheiden, dass sie auch dann, wenn sie zu Lebzeiten des Titius heiratet, ohne das Urteil des Titius einzuholen, das Vermächtnis erhält, und es sei ersichtlich der Sinn der Anordnung der Lex Iulia et Papia, dass überhaupt niemals ein Hindernis für die Eheschließung durch Auslegung hergeleitet werden darf. Stirbt aber Titius noch zu Lebzeiten des Erblassers, so muss der Frau geholfen werden, obwohl dann die Bedingung [soweit es um das Ermessen des Titius geht] ausfällt, weil sie, auch wenn sie [nach dem Tod des Erblassers] schwebte, als nichtig behandelt würde.[1277]

Papinian gibt die betreffende Testamentsklausel wörtlich wieder und behandelt zwei mögliche daran anschließende Konstellationen. Ausweislich der im Testament hinzugesetzten Bedingung solle Seia vom Erben die Leistung eines Grundstückes dann verlangen können, wenn sie nach dem Ermessen des Titius geheiratet haben würde. In der ersten Variante hat Seia zwar zu Lebzeiten des Titius geheiratet, aber ohne dass er diesbezüglich eine Ermessensentscheidung getroffen hätte. In der zweiten Variante ist Titius noch zu Lebzeiten des Testators verstorben und konnte daher eine solche Entscheidung nicht treffen. Hinsichtlich der ersten Variante führt Papinian aus, dass die Klausel lediglich bedeute, dass Seia an einer Heirat nicht gehindert werden dürfe. Für die zweite Variante stellt Papinian fest, dass die Bedingung zwar ‚ausgefallen‘ sei, dass sie aber ohnehin nichtig wäre, selbst wenn sie noch schwebend wäre: Der Erbe schulde der Seia das Landgut aus dem Damnationslegat.

[1277] Übersetzung: *K/K/L/R-Luig.*

Cossa[1278] behandelt das Fragment unter dem Blickwinkel der *regula Sabiniana* und weist insbesondere darauf hin, dass auf die *lex Iulia et Papia* Bezug genommen werde, welche letztwillige Verfügungen verboten habe, welche die Freiheit der Eheschließung beeinträchtigten[1279]. Damit handelt es sich um einen Fall der Unmöglichkeit einer Bedingung, welche nicht im Zusammenhang mit einer faktischen Absurdität zu sehen ist, sondern mit einer Art rechtlicher Unmöglichkeit. Die Bedingung werde aber nicht völlig ‚gestrichen', sondern nur zum Teil: Die Eheschließung scheint weiterhin Voraussetzung für den Erwerb zu sein, Titius kann den Legatserwerb jedoch nicht verhindern, selbst wenn die Begünstigte ohne oder sogar gegen sein Ermessen heiratete. Der Erblasser wollte offenbar das Vermächtnis an die Eheschließung koppeln und kein unbedingtes Legat; der rechtlich aufgrund der *lex Iulia et Papia* ‚unmögliche' Teil der Klausel – die Abhängigkeit vom Ermessen des Titius – wurde jedoch hinwegfingiert. So wurde aus dem bedingten Legat zwar kein unbedingtes, aber doch ein etwas anders bedingtes.

Den Fall, dass derjenige, welchem das Ermessen zugesprochen wurde, schon zu Lebzeiten des Testators verstarb, behandeln auch die folgenden Fragmente aus Werken des Paulus und des Pomponius:

> Paul. 2 epit. Alf. dig., D. 35, 1, 28 pr.: *Filiae suae ita quis legavit: ‚si Attia filia mea arbitratu Lucii Titii nubserit, ei tot heres meus dato'. Titio ante testatorem mortuo Attia nubserat: quaerebatur, an legatum ei deberetur. respondit deberi.*
>
> Jemand hat mit folgenden Worten seiner Tochter etwas vermacht: ‚Wenn Attia, meine Tochter, [einen] nach dem Ermessen des Lucius Titius [geeigneten Mann] geheiratet hat, soll ihr mein Erbe soundsoviel zahlen'. Nachdem Titius schon vor dem Testator gestorben war, hatte Attia geheiratet. Man fragte an, ob ihr das Vermächtnis geschuldet werde. Alfenus Varus hat entschieden, es werde geschuldet.[1280]
>
> Pomp. 8 ad Sab., D. 30, 54, 1: *Si Titiae legatum relictum est, si arbitratu Seii nupsisset, et vivo testatore Seius decessisset et ea nupsisset, legatum ei deberi.*

[1278] *Cossa*, Regula Sabiniana (2013) 574–585.

[1279] *Ferrini*, Legati (1889) 347 meint, dass Papinian vielleicht die ‚Theorie' der Bedingungen *contra bonos mores* anwende.

[1280] Übersetzung: *K/K/L/R-Luig*.

> Ist Titia ein Vermächtnis hinterlassen, wenn sie den heiraten würde, den Seius auserwählt, war Seius noch zu Lebzeiten des Erblassers gestorben und hat sie sich verheiratet, so werde ihr das Vermächtnis geschuldet.[1281]

Der Paulus-Text wurde ebenfalls in den Titel über die Bedingungen in Testamenten eingeordnet; auch hier wird entschieden, dass das Vermächtnis auch geschuldet sei, wenn derjenige, in dessen Ermessen die Eheschließung der Tochter gestellt wurde, schon vor dem Testator verstarb und die Tochter heiratete.

Das Pomponius-Fragment fand seinen Platz hingegen im Titel zu den Legaten und Fideikommissen und gibt die Klausel im Gegensatz zu den beiden anderen besprochenen Texten nicht wörtlich wieder; der Fall liegt jedoch gleich mit dem des Paulus-Textes und auch die Entscheidung lautet gleich.

Der Grund für die (teilweise) Streichung einer derartigen Bedingung, welcher bei Papinian mit der Bezugnahme auf eine *lex* in den Bereich der rechtlichen Unmöglichkeit gerückt wurde, wird insbesondere durch den folgenden Text verdeutlicht:

> Terent. Clem. 5 ad leg. Iul. et Pap., D. 35, 1, 64: *Hoc modo legato dato ‚si Lucio Titio non nubserit' non esse legi locum Iulianus aiebat.* 1. *Quod si ita scriptum esset ‚si Ariciae non nubserit', interesse, an fraus legi facta esset: nam si ea esset, quae aliubi nuptias non facile possit invenire, interpretandum ipso iure rescindi, quod fraudandae legis gratia esset adscriptum: legem enim utilem rei publicae, subolis scilicet procreandae causa latam, adiuvandam interpretatione.*

> Bei einem Vermächtnis der folgenden Art ‚wenn sie Lucius Titius nicht geheiratet hat', sei die Lex Iulia et Papia nicht anwendbar, sagte Julian. 1. Lautete die Klausel aber ‚wenn sie nicht in Aricia geheiratet hat', so komme es darauf an, ob das Gesetz umgangen worden ist. Wenn sie nämlich in der Lage wäre, dass für sie eine Gelegenheit zu einer Ehe anderswo nicht leicht zu finden ist, müsse man dahin auslegen, dass die Klausel ohne weiteres nichtig sei, weil sie zur Umgehung der Lex Iulia et Papia hinzugefügt wurde. Denn die Lex Iulia et Papia müsse, da sie zum Nutzen des Staates, nämlich um der Vermehrung der Nachkommenschaft willen, erlassen sei, durch Auslegung gestützt werden.[1282]

Erneut wird auf eine *lex* Bezug genommen und hier liegt der Zusammenhang schon infolge der *inscriptio* auf der Hand: Es handelt sich um einen

---

[1281] Übersetzung: *K/K/R/S-Knütel.*

[1282] Übersetzung: *K/K/L/R-Luig.*

Kommentar des Terentius Clemens zur *lex Iulia et Papia*. Wenn zur Bedingung erhoben wird, dass die Begünstigte eine (namentlich) genau bezeichnete Person nicht heiratet, so steht dem die *lex Iulia et Papia* nicht entgegen; nur generelle Eheverbote oder die Betroffene individuell besonders treffende Erschwernisse der Eheschließung, wie das Verbot, an einem bestimmten Ort zu heiraten, wurde als dem Gesetz widersprechend gestrichen[1283]. So wurde das bedingte Legat zu einem unbedingten und konnte von der Begünstigten umgehend eingeklagt werden.

b. ‚Überflüssige' Bedingungen

Von den unmöglichen Bedingungen bei Legaten war bereits oben im Zusammenhang mit den unmöglichen Bedingungen, welche Erbeinsetzungen hinzugesetzt wurden, die Rede. Vor allem bei Damnationslegaten gab es hier wie gesehen eine Kontroverse, ob parallel zur Unwirksamkeit von Stipulationen (Prokulianer) oder zur Wirksamkeit von Erbeinsetzungen (Sabinianer) zu entscheiden sei. Zu ergänzen sind im gegebenen Zusammenhang die ‚Streichungen' von überflüssigen Bedingungen bei Vermächtnissen und deren Bedeutung für die Wirksamkeit der Einzelzuwendung. Sie konnten nämlich mitunter die ‚Umdeutung' einer unwirksamen Verfügung in eine wirksame anderer Art bewirken.

> Gai. lib. sing. de cas., D. 35, 1, 107: *Aliquando accidit, ut sub condicione datum legatum purum intellegatur, veluti quod sub eadem condicione relictum est, sub qua etiam heres alius institutus est, item quod sub hac condicione relictum est ‚si hereditatem adierit'. ex diverso quoque purum datum legatum condicionale videtur, veluti quod sub condicione ademptum est, quia sub contraria condicione datum intellegitur.*
>
> Manchmal geschieht es, dass ein unter einer Bedingung hinterlassenes Vermächtnis als unbedingt angesehen wird, wie zum Beispiel, wenn etwas unter derselben Bedingung hinterlassen worden ist, unter der auch ein anderer als Erbe eingesetzt ist, ebenso, wenn etwas unter der Bedingung hinterlassen worden ist ‚wenn er die Erbschaft antreten wird'. Umgekehrt kann auch ein unbedingt zugewendetes Vermächtnis als bedingtes angesehen werden, zum Beispiel ein Vermächtnis, das

---

[1283] *Stagl*, Favor dotis (2009) 81 spricht in diesem Zusammenhang von „teleologischer Extension" des gesetzlichen Verbots.

> unter einer Bedingung entzogen wurde, weil es als unter der entgegengesetzten Bedingung zugewendet angesehen wird.[1284]

Wird ein Vermächtnisnehmer unter derselben Bedingung begünstigt, unter welcher auch die Einsetzung des Erben steht, oder wird der Vermächtnisnehmer unter der Bedingung begünstigt, dass der Erbe die Erbschaft antritt, so fällt das Vermächtnis, obwohl es bedingt ausgesetzt wurde, zum selben Zeitpunkt an, zu welchem ein unbedingtes angefallen wäre; aus diesem Grunde sagt Gaius, das bedingte Legat sei ‚als ein unbedingtes anzusehen'.

Es könne aber auch ein unbedingtes Legat als ein bedingtes anzusehen sein: Dann nämlich, wenn es zwar unbedingt zugewendet, aber unter einer Bedingung aufgehoben wird; die Bedingung der Aufhebung schlägt auf das unbedingte Legat im Ergebnis so durch, dass es ‚als unter der entgegengesetzten Bedingung zugewendet anzusehen' sei.

Auch Pomponius beschäftigte sich mit den ‚überflüssigen' Bedingungen von Legaten:

> Pomp. 5 ad Q. Muc., D. 36, 2, 22, 1: *Quaedam autem condiciones etiam supervacuae sunt, veluti si ita scribat: ‚Titius heres esto. si Titius hereditatem meam adierit, Maevio decem dato': nam pro non scripto ea condicio erit, ut omnimodo ad heredem Maevii legatum transeat, etiamsi Maevius ante aditam hereditatem decesserit. et idem, si ita fuerit scriptum: ‚si Titius hereditatem meam adierit, intra dies centum Maevio decem dato': nam hoc legatum in diem erit, non sub condicione, quia definitio Labeonis probanda est dicentis id demum legatum ad heredem legatarii transire, quod certum sit debitum iri, si adeatur hereditas.*
>
> Manche Bedingungen sind allerdings auch überflüssig, zum Beispiel wenn der Erblasser wie folgt schreibt: ‚Titius soll Erbe sein. Wenn Titius meine Erbschaft angetreten hat, soll er Maevius zehn zahlen.' Diese Bedingung ist nämlich als nicht geschrieben anzusehen, so dass das Vermächtnis auf jeden Fall auf den Erben des Maevius übergeht, auch wenn Maevius verstorben ist, bevor die Erbschaft angetreten wurde. Und ebenso verhält es sich, wenn folgendes geschrieben stand: ‚Wenn Titius meine Erbschaft angetreten hat, soll er Maevius innerhalb von hundert Tagen zehn zahlen.' Denn dieses Vermächtnis enthält einen Termin, steht aber nicht unter einer Bedingung, weil die Regel des Labeo zu billigen ist; dieser sagt, auf den Erben des Vermächtnisinhabers gehe jedes Vermächtnis über, von dem sicher sei, dass es geschuldet werden wird, wenn die Erbschaft angetreten wird.[1285]

1284 Übersetzung: *K/K/L/R-Luig.*

1285 Übersetzung: *K/K/L/R-Lohsse.*

Auch hier geht es um die Begünstigung mittels (Damnations-)legats unter der Bedingung, dass der Erbe die Erbschaft antritt. Maßgeblich ist die Streichung insbesondere im Hinblick auf eine mögliche Transmission: Ist das Legat bedingt, so hängt der *dies cedens* vom Bedingungseintritt ab; ist es hingegen unbedingt, so ist der *dies cedens* der Todeszeitpunkt des Testators. Für die Bedingung ‚falls mein Erbe antritt' wäre demnach eine Vererblichkeit der Anwartschaft erst ab Erbantritt gegeben; wird diese Bedingung als ‚überflüssig' gestrichen, so kann es bereits vor dem Erbschaftsantritt zur Transmission kommen, sofern der Begünstigte nach dem Erblasser verstirbt[1286].

c. *Legatum sub modo*[1287]

Einer testamentarischen Begünstigung Auflagen beizufügen war zwar üblich, insofern aber ‚gefährlich', als eine Auflage an sich keinen unmittelbaren Klagschutz gewährleistete[1288]. Lediglich wenn ein Dritter erkennbar begünstigt sein sollte, wurde auch ohne explizite Verpflichtung durch den Erblasser dem Belasteten auferlegt, dem Begünstigten gegenüber eine *cautio* zu leisten[1289]. Weigerte jener sich, so wurde seine Klage denegiert oder dem Gegner eine *exceptio doli* gewährt[1290]. Wollte der Erblasser auch in anderen Fällen die Erfüllung sicherstellen, so wurden mitunter Strafdrohungen mit der Zuwendung unter einer Auflage verbunden. Hatte der Erblasser daran nicht gedacht, so war die Erfüllung der Auflage entweder nicht erzwingbar oder bedurfte der Umdeutung; als Ergebnis in Frage kam hierbei insbesondere, wie im folgenden Fall, eine Bedingung:

> Iav. 3 exp. Lab., D. 35, 1, 40, 5: *Thermus Minor quorum arbitratu monumentum sibi fieri vellet testamento scribserat, deinde ita legaverat: ‚Luciis Publiis Corneliis ad monumentum meum aedificandum mille heres meus dato'. Trebatius respondit pro ea habendum ac si ita legatum esset, si satisdedissent se ita id monumentum ex ea pecunia*

1286 So auch zutreffend *Mokrejs*, Condicio iuris, RIDA 57 (2010) 322 gegen *Castán Pérez-Gómez*, Condicio iuris (2006) 41.

1287 Zur Problematik der Terminologie siehe nur *Di Salvo*, Legato modale (1973) 5–6.

1288 Dazu *Johnston*, Trusts (1988) 238–249.

1289 Vgl. Pap. 17 quaest., D. 35, 1, 71 pr.; dazu *Babusiaux*, Papinians Quaestiones (2011) 161–162.

1290 Vgl. *Voci*, DER II ²(1963) 620–621 mwN.; *Di Salvo*, Legato modale (1973) 54–90.

> *facturos. Labeo Trebatii sententiam probat, quia haec mens testantis fuisset, ut ea pecunia in monumentum consumeretur: idem et ego et Proculus probamus.*

> Thermus der Jüngere hatte in seinem Testament jemanden benannt, nach dessen Bestimmung ihm nach seinem Willen ein Denkmal errichtet werden solle, und darauf folgendes Vermächtnis ausgesetzt: ‚Dem Lucius und dem Publius Cornelius soll mein Erbe zur Errichtung meines Denkmals tausend geben.' Trebatius hat entschieden, das Vermächtnis müsse so behandelt werden, als wäre es unter der Bedingung ausgesetzt, dass sie Sicherheit dafür geleistet hätten, das Denkmal mit diesem Geld zu errichten. Labeo hält die Ansicht des Trebatius für richtig, weil der Erblasser beabsichtigte, dass das Geld für das Denkmal verbraucht würde. Dasselbe halte auch ich mit Proculus für richtig.[1291]

Mittels Damnationslegats wird dem Erben auferlegt, eine bestimmte Summe Geldes an Vermächtnisnehmer herauszugeben; gleichzeitig sollen aber – so lautet die mit *ad* … eingeleitete Auflage – die Vermächtnisnehmer mit diesem Geld ein Denkmal[1292] errichten. Die Erfüllung der Auflage durch die Legatare soll nach der Auskunft der respondierenden Juristen dadurch gesichert werden, dass nur im Gegenzug für die Leistung einer Sicherheit der Anspruch auf das Vermächtnis durchgesetzt werden kann[1293]. Dieses Ergebnis ist nach *Ankum* Folge „des Umkonstruierens der Auflage in eine Bedingung"[1294], also

---

1291 Übersetzung: *K/K/L/R-Luig.*

1292 Vgl. zu Iav. 3 exp. Lab., D. 35, 1, 40, 5 auch eingehend *Di Salvo*, Legato modale (1973) 29–41, der insbesondere Untersuchungen darüber anstellt, was mit dem *monumentum* genau gemeint war; es dürfte sich um das noch zu errichtende Grab(mal) des Testators handeln. Ibid. 42 (sowie 51) geht der Autor davon aus, dass diese mittelbare Erzwingbarkeit der Errichtung eines Grabmals durch einen Legatar auf Trebaz zurückreicht. Obwohl durch das Vordringen der christlichen Friedhofsbestattung diese Fallgruppe ihre Bedeutung verloren habe, seien die Texte – so der Autor ibid. 43 – als ‚Prototyp' für ein Legat unter Auflage in die Digesten aufgenommen worden. Nicht für alle Fallgruppen habe sich aber die mittelbare Erzwingbarkeit durch Leistung einer *cautio* als geeignet erwiesen; beispielhaft nennt *Di Salvo* aaO. die Auflage, eine bestimmte Person zu heiraten.

1293 Vgl. *Ch. Paulus*, Unsterblichkeit (2018) 178–179 (= *ders.*, Idee der postmortalen Persönlichkeit [1992] 189), der davon ausgeht, dass die Legatare vermutlich weniger aufwenden und die eingesparte Summe als ‚Verdienst' behalten wollten.

1294 *Ankum*, Legatum sub modo, TR 87 (2019) 354. *Biondi*, Successione ²(1955) 569 meint, dass die Juristen die Verfügung so interpretierten, als sei ‚*si satisdedit se ita id monumentum ex ea pecunia facturus*' geschrieben worden, und geht folglich von einer Fiktion aus; *Di Salvo*, Legato modale (1973) 80 erblickt darin eine „costruzione civilistica del

einer ‚Konversion'. *Kohlhaas* weist jedoch zu Recht darauf hin, dass zwar „aus der Auflage also die Bedingung, Sicherheit zu leisten für die Erfüllung der Auflage"[1295] wird, jedoch „eine Umdeutung der Auflage in eine Bedingung gleichen Inhalts ... nicht in Betracht"[1296] komme: Es bleibt die Auflage nämlich streng genommen ‚Auflage' und wird als solche nicht umgedeutet, was ihre Beseitigung und Ersetzung durch ein anderes Regime bedeuten würde. Vielmehr wird zusätzlich zur Auflage die Bedingung, eine *cautio* zu leisten, hinzufingiert. Das Legat (an welches die Auflage geknüpft ist) fällt sodann erst mit Bedingungserfüllung, dh. Kautionsleistung, an. So erklärt sich auch die Auffassung von Nerva und Atilicius in Val. 5 fideicomm., D. 32, 19[1297], wonach die *actio ex testamento* denegiert werde, bis Sicherheit geleistet worden ist. Iul. 62 dig., D. 40, 5, 48 und Ulp. 36 ad ed., D. 40, 5, 7 hingegen sprechen sich für die Erzwingung einer *cautio* zur Erfüllung einer Auflage nicht durch Denegierung der Klage des Legatars, sondern durch *exceptio doli* des Erben aus, was wohl impliziert, dass nach dieser Lehre das Legat unter Auflage sofort anfällt. Auf beiderlei Weise wird das Ziel des Erblassers erreicht, allerdings wohl nicht so, wie er es sich vorgestellt hätte: Zur Umsetzung der Auflage konnte der Belastete nicht direkt gezwungen werden. Indirekt wird jedoch immerhin dadurch Druck ausgeübt, dass er seinerseits die Begünstigung nur durchsetzen kann, wenn er selbst zuvor durch die Leistung einer *cautio* die Grundlage für eine Klagbarkeit der durch die Auflage vorgesehenen ‚Pflicht' geschaffen hat[1298].

---

modus come condizione di *cavere*"; *Grosso*, Legati ²(1962) 469 spricht hier explizit von „conversione".

1295 *Kohlhaas*, Libri posteriores (1986) 160.

1296 *Kohlhaas*, Libri posteriores (1986) 160 Fn. 115.

1297 Vgl. zu diesem Text nur *Di Salvo*, Legato modale (1973) 52–54. *Voci*, DER II ²(1963) 621 lehnt hingegen eine „efficacia civile" infolge der durch Trebaz eingeführten *fictio* ab und verortet die Wirkungen ausschließlich im Honorarrecht. Vgl. *Di Salvo*, Legato modale (1973) 69, 77 und öfter zu der These, dass die *fictio* mit Wirksamkeit auf Ebene des *ius civile* mit den Mitteln des Honorarrechts koexistiert habe.

1298 Zur Rolle der *voluntas testantis* für die Entscheidung vgl. *Horak*, Rationes decidendi (1969) 217.

14. Falsche Begründung oder unrichtige zusätzliche Bezeichnung von begünstigter Person oder betroffenem Gegenstand: Der Ursprung von *falsa demonstratio non nocet*

Die heute noch geläufige Parömie ‚*falsa demonstratio non nocet*' entstammt – wie so vieles, das später verallgemeinert wurde – dem römischen Testamentsrecht. Heute versteht man darunter ganz allgemein, dass Fehlbezeichnungen (in manchen Fällen) nicht schaden und das gilt, was tatsächlich gewollt ist. Im justinianischen Recht sprach man noch von ‚*falsa demonstratione legatum non peremit*'[1299] (daneben galt auch ‚*legato falsa causa non nocet*'[1300]) und hatte damit einen viel engeren Anwendungsbereich vor Augen[1301].

Wieling[1302] hat aufgrund der zeitlichen Reihenfolge der Belege eine gewisse Verschiebung des Bedeutungsgehaltes beobachtet und hierbei ein Missverständnis vorklassischer Texte schon durch die Klassiker vermutet: Vor Gaius sei ausschließlich die absichtliche unrichtige Begründung für ein Legat zugunsten der Ehefrau erfasst gewesen. Gaius sei der einzige Hochklassiker, bei welchem eine Anwendung der Regel auf eine versehentlich falsche, aber im Hinblick auf die Individualisierung des

---

1299 Inst. 2, 20, 30; hier fällt die parallele Formulierung in Iav. 2 ex poster. Lab., D. 35, 1, 40, 4 auf (*demonstratio falsa legatum non peremit*; siehe zum Text sogleich S. 437).

1300 Inst. 2, 20, 31; vgl. auch ps.-Ulp., reg. 24, 19: *Neque ex falsa demonstratione, neque ex falsa causa legatum infirmatur. Falsa demonstratio est velut ‚Titio fundum, quem a Titio emi, do lego', cum is fundus a Titius emptus non sit. Falsa causa est velut ‚Titio, quoniam negotia mea curavit, fundum do lego', cum negotia eius numquam Titius curasset.*

1301 Noch im Pandektenrecht des 19. Jh wurde teilweise vertreten, betroffen davon seien nur Testamente gewesen; diese Auffassung bestand – neben anderen, bereits in verschiedener Form auf Verträge erweiternden Auffassungen – „noch bis weit in die Geltungszeit des Bürgerlichen Gesetzbuches" (gemeint: des deutschen BGB) fort: *Wieling*, Falsa demonstratio non nocet, AcP 172 (1972) 299 mwN. Für Zusammenfassungen zur Lit. des 19. Jh. siehe *Bang*, Falsa demonstratio, JhJ 66 (1916) 309–312.

1302 *Wieling*, Falsa demonstratio, ZRG RA 87 (1970) 197–245. Vgl. auch *Rampazzo*, Falsa demonstratio, Index 29 (2001) 259; *Astolfi*, Legatum debiti, Index 45 (2017) 331–332, 335 (= Rez. *Papa*, Legatum debiti [2014]). Siehe außerdem *Knütel*, Erbrecht, Index 45 (2017) 304–305 sowie *Kaser/Knütel/Lohsse*, RP [22](2021) § 18 Rn. 15.

Legatsgegenstandes ohnehin überflüssige Bezeichnung belegt sei[1303]. Daran sei in der Spät- und Nachklassik angeknüpft worden. Diese These gilt es anhand der Quellen zu überprüfen.

Javolen überliefert die Ansicht von Labeo, Ofilius und Trebaz zu dem Fall, dass ein Testator seiner Frau ein hinreichend genau bezeichnetes Grundstück vermacht und zusätzlich unrichtigerweise hinzugesetzt hatte, dasselbe Grundstück sei ihm von jener zur *dos* gegeben worden.

> Iav. 2 ex poster. Lab., D. 35, 1, 40, 4: *Qui dotalem fundum nullum habebat, ita legaverat: ‚fundum Cornelianum, quem illa mihi doti dedit, ei heres dato'. Labeo Ofilius Trebatius responderunt fundum nihilo minus legatum esse, quia, cum fundus Cornelianus in rerum natura sit, demonstratio falsa legatum non peremit.*
>
> Jemand, der kein zur Mitgift gehöriges Grundstück in seinem Vermögen hatte, hatte das folgende Vermächtnis ausgesetzt: ‚Das cornelianische Grundstück, das sie mir als Mitgift übertragen hat, soll ihr mein Erbe leisten'. Labeo, Ofilius und Trebatius haben gutachtlich entschieden, das Landgut sei gleichwohl vermacht, denn wenn es das cornelianische Grundstück gibt, beseitigt die Falschbezeichnung [als Mitgiftgrundstück] das Vermächtnis nicht.[1304]

Wie im Zusammenhang mit den unmöglichen Bedingungen – etwa die Bedingung, den Himmel zu berühren – so wird auch hier mit der ‚Natur' argumentiert: die Zuwendung verstößt insofern nicht gegen die Natur, als die bezeichnete Sache als solche existiert: Begründet wird die Möglichkeit der ‚Streichung'[1305] der unzutreffenden Nebenbemerkung von Labeo, Ofilius und Trebaz mit den Worten ‚*cum fundus Cornelianus in rerum natura sit, demonstratio falsa legatum non peremit*'[1306]. Wurde dieser *fundus Cornelianus* nicht, wie vom Testator behauptet, jenem von der Begünstigten in die *dos* gegeben, so ist die Verfügung dennoch wirksam. Diese Nebenbemerkung wird – wie eine schon anfänglich objektiv unmögliche oder eine überflüssige Nebenbestimmung – wegfingiert.

1303 Gaius habe „den wahren Sinn der Regel" nicht erkannt, so *Wieling*, Falsa demonstratio, ZRG RA 87 (1970) 211; idS. auch *Evangelisti*, Errore (2018) 80 Fn. 124.

1304 Übersetzung: *K/K/L/R-Luig.*

1305 Dazu, dass man eine *falsa demonstratio* ‚strich', auch *Wieling*, Falsa demonstratio, ZRG RA 87 (1970) 201.

1306 Vgl. dazu *Biavaschi*, Caesari familiarissimus (2011) 176–180 mwN. ibid. 176–177 Fn. 273–274.

Sie ‚schadet nicht' und konnte das ansonsten wirksam begründete Vermächtnis nicht ‚zerstören'/‚vernichten'/‚beseitigen'/‚aufheben' (*perimere* impliziert, dass etwas, das gültig ist, wegfallen würde).

Auch wenn ein Mann seiner Frau 50 vermacht und zusätzlich behauptet, dass ihm so viel aufgrund ihrer Mitgift zugeflossen war, so stehen der Frau nach der Ansicht des Servius (und auch des Ofilius und Cascellius in Übereinstimmung mit ‚den Schülern des Servius') die 50 auch dann zu, wenn die Mitgift tatsächlich nur 40 betragen hat (bzw. selbst wenn die Frau überhaupt keine Mitgift gehabt hat)[1307]. Denn, so lautet die Erklärung des Labeo: Nicht die Mitgift, sondern ‚statt der Mitgift' werde vermacht.

Lab. 2 ex poster. a Iav. epit., D. 33, 4, 6: *Cum scriptum esset: ‚quae pecunia propter uxorem meam ad me venit quinquaginta, tantundem pro ea dote heres meus dato', quamvis quadraginta dotis fuissent, tamen quinquaginta debere Alfenus Varus Servium respondisse scribit, quia proposita summa quinquaginta adiecta sit.* 1. *Item ei, quae dotem nullam habebat, vir sic legaverat: ‚quanta pecunia dotis nomine' et reliqua, ‚pro ea quinquaginta heres dato'. deberi ei legatum Ofilius Cascellius, item et Servii auditores rettulerunt: perinde habendum esse ac si servus alicui mortuus aut pro eo centum legata essent. quod verum est, quia his verbis non dos ipsa, sed pro dote pecunia legata videtur.*

War, obwohl die Mitgift vierzig betrug, testamentarisch verfügt ‚So viel wie die fünfzig, die mir meiner Frau wegen zugeflossen sind, so viel Geld soll mein Erbe statt dieser Mitgift [meiner Frau] zahlen', dann sind dennoch fünfzig geschuldet; so hat Servius gutachtlich entschieden, wie Alfenus Varus schreibt, weil die erwähnte Summe von fünfzig angegeben sei. 1. In einem weiteren Fall hatte ein Mann seiner Frau, die keine Mitgift hatte, das folgende Vermächtnis ausgesetzt: ‚Das Geld, das als Mitgift' – und so weiter – ‚dafür soll der Erbe fünfzig zahlen'. Das Vermächtnis werde ihr geschuldet, sagen Ofilius und Cascellius, und ebenso haben es die Schüler des Servius berichtet. Es sei ebenso zu beurteilen, wie wenn jemandem ein schon verstorbener Sklave oder an seiner Statt hundert vermacht wären. Das ist richtig, weil mit diesen Worten ersichtlich nicht die Mitgift selbst, sondern statt der Mitgift Geld vermacht wird.[1308]

Im Anschluss an die Legate zugunsten der Ehefrau, welche in einen unrichtigen Zusammenhang mit einer Mitgift gestellt werden, wird der Fall erörtert, dass ein schon verstorbener Sklave bzw. ‚hundert an seiner Stelle' vermacht

1307 Vgl. *Biavaschi*, Caesari familiarissimus (2011) 172–175 insbes. hinsichtlich der Frage, welchem Juristen die Entscheidung zuzurechnen ist.

1308 Übersetzung: *K/K/R/S-Ziegler.*

wurde; auch dieses Legat sei geschuldet. Der Sklave ist hierbei aber eigentlich nicht falsch bezeichnet, vielmehr wird etwas für den Erben Wesentliches weggelassen: Der Sklave befindet sich, weil er bereits verstorben ist, nicht im Nachlass. Das macht die Fälle vergleichbar: Auch die vom Testator fälschlich erwähnte Mitgift gibt es in § 1 nicht. In beiden Fällen ist der Erbe – obwohl er die im Testament erwähnten Vermögenswerte (Sklave, Mitgift) durch den Erbgang nicht erhält – zur Ausfolgung des Legats verpflichtet. Auch in Iav. 2 ex poster. Lab., D. 35, 1, 40, 4 beginnt der Jurist mit dem Hinweis, dass von jemandem ein Dotalgrundstück vermacht werde, welcher gar kein Dotalgrundstück habe; jedoch existierte – anders als die Mitgift oder der Sklave in Lab. 2 ex poster. a Iav. epit., D. 33, 4, 6, 1, wobei aber auch hier immerhin die erwähnten 50 bzw. der Geldwert des verstorbenen Sklaven offenbar im Nachlass vorhanden sind – das konkret bezeichnete Grundstück; der Testator hatte es nur aus einem anderen Grund in seinem Vermögen als dem, welchen er angab (Mitgiftbestellung). Insofern vergleichbare, aber nicht mit der Frage einer Mitgift zusammenhängende Fälle behandelt auch Gaius. Der Gegenstand wurde aus einem anderen Grund erworben als dem, welchen der Testator in seinem Testament angibt (er hat ihn gekauft statt geschenkt erhalten oder umgekehrt):

> Gai. 2 de legatis ad ed. pr., D. 35, 1, 17 pr.: *Demonstratio falsa est, veluti si ita scriptum sit: ‚servum Stichum, quem de Titio emi' ‚fundum Tusculanum, qui mihi a Seio donatus est'. nam si constat, de quo homine, de quo fundo senserit testator, ad rem non pertinet, si is, quem emisse significavit, donatus esset, aut quem donatum sibi esse significaverat, emerit.*

> Es handelt sich um eine Falschbezeichnung, wenn das Testament zum Beispiel wie folgt lautet: ‚den Sklaven Stichus, den ich von Titius gekauft habe', ‚das Landgut bei Tusculum, das mir von Seius geschenkt worden ist'. Denn wenn feststeht, an welchen Sklaven und an welches Landgut der Erblasser gedacht hat, ist es nicht von Bedeutung, ob der Sklave, den er vermeintlich gekauft hat, ihm geschenkt wurde oder ob er das Landgut gekauft hat, zu dem er erklärt hatte, es sei ihm geschenkt worden.[1309]

Gaius führt hier Beispiele an, wann seiner Meinung nach eine ‚*falsa demonstratio*' vorliegt; eine solche tue nichts zur Sache, sobald feststehe, welchen Gegenstand der Testator gemeint habe. Der Gegenstand ist ausreichend bestimmt,

1309 Übersetzung: *K/K/L/R-Luig.*

nur der Erwerbsgrund falsch angegeben. Diesen kann man hinwegfingieren. Hierin scheint also der ‚Grundfall' der *falsa demonstratio* zu liegen.

Gaius fährt im Anschluss mit anderen Fällen fort, in welchen seiner Meinung nach dasselbe zu gelten habe, insofern dürfte er nun den Anwendungsbereich erweitern:

> Gai. 2 de legatis ad ed. pr., D. 35, 1, 17, 1: *Igitur et si ita servus legatus sit: ‚Stichum cocum', ‚Stichum sutorem Titio lego', licet neque cocus neque sutor sit, ad legatarium pertinebit, si de eo sensisse testatorem conveniat: nam et si in persona legatarii designanda aliquid erratum fuerit, constat autem, cui legare voluerit, perinde valet legatum ac si nullus error interveniret.*
>
> Auch wenn also der Sklave auf folgende Weise vermacht wurde, ‚den Koch Stichus' oder ‚den Schuster Stichus vermache ich dem Titius', steht er dem Vermächtnisnehmer zu, selbst wenn er weder Koch noch Schuster ist, sofern man sich darüber einig ist, dass der Erblasser ihn gemeint hat. Denn auch wenn in der Bezeichnung der Person des Vermächtnisnehmers irgendein Irrtum unterlaufen ist, aber feststeht, wem er vermachen wollte, ist das Vermächtnis gültig, so als ob kein Irrtum vorgekommen wäre.[1310]

Die hier erwähnten unrichtigen Bezeichnungen beziehen sich nun nicht mehr auf Erwerbsgründe, sondern auf Eigenschaften: Der vermachte Sklave weist nicht die Fertigkeiten auf, welche der Testator ihm im Testament zugeschrieben hat (Koch, Schuster). Steht fest, welchen Sklaven der Testator gemeint hat – er hat ihn immerhin namentlich bezeichnet –, so schadet das nicht[1311]. Erneut reicht ein Hinwegfingieren des fehlerhaften Klauselbestandteiles. Um sich der Terminologie der Republikaner zu bedienen: Der gemeinte Sklave existiert. Zur weiteren Untermauerung führt Gaius an, dass das auch dann gelte, wenn bei der Bezeichnung der Person des Legatars irgendetwas

---

1310 Übersetzung: *K/K/L/R-Luig.*

1311 Anders Iav. 3 post. Lab., D. 34, 5, 28, wenn trotz namentlicher Bezeichnung zunächst nicht offenkundig ist, wen der Testator gemeint hatte, wenn er zwar ‚*Flaccus pistor*' vermacht, jedoch sowohl einen *fullo Flaccus* als auch einen *pistor Philonicus* hatte. Entscheidend ist dann, an wen der Erblasser gedacht hatte, was ausweislich des Textes davon abhängt, ob er die Namen seiner Sklaven kannte oder nicht; kannte er sie, so entscheidet der Name, kannte er sie nicht, so entscheidet die Berufsbezeichnung. Siehe zum Text etwa *Flume*, Irrtum und Rechtsgeschäft, in: FS Schulz I (1951) 223–224.

unrichtig sei[1312]; dem Legatar solle dies nicht zum Nachteil gereichen, ihm das Vermächtnis vielmehr zustehen.

Die Lösung zur falschen Bezeichnung – Gaius bezieht sich nun auf Umstände, welche in der Person des Legatars liegen – überträgt der Jurist in weiterer Folge auf falsche Begründungen und grenzt jene schließlich von Begründungen ab, welche zu einer Bedingung erhoben wurden:

> Gai. 2 de legatis ad ed. pr., D. 35, 1, 17, 2–3: 2. *Quod autem iuris est in falsa demonstratione, hoc vel magis est in falsa causa, veluti ita ‚Titio fundum do, quia negotia mea curavit', item ‚fundum Titius filius meus praecipito, quia frater eius ipse ex arca tot aureos sumpsit': licet enim frater huius pecuniam ex arca non sumpsit, utile legatum est. 3. At si condicionaliter concepta sit causa, veluti hoc modo: ‚Titio, si negotia mea curavit, fundum do': ‚Titius filius meus, si frater eius centum ex arca sumpsit, fundum praecipito', ita utile erit legatum, si et ille negotia curavit et huius frater centum ex arca sumpsit.*
>
> 2. Was aber rechtens ist bei einer Falschbezeichnung, das gilt noch mehr bei einer falschen Begründung, wie etwa ‚ich gebe dem Titius das Landgut, weil er meine Geschäfte besorgt hat', ebenso ‚das Landgut soll mein Sohn Titius vorwegnehmen, weil sein Bruder aus der Truhe soundso viele Aurei genommen hat'. Denn auch wenn sein Bruder kein Geld aus der Truhe genommen hat, ist das Vermächtnis durchsetzbar. 3. Wenn aber die Begründung als Bedingung gefasst ist, wie zum Beispiel auf folgende Weise: ‚Dem Titius gebe ich, sofern er meine Geschäfte besorgt hat, das Landgut'; ‚Titius, mein Sohn, soll, sofern sein Bruder hundert aus der Truhe genommen hat, das Landgut vorwegnehmen', sind die Vermächtnisse nur dann durchsetzbar, wenn der eine die Geschäfte geführt und der Bruder des anderen hundert aus der Truhe genommen hat.[1313]

Gaius bedient sich hier der Figur des Größenschlusses, um seine Meinung zu begründen: Wenn sogar die falsche Bezeichnung nicht schade, so schade noch weniger eine falsche Begründung[1314], wenn Gegenstand und Person feststehen. Die Satzstellung bzw. die Verwendung von *quia* oder *si* in der

---

[1312] Zum sog. ‚*error in nomine*' vgl. Gord. A. Rufino, C. 6, 23, 4 ([a. 239] für den Text siehe unten Fn. 1331) sowie Antonin. A. Fausto, C. 6, 37, 7, 1 (a. 215). Dazu *Voci*, DER II ^{2}(1963) 827; *ders.*, L'errore (1937) 112–113. *Wieling*, Testamentsauslegung (1972) 187 differenziert hier zwischen falschen Eigennamen und sonstigen falschen ‚Namen' iSv. (Gattungs-)Bezeichnungen. IdS. auch *Harke*, Error (2005) 37 mit Fn. 58 sowie ibid. 39.

[1313] Übersetzung: *K/K/L/R-Luig.*

[1314] Hierin sieht etwa *Avenarius*, Liber singularis regularum (2005) 462–463 einen Motivirrtum.

betreffenden Testamentsklausel soll entscheiden, ob es eine solche ‚bloße Begründung' darstellt, welche bei Nichtzutreffen irrelevant ist und ‚gestrichen' wird, oder ob es sich um eine Bedingung handelt, deren Nichtzutreffen als Bedingungsausfall das Legat unwirksam werden lässt.

Dass eine falsche Begründung gestrichen werden kann, gilt allerdings nur, wenn sie nicht kausal für die Verfügung war:

> Pap. 18 quaest., D. 35, 1, 72, 6: *Falsam causam legato non obesse verius est, quia ratio legandi legato non cohaeret: sed plerumque doli exceptio locum habebit, si probetur alias legaturus non fuisse.*
>
> Es ist richtiger, dass eine falsche Begründung dem Vermächtnis nicht entgegengehalten werden kann, weil der Grund für die Zuwendung dem Vermächtnis nicht anhaftet. Aber meistens wird für die Einrede der Arglist Raum sein, wenn bewiesen wird, dass der Testator das Vermächtnis unter anderen Umständen [als den angenommenen] nicht ausgesetzt hätte.[1315]

Aus Papinians Quaestionen ist hier eine scheinbar von einem konkreten Fall losgelöste regelhafte Entscheidung wiedergegeben, wonach die falsch angegebene *causa* dem Legat nicht schade, wenn nicht bewiesen werden könne, dass ohne das tatsächliche Zutreffen derselben das Legat nicht ausgesetzt worden wäre. Nachdem der Beweis der Kausalität einer Begründung dem zugeschoben wird, der behauptet, dass ohne den angeführten Grund überhaupt nicht vermacht worden wäre, bestand offenbar zumindest eine widerlegliche Vermutung für die Unbeachtlichkeit: Der Erbe muss gegen die *actio ex testamento* eines Damnationslegatars oder die *rei vindicatio* eines Vindikationslegatars eine *exceptio doli* beantragen und beweisen, dass der Legatar gegen den Willen des Testators klagt. Das Legat ist also nach *ius civile* gültig, kann aber ggf. durch den Prätor entkräftet werden. Möglicherweise lässt sich das auch mit der folgenden Vorstellung erklären: Der Testator ‚rechtfertigt' sich mit Begründungen lediglich vor dem belasteten Erben für seine Großzügigkeit den durch die Einzelverfügungen Begünstigten gegenüber[1316]. Trifft die Begründung nicht zu, so mag das für den Erben unbefriedigend erscheinen; dennoch ist er belastet. Die ‚Großzügigkeit' des Testators, der Einzelverfügungen ausspricht, ist schließlich auch grundlos möglich. Wenn also

---

1315 Übersetzung: *K/K/L/R-Luig.*

1316 Eine ähnliche Vermutung entwickelte auch *Keller*, Institutionen (1861) 387.

durch eine beigefügte Begründung nicht geradezu zum Ausdruck gebracht wird, dass allein aufgrund des Vorgebrachten der Erblasser den Betreffenden begünstigen wollte, so wird eher die Großzügigkeit denn die Vorstellung von ‚*do ut des*' unterstellt, was das Ansehen des Verstorbenen befördern dürfte.

Wieling geht davon aus, dass in der *demonstratio*, wonach es sich um ein Dotalgrundstück handle, grundsätzlich zugleich auch eine Begründung bzw. eine Erklärung des Motivs liege, warum der Testator dieses Grundstück seiner Frau als Vermächtnis zuwende: Es sei immerhin üblich gewesen, der Frau die eingebrachte *dos* zu vermachen. Einen Irrtum über die Zugehörigkeit zur *dos* hält *Wieling* für ausgeschlossen, weil ein Landgut ein Wertobjekt sei, „über dessen Herkunft sicherlich auch ein römischer Großgrundbesitzer Auskunft geben konnte"[1317]. Das wird in der Regel sicherlich zutreffen, doch ist nicht auszuschließen, dass bspw. jemand, der im Laufe seines Lebens in einem bestimmten Landstrich mehrere nebeneinanderliegende Grundstücke erworben hatte – eines vielleicht aufgrund einer eigenen Erbschaft, ein anderes aufgrund eines Kaufes oder möglicherweise aufgrund einer Schenkung, und eines mag ihm in die Mitgift gegeben worden sein –, möglicherweise viele Jahre später ein Grundstück fälschlich der Mitgift zuordnet und der Frau vermacht; dabei ist anzunehmen, dass dem Testator das zu vermachende Grundstück konkret vor Augen stand und er genau dieses Grundstück vermachen wollte. Die Verwechslung von Grundstücken ist immerhin auch ein beliebtes Motiv bei der Erörterung der Willensbildung bei Kaufverträgen. Eine Verschleierungs- bzw. Täuschungsabsicht, welche *Wieling* dem Testator hier unterstellt, ist wohl immerhin nicht mit der Gewissheit anzunehmen, wie *Wieling* sie voraussetzt, welcher von einem hier zum Ausdruck kommenden ‚*favor uxoris*' bei der Testamentsauslegung spricht, weil die Juristen dem mutmaßlichen Willen des Testators aufgrund des Auseinanderklaffens von Intestaterbrecht (welches für Frauen ungünstig war) und Testiersitte (welche den Frauen vielmehr „ausgesprochen freundlich" gewesen sei) den Vorzug gaben[1318].

1317 *Wieling*, Falsa demonstratio, ZRG RA 87 (1970) 200.

1318 *Wieling*, Falsa demonstratio, ZRG RA 87 (1970) 201. Siehe gegen den von *Wieling* postulierten *favor uxoris* (allerdings im Zusammenhang mit der Entwicklung der *invicem*-Substitution von Kindern) *Haß*, Institutio und substitutio heredis (1995) 116–117.

Seine Ansicht sieht *Wieling* ferner durch das folgende Fragment bestätigt, welches die Meinung des Servius überliefert, wonach ein Legat zugunsten eines eigenen Sklaven, welcher testamentarisch freigelassen wird, dann unwirksam sein soll, wenn der Gegenstand des Legats eine noch zu begleichende ‚Schuld' sei[1319]:

> Iav. 2 ex poster. Lab., D. 35, 1, 40, 3: *Dominus servo aureos quinque legaverat: ‚heres meus Sticho servo meo, quem testamento liberum esse iussi, aureos quinque, quos in tabulis debeo, dato'. nihil servo legatum esse Namusa Servium respondisse scribit, quia dominus servo nihil debere potuisset: ego puto secundum mentem testatoris naturale magis quam civile debitum spectandum esse, et eo iure utimur.*

> Ein Eigentümer vermachte seinem Sklaven [aus dessen Sondervermögen] fünf Aurei: ‚Mein Erbe soll meinem Sklaven Stichus, dessen Freilassung ich in meinem Testament angeordnet habe, die fünf Aurei zahlen, die ich ihm aus Schuldurkunden schulde'. Servius hat, wie Namusa schreibt, gutachtlich entschieden, dem Sklaven sei nichts vermacht, weil der Eigentümer seinem Sklaven nichts schulden könne. Ich aber meine, dass es nach dem Willen des Erblassers auf eine natürliche, nicht eine zivilrechtliche Verbindlichkeit ankommt – und nach diesem Recht verfahren wir in der Praxis.[1320]

Weil es ‚rechtlich unmöglich' ist, dass der Herr seinem Sklaven schulde, ist die Zuwendung eines solchen *‚legatum debiti'*[1321] nach der Ansicht des Servius nichtig. Javolen hingegen verweist auf den Testatorwillen und stellt damit in den Vordergrund, dass es sich lediglich um falsche *‚verba'* gehandelt haben dürfte; gemeint sei nämlich die Begleichung einer Naturalobligation, nicht die einer nach *ius civile* bestehenden Schuld[1322]. Das könne durch ein entsprechendes Legat erreicht werden; hier hat der Bedachte auch ein ‚Interesse', sodass ein Damnationslegat gültig ist. Der Kritik *Wielings*, dass das *‚quos debeo'* eine ‚falsche Begründung' sei, welche Servius hier anders als beim *fundus Cornelianus*, von welchem fälschlich behauptet wird, dass es sich um ein ‚Dotalgrundstück' handle, nicht ‚streiche' (im einen Fall werde der

1319 Vgl. dazu auch *Biavaschi*, Caesari familiarissimus (2011) 170–172.
1320 Übersetzung: *K/K/L/R-Luig*.
1321 Dazu oben XII.9.
1322 Nicht auf eine Verwendung falscher *‚verba'*, welche nicht schadet, sondern vielmehr auf die Anerkennung der Naturalobligation als solcher, welche strittig sei, bezieht *Avenarius*, CRRS IV.3 (2017) 239–240 die Entscheidung; siehe ibid. für weiterführende Lit. in den Fn.

favor uxoris zur Anwendung gebracht, im anderen der *favor heredis* gegen die Interessen eines Menschen von „einer solchen niedrigen sozialen Stufe“[1323]), kann entgegengehalten werden, dass hier die aus den Urkunden ersichtliche ‚Schuld‘ für die Individualisierung herangezogen wird. ME wird die Formulierung nicht als Begründung, sondern durchaus als Bezeichnung verwendet: Nicht ‚Fünf Goldstücke, weil (‚*quia*‘) sie geschuldet werden‘, sondern ‚Fünf Goldstücke, die (‚*quos*‘) geschuldet werden‘ bilden den Gegenstand des Legats[1324]. Dass sie aber geschuldet werden, ist hier aufgrund der Eigenschaft des Bedachten, Sklave des Testators zu sein, rechtlich unmöglich. Die Zuwendung wird daher modifiziert[1325], sodass sie, wie *Ch. Paulus* formuliert, „den juristischen Anforderungen wie auch denen der Testatormotivation zu genügen vermag“[1326]. Wenn man so will, wird sie insofern ‚umgedeutet‘. Zu Zeiten des Servius sah man hier jedoch noch eine unüberwindbare Hürde, über welche man sich nicht derart hinwegzusetzen getraute.

Differenzierungen zu derartigen Fällen nimmt Ulpian vor:

> Ulp. 5 disp., D. 30, 75, 1–2: 1. *Si mihi quod Titius debet fuerit legatum neque Titius debeat, sciendum est nullum esse legatum. et quidem si quantitas non sit adiecta, evidenti ratione nihil debebitur, quia non apparet, quantum fuerit legatum: nam et si quid ego Titio debeo ei legavero quantitate non adiecta, constat nullum esse legatum, cum, si decem quae Titio debeo legavero nec quicquam Titio debeam, falsa demonstratio non peremit*

1323 *Wieling*, Falsa demonstratio, ZRG RA 87 (1970) 203–204.

1324 Vgl. auch *Horak*, Rationes decidendi (1969) 105–106 mwN. Vergleichbar erklärt *Wieling*, Falsa demonstratio, ZRG RA 87 (1970) 209 Fn. 25 die Entscheidungen in Ulp. 5 disp., D. 30, 75, 2 damit, dass nicht irgendwelche Zehn, sondern die zehn Geschuldeten vermacht werden, ohne die naheliegende Parallele zu ziehen.

1325 *Flume*, Irrtum und Rechtsgeschäft, in: FS Schulz I (1951) 210 betont, dass für ihn nicht die Frage im Vordergrund steht, ob „entsprechend dem wirklichen Willen umgedeutet“ wurde, sondern für seine Problemstellung lediglich entscheidend sei, „ob der Irrtum überhaupt die Kraft gehabt hat, das Rechtsgeschäft umzustoßen, gleich auf welchem Wege das geschehen ist“; das sei dogmengeschichtlich nämlich weit wichtiger. ME ist es jedoch sehr wohl von zentraler auch dogmengeschichtlicher Bedeutung, wie die Juristen bei Divergenz von Wille und Erklärung verfuhren; dass gerade die verschiedenen denkbaren Konsequenzen einer solchen Divergenz sie intensiv beschäftigt haben, belegen die Quellen eindrucksvoll. Vorliegend scheint es auch nicht um einen Irrtumsfall ieS. zu gehen, da keine Fehlvorstellung von der Wirklichkeit vorliegt; die vom Testator gewählten *verba* waren lediglich nicht passend.

1326 *Ch. Paulus*, Unsterblichkeit (2018) 212 (= *ders.*, Idee der postmortalen Persönlichkeit [1992] 236). Vgl. auch *Kohlhaas*, Libri posteriores (1986) 183–191 mwN.

> *legatum, ut in legato dotis Iulianus respondit. 2. Quod si addiderit: ‚decem quae mihi Titius debet lego', sine dubio nihil erit in legato: nam inter falsam demonstrationem et falsam condicionem sive causam multum interest. proinde et si Titio decem, quae mihi Seius debet, legavero, nullum erit legatum: esse enim debitor debet: nam et si vivus exegissem, exstingueretur legatum et, si debitor maneret, actiones adversus eum heres meus dumtaxat praestare cogeretur.*
>
> 1. Wenn mir vermacht wurde, was Titius schuldet, und Titius nichts schuldet, versteht es sich, dass das Vermächtnis nichtig ist. Und zwar: Ist die Höhe nicht angegeben, so wird schon aus dem auf der Hand liegenden Grund nicht geschuldet, dass nicht zu erkennen ist, wie viel vermacht ist. Denn auch, wenn ich das, was ich Titius schuldig bin, ihm vermache, ohne die Höhe der Forderung anzugeben, steht fest, dass das Vermächtnis unwirksam ist, während dann, wenn ich die zehn, die ich Titius schulde, vermache und in Wirklichkeit Titius nichts schulde, die Falschbezeichnung nicht zum Erlöschen des Vermächtnisses [über die zehn] führt, wie Julian zum Vermächtnis einer Mitgift gutachtlich entschieden hat. 2. Wenn er aber hinzugefügt hat: ‚Die zehn, die mir Titius schuldet, vermache ich' [dem Titius, ohne dass Titius schuldet], ist das Vermächtnis ohne Zweifel gegenstandslos. Denn zwischen einer Falschbezeichnung und einer falschen Voraussetzung oder einem falschen Rechtsgrund besteht ein großer Unterschied. Daher wird das Vermächtnis auch nichtig sein, wenn ich Titius die zehn vermache, die Seius mir schuldet: Er muss nämlich wirklich Schuldner sein. Denn auch wenn ich zu Lebzeiten die Forderung eingezogen hätte, würde das Vermächtnis erlöschen, und wenn er Schuldner geblieben wäre, wäre mein Erbe lediglich dazu gezwungen, die Klagen gegen Seius abzutreten.[1327]

Die ersten beiden Fälle bilden Legate, welche eine nicht bezifferte und nicht bestehende Schuld betreffen; im ersten Fall eine Forderung des Testators gegen einen Dritten, also ein *legatum liberationis*, im zweiten eine Forderung gegen den Testator zugunsten des vermeintlichen Gläubigers, also ein *legatum debiti*. Beides ist schon allein deshalb unwirksam, weil die Höhe der Zuwendung nicht bestimmt werden könnte[1328].

[1327] Übersetzung: *K/K/R/S-Knütel.*

[1328] *Wimmer*, Dinglich wirkendes Vermächtnis, HRPR (2023) § 60 Rn. 73 mit Fn. 282 sowie *Voci*, DER II ^{2}(1963) 318 mit Fn. 251 (*Voci* ibid. unter Bezugnahme auf das *SC Neronianum*) gehen hier von einem umzudeutenden (*do-*)*lego*-Legat aus: Weil das Vermächtnis einer Forderung als Vindikationslegat nicht denkbar sei, müsse es umgedeutet werden. Das deutet der Text aber nicht im Geringsten an; problematisch ist einzig, dass die vermachte Schuld nicht besteht. Es liegt daher nahe, dass *lego* hier untechnisch gebraucht und ein schuldrechtlich wirkendes Vermächtnis gemeint ist.

Die übrigen drei Fälle (einer von ihnen ist noch in § 1 behandelt, die übrigen beiden finden sich in § 2) bilden das Vermächtnis von ‚Zehn, die geschuldet sind', wobei im ersten Fall diese genau bezifferte, aber nicht bestehende Forderung dem vermeintlichen Gläubiger vermacht (hier soll das Legat – welches im Falle einer tatsächlich bestehenden Forderung als *legatum debiti* nichtig wäre – gültig sein), im zweiten Fall die genau bezifferte, aber nicht bestehende Forderung des Testators dem vermeintlichen Schuldner zugewendet wird (das Legat – welches im Falle einer tatsächlich bestehenden Forderung als *legatum liberationis* wirksam wäre – ist nichtig) und schließlich die genau bezifferte, aber nicht bestehende Forderung des Testators gegen einen Dritten Gegenstand des Legats ist (das Legat ist auch hier nichtig). Zur letzten Variante erklärt Ulpian, dass auch bei nachträglichem Einziehen der Forderung das Vermächtnis ‚erlöschen' würde (*exstingueretur*), und selbst dann, wenn der Betreffende Schuldner wäre und auch bliebe, der Erbe nur gezwungen werde, die Klagen gegen Seius abzutreten. Hier ist also wiederum die ‚Umdeutung der Person des Belasteten' angesprochen, welche uns schon oben beim *legatum debiti* beschäftigt hat (XII.9.). Was den Fall der genau bezifferten, aber nicht bestehenden Forderung anbelangt, welche dem vermeintlichen Gläubiger vermacht wird, so unterscheidet dieser Fall sich von dem des Sklaven in Iav. 2 ex poster. Lab., D. 35, 1, 40, 3 dadurch, dass es nicht ‚von vornherein rechtlich unmöglich' wäre, dass der Testator diesem Gläubiger schuldet[1329].

Dieselben Fälle wie Ulpian behandelt auch Paulus, wobei er aber andere Fragen in den Vordergrund stellt und daher andere Begründungen zu seinen Lösungen gibt. Explizit erwähnt wird, dass sich diese Fragen ‚täglich' stellten; dennoch scheint es noch in der Spätklassik notwendig gewesen zu sein, sie immer wieder zu erörtern.

Paul. 10 quaest., D. 34, 3, 25: *Legavi Titio quod mihi debetur vel adiecta certa quantitate sive specie vel non adiecta, aut ex contrario aeque cum distinctione, veluti ‚Titio quod ei debeo' vel ita ‚Titio centum quae ei debeo': quaero, an per omnia requirendum putes, an debitum sit. et plenius rogo quae ad haec spectant attingas: cottidiana enim sunt.*

[1329] Auch das Fideikommiss von Geld, dessen Herausgabe angeblich geschuldet wird oder welches angeblich im Rahmen eines *depositum* (Scaev. 3 resp., D. 31, 88, 10) oder *mutuum* (Scaev. 16 dig., D. 34, 3, 28, 14) zurückgegeben werden soll, wobei die erwähnte Obligation nicht besteht, ist wirksam.

respondi: si is, cui Titius debebat, debitum ei remittere voluit, nihil interest, heredem suum iussit ut eum liberaret an prohibeat eum exigere: utroque enim modo liberandus est debitor et utroque casu competit ultro ad liberandum debitori actio. quod si etiam centum aureorum vel fundi debiti mentionem fecit, si quidem debitor fuisse probetur, liberandus est: quod si nihil debeat, poterit dici quasi falsa demonstratione adiecta etiam peti quod comprehensum est posse. sed poterit hoc dici si ita legavit: ‚centum aureos, quos mihi debet‘ vel ‚Stichum, quem debet, heres meus damnas esto non petere‘. quod si sic dixit: ‚heres meus centum aureos, quos mihi Titius debet, damnas esto ei dare‘, etiam illud temptari poterit, ut petere possit quasi falsa demonstratione adiecta: quod mihi nequaquam placet, cum dandi verbum ad debitum referre se testator existimaverit. contra autem si debitor creditori leget, nullam utilitatem video, si sine quantitate leget. sed et si id demonstret, quod debere se confitetur, nulla utilitas est nisi in his speciebus, in quibus emolumentum debiti ampliatur. quod si centum aureos, quos se debere dixit, legavit, si quidem debet, inutile est legatum, quod si non fuit debitor, placuit utile esse legatum: certa enim nummorum quantitas similis est Sticho legato cum demonstratione falsa: idque et divus Pius rescripsit certa pecunia dotis acceptae nomine legata.

Ich habe Titius vermacht, was mir [von ihm] geschuldet wird, sei es mit Angabe des genauen Betrages oder der bestimmten [geschuldeten] Sache, sei es ohne diese Angabe; oder umgekehrt [was ich ihm schuldig bin] mit denselben Varianten, etwa: ‚dem Titius das, was ich ihm schulde‘ oder so: ‚dem Titius die hundert, die ich ihm schulde‘. Ich frage, ob nach deiner Meinung in allen Fällen geprüft werden muss, ob die Schuld besteht. Und ich bitte dich weiter, alle zugehörigen Rechtsfragen anzusprechen; denn sie stellen sich täglich. Ich habe geantwortet: wollte derjenige, dem Titius etwas schuldig war, diesem die Schuld erlassen, so ist es unerheblich, ob er seinem Erben auferlegt, ihn von der Schuld zu befreien, oder ob er ihm verbietet, ihn zu verklagen. Denn bei beiden Formulierungen muss der Schuldner befreit werden, und in beiden Fällen steht dem Schuldner seinerseits die Klage auf Befreiung zu. Wenn nun der Erblasser außerdem von hundert Aurei oder dem geschuldeten Grundstück gesprochen hat, muss der Vermächtnisnehmer befreit werden, sofern bewiesen wird, dass er Schuldner war. Schuldet er aber nichts, so könnte man sagen, dass er – weil nur eine falsche Kennzeichnung hinzugesetzt worden sei – auch die Leistung dessen fordern kann, was genannt ist. Wird man das aber sagen können, wenn das Vermächtnis so lautet: ‚Mein Erbe soll verpflichtet sein, die hundert Aurei, die Titius mir schuldet …‘ oder ‚Stichus, den Titius schuldet, nicht zu fordern‘? Hat er allerdings gesagt: ‚Mein Erbe soll verpflichtet sein, dem Titius die hundert Aurei zu geben, die mir dieser schuldet‘, so wird man wieder erwägen können, ob er das Vermächtnis verlangen kann, weil nur eine falsche Kennzeichnung hinzugesetzt sei. Das halte ich für ganz falsch, weil das Wort ‚geben‘ sich nach der Vorstellung des Erblassers auf die [Befreiung von der] Schuld bezog. Im Gegensatz dazu erkenne ich, wenn der Schuldner [seine Schuld] dem Gläubiger vermacht, keinerlei Nutzen des Vermächtnisses, wenn der Erblasser es ohne Angabe des Betrages aussetzt. Aber auch wenn er den Betrag nennt, den

> er nach seinem Bekunden schuldet, hat das Vermächtnis keinen Nutzen, außer in den Fällen, in denen der Wert der Schuld [durch das Vermächtnis] erhöht wird. Wenn er also hundert Aurei, die er nach seinen Worten schuldet, vermacht hat, ist das Vermächtnis unwirksam, sofern er sie schuldet; war er aber nicht Schuldner, so ist anerkannt, dass das Vermächtnis wirksam ist. Denn der bestimmte Geldbetrag ist mit einem Stichus vergleichbar, der unter Hinzusetzung einer falschen Kennzeichnung vermacht wird. So hat auch der vergöttlichte Kaiser Antoninus Pius auf Anfrage in einem Fall entschieden, in dem ein bestimmter Geldbetrag vermacht und als Mitgift bezeichnet worden war, die der Erblasser erhalten habe.[1330]

Die Fälle sind zwar im Kern dieselben, sie werden aber etwas anders gruppiert als bei Ulpian: Zunächst wird das *legatum liberationis* – mit den beiden Varianten (mit oder ohne Angabe einer konkreten Summe) – zur Diskussion gestellt, anschließend das *legatum debiti* – wiederum mit denselben Varianten. Gefragt wurde dazu explizit, ob es darauf ankomme, dass die Schuld bestehe. Damit ergeben sich insgesamt acht mögliche Konstellationen:

1. *legatum liberationis* mit konkreter Angabe von Summe oder Gegenstand, welche dem Testator vom Vermächtnisnehmer auch tatsächlich geschuldet werden;
2. *legatum liberationis* mit konkreter Angabe von Summe oder Gegenstand, welche dem Testator vom Vermächtnisnehmer in Wahrheit aber nicht geschuldet werden;
3. *legatum liberationis* ohne konkrete Angabe von Summe oder Gegenstand, aber mit tatsächlich bestehender Forderung des Testators gegen den Vermächtnisnehmer;
4. *legatum liberationis* ohne konkrete Angabe von Summe oder Gegenstand und ohne tatsächlich bestehende Forderung des Testators gegen den Vermächtnisnehmer;
5. *legatum debiti* mit konkreter Angabe von Summe oder Gegenstand, welche dem Vermächtnisnehmer vom Testator auch tatsächlich geschuldet werden;

1330 Übersetzung: *K/K/R/S-Rüfner*.

6. *legatum debiti* mit konkreter Angabe von Summe oder Gegenstand, welche dem Vermächtnisnehmer vom Testator in Wahrheit aber nicht geschuldet werden;
7. *legatum debiti* ohne konkrete Angabe von Summe oder Gegenstand, aber mit tatsächlich bestehender Forderung des Vermächtnisnehmers gegen den Testator;
8. *legatum debiti* ohne konkrete Angabe von Summe oder Gegenstand und ohne tatsächlich bestehende Forderung des Vermächtnisnehmers gegen den Testator.

Paulus beginnt mit dem *legatum liberationis*. Bestehe eine Schuld, so spiele es jedenfalls keine Rolle, wie dem Erben ein *legatum liberationis* auferlegt wurde: Als Verpflichtung, den Schuldner zu befreien, oder als Verbot, den Schuldner zu klagen (auch im zweiten Fall habe der Schuldner einen Anspruch auf Schuldbefreiung). Nun geht er auf den Fall ein, dass eine konkrete Summe oder ein konkreter Gegenstand genannt wurde: Wenn diese/r tatsächlich geschuldet wurde, ist das Vermächtnis wirksam. Nun könne diskutiert werden, ob das auch dann der Fall sei, wenn diese Schuld nicht bestand: Es könnte sich nämlich um eine bloße *falsa demonstratio* handeln. Das spielt Paulus nun mit seinen beiden beispielhaft angeführten Formulierungen durch: Er fragt, ob ein Vermächtnis zustehen könne, wenn dem Erben verboten wurde, die angeblich geschuldeten 100 oder einen angeblich geschuldeten Stichus einzuklagen. Die Frage, ob bei Nichtbestehen der Schuld ein solches Legat geschuldet werde, wird gar nicht beantwortet; wohl deshalb, weil Paulus davon ausgeht, dass die Sinnlosigkeit eines derartigen Anspruches offenkundig ist. Weniger offenkundig erscheint ihm das im Falle der Formulierung, wonach dem Erben aufgetragen wird, angeblich geschuldete 100 oder einen angeblich geschuldeten Stichus zu geben; er vertritt aber auch hier die Gleichbehandlung beider Formulierungen und lehnt die Gültigkeit des Vermächtnisses ab: Das ‚Geben' beziehe sich nämlich auf die Schuldbefreiung.

Sodann geht Paulus zur Erörterung des *legatum debiti* über. Ein solches habe keinen Nutzen, wenn es ohne Angabe einer konkreten Summe ausgesetzt werde; es habe aber auch dann keinen, wenn eine konkrete Summe genannt werde, welche nicht über die tatsächlich bestehende Schuld hinausgehe.

Werde jedoch mehr vermacht oder eine bestimmte Summe, die gar nicht geschuldet war, so sei das Vermächtnis wirksam. Das sei einem Stichus vergleichbar, welcher unter Hinzusetzung einer ‚*falsa demonstratio*' vermacht werde; diese ‚falsche Kennzeichnung' des Stichus wird auch hier die falsche Angabe eines bestimmten Erwerbsgrundes meinen, aus welchem Stichus sich im Vermögen des Testators befand. Das abschließend erwähnte Pius-Reskript bezieht sich ebenfalls auf einen falschen Erwerbsgrund: Ein konkreter Geldbetrag wird – zu ergänzen wird sein: der Ehefrau – vermacht, von welchem fälschlich behauptet wird, er sei vom Testator durch *dos*-Bestellung erworben worden. Dieser Geldbetrag sei aus dem Vermächtnis geschuldet. Daher schadet es auch nicht, wenn ein im Nachlass vorhandener Geldbetrag jemandem zugewendet wurde, von welchem fälschlich behauptet wurde, dass er (auch) aus anderem Grunde einen Anspruch darauf hätte.

Die Quellen legen mE den im Verhältnis zur *Wieling*'schen Theorie geradezu umgekehrten Weg einer Entwicklung nahe: Zuerst fingierte man unrichtig angegebene ‚Bezeichnungen' im Sinne von falsch angeführten ‚Erwerbsgründen' hinweg, wenn zweifellos feststand, welchen Gegenstand der Testator bezeichnen wollte. Falsch hinzugefügte Fertigkeiten oder sonstige Merkmale eines vermachten Sklaven, welcher jedoch dennoch zweifelsfrei identifiziert ist, dürften hingegen tatsächlich eine spätere Erweiterung sein. Außerdem wurde dann, wenn feststand, wem der Testator einen Gegenstand zuwenden wollte, aber ein Fehler in der Bezeichnung der Person des Vermächtnisnehmers unterlaufen sein sollte, diese fehlerhafte Bezeichnung wegfingiert; hierbei kann nicht mehr rekonstruiert werden, ab welchem Zeitpunkt diese bei Gaius als Selbstverständlichkeit dargestellte und vergleichsweise herangezogene ‚Regel' angewendet wurde[1331]. Gerade weil im Übrigen eine Falschbezeichnung bei der Erbeinsetzung nur die Person, nicht aber den Gegenstand betreffen könne, sei die *falsa demonstratio* fast ausschließlich im Zusammenhang mit Legaten diskutiert worden, meinte schon *Grosso*[1332]. Die Hochklassiker schließlich fingierten auch bei der Zuwendung eines ohne falsche ‚Bezeichnung' genannten Gegenstandes an eine ohne falsche ‚Bezeichnung' als Begünstigte genannte

1331 Vgl. sodann die allgemeine ‚Regel' bei Gordian A. Rufino, C. 6, 23, 4 vom 21. Juli 239 (*Si in nomine praenomine seu cognomine testator erravit nec tamen de quo senserit incertum sit, error huiusmodi nihil officit veritati*).

1332 *Grosso*, Falsa demonstratio, in: Studi Bonfante II (1930) 212 Fn. 57.

Person hinzugefügte falsche Begründungen für die Begünstigung hinweg; dies zumindest dann, wenn die Begründung nicht in Form einer Bedingung auftrat. War sie als ‚Bedingung' zu qualifizieren, so wäre an eine ‚Streichung' allenfalls in Fällen der ‚anfänglichen objektiven Unmöglichkeit' zu denken (siehe dazu oben VI.10.b.) oder wenn die Bedingung als eine ‚überflüssige' (dazu oben XII.13.b.) erscheint.

15. Umdeutung der Person des Begünstigten

Ein Gedanke, der mit den Überlegungen zu Fehlbezeichnungen im Zusammenhang stehen dürfte, lag auch dem folgenden Fall einer ‚Umdeutung der Person des Begünstigten' zugrunde, in welchem es darum geht, dass einem Gewaltunterworfenen ein Legat zukommen solle, sofern er in der Gewalt einer bestimmten Person verbleibe:

> Afr. 2 quaest., D. 35, 1, 42: *Filio familias legatum est sub hac condicione ‚si in potestate patris mansisset': magis patri legatum videri ait et patrem suo nomine legatum petere. idem iuris esse et si servo similiter legetur: argumentum rei est, quod et si cibaria servis Titii legentur, procul dubio domini est, non servorum legatum.*
>
> Einem Haussohn wurde ein Vermächtnis unter der Bedingung ausgesetzt ‚wenn er in der Gewalt des Vaters verblieben ist'. Julian sagt, es sei eigentlich dem Vater vermacht und der Vater könne das Vermächtnis im eigenen Namen durchsetzen. Dasselbe gelte auch, wenn einem Sklaven in ähnlicher Weise ein Vermächtnis zugewendet wird. Ein Argument, das dafür spricht, ist, dass es sich sogar dann, wenn den Sklaven des Titius Verpflegung vermacht wird, zweifellos um ein Vermächtnis des Eigentümers und nicht der Sklaven handelt.[1333]

Wird ein Gewaltunterworfener testamentarisch begünstigt – sei es ein Hauskind oder ein Sklave, sei es durch Erbeinsetzung oder Legat –, so fällt ihm grundsätzlich selbst das Zugewendete (das *legatum* wie auch eine *hereditas*) an, während der Erwerb des Nachlasses (der *bonorum possessio*) zugunsten seines Gewalthabers erfolgt, der die Einweisung in den Besitz der Erbschaft bzw. des Legatsgegenstandes beim Prätor auch ‚direkt' beantragen kann. Im vorliegenden Julian-Afrikan-Text ist jedoch davon auszugehen, dass die Vorstellung des Erblassers nicht war, dem Gewaltunterworfenen die Vorteile zukommen zu lassen, sondern vielmehr der Erwerb des Gewalthabers aus

---

[1333] Übersetzung: *K/K/L/R-Luig.*

Sicht des Testators im Vordergrund zu stehen scheint. Im Haussohn-Fall kommt das durch die Bedingungsformulierung zum Ausdruck; im Fall des Vermächtnisses von Nahrung zugunsten der Sklaven scheint man angenommen zu haben, es gehe um eine Entlastung des Herrn.

Im einen wie im anderen Fall wird daher die Klausel nicht so angewendet, wie es dem Wortlaut entspricht: an die Stelle der Zuwendung an den Sohn wird eine Zuwendung an den Vater gesetzt, an die Stelle der Zuwendung an die Sklaven eine solche an deren Herrn. Nach *Buchwitz* hat die Feststellung, dass das Vermächtnis *suo nomine* eingeklagt werde und nicht *nomine filii*, lediglich prozessuale Konsequenzen für die Zeit, in welcher der Sohn in der Hausgewalt seines Vaters stand; sollte er hingegen aus der *potestas* ausgeschieden sein, so solle das Vermächtnis beim Erben verbleiben[1334]. Eine größere praktische Bedeutung hätte die Entscheidung jedoch, wenn es auch in dem Fall, dass es tatsächlich zu einem Status- oder zu einem Eigentümerwechsel gekommen sein sollte, bei der Begünstigung des Vaters oder Eigentümers bliebe, weil derartige Vermächtnisse eben ihm und nicht den Erwähnten zugutekommen sollten[1335].

Vergleichbares wäre dann auch zu vermuten, wenn noch ungeborene Kinder begünstigt werden sollten, welche nicht zu den *postumi sui* (also zu den eigenen, von der legitimen Ehefrau erwarteten Kindern des Testators) zählten. *Buchwitz*[1336] skizziert die folgenden, wohl nicht selten vorgekommenen Konstellationen im Zusammenhang mit der Erbeinsetzung einer *persona incerta*: Der Testator erwartet ein Kind von einer mit ihm nicht in legitimer Ehe verheirateten Frau oder es handelt sich um ein erwartetes Enkelkind nach einem vorverstorbenen emanzipierten Sohn. Anders als die *postumi sui* (wobei auch deren Einsetzungsfähigkeit eine ‚jüngere' Entwicklung gewesen sein dürfte, welche zur Zeit der Klassik allerdings bereits fest etabliert

---

1334 *Buchwitz*, Servus alienus heres (2012) 77. Siehe erneut zum selben Text auch ibid. 211.

1335 Der Wille des Erblassers spielt eine vergleichbare Rolle in dem Fall, dass ein Dotalsklave begünstigt wird; je nachdem, wen der Erblasser dadurch begünstigt wissen wollte, erwirbt (endgültig) der Ehemann als Eigentümer des Sklaven oder muss das Vermächtnis bzw. der Nachlass nach Beendigung der Ehe an die Frau herausgegeben werden: Pomp. 5 ad Quint. Muc., D. 23, 3, 65.

1336 *Buchwitz*, Servus alienus heres (2012) 250–252.

war[1337]) konnten diese noch ungeborenen Kinder nicht wirksam eingesetzt werden[1338], die allenfalls honorarrechtlich die Möglichkeit hatten, gegen das *ius civile* die *bonorum possessio* beim Prätor zu beantragen. Umgangen werden konnte dieses rechtliche Hindernis jedoch immerhin beim Nachkommen des emanzipierten Sohnes, wenn ein Sklave ‚des *postumus alienus*' (also ein zur bis zur Geburt des *postumus* ruhenden Erbschaft nach dem emanzipierten Sohn gehörender Sklave[1339]) eingesetzt wurde, wie Javolen zufolge schon Labeo wiederholt ausgesprochen hatte[1340].

Ähnlich gelagert ist die Einsetzung eines Sklaven aus dem Grund, dass der durch ihn Begünstigte die Worte der *cretio* nicht sprechen und damit die *hereditas* nach *ius civile* nicht erwerben konnte, sofern nicht der Erwerb durch *pro herede gestio* zugelassen war: Etwa weil es sich um ein Kleinkind handelt[1341] oder um einen Stummen[1342]. Zwar dürfte es sich aufgrund der Erleichterungen des prätorischen Rechts in klassischer Zeit um keine besonders häufigen Konstellationen gehandelt haben, doch immerhin häufig genug, sodass die Juristen sich damit befassten (möglicherweise aufgrund beibehaltener Testiersitte). Praktisch relevanter mag die Einsetzung eines Sklaven (oder Haussohnes) gewesen sein, um durch ihn einen Geisteskranken zu begünstigen[1343].

Wenngleich kein expliziter Beleg dafür vorgebracht werden kann, liegt es nahe, hier eine Parallele zu dem oben diskutierten Phänomen zu ziehen: Da der Sklave in diesen Fällen nur als ‚Vermittler' fungiert, der Erblasser aber den *postumus* begünstigen wollte, ist hier im Zweifel wohl ebenfalls von einer ‚Umdeutung der Person des Begünstigten' auszugehen, um dem Willen des Erblassers nach Möglichkeit zur Durchsetzbarkeit zu verhelfen. Eine Hinzurechnung der Erbschaft zum *peculium* des eingesetzten Sklaven ist wohl auch nicht erfolgt, wenn es tatsächlich dazu kam, dass die vom Testator

---

1337 Vgl. zur Entwicklung *Lamberti*, Postumi I (1996) 119–122; ibid. 143–153 auch zu ‚*nepotes postumi*'.

1338 Gai. 1, 147; Gai. 2, 242.

1339 *Buchwitz*, Servus alienus heres (2012) 256.

1340 Iav. 7 epist., D. 28, 5, 65.

1341 Mod. lib. sing. de heur., D. 29, 2, 50.

1342 Paul. 3 sent., D. 29, 2, 93, 1 = PS. 3, 4b, 13.

1343 Lib. sing. reg. Pomp. Marc. not., D. 29, 2, 63. Zu derartigen Fällen siehe *Buchwitz*, Servus alienus heres (2012) 257–267, 274, unter Hinweis auf die praktische Relevanz.

vorhergesehene Konstellation eintrat und der Sklave dem ‚verdeckt Begünstigten‘ erwarb. Sollte der Sklave mittlerweile im Eigentum einer anderen Person stehen, so würde es nicht dem Erblasserwillen entsprechen, dass diese Person durch den Sklaven an die Erbschaft gelangte. Fraglich blieb wohl nur, ob die Begünstigung wegfiel, also im Fall der Alleinerbschaft die Intestaterben zum Zuge kamen bzw. in einer Miterbenkonstellation der Erbteil den Miterben anwachsen sollte, oder ob dem, welchen der Erblasser bedenken wollte, die Durchsetzung der Zuwendung auf andere Weise ermöglicht wurde. Sollte Letzteres der Fall gewesen sein, so wäre das wohl nur durch eine Umdeutung der den Sklaven begünstigenden Klausel möglich.

16. *Regula Catoniana*

Immer wieder in Verbindung mit der Konversion von unwirksamen Legaten diskutiert, zumeist jedoch schlussendlich als der Konversion ‚gegenläufige‘ *regula* identifiziert[1344], wird die sog. ‚*regula Catoniana*‘[1345]. Nach ihr soll ein Vermächtnis, welchem es zur Zeit der Testamentserrichtung an einem Gültigkeitserfordernis fehlt, auch nicht durch nachträgliches Hinzutreten desselben gültig werden können[1346]. Eine Heilung durch ‚Wegfall des Unwirksamkeitsgrundes‘ erfolgt somit in der Regel also nicht[1347]. Es ist also zunächst weniger

---

1344 Vgl. *Choe*, Regula Catoniana, in: FS Knütel (2009) 223.

1345 Dazu, dass sowohl Marcus Porcius Cato (gest. ca. 152 v. Chr.) als auch dessen Vater Cato, der *censor*, als Urheber in Betracht kommt, siehe statt vieler nur *Watson*, Succession (1971) 159 Fn. 2 mwN. Celsus spricht erstmals von einer ‚*regula*‘, doch könnte es sich um eine bloße *sententia* des einen oder anderen Cato gehandelt haben; dazu *Hausmaninger*, Regula Catoniana, TR 36 (1968) 472 mwN. Rezent hat *van Berkum*, Regula Catoniana (2022) 6–8 vor dem Hintergrund des literarischen Befundes, dass der Name Catos als Synonym für ‚streng‘ verwendet wurde und die Bezeichnung im Hinblick auf die hier diskutierte ‚*regula*‘ erstmals bei Celsus belegt ist, vorgeschlagen, sie als ‚strenge Regel‘ aufzufassen und aus dem Namen nicht auf die Urheberschaft eines Cato zu schließen.

1346 Vgl. monographisch zum Thema: *Sainz-Ezquerra Foces*, Regula Catoniana (1976); *Lambert*, La règle Catonienne (1925); *Fraenkel*, Regula Catoniana (1897); *van Berkum*, Regula Catoniana (2022). Aus der Aufsatzlit. ist seit Überwindung des interpolationenkritischen Ansatzes insbes. auf *Byoung*, Regula Catoniana, in: FS Knütel (2009) 213–227; *Flume*, Regula Catoniana, in: FS Niederländer (1991) 17–26 und *Hausmaninger*, Regula Catoniana, TR 36 (1968) 469–488 zu verweisen.

1347 Siehe nur Ulp. 21 Sab., D. 30, 41, 2; zur damit in Verbindung stehenden berühmten Wendung ‚*Quod initio vitiosum est non potest tractu temporis convalescere*‘ siehe Paul. 8 Sab., D. 50, 17, 29; dazu rezenter etwa *Pergami*, Quod initio vitiosum est (2012).

eine Konversion als vielmehr eine Konvaleszenz bei Legaten ausgeschlossen; auch eine Konversion scheint aber davon in weiterer Konsequenz betroffen zu sein.

Vom Anwendungsbereich ausgenommen waren Erbeinsetzungen[1348]. Die ‚*regula*' betrifft aber auch nicht alle Vermächtniskonstellationen; schon Celsus weist darauf hin, dass das von der betreffenden ‚Regel' formulierte Ergebnis in einigen Fällen ‚falsch' (*falsa*) sei.

> Cels. 35 dig., D. 34, 7, 1 pr.: *Catoniana regula sic definit, quod, si testamenti facti tempore decessisset testator, inutile foret, id legatum quandocumque decesserit, non valere. quae definitio in quibusdam falsa est.*
>
> Die Regel des Cato legt folgendes fest: Ein Vermächtnis, das unwirksam gewesen wäre, wenn der Erblasser im Zeitpunkt der Testamentserrichtung gestorben wäre, ist unwirksam, wann immer der Erblasser verstirbt. Diese Festlegung ist in einigen Fällen falsch.[1349]

Celsus bringt dafür auch umgehend Beispiele:

> Cels. 35 dig., D. 34, 7, 1, 1: *Quid enim, si quis ita legaverit: ‚si post kalendas mortuus fuero, Titio dato?' an cavillamur? nam hoc modo si statim mortuus fuerit, non esse datum legatum verius est quam inutiliter datum.*
>
> Was nämlich soll gelten, wenn jemand das folgende Vermächtnis ausgesetzt hat: ‚Wenn ich nach dem Monatsersten sterbe, soll an Titius geleistet werden'? Haben wir Bedenken? Denn bei dieser Klausel ist, wenn er sofort stirbt, die Annahme richtiger, das Vermächtnis sei nicht angeordnet worden, als die Annahme, die Anordnung sei unwirksam.[1350]

Infolge der aufschiebenden Bedingung soll der Begünstigte nur im Falle eines nach einem bestimmten Datum liegenden Todeszeitpunkts des Testators das Vermächtnis erwerben. Dieses Legat könnte nicht gültig sein, würde die ‚*regula Catoniana*' stets zu einem Abstellen auf den Zeitpunkt der Testamentserrichtung führen: Wäre der Testator vor dem betreffenden Zeitpunkt gestorben, so wäre das Legat wegen Bedingungsausfalles ungültig gewesen.

1348 So ausdrücklich Pap. 15 quaest., D. 34, 7, 3; für bedingte Erbeinsetzungen außerdem Ulp. 10 ad Sab., D. 34, 7, 4.

1349 Übersetzung: *K/K/R/S-Rüfner.*

1350 Übersetzung: *K/K/R/S-Rüfner.*

Dass das auch beim Tod nach dem betreffenden Datum gelten soll, stellt Celsus als absurd dar[1351].

Neben dem angeführten Beispiel haben wir oben XII.1.a. bereits gesehen, dass auch beim Vindikationslegat fremder Sachen, welche vom Erblasser erst nachträglich – also nach Testamentserrichtung, aber vor dem Erbfall – erworben wurden, die *regula* nicht zur Anwendung kam: Handelte es sich um vertretbare Sachen, so war das Legat ohne Notwendigkeit einer Anpassung gültig, obwohl im Testamentserrichtungszeitpunkt allenfalls eine Umdeutung in ein Verschaffungslegat nach dem *SC Neronianum* in Betracht gekommen wäre; bei nicht vertretbaren Sachen war die Vindikation mit prätorischer Anpassung immerhin wahrscheinlich.

Auch etwa bei Legaten zugunsten von Sklaven des eingesetzten Erben war die Anwendung zumindest strittig: Die Begünstigung des betreffenden Sklaven und damit in weiterer Konsequenz dessen *dominus* war nach Servius generell möglich, werde aber nur wirksam, wenn er zwischen Testamentserrichtung und Erbfall veräußert worden ist; nach sabinianischer Lehre war eine solche Begünstigung immerhin dann wirksam, wenn das Legat bedingt ausgesetzt worden war; nach prokulianischer Ansicht war eine derartige Begünstigung generell unwirksam.

> Gai. 2, 244: *An ei, qui in potestate sit eius, quem heredem instituimus, recte legemus, quaeritur. Servius recte legari putat, sed evanescere legatum, si quo tempore dies legatorum cedere solet, adhuc in potestate sit; ideoque sive pure legatum sit et vivo testatore in potestate heredis esse desierit, sive sub condicione et ante condicionem id acciderit, deberi legatum. Sabinus et Cassius sub condicione recte legari, pure non recte putant; licet enim vivo testatore possit desinere in potestate heredis esse, ideo tamen inutile legatum intellegi oportere, quia quod nullas vires habiturum foret, si statim post testamentum*

[1351] Vgl. dazu auch *Effer-Uhe*, Condicio (2008) 76–77. Zur Gegenüberstellung von *inutiliter datum* und *non datum* siehe *Hausmaninger*, Regula Catoniana, TR 36 (1968) 478–479; *Grosso*, Legati ²(1962) 307. *Van Berkum*, Regula Catoniana (2022) 70 führt aus, dass bedingte Legate von der *regula Catoniana* schon deshalb nicht erfasst seien, weil in ihrem Anwendungsbereich fingiert werde, dass der Erblasser im Zeitpunkt der Testamentserrichtung verstorben sei und damit der *dies cedens* eintrete; bei bedingten Vermächtnissen trete der *dies cedens* aber eben typischerweise gerade nicht mit dem Tod des Erblassers ein, sondern erst mit Bedingungseintritt, sodass eine derartige Fiktion ihre Wirkung verfehlen würde (idS. auch ibid. 101). Im vorliegenden Fall komme der Wille zum Ausdruck, die *regula Catoniana* nicht anzuwenden, weil der Todeszeitpunkt in die Bedinung mit einbezogen worden sei, so *van Berkum* ibid. 72.

> *factum decessisset testator, hoc ideo valere, quia vitam longius traxerit, absurdum esset. sed diversae scholae auctores nec sub condicione recte legari, quia quos in potestate habemus, eis non magis sub condicione quam pure debere possumus.*
>
> Es ist umstritten, ob man demjenigen wirksam vermacht, der in der Hausgewalt dessen steht, den man zum Erben einsetzt. Servius meint, dass man wirksam vermache, das Vermächtnis aber unwirksam werde, wenn er zu einem Zeitpunkt, in welchem die Fälligkeit von Vermächtnissen gewöhnlich eintritt, immer noch in der Hausgewalt stehe; deshalb werde das Vermächtnis geschuldet, wenn ohne Nebenbestimmung vermacht worden sei und er schon zu Lebzeiten des Erblassers aus der Hausgewalt des Erben ausgeschieden sei oder wenn unter einer Bedingung vermacht worden und das Ausscheiden vor Bedingungseintritt geschehen sei. Sabinus und Cassius meinen, unter einer Bedingung werde wirksam vermacht, ohne Nebenbestimmung unwirksam; obwohl er nämlich schon zu Lebzeiten des Erblassers aus der Hausgewalt des Erben ausscheiden könne, müsse das Vermächtnis dennoch deshalb als unwirksam angesehen werden, weil es widersinnig wäre, wenn das, was unwirksam wäre, wenn der Erblasser unmittelbar nach Errichtung des Testamentes gestorben wäre, nur deshalb wirksam wäre, weil er länger gelebt hätte. Aber die Gewährsleute der anderen Schule meinen, man könne auch nicht unter einer Bedingung wirksam vermachen, weil man denjenigen, die man in der Hausgewalt habe, unter einer Bedingung nicht mehr als ohne Nebenbestimmung schulden könne.[1352]

Servius geht von dem Prinzip aus, dass auch Gewaltunterworfene durch Legate begünstigt werden können (sollte es sich nicht um Sklaven des Erblassers handeln: ohne Notwendigkeit einer testamentarischen Freilassung). Demnach sei das Legat zunächst wirksam (*recte legari*). Steht der Betreffende aber im Zeitpunkt des *dies cedens* unter der Hausgewalt des Erben[1353], so werde das Legat unwirksam bzw. ‚erlischt' (*evanescere legatum*), wohl weil eine Art Konfusion eintritt[1354]. Je nachdem, ob das Legat bedingt oder unbedingt ausgesetzt ist, kann die Entlassung aus der Hausgewalt noch bis zu einem Bedingungseintritt oder muss noch zu Lebzeiten des Erblassers erfolgen.

1352 Text und Übersetzung: *Manthe*, Institutiones ²(2010) *ad loc.*

1353 Unabhängig davon, ob es sich um einen Zwangs- oder Außenerben handelt: *van Berkum*, Regula Catoniana (2022) 46.

1354 Vgl. die zusammenfassende Darstellung zur Frage nach dem Grund bei *van Berkum*, Regula Catoniana (2022) 46–47 Fn 164.

Servius stellt hier ausschließlich auf den *dies cedens* des Legats ab und bringt die *regula Catoniana* in derartigen Fällen nicht zur Anwendung[1355]. Sabinus und Cassius hingegen stellten deshalb auf die Beifügung einer Bedingung ab, weil die (aufschiebende) Bedingung generell zu einem ‚Schwebezustand' führe, an deren Ende erst die Voraussetzungen gegeben sein mussten[1356]. Das wiederum lehnt die prokulianische Lehre mit der Begründung ab, dass man seinen Gewaltunterworfenen weder bedingt noch unbedingt ‚schulden' könne[1357].

Zwar behandelt das Fragment offenbar das Damnationslegat (arg. ‚*debere*'), doch sieht *Effer-Uhe*[1358] darin ein Indiz dafür, worin die Kontroverse zwischen Sabinianern und Prokulianern hinsichtlich der Eigentumslage am bedingt vindikationsweise vermachten Legatsgegenstand begründet lag: Die herrschende Lehre seit *Mitteis*[1359] war davon ausgegangen, dass zwar die Sabinianer den Analogieschluss zum Bedingtfreien nach den XII-tab. gezogen, die prokulianische Ansicht aber mit der Bedingungslehre nichts zu tun gehabt, sondern vielmehr eine Parallele zum Eigentumserwerb beim unbedingten Vindikationslegat gezogen hätte (mit der Notwendigkeit einer Äußerung des Erwerbswillens und davor Herrenlosigkeit bzw. ‚schwebendem Eigentum')[1360]. *Effer-Uhe* hingegen argumentiert damit, dass die abweichenden Rechtsansichten vielmehr in der unterschiedlichen Beurteilung dessen begründet liegen, wann die testamentarische Verfügung ‚in rechtliche Existenz' trete: Während das unbedingte Legat auch schon vor der Annahme unstrittig ‚existiere', könne das bei der aufschiebenden Bedingung fraglich

1355 *Hausmaninger*, Regula Catoniana, TR 36 (1968) 471 aE. schließt daraus, dass „er entweder keine *regula Catoniana* kennt oder aber sie bewußt und in ihrem gesamten Umfang negiert."

1356 Vgl. dazu auch ps.-Ulp., reg. 24, 23; außerdem Ulp. 21 ad Sab., D. 30, 41, 2 aE.

1357 Eine knappe Übersicht der Kontroverse findet sich bei *Liebs*, Rechtsschulen, in: ANRW II.15 (1976) 256 und *Stein*, The Two Schools, CLJ 31 (1972) 23. *Leesen*, Gaius meets Cicero (2010) 161 konstruiert einen Fall, in welchem der mit einem Vermächtnis zugunsten eines eigenen Gewaltunterworfenen beschwerte Erbe die Gültigkeit der Verfügung verfechten möchte: den der Miterbenkonstellation.

1358 *Effer-Uhe*, Condicio (2008) 71–72.

1359 *Mitteis*, RP I (1908) 173.

1360 Rezenter idS. auch *Leesen*, Gaius meets Cicero (2010) 114, 117.

sein[1361]. Für die Sabinianer sei also möglicherweise der Bedingungseintritt entscheidend für das ‚Entstehen' des Legats gewesen, weswegen sie für ihre Entscheidung auch auf diesen Zeitpunkt abstellten, während nach prokulianischer Auffassung das Legat bereits vorher ‚rechtlich existent' geworden sein könnte, wenngleich die Rechtsfolge (Eigentumsübergang) erst später eintrat: Nach dieser Ansicht musste der Zeitpunkt der Errichtung entscheiden, was sich schließlich durchsetzte[1362].

Entwickelt und schulmäßig[1363] diskutiert werden die Überlegungen zur Maßgeblichkeit einer Bedingung anhand des *legatum per damnationem* an einen Begünstigten *alieni iuris*, während etwa Ulp. 21 ad Sab., D. 30, 41, 2 sodann von einem anderen Fall ausgeht: Marmor oder Säulen, welche in ein Haus verbaut sind, werden gesondert vermacht (was infolge eines *senatus consultum* von 122 n. Chr.[1364] nicht möglich war, wie Ulpian in § 1 des selben Fragments ausgeführt hatte). Nachträglich werden sie abgetrennt. Er zieht eine Parallele zum Vermächtnis der eigenen Sache, welche man später veräußert habe[1365]; in beiden Fällen werde das Legat – weil von Anfang an ungültig – nicht wirksam. Anderes gelte, wenn eine Bedingung hinzugefügt sei, da hier die *regula Catoniana* nicht zur Anwendung komme. Den *dies cedens* erwähnt er in seiner Argumentation nicht.

Aus Sicht der Prokulianer mag für ihre in Gai. 2, 244 mitgeteilte Meinung die spezielle Konstellation maßgeblich gewesen sein: Der Herr könne – so die abschließende Begründung – durch einen Dritten seinem Gewaltunterworfenen gegenüber nicht in die Position eines ‚Schuldners' gebracht werden; und sei es nur in Form einer ‚Naturalobligation' oder einer ‚Aussicht' auf eine entstehende Schuld[1366]. Es mag auch eine Rolle gespielt haben, dass der

---

1361 Siehe idS. aber auch bereits *Horak*, Rationes decidendi (1969) 135 sowie ibid. 136 Fn. 22. Seither *Avenarius*, CRRS IV.3 (2017) 46.

1362 Vgl. Ulp. 21 ad Sab., D. 30, 41, 2; Pap. 15 quaest., D. 34, 7, 3; Ulp. 10 ad Sab., D. 34, 7, 4. Siehe für eine Übersicht der Meinungen *Byoung*, Regula Catoniana, in: FS Knütel (2009) 216.

1363 Gai. 2, 244; ps.-Ulp., reg. 24, 23; Inst. 2, 20, 32.

1364 Ulp. 21 ad Sab., D. 30, 41, 1: unter Aviola und Pansa, evtl. das *SC Acilianum*. Siehe dazu *González Roldan*, DE (2014) 94–104 mwN.

1365 Zur Veräußerung der vermachten Sache siehe nur *Ligios*, Alienazione I (2012).

1366 Gegen eine Verallgemeinerung auch *Flume*, Regula Catoniana, in: FS Niederländer (1991) 19; *ders.*, Der bedingte Rechtsakt, ZRG RA 92 (1975) 107 mwN. in Fn. 119. Dazu, dass die Entscheidung der Prokulianer ‚dogmatischer' sei, siehe hingegen

Herr durch die Freilassung einen zusätzlichen Vermögensnachteil erleiden würde; im schlimmsten Fall ohne dass ihm bei der Freilassung bewusst ist, dass er sich hierdurch selbst einen derartigen Nachteil zufügt. Thematisiert wird von den Prokulianern jedenfalls nicht, welcher ‚Stichtag' prinzipiell maßgeblich sein sollte. Möglich ist also sogar, dass die Prokulianer vielmehr großzügiger waren als die Sabinianer und in anderen Fällen der Ansicht des Servius gefolgt sind[1367].

17. *Dies-cedens*-Verschiebung als Instrument der ‚Rettung' unwirksamer Legate

Wird einem testamentarisch freigelassenen Sklaven ein Vermächtnis zugewendet, so wäre dieses bei einem Außenerben – der die Erbschaft nicht *ipso-iure* erwirbt[1368] – an sich ungültig: Bis zum Antritt des Erben ist der testamentarisch Freigelassene nämlich noch Sklave und kann als *servus hereditarius* weder für sich selbst noch für die Erbschaft, zu der er gehört, ein Legat aus derselben erwerben; zum *dies cedens* kann weder das Eigentum übergehen (Vindikationslegat) noch eine Forderung entstehen (Damnationslegat). Diese Schwierigkeit erörtert Ulpian:

> Ulp. 24 ad Sab., D. 36, 2, 8: *Nam cum libertas non prius competat quam adita hereditate, aequissimum visum est nec legati diem ante cedere: alioquin inutile fieret legatum, si dies eius cessisset antequam libertas competeret. quod evenit, si servo pure legetur et liber esse sub condicione iubeatur et pendens condicio inveniatur et post aditam hereditatem.*

Ch. Paulus, Unsterblichkeit (2018) 213 (= *ders.*, Idee der postmortalen Persönlichkeit [1992] 237).

1367 Kein zutreffendes Argument ist es, auf die Kontroverse zum Vorversterben übergangener Haussöhne zu verweisen, wie es *Byoung*, Regula Catoniana, in: FS Knütel (2009) 225 Fn. 58 tut: Das betrifft in erster Linie die Erbeinsetzungen (und erst dadurch in weiterer Folge das gesamte Testament und somit auch Legate), welche von der *regula Catoniana* nicht betroffen waren.

1368 Für einen Fall, in welchem die Gültigkeit eines Legats tatsächlich davon abhängt, ob der Erbe als *heres necessarius* oder *voluntarius* eingesetzt wurde, siehe Paul. 8 ad Plaut., D. 33, 5, 13 pr., wo im Falle des Legats an einen eigenen Sklaven, der nicht auch testamentarisch freigelassen wird, eine *servi optio* zugunsten eines Dritten einen Schwebezustand eintreten lässt; vgl. dazu den Kommentar von *Avenarius*, CRRS IV.3 (2017) 207.

> Denn weil die Freiheit nicht früher zusteht als bei Antritt der Erbschaft, erschien es höchst gerecht, dass auch das Vermächtnis nicht vorher anfällt. Andernfalls wäre das Vermächtnis unwirksam, wenn es früher anfiele, bevor die Freiheit erlangt wird. Dazu kommt es dann, wenn einem Sklaven etwas unbedingt vermacht und ihm unter einer Bedingung die Freiheit erteilt ist und sich herausstellt, dass die Bedingung auch nach dem Erbschaftsantritt noch in der Schwebe ist.[1369]

Der *dies cedens* des Vermächtnisses wird auf den Tag des Erbschaftsantritts bzw. den Tag des Eintritts der einer *manumissio testamentaria* hinzugesetzten Bedingung verschoben, da erst dann der Sklave frei wird und erwerben kann. Normalerweise tritt lediglich der *dies veniens* erst mit dem Erbschaftsantritt ein, der *dies cedens* dagegen bereits mit dem Tod des Erblassers bzw. der Testamentseröffnung[1370]. Weil aber das Vermächtnis nur anfallen kann, wenn der Sklave bereits frei ist, die Freiheit aber erst mit dem *dies veniens* zusteht, muss der *dies cedens* des Vermächtnisses bis zu diesem Zeitpunkt aufgeschoben werden[1371].

Daube[1372] sieht darin eine Korrektur der *regula Catoniana* schon bei Sabinus, was *Hausmaninger*[1373] mit dem Hinweis auf die Sabinus-Entscheidung in Gai. 2, 244 zurückweist; nach sabinianischer Ansicht war das unbedingte Legat an den Haussohn des Erben ungültig (siehe soeben oben XII.16.), daher sei unwahrscheinlich, dass Sabinus das Vermächtnis an den Erbschaftssklaven als gültig angesehen hätte. Das ‚*aequissimum visum est*' weise vielmehr darauf hin, dass Ulpian von der Entscheidung des Sabinus abweiche (insbes.

1369 Übersetzung: *K/K/L/R-Lohsse*.

1370 Vgl. auch das Ende des vorangehenden Fragments Ulp. 20 ad Sab., D. 36, 2, 7, 6: *Interdum aditio heredis legatis moram facit, ut puta si forte servo manumisso vel ei cui servus legatus est et ideo servo aliquid legatum sit: nam servo legati relicti ante aditam hereditatem dies non cedit*. Zur Bedingungskonstruktion überdies Iul. 36 dig., D. 30, 91, 1 und Maec. 30 fid., D. 35, 1, 86, 1; hier kommt es darauf an, ob die Bedingung nur nach dem Erbschaftsantritt erfüllt werden kann (dann ist das Legat *inutile*) oder schon zuvor (dann ist es *utile*). Zu D. 30, 91, 1 siehe *Avenarius*, CRRS IV.3 (2017) 169; zu D. 35, 1, 86, 1 *Avenarius* ibid. 249 sowie *van Berkum*, Regula Catoniana (2022) 96. Vgl. *Flume*, Regula Catoniana, in: FS Niederländer (1991) 23 zu der These, dass „das ‚*utile*' und ‚*inutile*' auf die Vermächtnisbestellung als Rechtsakt und nicht auf die Rechtsfolge bezogen ist."

1371 Zum Vermächtnis zugunsten eines eigenen Sklaven im Kontext der *regula Catoniana* siehe eingehend *van Berkum* (2022) 15–43.

1372 *Daube*, Palingenesie, ZRG RA 76 (1959) 206.

1373 *Hausmaninger*, Regula Catoniana, TR 36 (1968) 474.

Celsus habe eine zentrale Rolle bei der Zurückdrängung der *regula Catoniana* gespielt), wobei *Schmidlin*[1374] generell davon ausgeht, dass die klassischen und nachklassischen Juristen sich gegen die Regel auflehnten. *Flume*[1375] hingegen lehnte die Annahme ab, dass es hier überhaupt um die *regula Catoniana* und eine Ausnahme von jener gehen soll.

Einerlei ob man nun darin eine gegen die *regula Catoniana* gerichtete oder davon unabhängige Strategie sehen möchte, fällt jedenfalls auf, dass es sich um eine ‚Korrektur' innerhalb des *ius civile* selbst handelt: Nicht durch ein Eingreifen des Prätors scheint das unwirksame Vermächtnis doch noch wirksam geworden zu sein, sondern durch eine Intervention des Juristen bei der Interpretation; Ulpian greift dabei auf die *aequitas* als Begründung zurück.

18. Überlegungen zum Prozess

a. Das Vorgehen des (vermeintlich) Begünstigten als Nichtbesitzer

Will sich jemand auf eine testamentarische Zuwendung in Legatsform berufen, so ist es wohl der erste Schritt, Einsicht in das Testament zu verlangen, wenn er dieses nicht selbst in Händen hat. Wird ihm die Einsicht verwehrt, so wird er ein Interdikt anstrengen: das *interdictum de tabulis exhibendis* gegen denjenigen, bei welchem sich das Testament befindet. Wird das Testament nicht vorgewiesen, sodass auch etwa der Wortlaut nicht näher erhoben werden kann, so erfolgt eine Verurteilung auf das Interesse, sodass die Einzelzuwendung und die Höhe immerhin glaubhaft gemacht werden müssen. Form und Umdeutungsmöglichkeiten konnten hier kaum im Detail erhoben worden sein.

Liegt das Testament vor, aus welchem sich die Berechtigung ergeben könnte, und entsteht Streit um die Gültigkeit eines (bedingt oder befristet

[1374] *Schmidlin*, Rechtsregeln (1970) 10.

[1375] *Flume*, Regula Catoniana, in: FS Niederländer (1991) 19–21; ibid. Fn. 13–14 mit Kritik an der von *Lenel* als möglich (allerdings unter Hinzufügung eines Fragezeichens) vorgeschlagenen und von *Daube*, *Hausmaninger* und *Schmidlin* sodann vorausgesetzten Palingenesie.

ausgesetzten)[1376] Legats, so wird der ‚Begünstigte' sich zunächst an den Prätor wenden und versuchen, die Leistung einer *cautio legatorum servandorum causa* für die Erfüllung des Legats durch den Erben zu erzwingen. Nun kann der Erbe diese *cautio* leisten; diese verfällt aber wohl nur, wenn er im Rechtsstreit unterliegt.

Weigert sich der Erbe hingegen, die entsprechende *cautio* zu leisten, so kann der potentielle Vermächtnisnehmer zumindest bei körperlichen Gegenständen den Prätor um die Ermächtigung ersuchen, sich selbst in den Besitz zu setzen. Gelingt das, so erlangt er die günstigere Position des Besitzers und muss nicht klagsweise vorgehen. Selbst wenn die eigenmächtige Inbesitznahme scheitern sollte, kann der Behauptende aufgrund einer vorliegenden Ermächtigung beschleunigten Rechtsschutz mittels *interdictum ne vis fiat ei, qui legatorum servandorum causa in possessionem missus erit*[1377] erlangen. Eine Verurteilung würde sodann auf das Besitzinteresse erfolgen[1378].

Im Regelfall wird der nichtbesitzende, möglicherweise wirksam, vielleicht aber auch unwirksam Bedachte jedoch mit einer *actio* vorgehen müssen. Er wird sich mit dem Erben bzw. Nachlassbesitzer zwar vorab in Kontakt setzen und auf die Testamentsklausel verweisen, aus welcher er seine Berechtigung ableitet; wird deren Gültigkeit bestritten, so erfolgt die *editio* der Klagsformel. Da bereits bekannt ist, dass der Beklagte sich auf die Unwirksamkeit beruft, wird der konsiliar tätige Jurist dem Kläger dazu raten, die Formel allenfalls anzupassen. Das Abschätzen der Möglichkeiten, die zur Gestaltung des Prozessthemas offenstehen, ist immerhin eine seiner Hauptaufgaben. Mitunter kam es aber sogar nach bereits erfolgter *editio* noch zum Wechsel der Klage:

> Ulp. 7 disp., D. 46, 7, 13, 1: *Si fuero a fideiussore procuratoris stipulatus iudicatum solvi quasi in rem acturus et postea in personam egero, vel alia actione acturus, aliam autem dictavero actionem, non committitur stipulatio, quia de alia actum videtur, de alia stipulatio interposita.*
>
> Wenn mir vom Bürgen des *procurators* für die *cautio iudicatum solvi* mittels Stipulation Sicherheit geleistet wird, so als würde ich eine dingliche Klage anstellen, und

---

[1376] Nach Paul. 75 ed., D. 36, 3, 15 pr. auch bei sofort fälligen Vermächtnissen; er argumentiert mit der durch die klagsweise Durchsetzung verursachten Verzögerung.

[1377] Dazu *Ubbelohde*, Interdicte III (1891) 191–234.

[1378] Ulp. 72 ed. D. 43, 4, 1, 5.

ich nachher mit einer persönlichen Klage klage – oder: so als würde ich mit der einen Klage vorgehen, ich nachher aber eine andere Klage erhebe –, dann verfällt die Stipulation nicht, weil mit der einen Klage vorgegangen zu sein scheint und für die andere die Stipulation eingegangen worden ist.

Der Kläger wollte zunächst mit einer *actio in rem* vorgehen. Er hat sich diesbezüglich sogar schon die *cautio iudicatum solvi* vom *procurator* des Beklagten versprechen lassen und ein Bürge wurde bestellt. Zur *litis contestatio* dürfte es allerdings noch nicht gekommen sein; der Kläger entschließt sich noch vorher dazu, doch auf eine *actio in personam* umzuschwenken, bezüglich derer auch die Streitbefestigung erfolgt. Gut vorstellbar ist ein solcher Fall etwa in der oben betrachteten Konstellation, wenn zunächst ein Vindikationslegat eingeklagt werden sollte, sich im Zuge der Vorbereitungen jedoch herausstellt, dass der Erblasser keine dingliche Berechtigung am fraglichen Gegenstand hatte; der Kläger schwenkt um: Nun behauptet er, dass der Erblasser den Erben zur Herausgabe/Verschaffung verpflichten wollte und er sich dabei lediglich der falschen *verba* bedient habe, weswegen schlussendlich persönlich geklagt wird. Weil die *cautio* an das Prozessprogramm gebunden ist, verfällt sie nun allerdings auch im Falle eines für den Beklagten ungünstigen Urteiles nicht und es gibt hier somit auch keinen Bürgen; es bedarf in solchen Fällen einer erneuten Prozesskaution für die konkrete Klage. Das gilt auch, wenn zwischen zwei persönlichen Klagen gewechselt wird.

Es kann aber noch *in iure* um die Einschaltung der *exceptio* kontrovers verhandelt werden; der Prätor kann etwa eine *denegatio* der Klage androhen, falls das Prozessprogramm nicht in diesem Sinne angepasst werden sollte[1379]. Das Prozessprogramm vor dem *iudex* ist nur noch auf ein Beweisthema konzentriert und dem Kläger wird es *apud iudicem* verwehrt, die im Prozess relevanten Tatsachen neu zu bestimmen. Auch die Beweismittel müssen bereits in der *editio* genau bezeichnet werden; *apud iudicem* steht nur noch ihr Inhalt zur Beurteilung offen.

Beim Vindikationslegat wird der Bedachte behaupten, Eigentum erworben zu haben und mit der *rei vindicatio* vorgehen. Hierbei muss er – wie jeder Vindikationskläger – das zivile Eigentum seines Vormannes und seinen

---

[1379] Siehe *Schulz*, Classical Roman Law (1951) 318–319 zu der Feststellung, dass beim *SC Neronianum* „the conversion was effected *iure praetorio* by order of the Senate, whereas *iure civili* the legacy remained void".

Erwerb durch ein gültiges Testament sowie die darin enthaltene, hierfür taugliche Klausel beweisen. Allenfalls konnte der Prätor aber auch eine *actio in rem utilis* nach dem Muster einer *actio Publiciana* gewähren; daran wäre etwa zu denken, wenn der Erblasser selbst die Sache möglicherweise lediglich *in bonis* hatte bzw. dem Legatar immerhin der Nachweis des zivilen Eigentums des Erblassers derart erspart werden sollte, allenfalls schließlich der Erblasser das zivile Eigentum selbst erst zwischen Testamentserrichtung und Tod erworben hatte.

Wie an anderer Stelle ausgeführt[1380] gibt es bei den Damnationslegaten unterschiedliche Formeln je nach Vermächtnisgegenstand: Es konnte ein *certum* oder ein *incertum* geschuldet sein; wenn ein *certum*, dann ein solches, welches nach Maß, Zahl bzw. Gewicht bestimmt ist, oder ein *certum*, welches in einer Speziessache besteht. Regelmäßig wird der Formel eine *praescriptio* vorangestellt, wonach darum gestritten werde, dass der Kläger gegen den Beklagten aus dem Testament eines bestimmten Erblassers einen Anspruch habe. Nach der Richterbestellung folgt sodann je nach Legatsgegenstand die für Kondiktionen übliche Formel (unter Verdoppelung der Urteilssumme wegen Litiskreszenz bei den Legaten von Geld oder sonstigem *quod pondere numero [mensura] constat* bzw. möglicher Einfügung einer Restitutions-/Arbiträrklausel bei einer vermachten Speziessache), sodass das *dare oportere* bewiesen werden muss. Beim Legat eines *incertum* (inkl. *legatum sinendi modo*) dürfte eine der *actio incerti ex stipulatu* ähnliche Formel gebildet worden und je nachdem, ob der Kläger mehr als nur einen potentiellen Anspruch aus dem fraglichen Testament abzuleiten meint oder nicht, eine *demonstratio* (mit Bezugnahme auf den fraglichen Anspruch *ex testamento*) eingefügt worden sein oder nicht (letzterenfalls wurde in der *intentio* auf das Testament Bezug genommen). Eine Verdoppelung der Urteilssumme erfolgte hier nicht, allenfalls wurde ein Höchstwert für die Urteilssumme eingefügt. Bewiesen werden muss wiederum das *dare facere oportere*, welches sich hier wie dort aber auch aus dem Ergebnis einer Umdeutung ergeben kann.

Der mittels *legatum per praeceptionem* begünstigte Miterbe schließlich meldet seinen Anspruch im Erbteilungsverfahren an; um dieses in Gang zu bringen, hat er die *actio familiae erciscundae*. Befindet sich die Sache bei einem

---

1380 Siehe zum Folgenden samt Formelrekonstruktionen *Isola*, Actio ex testamento, ZRG RA 137 (2020) 120–131 mwN.

Dritten, so kann der Begünstigte vermutlich sogleich vindizieren; auch in ‚defekten' Fällen, wenn die *verba* des *legatum per praeceptionem* für ein Vermächtnis zugunsten eines *extraneus* verwendet wurden, steht die Vindikation zu Gebote. Hier insofern infolge einer ‚Umdeutung', als das als solches nicht gültige *legatum per praeceptionem* im Ergebnis als Vindikationslegat wirksam wird. Dabei könnte es einer Fiktion in der Formel bedurft haben, sodass schließlich auch hier eine Formel nach der Art der *actio Publiciana* herangezogen worden sein dürfte, was schließlich auch sonst jedem zivilen Eigentümer offenstand.

b. Das Vorgehen gegen den (vermeintlich) Begünstigten als Besitzer

Hat sich der ‚Begünstigte' den Besitz ohne eine besondere Ermächtigung eigenmächtig verschafft, so stellt sich umgekehrt die Frage, wie der die Berechtigung Bestreitende dagegen vorgehen kann. In Frage kommt einerseits das *interdictum quod legatorum* (allerdings nur für den bereits in den Nachlassbesitz Eingewiesenen), andererseits aber auch die *hereditatis petitio*[1381]. Ergeht der interdiktale Befehl, so kann der Beklagte – der damit auf die Rolle ‚*pro legato*' festgelegt wäre[1382] – statt der Mitwirkung an der *sponsio*[1383] nun noch behaupten, vielmehr ‚*pro herede*' oder seinerseits ‚*pro possessore*' zu besitzen[1384]. Damit wendet er die Wirkung des Interdikts ab, verzichtet aber auch darauf, auf diese Vorfrage und die einmal akzeptierte Rolle als Beklagter

[1381] Vgl. Ulp. 67 ad ed., D. 43, 3, 1, 4: Immer, wenn noch nicht klar ist, welche *actio* der Kläger anstrengen will, gibt er dem Beklagten zwei Rechtsbehelfe bekannt und erklärt, dass er mit einem der beiden vorgehen werde. Das ist auch dann möglich, wenn eine der beiden Alternativen ein *interdictum* ist.

[1382] Zum Schutzbereich dieses Interdikts siehe nur *Babusiaux*, Erbrecht ²(2021) 262–263; zur Entwicklung eingehend *Ubbelohde*, Interdicte III (1891) 140–190. Vgl. außerdem *Berger*, s.v. Interdictum, RE IX.2 1661–1662 (Nr. 46).

[1383] Der *actor* muss Sicherheit für die Erfüllung der letztwilligen Verfügung leisten; dabei bedarf es aufgrund der Frage-Antwort-Form auch der Mitwirkung des *reus*.

[1384] Zu den Schwierigkeiten, welche sich daraus ergeben können, dass unklar ist, auf welchen Grund der eigenmächtig Besitz Ergreifende sich stützt, siehe *Bürge*, De edendo, ZRG RA 112 (1995) 9–12. Verweigert der (vermeintliche oder wirkliche) Legatar seine Mitwirkung an der *cautio*, ohne sich auf einen anderen Erwerbsgrund zu stützen, wird er dennoch dem *interdictum* unterworfen.

in der *hereditatis petitio* zurückzukommen. Die *editio* von *interdictum* und *actio* provoziert also die *interrogatio in iure*, womit bereits entschieden ist, in was eine gegebenenfalls tatsächlich in der intendierten Form unwirksame Bestimmung umgedeutet werden müsste: in einen Einzel- oder in einen Universalrechtstitel. Der Kläger wird sich auf die Ungültigkeit berufen, der Beklagte hingegen auf die Umdeutungsmöglichkeit.

Hat der Beklagte bereits erklärt, weder *pro herede* noch *pro possessore* zu besitzen, hat er den Kläger damit ebenfalls auf den Weg der Singularklage verwiesen. Er kann ihm nun nicht mehr verwehren, seinerseits die Erbenstellung zu beweisen. So greifen Präjudizialeinrede und Passivlegitimation ineinander[1385].

1385 Siehe dazu *Hackl*, Präjudizialeinrede und Erbschaftsklage, in: FS Kaser (1986) 45–57.

XIII. Fideikommisse

Die Institutionen Justinians sowie die Theophilus-Paraphrase sprechen im Zusammenhang mit der Einführung der Klagbarkeit von Fideikommissen von einer ‚Konversion': Zunächst waren Fideikommisse rechtlich (wenngleich nicht moralisch[1386]) ‚unverbindlich'. Unter Augustus erlangten sie in Einzelfällen Rechtsschutz durch die Konsuln. Schließlich entstand eine ständige Gerichtsbarkeit. Die Institutionen schildern folgenden Hergang:

> Inst. 2, 23 pr.–1: *Nunc transeamus ad fideicommissa. et prius de hereditatibus fideicommissariis videamus.* 1. *Sciendum itaque est omnia fideicommissa primis temporibus infirma esse, quia nemo invitus cogebatur praestare id de quo rogatus erat: quibus enim non poterant hereditates vel legata relinquere, si relinquebant, fidei committebant eorum, qui capere ex testamento poterant: et ideo fideicommissa appellata sunt, quia nullo vinculo iuris, sed tantum pudore eorum qui rogabantur continebantur. postea primus divus Augustus semel iterumque gratia personarum motus, vel quia per ipsius salutem rogatus quis diceretur, aut ob insignem quorundam perfidiam iussit consulibus auctoritatem suam interponere. quod quia iustum videbatur et populare erat, paulatim c o n v e r s u m e s t in adsiduam iurisdictionem: tantusque favor eorum factus est, ut paulatim etiam praetor proprius crearetur, qui fideicommissis ius diceret, quem fideicommissarium appellabant.*
>
> Jetzt wollen wir zu den Fideikommissen übergehen und als erstes die Erbschaftsfideikommisse betrachten. 1. Man muss nun wissen, dass alle Fideikommisse anfangs unverbindlich waren, weil niemand gegen seinen Willen gezwungen wurde, etwas zu leisten, um das er lediglich gebeten worden war. Denn wenn man Personen etwas zuwenden wollte, denen man Erbschaften oder Vermächtnisse nicht zuwenden

---

[1386] Eingehend dazu rezent *Avenarius*, The Pre-classical fidei committere, in: Order and Emotion (2020) 65–91 (insbes. 76–86) mwN.

> konnte, vertraute man sich der Gewissenhaftigkeit derer an, die aus einem Testament erwerben konnten, und man sprach deshalb von Fideikommissen, weil sie sich nicht auf ein rechtliches Band, sondern allein auf das Anstandsgefühl derer stützten, die gebeten wurden. Später hat als erster der vergöttlichte Kaiser Augustus einmal und dann wiederholt mit Rücksicht auf das Ansehen der Betreffenden oder weil jemand, wie es hieß, bei seinem, des Kaisers, Heil gebeten worden war oder wegen unerhörter Gewissenlosigkeit manch eines der Gebetenen den Konsuln befohlen, ihre Amtsgewalt einzusetzen. Weil dies gerecht erschien und allgemein Anklang fand, wurde daraus allmählich eine ständige Gerichtsbarkeit, und die Fideikommisse wurden so beliebt, dass mit der Zeit sogar ein eigener Prätor für die Rechtsprechung über Fideikommisse eingesetzt wurde, den man den Prätor für Fideikommisse nannte.[1387]

Noch ausführlicher ist die Theophilus-Paraphrase an dieser Stelle:

> Theoph. Par. 2, 23 pr.–1: *Εἰπόντες περὶ τῶν ληγάτων νῦν μετέλθωμεν ἐπὶ τὰ FIDEICOMMISSA. τῶν FIDEICOMMISSON τὰ μέν ἐστιν ἰδικά, τὰ δὲ καθομάδα. δεῖ δὲ κατὰ πρώτην τάξιν περὶ τῶν καθομάδα διαλεχθῆναι καὶ οὕτως ἐλθεῖν ἐπὶ τὰ ἰδικά.* 1. *Τέως δὲ σκοπήσωμεν περὶ τῆς ἀρχαιογονίας αὐτῶν. ἀνυπόστατα πάλαι πάντα ὑπῆρχε τὰ FIDEICOMMISSA˙ οὐδεὶς γὰρ ἄκων ταῦτα κατέβαλλεν ἐκείνοις οἷς ἠξιώθη παρασχεῖν. ἐπενοήθη δὲ ἐντεῦθεν τὰ FIDEICOMMISSA. συνέβαινε πολλάκις Ῥωμαῖον τελευτᾶν ἔχοντα συγγενεῖς PEREGRINUS, οἷς οὐδὲ κληρονομίαν οὐδὲ ληγάτα καταλιμπάνειν ἐξῆν διὰ τὸ διαφόρου πολιτείας εἶναι. ἐκάλει τοίνυν οὗτος Ῥωμαῖόν τινα, ὅς ἠδύνατο αὐτοῦ γενέσθαι κληρονόμος ἐκ διαθήκης, εὔνουν ὄντα καὶ πιστὸν ἐσόμενον. καὶ αὐτὸν μὲν ἔγραφε κληρονόμον, ἠξίου δὲ αὐτὸν ἐκτὸς τῆς διαθήκης ὥστε ἤ πᾶσαν τὴν κληρονομίαν ἤ μέρος αὐτῆς ἤ καὶ ῥητὰ πράγματα τῷδε τῷ PEREGRINO ἀποκαταστῆσαι. καὶ ἐν τῇ τοῦ SCRIPTU κληρονόμου ἀπέκειτο ἐξουσίᾳ πότερον βούλεται ταῦτα δοῦναι ἢ οὔ. οὐδεὶς γὰρ νόμου σύνδεσμος ἦν ὁ τοῦτο ποιεῖν αὐτὸν ἀναγκάζων, ἀλλ᾽ ἐκ μόνης τῆς πίστεως καὶ αἰδοῦς τῶν παρακληθέντων ἤρτητο ταῦτα. ἀμέλει καὶ ἐντεῦθεν FIDEICOMMISSA προσηγορεύθη, τουτέστι τὰ τῇ πίστει καταπιστευθέντα. ἀλλὰ ταῦτα μὲν κατὰ τοὺς παλαιοτάτους χρόνους. μετὰ δὲ ταῦτα πρῶτος Αὔγουστος ὁ βασιλεύς, ἅπαξ καὶ δὶς παρακινηθεὶς διὰ τὸ χαρίεν τῶν οἷς ταῦτα καταλέλειπτο (ἦν γὰρ ἔσθ᾽ὅτε αὐτῷ γνώριμα τὰ τοιαῦτα πρόσωπα, ἤ καὶ τιμῆς ἄξια διὰ τὴν προσοῦσαν αὐτοῖς παίδευσιν ἢ καὶ ἕτερόν τι κλεονέκτημα),ἢ καὶ ἐπειδὴ πολλάκις κατὰ τῆς αὐτοῦ σωτηρίας ὁρκωθέντες τοῦ ὅρκου κατεφρόνησαν οἱ κληρονόμοι, ἢ διὰ μεγίστην ἀπιστίαν (ἔσθ᾽ὅτε γὰρ ἠξιώθη τις πλούσιος ὢν πενιχροῖς παισὶ καὶ σφόδρα νέοις ἢ καὶ γεγηρακόσι τοῦ τελευτήσαντος γονεῦσιν ἀποκαταστῆσαι, εἶτα τὴν πίστιν παρέβη), τοῖς ὑπάτοις οὖν ἐκέλευσε τὴν οἰκείαν αὐθεντίαν θεῖναι μέσην καὶ καταναγκάσαι τὸν ἀξιωθέντα ποιήσασθαι τὴν ἀποκατάστασιν. τοῦτο δὲ δίκαιον νομισθὲν καὶ χαρίεν παντὶ τῷ δήμῳ κατὰ μικρὸν εἰς IURISDICTIONA μετετράπη καὶ*

[1387] Übersetzung: *K/K/L/R*. Hervorhebungen *LI*. Siehe zum Text statt vieler nur *Giodice-Sabbatelli*, Fideicommissorum persecutio (2001) 42–60.

εἰς ἀνάγκην. καὶ τοσαύτη γέγονεν ἐπὶ τοῖς FIDEICOMMISSOIS σπουδὴ ὅτι προϊόντος τοῦ χρόνου καὶ PRAETOR ἰδιάζων ἐπὶ ἀπαιτήσει τῶν FIDEICOMMISSON ἐχειροτονήθη, ὁ λεγόμενος FIDEICOMMISSARIOS.[1388]

Zuallererst betrachten wir ihre Herkunft. Einst waren alle Fideikommisse rechtlich unverbindlich; niemand konnte wider Willen zur fideikommissarischen Leistung gezwungen werden, um welche er gebeten worden war. Dies war so ziemlich der Ursprung der Fideikommisse. Mehrmals gelang es einem im Sterben liegenden römischen Bürger, welcher Peregrine als Kognaten hatte, welchen er weder Legate noch Erbschaften hinterlassen konnte, dass sie auf anderem Wege dem Bürgerrecht unterworfen wurden. Er setzte also irgendeinen römischen Bürger ein, der ihm wohlwollend gegenüberstand, und der auch als Erbe im Testament eingesetzt werden konnte, und dessen Treue und Anstandsgefühl er für gut befunden hatte. Und so bat er ihn außerhalb des Testaments, entweder die gesamte Erbschaft oder einen Teil von ihr oder gewisse Sachen jenem Nichtbürger herauszugeben. Die Einsetzung des Erben aber unterlag der Willkür, genauso ob oder ob nicht gezahlt werden müsse, da es ja keine Bindung an das Recht gab, an welches er gebunden werden konnte; aber jener, welcher aufgrund seiner Treue und seines Anstands dazu gebeten wurde, wurde von diesen (dh. von Treue und Anstand) festgehalten. Und deshalb wurden sie Fideikommisse genannt. Und so wurden sie einst erworben. Danach schritt als Erster der vergöttlichte Augustus hinsichtlich jener ein, die auf diese Art etwas vermacht bekamen, anfangs in episodischen Einzelfällen und später im Sinne eines Generalauftrags, vielleicht einerseits weil es sich um sehr bekannte Persönlichkeiten gehandelt hatte, andererseits vielleicht aufgrund eines würdigen Ehrenamtes, wegen Belehrung oder zu einem anderen Nutzen, oder weil öfters irgendjemand bei seinem (dh. des Kaisers) Heil schwor und sie den Schwur geringschätzten, oder aufgrund der auffälligen Treulosigkeit, gleichwie wenn jemand, der reich war, vom Verstorbenen darum gebeten wurde, die armen Kinder aufzunehmen oder einen erschöpften alten Mann an die Verwandten herauszugeben und er die Treue nicht einhielt. Daher befahl er den Konsuln seine Macht einzusetzen, damit jener, der gebeten worden ist, zur Herausgabe gezwungen werden konnte. Weil diese Vorgehensweise gerecht erschien, und insgesamt allgemein verbreitet war, wurde dies allmählich in eine eigene Rechtsprechung bzw. eine Rechtsnotwendigkeit u m g e d e u t e t; so groß wie der Vorteil der Fideikommisse war, wurde im Laufe der Zeit auch ein eigener Prätor, welcher nur über die Fideikommisse Recht sprach, eingesetzt, welchen sie den Prätor der Fideikommisse nannten.[1389]

1388 *Lokin/Meijering/Stolte/van der Wal*, Theophili Antecessoris Paraphrasis Institutionum (2010) *ad loc.* Hervorhebungen *LI.* Vgl. die lat. Übers. *Ferrini*, Institutionum Graeca Paraphrasis I (1884) *ad loc.*: *… in iurisdictionem et iuris necessitatem conversum est… .*

1389 Deutsche Übersetzung (in Anlehnung an die Übertragung der lateinischen Übersetzung durch *Ferrini*, s. soeben Fn. 1388) bei *Hörtner*, Fideikommisse (2011) 46 Fn. 181.

Die Entwicklung des Fideikommissrechts erinnert an die Geschichte des Privattestaments, welches von der *mancipatio familiae* ausging und den *familiae emptor* – welcher als Treuhänder verpflichtet war, die Erbschaft nach dem Willen des ‚Veräußerers' nach dessen Tod zu verteilen – später zur bloßen Formalperson werden ließ, während die Erbschaft sogleich an den im Testament Bezeichneten fiel: Einem *heres institutus* oder auch einem Intestaterben wurde formlos aufgetragen, die Erbschaft an einen Dritten herauszugeben, der aus verschiedenen Gründen nicht selbst unmittelbar eingesetzt wurde oder auch gar nicht eingesetzt werden konnte (Theophilus berichtet vom Fall des Peregrinen, der ein kognatisch Verwandter des Erblassers war). *Terranova* verweist auch auf Gemeinsamkeiten der Fideikommissworte mit den alten Worten, welche die *mancipatio familiae* begleiteten und eine *fides*-Bindung des *familiae emptor* bewirkten[1390]. Ursprünglich hatte der Dritte jedoch keine rechtliche Handhabe gegen den Erben nach *ius civile*; verpflichtet war jener ‚nur' sittlich. Später wurde diese sittliche Verpflichtung ‚verrechtlicht', wodurch nun der Testamentserbe zur Herausgabe gezwungen werden konnte[1391]. Dieser Übergang zur Rechtsverbindlichkeit wird in den Institutionen als *conversio* (in der Paraphrase: μετετράπη) bezeichnet. Das Fideikommiss wird in seiner rechtlichen Qualität ‚umgewandelt'; es wird von einer moralischen Pflicht zu einem *vinculum iuris*, dessen Beachtung als Rechtspflicht im außerordentlichen Kognitionsverfahren durchsetzbar wurde. Es wurde insofern also der ‚*usus fideicommissorum*' zu einem ‚*ius fideicommissorum*'[1392]. *Desanti* beobachtet sodann ein Verschmelzen der fideikommissarischen und der ‚direkten' Zuwendungen als diokletianisches Phänomen[1393].

[1390] *Terranova*, Testamentum (2011) 307–310; für einen Vergleich mit dem *heres fiduciarius* siehe ibid. 316–324 mwN.

[1391] Dazu, dass Augustus damit selbst die Umgehungsmöglichkeit der von ihm erlassenen Kaduzitätsvorschriften geschaffen hatte, siehe nur *Ch. Paulus*, Unsterblichkeit (2018) 128 (= *ders.*, Idee der postmortalen Persönlichkeit [1992] 136).

[1392] *Hörtner*, Fideikommisse (2011) 49. Siehe *Avenarius*, The Pre-classical fidei committere, in: Order and Emotion (2020) 86–87 zum radikalen Wandel des ‚spezifischen Charakters' des Fideikomisses durch die Einführung der Klagbarkeit und dem damit verbundenen ‚Bruch' in der aus der Republik übernommenen Konzeption des römischen Erbrechts.

[1393] *Desanti*, Prassi, in: Diocleziano (2018) 556.

Johnston geht davon aus, dass das Zivilrecht in vorklassischer Zeit noch nicht ausreichend entwickelt gewesen sei, um die neuartige Rechtsstruktur der Fideikommisse aufnehmen zu können. Durch konsularische Rechtsprechung bzw. nichtediktale Ausdehnung sei die Anerkennung der rechtlichen Verbindlichkeit schließlich infolge der Aufforderung durch Augustus vollzogen worden. Ob es tatsächlich die Stärkung der *fides* war, welche Augustus dabei im Auge hatte, ob es ihm vielmehr um fiskalische Anliegen ging oder ob schließlich das Programm der *leges Iulia et Papia Poppaea* ihn dazu bewog, welches durch unkontrollierte Fideikommisse nicht unterhöhlt werden sollte, kann freilich nicht mit Sicherheit rekonstruiert werden[1394].

Das Fideikommissrecht ist eines der vielen Beispiele, in welchen ein *exemplum* – hier: eine kaiserliche Maßnahme – eine Verallgemeinerung und damit Rechtsfortbildung bewirkte[1395]. Das ‚außerordentliche An-sich-ziehen' von Einzelfällen führte infolge der Häufung solcher Fälle zu einer Verstetigung[1396].

Das Fideikommiss ist aufgrund der Freiheit, in beinahe jeder Form beinahe jeden erlaubten Inhalt aufzunehmen, von zentraler Bedeutung für die Fragestellung der Umdeutung: Kann eine Konversion einer in anderer Form vorgesehenen letztwilligen Verfügung in ein Fideikommiss erfolgen, so ist seit Augustus die Durchsetzbarkeit gewährleistet. Etwas zunächst ‚an sich' nicht Klagbares wird dank des Einschreitens des *praetor fideicommissarius* dann doch noch durchsetzbar. Eine derartige rechtliche ‚Überleitung' erfolgte jedoch nur in eng begrenztem Rahmen. Dieser soll im Folgenden abgesteckt werden.

1. Sprache

Das Sprachenproblem im römischen Imperium vergrößerte sich durch die *Constitutio Antoniniana* naheliegenderweise massiv, was uns nun schon

1394 Vgl. zu diesem Fragenkreis *Johnston*, Trusts (1988) 273–278; *Avenarius*, s.v. Fideicommissum, in: EAH 5 (2013) 2669–2670; *Voci*, s.v. Fedecommesso (Diritto romano), in: ED XVII (1968) 103–109; *Trifone*, s.v. Fedecommesso. Diritto romano, in: NNDI VII (1961) 188–192.

1395 Vgl. zum Phänomen der *exempla* etwa *Benke*, Exempla Sequimur (Habil. Wien 1989); *Hölkeskamp*, Exempla und mos maiorum, in: Vergangenheit und Lebenswelt (1996) 301–328 sowie *David*, Maiorum exempla sequi, in: Rhétorique et Histoire (1980) 67–86.

1396 Siehe die zusammenfassende Darstellung bei *Babusiaux*, Rechtsschutz von Fideikommissen, ZRG RA 136 (2019) 146–147 mit der einschlägigen Lit.

mehrfach auch im Zusammenhang mit Fragen der Konversion beschäftigt hat: Durch die plötzlich immens größere Anzahl römischer Büger gab es nun um ein Vielfaches mehr Personen, welche die Formen des römischen Rechts beachten mussten, wollten sie, dass ein Testament Bestand haben konnte. Dazu zählt die Verwendung der lateinischen Sprache, welche nur noch für einen Bruchteil der Bürger Muttersprache war. Dementsprechend wurden ab 212 n. Chr. vermehrt Bestimmungen getroffen, welche diesem Problem begegnen sollten. Hierin wird auch eine Manifestation der Auflösung des rechtlichen Formalismus gesehen, welche mit der *Constitutio Antoniniana* eingesetzt habe: Das Einfallstor für die Aufnahme fremder Rechtsgewohnheiten sei die Sprache[1397].

Für die Zeit vor 212 zeigt etwa die folgende Bestimmung im *Gnomon* des *Idios Logos*, dass dieses Bestreben in der Zeit vor der *Constitutio Antoniniana* auch in Reichsteilen, in welchen nicht allen römischen Bürgern die lateinische Sprache geläufig war, nicht geteilt wurde:

> BGU V, 1210 = Sel. Pap. II 206 (ca. 150–180 n. Chr., Theadelphia) 35–37:
> η ἐὰν Ῥωμαικῇ δια κ θήκῃ προσκαίηται ὅτι ὅσα δὲ ἐὰν διατά-
> [ξ]ω κατὰ πινακίδας Ἑλληνικὰς κύρια ἔστω, οὐ παραδεκτέα
> [ἐ]στίν, οὐ γὰρ ἔ[ξ]εστιν Ῥωμαίῳ διαθήκην Ἑλληνικὴν γράψαι.[1398]
>
> Wenn einem römischen Testament hinzugefügt wird: ‚Was ich auf Wachstafeln in griechischer Sprache hinterlasse, soll gelten', so darf es nicht angenommen werden, denn einem Römer ist es nicht erlaubt, ein griechisches Testament zu verfassen.[1399]

Dementsprechend durfte nicht nur nicht auf Griechisch testiert werden (das gilt allgemein wohl mindestens bis 224 n. Chr.[1400]), sondern es durfte diese Vorschrift auch nicht durch das Kodizillarrecht umgangen werden.

1397 *Nowak*, Titius heres esto, JJP 40 (2010) 162, 164, 167; *Häusler*, Letztwillige Verfügungen in griechischer Sprache, ZRG RA 133 (2016) 421, 424.

1398 Text: http://papyri.info/ddbdp/bgu;5;1210 (zuletzt abgerufen am 28.03.2025).

1399 Übersetzung: *Babusiaux*, Gnomon, ZRG RA 135 (2018) 139.

1400 Alexander Severus ließ griechische Testamente schließlich zu; allerdings vermutlich zunächst begrenzt auf Ägypten: *Häusler*, Letztwillige Verfügungen in griechischer Sprache, ZRG RA 133 (2016) 425 mwN. Zur Rekonstruktion und den Texten, worauf diese gestützt wird, siehe *Nowak*, Titius heres esto, JJP 40 (2010) 164–167.

Während für formgültige Legate (und natürlich die Erbeinsetzung) die strenge Sprachregelung zu beachten war[1401], begann über das Fideikommissrecht schon vor der *Constitutio Antoniniana* jedoch eine gewisse Aufweichung:

> Gai. 2, 281: *Item legata graece scripta non valent; fideicommissa vero valent.*
>
> Ferner sind auf Griechisch[1402] geschriebene Vermächtnisse ungültig; Fideikommisse sind aber gültig.[1403]

Zwar kam es mitunter zur Umdeutung volksrechtlicher *kyria*-Klauseln in römische Kodizillarklauseln (was uns unten S. 576 noch näher beschäftigen wird), doch wie die Bestimmung im *Gnomon* des *Idios Logos* zeigt, durfte das nicht so weit verstanden werden, dass ein griechisches Kodizill durch eine testamentarische Bestätigung eine quasi ‚testamentsvertretende Funktion' übernehmen konnte.

2. *Verba fideicommissi*

Während ein Vermächtnis ‚wie ein Gesetz'[1404] befehlsweise angeordnet werden muss, gilt für das Fideikommiss die bittweise Auferlegung als Charakteristikum[1405]. Bei der Formfreiheit des Fideikommisses – selbst Gebärden (z.B. ein Wink[1406]) konnten eine fideikommissarische Verpflichtung begründen[1407] – erstaunt es, dass sich die Frage mangelhafter *verba* bei ihnen überhaupt stellte[1408].

1401 Eine Ausnahme bildet hier – neben den Soldaten – lediglich die Einzelfallprivilegierung des Diadochen der Epikureischen Schule durch Hadrian, CIL III, 12283, 14203 = ILS 7784 = FIRA I, 79, Z. 13–14: *Permitto Graece testari de eis, quae pertinet ad diado|chen sectae Epicureae.* [...] *licebit vel in pe<re>granum vel | in civem Romanum ius hoc trasferri.*

1402 Bei Ulpian sodann noch weitergehend Punisch und Gallisch mitumfassend: Ulp. 2 fideic., D. 32, 11 pr.

1403 Text und Übersetzung: *Manthe*, Institutiones ^{2}(2010) *ad loc.*

1404 Ps.-Ulp., reg. 24, 1: ‚*legis modo*'; vgl. dazu *Avenarius*, Liber singularis regularum (2005) 443–444.

1405 Ps.-Ulp., reg. 24, 1: ‚*precativo modo*'.

1406 *Nutu*: Paul. 4 sent., D. 32, 21 pr.; Diocl./Maxim. AA. et CC. Planciano, C. 6, 42, 22 (a. 293).

1407 Gai. 2, 281; Ulp. 2 fideicomm., D. 32, 11, 1; Paul. 4 sent., D. 32, 21 pr.; Diocl./Maxim. AA. et CC. Planciano, C. 6, 42, 22 (a. 293).

1408 Dazu auch *Avenarius*, The Pre-classical fidei committere, in: Order and Emotion (2020) 75–76.

Welche *verba* für Fideikommisse typisch[1409] sind, erläutert Gaius:

Gai. 2, 249: *Verba autem utilia fideicommissorum haec [recte] maxime in usu esse videntur: ‚peto, rogo, volo, fidei committo', quae proinde firma singula sunt, atque si omnia in unum congesta sint.*

Und zwar nimmt man an, dass folgende Worte für Fideikommisse brauchbar und auch meist gebräuchlich sind: ‚Ich verlange, bitte, will, vertraue der Treue an', welche einzeln verwendet ebenso wirksam sind, wie wenn sie alle in einen Ausdruck zusammengefasst worden sind.[1410]

Zu den gängigen Worten *peto, rogo, volo* und *fidei committo*, welche Gaius hier anführt, fügte bereits Neraz noch *exigo, desidero uti des* und selbst *scio te restituturum* hinzu[1411]. Der Spätklassiker Ulpian nennt außerdem *cupio des, opto des* und *credo te daturum* hinzu[1412]; in den Paulussentenzen finden sich überdies die Wendungen *impero, mando, deprecor, cupio* und *iniungo*, während *relinquo* und *commendo* dezidiert ausgeschlossen werden[1413].

Während *commendo* als bloßer Ratschlag eher im Interesse des ‚Belasteten' gegeben zu sein scheint und schon insofern Unverbindlichkeit signalisiert, wäre bei *relinquo* denkbar, dass das Problem die ‚Unmittelbarkeit' gewesen sein könnte, da die Sache dem Begünstigten damit direkt zugewendet erschiene, die Herausgabebitte sich jedoch an den Belasteten richten müsste. Tatsächlich scheint es etwa für Julian[1414] wesentlich zu sein, dass ein Belasteter ausgemacht werden kann:

1409 Dazu, dass es sich bei einer solchen Aufzählung von *verba fideicommissi* nicht um eine geschlossene Liste, sondern lediglich typische Worte handeln kann, siehe auch *Longchamps de Bérier*, Fedecommesso universale (1997) 79.

1410 Text und Übersetzung: *Manthe*, Institutiones ²(2010) *ad loc.*

1411 Nerat. 10 reg., D. 30, 118. Zu Letzterem siehe auch etwa Scaev. 20 dig., D. 32, 39 pr.

1412 Ulp. 2 inst., D. 30, 115.

1413 PS. 4, 1, 6: *Fideicommittere his verbis possumus rogo, peto, volo, mando, deprecor, cupio, iniungo. desidero quoque et impero verba utile faciunt fideicommissum. relinquo vero et commendo nullam fideicommissi pariunt actionem.* Zu Letzterem siehe auch Ulp. 2 fideic., D. 32, 11, 2.

1414 Vermutlich auch für Scaevola; siehe Scaev. 18 dig., D. 32, 37, 4 mit einer Note Tryphonins, der bereits die jüngere Ansicht (eine an den Beschwerten gerichtete Erklärung ist nicht mehr nötig) zu vertreten scheint.

Iul. 42 dig., D. 40, 5, 47, 4: *Quaedam cum in extrema esset valetudine, praesentibus honestis viris compluribus et matre sua, ad quam legitima hereditas eius pertinebat, ita locuta est ‚ancillas meas Maeviam et Seiam liberas esse volo' et intestata decessit: quaero, si mater ex senatus consulto legitimam hereditatem eius non vindicasset et hereditas ad proximum cognatum pertinuisset, an fideicommissa libertas deberetur. respondi deberi: nam eam, quae in extremis dixisset ‚ancillas meas illam et illam liberas esse volo', videri ab omnibus, qui legitimi heredes aut bonorum possessores futuri essent, petisse, ut hoc fieri possit.*

Eine Frau hat, als sie sich am Ende einer Krankheit befand, in Gegenwart mehrerer ehrbarer Männer und ihrer Mutter, welcher die gesetzliche Erbschaft zukam, Folgendes gesagt: ‚Ich will, dass meine Sklavinnen Maevia und Seia frei sind' und ist ohne Testament gestorben. Ich frage, ob die fideikommissarische Freiheit geschuldet wäre, wenn die Mutter die gesetzliche Erbschaft gemäß des Senatsbeschlusses nicht verlangen und die Erbschaft dem nächsten Verwandten zukommen würde? Ich habe geantwortet, dass sie geschuldet wäre. Denn diejenige, welche am (Lebens-) Ende gesagt hat: ‚Ich will, dass meine Sklavinnen, die und die, frei sind' scheint von allen, welche Erben oder Nachlassbesitzer werden würden, zu erbitten, dass dies geschehen möge.

Den mit *volo* ausgedrückten Wunsch deutet Julian als Fideikommissbitte an jeden potentiellen Erben oder Nachlassbesitzer[1415]. Um das erwünschte Ergebnis zu erhalten, wird fingiert, dass der Belastete als solcher angesprochen wird (was tatsächlich nicht der Fall, aber Voraussetzung für die Klagbarkeit ist). Somit war auch etwa *volo tibi illud praestari* – an den Begünstigten gewandt – im Ergebnis ebenfalls eine wirksame Fideikommissbeschwerung für den in der ‚Klausel' überhaupt nicht genannten Erben, ebenso wie *contentus sis* als Anweisung an einen Belasteten ein wirksames Fideikommiss zugunsten desjenigen war, der davon profitierte, dass der Betreffende nicht mehr behalten sollte[1416] – ebenfalls ohne ausdrückliche Nennung dieser Person. Dasselbe gilt auch bspw. für ein an den Erben gerichtetes Testierverbot, sofern dadurch zum Ausdruck kam, dass eine bestimmte Person, selbst wenn sie nicht namentlich genannt wurde, begünstigt sein sollte[1417].

1415 Dazu *Schanbacher*, Schenkweiser Erlass, in: Facetten des römischen Erbrechts (2012) 122–125.

1416 PS. 4, 1, 5.

1417 Siehe dazu oben VI.12.

Afrikan weist ausdrücklich darauf hin, dass ein Fideikommiss, welches sich nicht an den Belasteten wende, zwar ‚unpassend' formuliert sei (*parum quidem apte scribi*), aber dennoch eingeklagt werden könne:

Afr. 5 quaest., D. 30, 108, 14: *Non autem mirandum, si, cum alius rogatus sit, alius fidei commisso obstringatur: nam et cum in testamento ita scribatur: ‚te, Titi, rogo, ut acceptis centum illum servum manumittas' vel ‚Sempronio quid praestes', parum quidem apte scribi, verum aeque intellegendum heredis fidei commissum, ut pecuniam Titio praestet: ideoque et ipsum Titium cum herede acturum et libertatem servo vel Sempronio quod rogatus sit praestare cogendum.*

Es sei auch nicht verwunderlich, dass, obgleich der eine durch fideikommissarische Anordnung gebeten werde, ein anderer aus dem Fideikommiss verpflichtet wird. Denn auch wenn im Testament geschrieben steht: ‚Ich bitte dich, Titius, dass du nach Empfang von hundert den Sklaven Soundso freilässt' oder ‚dem Sempronius eine bestimmte Leistung erbringst', dann sei dies zwar wenig passend formuliert; doch sei es gleichfalls als ein dem Erben auferlegtes Fideikommiss zu verstehen, dass er dem Titius das Geld zahle. Deshalb könne sowohl Titius selbst gegen den Erben klagen als auch seinerseits gezwungen werden, dem Sklaven die Freiheit und dem Sempronius das zu gewähren, worum er gebeten worden war.[1418]

Julian hatte zum Ausdruck gebracht, dass das bloße *volo* in eine Anordnung zulasten des Erben bzw. Nachlassbesitzers umgedeutet werden kann. Afrikan weist darauf hin, dass auch die Verhaltensanweisung an einen Dritten in ein Fideikommiss zulasten des Erben umgedeutet wird, welcher dem Dritten als Einzelzuwendung auszukehren hat, was der Erblasser ihm für die Erfüllung der Anweisung in Aussicht gestellt hatte. Vergleichbar werden wir unten S. 482 den Fall einer Herausgabeanordnung noch näher diskutieren, welcher zu einem fideikommissarischen Anspruch des Empfängers führte; Antoninus Pius hatte in diesem Zusammenhang eine Fiktion angeordnet.

Für eine Zuwendung mit dem Ausdruck *relinquo* wäre demnach eine vergleichbare Einordnung zu erwarten; möglicherweise hat der Verfasser der Paulussentenzen seine Vorlage missverstanden oder aber auf älteres Material zurückgegriffen. *Commendo* hingegen war selbst aus der Sicht der

---

[1418] Übersetzung: *K/K/R/S-Knütel.*

Spätklassiker kein ausreichender Ausdruck eines Willens, einem Dritten etwas zuzuwenden[1419]; gleichzeitig genügte jedoch ein bloßes '*non dubitare…*'[1420].

Ausweislich des folgenden Papinian-Fragments hatte man dann, wenn geeignete *verba fideicommissi* fehlten, ebenso vorzugehen wie bei Erbeinsetzungen und Legatsverfügungen (nach dem *exemplum* der *heredis institutio* bzw. der Legate):

> Pap. 19 quaest., D. 31, 67, 9: *Si omissa fideicommissi verba sint et cetera quae leguntur cum his, quae scribi debuerunt, congruant, recte datum et minus scriptum exemplo institutionis legatorumque intellegetur: quam sententiam optimus quoque imperator noster Severus secutus est.*

> Wenn die für ein Fideikommiss typischen Worte fehlen, das übrige aber, das man lesen kann, mit dem, was geschrieben werden musste, zusammenpasst, ist die Zuwendung wirksam, und das Fehlende wird wie im Fall der Erbeinsetzung und der Vermächtnisse erschlossen. Dieser Ansicht ist auch unser bester Kaiser Septimius Severus gefolgt.[1421]

Das Fideikommiss ist hier also *recte datum et minus scriptum* und dennoch so zu betrachten, als wäre es korrekt ausgesetzt worden. *Longchamps de Bérier* sieht darin[1422] ausgedrückt, dass es weniger um den Gebrauch konkreter Worte, sondern vielmehr die Beobachtung einer bestimmten Form im Großen und Ganzen ging[1423]. Doch weshalb überhaupt eine bestimmte Form im Großen und Ganzen beachten, wenn das Fideikommiss vollkommen formfrei sein soll? Schon *Johnston* wies darauf hin, dass es lediglich um den Beweis der Intention des Erblassers ging[1424]. Das konkrete Fragment dürfte zudem im Zusammenhang mit der bereits angesprochenen Regel *plus nuncupatum quam scriptum* stehen[1425].

1419 Zum Zusammenhang von *commendatio* und *fideicommissum* siehe aber *Johnston*, Trusts (1988) 164.

1420 Pap. 9 quaest., D. 31, 67, 10.

1421 Übersetzung: *K/K/R/S-Seiler.*

1422 In Zusammenschau mit dem Folgeparagraphen des Fragments und Gord. C. 6, 42, 10 (a. 239).

1423 *Longchamps de Bérier*, Volontà, RIDA 45 (1998) 486. Vgl. auch *ders.* Fedecommesso universale (1997) 70–71.

1424 *Johnston*, Trusts (1988) 169.

1425 *Babusiaux*, Erbrecht ²(2021) 313; *Knütel*, Erbrecht, Index 45 (2017) 303. Anders *Hörtner*, Fideikommisse (2011) 71 Fn. 279: Die Autorin möchte in diesem Fragment bereits

3. *Fideicommissum a debitore relictum*

Eine wichtige Fallgruppe von fideikommissarischen Verfügungen ist das sog. *fideicommissum a debitore relictum*. Der ‚Grundfall' besteht darin, einem Schuldner ein Befreiungsvermächtnis auszusetzen und es mit dem Fideikommiss zu verbinden, den (ehemals geschuldeten) Betrag einem Dritten auszukehren: Der Schuldner hat infolge des Befreiungsvermächtnisses einen Befreiungsanspruch bzw. eine *exceptio doli* gegen die Klage der Erben, ist insofern also aus dem Testament begünstigt. Durch das Fideikommiss wird der Schuldner und Vermächtnisnehmer wiederum zugunsten des Dritten beschwert.

Nun kam es aber mitunter dazu, dass der erste Teil – das Befreiungsvermächtnis – fälschlich weggelassen wurde: Es wird nicht verfügt, dass der Schuldner durch ein Befreiungsvermächtnis begünstigt und insofern der Erbe belastet sein soll, sondern lediglich, dass der Schuldner mit dem Fideikommiss zugunsten des Dritten belastet sein soll. Eine rein belastende Verfügung ohne Vorteil des Bedachten ist jedoch unwirksam. Belegt ist, dass es in derartigen Fällen zu einer Umdeutung kam.

Wacke erkannte in der fraglichen Konstruktion eine ‚Umdeutung der Person des Belasteten'[1426]. Hierin liegt gewissermaßen ein Spiegelbild der oben im Fall des *legatum debiti* diskutierten Möglichkeit einer ‚Umdeutung der Person des Begünstigten': Im einen Fall wird die passivlegitimierte Person ‚ausgewechselt', im anderen die aktivlegitimierte.

> Afr. 5 quaest., D. 30, 108, 13: *Qui margarita Titio pignori dederat, filium heredem instituit et filiam exheredavit, deinde ita cavit: ‚te, Titi, rogo fideique tuae committo, uti margarita, quae tibi pignori dedi, vendas et deducto omni debito tuo quod amplius erit id omne filiae meae restituas'. ex ea scriptura filiam a fratre fidei commissum petere posse, ut is actiones suas adversus debitorem ei praestaret: hoc enim casu eum, qui creditor fuisset, debitorem intellegendum eius scilicet, quod pretium pignoris summam debiti excedat.*

> Jemand, der Titius Perlen zum Pfand gegeben hatte, setzte seinen Sohn zum Erben ein, enterbte seine Tochter und bestimmte dann folgendes: ‚Ich bitte dich, Titius, und vertraue es deiner Gewissenhaftigkeit an, dass du die Perlen, die ich dir zum Pfand gegeben habe, verkaufst und nach Abzug von allem, was dir geschuldet

---

„einen Assimilationsprozess der Fideikommisse hinsichtlich der Interpretation mit den Verfügungen des *ius civile*" erkennen.

1426 *Wacke*, Fideicommissum a debitore relictum, TR 39 (1971) 270.

> wird, den gesamten Überschuss meiner Tochter auszahlst'. Aufgrund dieser testamentarischen Anordnung könne die Tochter [entschied Julian] von ihrem Bruder aus Fideikommiss verlangen, dass er ihr seine Klage gegen den Schuldner [Titius] abtrete. In diesem Fall sei nämlich derjenige, der zuvor Gläubiger war, als Schuldner anzusehen, natürlich nur für den Betrag, um den der Wert des Pfandes die Schuldsumme überschreitet.[1427]

Ein Erblasser, welcher seinen Sohn zum Erben eingesetzt und seine Tochter enterbt hatte, war zunächst Schuldner des Titius. Ihm hat er ein Pfandrecht an Perlen eingeräumt und diese als Faustpfand auch übergeben. Testamentarisch hat er seinen Gläubiger und Pfandgläubiger Titius gebeten, diese verpfändeten Perlen zu verkaufen. Die noch unbeglichenen Schulden, welche im Erbgang auf den Sohn übergehen würden, sollten aus dem Verkaufserlös befriedigt werden. Das *superfluum* aber – hinsichtlich dessen Titius sodann als Schuldner zu betrachten ist – sollte der Tochter herausgegeben werden. Dieses Ergebnis versuchte der Testator dadurch zu erreichen, dass er dem ‚Schuldner' Titius ein Fideikommiss zugunsten der Tochter auferlegt.

Was er dabei nicht bedacht hat: Der Sohn als Erbe ist Gläubiger aus dem Pfandrealvertrag und hat die *actio pigneraticia in personam directa* auf Herausgabe des *superfluum*. Müsste Titius trotz dieser Verbindlichkeit die betreffende Summe der Tochter herausgeben, wäre dies eine rein belastende Verfügung und damit unwirksam.

Julian entschied nun, dass die Tochter dennoch einen Anspruch haben sollte: Die *actio fideicommissi* richtet sich aber nicht, wie es vom Erblasser vorgesehen gewesen wäre, gegen Titius, sondern gegen ihren Bruder als Erben. Er muss ihr die Klage gegen Titius abtreten. Das Fideikommiss zugunsten der Tochter zulasten des Titius wurde damit umgedeutet in ein Fideikommiss zugunsten der Tochter zulasten des Sohnes. Das vom Erblasser gewünschte Ergebnis ist damit erreicht, jedoch auf anderem Wege als von diesem vorhergesehen.

Überliefert ist bei Ulpian ein Reskript des Antoninus Pius, welches noch einen entscheidenden Schritt weitergeht: Es entstand ein direkter Anspruch des Begünstigten gegen den Schuldner. Damit handelt es sich also nicht mehr nur um einen Abtretungsanspruch gegen den Erben.

1427 Übersetzung: *K/K/R/S-Knütel*.

Ulp. 5 disp., D. 30, 77: *Si pecunia fuit deposita apud aliquem eiusque fidei commissum, ut eam pecuniam praestet, fideicommissum ex rescripto divi Pii debebitur, quasi videatur heres rogatus remittere id debitori: nam si conveniatur debitor ab herede, doli exceptione uti potest: quae res utile fideicommissum facit. quod cum ita se habet, ab omni debitore fideicommissum relinqui potest.*

Wurde Geld bei jemandem hinterlegt und ihm [vom Hinterleger] durch Fideikommiss auferlegt, das Geld [an einen Dritten] auszuzahlen, so wird aufgrund eines Reskripts des vergöttlichten Kaisers Antoninus Pius das Fideikommiss geschuldet, weil anzunehmen sei, dass der Erbe fideikommissarisch gebeten worden ist, dem Schuldner die Rückgabe zu erlassen. Denn wenn der Schuldner vom Erben verklagt wird, kann er die Einrede der Arglist geltend machen; dieser Umstand macht das Fideikommiss wirksam. Da es sich nun so verhält, kann jeder Schuldner durch Fideikommiss beschwert werden.[1428]

Wiederum gibt es einen Realvertrag als Hintergrund, hier ein *depositum*: Ein Hinterleger verfügt testamentarisch, der Verwahrer solle das hinterlegte und verwahrte Geld einem Dritten – also einer vom Erben verschiedenen Person – herausgeben. Er denkt dabei ausschließlich an die Begünstigung des Dritten und nicht daran, dass er, um dieses Ziel zu erreichen, den Erben mit einem Vermächtnis in selber Höhe zugunsten des Verwahrers beschweren muss. Das wird aufgrund des Reskripts mittels Fiktion[1429] ‚ergänzt'. Konstruktiv handelt es sich dabei um die „Annahme zweier Fideikommisse": eines „Oberfideikommisses" zulasten des Erben, sowie eines „Unterfideikommisses" zulasten des *debitor*[1430]. Damit kommt es nun aber nicht mehr zu einer Umdeutung des Fideikommisses zugunsten des Dritten zulasten des Schuldners in ein Fideikommiss zugunsten des Dritten zulasten des Erben, sondern der Anspruch des Dritten gegen den Schuldner wird wie vom Erblasser vorhergesehen gewährt; damit das möglich ist, muss es aber (fiktiv) um einen fideikommissarischen Anspruch des Schuldners gegen den Erben

1428 Übersetzung: *K/K/R/S-Knütel*.

1429 *Schanbacher*, Schenkweiser Erlass, in: Facetten des römischen Erbrechts (2012) 124.

1430 *Wacke*, Fideicommissum a debitore relictum, TR 39 (1971) 260. *Wacke* aaO. sowie *Müller-Eiselt*, Divus Pius constituit (1982) 312 gehen von einem konkludenten Fideikommiss zulasten des Erben aus, welches im ausdrücklichen Fideikommiss zulasten des *debitor* enthalten sei. *Schanbacher*, Schenkweiser Erlass, in: Facetten des römischen Erbrechts (2012) 124 Fn. 51 lehnt diese Annahme jedoch zu Recht unter Hinweis auf die Fiktion ab: Es ist vielmehr eine bewusst wirklichkeitswidrige Annahme. Diese Annahme wird zu dem tatsächlich vorliegenden Fideikommiss zulasten des *debitor* hinzuergänzt.

nach der Art eines Befreiungsvermächtnisses ergänzt werden. Es wird also die oben als ‚Grundfall' beschriebene Konstruktion eines *fideicommissum a debitore relictum* nachgebildet.

Ein weiteres Fragment, diesmal von Papinian, hat einen Fall zum Gegenstand, in welchem ein weiterer Aspekt eine Rolle spielt und das Verhalten des Dritten ausschlaggebend ist.

> Pap. 8 resp., D. 31, 77, 5: *Qui dotale praedium contra legem Iuliam vendidit, uxori legatum dedit et emptoris fidei commisit, ut <eo> amplius ei pretium restituat. Emptorem fideicommissi non teneri constabat. Si tamen accepto legato mulier venditionem irritam faceret, eam oblato pretio doli placuit exceptione summoveri.*

> Jemand, der entgegen der Lex Iulia ein Mitgiftgrundstück verkauft hatte, wandte seiner Frau ein Vermächtnis zu und erlegte dem Käufer das Fideikommiss auf, dass er ihr den darüberhinausgehenden Kaufpreis entrichten soll. Es stand fest, dass der Käufer nicht wegen des Fideikommisses verpflichtet war. Wenn aber die Frau nach Annahme des Vermächtnisses den Verkauf hinfällig machen wollte, wurde entschieden, dass sie nach Anbot des Preises durch die Arglisteinrede abgewehrt werde.[1431]

Der Erblasser hatte im Rahmen einer Mitgiftbestellung ein Grundstück erworben. Obwohl er nach der *lex Iulia de fundo dotali*[1432] ohne Einverständnis der Frau darüber nicht verfügen darf (verboten ist das *alienare*: vgl. Gai. 2, 62–63[1433]), hat er das betreffende Grundstück verkauft (*vendidit*). Die Frau hat dem zwar nicht zugestimmt, ist aber zunächst auch nicht dagegen vorgegangen. Der Mann setzt seiner Frau im Testament ein Legat aus (*uxori legatum dedit*). Er bestimmt außerdem fideikommissarisch, dass der Käufer

---

[1431] Übersetzung: *Isola*, Venire (2017) 203–204.

[1432] Vermutlich handelt es sich dabei um ein Kapitel der *lex Iulia de adulteriis* aus 18 v. Chr. oder *de maritandis ordinibus*, falls die *lex de adulteriis* ein Teil davon war. Vgl. PS. 2, 21b, 2: *Lege Iulia de adulteriis cavetur, ne dotale praedium maritus invita uxore alienet*. Siehe dazu *Kaser*, RP I ^{2}(1971) 334 mwN. sowie *Wesel*, Statuslehre (1967) 43 Fn. 6. Zur *lex Iulia de adulteriis* insbes. *J.G. Wolf*, Lex Iulia, IVRA 62 (2014) 47–66.

[1433] Verboten war dem Mann insbesondere die Veräußerung von italischen Grundstücken ohne Zustimmung der Frau. Die Anwendbarkeit auf Provinzialgrundstücke bezeichnet noch Gaius als zweifelhaft. Eine Verpfändung war angeblich sogar bei Zustimmung der Frau untersagt. Unter Justinian wurde die Veräußerung gänzlich untersagt sowie das Verbot auf nichtitalische Grundstücke ausgeweitet. ‚*Invita muliere*' wurde daher planmäßig aus Texten des *Corpus iuris* getilgt, weswegen in den hier überlieferten Quellen dieses Erfordernis nicht mehr aufscheint. Zur nachklassischen Entwicklung des Veräußerungsverbotes siehe Nov. 91.

den darüber hinausgehenden Kaufpreis der Frau entrichten solle (*emptoris fidei commisit*). Da sie nicht Erbin ist, handelt es sich wiederum um die Situation, dass einem Schuldner ein Fideikommiss zugunsten eines Dritten auferlegt wird und nicht ausdrücklich auch ein Befreiungsvermächtnis zugunsten dieses Schuldners statuiert wurde. Aus diesem Fideikommiss haftet der Schuldner nach Papinian prinzipiell nicht (*emptorem fideicommissi non teneri constabat*). Nehme jedoch die Frau das Vermächtnis an (*accepto legato*), so wird sie, wenn sie dennoch die Unwirksamkeit des Verkaufs geltend machen will (*venditionem irritam faceret*), mittels *exceptio doli* abgewehrt.

Wacke geht davon aus, dass hier das nichtige Fideikommiss zulasten des Schuldners in ein wirksames Fideikommiss zulasten der Frau umgedeutet werde: Ihr sei fideikommissarisch auferlegt, die Veräußerung zu genehmigen[1434]. Mit diesem Fideikommiss könne sie deshalb wirksam belastet werden, weil ihr im selben Testament auch ein Legat zugewendet werde, weswegen sie also aus dem Nachlass auch Vorteile ziehe.

Zentral ist hier die Frage, worauf sich das *amplius* bezieht. Sollen die Erben der Frau ein Legat leisten und ‚darüber hinaus' auch der Käufer fideikommissarisch mit der Leistung des (vollständigen?) Kaufpreises belastet werden? So versteht es wohl die neuere Digestenübersetzung[1435]. Auch *Wacke* geht offenbar davon aus, dass Legat und Fideikommiss zwei grundsätzlich nicht zusammenhängende Begünstigungen sind; das Legat hat für ihn nur insofern Bedeutung, als eine testamentarische Belastung nur möglich ist, wenn der Betreffende aus dem Testament auch begünstigt wird – und das trifft seiner Meinung nach hier wegen des Legats auf die Frau zu, die nun infolge der Umdeutung fideikommissarisch belastet sein soll.

Man kann aber auch mit der Glosse annehmen, dass es sich beim Fideikommiss entweder um einen Betrag handelt, der über das Legat hinausgeht, welches geringer ist als der Kaufpreis (Accursius[1436]), dh. die Differenz zwischen niedrigerem Legat und höherer Kaufpreissumme gemeint ist, oder aber um einen über den an den Testator geleisteten Kaufpreis hinausreichenden

---

[1434] *Wacke*, Fideicommissum a debitore relictum, TR 39 (1971) 270–271.

[1435] *K/K/R/S-Seiler*: „Jemand … setzte seiner Frau ein Vermächtnis aus und erlegte dem Käufer das Fideikommiss auf, darüber hinaus den [noch ausstehenden] Kaufpreis an sie zu entrichten".

[1436] Gl. *Dedit* ad D. 31, 77, 5.

Betrag als Differenz zum wahren Wert des Grundstückes (Vivian[1437]), dh. der Kaufpreis niedriger gewesen ist als der Grundstückswert, was durch das Fideikommiss ausgeglichen werden soll[1438]. Das Verständnis des Accursius verdient mE den Vorzug.

Vorliegend wird die These vertreten, dass das im Text erwähnte Legat ein Geldlegat darstellt, und zwar in Höhe des vom Testator geschätzten Grundstückswerts: Die Erben sollen diesen Betrag als *legatum pro dote* an die Frau leisten. Das dem Käufer auferlegte Fideikommiss betrifft vom noch ausständigen Kaufpreis den Anteil, welcher über diesen Betrag hinausgeht: Der Erblasser glaubt, ein gutes Geschäft gemacht zu haben. Er möchte seiner Frau diesen Ertrag aus ihrem Dotalgrundstück zukommen lassen, gleichzeitig aber den Erben das Insolvenzrisiko nicht in diesem Umfang aufbürden; immerhin hat der Käufer noch nicht bezahlt. Die Erben müssen zwar der Frau den vom Erblasser angegebenen Schätzwert leisten und tragen das Risiko, dass ihre Kaufpreisforderung nicht einbringlich ist; was den über diesen Betrag hinausgehenden Teil des Kaufpreises anbelangt, soll aber die Frau das Risiko tragen, mit ihrer Klage mangels Haftungsfonds beim Käufer nicht erfolgreich zu sein.

Die Frau hat nun zwei Möglichkeiten:

a. Sie kann das Legat ausschlagen, sich an den Käufer wenden und von ihm das Grundstück herausverlangen, weil die Veräußerung durch ihren Mann gegen die *lex Iulia* verstoßen hat[1439]. Das wird sie insbesondere dann tun, wenn sie die Wertvorstellungen ihres Mannes nicht teilt und von einem höheren Wert des Grundstücks ausgeht, also glaubt, dass es sich vielmehr um ein schlechtes Geschäft gehandelt hatte. Dann aber ist auch das Fideikommiss zu ihren Gunsten hinfällig, denn der Schuldner kann nicht zur Herausgabe

[1437] Gl. *Qui dotale* ad D. 31, 77, 5.

[1438] Vivian konstruiert den Fall so, dass das Grundstück zwölf wert war, jedoch um zehn verkauft wurde. Der Kaufpreis von zehn sei auch geleistet worden. Das Fideikommiss umfasse demnach zwei als Differenz zum wahren Wert. Da diese zwei nicht geschuldet seien, könne der Käufer auch nicht mittels Fideikommiss dazu verpflichtet werden, diese Differenz zu leisten. Das sei der Grund für die Entscheidung Papinians.

[1439] Vermutlich könnte sie das mit einer *actio in rem utilis*. Siehe dazu *Isola*, Venire (2017) 186 (mit Vergleichsfällen in Fn. 562), 189, 198.

des Grundstücks und zusätzlich auch noch zur Kaufpreiszahlung gezwungen werden.

b. Die Frau kann das Legat annehmen, wenn sie mit dem Vorgehen ihres Mannes einverstanden ist. Dann hat sie Anspruch auf Leistung des angegebenen Schätzwerts durch die Erben (dieser Betrag ist Gegenstand des Legats) und kann den über diesen von ihrem Mann angegebenen Schätzwert hinausgehenden Kaufpreis aus dem Fideikommiss vom Käufer verlangen. Möglich ist das deshalb, weil der durch das Reskript des Antoninus Pius beschriebene Mechanismus in Gang gesetzt wird: Ein Befreiungsfideikommiss zugunsten des Schuldners wird ergänzt und dadurch auch das ihn belastende Fideikommiss wirksam (im Ergebnis liegen damit zwei Fideikommisse vor, eines allerdings ist fingiert). Die Erben können sodann von ihm mit ihrer *actio venditi* nicht mehr den vollen Kaufpreis einklagen, sondern nur noch den um das Fideikommiss verringerten. Mit der Annahme des Legats hat die Frau konkludent der Veräußerung des Dotalgrundstückes zugestimmt, wodurch diese voll wirksam wird; infolge der (indirekten) Konvaleszenz stünde ihr nun die *exceptio doli* des Erwerbers entgegen, wenn sie das Grundstück bei ihm herausverlangte[1440]. Dies zumindest dann, wenn ihn selbst kein *dolus*-Vorwurf trifft, also nur dann, wenn er die Leistung aus dem konvalidierten Rechtsgeschäft erbracht hat bzw. er sie nun anbietet.

4. Veräußerungsverbote, unbestimmte Begünstigte und Familienfideikommisse

Ein testamentarisch auferlegtes Verbot ist als solches keine wirksame Verfügung, wie wir schon oben bei den einen Erben persönlich betreffenden Verboten wie Testierverboten, Heiratsverboten etc. gesehen haben. Beliebt war bei Testatoren auch die Verbindung einer Einzelzuwendung mit einem Veräußerungsverbot; erneut ist zu konstatieren, dass diese Verfügung als Verbot oder etwa als Bedingung nicht wirksam wurde. Auf Ebene des *ius civile* konnte sie auch nicht ‚gerettet' werden. Allerdings gab es auf Ebene des Fideikommissrechts mitunter einen Ausweg, wie bspw. Marcian berichtet.

1440 Zur Klage siehe soeben Fn. 1439.

Marcian. 8 inst., D. 30, 114, 14: *Divi Severus et Antoninus rescripserunt eos, qui testamento vetant quid alienari nec causam exprimunt, propter quam id fieri velint, nisi invenitur persona, cuius respectu hoc a testatore dispositum est, nullius esse momenti scripturam, quasi nudum praeceptum reliquerint, quia talem legem testamento non possunt dicere: quod si liberis aut posteris aut libertis aut heredibus aut aliis quibusdam personis consulentes eiusmodi voluntatem significarent, eam servandam esse, sed haec neque creditoribus neque fisco fraudi esse: nam si heredis propter testatoris creditores bona venierunt, fortunam communem fideicommissarii quoque sequuntur.*

Die vergöttlichten Kaiser Septimius Severus und Antoninus [Caracalla] haben auf Anfrage entschieden, die testamentarische [schriftliche] Verfügung derer, die in ihrem Testament verbieten, dass etwas veräußert wird, und die nicht den Grund angeben, weshalb sie wollen, dass dies geschieht, sei ohne jede Bedeutung, wenn nicht eine Person erkennbar ist, zu deren Begünstigung dies vom Erblasser bestimmt wurde, da die Erblasser damit eine nackte Verpflichtung [ohne einen Berechtigten] angeordnet hätten; denn eine bindende Bestimmung solcher Art können sie in ihr Testament nicht aufnehmen. Hätten sie aber aus Fürsorge für ihre Kinder oder die weiteren Nachkommen oder ihre Freigelassenen, die Erben oder einige andere Personen einen derartigen Willen bekundet, so sei dieser zu befolgen; doch gereiche dies weder den Gläubigern noch dem Fiskus zum Nachteil. Denn wenn wegen der Gläubiger des Erblassers das Vermögen des Erben [im Konkursverfahren] verkauft wird, müssen auch die [durch das Veräußerungsverbot begünstigten] Fideikommissare das gemeinsame Unglück teilen [und die Veräußerung dulden].[1441]

Ohne erkennbare Begünstigungsabsicht hinsichtlich konkreter Personen ist das testamentarische Veräußerungsverbot als *nudum praeceptum* wirkungslos[1442]. Ist jedoch erkennbar, wer davon profitieren sollte, so wird die Verfügung, die dafür gedacht ist, den zunächst Erwerbenden zugunsten anderer Personen in seiner Verfügungsfreiheit zu beschränken, nach einem Reskript des Septimius Severus und Caracalla als Fideikommiss zugunsten der davon profitierenden Person/en wirksam[1443]. Dadurch ändert sich die Perspektive:

1441 Übersetzung: *K/K/R/S-Knütel.*

1442 So auch bereits Scaev. 19 dig., D. 32, 38, 4. Dazu *Babusiaux*, Fideicommissum familiae relictum, in: ARC 22 (2017) 405–435, 414–419; *dies.*, Gnomon, ZRG RA 135 (2018) 117.

1443 Vgl. *Kaser*, Veräußerungsbeschränkungen, in: FG Sontis (1977) 11–31 (= *ders.*, RRQ [1986] 187–191); *Desanti*, Restitutionis post mortem onus (2003) 269–273; *Babusiaux*, Gnomon, ZRG RA 135 (2018) 117–120; *dies.*, Mentions emphatiques, in: Mélanges Coriat (2019) 43–63.

Aus der negativ den einen belastenden Anordnung wird eine positiv den anderen begünstigende.

Voraussetzung ist damit entweder eine ausdrückliche Bezeichnung des oder der Begünstigten durch den Erblasser selbst oder ein immerhin konkludent zum Ausdruck gebrachter Wille, wer der Begünstigte sein soll; so kann etwa der Zweck des Veräußerungsverbotes auf eine bestimmte Personengruppe weisen. Nach Papinian ist die Formulierung ‚*ad familiares relinquere*' ausreichend, um Angehörige in Abstufung nach dem Verwandtschaftsgrad zu begünstigen.

Pap. 19 quaest., D. 31, 69, 3–4: 3. *Fratre herede instituto petit, ne domus alienaretur, sed ut in familia relinqueretur. si non paruerit heres voluntati, sed domum alienaverit vel extero herede instituto decesserit, omnes fideicommissum petent qui in familia fuerunt. quid ergo si non sint eiusdem gradus? ita res temperari debet, ut proximus quisque primo loco videatur invitatus. nec tamen ideo sequentium causa propter superiores in posterum laedi debet, sed ita proximus quisque admittendus est, si paratus sit cavere se familiae domum restituturum. quod si cautio non fuerit ab eo, qui primo loco admissus est, desiderata, nulla quidem eo nomine nascetur condictio, sed si domus ad exterum quandoque pervenerit, fideicommissi petitio familiae competit. cautionem autem ratione doli mali exceptionis puto iuste desiderari, quamvis nemo alius ulterior ex familia supersit.* 4. *Si quidam sint postea emancipati, tractari potest, an hi quoque recte fideicommissum petant. et puto recte petituros, quoniam familiae appellatione personae quoque hae demonstratae intelleguntur.*

3. Jemand setzte seinen Bruder zum Erben ein und verlangte, dass sein Haus nicht veräußert werden, sondern in der Familie bleiben solle. Wenn der Erbe diesem Verlangen nicht nachkommt, sondern das Haus veräußert oder nach Einsetzung eines hausfremden Erben stirbt, können alle, die zur Familie gehörten, das Fideikommiss einklagen. Und was soll gelten, wenn sie [mit dem Erblasser] nicht im gleichen Grad verwandt sind? Die Sache muss so geregelt werden, dass jeweils der Gradnächste [jedes Stammes] als an erster Stelle berufen anzusehen ist. Damit darf jedoch durch die Vorhergehenden die Stellung der Nachfolgenden für die Zukunft nicht verschlechtert werden; vielmehr darf der jeweils Gradnächste nur dann [zum Fideikommiss] zugelassen werden, wenn er bereit ist, Sicherheit für die Rückgabe des Hauses an die Familie zu leisten. Wurde jedoch demjenigen, der an erster Stelle berufen war, keine Sicherheitsleistung abverlangt, so wird zwar deswegen keine Kondiktion begründet; gelangt aber irgendwann später das Haus an einen Hausfremden, so steht der Familie die Klage auf das Fideikommiss zu. Ich halte es aber für richtig, dass mit Hilfe der Einrede der Arglist Sicherheitsleistung verlangt werden kann, auch wenn kein weiterer Familienangehöriger mehr lebt. 4. Sind einige Familienangehörige später aus der Hausgewalt entlassen worden, so kann

man erörtern, ob auch diese das Fideikommiss zu recht einklagen können. Und nach meiner Ansicht können sie zu recht klagen, weil man unter der Bezeichnung ‚Familie' auch solche Personen versteht.[1444]

Gegenstand eines Familienfideikommisses waren in der römischen Antike zu allermeist Immobilien. Genannt wurde entweder ein bestimmtes Grundstück oder aber, wie im vorliegenden Fall, ein ‚Haus'. Letzteres lief freilich im Ergebnis auf dasselbe hinaus, lässt allerdings auch noch den übertragenen Sinn mitschwingen, wonach die Übernahme des ‚Hauses' die Übernahme der Führung innerhalb einer Familie bedeuten kann. Im Familienwohnsitz befanden sich schließlich etwa der Hausaltar und die Ahnenmasken; an der Fassade, der Tür, dem Dachfirst mochten Ehrenzeichen für besondere Verdienste von Angehörigen der Familie angebracht gewesen sein. Nicht selten kommt dabei eine Verknüpfung der Übernahme von Grundbesitz mit der Fortführung oder Übernahme des Namens vor. *Avenarius* zeigt auch anhand dieses Befundes die Funktion des Familienfideikomisses auf, welche weit über die Vermögensperpetuierung hinausgehend auf die Förderung der *memoria* abzielte[1445]. Vor diesem Hintergrund verwundert es nicht, dass Juristen – selbst Angehörige der Oberschicht und um Verstetigung der Erinnerung an ihre Verdienste und ihre Person bemüht – hier großzügig zugunsten der Verbindlichkeit derartiger Anordnungen argumentierten[1446]. Allen Angehörigen der *familia* kam ein Klagsrecht zu (welches – ggf. nach Stämmen geteilt – der Gradnächste wahrnehmen konnte), sollte derjenige, an welchen der betreffende Grundbesitz gelangte, diesen dem Familienfideikommiss zuwider veräußern oder auch intestat von jemandem beerbt werden, der nicht zur *familia* gehörte. Dass die Begünstigten nicht näher individualisiert waren, schadete ebensowenig wie der Umstand, dass von einer Begünstigung gar keine Rede war; hier wurde das Verbot umgedeutet.

1444 Übersetzung: *K/K/R/S-Seiler.*

1445 *Avenarius*, Familienfideikommisse, in: Scritti Marrone (2019) 1–25.

1446 Vgl. zum Text etwa *Johnston*, Prohibitions and perpetuies, ZRG RA 102 (1985) 272–281 (allerdings mit Interpolationsannahmen). Siehe zum Thema auch *ders.*, Trusts (1988) 77–88; *Torrent*, Fideicommissum familiae relictum (1975); *Murillo Villar*, Fidecomisio de residuo (1989); *Giodice-Sabbatelli*, Fedecommessi (1993); *Desanti*, Restitutionis post mortem onus (2003).

Ursprünglich lag eine der vielen ‚Erleichterungen' des Fideikommissrechts den Legaten gegenüber darin, dass das Verbot, *ad incertas personas* zu vermachen, hier nicht zur Anwendung kam. Seit Hadrian wurden die Regeln über ‚unbestimmte Personen' jedoch auch auf Fideikommisse erstreckt[1447], wobei aber keine Hinweise darauf existieren, dass es zuvor eine besonders verbreitete derartige Praxis gegeben hätte, welche dadurch legalisiert wurde[1448]. Dennoch erfolgte gerade für Fideikommisse anschließend eine Weiterentwicklung dessen, wer nicht als ‚unbestimmt' galt: Das Recht der Familienfideikommisse ist hierbei richtungsweisend.

Wird eine Person mittels *fideicommissum familiae relictum* begünstigt, so ist sie insofern gleichzeitig auch belastet, als sie von Todes wegen einem anderen Familienmitglied das betreffende Vermögen zuwenden muss. Innerhalb der ‚*familia*' hat sie immerhin freie Wahl. Veräußerbar war das betreffende Gut nur, wenn alle potentiell Begünstigten zustimmten: War das nicht der Fall und agierte der Erbe insofern ‚verbotswidrig', so konnten sie mittels *petitio fideicommissi* (unter Stellung einer *cautio*) dagegen vorgehen[1449] und es gab bei bestimmten Erwerbern eine *missio in rem*[1450]. Erst wenn kein Mitglied der betreffenden *familia* mehr übrigblieb, wurde das Gut wieder frei veräußerbar.

Etabliert hat sich dieses Phänomen, um eine Verstetigung von Familienvermögen und damit auch der Erinnerung an den Erblasser zu erreichen. Nachlassgegenstände wurden nicht nur mit Unveräußerlichkeit belegt (das geschah häufig mittels Auflage), sondern auch über die nächste Generation hinaus an die Familie gebunden; die Testierfreiheit der Erben wurde also durch den Erblasser beschränkt, der zumindest den Kreis für weitere Nachfolger bestimmte. Blickt man auf den Zeitraum zwischen Gaius und Papinian, so ist eine zunehmende Begünstigung derartiger Verfügungen zu beobachten[1451]: Transmission bspw. wurde nach und nach zugelassen.

1447 Gai. 2, 287: *Item olim incertae personae vel postumo alieno per fideicommissum relinqui poterat, quamvis neque heres institui neque legari ei possit. sed senatus consulto, quod auctore divo Hadriano factum est, idem in fideicommissis quod in legatis hereditatibusque constitutum est.* Vgl. dazu *González Roldan*, DE (2014) 127–130. Siehe ibid. 129 dazu, dass das selbst für Soldatentestamente galt, obwohl diese einem Sonderrechtsregime unterliegen.

1448 *Johnston*, Trusts (1988) 88.

1449 *Johnston*, Trusts (1988) 85.

1450 *Johnston*, Trusts (1988) 92.

1451 *Johnston*, Trusts (1988) 81.

Repräsentativ ist der folgende Text:

> Mod. 9 reg., D. 31, 32, 6: *In fideicommisso quod familiae relinquitur hi ad petitionem eius admitti possunt, qui nominati sunt, aut post omnes eos exstinctos qui ex nomine defuncti fuerint eo tempore, quo testator moreretur, et qui ex his primo gradu procreati sint, nisi specialiter defunctus ad ulteriores voluntatem suam extenderit.*
>
> Ist einer Familie ein Fideikommiss hinterlassen worden, so können zu seiner Geltendmachung diejenigen zugelassen werden, die namentlich benannt wurden, oder, wenn sie alle verstorben sind, diejenigen, die den Namen des Verstorbenen zu dem Zeitpunkt trugen, als der Erblasser starb, und die von ihnen im ersten Grad abstammen, außer wenn der Verstorbene seinen Willen ausdrücklich nicht auf die Entfernteren ausgedehnt hat.[1452]

In dieser für die Überlieferung zum Familienfideikommiss zentralen Stelle klärt Modestin darüber auf, dass bei einem Fideikommiss, welches einer *familia* hinterlassen sei, zunächst die individuell Bezeichneten klagen könnten (1. Gruppe), sodann nach deren Versterben jeder, der zum Zeitpunkt des Todes des Erblassers dessen Namen getragen habe (2. Gruppe) oder von einem solchen im ersten Grad abstamme (3. Gruppe), bzw., wenn der Erblasserwille zum Ausdruck gebracht worden sei, *ulteriores* zu begünstigen, auch jene (4. Gruppe). Insbesondere die Bedeutung des letzten Satzes – wer sollten die *ulteriores* sein? – ist umstritten. *Johnston*[1453] hat entgegen der zuvor herrschenden Lehre – die von Interpolationen ausging, da eine Begünstigung von *postumi alieni* gegen das Bestimmtheitsverbot verstoßen würde – vorgeschlagen, dass die *ulteriores* bei Modestin nicht zeitlich zu verstehen sind (es seien also nicht entferntere Generationen gemeint), sondern im Sinne des Intestaterbrechtes: Agnaten sind nach zivilem Intestaterbrecht entfernter als *sui*; Kognaten wiederum sind nach prätorischem Recht entfernter als Agnaten. Modestin habe also weniger an entferntere Abkömmlinge gedacht als an Kognaten und Freigelassene. *Rüfner* hielt dem zuletzt entgegen, dass bei dieser Deutung nur Kognaten in Betracht kämen (da Freigelassene den Namen des Testators trugen und daher bereits in der 2. Gruppe enthalten wären), was angesichts der Bedeutung der Namensführung wenig plausibel sei. Überdies würde die Gedankenführung Modestins – nachdem er bereits

---

[1452] Übersetzung: *K/K/R/S-Seiler*.

[1453] *Johnston*, Trusts (1988) 111.

auf die Dezendenten zu Sprechen gekommen war (3. Gruppe) – diesfalls ‚sprunghaft' erscheinen, was ebenfalls nicht wahrscheinlich sei. Insgesamt hält *Rüfner* es daher für naheliegender, „dass das Verbot der Begünstigung von *incertae personae* – soweit es *postumi alieni* betraf – in der Spätklassik nicht mehr streng beachtet wurde"[1454]. Für diese These kann *Rüfner* sich auf Ulp. 41 ad ed., D. 37, 9, 6 stützen, wo darauf verwiesen wird, dass ein *postumus alienus* zwar nicht wirksam als Erbe eingesetzt werden, jedoch vom Prätor in den Nachlassbesitz eingewiesen werden könne. Wenn also auch „die prätorische Billigkeitsrechtsprechung dem *postumus alienus* trotz des zivilrechtlichen Verbots der Erbeinsetzung eine erbengleiche Stellung verschaffen" habe können, dann spreche das auch für eine mögliche Lockerung im Fideikommissrecht, wobei die Ansicht Modestins nicht unbedingt allgemeine Anerkennung gefunden haben müsse. Dem Wortlaut der Stelle entspricht diese Deutung wohl am ehesten; endgültig beweisen lässt sie sich freilich ebensowenig wie die Gegenansicht.

5. Widersprüchliche Fideikommisse

Problem im folgenden Fall war, dass der Vater seinen Töchtern im Testament ein Fideikommiss ausgesetzt hatte, welches einem später errichteten Kodizill zu widersprechen schien:

> Mod. 10 resp., D. 31, 34, 7: *Titia cum nuberet Gaio Seio, dedit in dotem praedia et quasdam alias res, postea decedens codicillis ita cavit: ‚Γάιον Σέιον τὸν ἂνδρα μου παρακατατίθεμαί σοι, ὦ θύγατερ. ᾧ βούλομαι δοθῆναι εἰς βίου χρῆσιν καὶ ἐπικαρπίαν μετοχὴν κώμης Νακλήνων, ἣν ἒφθασα δεδωκυῖα εἰς προῖκα, σὺν σώμασι τοῖς ἐμφερομένοις τῇ προικί, καὶ κατὰ μηδὲν ἐνοχληθῆναι αὐτὸν περὶ τῆς προικός · ἔσται γὰρ μετὰ τὴν τελευτὴν αὐτοῦ σὰ καὶ τῶν τέκνων σου': praeterea alia multa huic eidem marito legavit, ut quamdiu viveret haberet. quaero, an propter haec, quae codicillis ei extra dotem relicta sunt, possit post mortem Gaii Seii ex causa fideicommissi petitio filiae et heredi Titiae competere et earum rerum nomine, quas in dotem Gaius Seius accepit. Modestinus respondit: licet non ea verba proponuntur, ex quibus filia testatricis fideicommissum a Gaio Seio, postquam praestiterit quae testamento legata sunt, petere possit, tamen nihil prohibet propter voluntatem testatricis post mortem Gaii Seii fideicommissum peti.*

Bei ihrer Heirat mit Gaius Seius gab Titia Grundstücke und einige andere Sachen zur Mitgift. Später ordnete sie auf dem Sterbebett folgendes durch Kodizill an:

[1454] *Rüfner*, Familienfideikommiss, in: Klauselgestaltungen (2022) 182–184.

> ‚Dir, meine Tochter, vertraue ich meinen Mann Gaius Seius an. Ich will, dass ihm der Anteil am Dorf der Naklener, den ich damals zur Mitgift gegeben habe, zur lebenslänglichen Benutzung und Nutzung gegeben wird, zusammen mit den in die Mitgift eingebrachten Sklaven, und dass er in keiner Weise hinsichtlich der Mitgift behelligt wird. Denn nach seinem Tod wird alles dir und deinen Kindern gehören'. Außerdem vermachte sie ihrem Ehemann vieles andere zum Besitz auf Lebenszeit. Ich frage, ob nach dem Tod des Gaius Seius der Tochter und Erbin der Titia die Klage aus dem Fideikommiss wegen der Sachen zusteht, die ihm außer der Mitgift durch Kodizill hinterlassen worden sind, sowie wegen der Sachen, die Gaius Seius als Mitgift erhalten hat. Modestin hat gutachterlich entschieden: Obwohl kein Wortlaut vorgetragen wird, aus dem sich ergibt, dass die Tochter der Erblasserin, nachdem sie geleistet hat, was testamentarisch vermacht worden ist, ein Fideikommiss von Gaius Seius verlangen könnte, steht doch nichts entgegen, dass entsprechend dem Willen der Erblasserin nach dem Tod des Gaius Seius das Fideikommiss verlangt wird.[1455]

Häusler sieht in der Wendung κρῆσις καὶ ἐτικαρπία den Wunsch der Erblasserin, ihrem Mann einen *ususfructus* einzuräumen[1456]. Modestin verweist hierbei von vornherein darauf, dass es sich um ein Kodizill handelt, also eine Verpflichtung der Erbin begründet werden sollte, dem Begünstigten Gebrauch und Fruchtziehung zu gestatten, und auch das direkte Ansprechen der Erbin zeigt, dass nicht an ein Vindikationslegat gedacht ist. Titia formuliert am Sterbebett ihren Wunsch mit ‚ich will' (βούλομαι), nachdem sie ihren Mann der Erbin ‚anvertraut' hatte. Es handelt sich also (von vornherein und nicht erst infolge einer Umdeutung) um ein Fideikommiss.

Auch wenn Titia davon spricht, dass sie die Gegenstände in die *dos* gegeben habe, muss das nicht im engsten Wortsinn gemeint sein: Es ist nicht zwingend, dass es sich deshalb um eine *dos adventicia* handelt, die ohnehin dem Ehemann verbleiben würde. Das nahm allerdings *Häusler* an, der daher von hellenistischen Vorstellungen ausgeht, wonach die προίξ stärker zur Frau gehörte als die römische *dos*. Es kann sich jedoch ebensogut um eine *dos profectitia* gehandelt haben, welche Titias Vater für seine Tochter eingebracht hat und die insofern aus ‚ihrem' Vermögen stammend erscheint, als sie im Erbgang nach ihrem Vater die *dos* im Rahmen der *collatio dotis* einwerfen hat

1455 Übersetzung: *K/K/R/S-Seiler*.

1456 *Häusler*, Letztwillige Verfügungen in griechischer Sprache, ZRG RA 133 (2016) 442.

müssen (oder hätte müssen, wenn sie Erbin geworden wäre – ob dies der Fall war, wissen wir freilich nicht), weswegen insofern ihr Erbteil (von welchem sich allenfalls auch ihre eine Querel ausschließende Quart errechnet hat) verringert erscheint.

Auffällig ist, dass die bloße Bemerkung, die Tochter und deren Kinder würden nach dem Tod des Gaius Seius die Gegenstände erhalten – obwohl ihr jede Form einer Anweisung fehlen –, als (Sub-)Fideikommiss zugunsten der Tochter gewertet wird.

An der κώμη hatte die Erblasserin wohl Anteile (μετοχὴν iSv. *participationem*). Ob es sich dabei tatsächlich um Miteigentumsanteile handelt, ist jedoch unklar; es könnte sich auch um Alleineigentum an Grundstücken handeln, welche ihrerseits Teil des Dorfes sind[1457].

Rezent hat *Kaiser*[1458] sich eingehend mit § 1 dieses Modestin-Fragments befasst, welchem ebenfalls ein griechischer Sachverhalt zugrunde liegt (insgesamt weist das Fragment acht Responsen auf, wobei nicht mehr feststellbar ist, wie viel Text dazwischen jeweils fehlt). Für ihn sind Eingriffe der Kompilatoren in diesen Text so gut wie sicher. Für unseren Zusammenhang interessant ist insbesondere die Passage des Textes, in welcher Modestin ausführt, die Verfügung dürfe nicht so ausgelegt werden, dass sie zu einem ungültigen Fideikommiss führen würde:

> Mod. 10 resp., D. 31, 34, 1: *Lucius Titius in testamento suo ita cavit: ‚Ὀκταβιάνῃ Στρατονίκῃ τῇ γλυκυτάτῃ μου θυγατρὶ χαίρειν. Βούλομαι αὐτὴν παρ'ἑαυτῆς λαβεῖν χωρίον Γάζαν σὺν ταῖς ἐνθήκαις αὐτοῦ πάσαις. Ὀκταβιάνῳ Ἀλεξάνδρῳ τῷ γλυκυτάτῳ μου υἱῷ. Ἐξαίρετον βούλομαι αὐτὸν παρ'ἑαυτοῦ λαβεῖν σύνκτησιν ἀγωνόφορον Κομιάνην σὺν αἷς ἔχει ἐνθήκαις πάσαις‘ quaero, an huiusmodi scriptura integrum praedium singulis datum esse videatur an vero partem hereditariam dumtaxat contineat, cum inutiliter a semet ipso quemque eorum quam habebat partem accipere voluit. Modestinus respondit n o n s i c i n t e r p r e t a n d a m s c r i p t u r a m d e q u a q u a e r i t u r , u t f i d e i c o m m i s s u m i n u t i l e f i a t . item quaero, si integrum praedium relictum esse videatur, an pretium portionis fratri et coheredi solvendum sit, ut hoc ipso, quod a semet ipso accipere praecepit, pretio illato integrum habere eum voluerit. item respondit ad solutionem pretii fideicommissarium minime compellendum.*

Lucius Titius bestimmte in seinem Testament folgendes: ‚Ich grüße meine liebste Tochter Octaviana Stratonike. Ich will, dass sie von sich selbst das Landgut Gaza mit

[1457] So *Kaiser*, Modestin D. 31,34,1 (10 resp.), in: DG Nishimura (2018) 111 im Zusammenhang mit σύγκτησις.

[1458] *Kaiser*, Modestin D. 31,34,1 (10 resp.), in: DG Nishimura (2018) 85–134.

> sämtlichen Einrichtungen erhält. An meinen liebsten Sohn Octavianus Alexander. Ich will, dass er von sich selbst die Ländereien von Komiane, deren Bewirtschaftung viel Mühe bereitet, mit sämtlichen Einrichtungen, die dort sind, zur Vorwegnahme erhält.' Ich frage, ob anzunehmen ist, dass durch eine letztwillige Verfügung dieser Fassung jedem einzelnen das (ihm zugedachte) Landgut als Ganzes hinterlassen ist oder ob die Verfügung nur den Erbanteil (an dem Landgut) zum Gegenstand hat, insofern als der Erblasser – unwirksam – bestimmte, jeder solle den Erbanteil, den er schon hatte, von sich selbst erhalten. Modestin hat gutachtlich entschieden, man dürfe die fragliche Verfügung nicht so auslegen, dass sie zu einem unwirksamen Fideikommiss wird. Weiter frage ich, ob dann, wenn das ganze Landgut als hinterlassen anzusehen ist, der Bruder und Miterbe den Wert des Anteils leisten müsse, weil der Erblasser dadurch, dass er anordnete, er solle von sich selbst empfangen, den Willen zum Ausdruck gebracht habe, dass der Bruder durch Entrichtung des Wertes das Landgut ganz erlange. Modestin hat entschieden, der Fideikommissar dürfe keineswegs zur Zahlung des Wertes gezwungen werden.[1459]

Gegen *Wimmer*, der hier von einem *legatum per praeceptionem* ausgeht[1460], führt *Kaiser* aus, dass vielmehr zwei Fideikommisse ausgesetzt wurden[1461], was sich auch hier aus der Verwendung des Begriffes βούλομαι bzw. *volo* ergibt. Beide Fideikommissare sind Erben, wobei offen – aber auch irrelevant – ist, ob aufgrund gesetzlicher oder testamentarischer Erbfolge (beide sind Kinder des Erblassers). Gegenstand der Fideikommisse sind Grundstücke, wobei einer der beiden Bedachten mit der Verteilung offenbar unzufrieden ist. Der Antragsteller vertritt daher die Ansicht, die Fideikommisse seien unwirksam: Sie bezögen sich nur auf den eigenen Anteil und sich selbst könne man nichts schulden. Modestin widerspricht: Die Auslegung der *scriptura* dürfe nicht dazu führen, dass ein unwirksames *fideicommissum* daraus werde. Ersatzweise bringt der Antragsteller vor, der Erblasser habe verfügt, der Miterbe empfange ‚von sich selbst', weswegen dieser zumindest den seiner Erbquote entsprechenden Wert leisten müsse. Auch das verneint Modestin.

In der Entscheidung des Modestin erkennt *Babusiaux*[1462] eine Ablehnung der Übertragung von Legatsrecht auf Fideikommisse: *heredi a semet ipso inutiliter legatur* finde keine entsprechende Anwendung. Zwei Konstruktionen seien nun denkbar: Entweder Marcellus legt die Klausel als Präfideikommiss mit

1459 Übersetzung: *K/K/R/S-Seiler*. Hervorhebungen *LI*.

1460 *Wimmer*, Prälegat (2004) 7–8 mit Fn. 33.

1461 *Kaiser*, Modestin D. 31,34,1 (10 resp.), in: DG Nishimura (2018) 120.

1462 *Babusiaux*, Rez. Strobel, ZRG RA 133 (2016) 532.

dem Inhalt aus, dass der gesamte Nachlass mit dem Fideikommiss belastet ist, weswegen die Fideikommisse zwar in Höhe der den eigenen Erbteil belastenden Quote jeweils nicht wirksam werden könnten, aber doch hinsichtlich der den fremden Erbteil betreffenden[1463]; oder aber, die Zuweisung sei im Kern eine Beschränkung (nach dem Muster *contentus sis*), was dazu führen würde, dass nicht nur ein Einzelfideikommiss hinsichtlich des jeweiligen Grundstückes, sondern auch ein Universalfideikommiss hinsichtlich des übrigen Nachlasses anzunehmen wäre. Eine Anrechnung auf den Erbteil sei ausweislich dieses Textes bei Teilungsanordnungen ausdrücklich anzuordnen, widrigenfalls im Zweifel ein (uneigentliches) Prälegat anzunehmen und eine Ausgleichspflicht gegenüber dem/n Miterben entfalle.

Aufgrund der Verneinung auch der zweiten Frage scheint die Auslegung als uneigentliches Präfideikommiss, welches nicht zu einer Ausgleichspflicht führt, die wahrscheinlichste Konstruktion bei Modestin. Auch er musste für dieses Ergebnis den nicht ganz deutlichen Wortlaut interpretieren; es wäre dabei auch möglich gewesen, zu einem gegenteiligen Ergebnis zu gelangen, jedoch befürwortet der Jurist hier eine Art ‚*favor testamenti*' im Hinblick auf die Zuwendungen der Grundstücke: Diese Zuwendungen seien im Zweifel so zu interpretieren, dass sie nicht zu einem unwirksamen Fideikommiss werden (*inutile fiat*), sondern vielmehr gültig bleiben. Er stellt daher von vornherein den Fideikommisscharakter der Verfügung fest und deutet insofern nicht erst um.

6. Das Schicksal von Fideikommissen bei Scheitern des Erwerbs durch den Belasteten

Da ein mit einem Fideikommiss Belasteter seinerseits zunächst erwerben muss, um in einem zweiten Schritt das Fideikommiss erfüllen zu können, stellt sich die Frage, was zu geschehen hat, wenn bereits ein Mangel im ersten Erwerbsschritt vorliegt, dh. beim Erwerb des Belasteten:

> Ulp. 8 disp., D. 30, 78: *Fideicommissum, quod a legatario relinquitur, ita demum ab eo debetur, si ad legatarium legatum pervenerit.*

1463 IdS. auch *Kaiser*, Modestin D. 31,34,1 (10 resp.), in: FS Nishimura (2018) 121–125.

Ein Fideikommiss, das einem Vermächtnisnehmer auferlegt ist, wird von diesem erst dann geschuldet, wenn das Vermächtnis an den Vermächtnisnehmer gelangt ist.[1464]

Ist das Vermächtnis nichtig, ist auch ein darauf lastendes Fideikommiss nichtig. Ebenso wird ein Fideikommiss, welches jemandem als Erben auferlegt wird, der aber nicht Erbe wird, hinfällig und muss nicht etwa von anderen Erben oder sonst Begünstigten erfüllt werden.

Lastet das Fideikommiss allerdings auf einem wirksam Begünstigten, der jedoch aus anderem Grunde nicht erwirbt, so ist die Lage eine andere:

Pap. 20 quaest., D. 31, 70 pr.: *Imperator Antoninus rescripsit legatarium, si nihil ex legato accepit, ei cui debet fideicommissum actionibus suis posse cedere nec id cogendum solvere. quid ergo si non totum, sed partem legati relicti restituere rogatus abstineat eo? utrum actionibus suis in totum cogetur cedere, an vero non nisi ad eam quantitatem, quae fideicommisso continetur? quod ratio suadet. sed et si legatum perceperit, non amplius ex causa fideicommissi cogendus erit solvere, quam recepit.*

Der Kaiser Antoninus [Caracalla] hat auf Anfrage entschieden, ein Vermächtnisnehmer, der aus dem Vermächtnis nichts erhalten hat, könne demjenigen, dem er ein Fideikommiss schuldet, seine Klagen [gegen den Erben] abtreten und dürfe nicht gezwungen werden, das Fideikommiss zu erfüllen. Was soll demnach gelten, wenn er nicht das Ganze, sondern nur einen Teil des hinterlassenen Vermächtnisses herauszugeben gebeten wurde und er dieses nicht haben will? Muss er dann die Klagen insgesamt abtreten oder eher nur bis zu dem Betrag des Fideikommisses? Dies ist vernünftigerweise anzunehmen. Aber auch wenn er den Vermächtnisgegenstand angenommen hat, braucht er aufgrund des Fideikommisses nicht mehr zu leisten, als er erhalten hat.[1465]

Wer als Legatar nichts erhalten hat (offenbar weil er ausschlägt), kann seine Klage an den Fideikommissar abtreten und muss (dann) das Fideikommiss nicht leisten[1466]. Betraf das Fideikommiss nur einen Teil des Vermächtnisses, so mussten die Klagen nur bis zu diesem Ausmaß abgetreten werden. Umgekehrt muss der Legatar dann, wenn er das Legat erhalten hat, das Fideikommiss aber den Wert übersteigt, nicht mehr leisten, als er selbst erhalten hat.

1464 Übersetzung: *K/K/R/S-Knütel.*

1465 Übersetzung: *K/K/R/S-Seiler.*

1466 Bzgl. der Klagsabtretung fühlt *Hörtner,* Fideikommisse (2011) 77 sich zu Recht an das Antrittszwangverfahren nach dem *SC Pegasianum* erinnert.

Auch durch ‚Umdeutung der Person des Belasteten' konnten Fideikommisse, durch welche Vermächtnisnehmer beschwert wären, welche das Vermächtnis nie erhielten, jedoch mitunter durchsetzbar gemacht werden.

Cels. 29 dig., D. 31, 29 pr.: *Pater meus referebat, cum esset in consilio Duceni Veri consulis, itum in sententiam suam, ut, cum Otacilius Catulus filia ex asse herede instituta liberto ducenta legasset petissetque ab eo, ut ea concubinae ipsius daret, et libertus vivo testatore decessisset et quod ei relictum erat apud filiam remansisset, cogeretur filia id fideicommissum concubinae reddere.*

Wie mein Vater berichtete, hat man, als er dem Rat des Konsuls Publius Ducenius Verus angehörte, seiner Meinung in folgendem Fall zugestimmt. Octacilius Catulus hatte seine Tochter als Alleinerbin eingesetzt, seinem Freigelassenen zweihundert vermacht und ihn gebeten, den Betrag seiner, des Octacilius, Konkubine zu geben. Der Freigelassene war noch zu Lebzeiten des Erblassers gestorben und der ihm hinterlassene Betrag bei der Tochter verblieben: Die Tochter solle [so mein Vater] gezwungen werden, dieses Fideikommiss der Konkubine auszuzahlen.[1467]

Die Tochter wurde als Erbin eingesetzt. Einem Freigelassenen wandte der Testator ein Legat zu und bat ihn zugleich fideikommissarisch, das aus dem Legat Erlangte an seine (des Erblassers) Konkubine herauszugeben. Nachdem der Freigelassene noch zu Lebzeiten des Erblassers starb, fiel das Legat weg, wovon die Tochter als Erbin profitierte; sie musste sodann jedoch das auf dem weggefallenen Legat lastende Fideikomiss erfüllen. Insofern wurde die Person des Belasteten umgedeutet, wenngleich der Erblasser die Konstruktion wohl bewusst gewählt hatte, um eine mögliche Klage der Konkubine gegen seine Tochter zu verhindern. Ihm wurde jedoch wohl unterstellt, dass ihm dieses Ergebnis noch lieber gewesen wäre als die vollständige Nichtigkeit seiner Verfügung.

7. Fehlende *capacitas* des Begünstigten

Darf man der Schilderung des Gaius[1468] Glauben schenken, so wurden Fideikommisse ursprünglich vor allem zu dem Zweck auferlegt, Peregrine und infolge der *leges Iuliae et Pappiae* Erwerbsunfähige ‚durch die Hintertüre' zu begünstigen. Während Hadrian für die formlosen Begünstigungen an

---

[1467] Übersetzung: *K/K/R/S-Seiler.*

[1468] Gai. 2, 285–286a.

Peregrine Kaduzität einführte und die Nachlassgegenstände zugunsten des Fiskus einziehen ließ, sah das *SC Pegasianum* vor, dass die Person des Begünstigten abgeändert wurde: Die im selben Testament begünstigten *patres* (solche Begünstigte, die Hauskinder hatten) erwarben einen Anspruch auf die betreffenden Güter; bei Fehlen von *patres* im fraglichen Testament fielen jedoch auch solche Fideikommisse an den Fiskus.

> Gai. 2, 285–286a: 285. *Ut ecce peregrini poterant fideicommissa capere et fere haec fuit origo fideicommissorum. sed postea id prohibitum est, et nunc ex oratione divi sacratissimi Hadriani senatus consultum factum est, ut ea fideicommissa fisco vindicarentur.* 286. *Caelibes quoque, qui per legem Iuliam hereditates legataque capere prohibentur, olim fideicommissa videbantur capere posse.* 286a. *Item orbi, qui per legem Papiam ob id, quod liberos non habent, dimidias partes hereditatum legatorumque perdunt, olim solida fideicommissa videbantur capere posse. sed postea senatus consulto Pegasiano proinde fideicommissa quoque ac legata hereditatesque capere pro semisse prohibiti sunt, eaque translata sunt ad eos qui in eo testamento liberos habent, aut si nullus liberos habebit, ad populum, sicuti iuris est in legatis et in hereditatibus, quae eadem aut simili ex causa vel tota vel ex parte caduca fiunt.*
>
> 285. So konnten zum Beispiel Nichtbürger Fideikommisse erwerben, und dies war so im Großen und Ganzen der Ursprung der Fideikommisse. Aber später wurde dies verhindert, und jetzt ist aufgrund einer Rede des verewigten und hochverehrten Hadrian ein Senatsbeschluss ergangen, dass solche Fideikommisse von der Staatskasse eingezogen werden sollen. 286. Auch die Unverheirateten, die durch das Julische Gesetz am Erwerb von Erbschaften und Vermächtnissen gehindert wurden, konnten in alter Zeit, wie man annahm, Fideikommisse erwerben. 286a. Ferner konnten die Kinderlosen, die durch das Papische Gesetz deshalb, weil sie keine Hauskinder haben, die Hälfte von Erbschaften und Vermächtnissen verlieren, in alter Zeit, wie man annahm, Fideikommisse ungekürzt erwerben. Aber später wurden sie durch den Pegasianischen Senatsbschluss am Erwerb von Fideikommissen ebenso wie von Vermächtnissen und Erbschaften gehindert, und die Fideikommisse wurden an diejenigen übertragen, die im betreffenden Testament genannt sind und Hauskinder haben, oder – wenn niemand Hauskinder hat – ans Volk, wie es rechtens ist bei Vermächtnissen und Erbschaften, welche aus demselben oder aus einem ähnlichen Grunde entweder ganz oder zum Teil verfallen sind.[1469]

Johnston[1470] vermutet, dass auch ‚früher' keine Klagbarkeit derartiger Fideikommisse gegeben war; sie dürften nur nicht ‚verboten' gewesen sein und

---

1469 Text und Übersetzung: *Manthe*, Institutiones ^{2}(2010) *ad loc.*
1470 *Johnston*, Trusts (1988) 36, 41.

konnten wohl prinzipiell erworben werden, wenn sie von den Belasteten freiwillig ausgefolgt wurden. Dann erfolgte das Verbot und damit verbunden waren sie zunächst schlicht ungültig. Den Vorteil davon hatte der ‚Belastete' (der eben nicht wirksam belastet war). Seit der Fiskus Anspruch auf die betreffenden Güter erhob, gab es zu seinen Gunsten freilich eine Klage: die *vindicatio caducorum*[1471]. Dabei handelt es sich um eine in die Kognition fallende Klage. Wie die *patres* ihren Anspruch durchsetzen konnten, falls die Konstellation eintrat, dass statt des nicht wirksam Eingesetzten sie auf die Nachlassgegenstände greifen konnten, ist hingegen bislang nicht geklärt. Der Begünstigte wird ausgewechselt, insofern also das Fideikommiss zu ihren Gunsten ‚umgedeutet'.

Gab es ein dem ‚unerlaubten' und daher ‚heimlich' (mündlich oder allenfalls in einem Chirographum, jedenfalls nicht in einem Testament oder Kodizill) ausgesetzten Fideikommiss entsprechendes Versprechen des damit Belasteten, so wurde das Gut ‚entrissen': Es handelt sich hierbei um einen Fall der Indignität und die *vindicatio caducorum* fand entsprechend Anwendung[1472].

Der folgende Text behandelt eine besondere Konstellation, in welcher der Erblasser sich die Herausgabe an einen Erwerbsunfähigen schon zu Lebzeiten vom als ‚Strohmann' eingesetzten Testamentserben unter Kautionsbestellung versprechen ließ, dann jedoch ein neues Testament errichtete, in welchem ein daran unbeteiligter Dritter als Miterbe eingesetzt wurde:

> Paul. 2 decr., D. 49, 14, 48 pr.: *Statius Florus testamento scripto heredis sui Pompeii tacitae fidei commiserat, ut non capienti fundum et certam pecuniae quantitatem daret, et eo nomine cautionem a Pompeio exigi curaverat se restituturum ea, quae ei per praeceptionem dederat. postea idem Florus facto secundo testamento et eodem Pompeio et Faustino heredibus institutis nullas praeceptiones Pompeio dederat. haec persona, quae capere non poterat, se detulerat. consulti imperatores a procuratoribus rescripserant, si non probaretur mutatam voluntatem esse, praestandum fideicommissum: atque ita Pompeius condemnatus desiderabat onus esse id hereditatis oportere, quia praeceptiones non acceperat, nec posse videri pro parte in prima voluntate testatorem perseverasse, sed in universo. pronuntiavit nec testamentum prius exstare nec, si dedisset in primo*

1471 Siehe dazu nur *Provera*, Vindicatio caducorum (1964).

1472 Vgl. zum Problemkreis inbes. *Müller-Eiselt*, Divus Pius constituit (1982) 263–282; *Johnston*, Trusts (1988) 42–75; *Krupa*, Blutige Hand (2019) 79–84 (dazu Rez. *Isola* in ZRG RA 138 [2021] 725–736) sowie *Rüfner*, Erbfähigkeit, in: HRPR (2023) § 52 Rn. 71–72.

testamento, ex posteriore peti potuisse, nisi petitum esset. placuit, quia non probabat sibi datas praeceptiones ex sola sua cautione, solum fideicommissum praestare debere.

Statius Florus hatte ein Testament erstellt und seinem Erben Pompeius stillschweigend ein Fideikommiss auferlegt, dass er einem Erwerbsunfähigen ein Grundstück und eine bestimmte Menge Geld gebe, und hatte dann dafür gesorgt, dass für diese Forderung eine Sicherheitsleistung von Pompeius gefordert wurde, dass er das herausgeben werde, was er ihm durch das Präzeptionslegat gegeben hätte. Später errichtete derselbe Florus ein zweites Testament und setzte denselben Pompeius wie Faustinus als Erben ein, gab aber Pompeius keine Präzeptionslegate. Diese Person, die nicht erwerbsfähig war, hatte sich angezeigt. Die Kaiser, von den *procuratores* (*fisci*) befragt, hatten mittels Respkript geschrieben, wenn nicht bewiesen werde, dass der Wille (des Erblassers) sich geändert habe, müsse das Fideikommiss geleistet werden: Dennoch begehrte der verurteilte Pompeius, dass dies eine Last, die zur Erbschaft gehöre, sei, weil er keine Präzeptionslegate empfangen hatte, und es nicht so erscheinen dürfe, dass der Testator nur teilweise auf dem ersten Willen beharrt hatte, sondern auf dem ganzen. Er (der Kaiser) entschied, dass weder das frühere Testament gültig sei noch, wenn er (der Erblasser) (etwas) im ersten Testament gegeben hätte, er (Pompeius) es aus dem späteren fordern könnte, wenn es nicht wiederholt worden sei. Er entschied (so), weil er (Pompeius) aus der *cautio* allein nicht beweisen konnte, dass ihm Präzeptionslegate vermacht worden seien, dass er (Pompeius) (deshalb) allein aus dem Fideikommiss leisten muss.[1473]

Statius Florus erneuerte sein Testament. Eine besondere Bestimmung, die im Hinblick auf das erste Testament getroffen wurde, behält dabei Wirksamkeit: Florus hatte dem ursprünglichen Alleinerben und späteren Miterben Pompeius außerhalb des Testaments ein stillschweigendes Fideikommiss auferlegt und sich versprechen lassen, dass Pompeius einem Erwerbsunfähigen ein Grundstück und eine bestimmte Summe Geldes herausgeben würde, welche Pompeius als *legatum per praeceptionem* testamentarisch zugewendet werden sollten. Im ersten Testament war das der Fall; im zweiten Testament – in welchem Pompeius gemeinsam mit Faustinus zum Miterben eingesetzt wird – erhält Pompeius hingegen kein *legatum per praeceptionem*. Der Erwerbsunfähige denunziert sich im Hinblick auf die Begünstigung aus dem stillschweigenden Fideikommiss und möchte nun auf das *beneficium Hadriani* zurückgreifen, dh. die Hälfte des ihm zugedachten Fideikommisses herausverlangen, während die andere Hälfte an den Fiskus ging. Das wird

1473 Übersetzung: *Wankerl*, Appello (2009) 183.

ihm gewährt, da sich nicht nachweisen ließ, dass der Erblasser seinen Willen auch im Hinblick auf das Fideikommiss geändert hatte[1474]. Fraglich war nun noch, ob damit nur Pompeius belastet war, der das fragliche Versprechen als präsumtiver Alleinerbe mit *legatum per praeceptionem* abgegeben hatte, oder der gesamte Nachlass, weil der Erblasser – so das Argument des Pompeius – seine Meinung über dessen Verteilung geändert habe[1475]. Es wurde jedoch entschieden, dass Pompeius alleine dafür zu haften habe; nur er hatte das Versprechen abgegeben und die *cautio* geleistet.

Obwohl also das erste Testament durch das zweite beseitigt ist, schuldet der (nunmehr Mit-)Erbe Pompeius die Restitution der dort als Präzeptionslegate ausgewiesenen Gegenstände, welche ihm im zweiten – allein gültigen – Testament gar nicht zugewendet worden waren.

In das Kautionsversprechen war wohl nicht explizit aufgenommen worden, dass Pompeius nur dann restituieren müsse, wenn ihm ein entsprechendes *legatum per praeceptionem* förmlich zugewendet werde[1476]. Sollte das *legatum per praeceptionem* bei der Abrede zwischen Erblasser und Pompius überhaupt als solches zur Sprache gekommen sein, so dürfte es sich nach der Einschätzung des Kaisers wohl nur um eine Bezeichnung handeln, deren Nichtzutreffen nicht schadete (wie auch etwa die Falschbezeichnung, dass es sich um zur *dos* gehörende Gegenstände handelte, nicht schadete: siehe oben XII.14. zur Entwicklung von *falsa demonstratio non nocet*). Daraus erklärt sich, dass Pompeius das eindeutig Bezeichnete schuldete, obgleich die zusätzliche rechtliche Qualifikation nicht zutraf.

[1474] Derjenige, der eine Willensänderung des Testators auch hinsichtlich eines heimlichen Fideikommisses bei Errichtung eines neuen Testaments behauptete, musste selbige beweisen: So insbes. ausdrücklich Pap. 9 resp., D. 22, 3, 3. Vgl. zur Beweislast auch Marcell. 29 dig., D. 28, 4, 3 pr. (zum vollen Wortlaut unten S. 593); Pap. 16 quaest., D. 34, 9, 12; Pap. 8 resp., D. 34, 9, 16, 2.

[1475] *Wankerl*, Appello (2009) 184 weist insbes. auf den verfahrenstechnischen Aspekt hin, dass es sich um ein Berufungsverfahren des Pompeius handelt, nachdem die *procuratores fisci* ein kaiserliches Reskript erwirkt hatten und der Statthalter Pompeius verurteilt hatte. Siehe ibid. 188–189 zu weiterer Lit. hinsichtlich des Verfahrens.

[1476] *Johnston*, Trusts (1988) 64–65.

8. Prozessuale Besonderheiten bei der Durchsetzung von (umgedeuteten) Fideikommissen

Seit den Fideikommissen Klagbarkeit zuerkannt wurde, ließ man eine *petitio* bzw. *persecutio* anfangs ausschließlich vor den Konsuln[1477], später auch[1478] vor einem eigenen *praetor fideicommissarius*[1479] zu[1480]. Die Zuständigkeit richtete sich nach dem Streitwert und der gesellschaftlichen Stellung des Beklagten[1481]. Da es sich sowohl bei den Verfahren vor einem Konsul als auch in Prozessen vor dem *praetor fideicommissarius* um Kognitionsverfahren handelt, gibt es keine Klagsformeln, wenngleich die jüngere Forschung – im Anschluss an Thesen, die bereits von *Wlassak* entwickelt worden waren[1482] – davon ausgeht, dass der Unterschied in der Praxis nicht so groß war, wie es in der Theorie scheint[1483].

Die – aufgrund der Quellenlage, nachdem in der justinianischen Überlieferung die *cognitiones extra ordinem* nicht vom Formularverfahren getrennt sind – fehlende Aufarbeitung der prozessualen Durchsetzung der Fidei-

---

1477 Siehe den Bericht in Inst. 2, 23, 1.

1478 Die *consules* behielten ihre parallele Kompetenz, insbes. für Fideikommisse zugunsten von Senatoren und bzgl. großer Vermögen: *Babusiaux*, Rechtsschutz von Fideikommissen, ZRG RA 136 (2019) 147.

1479 Als „gegenständlich beschränkte Spezialprätur“: *Babusiaux*, Rechtsschutz von Fideikommissen, ZRG RA 136 (2019) 148. Siehe auch *Röhle*, Praetor fideicommissarius, RIDA 15 (1968) 399–428.

1480 Gai. 2, 278. Zur einheitlichen Zuständigkeit des Statthalters in den Provinzen (des *praeses provinciae* bzw. in Italien der *iuridici*) siehe etwa *Impallomeni*, Manomissioni mortis causa (1963) 65; *Longchamps de Bérier*, Fedecommesso universale (1997) 84–85.

1481 *Longchamps de Bérier*, Fedecommesso universale (1997) 85–86; *Giodice-Sabbatelli*, Fedecommessi (1993) 160–163; *Metrò*, Denegare, BIDR 75 (1972) 136; *Röhle*, Praetor fideicommissarius RIDA 15 (1968) 425.

1482 *Wlassak*, Processgesetze (1888). Siehe insbesondere auch die Forschungen *Selbs* zum Nachwirken der Traditionen des Formularverfahrens im Kognitionsverfahren: *Selb*, Actiones in factum und Formeltechnik, in: FS Demelius (1973) 223–235; *ders.*, Formulare Analogien, in: Studi Biscardi III (1982) 315–350; *ders.*, Formulare Analogien, in: Studi Sanfilippo V (1984) 729–759. Dazu seither auch bspw. *Turpin*, Formula, cognitio and proceedings extra ordinem, RIDA 46 (1999) 499–574, 506–531 sowie *Mélèze Modrzejewski*, Loi et coutume (2014) 288 (zum Provinzialedikt bzw. zum provinzialen Kognitionsprozess).

1483 Siehe nur die Zusammenfassung bei *Babusiaux*, Rechtsschutz von Fideikommissen, ZRG RA 136 (2019) 142–143.

kommisse hat rezent *Babusiaux* beklagt[1484] und am Ende ihrer detailreichen Studien zu diesem Thema folgendes Bild entworfen: Zwar fielen die Fideikommisse hinsichtlich der materiellen Frage, ob das Fideikommiss besteht, in die Kognition, hinsichtlich der Rechtsfolgen aus den Fideikommissen jedoch sei das Formularverfahren „regelmäßige Verfahrensart“[1485].

Uns interessiert vorliegend insbesondere die Frage, ob das Fideikommiss (infolge einer Konversion) bejaht wurde und damit der in die Kognition fallende Teil der Rechtsdurchsetzung. Hierfür ist wesentlich, dass im Kognitionsverfahren erst dann, wenn das Prozessthema festgelegt ist und der Gerichtsmagistrat auf das tatsächliche Vorbringen der Parteien eingeht, in Entsprechung zur *litis contestatio* des Formularprozesses eine Änderung der Klage ausgeschlossen ist[1486]. Bis zu diesem Zeitpunkt musste daher feststehen, in welchem Umfang der Kläger seinen Anspruch geltend machen wollte. Zudem musste der Kläger auch plausibel machen, warum ihm der Anspruch aus einem Fideikommiss zustehen sollte, wenn dem Wortlaut des Testaments nach etwa ein Legat verfügt zu sein scheint, welches jedoch unwirksam ist.

[1484] *Babusiaux*, Rechtsschutz von Fideikommissen, ZRG RA 136 (2019) 141.
[1485] *Babusiaux*, Rechtsschutz von Fideikommissen, ZRG RA 136 (2019) 211.
[1486] Sev./Ant. AA. Valenti, C. 2, 1, 3 (a. 202); Sev./Ant. AA. Valenti, C. 3, 9, 1 (a. 202).

XIV. Freilassungsanordnungen

Sehr häufig gewährten Testatoren ihren Sklaven – bzw. einigen von ihnen – letztwillig die Freiheit. Dies geschah in der Regel durch eine Verfügung nach der Art eines Vindikationslegats, wodurch der Testator seinem Sklaven die Freiheit ‚vermachte'[1487]. War die Verfügung gültig, so erlangte der Sklave mit dem Erbfall *ipso iure* die Freiheit.

Regelmäßig wurde in diesem Zusammenhang zusätzlich nicht nur das *peculium*[1488], sondern auch etwa die *vicesima manumissionum* per Vermächtnis zugewendet und insbesondere den Erben deren Entrichtung auferlegt (siehe nur Antonius Silvanus oder das sogenannte ‚*testamentum Dasumii*')[1489]. Da durch derartige Verfügungen posthum ohne persönlichen Nachteil Großzügigkeit demonstriert, die Fortführung des Namens gesichert und außerdem der Sklave zu Lebzeiten des Testators zu besonderem Einsatz motiviert werden konnte (häufig mussten nicht unbeträchtliche Summen aus dem *peculium* bezahlt werden, welche erst einmal erwirtschaftet sein wollten), wurde diese Art der Freilassung so inflationär, sodass man sich gezwungen sah, dagegen schließlich sogar gesetzliche Maßnahmen zu ergreifen: Etwa die *lex Fufia Caninia* (2 v. Chr.; sie führte je nach Anzahl der Sklaven im

---

1487 *Avenarius*, CRRS IV.3 (2017) 10–11; *ders.*, Papinians Beitrag, in: Argumenta Papiniani (2013) 10; *Bretone*, s.v. Statuliber, in: NNDI XVIII (1971) 380–383.

1488 Vgl. nur *Wieling*, Falsa demonstratio, ZRG RA 87 (1970) 233.

1489 Vgl. *Liebs*, Ewiges Gedenken durch freigelassene Sklaven, in: Leben nach dem Tod (2010) 50.

Vermögen gestaffelte Maximalquoten ein[1490]) und die *lex Aelia Sentia* (4 n. Chr.; sie sah Mindestalter für Freilasser und Freizulassende vor) traten ausufernden Freilassungen entgegen[1491].

Eine nicht verpönte Funktion der testamentarischen Freilassung bestand aber insbesondere auch darin, im Falle des Fehlens anderer Erben einen Sklaven einzusetzen, um nicht intestat zu versterben[1492]. In einer ähnlichen Funktion wurden Sklaven zur Absicherung der testamentarischen Erbfolge als Substituten im letzten Rang eingesetzt und zu diesem Zweck (unter der Bedingung, dass die zuvor Eingesetzten nicht Erben wurden) freigelassen. Für diese ‚Zwangserben'[1493] bestanden die gesetzlichen Schranken der testamentarischen Freilassung z.T. nicht; z.B. musste die ansonsten geltende Altersgrenze der *lex Aelia Sentia* nicht beachtet werden[1494] und man schreckte in derartigen Konstellationen auch vor Konversionen unwirksamer Freilassungen nicht zurück, um der *voluntas testatoris* im Sinne einer testamentarisch geregelten Rechtsnachfolge Genüge zu tun: Nicht den Erblasser, sondern den *heres necessarius* trifft bei Überschuldung des Nachlasses die damit verbundene ‚Schande'[1495]. Zugleich werden dadurch die Interessen der Gläubiger gewahrt. Im Hinblick auf den Sklaven wird mitunter zusätzlich der *‚favor libertatis'* ins Treffen geführt, welcher verwirklicht werde.

Auch für die *manumissio* bestand ein an sich strenger Formalismus: Die direkte Freilassung erfolgte befehlsweise durch die Worte *liber esto* oder *liberum esse iubeo*[1496], in griechischer Übersetzung finden wir in den Urkunden entsprechend ἐλεύθερος ἔστω oder ἐλεύθερον εἶναι κελεύω[1497].

Die fideikommissarische Freilassung hingegen, welche von einem Beschwerten durch *manumissio vindicta* zu verwirklichen war, war keinen speziellen Vorgaben hinsichtlich der zu verwendenden *verba* unterworfen:

1490 Dazu *Sirks*, Lex Fufia Caninia, ZRG RA 129 (2012) 549–553.

1491 Vgl. dazu *Liebs*, Ewiges Gedenken durch freigelassene Sklaven, in: Leben nach dem Tod (2010) 51; für weitere Beschränkungen ibid. 52.

1492 *Avenarius*, CRRS IV.3 (2017) 21.

1493 Siehe zur Terminologie Gai. 2, 153.

1494 Vgl. Gai. 1, 21; ps.-Ulp., reg. 1, 14.

1495 Gai. 2, 154.

1496 Gai. 2, 267; ps.-Ulp., reg. 2, 7.

1497 Vgl. z.B. das oben II.3.d. vorgestellte Testament des Longinus Castor.

Es begegnen die üblichen Fideikommissworte (*liberum esse*) *volo*, *peto*, oder *rogo* bzw. *fidei committo* (*ut manummittas*).

Auf die Nähe zwischen Legatsbestimmungen und Freilassungsbestimmungen in Testamenten wies ua. *Voci* mehrfach hin: „... dei legati e delle manomissioni, che hanno molti elementi comuni tra di loro“[1498]; „legati e *libertates* sono istituti assai vicini“[1499]; etc. Ebenso weist er auf die Parallele der Erörterung der zunächst bestehenden Freiheit (infolge XII-tab. 5, 3) und der in klassischer Zeit bestehenden Beschränkung hin: Während hinsichtlich der Legate die *lex Falcidia* „il punto di arriva“ sei, wäre dies im Falle der Freilassungen die *lex Fufia* (Gai. 2, 228). Dennoch bewirkte der *favor libertatis*, aber auch sonst unterschiedliche Interessenlagen, mitunter Verschiedenbehandlungen, was sich bspw. bei der Beurteilung unmöglicher Bedingungen zeigt.

1. Bedingte testamentarische Freilassung

Bedingungen für in Testamenten gewährte Freilassungen waren häufig und mannigfaltig. Sie führten zur speziellen Rechtsstellung eines *statuliber*[1500]. Für *Siber* handelt es sich dabei um einen „Hauptfall des bedingten Rechtsgeschäfts“[1501] und *Mitteis* wies darauf hin, dass die suspensiv bedingte testamentarische Freilassung den einzigen Fall eines bedingten Rechtsgeschäfts darstelle, welcher eine Regelung in den XII-tab. erfahren hatte[1502]. Es sei der „nachweislich älteste Fall einer Bedingung“[1503]. Bis zur Erfüllung der Bedingung ging das Eigentum am Sklaven zwar auf den Erben über und konnte auch weiterübertragen werden, doch war es ‚dinglich belastet‘, dh. auch hier

---

1498 *Voci*, DER I ^{2}(1967) 5.

1499 *Voci*, DER I ^{2}(1967) 7.

1500 Zur Terminologie *Avenarius*, CRRS IV.3 (2017) 22 mwN. in Fn. 171.

1501 *Siber*, RR II (1928) 29; zust. *Weiss*, s.v. Statu liber, RE II.6 (1929) 2231. *Crome*, RP (1920) 177 Fn. 6 ging davon aus, dass es sich um den Ausgangsfall handelt, auf dessen Grundlage eine allgemeine Bedingungslehre sich entwickeln konnte. *Bretone*, s.v. Statuliber, NNDI XVIII (1971) 381 meint, der *statuliber* sei das ‚Modell‘ für bedingte Vindikationslegate gewesen.

1502 *Mitteis*, RP I (1908) 172.

1503 *Vogel*, Bedingte Erbeinsetzung von sui heredes, ZRG RA 68 (1951) 491, unter Hinweis auf ps.-Ulp., reg. 2, 4.

erwarb der Sklave mit der Bedingungserfüllung *ipso iure* die Freiheit und musste nicht erst freigelassen werden[1504].

War die Bedingung nicht erfüllbar, so wurde die bedingte *manumissio* (*testamentaria*) mitunter umgedeutet in eine unbedingte Freilassung, oder immerhin in eine solche mit bloßem Anfangstermin. Die Entscheidungen weichen zum Teil erheblich von der Rechtslage bei Legaten und Fideikommissen ab. *Giuffrè* hebt deshalb hervor, dass die Konversion in derartigen Fällen im Rahmen des ‚*ius singulare*' erfolge, weswegen eine Erstreckung mittels Analogie nicht möglich sei[1505].

Zu einer Umdeutung der bedingten Freilassung in eine solche mit Anfangstermin kam es insbesondere dann, wenn die Freiheit des Sklaven vom Erreichen eines bestimmten Alters durch eine andere Person (regelmäßig eines Nachkommen des Testators) abhängig gemacht wurde. Vermächtnisse wurden nicht derart umgedeutet, was von den Klassikern – nicht nur dem Spätklassiker Ulpian, sondern auch schon etwa dem Hochklassiker Julian – explizit mit dem ‚*favor libertatis*' begründet wurde.

> Ulp. 14 ad ed., D. 40, 7, 19: *Si servus liber esse iussus sit et legatum ei datum, si filius quartum decimum annum compleverit, et filius ante decesserit: libertas favore competet die veniente, legati autem condicio deficit.*
>
> Wenn ein Sklave [im Testament unter der Bedingung] freigelassen und ihm ein Vermächtnis zugewendet worden ist, dass der Sohn das 14. Lebensjahr vollendet, der Sohn aber vorher verstirbt, dann tritt die Freiheit im Sinne der Begünstigung mit dem Eintritt des Tages ein, die Bedingung des Vermächtnisses aber fällt aus.[1506]

In den Titel *de statulibero* ist mit dem vorliegenden Fragment eine Entscheidung aufgenommen worden, welcher die Konstellation zugrunde liegt, dass ein Sohn, dessen Alter ausschlaggebend sein soll für Freiheit und Legat zugunsten eines Sklaven, vor Erreichen des relevanten Alters verstirbt. Es scheint keine anfänglich objektiv unmögliche Bedingung zu sein; zu vermuten ist vielmehr,

---

[1504] *Karlowa*, RRG II (1901) 138 spricht davon, dass die Eigenschaft, durch Erfüllung der Bedingung frei werden zu können, „eine dem Sklaven anklebende Eigenschaft" sei, welche „ihm überallhin folgt". Sie ‚hängt' an und ‚wandert' mit ihm: *Wimmer*, Mitwandernde Delationen, ZRG RA 121 (2004) 379.

[1505] *Giuffrè*, Conversione (1965) 185.

[1506] Übersetzung: *Avenarius*, CRRS IV.3 (2017) 315.

dass der Sohn erst nachträglich verstarb[1507], sodass es nach den auf Legate angewendeten Beurteilungskriterien zum Bedingungsausfall kommt[1508]. Aufgrund des *favor libertatis* wird hier die *manumissio* jedoch nunmehr nicht an eine Bedingung, sondern an einen Termin gebunden: Mit dem Datum des vierzehnten Geburtstages des verstorbenen Sohnes wird der Sklave frei[1509]. Das führte übereinstimmend auch schon Julian aus:

> Iul. 36 ad ed., D. 40, 4, 16: *Si ita scriptum fuerit: ‚cum Titius annorum triginta erit, Stichus liber esto eique heres meus fundum dato' et Titius, antequam ad annum trigensimum perveniret, decesserit, Sticho libertas competet, sed legatum non debebitur. nam favore libertatis receptum est, ut mortuo Titio tempus superesse videretur, quo impleto libertas contingeret: circa legatum defecisse condicio visa est.*
>
> Wenn testamentarisch bestimmt worden ist: ‚Wenn Titius dreißig Jahre alt sein wird, soll Stichus frei sein und mein Erbe soll ihm ein Grundstück geben', und Titius vor Erreichen des dreißigsten Lebensjahres gestorben ist, wird dem Stichus die Freiheit zustehen, aber das Legat nicht geschuldet. Denn wegen des *favor libertatis* hat man angenommen, dass nach dem Tod des Titius noch Zeit übrig zu bleiben scheine, nach deren Ablauf er die Freiheit erlange; hinsichtlich des Vermächtnisses wurde es so angesehen, dass die Bedingung ausgefallen sei.

Julian berichtet von einem in den wesentlichen Punkten parallelen Fall. Auch hier sind Freiheit und Vermächtnisbegünstigung des Stichus abhängig davon, dass Titius ein bestimmtes Alter erreicht, und wieder stirbt Titius vorher, aber wohl nach dem Testator. Die Bedingung für das Legat ist deshalb ‚ausgefallen' (*circa legatum defecisse condicio*), aufgrund von ‚*favor libertatis*' erlangt Stichus jedoch dennoch die Freiheit: Nach ‚Ablauf der Zeit', dh. mit

---

1507 IdS. auch *Cossa*, Regula Sabiniana (2013) 591. *Wieling*, Falsa demonstratio, ZRG RA 87 (1970) 228 weist darauf hin, dass die ausgefallene Bedingung nicht gestrichen werde und sich darin zeige, „wie wenig schematisch die römischen Juristen vorgingen"; ‚ausgefallene' Bedingungen wurden jedoch, wie oben VI.10.e. ausgeführt, niemals gestrichen, allenfalls wurden sie als eingetreten fingiert.

1508 Siehe dazu schon oben VI.10.e., insbes. Afr. 2 quaest., D. 35, 1, 31 (oben S. 212) zu den ‚objektiven' Gründen einer nachträglichen Unmöglichkeit.

1509 Ob ‚*ex testamento*' oder – wie die unten noch zu diskutierenden Texte Paul. 16 ad Plaut., D. 40, 7, 20, 3 und Hermog. 1 iuris epit., D. 35, 1, 94 pr. nahelegen könnten – vielmehr ‚*iure*', bleibt unklar.

dem Tag, an welchem Titius dreißig geworden wäre, soll Stichus frei sein. Wiederum wird die Bedingung in einen Termin umgedeutet[1510].

Diese Form der Konversion scheint weitgehend unbestritten gewesen zu sein: Der Tag, an welchem die Freiheit eintreten sollte, war durch den Geburtstag des Dritten determiniert, der daher als Termin herangezogen wurde, selbst wenn dieser Dritte seinen Geburtstag nicht erleben sollte[1511]. Vielleicht lässt sich hierin auch eine zusätzliche Qualifikation des betreffenden Tages erblicken, welcher – wie in den Fällen von *falsa demonstratio* – auch ohne das Erleben dieses Tages durch den Genannten zweifelsfrei bestimmt ist und damit beibehalten werden kann. Etwas anders liegt der Fall, wenn etwa die Heirat des/der Dritten ausschlaggebend sein sollte, samt der Verpflichtung des Sklaven, zu diesem Zeitpunkt Rechnungen zu legen, wobei wiederum der/die Dritte vorher verstirbt. Hier wird auf den Zeitpunkt abgestellt, zu welchem die Erfüllung erstmals möglich gewesen wäre, und dem Sklaven die Bedingung erlassen, deren Erfüllung ihm unmöglich ist.

Scaev. 4 resp., D. 40, 5, 41, 16: ‚*Spendophorus, cum filia mea in familia nupserit, si rationes idonee filiae meae administratas reddiderit, liber esto*‘: *filia cum adhuc pubes esset, vivo patre decessit et ex substitutione Seius heres extitit: quaero, cum Spendophorus rationes pupillae non administraverit et vivo patre familias desierit ipsius rationes administrare et, si viveret, Titia annos haberet amplius duodecim, an ex testamento liber sit. respondit, si nullas rationes administrasset, quas reddere heredi deberet, secundum ea quae proponerentur liberum esse.*

‚Spendophorus soll frei sein, wenn er meiner Tochter, sobald sie innerhalb der Familie geheiratet hat, die [von ihm] geführten Rechnungen in geeigneter Form vorlegt‘. Die Tochter ist, noch während sie unmündig war, zu Lebzeiten des Vaters gestorben und aufgrund einer Substitution ist Seius Erbe geworden. Ich frage, ob Spendophorus aufgrund des Testaments frei werde, weil er die Rechnungen der Unmündigen nicht geführt und zu Lebzeiten des Vaters aufgehört hatte, dessen

---

1510 Und wieder ist nicht explizit ausgeführt, ob die Freiheit hier ‚*ex testamento*‘ oder ‚*iure*‘ zusteht. Siehe soeben Fn. 1509 und unten S. 519. *Wieling*, Testamentsauslegung (1972) 114 hingegen meint, es stehe nicht fest, was der Testator gewollt habe: Bedingung oder Frist.

1511 Vgl. Scaev. 20 dig., D. 34, 1, 18, 2 zu einem Fall, in welchem zwar nicht die Freiheit, aber eine Vermächtnisbegünstigung davon abhing, dass der Freigelassene beim Erben bleibe, bis jener das 25. Lebensjahr erreiche, der Erbe aber zuvor verstirbt; auch hier wird das Vermächtnis zu dem Tag geschuldet, an welchem der Erbe das betreffende Alter erreicht hätte.

Rechnungen zu führen, und, wenn sie leben würde, Titia älter als zwölf Jahre wäre. [Scaevola] hat geantwortet, dass er dann, wenn er keine Rechnungen geführt hat, welche er dem Erben vorzulegen schulden würde, dem Vorgetragenen nach frei sei.

Der Sklave soll ‚frei sein', wenn er Rechnungen, welche er aufgrund der Testamentsklausel legen müsste, nicht legen kann, weil er sie ohne eigenes Verschulden nicht geführt hat. Die Testamentsklausel besagte allerdings überdies, dass die Rechnungen im Zusammenhang einem bestimmten Ereignis gelegt werden müssen: Wenn die Tochter ‚innerhalb der *familia*' (was weit zu verstehen ist – etwa innerhalb des Verbandes von Freigelassenen und deren Nachkommen, welche sich auf einen gemeinsamen Patron zurückführen und dessen Namen sie tragen[1512]) geheiratet haben würde[1513]. Dazu konnte es aber niemals kommen, denn die Tochter verstarb noch vor Erreichen der Mündigkeit, sogar noch zu Lebzeiten des Testators. Dennoch änderte jener sein Testament nicht; der als Substitut Eingesetzte gelangte infolge des Todes der Tochter, welche offenbar als Primärerbin eingesetzt worden war, an den Nachlass.

Nun scheint der ‚Termin', zu welchem die Tochter erstmals heiraten hätte können – ihr zwölfter Geburtstag – eine Rolle zu spielen[1514], und vor allem auch der Umstand, dass der Sklave die Rechnungen der Tochter niemals und die des Vaters schon vor dessen Tod nicht mehr geführt hatte. Die Erfüllung der Bedingung der Herausgabe von durch den Sklaven geführten Rechnungen war daher beim Tod des Testators unmöglich und könnte dem Substituten gegenüber niemals erfüllt werden.

Da explizit angeführt wird, dass die Tochter zum Zeitpunkt der Anfrage bereits ‚älter als zwölf Jahre wäre', scheint man die Bedingung in einen Termin umgewandelt und diesen mit dem Eintritt der Ehefähigkeit angesetzt zu haben. Dieser Tag ließ sich zweifelsfrei bestimmen, selbst wenn die Tochter ihn nicht erlebt hatte.

[1512] Vgl. dazu *Bürge*, Cum in familia nubas, ZRG RA 105 (1988) 312–333 (insbes. 328).

[1513] Darin will *Wieling*, Falsa demonstratio, ZRG RA 87 (1970) 239 eine (Potestativ-) Bedingung erblicken, welche nicht dem Begünstigten, sondern einem Dritten auferlegt sei. Nach *Donatuti*, Lo statulibero (1940) 29 handelt es sich hingegen um zwei Bedingungen: einerseits ‚*cum filia mea in familia nupserit*' und andererseits ‚*si rationes idonee filiae meae reddiderit*'.

[1514] AA. *H.J. Wolff*, Rez. Cosentini, IVRA 4 (1953) 404.

Ob man die Rechnungslegung erließ, weil dieser Bedingungsteil hinweg- oder aber seine Erfüllung vielmehr hinzufingiert oder weil überhaupt eine außerhalb des Testaments liegende Rechtsgrundlage herangezogen wurde, ist nicht näher ausgeführt[1515]. Die Frage *,an ex testamento liber sit'* wird beantwortet mit *,liberum esse'*. Die Antwort sagt über die Grundlage dieser Freiheit aber nichts aus, obwohl jene in die Frage eingeschlossen zu sein scheint. Entscheidend ist diese gleichwohl insbes. mit Blick auf etwaige Patronatsrechte[1516].

Für das Legat jedenfalls ist die Bedingung ,ausgefallen'. Das lässt vorsichtig vermuten, dass der Fall parallel den unten noch zu betrachtenden Texten Paul. 16 ad Plaut., D. 40, 7, 20, 3 oder Hermog. 1 iuris epit., D. 35, 1, 94 pr. beurteilt wurde und die Freiheit aufgrund von *favor libertatis* nicht *,ex testamento'*, sondern *,iure'* zustand.

Eine bloße Abänderung des Anfangszeitpunktes einer Frist, welche dem Sklaven für die Erfüllung einer Bedingung gesetzt wurde, von jenem aber unverschuldet unmöglich eingehalten werden konnte, dürfte an der Grundlage der Freiheit hingegen nichts geändert haben:

> Ulp. 27 ad Sab., D. 40, 7, 3, 11: *Si quis heredi in diebus triginta proximis mortis testatoris dare iussus fuerit, deinde heres tardius adierit, Trebatius et Labeo, si sine dolo malo tardius adierit, dantem eum intra dies triginta aditae hereditatis ad libertatem pervenire: quae sententia vera est. sed quid si data opera traxit? an ob id statim, ut adita est hereditas, ad libertatem perveniat? quid enim si tunc habuit, post aditam habere desiit? sed et hic expleta videtur condicio, quoniam per eum non steterit, quo minus impleatur.*

> Wenn einem [Sklaven] befohlen worden ist, dem Erben innerhalb der nächsten dreißig Tage nach dem Tod des Testators [etwas] zu geben, dann aber der Erbe später angetreten hat, gelangt nach Trebatius und Labeo, wenn der Erbe ohne böse Absicht später angetreten hat, der Sklave, wenn er [es] innerhalb von dreißig Tagen nach Antritt der Erbschaft gibt, zur Freiheit; und diese Ansicht ist zutreffend.

1515 *Donatuti*, Lo statulibero (1940) 29 geht davon aus, dass die Bedingung *,si rationes idonee filiae meae reddiderit'* als *,condicio falsa'* gestrichen wurde, jedoch die Bedingung *,cum filia mea in familia nupserit'* ausgefallen sei. Die ausgefallene Bedingung scheint jedoch wie ein *dies incertus an certus quando* behandelt; das beruhe ausschließlich auf *favor libertatis*, was ihn zu folgendem Urteil führte: „difficilmente si può ritenere genuina" (ibid. 30). Vorliegend wird hingegen von der Echtheit des Fragments ausgegangen.

1516 Anders – ohne diese Problematik zu thematisieren – *MacCormack*, Impossible Conditions in Wills, RIDA 21 (1974) 290: „His decision was that Spendophorus was free *ex testamento ...*".

Aber was, wenn der Erbe die Verzögerung des Antritts mit Absicht verursacht hat? Gelangt der Sklave dann deshalb sofort beim Erbschaftsantritt zur Freiheit? Was nämlich, wenn er das [was er geben soll] damals gehabt hat, nach dem Antritt aber nicht mehr? Aber auch hier ist die Bedingung als erfüllt anzusehen, weil es nicht an ihm gelegen ist, dass sie nicht erfüllt wird.

Musste der Sklave dem Erben innerhalb einer bestimmten Frist nach dem Erbfall etwas leisten, so wurde er auch dann frei, wenn der Erbe zwar erst nach Ablauf der Frist die Erbschaft angetreten, der Sklave aber fristgerecht geleistet hatte; dies, obwohl der Eingesetzte zum Leistungszeitpunkt noch gar nicht ‚Erbe' war, die Klausel aber wohl gelautet hat: ‚Wenn er meinem Erben innerhalb von 30 Tagen gibt' (arg. *‚si quis heredi in diebus triginta proximis mortis testatoris dare iussus fuerit'*). Zögert der Erbe absichtlich den Erbschaftsantritt hinaus, damit die Frist, welche dem Sklaven gesetzt wurde, noch vorher abläuft, so wird die Bedingung auch ohne Leistung des Sklaven als erfüllt fingiert, weil es nicht am Sklaven lag, dass nicht erfüllt wurde. Die Freiheit wird hier beim Erbschaftsantritt wohl *ex testamento* erlangt.

Vergleichbar wurde auch entschieden, wenn dem Sklaven die nötigen Mittel, um die Bedingung zu erfüllen, absichtlich vorenthalten wurden.

Ulp. 27 ad Sab., D. 40, 7, 3, 2: *Inde quaeritur, si forte debeatur pecunia huic servo vel ab herede, quod in domini rationem plus erogaverat, vel ab extraneo, nec velit heres debitorem convenire vel statulibero solvere pecuniam: an debeat ad libertatem pervenire, quasi moram per heredem patiatur. et aut legatum huic statulibero fuit peculium aut non: si legatum peculium fuit, Servius scribit moram eum libertatis passum ob hoc ipsum, quod ei aliquid ex ratione dominica deberetur nec ei ab herede praestaretur: quam sententiam et Labeo probat. idem Servius probat et si in eo moram faciat heres, quod nolit exigere a debitoribus: nam perventurum ad libertatem ait. mihi quoque videtur verum quod Servius ait. cum igitur veram putemus sententiam Servi, videamus, an et si non fuerit praelegatum peculium servo, idem debeat dici: constat enim statuliberum de peculio posse dare vel ipsi heredi iussum vel alii: et si eum dare impediat, perveniet statuliber ad libertatem. denique etiam remedii loco hoc monstratur domino statuliberi, ut eum extraneo iussum dare prohibeat, ne et nummos perdat cum statulibero. proinde defendi potest et si non vult exigere vel ipse solvere, ut hic habeat, unde condicioni pareat, libertatem competere: et ita Cassius quoque scribit.*

Daher wird gefragt, ob dieser Sklave, wenn ihm Geld geschuldet wird, sei es vom Erben, weil der Sklave für Rechnung des Herrn mehr ausgegeben hatte, oder sei es von Dritten, wenn der Erbe diesen Schuldner nicht in Anspruch nehmen oder das Geld nicht an den Bedingtfreien zahlen will, zur Freiheit gelangen muss, weil ihm durch den Erben gewissermaßen eine Verzögerung zugemutet wird. Und

> entweder war diesem Bedingtfreien das Sondervermögen vermacht worden oder nicht. Für den Fall, dass ihm das Sondervermögen vermacht worden war, schreibt Servius, dass er eine Verzögerung der Freiheitserlangung gerade dadurch erlitten habe, dass ihm etwas aus der Abrechnung mit dem Herrn geschuldet und vom Erben nicht geleistet werde. Und diesen Standpunkt billigt auch Labeo. Dasselbe befürwortet Servius auch für den Fall, dass der Erbe dadurch eine Verzögerung bewirke, dass er Schuldner nicht in Anspruch nehmen wolle, denn er sagt, der Sklave gelange zur Freiheit. Auch mir scheint richtig, was Servius sagt. Wenn wir also Servius' Standpunkt für richtig halten, wollen wir sehen, ob auch dann, wenn das Sondervermögen dem Sklaven nicht im Wege eines Vorausvermächtnisses zugewendet worden ist, dasselbe gesagt werden muss. Es steht nämlich fest, dass der Bedingtfreie vom Sondervermögen geben kann, entweder dem Erben selbst nach dessen Anweisung oder einem anderen. Und wenn der Erbe ihn daran hindert zu geben, gelangt der Bedingtfreie zur Freiheit. Schließlich wird dies auch dem Herrn eines Bedingtfreien als Mittel gezeigt, um zu verhindern, dass er sowohl das Geld als auch den Bedingtfreien verliert, dass er diesem nämlich verbietet, dem Dritten das Gebotene zu leisten. Demnach kann man [den Standpunkt] verteidigen, dass die Freiheit auch dann, wenn der Erbe [die Außenstände] nicht einfordern oder selbst zahlen will, so dass der Bedingtfreie [das Vermögen] hätte, mit dem er die Bedingung erfüllen könnte, erworben wird. Und das schreibt auch Cassius.[1517]

Es ist auch hier die Vereitelung durch den Erben, welche dazu führt, dass die Bedingung nicht erfüllt werden kann; die Bedingung wird daher als eingetreten fingiert[1518]. Nach *Avenarius* soll es sich hierbei überhaupt um den „Entstehungszusammenhang" der Regel handeln, wonach Bedingungen (auch in anderen Fällen) als eingetreten gelten, wenn sie von einem am Nichteintritt Interessierten vereitelt werden[1519].

Hinwegfingiert wurde eine Bedingung jedoch im folgenden Fall: Eine Freilassung mit der Bedingung (oder vielmehr – da der Eintritt gewiss, nur der Zeitpunkt ungewiss ist – unter Hinzusetzung des *dies an, incertus quando*[1520]), dass der Freilasser stirbt (bzw. damit zur letzten ‚juristischen Sekunde' seines Lebens), ist unwirksam, da die Formerfordernisse einer Freilassung unter

1517 Übersetzung: *Avenarius*, CRRS IV.3 (2017) 313–314.

1518 So auch ps.-Ulp., reg. 2, 5.

1519 *Avenarius*, CRRS IV.3 (2017) 51.

1520 *Hausmaninger*, Gesetzesinterpretation, in: Studi Grosso V (1972) 259.

Lebenden nicht eingehalten sind[1521]. Sie wird jedoch umgedeutet in eine Freilassung von Todes wegen:

> Iul. 2 ad Urs. Fer., D. 40, 4, 18, 1: *Haec condicio ‚cum moriar, liber esto' vitae tempus complectitur et idcirco inutilis esse videtur. sed melius est verba benignius interpretari, ut post mortem suam videatur testator ei libertatem reliquisse.*
>
> Die Bedingung ‚wenn ich sterbe, soll er frei sein' erfasst die Lebenszeit und daher wird es als ungültig anzusehen sein. Aber besser ist es, die Worte wohlwollend auszulegen, sodass es so angesehen wird, als habe der Testator die Freiheit nach seinem Tod hinterlassen.

Hausmaninger spricht von einer „korrigierenden Auslegung zugunsten einer (vielleicht auf Grund des *‚favor libertatis'* objektiv typisierten) *voluntas testatoris*, die in den *verba* nicht unterzubringen ist"[1522]. Ob hier der *favor libertatis* oder ein *favor voluntatis testatoris* oder beides zusammen maßgeblich war, lässt sich nach *Kleiter* – der allerdings zumindest den Schwerpunkt der Entscheidung am Erblasserwillen sieht – nicht feststellen[1523].

Da der Freilasser als ‚Testator' bezeichnet wurde, ist die Freiheit offenbar in einem Testament erteilt. Schädlich ist nur die hinzugesetzte Nebenbestimmung, die dazu führt, dass die Freilassung als – unwirksam – *inter vivos* erteilt angesehen werden müsste. Nach Julian soll jedoch fingiert werden, dass die Freilassung wirksam *post mortem* hinterlassen sei. Der Testator hatte sich offenkundig hinsichtlich der ‚Bedingung' versehentlich der falschen *verba* bedient. Was er wollte, ist offensichtlich: Mit seinem Tod soll der Sklave frei sein. Weitere Bedingungen sind nicht vorgesehen. Da die vorgeschriebenen *verba* einer *manumissio testamentaria* vorliegen (*liber esto*), kann durch das Hinwegfingieren der für eine solche Freilassung rechtlich ‚unmöglichen' Bedingung die bedingte testamentarische Freilassung in eine unbedingte umgedeutet werden, sodass der Sklave mit dem Erbfall nicht zum *statuliber*, sondern vielmehr sofort zum *libertus* wurde.

Sollte der Erbe, an welchen für die Freiheitserlangung ein bestimmter Betrag (wohl aus dem *peculium*) zu bezahlen war, den Sklaven zwischenzeitlich

---

1521 *Kleiter*, Entscheidungskorrekturen (2014) 96; *Hausmaninger*, Gesetzesinterpretation, in: Studi Grosso V (1972) 259.

1522 *Hausmaninger*, Gesetzesinterpretation, in: Studi Grosso V (1972) 260.

1523 *Kleiter*, Entscheidungskorrekturen (2014) 96.

weiterveräußert haben, so kam es ausweislich eines Fragments des pseudo-ulpianischen *liber singularis regularum* zu einer Umdeutung des durch die Bedingung Begünstigten: Der Sklave konnte an den Käufer zahlen und dadurch, obwohl er die Bedingung dem Wortlaut nach nicht erfüllt hatte[1524], die Freiheit erlangen.

ps.-Ulp., reg. 2, 4: *Sub hac condicione liber esse iussus: ‚si decem milia heredi dederit', etsi ab herede abalienatus sit, emptori dando pecuniam ad libertatem perveniet; idque lex duodecim tabularum iubet.*

Wer unter dieser Bedingung freigelassen worden ist: ‚Wenn er zehntausend dem Erben geben wird', gelangt, auch wenn er vom Erben vorher veräußert wurde, mit der Übergabe des Geldes an den Käufer zur Freiheit; und dies bestimmt eine Vorschrift der Zwölf Tafeln.[1525]

Es soll dem veräußerten bedingtfreien Sklaven schon nach den Zwölf Tafeln möglich gewesen sein, die Bedingung durch Zahlung an den neuen Herrn zu erfüllen. Veräußert also der Erbe, welchem der Sklave ausweislich des Testamentswortlautes zahlen müsste, um die Bedingung zu erfüllen, den betreffenden Sklaven, so wird der Begünstigte der Zahlungspflicht – obwohl gegen den klaren Testamentswortlaut – ‚ausgewechselt'.

Es sind hinsichtlich der Freilassungen – wie bei den oben bereits behandelten Bedingungen, welche einer Erbeinsetzung bzw. einem Legat hinzugesetzt wurden – allen Harmonisierungsbestrebungen der Kompilation zum Trotz bzgl. des Umganges mit unmöglichen/ausgefallenen Bedingungen auch einige Kontroversenberichte erhalten geblieben. Das betrifft bspw. eine weitere Fallgruppe, welche die Freiheit eines Sklaven an Umstände knüpft, welche mit einer anderen Person in Verbindung stehen, etwa die Zahlung einer bestimmten Summe an jemanden, der ‚vorher' verstirbt. Besonderes Augenmerk wird hier auf den Zeitpunkt gelegt, zu welchem die Unmöglichkeit infolge des Todes der betreffenden Person eintritt:

Iav. 4 ex post. Lab., D. 40, 7, 39, 4: *‚Si Stichus Attiae mille nummos dederit, liber esto'. Attia vivo testatore decessit: non posse Stichum liberum esse Labeo Ofilius responderunt: Trebatius, si ante testamentum factum Attia decessisset, idem: si postea, eum liberum*

[1524] Vgl. zu der Einschätzung, dass die Bedingung nicht erfüllt ist, auch *Avenarius*, CRRS IV.3 (2017) 50; *Bianchi*, Fictio iuris (1997) 450.

[1525] Text und Übersetzung: *Avenarius*, Liber singularis regularum (2004) *ad loc.*

futurum. Labeonis et Ofilii sententia rationem quidem habet, sed hoc iure utimur, ut is servus ex testamento liber sit.

‚Wenn Stichus der Attia tausend Münzen gegeben haben wird, soll er frei sein'. Attia ist noch zu Lebzeiten des Testators gestorben. Labeo und Ofilius haben das Gutachten erteilt, dass Stichus nicht frei sein könne. Trebatius meint dasselbe für den Fall, dass Attia schon vor Errichtung des Testaments verstorben gewesen sein sollte; falls jedoch danach, so würde er frei werden. Die Meinung des Labeo und Ofilius ist zwar sinnvoll, wir wenden aber das als Recht an, wonach jener Sklave aufgrund des Testaments frei wird.

Wie im unten S. 522 noch zu diskutierenden Fall von D. 32, 29, 4 vertrat Labeo auch hier (gleich Ofilius[1526]) eine strenge Auffassung, wonach die Bedingung ausgefallen ist und der Sklave daher nicht frei wird. Trebaz hatte diesbezüglich differenziert: Sollte die Geldempfängerin schon im Testamentserrichtungszeitpunkt verstorben gewesen sein, sodass von vornherein feststand, dass der Sklave die Voraussetzung unmöglich erfüllen kann, so solle er nicht frei werden. Falls jedoch Attia später verstirbt, also nach der Testamentserrichtung, aber bevor Stichus Gelegenheit gehabt hätte, an sie zu zahlen, so war es die Ansicht des Trebaz gewesen, dass Stichus frei werde[1527]. Javolen hält zwar (nur?) Labeos und Ofilius' Rechtsansicht für sachlich begründet, er folgt ihr aber aufgrund der ‚geltenden Rechtslage' seiner Zeit nicht: Der Sklave werde aufgrund des Testaments frei[1528]. Ob er hierbei die Einschränkung des Trebaz übernimmt und nur den Fall der nachträglichen Unmöglichkeit beurteilt oder sich generell für eine Streichung der Bedingung ausspricht, auch wenn ihre Erfüllung schon bei Testamentserrichtung unmöglich war, bleibt offen.

1526 Vgl. insbes. zur Lehre des Ofilius *Biavaschi*, Caesari familiarissimus (2011) 191–196 mit einer zusammenfassenden Darstellung der Thesen von *Voci*, *Talamanca*, *MacCormack* und *Wieling* zum Text; *Biavaschi* schließt sich hierbei insbes. *Wieling* an.

1527 *Wieling*, Falsa demonstratio, ZRG RA 87 (1970) 233 meinte: „Die Distinktion des Trebatius – Tod der Attia vor oder nach Testamentserrichtung – ist keine sachlich begründete Unterscheidung, sie soll nur ermöglichen, daß Trebatius die Gegenmeinung nicht rundweg verwerfen muß". Diese Unterstellung wird allerdings aufgrund einer bereits vorgefassten Meinung in den Text hineingetragen.

1528 Vgl. auch ps.-Ulp., reg. 2, 6.

Inhaltlich steht die Ansicht des Trebaz in einer gewissen Spannung zu anderen Unmöglichkeitsentscheidungen[1529]: Sofern überhaupt die Möglichkeit einer Streichung unmöglicher Bedingungen bejaht wird und der Testamentserrichtungszeitpunkt dabei als wesentlich herausgehoben wird, so wurde regelmäßig darauf hingewiesen, dass die Unmöglichkeit schon zu diesem Zeitpunkt gegeben gewesen sein musste (siehe für ein Beispiel nur Iul. 1 ad Urs. fer., D. 30, 104, 1 zu Schuldurkunden, welche schon im Zeitpunkt der Testamentserrichtung nicht existiert hatten, wodurch die Bedingung, dass diese herausgegeben werden müssen, ἀδύνατος war und gestrichen werden konnte[1530]). Als Parallele für einen vergleichbaren nachträglichen Bedingungsausfall, welcher nicht zu Lasten des Begünstigten ging, kommt allenfalls Afr. 2 quaest., D. 35, 1, 31 in Frage, wo Bedingung für ein Legat die Heirat zweier Begünstigter war, von welchen aber einer stirbt, bevor es zur Heirat kommen konnte: dort allerdings wird entschieden, dass das Legat nicht geschuldet sei, weil die Bedingung aufgrund eines ‚objektiven' Grundes nachträglich ausgefallen sei. Allerdings werden testamentarische Freilassungen mitunter anders behandelt als andere letztwillige Verfügungen. Der fragliche Text bietet zwar selbst keinen unmittelbaren Anhaltspunkt dafür, dass das ‚Recht', welches nach Javolen als geltendes anzuwenden sei, *ius singulare* betrifft; die Parallele mit folgendem Text samt der dortigen expliziten Erwähnung des *favor libertatis* ist jedoch starkes Indiz dafür:

> Paul. 16 ad Plaut., D. 40, 7, 20, 3: *Is, cui servus pecuniam dare iussus est ut liber esset, decessit. Sabinus, si decem habuisset parata, liberum fore, quia non staret per eum, quo minus daret. Iulianus autem ait favore libertatis constituto iure hunc ad libertatem perventurum, etiamsi postea habere coeperit decem. adeo autem constituto potius iure quam ex testamento ad libertatem pervenit, ut, si eidem et legatum sit, mortuo eo cui dare iussus est ad libertatem quidem perveniet, non autem et legatum habiturus est: idque et Iulianus putat, ut in hoc ceteris legatariis similis sit. diversa causa est eius, quem heres prohibet condicioni parere: hic enim ex testamento ad libertatem pervenit.*

> Derjenige, welchem Geld zu geben dem Sklaven befohlen worden ist, damit er frei werde, ist gestorben. Sabinus sagt: Wenn er [der Sklave] die Zehn [welche er zahlen hätte müssen] bereit gehabt hätte, so werde er frei werden, weil es nicht an ihm

---

1529 Aus diesem Grunde kam es dazu, dass „almost as many different interpretations have been offered as there have been writers on the text", wie *MacCormack*, Impossible Conditions in Wills, RIDA 21 (1974) 285 Fn. 33 konstatiert.

1530 Dazu oben S. 229.

läge, dass er sie nicht gebe. Julian aber sagt, wegen des *favor libertatis* werde dieser zur Freiheit gelangen, auch wenn er erst nachher die Zehn erlangt habe. So sehr aber beruht das Zur-Freiheit-gelangen mehr auf dem Recht, als dass er aus dem Testament zur Freiheit gelangt, dass, wenn demselben auch auch ein Legat zugewendet worden ist und der, welchem zu geben ihm befohlen war, gestorben ist, er zwar zur Freiheit gelangen, nicht aber auch das Legat erhalten wird. Und derselben Meinung ist auch Julian, sodass er diesbezüglich den übrigen Vermächtnisnehmern gleich ist. Anders ist es bezüglich desjenigen, welchen der Erbe davon abhält, der Bedingung zu gehorchen; dieser nämlich gelangt aus dem Testament zur Freiheit.

Stirbt derjenige, welchem der Sklave eine bestimmte Summe zahlen müsste, um frei zu werden, so kann der Sklave dann, wenn er zahlungsbereit war, trotz des Unterbleibens der Zahlung frei werden[1531]. Das ‚Bereithaben' des Geldes bezieht sich wiederum auf die Erfüllungsbereitschaft des Begünstigten: Der Ausfall der Bedingung beruht nicht auf einem Grund, welchen der Sklave durch eigenes Handeln herbeigeführt hätte; das passt insofern zu der Entscheidung aus Afr. 2 quaest., D. 35, 1, 31, wo darauf abgestellt wurde, dass einer der beiden, die heiraten sollten, dazu nicht bereit war (‚subjektiver' Grund, welcher aber nicht am Begünstigten liegt), insofern passt es dazu aber wieder nicht, als dort der Tod eines der beiden Heiratswilligen zum Bedingungsausfall geführt hat (‚objektiver' Grund für den Bedingungsausfall). Julian weist daher darauf hin, dass in einem solchen Fall die Freiheit nicht *ex testamento*, sondern vielmehr *iure* erlangt werde. Insofern kommt es hier auf eine ‚Konstruktion' (Hinwegfingieren einer Bedingung oder Hinzufingieren eines Bedingungseintrittes) nicht an: Das *ius singulare* übernimmt die Funktion des Testaments, Grundlage der Freiheitserlangung zu sein. Dennoch braucht es die entsprechende Klausel im Testament; diese wird insofern sodann ‚umgedeutet'.

Diese Anwendung von *ius singulare* betrifft offenbar Fälle, in welchen die Unmöglichkeit der Erfüllung nach der Testamentserrichtung eintritt[1532],

1531 Vgl. ps.-Ulp., reg. 2, 6: *Extraneo pecuniam dare iussus et liber esse si paratus sit dare, et is, cui iussus est dare, aut nolit accipere, aut antequam acceperit, moriatur, proinde fit liber, ac si pecuniam dedisset.*

1532 *MacCormack*, Impossible Conditions in Wills, RIDA 21 (1974) 287–288 geht davon aus, dass die Person, an welche der Sklave zahlen müsste, nach dem Testator, aber vor der Zahlung verstarb. Es ist zwar davon auszugehen, dass der potentielle Zahlungsempfänger nach der Testamentserrichtung verstirbt, sodass die Erfüllung nicht schon anfänglich objektiv unmöglich ist; aber er könnte möglicherweise doch noch

sodass die Bedingung streng genommen ‚ausgefallen' ist, die Freiheit daher nicht *ex testamento*, sondern aufgrund von *favor libertatis* ‚*iure*' gewährt wurde. Auf derselben Linie liegt auch eine bei Hermogenian überlieferte Entscheidung:

> Hermog. 1 iuris epit., D. 35, 1, 94 pr.: *Cum ita datur libertas: ‚si Titio' (qui non est heres) ‚decem dederit', certa persona demonstratur ac propterea in personam eius tantum condicio impleri potest. sane si cum cesserit dies pecuniam condicioni comprehensam statuliber habuerit, iure constituto nulli dando consequitur libertatem. diversa causa est legatarii, in cuius persona placuit condicionem deficere, si, antequam dederit legatarius pecuniam, Titius moriatur.*

> Wenn die Freiheit mit den Worten erteilt wird ‚wenn er dem Titius (der nicht Erbe ist) zehn gezahlt hat', wird damit eine bestimmte Person bezeichnet, und deswegen kann die Bedingung nur in seiner Person erfüllt werden. Wenn allerdings der bedingt Freigelassene bei Anfall des Vermächtnisses den in der Bedingung genannten Geldbetrag zur Verfügung hat [aber der Empfänger weggefallen ist], erwirbt er nach vom Kaiser anerkanntem Recht die Freiheit, auch wenn er an niemanden zahlt. Anders ist die Rechtslage bei einem Vermächtnisnehmer; für ihn ist anerkannt, dass die Bedingung ausfällt, wenn Titius stirbt, bevor der Vermächtnisnehmer das Geld gezahlt hat.[1533]

Erneut wird auf die Verschiedenbehandlung von Legat und Freilassung hingewiesen: Die Bedingung ist ausgefallen, wenn die Person, an welche zur Erfüllung gezahlt werden müsste, vorher stirbt (‚objektiver' Grund). Der einzige Grund, warum die Freiheit im Gegensatz zum Legat zusteht, ist erneut der *favor libertatis*, weswegen die Freiheit auch nicht *ex testamento* sondern *iure* erlangt wird.

Wäre die Erfüllung der Bedingung auch in Paul. 16 ad Plaut., D. 40, 7, 20, 3 oder Hermog. 1 iuris epit., D. 35, 1, 94 pr. bereits zum Zeitpunkt der Testamentserrichtung unmöglich gewesen, so hätte eine Diskussion um die etwaige ‚Streichung' dieser unmöglichen Bedingung entstehen können; wie oben in Iav. 4 ex post. Lab., D. 40, 7, 39, 4 hätte die prokulianische Lehre hier möglicherweise gegen die Streichung der Bedingung und damit gegen die Freiheit votiert, während die sabinianische Ansicht wohl für die Streichung

---

vivo testatore gestorben sein, sodass sich eine Konstellation wie in Afr. 2 quaest., D. 35, 1, 31 ergibt (dazu oben VI.10.e.).

1533 Übersetzung: *K/K/L/R-Luig*.

entschieden hätte. Existierte etwa eine Schuld (von vornherein) nicht, welche ein Sklave begleichen müsste, um frei zu werden, so wird die Bedingung nach einer bei Papinian referierten Ansicht von Cassius und Sabinus hinwegfingiert und das Testament bleibt Grundlage der Freiheitserlangung:

Pap. 18 quaest., D. 35, 1, 72, 7: *Falsam condicionem Cassius et Caelius Sabinus impossibilem esse dixerunt, veluti: ‚Pamphilus, si quod Titio debeo solverit, liber esto', si modo nihil Titio fuit debitum: quod si post testamentum factum testator pecuniam exsolvit, defecisse condicionem intellegi.*

Cassius Longinus und Caelius Sabinus haben gesagt, eine falsche Bedingung sei eine unmögliche, wie zum Beispiel: ‚Pamphilus soll, sofern er das, was ich dem Titius schulde, bezahlt hat, frei sein', wenn dem Titius nichts geschuldet wird. Hat hingegen der Erblasser nach Errichtung des Testaments das Geld bezahlt, so ist die Bedingung als ausgefallen anzusehen.[1534]

Hier fällt eine neue Terminologie für derartige Konstellationen auf: Die ‚*falsa*' *condicio* sei nach Cassius und Sabinus eine *impossibilis condicio*. Das Fragment behandelt unterschiedliche Fälle von ‚*falsa*': Die ‚*falsa causa*' beim Legat (§ 6), sodann unsere ‚*falsa condicio*' bei der Freilassung in § 7, schließlich die ‚*falsa demonstratio*' beim Legat in § 8. Die Bedingung in unserem Fall ist ‚*falsa*' (falsch, irrig, hinfällig) und damit ‚*impossibilis*' (unsinnig, absurd, nicht erfüllbar), wenn es die Schuld nicht gab. Gab es sie hingegen und wurde sie nach Testamentserrichtung vom Erblasser selbst noch beglichen, so ist die Bedingung ausgefallen (*defecisse condicionem*). Wieder handelt es sich um eine Konstellation, welche von *Albers* als „auflagenähnliche Potestativbedingung"[1535] bezeichnet wurde. Wieder kann die Bedingung nicht erfüllt werden, weil entweder anfänglich objektiv Unmöglichkeit vorliegt (es gab die Schuld niemals) oder sie aus einem Grund ausgefallen ist, der sich als ein nachträglich-subjektiver darstellt und nicht durch eine Handlung des Begünstigten veranlasst wurde (der Testator hat selbst die Schuld getilgt). Dennoch wird hier im zweiten Fall nicht die Bedingung als erfüllt fingiert; der Grund wird darin liegen, dass der Erblasser selbst die Erfüllung verhindert: Die Zahlung durch den Testator wurde von *Wieling*[1536] mit einem Widerruf

---

1534 Übersetzung: *K/K/L/R-Luig*.

1535 *Albers*, Perpetuatio obligationis (2019) 312.

1536 *Wieling*, Falsa demonstratio, ZRG RA 87 (1970) 219.

verglichen. Die schon anfänglich objektiv unerfüllbare Bedingung wird nach der sabinianischen Lehre hingegen gestrichen.

Ob Javolen es ‚technisch' meint, wenn er die Meinung vertritt, dass der Sklave *ex testamento* frei werde, wenn die Person, an welche zu zahlen wäre, vorverstorben ist, bleibt unklar. Schwebt ihm dieselbe Situation vor, in welcher Trebaz die Freiheit bejaht hat – Attia ist nach der Testamentserrichtung gestorben –, so wäre das in Zusammenschau mit der Argumentation in den beiden anderen Texten eher eine Freiheit, welche ‚*iure*' zustehen müsste; da aber das Testament dennoch benötigt wird, könnte er sich darauf untechnisch beziehen. Mag aber auch sein, dass Javolen vielmehr nur den Fall beurteilt, in welchem Trebaz wie Labeo und Ofilius die Freiheitserlangung verneint hat – Attia ist vor der Testamentserrichtung gestorben – und als nunmehr mittlerweile allgemein anerkanntes Recht im Gegensatz zu den Republikanern festhalten, dass (aufgrund der Streichung der anfänglich objektiven Bedingung) die Freiheit *ex testamento* zusteht.

Eine Kontroverse ist schließlich hinsichtlich der Frage überliefert, ob die Verbindung zweier Elemente ggf. durch ‚Umdeutung' in zwei eigenständige Verfügungen aufgelöst werden könne, wenn eines der beiden sich als ‚unmöglich' entpuppt.

> Lab. 2 post. a Iav. epit., D. 32, 29, 4: ‚*Si Stichus et Dama servi mei in potestate mea erunt cum moriar, tum Stichus et Dama liberi sunto et fundum illum sibi habento*'. *si alterum ex his post testamentum factum dominus alienasset vel manumisissset, neutrum liberum futurum Labeo putat: sed Tubero eum, qui remansisset in potestate, liberum futurum et legatum habiturum putat. Tuberonis sententiam voluntati defuncti magis puto convenire.*
>
> ‚Sind, wenn ich sterbe, meine Sklaven Stichus und Dama noch mein Eigentum, dann sollen sie frei sein und das Grundstück bekommen'. Wenn der Eigentümer nach Errichtung des Testaments einen der beiden Sklaven veräußert oder freigelassen hat, werde keiner von beiden [durch die letztwillige Verfügung] frei, meint Labeo. Doch Tubero ist der Meinung, derjenige, der im Eigentum des Erblassers geblieben sei, werde [durch die letztwillige Verfügung] frei und das Vermächtnis erhalten. Nach meinem Urteil entspricht die Meinung des Tubero dem Willen des Erblassers besser.[1537]

Bedingung für die Freiheit und in weiterer Folge den Erwerb eines Legats ist der Umstand, dass Stichus und Dama im Todeszeitpunkt im Eigentum

[1537] Übersetzung: *K/K/R/S-Kupisch.*

des Testators stehen. Der Testator selbst veräußert einen der beiden oder lässt ihn frei; fraglich ist, ob die Bedingung ausgefallen ist oder eine Umdeutung stattfinden kann, sodass der im Eigentum verbliebene frei werden und er (oder gar beide) das Vermächtnis erlangen kann (können). Labeo geht davon aus, dass die Bedingung ausgefallen sei, damit die Verfügung nicht wirksam werde und der im Eigentum des Testators Verbliebene nicht frei werde. Auch der zuvor Veräußerte/Freigelassene ist jedenfalls nicht ‚aufgrund des Testaments' frei geworden[1538]. In der Folge erhielten nach Labeo beide nichts von dem Grundstück. Tubero – und im Anschluss an ihn auch Javolen unter Betonung des Erblasserwillens – vertritt jedoch die Ansicht, dass der im Eigentum des Testators verbliebene Sklave frei werden und das gesamte Vermächtnis (allein) erhalten solle.

Labeo betrachtet die Verfügung als Einheit und entscheidet, dass deshalb, weil die Bedingung *Si Stichus et Dama servi mei in potestate mea erunt cum moriar* nicht eingetreten ist, auch die Folge *tum Stichus et Dama liberi sunto et fundum illum sibi habento* nicht eintreten könne. Die Lösung des Tubero hingegen isoliert die Anordnungen für die Betroffenen von einander: Die eine Freilassung konnte nicht wirksam werden, weil die Bedingung, wonach der Betreffende im Todeszeitpunkt *in potestate* des Testators sein muss, nicht gegeben ist. Die andere Freilassung jedoch kann durch diese isolierte Betrachtungsweise wirksam werden. In diesem Sinne wird die einheitliche Bedingung mit der einheitlichen Folge umgedeutet in zwei gesonderte Bedingungen: 1. im Hinblick auf Stichus *Si Stichus servus meus in potestate mea erit cum moriar* mit der Folge *tum Stichus liber esto et fundum illum sibi habeto* und 2. im Hinblick auf Dama *Si Dama servus meus in potestate mea erit cum moriar* mit der Folge *tum Dama liber esto et fundum illum sibi habeto*. Damit folgen

[1538] Dazu auch *Ch. Paulus*, Unsterblichkeit (2018) 217–219 unter Kritik an *Wieling* in Fn. 382 (= *ders.*, Idee der postmortalen Persönlichkeit [1992] 244 Fn. 465); *Wubbe*, Iavolenus contra Labeonem, in: Satvra Feenstra (1985) 112–113 (ebenfalls mit Kritik an *Wieling* in Fn. 93); *Hausmaninger*, Legatsinterpretation, IVRA 35 (1984) 23 Fn. 20. Vgl. zudem *Kohlhaas*, Libri posteriores (1986) 143 Fn. 42, welche darauf hinweist, dass nach ‚*neutrum liberum futurum*' sinngemäß ‚*ex testamento*' hinzuzudenken sei, da der Freigelassene bereits frei sei und nicht erst durch das Testament zu werden brauche.

aus der *coniunctim* formulierten Klausel die Konsequenzen von *disiunctim* verfügten Begünstigungen[1539].

Im Rahmen der Formulierung, wonach die Betreffenden frei sein und das Legat erhalten sollen, hätte evtl. auch noch die Freiheit im Sinne einer überflüssigen ‚*condicio iuris*' für das Vermächtnis gedeutet und als derartige ‚Bedingung' gestrichen werden können, sodass nur die Vermächtnisanordnung bestehen bleibt und im Ergebnis beide ehemaligen Sklaven vom ausgesetzten Vermächtnis profitieren[1540]. Das geschieht jedoch nicht; als zu eng wurde auch nach Ansicht des Tubero bzw. Javolen die Verknüpfung der testamentarischen Freilassung und des Legats gesehen: Nur derjenige, welcher die Freiheit aufgrund der letztwilligen Verfügung erhält, erhält auch das Legat. Er erhält es allein: Auch hier greift die isolierte Betrachtungsweise. Die hälftigen Anteile hätten sich aus dem Zusammentreffen zweier Begünstigter ergeben, so aber gibt es nur einen Begünstigten, welcher demnach die Sache allein erhält.

Schließlich wäre es in Betracht gekommen, die Veräußerung/Freilassung eines der beiden mit *et* verbundenen Sklaven als Widerruf der Verfügung insgesamt zu betrachten[1541]. Auch diese Überlegung könnte für Labeo eine Rolle gespielt haben[1542], während Javolen explizit auf den Erblasserwillen rekurriert, welchem die teilweise Aufrechterhaltung eher entspreche als die völlige Nichtigkeit der Verfügung[1543].

Wie Javolen entschied auch Celsus im Falle einer ähnlich formulierten Verbindung von zwei Sklaven, die auch in seinem Fall frei sein sollten, sofern sie im Todeszeitpunkt im Eigentum des Testators stehen würden, wobei

---

1539 Zum „effetto separatorio" auch *Cossa*, Regula Sabiniana (2013) 387. Dazu, dass die Annahme von *Cosentini*, Condicio impossibilis (1952) 123, wonach die ‚teilweise' Erfüllung hier ausreiche, nicht den Kern des Problems trifft, siehe bereits *Kohlhaas*, Libri posteriores (1986) 144 Fn. 46.

1540 Überlegungen dazu auch bei *Cossa*, Regula Sabiniana (2013) 375–377.

1541 *Cossa*, Regula Sabiniana (2013) 378; *Ch. Paulus*, Unsterblichkeit (2018) 217 (= *ders.*, Idee der postmortalen Persönlichkeit [1992] 244–245).

1542 Dessen Ansicht für *Wieling*, Testamentsauslegung (1972) 18 „dem Willen des Testators … Hohn" spreche; auch *Yaron*, Alienation and Manumission, RIDA 2 (1955) 381–382 findet dieses Ergebnis „absurd". Für Kritik daran siehe bereits die oben Fn. 1538 angeführte Lit.

1543 *Avenarius*, CRRS IV.3 (2017) 196 zum hierbei möglicherweise relevanten *favor libertatis*.

hieran aber nicht eine Vermächtnisbegünstigung, sondern die Erbeinsetzung geknüpft wurde:

> Ulp. 6 ad Sab., D. 28, 7, 2, 1: *Sed si duo servi ita sint heredes instituti: ‚Primus et Secundus, si mei erunt cum moriar, liberi et heredes sunto' et alter ex his sit alienatus, Celsus recte putat sic accipiendum, atque si singulos separatim sub eadem condicione heredes instituisset.*
>
> Sind aber zwei Sklaven folgendermaßen zu Erben eingesetzt: ‚Primus und Secundus sollen, sofern sie meine Sklaven sind, frei und Erben sein' und wurde einer von ihnen veräußert, so ist Celsus zu recht der Auffassung, das sei so zu verstehen, als habe der Erblasser jeden einzelnen gesondert unter einer gleichlautenden Bedingung als Erben eingesetzt.[1544]

Wiederum schied einer der Sklaven aus dem Vermögen des Erblassers aus; hier führt Celsus seine Vorstellung von einer ‚Trennung' im Sinne einer Umdeutung der verbundenen Verfügung in unverbundene Verfügungen näher aus: Die Verfügung solle so Wirksamkeit entfalten, als hätte der Erblasser zwei getrennte Einsetzungen mit jeweils gleichlautender Bedingung formuliert[1545]. Durch diese bewusst wirklichkeitswidrige Annahme, dh. eine Fiktion, in welcher auch eine ‚Umdeutung' erblickt werden kann, gelangt der Jurist zur Wirksamkeit der Klausel im Hinblick auf den im Vermögen des Erblassers verbliebenen Sklaven.

2. Die Bedingung für die Freilassung als Vermächtnis…

a. …zugunsten des Freigelassenen

Wir haben im vorigen Abschnitt dieses Kapitels diverse Bedingungen für letztwillige Freilassungen behandelt. Eine sehr häufig vorkommende Bedingung ist die der Zahlung eines bestimmten Betrages; Ulpian berichtet, dass darin ein Legat zugunsten des Freigelassenen erblickt werden konnte:

1544 Übersetzung: *K/K/R/S-Kupisch.*

1545 Dazu, dass der (mutmaßliche) Wille des Testators hierfür entscheidend war, siehe *Wieling*, Testamentsauslegung (1972) 124; *Avenarius*, CRRS IV.3 (2017) 137.

Ulp. 25 ad Sab., D. 33, 8, 8, 7: *Interdum etsi non sit legatum peculium, velut legatum sic accipitur, id est in huiusmodi specie: quidam servo libertatem, si rationes reddidisset, dederat, et si heredibus centum intulisset. imperator igitur noster cum patre rescripsit, peculium quidem non nisi legatum deberi: ‚verum', inquit, ‚si condicionibus praescriptis paruit servus, testatorem voluisse eum retinere peculium interpretamur': videlicet ex eo, quod ex peculio eum iusserat centum inferre.*

Bisweilen wird das Sondergut, auch wenn es nicht vermacht ist, doch behandelt, als wäre es vermacht, nämlich in Fällen wie dem folgenden: Jemand hatte (in seinem Testament) einen Sklaven unter der Bedingung freigelassen, dass er Rechnung legte und an die Erben hundert zahlte. Und unser Kaiser Antoninus (Caracalla) hat mit seinem Vater Septimius Severus auf Anfrage entschieden, das Sondergut werde allerdings nur geschuldet, wenn es vermacht sei. ‚Aber', so sagt er, ‚wenn der Sklave die auferlegten Bedingungen erfüllt hat, wollte der Erblasser, dass er das Sondergut behält. So legen wir das Testament aus'. – Dies offenbar deshalb, weil der Erblasser angeordnet hat, der Sklave solle aus seinem Sondergut hundert zahlen.[1546]

Von einem Legat zugunsten des Sklaven ist weit und breit keine Rede. Dass der Sklave ein Sondergut hatte, ergibt sich aus seiner Pflicht zur Rechnungslegung und dem Umstand, dass der Sklave aus diesem Sondervermögen hundert an den Erben zahlen sollte (so lautete die Bedingung für die Freiheit). Die Kaiser halten zwar fest, dass das Sondergut dem Freigelassenen nur geschuldet werde, wenn es vermacht sei[1547]; dass aber in der erwähnten Bestimmung der Wille des Erblassers zum Ausdruck komme, dass das über diese hundert hinausgehende Sondervermögen vom Sklaven behalten werden dürfe. Daher sprechen sie dem Freigelassenen einen Anspruch zu. Ulpian spricht zwar davon, dass das Sondergut, obwohl es nicht vermacht ist, behandelt werde, als wäre es vermacht und verwendet hierbei den Begriff ‚*legatum*' (*velut legatum sic accipitur*), doch dürfte im Ergebnis vielmehr ein Anspruch aus einem Fideikommiss gewährt werden, da keine Legatsworte gebraucht, sondern vielmehr auf den bloßen ‚Willen' des Testators abgestellt wird (*testatorem voluisse*), welcher ‚formlos' zum Ausdruck gebracht wird[1548].

[1546] Übersetzung: *K/K/R/S-Krampe*.

[1547] Vgl. nur Frag. Vat. 261 dazu, dass bei einer Freilassung unter Lebenden im Zweifel das *peculium* als überlassen gilt, im Falle der testamentarischen Freilassung hingegen nicht.

[1548] AA. *Avenarius*, CRRS IV (2017) 212. Zur mitunter wechselnden Terminologie vgl. aber etwa Scaev. 20 dig., D. 34, 1, 18 pr., der im Hinblick auf ein und dieselbe Zuwendung zunächst von Legaten, dann jedoch von Fideikommissen spricht. Für diesen

b. ...zugunsten eines Dritten

Die einem testamentarisch Freigelassenen auferlegte Bedingung, eine bestimmte Summe an einen Dritten zu zahlen, konnte auch in ein Vermächtnis zu dessen Gunsten umgedeutet werden:

> Iav. 4 ex post. Lab., D. 40, 7, 39 pr.: ‚*Stichum Attio do lego et, si is ei nummos centum dederit, liber esto*'. *si servus ex testamento nummos Attio dedisset, eos repetere heredem non posse Labeo existimat, quia Attius eos a servo suo acceperit, non ab heredis servo. eum autem statuliberum esse Quintus Mucius, Gallus et ipse Labeo putant: Servius, Ofilius non esse. superiorem sententiam probo, ita tamen, ut is servus heredis, non legatarii sit, utpote cum legatum statulibertate tollatur.*

> ‚Ich vermache den Stichus vindikationsweise dem Attius und wenn er diesem hundert Geldstücke gibt, soll er frei sein.' Wenn der Sklave aufgrund des Testaments die Geldstücke gegeben hat, könne der Erbe diese nicht zurückfordern, meint Labeo, denn Attius habe sie von seinem Sklaven erhalten, nicht von einem Sklaven des Erben. Quintus Mucius, Gallus und Labeo selbst sind der Ansicht, dass er aber *statuliber* sei; Servius und Ofilius sind der Ansicht, dass er es nicht sei. Die erstere Meinung halte ich für richtig, aber auf die Weise, dass er der Sklave des Erben und nicht des Vermächtnisnehmers sei, weil ja das Vermächtnis durch die *statulibertas* aufgehoben ist.

Es werden unterschiedliche Rechtsmeinungen zu der Frage referiert, warum der Erbe eine Summe, welche ein vom Testator *per vindicationem* einem Dritten vermachter Sklave in Erfüllung einer ihm auferlegten Bedingung bezahlt hat, nicht zurückfordern könne[1549]; dieses Ergebnis als solches scheint immerhin außer Frage gestanden zu sein, nicht aber, wem der Sklave bis zur Zahlung gehört hat. Das Geld hat er aus seinem *peculium* genommen, weswegen der Erbe behaupten kann, dass es zum Nachlass gehört habe, da es nicht ausdrücklich mitvermacht wurde[1550].

Servius und Ofilius hatten ausweislich des Textes die Auffassung vertreten, dass der Sklave in dieser Konstellation kein *statuliber* sei; offenbar sahen sie die

---

Text geht *Avenarius* ibid. 223 mE zutreffend von Fideikommissen aus. Ebenso wird in Scaev. 3 resp., D. 34, 1, 20 pr. eine Verfügung mit ‚*volo*' zitiert, der Jurist – erneut Scaevola – spricht dann aber von einem *legatum*.

1549 Vgl. *Gómez-Iglesias*, Optio servi, in: Studi Metro III (2010) 168–169.

1550 Vgl. auch *Biavaschi*, Caesari familiarissimus (2011) 182–188 mwN.

direkte Freiheitsgewährung durch das Legat verdrängt[1551] und gingen allenfalls davon aus, dass der Legatar gebeten war, den ihm vermachten Sklaven nach Erhalt des Geldes freizulassen, was im Ergebnis auf eine Umdeutung der *manumissio testamentaria* in eine fideikommissarische Freilassung hinausliefe; möglicherweise sahen sie durch diese Konstruktion den Testatorwillen zum Ausdruck gebracht, dass dem Legatar die Patronatsrechte zukommen sollten, denn wäre es nur um das Geld gegangen, hätte der Erblasser das Vermächtnis auch ohne Zuwendung des Sklaven selbst erreichen können.

Quintus Mucius, Gallus und Labeo – deren Meinung Javolen folgt – gingen hingegen sehr wohl davon aus, dass der Sklave aufgrund dieser Testamentsklausel *statuliber* geworden sei. Labeo war dabei der Ansicht gewesen, dass der Sklave bis zur Erfüllung der Bedingung dem Vermächtnisnehmer gehöre, Javolen hingegen, dass er Sklave des Erben werde/bleibe, da das Vermächtnis durch die bedingte Freiheit aufgehoben sei.

Wenn Labeo davon ausgeht, dass der Sklave durch das Vindikationslegat in das Eigentum des Vermächtnisnehmers gefallen und als dessen ‚eigener Sklave' gezahlt habe, so muss er die Bedingung, an den Vermächtnisnehmer zu zahlen, in ein Vermächtnis des *peculium*, aus welchem bezahlt werden musste, umgedeutet haben; andernfalls hätte der Sklave nämlich tatsächlich Geld des Erben und damit fremdes Geld herangezogen, welches herausgegeben werden müsste. So aber scheint Labeo davon ausgegangen zu sein, dass einerseits das *peculium* vom Legat umfasst und wohl außerdem dieses Legat mit einem Fideikommiss belastet ist: Sobald daraus die Hundert bezahlt sind, soll der Sklave frei sein und – wie in Zusammenschau mit Ulp. 25 ad Sab., D. 33, 8, 8, 7[1552] zu vermuten ist – den Rest des Sonderguts für sich haben.

Javolen sieht demgegenüber das Vermächtnis des Sklaven durch die *manumissio testamentaria* als verdrängt an; zwar hängt die unmittelbar eintretende Freiheit davon ab, dass der Sklave die Hundert zahlt, doch gehört er bis dahin dem Erben und nicht dem Vermächtnisnehmer. Wird er schließlich frei, so ist er *libertus orcinus*. Die Hundert aus dem *peculium* waren zwar ‚Geld des Erben',

---

[1551] Zum Zusammentreffen von Legat und *manumissio testamentaria* vgl. nur *de Filippi*, Concorso, Index 34 (2006) 551–571; *Talamanca*, Concorso, in: Studi Biondi II (1965) 311–382; *Guarino*, Ademptio, Labeo 9 (1963) 7–22.

[1552] Dazu soeben XIV.2.a.

doch wurde die Bedingung in ein Vermächtnis zugunsten des Dritten (iHv 100) und des Sklaven (hinsichtlich des übrigen Pekuliarwertes) umgedeutet.

3. Beurteilungszeitpunkt für die Gültigkeit einer *manumissio* im testamentarisch bestätigten Kodizill

Die Freiheit wurde nicht immer im Testament selbst, sondern mitunter auch in Kodizillen gewährt. War das Kodizill testamentarisch bestätigt, so stand einer wirksamen *manumissio testamentaria* nichts im Wege. Nun spielten zwei Zeitpunkte eine Rolle: Derjenige der testamentarischen Bestätigung und damit der Testamentserrichtung einer- sowie derjenige der Verfassung der Freilassungsklausel und damit der Kodizillerrichtung andererseits. Ein besonderer Problemkeis dreht sich um die Frage, was zu gelten habe, wenn der Sklave zu einem der beiden Zeitpunkte dem Erblasser gar nicht gehörte:

> Iul. 37 dig., D. 29, 7, 3, 2: *Codicillorum ius singulare est, ut quaecumque in his scribentur perinde haberentur, ac si in testamento scripta essent. ideoque servo, qui testamenti facti tempore testatoris fuisset, codicillorum tempore alienus, non recte libertas directa datur. et contra si, cum testamentum fiebat, alienus esset, codicillorum tempore testatoris, intellegitur alieno servo libertas data. et ideo licet directae libertates deficiunt, attamen ad fideicommissarias eundum est.*
>
> Für Kodizille gilt als Sonderrecht, dass alles, was im Kodizill steht, so behandelt wird, als wäre es im Testament geschrieben. Daher kann einem Sklaven, der zur Zeit der Testamentserrichtung dem Erblasser, zur Zeit der Errichtung des Kodizills aber einem anderen gehörte, nicht wirksam die Freiheit unmittelbar erteilt werden. Und auch umgekehrt wird es als [unzulässige] Freilassung eines fremden Sklaven angesehen, wenn der Sklave, als das Testament errichtet wurde, einem anderen gehörte, zur Zeit der Errichtung des Kodizills aber dem Erblasser. Und daher muss man, weil die unmittelbaren Freilassungen scheitern, zu fideikommissarischen übergehen.[1553]

In beiden Fällen – wenn der Sklave dem Testator bei der Testamentserrichtung gehörte, zur Zeit der Abfassung des Kodizills jedoch nicht mehr bzw. wenn der Sklave dem Testator bei der Testamentserrichtung nicht gehörte, zur Zeit der Abfassung des Kodizills jedoch sehr wohl – ist die Freilassung

---

[1553] Übersetzung: *K/K/R/S-Rüfner.*

nicht unmittelbar wirksam: Es kommt aber zu einer Umdeutung in eine fideikommissarische Freilassung.

Ob das auch die Konsequenz im folgenden Fall war, bleibt offen:

> Impp. Severus et Antoninus AA. Primo, C. 7, 2, 1: *Si codicillos maior viginti annis fecisset, confirmationis tempus libertati non nocere certum est: nec enim potestas iuris, sed iudicii consideratur.* (*proposita*)
>
> Wenn jemand, der über zwanzig Jahre alt ist, ein Kodizill errichtet hat, so steht fest, dass die Zeit der [testamentarischen] Bestätigung der Freiheitsgewährung [durch das Kodizill] nicht schadet. Denn es wird nicht die rechtliche Kraft, sondern die des Willens beachtet. (öffentlich bekannt gemacht [ohne Angabe des Datums])

Ein noch nicht Zwanzigjähriger hat sein Testament errichtet. Darin bestätigt er zukünftige Kodizille durch eine ‚Bestätigungsklausel' (welche mitunter auch als ‚Kodizillarklausel' bezeichnet wird)[1554]. Zur Zeit der Testamentserrichtung war es ihm aufgrund seines Alters noch nicht möglich, Sklaven wirksam freizulassen. Nach Erreichen des dafür nötigen Alters verfasst er ein Kodizill und nimmt darin eine Freilassungsklausel auf. Da das Kodizill seine Rechtswirkungen aus dem Testament ableitet, stellt sich die Frage nach der Gültigkeit der Freilassung. Diesbezüglich wurde auf den Zeitpunkt der Freiheitsgewährung bei Errichten des Kodizills abgestellt, und zwar mit der Begründung: *necenim potestas iuris, sed iudicii consideratur.* Der Wille setze sich also gegen das Recht durch[1555].

Eine in einem Testament als Bedingung für die *heredis institutio cum libertate* eingefügte Klausel wurde im folgenden Fall in einen Termin umgedeutet, wenn neben dem betreffenden Testament auch ein Kodizill existierte, in welchem die *manumissio* des betreffenden Sklaven ohne Nebenbestimmung verfügt worden war; hier wurde die Freiheit zwar nicht *ex testamento*, aber *ex codicillis* erworben:

> Iul. 30 dig., D. 28, 5, 38, 1: *Servus testamento heres pure scriptus, liber autem iussus esse, si intra kalendas decembres decem dedisset, si codicillis pure libertatem acceperit, intra kalendas quidem neque liber neque heres erit, nisi decem dederit: si intra kalendas non dederit, liber ex codicillis erit.*

[1554] Siehe unten XVIII.

[1555] Vgl. dazu *Buckland*, Slavery (1908) 537.

Ein Sklave, der im Testament unbedingt zum Erben eingesetzt wurde, dem aber die Freiheit nur unter der Bedingung erteilt wurde, dass er bis zum 1. Dezember zehn zahlt, ist, wenn er im Kodizill die Freiheit unbedingt erhält, bis zum Monatsersten weder frei noch Erbe, sofern er nicht die zehn gezahlt hat. Wenn er bis zum Monatsersten nicht gezahlt hat, wird er aufgrund des Kodizills frei.[1556]

Die einleitende Entscheidung gibt den allgemeinen Grundsatz wieder, dass auch die unbedingte *heredis institutio* mittelbar bedingt ist, wenn dem eingesetzten Sklaven die Freiheit nur unter einer Bedingung erteilt wird[1557]. Das Besondere an der Entscheidung ist, dass das auch dann gilt, wenn derselbe Erblasser demselben Sklaven die Freiheit in einem Kodizill auch unbedingt erteilt hat. Diese Freiheitserteilung *ex codicillis* wird nur wirksam, wenn die *heredis institutio cum libertate* nicht wirksam wird, weil der Sklave die Bedingung nicht erfüllt; das allerdings steht erst fest, wenn der in der Bedingung genannte Tag, bis zu welchem die *condicio* erfüllt werden muss, bereits verstrichen ist, denn davor könnte er durch Erfüllung noch *ex testamento* frei und Erbe werden. Damit ist im Ergebnis die Freilassung *ex codicillis* an einen Termin geknüpft.

Fraglich war auch die Gültigkeit von Vermächtnissen zugunsten von Sklaven, welche nicht im Testament selbst, aber in einem Kodizill freigelassen werden:

Paul. lib. sing. de codicill., D. 29, 7, 8, 5: *Si ei servo, qui testamento legatum acceperit, libertas codicillis detur, utile legatum esse dicemus, quasi ab initio constiterit legatum.*

Wird einem [eigenen] Sklaven, dem im Testament ein Vermächtnis zugewendet wurde, im Kodizill die Freiheit erteilt, so müssen wir sagen, dass das Vermächtnis wirksam ist, als hätte es von Anfang an bestanden.[1558]

Der eigene Sklave kann nur dann wirksam bedacht werden, wenn er auch freigelassen wird; streng genommen muss der Sklave zuerst frei sein, bevor er dann das Legat erwerben kann. Selbst bei der Klausel ‚*Pamphilus servus meus peculium suum cum moriar sibi habeto liberque esto*‘ (Alf. Var. 5 dig., D. 33, 8, 14) wurde zumindest darüber diskutiert, ob das Legat des Sondervermögens gültig sei, nachdem es vor der Freilassung ausgesetzt ist; die Frage nach der

---

1556 Übersetzung: *K/K/R/S-Rüfner.*
1557 Siehe dazu bereits oben VI.10.i.
1558 Übersetzung: *K/K/R/S-Rüfner.*

Gültigkeit wurde dort bejaht, allerdings mit expliziter Betonung der *coniunctio*, bei welcher die Einheitlichkeit der Klausel bewirke, dass nicht eines vor oder nach dem anderen angeordnet sei (‚*respondit in coniunctionibus ordinem nullum esse*'). Nachdem aber das Kodizill jedenfalls nach dem Testament errichtet wurde und auch keine *coniunctio* vorliegt, ist diese Voraussetzung streng genommen nicht erfüllt[1559]; daher bedarf es einer Fiktion: Fingiert wird, dass die Freilassung zugleich (oder unmittelbar vor) der Vermächtnisbegünstigung zugewendet wurde.

4. Testamentarische Freilassung verpfändeter Sklaven

Ist ein Sklave mit einem beschränkten dinglichen Recht belastet, so kann dieses nicht mittels *manumissio* zum Erlöschen gebracht werden. Der Sklave, an welchem ein Nießbrauch besteht, kann immerhin zum *servus sine domino* werden, sodass die Freilassung doch gewisse Wirkungen zeitigt[1560]. Beim verpfändeten Sklaven verhindert jedoch das Sicherungsinteresse des Gläubigers eine vergleichbare Konsequenz: Ist die Forderung fällig und wird sie nicht beglichen, so soll das Sicherungsgut durch Verwertung einen Erlös erzielen, welchen der Sicherungsnehmer zur Befriedigung seiner Forderung heranziehen kann. Dieses Ziel würde durch die *manumissio* konterkariert. Die *manumissio testamentaria* als solche kann also nicht wirksam werden[1561]; dennoch konnte der Sklave vom Erben die Freilassung verlangen, als wäre sie ihm mittels Fideikommiss zugewendet worden:

> Ulp. 5 fideicomm., D. 40, 5, 24, 10: *Si quis servo pignerato directam libertatem dederit, licet videtur iure suptili inutiliter reliquisse, attamen quasi et fideicommissaria libertate relicta servus petere potest, ut ex fideicommisso liber fiat: favor enim libertatis suadet, ut interpretemur et ad libertatis petitionem procedere testamenti verba, quasi ex*

1559 Vgl. *Avenarius*, CRRS IV.3 (2017) 163 zu dem Argument, dass die Verfügung des Kodizills außerhalb des *ordo scripturae* stehe.

1560 Siehe dazu oben S. 253 Fn. 807 im Zusammenhang mit Ulp. 5 ad Sab., D. 28, 5, 9, 20.

1561 Siehe zur Begründung auch Dosith. 16: *Servum pignori datum civem Romanum facere debitor non potest, nisi si forte solvendo non sit: obstat enim libertati lex Aelia Sentia, quae vetat servum fraudandorum creditorum causa manumissum civem Romanum fieri.* Vgl. außerdem Pertinax A. Lucretio, C. 6, 27, 1: *Is, qui solvendo non est, heredem necessarium etiam in fraudem creditorum relinquere potest. Sed si pignori datus fuisti et in eadem causa permansisti, nec ab eo quidem debitore qui solvendo non fuit liber et heres necessarius existere potuisti.* (a. 193).

fideicommisso fuerat servus liber esse iussus: nec enim ignotum est, quod multa contra iuris rigorem pro libertate sint constitute.

Wenn jemand seinem verpfändeten Sklaven die unmittelbare Freiheit zugewendet hat, kann es nach strengem Recht so angesehen werden, dass sie unwirksam hinterlassen wurde und dennoch kann der Sklave – so als wäre ihm die Freiheit auch fideikommissarisch hinterlassen worden – verlangen, dass er aufgrund eines Fideikommisses frei werde. Denn der *favor libertatis* verlangt es, dass wir so interpretieren, dass die Worte des Testaments auch zur Forderung der Freiheit taugen, so als wäre aufgrund eines Fideikommisses befohlen worden, dass der Sklave frei sei. Denn es ist nämlich bekannt, dass viele Vorschriften gegen die Strenge des Rechts für die Freiheit erlassen worden sind.

Die *manumissio testamentaria* des verpfändeten Sklaven ist *inutiliter relicta*. Sie wird jedoch umgedeutet in eine fideikommissarische Freilassung[1562]. Der Erbe erlangt daher zunächst Eigentum am Sklaven. Zugleich ist er persönlich verpflichtet, den Sklaven freizulassen. Dazu musste er ihn wohl zunächst ‚auslösen', dh. die Forderung begleichen (oder alternativ mit dem Pfandgläubiger eine andere Sicherungsabrede treffen, falls jener dazu bereit war). Das konnte der Pfandgläubiger nicht ablehnen, ohne sich einen *dolus*-Vorwurf einzuhandeln; sollte er den Sklaven als Faustpfand bei sich haben und würde nun also der Erbe die *rei vindicatio* gegen ihn erheben, so würde seine *exceptio pigneraticia* mittels *replicatio doli* entkräftet werden. Auch seiner *vindicatio pignoris* im Falle eines besitzlosen Pfandes könnte eine *exceptio doli* entgegengehalten werden; um diese nicht abwarten zu müssen, mag dem Erben ermöglicht worden sein, Sicherheit zu bestellen. Die bisherige Lit. bringt diesen Punkt nicht zur Sprache und freilich erwähnt ihn auch Ulpian nicht explizit; dennoch wird dieser Schritt als notwendig vorauszusetzen sein. Das berechtigt allerdings dennoch nicht zur Unterstellung, der Text sei interpoliert, wie es nicht nur in der älteren Lit.[1563], sondern rezenter auch noch etwa bei *Silla*[1564] behauptet wird.

1562 IdS. auch *Ankum*, Ulpien D.40.5.24.10, Annaeus 1 (2004) 3–10; *Hausmaninger*, Subtilitas iuris, in: FG Kaser (1986) 68; *Wieling*, Testamentsauslegung (1972) 169; *Impallomeni*, Manomissioni mortis causa (1963) 165.

1563 Bspw. *Ferrini*, Note critiche, BIDR 14 (1901) 219; *Gradenwitz*, Licet enim legibus soluti, ZRG RA 26 (1905) 351.

1564 *Silla*, Cognitio (2008) 83–84.

5. Umdeutung einer falschen Bezeichnung in eine Anordnung

Fehlen in einem Testament *verba*, welche die Freilassung anordnen, so gibt es keine gültige *manumissio testamentaria*, selbst wenn ein dahingehender Wille des Testators aus anderen Umständen zu erschließen ist, wie etwa dem, dass er dem Sklaven ein Vermächtnis zuwendet und ihn dabei als ‚*libertus*' bezeichnet. Ein *favor libertatis* half hier nicht. Anders entschied Mark Aurel allerdings hinsichtlich des Sklaven, der als Zwangserbe eingesetzt wurde:

> Imp. Antoninus A. Aufidio, C. 6, 27, 2: *Cum vos servi constituti sub appellatione libertorum heredes scripti essetis, ea scriptura benigna interpretatione perinde habenda est, ac si liberi et heredes instituti fuissetis. Quod in legato locum non habet. Accepta VII k. Mart. Prisco et Apollinari conss.* [a. 169]
>
> Wenn ihr, die ihr Sklaven seid, unter der Bezeichnung als Freigelassene zu Erben eingesetzt worden seid, dann muss diese Bestimmung bei wohlwollender Auslegung so verstanden werden, dass ihr frei und zu Erben eingesetzt worden seid. Auf ein Vermächtnis findet dies keine Anwendung.[1565]

Nur weil das Anliegen des *favor libertatis* mit dem des *favor testamenti* und einem eindeutig erkennbaren Erblasserwillen zusammentrifft, setzt das kaiserliche Recht sich über die Voraussetzungen der *manumissio testamentaria* hinweg und lässt Sklaven, damit sie Erben werden können, aufgrund einer *benigna interpretatio* zur Freiheit gelangen, obwohl eine diesbezügliche Anordnung im Testament fehlt. Dazu war Mark Aurel nur bereit, weil es ums Ganze ging: Ohne die Freiheit war die Erbeinsetzung der eigenen Sklaven unwirksam und damit in weiterer Folge das gesamte Testament, wodurch nicht nur die Intestaterbfolge eingetreten wäre, sondern auch alle Einzelverfügungen inkl. etwaiger weiterer Freilassungen nicht wirksam hätten werden können (es sei denn, infolge einer generellen Umdeutungs- oder Verstärkungsklausel immerhin fideikommissarisch zulasten der Intestaterben). Auch die Interessen der Nachlassgläubiger galt es hierbei zu wahren. Ging es hingegen nur isoliert um die Sklaven selbst – wenn ihnen ein Vermächtnis unter der Bezeichnung als *liberti* zugewendet war –, so wurde dieses Sonderrecht nicht zur Anwendung gebracht: Da es eigene Sklaven sind und nicht zugleich auch die Freiheit zugewendet ist, handelt es sich diesfalls um ein unwirksames Vermächtnis.

1565 Übersetzung: *Avenarius*, CRRS IV.3 (2017) 367.

6. Fiktive *repetitio libertatis*

Wie oben S. 253 im Fall von Pomp. 1 ad Sab., D. 28, 5, 21 pr. bereits gesehen, konnte es mitunter geschehen, dass eine *heredis institutio cum libertate* in eine einfache *manumissio* umgedeutet wurde. Im folgenden Fall tritt eine Bedingungskonstellation noch hinzu:

> Marcian. 7 inst., D. 28, 7, 18 pr.: *Cum servus pure liber et heres scriptus sub condicione sit et, si heres non exstiterit, legatum acceperit, in legato repetitam videri condicionem divus Pius rescripsit.*
>
> Ist ein Sklave im Testament unbedingt freigelassen und unter einer Bedingung zum Erben eingesetzt und ist ihm für den Fall, dass er nicht Erbe wird, ein Vermächtnis ausgesetzt worden, so ist, wie der vergöttlichte Kaiser Antoninus Pius auf Anfrage entschieden hat, anzunehmen, für das Vermächtnis sei die Freilassung wiederholt worden.[1566]

Ein Sklave wird zwar bedingt zum Erben eingesetzt, seiner Freilassung wird dieselbe Bedingung aber nicht hinzugefügt; die Klausel könnte etwa gelautet haben: ‚*Stichus liber et, si …, heres esto*'. Für den Fall, dass er nicht Erbe werden sollte, wird ihm ein Legat zugewendet. Es stellt sich nun die Frage, ob er – da die Bedingung für die Erbeinsetzung ausfällt – frei sein und das Legat erhalten solle? Da die Vermächtnisbegünstigung nicht denkbar ist, ohne dass die Bedingung für die Erbeinsetzung ausfällt, er aber gleichzeitig frei sein muss, um begünstigt sein zu können, wird durch eine fiktive *repetitio libertatis* die *heredis institutio cum libertate* in eine *manumissio* umgedeutet.

7. Bedingte Erbeinsetzung mit den Wirkungen einer *manumissio testamentaria* sowie *fideicommissaria*

Wird als Suspensivbedingung[1567] für den Erbschaftserwerb die *manumissio* eines zur Erbschaft gehörenden Sklaven in ein Testament aufgenommen, tritt das Problem auf, dass der Eingesetzte diesen Sklaven gar nicht freilassen kann, bevor er die Erbschaft erwirbt.

1566 Übersetzung: *K/K/R/S-Kupisch*.

1567 Zu den Gründen, aus welchen trotz der insofern nicht eindeutigen Formulierung von einer Bedingungskonstruktion auszugehen ist, siehe *Backhaus*, Casus perplexus (1981) 33 Fn. 8.

Lab. 2 post. a Iav. epit., D. 28, 7, 20, 1: *Si quis hereditarium servum iussus est manumittere et heres esse, quamvis, si manumiserit, nihil agat, tamen heres erit: verum est enim eum manumisisse: sed post aditionem libertas servo data secundum voluntatem testatoris convalescit.*

Ist im Testament bestimmt worden, jemand solle einen zum Nachlass gehörenden Sklaven freilassen und dann Erbe sein, so wird er, wenn er den Sklaven freilässt, obwohl er rechtlich nichts bewirkt, dennoch Erbe. Denn er hat tatsächlich freigelassen; aber die Erteilung der Freiheit wird erst nach Erbschaftsantritt gemäß dem Willen des Erblassers wirksam.[1568]

Es handelt sich zwar um keine *manumissio testamentaria*, doch wird das Ergebnis einer *ipso iure* durch Erbschaftsantritt erfolgenden Freiheitserlangung durch folgende Konstruktion erreicht: Sofort mit dem Erbschaftsantritt wird der Sklave frei, wenn der *heres sub condicione institutus* vor dem Antritt der Erbschaft eine Freilassung durchführt, welche als solche eigentlich mangels Berechtigung des Betroffenen gar keine Rechtswirkungen entfalten kann. Durch das rein ‚äußerliche' bzw. ‚faktische' Entsprechen hinsichtlich der Bedingung fällt aber die Erbschaft an. Sobald der Erbe antritt, wird die Freilassung wirksam[1569]. Als Freilasser dürfte jedoch (wie bei einer fideikommissarischen Freilassung) der Erbe gelten. Somit erscheint der Effekt als eine Mischung der Rechtswirkungen von *manumissio testamentaria* und *fideicommissaria*: Zum einen wird der Sklave sofort mit Erbantritt frei, ohne dass es einer ‚rechtswirksamen' Freilassung durch den Erben bedürfte; zum anderen gilt jedoch der Erbe als Freilasser, da er – vor dem Antritt – eine faktische Freilassung vorgenommen hat und die Freilassung durch den Erben auch der Vorstellung des Erblassers entspricht[1570].

Über eine Sicherheitsleistung konnte das Problem offenbar nicht gelöst werden. Das könnte daran liegen, dass es keine Miterben gibt. Anders als in dem oben S. 240 behandelten Fragment Ulp. 8 ad Sab., D. 28, 7, 4, 1, wo die Einsetzung unter der Bedingung stand, dass ein Erbschaftssklave nicht veräußert werde, gelangte Labeo vorliegend offenbar nicht zu dem Ergebnis,

---

1568 Übersetzung: *K/K/R/S-Kupisch*.

1569 Zur (Text-)Kritik aufgrund des Begriffes ‚*convalescit*' und einer möglichen ‚Rückwirkungsfiktion' siehe *Backhaus*, Casus perplexus (1981) 34–35 mwN.

1570 *Calzada González*, Aditio (1995) 74 geht davon aus, dass aufgrund der *voluntas testatoris* sowie des *favor libertatis* „la *aditio*, convalida la *libertas*".

dass die Erfüllung in der Alleinerbensituation ‚unmöglich' ist; sie erscheint eher ‚umgedeutet' als ‚hinwegfingiert'[1571], denn Labeo stellt nicht – wie vom Erblasser formuliert – auf den *effectus* ab, dass der Sklave zuerst freigelassen sein solle, bevor der *institutus* daraufhin die Erbschaft erwerben könne, sondern macht stattdessen den bloßen *actus* zur Bedingung[1572].

8. Fideikommissarische Freilassung im ungültigen Testament

Von einer speziellen Konstellation der fideikommissarischen Freilassung berichtet Paulus:

> Paul. 3 decr., D. 40, 5, 38: *In testamento, quod perfectum non erat, alumnae suae libertatem et fideicommissa dedit. cum omnia ut ab intestato egissent, quaesiit imperator, an ut ex causa fideicommissi manumissa fuisset: et interlocutus est, etiamsi nihil ab intestato pater petisset, pios tamen filios debuisse manumittere eam, quam pater dilexisset. pronuntiavit igitur recte eam manumissam et ideo fideicommissa etiam ei praestanda.*

> Jemand hat in einem Testament, das nicht vollständig errichtet worden war, seiner Pflegetochter die Freiheit sowie Fideikommisse zugewendet. Da die Söhne nun alles nach den Grundsätzen der Intestaterbfolge vollzogen, fragte der Kaiser, ob die Pflegetochter nun auf Grundlage eines Fideikommisses freigelassen sei. Und er hat festgestellt, dass die Söhne, auch wenn der Vater nichts auf Grundlage der Intestaterbfolge gefordert habe, auf Grundlage ihrer Anhänglichkeit gegenüber dem Vater diejenige, die derselbe geliebt habe, freilassen müssten. Er hat erklärt, dass sie daher rechtsgemäß freigelassen sei und ihr infolgedessen auch die Fideikommisse geleistet werden müssten.[1573]

Der Erblasser wollte, dass seine *alumna* nach seinem Tod frei sein und auch bestimmte Vermögensgegenstände erhalten sollte. Er nimmt die Freilassung und die Einzelzuwendungen in sein Testament auf, doch ist dieses nicht wirksam errichtet worden. Es kommt zur Intestaterbfolge und die Söhne erhalten die Erbschaft. Nun fragt sich, ob die *alumna ex causa fideicommissa manumissa fuisset* und ob ihr auch die übrigen Fideikommisse zu leisten sind.

1571 AA. *Voci*, DER II ^{2}(1963) 527 Fn. 39, der hier von einer Anwendung der *regula Sabiniana* ausgeht.

1572 *Backhaus*, Casus perplexus (1981) 34 verweist in Fn. 11 auf die parallele Diskussion um *actus* oder *effectus* in Pap. 27 quaest., D. 18, 7, 6 pr.

1573 Übersetzung: *Avenarius*, CRRS IV.3 (2017) 310.

Der Kaiser bejaht beides unter Hinweis auf die *pietas*, welche die Söhne ihrem Vater gegenüber binde.

Avenarius[1574] hat zuletzt gegen die ältere Literatur darauf hingewiesen, dass die Freilassung noch nicht erfolgt ist, sodass – anders als von *Johnston*[1575] oder *Negri*[1576] angenommen – nicht die Rechtsgrundlage der Freilassung in Frage stand. Die Freilassung im unwirksamen Testament sei auch nicht – wie *Wieling*[1577] angenommen hatte – fideikommissarisch erfolgt; vielmehr stelle sich „die Frage, ob die vom Testator vorgenommene, zivilrechtlich unwirksame Freilassungsanordnung in der Form eines Fideikommisses gelten könnte, so dass die Erben nunmehr die Freilassung vollziehen müssten."[1578] Das bedeutet nichts anderes, als dass es darum geht, ob die unwirksame *manumissio testamentaria* in eine fideikommissarische Freilassung umgedeutet werden kann, wodurch die Intestaterben dazu gezwungen werden könnten, die Freilassung vorzunehmen.

Nachdem nicht thematisiert wird, ob eine generelle Umdeutungsklausel (‚Kodizillarklausel') zu einer Umdeutung des unwirksamen Testaments in ein Kodizill führen könne, und auch sonst diese Möglichkeit nicht in Betracht gekommen sein dürfte, ist die Entscheidung davon offenbar unabhängig.

9. Prozessuale Umsetzung der Umdeutung bei fideikommissarischer Freilassung

Das Freilassungsfideikommiss wendet sich an den Erben: Er wird formlos gebeten, den betreffenden Sklaven freizulassen[1579]. Die Erfüllung dieser Bitte konnte der Sklave selbst als Kläger erzwingen; vermutlich wurde dabei fingiert, er sei Freier (‚Statusfiktion'[1580]). Die *petitio libertatis ex fideicommisso*

1574 *Avenarius*, CRRS IV.3 (2017) 310–311.

1575 *Johnston*, Trusts (1988) 130.

1576 *Negri*, Clausola codicillare (1975) 35.

1577 *Wieling*, Testamentsauslegung (1972) 180.

1578 *Avenarius*, CRRS IV.3 (2017) 310 Fn. 1555 aE.

1579 *Avenarius*, CRRS IV.3 (2017) 11. Siehe auch *Lamberti*, Fideicommissa libertas, in: Femmes-esclaves (1999) 2385–2394.

1580 Siehe im Zusammenhang damit auch Marc. 4 inst., D. 29, 2, 52 pr. zur Fiktion beim Erbantritt, der instituierte *filius familias* eines geisteskranken Hausvaters sei selbst *pater familias*; die Rechtswirkungen traten dennoch beim Hausvater ein. Zum Text oben S. 313.

(vor den Konsuln bzw. dem *praetor fideicommissarius*) zielte darauf ab, dass mittels richterlicher Feststellung (*pronuntiatio*) der *status libertatis* fiktiv aus einer direkten *manummissio ex testamento* abgeleitet wird. Dadurch erwarb der Sklave (tatsächlich) den Status des *statuliber* und konnte damit auch alle Vermächtnisse und Fideikommisse zu seinen Gunsten selbständig einklagen.

Einschlägige Grundlage hierfür sind die *SCta Rubrianum, Dasumianum, Articuleianum, Iuncianum* und *Vitrasianum*, welche besondere Sachverhalte betreffen; diese haben das Versäumnisverfahren schrittweise ausgebildet und wurden sowohl in der kaiserlichen Reskriptenpraxis als auch im juristischen Schrifttum Ausgangspunkt von weiteren Fortbildungen[1581]. Justinian fügte die ‚Einzelteile' schlussendlich zu einer ‚Gesamtheit' zusammen. In seinen Institutionen werden die Grundsätze ausgeführt (Inst. 2, 24, 2); *sedes materiae* in den Digesten ist der 5. Titel des 40. Buches. Folgendes Fragment beschreibt das Vorgehen des Prätors in derartigen Fällen:

> Ulp. 58 fideicomm., D. 40, 5, 26, 7: *Subventum libertatibus est senatus consulto, quod factum est temporibus divi Traiani Rubrio Gallo et Caelio Hispone consulibus in haec verba: ‚si hi, a quibus libertatem praestari oportet, evocati a praetore adesse noluissent, si causa cognita praetor pronuntiasset libertatem his deberi, eodem iure statum servari, ac si directo manumissi essent.'*
>
> Es sind die Freilassungen durch einen Senatsbeschluss, welcher zu den Zeiten des vergöttlichten Trajan unter den Konsuln Rubrius Gallus und Caelius Hispo mit folgendem Wortlaut ergangen ist, unterstützt worden: ‚Wenn diejenigen, welche die Freiheit erteilen müssten, nachdem sie vom Prätor vorgeladen worden sind, nicht kommen wollen, dann soll, wenn der Prätor nach Untersuchung der Sache ausgesprochen hätte, dass diesen [Sklaven] die Freiheit geschuldet werde, der Status [dieser Sklaven] nach demselben Recht beurteilt werden, wie wenn sie unmittelbar freigelassen worden wären.'

Derjenige, welchem es testamentarisch auferlegt worden war, hatte nicht freigelassen. Er wurde deshalb vor den Prätor geladen und hat dieser Ladung nicht Folge geleistet. ‚*Causa cognita*' kann der Prätor dem Sklaven die Freiheit erteilen; diese Freiheit wird als eine unmittelbar testamentarische fingiert (*ac si directo manumissi essent*). Hier kommt es also zur ‚Umdeutung'

1581 Siehe dazu schon *Krüger*, Versäumnisverfahren, ZRG RA 48 (1928) 170–196; rezenter *González Roldan*, DE (2014) 140–196 mwN.; ausführlich *Silla*, Cognitio (2008); *Knütel*, Freilassungsfideikommisse, in: Symp. Wieling (2006) 131–151.

einer fideikommissarischen Freilassung, welche in der einer testamentarisch begünstigten Person (daneben kommen außer dem Erben auch Vermächtnisnehmer, Fideikommissare etc. in Betracht) auferlegten Verpflichtung besteht, in eine unmittelbar die Freiheit des Sklaven verfügende Anordnung.

Mitunter kam es in derartigen Fällen auch zur Umdeutung der Person des Belasteten, wie im unmittelbar vorangehenden Paragraphen desselben Fragments berichtet wird:

> Ulp. 58 fideicomm., D. 40, 5, 26, 7: *Si pro non scripto habitus sit servus alicui legatus, cui servo per fideicommissum libertas adscripta est, quaestionis est, num fideicommissa libertas debeat intercidere et an, si servus petat fideicommissam libertatem ab eo, penes quem remansisset pro non scripto habito legato quod erat relictum ei qui eum rogatus fuerat manumittere, vel si ipse servus, ut supra dictum est, fuit legatus, an libertas non debeat intercidere. et putem debere dici fideicommissam libertatem salvam esse, licet ad eum nihil pervenerit, qui eum rogatus erat manumittere: cogetur igitur libertatem praestare is ad quem pervenit legatum, quia libertas fideicommissa nullum impedimentum pati debet.*
>
> Ist das einem Dritten ausgesetzte Vermächtnis eines Sklaven, dem die [zu gewährende] Freiheit durch Fideikommiss erteilt worden ist, als nicht geschrieben anzusehen, so ist die Frage, ob nun nicht auch die durch das Fideikommiss begründete Freilassungspflicht erlöschen muss oder ob dann, wenn der Sklave die durch Fideikommiss erteilte Freilassung nun von dem verlangt, bei dem er deshalb geblieben ist – weil das Vermächtnis, das demjenigen hinterlassen war, der gebeten worden war, ihn freizulassen, als nicht geschrieben anzusehen war –, oder wenn der Sklave selbst, wie oben gesagt, durch Vermächtnis zugewendet worden ist: ob nicht dann die Freilassungspflicht erlöschen darf. Und ich möchte meinen, dass man sagen muss, die durch Fideikommiss angeordnete Freilassungpflicht habe Bestand, auch wenn derjenige nichts erlangt hat, der gebeten worden war, den Sklaven freizulassen. Es wird also derjenige, an den das Vermächtnis gelangt ist, gezwungen, die Freilassung vorzunehmen. Denn die fideikommissarische Freilassung darf kein Hindernis dulden.[1582]

Das Vermächtnis, durch welches der Sklave jemandem zugewendet worden ist, welchem die Freilassung fideikommissarisch auferlegt wurde, war unwirksam. Nachdem der Betreffende nun also nicht aus dem Testament begünstigt ist, kann er auch nicht belastet sein; die Unwirksamkeit des Fideikommisses wäre die Konsequenz. Ulpian hingegen deutet hier die Person des Belasteten um und sieht nun den Erben in der Pflicht, den an

---

[1582] Übersetzung: *Knütel*, Freilassungsfideikommisse, in: Symp. Wieling (2006) 135–136.

ihn gelangten Sklaven freizulassen, obwohl die Fideikommissbitte nicht an ihn gerichtet war. *Knütel* (der davon ausgeht, dass das Mittelstück des Textes verändert ist) stellt auf den Zweck ab: der Erblasser wollte in erster Linie, dass der Sklave frei wird (Hauptzweck der Verfügung), in zweiter Linie aber dem Legatar die Patronatsrechte zukommen lassen (Nebenzweck der Verfügung). Der Nebenzweck könne nicht erreicht werden, wohl aber der Hauptzweck[1583]. Diese Beobachtung kann durch die folgende Überlegung ergänzt werden: Widersetzt sich der Erbe dem Begehren, den vom Erblasser verfolgten Hauptzweck zu erfüllen, so widerspricht dieses Verhalten der *bona fides*, da der Nachteil, eine eigentlich nicht an ihn gerichtete Fideikommissbitte erfüllen zu müssen, durch einen Vorteil, nämlich die Patronatsrechte, ausgeglichen wird.

Die Sonderbehandlung von fideikommissarischen Freilassungen im Falle der Unwirksamkeit des Testaments nahm ihren Ausgang beim Soldatentestament:

> Maecian. 7 fideicomm., D. 40, 5, 42: *Antoninus Augustus Pius noster, quo militum suorum per omnia rata esset voluntas suprema, cum et institutus et substitutus in continenti, priusquam adirent hereditatem, decessissent, eos, quibus ab his et libertas et hereditas a milite per fideicommissum data esset, perinde liberos et heredes esse iussit, ac si utrumque directo accepissent. eorum autem, qui a pagano libertatem et hereditatem per fideicommissum acceperant, cum aeque in continenti et institutus et substitutus decessissent, satis habuit libertatem confirmare.*
>
> Unser Kaiser Antoninus Pius hat, damit der letzte Wille seiner Soldaten in jeder Hinsicht gültig wäre, angeordnet, dass dann, wenn sowohl der eingesetzte als auch der substituierte Erbe sogleich, noch bevor sie die Erbschaft antreten, versterben, diejenigen, welchen sowohl die Freiheit als auch die Erbschaft von dem Soldaten durch ein jenen auferlegtes Fideikommiss gegeben wurde, ebenso frei und Erben sein sollten, wie wenn sie beides unmittelbar erhalten hätten. Bei denjenigen aber, welche von einem Zivilisten die Freiheit und die Erbschaft durch ein Fideikommiss erhalten hatten, hielt er es, als auf gleiche Weise sowohl der eingesetzte als auch der substituierte Erbe sogleich verstorben waren, für ausreichend, [lediglich] die Freiheit zu bestätigen.

Das Testament ist unwirksam, weil die Erben sämtlicher Stufen vor Annahme der Erbschaft verstorben sind. Die Erben waren aber ohnehin nur als

---

[1583] *Knütel*, Freilassungsfideikommisse, in: Symp. Wieling (2006) 137.

‚Abwicklungsstelle' vorgesehen (abgesehen davon, dass ihnen der *honor* zugekommen wäre und sie das Quartrecht gehabt hätten): Das Vermögen sollte den im Testament fideikommissarisch Freigelassenen herausgegeben werden. Da nun keine Testamentserben vorhanden sind, welche die Sklaven freilassen und ihnen das Vermögen sodann herausgeben können, wird das Ergebnis auf anderem Wege erreicht: Infolge einer Entscheidung des Antoninus Pius gelten die Sklaven als unmittelbar freigelassen und das Erbschaftsfideikommiss wird als Erbeinsetzung behandelt, insofern also ‚umgedeutet'. Dieses Sonderrechtsregime wird jedoch nicht auf Ziviltestamente übertragen; der Kaiser bestätigte aber auch bei ihnen in derartigen Konstellationen immerhin die Freilassungen.

Vom Soldatentestament berichtet auch Ulpian im 45. Buch zum Edikt:

> Ulp. 45 ad ed., D. 29, 1, 13, 4: *Cum miles in testamento suo servo libertatem dederit eidemque et a primo et a secundo herede per fideicommissum hereditatem reliquerit, quamvis et primus heres et substitutus, priusquam adierint hereditatem, mortem obierunt, non debere intestati exitum facere imperator noster cum divo Severo rescripsit: sed perinde habendum est, ac si eidem servo libertas simul et hereditas directo data esset, quae utraque ad eum pervenire testatorem voluisse negari non potest.*
>
> In dem Fall, dass ein Soldat in seinem Testament seinem Sklaven die Freiheit erteilt hatte und ihm zu Lasten des zunächst eingesetzten Erben und des Ersatzerben durch Fideikommiss die Erbschaft im ganzen zuwendete, hat unser Kaiser Antoninus [Caracalla] gemeinsam mit dem vergöttlichten Kaiser Septimius Severus auf Anfrage entschieden, obgleich der zunächst eingesetzte Erbe und der Ersatzerbe verstorben waren, bevor sie die Erbschaft antreten konnten, dürfte der Soldat nicht als Testamentsloser enden. Vielmehr muss man es so ansehen, als wären dem Sklaven Freiheit und Erbenstellung unmittelbar erteilt worden; dass der Erblasser ihm beides zukommen lassen wollte, ist unbestreitbar.[1584]

Ulpian berichtet, dass Septimius Severus und Caracalla mittels Fiktion vorgingen (*habendum est, ac si*): Bewusst wahrheitswidrig wurde angenommen, dem Sklaven sei sowohl die Freiheit als auch die Erbschaft vom soldatischen Erblasser unmittelbar zugewendet worden, um die gewünschte Rechtsfolge zu erreichen.

Dasselbe Problem konnte freilich auch bei Ziviltestamenten auftreten, allerdings hatte man Hemmungen, hier in der beschriebenen Weise frei zu

---

[1584] Übersetzung: *K/K/R/S-Schermaier.*

verfahren und die Formvorschriften völlig außer Acht zu lassen. Immerhin die Freiheit sprach man aber auch in diesen Fällen zu.

Überliefert ist diese Entscheidung auch in einer weiteren Stelle:

> Maecian. 4 fideicomm., D. 29, 1, 14: *Tractabatur, an tale aliquid et in paganorum testamentis indulgendum esset: et placet non sine distinctione hoc fieri, sed, si quidem vivo testatore et sciente decessissent, nihil novi statuendum, si autem ignorante aut post mortem eius, omnimodo subveniendum.*
>
> Es wurde überlegt, ob man dergleichen auch bei Testamenten von Zivilisten gestatten solle. Und es ist anerkannt, dass dies nicht unterschiedslos geschehen kann. Vielmehr ist, sofern die Erben zu Lebzeiten des Erblassers gestorben waren und er dies wusste, keine neue Regelung geboten. Starben sie aber, ohne dass der Erblasser davon wusste oder nach dessen Tod, dann müsse unbedingt geholfen werden.[1585]

Maecian stellt erneut die Frage nach einer Übertragbarkeit der Lösungen für Soldaten auf Ziviltestamente. Eine solche könne zumindest nicht *sine distinctione* erfolgen: Wäre es dem Erblasser möglich gewesen, ein neues Testament zu errichten und hat er das unterlassen, so bleibe es bei der bisherigen Rechtslage. Wusste der Testator jedoch nichts vom Ableben seines *heres institutus* sowie *substitutus*, so sei unbedingt ‚zu helfen' (*omnimodo subveniendum*).

Die auf Antoninus Pius zurückgehenden Entscheidungen wurden von Mark Aurel verschmolzen und erweitert, so dass sie zur im folgenden Kapitel zu diskutierenden *addictio bonorum libertatis causa* entwickelt werden konnten.

10. *Addictio bonorum libertatis causa*

Justinian berichtet in seinen Institutionen von einer Konstitution Mark Aurels, die er selbst in einer umfassenderen eigenen Konstitution verarbeitet habe[1586]. Das betreffende Reskript ist teilweise auch bei Ulpian *ad edictum* überliefert und in die Digesten aufgenommen worden. Mark Aurel hatte entschieden, dass im Falle testamentarischer Freilassungen, die unwirksam sind, weil die Erbschaft nicht angetreten wird, der Nachlass einem der

---

[1585] Übersetzung: *K/K/R/S-Schermaier.*

[1586] Inst. 3, 11, 7; C. 7, 2, 15 (a. 531–532).

im betreffenden Testament freigelassenen Sklaven[1587] zugesprochen werden kann, der sich bereit erklärt, den Gläubigern Sicherheit zu leisten[1588]; dadurch konnte die Freiheitserlangung der Betroffenen doch noch bewirkt werden:

> Inst. 3, 11: *De eo cui libertatis causa bona addicuntur. Accessit novus casus successionis ex constitutione divi Marci. nam si hi, qui libertatem acceperunt a domino in testamento, ex quo non aditur hereditas, velint bona sibi addici libertatium conservandarum causa, audiuntur. et ita rescripto divi Marci ad Popilium Rufum continetur.* 1. *Verba rescripti ita se habent: ‚si Virginio Valenti, qui testamento suo libertatem quibusdam adscripsit, nemine successore ab intestato existente in ea causa bona esse coeperunt, ut veniri debeant: is cuius de ea re notio est aditus rationem desiderii tui habebit, ut libertatium tam earum, quae directo, quam earum, quae per speciem fideicommissi relictae sunt, tuendarum gratia addicantur tibi, si idonee creditoribus caveris de solido quod cuique debetur solvendo. et hi quidem, quibus directa libertas data est, perinde liberi erunt, ac si hereditas adita esset: hi autem, quos heres rogatus est manumittere, a te libertatem consequantur: ita ut si non alia condicione velis bona tibi addici, quam ut etiam qui directo libertatem acceperunt tui liberti fiant, nam huic etiam voluntati tuae, si ii de quorum statu agitur consentiant, auctoritatem nostram accommodamus. et ne huius rescriptionis nostrae emolumentum alia ratione irritum fiat, si fiscus bona agnoscere voluerit: et hi qui rebus nostris attendunt scient commodo pecuniario praeferendam libertatis causam et ita bona cogenda, ut libertas his salva sit, qui eam adipisci potuerunt, si hereditas ex testamento adita esset.‘*

Über den, dem der Nachlaß um der Freiheit willen zugesprochen wird. Ein neuer Fall der Gesamtrechtsnachfolge kam durch eine Konstitution des vergöttlichten Kaisers Mark Aurel hinzu. Denn wenn Sklaven, denen durch ein Testament ihres Eigentümers, das nicht zum Erbschaftsantritt führt, die Freiheit verheißen worden ist, beantragen, dass ihnen zur Erhaltung der Freiheit der Nachlass zugesprochen wird, finden sie Gehör. Und so ist es in dem Reskript des vergöttlichten Kaisers Mark Aurel an Popilius Rufus bestimmt. 1. Die Worte des Reskripts lauten folgendermaßen: ‚Wenn sich für Virginius Valens, der in seinem Testament einigen Sklaven die Freiheit zugedacht hat, nicht einmal ein gesetzlicher Erbe findet und sein Nachlass daher in die Lage kommt, dass er versteigert werden muss, dann wird derjenige, der dafür zuständig ist, auf Antrag deinem Verlangen Rechnung tragen und dir den Nachlass zusprechen zur Sicherung sowohl der Freiheit, die unmittelbar, als auch derjenigen, die in Form eines Fideikommisses verheißen ist, vorausgesetzt, dass du den Gläubigern in geeigneter Weise Sicherheit dafür leistest, dass jedem seine Forderung vollständig erfüllt wird. Und diejenigen, denen die

---

[1587] Zur Problematik der Antragsberechtigung siehe *Finkenauer*, Freilassung durch Nachlaßübernahme, in: Symp. Wieling (2006) 22–28.

[1588] Zur Frage der Kaution siehe *Finkenauer*, Freilassung durch Nachlaßübernahme, in: Symp. Wieling (2006) 28–29.

Freiheit unmittelbar gewährt worden ist, werden ebenso frei sein, als ob die Erbschaft angetreten worden wäre, diejenigen aber, die freizulassen der Erbe gebeten worden war, sollen die Freiheit von dir erlagen. Dies gilt mit der Maßgabe, dass, falls du dir den Nachlass unter keiner Bedingung zuweisen lassen willst als der, dass auch diejenigen, um deren Status es geht, einverstanden sind. Und damit der Vorteil dieses Reskripts nicht auf andere Weise wieder verloren geht, wenn nämlich der Fiskus den Nachlass an sich ziehen will, sollen diejenigen, die über unsere Finanzen wachen, wissen, dass die Sache der Freiheit Vorrang vor dem Geld hat und der Nachlass in der Weise einzuziehen ist, dass die Freiheit denen gesichert ist, die sie hätten erhalten können, wenn die Erbschaft aufgrund des Testaments angetreten worden wäre'.[1589]

Avenarius sieht hier „die Logik des zivilen Erbrechts durchbrochen, die es, nachdem das Testament mangels Erbantritts nicht wirksam geworden ist, bei der Unwirksamkeit der Freilassungsvermächtnisse belassen hätte"[1590]; diese Durchbrechung scheint eine Art Konversion zu sein.

Ein Sklave, dem im Testament die Freiheit verheißen ist, kann beantragen, dass ihm die Erbschaft, welche weder von testamentarischen noch von den gesetzlichen Erben angetreten worden war[1591], zugesprochen werde. Sollte der Fiskus den Nachlass beanspruchen, so musste auch er die Freilassungen respektieren[1592]; im Falle des überschuldeten Nachlasses wird aber auch der Fiskus kein Interesse gehabt haben, sodass der Sklave als Universalsukzessor in die Position des Erblassers eintrat, was allerdings nur dann gewährt wurde, wenn der Antragsteller mittels *cautio* Sicherheit dafür leistete, dass er die Gläubigerforderungen befriedigen werde:

Ulp. 60 ad ed., D. 40, 5, 4, 19: *Si in fraudem creditorum libertas data sit ab eo, qui mortis tempore solvendo non est, an competat? et si quidem fiscus bona non adgnoverit, forte competet libertas, quia solidum creditoribus offertur: atquin si adita hereditas fuisset, non competeret. certe si fiscus adgnovit hereditatem, facilius probabitur cessare libertatem, nisi si quis verba constitutionis secutus dixerit ipsum sibi imputare debere,*

1589 Übersetzung: *K/K/L/R*.

1590 *Avenarius*, CRRS IV.3 (2017) 26.

1591 Dazu, dass es feststehen musste, dass der Nachlass nicht übernommen wird, sowie dass auch im Falle einer *restitutio in integrum* zugunsten des Sohnes des Erblassers die Freilassungen nicht mehr wegfielen, siehe Inst. 3, 11, 4 und Ulp. 60 ad ed., D. 40, 5, 4 pr. sowie Inst. 3, 11, 5 und Ulp. 60 ad ed., D. 40, 5, 4, 1–2.

1592 Siehe auch Ulp. 60 ad ed., D. 40, 5, 17 dazu, dass im Falle eines Erwerbs durch den Fiskus dieselben Rechtsfolgen für die Freilassungen galten.

qui addici sibi hac condicione bona voluit, ut libertates competant. si quis autem exemplum aditae hereditatis fuerit secutus, directae libertates non competent, si consilium et eventus fuerit fraudandorum creditorum: nec fideicommissae praestabuntur, si eventu fraudentur creditores.

Wenn von einem, der zur Zeit seines Todes zahlungsunfähig ist, zur Benachteiligung seiner Gläubiger einem Sklaven die Freiheit erteilt worden ist, stellt sich die Frage, ob sie [diesem] zusteht? Wenn der Fiskus den Nachlass nicht an sich zieht, wird die Freiheit vielleicht zustehen, weil den Gläubigern vollständige Schuldtilgung angeboten wird. Aber wenn die Erbschaft angetreten worden wäre, so würde die Freiheit nicht zustehen. Freilich wenn der Fiskus die Erbschaft an sich gezogen hat, wird man es leichter billigen, dass die Freiheit entfällt, es sei denn, man sagt den Worten der Konstitution folgend, dass der Fiskus, der sich den Nachlass unter der Bedingung hat zusprechen lassen wollen, dass die Freiheiten zustehen sollen, es sich selbst zuzuschreiben habe. Wenn man aber dem Beispiel, [wie es bei] einer angetretenen Erbschaft [gehalten wird,] gefolgt ist, so werden die unmittelbaren Freiheiten nicht zustehen, wenn die Gläubiger absichtlich und mit Erfolg benachteiligt werden, und auch die fideikommissarischen Freiheiten werden nicht zustehen, wenn die Gläubiger durch den Erfolg benachteiligt werden.

Während die Gläubigerbenachteiligungsabsicht des Erblassers die Freiheitserlangung verhindert, wenn die Erbschaft angetreten wird, stehen die Freiheiten zu, wenn entweder der Fiskus oder einer der testamentarisch Freigelassenen den Nachlass unter Leistung einer *cautio* übernahm.

Die im Testament unmittelbar Freigelassenen wurden mit der Übernahme des Nachlasses infolge eines berechtigten Antrages sofort frei, so als wäre die Erbschaft angetreten worden; sie werden daher *liberti orcini* und gelten als quasi aus dem *orcus* vom Erblasser Freigelassene; das ist nicht nur Stand des justinianischen Rechts, sondern wird bereits für die (Spät-)Klassik anzunehmen sein:

Ulp. 60 ad ed., D. 40, 5, 5: … *addictis itaque bonis directae libertates pure datae statim competent …*

… Wenn der Nachlass derart zugesprochen worden ist, dann stehen die unbedingt erteilten Freiheiten sogleich zu …

Fideikommissarisch Freigelassene müssen erst vom Übernehmer freigelassen werden; sie schulden diesem aber keine *operae*, weil er nicht freiwillig freilässt. Dem Freilasser verbleibt dennoch die Vormundschaft und auch das Erbrecht nach den *liberti*:

Ulp. 60 ad ed., D. 40, 5, 7: *Si qui fideicommissam libertatem acceperunt, non statim ubi addicta bona sunt liberi sunt, sed fideicommissam libertatem possunt consequi, hoc est manumittendi sunt ab eo, cui addicta bona sunt.*

Wenn [Sklaven] eine fideikommissarische Freiheit erhalten haben, dann sind sie nicht sofort, wenn der Nachlass zugesprochen worden ist, frei, sondern sie können [nur] die fideikommissarische Freiheit erlangen, das heißt, sie müssen von demjenigen, welchem der Nachlass zugesprochen worden ist, freigelassen werden.

Avenarius meint zwar, es gehe nicht um den Willen des Erblassers, weil dieser ja gerade keinen der Sklaven als Zwangserben eingesetzt hatte, doch ging der Wille des Erblassers offenbar dahin, dass die von ihm testamentarisch freigelassenen Sklaven die Freiheit erlangten[1593]; dies taten sie nun ‚auf anderem Wege' als von ihm vorgesehen. Wie der folgende Textabschnitt in den justinianischen Institutionen zeigt, liegt diese Lösung sowohl im Interesse der Freigelassenen als auch im Erblasserinteresse[1594]:

Inst. 3, 11, 2: *Hoc rescripto subventum est et libertatibus et defunctis, ne bona eorum a creditoribus possedeantur et veneant. certe si fuerint ex hac causa bona addicta, cessat bonorum venditio: extitit enim defuncti defensor, et quidem idoneus, qui de solido creditoribus cavet.*

Dieses Reskript ist sowohl den Freilassungen hilfreich als auch den Verstorbenen, da deren Nachlass nicht von den Gläubigern in Besitz genommen und verkauft werden kann. Wenn nämlich aus diesem Grund der Nachlass zugesprochen worden ist, entfällt natürlich der Nachlasskonkurs. Denn für den Verstorbenen ist ein Vertreter aufgetreten, und zwar ein tauglicher, der den Gläubigern für das Ganze Sicherheit leistet.[1595]

Es erhalten also nicht nur die Sklaven die Freiheit, sondern dem Erblasser bleibt auch die mit dem Nachlasskonkurs verbundene *ignominia* erspart. Insofern spielten seine Interessen sehr wohl eine zentrale Rolle.

Im weiteren Verlauf des Institutionentextes wird der Fall erörtert, dass es kein Testament gab, wohl aber ein Kodizill, in welchem Sklaven fideikommissarisch die Freiheit erteilt wurde:

1593 *Avenarius*, CRRS IV.3 (2017) 26.

1594 Zum Erblasserwillen, welchem dadurch entsprochen wird, siehe auch Gord. A. Pisistrato, C. 7, 2, 6 (undatiert).

1595 Übersetzung: *K/K/L/R*.

Inst. 3, 11, 3: *Inprimis hoc rescriptum totiens locum habet, quotiens testamento libertates datae sunt. quid ergo si quis intestatus decedens codicillis libertates dederit neque adita sit ab intestato hereditas? favor constitutionis debet locum habere. certe si testatus decedat et codicillis dederit libertatem, competere eam nemini dubium est.*

In erster Linie greift dieses Reskript immer dann Platz, wenn die Freiheit durch Testament erteilt worden ist. Was aber, wenn jemand, der testamentslos verstorben ist, die Freiheit durch Kodizill erteilt hat und die Erbschaft nach dem testamentslos Verstorbenen nicht angetreten worden ist? Die von der Konstitution bezweckte Begünstigung muss Platz greifen. Wenn freilich jemand, der ein Testament hinterlässt, die Freiheit durch Kodizill erteilt hat, bezweifelt niemand, dass die Freiheit erworben wird.[1596]

Auch in diesem Fall stand die Freiheit ebenso zu wie im Falle der Freilassung in einem Testament, sofern weder die gesetzlichen Erben noch der Fiskus die Erbschaft übernehmen wollte. Dieselbe Konstellation behandelt auch Ulpian:

Ulp. 60 ad ed., D. 40, 5, 2: *Si quis intestatus decedens codicillis dedit libertates neque adita sit ab intestato hereditas, favor constitutionis divi Marci debet locum habere et hoc casu, quae iubet libertatem competere servo et bona ei addici, si idonee creditoribus caverit de solido, quod cuique debetur, solvendo:*

Ulp. 65 ad ed., D. 40, 5, 3: *In quem etiam utiles actiones plerumque creditoribus competunt.*

Auch dann, wenn jemand ohne Testament verstorben ist, Freilassungen in Kodizillen verfügt hat, und die Erbschaft nicht von den Intestaterben angetreten worden ist, muss die Begünstigung der Konstitution des vergöttlichten Mark (Aurel) angewendet werden, welche befiehlt, dass dem Sklaven die Freiheit zustehe und ihm der Nachlass zugesprochen werden soll, wenn er den Gläubigern in geeigneter Weise Sicherheit dafür leistet, dass jedem seine Forderung vollständig erfüllt wird.

Und gegen diesen stehen den Gläubigern meistens auch analoge Klagen zu.

Der Nachlass wird den in Kodizillen Freigelassenen nur gegen Leistung von *cautiones* zugesprochen, durch welche den Nachlassgläubigern Sicherheit (in Form von stipulationsweisen Versprechen der Forderungsbefriedigung unter Bürgenstellung) geleistet wurde. Insofern muss praktisch zuerst die

---

1596 Übersetzung: *K/K/L/R.*

Zuerkennung der Freiheit erfolgen, dann die *cautiones* geleistet und erst in einem letzten Schritt die Einweisung in den Nachlass stattgefunden haben.

Im Folgefragment D. 40, 5, 3 werden den Gläubigern in dem Fall, dass die *addictio bonorum* zu Freilassungszwecken stattfand, weil keine (Testaments- oder Intestat-)Erben die Erbschaft antraten, aber auch *utiles actiones* gegen den Nachlassübernehmer zugestanden.

Diese Entscheidung scheint im Widerspruch zu D. 40, 5, 4, 22 zu stehen:

> Ulp. 60 ad ed., D. 40, 5, 4, 22: *Item videamus, an conveniri a creditoribus possit hereditariis actionibus an vero non nisi ex cautione quam interposuit? magisque est, ut non aliter conveniatur quam ex ea cautione quam interposuit.*

> Desgleichen wollen wir untersuchen, ob er [scil. der Nachlassübernehmer] von den Gläubigern mit *actiones hereditariae* belangt werden kann oder nur aus der Sicherheit, die er bestellt hat. Es spricht mehr dafür, dass er nicht anders belangt werden kann als aus der Sicherheit, die er bestellt hat.

Den Gläubigern wird hier nur die *actio ex stipulatu* zuerkannt, nicht aber die *actiones hereditariae* (die gegen einen Erben zustehen würden). Das legt die Vermutung nahe, dass derselbe Ulpian auch in Ulp. 65 ad ed., D. 40, 5, 3 nicht solche *utiles actiones* im Auge hatte, welche in Analogie zu den *actiones hereditariae* gebildet würden. An welche Klage könnten sie sich also anlehnen?

Üblicherweise ließen sich nicht alle Gläubiger einzeln die Erfüllung versprechen, sondern einem Vertreter[1597]. Wie Sicherheit geleistet werden muss, wird bei Ulpian 60 ad ed, D. 40, 5, 8–11 ausgeführt. Hierbei zeigt sich auch, dass die Interessen der Gläubiger bei dieser Lösung ebenfalls gewahrt blieben: Es erfolgte zwar kein Konkursverfahren, doch gab es nun einen Schuldner, der zudem Sicherheiten bestellen musste[1598].

Finkenauer hat nachgewiesen, dass im Fall der *cautio* bei einer *addictio bonorum* alternativ die *actio ex stipulatu* (wenn der Stipulator alle Nachlassforderungen geltend macht) oder – meistens – *actiones utiles ex stipulatu* (wenn die vom Stipulator vertretenen Gläubiger ihre Forderungen selbst geltend machen) zustehen konnten: Ulpian liege mit dieser Entscheidung im

---

1597 Auch bzgl. der Notwendigkeit der Anwesenheit der Betreffenden werden die Regeln wie bei angetretener Erbschaft übertragen.

1598 *Finkenauer*, Freilassung durch Nachlaßübernahme, in: Symp. Wieling (2006) 22; *Buckland*, Slavery (1908) 621 Fn. 1.

nachklassischen Trend (auch Paulus hatte bei prätorischen Stipulationen eine *actio ex stipulatu* des Prokurators alternativ neben einer *actio utilis ex stipulatu* des Geschäftsherrn anerkannt[1599]) und übertrage hier das Ergebnis, welches den Grundsatz *alteri stipulari nemo potest* durchbricht und das er selbst bereits aus anderen vor dem Prätor abzugebenden *cautiones* anerkannt hatte[1600], auf einen weiteren Fall[1601].

Ulpian anerkannte – entgegen der Ansicht, die Kaiser Severus vertrat – selbst dann noch die *addictio bonorum* zu Freilassungszwecken, wenn bereits eine *venditio bonorum* erfolgt war:

> Imp. Iustinianus A. Iohanni pp., C. 7, 2, 15, 1a: *Et licet divus Severus semel rebus venditis hoc non admisit, nobis tamen Ulpiani sententia admonente placuit maxime propter libertates, ne depereant, et post venditionem rerum annale remedium dare divi Marci constitutioni, intra quod et creditoribus omnibus satisfiat et emptores nihil novi patiantur, qui annalem saepe sentiebant rescissionem, et licere servo, qui libertate donatus est, vel alii cuidam extraneo vel ante venditionem rerum vel post venditionem, intra annale tamen tempus, adire hereditatem et res recuperare, prius satisdatione danda, ut tam creditoribus quam libertatibus satisfaciat.* [a. 531–532]

> Und auch wenn der vergöttlichte Kaiser Severus das hinsichtlich einmal verkaufter Sachen nicht zugelassen hat, hat uns die Ansicht des Ulpian besonders gut gefallen – vor allem hinsichtlich der Freilassungen, damit diese nicht verloren gehen –, dass noch nach dem Verkauf der Sachen ein einjähriges Rechtsmittel der Konstitution des verewigten Kaisers Marcus hinzugefügt wird, innerhalb dessen sowohl allen Gläubigern erfüllt werden soll als auch die Käufer keine Neuerungen erleiden sollen, die ja oft innerhalb eines Jahres eine Aufhebung [des Kaufs] hinnehmen müssen und dem mit der Freiheit beschenkten Sklaven oder irgend einem Dritten, entweder vor dem Verkauf der Sachen oder nachher innerhalb eines Jahres, gestatten mussten, die Erbschaft anzutreten und die Sachen zurückzufordern, gegen vorherige Sicherheitsleistung, dass sowohl den Gläubigern als auch den Freilassungen Genüge getan werde.

1599 Zur *cautio damni infecti* siehe Paul. 48 ad ed., D. 39, 2, 18, 16 und Paul. 48 ad ed., D. 46, 5, 5.

1600 Siehe zur *cautio iudicatum solvi* Ulp. 1 disp., D. 3, 3, 28; zur *cautio ex operis novi nuntiatione* Ulp. 70 ad ed., D. 45, 1, 79.

1601 *Finkenauer*, Freilassung durch Nachlaßübernahme, in: Symp. Wieling (2006) 31–32. Siehe ibid. 30–31 zu den älteren Lösungen (Interpolation; fehlende bzw. stillschweigende Stipulation) und deren Zurückweisung mit detaillierter Begründung für deren Nichtzutreffen.

Die *addictio bonorum* konnte demnach innerhalb eines Jahres nach einer *venditio bonorum* noch beantragt werden, denn innerhalb dieses Jahres war gegebenenfalls auch eine *in integrum restitutio* noch möglich[1602]; aufgrund der letztgenannten Möglichkeit könnten sich die Käufer ohnehin nicht sicher sein, dass ihnen die Nachlassgegenstände nicht wieder entzogen würden. Diese Meinung Ulpians wird von Justinian mitgeteilt, welcher sie bestätigt.

Obwohl die Freilassung nicht auf dem vorgesehenen Wege erlangt wird, werden Bedingungen, Befristungen etc. in der Regel übertragen:

Ulp. 60 ad ed., D. 40, 5, 4, 5–6: 5. *Si ex die data sit libertas, an dies exspectandus sit? Et puto exspectandum: ante ergo non addicentur. Quid deinde, si sub condicione data sit libertas? Et si quidem aliquae pure, aliquae sub condicione, utique addici statim possunt: si omnes sub condicione, quid consequens erit dicere? Utrum exspectandum, ut condicio existat, an vero statim addicimus, tunc demum competitura libertate, si exstiterit condicio? Quod magis erit probandum. Addictis itaque bonis directae libertates pure datae statim competunt, ex die, cum dies venerit, condicionales, cum condicio extiterit: nec erit ab re existimare etiam pendente condicione libertatium, licet omnes sub condicione datae sint, constitutionem locum habere: ubi enim libertatis spes est, ibi dicendum est vel modica data occasione, quod sine damno creditorum futurum est, addictionem admittendam.* 6. *Si sub condicione dandorum decem libertas data sit, sive heredi dare iussus sit qui libertatem accepit sive non sit dictum cui, an dando ei cui bona addicenda sunt perveniat ad libertatem, quaeri potest: et magis est, ut ei dare debeat, cui bona addicta sint, quasi translata condicio videatur. Certe si alii quam heredi dare iussus sit, ipsi, cui iussus est, dabit.*

5. Wenn die Freiheit von einem Termin an erteilt worden ist, muss da der Termin abgewartet werden? Und ich glaube, dass er abzuwarten ist. Vorher wird daher der Nachlass nicht zugesprochen. Was ist dann der Fall, wenn die Freiheit unter einer Bedingung erteilt worden ist? Und wenn einige [Freiheiten] unbedingt, einige unter einer Bedingung erteilt werden, dann kann er jedenfalls sogleich zugesprochen werden. Wenn alle unter einer Bedingung [erteilt werden], was ist dann konsequenterweise zu sagen? Muss man abwarten, dass die Bedingung eintritt, oder aber sprechen wir ihn sogleich zu, sodass die Freiheit erst dann zukommt, wenn die Bedingung eingetreten ist? Was eher gutzuheißen sein wird. Wenn also der Nachlass zugesprochen worden ist, dann stehen die unbedingt erteilten Freiheiten sogleich zu, die von einem Termin an erteilten, wenn der Termin gekommen ist, die bedingten, wenn die Bedingung eingetreten ist. Es wird auch nicht unangebracht sein anzunehmen, dass die Konstitution, auch während die Bedingung für

[1602] *Finkenauer*, Freilassung durch Nachlaßübernahme, in: Symp. Wieling (2006) 34 Fn. 68 mit Hinweis auf die Gl. *Nihil novi patiantur* ad C. 7, 2, 15, 1a.

die Freiheiten in der Schwebe ist, selbst wenn alle unter einer Bedingung erteilt sind, Anwendung finde. Denn wo die Hoffnung auf Freiheit besteht, da muss man sagen, dass es dann, wenn auch nur der geringste Anlass gegeben ist, soweit es ohne Schaden der Gläubiger geschehen wird, zulässig ist, den Nachlass zuzusprechen. 6. Wenn einem Sklaven unter der Bedingung, zehn zu geben, die Freiheit erteilt worden ist, sei es, dass demjenigen, welcher die Freiheit erhalten hat, befohlen wurde, sie dem Erben zu geben, oder nicht gesagt sei, wem [er sie geben solle,] dann kann man fragen, ob er dadurch, dass er sie dem gibt, welchem der Nachlass zugesprochen werden muss, zur Freiheit gelange? Und es spricht mehr dafür, dass er sie dem geben müsse, dem der Nachlass zugesprochen worden ist, so als scheine die Bedingung [auf diesen] übertragen worden zu sein. Wenn ihm freilich befohlen worden sein sollte, sie einem anderen als dem Erben zu geben, so wird er sie dem geben, welchem sie zu geben ihm befohlen worden ist.

Ist derjenige, der den Nachlass übernehmen möchte, selbst unter Hinzufügung einer Bedingung oder eines Termines freigelassen, so wird der Nachlass erst zugesprochen, wenn der Termin erreicht bzw. die Bedingung erfüllt ist. Auch bzgl. aller anderen Freilassungen sind die vom Erblasser hinzugesetzten Nebenbestimmungen zu beachten. Lediglich dann, wenn alle unter einer Bedingung eingesetzt sind, könne der Nachlass zugleich zugesprochen werden, doch trete die Freiheit erst mit Bedingungseintritt ein.

Einige Bedingungen wurden aber lt. § 6 des Fragments auf die konkrete Situation angepasst: Muss etwa ein Sklave zehn leisten und ist nicht hinzugefügt, wem er sie leisten solle – oder ist hinzugefügt, dass er sie dem Erben leisten solle –, so tritt der Nachlassübernehmer in die Begünstigtenposition. Ihm muss geleistet werden, damit die Freiheit zusteht; auf ihn wird die Bedingung fiktiv übertragen (*quasi translata condicio*).

Nicht nur wenn der Erbe mit der Freilassung belastet wurde, sondern auch dann, wenn diese Pflicht einen Vermächtnisnehmer traf, wurden die eben beschriebenen Grundsätze angewendet. War demnach das Vermächtnis unwirksam, erwarb dementsprechend der Begünstigte das Vermächtnis gar nicht und konnte somit auch nicht freilassen, erlangte der Sklave dennoch die Freiheit:

Ulp. 60 ad ed., D. 40, 5, 4, 16: *Si non heres, sed legatarius rogatus fuerit manumittere, numquid cesset constitutio, quod legatis non debitis nec libertates possunt deberi? Magisque est, ut idem favor sit: omnibus enim generaliter voluit libertatem praestare, quibus competeret, si hereditas adita fuisset.*

Wenn nicht der Erbe, sondern ein Vermächtnisnehmer um die Freilassung gebeten worden ist, fällt dann die Konstitution weg, weil die Freiheiten nicht geschuldet werden können, wenn die Vermächtnisse nicht geschuldet werden? Es spricht aber dafür, dass dieselbe Begünstigung bestehe. Denn die Konstitution wollte generell für alle die Freiheit erreichen, welchen sie zukommen würde, wenn die Erbschaft angetreten worden wäre.

Ulpian argumentiert mit dem Zweck der Konstitution und befürwortet eine extensive Anwendung ihrer Grundsätze. Obwohl Vermächtnisse nicht geleistet werden müssten und daher darauf lastende Freilassungen unwirksam wären, mussten sie wohl, wenn sie nicht direkt, sondern fideikommissarisch auf dem Vermächtnis lasteten, vom Nachlassübernehmer vorgenommen werden.

Die zur *addictio bonorum* bei testamentarischen Freilassungen entwickelten Grundsätze wurden sodann auch auf Freilassungen *inter vivos* übertragen.

Inst. 3, 11, 6: *Haec constitutio libertatum tuendarum causa introducta est: ergo si libertates nullae sint datae, cessat constitutio. quid ergo, si vivus dedit libertates vel mortis causa et, ne de hoc quaeratur, utrum in fraudem creditorum an non factum sit, idcirco velint addici sibi bona, an audiendi sunt? et magis est, ut audiri debeant, etsi deficiant verba constitutionis.*

Diese Konstitution ist zur Sicherung der Freiheit eingeführt worden. Wenn daher keine Freiheit erteilt worden ist, gilt die Konstitution nicht. Was aber, wenn jemand zu Lebzeiten oder auf den Todesfall die Freiheit erteilt hat? Sollen dann die Begünstigten Gehör finden, die sich den Nachlass deswegen zusprechen lassen wollen, damit nicht untersucht wird, ob ihre Freilassung zum Nachteil der Gläubiger erfolgte oder nicht? Und es ist besser, dass sie Gehör finden müssen, auch wenn die Worte der Konstitution es nicht ausdrücklich sagen.[1603]

Zumindest war es Standpunkt des justinianischen Rechts, dass auch dann, wenn die Freilassung noch zu Lebzeiten des (überschuldeten) Erblassers erfolgt war, die Freigelassenen die Nachlassübernahme begehren konnten, damit keine Überprüfung stattfinde, ob ihre Freilassungen in Gläubigerschädigungsabsicht erfolgt waren und daher unwirksam wären. Ob das schon (spät-)klassische Ansicht war, kann allerdings nicht mehr ausgemacht werden.

1603 Übersetzung: *K/K/L/R*.

XV. Bestellung von Tutoren und Verwaltern

Tutorenbestellungen für unmündige Kinder begegnen in Testamenten häufig. Sie waren mit den Worten *tutorem do* oder *tutor esto* zu verfügen[1604] und setzten ‚Vermögen' voraus[1605]. Etwas überraschend für den unvoreingenommenen Beobachter mag dabei sein, dass nicht nur derjenige als ‚intestat' galt, welcher gänzlich ohne Hinterlassung eines (wirksamen) Testaments verstarb, sondern auch ein Erblasser, der trotz Testamentserrichtung seinen unmündigen Kindern keinen Vormund bestellt hatte[1606]. Aufgrund dieser zentralen Bedeutung (und wohl auch, weil es sich in Anbetracht dessen, dass laut *Saller* mehr als ein Drittel aller unter 14-Jährigen ihren Vater bereits verloren hatten und unter Vormundschaft standen[1607] – was zugleich ein Sechstel aller Vermögenden ausmachte[1608] –, um eine gesamtgesellschaftlich äußerst relevante Angelegenheit handelte) bestand zwar zunächst die Möglichkeit

---

1604 Gai. 1, 149 und 2, 289; Fag. Vat. 229–230.

1605 Paul. 59 ad ed., D. 50, 16, 53 pr.; dazu *Schanbacher*, Entwicklung, in: Pocta Blahovi (2019) 471.

1606 Paul. 38 ad ed., D. 26, 4, 6; Inst. 1, 15, 2. Vgl. dazu *Avenarius*, Extra propositam, in: FS Meincke (2015) 29–30; *Verboven*, Economy of Friends (2002) 203. ‚Intestat' war auch derjenige, dessen Testamentserbe die Erbschaft ausschlug. Siehe dazu auch *Stern*, Testamentary phenomenon, Historia 49 (2000) 414 mit Hinweis auf Fronto, Epist. 2, 1–2.

1607 *Saller*, Patriarchy (1994) 189.

1608 *Saller*, Patriarchy (1994) 190.

der *abdicatio tutelae* für die Bestellten, ab der Mitte des 2. Jh. n. Chr. wurde diese jedoch durch das Regime der *excusatio* ersetzt. Die Pflicht der Vormundschaft wurde in den meisten Fällen aber ohnehin durch großzügige Legate ausgeglichen, sodass die Motivation der Ablehnung/Entschuldigung möglichst gering gehalten wurde[1609].

In diesem Zusammenhang ist zu konstatieren, dass zwar die Tutorenbestellung für *impuberi* in Testamenten häufig begegnet, aus der Praxis aber kein einziges Beispiel für die Bestellung eines *tutor mulieris* überliefert ist; vielleicht ein Gradmesser für den Niedergang dieses Rechtsinstituts[1610]. Wenn also die Bestellung eines Vormundes f ü r Frauen offenbar kein Anliegen war, so ging das doch nicht so weit, dass eine Vormundbestellung d u r c h Frauen oder v o n Frauen nach *ius civile* wirksam sein hätte können. Dennoch kam beides vor und konnte in gewandelter Form Rechtswirkungen zeitigen, worauf noch näher einzugehen sein wird. Frauen wurden aber mitunter als Verwalterinnen eingesetzt; dabei wurde ihnen nicht die *tutela* über den Erben, aber die Verwaltung von dessen Erbschaft aufgetragen. In weiten Teilen überschneidet sich dabei der Aufgabenbereich. Auch männliche Verwalter – (*pro-*)*curatores* – begegnen in den Quellen, insbesondere dort, wo dem Erben kein *tutor* beigegeben wurde. Auch ihnen wurden zur Entschädigung für ihre Tätigkeit häufig Legate und Fideikommisse zugewendet.

Daneben existiert die aus dem lokalen Kontext stammende Figur des ‚Testamentsvollstreckers', der jedoch mangels Entsprechung im römischen Recht offenbar keine Einpassung in die vorhandenen Strukturen erfuhr; seine Aufgaben – allen voran die Verwirklichung des Testatorwillens durch Sorge für die Einhaltung der letztwilligen Verfügungen – hatte der Erbe wahrzunehmen[1611]. Die Juristen scheinen sich mit dieser Einrichtung nicht

---

[1609] Wer die Vormundschaft ausschlug (weil ihm ein Ablehnungsrecht zustand), der verlor auch seinen Anspruch auf die zu seinen Gunsten im selben Testament ausgesetzten Vermächtnisse. Zu dieser Regel sind jedoch Ausnahmen bekannt: Siehe *Voci*, DER II ^{2}(1971) 906–907. Außerdem erwarb der Ablehnende immerhin solche Legate, die seinem Sohn im Hinblick auf den Sohn (nicht auf den Vater) hinterlassen wurden: Pap. 4 resp., D. 26, 2, 28 pr. Dazu *Buchwitz*, Servus alienus heres (2012) 19–21.

[1610] IdS. *Amelotti*, Testamento I (1966) 145.

[1611] *Amelotti*, Testamento I (1966) 150.

näher auseinandergesetzt zu haben, denn diesbezügliche Anhaltspunkte in den Texten fehlen[1612].

1. Hinzufingieren der Freilassung bei Bestellung von Sklaven

Auch Sklaven wurden ausweislich der Quellen zum Vormund eines unmündigen Kindes des Testators bestellt – und zwar eigene ebenso wie fremde. Als Vormund fungieren konnten sie freilich nur, wenn sie auch die Freiheit erlangten. Bei eigenen Sklaven bedurfte es daher zugleich auch der testamentarischen Freiheitserteilung; hinsichtlich fremder Sklaven war immerhin eine fideikommissarische Freilassungsbitte möglich. Fehlte eine auf die Freiheit des Vormund-Sklaven abzielende Bestimmung im Testament, konnte sie unter Umständen mittels Fiktion ergänzt werden, damit auch die – ohne Freiheit des Sklaven ungültige – Vormundbestellung Wirksamkeit entfalten konnte.

> Ulp. 36 ad Sab., D. 26, 2, 10, 4: *Servus alienus ita dari tutor potest ‚si liber erit, tutor esto'. quin immo et si pure datus sit, videtur inesse haec condicio ‚cum liber erit'. potest autem quis et extraneo servo defendere ex hac causa fideicommissariam libertatem: quid enim interest, suum servum an alienum tutorem scripserit, cum pupilli favore et publicae utilitatis adsumpta libertas sit in persona eius, qui tutor scriptus est? potest igitur et huic fideicommissaria libertas defendi, si voluntas apertissime non refragetur.*

> Ein fremder Sklave kann folgendermaßen zum Vormund bestellt werden: ‚Er soll Vormund sein, wenn er frei wird'. Sogar wenn er unbedingt bestellt ist, nimmt man an, dass die Bedingung ‚wenn er frei wird' [stillschweigend] darin enthalten ist. Es lässt sich aber in diesem Fall auch bei einem fremden Sklaven die Annahme einer fideikommissarischen Freilassung vertreten. Denn welchen Unterschied macht es, ob jemand seinen eigenen oder einen fremden Sklaven als Vormund benennt, da der als Vormund Benannte seine Freiheit doch im Interesse des Mündels und des Gemeinwohls erwirbt? Man kann daher die Ansicht vertreten, auch bei einem fremden Sklaven sei die fideikommissarische Freilassung gewollt, falls nicht der Wille des Erblassers dem offensichtlich entgegensteht.[1613]

Wie die Gegenüberstellung bei Ulpian zeigt, hatte sich hinsichtlich der Bestellung von eigenen Sklaven als Vormund bereits die Ansicht durchgesetzt, dass

---

[1612] Zur Zweifelhaftigkeit hinsichtlich der Funktionen eines ἐπίτροπος siehe nur *Strobel*, Testamentsurkunden (2014) 141–146.

[1613] Übersetzung: *K/K/S/B-Ziegler.*

darin zugleich auch eine Anordnung seiner Freiheit lag, welche – wenn sie nicht ausdrücklich verfügt war – mittels Fiktion ergänzt werden musste. Auch bei einem fremden Sklaven vertritt er nun diese Ansicht; wie ein Reskript Valerians und Galiens ergänzt, hatte das immerhin dann zu gelten, wenn der Testator wusste, dass es sich um einen Sklaven handelte[1614]. Im Falle eines Irrtums über den Status des zum Vormund bestellten erfolgte die Fiktion hingegen nicht, da nicht unterstellt werden konnte, der Erblasser hätte auch unter diesen Umständen denselben als Vormund ausgewählt[1615]. Wusste nun der Erblasser vom Sklavenstatus und setzte er den Betreffenden dennoch zum Vormund ein, so lag darin im Zweifel ein Fideikommiss zulasten des Eigentümers dieses Sklaven, welches allerdings nur Wirksamkeit erlangen konnte, wenn der Eigentümer im Testament ebenfalls begünstigt war. Nur wenn der Erblasser ‚offensichtlich' keine fideikommissarische Freilassung gewollt habe – wobei sich hier die Frage nach der praktischen Relevanz stellt, denn wieso sollte der Erblasser die Freiheit nicht wollen, wo er doch die Vormundschaft will – sei diese nicht hinzuzufingieren. Besonders betont Ulpian auch das Mündelinteresse und Gemeinwohl, welches durch die Vormundschaft befördert werde.

2. Fideikommisse zulasten des unwirksam bestellten Vormunds

Mütter mussten für ihre Kinder einen Tutor beantragen[1616], wenn diesen nicht im Testament des Vaters ein solcher beigegeben worden war oder gesetzliche Vormünder diese Funktion wahrnehmen konnten. Sie selbst konnten aber nicht rechtswirksam einen Vormund für sie ‚bestellen'[1617]. Bspw. im folgenden Fall hat eine Mutter jedoch genau das in ihrem Testament getan und

---

1614 Siehe auch Valerian./Galien. AA. Daphno, C. 7, 4, 10 (a. 260); dazu *Ankum*, Favor libertatis, in: Symp. Wieling (2006) 3; *Voci*, DER II ^{2}(1963) 434.

1615 Siehe dagegen oben VI.5. zum Irrtum über den Status des *heres institutus*.

1616 Die Bestellung von Frauen – häufig der Mutter des minderjährigen Erben – als Verwalterinnen (neben Tutoren) begegnet insbesondere in den graeco-ägyptischen Praxisurkunden regelmäßig. Vgl. *Crifò*, Donna tutrice, BIDR 67 (1964) 87–166.

1617 Zu diesem Themenkomplex vgl. *Chiusi*, Vormundschaft der Mutter, ZRG RA 111 (1994) 155–196 (mwN. in Fn. 1). Immerhin konnten von Frauen ‚bestellte' Vormünder aber ‚bestätigt' werden (*tutores confirmati*): Vgl. *Amelotti*, Testamento I (1966) 145.

dem Vormund zudem ein Fideikommiss auferlegt; Papinian verhilft dieser Anordnung in gewandelter Form zur Wirksamkeit:

> Pap. 19 quaest., D. 31, 69, 2: *Mater filio impubere herede instituto tutorem eidem adscripsit eiusque fidei commisit, ut, si filius suus intra quattuordecim annos decessisset, restitueret hereditatem Sempronio. non ideo minus fideicommissum recte datum intellegi debet, quia tutorem dare mater non potuit. nam et si pater non iure facto testamento tutoris fidei commiserit, aeque praestabitur, quemadmodum si iure testamentum factum fuisset: sufficit enim, ut ab impubere datum fideicommissum videatur, ab eo dari, quem is qui dabat tutorem dederat vel etiam tutorem fore arbitrabatur. idem in curatore impuberis vel minoris annis debet probari. nec interest, tutor recte datus vivo patre moriatur vel aliquo privilegio excusetur vel tutor esse non possit propter aetatem, cui tutor fuerat datus: quibus certe casibus fideicommissum non intercidit, quod a pupillo datum videtur. hac denique ratione placuit a tutore, qui nihil accepit, fideicommissum pupillo relinqui non posse, quoniam quod ab eo relinquitur extero, non ipsius proprio, sed pupilli iure debeatur.*
>
> Eine Mutter setzte ihren unmündigen Sohn zum Erben ein, bestimmte für ihn einen Vormund und erlegte diesem als Fideikommiss auf, die Erbschaft dem Sempronius herauszugeben, wenn ihr Sohn vor seinem vierzehnten Lebensjahr sterben sollte. Das Fideikommiss darf nicht deshalb als unwirksam bestellt angesehen werden, weil die Mutter keinen Vormund bestellen konnte. Denn auch wenn ein Vater in einem unwirksamen Testament einem Vormund ein Fideikommiss auferlegt, ist dieses ebenso zu leisten, wie wenn das Testament wirksam errichtet worden wäre. Dafür, dass ein Unmündiger als mit einem Fideikommiss beschwert anzusehen ist, reicht es nämlich aus, dass derjenige beschwert ist, den der Besteller des Fideikommisses zum Vormund berief, oder auch der, von dem er annahm, dieser werde der Vormund sein. Dasselbe muss auch für den Pfleger eines Unmündigen oder Minderjährigen gelten. Es kommt auch nicht darauf an, ob der wirksam bestellte Vormund zu Lebzeiten des Vaters stirbt oder aufgrund irgendeines Vorrechtes die Vormundschaft ablehnen kann oder wegen des Alters dessen, für den er als Vormund bestellt worden war, nicht Vormund sein kann. In allen diesen Fällen erlischt das [ihm auferlegte] Fideikommiss zweifellos nicht, weil es als dem Mündel auferlegt anzusehen ist. Aus diesem Grund ist auch anerkannt, dass ein Vormund, der nichts erhalten hat, nicht mit einem Fideikommiss zugunsten seines Mündels beschwert werden kann, weil das, womit er zugunsten eines Hausfremden beschwert ist, rechtlich nicht von ihm geschuldet wird, sondern vom Mündel.[1618]

Die Mutter bestellt also ihrem Sohn einen Vormund. Dem Vormund erlegte sie das Fideikommiss auf, die Erbschaft einem Dritten herauszugeben, sollte

1618 Übersetzung: *K/K/R/S-Seiler*.

das Mündel vor Erreichen der Mündigkeit versterben. Der Paragraph entstammt einem Fragment, in welchem es auch um Probleme der *heredis institutio ex re certa*[1619] und um Fragen des Familienfideikommisses[1620] geht. Die Vormundschaft ist unwirksam und dennoch entsteht ein Anspruch aus dem Fideikommiss zugunsten des Sempronius[1621]; Papinian deutet hier die Person des Belasteten um: Das Mündel selbst ist damit belastet, die Erbschaft nach seinem Tod dem Sempronius herauszugeben. Aufgrund der testamentarischen Anordnung der Mutter hat Sempronius einen fideikommissarischen Anspruch gegen die Erben des Sohnes. Soweit nicht dessen Vater mittels Pupillartestaments Vorsorge getroffen hatte, werden damit die Belasteten im Ergebnis die Intestaterben des Sohnes sein, nicht aber der unwirksam zum Vormund Bestellte.

Zur Untermauerung werden weitere Fälle vorgebracht, in welchen der Vormund nicht wirksam bestellt war oder nachträglich wegfiel: Das unwirksame Testament eines Vaters; der vorverstorbene oder ausschlagende Vormund; der bereits mündige Erbe. In allen diesen Fällen sei derjenige als Belasteter anzusehen, dem der Vormund (wenn auch unwirksam) bestellt worden sei, denn selbst wenn die Vormundschaft bestehe, werde in Wahrheit der Bevormundete verpflichtet. Der Vormund erhält nichts aus der Erbschaft, begünstigt ist vielmehr das Mündel. Aufgrund dieser materiellen Betrachtungsweise wird ihm die Belastung zugerechnet.

1619 Zum pr. des Fragments siehe oben S. 147.

1620 Zu §§ 3–4 siehe oben S. 488.

1621 Vgl. *Voci*, DER II ²(1963) 435–436 (mwN. in Fn. 19); *Desanti*, De confirmando tutore (1995) 107–109; *Babusiaux*, Papinians Quaestiones (2011) 154–159.

XVI. Strafklauseln

Sempronius Priscus (Ch.L.A X, 412) und Aurelius Chairemon (P. Oxy. XXII, 2348) verfügten in ihren Testamenten Strafen für jeden, der sich nicht an die Bestimmungen des Testaments halten würde. Aurelius Chairemon sah dabei die Zahlung einer bestimmten Summe (3.000 Drachmen) an den Fiskus vor. *Amelotti* zog hier eine Parallele zum Phänomen der *lex sepulcro dicta*, wodurch Eingriffe in die Integrität eines Grabes untersagt und im Falle des Zuwiderhandelns eine Strafzahlung an öffentliche Einrichtungen oder religiöse Vereine angedroht wird[1622].

Derart allgemeine Klauseln werden in den Digesten nicht behandelt. Hier finden sich aber beispielsweise Strafandrohungen für das Unterlassen der Errichtung eines Grabmonuments:

> Pomp. 3 ad Sab., D. 35, 1, 6 pr.: *Multa testamento non committitur ab herede vel legatario vel eo qui ex ultima voluntate aliquid lucratur, qui alicuius arbitratu monumentum facere iussus sit, si is cuius arbitrium est non vivat vel adesse non possit aut rei arbitrari nolit.*
>
> Ein Erbe, Vermächtnisnehmer oder sonstiger durch den letzten Willen Begünstigter, dem auferlegt ist, ein Denkmal nach der Bestimmung eines Dritten zu errichten, verwirkt die im Testament [für den Fall der Nichterfüllung] bestimmte Buße nicht, wenn derjenige, auf dessen Bestimmung es ankommt, nicht mehr lebt, nicht zugegen sein kann oder die Sache nicht entscheiden will.[1623]

[1622] *Amelotti*, Testamento I (1966) 156.
[1623] Übersetzung: *K/K/L/R-Luig*.

Die Strafdrohung verfiel dann nicht, wenn es nicht an demjenigen, welchem die Errichtung auferlegt worden war, lag, dass er seiner Verpflichtung nicht nachkam: War ein Dritter berufen, eine Ermessensentscheidung hinsichtlich des Denk- bzw. Grabmals zu treffen und kam es aus Gründen, welche diesem Dritten zuzurechnen waren, nicht dazu, dass diese Entscheidung nach dem Ermessen des betreffenden Dritten getroffen wurde, so war der Belastete von seiner Verpflichtung frei. Die Zahlung der Geldbuße wird unter der Bedingung auferlegt, dass das *monumentum* nicht nach dem Ermessen des Dritten errichtet wird; die Bedingung tritt zwar ein, aber aus Sicht des Belasteten aufgrund ‚äußerer' Umstände. Ebenso, wie wir oben[1624] gesehen haben, dass der Bedingungsausfall in derartigen Fällen nicht schadete (der Bedingungseintritt vielmehr fingiert wurde), so ist es hier beim Bedingungseintritt: Der Bedingungsausfall wird fingiert.

Die unerfüllbare Verpflichtung wird jedoch in eine erfüllbare umgedeutet, sofern dies möglich ist: So galt etwa die Errichtung eines Grabmals, welches Vermögen und Ansehen des Testators entspricht, als auferlegt, wenn die Errichtung nach konkret bezeichnetem Vorbild nicht möglich ist, weil dieses nicht auffindbar ist:

> Alf. 5 dig., D. 35, 1, 27: *In testamento quidam scribserat, ut sibi monumentum ad exemplum eius, quod in via Salaria esset Publii Septimii Demetrii, fieret: nisi factum esset, heredes magna pecunia multare et cum id monumentum Publii Septimii Demetrii nullum repperiebatur, sed Publii Septimii Damae erat, ad quod exemplum suspicabatur eum qui testamentum fecerat monumentum sibi fieri voluisse, quaerebant heredes, cuiusmodi monumentum se facere oporteret et, si ob eam rem nullum monumentum fecissent, quia non repperirent, ad quod exemplum facerent, num poena tenerentur. respondit, si intellegeretur, quod monumentum demonstrare voluisset is qui testamentum fecisset, tametsi in scriptura mendum esset, tamen ad id, quod ille se demonstrare animo sensisset, fieri debere: sin autem voluntas eius ignoraretur, poenam quidem nullam vim habere, quoniam ad quod exemplum fieri iussisset, id nusquam exstaret, monumentum tamen omnimodo secundum substantiam et dignitatem defuncti exstruere debere.*
>
> In seinem Testament hat jemand geschrieben, dass ihm ein Grabmal errichtet werden sollte nach dem Vorbild des Grabmals für Publius Septimius Demetrius an der Via Salaria. Für den Fall, dass dies nicht geschehen würde, belegte er seine Erben mit einer hohen Geldbuße. Da sich kein solches Grabmal eines Publius Septimius Demetrius fand, es aber ein Grabmal eines Publius Septimius Dama gab, nach

[1624] Siehe oben VI.10.e. sowie XII.10.

> dessen Vorbild der Verfasser des Testaments vermutlich errichtet wissen wollte, fragten die Erben an, welche Art von Grabmal sie errichten müssten und ob sie die Strafe bezahlen müssten, wenn sie wegen dieser Umstände kein Grabmal errichten würden, weil sie nicht in Erfahrung bringen konnten, nach welchem Vorbild sie sich richten sollten. Er hat gutachtlich entschieden, sofern sich erkennen lasse, welches Grabmal der Verfasser des Testaments bezeichnen wollte, obgleich der Text fehlerhaft war, müsse sein Grabmal nach dem Vorbild gebaut werden, das er bezeichnen wollte. Wenn aber sein Wille nicht bekannt sei, habe die Strafklausel keine Wirkung, weil das Vorbild, dem man nach seiner Anordnung folgen sollte, nicht vorhanden war. Der Erbe müsse aber jedenfalls ein Grabmal entsprechend dem Vermögen und der Stellung des Verstorbenen bauen.[1625]

Der Erblasser nennt ein konkretes Vorbild, nach welchem sein Grabmal errichtet werden solle und ordnet eine hohe Geldstrafe für den Fall des Unterlassens an; das genannte Vorbild existiert jedoch nicht. Ist nicht feststellbar, welches andere Modell der Testator gemeint haben könnte, kommt es zur Anwendung der *regula Sabiniana* hinsichtlich des konkreten Modells, nicht aber hinsichtlich der gesamten Klausel: Ein Monument muss errichtet werden. Dieses Monument muss aufgrund faktischer Unmöglichkeit nicht dem vom Erblasser genannten entsprechen; es muss aber Vermögen und Ansehen des Verstorbenen entsprechen[1626].

Nach *Ch. Paulus*[1627] ist die Bußzahlungsverpflichtung „akzessorisch mit der Baupflicht verknüpft" und entfalle, wenn „die Erben aus entschuldbarer Unkenntnis das Monument nicht errichten". Für die Verpflichtung, ein Monument *secundum substantiam et dignitatem defuncti* zu errichten, gelte die Bußensanktion nicht. Dem kann jedoch nicht gefolgt werden. Es muss zwar keine Buße geleistet werden, wenn das Grabmal nicht nach ‚Vorbild des Grabmales des Publius Septimius Demetrius, welches sich in der Via Salaria befinde' errichtet wird (weil es ein solches Grabmal nicht gibt); wohl

1625 Übersetzung: *K/K/L/R-Luig*.

1626 Vgl. dazu mit unterschiedlicher Schwerpunktsetzung *Ch. Paulus*, Unsterblichkeit (2018) 175 (zur Bedeutung des ‚Unsterblichkeitsmals'; = *ders.*, Idee der postmortalen Persönlichkeit [1992] 185–186); *Roth*, Alfeni Digesta (1999) 188–190 (zur Distinktion im Responsum und der Annahme einer Interpolation im Schlussteil); *Watson*, Succession (1971) 108–109 (im Zusammenhang mit unmöglichen Bedingungen, ebenfalls mit der Annahme von Interpolationen).

1627 *Ch. Paulus*, Unsterblichkeit (2018) 176 (= *ders.*, Idee der postmortalen Persönlichkeit [1992] 186).

aber wird die Buße fällig, wenn gar kein Grabmal errichtet wird bzw. nicht eines, welches ‚in jeder Weise dem Vermögen und dem Ansehen des Verstorbenen' entspricht.

Wie derartige Strafzahlungen durchgesetzt werden konnten und wem dafür welches Rechtsmittel zur Verfügung stand, ist bislang nicht im Detail geklärt. Vermutlich erlegte der Prätor eine Kautionsleistung auf[1628] oder es wurde – gerade bei der Grabpflege – „unmittelbarer Zwang der Beamten oder Priester"[1629] ausgeübt. Dem Sakralrecht ordnet etwa *Watson* die *multa* zu[1630].

Im Alfen-Fragment sind es die Erben, welchen die Strafe bei Unterlassen angedroht ist; ihre Erbenposition konnte jedenfalls nicht auflösend bedingt werden[1631]. Der Erbeinsetzung wird jedoch eine (prinzipiell nicht erzwingbare) Auflage hinzugefügt. Die zusätzlich absichernde Bußandrohung ist ihrerseits bedingt: Die Bedingung bezieht sich dabei auf die Strafklausel, nicht auf die Erbeinsetzung.

Abgrenzungsschwierigkeiten ergeben sich etwa zum nichtigen *legatum poenae nomine*:

> Gai. 2, 235–237: (*De poenae causa relictis legatis*) 235. *Poenae quoque nomine inutiliter legatur. poenae autem nomine legari videtur, quod coercendi heredis causa relinquitur, quo magis heres aliquid faciat aut non faciat, velut quod ita legatur: si heres meus filiam suam titio in matrimonium collocaverit, X milia Seio dato, vel ita: si filiam Titio in matrimonium non collocaveris, X milia Titio dato. sed et si quis, si heres verbi gratia intra biennium monumentum sibi non fecerit, X milia Titio dari iusserit, poenae nomine legatum est. et denique ex ipsa definitione multas similes species circumspicere possumus.* 236. *Nec libertas quidem poenae nomine dari potest, quamvis de ea re fuerit quaesitum.* 237. *De tutore vero nihil possumus quaerere, quia non potest datione tutoris heres conpelli quidquam facere aut non facere. ideoque non datur poenae nomine tutor, et si ita tutor datus fuerit, magis sub condicione quam poenae nomine datus videbitur.*

1628 *Mitteis*, PR I (1908) 196–200; *Kaser*, RP I ^{2}(1971) 259–260; *Amelotti*, Testamento I (1966) 156–157 Fn. 5. *Pernice*, Labeo III.1 (1892) 44 meinte, die *lex privata* könne eben ebenso eine Mult auferlegen wie eine *lex publica*; *Huschke*, Multa und Sacramentum (1874) 309–310 hingegen meinte, die testamentarische Mult entspringe der häuslichen Kriminalgewalt des Testators.

1629 *Kaser*, RP I ^{2}(1971) 260.

1630 *Watson*, Succession (1971) 109. Auch *Voci*, DER II ^{2}(1963) 930 stellt hier einen Zusammenhang mit dem Sakralrecht her. Vgl. dazu eingehend schon *Huschke*, Multa und Sacramentum (1874) 303–343.

1631 Siehe dazu oben VI.10.a.

> (Die zur Strafe hinterlassenen Vermächtnisse) 235. Auch wenn man zur Strafe vermacht, ist es unwirksam. Und zwar nimmt man an, dass das zur Strafe vermacht ist, was zu dem Zwecke hinterlassen worden ist, den Erben zu zwingen, etwas zu tun oder nicht zu tun, zum Beispiel, was derart vermacht wird: ‚Wenn mein Erbe seine Tochter dem Titius in die Ehe gibt, soll er dem Seius 10<*000*> zahlen', oder derart: ‚Wenn du die Tochter dem Titius nicht in die Ehe gibst, sollst du dem Titius 10 000 zahlen.' Aber auch wenn <*jemand für den Fall, dass*> der Erbe ihm zum Beispiel innerhalb von zwei Jahren kein Denkmal errichtet hat, angeordnet hat, dass dem Titius 10<*000*> gezahlt werden sollen, so ist dies zur Strafe vermacht worden. Und überhaupt kann man mittels derselben Begriffsbestimmung nach vielen ähnlichen Fällen Ausschau halten. 136. Ja man darf sogar eine Freiheit nicht zur Strafe verleihen, obwohl dies umstritten ist. 137. Hinsichtlich eines Vormunds aber kann es nicht streitig sein, weil der Erbe durch eine Vormundsbestellung nicht gezwungen werden kann, etwas zu tun oder nicht zu tun. Und daher wird ein Vormund nicht zur Strafe bestellt, <*und wenn ein Vormund derart*> bestellt worden ist, so ist er ersichtlich eher unter einer Bedingung als zur Strafe bestellt.[1632]

Gaius berichtet, dass ein unwirksames *legatum poenae nomine* dann anzunehmen ist, wenn dadurch der Erbe zu einer Handlung oder zu einem Unterlassen gezwungen werde; dabei führt er nicht nur als Beispiel an, dass der Erbe seine Tochter dem Titius in die Ehe geben soll (widrigenfalls dem Seius 10.000 zu zahlen sind) oder nicht in die Ehe geben soll (widrigenfalls er dem Titius 10.000 zahlen solle), sondern erwähnt auch das Errichten eines Grabmales für den Testator und eine Strafzahlung von 10.000 an Titius bei dessen Unterbleiben. Möglicherweise liegt der Unterschied darin, an wen die Strafzahlung zu leisten war: In den Beispielen bei Gaius ist es Titius, dh. eine Privatperson, welcher Empfänger der Bußzahlung sein sollte. Wer es im Fall von Pomponius und Alfen war, wird vom Text nicht mitgeteilt. Bei Aurelius Chairemon ist der Empfänger der Strafzahlung jedoch der Fiskus: Wie bei der *lex sepulcro dicta* wurde damit ein öffentliches Interesse begründet, welches möglicherweise zur Durchsetzung auch des privaten Interesses des Testators führte[1633]. Dabei dürfte eine Art Konversion des aus dem Testament gegebenen ‚privatrechtlichen' Anspruches in einen ‚öffentlichrechtlichen' erfolgt sein: Wenig wahrscheinlich ist, dass der Fiskus etwa mit einer *actio ex testamento* vorging, selbst wenn die Zahlung mit den Worten *damnas esto* auferlegt worden war und sich damit rechtfertigen ließe, ein Legat zu seinen

---

1632 Text und Übersetzung: *Manthe*, Institutiones ^{2}(2010) *ad loc.*

1633 IdS. auch *Amelotti*, Testamento I (1966) 157.

Gunsten wäre unter einer Bedingung hinterlassen; doch könnte sich dieses Arguments auch ein Privater bedienen, was offenbar nicht möglich war. Eher vorstellbar ist daher eine administrative Zwangsmaßnahme (*coercitio*) wie bei ‚öffentlichrechtlichen' Strafen oder generell die Notwendigkeit einer Kautionsleistung.

XVII. Begräbnis- und Grabkultklauseln

Als Abschluss der materiellen Bestimmungen – nicht zwischen ihnen, aber noch zu ihnen zählend – finden sich häufig Klauseln, welche den Leichnam, die Beerdigung und den Grabkult betreffen[1634]. Hier wird etwa angeordnet, womit der Verstorbene zu bekleiden war, wie das Grab auszusehen hatte, wie viel für das Begräbnis auszugeben war bzw. was wie häufig zu Ehren des Verstorbenen geschehen solle[1635]. Manchmal wurde zu diesem Zweck explizit eine Summe Geldes hinterlassen, manchmal auch Immobilien: Am jeweiligen Grundstück selbst oder durch Einkünfte daraus sollten dann zumeist Blumen niedergelegt oder Bankette veranstaltet werden, insbesondere am *dies natalis* des Testators. Bedacht wurden mitunter Gemeinden, manchmal Begräbnisvereine, meistens aber die eigenen *liberti*. Häufig wurden dabei

1634 Dazu, dass derartige Bestimmungen nicht unbedingt im Testament getroffen werden mussten, dadurch jedoch einen besonderen Geltungsanspruch ableiten konnten, siehe zuletzt *Avenarius*, Ordo testamenti (2024) 305. Dazu, was die römischen Bürger in Ägypten bis Alexantder Severus dazu inhaltlich vorsahen, zuletzt *Colella*, Testamenti dei cittadini romani d'Egitto (2024) 105–118 in der vorletzten Spalte ihrer Tabelle zu den überlieferten Verfügungen, mit einer Zusammenfassung ibid. 126.

1635 Zu den verschiedenen konkret belegten Anordnungen siehe *Avenarius*, Ordo testamenti (2024) 308–316.

mehrere *liberti* eingesetzt, wechselseitige Anwachsung angeordnet und mitunter sogar noch für den Tod des letzten Vorsorge getroffen[1636].

Amelotti denkt daran, dass eine solche Begräbnisklausel in eine Auflage umgedeutet worden sein könnte: „Ad un modus, di cui verrà poi stabilita la conversione, si può pensare per il testamento di Iunio Iuniano."[1637] Allerdings wurden Auflagen ihrerseits nicht selten umgedeutet, damit sie klagbar wurden bzw. das Erreichen des vom Erblasser angestrebten Ziels durch die Verpflichtung zur Leistung einer *satisdatio* sichergestellt werden konnte[1638].

Wenn bspw. Safinnius Herminus[1639] lediglich ausspricht: „*Sepeliri me volo et in corpus meum* ...", verwendet er mit *volo* für Fideikommisse typische *verba*. Er nennt allerdings den Belasteten nicht; im Zweifel wird hierdurch vermutlich dem – bzw. einem[1640] – Erben ein Fideikommiss auferlegt sein. Dass der Belastete nicht genannt wurde, war jedenfalls seit der Hochklassik kein Hindernis[1641]. Gerade gegen einen Erben ist es jedoch schwierig, die Durchsetzbarkeit zu gewährleisten; allenfalls bei Miterben wäre eine wechselseitige Erzwingung im Rahmen der *actio familiae erciscundae* denkbar[1642].

Ohne eine Zuwendung aus dem Testament wäre die Belastung jedenfalls unwirksam, doch wurde etwa ein Vermächtnisnehmer um die Grabfürsorge gebeten, könnte die Begünstigung aus dem Legat von der Leistung einer Sicherheit für die Grabfürsorge abhängig gemacht worden sein. Damit würde eine Bedingung (nämlich die der Leistung einer *cautio*) hinzufingiert bzw. eine unbedingt formulierte Klausel in eine Bedingung für eine Begünstigung umgedeutet worden sein. Dafür fehlen zwar Belege, doch wird es im

---

1636 *Amelotti*, Testamento I (1966) 141–142, 158–161. Vgl. auch *Migliardi Zingale*, Clausole funerarie, Aegyptus 85 (2005) 269–278. Zu einer derartigen Anordnung vgl. auch die Stiftungsinschrift der Iunia Libertas, welche einen Auszug aus ihrem Testament darstellen dürfte; dazu *Babusiaux*, Iunia Libertas, in: Klauselgestaltungen (2022) 45–77.

1637 *Amelotti*, Testamento I (1966) 159 Fn. 1.

1638 Siehe dazu oben VI.11. und XII.13.

1639 Siehe zu seinem Testament oben II.1.a.b.

1640 Dazu, dass die Bitte, ein Grabmal zu errichten, zunächst nur eine sittliche Pflicht begründete und im Rahmen der Erbteilung relevant war, später jedoch als Fideikommiss klagbar wurde, siehe zuletzt *Babusiaux*, Dis manibus, ZRG RA 141 (2024) 102 mwN.

1641 Siehe dazu oben XIII.2.

1642 Siehe dazu oben VI.13.b.

Hinblick auf die Vorgehensweise des Prätors beim *legatum sub modo*[1643] nicht unplausibel sein, Derartiges auch bei Grabkultklauseln anzunehmen. Alternativ könnte die Klausel bei den aus Einzelverfügungen Begünstigten aber auch in ein Fideikommiss zugunsten des Erben umgedeutet worden sein, der von einer andernfalls ihn treffenden Verpflichtung befreit wird.

[1643] Siehe dazu oben XII.13.c.

XVIII. Bestätigungsklausel (‚Kodizillarklausel' III)

Eine bereits die Form, nicht mehr den Inhalt der Nachlassverteilung betreffende Klausel stellt jene dar, die etwa von *Avenarius* als „Kodizillklausel" bezeichnet wird. Diese ist aber von den oben als ‚generelle Umdeutungsklausel'[1644] und ‚Verstärkungsklausel'[1645] diskutierten ‚Kodizillarklauseln' zu unterscheiden: Diese wurde nach den substanziellen Bestimmungen eines Testaments eingefügt und ermöglichte in erster Linie formbegünstigte nachträgliche Verfügungen; sie „verweist auf außerhalb der Testamentsurkunde Stehendes und hängt nicht systematisch mit den anderen Verfügungen zusammen"[1646]. Das konnte auch dem Testament zeitlich vorangehende Kodizille betreffen[1647]. Derart testamentarisch bestätigte Kodizille wurden durch diese Klausel gewissermaßen in das Testament ‚hineingezogen'; die Anordnungen waren so zu behandeln, als wären sie im Testament selbst verfügt worden[1648]. Im Hamburger Musterformular[1649] wird etwa darauf Bezug

1644 Siehe oben V.2.

1645 Siehe oben X.

1646 *Avenarius*, Formularpraxis, in: FS Behrends (2009) 23.

1647 So ausdrücklich etwa Cels. 20 dig., D. 29, 7, 18.

1648 Nach *Rüfner*, Testamentum, in: HRPR (2023) § 18 Rn. 49 stellt eine solche Bestätigung zukünftiger Kodizille „die Einzelzuwendungen im Testament also unter einen allgemeinen Änderungsvorbehalt".

1649 P. Hamb. I, 72, Z. 9–16; dazu oben II.3.a. Vgl. auch das sog. ‚*testamentum Dasumii*' Z. 120–121; dazu oben II.2.

genommen, dass derartige Bestimmungen auf jedem beliebigen Beschreibmaterial getroffen werden können. Gaius Longinus Castor bspw. weist darauf hin, dass es sich um eigenhändig geschriebene zusätzliche Bestimmungen handeln würde[1650].

Noch in klassischer Zeit begann diese Klausel offenbar, neben der Bestätigung von Kodizillen auch die Bestätigung von Schenkungen aufzunehmen, seien sie zu Lebzeiten oder von Todes wegen gemacht worden[1651]. Von hier war es nur noch ein kleiner Schritt, auch die Bestimmungen des Testaments selbst nochmals zu bekräftigen, also auch die ‚Verstärkungsklausel' aufzunehmen, woraus sich schlussendlich die Übung entwickelte, generell anzuordnen, das ganze vorliegende Testament solle im Unwirksamkeitsfall dennoch wirksam sein; und zwar im Ergebnis als Kodizill. Dadurch wurde auch diese Klausel zu einer ‚generellen Umdeutungsklausel', welche dementsprechend den gegenläufigen Effekt hatte, dass der Testamentsinhalt praktisch in ein Kodizill ‚herausgezogen' wurde. Diese Bestimmung wanderte im Laufe der Zeit (wie auch die Datierungszeile) an den Beginn der Urkunde.

Dass die ausdrückliche Erwähnung des Kodizills in den Praxisdokumenten für den zuletzt genannten Typ dieser Klausel (durch welche nicht mehr nur Kodizille neben einem Testament ‚bestätigt', sondern auch die Umdeutung des Testaments in ein Kodizill vorgesehen wurde) bis in das vierte Jahrhundert nicht vorkommt, bemerkte schon *Negri*[1652]. In späteren Urkunden, wie etwa den sog. ‚ravennatischen Testamenten', finden sich sodann ziemlich stereotyp[1653] solche ‚Kodizillarklauseln' (‚generelle Umdeutungsklauseln'), in denen tatsächlich der Begriff des Kodizills verwendet wird; vermutlich hat sich die Terminologie jeweils durch Musterformulare verbreitet, wobei die spätere Formulierung die juristisch präzisere (weil das Ergebnis der

1650 Siehe oben II.3.d.

1651 Vgl. nur P. Hamb. I, 72.

1652 *Negri*, Clausola codicillare (1975) 26.

1653 Siehe dazu *David*, Heredis institutio ex re certa (1930) 65 mit der Kodizillarklausel aus dem Testament des Constantinus (5. Jh): „*quod testamentum meum, si quo casu civili seu praetorio vel alia quaelibet iuris ratione valere non potuerit, etiam ab intestato vice codicillorum meorum valere illud volo, hac valaet ratamque hanc voluntatem meam esse cupio et iubeo*"; sowie im Testament des Aurelian (ca. 500): „*quod si iure civili vel praetorio aut cuiuslibet novellae legis interventum forsitan valere nequiverit, ab intestato vice codicillorum meorum valere volo*". Weitere Beispiele sind zusammengestellt bei *Negri*, Clausola codicillare (1975) 65–67.

Juristenarbeit – im Fall des Falles: Umdeutung in ein Kodizill – bereits vorwegnehmende) Fassung der früheren ist.

Schon in den Responsen des Marcellus ist aber ein Fall überliefert, in welchem auch die Bestätigung zukünftiger Kodizille vor die Erbeinsetzung trat; in der Kompilation fand der Text seinen Platz im Digestentitel 40, 5, *De fideicommissariis libertatibus*:

> Marcell. lib. sing. resp., D. 40, 5, 56: *Lucius Titius testamento ita cavit: ‚si quos codicillos reliquero, valere volo. si quis mihi ex Paula, quae uxor mea fuit, intra decem menses natus natave erit, ex semisse heredes sunto. Gaius Seius ex semisse heres esto. Stichum et Pamphilum servos meos et Erotem et Diphilum peto et fidei heredum committo, ut, cum ad pubertatem liberi mei pervenerint, manumittant'. deinde novissima parte ita cavit: ‚quod si mihi liberi nati non erunt aut intra pubertatem decesserint, tunc heredes ex paribus partibus sunto Mucius et Maevius. legata, quae priore testamento, quo filios et Seium, reliqui, praestari volo, hoc est et a sequentibus heredibus'. deinde codicillis ita cavit: ‚Lucius Titius heredibus primis et substitutus salutem. peto, ut ea quae testamento cavi legavi et ea quae codicillis cavero legavero, praestetis'. quaero, cum liberi Lucio Titio nati non sint, an Sticho et Pamphilo et Eroti et Diphilo servis confestim fideicommissa libertas praestari debeat. Marcellus respondit condicionem, quae libertati eorum, de quibus quaereretur, si filii heredes exstitissent, adposita esset, repetitam non videri ideoque confestim libertatem praestandam esse et a primis et a substitutis heredibus: nam ut supra scriptum est, petit, ut quae testamento cavisset praestarentur, cavit autem de libertate eorum servorum. atquin sub condicione cavit et, si alterius generis condicio esset, exspectanda esset: sed non est verisimile, ut hoc in ista condicione cogitaverit, cum fidei substitutorum committeret, qui admitti ad hereditatem non possent, si impleretur condicio.*
>
> Lucius Titius hat in seinem Testament Folgendes angeordnet: ‚Wenn ich Kodizille hinterlasse, dann will ich, dass sie gelten. Wenn mir von Paula, welche meine Ehefrau war, innerhalb von zehn Monaten ein Sohn oder eine Tochter geboren wird, dann sollen sie zur Hälfte Erben sein. Gaius Seius soll zur Hälfte mein Erbe sein. Ich bitte meine Erben und erlege es ihrer Treue auf, dass sie Stichus und Pamphilus, meine Sklaven, und Eros und Diphilus freilassen, sobald meine Kinder die Mündigkeit erreichen'. Dann hat er im letzten Teil folgendes angeordnet: ‚Wenn mir aber keine Kinder geboren werden oder sie vor Erreichen der Mündigkeit versterben, dann sollen Mucius und Maevius zu gleichen Teilen Erben sein. Von den Vermächtnissen, welche ich früher im Testament, in welchem ich meine Kinder und den Seius zu Erben eingesetzt habe, hinterlassen habe, will ich, dass sie auch von den zweiten Erben geleistet werden'. Dann hat er in Kodizillen folgendes angeordnet: ‚Lucius Titius grüßt seine Erben ersten und zweiten Grades. Ich bitte euch, dass ihr das, was ich im Testament angeordnet und vermacht habe, und das, was ich in den Kodizillen anordnen und vermachen werde, erfüllt.' Ich frage, ob den Sklaven Stichus und Pamphilus und Eros und Diphilus die fideikommissarische

> Freiheit sofort geschuldet wird, wenn dem Lucius Titius keine Kinder geboren worden sind? Marcellus hat geantwortet, dass die Bedingung, ‚wenn Kinder geboren werden', welche der Freiheit derjenigen hinzugefügt wurde, wegen welcher angefragt wurde, nicht als wiederholt anzusehen ist und daher die Freiheit sofort geschuldet wird, sowohl von den ersten Erben als auch von den Substituten. Denn er hat, wie oben geschrieben wurde, darum gebeten, dass das, was er im Testament angeordnet hat, erfüllt wird und er hat über die Freiheit jener Sklaven eine Anordnung getroffen. Er hat aber die Anordnung unter einer Bedingung getroffen und wäre es eine Bedingung anderer Art, so müsste man sie abwarten. Es ist aber nicht wahrscheinlich, dass er an diese Bedingung gedacht hat, als er das Fideikommiss den Substituten auferlegte, die ja nicht zur Erbschaft zugelassen werden könnten, wenn die Bedingung erfüllt wäre.

Es geht in dem Fragment nicht vorrangig um die ‚Kodizillarklausel', welche jedoch uns im gegebenen Zusammenhang interessiert: Der Testator beginnt sein Testament nämlich mit der Klausel ‚*si quos codicillos reliquero, valere volo.*' Erst danach setzt er Erben ein. Und zwar beginnt er mit der Einsetzung seiner zukünftig ehelich geborenen Kinder (zur Hälfte) und des Gaius Seius (zur anderen Hälfte). Sodann ordnet er fideikommissarische Freilassungen an, welche aber erst bei Erreichen der Mündigkeit durch die Kinder erfolgen sollten. Erst im Anschluss setzt er Mucius und Maevius (zu gleichen Teilen, also je ein Viertel) als Substituten für den Fall ein, dass er keine Kinder haben sollte oder die Kinder vorversterben sollten (Vulgar- und Pupillarsubstitution) und wiederholt im Hinblick auf die Substituten lediglich, dass auch sie alle Vermächtnisse leisten müssten; erst in einem Kodizill wiederholt er sowohl im Hinblick auf die primär Instituierten als auch im Hinblick auf die Substituten, dass sie alle testamentarischen Anordnungen und auch die in Kodizillen festgelegten Einzelverfügungen erfüllen sollten[1654]. Da Lucius Titius ohne Kinder verstirbt, kommen die Substituten neben Gaius Seius zum Zug. Die Freiheit der Sklaven wurde im Testament vom Erreichen der Mündigkeit durch die Kinder abhängig gemacht und daher stellt sich die Frage, wie ihre Lage nun in dem Fall zu beurteilen ist, dass solche Kinder

[1654] Dazu, dass seit einem Reskript von Septimius Severus und Caracalla zwar im Zweifel die Einzelverfügungen zulasten der primär eingesetzten Erben auch zulasten der Substituten als ‚wiederholt' gelten, jedoch die ausdrückliche Erklärung sicherstellt, dass kein ‚anderer Wille' des Erblassers vorliegt, welcher die Zweifelsregel außer Kraft setzen würde, siehe *Lohsse*, Hoc-amplius-Klausel, in: Klauselgestaltungen (2022) 140 mwN.

gar nicht geboren werden. Die Sklaven müssen nach der Auskunft des Marcellus sofort freigelassen werden. Marcellus spricht sich aber weniger für eine ‚Streichung' der Bedingung aus, sondern geht davon aus, dass die Freilassungsanordnung ‚wiederholt' werde[1655], und zwar für den Fall, dass es zur Substitution kommen würde, unbedingt: Die Substituten können nur dann zum Zuge kommen, wenn die Bedingung ‚ausfällt', nämlich die Kinder des Erblassers die Mündigkeit nicht erreichen.

Eine weitere Ausprägung der ‚Bestätigungsklausel' ist sowohl in der juristischen Literatur als auch in der Praxis belegt: Die Bestätigung künftiger Widerrufe und Korrekturen des Testaments. Ulpian führt im Sabinuskommentar aus, dass derartige Klauseln üblich seien (*solet*).

> Ulp. 15 ad Sab., D. 28, 4, 1, 1: … *et ideo, etsi novissime, ut solet, testamento fuerit adscriptum: ‚lituras inductiones superductiones ipse feci', non videbitur referri ad ea quae inconsulto contigerunt. proinde et si inconsulto superscripsit induxisse se, manebunt et si ademit, non erunt adempta.*

> … Selbst dann, wenn am Ende des Testaments, so wie es üblich ist, die Klausel eingefügt wurde ‚Verwischungen, Ausstreichungen und Überschreibungen habe ich selbst vorgenommen', nimmt man daher an, dass sich der Satz nicht auf versehentlich erfolgte Veränderungen bezieht. Aber auch wenn der Erblasser versehentlich [außen] auf die Urkunde geschrieben hat, er habe selbst ausgestrichen, bleibt das Geschriebene wirksam, und auf diese Weise entzogene Zuwendungen sind nicht entzogen.[1656]

Durch eine solche Bestätigung bringt der Testator zum Ausdruck, dass er die Möglichkeit haben möchte, an der Urkunde selbst noch Änderungen vorzunehmen, er aber dennoch will, dass es bereits ein wirksames Testament sei. Ulpian weist in seinem Sabinuskommentar jedoch darauf hin, dass auch bei Vorliegen dieser Klausel nur willentliche, nicht aber versehentliche nachträgliche Änderungen des Testators zu berücksichtigen sind, selbst wenn er in der Urkunde versehentlich Veränderungen vorgenommen und diese danach noch außen auf der Urkunde – insofern wohl unwissentlich – bestätigt hatte.

1655 Für die Fiktion einer ‚Wiederholung' – allerdings einer Bedingung – siehe auch Pap. 7 resp., D. 35, 1, 77 pr.

1656 Übersetzung: *K/K/R/S-Rüfner.*

1. Bestätigungsklausel im Testamentsentwurf

Wie oben IV. ausgeführt, erlangte ein Testamentsentwurf prinzipiell keine Wirksamkeit als Kodizill. Eine Umdeutung erfolgte jedoch mitunter selbst bei einem bloßen Entwurf, sofern dieser eine Bestätigungsklausel enthielt:

> Paul. 14 resp., D. 28, 1, 29, 1: *Ex his verbis, quae scriptura pater familias addidit: ταύτην τὴν διαθήκην βούλομαι εἶναι κυρίαν ἐπὶ πάσης ἐξουσίας videri eum voluisse omnimodo valere ea quae reliquit, etiamsi intestatus decessisset.*
>
> Aus dem folgenden Zusatz, den der Hausvater seiner Niederschrift anfügte: ‚Ich will, dass dieses Testament wirksam ist, auf welche Weise auch immer', geht ersichtlich hervor, dass nach seinem Willen die darin getroffenen letztwilligen Anordnungen in jedem Fall gelten sollten, selbst wenn er testamentslos sterben würde.[1657]

Dass die hier in § 1 erwähnte *scriptura* den Entwurf eines Testaments darstellt, geht aus dem pr. des Fragments hervor (*Ex ea scriptura, quae ad testamentum faciendum parabatur…*[1658]). Anzunehmen ist, dass der griechische Testamentsentwurf aus Sicht des Erblassers abgeschlossen war und ‚lediglich' die formgültige Errichtung in lateinischer Sprache auf den vorgeschriebenen Wachstäfelchen noch ausstand; dazu bedurfte der Erblasser möglicherweise eines Übersetzers, was vorliegend der Grund für das Auseinanderfallen von Entwurf und Errichtung sein mag. Dem aus Sicht des Erblassers somit inhaltlich fertiggestellten Testamentstext wurde eine Bestätigungsklausel hinzugefügt (*addidit*), wonach dieses Schriftstück auf welche Weise auch immer wirksam sein solle. Der Erblasser hat also seinen Willen zum Ausdruck gebracht, dass die Wirkung als Testament, die primär angestrebt, aber noch nicht möglich war, gegebenenfalls in eine Wirkung als Kodizill transformiert werden soll. Diese Klausel sollte ihrerseits bereits Wirksamkeit entfalten. Das dürfte der Grund dafür sein, weshalb in diesem Fall – anders als sonst – der Entwurf nicht als bloßes ‚Darübernachdenken, wie ein mögliches zukünftiges Testament aussehen könnte' gewertet worden ist.

Häusler[1659] erkennt in diesem Text einen Beleg für die „römischrechtliche Umdeutung von volksrechtlichen Klauseln": Die ‚volksrechtliche' *kyria*-Klausel werde hier in eine ‚reichsrechtliche' Kodizillarklausel umgedeutet. Er geht

---

1657 Übersetzung: *K/K/R/S-Knütel*.

1658 Siehe dazu oben S. 87.

1659 *Häusler*, Letztwillige Verfügungen in griechischer Sprache, ZRG RA 133 (2016) 440.

daher im Ergebnis davon aus, dass nicht nur die Urkunde, sondern auch die Klausel selbst Gegenstand der Konversion war.

2. Fehlende Bestätigungsklausel und Rechtsirrtum eines *minor*

Rezent hat *Winkel* eine Stelle erneut diskutiert, deren Zusammenhang mit einer – wie sich herausstellt: nicht vorliegenden – Kodizillarklausel erst erschlossen werden muss:

> Impp. Diocletianus et Maximianus AA. et CC. Laurinae, C. 2, 32, 2: *Indebito legato, licet per errorem iuris a minore soluto, repetitionem ei decerni, si necdum tempus, quo restitutionis tribuitur auxilium, excesserit, rationis est. D. XV k. April. Sirmi CC. conss.* [a. 294]
>
> Obwohl von einem *minor* aufgrund eines Rechtsirrtums ein nicht geschuldetes Legat erfüllt worden ist, ist es konsequent, dass eine Rückforderungsklage eingeräumt wird, wenn die Zeit, in der das Rechtsmittel der Restitution gewährt wird, noch nicht verstrichen ist.

Ein *minor* erfüllt ein Legat (*legato soluto*), obwohl dieses ein *indebitum* war. Dabei hat es sich wohl um ein Damnationslegat gehandelt[1660]; darauf weist die Verwendung des juristisch relevanten Begriffes der *solutio* hin: Damnationslegate waren – sofern sie in *res, quae pondere numero constant* bestanden – in Form der *solutio per aes et libram* zu erfüllen; im Falle von individuell-bestimmten Gegenständen oder *incerta* durch formlose *datio*. Bei einem nach Gattungsmerkmalen beschriebenen Damnationslegat ist eine Rückforderung selbst dann ausgeschlossen, wenn es nicht geschuldet war[1661]; das liegt in den spezifischen Wirkungen der *solutio per aes et libram* begründet[1662]. Weil aber der *minor* einem Rechtsirrtum unterlag und *minores*

[1660] IdS. auch *Schwarz*, Condictio (1952) 105.

[1661] Auf den Zusammenhang mit dem Rückforderungsausschluss verweist bereits *Winkel*, Error iuris (1985) 109; übergangen ist der Punkt bei *Tellegen-Couperus*, Diocletian (1982) 133–134, gleichwohl auch sie den Zusammenhang mit C. 7, 2, 11 hervorgehoben hat (dazu sogleich unten S. 578).

[1662] *Winkel*, C. 2,32,2, in: DG Nishimura (2018) 384 hält mit *Kaser*, AI (1949) 126 die testamentarische Formulierung *damnas esto* für die Ursache des Rückforderungsausschlusses; doch bei Unwirksamkeit des Testaments und damit auch dieser Anordnung – oder auch bei Unwirksamkeit nur des Damnationslegats – erscheint eine Begründung aus dem Leistungsakt überzeugender. Auch eine Verhinderung einer

bei Rechtsirrtum generell geschützt werden[1663], sei ihm die Rückforderung zu gestatten (*restitutionis auxilium*), wenn die Frist noch nicht verstrichen ist[1664]; es sei konsequent, ihm eine Rückforderungsklage zu gewähren (*repetitionem ei decerni … rationis est*).

Ob diese Rückforderung in Form einer *restitutio in integrum*[1665] oder einer *actio utilis*[1666] zu erfolgen hat, ist eine alte Streitfrage, die außerhalb unserer Fragestellung liegt. Was dieser Text einerseits mit der Kodizillarklausel zu tun hat und andererseits mit der Umdeutung, erschließt sich erst, wenn man – wie etwa *Winkel*[1667], aber auch *Tellegen-Couperus*[1668] (auf *Krüger*[1669] gestützt) – eine Verbindung dieses Textes aus dem zweiten Buch des Codex mit einer Stelle aus dem siebenten Buch herstellt:

> Impp. Diocletianus et Maximianus AA. et CC. Laurinae, C. 7, 2, 11: *Si iure non substitit testamentum, in hoc nec libertates (cum non fuisse additum, ut pro codicillis scriptum valeret, proponas) recte datas constabit.*
>
> Wenn ein Testament nicht gültig ist, steht fest, dass auch die darin enthaltenen Freilassungen nicht gültig verliehen worden sind, wenn du vorbringst, dass das Testament nicht beinhaltet, dass das Geschriebene als Kodizill gelten soll.

Umgehung der Litiskreszenz erscheint zur Begründung für dieses Phänomen weniger überzeugend als die *solutio per aes et libram*. Siehe dazu *Isola*, Actio ex testamento, ZRG RA 137 (2020) 98 mit Fn. 101–102.

1663 Paul. lib. sing. de iuris et facti, D. 22, 6, 9 pr.: … *quod minoribus viginti quinque annis ius ignorare permissum est.*

1664 Die *restitutio in integrum* war vor dem Ablauf des ersten Jahres nach Erreichen der Mündigkeit zu beantragen. Siehe insbes. Ulp. 13 ad ed., D. 4, 4, 19.

1665 Siehe nur *Voci*, L'errore (1937) 143 und wohl auch *Winkel*, C. 2,32,2, in: DG Nishimura (2018) 385.

1666 *Schwarz*, Condictio (1952) 106 unter Berufung auf Gai. 4 ed prov., D. 4, 4, 25 pr.; ibid. Fn. 5: „Der Ausdruck ‚*repetitio*' spricht für eine kondiktizische *actio in factum*".

1667 *Winkel*, C. 2,32,2, in: DG Nishimura (2018) 383–384.

1668 *Tellegen-Couperus*, Diocletian (1982) 133.

1669 Siehe die Anmerkungen bei den entsprechenden Texten in der *Krüger*'schen Codex-Ausgabe Berlin *apud* Weidmannos 1877. Bei C. 7, 2, 11 überdies mit dem Hinweis in Fn. 4, dass die Konstitution nicht aus 293 stammen könne, weil sich der Kaiser zu diesem Zeitpunkt nicht in Sirmium, sondern Heraclea befunden habe. Vgl. auch die Palingenesie der Reskripte bei *Honoré*, Emperors and Lawyers ^{2}(1994) auf beiliegender CD oder online unter http://iuscivile.com/materials/honore/rescripta/rscrpt6.shtml#d294 (zuletzt aufgerufen am 28.03.2025).

Betreffen beide Reskripte denselben Fall – beide Male fragt eine Laurina an und sie ergehen in unmittelbarer zeitlicher Nähe[1670] –, so handelt es sich bei dem Rechtsirrtum des *minor* in C. 2, 32, 2 höchstwahrscheinlich um einen Irrtum über die Gültigkeit des Testaments[1671]. *Winkel* schließt jedoch auch nicht aus, dass der Irrtum sich vielmehr auf die Umdeutungsregel bezog, wonach bei Ungültigkeit des Testaments auch Intestaterben beschwert sein können, wenn nämlich aufgrund einer Kodizillarklausel das Testament immerhin fideikommissarische Wirkung entfaltet. Der *minor* könnte daher geleistet haben, in der irrigen Meinung, er sei infolge der Konversion auch als Intestaterbe an die testamentarischen Anordnungen gebunden. Die Deutung, wonach ein Irrtum über die Gültigkeit des Testaments als solchem – und nicht über die Umdeutung in ein Kodizill – vorlag, dürfte jedoch im Hinblick auf das Rechtsproblem in C. 2, 32, 2 deshalb eher zu bevorzugen sein, weil der Rückforderungsausschluss nur die irrtümliche Leistung eines in Wahrheit nicht geschuldeten Damnationslegats, nicht aber die irrtümliche Ausfolgung eines Fideikommisses betrifft. Würde demnach vorgebracht, dass auf die Vorstellung der Gültigkeit der Verfügung als Fideikommiss hin geleistet wurde – und als Fideikommiss ist die Verfügung ebenso unwirksam wie als Legat –, so müsste schon wegen der Rückforderbarkeit von irrtümlich geleisteten Fideikommissen[1672] nicht besonders auf einen Schutz von *minores* abgestellt werden.

Die Freilassungen in C. 7, 2, 11 wären freilich in beiden Fällen problematisch, unabhängig davon, ob sie auf Testament oder Fideikommiss beruhten, sofern tatsächlich die Erbin die Freilassung wegen der vermeintlichen Freilassungsanordnungen vorgenommen hat (sei es, dass sie eine wirksame testamentarisch oder immerhin per Umdeutung wirksame fideikommissarisch

[1670] Sie tragen das Datum von zwei aufeinanderfolgenden Tagen: C. 2, 32, 2 wurde ausweislich der *subscriptio* am 17. März 194 unterzeichnet (*d.*, dh. *datum*), C. 7, 2, 11 am 18. März 193 bzw. vielmehr: 194 veröffentlicht (*pp.*, dh. *propositum*). Dabei ist auf den Hinweis bei *Winkel*, C. 2,32,2, in: DG Nishimura (2018) 384 zu verweisen, dass zwischen Unterzeichnung und Ausfertigung durchaus ein Tag Unterschied bestehen kann.

[1671] Vgl. *Winkel*, C. 2,32,2, in: DG Nishimura (2018) 386, der auf die entsprechende Interpretation schon bei Cuias verweist: *Cujacius*, Paratitla ad Codicem, ad C. 2, 32, 2 (Ausgabe Francofurti 1623, Tom. III, 33): *puta existimas iure factum testamentum, quod ipso iure nullum erat.*

[1672] Siehe zum Thema nur *Schwarz*, Rückforderung, ZRG RA 68 (1951) 226–319.

auferlegte Verpflichtung zur Freilassung angenommen hat). Naheliegender erscheint jedoch, dass die ‚Freigelassenen' schlicht die Anerkennung ihres Freiheitsstatus wegen einer direkten testamentarischen Freilassung durch den Erblasser beanspruchten.

Winkel wirft zudem die Frage auf, warum das Reskript an eine Frau gerichtet wurde[1673]; naheliegend dürfte sein – wie *Winkel* selbst zuvor ausführt[1674] –, dass sie hier die Erbin war, die irrtümlich Legate ausgefolgt hat und die sich auf die Ungültigkeit der Freilassungen infolge Ungültigkeit eines Testaments ohne Kodizillarklausel berufen möchte. Daher fragt sie bei der kaiserlichen Kanzlei an, ob sie trotz des bestehenden Grundsatzes, dass Damnationslegate nicht rückforderbar sind, und trotz des die Freiheit begünstigenden Prinzips (*favor libertatis*) aufgrund ihres Rechtsirrtums und ihrer Eigenschaft als *minor* doch eine *restitutio in integrum* verlangen könne. Das wird ihr von der kaiserlichen Kanzlei zugebilligt. Auf ihre Eigenschaft, Frau zu sein, kommt es hier nicht an; ihre Interessen sind dieselben, wie die eines männlichen Erben an ihrer Stelle wären, und auch für die rechtliche Beurteilung spielt dieser Umstand keine Rolle[1675].

Immerhin kann man aus C. 7, 2, 11 aber auch schließen, dass in Fällen, in welchen eine Kodizillarklausel enthalten ist, die testamentarische Freilassung in eine fideikommissarische umgedeutet werden kann[1676].

1673 *Winkel*, C. 2,32,2, in: DG Nishimura (2018) 387.

1674 *Winkel*, C. 2,32,2, in: DG Nishimura (2018) 386–387. Ebenso *Tellegen-Couperus*, Diocletian (1982) 134.

1675 Dafür, dass ihr ein bloßer Rechtsirrtum hingegen ebenso schaden würde, wie das bei einem männlichen Erben der Fall wäre, spricht etwa die Frist für die Beantragung der *bonorum possessio*. Das spricht Diokletian selbst ausdrücklich aus: Diocl./Maxim. AA. et CC. Frontinae, C. 6, 9, 6: *Iuris ignorantiam nec mulieribus prodesse in edicti perpetui cursum de agnoscenda bonorum possessione manifestum est.* (am 28. April 194 in Sirmium). Der Text ist nur wenig später als ein Monat nach unseren Reskripten datiert.

1676 So auch *Albanese*, Persone (1979) 27 Fn. 43.

XIX. Schlussformeln

Den Abschluss der meisten römischen Testamente bilden stereotype Klauseln, welche keine inhaltlichen Anordnungen mehr darstellen, jedoch eine ‚sichernde' Funktion ausüben können. Im Gegensatz zu den bisher diskutierten Klauseln wurden die nun folgenden in den meisten Urkunden in Form von Abbreviationen angefügt[1677].

1. *Dolus-malus*-Klausel

Die sogenannte ‚*dolus-malus*-Klausel' ist ‚zukunftsgewandt'[1678]: Sie bezieht sich nicht etwa auf Abwesenheit von *dolus-malus* bei der Testamentserrichtung, sondern darauf, dass die Nachkommen von einem Angriff auf das Testament absehen sollen. Darunter ist nach *Strobel* etwa auch zu verstehen, dass sie keine überzogene Auslegung vornehmen sollen; Beamte hätten dank dieser Klausel daher im Streitfall einen formalistischen Standpunkt einnehmen und sich rein auf den Testamentstext stützen können[1679]. Insofern müsste es sich um eine der Konversion ungünstige Klausel handeln.

Amelotti[1680] verweist in diesem Zusammenhang darauf, dass es sich um eine Klausel handle, welche einen „typisch römischen Gemütszustand"

1677 Dazu *Amelotti*, Testamento I (1966) 166 Fn. 2.

1678 *Strobel*, Testamentsurkunden (2014) 49.

1679 *Strobel*, Testamentsurkunden (2014) 50.

1680 *Amelotti*, Notariat und Urkundenwesen, in: ANRW II.13 (1980) 394; siehe auch *ders.*, Testamento I (1966) 164–165.

wiedergebe und keinen juristischen Gehalt habe[1681]: Sie komme nicht nur in Testamenten vor (*huic testamento dolus malus abesto* lautet die vielfach belegte stereotype Klausel), sondern sei auch etwa von zahlreichen Grabinschriften bekannt: *huic monumento dolus malus abesto... et iurisconsultus* beispielsweise[1682]. Dort war sie üblich, um zu warnen; bei einem Verstoß gegen die den *locus religiosus* schützenden Normen drohte die *actio de sepulcro violato*[1683]. Auch in Kaufverträgen fand sie Verwendung[1684]; dort freilich spielt die *bona fides* als Gegensatz zum *dolus malus* schon aufgrund der Klagsformeln eine hervorgehobene Rolle.

Es scheint sich um eine generelle Anweisung zu handeln, sich an die Bestimmungen des Testators bzw. die Wünsche des Begrabenen oder die durch die Parteien gemeinsam festgelegten Verpflichtungen zu halten. Das bedeutet im Vertragsfall ein bekräftigendes Bekenntnis zum Vertragsinhalt und verlangt im Testamentsfall vom Erben ein solches Bekenntnis. Dieses inkludiert auch, nicht ‚*dolos*' einen Rechtsstreit gegen die Intentionen der festgelegten Bestimmungen zu führen. Im Ergebnis kann diese Klausel damit die Konversion sogar begünstigen und gegen einen formalistischen Standpunkt sprechen: Sie stellt im Fall des Testaments den Willen des Erblassers ins Zentrum. Diesem soll entsprochen werden, dessen Wirksamkeit nicht *dolos* negiert werden, nur weil etwa Formvorschriften nicht erfüllt sind. Auch wenn die Klausel zur Stilfloskel wird und niemandem daraus unmittelbar eine Klage zusteht, ist damit doch eine gewisse Auslegungsrichtung ‚vorgeschrieben'. Es mag für das einzelne Testament keinen wesentlichen Unterschied bedeutet haben, wenn diese Formel fehlte oder ‚fehlerhaft' formuliert war; für die generelle Entwicklung der Interpretationslinien ist das Auftreten derartiger Klauseln jedoch nicht völlig irrelevant. Sie sprechen gegen überzogenen Formalismus und sind damit ein Element auf dem Weg zur ‚Überwindung' strenger Formalvorgaben bzw. deren Einfluss auf die Gültigkeit des Testaments oder die Durchsetzbarkeit einzelner seiner Bestandteile.

[1681] So auch *Nowak*, Wills (2015) 202.

[1682] Dazu auch *De Visscher*, Droits des tombeaux (1963) 95 Fn. 3, 123.

[1683] Vgl. zum Zweck dieser Inschriften nur *Chioffi*, Death and Burial, in: Oxford Handbook (2015) 639.

[1684] Vgl. *Luzzatto*, Dolus malus abesto, in: Studi Redenti II (1951) 1–18.

2. Manzipationsklausel

Wie im einleitenden Kapitel bereits erwähnt, bleibt es während der gesamten Klassik dabei, dass die Vornahme einer *mancipatio familiae* im Testament dokumentiert wurde. *Amelotti* hält es jedoch für „undenkbar, dass man sich in Ägypten zur Prinzipatszeit immer noch an den *libripens* mit einer Waage wendet und immer noch feierlich die *Quirites* anruft“[1685]; bspw. *H.J. Wolff* teilte diese Ansicht[1686]. Die Hinzuziehung der Formalpersonen habe nur noch den Sinn, dass diese das ihnen formlos vorgelegte Testament siegelten (sie wurden *ad testamentum signandi* herbeigerufen[1687]), die Klausel im Testament den der Bestätigung, dass das Ritual eingehalten worden sei. Der Schreiber betrüge „damit niemanden, da ja auch niemand mehr das Ritual als solches empfindet oder haben will“; selbst der Prätor habe sich „über seine Einhaltung hinweggesetzt und gewährte, den Formalismus des *ius civile* überwindend, die *bonorum possessio secundum tabulas*, auch wenn sie wegen des Fehlens des Rituals nicht *iure factae* waren“. Zwischen dem 3. und dem 4. Jh. sei dieses Relikt sodann endgültig „abgeschüttelt“ worden[1688].

Das Testament steht auch hier symptomatisch für allgemeine Tendenzen in der Entwicklung des römischen Rechts: Zwar ist die Mündlichkeit traditionell entscheidend, doch vertraute man nicht mehr ausschließlich „auf das Gedächtnis und die Korrektheit der Zeugen“, seit die Zeit „einer archaischen Welt streng moralischer Verpflichtung und begrenzten Rechtsverkehrs“ überwunden war. Die Urkunde dient den Römern bei der *mancipatio*, aber auch etwa bei der *stipulatio* zum Beweis des weiterhin mündlich abzuschließenden Geschäfts. Dieses Geschäft bzw. sein Inhalt konnte zwar theoretisch auch anders bewiesen werden – die Urkunde hatte rechtlich keinen Vorrang gegenüber anderen Beweismitteln –, doch erschien kein Instrument so verlässlich wie Schriftlichkeit samt Bestätigung der Beteiligten sowie der Zeugen, dass der Inhalt der Urkunde mit dem mündlich abgeschlossenen Geschäft übereinstimmt. So wird sie immerhin faktisch beinahe unwiderleglich. Nur der Nachweis einer Fälschung konnte noch erhoben werden, weswegen möglichst fälschungssichere Urkundenformen verwendet wurden. War die Urkunde

---

1685 *Amelotti*, Notariat und Urkundenwesen, in: ANRW II.13 (1980) 394.

1686 *H.J. Wolff*, Rez. Amelotti, ZRG RA 84 (1967) 499.

1687 *Amelottti*, Testamento I ^{2}(1966) 167.

1688 *Amelotti*, Notariat und Urkundenwesen, in: ANRW II.13 (1980) 395.

fälschungssicher, so fiel damit die letzte Möglichkeit weg, ihre Beweiskraft erfolgreich anzuzweifeln.

Beim Testament wäre demnach zwar denkbar, dass nachgewiesen wurde, dass lediglich die Form (der Manzipation) nicht eingehalten wurde, doch würde das nicht beweisen, dass der Inhalt (des Testaments) nicht dem Willen des Testators entsprach. Eine rein die Form betreffende Anfechtung bei gleichzeitiger Zweifellosigkeit hinsichtlich des Inhaltes dürfte als *dolos* gegolten haben, weil es dazu führen würde, dass der Erblasser intestat verstarb – was er nachweislich nicht wollte und immerhin war es ein einseitiges Rechtsgeschäft. Das könnte Grund dafür sein, dass ein solcher Nachweis – auch bekräftigt durch die *dolus-malus*-Klausel des Testaments – unterbunden worden ist.

> Gai. 2, 119[1689]: *Praetor tamen, si septem signis testium signatum sit testamentum, scriptis heredibus secundum tabulas testamenti bonorum possessionem pollicetur, si nemo sit, ad quem ab intestato iure legitimo pertineat hereditas, velut frater eodem patre natus aut patruus aut fratris filius. et ita poterunt scripti heredes retinere hereditatem: nam idem iuris est et si alia ex causa testamentum non valeat, velut quod familia non venierit aut nuncupationis verba testator locutus non sit.* 120. *Sed videamus, an etiam si frater aut patruus extent, potiores scriptis heredibus habeantur: rescripto enim imperatoris Antonini significatur eos, qui secundum tabulas testamenti non iure factas bonorum possessionem petierint, posse adversus eos, qui ab intestato vindicant hereditatem, defendere se per exceptionem doli mali.*
>
> Doch verspricht der Prätor, wenn ein Testament mit sieben Zeugensiegeln gesiegelt ist, den im Testament eingesetzten Erben den Nachlass*besitz* gemäß der Testamentsurkunde, wenn niemand vorhanden ist, dem die Erbschaft ohne Testament nach gesetzlichem Recht gehört, zum Beispiel ein Bruder, der vom selben Vater abstammt, oder ein Bruder des Vaters oder ein Sohn des Bruders. <Und> nur so konnten die im Testament eingesetzten Erben die Erbschaft behalten; denn dasselbe ist rechtens, wenn das Testament aus einem anderen Grunde ungültig ist, zum Beispiel, weil das Familienvermögen nicht verkauft worden ist oder der Erblasser die Nunkupationsworte nicht gesprochen hat. 120. Wir wollen aber sehen, ob auch dann, wenn ein Bruder oder Vatersbruder vorhanden sind, sie als besser berechtigt behandelt werden als die im Testament eingesetzten Erben; denn in einem Bescheid des Kaisers Antoninus wird klargestellt, dass diejenigen, welche den Nachlassbesitz gemäß einer nicht rechtmäßig hergestellten Testamentsurkunde beantragt haben,

[1689] Vgl. auch Inst. 2, 10, 2.

sich gegenüber denjenigen, die gemäß der Erbfolge ohne Testament die Erbschaft beanspruchen, durch die Einrede der Arglist verteidigen.[1690]

Der Prätor überprüfte also die Einhaltung der Manzipationsform selbst nicht; wurde von den Intestaterben ausschließlich die Form beanstandet, so gewährte er den in der Urkunde Eingesetzten eine *exceptio doli*.

Auch die in der Praxis häufiger anzutreffende Fehlerhaftigkeit der Klausel selbst[1691] schadete wohl schon deshalb nicht, weil dadurch lediglich die Protokollierung, nicht aber die Manzipation mangelhaft wurde; zudem gab es hier keinen inhaltlichen Anspruch, dessen Klagbarkeit in Frage stand.

Exkurs: Vergleich zu Geschäften unter Lebenden

Im Fall des vindizierenden Veräußerers einer unter Lebenden bloß tradierten *res mancipi* musste aufgrund des Zutreffens des Formelwortlautes der *rei vindicatio* mit einer *exceptio rei venditae et traditae* geholfen werden; dass der Wille der Parteien übereinstimmte, wurde festgestellt, die Berufung auf den bloß formalen Mangel half im Ergebnis nicht. Wurde der Verkauf schriftlich dokumentiert und in die Urkunde eine Manzipationsklausel eingefügt, so wurde auch hier aufgrund der Beweiskraft der Urkunde samt Zeugensiegeln dem Veräußerer die *rei vindicatio* von vornherein abgeschnitten, das Klage-Einrede-Spiel damit unnötig. Dieses Ergebnis stimmt mit der Behandlung des Intestaterben überein, dem die *hereditatis petitio* gegen einen im – seiner Behauptung nach ausschließlich schriftlichen, nicht aber mündlich förmlich mittels Libralaktes errichteten – Testament eingesetzten Testamentserben vom Prätor verwehrt wurde. Spätestens mit Ablauf der Ersitzungsfrist entsprach in beiden Fällen diese prätorisch gesicherte Position auch der Rechtslage nach *ius civile*. Auf diese Weise wurden Verfügungen unter Lebenden wie auch testamentarische Anordnungen wirksam, obwohl sie bei strenger Beobachtung des *ius civile* ohne Manzipationsritual zunächst ungültig wären.

1690 Text und Übersetzung: *Manthe*, Institutiones ^{2}(2010) *ad loc.*

1691 Siehe zu den Varianten *Amelotti*, Testamento I (1966) 167 Fn. 2.

Eine entsprechende Funktion übernahm für die nicht der Manzipation unterliegenden Rechtsgeschäfte die Stipulationsklausel[1692]: Anstatt des Libralaktes wurde hier der Verbalakt protokolliert. Diese Form der Absicherung von Verträgen war zwar schon den Römern der Hochklassik etwa bei Konsensualverträgen wie dem Kauf[1693] oder Realverträgen wie dem Darlehen als Verstärkung des angestrebten Rechtsgeschäfts bekannt, fand allgemeine Verbreitung in der protokollierten Form aber erst bei den provinzialen Notaren nach der *Constitutio Antoniniana*, die dadurch jedes beliebige Geschäft sicherheitshalber in eine Stipulation transformieren wollten; Sinn war die Gewährleistung der Klagbarkeit mittels *condictio* oder *actio ex stipulatu*. Die Notare fügten den von ihnen aufgesetzten Urkundentexten unterschiedlichen Inhalts als Abschluss stereotyp die dem römischen *stipulatus spopondit* entsprechende Klausel ἐπερωτηθεὶς ὡμολόγησα an (‚befragt versprach ich') [1694], was einerseits zur Konversion eines nach römischem Recht nicht anerkannten, etwa lokal üblichen Geschäftstyps in eine Stipulation führen konnte oder aber andererseits zur Doppelung einer Klagemöglichkeit, sofern diese auch unabhängig von der Stipulationsform bestanden haben sollte. Damit ist nicht nur ein Zweck vergleichbar der Manzipationsklausel erfüllt (Protokollierung der korrekten Durchführung des Formalgeschäfts), sondern gleichzeitig auch ein Ergebnis erzielt wie mit den ‚Verstärkungsklauseln' in Testamenten (Absicherung durch Hinzutreten eines weiteren Geschäftstyps)[1695]. In diesem Zusammenhang lässt sich auch auf die bereits angesprochene

1692 Siehe dazu insbes. *Simon*, Stipulationsklausel (1964). Seit *Mitteis*, Reichsrecht und Volksrecht (1891) 486–487 darf die Ansicht als herrschende betrachtet werden, wonach ἐπερωτηθεὶς ὡμολόγησα keine eigenständige, von der Stipulationsklausel zu unterscheidende Klausel der graeco-ägyptischen Urkundenpraxis sei (so allerdings vertreten etwa bei *de Visscher*, ἐπερωτηθεὶς ὁμολόγησα, Symb. Taubenschlag II (1956) 161–169; *ders.*, Clause de style, BIDR 63 (1960) 19–37, der darunter eine Klausel mit dem Inhalt ‚vorgelesen und genehmigt' verstehen wollte). Allerdings hatte *Mitteis* ibid. noch angenommen, dass es sich um eine unverstandene *clausula generalis* gehandelt habe; dem trat *Simon* in seiner Dissertationsschrift aaO. entgegen.

1693 So findet sie sich bereits in Tab. Herc. IV (60 n. Chr.) im Zusammenhang mit der Zusicherung von Grundstücksfrüchten.

1694 *Amelotti*, Notariat und Urkundenwesen, ANRW II.13 (1980) 397.

1695 Dieser Umstand führt dazu, dass ein Nachweis des Unterbleibens der mündlichen Vornahme gegen die Urkunde eher dazu geführt haben mag, dass das Geschäft nichtig war (so *Simon*, Stipulationsklausel [1964] 28–29), als das bei der Manzipationsklausel und dem Nachweis des Unterbleibens der Manzipation der Fall ist.

Umdeutung der ‚volksrechtlichen' *kyria*-Klausel (wodurch die Maßgeblichkeit der Urkunde erklärt wird, was in den griechischen Urkunden manchmal neben, manchmal aber auch statt der Stipulationsklausel auftritt) in eine ‚reichsrechtliche' Kodizillarklausel verweisen[1696]. *Mitteis* hat bereits darauf aufmerksam gemacht, dass mitunter selbst in Testamentsurkunden Stipulationsklauseln auftauchen[1697]. Dieses Phänomen könnte sich einerseits durch eine Verwechslung mit der Manzipationsklausel erklären lassen[1698], wobei generell zu bemerken ist, dass selbst bei Manzipationen mitunter Generalstipulationen beigefügt wurden[1699]. Andererseits fällt auf, dass als Tendenz die Manzipationsklausel nach der *Constitutio Antoniniana* (bzw. infolge der in Reaktion darauf gesetzten Maßnahme des Alexander Severus) verschwindet, während die Stipulationsklausel erst jetzt so richtig an Fahrt aufnimmt: Das Libraltestament verliert seine Förmlichkeiten, während alle anderen Geschäfte durch den zusätzlichen – zumindest fingierten – Abschluss einer Stipulation verstärkt werden[1700].

3. Ort und Datum

Während *Strobel* besonders auf die Nützlichkeit der Datierungzeile im Zusammenhang damit hinweist, dass ein späteres Testament ein früheres aufhebt[1701], betont *Amelotti* daneben insbesondere, dass der Zeitpunkt der Testamentserrichtung im Hinblick auf die *capacitas* des Testators sowie der Zeugen und der Erben festgehalten werden musste („giuridicamente non

---

1696 Siehe dazu oben S. 576.

1697 *Mitteis*, Reichsrecht und Volksrecht (1891) 487. Siehe auch *Simon*, Stipulationsklausel (1964) 58–61.

1698 Demgegenüber sah *Simon*, Stipulationsklausel (1964) 59 hierin vielmehr eine Bezugnahme auf die Eingangsfloskel, wonach der Testator „im Vollbesitz seiner geistigen Kräfte" testiere, oder eine Zustimmung im Hinblick auf die griechische Übersetzung des lateinischen Testamentstexts, wodurch die Stipulationsklausel in diesen Fällen in die Nähe der *kyria*-Klausel gerückt werde, welche ihrerseits einen Bedeutungswandel durchgemacht habe; die Stipulationsklausel habe jedoch niemals „die materielle Funktion der *kyria*-Klausel wahrgenommen" (ibid. 60).

1699 Zu einer Manzipationsschenkung etwa siehe *Simon*, Stipulationsklausel (1964) 27.

1700 Vgl. *Amelotti*, Testamento I (1966) 235. Ibid. Fn. 1 vermutet er auch diesbezüglich einen autoritativen Akt.

1701 *Strobel*, Testamentsurkunden (2014) 52.

necessaria ma immancabile nei documenti"[1702]). Dabei bleibt eine Frage offen („è oggi praticamente insolubile"[1703]): Welchen Zeitpunkt markiert die Datierungszeile wirklich – den der Niederschrift oder den der Siegelung durch die Zeugen? Auch die seit *Amelottis* Feststellung vergangenen fast sechs Jahrzehnte konnten keine Belege zutage fördern, welche uns darüber Auskunft geben könnten.

Für unsere Fragestellung mag die Datierungszeile etwa im Hinblick auf die Eigentumsverhältnisse bzgl. *per vindicationem* vermachter Speziessachen maßgeblich sein: Stand die Sache schon im Testamentserrichtungszeitpunkt im Eigentum des Erblassers oder erwarb er sie erst später? Auch dafür, ob eine Bedingung schon im Testamentserrichtungszeitpunkt unmöglich erfüllt werden konnte, war es natürlich zentral, diesen Zeitpunkt zu kennen. Obwohl also die Klausel selbst kaum jemals ‚umgedeutet' wurde, war sie für die Umdeutung anderer Klauseln oftmals maßgeblich.

4. Unterschrift des Testators

Die Unterschrift des Testators wurde erst von Theodosius II. 439 n. Chr. allgemein verbindlich gemacht[1704]. In klassischer Zeit war die *subscriptio* hingegen nur nötig, sofern der Schreiber sich selbst oder seinem Gewalthaber, einer eigenen gewaltunterworfenen Person oder einem Gewaltunterworfenen seines Gewalthabers etwas zugeschrieben hat, widrigenfalls der Testator die Nichtigkeit seines Testaments und der Schreiber die Strafe nach der *lex Cornelia de falsis* zu befürchten hatte. Handelte es sich beim Begünstigten um den Sohn oder Sklaven des Testators, so genügte eine *subscriptio generalis*, dh. eine einfache Unterschrift; beim *extraneus* bedurfte es hingegen der *subscriptio specialis* mit besonderer Erklärung. Diese Vorschriften legte das *SC Libonianum* 16 n. Chr. fest, gefolgt von einem Edikt des Claudius und weiteren Erlässen.

Dass Unterschriften dennoch – insbes. in den graeco-ägyptischen Urkunden – sehr viel häufiger belegt sind, erklärt sich wohl vor allem auch daraus, dass der Testator damit den lateinischen Text anerkannte, obwohl er

---

1702 *Amelotti*, Testamento I (1966) 171.
1703 *Amelotti*, Testamento I (1966) 171.
1704 Nov. Theod. 16, 9.

ihn griechisch diktiert hatte (unter ‚Fiktion' des Verständnisses des Lateinischen[1705]). Mitunter bestätigte er auch ausdrücklich die Übereinstimmug des Urkundentextes mit seinem Willen oder dass ihm das Testament vorgelesen wurde und er es verstanden habe.

5. Die Außenseiten der Urkunde

Die Siegel und Unterschriften auf der Außenseite der Urkunde waren die Hauptaufgabe der Zeugen; sie dokumentierten damit, dass die Urkunde korrekt errichtet wurde und den letzten Willen des Testators beinhaltet. Sie erfüllten damit eigentlich keine ‚Formvorschriften' des Testamentsrechts, sondern hatten Authentifikationsfunktion, welche von den allgemeinen Vorschriften für Urkunden jeglichen rechtsgeschäftlichen Inhalts verlangt war.[1706] Bei der Testamentseröffnung wurden die Zeugen aufgerufen, ihre Siegel ‚anzuerkennen': Sie bestätigten nun nur noch, dass sie gesiegelt haben, nicht aber den Inhalt der Urkunde.

Nicht nur solche Elemente konnten die Außenseiten aufnehmen, sondern es wurden mitunter auch Bestätigungsvermerke durch den Testator angebracht, dass er selbst Bestimmungen des Testaments ausgestrichen habe[1707]. Solche ‚Streichungen' sind sogleich im Zusammenhang mit den Widerrufsfolgen näher zu betrachten[1708].

1705 *Strobel*, Testamentsurkunden (2014) 28; *Amelotti*, Testamento I (1966) 172–173. Zu den dokumentarisch erhaltenen Unterschriften zuletzt *Colella*, Testamenti dei cittadini romani d'Egitto (2024) 39–44.

1706 Siehe oben III.2. Exkurs a.

1707 Vgl. Ulp. 15 ad Sab., D. 28, 4, 1, 1; zum Text oben S. 575.

1708 Siehe unten XX.2.

XX. Widerruf und nachträgliche Änderungen

Wesentlicher Ausdruck der Testierfreiheit ist auch die Widerruflichkeit eines einmal errichteten Testaments. Diese ist auch nicht disponibel, dementsprechend kann weder durch Vertrag noch einseitig darauf verzichtet werden.

Soll ein formgültig errichtetes Testament in seiner Gesamtheit vernichtet werden oder etwa die formgültig eingesetzten Erben abgeändert bzw. entfernt werden, sollen schließlich sonst einzelne Verfügungen doch nicht wirksam werden, so bedarf es jedoch eines formellen Konträraktes[1709]. Wird dieser nicht eingehalten, so stellen sich unterschiedliche Fragen der Geltung einzelner Teile oder des gesamten Testaments bzw. der Abänderung der Geltungsgrundlage, mitunter auch der Änderung der Person des Belasteten oder Begünstigten.

1709 Dazu, dass es (anders als bei Legaten) aufgrund einer ‚*regula iuris civilis*' nicht möglich ist, einem unter Freiheitsgewährung zum Erben eingesetzten Sklaven im selben Testament – oder in einem durch dieses Testament bestätigten Kodizill – Freiheit und Erbenstellung wieder zu entziehen, siehe Iul. 29 dig., D. 28, 2, 13, 1; Ulp. 4 ad Sab., D. 28, 5, 6, 4. Vgl. dazu *Avenarius*, CRRS IV.3 (2017) 97–87, 101. Zur Entwicklung des Widerrufs als eigenes Rechtsgeschäft aus der Rechtsfolge der *ruptio* eines älteren durch ein jüngeres Testament zuletzt *Marini*, Prius testamentum (2022).

1. Entsiegelte oder zerstörte Urkunde

Entsiegelte ein Erblasser sein Testament, so führte das nur nach *ius praetorium*, nicht aber nach *ius civile* zur Unwirksamkeit. Die gegenteilige Ansicht vertrat zuletzt *Babusiaux*[1710] unter Hinweis auf folgendes Fragment:

> Ulp. 4 disp., D. 28, 1, 23: *Si testamentum, quod resignaverit testator, iterum signatum fuerit septem testium signis, non erit inperfectum, sed utroque iure valebit tam civili quam praetorio.*
>
> Wenn das Testament, nachdem der Erblasser es entsiegelt hatte, erneut mit den Siegeln von sieben Zeugen gesiegelt wurde, ist es nicht fehlerhaft, vielmehr wirksam nach beiden Rechten, dem Zivilrecht wie dem prätorischen Recht.[1711]

Dass das Testament nach erneuter Siegelung nach ‚beiden Rechten wirksam' ist, bedeutet aber mE nicht, dass es als entsiegeltes Testament ebenfalls nach beiden Rechten unwirksam war. Vielmehr scheint der Text darauf hinzuweisen, dass es nun nach prätorischem Recht wieder ebenso wirksam ist, wie es nach *ius civile* immer blieb.

Auch nach prätorischem Recht sind die Testamentstäfelchen aber nur dann nicht taugliche Grundlage einer Einweisung in die *bonorum possessio secundum tabulas*, wenn der Erblasser eine Entsiegelung selbst vorgenommen hat:

> Ulp. 39 ad ed., D. 37, 11, 1, 10: *Si linum, quo ligatae sunt tabulae, incisum sit, si quidem alius contra voluntatem testatoris inciderit, bonorum possessio peti potest: quod si ipse testator id fecerit, non videntur signatae et ideo bonorum possessio peti non potest.*
>
> Wenn der Faden, mit dem das Wachstafelheft zusammengebunden ist, durchgeschnitten wurde, etwa, wenn ein Dritter ihn gegen den Willen des Testators durchgeschnitten hat, kann der Nachlassbesitz beantragt werden. Hat das aber der Erblasser selbst getan, so nimmt man an, das Testament sei nicht gesiegelt und der Nachlassbesitz kann deshalb nicht beantragt werden.[1712]

Nur wenn also der Testator nicht mehr wollte, dass sein Testament gesiegelt und damit ‚gültig' war, berücksichtigte auch der Prätor die Urkunde nicht mehr.

[1710] *Babusiaux*, Nachlassbesitz, in: HRPR (2023) § 57 Rn. 195.
[1711] Übersetzung: *K/K/R/S-Knütel*.
[1712] Übersetzung: *K/K/L/R-Kupisch*.

Eine Erbschaft, die aufgrund des nachträglich geänderten Willens des Erblassers nicht an die testamentarisch Eingesetzten fallen sollte, obwohl das Testament nicht formgültig aufgehoben wurde[1713], fiel an den Fiskus. Interessant in unserem Zusammenhang ist daran unter anderem, dass dabei Einzelverfügungen in der Regel als wirksam erachtet wurden: Sie mussten nunmehr vom Fiskus erfüllt werden. Insofern kam es zu einer Auswechslung der Person des Belasteten: Nicht die namentlich erwähnten und vom Erblasser bewusst belasteten Personen, sondern der Fiskus hatte die Anordnungen des Erblassers zu erfüllen. Dem Erblasserwillen entsprach es wohl zweifellos, dass der Fiskus den Anordnungen Folge leistete. Besonders hervorhebenswert ist das unter anderem deswegen, weil Vergleichbares zur Versagung der Anerkennung von Einzelverfügungen führte, wenn andere Privatpersonen an die Stelle des testamentarisch Eingesetzten traten oder dieselben Personen aus anderem Grunde an die Erbschaft gelangten: Erwarb etwa ein Testamentserbe die Erbschaft als Intestaterbe, weil das Testament aus irgendeinem Grunde unwirksam war, und enthielt dieses Testament etwa keine ‚generelle Umdeutungsklausel' oder auch die Intestaterben betreffende ‚Verstärkungsklausel', so musste – obwohl es sich um dieselbe Person handelte, welche auch nach der Vorstellung des Erblassers an den Nachlass gelangte – Einzelverfügungen nicht Folge geleistet werden[1714]. Im Hinblick auf diese Konstellation war ein Erblasserwille bzgl. der Belastung der betreffenden Personen wohl nicht so sicher feststellbar wie beim Fiskus.

2. Ausgestrichene Erben

Die ‚Begünstigung', Einzelverfügungen nicht erfüllen zu müssen, wollte der an eine Erbschaft gelangende Fiskus in einer spezifischen Konstellation für sich in Anspruch nehmen:

> Marcell. 29 dig., D. 28, 4, 3 pr.: *Proxime in cognitione principis cum quidam heredum nomina induxisset et bona eius ut caduca a fisco vindicarentur, diu de legatis dubitatum est et maxime de his legatis, quae adscripta erant his, quorum institutio fuerat inducta. plerique etiam legatarios excludendos existimabant. quod sane sequendum aiebam, si*

[1713] *Babusiaux*, Nachlassbesitz, in: HRPR (2023) § 57 Rn. 196 verweist selbst darauf, dass Beschädigungen der Urkunde nach *ius civile* unerheblich sind, während das nach *ius praetorium* mitunter zweifelhaft sein konnte.

[1714] Für Literatur zum Thema siehe *Nowak*, Wills (2015) 38 Fn. 63.

omnem scripturam testamenti cancellasset: nonullos opinari id iure ipso peremi quod inductum sit, cetera omnia valitura. quid ergo? non et illud interdum credi potest eum, qui heredum nomina induxerat, satis se consecuturum putasse, ut intestati exitum faceret? sed in re dubia benigniorem interpretationem sequi non minus iustius est quam tutius. sententia imperatoris Antonini Augusti Pudente et Pollione consulibus. ‚cum Valerius Nepos mutata voluntate et inciderit testamentum suum et heredum nomina induxerit, hereditas eius secundum divi patris mei constitutionem ad eos qui scripti fuerint pertinere non videtur'. et advocatis fisci dixit: ‚vos habetis iudices vestros'. Vibius Zeno dixit: ‚rogo, domine imperator, audias me patienter: de legatis quid statues?' Antoninus Caesar dixit: ‚videtur tibi voluisse testamentum valere, qui nomina heredum induxit?' Cornelius Priscianus advocatus Leonis dixit: ‚nomina heredum tantum induxit'. Calpurnius Longinus advocatus fisci dixit: ‚non potest ullum testamentum valere, quod heredem non habet'. Priscianus dixit: ‚manumisit quosdam et legata dedit'. Antoninus Caesar remotis omnibus cum deliberasset et admitti rursus eodem iussisset, dixit: ‚causa praesens admittere videtur humaniorem interpretationem, ut ea dumtaxat existimemus nepotem irrita esse voluisse, quae induxit'.

Kürzlich wurde in einer Gerichtsverhandlung vor dem Kaiser in einem Fall, in dem der Erblasser die Namen der Erben durchgestrichen hatte und sein Vermögen als verfallen vom Fiskus in Anspruch genommen wurde, lange erörtert, wie mit den Vermächtnissen zu verfahren sei, insbesondere mit den Vermächtnissen, die den Personen zugewendet waren, deren Einsetzung zu Erben durchgestrichen war. Denn die meisten Beisitzer waren der Meinung, sie müssten auch als Vermächtnisnehmer ausgeschlossen werden. Dieser Meinung, so erklärte ich, sei zu folgen, sofern er den gesamten Testamentstext ausgestrichen hatte. Soweit er nicht alles ausgestrichen hatte, seien manche der Auffassung, die durchgestrichenen Verfügungen seien ohne weiteres beseitigt, alle übrigen blieben aber wirksam. Was also? Kann man nicht in manchen Fällen auch annehmen, dass ein Erblasser, der die Namen der Erben durchgestrichen hatte, der Meinung war, er habe alles Erforderliche getan, um als Testamentsloser aus dem Leben zu scheiden? Doch in einer so zweifelhaften Angelegenheit ist es gerechter und zugleich sicherer, der wohlwollenderen Auslegung zu folgen. Urteil des Kaisers Marcus Aurelius Antoninus unter dem Konsulat des Quintus Servilius Pudens und des Lucius Fufidius Pollio: ‚Da Valerius Nepos seinen Willen geändert, sein Testament aufgeschnitten und die Namen der Erben durchgestrichen hat, steht die Erbschaft gemäß der Konstitution meines vergöttlichten Vaters [Antoninus Pius] den Erben, die im Testament eingesetzt wurden, nicht zu.' Und zu den Anwälten der Staatskasse sagte er: ‚Ihr findet noch vor euren Richtern Gehör'. Vibius Zeno sagte: ‚Ich bitte dich, Herr und Kaiser, mich geduldig anzuhören. Was wirst du wegen der Vermächtnisse beschließen?' Der Kaiser Mark Aurel: ‚Nimmst du an, er habe gewollt, dass das Testament wirksam bleibt, obwohl er doch die Namen der Erben durchgestrichen hat?' Cornelius Priscianus, der Anwalt des Zeno: ‚Er hat nur die Namen der Erben durchgestrichen.' Calpurnius Longinus, Anwalt der Staatskasse: ‚Kein Testament kann wirksam sein,

> wenn es keinen Erben benennt.' Priscianus: ,Er hat einige Sklaven freigelassen und Vermächtnisse angeordnet.' Nachdem der Kaiser Mark Aurel alle Anwesenden fortgeschickt und überlegt hatte, ließ er alle wieder zurückkommen und sprach: ,Der vorliegende Fall gestattet eine menschenfreundlichere Auslegung in dem Sinne, dass wir annehmen, Nepos habe gewollt, dass nur die Verfügungen unwirksam werden, die er durchgestrichen hat.'[1715]

Es handelt sich um die Langversion der verkürzten Darstellung in D. 50, 17, 192, 1[1716]. Ein Testator entschloss sich aus unbekannten Gründen, sein bereits fertig verschnürtes und gesiegeltes Testament mittels Durchtrennen der Siegelschnur wieder zu öffnen, um die Erben auszustreichen. Dass er nicht mehr wollte, dass diese ihn als Erben universal sukzedieren sollten, war damit einigermaßen klar. Unklar aber blieb, was hinsichtlich der übrigen Bestimmungen des Testaments der Wille des Erblassers war: Wollte er durch das ,Köpfen' des Testaments nicht nur der testamentarischen Erbfolge das Fundament entziehen, sondern auch allen darin enthaltenen Einzelverfügungen? Ein Vertreter des Fiskus trat jedenfalls (im Rahmen eines Kognitionsverfahrens) an den Kaiser heran[1717] und beanspruchte wohl mit diesem Argument den gesamten, ungeschmälerten Nachlass.

Die Erbschaft als solche fiel an den Fiskus: Nach *ius civile* fiel die Erbschaft den testamentarisch Eingesetzten zwar wirksam an, weil das mündlich errichtete *testamentum per aes et libram* durch das Ausstreichen ebenso wenig beseitigt wurde, wie das durch eine Zerstörung der Urkunde der Fall gewesen wäre. Die Betroffenen konnten aber deshalb nicht erwerben, weil der durch das Ausstreichen ausgedrückte Widerrufswille berücksichtigt wurde: Ihnen wurde die Antragsberechtigung zur *bonorum possessio* versagt[1718]. Schon

---

1715 Übersetzung: *K/K/R/S-Rüfner.*

1716 Siehe oben S. 20.

1717 Dazu, dass es sich um ein Protokoll des 166 n. Chr. durchgeführten Verfahrens zu handeln scheint und dem Prinzeps hier eine eigentlich in die Gerichtsbarkeit der *praefecti aerarii* fallende Rechtssache zur Entscheidung vorgetragen wurde, siehe *Hendel*, D. 28, 4, 3, ZRG RA 130 (2013) 420.

1718 Siehe dazu *Babusiaux*, Nachlassbesitz, in: HRPR (2023) § 57 Rn. 185; *Scotti*, Testamento (2012) 736–737 (zu Ulp. 41 ed., D. 37, 11, 2, 7: *Si consulto sit inductum nomen heredis, indubitanter probatur bonorum possessionem petere eum non posse, quemadmodum non potest, qui heres scriptus est non consulto testatore: nam pro non scripto est, quem scribi noluit*) und 738 (zu Iul. 24 dig., D. 37, 11, 8, 3: *Is autem, cuius nomen in testamento voluntate testatoris perductum est, sicut ad adeundam hereditatem, ita ad petendam*

Antoninus Pius hatte eine Konstitution erlassen, welche auf den geänderten Erblasserwillen abstellte: Es wurde der Verfall der Erbteile für den Fall angeordnet, dass der Testator bis zum Erbfall seinen Willen änderte und nicht mehr wollte, dass die Testamentserben ihn beerbten. Dadurch wurde ein neuer Kaduzitätstatbestand eingeführt[1719]. Dass das Ausstreichen der Erben diesen Willen zum Ausdruck brachte und den Verfall bewirkte, entschied Mark Aurel ausdrücklich[1720].

Üblicherweise blieben Vermächtnisse, welche auf verfallenen Erbteilen lasteten, jedoch bestehen. Wie kamen nun die Advokaten des Fiskus[1721] in unserem Fall dazu, zu behaupten, es sei vorliegend anders?

Es wird deshalb ein Sonderfall sein, weil der Verfall nicht etwa aufgrund der augusteischen Ehegesetzgebung oder einer ähnlichen gesetzlichen Anordnung, die auf objektive Umstände abstellt, eintrat, sondern wegen des Willens des Verstorbenen. Dieser wollte nicht mehr, dass er von den eingesetzten Personen beerbt wird. Die Frage war lediglich, ob er auch nicht mehr wollte, dass seine Einzelverfügungen – Freilassungen

---

bonorum possessionem scriptus non intellegitur, quamvis nomen eius legatur). Vgl. dazu, dass der Ausgestrichene als ‚erbunwürdig' qualifiziert wurde, *Babusiaux*, Erbrecht ²(2021) 321; *Rüfner*, Erbfähigkeit, in: HRPR (2023) § 52 Rn. 70; *Müller-Eiselt*, Divus Pius constituit (1982) 196. Gegen die Qualifikation als ‚erbunwürdig' *Amaya Calarao*, Famoso pleito sucesorio, Labeo 34 (1988) 27–36; *García Sánchez*, D. 28, 4, 3, 1, in: Studi Sanfilippo III (1983) 309, 315–317. Zur Problematik rezent auch *Vinci*, Ut indignis, BIDR 116 (2022) 182–183 mit Fn. 43 unter kritischer Auseinandersetzung mit *Zimmermann*, Unworthiness, in: Essays Lord Rodger of Earlsferry (2013) 340, der mit Blick auf denjenigen, der nicht aufgrund der Tötung des Testators als *indignus* qualifiziert und häufig mit *ut* oder *quasi* bezeichnet wurde, von einem „*indignus* only in a figurative sense" gesprochen hatte.

1719 Anschaulich erklärt *Avenarius*, Mark Aurel und die Dogmatik, in: Selbstbetrachtungen (2012) 222 die Kaduzität damit, dass die Erbteile insofern ‚verfallen', als sie ‚vom berufenen Erben abfallen' (*caducum ab eo*) und an den Staat fallen (*cadere*). Vgl. die Formulierung in ps.-Ulp., reg. 17, 1.

1720 Siehe Pap. 16 quaest., D. 34, 9, 12. Zur Bedeutung dieses Fragments für das Verständnis von Marcell. 29 dig., D. 28, 4, 3 siehe auch *Hendel*, D. 28, 4, 3, ZRG RA 130 (2013) 421. Für eine eingehende Analyse unter Zweiteilung des Textes außerdem rezent *Vinci*, Ut indignis, BIDR 116 (2022) 171–185 (zum Kontrast zwischen der zivilen *regula* von der *ruptio* sowie dem Respekt vor der *voluntas* des Testators) sowie 185–189 (zur *iudicatio* Mark Aurels) mwN.

1721 Vermutlich in Vertretung eines privaten Delators: *Finkenauer*, Rechtssetzung Mark Aurels (2010) 19.

und Vermächtnisse (insbesondere auch zugunsten der zwar zunächst eingesetzten, später aber ausgestrichenen Erben) – wirksam sein sollten, denn dann wären offenbar (in Anwendung derselben Regel?) auch diese verfallen. Die Frage nach einem dahingehenden Willen des Erblassers ist nun nach seinem Tod aber nicht mehr zu beantworten; diesen Fall des „unauflösbaren Zweifels"[1722] galt es zu beurteilen.

Die Interpretation stieß an ihre Grenzen; eine ‚Konstruktionsregel' musste statuiert werden: Während in D. 34, 5, 24[1723] die *benignior interpretatio* auf die ‚wahre Absicht' des Testators gestützt ist, kann in D. 28, 4, 3 nicht festgestellt werden, ob schlussendlich die Absicht am Ende des Falles mit dem Willen bei Testamentserrichtung noch übereinstimmt. Ob die vorliegende Entscheidung überhaupt dem Willen des Erblassers entspricht[1724], und sei es auch nur teilweise[1725], oder doch immerhin dem hypothetischen Willen[1726], oder ob sie geradezu gegen den Erblasserwillen getroffen wird[1727], ist auch in der modernen Literatur lebhaft umstritten. Der Wille – auch der hypothetische – scheint jedenfalls nicht mehr zweifelsfrei feststellbar.

1722 *Avenarius*, Benignior interpretatio, RLT 6 (2010) 11.

1723 Siehe oben S. 20.

1724 *Avenarius*, Benignior interpretatio, RLT 6 (2010) 15–18 argumentierte in diesem Zusammenhang, dass Marcellus als Schüler des Julian (oder zumindest Angehöriger dessen ‚Kreises'), welcher mit seiner Willenstheorie im Erbrecht die *voluntas* als zentrales Element des Testaments bevorzuge und sie als entscheidend für die rechtlichen Konsequenzen ansehe, die in der juristischen Literatur entwickelte Lehre im Rahmen des kaiserlichen Konsiliums, welchem er angehörte, praktisch anwende. In Übereinstimmung mit der *voluntas*-Theorie Julians konzentriere Marcellus sich auf die formell ausgedrückte Absicht, eine Begünstigung zu verfügen. Hier allerdings wäre zu fragen: Geht es bei einer *voluntas*-Theorie nicht vielmehr gerade nicht um die Formgültigkeit, sondern einen mit einem Akt zum Ausdruck gebrachten Willen, sei dieser wirksam erklärt oder auch nicht? Freilich ist *Avenarius* im Ergebnis insofern zuzustimmen, als die Form die Privatautonomie schützt, indem sie sicherstellt, dass ein Individuum nur an ernst gemeinte Willenserklärungen gebunden ist und nur in dem selbstbestimmten Umfange. Siehe dazu schon oben S. 55.

1725 *Hausmaninger*, Benevolent and Humane, BUL Rev. 61 (1981) 1148; *Zülch*, Liber singularis (2001) 59.

1726 *Finkenauer*, Rechtssetzung Mark Aurels (2010) 20; *Müller-Eiselt*, Divus Pius constituit (1982) 196.

1727 *Biondi*, DRC II (1952) 387 Fn. 1.

Nach *Avenarius*[1728] interpretiert Marcellus das Verhalten des Testators im Hinblick auf die Vermächtnisse als zwei aufeinanderfolgende Akte: Das Aussetzen der Legate und deren potentielle spätere Aufhebung. Im ersten Akt ist die Absicht klar ermittelbar: Der Testator will die betreffenden Personen begünstigen. Der zweite Akt hingegen ist unklar. Klar ist, dass selbst dann, wenn die Einzelverfügungen wie die Erbeinsetzung ausgestrichen worden wären, auch diese nach *ius civile* weiterhin gültig wären; ‚nur' das Kadukarrecht würde darauf reagieren, eben weil es auch dann Konsequenzen zulässt, wenn eine Intention formlos zutage tritt. Sicherer (*tutius*) erscheint es Marcellus daher, insofern bei der Lösung des *ius civile* zu bleiben, wonach Freilassungen und Legate ebenso wirksam bleiben wie die Erbeinsetzung[1729]; letztere wird nur kadukarrechtlich unbeachtlich.

Finkenauer geht hingegen vielmehr von einer Umdeutung aus: „das an sich unwirksame Testament wird aus Billigkeitsgründen als Kodizill aufrechterhalten, die Vermächtnisse werden, da es sich um ein nicht konfirmiertes Kodizill handelt, als Fideikommisse angesehen und vom Fiskus erfüllt"[1730].

Auf das *principium* dieses Textes bezogen, aber doch einen anderen Fall behandelnd[1731], ist im selben Fragment auch eine Entscheidung Mark Aurels zum Schicksal von Freilassungen in Testamenten, deren Erben ausgestrichen wurden, überliefert:

> Marcell. 29 dig., D. 28, 4, 3, 1: *Nomen servi, quem liberum esse iusserat, induxit. Antoninus rescripsit liberum eum nihilo minus fore: quod videlicet favore constituit libertatis.*

> Der Erblasser hatte auch den Namen eines Sklaven, dem er die Freiheit erteilt hatte, durchgestrichen. Mark Aurel erteilte den schriftlichen Bescheid, er werde gleichwohl frei sein. Dies hat er offenbar zur Begünstigung der Freiheit entschieden.[1732]

[1728] *Avenarius*, Benignior interpretatio, RLT 6 (2010) 12.

[1729] Auch *Hendel*, D. 28, 4, 3, ZRG RA 130 (2013) 419–431 will die Bedeutung des Begriffes *tutius* für die Entscheidung hervorheben: Der ‚Sicherheitsgedanke' habe dazu geführt, dass Marcellus eine Aufrechterhaltung im größtmöglichen Umfang anstrebte. Das entspreche auch der „Tendenz zur Wahrung des einmal Geschriebenen" (ibid. 426) bei der Gesetzesauslegung.

[1730] *Finkenauer*, Rechtssetzung Mark Aurels (2010) 20.

[1731] *Finkenauer*, Rechtssetzung Mark Aurels (2010) 22; *Voci*, DER II ^{2}(1971) 500–501. Anders *Stagl*, Glanz der Rhetorik, in: FS Winkel (2014) 877.

[1732] Übersetzung: *K/K/R/S-Rüfner*.

Ein Sklave wurde zum Erben eingesetzt und freigelassen[1733]. Dann wurde sein Name ausgestrichen. Mark Aurel entschied, dass zwar die Erbeinsetzung im Rahmen des Kadukarrechts unbeachtlich wird und der Fiskus zum Zuge kommt, die Freiheit aber zustehe.

Möglich ist, dass parallel zum ersten Fall sowohl eine Erbeinsetzung verfügt als auch derselbe Name bei einer Einzelverfügung angeführt wird: Im *principium* sind die Erben auch als Legatare erwähnt, in § 1 wird dem Sklaven die Freiheit gewährt. Nur in der ersten Klausel wird der Name gestrichen, in der zweiten Klausel bleibt er stehen[1734]. Für § 1 ist angesichts der Praxis, die *heredis institutio cum libertate* als einheitliche Klausel zu formulieren – wenngleich mit zwei inhaltlichen Bestimmungen (‚*Stichus liber et heres esto*' oder ‚*Stichus heres et liber esto*') –, das Dilemma bei der Ausstreichung noch größer als bei den Erben, welchen an anderer Stelle im Testament unter Wiederholung ihres Namens etwas vermacht wird. Wollte er den Sklaven nur nicht mehr als Erben oder wollte er ihm auch die Freiheit nicht mehr gewähren? Mark Aurel entschied zugunsten der Freiheit im ersteren Sinne. So erscheint § 1 als Fortentwicklung der Entscheidung des *principium* und es wird auch verständlich, warum Mark Aurel sich dabei auf den *favor libertatis* beruft[1735], was nicht nötig gewesen wäre, wenn er schlicht die bereits getroffene Entscheidung zur Vermächtnisbegünstigung des Erben auf die Freilassung des Erben umgelegt hätte. Es muss jedoch die einheitliche Klausel in zwei getrennte Klauseln umgedeutet werden, von welchen die eine infolge des Kadukarrechts hinfällig wurde, die andere jedoch wirksam blieb; dies wurde mittels Fiktion erreicht.

1733 IdS. *Wieling*, Testamentsauslegung (1972) 145; *García Sánchez*, D. 28, 4, 3, 1, in: Studi Sanfilippo III (1983) 316 und *Finkenauer*, Rechtssetzung Mark Aurels (2010) 23, wobei letzterer ibid. 22 auch auf eine andere Deutungsmöglichkeit verweist: Andere könnten als Erben eingesetzt und außer deren Name auch der Name des Sklaven bei der (einfachen) *manumissio testamentaria* ausgestrichen worden sein (idS. *Ankum*, Freilassungsrecht, in: Unfreie Arbeits- und Lebensverhältnisse [2005] 84 Fn. 13). Zu Recht verwirft *Finkenauer* diese Ansicht aber ebenso wie die Möglichkeit, (nur) die Freilassungsanordnung sei getilgt, aber vom Kasier aufrechterhalten worden (so das Verständnis bei *Pfaff*, Favor libertatis [1894] 28).

1734 Vgl. *Finkenauer*, Rechtssetzung Mark Aurels (2010) 23.

1735 Der Verdacht von *García Sánchez*, D. 28, 4, 3, 1, in: Studi Sanfilippo III (1983) 321, dass es sich hierbei um ein nachklassisches Glossem handelt, ist unbegründet.

3. *Translatio legati* und *translatio fideicommissi*

Nach *ius civile* hat nur ein wirksames zweites Legat, welches den Begünstigten abändert[1736], Widerrufseffekt; durch das jüngere Legat ist das ältere Legat aufgehoben. *Iure praetorio* gilt ein älteres Legat hingegen auch bei einer bloßen ‚*translatio*' als *ademptum*. Die ältere Doktrin hatte dabei *animus adimendi* unterstellt, während eine jüngere Lehre die typische Funktion des Instituts vielmehr darin sieht, den Begünstigten zu ersetzen; es folge daher auch hier aus der Ersetzung selbst die Unwirksamkeit des älteren Legats. Zuletzt wurde vertreten, dass die translative Disposition in eine widerrufende Disposition umgedeutet wurde. Das bedeutet: Die *translatio* beinhaltet einen Akt der *ademptio* und *datio legati*[1737].

Vergleichend dazu ist auch die *translatio fideicommissi* zu betrachten:

> Scaev. 22 dig., D. 34, 4, 30, 1: *Titia testamento Seiam libertam eandemque collactaneam ex parte duodecima heredem instituerat, Pamphilo liberto suo praedia per fideicommissum dedit, in quibus et σύγκτησιν praediorum quae appellabatur circa colonen: eidem liberto postea per epistulam alias etiam res donavit, in quibus de Seia et Pamphilo ita est locuta: ‚Τιτία τοῖς κληρονόμοις μου καίρειν. βούλομαι βέβαια εἶναι τὰ ὑποτεταγμένα, ὅσα ἔφθασα εἰς τὸ ὄνομα τὸ Παμφίλου πεποιηκέναι. ἐαν Σεΐα ἡ σύντροφός μου κληρονόμος μὴ γένηται, ἐξ οὗ γέγραφα αὐτῇ δοθῆναι τὴν σύγκτησιν τὴν περὶ Κολώνην'. quaesitum est, cum Seia liberta omissa parte hereditatis ei testamento adscripta ex codicillis fideicommissum, id est σύγκτησιν circa colonen, eligat, an, si Pamphilus ex causa fideicommissi eadem praedia vindicet, doli mali exceptione summoveri debeat. respondit translatum videri fideicommissum praediorum, id est σύγκτησιν quae est circa colonen, in Seiam libertam.*

Titia setzte in ihrem Testament Seia, ihre Freigelassene und Milchschwester, zu einem Zwölftel als Erbin ein und wendete ihrem Freigelassenen Pamphilus Grundstücke durch Fideikommiss zu. Darunter befanden sich auch einige, die als ‚Ländereien bei Kolone'[1738] bezeichnet wurden. Dem genannten Freigelassenen schenkte sie später in einem Brief noch weitere Gegenstände und sagte dabei folgendes im Hinblick auf Seia und Pamphilus: ‚Titia grüßt ihre Erben. Ich will, dass alle

---

[1736] Praktisch denkbar etwa in testamentarisch bestätigten Kodizillen, welche als „Fortführung des Testamentstextes" (*Rüfner*, Testamentum, in: HRPR [2023] § 18 Rn. 49) gelten.

[1737] Vgl. zum Thema *Talamanca*, Revoca, in: Studi Betti IV (1962) 181–348, der allerdings von weitgehenden Textveränderungen ausgeht. Zur *translatio legati* bei Verfügungen zugunsten von *liberti et libertae* vgl. insbes. auch *Tamayo Errazquin*, Libertis libertabusque (2007) 260–283 mwN.

[1738] Oder ‚beim Hügel': *Kaiser*, Modestin D. 31,34,1, in: DG Nishimura (2018) 104.

untenstehenden Bestimmungen, die ich schon früher zugunsten des Pamphilus getroffen habe, Bestand haben. Wenn Seia, meine Milchschwester, nicht meine Erbin zu dem Anteil wird, den ich für sie ausgeworfen habe, will ich, dass ihr die Ländereien bei Kolone gegeben werden'. Es wurde angefragt ob dann, wenn Seia den ihr im Testament zugewendeten Erbanteil ausschlägt und das Fideikommiss aus dem Kodizill, das heißt die Ländereien bei Kolone, wählt, Pamphilus mit der Einrede der Arglist abgewiesen werden müsse, sofern er aufgrund des [ihm hinterlassenen] Fideikommisses dieselben Grundstücke herausverlangt. Scaevola hat entschieden, das Fideikommiss bezüglich der Grundstücke, das heißt der Ländereien, die bei Kolone liegen, sei ersichtlich auf die Freigelassene Seia übertragen worden.[1739]

Einerseits gibt es ein förmliches Testament: Seia, Freigelassene und Milchschwester der Erblasserin Titia, wird zu einem Zwölftel als Erbin eingesetzt. Im selben Testament wird Pamphilus, ebenfalls ein Freigelassener der Titia, per Einzelzuwendung begünstigt: Ihm sollen – als Fideikommiss (*per fideicommissum dedit*) – Grundstücke zukommen. Es folgt ein Brief[1740], in welchem einerseits weitere Zuwendungen an Pamphilus erfolgten (*donavit*), andererseits aber auch die Erben belastet werden. Dieser Brief ist als Kodizill anzusehen; der Text spricht denn auch im weiteren Verlauf nicht mehr von *epistula*, sondern von *codicilli*. Die Verfügungen werden in Fideikommissform auf Griechisch angeordnet (βούλομαι). Dabei werden die Verfügungen des Testaments teilweise bestätigt, teilweise widersprechen die Anordnungen dieses Briefes jedoch dem zuvor aufgesetzten Testament: So sollte der Freigelassene Pamphilus laut Testament (unter anderem) die Grundstücke bei Kolone erhalten, während er ausweislich des Briefes zwar alles erhalten solle, was ihm bereits zugewendet worden war, gleichzeitig aber diese Grundstücke an Seia fallen sollten, falls jene nicht Erbin werden würde. Nach Ausschlagung der Erbschaft fordert Seia eben diese Grundstücke. Scaevola entschied, dass die *confirmatio* des Fideikommisses an Pamphilus an die Bedingung geknüpft sei, dass Seia Erbin werde. Die *translatio* der Begünstigung impliziert damit eine *revocatio* der Zuwendung im Testament[1741].

1739 Übersetzung: *K/K/R/S-Rüfner*.

1740 Wohl *per epistulas* statt *epistulam* zu lesen aufgrund des nicht zum Singular passenden nachfolgenden *in quibus*: *Kaiser*, Modestin D. 31,34,1, in: DG Nishimura (2018) 103.

1741 Vgl. *Häusler*, Letztwillige Verfügungen in griechischer Sprache, ZRG RA 133 (2016) 434.

XXI. Intestatfideikommisse

Nicht nur in Kodizillform konnten aus Fideikommiss klagbare Verpflichtungen auch bei Fehlen eines Testaments begründet werden: Intestatfideikommisse sind auch unabhängig von derartigen Dokumenten möglich. Voraussetzung ist allerdings, dass der Belastete aus dem Nachlass einen Vorteil zog und dass vom Erblasser sowohl diese Vorteilsziehung als auch die Beschwerung mit dem Fideikommiss bewusst erfolgte. Selbst wenn der Nachlass erbenlos an den Fiskus fiel, konnte der Erblasser den Fiskus wirksam mit Fideikommissen beschweren[1742]. Der Erblasser musste sich für die wirksame Beschwerung nur grundsätzlich im Klaren darüber sein, dass er intestat verstarb und wer den Nachlass aufgrund dieser Tatsache erwarb[1743]. Der Nachweis der erblasserischen Absicht ist freilich insbesondere dann erschwert, wenn es niemals eine Testamentsurkunde (die infolge einer ‚generellen Umdeutungsklausel' oder einer auch die Intestaterben betreffenden ‚Verstärkungsklausel' zu Intestatfideikommissen führen konnte) oder ein Kodizill gab, welches in irgendeiner Form darauf Bezug nahm, wen der Erblasser sich als seinen Universalrechtsnachfolger vorstellte.

Julian war diesbezüglich offenbar noch vergleichsweise ‚streng'; ein severisches Reskript führte sodann eine Lockerung herbei, die eine Art Umdeutung hinsichtlich der Person des Belasteten herbeiführen konnte:

1742 Marcian. 8 inst., D. 30, 114, 2.
1743 Paul. lib. sing. de iur. codicil., D. 29, 7, 8, 1.

> Ulp. 18 ad leg. Iul. et Pap., D. 31, 61, 1: *Iulianus quidem ait, si alter ex legitimis heredibus repudiasset portionem, cum essent ab eo fideicommissa relicta, coheredem eius non esse cogendum fideicommissa praestare: portionem enim ad coheredem sine onere pertinere. sed post rescriptum Severi, quo fideicommissa ab instituto relicta a substitutis debentur, et hic quasi substitutus cum suo onere consequetur adcrescentem portionem.*

> Julian sagt allerdings, wenn einer von zwei gesetzlichen Erben seinen Erbteil zurückgewiesen hatte, weil er mit Fideikommissen beschwert war, könne sein Miterbe nicht gezwungen werden, die Fideikommisse zu erfüllen; denn der Erbteil stehe dem Miterben ohne Belastung zu. Aber seit einem Reskript des Kaisers Septimius Severus (und des Caracalla), nach dem Fideikommisse, mit denen ein eingesetzter Erbe beschwert worden ist, von den Ersatzerben geschuldet werden, erwirbt auch dieser Miterbe wie ein Ersatzerbe den anwachsenden Erbteil zusammen mit seiner Belastung.[1744]

Zwar hatte der Erblasser nur einen seiner Intestaterben ausdrücklich belastet, während der andere Intestaterbe nicht erwähnt wird; dennoch schuldet der nach der Intention des Erblassers nicht Belastete das Fideikommiss, wenn der Belastete ausschlägt und sein Erbteil nun dem zunächst nicht belasteten Miterben anwächst. Dieses Ergebnis gewinnt Ulpian aus einer Analogie: In einem Reskript hatte Septimius Severus (und Caracalla) bei einem Testamentsfall ebenso entschieden.

Anders wurde bei einem Wechsel zwischen den ‚Graden' der Intestaterbfolge entschieden:

> Ulp. 1 fideic., D. 32, 1, 9: *Illud certe indubitate dicitur, si quis intestatus decedens ab eo, qui primo gradu ei succedere potuit, fideicommissum reliquerit, si illo repudiante ad sequentem gradum devoluta sit successio, eum fideicommissum non debere: et ita imperator noster rescripsit,*

> Folgendes lässt sich mit Sicherheit sagen: Wenn jemand, der testamentslos gestorben ist, ein Fideikommiss zu Lasten desjenigen hinterlassen hat, der ihn im ersten Grad hätte beerben können, und wenn, da dieser ausgeschlagen hat, die Erbschaft an den im [nächsten] Grad Folgenden gefallen ist, dann schuldet dieser das Fideikommiss nicht; und so hat unser Kaiser Antoninus Severus [Caracalla] auf Anfrage entschieden.[1745]

1744 Übersetzung: *K/K/R/S-Seiler.*

1745 Übersetzung: *K/K/R/S-Kupisch.*

Während also im Testamentsfall bei Substitution und im Intestatfall bei Anwachsung die für den Belasteten nicht wirksam werdende Beschwerung auf eine andere Person übertragen wird, ist beim Anfall an weiter entfernte Intestaterben keine vergleichbare Konversion hinsichtlich der Person des Belasteten vorgesehen.

XXII. Exkurs: Schenkungen unter Lebenden und Umdeutung in letztwillige Verfügungen

Generell ist zu konstatieren, dass kein Rechtsgeschäft unter Lebenden in ein Geschäft von Todes wegen umgedeutet werden kann, welches das Erbrecht nicht kennt[1746]. Dennoch kommt es mitunter dazu, dass ein Rechtsgeschäft unter Lebenden unwirksam ist, jedoch beim Tod eines Beteiligten Wirkungen hervorruft; dabei wird die rechtliche Grundlage abgeändert.

Bevor auf Fälle aus klassischer Zeit näher einzugehen ist, in welchen ein Geschäft unter Lebenden angestrebt wurde, jedoch als solches nicht wirksam werden konnte, während von Todes wegen Wirkungen eintraten, sei auf eine Beobachtung hinzuweisen, die zuletzt *Arces*[1747] besonders unterstrichen, jedoch bereits *Cugia*[1748] gemacht hat: Die ‚natura giuridica' der letztwilligen Verfügungen hat sich – sowohl hinsichtlich der Erbeinsetzung und der Belastung mit Legaten als auch im Fideikommissrecht – im Laufe der Zeit verändert: So war die ‚Erbeinsetzung', bevor sie als solche testamentarisch vorgenommen wurde, eine fiduziarische Vermögensübertragung *inter vivos* an einen *familiae emptor*, der die Nachlassgegenstände nach dem Tode des ‚Veräußerers' nach dessen Vorstellungen zu verteilen hatte; auch das Fideikommiss

[1746] *Cugia*, Indagini (1910) 31–32: „La *voluntas* non può trasformare in ereditario un tipo di negozio non riconosciuto dal diritto ereditario".

[1747] *Arces*, Disporre mortis causa (2013) 240.

[1748] *Cugia*, Indagini (1910) 36–37.

war zunächst eine Bitte unter Lebenden, welche nach dem Tod des Erblassers erfüllt werden sollte, bevor sie als Verfügung von Todes wegen dem Erbrecht zugeordnet und in diesem Rahmen klagbar wurde. Eine Änderung der ‚Rechtsqualität' erfolgte insofern schon durch den zwischenzeitlichen Wandel des Rechts an sich.

1. *Donatio mortis causa*

Ein Text im Codex-Titel zur *donatio mortis causa* befasst sich mit einem Fall, welcher von *Pennitz* als Umdeutungsfall identifiziert worden ist[1749]:

> Imp. Alexander A. Daphenae, C. 8, 56, 1: *Si donationi contineatur, ut altero defuncto ad alterum portio eorum quae donabantur pertineret, existente condicione, si mortis causa donatio perficiebatur, fideicommissi actio competit. PP. III k. Oct. Maximo II et Aeliano cons.* [a. 223]

> Wenn bei einer Schenkung vereinbart wird, dass, wenn der eine zuerst sterben sollte, sein Anteil dem anderen zukommen solle, steht die *actio fideicommissi* zu, wenn die Bedingung eintritt und die *donatio mortis causa* vervollständigt war.

Die anfragende Daphena wurde gemeinsam mit einer zweiten Person beschenkt und zwar – wie sich nicht nur aus dem durch die Kompilatoren im Titel hergestellten Zusammenhang, sondern auch aus der Schlusspassage des Textes ergibt – auf den Todesfall des Schenkers. Nebenabrede ist dabei, dass Daphena und der zweite Beschenkte, je nachdem wer von beiden vorher sterben würde, dem jeweils anderen den eigenen Anteil zukommenlassen sollte.

Pennitz vermutete, dass die *donatio* in Manzipationsform erfolgt sein dürfte, aber „ohne Sachübergabe, da sich der Erbe des Schenkers nach dessen Tod im Besitz der Schenkungsobjekte zu befinden scheint". Eine der beiden beschenkten Personen stirbt, nur die andere überlebt den Schenker, wodurch das Rechtsproblem entstand, wem der zweite Miteigentumsanteil gebührte. *Pennitz* schließt aus der im Text mitgeteilten Entscheidung: „Offenbar deutet der kaiserliche Jurist die *conditio* der *donatio mortis causa* in ein Fideikomiß um und gewährt daher der Beschenkten – zusätzlich zur *rei vindicatio* (*pro*

1749 *Pennitz*, Periculum (2000) 475 Fn. 118.

parte) – die *actio fideicommissi* bezüglich der zweiten Quote"[1750]. Somit wird zwar ein Rechtsgeschäft unter Lebenden angestrebt, welches aber aus einer letztwilligen Verfügung durchsetzbar wird.

2. Schenkung unter Ehegatten

Infolge einer *oratio Severi* wurde eine ungültige Schenkung unter Ehegatten dann, wenn sie nicht bis zum Tode widerrufen worden war, insofern wirksam, als die Erben des Schenkers die Sache vom Beschenkten, bei welchem sie sich befand, nicht zurückverlangen konnten:

> Ulp. 33 ad Sab., D. 24, 1, 32, pr.–2: *Cum hic status esset donationum inter virum et uxorem, quem antea rettulimus, imperator noster Antoninus Augustus ante excessum divi Severi patris sui oratione in senatu habita auctor fuit senatui censendi Fulvio Aemiliano et Nummio Albino consulibus, ut aliquid laxaret ex iuris rigore.* 1. *Oratio autem imperatoris nostri de confirmandis donationibus non solum ad ea pertinet, quae nomine uxoris a viro comparata sunt, sed ad omnes donationes inter virum et uxorem factas, ut et ipso iure res fiant eius cui donatae sunt et obligatio sit civilis et de Falcidia ubi possit locum habere tractandum sit: cui locum ita fore opinor, quasi testamento sit confirmatum quod donatum est.* 2. *Ait oratio ‚fas esse eum quidem qui donavit paenitere: heredem vero eripere forsitan adversus voluntatem supremam eius qui donaverit durum et avarum esse'.*

> Als die Rechtslage der Schenkungen unter Ehegatten so war, wie wir sie zuvor beschrieben haben, hat unser Kaiser Antoninus Augustus [Caracalla] vor dem Tod seines vergöttlichten Vaters Septimius Severus durch eine Rede vor dem Senat unter dem Konsulat des Fulvius Aemilianus und des Nummius Albinus einen Senatsbeschluss herbeigeführt, um die Strenge des Rechts zu mildern. 1. Die Rede unseres Kaisers über die Bestätigung von Schenkungen betrifft aber nicht nur das, was der Ehemann für seine Ehefrau gekauft hat, sondern alle Schenkungen unter Ehegatten, so dass die Sachen beim Tod dessen, der geschenkt hat, von selbst Eigentum des Beschenkten werden, eine [schenkweise begründete] Forderung zivilrechtlich verbindlich wird und hinsichtlich der Lex Falcidia erörtert werden muss, wo sie Anwendung finden kann. Sie ist meiner Ansicht nach so anzuwenden, wie wenn die Schenkung durch Testament bestätigt worden wäre. 2. In der Rede wird gesagt, dass ‚es im Einklang mit dem Recht steht, dass zwar derjenige, der geschenkt hat, bereut [also widerruft], dass es aber hart ist und die Habgier begünstigt, wenn etwa sein Erbe gegen den bis zuletzt aufrecht erhaltenen Willen des Schenkers [die Schenkung] dem Beschenkten entreißt.'[1751]

1750 *Pennitz*, Periculum (2000) 475 Fn. 118 mwN.

1751 Übersetzung: *K/K/S/B-Misera*.

Der schenkende Ehegatte hätte die *rei vindicatio* gehabt, seine Erben haben sie nun nicht mehr. Es kommt zu einem Eigentumsübergang beim Tod des Schenkers – wofür es eines Titels bedarf, der wohl durch eine Umdeutung in eine letztwillige Verfügung[1752] kreiert werden musste: Es ist offenkundig nicht die Schenkung, welche ‚geheilt' wird[1753], sondern ein vermächtnisrechtlicher Titel[1754], der die Grundlage des Eigentumsübergangs darstellt. Es dürfte allgemein üblich gewesen sein, derartige Schenkungen im Testament zu bestätigen und zwar idR. durch Fideikommiss[1755]. Selbst wo das nicht der Fall war, wurde eine derartige testamentarische Zuwendung fingiert, sodass die *lex Falcidia* anwendbar wurde: Dadurch wandelte die Zuwendung ihren Charakter von einer nichtigen Schenkung in ein wirksames Fideikommiss[1756].

1752 Vgl. zur Umdeutung aufgrund der *oratio Severi* eingehend auch *Giuffrè*, Conversione (1965) 239–284. Schon *Savigny* und *Arangio-Ruiz* – deren Auffassungen *Giuffrè* ibid. nachzeichnet – haben darin eine Ausprägung der Konversion erblickt.

1753 AA. *Schlei*, Schenkungen unter Ehegatten (1993) 81.

1754 Siehe jedoch *Gandolfi*, Rez. Giuffrè, IVRA 17 (1966) 427 dazu, dass neben einer testamentarischen Verfügung auch eine *donatio mortis causa* als Ergebnis der Umdeutung in Frage komme.

1755 *Siber*, Volksversammlungen, ZRG RA 53 (1933) 104–105.

1756 Vgl. *Misera*, Bereicherungsgedanke (1974) 87 Fn. 7 dazu, dass die *suprema voluntas* hier ‚auf Gesetz' beruhe.

XXIII. Verbindlichkeit des Unverbindlichen

Pomponius führt in seinem Kommentar zu Quintus Mucius aus, es komme häufig vor, dass Erblasser ihren Testamenten rechtlich unbeachtliche Äußerungen beifügten, um ihren Willen zum Ausdruck zu bringen, der aber nicht klagbar werden sollte. Dennoch wird ein Testator kaum davon ausgegangen sein, dass sein Wille tatsächlich keine Beachtung finden würde. Es ist in diesem Zusammenhang von einer gewissen moralischen Verbindlichkeit auch des rechtlich Unverbindlichen auszugehen. Das kann zu Spannungen im ‚Recht der Konversion' führen: Einerseits zeigt dieses Phänomen, wie sehr die Römer eine jedenfalls moralische Verpflichtung empfanden, den letzten Willen einer Person umzusetzen, selbst wenn sie mit juristischen Mitteln nicht dazu gezwungen werden konnten. Das wiederum könnte aber auch auf eine verstärkte Tendenz deuten, diesen Willen nach Möglichkeit doch auch klagsweise durchsetzbar zu machen, da es als ‚Unrecht' empfunden wurde, letztwillige Verfügungen nicht zu beachten. Andererseits weist es aber auch darauf hin, dass es eben eine moralische und keine rechtliche Verpflichtung ist; dementsprechend wird Raum gelassen, in welchem der Erbe es mit sich und seinem Gewissen ausmachen kann und muss, ob er den Anordnungen und einem damit möglicherweise verbundenen sozialen Druck[1757] Folge leistet

---

[1757] Vgl. auch *Babusiaux*, L'histoire du fidéicommis, in: Les empereurs et le droit (2024) 141–157 zu der Beobachtung, dass Testatoren häufig bereits zu ihren Lebzeiten letztwillig geplante Zuwendungen auf ihre Grab- und Ehrenmäler schreiben ließen, um

oder nicht. Schlussendlich ist außerdem eine gerichtliche Durchsetzbarkeit nicht notwendig, wo ohnehin eine freiwillige Entsprechung erfolgt.

Selbst bei formeller Nichtigkeit wurden Erklärungen des letzten Willens häufig beachtet. Die Belege zu diesem Umstand zeigen, dass es allgemein als angemessen erschien, einen letzten Willen prinzipiell stets zu befolgen und weisen auch darauf hin, dass man ihn stets für ‚gültig' hielt, sofern er nur deutlich genug festgestellt werden kann.

Dies kommt etwa bei Plinius (dem Jüngeren) mehrfach zum Ausdruck. Ganz allgemein führt er aus, dass er auch rechtlich unwirksame letztwillige Verfügungen beachte:

> Plin. Ep. 2, 16: *C. Plinius Annio suo s.* 1. *Tu quidem pro cetera tua diligentia admones me codicillos Aciliani, qui me ex parte instituit heredem, pro non scriptis habendos, quia non sint confirmati testamento; quos ius ne mihi quidem ignotum est, cum sit iis etiam notum, qui nihil aliud sciunt.* 2. *sed ego propriam quandam legem mihi dixi, ut defunctorum voluntates, etiamsi iure deficerentur, quasi perfectas tuerer. Constat autem codicillos istos Aciliani manu scriptos.* 3. *licet ergo non confirmati testamento, a me tamen ut confirmati observabuntur, praesertim cum delatori locus non sit.* 4. *nam si verendum esset ne quod ego dedissem populus eriperet, cunctantior fortasse et cautior esse deberem; cum vero liceat heredi donare, quod in hereditate subsedit, nihil est quod obstet illi meae legi, cui publicae leges non repugnant. Vale.*
>
> C. Plinius grüßt seinen Annius. 1. Du erinnerst mich mit Deiner gewohnten Sorgfalt daran, dass das Kodizill des Acilianus, der mich zum Teilerben eingesetzt hat, als ungültig angesehen werden muss, weil es nicht durch das Testament bestätigt wurde. Dieser Rechtsstandpunkt ist nicht einmal mir unbekannt, da er sogar denen bekannt ist, die sonst nichts wissen. 2. Aber ich habe mir sozusagen ein eigenes Gesetz gegeben, dass ich den Willen Verstorbener gleichsam als vollkommen gültig befolge, auch wenn er juristische Mängel aufweist. Es steht aber fest, dass dieses Kodizill von Acilianus eigenhändig geschrieben ist. 3. Mag es also nicht durch das Testament bestätigt sein, so wird es doch von mir beachtet, als wäre es bestätigt, zumal für einen Denunzianten kein Platz ist. 4. Denn wenn zu befürchten wäre, das Volk werde das, was ich von der Erbschaft abgegeben habe, an sich reißen, so müsste ich vielleicht bedächtiger und vorsichtiger sein; aber da der Erbe verschenken darf, was er bei der Erbschaft bekommen hat, so gibt es nichts, was meinem

---

dadurch nicht nur ihre Freigiebigkeit zu demonstrieren, sondern durch die dadurch gewährleistete Publizität auch zu verhindern, dass die Erben sich ihren diesbezüglichen Verpflichtungen entziehen würden.

eigenen Gesetz, dem die staatlichen Gesetze nicht widersprechen, im Wege steht. Lebe wohl![1758]

Der Brief dürfte 100 oder 101 n. Chr. verfasst worden sein[1759]. Plinius stellt darin fest, dass Kodizille, welche neben einem Testament vom selben Erblasser hinterlassen, aber nicht testamentarisch bestätigt seien, keine Gültigkeit hätten. Da er aber sicher sei, dass das Kodizill von Acilianus, dessen Testamentserbe er (mit anderen Teilerben) war, eigenhändig verfasst worden war, wolle er dessen Anordnungen dennoch befolgen, weil er auch solche Erblasserwillen, welchen *iure deficerentur* als *quasi perfectas* beachte; er dürfe schließlich verschenken, was er erhalten habe.

Auch Sklaven errichteten mitunter ‚Testamente', denen freilich keine rechtliche ‚Gültigkeit' zukommen konnte; dennoch scheinen ihre Herren diese regelmäßig anerkannt zu haben, wie nicht nur die inschriftliche Überlieferung, sondern auch eine weitere Passage bei Plinius (Plin. Ep. 8, 16: … *quod permitto servis quoque quasi testamenta facere ut legitima custodio*) belegt[1760].

Auch bloß mündliche Bitten, welche weder im Testament noch in Form eines schriftlichen Kodizills nachweisbar sind, wurden beachtet und das wurde auch allgemein erwartet. Einen derartigen Fall schildert etwa Cicero (freilich noch vor Einführung der Klagbarkeit von Fideikommissen).

Cic. fin. 2, 58: *si te amicus tuus moriens rogaverit, ut hereditatem reddas suae filiae, nec usquam id scripserit, ut scripsit Fadius, nec cuiquam dixerit, quid facies? tu quidem reddes; ipse Epicurus fortasse redderet, ut Sextus Peducaeus, Sex. f., is qui hunc nostrum reliquit effigiem et humanitatis et probitatis suae filium, cum doctus, tum omnium vir optimus et iustissimus, cum sciret nemo eum rogatum a Caio Plotio, equite Romano splendido, Nursino, ultro ad mulierem venit eique nihil opinanti viri mandatum exposuit hereditatemque reddidit.*

Was würdest Du tun, wenn Dein sterbender Freund Dich gebeten hätte, seine Hinterlassenschaft der Tochter weiterzugeben, ohne das irgendwie schriftlich

---

[1758] Übersetzung: *Philips/Giebel*, Plinius Epistulae (2010) *ad loc.*

[1759] *Tellegen*, Pliny (1982) 30. Zum Brief ibid. 30–47.

[1760] Dazu *Avenarius*, CRRS IV.3 (2017) 8 (mwN. in Fn. 59), 19–20; *Buchwitz*, Servus alienus heres (2012) 234 (mwN. in Fn. 592); *ders.*, Servus servo heres, in: Fontes iuris (2013) 141–159 (149–151 zu den Rechtswirkungen eines ‚Sklaventestaments' hinsichtlich der Berechtigung, Bestattungskosten von einem Begräbnisverein refundiert zu erhalten).

niedergelegt zu haben, wie Fadius das tat, und wenn er es auch sonst keinem Menschen gesagt hätte? Du wirst die Erbschaft ja unstreitig abliefern; vielleicht würde selbst Epikur sie herausgeben, wie Sextus Peducaeus es tat, ein Sohn des Sextus, der eben in diesem unserem Freunde einen Sohn hinterließ als echtes Ebenbild der Menschenliebe und Redlichkeit seiner selbst. Dieser feingebildete und vor allem rechtschaffene und gerechte Mann war von Gaius Plotius, einem ausgezeichneten römischen Ritter aus Nursia, um eine Gefälligkeit gebeten worden, ohne dass sonst ein Mensch davon wusste. Er kam dann auch ohne besondere Aufforderung zu der Frau, die nichts ahnte, setzte ihr den Auftrag ihres Mannes auseinander und lieferte ihr die Erbschaft aus.[1761]

C. Plotius[1762] hatte S. Peduceus[1763] zum Erben eingesetzt. Er bittet ihn mündlich, ohne dies schriftlich festzuhalten bzw. ohne auch nur sonst eine weitere Person darüber zu informieren – auch die Witwe wusste nichts davon –, dass er die Erbschaft an seine Witwe herausgeben möge. Peduceus kam dieser Bitte ohne weiteres nach. *Schanbacher* schließt daraus, „dass es sich so gehörte“[1764]. Es bestand also eine unerzwingbare moralische ‚Verpflichtung‘, welche in der Regel von anständigen Bürgern erfüllt wurde.

Das zeigt sich auch in einem weiteren Plinius-Brief im Zusammenhang mit einem nicht wirksam freigelassenen, aber mittels Vermächtnisses begünstigten Sklaven:

Plin. Ep. 4, 10: *C. Plinio [Statio] Sabino suo s.* 1. *Scribis mihi Sabinam, quae nos reliquit heredes, Modestum servum suum nusquam liberum esse iussisse, eidem tamen sic adscripsisse legatum: ‚Modestum quem liberum esse iussi‘. Quaeris quid sententiam. Contuli cum peritis iuris.* 2. *convenit inter omnes nec libertatem deberi quia non sit data, nec legatum quia servo suo dederit. Sed mihi manifestus error videtur, ideoque puto nobis quasi scripserit Sabina faciendum, quod ipsa scripsisse se credidit.* 3. *Confido accessurum te sententiae meae, cum religiosissime soleas custodire defunctorum voluntatem, quam bonis heredibus intellexisse pro iure est. Neque enim minus apud nos honestas quam apud alios necessitas valet.* 4. *moretur ergo in libertate sinentibus nobis, fruatur legato quasi omnia diligentissime caverit. Cavit enim, quae heredes bene elegit. Vale.*

C. Plinius grüßt seinen Statius Sabinus. Du schreibst mir, Sabina, die uns testamentarisch als Erben eingesetzt hat, habe nirgends bestimmt, dass ihr Sklave Modestus frei sei; dennoch habe sie ihm ein Legat mit folgenden Worten vermacht: ‚Für

---

1761 Übersetzung: *Kabza*, Cicero De finibus (1960) *ad loc.*

1762 Ein angesehener Ritter aus Nursia.

1763 Prätor 77, Proprätor Siziliens 76/75 v. Chr.

1764 *Schanbacher*, Umgehungsstrategien, in: Klauselgestaltungen (2022) Fn. 200–201.

Modestus, dessen Freilassung ich bestimmt habe'. Du fragst nach meiner Meinung. Ich habe mich mit Fachleuten beraten. 2. Alle stimmen darin überein, dass ihm weder die Freiheit zustehe, da sie ihm nicht ausdrücklich geschenkt worden sei, noch das Legat, weil sie es ihm als ihrem Sklaven vermacht habe. Aber mir scheint ein offensichtlicher Irrtum vorzuliegen; und deshalb meine ich, wir müssten so verfahren, als ob Sabina geschrieben habe, was sie selbst glaubte, geschrieben zu haben. 3. Ich vertraue darauf, dass Du Dich meiner Meinung anschließen wirst, da Du sehr gewissenhaft den Willen Verstorbener zu beachten pflegst, der anständigen Erben als verbindlich gilt, wenn sie ihn richtig verstanden haben. Denn bei uns vermag Rechtschaffenheit nicht weniger als bei anderen der Zwang. 4. Modestus soll also mit unserer Zustimmung frei bleiben, er soll auch in den Genuss seines Legates kommen, als ob sie alle gesetzlichen Vorschriften genau beachtet hätte. Sie hat sie nämlich beachtet, da sie die Erben gut ausgewählt hat. Lebe wohl![1765]

Plinius schreibt seinem Miterben, dass eine sie belastende Verfügung nach Ansicht der *iuris periti* nichtig war: Dem eigenen Sklaven, der nicht auch freigelassen worden war, konnte nicht wirksam vermacht werden. Unter Betonung der *honestas* führt er aus, dass es sich um einen offensichtlichen Irrtum der Erblasserin gehandelt habe, die fälschlich behauptet hatte, den Sklaven auch freigelassen zu haben; er wolle daher ihren Willen befolgen, da sie sich die richtigen Erben gesucht habe; sowohl Freiheit als auch Vermächtnis wolle er daher leisten.

Auch in einem anderen Fall, dem Testament des Saturninus, habe er trotz der unwirksamen Erbeinsetzung einer Stadtgemeinde (Como) den Willen des Erblassers beachtet:

Plin. Ep. 5, 7, 1: … *hoc, si ius adspicias, inritum, si defuncti voluntatem, ratum et firmum est.*

Das ist, wenn man nur das Recht berücksichtigt, ungültig, wenn aber den Willen des Verstorbenen, gültig und unumstößlich.[1766]

Das *municipium* wurde zu einem Viertel als Erbe eingesetzt, wobei die entsprechende Quote mit einem *legatum per praeceptionem* belastet wurde. Dieses Legat hat Plinius als Alleinerbe ausgefolgt, obwohl es seinen Erbteil nicht betroffen hätte.

1765 Übersetzung: *Philips/Giebel*, Plinius Epistulae (2010) *ad loc.*
1766 Übersetzung: *Philips/Giebel*, Plinius Epistulae (2010) *ad loc.*

Auch ohne ‚Umdeutung' hat man die ‚unwirksamen' Verfügungen daher beachtet, sofern nur der Erblasserwille festgestellt werden konnte. Hielt man sich nicht daran, so konnte man in diesen Fällen nicht dazu gezwungen werden; das gesellschaftliche Ansehen hätte aber schwer gelitten.

XXIV. *Conclusio*

Trotz der ‚Strenge', welche herrschte, wenn es darum ging, zu beurteilen, ob eine Verfügung der einen oder anderen Art nach *ius civile* tatsächlich wirksam vorlag, ließ sich in der vorliegenden Untersuchung ein mehr oder weniger weitgehender ‚Pragmatismus'[1767] beobachten, wenn es darum ging, dass zwar die ‚strengen' Erfordernisse nicht erfüllt waren und damit die ‚Gültigkeit' einer Verfügung in der angestrebten Weise zu verneinen war, aber dennoch eine Erreichbarkeit des angestrebten Zieles gewährleistet werden sollte, was sich nur auf juristisch ‚anderem Wege' bewerkstelligen ließ. Einmal mehr zeigt sich, dass der den römischen Juristen nachgesagte ‚Konservativismus' ebenso zutreffend ist wie die ihnen attestierte Hinwendung zu praxistauglichen Lösungen: Das *ius civile* ‚aufzuheben' maßte man sich nicht an; zu groß war die Achtung vor dem Althergebrachten, dem Recht, nach welchem schon die ‚Väter' lebten, zu groß vielleicht auch der Stolz auf das kulturelle Erbe, zu welchem das Recht unstreitig zählte. Dennoch reagierte man auf die Bedürfnisse der Praxis, was im Erbrecht ebenso wie in anderen Rechtsgebieten in erster Linie dadurch geschah, dass die bekannten Rechtsinstitute auf andere Weise nutzbar gemacht bzw. neue geschaffen wurden, welche in das bestehende Gefüge eingepasst wurden, es ergänzten und damit indirekt auch veränderten.

[1767] Im umgangssprachlichen Sinne, wonach das gewünschte praktische Ergebnis über die theoretisch korrekte Umsetzung gestellt wird (iSv. ‚Was nicht passt, wird passend gemacht'). Zur philosophischen Tradition siehe demgegenüber nur den Überblick bei *Schubert/Wenzel/Joas/Knebel*, Pragmatismus ^{2}(2020).

Es hat sich gezeigt, dass eine ‚Konversion' auf verschiedenen Ebenen ansetzen konnte. Das *SC Neronianum* beispielsweise gehörte als *senatus consultum* dem Normenbestand des *ius civile* an[1768]. Es stellte aber inhaltlich eine ‚Empfehlung' an die Magistrate dar, welche jene im Rahmen ihrer Amtsführung umzusetzen hatten[1769]. Auch die *regula Sabiniana* zählte – als Fall der *interpretatio prudentium* – zum *ius civile*[1770]. Es kam auch vor, dass kaiserliche Reskripte als ‚*ius novum*' vorgaben, wie bei einer bestimmten mangelhaften Verfügung zu verfahren sei; sie griffen dadurch mitunter in das bestehende *ius civile* ein, jedoch lag die Umsetzung ebenso wie in den Fällen der Erteilung des Nachlassbesitzes trotz formaler Mängel als ‚Honorarrecht' oder bei Anwendung des Fideikommissrechts in den Händen des Prätors: Er gewährte im Fall des Vindikationslegats fremder Sachen eine (ggf. angepasste) *actio ex testamento*, obwohl dem Testamentswortlaut nach eigentlich eine *rei vindicatio* zuständig gewesen wäre, welche aber mangels dinglichen Rechts nicht erfolgreich erhoben werden könnte. Er wies in den Nachlassbesitz *secundum tabulas* ein bzw. gewährte eine *hereditatis petitio*, obwohl die Regeln des *ius civile* bei der Erbeinsetzung nicht beachtet wurden und etwa statt Quoten bestimmte Gegenstände zugewiesen worden sind. Er blendete unzulässige Passagen aus (‚strich' sie) und erreichte damit ein Ergebnis, von welchem anzunehmen war, dass es insbesondere dem Erblasserwillen eher entsprach als der völlige Wegfall der *heredis institutio* und damit des gesamten Testaments oder auch bestimmter Einzelverfügungen. Im *iudicium familiae erciscundae* konnten Zuwendungen an die Erben durch den *arbiter* berücksichtigt werden, selbst wenn die Vermächtnisform nicht wirksam eingehalten wurde. Der Prätor gewährte mitunter sogar Klagen gegen andere Personen, als der Erblasser vorhergesehen hatte, wie bspw. beim *fideicommissum a debitore relictum*. Manchmal konnte zwar der *praetor urbanus* nicht helfend eingreifen, doch der *praetor fideicommissarius* hatte im Rahmen der Kognition einen weiteren Ermessensspielraum. Beide konnten sie aber die Rechtslage nach *ius civile* nicht ändern. Wer unwirksam eingesetzt wurde, der mag zwar im

---

1768 Siehe nur Gai. 1, 4.

1769 Vgl. statt vieler *Waldstein/Rainer*, RG [12](2024) 195 (§ 27 Rn. 13).

1770 Gai. 1, 7.

Ergebnis den Nachlass erlangen, nicht aber die *heres*-Stellung; diese konnte er allenfalls im Anschluss ersitzen[1771].

Damit der Prätor der ihm zugedachten Aufgabe nachkommen konnte, mussten die Parteien gründliche Vorarbeit leisten: Sie hatten insbesondere einen Formelentwurf beizubringen und sich schon im Vorfeld auf ein Streitprogramm zu einigen. Namentlich der Kläger musste bereits vorab mit dem Beklagten in Kontakt getreten sein und sich im Idealfall juristischen Beistand gesucht haben. Der Prätor konnte allerdings beratend eingreifen und auch Änderungen am Formelentwurf anordnen, bevor er das Prozessprogramm erließ oder die Klage denegierte. So wird auch in den Konversionsfällen die Formel im Zusammenwirken der Parteien untereinander unter Mitwirkung des Prätors in geeignete Form gebracht worden sein. Die beratende Rolle der Juristen ist dabei von nicht zu unterschätzender Bedeutung.

In allen untersuchten Fällen ging es in gewisser Weise um die Verwirklichung des Erblasserwillens und immer bedurfte es dabei einer Interpretation, selbst wenn eine generelle Zweifelsregel bestand oder eine ausdrückliche Erklärung vorlag. Dieser Wille konnte aus einer bestimmten Formulierung oder dem Aufbau der Testamentsurkunde ableitbar gewesen sein, musste ggf. aus anderen, außerhalb des Testaments selbst liegenden Umständen erschlossen werden oder wurde mangels konkreter Anhaltspunkte aufgrund einer Zweifelsregel vorausgesetzt. Die Regelungen des römischen Testamentsrechts dienten in erster Linie dazu, dass der Wille des Erblassers auf möglichst sichere Weise niedergelegt werden konnte, sodass er einerseits ermittelbar war und andererseits die Erklärung nicht nachträglich verfälscht werden konnte. Verstieß ein Erblasser gegen diese eigentlich zu seinem eigenen Schutz bestehenden Vorschriften, so war einerseits diese sichere und unverfälschte Feststellung des letzten Willens problematisch und andererseits stellten sich Interessenkonflikte unter den Hinterbliebenen ein; hier war der Jurist berufen, unter möglichst umfassender Berücksichtigung des Erblasserwillens einen dem Fall angemessenen Ausgleich zu finden. Ein Instrument, das hierbei zur Verfügung stehen konnte, war die ‚Konversion'.

Stand man vor einer letztwilligen Verfügung, welche so, wie sie formuliert war, nicht wirksam werden konnte, so war in einem ersten Schritt

---

[1771] Siehe nur oben S. 302 mit Fn. 936.

zu überlegen, ob die Nichtigkeit oder die Aufrechterhaltung in anderer Form dem Erblasserwillen eher entsprach. Die Dreiteilung in ‚willentliche', ‚gesetzliche', und ‚interpretative' Konversion beschreibt demnach nur, ob eine ausdrückliche Willenserklärung vorliegt oder nicht; bzw. wenn keine solche vorliegt, ob eine generelle Zweifelregel besteht, was in einem solchen Fall typischerweise gewollt war. Nach der Feststellung des Erblasserwillens musste erst überprüft werden, ob im konkreten Fall eine Klage überhaupt möglich war, wenn die *actio*, die aufgrund des Wortlauts eigentlich zuständig gewesen wäre, aus rechtlichen Gründen nicht in Frage kam oder sich auf etwas anderes gerichtet hätte, als es dem Willen des Erblassers entsprach. Nicht in jedem Fall konnte diesem Willen freilich entsprochen werden; bisweilen bestanden unüberwindbare rechtliche Schranken[1772].

Soweit möglich, legten die interpretierenden Juristen den Testamentsklauseln eine Bedeutung bei, welche zu einer Wirksamkeit auch auf Ebene des *ius civile* verhalf. Häufig bedienten sie sich dabei einer Fiktion. Leitbild ist auch dabei der Wille des Erblassers[1773]. So kam es in Fällen wie der *causa Curiana* und bei der *invicem*-Substitution zur Ersatzerbschaft, auch wenn dem Wortlaut nach nur die Nacherbschaft angeordnet zu sein scheint (hier war also keine Klagsanpassung notwendig). Trotz der ‚Umdeutung' war der Erwerb der Erbenstellung nach *ius civile* möglich und es wurden auch die zivilen Klagen gewährt. Mitunter wurden die betreffenden Klagen zwar gewährt, aber einem anderen als es ausweislich des Testamentstextes der Fall war. Im Anwendungsbereich des *SC Neronianum* hingegen wurde wohl keine Vindikation, sondern eine (angepasste) persönliche Klage gewährt.

Aus Sicht der ‚Rechtsunterworfenen' war es wohl irrelevant, wie das von ihnen gewünschte Ziel erreicht wurde. Für sie wird lediglich von Interesse gewesen sein, dass es erreicht wurde. Zu vermuten ist daher auch, dass es wichtiger war, die Einweisung in den Nachlassbesitz zu erreichen als die zivile Erbenstellung, welche sich auch beim bloßen Nachlassbesitzer durch Zeitablauf ohnehin von selbst einstellte. Dass der Prätor Rechtsschutz gewähren würde, steht damit im Vordergrund, auch für die Urkundenschreiber. Der

---

1772 Vgl. etwa *Manthe*, SC Pegasianum (1989) 123 zu einer Entscheidung gegen den Erblasserwillen, um dem Gesetz zu folgen.

1773 Siehe nur Paul. 3 ad Sab., D. 50, 17, 12: *In testamentis plenius voluntates testantium interpretamur.*

Einschätzung, dass die Kautelarjuristen das Eingreifen des Prätors gerade vermeiden wollten und sie daher das Honorarrecht nur am Rande interessierte[1774], kann daher nicht beigetreten werden. Für die Erblasser, Nachlassgläubiger, Erben, Vermächtnisnehmer, testamentarisch Freigelassenen oder zu Vormündern Bestellten kam es darauf an, wie die ‚Oberfläche' im Sinne des sie praktisch betreffenden Rechts gestaltet war. Ob und welche ‚Rechtsschichten' hinter der Entscheidung des Prätors standen, war dabei aus ihrer Sicht wohl nachrangig. Die Juristen freilich mussten argumentieren, für sie war sehr wohl von Interesse, aus welchen ‚Bausteinen' sich ihre Argumentation zusammensetzte, um zu überzeugen und die ‚Oberfläche' des praktisch ‚geltenden Rechts' zu gestalten. Am Ringen um die – sich von Zeit zu Zeit wandelnde – Zusammensetzung dieser Oberfläche als Mosaik aus Elementen der verschiedenen Rechtsschichten lassen sie uns durch ihre Schriften teilhaben.

1774 *Strobel*, Testamentsurkunden (2014) 17 Fn. 19.

XXV. Zusammenfassung

I. Kapitel

Angesichts der zentralen Rolle des Erbrechts für die Entwicklung des römischen Rechts fügt es sich gut in das Gesamtbild, dass auch die Idee einer ‚Konversion' sich aus dem Testamentsrecht heraus entwickelt hat, zumal der *favor testamenti* das Anliegen einer ‚Rettung' defekter Verfügungen nahelegt. Die Wahrnehmung des Testaments als privatautonome Verwirklichung des rechtgeschäftlichen Willens in der klassischen Zeit führte zu einer Betonung der *voluntas testatoris*. Auch wenn Ulpian in einem sachlich passenden Fall von ‚*convertere*' spricht, wurde eine spezifische Terminologie für das Phänomen der heute sog. ‚Konversion' in römischer Zeit noch nicht entwickelt und verdankt sich erst *Harpprechts* Inauguraldissertation von 1747. Auch im geltenden Recht wird nach wie vor diskutiert, ob es sich dabei um einen Fall der Auslegung handelt oder ein eigenständiges, von der Auslegung zu unterscheidendes Rechtsinstitut. Für das römische Recht lässt sich eine solche Unterscheidung schon mangels allgemeiner Rechtsgeschäftslehre nicht treffen. Untersucht wurde in der vorliegenden Arbeit die Vorgehensweise der römischen Juristen in Fällen, wo trotz ‚an sich' gegebener Unwirksamkeit einer letztwilligen Disposition (in der primär angestrebten bzw. *prima facie* vorliegenden Form) dem Begünstigten eine Durchsetzbarkeit gewährt wurde, auch wenn sie ihrer Art nach ggf. einem anderen Typ zuzuordnen wäre als es der ursprünglich intendierten Form entsprechen würde oder sich gegen eine andere Person richtet als es dem Wortlaut nach vorausgesetzt wäre oder sogar einer anderen Person zugute kam.

Anhand der überlieferten Praxisurkunden wurde ein Aufbau der Arbeit entwickelt, der dem eines klassischen römischen Testaments folgt, wie es typischerweise beurkundet wurde. Ziel war es, jede dort einigermaßen ‚standardmäßig' vorkommende Klausel auf die Fehlerquellen hin zu untersuchen, welche in den Juristenschriften diskutiert werden, sowie die Frage zu erörtern, wann und unter welchen Voraussetzungen dennoch rechtliche Durchsetzbarkeit gewährt wurde. Abschließend wurden auch mögliche nachträgliche sowie außerhalb von Testamenten stehende letztwillige Verfügungen behandelt und die praktischen Auswirkungen gerichtlich nicht durchsetzbarer ‚Wünsche' des Erblassers dargestellt.

II. Kapitel

Die relevanten Originalurkunden beschränken sich im Wesentlichen auf eine Handvoll Täfelchen aus Ägypten (darunter insbesondere das berühmte Testament des Antonius Silvanus, überwiegend von Soldaten), ein Täfelchen aus Britannien sowie die erst rezent bekannt gewordenen, zwar in nachklassische Zeit fallenden aber weitgehend klassische Formen aufweisenden Täfelchen aus Nordafrika. Besonders wertvolle Einblicke gewährt zudem die einzige im vollen Wortlaut inschriftlich überlieferte Kopie eines Testaments, welches unter dem Namen ‚*testamentum Dasumii*' bekannt wurde, aber mit großer Sicherheit nicht von einem Dasumius stammt; einige Ungereimtheiten ließen sich auflösen, wenn man die Hypothese zugrunde legt, dass es sich um das Testament einer äußerst wohlhabenden (möglicherweise dem Kaiserhaus angehörenden) Frau handelt. Weiteren Aufschluss über die Testierpraxis bieten die – erneut überwiegend aus Ägypten stammenden – Kopien und Eröffnungsprotokolle auf Papyrus sowie insbesondere ein ebenfalls auf diesem Beschreibstoff erhalten gebliebenes Musterformular. Derartige Formulare hatten nicht unwesentlichen Anteil auch an der Verbreitung von bestimmten Fehlern, welche sich aus einer mangelhaften Anpassung auf den konkreten Fall ergaben und eine ‚Konversion' nötig machten.

III. Kapitel

Sodann wurden die aus den Juristenschriften bekannten unabdingbaren Formalvorgaben skizziert, wie die *testamenti factio activa* des Erblassers, dessen Bewusstsein, einen Manzipationsakt vorzunehmen, sichere Kenntnis des eigenen *status* etc. und der Bedeutung der strengen Formalvorgaben auf Ebene des *ius civile* sowie deren möglicher Überwindung nachgegangen. Das Spannungsfeld zwischen notwendig mündlichem Manzipationsakt sowie auf die Beweisurkunde bezogenen äußeren Anforderungen an ein Testament führte dazu, dass gewisse ‚Fehler' sich zwar auf eine Rechtsschicht auswirkten, auf einer anderen jedoch unerheblich sein konnten. Das betrifft insbesondere das *ius civile* sowie die dieses überlagernde und praktisch ‚spürbarere' honorarrechtliche Ebene im Kontext von ziviler Erbenstellung und Einweisung in den Nachlassbesitz. Dabei verwirklichte das *ius honorarium* auch die Aufgabe, nach *ius civile* unwirksame Testamente in letztendlich durchsetzbare Kategorien einzukleiden und derart in wirksame Verfügungen ‚umzudeuten'; dazu war idR. eine Anpassung der Klagsformel nötig. Das im Kaiserrecht entwickelte Sonderrecht für Soldatentestamente hat hierbei ebenfalls verschiedentlich Entwicklungen zugunsten einer ‚Konversion' letztwilliger Verfügungen angestoßen.

Auf Rechtsgeschäfte unter Lebenden hatten diese Tendenzen insofern Rückwirkung, als etwa bei Ulpian die Umdeutung einer unwirksamen *acceptilatio* in ein wirksames *pactum de non petendo* diskutiert und schließlich bejaht wird: Wenn nur die Form der *acceptilatio* nicht eingehalten wurde, aber hinsichtlich des Inhaltes der Abrede – es soll künftig nicht mehr geklagt werden können – Konsens vorlag, so ist zwar der Konträrakt zur *stipulatio* unwirksam, sodass jene auf Ebene des *ius civile* nicht zum Erlöschen gebracht wird, aber eine Durchsetzung scheitert am *pactum de non petendo*, welches allerdings einredeweise geltendgemacht werden muss.

Schließlich war im Kontext der Formalvorgaben auch darauf hinzuweisen, dass das *ius civile* einen gewissen ‚*ordo scripturae*' vorgab, von welchem nicht – oder nur sehr eingeschränkt – abgewichen werden konnte. Dennoch belegen die juristischen Quellen auch in dieser Hinsicht eine zunehmende Nachsichtigkeit; wie bei den immer weniger streng beurteilten Formalkriterien für die verschiedenen Typen von Einzelzuwendungen ist auch hinsichtlich des Aufbaus des Testaments eine Entwicklung von relativer Formstrenge hin zu größerer Formfreiheit feststellbar, während zugleich immer strengere Anforderungen an die Urkunde selbst gestellt wurden.

IV. Kapitel

Bloße Entwürfe von Testamenten wurden idR. nicht in Kodizille umgedeutet. Dasselbe gilt für unvollendet gebliebene Urkunden oder bloße Absichtserklärungen in Briefen. Es fehlt dabei jedenfalls der Rechtsfolgewille des Erblassers, der sich gerade noch nicht abschließend festlegen wollte. Umgedeutet wurde aber etwa bspw., wenn ein Soldat zwar explizit nach *ius civile* testieren will, das aber nicht korrekt tut; als Soldatentestament wurde die Urkunde beachtlich. Bei Zivilpersonen musste der Vorgang ‚abgeschlossen' sein, dh. aus Sicht des Verfassers von Gültigkeit ausgegangen werden, und zusätzlich eine ‚Kodizillarklausel' (im Sinne einer ‚generellen Umdeutungsklausel') in die Urkunde aufgenommen worden sein, wonach im Unwirksamkeitsfall die Wirksamkeit als Intestatkodizill vom Erblasser explizit verfügt wird.

V. Kapitel

Am Anfang jedes Testaments musste eine wirksame Erbeinsetzung stehen, aus welcher alle übrigen Anordnungen ihre Wirksamkeit ableiteten. Anfangsformeln schadeten jedoch nicht, da sie keine ‚Anordnungen' darstellen. Bedeutsam für die Frage einer ‚Konversion' konnten sie aber werden, sofern aus ihnen die Absicht des Testators hervorging, dass die Testamentsurkunde im Falle der Nichtigkeit als Intestatkodizill beachtet werden sollte. Sonstige Bestimmungen vor der *heredis institutio* wurden zumeist ‚hinwegfingiert'; sie entfalteten keine Rechtswirkungen, schadeten insofern aber den übrigen Bestimmungen immerhin nicht.

Ausnahmen weichten die Strenge hinsichtlich der Vorgabe der *heredis institutio* als *caput et fundamentum totius testamenti* jedoch nach und nach auf: So kannte schon Gaius die Möglichkeit, in Einzelfällen Freilassungen vor der Erbeinsetzung zu verfügen (insbesondere bei der Freilassung zum Zwecke der Erbeinsetzung unter Fiktion der ‚Gleichzeitigkeit') oder noch vor der Erbeinsetzung einen *tutor* zu bestimmen (wobei hinsichtlich der Vormundbestellung eine Kontroverse zwischen prokulianischer und sabinianischer Rechtsschule bestand, die sich wesentlich um die Frage drehte, ob es sich dabei um eine den Nachlass betreffende Verfügung handelt oder nicht).

Seit Trajan wurde auch eine *exheredatio* vor der *heredis institutio* zugelassen, was wiederum Auswirkungen auf die Interpretation ‚unvollständiger' Erbeinsetzungen hatte: War zuvor die bloße Nennung eines Namens (ohne den Zusatz ‚*heres esto*') nur als Erbeinsetzung deutbar, so konnte dies nun auch eine Enterbung bedeuten. Zwar hatte diese Neuerung eigentlich das Ziel, die Aufrechterhaltung von Testamenten zu fördern; in dieser Hinsicht hatte sie jedoch den gegenteiligen Effekt (betroffen waren allerdings nur Söhne).

Ulpian spricht davon, dass bei Substitutionen „*non ordo scripturae sed ordo successionis spectetur*" und bei Justinian schließlich gilt das Prinzip, dass der Ort der *heredis institutio* kein Grund dafür sei, den Erblasserwillen zu missachten; auch Legate vor der *heredis institutio* seien gültig. Für Fideikommisse wurde das schon zuvor anerkannt, wie bspw. im pseudo-ulpianischen *liber singularis regularum* bezeugt ist.

VI. Kapitel

Wohl aufgrund der zentralen Bedeutung der *heredis institutio* hielten sich viele *testamentarii* gerade in diesem Punkt so unbedingt an ihre Vorlagen, dass sie es damit im Ergebnis erst recht nicht richtig machten: Die im Falle mehrerer Miterben fehlerhafte Einsetzung ‚*ex asse*' begegnet in Praxisurkunden sehr häufig und wird auch von den Juristen diskutiert. ‚Gerettet' wurde eine derartige Anordnung durch eine Umdeutung in eine Einsetzung zu gleichen Teilen.

Das Anliegen von Erblassern, ihre wichtigsten Vermögensgegenstände unter ihren Erben zu verteilen, führte auch dazu, dass mitunter statt einer Quote diese Gegenstände als ‚Erbteil' angeführt wurden: Dieses Problem einer *heredis institutio ex re certa* hat die Juristen vielfach beschäftigt und zu unterschiedlichen Lösungsansätzen iSe Umdeutung geführt. So wird die ‚Regel', wonach der fehlerhafte Klauselteil – die Nennung der konkreten Sache – schlicht ‚gestrichen' (dh. hinwegfingiert) werden soll, auf Sabinus zurückgeführt; im Ergebnis wurde daher in diesem Fall ebenso verfahren wie im oben angeführten Fall der fälschlichen Einsetzung mehrerer Miterben ‚*ex asse*': Je nach Anzahl der Erben gebührte ein Kopfteil (wobei *coniunctim*-Einsetzungen dabei beachtet wurden). Der Wert der zugewiesenen Sachen fand keine Berücksichtigung; jedenfalls dann nicht, wenn ein Wertverhältnis sich schwer feststellen ließ. Eine Zuweisung der erwähnten Sachen im Erbteilungsverfahren erfolgte wohl erst in der Spätklassik; zumindest dann, wenn der Nachlass nicht überschuldet war. Die Lösung erfolgte hier wie auch in Untervarianten über das Fideikommissrecht.

Blieb nach einer Zuweisung von Quoten ein Anteil der Erbschaft ‚offen', so wurde dieser den Quoten gemäß anteilig auf die Eingesetzten verteilt (ein eingesetzter Substitut blieb nach überwiegender Ansicht außen vor); wurde hingegen zu viel zugewiesen, dh. mehr als ein Ganzes, so wurden die Quoten anteilsmäßig gekürzt. Fehlte eine Erbeinsetzung trotz der Ankündigung ein ‚Testament' (und nicht etwa ein ‚Kodizill') zu errichten gänzlich, so wäre (insbesondere im Falle einer ‚Kodizillarklausel') eine Umdeutung in ein Kodizill zwar denkbar, ist aber nicht belegt. Wurde der Erbe immerhin mündlich verkündet, wenn auch nicht in die Urkunde aufgenommen, so erfolgte eine Umdeutung in Fideikommisse. Generell bestand das Bestreben, Fehler der Schrift auf jene zu begrenzen und nicht auf eine mündliche *nuncupatio* ‚übergreifen' zu lassen.

Erstaunlich ‚freihändig' agierte man im Falle von Fehlvorstellungen des Erblassers hinsichtlich der Person des Eingesetzten: Wurde etwa ausgeführt, eine Person X als Erbe einzusetzen, weil Person Y nicht eingesetzt werden könne (etwa weil man von ihrem Tod ausgeht), so wurde die Erbschaft der Person Y zugesprochen, sollte sich das Hindernis als nicht bestehend herausstellen. Allerdings dürfte diese Nebenbemerkung in ein Universalfideikommiss umgedeutet worden sein; ziviler *heres* dürfte X geblieben sein, weswegen ihm zumindest sein Quartanspruch zustand. Zu vermuten ist überdies, dass Y die Einzelverfügungen erfüllen musste. Setzte der Erblasser einen vermeintlich Freien, in Wahrheit jedoch Sklaven, ein und bestellte ihm einen Substituten, so kam es zu einer Teilung zwischen *dominus* des Sklaven und Substituten: Konnte nicht festgestellt werden, wem von beiden der Erblasser die Erbschaft bei Kenntnis der Sachlage zuwenden hätte wollen, so wurde fingiert, dass beide Einsetzungen auf selber Stufe erfolgt sind, denn jedenfalls sollte nach dem Willen des Testators eine Intestaterbfolge nicht stattfinden. Vergleichbar wurden in dem Fall, dass in zwei *exempla* desselben Testaments verschiedene Personen eingesetzt wurden, beide in die *bonorum possessio secundum tabulas* eingewiesen.

Auch hinsichtlich der *testamenti factio passiva* sowie *capacitas* des Erben versuchte man nach Möglichkeit zugunsten der Gültigkeit des Testaments zu agieren: So blendete man eine zwischenzeitlich verlorene *testamenti factio passiva* aus, sofern sie nur bei der Einsetzung gegeben war und beim Anfall wiedererlangt war. Erweiterungen gab es hier überdies im Sonderrecht für Soldatentestamente, welches für die spätere Rechtsentwicklung die Weichen stellte. Im Anwendungsbereich der *lex Voconia* dürfte eine Umdeutung in Universalfideikommisse mitunter einen Ausweg geboten haben. Schlug ein Testamentserbe, der auch Intestaterbe war, die Erbschaft aufgrund des Testaments aus, um sie *ab intestato* – frei von Einzelverfügungen – zu erlangen, so wurde aufgrund einer Fiktion, er sei Testamentserbe, dennoch alles geschuldet wie testamentarisch vorgesehen; die Klagen wurden dabei analog gewährt.

Wird dem eingesetzten *pupillus* in einem Kodizill ein Substitut bestellt, so ist diese *substitutio pupillaris* als ‚Erbeinsetzung zweiter Stufe' nach *ius civile* unwirksam, da eine *heredis institutio* in einem Kodizill nicht wirksam erfolgen konnte; aufgrund einer Umdeutung in ein Universalfideikommiss konnte der Substitut die Erbschaft von Intestaterben jedoch herausverlangen. Ähnlich auch, wenn ein im Testament unwirksam eingesetzter Erbe in einem Kodizill bestätigt wurde: Auch er hat daraufhin den Anspruch aus Universalfideikommiss gegen die Intestaterben. Zentral ist dabei, dass dem Erblasser bewusst war, ein Kodizill zu verfassen und er nicht etwa ein Testament errichten wollte, was fehlschlug.

Da eine auflösende Bedingung oder Befristung der Erbeinsetzung nicht möglich war (*semel heres semper heres*), kam es in derartigen Fällen mitunter zur Umdeutung in eine Suspensivbedingung oder zur fiktiven ‚Streichung' der Nebenbestimmung, sodass die bedingte Einsetzung in eine unbedingte konvertiert wurde. Unmögliche Suspensivbedingungen wurden gemäß der *regula Sabiniana* regelmäßig hinwegfingiert. Sollte der Erbe jedoch zu einer bestimmten Handlung veranlasst werden, so zeigen die Quellen eine kontrovers diskutierte, breite Kasuistik. Zentral war jedenfalls der Erblasserwille; sofern sich ergab, dass der Erblasser den Betreffenden ohne Bedingungserfüllung nichts zuwenden wollte, erfolgte auch keine Streichung. Selbst bei Bedingungsausfall konnte es mitunter zu einer Einweisung in den Nachlassbesitz kommen.

Von den verschiedenen denkbaren Verboten, welche der Erblasser einem Testamentserben auferlegen wollen könnte, wurde insbesondere das Verbot, seinerseits zu testieren unter einem für die Thematik der Konversion relevanten Gesichtspunkt diskutiert: Dieses war als ‚Verbot' ungültig, wurde aber in ein Fideikommiss zugunsten der Intestaterben des Testamentserben umgedeutet.

VII. Kapitel

Wurde ein Haussohn im Testament übergangen, so erteilte der Prätor ihm die *bonorum possessio contra tabulas* (nicht *ab intestato*). Erfüllte das infolge der *praeteritio* ungültige Testament jedoch die äußeren Anforderungen an eine Testamentsurkunde, so berücksichtigte der Gerichtsmagistrat Einzelverfügungen zugunsten bestimmter Personen sowie Enterbungen; diese Bestimmungen wurden dadurch insofern ‚wirksam'. Dasselbe war der Fall, wenn andere Abkömmlinge übergangen wurden, was zwar das Testament nicht ungültig machte, sie aber zur Beantragung der *bonorum possessio contra tabulas* berechtigte; auch sie hatten derartige Bestimmungen des Testaments zu erfüllen, andere hingegen nicht.

Da bei Frauen eine *praeteritio* nie zur Ungültigkeit ihres Testaments führen konnte, war lediglich die Querel ein probates Mittel, wenn Kinder übergangen wurden; dies selbst dann, wenn hinsichtlich der Übergehung kein ‚Pflichtwidrigkeitsvorwurf' gemacht werden konnte: Die Übergehung wird hier jedoch einer Enterbung gleichgehalten, um die Anfechtungsmöglichkeit zu eröffnen.

Im Falle der *exheredatio* war jedenfalls das Zentumviralgericht anzugehen, um den Willen des Erblassers umzustoßen. Dadurch blieb vom ganzen Testament – damit auch der Enterbungsklausel – nichts mehr übrig. Einer Umdeutung zugänglich konnte lediglich die Enterbungsklausel selbst sein, damit es erst gar nicht zur Umstoßung kam.

VIII. Kapitel

Der förmliche Erbschaftsantritt wurde den Testamentserben üblicherweise in einer eigenen Klausel aufgetragen. Kommt es zu keinem förmlichen Antritt eines primär Eingesetzten, aber einem Erbschaftserwerb durch ein Verhalten ‚wie ein Erbe', so kam es nach einer älteren Ansicht zu einer Teilung zwischen dem primär Eingesetzten und dem testamentarisch bestimmten Substituten: Ersterer ist nicht förmlich angetreten, Zweiterer unter der Bedinung, dass Ersterer nicht förmlich antritt, zur Erbschaft berufen. Wurde die Erbschaft mittels *pro herede gerere* durch den *institutus* bereits erworben, so muss der aufgrund des Bedingungseintritts zum Zuge kommende *substitutus* die Erbschaft mit ihm nach Köpfen teilen, denn dann treffen zwei Erben zusammen. Damit ändert sich die zugewiesene Quote und die Abstufung zwischen *institutus* und *substitutus* iSe ‚Gleichrangigkeit'. Mark Aurel empfand dieses Ergebnis als unbefriedigend und deutete stattdessen die Bedingung einer *cretio* in die Bedingung einer *aditio* um, sodass der *institutus* die Erbschaft nicht mit dem *substitutus* teilen musste sondern sie allein erhielt.

IX. Kapitel

Als ‚Klassiker' der Umdeutung gilt die berühmte *causa Curiana*: Ausdrücklich verfügt wird lediglich eine Pupillarsubstitution, diese wird aber in eine Vulgarsubstitution umgedeutet, sollte der Pupillarsubstitutionsfall mangels existierenden *pupillus* niemals eintreten können. Daran anknüpfend konnte später grds. jede Pupillarsubstitution in eine Vulgarsubstitution und jede Vulgarsubstitution in eine Pupillarsubstitution umgedeutet werden. Selbst wenn eine Frau eine Pupillarsubstitution verfügte – was nur Hausväter wirksam tun konnten – wurde diese Verfügung als Vulgarsubstitution wirksam. Wurde die Pupillarsubstitution durch den Hausvater in einem Kodizill verfügt, so kam allenfalls eine Umdeutung in ein Universalfideikommiss zulasten der Intestaterben des *pupillus* in Frage. Ein solches Universalfideikommiss ist abseits der Pupillarsubstitution das einzige Mittel, um das Ergebnis einer ‚Nacherbschaft' erzielen zu können. Damit verknüpft ist die Figur des ‚*heres fiduciarius*', der vermutlich im Kontext des Sonderrechts für Soldaten regelmäßig eine Vormundfunktion übernahm. Der Universalfideikommissar stand *heredis loco* und hatte *actiones utiles* gegen Erbschaftsschuldner.

Nicht unmittelbar eine ‚Konversion' im engeren Sinne, vom Ergebnis her aber vergleichbar ist die Situation, wenn im Interesse von Nachlassgläubigern eine ‚Umkehr' der vom Testator vorgesehenen Stufen der Berufungen vorgenommen wurde: Ein insolventer Testator konnte einen eigenen Sklaven unter Freiheitsgewährung als Zwangserben einsetzen, um der Schande des Nachlasskonkurses zu entgehen. Sind mehrere Erben und Substituten unterschiedlicher Stufe eingesetzt, so wird derjenige als erster zur Erbschaft berufen, dessen Berufung aus Sicht der Gläubiger am günstigsten ist. Das kann eine Abweichung vom Testamentswortlaut bedeuten, welche hier nicht aufgrund des Testatorwillens, sondern aufgrund einer gesetzlichen Vorschrift (der *lex Aelia Sentia*) erfolgt; es handelt sich also um eine Art ‚gesetzliche Konversion'.

X. Kapitel

Zwischen der *heredis institutio* und damit in Verbindung stehenden Klauseln und den Einzelverfügungen erfolgt häufig eine ‚Verstärkung' der Einzelverfügungen, indem den Erben deren Erfüllung vorab allgemein aufgetragen wird.

Häufig wendet sich die Bestimmung an ‚wer auch immer mein Erbe sein wird' und damit ggf. bei Unwirksamkeit des Testaments auch an Intestaterben, sodass die Einzelanordnungen ‚wirksam werden' als wären sie in einem Intestatkodizill verfügt, weswegen diese Klausel auch ‚Kodizillarklausel' genannt wird. Diese Terminologie hat verschiedentlich zu Verwechslungen geführt, weil auch die in Kapitel V. angesprochenen ‚allgemeinen Umdeutungsklauseln', wonach der letzte Wille ‚auf welche Art auch immer' Beachtung finden solle, sowie die unten XVIII. diskutierten Klauseln, wodurch zukünftige Kodizille ‚bestätigt' und dadurch zu Teilen des Testaments gemacht werden, in der Literatur so genannt werden. Es wurde daher in der vorliegenden Arbeit vorgeschlagen, von ‚generellen Umdeutungsklauseln' zu sprechen, wo der in Kapitel V. diskutierte Typ gemeint ist; von ‚Verstärkungsklauseln', wo der in Kapitel X. behandelte Typ angesprochen wird; und von ‚Bestätigungsklauseln' in Fällen von Kapitel XVIII. Wurde der Fall der ‚Verstärkungsklausel' virulent, so erfolgte idR. eine Umdeutung der testamentarischen Bestimmungen jedweden Typs in Fideikommisse. Im Fall einer Querel fiel die ‚Verstärkungsklausel' allerdings wie alle anderen Verfügungen des Testaments vollständig weg und konnte ihre Funktion nicht erfüllen. Außerdem war vorausgesetzt, dass die betreffende Verfügung wirksam wäre, wenn sie von vornherein in einem Kodizill getroffen worden wäre.

XI. Kapitel

Wurde dem Schreiber im betreffenden Testament etwas zugewendet, so kam es zu einer ‚Streichung' der betreffenden Klausel. Handelte es sich um die Erbeinsetzung, so kamen daher die Substituten zum Zug, welche sodann ggf. mit den Einzelverfügungen belastet waren; gab es keine Substituten, so kam es allenfalls zu einer Umdeutung in Intestatfideikommisse, sofern im Testament eine ‚Verstärkungsklausel' enthalten war. Ging es um Legate zugunsten des Schreibers, so fielen diese nicht an bzw. mussten von den Erben nicht geleistet werden, und zwar ohne, dass dies Auswirkungen auf die übrigen Verfügungen hatte.

XII. Kapitel

Wurde eine fremde Sache mittels Vindikationslegats vermacht, so stellte sich die Frage einer Umdeutung, weil nur im quiritischen Eigentum des

Erblassers stehende Sachen derart zugewendet werden konnten, dass dem Vermächtnisnehmer mit dem Anfall die *rei vindicatio* zustand. Aufgrund des *SC Neronianum* wurde uU. eine (prätorisch angepasste) persönliche Klage gegen den Erben gewährt, dh. das Vermächtnis in ein Damnationslegat umgedeutet: Dies dürfte der Fall gewesen sein, wenn der Testator nur versehentlich die falschen *verba* verwendet hat, weil er ein Beschaffungslegat *per damnationem* aussetzen wollte und er die Sache auch nicht bis zu seinem Tod noch nachträglich erworben hat. Dafür spricht, dass auch ein korrekt *per damnationem* ausgesetztes Beschaffungslegat nur wirksam war, wenn der Erblasser sich der Fremdheit der Sache bewusst war und den Erben mit der Beschaffung belasten wollte; außerdem der Umstand, dass ein Erwerb *per vindicationem* vermachter vertretbarer Sachen zwischen Testamentserrichtung und Todesfall das Vindikationslegat ohnehin gültig entstehen ließ und eine Umdeutung sich hier erübrigte. Vermutlich wurde in einem solchen Fall auch bei vertretbaren Sachen eine (prätorisch angepasste) dingliche Klage gewährt, sodass es auch hier nicht der Umdeutung in ein persönlich wirkendes Vermächtnis bedurfte. Wurden Sachen *per vindicationem* vermacht, an welchen quiritisches Eigentum nicht möglich war, so wurde etwa im Fall von Provinzialgrund oder der Bestellung eines *pignus* vermutlich ebenfalls eine prätorische dingliche Klage gewährt. Waren noch nicht existierende Sachen Gegenstand eines Vindikationslegats, so wurde bspw. ein Vermächtnis von Früchten in das Legat eines Nießbrauchs an der Muttersache umgedeutet, welches ebenfalls dingliche Rechtswirkungen hatte. Das Vindikationslegat einer Forderung hingegen musste wiederum so umgedeutet werden, dass eine persönliche Klage gewährt werden konnte, mit welcher der Vermächtnisnehmer die Klagsabtretung vom Erben begehren konnte. Wurde eine *per vindicationem* vermachte Sache verarbeitet, so wurde mitunter eine Klage aus Fideikommiss gewährt.

Im Fall eines *legatum per praeceptionem*, welches an sich im Erbteilungsverfahren durchsetzbar gewesen wäre, wurde – allerdings kontrovers – mitunter stattdessen eine *rei vindicatio* gewährt, wenn der Bedachte nicht Testamentserbe wurde und daher an der Erbteilung nicht beteiligt war; nach prokulianischer Ansicht war das *prae* vor *capito* hinwegzufingieren, was die Sabinianer allerdings ablehnten, da sie von einem nicht sanierbaren Fehler im Hinblick auf den Begünstigten ausgingen. Diese Lösung dürfte wie der oben diskutierte Fall des *SC Neronianum* jedoch auch nach prokulianischer Lehre voraussetzen, dass der Erblasser sich lediglich in der Wortwahl vergriffen hat, aber keiner Fehlvorstellung hinsichtlich der Person des Bedachten unterlag. Bei ‚Teilungslegaten' könnte es – vergleichbar dem *SC Neronianum* – zu einer Umdeutung in Damnationslegate gekommen sein, wenn in Form eines Vindikationslegats Quoten der Erbschaft zugewiesen wurden.

Da das Damnationslegat als ‚beste' Form betrachtet wurde, kam es selten zu seiner Umdeutung in eine andere Vermächtnisform. Das war allenfalls nötig, wenn das gesamte Testament unwirksam war, jedoch infolge einer ‚Verstärkungsklausel' die Einzelverfügungen zulasten der Intestaterben als Fideikommisse wirksam werden konnten, was dann auch Damnationslegate betraf.

Zu einer ‚Umdeutung der Person des Begünstigten' kam es mitunter bei verschiedenen Ausprägungen eines *legatum debiti*: Einem anderen wird mitunter die Klage gewährt, obwohl er vom Erblasser im Testament überhaupt nicht als Begünstigter erwähnt wird. Dazu kam es etwa im Miterbenfall, wenn nicht allen die Schuldtilgung befohlen wurde, sondern nur einem einzigen oder einem Teil der Miterben. Ein weiterer Anwendungsfall einer solchen Umdeutung ist das Vermächtnis einer Mitgift, wenn der Vater nur den Ehemann bzw. Verlobten begünstigt: Aus diesem Vermächtnis ist auch – oder sogar: allein – die Frau berechtigt. Wird das Legat des Geschuldeten nicht dem Gläubiger ausgesetzt sondern einem Dritten, der fideikommissarisch gebeten wird, es dem Gläubiger auszukehren, so wird demjenigen eine Klage gewährt, der hier das Interesse hat, dass der testamentarisch Beschwerte die Tilgung übernimmt: dem Erben. Ist bei einem *legatum nominis* die Schuld bspw. deshalb nicht einklagbar, weil der Schuldner unmündig ist, so wurde eine stillschweigende Bedingung konstruiert und das unbedingte Legat in ein bedingtes umgedeutet: Nicht eine klagbare Forderung, sondern eine Naturalobligation unter der Voraussetzung ihrer Erfüllung wird zum Gegenstand des Legats.

Wurde bei vermachtem Geld ein bestimmter Verwendungszweck in Form eines *modus* oder einer *condicio* festgelegt, so wurde dieser Verwendungszweck mitunter nachträglich abgewandelt. Auch wenn es an der Bestimmtheit mangelte, konnte der Richter den Inhalt mitunter nachträglich bestimmen (bspw. bei Unterhaltsvermächtnissen).

Werden Vermächtnisse mit ungültigen Bedingungen ausgesetzt, so wird manchmal ein bedingtes in ein unbedingtes Legat umgewandelt, manchmal immerhin die Bedingung modifiziert. Kasuistik liegt etwa im Zusammenhang mit Heiratsverboten oder -geboten bzw. mit ‚überflüssigen' Bedingungen vor. Bei ‚Fehlbezeichnungen' wurde regelmäßig der unzutreffende, aber für die Individualisierung des Legatsgegenstandes oder der begünstigten Person ohnehin überflüssige Teil der Klausel hinwegfingiert, in hochklassischer Zeit mitunter noch weitgehender ‚umgedeutet' (etwa eine nach *ius civile* bestehende, einklagbare Schuld in eine Naturalobligation). Dies allerdings nur dann, wenn die ‚Bezeichnung' bzw. ‚Erklärung' nicht als Bedingung formuliert wurde. ‚Auflagen' eröffneten an sich keinen unmittelbaren Klagschutz, doch musste der Belastete regelmäßig dem Begünstigten eine *cautio* leisten.

XIII. Kapitel

Die ‚Umwandlung' von rechtlich unverbindlichen Bitten in klagbare Fideikommisse wird in den Institutionen als ‚*conversio*' bezeichnet. Aufgrund der Freiheit, in beinahe jeder Form beinahe jeden erlaubten Inhalt aufzunehmen, ist das Fideikommiss von zentraler Bedeutung für die Fragestellung der Umdeutung. So konnte es im ‚volksrechtlichen' Bereich bedeutsam sein, dass auch *kyria*-Klauseln in römische ‚Kodizillarklauseln' umgedeutet wurden, wodurch wiederum eine Konversion der in einem Testament unwirksamen Verfügungen in Fideikommisse stattfinden konnte. Die *verba* wurden aber immerhin insofern berücksichtigt, als aus ihnen eine bestimmte Intention des Erblassers hervorgehen musste.

Ein in diesem Zusammenhang zu diskutierender Problemkreis betrifft das in den Quellen mehrfach behandelte mangelhafte *fideicommissum a debitore relictum*. Fehlt hier etwa der Teil, durch welchen zu verfügen wäre, dass der Schuldner durch das Befreiungsvermächtnis begünstigt und insofern der Erbe belastet sein soll, und steht im Testament lediglich, dass der Schuldner mit dem Fideikommiss zugunsten eines Dritten belastet sein soll, so wäre diese Anordnung als rein belastende Verfügung ohne Vorteil des Bedachten (dh. des Schuldners) an sich unwirksam. Die Verfügung wurde ‚gerettet', indem das Fideikommiss zulasten des Schuldners in ein Fideikommiss zulasten des Erben umgedeutet wurde: Es kam insofern zu einer ‚Umdeutung der Person des Belasteten', als der Erbe fideikommissarisch zur Abtretung der Klage gegen den Schuldner verpflichtet war. Auch in anderen Fällen konnten mittels ‚Umdeutung der Person des Belasteten' Fideikommisse, durch welche etwa Vermächtnisnehmer beschwert wären, welche das Vermächtnis aber nie erhielten, mitunter durchsetzbar werden.

Eine Umdeutung wurde auch häufig notwendig, wenn eine Einzelzuwendung mit einem Veräußerungsverbot verbunden wurde; da ein solches Verbot nach *ius civile* nicht wirksam werden konnte, half nur ein Ausweichen in das Fideikommissrecht: Es kam zu einer Umdeutung des Verbots in ein Fideikommiss zugunsten desjenigen, der von dem Veräußerungsverbot profitieren würde. Zentral war dies etwa in Fällen von ‚Familienfideikommissen'. Hier – wie auch in anderen Fällen – konnte durch eine Umdeutung im Sinne der Auswechslung von Begünstigten eine Verfügung gemäß dem Willen des Erblassers gerettet werden.

XIV. Kapitel

Freilassungsanordnungen wurden dann oft umgedeutet, wenn sie mit unerfüllbaren Bedingungen verbunden wurden; die Freilassung wurde dann entweder unbedingt wirksam oder mit der Fiktion eines Anfangstermins (etwa wenn die Freiheit des Sklaven vom Erreichen eines bestimmten Alters durch eine andere Person abhängig gemacht wurde, die aber vorverstarb). Auch miteinander verbundene Freilassungsverfügungen wurden ggf. in eigenständige Verfügungen aufgelöst, wenn eine sich als ‚unmöglich' entpuppte. Da bspw. bei einer Freilassung in einem testamentarisch bestätigten Kodizill der Sklave sowohl im Zeitpunkt der Testamentserrichtung als auch bei der Abfassung des Kodizills dem Testator gehören musste, wurde dann, wenn dies zu einem der beiden Zeitpunkte nicht der Fall gewesen sein sollte, die Freilassung nicht unmittelbar wirksam: Es kam aber zur Umdeutung in eine fideikommissarische Freilassung. Zur Umdeutung in eine fideikommissarische Freilassung kam es auch bspw. bei der *manumissio testamentaria* eines verpfändeten Sklaven. Auch wurde eine *heredis institutio cum libertate* mitunter in eine einfache *manumissio* umgedeutet, wenn zwar der Erbeinsetzung eine Bedingung hinzugefügt wurde, der Freilassung jedoch nicht. Aufgrund der *pietas* wurde selbst die *manumissio testamentaria* einer *alumna* in einem ungültigen Testament in eine fideikommissarische

Freilassung umgedeutet. Auch wenn das Vermächtnis, durch welches ein Sklave jemandem zugewendet wird, dem die Freilassung fideikommissarisch auferlegt ist, unwirksam war, kam es durch Umdeutung der Person des Belasteten zur Rettung der Verfügung: Der Erbe musste den an ihn gelangenden Sklaven freilassen, obwohl die Fideikommissbitte eigentlich nicht an ihn gerichtet war. Wurden testamentarische Freilassungen mangels Antritts der Erbschaft durch Testamentserben nicht wirksam, so konnte der Nachlass auch einem der im betreffenden Testament freigelassenen Sklaven zugesprochen werden, sofern jener den Gläubigern Sicherheit leistete; vom Erblasser hinzugesetzte Nebenbestimmungen zur Freilassung – wie insbesondere Bedingungen, welche allerdings ggf. auf die konkrete Situation angepasst wurden – waren jedoch zu beachten. Gegen den Nachlassübernehmer wurden sodann *actiones utiles* gewährt.

XV. Kapitel

Sollte ein Sklave testamentarisch als Vormund bestellt werden und fehlte eine auf die Freiheit abzielende Klausel (sei es eine *manumissio testamentaria* bei eigenen oder eine fideikommissarische Freilassungsbitte bei fremden Sklaven), so konnte eine solche fiktiv ergänzt werden. Da Frauen keinen Vormund bestellen konnten, welcher in dieser Funktion mit Einzelverfügungen belastet werden konnte, wurde hier wiederum fingiert, dass derjenige, welchem der Vormund bestellt sein sollte, selbst belastet wurde; gegen ihn wurden Klagen aus Fideikommiss zugelassen.

XVI. Kapitel

Regelmäßig drohten Testatoren für den Fall, dass dem Testament zuwidergehandelt werden sollte, Strafen an. Vermutlich erlegte der Prätor in solchen Fällen eine Kautionsleistung auf oder es wurde – gerade bei der Grabpflege – unmittelbarer Zwang durch Beamte oder Priester ausgeübt. In diesem Zusammenhang wurden bspw. unerfüllbare Verpflichtungen nach Möglichkeit in erfüllbare umgedeutet.

XVII. Kapitel

Begräbnis- und Grabkultklauseln wurden vermutlich als Auflagen ge- oder in solche umgedeutet. Auflagen wurden freilich wie bereits ausgeführt ihrerseits nicht selten umgedeutet, damit sie klagbar wurden bzw. das Erreichen des vom Erblasser angestrebten Ziels zumindest durch die Verpflichtung zur Leistung einer *satisdatio* sichergestellt werden konnte. In der Praxis wurden in solchen Klauseln häufig mit *volo* die für Fideikommisse typischen *verba* gebraucht; wird dabei der Belastete nicht genannt, sind im Zweifel hierdurch die Erben aus Fideikommiss verpflichtet, was in einer Miterbenkonstellation im Rahmen der *actio familiae erciscundae* durchsetzbar war. Wurde hingegen etwa ein Vermächtnisnehmer um die Grabfürsorge gebeten, könnte die Begünstigung aus dem Legat von der Leistung einer Sicherheit für die Grabfürsorge abhängig gemacht worden sein; damit wird eine Bedingung (nämlich die der Leistung einer *cautio*) hinzufingiert bzw. eine unbedingt formulierte Klausel in eine Bedingung für eine Begünstigung umgedeutet.

XVIII. Kapitel

Durch nach den inhaltlichen Bestimmungen stehende ‚Bestätigungsklauseln' wurden formfreie, außerhalb der Testamentsurkunde getroffene letztwillige Verfügungen ‚in das Testament hineingezogen'; diese Verfügungen wurden daraufhin wirksam, als wären sie im Testament selbst verfügt worden und waren selbst dann, wenn das Schriftstück lediglich als ‚Kodizill' zu werten wäre, mit den Klagen durchsetzbar, welche für testamentarische Verfügungen vorgesehen waren. Wie bereits zuvor ausgeführt, ist hier eine Abgrenzung zu den Klauseltypen vorzunehmen, welche vielmehr dazu führen, dass testamentarische Anordnungen, die als solche nicht wirksam werden, wie Verfügungen in Kodizillen behandelt und als solche klagbar werden.

XIX. Kapitel

Selbst die ‚Schlussformeln' konnten für Umdeutungsfragen maßgeblich sein. So wurde durch die ‚*dolus-malus*-Klausel' den Nachkommen auferlegt, von einem Angriff auf das Testament sowie überzogener Spitzfindigkeit bei der Auslegung abzusehen. Im Ergebnis konnte diese Klausel die Konversion begünstigen und gegen einen formalistischen Standpunkt sprechen; sie wird aber tendenziell als bloße Stilfloskel zu betrachten sein. Auch Manzipationsklauseln entwickelten sich zu einer solchen Stilfloskel; der Prätor überprüfte die Einhaltung der Manzipationsform selbst nicht mehr. Wurde von den Intestaterben ausschließlich die Form beanstandet, so gewährte er den in der Urkunde Eingesetzten eine *exceptio doli*. Auch die in der Praxis häufig anzutreffende Fehlerhaftigkeit der Klausel selbst schadete wohl schon deshalb nicht, weil dadurch lediglich die Protokollierung, nicht aber die Manzipation mangelhaft wurde; zudem gab es hier keinen inhaltlichen Anspruch, dessen Klagbarkeit in Frage stand. Die Datierungszeile schließlich war etwa im Hinblick auf die Eigentumsverhältnisse bzgl. *per vindicationem* vermachter Speziessachen nicht unerheblich bzw. dafür, ob eine Bedingung schon im Testamentserrichtungszeitpunkt unmöglich war. Die Klausel selbst wurde zwar kaum jemals ‚umgedeutet', doch war sie für die Umdeutung anderer Klauseln insofern maßgeblich.

XX. Kapitel

Entsiegelte ein Erblasser sein Testament, so führte das nur nach *ius praetorium*, nicht aber nach *ius civile* zur Unwirksamkeit. Fiel die Erbschaft infolge dessen – oder weil der Erblasser die Erbennamen ausstrich – an den Fiskus, so wurden Einzelverfügungen in der Regel als wirksam erachtet und mussten vom Fiskus erfüllt werden. Dabei kam es (anders als wenn die Intestaterben an die Erbschaft gelangten) gewissermaßen zu einer Umdeutung des durch die letztwilligen Verfügungen Belasteten und ggf. auch zu einer Umdeutung der testamentarischen Bestimmungen in Fideikommisse.

XXI. Kapitel

Selbst bei Intestatfideikommissen musste mitunter umgedeutet werden, um das gewünschte Ziel erreichbar zu machen: Wurde etwa nur ein Intestaterbe ausdrücklich mit einem Fideikommiss belastet, wuchs jedoch dessen Anteil einem anderen Intestaterben an, so war nun derjenige belastet, an welchen der Anteil gelangte.

XXII. Kapitel

Die Bedingung bei einer Schenkung auf den Todesfall konnte ebenfalls in ein Fideikommiss umgedeutet werden; hier wird damit gewissermaßen ein Geschäft unter Lebenden in eine letztwillige Verfügung umgedeutet. Vergleichbar kann es auch gesehen werden, wenn bei einer Schenkung unter Ehegatten zu Lebzeiten des Schenkers kein Widerruf stattfand und sodann nach dessen Tod aufgrund der *oratio Severi* eine Rückforderung ausgeschlossen war; da derartige Schenkungen regelmäßig testamentarisch bestätigt wurden, kam es ggf. zu einer Fiktion, wenn dies im Einzelfall nicht geschehen war.

XXIII. Kapitel

Selbst wo nicht umgedeutet werden konnte, ist davon auszugehen, dass auch bei mangelnder Klagbarkeit keine völlige Unbeachtlichkeit anzunehmen ist: Zumindest eine moralische Verpflichtung bestand und wurde wohl in aller Regel befolgt. Selbst Testamente von Sklaven dürften deren Herren regelmäßig anerkannt und den ‚Anordnungen' Folge geleistet haben.

XXIV. Kapitel

Insgesamt war festzustellen, dass in verschiedenen Bereichen des Testamentsrechts zwar eine ‚Formstrenge' bestand, diese aber in der Praxis dadurch stark abgeschwächt wurde, dass man oft auf ‚juristisch anderem Wege' pragmatisch eine Durchsetzbarkeit konstruierte. Hierbei wurde man durchaus erfinderisch und wich ggf. in eine andere ‚Rechtsschicht' aus, wenngleich in aller Regel zunächst versucht wurde, die Wirksamkeit auf Ebene des *ius civile* zu erreichen; dabei ging man großzügig mit Fiktionen um. Leitmotiv war stets der Erblasserwille. Für die Hinterbliebenen mag es auch häufig nicht darauf angekommen sein, wie sie an die Begünstigung gelangten. Zur Erreichung des von Erblasser und Hinterbliebenen gewünschten Ziels war die Vorarbeit der konsiliar tätigen Juristen häufig ebenso zentral wie die Rolle des Prätors. Nicht selten wurde dabei eine Vorgehensweise gewählt, die man in der heutigen Terminologie als ‚Konversion' der letztwilligen Verfügung bezeichnen könnte.

Verzeichnisse

1. Literaturverzeichnis

ALBANESE, Bernardo. Sul formulario della mancipatio familiae in Gai 2,104, AUPA 47 (2002) 68–76.
ALBANESE, Bernardo. Le persone nel diritto privato romano, Montaina Palermo 1979.
ALBERS, Gregor. Perpetuatio obligationis. Leistungspflicht trotz Unmöglichkeit im klassischen Recht, Böhlau Köln 2019.
AMAYA CALARAO, Manuel. Un famoso pleito sucesorio que decide Marco Aurelio, Labeo 34 (1988) 18–42.
AMELOTTI, Mario. Scritti giuridici (a cura di Livia Migliardi Zingale), Giappichelli Torino 1996.
AMELOTTI, Mario. Il testamento romano classico alla luce di nuovi documenti, in: Estudios de derecho romano en honor de Alvaro D'Ors, Vol. I, Ed. Univ. de Navarra Pamplona 1987, S. 151–159.
AMELOTTI, Mario. Notariat und Urkundenwesen zur Zeit des Prinzipats, in: Hildegard Temporini/Wolfgang Haase (Hgg.), Aufstieg und Niedergang der Römischen Welt. Geschichte und Kultur Roms im Spiegel der neueren Forschung, Vol. II: Principat; 13: Recht (Normen, Verbreitung, Materien), De Gruyter Berlin 1980, S. 386–399.
AMELOTTI, Mario. Il testamento romano attraverso la prassi documentale. Vol. I: Le forme classiche di testamento, Le Monier Firenze 1966.
ANDRES SANTOS, Francisco J. Erbschaftsklage, in: Ulrike Babusiaux/Christian Baldus/Wolfgang Ernst/Franz-Stefan Meissel/Johannes Platschek (Hgg.), Handbuch des Römischen Privatrechts, Mohr Siebeck Tübingen 2023, § 64.
ANKUM, Hans. Das Legatum sub modo im klassischen Römischen Recht, TR 87 (2019) 351–355.

ANKUM, Hans. Der Ausdruck favor libertatis in den Konstitutionen der römischen Kaiser, in: Thomas Finkenauer (Hg.), Sklaverei und Freilassung im römischen Recht. Symposium für Hans Josef Wieling zum 70. Geburtstag, Springer Berlin 2006, S. 1–17.

ANKUM, Hans. L'expression favor libertatis dans les travaux des juristes classiques romains, in: Liber Amicorum Juan Miquel. Estudios romanisticos con motivo de su emeritazgo, Univ. Pompeu Fabra Barcelona 2006, S. 45–78.

ANKUM, Hans. Der Ausdruck favor libertatis und das klassische römische Freilassungsrecht, in: Elisabeth Herrmann-Otto (Hg.), Unfreie Arbeits- und Lebensverhältnisse von der Antike bis in die Gegenwart, Olms Hildesheim 2005, S. 82–100.

ANKUM, Hans. Ulpien D.40.5.24.10: favor libertatis et la conversion d'un affranchissement testamentaire, Annaeus 1 (2004) 3–10.

ANKUM, Hans. Was Acceptilatio an Informal Act in Classical Roman Law? in: John W. Cairns/Olivia F. Robinson (Hgg.), Critical Studies in Ancient Law, Comparative Law and Legal History. Dedicated to Alan Watson, Hart Oxford 2001, S. 3–13.

ANKUM, Hans. Quelques observations sur la méthode et les opinions juridiques d'Ulpius Marcellus, in: Maria Zabłocka et al. (Hgg.), Au-delà des frontières. Mélanges de droit romain offerts à Witold Wołodkiewicz, Vol. I, LIBER Varsovie 2000, S. 17–32.

ANKUM, Hans/VAN GESSEL-DE ROO, Marjolijn/POOL, Eric. Die verschiedenen Bedeutungen des Ausdrucks in bonis alicuius esse/in bonis habere im klassischen römischen Recht, Teil 2, ZRG RA 105 (1988) 334–435.

APATHY, Peter. Vermächtnis einer fremden Sache und Ersitzung pro legato, in: Zimmermann, Reinhard (Hg.), Rechtsgeschichte und Privatrechtsdogmatik (Hans Hermann Seiler zum 24. Dezember 1999), Müller Heidelberg 1999, S. 655–668.

APPLETON, Charles. Le testament du Gaius Longinus Castor, RGD 29 (1905) 481–502.

ARANGIO-RUIZ, Vincenzo. Parerga 6: A proposito del P. Hamb. 70, AAP 61 (1942) 271–287 = ARANGIO-RUIZ, Vincenzo. Studi epigrafici e papirologici a (cura di Lucio Bove), Gianni Napoli 1974, S. 187–200.

ARANGIO-RUIZ, Vincenzo. Il testamento di Antonio Silvano e il senatusconsulto di Nerone, in: Studi in memoria di Emilio Albertario, Vol. I, Giuffrè Milano 1953, S. 203–212.

ARANGIO-RUIZ, Vincenzo. Intorno alla forma scritta del testamentum per aes et libram, in: Guiscardo Moschetti (Hg.), Atti del Congresso internazionale di diritto romano. Verona 27-28-29-IX-1948, Vol III, Giuffrè Milano 1953, 79–90 (= in: Scritti di diritto romano, Vol. IV, Jovene Napoli 1977, S. 183–194).

ARANGIO-RUIZ, Vincenzo/COLOMBO, Anna Maria. Documenti testamentari latini della collezione di Michigan, JJP 4 (1950) 117–123.

ARANGIO-RUIZ, Vincenzo. La successione testamentaria secondo i papiri greco-egizii, Pierro Napoli 1906.

ARCARIA, Francesco. Septemviralia iudicata. Contributo alla storia della querela inofficiosi testamenti in età classica, in: Carmela Russo Ruggeri (Hg.), Studi in onore di Antonio Metro, Vol. I, Giuffrè Milano 2009, S. 51–100.

Arces, Pierfrancesco. La rilevanza della componente fiduciaria nelle disposizioni mortis causa, Studi Urbinati 66 (2016) 133–155.
Arces, Pierfrancesco. Studi sul disporre mortis causa. Dall'età decemvirale al diritto classico, LED Milano 2013.
Archi, Gian G. Oralità e scrittura nel testamentum per aes et libram, in: Studi in onore di Pietro De Francisci, Vol. IV, Giuffrè Milano 1956, S. 287–318 (= Scritti di diritto romano, Vol. II, Giuffrè Milano 1981, S. 735–770).
Archi, Gian G. Testamentum civile, testamentum praetorium, in: Studi in onore di Ugo Enrico Paoli, Pubblicati sotto gli auspice e col contributo dell'università di Firenze, Felice le Monnier Firenze 1955, S. 11–37 (= Scritti di diritto romano, Vol. II, Giuffrè Milano 1981, S. 771–808).
Arndts, Karl L. Fortsetzung von Christian F. Glück, Ausführliche Erläuterung der Pandecten nach Hellfeld. Ein Commentar, Band 46, Palm Erlangen 1868.
Arp, Torsten. Anfängliche Unmöglichkeit. Zum Verständnis von § 306 BGB, Schöningh Paderborn 1988.
Astolfi, Riccardo. Sul legatum debiti, Index 45 (2017) 329–338.
Astolfi, Riccardo. La Lex Iulia et Papia, 4. Aufl. Cedam Padova 1996.
Astolfi, Riccardo. Studi sull'ogetto dei legati, Vol. I–III, Cedam Padova 1964, 1969 und 1979.
Astolfi, Riccardo. La condicio iurisiurandi negli atti mortis causa, SDHI 23 (1957) 265–296.
Avenarius, Martin. Ordo testamenti. Pflichtendenken, Familienverfassung und Gemeinschaftsbezug im römischen Testamentsrecht, Mohr Siebeck Tübingen 2024.
Avenarius, Martin. Gesetzessprache und Erbeinsetzung. Der Ausdruck der Gesetzeswirkung als Schlüssel zum Wortformalismus der heredis institutio, in: Lisa Isola (Hg.), Klauselgestaltungen in römischen Testamenten. Akten einer Internationalen Tagung zum Römischen Testamentsrecht (6.–7. November 2020, Wien/online), Peter Lang Berlin 2022, S. 13–44.
Avenarius, Martin. The Pre-classical fidei committere and the Order to be Established Upon Death. Emotion as Basis of the Legal Bindingness of the Decendent's Last Wishes, in: Anja Bettenworth/Jürgen Hammerstaedt (Hgg.), Order and Emotion, Olms Hildesheim 2020, S. 65–91.
Avenarius, Martin. Gaio e l'ascesa e il declino della critica delle interpolazioni, in: Ulrike Babusiaux/Dario Mantovani (Hgg.), Le Istituzioni di Gaio: avventure di un bestseller. Trasmissione, uso e trasformazione del testo, University Press Pavia 2020, S. 767–802.
Avenarius, Martin. Gentilnamen, Grundstücke und Gedächtnis. Die Förderung der memoria als Zweck römischer Familienfideikommisse an Immobiliarvermögen, in: Giacomo D'Angeli/Monica De Simone/Mario Varvaro (Hgg.), Scritti per il novantesimo compleanno di Matteo Marrone, Giappichelli Torino 2019, S. 1–25.
Avenarius, Martin. Stellung des Sklaven im Privatrecht. Vol. 3: Erbrecht. Aktive Stellung, Personeneigenschaft und Ansätze zur Anerkennung von Rechten, in: Tiziana J. Chiusi/Johanna Filip-Fröschl/J. Michael Rainer (Hgg.), Corpus der römischen Rechtsquellen zur antiken Sklaverei, Teil IV, Steiner Stuttgart 2017.

Avenarius, Martin. Extra propositam quidem materiam videtur … Kontinuität und Neubegründung im System der klassischen und vorklassischen Erbrechtstatbestände, in: Karlheinz Muscheler/Reinhard Zimmermann (Hgg.), Zivilrecht und Steuerrecht, Erwerb von Todes wegen und Schenkung. Festschrift für Jens Peter Meincke zum 80. Geburtstag, Beck München 2015, S. 15–34.
Avenarius, Martin. Papinians Beitrag zur Vorgeschichte des Anwartschaftsrechts, in: Jan Dirk Harke (Hg.), Argumenta Papiniani, Springer Heidelberg 2013, S. 1–18.
Avenarius, Martin. Marc Aurel und die Dogmatik des römischen Privatrechts. Kaiserliche Rechtspflege im System der Rechtsquellen und die Ausfüllung von Gestaltungsspielräumen in einer Übergangszeit der Rechtsentwicklung, in: Marcel van Ackeren/Jan Opsomer (Hgg.), Selbstbetrachtungen und Selbstdarstellungen. Der Philosoph und Kaiser Marc Aurel in interdisziplinärem Licht, Reichert Wiesbaden 2012, S. 203–284.
Avenarius, Martin. Die tabulae ceraeve des klassischen Manzipationstestaments als Archaismus. Die Testamentsurkunde als Ausdruck der Vorstellung vom Gesetzescharakter der letztwilligen Ausgestaltung der römischen Familienverfassung, IVRA 60 (2012) 201–233.
Avenarius, Martin. L'adizione dell'eredità e la rilevanza della volontà nella prospettiva di Gaio, AUPA 55 (2012) 9–40.
Avenarius, Martin. Benignior interpretatio: Origin and Transformation of a Rule of Construction in the Law of Succession, RLT 6 (2010) 1–21.
Avenarius, Martin. Formularpraxis römischer Urkundenschreiber und ordo scripturae im Spiegel testamentsrechtlicher Dogmatik, in: Martin Avenarius/Rudolf Meyer-Pritzl/Cosima Möller (Hgg.), Ars iuris. Festschrift für Okko Behrends zum 70. Geburtstag, Wallstein Göttingen 2009, S. 13–41.
Avenarius, Martin. Der pseudo-ulpianische liber singularis regularum. Entstehung, Eigenart und Überlieferung einer hochklassischen Juristenschrift. Analyse, Neuedition und deutsche Übersetzung, Wallstein Göttingen 2005.
Babusiaux, Ulrike. Anmerkungen zum Vermächtnis libertis dari volo quae vivus/viva praestabam und zur habitatio, in: Tomislav Karlović/Elizabeta Ivičević Karas (Hgg.), Legatum pro anima. Zbornik radova u čast Marku Petraku, Sveučilište u Zagrebu Pravni fakultet Zagreb 2024, S. 210–213.
Babusiaux, Ulrike. Dis manibus. Zum römischen Grabrecht, ZRG RA 141 (2024) 61–133.
Babusiaux, Ulrike. The Roman Law of Inheritance. The Evolution of the Roman Law of Inheritance during the Principate, Edingburgh University Press 2024.
Babusiaux, Ulrike. Rechtsschichten. Ursprung, Kontext und Weiterwirken eines Begriffs im Werk Max Kasers, in: Paul du Plessis/Tommaso Beggio (Hgg.), The Teaching of Roman Law in the 20th Century. Challenges and Perspectives, Università degli Studi di Trento 2024, S. 35–89.
Babusiaux, Ulrike. Les inscriptions en l'honneur de Manius Megonius Leo de Petelia et l'histoire du fidécommis, in: Actes des Journées Internationales de la Société d'Histoire du Droit, Bonn (2-5 juin 2022): Les empereurs et le droit. Unité et diversité de la science juridique européenne, RHD Dalloz Paris 2024, 141–157.

BABUSIAUX, Ulrike. Nachlassbesitz, in: Ulrike Babusiaux/Christian Baldus/Wolfgang Ernst/Franz-Stefan Meissel/Johannes Platschek (Hgg.), Handbuch des Römischen Privatrechts, Mohr Siebeck Tübingen 2023, § 57.
BABUSIAUX, Ulrike. Rechtsschichten, in: Ulrike Babusiaux/Christian Baldus/Wolfgang Ernst/Franz-Stefan Meissel/Johannes Platschek (Hgg.), Handbuch des Römischen Privatrechts, Mohr Siebeck Tübingen 2023, § 6.
BABUSIAUX, Ulrike. Reliance in the Face of Death. Considerations on Roman Economy and Fideicommissa, in: Koenraad Verboven/Paul Erdkamp (Hgg.), Law and Economic Performance in the Roman World, Brill Leiden 2022, S. 194–217.
BABUSIAUX, Ulrike. Zum Testament der Iunia Libertas aus Ostia (AE 1940, 94), in: Lisa Isola (Hg.), Klauselgestaltungen in römischen Testamenten. Akten einer Internationalen Tagung zum Römischen Testamentsrecht (6.–7. November 2020, Wien/online), Peter Lang Berlin 2022, S. 45–77.
BABUSIAUX, Ulrike. Wege zur Rechtsgeschichte. Römisches Erbrecht, 2. Aufl. Böhlau Köln 2021.
BABUSIAUX, Ulrike. Zum Rechtsschutz von Fideikommissen im Prinzipat, ZRG RA 136 (2019) 140–213.
BABUSIAUX, Ulrike. Coordination of Different Layers of Law in the Roman Empire and in the European Union, in: Ulrike Babusiaux/Mariko Igimi (Hgg.), Messages from Antiquity. Roman Law and Current Legal Debates, Böhlau Wien 2019, S. 131–168.
BABUSIAUX, Ulrike. Mentions emphatiques et louanges à l'intention du souverain, À propos d'une stratégie des jurisconsultes du temps des Sévères, in: Emmanuelle Chevreau/Carla Masi Doria/J. Michael Rainer (Hgg.), Liber amicorum. Mélanges en l'honneur de Jean-Pierre Coriat, Éditions Panthéon-Assas Paris 2019, S. 43–63.
BABUSIAUX, Ulrike. Römisches Erbrecht im Gnomon des Idios Logos, ZRG RA 135 (2018) 108–177.
BABUSIAUX, Ulrike. D. 36.1.48 Iavolenus 11 epistularum – römischrechtliche Bemerkungen zum textlichen Ausgangspunkt der französischen fiducie à cause de mort, in: Mélanges en l'honneur du Professeur Claude Witz, LexisNexis Paris 2018, S. 41–59.
BABUSIAUX, Ulrike. Il valore della terra e il fideicommissum familiae relictum. Una configurazione giuridica motivata da fattori economici?, ARC 22 (2017) 405–435.
BABUSIAUX, Ulrike. Rez. Benedikt Strobel, Römische Testamentsurkunden aus Ägypten vor und nach der Constitutio Antoniniana, ZRG RA 133 (2016) 517–533.
BABUSIAUX, Ulrike. Rez. Tobias Kleiter, Entscheidungskorrekturen mit unbestimmter Wertung durch die klassische römische Jurisprudenz, ZRG RA 129 (2012) 745–764.
BABUSIAUX, Ulrike. Papinians Quaestiones. Zur rhetorischen Methode eines spätklassischen Juristen, Beck München 2011.
BABUSIAUX, Ulrike. Id quod actum est. Zur Ermittlung des Parteiwillens im klassischen römischen Zivilprozess, Beck München 2006.

Babusiaux, Ulrike/Xandry, Thamar. Heres fiduciarius in Grabinschriften revisited, in: Camille Semenzato/Lucius Hartmann (Hgg.), Von der Antike begeistert! Philologie, Philosophie, Religion und Politik durch drei Jahrtausende. Festschrift für Christoph Riedweg, Schwabe Basel 2023, S. 194–204.

Backhaus, Ralph. In maiore minus inest, ZRG RA 100 (1983) 136–184.

Backhaus, Ralph. Casus perplexus. Die Lösung in sich widersprüchlicher Rechtsfälle durch die klassische römische Jurisprudenz, Beck München 1981.

Baldus, Christian. Letztwillige Verfügung zu Gunsten des collegium: Erblasserwille und Förderungszweck in Scaev. 3 resp. D. 32.93.4, in: Isabella Piro (Hg.), Scritti per Alessandro Corbino, Vol. I, Libellula Tricase 2016, S. 157–168.

Baldus, Christian. Tempelrecht bei Cervidius Scaevola?, Studi Senesi 126 (2014) 165–198.

Baldus, Christian. Zum Begriff des debitum bei Cervidius Scaevola. Schuldrecht, Erbrecht und Prozessrecht zwischen Hoch- und Spätklassik, in: Jan Dirk Harke (Hg.), Facetten des römischen Erbrechts. Studien zur Geschichte und Dogmatik des Privatrechts, Springer Berlin Heidelberg 2012, S. 1–34.

Bang, Ferdinand. Falsa demonstratio. Ein Beitrag zu Auslegung und Anfechtung, JhJ 66 (1916) 309–399.

Bartošek, Milan. Captivus, BIDR 57/58 (1953) 98–212.

Bartošek, Milan. Senatusconsultum Trebellianum. Příspěvek k vývoji universálních fideikomisů a zásady zůstavitelovy disposični volnosti, Česká Akad. Věd a Umění Prag 1945.

Bauer, Karen. Ersitzung und Bereicherung im klassischen römischen Recht und die Ersitzung im BGB, Duncker Humblot Berlin 1988.

Bechmann, August. Das ius postliminii und die Lex Cornelia. Ein Beitrag zur Dogmatik des römischen Rechts, Deichert Erlangen 1872.

Beduschi, Carlo. Hereditatis aditio, Vol. I: L'accettazione dell'eredità nel pensiero della giurisprudenza romana classica, Giuffrè Milano 1976.

Benke, Nikolaus. Exempla Sequimur. Untersuchungen zu Exemplum als normbildender Größe im klassischen römischen Recht unter spezieller Berücksichtigung kaiserlicher Entscheide, Habilitationsschrift Wien 1989.

Berger, Adolf. s.v. Interdictum, in: RE IX.2 (1916) 1609–1707.

van Berkum, Tobias. Die Regula Catoniana, Kovač Hamburg 2022.

Bernasconi, Sandro. Il legato di debito nel diritto romano, SDHI 42 (1976) 23–98.

Bernstein, Karl. Zur Lehre vom römischen Voraus (legatum per praeceptionem), ZRG RA 15 (1894) 26–144.

Bertoldi, Federica. L''heres fiduciarius' in una prospettiva storico-comparatistica, in: Maria Lisa Biccari (Hg.), Fiducia, trusts, affidamenti. Un percorso storico comparatistico, Studi Urbinati di Scienze giuridiche politiche ed economiche. Nuova serie A, 66 (2015) 157–235.

Bethge, Klaus. Kernphysik, Springer Berlin 1996.

Betti, Emilio. Diritto Romano, Vol. I: Parte Generale, Cedam Padova 1935.

Betti, Emilio. Istituzioni di Diritto Romano, Vol. I, 2. Aufl. Cedam Padova 1942.

BETTI, Emilio. s.v. Conversione del negozio giuridico (Diritto Romano), in: Novissimo Digesto Italiano, Vol. IV, 3. Aufl. Utet Torino 1974, S. 810–811.

BEUTLER, Franziska. Zwei Prätorianer, ein heres fiduciarius und Marc Aurel. Eine neue Stele aus Carnuntum, in: Catherine Wolff/Patrice Faure (Hgg.), Corps du chef et gardes du corps dans l'armée romaine. Actes du septième congrès de Lyon sur l'armée romaine (25–27 octobre 2018), De Boccard Lyon 2020, S. 369–386.

BIANCHI, Ernesto. Fictio iuris. Ricerche sulla finzione in diritto romano dal periodo arcaico all'epoca augustea, Cedam Padova 1997.

BIAVASCHI, Paola. Caesari familiarissimus. Ricerche su Aulo Ofilio e il diritto successorio tra repubblica e principato, Giuffrè Milano 2011.

BINDER, Martin. Zur Konversion von Rechtsgeschäften, Braumüller Wien 1982.

BIONDI, Biondo. Istituzioni di Diritto Romano, Giuffrè Milano 1965.

BIONDI, Biondo. Diritto Ereditario Romano. Parte generale (corso di lezioni), Giuffrè Milano 1954.

BIONDI, Biondo. Successione testamentaria e donazioni, 2. Aufl. Giuffrè Milano 1955.

BIONDI, Biondo. Degenerazione della cretio ed accettazione espressa non formale, in: Studi in onore di Siro Solazzi, Jovene Napoli 1948, S. 67–92 (= Scritti giuridici, Vol. III, Giuffrè Milano 1965, S. 545–572).

BIONDI, Biondo. Il diritto romano cristiano, Vol. II: La giustizia, le persone, Giuffrè Milano 1952.

VON BOLLA, Sibylle. Zur Geschichte der römischen Vermächtnisverfügungen, ZRG RA 68 (1951) 502–511.

BONIFACIO, Franco. Ipotesi di competenza del senato in tema di conversione di onere (Nota di diritto romano), Jovene Napoli 1948.

BOURNE, Frank C. Rez. Watson, The Roman Law of Succession, CW 65 (1972) 206–207.

BOYÉ, André-Jean. Essai critique sur une crux iuris. La loi mater (Dig. V, 2, 9) et le Papyrus de Heidelberg 1272, TR 5 (1924) 464–488.

BOZZA, Francesco. Gai II 194-196 e la validità del legato per vindicationem, in: Annali della Università di Macerata a cura della Facoltà giuridica 18 (1951) 3–24.

BRANDS, Hartmut/KANN, Hartmut. William of Sherwood, Introductiones in logicam. Einführung in die Logik, Meiner Hamburg 1995.

BRASCH, Viktor. Die Konversion vom Standpunkt der Begriffs- und Interessenjurisprudenz, Diss. Münster 1949.

BRETONE, Mario. Geschichte des römischen Rechts. Von den Anfängen bis zu Justinian. Aus dem Italienischen übersetzt von Brigitte Galsterer, 2. Aufl. Beck München 1998.

BRETONE, Mario. s.v. Statuliber, in: Novissimo Digesto Italiano, Vol. XVIII, Utet Torino 1971, S. 380–383.

BRETONE, Mario. Gai. 2. 187–189, Labeo 4 (1958) 301–306.

BRUNS, Karl G./PERNICE, Alfred/LENEL, Otto. Geschichte und Quellen des römischen Rechts, Duncker Humblot Leipzig 1915.

BRUTTI, Massimo. s.v. Invalidità (storia), in: Enciclopedia del Diritto, Vol. XXII, Giuffrè Milano 1972, S. 559–575.

BUCHWITZ, Wolfram. Erbenhaftung, in: Ulrike Babusiaux/Christian Baldus/Wolfgang Ernst/Franz-Stefan Meissel/Johannes Platschek (Hgg.), Handbuch des Römischen Privatrechts, Mohr Siebeck Tübingen 2023, § 58.

BUCHWITZ, Wolfram. Rez. Corbo, Incertae personae e capacità successoria, ZRG RA 133 (2016) 533–540.

BUCHWITZ, Wolfram. Servus servo heres. Testierfreiheit für Sklaven, in: Pierangelo Buongiorno/Sebastian Lohsse (Hgg.), Fontes iuris. Atti del VI Jahrestreffen Junger Romanistinnen und Romanisten, Lecce, 30–31 marzo 2012, Scientifiche Italiane Napoli 2013, S. 141–160.

BUCHWITZ, Wolfram. Servus alienus heres. Die Erbeinsetzung fremder Sklaven im klassischen römischen Recht, Böhlau Wien 2012.

BUCKLAND, William W. The Roman Law of Slavery. The Condition of the Slave in Private Law from Augustus to Justinian, Cambridge University Press 1908.

BÜRGE, Alfons. Rez. Ligios, Interpretazione giuridica e realtà economica dell' 'instrumentum fundi' tra il I sec. a.C. e il III sec. d. C, Neapel 1996, TR 68 (2000) 573–576.

BÜRGE, Alfons. Zum Edikt de edendo, ZRG RA 112 (1995) 1–50.

BÜRGE, Alfons. Cum in familia nubas. Zur wirtschaftlichen und sozialen Bedeutung der familia libertorum, ZRG RA 105 (1988) 312–333.

BUONGIORNO, Pierangelo. Ad legem Glitiam. Eine rätselhafte lex publica, die fasti der Jahre 21 und 22 n. Chr. und die Gestalt der kognitorischen querela inofficiosi testamenti im 1. Jh. n. Chr., ZRG RA 132 (2015) 287–313.

BUND, Elmar. Rahmenerwägungen zu einem Nachweis stoischer Gedanken in der römischen Jurisprudenz, in: Manfred Harder/Georg Thielmann (Hgg.), De iustitia et iure. Festgabe für Ulrich von Lübtow zum 80. Geburtstag, Duncker Humblot Berlin 1980, S. 127–145.

BUND, Elmar. Erbrechtliche Geldquellen römischer Kaiser, in: Okko Behrends/ Malte Dießelhorst/Hermann Lange/Detlef Liebs/Joseph Georg Wolf/Christian Wollschläger (Hgg.), Festschrift für Franz Wieacker zum 70. Geburtstag, Vandenhoeck Ruprecht Göttingen 1978, S. 50–65.

BUND, Elmar. Die Fiktion pro non scripto habetur als Beispiel fiktionsbewirkter interpretatio, in: Walter G. Becker (Hg.), Sein und Werden im Recht. Festgabe für Ulrich von Lübtow zum 70. Geburtstag, Duncker Humblot Berlin 1970, S. 353–380.

BYOUNG, Jo Choe. Regula Catoniana und Servius, der Meister, in: Holger Altmeppen/ Ingo Reichard/Martin J. Schermaier (Hgg.), Festschrift für Rolf Knütel zum 70. Geburtstag, Müller Heidelberg 2009, S. 213–228.

CALORE, Antonello. La rimozione del giuramento: condicio iurisiurandi e condicio turpis nel testamento romano, Giuffrè Milano 1988.

CALZADA GONZÁLEZ, Aránzazu. Aditio nuda voluntate: La aceptación en el derecho romano, Mira Zaragoza 1995.

CAMODECA, Giuseppe. Senatus consulta e documenti della prassi giuridica campana, Ann.Cam. 11 (2022) 37–59.

CANNATA, Carlo A. Per una storia della scienza giuridica europea, Vol. I, Giappichelli Torino 1997.

CARRASCO CARCÍA, Consuelo. ¿Legatum debiti? ¿Fraus legi? Lo que la apariencia esconde, RIDA 58 (2011) 41–97.

CASTAGNINO, Francesco. Il testamentum militis alla luce delle epigrafi funerarie, ZRG RA 140 (2023) 36–64.

CASTÁN PÉREZ-GÓMEZ, Santiago. Condicio iuris y tacita condicio. Las condiciones implícitas en el derecho privado romano, Universidad Rey Juan Carlos 2006.

CASTRO SÁENZ, Alfonso. Herencia y mundo antiguo. Estudio de Derecho sucesorio romano, Universidad de Sevilla 2002.

CASTRO SÁENZ, Alfonso. Observaciones en torno a la aceptación hereditaria en derecho romano: Trebacio, Próculo, Juliano, Gayo, Paulo y Ulpiano ante la aditio, IVRA 47 (1996) 43–91.

CHAMPLIN, Edward. Final Judgements. Duty and Emotion in Roman Wills 200 B.C. –A.D. 250, University of California Press 1991.

CHAMPLIN, Edward. Creditur vulgo testamenta hominum speculum esse morum: Why the Romans Made Wills, in: Classical Philology 84 (1989) 198–215.

CHAMPLIN, Edward. Miscellanea Testamentaria, ZPE 62 (1986) 247–255.

CHAMPLIN, Edward. Munificence and municipia. Bequests to Towns in Classical Roman Law, JRS 75 (1985) 105–125.

CHIOFFI, Laura. Death and Burial, in: Christer Bruun/Jonathan Edmondson (Hgg.), The Oxford Handbook of Roman Epigraphy, Oxford University Press 2015, S. 627–648.

CHIUSI, Tiziana. Zur Vormundschaft der Mutter, ZRG RA 111 (1994) 155–196.

CIAPESSONI, Pietro. Sul Senatoconsulto Neroniano, in: Studi in onore di Pietro Bonfante nel XL anno d'insegnamento, Vol. III, Treves Milano 1930, S. 649–727.

COHEN, Lionel. Heredis institutio ex re certa and a New Will of the Roman Type, TAPA 68 (1937) 343–356.

COLELLA, Lucia C. I testamenti dei cittadini romani d'Egitto tra storia sociale e prassi giuridica. Dal I secolo d.C. a Severo Alessandro, Harrassowitz Wiesbaden 2024.

COLI, Ugo. Lo sviluppo delle varie forme di legato nel diritto romano, Nardecchia Roma 1920 (= Scritti di diritto romano, Vol. I, Giuffrè Milano 1973, S. 65–149).

COPPOLA BISAZZA, Giovanna. La successione contra voluntatem defuncti. Tra vecchi principi e nuove prospettive, 2. Aufl. Giuffrè Milano 2019.

COPPOLA BISAZZA, Giovanna. Usucapio pro herede, RDR 9 (2011) *online* (https://www.ledonline.it/rivistadirittoromano/allegati/dirittoromano11Coppola.pdf)

COPPOLA, Giovanna. Pro herede gestio, Vol. II: La valutazione dell'animus nel gerere pro herede, Giuffrè Milano 1999.

COPPOLA, Giovanna. Pro herede gestio, Vol. I: La struttura originaria del pro herede gerere, Giuffrè Milano 1987.

CORBO, Chiara. Incertae personae e capacità successoria, D'Auria Napoli 2012.

CORCORAN, Susan. The Gregorianus and Hermogenianus assembled and shattered, Mélanges de l'École française de Rome – Antiquité 125–2 (2013) 285–304.

Cornioley, Pierre. La conversion des actes nules en droit romain: Réalité ou fiction?, TR 37 (1969) 77–97.
Del Corso, Lucio. Il libro nel mondo antico. Archeologia e storia (secoli VII a.C.-IV d.C.), Carocci Roma 2022.
Cosentini, Cristoforo. Condicio impossibilis, Giuffrè Milano 1952.
Cossa, Giovanni. Regula Sabiniana. Elaborazioni giurisprudenziali in materia di condizioni impossibili, Giuffrè Milano 2013.
Costa, Emilio. Papiniano. Studio di storia interna del diritto romano, Vol. III: Favor testamentorum e voluntas testamentium, L'Erma di Bretschneider Roma 1964.
Crifò, Giuliano. Sul problema della donna tutrice in diritto romano classico, BIDR 67 (1964) 87–166.
Crome, Carl. Grundzüge des Römischen Privatrechts, Marcus Weber Bonn 1922.
Cugia, Stanislao. Indagini sulla dottrina della causa del negozio giuridico: L'espressione mortis causa. Diritto romano classio e giustinianeo, Alvano Napoli 1910.
Cujacius, Jacobus. Paratitla in libros IX. Codicis Iustiniani repetitiae praelectionis, ed. Francofurti 1623.
Daalder, Elsemieke S. De rechtspraakverzamelingen van Julius Paulus. Recht en rechtvaardigheid in de rechterlijke uitsprachen van kaizer Septimius Severus, Boom juridisch Den Haag 2018.
Daube, David. The preponderance of intestacy at Rome, Tulane Law Review 39 (1965) 253–262.
Daube, David. Zur Palingenesie einiger Klassikerfragmente, ZRG RA 76 (1959) 149–264.
David, Jean-Michel. Maiorum exempla sequi. L'exemple historique dans les discours judiciaires de Cicéron, in: École française de Rome (Hg.), Rhétorique et Histoire. L'exemplum et le modèle de comportement dans les discours antique et médiéval, Extrait des Mélanges de l'École française de Rome, Moyen Age-Temps modernes, tome 91–1 (1980) 67–86.
David, Martin. Studien zur heredis institutio ex re certa im klassischen römischen und justinianischen Recht, Weicher Leipzig 1930.
Deck, Manfred/Härder, Theo/Reus, Joachim. Die Bestimmung optimaler Operationsfolgen zur Konversion von Dateien mit mehrfach vorhandenen Datenelementen, in: Informatik-Fachberichte Vol. V. GI – 6. Jahrestagung, Springer Berlin 1976, S. 236–250.
Dernburg, Heinrich. Pandekten, Vol. I, 5. Aufl. Berlin 1896.
Desanti, Lucetta. Dominare la prassi. I rescritti dioclezianei in materia di successione, in: Werner Eck/Salvatore Puliatti (Hgg.), Diocleziano: la frontiera giuridica dell'impero, University Press Pavia 2018, S. 527–563.
Desanti, Lucetta. Restitutionis post mortem onus. I fedecommessi da restituirsi dopo la morte dell'onorato, Giuffrè Milano 2003.
Desanti, Lucetta. La sostituzione fedecommessaria, Giappichelli Torino 1999.
Desanti, Lucetta. De confirmando tutore vel curatore, Giuffrè Milano 1995.

DOMISCH, Jörg. Zur Frage des Besitzübergangs auf den Erben im klassischen römischen Recht, Duncker Humblot Berlin 2015.
DONATUTI, Guido. Lo statulibero, Giuffrè Milano 1940.
DORN, Franz. § 140: Umdeutung, in: Mathias Schmoeckel (Hg.), Historisch-Kritischer Kommentar zum BGB, Vol. I: Allgemeiner Teil, Mohr Siebeck Tübingen 2003, S. 775–788.
DULCKEIT, Gerhard. Plus nuncupatum minus scriptum. Ein Beitrag zur Entwicklung des römischen Testamentsrechts, ZRG RA 70 (1953) 179–213.
DULCKEIT, Gerhard. Zur Lehre vom Rechtsgeschäft im klassischen römischen Recht, in: Festschrift Fritz Schulz, Vol. I, Böhlau Weimar 1951, S. 148–190.
DULCKEIT, Gerhard. Erblasserwille und Erwerbswille bei Antretung der Erbschaft – Beiträge zum Willensproblem im klassischen römischen Erbrecht, Böhlau Weimar 1934.
ECK, Werner. Befund und Realität. Zur Repräsentativität unserer epigraphischen Quellen in der römischen Kaiserzeit, Chiron 37 (2007) 49–64.
ECK, Werner. s.v. Dasumius (1), in: DNP 3 (1997) 332.
ECK, Werner. Zum Neuen Fragment des sogenannten testamentum Dasumii, ZPE 30 (1978) 277–295.
ECKARDT, Bernd. Iavoleni Epistulae, Duncker Humblot Berlin 1978.
EFFER-UHE, Daniel O. Die Wirkung der condicio im römischen Recht, Nomos Baden-Baden 2008.
ESMARCH, Karl. Römische Rechtsgeschichte, Wiegand Göttingen 1856.
ESPINOSA SOEDERT, Thea. Manumisión del servus fructuarius, IVRA 37 (1986) 59–87.
EVANGELISTI, Marina. Profili di rilevanza dell'errore nel diritto ereditario romano, Pacini Giuridica Pisa 2018.
EVANS GRUBBS, Judith. Women and the Law in the Roman Empire: A Sourcebook on Marriage, Divorce and Widowhood, Routledge London 2002.
FACCHETTI, Giulio M. All'origine del testamentum, Index 30 (2002) 227–234.
FALCHI, Gian L. Le controversie tra Sabiniani e Proculiani, Giuffrè Milano 1981.
DE FALCO, Ines. I giuristi e il testamentum militis. L'orientamento di Iavolenus Priscus, SDHI 80 (2014) 419–446.
FARA, Nasti. Papyrus Hauniensis de legatis et fideicommissis, Satura Napoli 2013.
FERCIA, Riccardo. Querela inofficiosi testamenti e iudicatum. Problemi e prospettive tra II e III secolo, in: Luigi Garofalo (Hg.), Res iudicata, Jovene Napoli 2015, S. 287–313.
FERRINI, Contardo. Note critiche et esegetiche. Licet … attamen, BIDR 14 (1901) 213–223.
FERRINI, Contardo. Teoria generale dei legati e dei fedecommessi, NDr. der Ausgabe Hoepli Milano 1889, L'Erma di Bretschneider Roma 1976.
FERRINI, Contardo. Institutionum Graeca Paraphrasis Theophilo Antecessori. Vulgo tributa ad fidem librorum manu scriptorium recensuit prolegomenis notis criticis versione Latina, Vol. I: [Libri] Libros I et II prolegomena continens, NDr. der Ausgabe Calvary Berolini 1884, Scientia Aaeln 1967.

FILDHAUT, Kathrin. Die libri disputationum des Claudius Tryphoninus. Eine spätklassische Juristenschrift, Duncker Humblot Berlin 2004.
DE FILIPPI, Maria L. Il testamento segreto romano e il senatoconsulto Neronianum, Civitas et Lex 18/2 (2018) 31–37.
DE FILIPPI, Maria L. Sul concorso tra i legati e manomissioni dirette dell' 'idem servus' nel medesimo testamento, Index 34 (2006) 551–571.
FINAZZI, Giovanni. Intestato parente mortuo adgnatis defertur tutela: sul principio d'identità fra eredità e tutela, in: Isabella Piro (Hg.), Scritti per Alessandro Corbino, Vol. III, Libellula Tricase 2016, S. 63–86.
FINAZZI, Giovanni. La sostituzione pupillare, Jovene Napoli 1997.
FINGER, Hans-Joachim. Die Umgestaltung nichtiger Rechtsgeschäfte, Ebering Berlin 1932.
FINKENAUER, Thomas. Die Rechtssetzung Mark Aurels zur Sklaverei, Steiner Stuttgart 2010.
FINKENAUER, Thomas. Freilassung durch Nachlaßübernahme, in: Thomas Finkenauer (Hg.), Sklaverei und Freilassung im römischen Recht. Symposium für Hans Josef Wieling zum 70. Geburtstag, Springer Berlin 2006, S. 19–57.
FISCHER, Otto. Konversion unwirksamer Rechtsgeschäfte, in: Festschrift für Adolf Wach, Vol. I, NDr. der Ausgabe Leipzig 1913, Scientia Aalen 1970, S. 179–274.
FLUME, Werner. Die regula Catoniana – ein Exempel römischer Jurisprudenz, in: Erik Jayme (Hg.), Festschrift für Hubert Niederländer zum siebzigsten Geburtstag am 10. Februar 1991, Winter Heidelberg 1991, S. 17–26.
FLUME, Werner. Rechtsakt und Rechtsverhältnis: Römische Jurisprudenz und modernrechtliches Denken, Schöningh Paderborn 1990.
FLUME, Werner. Allgemeiner Teil des Bürgerlichen Rechts, Vol. II: Das Rechtsgeschäft, 3. Aufl. Springer Berlin 1979.
FLUME, Werner. Der bedingte Rechtsakt nach den Vorstellungen der römischen Klassiker, ZRG RA 92 (1975) 69–129.
FLUME, Werner. Irrtum und Rechtsgeschäft im römischen Recht, in: Festschrift Fritz Schulz, Vol. I, Böhlau Weimar 1951, S. 209–252.
FREUD, Sigmund. Die Abwehr-Neuropsychosen, in: Gesammelte Werke, Vol. I, Fischer Fankfurt am Main 1894, S. 57–74.
FREUD, Sigmund/BREUER, Josef. Studien über Hysterie, Deuticke Leipzig 1895.
FRIER, Bruce W. The Rise of the Roman Jurists, Princeton University Press 1985.
FRÖSCHL, Johanna Maria. Imperitia Litterarum, ZRG RA 104 (1987) 85–155.
FUHRMANN, Manfred. Cicero, Die Prozessreden. Lateinisch-Deutsch, 2 Vols., Sammlung Tusculum, WBG Darmstadt 1997.
GAGLIARDI, Lorenzo. Studi sulla legittimazione alla querela inofficiosi testamenti in diritto romano e bizantino, Giuffrè Milano 2017.
GAGLIARDI, Lorenzo. Decemviri e centumviri. Origini e competenze, Giuffrè Milano 2002.
GANDOLFI, Giuseppe. La conversione dell'atto invalido. Studi sulla fenomenologia negoziale nell'area europea, Vol. II: Il problema in proiezione europea, NDr. der Ausgabe Giuffrè Milano 1988, Giuffrè Milano 1990.

GANDOLFI, Giuseppe. Introduzione allo studio del concetto legislativeo di conversione, in: Studi in onore di Cesare Sanfilippo, Vol. VI, Giuffrè Milano 1985, S. 317–349.
GANDOLFI, Giuseppe. La conversione dell'atto invalido. Studi sulla fenomenologia negoziale nell'area europea, Vol. I: Il modello germanico, Giuffrè Milano 1984.
GANDOLFI, Giuseppe. La nozione pandettistica di conversione al vaglio della giurisprudenza tedesca dell'ottocento, in: Sodalitas. Scritti in onore di Antonio Guarino, Vol. VIII, Jovene Napoli 1984, S. 4053–4081.
GANDOLFI, Giuseppe. Il concetto moderno di conversione e la sua genesi legislativa, in: Studi in onore di Arnaldo Biscardi, Vol. II, La Goliardica Milano 1982, S. 551–578.
GANDOLFI, Giuseppe. Testi Romani sulla conversione e pandettistica, ARC 4 (1981) 653–708.
GANDOLFI, Giuseppe. Studi sull'interpretazione degli atti negoziali in diritto romano, Giuffrè Milano 1966.
GANDOLFI, Giuseppe. Rez. Vincenzo Giuffrè, L'utilizzazione degli atti giuridici mediante conversione in diritto romano, IVRA 17 (1966) 417–432.
GANDOLFI, Giuseppe. Introduzione metodologica allo studio storico della conversione, Jus (Rivista di Scienze Giuridiche) 15 (1964) 212–225.
GANDOLFI, Giuseppe. Prius testamentum ruptum est, in: Studi in onore di Emilio Betti, Vol. III, Giuffrè Milano 1962, S. 209–228.
GANS, Eduard. Dello svolgimento del diritto di successione nella storia romana, Diogene Napoli 1851.
GARCÍA GARRIDO, Manuel J. La conception clásica del legado sinendi modo y su probable estructura originaria, in: AHDE 29 (1959) 575–595.
GARCÍA SÁNCHEZ, Justo. A proposito de D. 28, 4, 3, 1, Marcelo, libro 29 digestorum, in: Studi in onore di Cesare Sanfilippo, Vol. III, Giuffrè Milano 1983, S. 297–324.
GARRIDO DOMENÉ, Fuensanta/PÉREZ ZURITA, Antonio D. El testamento de Safinnius Herminus, Miles de la Classis Augusta Alexandrina (BGU VII 1695=CPL 223), in: Luisa Lesage Garríga/Antonio D. Pérez Zurita (Hgg.), Instruciones locales, religión cívica y élites urbanas en el Egipto romano (siglos III-V d.C), Vol I, Madrid 2022, S. 25–42.
GAUDEMET, Jean. Rez. Vincenzo Giuffrè, L'utilizzazione degli atti giuridici mediante conversione in diritto romano, RH 45 (1967) 507–511.
GENOVESE, Mario. Mortis causa capitur. Di una speciale categoria di acquisti patrimonali, Giappichelli Torino 2011.
GILIBERTI, Giuseppe. Legatum kalendarii. Mutuo feneratizio e struttura contabile del patrimonio nell'età del principato, Jovene Napoli 1984.
GIODICE SABBATELLI, Venanzia. Fideicommissorum persecutio. Contributo allo studio delle cognizioni straordinarie, Cacucci Bari 2001.
GIODICE SABBATELLI, Venanzia. La tutela giuridica dei fedecommessi fra Augusto e Vespasiano, Cacucci Bari 1993.
GIUFFRÈ, Vincenzo. Documenti testamentari romani, Giuffrè Milano 1974.
GIUFFRÈ, Vincenzo. L'utilizzazione degli atti giuridici mediante conversione in diritto romano, Jovene Napoli 1965.

GIUFFRÈ, Vincenzo. Convalescere in Gai. 2.218, in: Synteleia Vincenzo Arangio-Ruiz, Vol. II, Jovene Napoli 1964, S. 623–638.

GOKEL, Julia M. Sprachliche Indizien für inneres System bei Q. Cervidius Scaevola, Duncker Humblot Berlin 2014.

GÓMEZ-IGLESIAS, Àngel. Una problemática optio servi, in: Carmela Russo Ruggeri (Hg.), Studi in onore di Antonio Metro, Vol. III, Giuffrè Milano 2010, S. 135–194.

GONZÁLEZ ROLDAN, Yuri. Legato d'usufrutto nel pensiero di Nerazio, in: Isabella Piro (Hg.), Scritti per Alessandro Corbino, Vol. III, Libellula Tricase 2016, S. 449–482.

GONZÁLEZ ROLDAN, Yuri. Il diritto ereditario in età adrianea. Legislazione imperiale e senatus consulta, Cacucci Bari 2014.

GRADENWITZ, Otto. Licet enim legibus soluti sumus attamen legibus vivimus, ZRG RA 26 (1905) 347–366.

GRADENWITZ, Otto. Interpolationen in den Pandecten. Kritische Studien, Weidmann Berlin 1887.

GRANINO CECERE, Maria Grazia. 87. Testamentum detto di Dasumius, in: Richard Neudecker/Maria Grazia Granino Cecere (Hgg.), Antike Skulpturen und Inschriften im Institutum Archaeologicum Germanicum, Reichert Wiesbaden 1997, S. 152–159.

GROSSO, Giuseppe. I legati nel diritto romano, Parte generale, 2. Aufl. Giappichelli Torino 1962.

GROSSO, Giuseppe. Sulla falsa demonstratio nelle disposizioni d'ultima volontà, in: Studi in onore di Pietro Bonfante nel XL anno d'insegnamento, Vol. II, Treves Milano 1930, S. 185–216.

GRÜTER, Andreas. Das Schicksal von Verfügungen in fehlgeschlagenen gemeinschaftlichen Testamenten, Diss. Münster 1997.

GUARINO, Antonio. Note sul testamento segreto romano, ANap. 79 (1968) 49–58 (= Pagine di diritto romano, Vol. VI, Jovene Napoli 1995, S. 298–313).

GUARINO, Antonio. La forma orale o la forma scritta nel testamento romano, in: Studi in onore di Pietro De Francisci, Vol. II, Giuffrè Milano 1956, 53–71 (= Pagine di diritto romano, Vol. VI, Jovene Napoli 1995, S. 314–330).

GUARINO, Antonio. La scrittura nel testamentum per aes et libram, in: Studi in onore di Ugo Enrico Paoli, Le Monnier Firenze 1955, 377–384 (= Pagine di diritto romano, Vol. VI, Jovene Napoli 1995, S. 331–340).

GUARINO, Antonio. Ademptio libertatis implicita da legatum, in: Labeo 9 (1963) 7–22 (= Pagine di diritto romano, Vol. VI, Jovene Napoli 1995, S. 358–375).

GUASCO, Alessio. Gli atti introduttivi del processo civile nelle cognitiones extra ordinem, Giappichelli Torino 2017.

GÜNTHER, Sven. Vectigalia nervos esse rei publicae. Die indirekten Steuern in der Römischen Kaiserzeit von Augustus bis Diokletian, Harrassowitz Wiesbaden 2008.

GÜNTHER, Sven. Die Einführung der römischen Erbschaftssteuer (vicesima hereditatium), MBAH 24 (2005) 1–30.

HACKL, Karl. Zum Verhältnis von Präjudizialeinrede und Passivlegitimation zur Erbschaftsklage, in: Hans-Peter Benöhr/Karl Hackl/Rolf Knütel/Andreas Wacke (Hgg.), Iuris professio. Festgabe für Max Kaser zum 80. Geburtstag, Böhlau Wien 1986, S. 45–57.

HÄUSLER, Adrian. Letztwillige Verfügungen in griechischer Sprache, ZRG RA 133 (2016) 420–444.

HALBWACHS, Verena. Causa Curiana: Nicht geboren, nicht gestorben oder You cannot murder a dead hypothesis, in: Ulrich Falk/Michele Luminati/Mathias Schmoeckel (Hgg.), Fälle zur Rechtsgeschichte, Beck München 2008, S. 14–28.

HARKE, Jan Dirk. Die Geburt des Eigentums: Testierfreiheit und exklusive Sachzuordnung im römischen Recht, Campus Frankfurt am Main 2025.

HARKE, Jan Dirk. Pflicht und Freiheit des Erblassers: Pflichtteil und Wahnsinnsfiktion im klassischen römischen Erbrecht, Campus Frankfurt am Main 2023.

HARKE, Jan Dirk. Actio Utilis. Anspruchsanalogie im römischen Recht, Duncker Humblot Berlin 2016.

HARKE, Jan Dirk. Der Eid im klassischen römischen Privat- und Zivilprozessrecht, Duncker Humblot Berlin 2013.

HARKE, Jan Dirk. Testamentsauslegung bei Papinian, in: Jan D. Harke (Hg.), Argumenta Papiniani, Springer Berlin 2013, S. 59–78.

HARKE, Jan Dirk. Verba und voluntas – was bedeutet Testamentsauslegung für die Hochklassiker?, in: Jan D. Harke (Hg.), Facetten des römischen Erbrechts, Springer Berlin 2012, S. 55–77.

HARKE, Jan Dirk. Si error aliquis intervenit. Irrtum im klassischen Vertragsrecht, Duncker Humblot Berlin 2005.

HARPPRECHT, Christian Ferdinand. Dissertatio iuridicia inauguralis, de eo, quod iustum est, circa conversionem actuum negotiorumque iudiciorum iamiam peractorum, Diss. Tübingen 1747.

HARTMANN, Benedikt. Die hölzernen Schreibtafeln im Imperium Romanum – ein Inventar, in: Markus Scholz/Marietta Horster (Hgg.), Lesen und Schreiben in den römischen Provinzen. Schriftliche Kommunikation im Alltagsleben, Akten des 2. Internationalen Kolloquiums von DUCTUS – Association internationale pour l'étude des inscriptions mineures, RGZM Mainz, Verlag des Römisch-Germanischen Zentralmuseums Mainz 2015, S. 43–58.

HASS, Joachim. Institutio und Substitutio Heredis in den Reskripten des L. Septimius Severus: Zugleich ein Beitrag zur Frage der Auslegung nach dem hypothetischen Parteiwillen, Diss. Marburg 1995.

HAUSMANINGER, Herbert. Subtilitas iuris, in: Hans-Peter Benöhr/Karl Hackl/Rolf Knütel/Andreas Wacke (Hgg.), Iuris professio. Festgabe für Max Kaser zum 80. Geburtstag, Böhlau Wien 1986, S. 59–72.

HAUSMANINGER, Herbert. Zur Legatsinterpretation des Celsus, IVRA 35 (1984) 16–46.

HAUSMANINGER, Herbert. Benevolent and Humane Opinions of Classical Roman Jurisprudence, Boston University Law Review 61 (1981) 1139–1156.

HAUSMANINGER, Herbert. Zur Gesetzesinterpretation des Celsus, in: Studi in onore di Giuseppe Grosso, Vol. V, Giappichelli Torino 1972, S. 243–277.
HAUSMANINGER, Herbert. Celsus und die regula Catoniana, TR 36 (1968) 469–488.
HELLMANN, Friedrich. Terminologische Untersuchung über die rechtliche Unwirksamkeit im römischen Recht, Beck München 1914.
HENDEL, Andt Ch. D. 28,4,3 Marcellus libro 29 digestorum. Zum Sicherheitsgedanken bei der benignior interpretatio, ZRG RA 130 (2013) 419–431.
HÖLKESKAMP, Hans-Joachim. Exempla und mos maiorum, in: Hans-Joachim Gehrke/Astrid Möller (Hgg.), Vergangenheit und Lebenswelt, Soziale Kommunikation, Traditionsbildung und historisches Bewußtsein, Narr Tübingen 1996, S. 301–328.
HÖRTNER, Iris. Die Bedeutung und Entwicklung des Instituts der Fideikommisse im römischen Erbrecht, Diss. Graz 2011.
HONORÉ, Tony. Emperors and Lawyers, With a Palingenesia of Third-Century Imperial Rescripts 193–305 AD, 2. Aufl. Clarendon Oxford 2003.
HONORÉ, Tony. Ulpian. Pioneer of Human Rights, University Press Oxford 2. Aufl. 2002.
HONORÉ, Tony. Julian's circle, TR 32 (1964) 1–44.
HONSELL, Heinrich/MAYER-MALY, Theo/SELB, Walter. Römisches Recht (aufgrund des Werkes von Paul Jörs, Wolfgang Kunkel und Leopold Wenger), 4. Aufl. Springer Heidelberg 1987.
HORAK, Franz. Rationes decidendi. Entscheidungsbegründungen bei den älteren Juristen bis Labeo, Komm.-Verl. D. Österr. Komm.-Buchh. Innsbruck 1969.
HUBER, Martin/ALBERTINI, Claudia. Grundbegriffe der Mathematik, 2. Aufl. Eagle Leipzig 2015.
HUSCHKE, Philipp E. Die Multa und das Sacramentum in ihren verschiedenen Anwendungen, Teubner Leipzig 1874.
IMPALLOMENI, Giambattista. Le manomissioni mortis causa, Cedam Padova 1963.
ISOLA, Lisa. Zum sog. Testament des Dasumius, in: Ulrike Babusiaux/Anne Kolb (Hgg.), Tabulae testamenti. Erscheinungsformen und Funktionen des Testaments in der Kaiserzeit, *im Druck*.
ISOLA, Lisa. Interdikte, in: Ulrike Babusiaux/Christian Baldus/Wolfgang Ernst/Franz-Stefan Meissel/Johannes Platschek (Hgg.), Handbuch des Römischen Privatrechts, Mohr Siebeck Tübingen 2023, § 66.
ISOLA, Lisa. Überlegungen zur tabula cerata von Trawsfynydd (AE 2004, 852), ZRG RA 139 (2022) 97–122.
ISOLA, Lisa. Rez. Michał Krupa, Blutige Hand nimmt kein Erbe, ZRG RA 138 (2021) 725–736.
ISOLA, Lisa. Überlegungen zur Litiskreszenz bei der actio ex testamento, ZRG RA 137 (2020) 70–135.
ISOLA, Lisa. Zum Anwendungsbereich des senatusconsultum Neronianum im Falle des Vindikationslegats fremder Sachen, TR 86 (2018) 345–364.
ISOLA, Lisa. Venire contra factum proprium. Herkunft und Grundlagen eines sprichwörtlichen Rechtsprinzips, Peter Lang Frankfurt am Main 2017.

Jakab, Éva. Testamente, Soldaten und der Idios logos, in: Thomas Kruse (Hg.), Studien zum Gnomon des Idios Logos, Holzhausen Wien 2024, S. 187–209.

Jakab, Éva. Der letzte Wille eines Sonderlings?, in: Giacomo D'Angeli/Monica De Simone/Mario Varvaro (Hgg.), Scritti per il novantesimo compleanno di Matteo Marrone, Giappichelli Torino 2019, S. 155–167.

Jakab, Éva. Ein fideicommissum aus der Praxis des Javolenus Priscus: D. 36,1,48(46), in: Thomas Finkenauer/Boudewijn Sirks (Hgg.), Interpretationes Iuris Antiqui. Dankesgabe für Shigeo Nishimura, Harrassowitz Wiesbaden 2018, S. 67–84.

Jakab, Éva. Inheritance, in: Clifford Ando/Paul du Plessis/Kaius Tuori (Hgg.), The Oxford Handbook of Roman Law and Society, Oxford University Press 2016, S. 498–509.

Jakab, Éva. Senecas Misstrauen in Brief und Siegel, in: Rena van den Bergh (Hg.), Meditationes de iure et historia. Essays in honor of Laurens Winkel, Unisa Pretoria 2014, S. 416–426.

Jakab, Éva. Urkunden in Briefform: Chirographum und Epistula im römischen Privatrecht, in: Uri Yiftach-Firanko (Hg.), The Letter. Law, State, Society and the Epistolary Format in the Ancient World, Harrassowitz Wiesbaden 2013, S. 219–237.

Johnston, David. The Roman Law of Trusts, Oxford University Press 1988.

Johnston, David. Prohibitions and perpetuies: family settlements in Roman law, ZRG RA 102 (1985) 220–290.

Johnston, David. Munificience and Municipia: Bequests to Towns in Classical Roman Law, JRS 75 (1985) 105–125.

Kabza, Alexander. Cicero, Marcus Tullius: De finibus bonorum et malorum. Lateinisch-Deutsch, Sammlung Tusculum, Heimeran München 1960.

Kahl, Manfred. Grenzen der Umdeutung rechtsgeschäftlicher Erklärungen (§ 140 BGB), Diss. Münster 1985.

Kahneman, Daniel. Schnelles Denken, langsames Denken, Penguin München 2017.

Karlowa, Otto. Römische Rechtsgeschichte, Vol. II, NDr. der Ausgabe Veit Leipzig 1901, Keip Goldbach 1997.

Kaiser, Wolfgang. Modestin D. 31,34,1 (10 resp.), in: Thomas Finkenauer/Boudewijn Sirks (Hgg.), Dankesgabe für Shigeo Nishimura, Harrassowitz Wiesbaden 2018, S. 85–134.

Kaser, Max/Knütel, Rolf/Lohsse, Sebastian. Römisches Privatrecht, 22. Aufl. Beck München 2021.

Kaser, Max/Hackl, Karl. Das römische Zivilprozessrecht, 2. Aufl. Beck München 1996.

Kaser, Max. Rechtsgeschäftliche Veräußerungsbeschränkungen im römischen Recht, in: Fritz Bauer (Hg.), Beiträge zur europäischen Rechtsgeschichte und zum geltenden Zivilrecht. Festgabe für Johannes Sontis, Beck München 1977, 11–31 (= Römische Rechtsquellen und angewandte Juristenmethode [RRQ], Böhlau Graz 1986, S. 173–196).

Kaser, Max. Unmittelbare Vollstreckbarkeit und Bürgenregress, ZRG RA 100 (1983) 80–135.

KASER, Max. Über Verbotsgesetze und verbotswidrige Geschäfte im römischen Recht, Verlag der Österreichischen Akademie der Wissenschaften Wien 1977.

KASER, Max. Das Römische Privatrecht. Erster Abschnitt: Das altrömische, das vorklassische und das klassische Recht, 2. Aufl. Beck München 1971.

KASER, Max. Condicio iuris und condicio tacita, in: Symbolae Raphaeli Taubenschlag dedicatae, Vol. I, Ossolineum Vratislaviae-Varsaviae 1956, S. 421–438 (= Ausgewählte Schriften, Vol. II, Jovene Napoli 1976, S. 225–242).

KASER, Max. Beweislast und Vermutung im römischen Formularprozess, ZRG RA 71 (1954) 221–241.

KASER, Max. Das legatum sinendi modi in der Geschichte des römischen Vermächtnisrechts, ZRG RA 67 (1950) 320–359.

KASER, Max. Das altrömische ius. Studien zur Rechtsvorstellung und Rechtsgeschichte der Römer, Vandenhoeck Ruprecht Göttingen 1949.

KEHOE, Dennis P. Investment, Profit and Tenancy. The Jurists and the Roman Agrarian Economy, Univ. of Michigan Press Ann Arbor 1997.

KELLER, Friedrich L. Institutionen. Grundriss und Ausführungen, Tauchnitz Leipzig 1861.

KELLY, John M. Studies in the Civil Judicature of the Roman Republic, Claredon Oxford 1967.

KIRCHBERGER, Ulrike. Konversion zur Moderne. Die britische Indianermission in der atlantischen Welt des 18. Jahrhunderts, Harrassowitz Wiesbaden 2008.

KLEITER, Tobias. Entscheidungskorrekturen mit unbestimmter Wertung durch die klassische römische Jurisprudenz, Beck München 2010.

KNÜTEL, Rolf. Römisches Erbrecht: Verständnis- und Übersetzungsprobleme, Index 45 (2017) 295–307.

KNÜTEL, Rolf. Rechtsfragen zu den Freilassungsfideikommissen, in: Thomas Finkenauer (Hg.), Sklaverei und Freilassung im römischen Recht. Symposium für Hans Josef Wieling zum 70. Geburtstag, Springer Berlin 2006, S. 130–151.

KNÜTEL, Rolf/KUPISCH, Berthold/RÜFNER, Thomas/SEILER, Hans H. (Hgg.), Corpus Iuris Civilis. Text und Übersetzung, Band V: Digesten 28–34, Müller Heidelberg 2012.

KOCH, Elena. Rez. Lorenzo Gagliardi, Studi sulla legittimazione alla querela inofficiosi testamenti in diritto romano e bizantino, ZRG RA 136 (2019) 491–500.

KOCHER, Eberhard E. Überlieferter und ursprünglicher Anwendungsbereich der Lex Cornelia de falsis, Schön München 1965.

KÖSSLER, Marc/SCHEIDT, Carl E. Konversionsstörungen: Diagnose, Klassifikation und Therapie, Schattauer Stuttgart 1997.

KOHLHAAS, Christiane. Die Überlieferung der libri posteriores des Antistius Labeo, Centaurus Pfaffenweiler 1986.

KRAMPE, Christoph. Die Konversion des Rechtsgeschäfts, Klostermann Frankfurt am Main 1980.

KRAMPE, Christoph. An inutilis acceptilatio utile habeat pactum, quaeritur – D. 46, 4, 8pr (Ulp. 48 Sab.), TR 53 (1985) 3–25.

KRAMPE, Christoph. Proculi Epistulae. Eine frühklassische Juristenschrift, Müller Karlsruhe 1970.

Kreller, Hans. Erbrechtliche Untersuchungen auf Grund der gräko-ägyptischen Papyrusurkunden, NDr. der Ausgabe Leipzig 1919, Scientia Aalen 1970.
Krüger, Paul. Das Versäumnisverfahren um die libertas fideicommissa, ZRG RA 48 (1928) 170–196.
Krumnow, Jürgen/Gramlich, Ludwig. s.v. Konversion bis Konvertierung, in: Gabler Bank-Lexikon: Bank – Börse – Finanzierung, 12. Aufl. Springer Wiesbaden 1999, S. 816.
Krupa, Michał S. Blutige Hand nimmt kein Erbe. Eine rechtshistorische und -vergleichende Studie zum Rezeptionsweg der römischen indignitas in den französischen, österreichischen und deutschen Privatrechtskodifikationen, Peter Lang Berlin 2019.
Kübler, Bernd. Das Intestaterbrecht der Frauen im alten Rom, ZRG RA 41 (1920) 15–43.
von Kuhlenbeck, Ludwig. Das System des Römischen Privatrechts, Lehmann München 1913.
Kumpf, Franz. Kann eine in einem Codizille errichtete Substitution als Fideicommiß aufrecht erhalten werden? Inaugural-Dissertation Ansbach 1831.
Kunkel, Wolfgang. Die Römischen Juristen. Herkunft und soziale Stellung, NDr. der 2. Auflage 1967, Böhlau Köln 2001.
Kunkel, Wolfgang. Fides als schöpferisches Element im römischen Schuldrecht, in: Festschrift Paul Koschaker, Vol. II, Böhlau Weimar 1939, S. 1–15.
Kuntze, Johannes Emil. Ueber die Erbeinsetzung auf bestimmte Nachlassstücke (institutio ex re), Vol. I und II, Edelmann Leipzig 1875.
Kupisch, Berthold. Der Sklave als Zwangs-Erbe, Ulpian/Julian 4 ad Sab. (D. 28,5,6,4), TR 84 (2016) 379–400.
Kuryłowicz, Marek. Heres fiduciarius. Bemerkungen zum römischen Erbrecht in den lateinischen Grabinschriften, ZPE 60 (1985) 189–198.
Lambert, Jacques. La règle Catonienne, Giard Paris 1925.
Lamberti, Francesca. Fideicommissa libertas ancillae data, in: Reduzzi Merola/Storchi Marino (Hgg.), Femmes-esclaves: modèles d'interpretation anthropologique, économique, juridique. Atti del XII Colloquio Internazionale GIREA, Lacco Ameno-Ischia, 27–29 ottobre 1994, Jovene Napoli 1999, S. 2385–2394.
Lamberti, Francesca. Studi sui postumi nell'esperienza giuridica romana, Vol. I und II, Jovene Napoli 1996 und 2001.
Lasson, Adolf. System der Rechtsphilosophie, Guttentag Berlin 1882.
Leesen, Tessa G. Gaius meets Cicero. Law and Rhetoric in the School Controversies, Nijhoff Leiden 2010.
Légier, Henri-Jacques. Tacita condicio, RH 44 (1966) 5–32.
Lehne-Gstreinthaler, Christine. Iurisperiti et oratores. Eine Studie zu den römischen Juristen der Republik, Böhlau Wien 2019.
Leist, Burkard W. Die bonorum possessio. Ihre geschichtliche Entwicklung und heutige Geltung, Vol. II, Vandenhoeck Ruprecht Göttingen 1848.
Levy, Ernst. Rez. Ged.Schr. Seckel, ZRG RA 48 (1928) 678–685.

di Lella, Luigi. Querela Inofficiosi Testamenti. Contributo allo studio della successione necessaria, Jovene Napoli 1972.
Lemercier, P. Quelques remarques sur les origines du fidéicommis et sur le fidéicommis d'hérédité a l'époque classique, RHD 14 (1935) 433–468.
Lenel, Otto. Das edictum perpetuum. Ein Versuch zu seiner Wiederherstellung, 3. Aufl. Tauchnitz Leipzig 1927.
Lenel, Otto. Palingenesia iuris civilis, Vol. I und II, Tauchnitz Leipzig 1889.
Levy, Ernst. Rez. Stroux, Summum ius summa iniuria, in: ZRG RA 48 (1928) 668–678.
Liebs, Detlef. Älius Marcian, ZRG RA 128 (2011) 39–82.
Liebs, Detlef. Ewiges Gedenken durch freigelassene Sklaven. Römisches Recht und römische Sitten, in: Andrzej Gulczynksi (Hg.), Leben nach dem Tod: rechtliche Probleme im Dualismus: Mensch – Rechtssubjekt, Leykam Graz 2010, S. 49–65.
Liebs, Detlef. Der ungeliebte Jurist in der römischen Welt, in: ZRG RA 123 (2006) 1–18.
Liebs, Detlef. Rez. Carsten Zülch, Der liber singularis responsorum des Ulpius Marcellus, ZRG RA 120 (2003) 243–262.
Liebs, Detlef. Das Testament des Antonius Silvanus, römischer Kavallerist in Alexandria bei Ägypten, aus dem Jahr 142 n. Chr., in: Klaus Märker/Christian Otto (Hg.). Festschrift für Weddig Fricke zum 70. Geburtstag, Alber Freiburg 2000, S. 113–128.
Liebs, Detlef. Rechtsschulen und Rechtsunterricht im Prinzipat, in: ANRW II.15 (1976) 107–286.
Liebs, Detlef. Opinionum libri VI, TR 41 (1973) 279–310.
Liebs, Detlef. Contrarius actus. Zur Entstehung des römischen Erlaßvertrages, in: Detlef Diebs (Hg.), Sympotica Franz Wieacker sexagenario Sasbachwaldeni a suis libata, Vandenhoeck Ruprecht Göttingen 1970, S. 111–153.
Ligios, Maria A. Studi sull'alienazione del bene oggetto di legato in diritto romano, Vol. I, Mercurio Alpignano Torino 2012.
Lösch, Susanne. Die coniunctio in testamentarischen Verfügungen des klassischen römischen Rechts, Mohr Siebeck Tübingen 2014.
Lohsse, Sebastian. Die hoc-amplius-Klausel bei der Pupillarsubstitution. Zum Verhältnis von Vermächtnissen im väterlichen Testament und im Pupillartestament, in: Lisa Isola (Hg.), Klauselgestaltungen in römischen Testamenten. Akten einer Internationalen Tagung zum Römischen Testamentsrecht (6.–7. November 2020, Wien/online), Peter Lang Berlin 2022, S. 129–149.
Lohsse, Sebastian. Ulpian D. 37,11,5 (4 disp.) und die Folgen bedingter Erbeinsetzung von liberi nach prätorischem Recht, in: Thomas Finkenauer/Boudewijn Sirks (Hgg.), Interpretationes Iuris Antiqui. Dankesgabe für Shigeo Nishimura, Harrassowitz Wiesbaden 2018, S. 151–163.
Lohsse, Sebastian. Die Beerbung des Kriegsgefangenen. Entwicklungsstufen der Auslegung der lex Cornelia de confirmandis testamentis, in: Jan D. Harke (Hg.), Facetten des römischen Erbrechts. Studien zur Geschichte und Dogmatik des Privatrechts, Springer Berlin 2012, S. 79–111.

Lohsse, Sebastian. Die Ersitzung im Spannungsverhältnis des ius postliminii und der fictio legis Corneliae – Auf den Spuren der Klassikerkontroverse bei Paulus D. 41,3,15 pr., in: Holger Altmeppen/Ingo Reichard/Martin J. Schermaier (Hgg.), Festschrift für Rolf Knütel zum 70. Geburtstag, Müller Heidelberg 2009, S. 667–701.

Lohsse, Sebastian. Ius adcrescendi. Die Anwachsung im römischen Vermächtnisrecht, Böhlau Köln 2008.

Lokin, Jan H. A./Meijering, Roos/Stolte, Bernhard H./van der Wal, Nicolaas. Theophili Antecessoris Paraphrasis Institutionum (with a translation by A.F. Murison), Chimaira Groningen 2010.

Longchamps de Bérier, Franciszek. Law of Succession. Roman Legal Framework and Comparative Law Perspective, LEX Warschau 2011.

Longchamps de Bérier, Franciszek. Il rispetto per la volontà del de cuius sull'esempio dei fedecommessi romani, RIDA 45 (1998) 479–500.

Longchamps de Bérier, Franciszek. Il fedecommesso universale nel diritto romano classico, Liber Warschau 1997.

López Pedreira, Adela. Pupillaris substitutio. Del derecho romano al artículo 775 del Código civil español, Dykinson Madrid 2006.

Lovato, Andrea. Testamentum militis. Sul consolidamento giuridico di un privilegio, in: Silvia Cagnazzi/Marcella Chelotti/Andrea Favuzzi/Franca Ferrandini Troisi/ Domenica Paola Orsi/Marina Silvestrini/Elisabetta Todisco (Hgg.), Scritti di Storia per Mario Pani, Edipuglia Bari 2011, S. 257–266.

von Lübtow, Ulrich. Zur Lehre vom Praelegat, ZRG RA 68 (1951) 511–525.

Luzzatto, Giuseppe I. Dolus malus abesto … et iurisconsultus (appunti sull'applicazione del diritto romano nelle provinciae), in: Studi in onore di Enrico Redenti nel suo XL anno del suo insegnamento, Vol. II, Giuffrè Milano 1951, S. 1–18.

MacCormack, Geoffrey. Impossible Conditions in Wills, RIDA 21 (1974) 263–297.

Macqueron, Jean. I problemi della conversione (= Rez. Vincenzo Giuffrè, L'utilizzazione degli atti giuridici mediante conversione), Labeo 14 (1968) 309–317.

Macqueron, Jean. Le testament d'Antonius Silvanus, RHD 23 (1945) 123–170.

Maine, Henry S. Ancient Law, its connection with the Early History of Society and its Relation to Modern Ideas, 10. Aufl. Murray London 1918.

Malavé Osuna, Belén. Régimen jurídico financiero de las obras públicas en el derecho romano tardío. Los modelos privado y público de financiación, Dykinson Madrid 2007.

Mancaleoni, Flaminio. Appunti sulla institutio ex re, Studi Sassaresi, Anno II – Sez. 1a – Fasc. 1 (1902) 90.

Manfredini, Arrigo D. La volontà oltre la morte. Profili di diritto ereditario romano, Giappichelli Torino 1991.

Manthe, Ulrich. s.v. Erbrecht (II. Römisches Recht), in: HAS – Handwörterbuch der antiken Sklaverei, Vol. I, Steiner Stuttgart 2017, S. 834–840.

Manthe, Ulrich. Geschichte des römischen Rechts, 6. Aufl. Beck München 2019.

MANTHE, Ulrich. Gaius. Institutiones, 2. Aufl. WBG Darmstadt 2010.
MANTHE, Ulrich. Agere und aio: Sprechakttheorie und Legisaktionen, in: Martin J. Schermaier/J. Michael Rainer/Laurens C. Winkel (Hgg.), Iurisprudentia universalis. Festschrift für Theo Mayer-Maly, Böhlau Köln 2002, S. 431–444.
MANTHE, Ulrich. s.v. Testament 2.IV, in: DNP 12.1 (2002) 182–187.
MANTHE, Ulrich. Ein Sieg der Rhetorik über die Jurisprudenz. Der Erbschaftsstreit des Manius Curius – eine vertane Chance der Rechtspolitik, in: Ulrich Manthe/ Jürgen von Ungern-Sternberg (Hgg.), Große Prozesse der römischen Antike, Beck München 1997.
MANTHE, Ulrich. Das senatus consultum Pegasianum, Duncker Humblot Berlin 1989.
MANTOVANI, Dario. Le formule del processo privato romano. Per la didattica delle Istituzioni di diritto romano, 2. Aufl. Cedam Padova 1999.
MARINI, Roberta. Prius testamentum ruptum est. Il problema della revoca del testamento in diritto romano, Giappichelli Torino 2022.
MARRONE, Matteo. Querela inofficiosi testamenti, Manfredi Palermo 1962.
MARRONE, Matteo. L'efficacia pregiudiziale della sentenza nel processo civile romano, AUPA 24 (1955) 1–604.
MARTINEZ SARRION, Angel. Testamento y codicilos. La clausula codicilar, Vol. I: Introduction historico-documental. Elaboracion romanistica de la clausular codicilar, Consejo General del Notariado Madrid 2001.
MASCHI, Carlo A. Iulius Paulus, in: ANRW II.15 (1976) 667–707.
MASCHI, Carlo A. Volotà tipica e volontà individuale nei negozi mortis causa, in: Scritti in onore di Contardo Ferrini, Vol. I, Vita e Pensiero Milano 1947, S. 317–353.
MASCHI, Carlo A. Studi sull'interpretazione dei legati: verba e voluntas, Vita e Pensiero Milano 1938.
MASI DORIA, Carla. Cour du prince, une affaire controversée: l'héritage de Pactumeius Androsthenes, in: IVRA 71 (2023) 123–140.
MASI DORIA, Carla. Dal testamento di Pomponius Maximus: prospettive del diritto ereditario tardo antico, in: Lisa Isola (Hg.), Klauselgestaltungen in römischen Testamenten. Akten einer Internationalen Tagung zum Römischen Testamentsrecht (6.–7. November 2020, Wien/online), Peter Lang Berlin 2022, S. 151–175.
MAYER, Marum S. Die Lehre von den Legaten und Fideicommissen, Laupp Tübingen 1854.
MAYER-MALY, Theo. Obligamur necessitate, ZRG RA 83 (1966) 47–67.
MEINHART, Marianne. Die bedingte Erbeinsetzung des Haussohnes, in: Dieter Medicus (Hg.), Studien im römischen Recht. Max Kaser zum 65. Geburtstag, gewidmet von seinen Hamburger Schülern, Duncker Humblot Berlin 1973, S. 111–136.
MEINHART, Marianne. Die Senatusconsulta Tertullianum und Orfitianum in ihrer Bedeutung für das klassische römische Erbrecht, Böhlau Graz 1967.
MEISSEL, Franz-Stefan. Societas. Struktur und Typenvielfalt des römischen Gesellschaftsvertrages, Peter Lang Frankfurt a.M. 2004.
MÉLÈZE MODRZEJEWSKI, Joseph. Loi et coutume dans l'Égypte grecque et romaine, Univ. Warsaw 2014.

MESSINA VITRANO, Filippo. La convertibilità del modo eretto su legato o fedecommesso nel diritto romano classico e giustinianeo, in: Studi in onore di Salvatore Riccobono, Vol. III, Castiglia Palermo 1936, S. 97–110.
METRO, Antonino. Studi sui codicilli, Vol. I, Giuffrè Milano 1979.
METRO, Antonino. Legatum partitionis, Labeo 9 (1963) 291–330.
METRO, Antonino. Denegare petitionem, denegare persecutionem fideicommissa (Denegatio actionis e processo fedecommissario), BIDR 75 (1972) 133–149.
MEYER, Elizabeth. Legitimacy and Law in the Roman World. Tabulae in Roman Belief and Practice, Cambridge University Press 2004.
MEYER-HERMANN, Johannes. Testamentum militis – das römische Recht des Soldatentestaments, Shaker Aachen 2012.
MIGLIARDI ZINGALE, Livia. Testamentum Cai Longini Castoris veterani cum codicillis et gestis de utrisque aperiendis (Karanis, 17 novembre ? 189 d.C. – Arsinoe, 21 febbraio 194 d.C.), in: Gianfranco Purpura (Hg.) Revisione ed integrazione dei Fontes Iuris Romani Anteiustiniani (FIRA). Studi preparatori, Vol. II: Auctores – Negotia, Giappichelli Torino 2012, S. 171–176.
MIGLIARDI ZINGALE, Livia. In tema di clausole funerarie: Osservazioni sui testamenti romani d'Egitto, Aegyptus 85 (2005) 269–278.
MIGLIARDI ZINGALE, Livia. In tema di Heres fiduciarius, Labeo 45 (1999) 440–446.
MIGLIARDI ZINGALE, Livia. I testamenti romani nei papiri e nelle tavolette d'Egitto, 3. Aufl. Giappicchelli Torino 1997.
MIGLIARDI ZINGALE, Livia. Vita privata e vita pubblica nei papyri d'Egitto. Silloge di documenti greci e latini dal I al IV secolo d.C., Giappichelli Torino 1992.
MIGLIETTA, Massimo. Servius respondit. Studi intorno a metodo e interpretazione nella scuola giuridica serviana, Università degli Studi di Trento 2010.
MINIERI, Luciano. Il testamentum in procinctu, SDHI 64 (1998) 253–296.
MISERA, Karlheinz. Der Bereicherungsgedanke bei der Schenkung unter Ehegatten, Böhlau Köln 1974.
MITTEIS, Ludwig. Neue Urkunden, ZRG RA 30 (1909) 399–406.
MITTEIS, Ludwig. Römisches Privatrecht bis auf die Zeit Diokletians, Vol. I: Grundbegriffe und Lehre von den Juristischen Personen, Duncker Humblot Leipzig 1908.
MITTEIS, Ludwig. Reichsrecht und Volksrecht in den östlichen Provinzen des römischen Kaiserreichs. Mit Beitr. zur Kenntnis des griechischen Rechts und der spätrömischen Rechtsentwicklung, Teubner Leipzig 1891.
MOKREJS, Caroline. In der Schwebe. Zum Versuch der Kategorisierung der condicio iuris im klassischen römischen Recht, RIDA 56 (2009) 315–330.
MOMMSEN, Theodor. Aegyptisches Testamentsrecht vom J. 189 nChr, in: Sitzungsberichte der Königlich Preussischen Akademie der Wissenschaften zu Berlin 1894, S. 47–59.
MONACO, Lucia. Hereditas e mulieres. Riflessioni in tema di capacità successoria della donna in Roma antica, Jovene Napoli 2000.

MÜLLER-EHLEN, Martina. Hereditatis petitio. Studien zur Leistung auf fremde Schuld und zur Bereicherungshaftung in der römischen Erbschaftsklage, Böhlau Köln 1998.

MÜLLER-EISELT, Klaus Peter. Divus Pius constituit: Kaiserliches Erbrecht, Duncker Humblot Berlin 1982.

MURILLO VILLAR, Alfonso. El fideicomisio de residuo en derecho romano, Univ. de Valladolid 1989.

NARDI, Enzo. I significati del verbo lego come termine giuridico, SDHI 63 (1997) 293–300.

NEGRI, Giovanni. La clausola codicillare nel testamento inofficioso, Giuffrè Milano 1975.

NEUNER, Georg C. Die Heredis Institutio ex re certa: Eine civilistische Abhandlung, Ricker Gießen 1853.

NISOLI, Enrico. Die Testamentseröffnung im römischen Recht, Weinfelden Bern 1949.

NOORDRAVEN, Bert. Die Fiduzia im römischen Recht, Gieben Amsterdam 1999.

NOVITSKAYA, Anna. Ago and aio or "how to make law with words". Observations on ritualized law-making in republican Roman law by means of a spoken word, VLR 6 (2022) 56–117.

NOWAK, Maria. Wills in the Roman Empire. A Documentary Approach, Journal of Juristic Papyrology Supplement XXIII Warschau 2015.

NOWAK, Maria. Function of Witnesses in the Wills from Late Antique Egypt, in: Actes du 26e Congres international de papyrology, Genève, 16–21 août 2010, Droz Genève 2012, S. 573–580.

NOWAK, Maria. The Substitution of Heirs in Wills of Roman Egypt, Zeszyty Prawnicze 12–1 (2012) 173–179.

NOWAK, Maria. Titius heres esto. The role of the Legal Practice in the Law-Creation in Late Antiquity, JJP 40 (2010) 161–184.

OERTMANN, Paul. Bürgerliches Gesetzbuch, Vol. I: Allgemeiner Teil, 3. Aufl., Heymann Berlin 1927.

ORMANNI, Angelo. Penus legata. Contributi alla storia dei legati disposti con clausola penale in età repubblicana e classica, in: Studi in onore di Emilio Betti, Vol. IV, Giuffrè Milano 1962, S. 581–736.

D'ORS, Alvaro. Epigrafía juridíca de la España romana, Ministero de Justicia y Consejo Superior de Investigaciones Cientificas Madrid 1953.

D'Ors, Xavier. Sobre los legados de créditos y deuda inexistentes (Una interpretación de Ulpiano 5 disputationum – D. 30.75.1–2), in: Carmela Russo Ruggeri (Hg.), Studi in onore di Antonio Metro, Vol. II, Giuffrè Milano 2010, S. 233–281.

D'ORS, Xavier. Familiam non habere (D. 28, 5, 46[45]), in: Iuris vincula. Studi in onore di Mario Talamanca, Vol. II, Jovene Napoli 2001, S. 511–517.

D'ORTA, Maurizio. Sterilis beneficii conscientia. Dalla praeceptio al legatum per praeceptionem, Giappichelli Torino 2005.

D'ORTA, Maurizio. Il legatum per praeceptionem. Dal dibattito dei giuristi classici alla riforma giustinianea, Giappichelli Torino 2004.

DI OTTAVIO, Daniela. Uti legassit… ita ius esto. Alle radici della successione testamentaria di diritto romano, Jovene Roma 2016.

DI OTTAVIO, Daniela. Querela inofficiosi testamenti, Vol. I: Le origini, Jovene Napoli 2012.

PALMA, Antonio. Benignior Interpretatio. Benignitas nella giurisprudenza e nella normazione da Adriano ai Severi, Giappichelli Torino 1997.

PAPA, Giovanni. Per una storia del legatum debiti, Lateran University Press Roma 2014.

PARICIO, Javier. ¿Tres modos de aceptación de ja herencia?, Labeo 45 (1999) 244–253.

PAULUS, Christoph. Auf der Suche nach Unsterblichkeit. Zur mentalitätsgeschichtlichen, sozialen und rechtlichen Bedeutung des Testaments im antiken Rom, Berliner Wissenschafts-Verlag 2018.

PAULUS, Christoph. Die Idee der postmortalen Persönlichkeit im römischen Testamentsrecht. Zur gesellschaftlichen und rechtlichen Bedeutung einzelner Testamentsklauseln, Duncker Humblot Berlin 1992.

PAULUS, Christoph. Rez. Klaus Peter Müller-Eiselt, Divus Pius constituit, ZRG RA 102 (1985) 627–637.

PAVESE, Marco P. Testamentum P. Dasumii Tusci nobilis viri (?) (Roma, 108 d.C.), in: Gianfranco Purpura (Hg.) Revisione ed integrazione dei Fontes Iuris Romani Anteiustiniani (FIRA). Studi preparatori, Vol. II: Auctores – Negotia, Giappichelli Torino 2012, S. 147–152.

PENNITZ, Martin. Das periculum rei venditae, Böhlau Köln 2000.

PÉREZ SIMEON, Maurici. La facultas agendi en la querela inofficiosi testamenti clásica, IVRA 65 (2017) 239–276.

PEREZ SIMEON, Maurici. Nemo pro parte testatus, pro parte intestatus discedere potest. El principio de incompatibilidad entre la sucesion testamentaria y la intestada en el Derecho Romano, Marcial Pons Madrid 2001.

PERGAMI, Federico. Quod initio vitiosum est non potest tractu temporis convalescere. Studi sull'invalidità e sulla sanatoria degli atti negoziali nel sistema privatistico romano, Torino Giappichelli 2012.

PERNICE, Alfred. Marcus Antistius Labeo. Römisches Privatrecht im ersten Jahrhundert der Kaiserzeit. Alles Erschienene in 5 Teilen, Teil E, Band 3 Abteilung 1 in 1. Auflage, 9. Buch: Auflage und Zweckbestimmung, NDr. der Ausgabe Verlag der Buchhandlung des Waisenhauses Halle 1882, Scientia Aalen 1963.

PERNICE, Alfred. Marcus Antistius Labeo. Römisches Privatrecht im ersten Jahrhundert der Kaiserzeit. Alles Erschienene in 5 Teilen, Band 1, Verlag der Buchhandlung des Waisenhauses Halle 1873.

PERRIN, Bernard. L'évolution de la substitution pupillaire à l'époque classique, in: Varia. Études de droit romain, Vol. I, Recueil Sirey Paris 1952, S. 267–347.

PERRIN, Bernard. L'évolution de la substitution pupillaire à l'époque de Cicéron, RHD 27 (1949) 335–376.

PEZZANA, Aldo. Contributo allo studio del legato sinendi modo, Giuffrè Milano 1958.

PEZZANA, Aldo. Origine e struttura classica del legato sinendi modo, in: Studi in onore di Edoardo Volterra, Vol. III, Giuffrè Milano 1971, S. 183–200.

PFAFF, Ivo. Ein Beitrag zur Lehre vom favor libertatis, Manz Wien 1894.
PHILIPS, Heribert/GIEBEL, Marion. Plinius, Epistulae. Sämtliche Briefe, Reclam Stuttgart 2010.
LA PIRA, Giorgio. La successione ereditaria intestata e contro il testamento in diritto romano, Vallecchi Firenze 1930.
LA PIRA, Giorgio. La sostituzione pupillare, in: Studi in onore di Pietro Bonfante nel XL anno d'insegnamento, Vol. III, Treves Milano 1930, S. 271–347.
PLATSCHEK, Johannes. Pecunia constituta und stipulatio, in: Uri Yiftach-Firanko (Hg.), The Letter. Law, State, Society and the Epistolary Format in the Ancient World, Harrasowitz Wiesbaden 2013, S. 239–248.
PREDIGER, Nicole. Konversion im Spiegel städtischen Flächenmanagements am Beispiel der Pioneer Kaserne in Hanau, Disserta Hamburg 2014.
PROVERA, Giuseppe. La vindicatio caducorum. Contributo allo studio del processo fiscale romano, Giappichelli Torino 1964.
PULIATTI, Salvatore. De cuius hereditate agitur. Il regime romano delle successioni, Estratto da Lovato/Puliatti/Solidoro, Diritto privato romano, Giappichelli Torino 2016.
QUADRATO, Renato. La persona di Gaio. Il problema dello schiavo, IVRA 37 (1986) 1–33.
QUADRATO, Renato. Hereditatis petitio possessoria, Jovene Napoli 1972.
QUERZOLI, Serena. I testamenta e gli officia pietatis. Tribunale centumvirale, potere imperiale e giuristi tra Augusto e i Severi, Loffredo Napoli 2000.
RABEL, Ernst. Elterliche Teilung, in: FS 49. Vers. Dt. Philologen u. Schulm. (1907) 521–538 (= gesammelte Aufsätze, Vol. IV: Arbeiten zur altgriechischen, hellenistischen und römischen Rechtsgeschichte 1905–1949, hg. von H.J. Wolff, Mohr Siebeck Tübingen 1971, S. 136–154).
RABEL, Ernst. Nachgeformte Rechtsgeschäfte, ZRG RA 40 (1906) 290–335 und ZRG RA 41 (1907) 311–397.
RAINER, J. Michael. Rez. Giuseppe Giliberti, Legatum kalendarii, ZRG RA 103 (1986) 541–544.
RAMÍREZ ATILANO, Paloma. Heredis institutio ex re certa, Diss. Universidad de Castilla-La Mancha 1999.
RAMPAZZO, Natale. La falsa demonstratio, Index 29 (2001) 259–299.
REGELSBERGER, Friedrich. Pandekten, Vol. I, Duncker Humblot Leipzig 1893.
REINHOLZ, Günter. Die Konversion im römischen Recht in den Fällen der nichtigen Akzeptilation und des ungültigen Testaments, Diss. Kiel 1956.
RIBAS-ALBA, José M. Testamenti factio: Incertum consilium, incerta persona (= Rez. Chiara Corbo, Incertae personae), SCDR 26 (2013) 369–383.
RIBAS-ALBA, José M. La desheredación injustificada en derecho romano: querella inofficiosi testamenti: fundamentos y régimen clásico, Comares Peligros Granada 1998.
RIBAS-ALBA, José. Una pretendida controversia entre Papiniano – Ulpiano y Paulo: en torno a D. 5.2.19 (Paulo, 2 quaest.) y una hipótesis sobre la legitimá, IVRA 39 (1988) 86–90.

Riccobono, Salvatore sen./Riccobono, Salvatore jun., s.v. Interdicta, NNDI VIII (1962) 792–798.
Rinolfi, Christiana M.A. Testamentorum autem genera initio duo fuerunt: nam aut calatis comitiis testamentum faciebant … aut in procinctu. Testamenti, diritto e religione in Roma antica, Giappichelli Torino 2020.
Rizzi, Mariagrazia. Imperator cognoscens decrevit. Profili e contenuti dell'attività giudiziaria imperiale in età classica, Giuffrè Milano 2012.
Robbe, Ubaldo. I postumi nella successione testamentaria romana, Giuffrè Milano 1937.
Rodríguez Martín, José-Domingo. Fragmenta Augustodunensia, Comares Granada 1998.
Roggia, Maria E. Testamentary Officia and the Mother's Identity in Ancient Roman Law, IRIS – Journal of the Classical Association of Victoria 22 (2009) 22–34.
Röhle, Robert. Praetor fideicommissarius, RIDA 15 (1968) 399–428.
Römer, Robert. Zur Lehre von der Konversion der Rechtsgeschäfte überhaupt und ihrer besonderen Anwendung auf die Wechselversprechen, AcP 36 (1853) 66–94.
Roth, Hans-Jörg. Alfeni Digesta. Eine spätrepublikanische Juristenschrift, Duncker Humblot Berlin 1999.
Rothenhöfer, Peter/Blänsdorf, Jürgen. Sana mente sanaque memoria testamentum feci. Eine testamentarische Verfügung vom 12. April 340 n.Chr., Gephyra 13 (2016) 153–163.
Rudorff, Adolf F. A. Das Testament des Dasumius, ZGR 12 (1845) 301–392.
Rückert, Joachim. Abschiede vom Unrecht. Zur Rechtsgeschichte nach 1945, Mohr Siebeck Tübingen 2015.
Rüfner, Thomas. Das römische Familienfideikommiss, in: Lisa Isola (Hg.), Klauselgestaltungen in römischen Testamenten. Akten einer Internationalen Tagung zum Römischen Testamentsrecht (6.–7. November 2020, Wien/online), Peter Lang Berlin 2022, S. 177–187.
Rüfner, Thomas. Testamentarische Erbfolge, in: Ulrike Babusiaux/Christian Baldus/Wolfgang Ernst/Franz-Stefan Meissel/Johannes Platschek (Hgg.), Handbuch des Römischen Privatrechts, Mohr Siebeck Tübingen 2023, § 53.
Rüfner, Thomas. Erbfähigkeit, in: Ulrike Babusiaux/Christian Baldus/Wolfgang Ernst/Franz-Stefan Meissel/Johannes Platschek (Hgg.), Handbuch des Römischen Privatrechts, Mohr Siebeck Tübingen 2023, § 52.
Rüfner, Thomas. Testamentum per aes et libram und andere Formen letztwilliger Verfügungen, in: Ulrike Babusiaux/Christian Baldus/Wolfgang Ernst/Franz-Stefan Meissel/Johannes Platschek (Hgg.), Handbuch des Römischen Privatrechts, Mohr Siebeck Tübingen 2023, § 18.
Rüfner, Thomas. Testamentary Formalities in Roman Law, in: Kenneth Reid/Marius de Waal/Reinhard Zimmermann (Hgg.), Comparative Succession Law, Vol. I: Testamentary Formalities, Oxford University Press 2011, S. 2–25.
Rüfner, Thomas. Antritt der Erbschaft unter unsicheren Voraussetzungen: D. 29,2,21,3 (Ulp. 7 ad Sab.), ZRG RA 127 (2010) 286–295.
Rüfner, Thomas. Vertretbare Sachen? Die Geschichte der res, quae pondere numero mensura constant, Duncker Humblot Berlin 2000.

Rüthers, Bernd. Die unbegrenzte Auslegung, 7. Aufl. Mohr Siebeck Tübingen 2012.

Ruggiero, Iolanda. I privilegi dei militari in tema di successioni dalle costituzioni imperiali alle leges barbarorum, BIDR 113 (2019) 237–257.

Rutenbeck, Ernst. Der Gegensatz der sogenannten Konversion zur Bestätigung nicht gültiger Rechtsgeschäfte nach gemeinem Recht und Bürgerlichem Recht, Diss. Erlangen 1907.

Sainz-Ezquerra Foces, Jose M. La regula catoniana y la imposibilidad de convalidacion de los actos juridicos nulos, Universidad de la laguna Madrid 1976.

Saller, Richard P. Patriarchy, property and death in the Roman family, Cambridge University Press 1994.

Di Salvo, Settimio. Legatum debiti e riconoscimento dell'obbligazione, in: Fides humanitas ius. Studi in onore di Luigi Labruna, Vol. III, Scientifica Napoli 2007, S. 1531–1542.

Di Salvo, Settimio. Il legato modale in diritto romano. Elaborazioni dommatiche e realità sociali, Jovene Neapel 1973.

Di Salvo, Settimio. Impostazione terminologica di una ricerca sul modus in diritto romano, ANap. 80 (1969) 147–198.

Sánchez Collado, Elena. De penu legata, Dykinson Madrid 1999.

Sánchez Moreno Ellart, Carlos. The Late Roman Law of Inheritance: The Testament of Five or Seven Witnesses, in: Béatrice Caseau/Sabine R. Huebner (Hgg.), Inheritance, Law and Religions in the Ancient and Mediaeval Worlds, ACHCByz Paris 2014, S. 229–257.

Sanfilippo, Cesare. Studi sull'hereditas I, AUPA 17 (1937) 65–337.

Sanguinetti, Andrea. Considerazioni sull'origine del principio Sui heredes instituendi sunt vel exheredandi, SDHI 59 (1993) 259–278.

Satta, Giuseppe. La conversione dei negozi giuridici, Societa editrice libraria Milano 1903.

Schanbacher, Dietmar. Umgehungsstrategien zur lex Voconia, in: Lisa Isola (Hg.), Klauselgestaltungen in römischen Testamenten. Akten einer Internationalen Tagung zum Römischen Testamentsrecht (6.–7. November 2020, Wien/online), Peter Lang Berlin 2022, S. 189–209.

Schanbacher, Dietmar. Zum Phänomen der Rechtsrezeption in der Antike, ZRG RA 138 (2020) 1–38.

Schanbacher, Dietmar. Zur Entwicklung des römischen Testamentsrechts, in: Vojtech Vladár (Hg.), Perpauca terrena blande honori dedicata. Pocta Petrovi Blahovi k nedožitým 80. narodeninám (Irdische Winzigkeiten höflich zur Ehrung gewidmet. Gedenkschrift für Peter Blaho zum nicht mehr erlebten 80. Geburtstag), Trnavská univerzita v Trnave, Právnická fakulta Trnava 2019, S. 459–475.

Schanbacher, Dietmar. Bemerkungen zur falzidischen Rechnung bei der Pupillarsubstitution, ZRG RA 133 (2016) 413–419.

Schanbacher, Dietmar. Schenkweiser Erlass von Todes wegen unter dem Blickwinkel historischer Rechtsvergleichung, in: Jan D. Harke (Hg.), Facetten des römischen Erbrechts. Studien zur Geschichte und Dogmatik des Privatrechts, Springer Berlin 2012, S. 113–126.

SCHANBACHER, Dietmar. Zum Einfluß der stoischen Sprachtheorie auf die römische Jurisprudenz: D. 33,10,7,2 (Cels. 19 dig.), in: Holger Altmeppen/Ingo Reichard/ Martin J. Schermaier (Hgg.), Festschrift für Rolf Knütel zum 70. Geburtstag, Müller Heidelberg 2009, S. 1025–1035.
SCHANBACHER, Diemar. Ratio legis Falcidiae. Die falzidische Rechnung bei Zusammentreffen mehrerer Erbschaften in einer Hand, Duncker Humblot Berlin 1995.
SCHEIDEL, Walter. Servi alieni als Erben – Zum gesellschaftlichen Hintergrund, ZRG RA 110 (1993) 648–651.
SCHELTEMA, Herman J./VAN DER WAL, Nicolaas. Basilicorum libri LX, Series A (Textus) und Series B (Scholia), Wolters Nijhoff Groningen 1953–1988.
SCHERMAIER, Martin J. Anachronistische Begriffe oder: Nichtrömisches im Römischen Irrtumsrecht, in: Pascal Pichonnaz (Hg.), Autour du droit des contrats. Contributions de droit romain en l'honneur de Felix Wubbe, Schulthess Genf 2009, 49–94.
SCHERMAIER, Martin J. Bona fides im römischen Vertragsrecht, in: Luigi Garofalo (Hg.), Il ruolo della buona fede oggettiva nell'esperienza giuridica storia e contemporanea. Atti del Convengo internazionale di studi in onore di Alberto Burdese, Vol. III, Cedam Milano 2003, S. 387–416.
SCHLEI, Henrike. Schenkungen unter Ehegatten. Zu ihrer Behandlung nach römischem Recht und in der Rechtsprechung des Reichsgerichts mit Ausblicken auf das geltende Recht, Muster Schmid Göttingen 1993.
SCHMIDLIN, Bruno. Die römischen Rechtsregeln. Versuch einer Typologie, Böhlau Köln 1970.
SCHMIDT, Adolf. Das formelle Recht der Noterben, Hirzel Leipzig 1862.
SCHUBERT, Hans-Joachim/WENZEL, Harald/JOAS, Hans/KNÖBL, Wolfgang. Pragmatismus zur Einführung, 2. Aufl. Junius Hamburg 2020.
SCHULZ, Fritz. Classical Roman Law, NDr. der Ausgabe Oxford 1951, Scientia Aalen 1997.
SCHULZ, Fritz. Prinzipien des römischen Rechts, NDr. der 1. Aufl. 1934, Duncker Humblot Berlin 2003.
SCHULZ, Fritz. Der Irrtum im Beweggrund bei der testamentarischen Verfügung, in: Gedächtnisschrift für Emil Seckel, Springer Berlin 1927, S. 70–144.
SCHWARZ, Fritz. Die Grundlage der Condictio im klassischen römischen Recht, Böhlau Münster 1952.
SCHWARZ, Fritz. Die Funktion des Irrtums bei der Rückforderung eines indebitum ex causa fideicommissi solutum, ZRG RA 68 (1951) 226–319.
SCHWING, Friedrich. Zur Lehre von der heredis institutio ex re certa, Diss. Greifswald 1875.
SCIALOJA, Vittorio. Testamento di C. Longino Castore, BIDR 7 (1894) 1–25.
SCIORTINO, Salvatore. Sull'adozione da parte delle donne, AUPA 51 (2006) 308–348.
SCOTTI, Francesca. La pluralità di tabulae testamentariae: fonti letterarie e casistica giurisprudenziale, Diritto@Storia 14 (2016) https://www.dirittoestoria.it/14/tradizione/Scotti-Pluralita-tabulae-testamentarie-fonti-letterarie-giurisprudenza.htm.

Scotti, Francesca. Il testamento nel diritto romano. Studi esegetici, Aracne Rom 2012.
Selb, Walter. Formulare Analogien in actiones utiles und actiones in factum vor Julian, in: Studi in onore di Cesare Sanfilippo, Vol. V, Giuffrè Milano 1984, S. 729–759.
Selb, Walter. Formulare Analogien in actiones utiles und actiones in factum am Beispiel Julians, in: Studi in onore die Arnaldo Biscardi, Vol. III, La Goliardica Milano 1982, S. 315–350.
Selb, Walter. Actiones in factum und Formeltechnik, in: Gerhard Frotz/Werner Ogris (Hgg.), Festschrift Demelius, Manz Wien 1973, S. 223–235.
Serangeli, Sandro. Studi sulla revoca del testamento in diritto romano. Contributi allo studio delle forme testamentarie, Giuffrè Milano 1982.
Sewohl, Alexander. Wales im Rampenlicht, Antike Welt 38–5 (2007) 92–95.
Siber, Heinrich. Die ältesten römischen Volksversammlungen, ZRG RA 57 (1937) 233–271.
Siber, Heinrich. Confirmatio donationis, ZRG RA 53 (1933) 99–150.
Siber, Heinrich. Römisches Recht in Grundzügen für die Vorlesung, Vol. II: Römisches Privatrecht, Sack Berlin 1928.
Silla, Francesco M. La cognitio sulle libertates fideicommessae, Cedam Padova 2008.
Simon, Dieter. Studien zur Praxis der Stipulationsklausel, Beck München 1964.
Sirks, Boudewijn. The purpose of the Lex Fufia Caninia, ZRG RA 129 (2012) 549–553.
Solazzi, Sirio. Heredis institutio cum cretione e giustizia salomonica, SDHI 21 (1955) 314–319.
Solazzi, Sirio. Testamenti per nuncupationem, SDHI 17 (1951) 262–267.
Sperandio, Marco U. Codex Gregorianus: origini e vicende, Jovene Napoli 2005.
Spina, Alessia. Unum testamentum duarum hereditatum: su alcune applicazioni giurisprudenziali dei principi generali del diritto ereditario romano, in: Fernandi Reinoso Barbero (Hg.), Principios generales del derecho. Antecedentes históricos y horizonte actual, Aranzadi Madrid 2014, S. 827–854.
Spina, Alessia. Ricerche sulla successione testamentaria nei responsa di Cervidio Scevola, Giuffrè Milano 2012.
Staffhorst, Andreas. Die Teilnichtigkeit von Rechtsgeschäften im klassischen römischen Recht, Duncker Humblot Berlin 2006.
Stagl, Jakob F. Das Soldatentestament unter den Soldatenkaisern, in: Ulrike Babusiaux/Anne Kolb (Hgg.), Das Recht der Soldatenkaiser, De Gruyter Berlin 2015, S. 109–126.
Stagl, Jakob F. Glanz der Rhetorik und Finsternis der Logik in einer Entscheidung Mark Aurels (Marcell. D. 28,4,3pr-1), in: Rena van den Bergh (Hg.), Meditationes de iure et historia. Essays in honor of Laurens Winkel, Unisa Pretoria 2014, S. 871–880.
Stagl, Jakob F. Das testamentum militare in seiner Eigenschaft als ius singulare, REHJ 36 (2014) 129–157.
Stagl, Jakob F. Der Wortlaut als Grenze der Auslegung von Testamenten. Die Andeutungstheorie im Testamentsrecht Deutschlands, Österreichs und der Schweiz, 2. Aufl. Manz Wien 2005.

Starace, Pia. Lo statuliber e l'adempimento fittizio della condizione, Cacucci Bari 2006.
Stein, Peter. The Two Schools of Jurists in the Early Roman Principate, CLJ 31 (1972) 8–31.
Stein, Arthur. s.v. Pactumeius Magnus Nr. 5, in: RE XVIII.1 (1942) 2155–2156.
Stepan, Sebastian. Scaevola noster. Schulgut in den libri disputationum des Claudius Tryphoninus?, Mohr Siebeck Tübingen 2018.
Stern, Jakob. Aspects de la pratique sociale des testaments à Rome. Voluntas du testateur face aux institutions légales et aux normes sociales et transmission des patrimoines par voie testamentaire à l'époque républicaine et du principat, Jovene Napoli 2022.
Stern, Yaakov. The Testamentary Phenomenon in Ancient Rome, Historia 49 (2000) 413–428.
Stiegler, Herwig. s.v. Partitio legata, RE Suppl. XI (1968) 1033–1049.
Stiegler, Herwig. Vindicare portionem (D. 30, 27), ZRG RA 84 (1967) 357–363.
Stolfi, Emanuele. Commento. Iuris civilis libri XVIII, in: Jean-Louis Ferrary/Aldo Schiavone/Emanuele Stolfi (Hgg.), Quintus Mucius Scaevola. Opera, Scriptores Iuris Romani Vol. I, l'Erma di Bretschneider Roma 2019, 183–358.
Strobel, Benedikt. Der Nießbrauchssklave im römischen Recht. Erich Schmidt Berlin 2024.
Strobel, Benedikt. Anfall, Antritt und Ausschlagung, in: Ulrike Babusiaux/Christian Baldus/Wolfgang Ernst/Franz-Stefan Meissel/Johannes Platschek (Hgg.), Handbuch des Römischen Privatrechts, Mohr Siebeck Tübingen 2023, § 56.
Strobel, Benedikt. Römische Testamentsurkunden aus Ägypten vor und nach der constitutio Antoniniana, Beck München 2014.
Stroux, Johannes. Summum ius summa iniuria. Ein Kapitel aus der Geschichte der interpretatio iuris, Sonderdruck aus der im Ganzen nicht erschienenen Festschrift Paul Speiser-Sarasin, Teubner Leipzig ua 1926 (= in: Stroux, Johannes. Römische Rechtswissenschaft und Rhetorik, Stichnote Potsdam 1949, S. 7–80).
Stumpf, Cordula. Erläuternde und ergänzende Auslegung letztwilliger Verfügungen im System privatautonomer Rechtsgestaltung. Zugleich ein Beitrag zur Abgrenzung von Anfechtung und Umdeutung und Wegfall der Geschäftsgrundlage, Duncker Humblot Berlin 1991.
Sturm, Fritz, Das Absterben der mancipatio, in: Stephan Buchholz/Paul Mikat/Dieter Werkmüller (Hgg.), Überlieferung, Bewahrung und Gestaltung in der rechtsgeschichtlichen Forschung. Ekkehard Kaufmann zum 70. Geburtstag, Schöningh Paderborn 1993, S. 347–356.
Suman, Antonio. Favor testamenti e voluntas testantium, Athenaeum Padova 1916.
Sweet, Henry. A New English Grammar: Logical and Historical. Vol. I: Introduction, phonology and accidence, Clarendon Oxford 1892.
Talamanca, Mario. D. 29, 7, 20 (Paul. 5 ad L. Iul. et Pap.): Oralità e scrittura nel testamentum per aes et libram, in: Roland Ruedin (Hg.), Mélanges en l'honneur de Carlo Augusto Cannata, Helbing Lichterhahn Basel 1999, S. 73–90.
Talamanca, Mario. Inesistenza, nullità ed inefficacia dei negozi giuridici nell'esperienza romana, BIDR 40/41 (1998/1999) 1–39.

TALAMANCA, Mario. Sul concorso fra legato e manumissione, in: Studi in onore di Biondo Biondi, Vol. II, Giuffrè Milano 1965, S. 311–382.
TALAMANCA, Mario. Revoca testamentaria e ‚translatio legati', in: Studi in onore di Emilio Betti, Vol. IV, Giuffrè Milano 1962, S. 179–348.
TAMAYO ERRAZQUIN, José Á. Libertis libertabusque. El fideicomiso de alimentos en beneficio de libertos en Digesta y Responsa de Q. Cervidius Scaevola, Argitalpen Zerbitzua Vitoria 2007.
TANAKA, Minoru. Semel heres semper heres: Kommentare der Humanisten zu D. 4, 4, 7, 1 0 und D. 28, 5, 89, in: Ulrich Manthe (Hg.), Aus der Werkstatt römischer Juristen. Vorträge der Europäisch-Ostasiatischen Tagung 2013 in Fukuoka, Duncker Humblot Berlin 2016, S. 423–446.
TAUBENSCHLAG, Rafał. The Law of Greco-Roman Egypt in the Light of the Papyri. 332 B.C. – 640 A.D., 2. Aufl. Państwowe Wyd. Naukowe Warszawa 1955.
TELLEGEN, Jan W. The Reliability of Quintilian for Roman Law: on the Causa Curiana, in: Olga Tellegen-Couperus (Hg.), Quintilian and the Law. The Art of Persuasion in Law and Politics, University Press Leuven 2003, S. 191–200.
TELLEGEN, Jan W. The Roman Law of Succession in the letters of Pliny the Younger, Terra Zutphen 1982.
TELLEGEN-COUPERUS, Olga E. Testamentary Succession in the Constitutions of Diocletian, Terra Zutphen 1982.
TERRANOVA, Francesca. Ricerche sul testamentum per aes et libram. I: Il ruolo del familiae emptor (con particolare riguardo al formulario del testamento librale), Giappichelli Torino 2011.
TERRANOVA, Francesca. Sull'antestatus negli atti per aes et libram, IAH 2 (2010) 103–146.
TERRANOVA, Francesca. Sulla natura testamentaria della cosiddetta mancipatio familiae, AUPA 53 (2009) 299–335.
THOMAS, Philip. The intention of the testator: from the causa Curiana to modern South African law, in: Jan Hallebeek (Hg.), Inter cives necnon peregrinos. Essays in Honor of Boudewijn Sirks, V&R unipress Göttingen 2014, S. 727–740.
TOMLIN, Roger S.O. A Roman Will from North Wales, Archaeologia Cambrensis 150 (Vol. 2001, publ. 2004) 143–156.
TOMLIN, Roger S.O./HASSALL, Mark W.C. Roman Britain in 2003, Britannia 35 (2004) 253–349 (Wales, 27. Trawsfynydd, S. 347–348).
TONDO, Salvatore. s.v. Invalidità ed inefficacia, in: NNDI VIII, Utet Torino 1962, S. 994–1003.
TORRENT, Armando. Fideicommissum familiae relictum, Universidad de Oviedo 1975.
TORT-MARTORELL LLABRES, Carmen. La aportación de Papiano al problema de qué porción hereditaria puede reclamar el legitimado a interponer una querela inofficiosi testamenti, in: José Linares (Hg.), Liber amicorum Juan Miquel. Estudios romanísticos con motivo de su emertazgo, Univ. Pompeu Fabra Barcelona 2006, 983–1004.
TORT-MARTORELL LLABRES, Carmen. Le testament d'une femme: à propos de D. 5,2,19, RIDA 43 (1996) 315–342.

Trifone, Romualdo. s.v. Fedecommesso. Diritto romano, in: NNDI VII, Utet Torino 1961, S. 188–192.
Tschugguel, Andreas. Das Nottestament – Voraussetzungen, Konversion, Änderungsbedarf, Österreichische Notariatszeitung (NZ) 2009/36, 129–135.
Turpin, William. Formula, cognitio and proceedings extra ordinem, RIDA 46 (1999) 499–574.
Ubbelohde, August. Die erbrechtlichen Interdicte, in: Christian Friedrich von Glück, Ausführliche Erläuterungen der Pandekten nach Hellfeld, Serie der Bücher 43 u. 44, Vol. III, Palm Erlangen 1891.
Vážný, Jan. Note critiche ed esigetiche alla sostituzione pupillare, BIDR 47 (1940) 31–62.
Verboven, Koenraad. The Economy of Friends. Economic Aspects of Amicitia and Patronage in the Late Republic, Latomus Brüssel 2002.
Vinci, Massimiliano. Ut indignis: Rispetto della suprema voluntas e rivalutazione della dignità a succedere, BIDR 116 (2022) 169–190.
de Visscher, Fernand. Le droit des tombeaux romains, Giuffrè Milano 1963.
de Visscher, Fernand. La pseudo stipulation ἐπερωτηθεὶς ὁμολόγησα, in: Symbolae Raphaeli Taubenschlag dedicatae, Vol. II, Ossolineum Vratislaviae 1957, S. 161–169.
de Visscher, Fernand. D'une clause de style gréco-égyptienne à la stipulation écrite, BIDR 63 (1960) 19–37.
Voci, Pasquale. Il diritto ereditario romano nell'età del tardo impero. Il V secolo, SDHI 48 (1982) 1–125.
Voci, Pasquale. Il diritto ereditario romano nell'età del tardo impero. I: il IV secolo. Prima parte, IVRA 29 (1978) 17–113.
Voci, Pasquale. s.v. Fedecommesso (Diritto romano), in: ED XVII, Giuffrè Milano 1968, S. 103–109.
Voci, Pasquale. Testamento praetorio, Labeo 13 (1967) 319–347.
Voci, Pasquale. Diritto Ereditario Romano, Vol. I: Introduzione, Parte generale, 2. Aufl. Giuffrè Milano 1967.
Voci, Pasquale. Diritto Ereditario Romano, Vol. II: Parte Speciale, Successione ab intestato, successione testamentaria, 2. Aufl. Giuffrè Milano 1963.
Voci, Pasquale. L'errore nel diritto romano, Giuffrè Milano 1937.
Vogel, Petra Maria. Wortarten und Wortartenwechsel. Zu Konversion und verwandten Erscheinungen im Deutschen und in anderen Sprachen, de Gruyter Berlin 1996.
Vogel, Karl-Heinz. Über die bedingte Erbeinsetzung von sui heredes nach ius civile, ZRG RA 68 (1951) 490–502.
Vogenauer, Stefan. Chapter 5: Interpretation, in: Nils Jansen/Reinhard Zimmermann (Hgg.), Commentaries on European Contract Laws, Oxford University Press 2018, S. 740–785.
Wachendorf Eichenberger, Isabel. Die Konversion ungültiger Verfügungen von Todes wegen, Helbing Lichtenhahn Basel 2003.
Wacke, Andreas. s.v. Favor libertatis, in: HAS – Handwörterbuch der antiken Sklaverei, Vol. I, Steiner Stuttgart 2017, S. 923–927.

WACKE, Andreas. La exceptio doli en el Derecho romano clásico y la ‚Verwirkung' en el Derecho alemán moderno, in: Arnaldo Biscardi/Javier Paricio (Hgg.), Derecho romano de obligaciones. Homenaje al Profesor José Luis Murga Gener, Centro de Estudios Ramón Areces Madrid 1994, S. 977–997.

WACKE, Andreas. Peculium non ademptum videtur tacite donatum. Zum Schicksal des Sonderguts nach der Gewaltentlassung, IVRA 42 (1991) 43–95

WACKE, Andreas. Fideicommissum a debitore relictum, TR 39 (1971) 257–272.

WALDSTEIN, Wolfgang/RAINER, J. Michael. Römische Rechtsgeschichte. Ein Studienbuch, 12. Aufl. Beck München 2024.

WANKERL, Veronika. Appello ad principem. Urteilsstil und Urteilstechnik in kaiserlichen Berufungsentscheidungen (Augustus bis Caracalla), Beck München 2009.

WATSON, Alan. The Law of Succession in the Later Roman Republic, Oxford University Press 1971.

WATSON, Alan. The Form and Nature of Acceptilatio in Classical Roman Law, RIDA 8 (1961) 391–416 (= WATSON, Alan. Studies in Roman Private Law, Hambledon London 1991, S. 194–218).

WEISHAUPT, Arnd. Die lex Voconia, Böhlau Köln 1999.

WEISS, Egon. Erbrechtliche Stellung des römischen Staatsschatzes, ZRG RA 53 (1933) 256–274.

WEISS, Egon. s.v. Substitutio, in: RE II.7 (1931) 505–509.

WEISS, Egon. s.v. Statu liber, RE II.6 (1929) 2230–2232.

WEISS, Egon. Peregrinische Manzipationsakte, ZRG RA 37 (1916) 136–176.

WELLER, Robert/HARMANUS, Ben. Content Design. Durch Gestaltung die Conversion beeinflussen, Hanser München 2018.

WELSER, Rudolf/KLETEČKA, Andreas. Bürgerliches Recht. Vol. I: Allgemeiner Teil, Sachenrecht, Familienrecht, 15. Aufl. Manz Wien 2018.

WENGER, Leopold. Die Quellen des römischen Rechts, Holzhausen Wien 1953.

WENGER, Leopold. Papyrologische Miszelle zu P. Hamb. 72, in: Studi in onore di Vincenzo Arangio-Ruiz nel XLV anno del suo insegnamento, Vol. IV, Jovene Napoli 1953, S. 419–422.

WENGER, Leopold. Zur Lehre von der actio iudicati, Leuschner Lubensky's Graz 1901.

WESEL, Uwe. Rhetorische Statuslehre und Gesetzesauslegung der römischen Juristen, Heymann Köln 1967.

WESENER, Gunter. Rez. Vincenzo Giuffrè, L'utilizzazione degli atti giuridici mediante conversione, ZRG RA 85 (1968) 502–508.

WESENER, Gunter. s.v. Vicesima hereditatium, RE VIII A 2 (1958) 2471–2477.

WIEACKER, Franz. Zur Theorie der Konversion nichtiger Rechtsgeschäfte, in: Dieter Medicus (Hg.), Festschrift für Hermann Lange zum 70. Geburtstag am 24. Januar 1992, Kohlhammer Stuttgart 1992, S. 1017–1036.

WIEACKER, Franz. La causa Curiana e gli orientamenti della giurisprudenza coeva, in: Antologia giuridica romanistica ed antiqua, Vol. I, Giuffrè Milano 1968, S. 109–134.

WIEACKER, Franz. The causa Curiana and contemporary Roman jurisprudence, The Irish Jurist 2 (1967) 151–164.

WIELING, Hans J. Testamentsauslegung im römischen Recht, Beck München 1972.
WIELING, Hans J. Die Bedeutung der Regel falsa demonstratio non nocet im Vertragsrecht, AcP 172 (1972) 297–316.
WIELING, Hans J. Falsa demonstratio, condicio pro non scripta, condicio pro impleta im römischen Testament, ZRG RA 87 (1970) 197–245.
WILLEMS, Constantin. Zwischen Infektionsschutz und Schutz des Erblasserwillens: Das sogenannte testamentum tempore pestis conditum in C. 6, 23, 8 (290), ZRG RA 138 (2021) 616–634.
WILLEMS, Constantin. Justinian als Ökonom. Entscheidungsgründe und Entscheidungsmuster in den quinquaginta decisiones, Böhlau Köln 2017.
WIMMER, Markus. Quart und Querel. Inoffiziositätsvermeidung im Römischen Recht, angekündigt bei Böhlau Köln für 2025.
WIMMER, Markus. Dinglich wirkendes Vermächtnis, in: Ulrike Babusiaux/Christian Baldus/Wolfgang Ernst/Franz-Stefan Meissel/Johannes Platschek (Hgg.), Handbuch des Römischen Privatrechts, Mohr Siebeck Tübingen 2023, § 60.
WIMMER, Markus. Testamentsanfechtung, in: Ulrike Babusiaux/Christian Baldus/Wolfgang Ernst/Franz-Stefan Meissel/Johannes Platschek (Hgg.), Handbuch des Römischen Privatrechts, Mohr Siebeck Tübingen 2023, § 55.
WIMMER, Markus. Gesetzliche Erbfolge, in: Ulrike Babusiaux/Christian Baldus/Wolfgang Ernst/Franz-Stefan Meissel/Johannes Platschek (Hgg.), Handbuch des Römischen Privatrechts, Mohr Siebeck Tübingen 2023, § 54.
WIMMER, Markus. Sklavenverkauf und mitwandernde Delationen, ZRG RA 121 (2004) 379–384.
WIMMER, Markus. Das Prälegat, Böhlau Köln 2004.
WINDSCHEID, Bernhard/KIPP, Theodor. Lehrbuch des Pandektenrechts, Vol. I und III, NDr. der 9. Aufl. Frankfurt 1906, Aalen 1963.
WINKEL, Laurens. C. 2,32,2/C. 7,2,11: Nochmals zu Diokletian und zum Rechtsirrtum, in: Thomas Finkenauer/Boudewijn Sirks (Hgg.), Interpretationes Iuris Antiqui. Dankesgabe für Shigeo Nishimura, Harrassowitz Wiesbaden 2018, S. 383–387.
WINKEL, Laurens. Specific Performance in Roman Law, in: Jan Hallebeek/Harry Dondorp (Hgg.), The Right to Specific Performance. The Historical Development, Intersentia Antwerp 2010, S. 9–20.
WINKEL, Laurens. Error iuris nocet. Rechtsirrtum als Problem der Rechtsordnung, Gieben Amsterdam 1985.
WLASSAK, Moritz. Römische Processgesetze, Duncker Humblot Leipzig 1888.
VON WOESS, Friedrich. Das römische Erbrecht und die Erbanwärter. Ein Beitrag zur Kenntnis des römischen Rechtslebens vor und nach der Constitutio Antoniniana, Vahlen Berlin 1911.
WOLF, Joseph G. Papinians Responsorum libri XIX, in: Isabella Piro (Hg.), Scritti per Alessandro Corbino, Vol. VII, Libellula Tricase 2016, S. 527–556.
WOLF, Joseph G. Die lex Iulia de adulteriis coercendis, IVRA 62 (2014) 47–66.
WOLFF, Hans Julius. Rez. Cosentini, Condicio impossibilis, IVRA 4 (1953) 399–406.

Wolff, Hans Julius. The lex Cornelia de captivis and the Roman Law of Succession, TR 17 (1941) 136–183.

Wolff, Hans Julius. Die Pupillarsubstitution. Eine Untersuchung zur Geschichte des Heres-Begriffs und der römischen Rechtswissenschaft, in: Studi in onore di Salvatore Riccobono, Vol. III, Castiglia Palermo 1936, S. 435–470.

Wubbe, Felix. Iavolenus contra Labeonem, in: Johan A. Ankum/J.E. Spruit/Felix B.J. Wubbe (hgg.), Satvra Roberto Feenstra sexagesimum quintum annum aetatis complenti ab alumnis collegis amicis oblate, Universitätsverlag Freiburg 1985, S. 95–115.

Wurm, Michael. Apokeryxis, abdicatio und exheredatio, Beck München 1972.

Yaron, Reuven. Alienation and Manumission, RIDA 2 (1955) 381–387.

Zimmermann, Reinhard. Juristische Methodenlehre in Deutschland, RabelsZ 83 (2019) 241–286.

Zimmermann, Reinhard. Unworthiness in the Roman Law of Succession, in: Essays in Memory of Lord Rodger of Earlsferry, Oxford University Press 2013, S. 324–344.

Zimmermann, Reinhard. The Law of Obligations. Roman Foundations of the Civilian Tradition, Oxford University Press 1996 (erste Paperback-Ausgabe = Hardback bei Juta and Co, South Africa 1990).

Zimmermann, Reinhard. ‚Quos Titius voluerit' – Höchstpersönliche Willensentscheidung des Erblassers oder ‚power of appointment'?, Beck München 1991.

Zülch, Carsten. Der liber singularis responsorum des Ulpius Marcellus, Duncker Humblot Berlin 2001.

2. Quellenverzeichnis

a. Vorjustinianische Quellen

Lex XII tabularum

Gai institutiones

Gaius Augustodunensis

Pauli sententiae

Codex

c. Byzantinische und mittelalterliche Quellen

d. Literarische Quellen

e. Dokumentarische Quellen (Inschriften, Papyri, Wachstäfelchen)

f. Moderne Gesetzbücher

3. Stichwortverzeichnis

Wiener Studien zu Geschichte, Recht und Gesellschaft
Viennese Studies in History, Law, and Society

Herausgegeben von Nikolaus Benke

Band/Vol.	1	Richard Gamauf: Ad statuam licet confugere. Untersuchungen zum Asylrecht im römischen Prinzipat. 1999.
Band/Vol.	2	Ilse Reiter: Ausgewiesen, abgeschoben. Eine Geschichte des Ausweisungsrechts in Österreich vom ausgehenden 18. bis ins 20. Jahrhundert. 2000.
Band/Vol.	3	Franz-Stefan Meissel: Societas. Struktur und Typenvielfalt des römischen Gesellschaftsvertrages. 2004.
Band/Vol.	4	Antike – Recht – Geschichte. Symposion zu Ehren von Peter E. Pieler. Herausgegeben von Nikolaus Benke und Franz-Stefan Meissel. 2009.
Band/Vol.	5	Loredana Cappelletti: Gli statuti di Banzi e Taranto nella Magna Graecia del I secolo a.C. 2011.
Band/Vol.	6	Lisa Isola: Venire contra factum proprium. Herkunft und Grundlagen eines sprichwörtlichen Rechtsprinzips. 2017.
Band/Vol.	7	Lisa Isola (Hrsg.): Klauselgestaltungen in Römischen Testamenten. Akten einer Internationalen Tagung zum Römischen Testamentsrecht (6.–7. November 2020, Wien/online). 2022.
Band/Vol.	8	Caterina Maria Grasl: Josef Hupka (1875–1944). Leben und Werk eines zu Unrecht vergessenen Rechtswissenschaftlers. 2022.
Band/Vol.	9	David Tritremmel: Die Haftung für das Verhalten anderer Personen bei der locatio conductio. Haftungskonzepte im römischen Miet-, Werk- und Dienstvertragsrecht 2023.
Band/Vol.	10	Anna Novitskaya: Agere und Actio. Vom Sprechakt zur standardisierten Rechtsdurchsetzung. 2024.
Band/Vol.	11	Lisa Isola: ‚Konversion' letztwilliger Verfügungen im klassischen römischen Recht. Testamentsrecht im Spannungsfeld zwischen Formstrenge und Pragmatismus. 2025.

www.peterlang.com

www.ingramcontent.com/pod-product-compliance
Ingram Content Group UK Ltd.
Pitfield, Milton Keynes, MK11 3LW, UK
UKHW021824290926
8980IPUK00004B/249

9 783631 939475